DIE ENZYKLOPÄDIE DER TIERE

DIE ENZYKLOPÄDIE DER TIERE

Autorisierte deutsche Ausgabe veröffentlicht von
NATIONAL GEOGRAPHIC DEUTSCHLAND
(G+J/RBA GmbH & Co KG), Hamburg 2006
3. Auflage 2009

Copyright © der Originalausgabe:
Weldon Owen Inc., 2004

Titel der englischen Originalausgabe:
The Encyclopedia of Animals. A Complete Visual Guide

Text Jenni Bruce, Karen McGhee, Luba Vangelova, Richard Vogt
Illustrationen der Arten MagicGroup s.r.o. (Tschechische Republik)
Illustrationen der Merkmale Guy Troughton
Karten Andrew Davies Creative Communication and Map Illustrations
Info-Grafiken Andrew Davies Creative Communications
Litho Chroma Graphics (Overseas) Pte Ltd
Druck Kyodo Printing Co. (Singapore) Pte Ltd

Übersetzung Christiane Gsänger, Dr. Gabriele Lehari,
Renate Weinberger
Redaktion Redaktionsbüro Weinberger, München
Lektorat Claudia Dziallas
Herstellung Tara Tobias Moritzen
Titelgestaltung Lutz Jahrmarkt

Printed in Singapore
ISBN 978-3-937606-95-8
ISBN 3-937606-95-5

Alle Rechte vorbehalten. Reproduktionen, Speicherungen in Datenverarbeitungsanlagen oder Netzwerken, Wiedergabe auf elektronischen, fotomechanischen oder ähnlichen Wegen, Funk oder Vortrag – auch auszugsweise – nur mit ausdrücklicher Genehmigung des Copyrightinhabers.

Die National Geographic Society, eine der größten gemeinnützigen Vereinigungen der Welt, wurde 1888 gegründet, um «die geographischen Kenntnisse zu mehren und zu verbreiten». Seither unterstützt sie die wissenschaftliche Forschung und informiert ihre mehr als neun Millionen Mitglieder in aller Welt. Die National Geographic Society informiert durch Magazine, Bücher, Fernsehprogramme, Videos, Landkarten, Atlanten und moderne Lehrmittel. Außerdem vergibt sie Forschungsstipendien und organisiert den Wettbewerb National Geographic Bee sowie Workshops für Lehrer. Die Gesellschaft finanziert sich durch Mitgliedsbeiträge und den Verkauf der Lehrmittel. Die Mitglieder erhalten regelmäßig das offizielle Journal der Gesellschaft: das NATIONAL GEOGRAPHIC-Magazin.
Falls Sie mehr über die National Geographic Society, ihre Lehrprogramme und Publikationen wissen wollen, nutzen Sie die Website unter www.nationalgeographic.com.
Die Website von NATIONAL GEOGRAPHIC DEUTSCHLAND können Sie unter www.nationalgeographic.de besuchen.

Berater

Dr. Fred Cooke
Design. Präsident
American Ornithologists' Union
Norfolk, Großbritannien

Dr. Hugh Dingle
Professor Emeritus
University of California
Davis, USA

Dr. Stephen Hutchinson
Gastdozent
Southampton Oceanography Centre
Southampton, Großbritannien

Dr. George McKay
Experte für Umweltbiologie
Sydney, Australien

Dr. Richard Schodde
Dozent
Australian National Wildlife Collection
CSIRO
Canberra, Australien

Dr. Noel Tait
Experte für Wirbellose
Sydney, Australien

Dr. Richard Vogt
Kurator für Herpetologie und Professor am
National Institute for Amazon Research
Manaus, Amazonas, Brasilien

INHALT

10 Wegweiser durch das Buch

12	**TIERE**
14	Das Tierreich
16	Systematik im Tierreich
22	Evolution
30	Biologie und Verhalten
40	Lebensräume und Anpassungen
54	Bedrohte Tierwelt

60	**SÄUGETIERE**
62	Säugetiere
66	Kloakentiere
68	Beuteltiere
81	Nebengelenktiere
83	Schuppentiere
84	Insektenfresser
90	Riesengleiter
91	Spitzhörnchenartige
92	Fledertiere
98	Primaten
100	*Halbaffen*
106	*Affen (Tieraffen)*
118	*Menschenaffen*
122	Fleischfresser
124	*Hunde*
130	*Großbären*
134	*Marder*
142	*Robben und Seelöwen*
146	*Kleinbären*
147	*Hyänen und Erdwolf*
148	*Schleichkatzen/Mangusten*
152	*Katzen*
162	Huftiere
164	*Rüsseltiere*
166	*Sirenen (Seekühe)*
168	*Pferde*
171	*Tapire*
172	*Nashörner*
174	*Schlieftiere*
175	*Röhrenzahnartige*
176	*Rinder*
190	*Hirsche*
196	*Giraffen und Okapi*
198	*Kamele*
200	*Schweine*
202	*Nabelschweine*
203	*Flusspferde*
204	*Waltiere*
216	Nagetiere
239	Hasenartige
243	Rüsselspringer

244	**VÖGEL**
246	Vögel
250	Tinamus/Laufvögel
252	Hühnervögel
256	Wasservögel
260	Pinguine
262	Lappen- und Seetaucher
264	Albatrosse/Sturmvögel
267	Flamingos
268	Schreitvögel
271	Ruderfüßler
274	Greifvögel
283	Kranichvögel
287	Regenpfeifervögel
294	Taubenvögel/Flughühner
296	Papageienvögel
301	Kuckucksartige
303	Eulenvögel
306	Schwalmvögel
308	Kolibris und Segler
313	Mausvögel
313	Trogons
314	Eisvögel und Verwandte
320	Spechtvögel
324	Sperlingsvögel

354	**REPTILIEN**	
356	Reptilien	
358	Schildkröten	
367	Krokodile	
370	Brückenechsen	
370	Doppelschleichen	
371	Echsen	
394	Schlangen	
416	**AMPHIBIEN**	
418	Amphibien	
420	Schwanzlurche	
427	Blindwühlen	
428	Froschlurche	
448	**FISCHE**	
450	Fische	
453	Kieferlose	
454	Knorpelfische	
466	Knochenfische	
468	*Lungenfische u. Verwandte*	
469	*Strahlenflosser*	
471	*Primitive Neopterygii*	
472	*Knochenzünglerartige*	
474	*Aalartige*	
478	*Heringsfische*	
480	*Karpfenfische und Welse*	
486	*Lachsfische*	
491	*Großmünder*	
492	*Eidechsenfische und Verwandte*	
493	*Laternenfische und Verwandte*	
493	*Schleimkopfartige Fische*	
494	*Glanzfische und Verwandte*	
495	*Dorsch- und Anglerfische*	
498	*Echte Strahlenflosser*	
514	**WIRBELLOSE**	
516	Wirbellose	
518	Wirbellose Chordatiere	
519	Schwämme	
520	Nesseltiere	
523	Plattwürmer	
524	Fadenwürmer	
525	Weichtiere	
532	Ringelwürmer	
534	Gliederfüßer	
536	Spinnentiere	
544	Hüftmünder	
544	Asselspinnen	
545	Tausend- und Hundertfüßer	
546	Krebstiere	
552	Insekten	
554	*Libellen*	
555	*Fangschrecken*	
556	*Schaben*	
557	*Termiten*	
558	*Heu-/Springschrecken*	
559	*Schnabelkerfe*	
563	*Käfer*	
567	*Zweiflügler*	
570	*Schmetterlinge*	
574	*Hautflügler*	
579	*Andere Insekten*	
582	*Insektenähnliche*	
583	Stachelhäuter	
585	Andere Wirbellose	
588	Glossar	
592	Register	
608	Fotografennachweis	

VORWORT

Wie jedes kompetente naturhistorische Werk wird auch die vorliegende *Neue Enzyklopädie der Tiere* von zwei Merkmalen gekennzeichnet. Auf der einen – schönen – Seite vermitteln die Autoren dieses umfassenden Buches eine Fülle von Informationen, die von der Vorstellung neu entdeckter Tierarten bis hin zu aktuellem, erstaunlichem Wissen über Verhaltens- und Lebensweise mancher Tiere reicht. Vor 25 Jahren hatte man etwa 3000 Froscharten wissenschaftlich beschrieben, heute kennt man fast 5000 Arten. Bis vor einem Jahrzehnt dachte man, bei Schlangen käme die Brutpflege nur ausnahmsweise vor. Doch inzwischen haben Biologen herausgefunden, dass die meisten Grubenottern ihre Jungen nach dem Schlüpfen noch etwa eine Woche lang betreuen. Auch die Klassifizierungsmethoden haben sich in den letzten Jahren erheblich verbessert. So wissen wir heute, dass die Krokodile näher mit den Vögeln als mit den Echsen verwandt sind und dass deshalb manche Arten Nester bauen und mithilfe von Lauten kommunizieren. Diese Verhaltensweisen zeigen beispielsweise sowohl die Alligatoren als auch die Adler und die ausgestorbenen Dinosaurier, woraus sich auf gemeinsame Vorfahren, die Archosaurier, schließen lässt.

Die *Neue Enzyklopädie der Tiere*, die von einem hochkarätigen Expertenteam erarbeitet wurde, befasst sich besonders ausführlich mit den Säugetieren und Vögeln, den beiden populärsten Wirbeltiergruppen. Hier bereitet Bekanntes und Neues über die beliebten Pandas, die geheimnisvollen Chimären oder Seeratten, die fürsorglichen magenbrütenden Frösche, die bizarren Schlitzrüssler und andere bestaunenswerte Wesen ein reines Lesevergnügen. Die Einblicke in die faszinierende Welt der Amphibien, zu der zum Beispiel die gliederlosen Blindwühlen zählen, und das Vorstellen einer Fülle von Wirbellosen bringen die Leserinnen und Leser gewiss zum bewundernden Staunen. Die virtuos gezeichneten, lebensnahen Bestimmungsbilder vermitteln zusammen mit den lebendigen Fotos, auf denen die Tiere in ihrem natürlichen Lebensraum zu sehen sind, ein beeindruckendes Bild von der Vielfalt und dem Zauber unserer Tierwelt.

Die *Neue Enzyklopädie der Tiere* verschweigt jedoch auch nicht die traurigen Tatsachen, die unsere Tierwelt Tag für Tag beeinträchtigen: Jahr für Jahr verlängert sich die Liste der bedrohten Tiere und der Gefährdungsgrad zahlreicher Arten wechselt von der Kategorie »gefährdet« zu »stark gefährdet« oder gar zu »vom Aussterben bedroht«. Ich hoffe daher, dass dieses Buch viel dazu beiträgt, unser aller Umweltbewusstsein zu schärfen und das Verantwortungsbewusstsein für den Erhalt unserer Tierwelt und ihrer Lebensräume zu stärken.

HARRY W. GREENE
Professor für Ökologie und Evolutionsbiologie, Cornell University, Ithaca, USA

WEGWEISER DURCH DAS BUCH

Der erste Teil des Buches gibt einen Einblick in die Lebens- und Verhaltensweisen sowie die Lebensräume der Tiere. Fakten zu Ursprung, Anatomie und Taxonomie (Einordnung in die zoologische Systematik) vervollständigen den Überblick. Es folgt ein großer Beschreibungsteil, der in die sechs großen Tiergruppen (Klassen) gegliedert ist: Säugetiere, Vögel, Reptilien, Amphibien, Fische und Wirbellose. Innerhalb dieser Gruppen werden die Untergruppen (Ordnungen, Familien) gemäß der zoologischen Systematik aufgeführt und umfassend mit vielen Beispielen in Wort und Bild beschrieben, wobei auf den Bestand, den Gefährdungsgrad bzw. den Schutzstatus hingewiesen wird. Ein Glossar vermittelt fachliches Wissen und das detaillierte Register hilft, einzelne Tierarten oder Tiergruppen rasch zu finden.

Verbreitungskarten
Auf farbigen Weltkarten sind die Verbreitungsgebiete der beschriebenen Tiergruppe oder -untergruppe eingezeichnet. Im dazugehörigen Text oder auf zusätzlichen Karten finden sich Angaben zur Verbreitung einzelner Gattungen oder Arten.

SYMBOLE ZUM LEBENSRAUM

Anhand der folgenden 19 einfachen, aber aussagekräftigen Symbole lässt sich mühelos ablesen, in welchem Lebensraum die vorgestellten Vertreter einer Gruppe oder Untergruppe vorkommen. Die typischen Merkmale der einzelnen Lebensräume sind auf den Seiten 40 bis 53 beschrieben.

- Tropischer Wald und Regenwald
- Monsunwald
- Laubwald in gemäßigten Zonen
- Nadelwald
- Moore und Heide
- Offene Landschaften wie Savanne, Grasland, Steppen- und Buschlandschaften sowie Felder
- Wüste oder Halbwüste
- Gebirge und Hochland
- Tundra
- Polarregionen
- Meere
- Korallenriff
- Mangrove-Sümpfe
- Küstengebiete wie Sand- und Felsstrände, Dünen, Gezeitentümpel und/oder Küstengewässer
- Flüsse und Bäche einschließlich ihrer Ufer
- Feuchtgebiete wie Sümpfe, Torfmoore, Marschland, Schwemmebenen oder Mündungsgebiete
- Seen, Teiche oder Tümpel
- Lebensräume in der Stadt wie Gärten, Parks oder Gebäude
- Parasitisch (in oder auf einem anderen Lebewesen) lebend

Kolumnentitel
Hier stehen: Seitenzahl, das Kapitel und das Thema, das auf der Seite behandelt wird.

Hinweise zur Systematik
In einem farbigen Kasten ist angegeben, wo die beschriebene Gruppe im Tierreich einzuordnen ist. Aufgeführt sind: Klasse, Ordnung, Familie, Gattung und Art.

142 SÄUGETIERE ROBBEN UND SEELÖWEN

ROBBEN UND SEELÖWEN

KLASSE Mammalia
ORDNUNG Carnivora
FAMILIEN 3
GATTUNGEN 21
ARTEN 36

Mit dem beweglichen, torpedoförmigen Körper, den zu Flossen umgebildeten Gliedmaßen und den isolierenden Schichten aus Blubber und Fell sind Robben, Seelöwen und Walrosse bestens an das Leben im Wasser angepasst. Nur zur Paarung und Aufzucht der Jungen kommen sie an Land. Früher galten diese Meeressäuger als eigene Ordnung, Flossenfüßer, doch jetzt rechnet man sie zu den Fleischfressern. Die meisten fressen Fische, Tintenfische und Krustentiere, einige auch Pinguine und Aas, manche greifen die Jungen anderer Robbenarten an. Sie tauchen bei der Beutesuche sehr tief, der Seeelefant kann am Stück bis zu 2 Stunden unter Wasser bleiben.

Im kalten Wasser Mönchsrobben findet man in wärmeren Gewässern, doch die meisten Robben, Seelöwen und Walrosse leben in den kälteren, nahrungsreichen Meeren der Polar- und gemäßigten Zonen. Fossilien zeigen, dass alle drei Familien aus dem nördlichen Pazifik stammen. Heute gibt es sie am häufigsten im Nordpazifik, Nordatlantik und in den südlichen Meeren.

Gemeinschaftsleben Die meisten Flossenfüßer leben als gesellige Tiere in großen Kolonien. Walrossherden bestehen oft aus Tausenden von Tieren und sind gleich- oder gemischtgeschlechtlich. Körper- und Stoßzahngröße bestimmen den Rang.

DREI GRUPPEN

Die Flossenfüßer gliedern sich in 3 Familien. Phocidae oder Hundsrobben schwimmen vorwiegend mit Schlägen der Hinterfüße, die sich beim Laufen nicht nach vorn biegen können, sodass sie sich an Land sehr plump bewegen. Sie hören, vor allem unter Wasser, gut, besitzen aber keine Ohrmuscheln.
Die Familie Otariidae umfasst Seelöwen und Seebären. Diese «Ohrenrobben» besitzen kleine Ohrmuscheln. Sie schwimmen vor allem mit den Vorderflossen. An Land können sie die Hinterflossen biegen, sodass sie auf «allen vieren» laufen und halb aufrecht sitzen.
Zur Familie Odobenidae gehört nur das Walross, das man leicht an den langen, bei beiden Geschlechtern zu Stoßzähnen umgebildeten Eckzähnen erkennt. Wie Hundsrobben schwimmen Walrosse mit den Hinterfüßen und haben keine Ohrmuscheln. Wie Ohrenrobben biegen sie die Hinterflossen nach vorn.

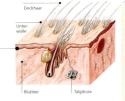

Isolierende Schichten Flossenfüßer besitzen eine dicke Schicht Blubber, die Wärme, Auftrieb und Fettvorräte bietet. Bis auf das Walross haben alle einen fellbedeckten Körper, wobei die dichte Unterwolle eine wasserabweisende Schicht bildet.

SORGE FÜR DIE JUNGEN
Alle Flossenfüßer werfen und paaren sich an Land oder auf dem Eis. Die Paarung findet wenige Tage nach der Geburt des meist einzigen Jungen statt, das befruchtete Ei nistet sich erst Monate später in der Gebärmutter ein. So geschehen Geburt, Säugen und Paarung in einer Saison, sodass die Tiere nur einmal im Jahr an Land leben, wo sie am gefährdetsten sind. Die Jungen sind unterschiedlich lang unselbstständig: Sattelrobben (rechts) säugen ihre Jungen nur etwa 12 Tage, Walrosse bleiben 2 Jahre bei der Mutter.

SCHUTZSTATUS
Die Robbenjagd, die im 16. Jahrhundert begann, hatte verheerende Auswirkungen auf den Bestand der Tiere. Von den 36 Arten stehen 36 % auf der Roten Liste der IUCN, unter folgenden Gefährdungsgraden:
2 Ausgestorben
1 Vom Aussterben bedroht
2 Stark gefährdet
7 Gefährdet
1 Weniger gefährdet

Detailzeichnungen
Querschnitte und andere Detailzeichnungen verdeutlichen und vertiefen Informationen, z.B. zur Anatomie oder Anpassungen, die im Verlauf der Evolution erfolgt sind, oder sie zeigen Unterscheidungsmerkmale.

Wissenswertes
In farbig unterlegten Kästen werden besonders interessante oder charakteristische Merkmale im Verhalten oder in der Biologie einer Tierart vorgestellt und mit Fotos oder Zeichnungen illustriert.

Schutzstatus
Hier finden sich erklärende Angaben über den Schutzstatus der beschriebenen Tierart oder -gruppe gemäß der Roten Liste der IUCN. Zudem informiert diese Rubrik über die Ursachen der bestehenden Gefährdung.

WEGWEISER DURCH DAS BUCH 11

ANGABEN ZUM GEFÄHRDUNGSGRAD UND BESTAND

Die Gefährdungsgrade basieren auf der Roten Liste der bedrohten Arten der IUCN (International Union for the Conservation of Nature and Nature Resources).

Gefährdungsgrade

† Bedeutet:

Ausgestorben (IUCN) Mit größter Wahrscheinlichkeit lebt kein Exemplar mehr.

In der Natur ausgestorben (IUCN) Lebt nur noch in der Obhut der Menschen.

⚡ Angaben zum Gefährdungsgrad und Bestand:

Von Aussterben bedroht (IUCN) Große Gefahr des unmittelbaren Aussterbens in der Natur.

Stark gefährdet (IUCN) Große Gefahr des Aussterbens in naher Zukunft.

Gefährdet (IUCN) Große Gefahr des Aussterbens in absehbarer Zeit.

Weniger gefährdet (IUCN) Eine akute Gefährdung besteht nicht, aber möglicherweise fällt die Art bald unter eine der oben genannten Kategorien.

Schutz nötig (IUCN) Um eine Gefährdung zu verhindern müssen Schutzmaßnahmen für die Tiere und ihren Lebensraum durchgeführt werden.

Keine Angabe (IUCN) Die Informationen reichen nicht aus, um den Gefährdungsgrad zu bestimmen.

Bestand
(nicht IUCN)

Häufig Weit verbreitet und in großen Beständen.

Regional häufig Weit verbreitet und in großer Zahl im jeweiligen Verbreitungsgebiet.

Bedingt häufig Weit verbreitet, aber in den jeweiligen Verbreitungsgebieten nur in geringer Anzahl.

Selten Vorkommen in nur sehr geringer Anzahl und lediglich in wenigen bzw. eng begrenzten Gebieten.

Unbekannt Der Bestand ist nicht bekannt oder zu wenig erforscht.

SYMBOLE

Unter Verwendung der folgenden Symbole sind in der Rubrik »Auf einen Blick« wichtige spezifische Fakten über die vorgestellten Tiere aufgeführt. (Bei Maßen und Gewichten ist stets der Maximalwert angegeben.)

Körperlänge
- Säugetiere: Kopf und Rumpf
- Vögel: Schnabel- bis Schwanzspitze
- Reptilien: Schlangen und Echsen: Kopf und Rumpf bis Afteröffnung; andere Reptilien: Kopf und Körper bis zur Schwanzspitze
- Schildkröten: Panzerlänge
- Amphibien: Kopf und Körper bis zur Schwanzspitze
- Fische: Kopf und Körper bis zur Spitze der Schwanzflosse

Körperhöhe
- Säugetiere: Schulterhöhe
- Vögel: Fuß bis Kopf

Schwanzlänge: Säugetiere
- Länge des Schwanzes

Flügelspannweite: Vögel
- Länge von einer Flügelspitze zur anderen

Gewicht
- Körpergewicht

Sozialstruktur: Säugetiere
- Einzelgänger
- Paarweise
- Gruppen (klein, groß, Harem etc.)
- Variabel

Gefieder – Männchen/Weibchen: Vögel
- Gleich
- Unterschiedlich

Fortpflanzung: Vögel, Reptilien
- Anzahl der Eier

Zugverhalten: Vögel
- Zugvogel
- Teilzieher
- Standvogel
- Nomade

Lebensraum: Reptilien, Amphibien
- An Land
- Im Wasser
- Im Boden (Grabtiere)
- Auf Bäumen
- Variabel

Paarungszeit: Amphibien
- Zeitraum der Paarung

Art der Fortpflanzung: Reptilien, Fische
- Vivipar (lebend gebärend)
- Ovipar (Eier legend)
- Ovovivipar (die Jungen entwickeln sich im Ei, das sich im Körper des Weibchens befindet)

Geschlecht: Reptilien, Fische
- Reptilien: Temperaturabhängige (phänotypisch) oder genabhängige (genotypisch) Geschlechtsentwicklung; Fische: getrenntgeschlechtlich (Männchen/Weibchen), Zwitter oder im Lauf des Lebens das Geschlecht wechselnd

---

ROBBEN UND SEELÖWEN **SÄUGETIERE** 143

Neuseelandseebär
Arctocephalus forsteri

Männchen bis 2,2 m lang, Weibchen bis 1,7 m

Mähnenrobbe
Otaria byronia

Männchen können bis zu 3-mal so groß sein wie Weibchen

Typische Mähne beim Männchen

Südafrikanischer Seebär
Arctocephalus pusillus

Männchen bis 2,1 m lang, Weibchen bis 1,5 m

Nördlicher Seebär
Callorhinus ursinus

Der massive Hals des Männchens trägt eine Mähne

Männchen bis 2,5 m lang, Weibchen bis 1,8 m

Kalifornischer Seelöwe
Zalophus californianus

Kurze Stoppeln auf schwarzen Flossen

Größte der Ohrenrobben

Stellerscher Seelöwe
Eumetopias jubatus

AUF EINEN BLICK

Neuseelandseebär Im späten Frühjahr suchen sich Männchen ein Revier an Felsenküsten, wo sich ihnen Weibchen anschließen. Nach der Geburt der Jungen suchen die Weibchen im Meer Nahrung, die Männchen bleiben an Land bis zum Ende der Paarungszeit.
- Männchen bis 360 kg, Weibchen bis 110 kg
- Harem
- Häufig

SW-Australien bis Neuseeland

Nördlicher Seebär Er zieht im Winter nach Süden und kehrt im Frühjahr zur Paarung zurück. Einige Tiere legen jährlich mehr als 10 000 km zurück.
- Männchen bis 275 kg, Weibchen bis 50 kg
- Harem
- Gefährdet

Nordpazifik, Beringmeer

Kalifornischer Seelöwe Die am häufigsten dressierte Robbenart ist gesellig und laut. Sie hält sich in Küstennähe auf und zieht sich häufig an Land, auf Molen oder Piere zurück.
- Männchen bis 400 kg, Weibchen bis 120 kg
- Harem
- Häufig, an Zahl zunehmend

Küsten des westlichen Nordamerika

KAMPF UM DAS REVIER

Ohrenrobben sammeln sich während der Paarungszeit in großer Zahl. Männchen verteidigen ihren Streifen Küste und ihren Harem gegen andere Männchen – zuerst durch Drohgebärden und Bellen, dann auch mittels Kampf.

Auf einen Blick
Kurz und prägnant werden hier eine oder mehrere der abgebildeten Arten oder Gruppen vorgestellt. Dazu gehören z. B. Informationen zu Größe, Aussehen, Verhalten, Fortpflanzung, Lebensraum und Verbreitung.

Spezifische Verbreitungskarten
In den Karten sind die Verbreitungsgebiete der Tierart oder -gruppe farbig eingezeichnet – je nach Bedarf auf einer Weltkarte oder auf einem Kartenausschnitt.

Lebensraum-Symbole
Die Symbole geben den Lebensraum der Tierart oder -gruppe, z. B. Korallenriff oder Regenwald. (Erläutert sind die Symbole auf der gegenüberliegenden Seite.)

Besonderheiten
Text und Abbildungen informieren über ganz besonders interessante Verhaltensweisen oder typische Merkmale.

Grad der Bedrohung
Ein rotes Kreuz über dem Namen kennzeichnet die Art als ausgestorben oder als in der Natur ausgestorben. Ein roter Blitz weist auf Angaben zum Gefährdungsgrad und Bestand hin.

Namen
Aufgeführt sind der gängige deutsche Name, außerdem der wissenschaftliche Name (Gattung und Art sowie ggf. Ordnung oder Familie).

Bildlegende
Die Texte neben den Abbildungen weisen auf typische Merkmale der Art hin, z. B. auf Farbvarianten, Verhalten, Lebensraum, Größe und anatomische Besonderheiten.

DAS TIERREICH

Die Tierwelt stellt eines der fünf Reiche dar, in die der Biologe alle Lebewesen einteilt. Zu den Prokaryoten (Monera) gehören Bakterien und Blaugrüne Algen. Die Einzeller umfassen vorwiegend große, einzellige Organismen wie Amöben und Pantoffeltierchen, die früher zu den Tieren gezählt wurden, aber jetzt als eigenes Reich gelten. Schimmel, Mehltau und Speisepilze gehören zum Reich der Pilze. Und dann gibt es noch das Pflanzenreich. Von den derzeit 1,75 Mio. auf der Erde beschriebenen Lebewesen ist das Tierreich mit über 1 Mio. Arten bei weitem am größten und vielfältigsten. Zu ihm zählen alle Organismen, die leicht als Tiere zu erkennen sind, sowie einige Arten, die für Nicht-Wissenschaftler nicht gleich als solche zu erkennen sind. Die überwältigende Mehrheit der Tiere sind Wirbellose – Tiere ohne Wirbelsäule. Unter ihnen dominieren die Insekten, sowohl bezüglich Individuenzahl als auch Artenvielfalt. Am meisten vertraut sind uns die Wirbeltiere – Fische, Amphibien, Reptilien, Vögel und Säugetiere –, denen wir im Sinne der Evolution am nächsten stehen

Langstreckenwanderer
Eine zarte, zerbrechliche Erscheinung täuscht oft über große Leistungen hinweg. Nachtfalter und Libellen wandern, aber die Fernreisenden in der Insektenwelt sind die Schmetterlinge. *Vanessa virginiensis* (oben) wandert im Frühjahr von Mexiko und den südlichen USA mehr als 2400 km Richtung Norden.

MERKMALE DER TIERE

Im Zusammenhang mit dem Tierreich wird oft von den Metazoa gesprochen – ein Begriff, der auf die Vielzelligkeit hinweist. Wie auch bei Pflanzen besteht das Gewebe von Tieren aus eukaryotischen Zellen. Den Tieren fehlen jedoch die Zellwände. Stattdessen werden die Zellen von einer extrazellulären Matrix gehalten, die Kollagen enthält und ein äußerst flexibles Gerüst bildet, in dem die Zellen angeordnet sind.

Ein anderes Merkmal aller Tiere ist die Heterotrophie, d. h. sie können nicht (wie Pflanzen, die autotroph sind) selbst Nährstoffe produzieren, sondern müssen andere Organismen direkt oder indirekt aufnehmen, um sich zu ernähren. Daher haben sich die enorme Artenvielfalt sowie die zahlreichen Varianten des Erwerbs und der Aufnahme von Nahrung entwickelt.

Die Nahrungsbedürfnisse haben Einfluss auf den Bauplan der Tiere. Die meisten besitzen ein zentrales Verdauungssystem, mit dessen Hilfe die Nahrung aufgenommen und aufgeschlossen wird.

Die Notwendigkeit, Nahrungsquellen zu finden bzw. zu suchen, hat auch zu der Fähigkeit sich zu bewegen geführt. Obwohl es nicht immer eine klare Unterscheidung gibt, trennt die Mobilität die meisten Pflanzen von den meisten Tieren. Die Mobilitätsfrage hat früher bei der wissenschaftlichen Zuordnung bestimmter Gruppen für viel Verwirrung gesorgt, insbesondere was die Schwämme, die Tiere mit der ältesten Entstehungsgeschichte, betrifft. Sie sind die einzigen leben-

Festgeklebt Einige Tiere, z. B. die Seescheiden (oben), bewegen sich nicht fort. Die einzige Aufgabe der kaulquappenähnlichen Larven (die nichts fressen) ist das Suchen eines geeigneten Standortes, an dem sie sich mit den klebrigen Papillen auf ihrem Kopf an der harten Oberfläche anheften. Dort bleiben sie und entwickeln sich zu der nahrungsfiltrierenden Erwachsenenform.

Winterspeck Der Braunbär (*Ursus arctos*), der in der nördlichen gemäßigten Zone lebt, ernährt sich von Wurzeln, Beeren, Fischen und Aas. Bis zum Winter speichert er Körperfett. Dann hält er in seiner Höhle Winterruhe, die sich vom echten Winterschlaf unterscheidet, weil die Körpertemperatur nicht abfällt. Während der Winterruhe lebt er nur von seinen Fettreserven.

DAS TIERREICH **TIERE** 15

Wie viele Tierarten gibt es?
Wissenschaftler haben bisher ungefähr 1,75 Mio. Arten von Lebensformen auf der Erde bestimmt, aber man vermutet, dass dies nur ein kleiner Teil der tatsächlichen Anzahl ist. Die Schätzungen liegen zwischen 5 und 100 Mio. Selbst die Zahl der bekannten Arten ist schwer festzulegen, weil ständig neue entdeckt werden. Wirbeltiere (siehe Abbildung links) sind die am besten beschriebene Gruppe, machen aber nur 5 % aller Tierarten aus. Es gibt etwa 1 Mio. bekannte Insektenarten, aber die wahre Zahl liegt wohl eher in einem Bereich von über 30 Mio.

den Tiere, denen Differenzierungen oberhalb der Zellebene fehlen, daher besitzen sie weder Organe noch Gewebe. Dieses einzigartige Merkmal brachte zusätzlich Verwirrung. Ihre Zellen sind jedoch in der Lage, kleine Bewegungen auszuführen, z. B. im frei schwimmenden Larvenstadium. Heute gibt es keine Zweifel, dass es sich um Tiere und nicht um Pflanzen handelt.

Die notwendige, eigenständige, zielgerichtete Bewegungsfähigkeit hat bei vielen Tieren zur Entwicklung eines Nervensystems mit zugehörigen Sinnesorganen geführt.

Ein typisches Merkmal ist auch die sexuelle Fortpflanzung, durch die alle Tierarten irgendwann in ihrem Leben Nachkommen hervorbringen. Manche pflanzen sich auch asexuell fort.

Akrobat der Lüfte
Das Verbreitungsgebiet des Steinadlers (*Aquila chrysaetos*) erstreckt sich über Berge und Flachland der nördlichen Hemisphäre. Die meisten Kleinsäuger erbeutet er, indem er dicht über dem Boden fliegt und blitzartig zupackt. In der Luft ist er so wendig und schnell, dass er auch Vögel im Flug fängt. Manche Steinadler-Paare jagen gemeinsam.

Teamwork Ameisen gehören einer hochsozialen Insektenfamilie an. Die Zusammenarbeit der Blattschneideameisen (*Atta cephalotes*) sichert ihnen ihre Nahrung. Die Ameisen beißen Blattstücke ab, tragen sie in unterirdische Höhlen und ernähren sich dann von den Pilzen, die auf dem Pflanzenmaterial wachsen und es zersetzen.

Bausteine Alle Lebewesen bestehen aus Zellen. Die ersten waren Prokaryoten – einfache Anhäufungen von genetischem Material innerhalb einer Zellwand. Diese Struktur findet sich bei Bakterien. Die Entwicklung zu den weit komplexeren eukaryotischen Zellen ermöglichte die Evolution aller Pflanzen und Tiere. Das Genqut der Eukaryoten befindet sich in einem von Membran umgebenen Zellkern; getrennte Organellen übernehmen Stoffwechselfunktionen.

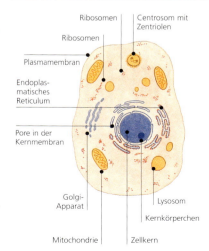

SYSTEMATIK IM TIERREICH

Menschen neigen zum Sortieren und Organisieren. Und es scheint, dass wir schon seit der Zeit des antiken griechischen Philosophen Aristoteles versuchen, dies auch mit den vielen unterschiedlichen Lebewesen zu tun, mit denen wir unseren Planeten teilen. Bisher haben Biologen etwa 1,7 Millionen Arten von Pflanzen, Tieren und Mikroorganismen, die derzeit auf der Erde existieren, entdeckt, beschrieben und bezeichnet. Das ist bloß ein kleiner Teil der angenommenen Gesamtzahl. Die Wissenschaftler haben auch Arten beschrieben, die schon längst ausgestorben sind. Die moderne Systematik versucht, Ordnung und Struktur in die riesige Menge an Informationen zu bekommen, die über die verschiedenen Organismen gesammelt wurden. Dies erfolgt, indem jeder dieser Organismen einen unverwechselbaren Namen erhält und aufgrund seiner entwicklungsgeschichtlichen Verwandtschaft in hierarchisch angeordnete Gruppen oder »Taxa« eingeteilt wird. Dadurch lässt sich jeder einzelne Organismus eindeutig erkennen, während er gleichzeitig die Verbindung zu anderen Organismen erhält, mit denen er gemeinsame Vorfahren hat. Alle Einteilungen entwickeln und verändern sich mit zunehmendem Wissen und neuen Entdeckungen. So zwang in den letzten Jahren die Möglichkeit, DNA zu untersuchen und zu vergleichen, die Wissenschaftler dazu, die systematische Zuordnung vieler Tiere zu überdenken bzw. zu korrigieren.

WAS IST SYSTEMATIK?
Systematik ist die Wissenschaft vom Erforschen der Vielfalt und der evolutionären Zusammenhänge der Organismen. Der Bereich der Systematik, der sich mit der Namensgebung und der Klassifizierung befasst, wird als Taxonomie bezeichnet. Die unterste Kategorie bei der Einteilung ist die Art. Im Idealfall umfassen die höheren und übergreifenden Kategorien einen Vorfahren mit all seinen Nachkommen. Bestimmt wird die Beziehung durch ein oder mehrere abgeleitete Merkmale, die alle Mitglieder einer Gruppe besitzen.

NAMENSGEBUNG
Die meisten Tiere besitzen Trivialnamen, die von Sprache zu Sprache und Land zu Land, oft sogar innerhalb eines Landes unterschiedlich sind. Um Unklarheiten zu vermeiden, verwenden Wissenschaftler lateinische (wissenschaftliche) Namen. Sie sind allgemein gültig, beständig und müssen nicht in die verschiedenen Sprachen übersetzt werden. Auf diese Weise wird der wissenschaftliche Name, unabhängig von der Sprache, immer sofort mit derselben Tiergruppe oder Tierart in Verbindung gebracht.

Die unterste Kategorie ist die Art. Die Art umfasst Populationen von Organismen (Tiere oder Pflanzen), die ein oder mehrere Merkmale gemeinsam haben, die verwandten Organismen fehlen. Die Art bildet also ein geschlossenes genetisches System. Das bedeutet, die Individuen können sich nur mit anderen Individuen dieser Art fortpflanzen, obwohl es gelegentlich Hybriden gibt, d. h. Verbindungen zwischen eng verwandten Arten.

Enge Verwandtschaft Wissenschaftler haben schon lange vor Darwin die Ähnlichkeit in Verhalten und Physiologie zwischen Mensch und Schimpanse (*Pan troglodytes*) beobachtet und aufgezeichnet. Seit einigen Jahren sind sie in der Lage, die DNA der beiden zu vergleichen. Die neuesten Erkenntnisse, dass über 98 % der Gene gleich sind, bestärken die Meinung, dass sie ähnlichen Kategorien zugeordnet werden sollten.

Einteilung nach Linné Jede Gruppe in diesem aufsteigenden System aus Kategorien umfasst Organismen mit immer ähnlicheren Eigenschaften. Die Hauskatze gehört z. B. zum Tierreich, zum Stamm Chordatiere (Tiere mit einer Chorda als zentralem Nervenstrang), zum Unterstamm Wirbeltiere (die Chorda ist von der knöchernen Wirbelsäule umgeben und mit dem Kopf verbunden) und zur Klasse Säugetiere (gleichwarme Wirbeltiere mit Haaren, Milchdrüsen und einem vierkammerigen Herz). Die Unterteilung geht weiter mit der Unterklasse Eutheria (plazentale Säugetiere, die lebende Junge zur Welt bringen), der Ordnung Fleischfresser (mit spezialisiertem Fleischfressergebiss), der Familie Katzen und der Gattung *Felis* (alle Kleinkatzen). Schließlich gibt es nur eine Organismenart mit dem wissenschaftlichen Namen *Felis catus*.

Art: *catus* – Hauskatze

Gattung: *Felis* – Hauskatze, Sandkatze, Rohrkatze, Schwarzfußkatze, Graukatze

Familie: Felidae – Hauskatze, Löwe, Tiger, Leopard, Panter, Puma, Luchs, *Smilodon*

Ordnung: Fleischfresser – Hauskatze, Robbe, Wolf, Hund, Bär, Beutelwolf

Klasse: Säugetiere – Hauskatze, Mensch, Lemur, Delfin, Schnabeltier, Mammut

Stamm: Chordatiere – Hauskatze, Fisch, Salamander, Dinosaurier, Albatros

Reich: Tiere – Hauskatze, Gespenstschrecke, Seegurke, Schwamm

SYSTEMATIK IM TIERREICH **TIERE**

Deutsche Namen In allen Ländern der Welt haben die meisten Tiere oder Pflanzen natürlich auch Namen in der Landessprache. Manche Lebewesen tragen gleich mehrere – zum Teil volkstümliche oder regionale – Namen. Im Deutschen nennt man dieses südamerikanische Insekt (links) Laub- oder Langfühlerheuschrecke. Die taxonomische (wissenschaftliche) Bezeichnung dieser Art lautet *Lirometopum coronatum*. Bei Verwendung dieses Namens vermeidet man jegliche Verwechslung.

Neue Entdeckungen Noch immer werden ständig neue Wirbellose entdeckt, neue Säugetierarten dagegen kaum. So wurden im letzten Jahrhundert völlig unerwartet in den Wäldern Südostasiens drei neue kleine Hirscharten gefunden, die als Muntjacks bezeichnet werden.

EIN BESTÄNDIGES SYSTEM

Im frühen 18. Jahrhundert entwickelte der schwedische Naturforscher Carl von Linné ein Schema zur Benennung, Einordnung und Klassifizierung unterschiedlicher Organismen nach dem Vorhandensein oder Fehlen von Gemeinsamkeiten. Die erste Version seines Systems wurde 1735 unter dem Namen *Systema Naturae* veröffentlicht. Linné hat es im Laufe seines Lebens immer wieder überarbeitet und es wurde seitdem viele Male weiterentwickelt und verbessert.

Bis heute bildet es die allgemeingültige, wissenschaftlich anerkannte Grundlage für die systematische Einteilung und es wird weltweit von den Biologen angewandt. Daher bezeichnet man Linné als den »Vater der Taxonomie«.

Das Prinzip des Systems von Linné ist die Vergabe eines eindeutigen zweiteiligen (lateinischen) Namens. In diesem so genannten binominalen System bezeichnet der erste Teil des Namens die Gattung, zu der das Lebewesen gehört. Die Gattung umfasst alle heute vorkommenden oder ausgestorbenen Organismen, die mit der bezeichneten Art entwicklungsgeschichtlich am engsten verwandt sind.

Der zweite Namensteil ist der Artname. Nur ein Organismus innerhalb einer Gattung trägt diesen Namen. Auf diese Weise erhält jeder Organismus seine eindeutige, zweiteilige Bezeichnung. Wissenschaftler auf der ganzen Welt wissen, dass sie über denselben Organismus sprechen, wenn sie diesen Namen verwenden.

Der Gattungsname beginnt immer mit einem Großbuchstaben, während der Artname kleingeschrieben wird. Beide Namen werden kursiv geschrieben. Populationen einer Art, die geografisch getrennt wurden und relativ übereinstimmende Unterschiede entwickelten, werden als Unterarten bezeichnet und erhalten einen dritten Namen. Wie der Artname wird dieser klein und kursiv geschrieben.

Sprungkraft Ein Merkmal grenzt alle Frösche und Kröten von den anderen Amphibien ab: Die Fußknochen sind so stark verlängert, dass sie im Hinterbein ein zusätzliches Segment bilden, das sie zu weiten Sprüngen befähigt. Dies ist ein typisches Merkmal der Ordnung Anura, zu der alle Frösche und Kröten gehören. Als weitere Anpassung an das Springen besitzen sie eine kurze Wirbelsäule mit nicht mehr als 10 freien Wirbeln, an die sich ein Knochenstab anschließt (das Coccygeum aus verwachsenen Schwanzwirbeln).

Aussehen täuscht Die entwicklungsgeschichtliche Verwandtschaft ist nicht immer an äußerlichen anatomischen Merkmalen zu erkennen. Ein Beispiel dafür ist die afrikanische und asiatische Säugetierfamilie der Schliefer (rechts). Alle lebenden Arten sind kaninchengroß und sehen auf den ersten Blick wie Nagetiere aus. Es handelt sich jedoch um Huftiere und ihre engsten lebenden Verwandten sind Elefanten und Seekühe. Die meisten Arten einer Schliefer-Gattung leben als Einzelgänger in den Bäumen, damit sind sie die einzigen lebenden Huftiere, die Baumbewohner sind.

SÄUGETIERE

Die Säugetiere werden in 3 Hauptgruppen unterteilt, die insgesamt 26 Ordnungen umfassen. Die Gruppenzuordnung richtet sich nach dem Aufbau der Fortpflanzungsorgane: Die unter diesem Aspekt am einfachsten entwickelten Tiere sind die Eier legenden Säugetiere mit einer Ordnung, den Kloakentieren. Die Beuteltiere bringen ihre Jungen in einem sehr frühen Entwicklungsstadium zur Welt und umfassen 7 Ordnungen. In den anderen 18 Ordnungen sind die höheren Säugetiere. Die modernen DNA-Sequenz-Analysen haben ergeben, dass Wale und Paarhufer näher miteinander verwandt sind als mit irgendeiner anderen Tiergruppe.

Klasse Mammalia – Säugetiere

EIER LEGENDE SÄUGETIERE
Ordnung Monotremata
Kloakentiere (Ameisenigel, Schnabeltier)

BEUTELTIERE
Ordnung Didelphimorphia
Beutelratten (Amerikanische Opossums)

Ordnung Paucituberculata
Opossummäuse

Ordnung Microbiotheria
Chiloé-Beutelratte

Ordnung Dasyuromorphia
Beutelmarder, Beutelmäuse, Ameisenbeutler und Verwandte

Ordnung Peramelemorphia
Nasenbeutler

Ordnung Notoryctemorphia
Beutelmulle

Ordnung Diprotodontia
Opossums, Kängurus, Koalas, Wombats und Verwandte

HÖHERE SÄUGETIERE (PLAZENTALE SÄUGETIERE)
Ordnung Xenarthra – Nebengelenktiere
Faultiere, Ameisenbären und Gürteltiere

Ordnung Pholidota
Schuppentiere

Ordnung Insectivora
Insektenfresser

Ordnung Dermoptera
Riesengleiter

Ordnung Scandentia – Spitzhörnchenartige
Spitzhörnchen (Tupaias)

Ordnung Chiroptera
Fledertiere

Ordnung Primates
Primaten (Herrentiere)

    Unterordnung Strepsirhini
    Halbaffen

    Unterordnung Haplorhini
    Affen und Menschenaffen

Ordnung Carnivora
Fleischfresser

    Familie Canidae – Hunde
    Hunde, Füchse, Wölfe, Schakale

    Familie Ursidae – Großbären
    Bären und Pandas

    Familie Mustelidae
    Marder

    ROBBEN UND SEELÖWEN
    Familie Phocidae
    Seehunde

    Familie Otariidae
    Seelöwen und Ohrenrobben

    Familie Odobenidae
    Walrosse

    Familie Procyonidae
    Kleinbären

    Familie Hyaenidae
    Hyänen und Erdwolf

Familie Ursidae, Seite 130

    SCHLEICHKATZEN/MANGUSTEN
    Familie Viverridae
    Schleich-, Ginsterkatzen, Linsangs

    Familie Herpestidae
    Mangusten

    Familie Felidae
    Katzen

Ordnung Proboscidea – Rüsseltiere
Elefanten

Ordnung Sirenia – Sirenen (Seekühe)
Dugongs und Manatis

    Familie Trichechidae
    Manatis

    Familie Dugongidae
    Dugongs

Ordnung Perissodactyla
Unpaarhufer

    Familie Equidae – Pferde
    Pferde, Zebras und Esel

    Familie Tapiridae
    Tapire

    Familie Rhinocerotidae
    Nashörner

Ordnung Hyracoidea – Schlieftiere
Schliefer

Ordnung Tubulidentata – Röhrenzahnartige
Erdferkel

Ordnung Artiodactyla – Paarzeher
Paarhufer

    Familie Bovidae – Rinder
    Rinder, Antilopen und Schafe

    HIRSCHE
    Familie Cervidae
    Hirsche

    Familie Tragulidae
    Zwergböckchen

    Familie Moschidae
    Moschushirsche

    Familie Antilocapridae
    Gabelhornträger

    Familie Giraffidae – Giraffen
    Giraffen und Okapi

    Familie Camelidae – Kamele
    Kamele und Lamas

    Familie Suidae
    Schweine

    Familie Tayassuidae –
    Nabelschweine / Pekaris

    Familie Hippopotamidae
    Flusspferde

Familie Cervidae, Seite 190

Ordnung Cetacea
Waltiere

    Unterordnung Odontoceti
    Zahnwale

    Unterordnung Mysticeti
    Bartenwale

Ordnung Rodentia
Nagetiere

    Unterordnung Sciurognathi
    Hörnchenverwandte, Mäuseverwandte und Gundis

    Unterordnung Hystricognathi
    Meerschweinchenverwandte

Ordnung Lagomorpha – Hasenartige
Hasen, Kaninchen und Pfeifhasen

Ordnung Macroscelidea
Rüsselspringer

VÖGEL

Seit Charles Darwin werden Vögel aufgrund der Einschätzung ihrer natürlichen Verwandtschaftsbeziehungen klassifiziert. Dadurch werden ähnlich aussehende, sich miteinander kreuzende Populationen zu Arten, verwandte oder Schwesternarten zu Gattungen, verwandte Gattungen zu Familien und verwandte Familien zu Ordnungen zusammengefasst – sie bilden den »Stammbaum« der Vogelevolution.

Heute definieren wir eine Art als ähnlich aussehende Populationen von Lebewesen, die sich untereinander fortpflanzen. Gattungen, Familien und Ordnungen weisen anatomische Ähnlichkeiten bei Gliedmaßen, Skelett und Federn auf. So haben Papageienvögel Füße mit zwei nach vorne und zwei nach hinten gerichteten Zehen und einen Hakenschnabel mit einem vertikal verdrehbaren Gaumenbein.

In den 1930er-Jahren entwickelte der Amerikaner Alexander Wetmore eine Systematik für die Ordnungen und Familien der Vögel, die im 20. Jh. zum Standard der Vogelsystematik wurde. Seitdem haben DNA- und andere molekulare Untersuchungen gezeigt, dass viele anatomische Merkmale aufgrund der konvergenten Entwicklung ungeeignet für die systematische Einteilung von Vögeln sind, besonders innerhalb der Familie der Sperlings- oder Singvögel, zu der mehr als die Hälfte aller Vogelarten zählen. So fand man heraus, dass die Zaunkönige, Fliegenschnäpper, Rotkehlchen und Grasmücken aus Australasien mit den ähnlich aussehenden europäischen Arten nicht verwandt, sondern die ursprünglichen Stammformen aller Singvögel weltweit aus Gondwana sind. Die nachfolgende Übersicht berücksichtigt diese Änderungen und bezieht sich auf die aktuellen Ergebnisse, die 2003 von Howard und Moore mit der *Complete Checklist of Birds of the World* veröffentlicht wurden. Da diese Liste keine Ordnungen enthält, sind die Familien dem üblichen Wetmore-System zugeordnet.

Klasse Aves – Vögel

Ordnung Tinamiformes
Steißhuhnartige

Ordnung Struthioniformes
Straußenvögel

Ordnung Rheiformes
Nanduvögel

Ordnung Casuariiformes – Kasuarvögel
Kasuare und Emus

Ordnung Apterygiformes
Kiwis

Ordnung Galliformes
Hühnervögel

Ordnung Anseriformes
Gänsevögel

Ordnung Apterygiformes, Seite 251

Ordnung Sphenisciformes
Pinguinvögel

Ordnung Gaviiformes
Seetaucherartige

Ordnung Podicipediformes
Steißfüße

Ordnung Procellariiformes – Röhrennasen
Albatrosse und Sturmvögel

Ordnung Phoenicopteriformes
Flamingos

Ordnung Ciconiiformes – Schreitvögel
Reiher und Verwandte

Ordnung Pelecaniformes – Ruderfüßler / Pelikane und Verwandte

Ordnung Falconiformes
Greifvögel

Ordnung Gruiformes
Kranichvögel

Ordnung Charadriiformes –
Regenpfeifervögel

Ordnung Pteroclidiformes
Flughühner

Ordnung Columbiformes
Taubenvögel

Ordnung Psittaciformes
Papageienvögel

Ordnung Cuculiformes –
Kuckucksartige / Kuckucke und Turakos

Ordnung Pelecaniformes, Seite 271

Ordnung Strigiformes
Eulenvögel

Ordnung Caprimulgiformes
Schwalmvögel

Ordnung Apodiformes – Seglerartige
Kolibris und Segler

Ordnung Coliiformes
Mausvögel

Ordnung Trogoniformes
Verkehrtfüßler (Trogons)

Ordnung Coraciiformes – Rackenvögel
Eisvögel und Verwandte

Ordnung Piciformes
Spechtvögel

Ordnung Passeriformes
Sperlingsvögel

Ordnung Passeriformes, Seite 324

REPTILIEN

Zu den rezenten, also heute noch lebenden Reptilien zählen Schildkröten, Krokodile, Brückenechsen und Schuppenkriechtiere (Echsen, Schlangen und Schleichen). Die Krokodile sind am engsten mit den Vögeln verwandt. Die Position der Schildkröten ist umstritten. Manche Studien besagen, dass die Vorfahren der Schildkröten so weit von den Schuppenkriechtieren entfernt sind, dass sie zu einer getrennten Klasse gehören. Echsen verloren ihre Beine, um sich zu Schlangen, Schleichen oder Doppelschleichen zu entwickeln, daher ist die Zusammenfassung zu Unterordnungen innerhalb der Schuppenkriechtiere auch umstritten. Nur die Stellung der Brückenechse als ursprüngliche Ordnung für sich allein innerhalb der Reptilien ist eindeutig. In diesem Buch wird die allgemein übliche Systematik der Gruppen verwendet. Einteilung und Namensgebung für Familien, Gattungen und Arten erfolgen nach dem EMBL Reptile Data Base (http://www.embl-heidelberg.de/-uetz/LivingReptiles.html).

Klasse Reptilia – Reptilien

Ordnung Testudines
Schildkröten

Ordnung Crocodilia
Krokodile

Ordnung Rhyncocephalia
Schnabelköpfe (Brückenechsen)

Ordnung Squamata – Schuppenkriechtiere
Echsen und Schlangen

Ordnung Testudines, Seite 358

Unterordnung Amphisbaenia
Doppelschleichen

AMPHIBIEN

Zu den rezenten, also heute noch lebenden Amphibien gehören 3 Ordnungen: die Frösche und Kröten (Froschlurche), die Salamander und Molche (Schwanzlurche) und die Blindwühlen (Gymnophiona). Die Amphibien sind eine monophyletische Tiergruppe, das heißt sie stammen alle von einem gemeinsamen Vorfahren ab. Das wichtigste äußere Merkmal aller Amphibien ist die glatte, schuppenlose Haut. Die Verwendung von Familien, Gattungen und Arten erfolgt nach *Amphibian Species of the World* (http://research.amnh.org/herpetology/amphibia/index.html).

Klasse Amphibia – Amphibien

Ordnung Caudata
Salamander und Molche

Ordnung Gymnophiona
Blindwühlen

Ordnung Anura – Froschlurche
Frösche und Kröten

Ordnung Anura, Seite 428

FISCHE

Alle Untersuchungen von Fischen zeigen, dass es eine immense Vielfalt in dieser Tiergruppe gibt, in der die Tiere sich vorwiegend durch den Lebensraum sowie die Formen und Anpassungen ihres Körpers unterscheiden. Daher verwenden Biologen den Begriff Fische nicht als taxonomisch definierten Begriff, sondern als allgemeine Bezeichnung für im Wasser lebende Wirbeltiere, z. B. Inger, Neunaugen, Haie, Rochen, Lungenfische, Störe, Knochenhechte und die modernen Strahlenflosser. Es gibt eine Reihe von Systemen zur Einteilung von Fischen, wobei das neueste und am meisten anerkannte (und hier aufgeführte) System von 5 rezenten und 3 ausgestorbenen Klassen ausgeht. Die 5 Klassen sind Inger, Neunaugen, Knorpelfische, Fleischflosser und Strahlenflosser, die in 2 Überklassen unterteilt werden: Kieferlose und Kiefertragende Fische. Die 3 ausgestorbenen Klassen sind: Pteraspidomorpha (Kieferlose Panzerfische), Kiefertragende Placodermi, die mit Knochenplatten besetzt waren, und Acanthodiana, kleine echte Knochenfische mit zwei langen Rückenstacheln.

KIEFERLOSE
Überklasse Agnatha
Neunaugen und Inger

KIEFERTRAGENDE FISCHE
Überklasse Gnathostomata
(alle unten aufgeführten Gruppen)

Überklasse Agnatha, Seite 453

KNORPELFISCHE – »Chondrichthyes«
Klasse Chondrichthyes
Haie, Rochen und Verwandte

Unterklasse Elasmobranchii – Plattenkiemer
Haie
Rochen und Verwandte

Unterklasse Holocephali
Seedrachen

KNOCHENFISCHE – »Osteichthyes«

Klasse Sarcopterygii – Fleischflosser
Lungenfische und Verwandte

Klasse Actinopterygii – Strahlenflosser

Unterklasse Chondrostei
Flösselhechte und Verwandte

Unterklasse Elasmobranchii, Seite 462

Unterklasse Neopterygii – Neuflosser

Primitive Neopterygii
(Knochenhechte, Schlammfische)

Abteilung Teleostei

Unterabteilung Osteoglossomorpha
Knochenzünglerartige

Unterabteilung Elopomorpha
Aalartige

Unterabteilung Clupeomorpha
Heringsfische

Unterabteilung Euteleostei
(alle nachfolgend aufgeführten Gruppen)

Unterabteilung Osteoglossomorpha, Seite 472

Überordnung Ostariophysi
Karpfenfische und Welse

Überordnung Protacanthopterygii
Lachsfische

Überordnung Stenopterygii
Großmünder

Überordnung Cyclosquamata
Eidechsenfische und Verwandte

Überordnung Scopelomorpha
Laternenfische und Verwandte

Überordnung Polymixiomorpha
Schleimkopfartige Fische

Überordnung Lampridiomorpha
Glanzfische und Verwandte

Überordnung Paracanthopterygii
Dorsch- und Anglerfische

Überordnung Acanthopterygii
Echte Strahlenflosser

Überordnung Acanthopterygii, Seite 498

WIRBELLOSE

Über 95 % aller Tiere sind Wirbellose. Ihnen allen fehlt ein Rückgrat oder eine Wirbelsäule. Wirbellose werden in etwa 30 Stämme aufgeteilt, die jeweils eine typische Körperform aufweisen. Die entwicklungsgeschichtliche Verwandtschaft lässt sich aufgrund ihrer Anatomie, ihrer Larvalentwicklung und neuerdings durch molekulare Analysen, speziell der DNA und des genetischen Codes, bestimmen. Zu den für die Stämme typischen Merkmalen zählt die Körperstruktur: vom lockeren Zellverband (Schwämme) über die Bildung von Gewebe (Nesseltiere) bis zur Entwicklung von Organen (Plattwürmer). Die Entstehung einer flüssigkeitsgefüllten Körperhöhle bestimmte die weitere Evolution der Tiere, weil sie Rundwürmern, Ringelwürmern und vielen anderen Stämmen ermöglichte, sich durch ein hydraulisches System – angetrieben durch Flüssigkeitsdruck – fortzubewegen. Ursprung und Form dieser Körperhöhlen kennzeichnen verschiedene Stämme. Während diese Tiere einen weichen Körper haben, werden andere durch verschiedene Arten von Skeletten geschützt und gestützt, z. B. die Muschelschalen bei den Weichtieren oder das gegliederte Außenskelett bei den Gliederfüßern. Die Einteilung des Körpers in Segmente erlaubt eine Spezialisierung bestimmter Körperteile. Bei den Gliederfüßern hat dies zu einer Entwicklung von Anhängseln geführt, die bestimmte Funktionen erfüllen, wie Sinneswahrnehmung, Ernährung und Fortbewegung. Details der frühen Embryonalentwicklung teilen viele modernere Stämme in 2 Abstammungslinien. Die eine führt über die Stachelhäuter zu den Chordatieren, zu denen auch die Wirbeltiere gehören. Zur anderen gehört der große Rest der Tierstämme. Während Molekularuntersuchungen viele Vorstellungen des Evolutionsverlaufs aufgrund von Anatomie und Entwicklung bestätigt haben, gibt es auch zahlreiche Beispiele, die diesen widersprechen. Die systematische Einteilung wird daher kontinuierlich überarbeitet. Außerdem zeigt die ständige Identifizierung neuer Arten von Wirbellosen, dass bisher längst nicht alles entdeckt ist und wir gewiss weit davon entfernt sind zu verstehen, welche wichtige Rolle sie im Ökosystem spielen.

Stamm Cnidaria, Seite 520

Stamm Chordata
Wirbellose Chordatiere

    Unterstamm Urochordata
    Manteltiere

    Unterstamm Cephalochordata
    Schädellose

Stamm Porifera
Schwämme

Stamm Cnidaria
Nesseltiere (Seeanemonen, Korallen, Quallen u. a.)

Stamm Plathelminthes
Plattwürmer

Stamm Nematoda
Fadenwürmer

Stamm Mollusca
Weichtiere (Muscheln, Schnecken, Tintenfische u. a.)

Stamm Annelida
Ringelwürmer

Stamm Arthropoda
Gliederfüßler

    Unterstamm Chelicerata
    Scherenfüßer

Stamm Mollusca, Seite 525

        Klasse Arachnida
        Spinnentiere

        Klasse Merostomata
        Hüftmünder

        Klasse Pycnogonida
        Asselspinnen

    Unterstamm Myriapoda – Tausendfüßer
    Tausend- und Hundertfüßer

Klasse Arachnida, Seite 536

SYSTEMATIK IM TIERREICH **TIERE** 21

Unterstamm Crustacea
Krebstiere

Unterstamm Hexapoda
Hexapoden oder Sechsfüßer

Klasse Insecta
Insekten

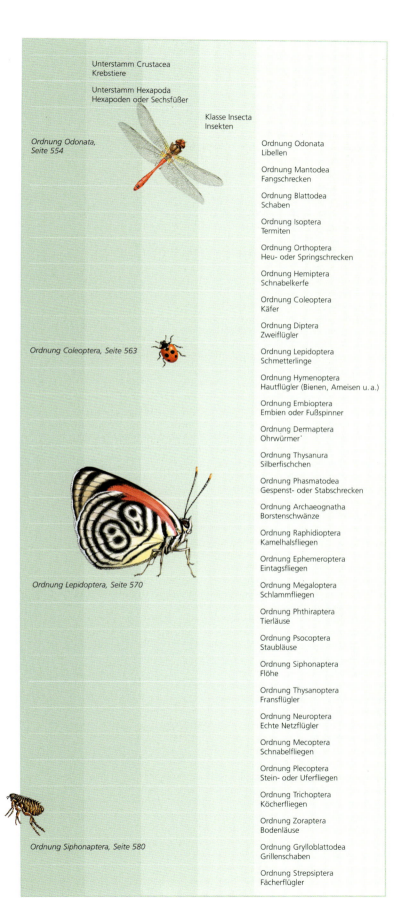

Ordnung Odonata, Seite 554

Ordnung Coleoptera, Seite 563

Ordnung Lepidoptera, Seite 570

Ordnung Siphonaptera, Seite 580

Ordnung Odonata
Libellen

Ordnung Mantodea
Fangschrecken

Ordnung Blattodea
Schaben

Ordnung Isoptera
Termiten

Ordnung Orthoptera
Heu- oder Springschrecken

Ordnung Hemiptera
Schnabelkerfe

Ordnung Coleoptera
Käfer

Ordnung Diptera
Zweiflügler

Ordnung Lepidoptera
Schmetterlinge

Ordnung Hymenoptera
Hautflügler (Bienen, Ameisen u. a.)

Ordnung Embioptera
Embien oder Fußspinner

Ordnung Dermaptera
Ohrwürmer

Ordnung Thysanura
Silberfischchen

Ordnung Phasmatodea
Gespenst- oder Stabschrecken

Ordnung Archaeognatha
Borstenschwänze

Ordnung Raphidioptera
Kamelhalsfliegen

Ordnung Ephemeroptera
Eintagsfliegen

Ordnung Megaloptera
Schlammfliegen

Ordnung Phthiraptera
Tierläuse

Ordnung Psocoptera
Staubläuse

Ordnung Siphonaptera
Flöhe

Ordnung Thysanoptera
Fransflügler

Ordnung Neuroptera
Echte Netzflügler

Ordnung Mecoptera
Schnabelfliegen

Ordnung Plecoptera
Stein- oder Uferfliegen

Ordnung Trichoptera
Köcherfliegen

Ordnung Zoraptera
Bodenläuse

Ordnung Grylloblattodea
Grillenschaben

Ordnung Strepsiptera
Fächerflügler

Stamm Echinodermata
Stachelhäuter (Seesterne, Seeigel, Seewalzen u. a.)

Stamm Nemertea
Schnurwürmer

Stamm Entoprocta
Kelchwürmer

Stamm Tardigrada
Bärtierchen

Stamm Ctenophora
Rippenquallen

Stamm Rotifera
Rädertierchen

Stamm Hemichordata
Kragentiere oder Kiemenlochtiere

Stamm Chaetognatha
Pfeilwürmer

Stamm Gastrotricha
Bauchhärlinge

Stamm Kinorhyncha
Hakenrüssler

Stamm Phoronida
Hufeisenwürmer

Stamm Onychophora
Stummelfüßer

Stamm Brachiopoda
Armfüßer

Stamm Bryozoa
Moostierchen oder Kranzfüßer

Stamm Sipuncula
Spritzwürmer

Stamm Echiura
Igelwürmer

Stamm Loricifera
Korsetttierchen

Stamm Priapulida
Priapswürmer

Stamm Nematomorpha
Saitenwürmer

Stamm Acanthocephala
Kratzwürmer

Stamm Pogonophora
Bartwürmer

Stamm Gnathostomulida
Kiefermündchen

Stamm Cycliophora
Cycliophora

Stamm Placozoa
Placozoa

Stamm Orthonectida
Schwimmer

Stamm Rhombozoa
Rautentiere

Klasse Collembola
Springschwänze

Klasse Protura
Beintastler

Klasse Diplura
Doppelschwänze

Stamm Echinodermata, Seite 583

Stamm Rotifera, Seite 586

Stamm Onychophora, Seite 587

EVOLUTION

Die Frage, wie und wo Leben entstand, beschäftigt die Menschen schon seit Jahrtausenden und führte weltweit zu Mythen und Legenden. In der Wissenschaft diskutiert man diese Frage permanent, wobei wohl niemand die endgültigen Antworten finden wird. Bei zwei Erkenntnissen stimmen die Wissenschaftler jedoch überein: Alle Lebewesen auf der Erde haben einen gemeinsamen Ursprung und die entscheidenden Ereignisse, die zur Entstehung von Leben führten, fanden vor über 4 Milliarden Jahren statt. Zu dieser Zeit war die Erde erst einige 100 Mio. Jahre alt und bestand vorwiegend aus Ozean. Es war ein ziemlich unwirtlicher Ort mit hoher Ultraviolett-Strahlung, heftigen elektrischen Stürmen, starker vulkanischer Aktivität und einer Atmosphäre mit sehr wenig Sauerstoff, aber viel Methan, Wasserstoff und Ammoniak. Es ist kaum zu glauben, dass an diesem feindlichen Ort Leben entstanden ist. Über die nachfolgenden Jahrmilliarden waren es das Leben an sich und all die Prozesse, die dafür erforderlich waren und die dazu beitrugen, unseren Planeten langsam zu verwandeln.

DER ANFANG

Die bekannteste wissenschaftliche Theorie über den Ursprung des Lebens besagt: Alles begann mit einfachen organischen Molekülen, aus denen alle Lebewesen aufgebaut sind und die spontan aus anorganischen Komponenten auf der jungen Erde entstanden. Wie dies abgelaufen sein könnte, demonstrierte zum ersten Mal in den frühen 1950er-Jahren das berühmte Experiment der Biochemiker Stanley Miller und Harold Urey an der Universität von Chicago. Unter Bedingungen, wie sie auf der Erde vor 4 Milliarden Jahren herrschten, entstanden im Labor organische Bausteine einschließlich Aminosäuren und Nukleotide. Durch Zusammenschluss solcher Moleküle bildeten sich vermutlich die ersten Zellen, die den anaeroben Bakterien, die wir heute von Gärvorgängen kennen, ähneln. Der älteste Nachweis solcher Zellen (in Gestein auf Grönland) deutet darauf hin, dass solche Organismen vor über 3,5 Milliarden Jahren entstanden sind. Der nächste Schritt war die Nutzung der Sonnenenergie.

Aussagekräftige Beweise Unterschiedliche Fossilfunde untermauern die Evolutionstheorie, da sie Erklärungen für die Entwicklung des Lebens auf der Erde liefern. Viele Menschen meinen, Fossilien seien lediglich Knochen oder die Abdrücke von Knochen in Fels, Erde oder Sediment. Ein Fossil sagt jedoch weit mehr aus, es ist ein physischer Beweis für Pflanzen oder Tiere aus vergangenen Zeiten. Solche prähistorischen Artefakte wurden auf allen Kontinenten gefunden.

Lebende Fossilien Mit einem Alter von 3,5 Milliarden Jahren sind Stromatoliten die ältesten bekannten Fossilien. Diese uralten riffbildenden Strukturen wurden vornehmlich von fotosynthetischen, koloniebildenden Cyanobakterien, auch als Blaugrüne Algen bekannt, erbaut. Vermutlich waren sie 2 Milliarden Jahre lang die erste dominante Lebensform auf der Erde. Stromatoliten wurden schichtweise senkrecht aufgebaut in Form von Bakterienmatten, die Mineralien und Sedimentkörnchen eingeschlossen haben. Neue Kolonien wuchsen Schicht für Schicht immer weiter dem Licht entgegen. Dieser Vorgang findet heute noch in der Shark Bay in Westaustralien statt, einer von zwei Orten auf der Welt, wo lebende Stomatoliten noch vorkommen.

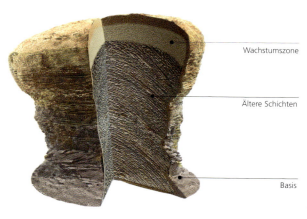

Wachstumszone

Ältere Schichten

Basis

REVOLUTIONÄRE THEORIE

Einige dieser frühen Zellen entwickelten die Fähigkeit zur Fotosynthese, indem sie die Energie des Sonnenlichts nutzten, um Nahrung in Form von einfachen Zuckern herzustellen. Dabei wurde Sauerstoff als Nebenprodukt freigesetzt. Als sich die Atmosphäre langsam mit Sauerstoff anreicherte, bildete sich ein anderer Zelltyp: Eukaryoten. Nachweise der Stoffwechselaktivitäten solcher Zellen, die in Gestein im Nordwesten Australiens gefunden wurden, zeigten, dass sie vor 2,7 Milliarden Jahren entstanden sind. Dieser Zelltyp ermöglichte die Entstehung von Vielzellern – bei Pflanzen und Tieren.

Bis zum Ende des 20. Jahrhunderts waren die bekannten ältesten fossilen Funde tierischen Lebens rund 600 Mio. Jahre alt. 1998 berichteten Forscher über eine Entdeckung, die beweisen sollte, dass Tiere schon viel früher existierten. Es handelt sich um fossile Spuren, die vor etwa 1 Milliarde Jahren von einer wurmähnlichen Kreatur im Sediment eines Sees hinterlassen wurden, der einst Indien bedeckte.

Unabhängig davon, wann welche Lebensform zuerst erschien, betrachten die Wissenschaftler die Milliarden verschiedener Formen, die seither entstanden sind, als ein Produkt der Evolution. Das Grundkonzept der Evolution (ähnliche Arten haben ähnliche Vorfahren) reicht bis zu den alten griechischen Philosophen zurück. Die heutige Evolutionstheorie wurde 1859 von dem englischen Naturforscher Charles Darwin in seinem Buch *Die Entstehung der Arten durch natürliche Zuchtwahl* aufgestellt. Diese Theorie wird heute als Meilenstein in der Wissenschaft angesehen und steht im Mittelpunkt der biologischen Forschungen. Sie wurde weiterentwickelt, aber der Grundlehrsatz, dass verschiedene Arten durch veränderte Umweltbedingungen entstehen, gilt immer noch.

Seit die Erde vor rund 4,5 Milliarden Jahren entstand, haben sich die Umweltbedingungen mehrfach verändert. Nach der Evolutionstheorie überleben nur Organismen, die sich anpassen. Die anderen sterben aus. Dieses Prinzip ist bekannt als *survival of the fittest*. Darwins Theorie besagt: Organismen, die besser an ihre Umwelt angepasst sind, haben über längere Zeit größere Überlebenschancen. Daher können sie auch eher Nachkommen hervorbringen. Diese besitzen dieselben Eigenschaften, die ihren Eltern das Überleben ermöglichten, und geben sie weiter.

Beweise für die Evolution und die natürliche Auslese als deren Antriebsfeder lieferten die Fossilfunde. Die Theorie wird auch untermauert, wenn man die überlebenden und ausgestorbenen Arten in den Bereichen Anatomie, Embryonalentwicklung und neuerdings in der Biochemie der Gene vergleicht.

Widerstand Darwins Evolutionstheorie stieß im tiefreligiösen England Mitte des 19. Jahrhunderts auf massiven Widerstand. Darwin wurde in Karikaturen lächerlich gemacht (unten) und in Kontroversen hineingezogen, weil seine Theorie die Weltanschauung jener Zeit in Bezug auf die Entstehung der Erde und seiner Lebewesen in Frage stellte. Die Öffentlichkeit ereiferte sich besonders darüber, was Darwin über die Entstehung der Menschen sagte, obwohl dieser Punkt in der Originalpublikation gar nicht vorkam.

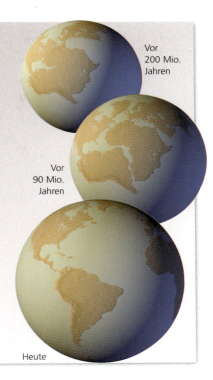

KONTINENTALDRIFT

Bis ins frühe 20. Jahrhundert galt die weit verbreitete Meinung, die Kontinente hätten eine unveränderliche Position. Aber in den 1960er-Jahren ergaben geologische, paläontologische und biologische Untersuchungen, dass es früher eine Verbindung zwischen den Kontinenten gab und diese Landmassen jährlich um einige Zentimeter auseinander driften. Man glaubt, dass vor etwa 300 Mio. Jahren alle heute existierenden Kontinente einen großen Superkontinent, den man Pangea nennt, bildeten. Die riesige Landmasse begann sich vor etwa 200 Millionen Jahren zu teilen und bildete zwei große Kontinente. Biologische Ähnlichkeiten zwischen fossilen und rezenten Arten bestätigten, dass Australien, Indien, Afrika, Südamerika und die Antarktis einst Teil des südlichen Superkontinents Gondwana waren. Ebenso waren Asien, Nordamerika und Europa zu einer nördlichen Landmasse, Laurasia genannt, verbunden.

Vor 200 Mio. Jahren

Vor 90 Mio. Jahren

Heute

Evolution der Kopffüßer Nautilus-Arten sind die älteste Form der rezenten Kopffüßer. Ihre Vorfahren lassen sich mehr als 500 Mio. Jahre bis ins Kambrium zurückverfolgen. Diese Gruppe war einst erheblich vielfältiger und umfasste riesige, räuberische Arten mit geraden Gehäusen, die im Ökosystem die heute von den Haien eingenommene Stellung ausfüllten.

Anpassung Anfang des 19. Jahrhunderts war in Großbritannien der Birkenspanner (*Biston betularia*) hell mit dunklen Flecken und so auf Birkenrinde perfekt getarnt. Durch Umweltverschmutzung färbte sich die Rinde der Bäume dunkler. Im Verlauf von Generationen entwickelte sich eine dunklere Form dieses Falters, die besser getarnt und vor Fressfeinden sicherer ist.

AUS SICHT DES LEBENS

Die Frühgeschichte der Erde ist in riesigen Zeiträumen dokumentiert, in denen immer wieder zahlreiche Organismen entstanden und ausstarben. Dies zeigt die geringe Bedeutung unserer eigenen Art im Vergleich zu dem, was vor uns war, und dem, was unweigerlich folgen wird. Die Geschichte des modernen Menschen (der Art *Homo sapiens*) umfasst gerade mal 100 000 Jahre – ein winziger Punkt auf einer Zeitlinie von über 4 Milliarden Jahren.

Geologie und Paläontologie liefern die meisten Beweise für wichtige Ereignisse in der Erdgeschichte. Unerlässlich dafür sind Datierung und Untersuchung von Gestein sowie Fossilien. Die meisten tierischen Fossilien stammen aus den letzten 600 Mio. Jahren, seit Beginn des Kambriums. Viele erdgeschichtliche Perioden, die seitdem stattfanden, werden durch die Tiere, die damals dominierten, charakterisiert. Das Jura wird z. B. häufig als Zeitalter der Dinosaurier bezeichnet, weil sie in diesem Zeitraum die unangefochtenen Herrscher waren, sowohl in der Gesamtzahl als auch in der Artenvielfalt. Danach begann das Zeitalter der Säugetiere. Wie geologische Hinweise immer wieder bestätigen, bedeutet Dominanz nicht zwangsläufig Überleben.

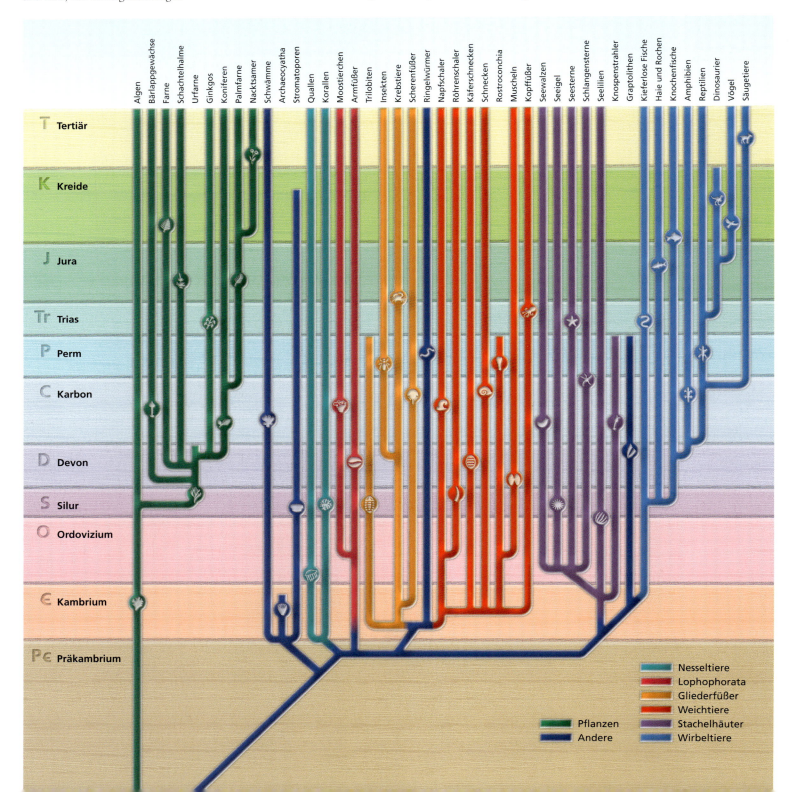

EVOLUTION **TIERE** 25

SEXUELLE EVOLUTION

Ohne sexuelle Fortpflanzung gäbe es keine Evolution, weil die Möglichkeit sich zu verändern und anzupassen als Grundlage für die natürliche Auslese eine genetische Vielfalt, die durch sexuelle Vermehrung entsteht, erfordert. Die erste Form der Fortpflanzung war ungeschlechtlich: einfache Zellteilung, wie sie heute noch bei einzelligen Organismen vorkommt. »Primitive« Vielzeller wie Würmer oder Schwämme können sich durch Knospung asexuell fortpflanzen oder sich aus Körperzellen oder -gewebe regenerieren. Höher entwickelte vielzellige Tiere nutzen die ungeschlechtliche Parthenogenese, um Nachkommen aus unbefruchteten Eiern zu bilden. Asexuelle Fortpflanzung ermöglicht eine hohe Vermehrungsrate, aber die Individuen sind meist genetisch gleich.

Die sexuelle Fortpflanzung entwickelte sich vermutlich vor etwa 1,5 Milliarden Jahren und wurde die wichtigste Vermehrungsform bei höheren Tieren. Geschlechtlich erzeugte Organismen besitzen jeweils zur Hälfte die Gene beider Eltern, meist in einer einzigartigen Kombination. Dadurch sind innerhalb einer Art Gene für Anpassungen an veränderte Umweltbedingungen verfügbar. Sind die Gene vorteilhaft, bleibt die Art bestehen und/oder ermöglicht die Entstehung einer neuen Art. Nachteilige Gene können zum Aussterben einer Art führen.

Knospende »Babys« Beim Stamm der Nesseltiere (Korallen, Quallen, Hydroidpolypen, Seeanemonen) kommt häufig ungeschlechtliche Vermehrung vor. Die Knospung bei Arten der Gattung *Obelia* (oben links) erzeugt genetisch identische Individuen. Bei Koloniebildnern wie Korallen bleiben die Individuen haften und bilden verzweigte Organismen, die durch einen fleischigen Stamm verbunden sind.

Fortpflanzungserfolg Jede Generation einer Art repräsentiert eine etwas veränderte Genkombination. Daher sind alle Gruppen oder Arten mit einer hohen Fortpflanzungsrate, wie z. B. viele Insekten, besser für veränderte Umweltbedingungen gewappnet als weniger produktive Arten. Das erklärt zum Teil, warum Insekten in praktisch jedem verfügbaren Lebensraum an Land vorkommen.

Anpassen oder untergehen Eine Art mit einer geringen Reproduktionsrate wie die Galapagos-Riesenschildkröte (*Geochelone elephantopus*) (unten) überlebt in einer gleich bleibenden Umgebung ohne Probleme. Da diese Art jedoch nicht mit den schnellen Veränderungen der letzten Zeit (eingeführte Nahrungskonkurrenten und Feinde) zurechtkommt, ist sie nun vom Aussterben bedroht.

ARTEN STERBEN AUS

Heutzutage erfüllt uns das Aussterben einer Art mit Zorn und Trauer, weil dieses Phänomen in den letzten paar hundert Jahren eine unmittelbare Folge von Aktivitäten der Menschen ist. Doch das Aussterben an sich ist nicht zwangsläufig etwas Schlimmes, da es einen natürlichen Bestandteil – und eine Konsequenz – der Evolution darstellt. Mehr als 99 % aller Arten, die je auf der Erde existiert haben (schätzungsweise mindestens 2 Milliarden), sind ausgestorben. Die heute lebenden Arten – um die 30 Mio., davon weniger als 2 Mio. entdeckt und beschrieben – bilden einen Bruchteil der zuvor verschwundenen Arten.

Untersuchungen von Fossilfunden haben ergeben, dass die meisten Arten zwischen 1 und 5 Mio. Jahre existierten, bevor sie ausstarben. Höchstwahrscheinlich haben jedoch zahlreiche Arten nur eine erheblich kürzere Zeit existiert. Es gibt allerdings auch viele Arten, die länger überlebt haben. Solche Arten, die noch heute existieren, werden häufig als lebende Fossilien bezeichnet. Hierzu zählen im Tierreich die Quastenflosser, 2 Fischarten, die es vermutlich schon seit über 65 Mio. Jahren gibt. Erstaunlicherweise wurde eine dieser Arten erst Ende der 1990er-Jahre entdeckt.

MASSENAUSSTERBEN

Unter normalen Umständen, so meinen Wissenschaftler, sterben jährlich aufgrund der natürlichen Evolution 1 bis 10 Arten aus. Dies gilt als die normale Aussterberate. Zu verschiedenen Zeiten der Erdgeschichte lag diese Rate jedoch erheblich höher und wird als ein Hinweis auf ein so genanntes Massenaussterben betrachtet.

Verschiedene Fossiluntersuchungen haben gezeigt, dass mindestens 5 Massenaussterben bisher stattgefunden haben, das letzte – und eines der größten – am Ende der Kreidezeit vor etwa 65 Mio. Jahren. Mehr als drei Viertel aller zu dieser Zeit lebenden Arten, einschließlich der letzten Dinosaurier, verschwanden für immer von unserem Planeten. Die Gründe für ein Massenaussterben sind vermutlich dramatische Klimaveränderungen, Einschläge von riesigen Meteoren und intensive geologische Aktivitäten.

Die Massenaussterben erstreckten sich über viele Tausend oder manchmal sogar über Millionen Jahre. Es wird allgemein befürchtet, dass wir uns gerade in einem sechsten Massenaussterben befinden, das aufgrund der menschlichen Aktivitäten viel schneller und stärker voranschreitet als alle anderen zuvor.

Konvergente Evolution Manchmal entstehen Tierarten unter solch ähnlichen Umständen, dass sie vergleichbare anatomische Merkmale entwickeln, wodurch sie näher verwandt erscheinen, als sie es in Wirklichkeit sind. Zum Beispiel wurden Pinguine (links) und Alke früher fälschlicherweise als eng verwandt angesehen. Beide Tiergruppen leben in kalten Meereszonen, sind flugunfähig und besitzen flossenähnliche Flügel, die ans Tauchen angepasst sind. Das Verbreitungsgebiet der Pinguine ist jedoch auf die Südhalbkugel beschränkt und sie sind am engsten mit Sturmvögeln und Albatrossen verwandt. Alke leben nur auf der Nordhalbkugel und sind Verwandte der Papageitaucher und Möwen. Die warmen Gewässer der Tropen haben diese beiden Gruppen vor vielen Jahrtausenden getrennt.

Vor Austrocknung geschützt Die Entwicklung des von einem Amnion umgebenden Eies fand erstmalig bei Reptilien statt und war entscheidend für die Besiedlung des Landes durch Wirbeltiere und ihre dortige Verbreitung. Eine flüssigkeitsgefüllte Hülle umgibt den Embryo innerhalb einer Kalkschale, die Gase wie Sauerstoff und Kohlendioxid hindurchlässt, aber eine Austrocknung verhindert.

EVOLUTION TIERE

Entfernte Verwandte Stachelhäuter wie Seelilien (links) und Seesterne (unten links) sind mit uns Menschen enger verwandt, als ihr Aussehen vermuten lässt. Diese Gruppe von Meeresbewohnern ist ein evolutionärer Nebenzweig der Linie, aus der sich die Chordatiere entwickelt haben, zu der alle Wirbeltiere zählen. Die verwandtschaftliche Verbindung beruht auf Ähnlichkeiten in der Embryonalentwicklung.

Bernstein Die filigranen Körperteile von Insekten und Spinnen zerbrechen leicht, daher sind sie nur selten als Fossilien erhalten. Wenn sie in Baumharz, bekannt als Bernstein (unten), eingeschlossen wurden, blieben sie meist gut erhalten, ebenso wie andere kleine Tiere, z. B. Hundertfüßer und Echsen, oder Pflanzen. Die wichtigsten Funde von Bernstein mit Einschlüssen stammen aus Sandablagerungen an den Küsten der Ostsee.

Das Ende der Dinosaurier Die meisten Wissenschaftler gehen davon aus, dass die Klimaveränderung nach der Kollision der Erde mit einem riesigen Asteroiden die Ursache für das Aussterben der Dinosaurier, wie des *Triceratops* (unten), war. Auf jeden Fall hat man bisher keine Fossilien von Dinosauriern gefunden, die aus der Zeit nach diesem Ereignis stammen.

DIE ERSTEN TIERE

Obwohl Fossilfunde belegen, dass vielzellige Tiere bereits viel früher auf der Erde lebten, stammen die ältesten vollständigen Fossilien vom Ende des Präkambriums vor etwa 600 Mio. Jahren. Sie gehören zu einer Gruppe von Meerestieren mit weichen Körpern, die als Ediacara-Fauna bezeichnet werden und in den 1940er-Jahren in 565 Mio. Jahre altem Gestein in den Ediacara-Bergen in den Flinders Ranges in Südaustralien gefunden wurden. Seitdem hat man ähnliche Fossilien auf allen Kontinenten entdeckt, die Antarktis ausgenommen.

Zur Ediacara-Fauna gehörten viele bizarre Tiere, die völlig anders waren als alle bekannten Arten aus anderen Zeitaltern. Andere Formen erinnern an Würmer, Quallen, Gliederfüßer und Arten, die wie große Blumentiere aussahen und an die heutigen Nesseltiere erinnern.

Über die Verwandtschaft zwischen den Ediacara-Tieren und den seither auf der Erde entstandenen Arten weiß man wenig. Einige Wissenschaftler meinen, sie seien Vorläufer später auftauchender Gruppen. Einige sehen sie als evolutionäre Sackgasse: ein »Experiment« der Natur, das zu nichts führte.

ARTENEXPLOSION

Vor der Entdeckung der Ediacara-Fauna und deren Bedeutung stammten die ältesten vollständigen Fossilien von vielzelligen Tieren aus dem Kambrium. Diese Periode ist berühmt für das explosionsartige Auftreten von Lebewesen, aber nur im Meer. Solch einen plötzlichen und enormen Anstieg der Artenvielfalt hat es seither nicht mehr gegeben. Die Vorfahren fast aller rezenten Tierstämme erscheinen erstmalig als Fossilien während des Kambriums, überwiegend in einer Zeitspanne von 40 Mio. Jahren. Besondere Bedeutung haben die ersten Belege für harte Schalen und Außenskelette, deren Entstehung zum Teil durch das vermehrte Auftreten von räuberischen Arten zu erklären ist.

Die inzwischen längst ausgestorbenen Trilobiten, frühe Formen der Gliederfüßer mit gut entwickelten Augen, und die Schwämme verbreiteten sich während des Kambriums. Typische Tiere dieser Zeit waren auch die Echiura: große, grabende, wurmähnliche Raubtiere. Stachelhäuter gab es zahlreich und waren mit mehreren großen Klassen vertreten. Bis heute überlebt hat vermutlich nur eine Klasse, die Crinoidea (Seelilien, Haarsterne).

Sowohl Schnecken als auch Kopffüßer hat man als Fossilien des Kambriums gefunden, aber sie erreichten ihre Blütezeit erst später. Die ersten Chordatiere, die frühesten Vorfahren des Menschen und aller Wirbeltiere, erschienen auch in diesem Erdzeitalter.

Außerdem gab es viele eigenartige Lebensformen, die mit heute bekannten Gruppen nicht direkt verwandt zu sein scheinen. Eines der berühmtesten »merkwürdigen« Wesen ist *Wiwaxia*. Dieser 5 cm lange Bodenbewohner hatte einen mit Platten und Stachelreihen bewehrten Körper. Man rückte ihn in die Nähe der Nacktschnecken, eine Verwandtschaft mit rezenten Arten ließ sich jedoch nicht nachweisen.

Der *Wiwaxia*-Fund stammt aus den ergiebigsten und inzwischen bekanntesten fossilen Ablagerungen des Kambriums in Burgess Shale in den kanadischen Rocky Mountains im Yoho Nationalpark in British Columbia. Dieser Fundort wurde 1909 entdeckt und in den frühen 1980er-Jahren zum Weltnaturerbe erklärt. Mehr als 60 000 Fossilien hat man dort gefunden. Manche von ihnen sind so gut erhalten, dass man sogar den Mageninhalt und Details von Muskeln und Organen bestimmen konnte.

Vorwiegend an Land Das Verhalten kann Hinweise auf Ursprung und Entwicklung rezenter Arten geben. Erwachsene Krabben der Art *Gecarcoidea natalis* leben fast nur in Höhlen am Boden des Regenwaldes auf Christmas Island im Indischen Ozean. Jedes Jahr wandern sie jedoch in Massen (links) zu den Klippen, wo die Weibchen befruchtete Eier ins Meer, ihre ursprüngliche Heimat, fallen lassen. Dort entwickeln sich die Larven 4 Wochen lang und gehen dann als Jungtiere an Land.

Rätselhafter Vogel Die Abstammung des südamerikanischen Hoatzins (*Opisthocomus hoazin*) gibt Wissenschaftlern seit über 200 Jahren Rätsel auf. Im Gegensatz zu allen anderen Vögeln verdaut der Hoatzin Pflanzenkost in einem Vormagen wie ein Wiederkäuer. Krallen an den Flügeln, mit denen die Jungtiere Bäume erklettern, sind Überreste vom prähistorischen *Archäopteryx*. Die Morphologie erinnert an Vorfahren von Fasanen und Hühnern. Genuntersuchungen haben jedoch ergeben, dass er am engsten mit den Kuckucksvögeln verwandt ist.

NACH DEM KAMBRIUM

Fossilfunde aus dem Kambrium zeugen von 2 Kreaturen, die wahrscheinlich die direkten Vorfahren der Wirbeltiere sind: Die kleinen, fischähnlichen Nahrungsfiltrierer – ähnlich dem heutigen Lanzettfischchen – *Pikaia* (gefunden in Burgess Shale, Kanada) und *Cathaymyrus* (gefunden in Südchina) sind die ältesten bekannten fossilen Chordatiere. Aus ihnen sollen die ersten Wirbeltiere direkt nach Ende des Kambriums vor etwa 480 Mio. Jahren hervorgegangen sein. Es waren kieferlose, überwiegend am Meeresboden lebende Fische (Agnatha). Die meisten von ihnen waren durch kräftige Platten am Körper vor Feinden geschützt.

Haie, die ersten Knorpelfische, erschienen im späten Ordovizium. Den Ursprung der Knochenfische – heute die artenreichste Gruppe der Wirbeltiere – beweisen Fossilfunde aus dem späten Silur vor über 400 Mio. Jahren. Im Devon verbreiteten sich die Fische so stark, dass diese Periode häufig als das »Zeitalter der Fische« bezeichnet wird.

Direkt davor – gegen Ende des Silurs vor etwa 420 Mio. Jahren und kurz nachdem Gefäßpflanzen das Land eroberten – verließen die ersten Tiere die Ozeane und besiedelten das Land. Es waren Gliederfüßer mit hartem Außenskelett (das vermutlich ursprünglich als Schutz vor Feinden entstand), was einen effektiven Schutz gegen Austrocknung bot. Spinnentiere und Hundertfüßer gehörten ebenfalls zu den ersten Landlebewesen; sie zählen zu den erfolgreichsten Arten der Erde.

LANDWIRBELTIERE

Bevor die Wirbeltiere das Land erobern konnten, mussten sich erst im frühen Devon die Fleischflosser (Sarcopterygii) entwickeln. In der Mitte dieses Erdzeitalters begann vermutlich eine Gruppe von ihnen, die so genannten Rhipidistia, mit ihren fleischigen Flossen auf dem Boden von flachen, warmen, sauerstoffarmen Gewässern umherzukriechen und gingen sogar schon für kurze Zeit an Land. Diese Fische hatten ähnliche Merkmale wie die heutigen Lungenfische (die zu den wenigen überlebenden Sarcopterygii gehören) und Amphibien. Und vermutlich gingen aus ihnen oder ähnlichen Fischen vor etwa 380 Mio. Jahren kurz vor Ende des Devons die ersten Amphibien hervor.

Man vermutet, dass sich die ersten Reptilien – wahrscheinlich kleine Insektenfresser – schnell aus Amphibien entwickelten, und zwar innerhalb von 30 Mio. Jahren. Zu dieser Zeit war es auf der Erde warm und feucht. Als das Klima immer trockener wurde – vor etwa 280 Mio. Jahren zu Beginn des Perms –, wurde die Artenvielfalt der Reptilien immer größer. Vor 275 Mio. Jahren tauchten säugetierähnliche Reptilien auf. Sie wurden für kurze Zeit die vorherrschenden Landwirbeltiere, aber die meisten verschwanden vor etwa 230 Mio. Jahren. Jedoch vor etwa 220 Mio. Jahren gingen aus den restlichen dieser Reptilien, den Cynodonten, die ersten Säugetiere hervor. Etwa zu dieser Zeit tauchten auch Amphibien auf, die den modernen Fröschen und Salamandern ähneln. Zu dieser Zeit erschienen auch erstmalig Krokodile, Schildkröten und die Dinosaurier.

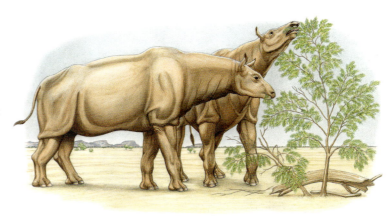

Indricotherium Dieses riesige, hornlose Rhinozeros, das vor etwa 25 Mio. Jahren ausstarb, war vielleicht das größte Säugetier, das je auf der Erde gelebt hat. Ausgewachsen hatte es eine Schulterhöhe von 5,5 m und ein Gewicht von 15 t.

Landlebende Fische Beobachtet man Schlammspringer, wie sie auf Äste im Sumpf klettern (links), kann man sich leicht vorstellen, wie die erste Besiedelung des Landes erfolgt ist. Die Skelettstruktur und die Muskulatur ihrer Flossen unterscheiden sich jedoch erheblich von denjenigen der Fische, aus denen tatsächlich die Landwirbeltiere hervorgegangen sind.

EVOLUTION **TIERE** 29

Adaptive Radiation Wenn eine Art in einen neuen Lebensraum kommt, an den sie gut angepasst ist, aber dort wenig Konkurrenz vorfindet, kann sich eine sehr schnelle Entwicklung vollziehen, die »adaptive Radiation« genannt wird. Dies erfolgte bei den Lemuren (unten, rechts oben und unten), einer Gruppe primitiver Primaten, die nur auf Madagaskar vorkommen. Man vermutet, ihr Vorfahre habe seine biologischen Konkurrenten vor etwa 55 Mio. Jahren auf dem afrikanischen Festland zurückgelassen und ist mit einem natürlichen Floß auf der Insel gelandet. Ohne den Druck durch Rivalen hat sich schnell eine einzigartige Gruppe entwickelt, die heute mit über 30 rezenten Arten vertreten ist. Jede von ihnen besetzt eine eigene ökologische Nische und einige haben sich an bevorzugte Beutetiere angepasst.

Lebende Fossilien Die beiden Brückenechsen-Arten *Sphenodon punctatus* und *S. guntheri* sind die einzigen Überlebenden einer großen Reptiliengruppe, die im Trias vor über 225 Mio. Jahren weit verbreitet war. Die meisten starben vor etwa 60 Mio. Jahren aus. Fossilfunde zeigen, dass sich die Brückenechsen, die heute nur auf kleinen Inseln vor Neuseeland vorkommen, im Lauf der Evolution nur wenig verändert haben. Zurzeit gibt es etwa 400 Exemplare von *S. guntheri* und über 60 000 von *S. punctatus*.

Urweltlicher Flugkünstler Die Libellen (Odonata) sind eine der ältesten überlebenden Insektenordnungen. Einige der ersten Libellen hatten eine Flügelspannweite von 1 m. Wahrscheinlich konnten sie nicht mit den Flügeln schlagen. Sie waren eher Segelflieger, die nur eingeschränkt manövrieren konnten. Flügel traten bei Insekten sehr früh auf und man vermutet, dass sie sich aus kiemenähnlichen Organen entwickelt haben.

HERRSCHER AUF ZEIT

Die ersten Dinosaurier waren kleine, zweibeinige Fleischfresser. Die Artenvielfalt wuchs rasch an; am Ende des Trias vor 206 Mio. Jahren waren viele Pflanzen fressende Arten entstanden. Einige hatten schon bald die enorme Größe, für die diese Tiergruppe berühmt ist. Mit den Dinosauriern tauchten die Koniferen auf, die vermutlich die Hauptnahrung der größten Dinosaurier waren.

150 Mio. Jahre lang beherrschten die Dinosaurier die Erde, die letzten verschwanden vor 65 Mio. Jahren während des Massenaussterbens am Ende der Kreidezeit. In der Zeit der »Dino-Herrschaft« entstanden vermutlich die ersten Vögel (Theropoden) aus kleinen, zweibeinigen, Fleisch fressenden Dinosauriern. Man nimmt an, die Federn sind zunächst als Kälteschutz und nicht zum Fliegen entwickelt worden.

ERSTE SÄUGETIERE

Säugetiere traten erstmalig etwa gleichzeitig mit den ersten Dinosauriern auf, aber ihre Ausbreitung wurde durch die Dominanz der Saurier behindert. Daher haben sich die Säugetiere zunächst nur wenig entwickelt. Die meisten Arten waren über Jahrmillionen nachtaktiv und nur etwa mausgroß. Als die Dinosaurier nicht mehr als Konkurrenten und Feinde existierten, blühten die Säugetiere auf und entwickelten eine reiche Artenvielfalt.

Purgatorius, eine wichtige und vorwiegend baumbewohnende Gattung, erschien direkt vor dem Massenaussterben der Kreidezeit und überlebte es. Man vermutet, dass zu dieser Gruppe die direkten Vorfahren der modernen Primaten, einschließlich des Menschen, der sich vermutlich erst vor 100 000 Jahren entwickelte, gehörten.

BIOLOGIE UND VERHALTEN

Alle Tiere haben bestimmte Grundbedürfnisse wie Atmen, Fressen und Schutzsuchen, die sie durch verschiedene Strategien – biologische Mechanismen und Verhaltensweisen – befriedigen. Häufig sind diese Strategien bei verschiedenen Gruppen im Tierreich gleich. Dadurch können biologische und Verhaltensprinzipien – Muster, die oft den physikalischen Gesetzen unterliegen – definiert werden, die immer wieder innerhalb verschiedener Tiergruppen vorkommen. So können z. B. alle Tiere Sauerstoff über eine dünne, feuchte Oberfläche aufnehmen. Bei vielen Würmern erfolgt dies über die gesamte Körperfläche, bei fast allen Fischen über die gefächerten Kiemenblättchen und bei allen Landwirbeltieren über die Lunge.

DIE GRÖSSE ENTSCHEIDET

Es gibt viele biologische Gründe, warum gigantische Gliederfüßer, wie z.B. Insekten, nur in Science-Fiction-Filmen existieren. Man denke nur an das harte Außenskelett. Um zu wachsen, müssen die Tiere sich häuten. Diese Außenhülle wird abgestreift, damit der Körper im Innern wachsen kann, bevor sich ein neues Außenskelett bildet. Dadurch ist das weiche Gewebe während jeder Wachstumsperiode nicht vor der Schwerkraft geschützt. Je größer ein Tier ist, umso stärker wirkt die Schwerkraft auf den Körper. Übermäßig große Insekten würden beim Häuten durch die Schwerkraft kollabieren. Deshalb leben die größten Gliederfüßer im Wasser, das ihren Körper stützt.

Die Schwerkraft bestimmt auch die Maximalgröße für Säugetiere. Es ist kein Zufall, dass das größte und schwerste Säugetier, der Blauwal (*Balaenoptera musculus*), im Meer lebt. Er kann über 33 m lang werden und fast 190 t wiegen, weil das Wasser hilft, seinen massigen Körper zu tragen.

Bei einem großen Säugetier ist das Verhältnis von Körperoberfläche zu Volumen gering. Weil bei kleinen Tieren dieses Verhältnis größer ist, verlieren sie schneller Wärme. Größere Säugetiere kommen daher eher in kalten Klimazonen vor, während die kleineren Arten sich mehr in Richtung Tropen ausbreiten. Aus ähnlichem Grund haben die Arten der Polarregionen wie Robben, Pinguine und der Moschusochse in der Regel kleine Extremitäten und auch winzige Ohren, um das Verhältnis von Oberfläche zu Volumen so niedrig wie möglich zu halten.

Nahrungskette Die Artenvielfalt ist in dieser Kette »unten« viel größer als »oben«. Sonnenenergie treibt die Nahrungskette an. Im Meer wird das meiste dieser Energie vom Phytoplankton aufgenommen. Dieses Pflanzenmaterial wird vom Zooplankton (links) und von Nahrungsfiltrierern wie der Japanischen Riesenkrabbe (*Macrocheira kaempferi*, unten) verzehrt. Das Zooplankton wird von größeren Tieren gefressen.

Klein, aber vital Kleinere Säugetiere nehmen im Verhältnis zur Körpergröße mehr Nahrung auf. Sie haben eine höhere Stoffwechselrate und eine kürzere Lebenserwartung als größere Tiere. Das Spitzhörnchen *Tupaia tana* wiegt etwa 100 g. Es ist sehr aktiv und lebt 2 bis 3 Jahre. Das Duftmarkieren des Reviers ist ein wichtiger Teil des Tagesablaufs aller Spitzhörnchen.

Schmerzloser Sieg Obwohl es bedrohlich aussieht, ist ein Kampf zwischen Tieren selten mehr als Imponieren. Dominanz zu erlangen, ohne dass ein Beteiligter ernsthaft verletzt wird, ist wichtig für das Überleben der Art. Treffen zwei männliche Wölfe (*Canis lupus lupus*, rechts) aufeinander, signalisiert der Unterlegene Unterwerfung, indem er sich auf den Rücken legt.

BIOLOGIE UND VERHALTEN TIERE

Kampf der Giganten Bei Robben kontrollieren dominante Männchen die Paarung, wobei ein einzelnes Männchen bis zu 50 Weibchen an einem kleinen Strandstück beherrscht. Dominante Männchen blasen häufig ihre Nase auf und erzeugen ein trommelähnliches Geräusch, um damit kleinere Männchen zu warnen. Eher kämpferisch verhalten sich die Männchen des Nördlichen See-Elefanten (*Mirounga angustirostris*, rechts), wenn ihr Revier ernsthaft bedroht wird oder sie von einem Männchen herausgefordert werden.

FORTPFLANZUNGSKRIEG

Alle Tiere besitzen instinktiv den Trieb, ihre Gene an zukünftige Generationen weiterzugeben. Bei den meisten erfolgt dies durch sexuelle Fortpflanzung, wobei Sperma und Eier zusammentreffen müssen.

Zwittrigkeit ist ein weit verbreitetes Phänomen im Tierreich, viel häufiger gibt es jedoch getrennte Geschlechter. Zahlreiche biologische und Verhaltensanpassungen haben sich entwickelt, damit sich die überlebensfähigsten Individuen fortpflanzen können. Diese sind am besten an die Umwelt angepasst und tragen am wahrscheinlichsten die Gene in sich, die für den Fortbestand der Art sorgen.

Bei vielen Tierarten demonstrieren Männchen ihren Wert, indem sie miteinander kämpfen. (Daher sind Männchen oft größer als Weibchen.) Dies hat auch zur Entwicklung von Kampfwerkzeugen wie Hörnern und Geweihen bei so unterschiedlichen Tieren wie dem Nashornkäfer und Hirsch geführt. Beschwichtigungsgesten sind vor allem bei Säugetieren wichtig, um aggressive Begegnungen zu vermeiden oder abzuschwächen, damit die Kontrahenten nicht durch Kampf getötet oder verkrüppelt werden.

POSEN UND VERHALTEN

Bei manchen Arten sichern sich die Männchen das Recht zur Fortpflanzung, indem sie ihre genetische Fitness direkt dem Paarungspartner demonstrieren. Sie haben dafür spezielle körperliche und Verhaltensmerkmale entwickelt. Hierzu zählen spektakuläre Farben und komplexes Balzverhalten, die vor allem bei Vögeln und Fischen vorkommen.

Es gibt noch viele andere Strategien, mit denen Männchen Weibchen anlocken. Männliche Laubenvögel bauen kunstvolle Lauben aus Gras und verzieren sie mit kleinen Gegenständen, um damit die Entscheidung der zukünftigen Partnerin zu beeinflussen. Auch Stichling-Männchen bauen zu diesem Zweck ein Nest. Einige Männchen, z. B. bei Insekten und Spinnen, zeigen ihre genetische Fitness, indem sie den Weibchen Geschenke bringen – in der Regel Nahrung. Bei Spinnen frisst das Weibchen das Männchen als »Geschenk«, so wird das Weibchen davon abgehalten, sich anderweitig zu paaren und die Nährstoffe verhelfen dem Nachwuchs zum guten Start ins Leben. Bei Vögeln zeigt das Füttern des Partners bei der Balz, wie gut das Männchen für den Nachwuchs sorgen kann.

Gut gewappnet Der Nashornkäfer (*Xylotrupes australicus*) benutzt seine Hörner bei Kämpfen um das Revier und das Weibchen. Die stabilen Hörner ermöglichen dem Käfer auch, Höhlen zu bauen oder sich durch dichte Laubschichten zu graben.

Show In der Regel spielt das Vogelmännchen die Hauptrolle bei der Balz, indem es sein Gefieder dem unscheinbarer gefärbten Weibchen präsentiert. Das wohl auffälligste Gefieder hat der Pfau (*Pavo cristatus*). Die gewaltige Spannbreite seines Federfächers erfordert, dass die Federn an ihrer Basis ganz exakt ausgerichtet sind. Sie werden von Schwanzmuskeln in Position gebracht. Der Pfau kann die Federn aufstellen und sie sogar lautstark zum Vibrieren und Surren bringen.

TIERE BIOLOGIE UND VERHALTEN

Zähne und Klauen Eine Löwin (*Panthera leo*) reißt ein Zebra (*Equus burchelli*) und riskiert dabei tödliche Verletzungen durch ausschlagende Hufe. Trotz dieser Gefahr sind Zebras eine wichtige Nahrungsquelle für die Löwen der ostafrikanischen Savanne.

Baumbewohner Das Dreizehige Kragenfaultier (*Bradypus torquatus*) frisst extrem langsam und verdaut im Schneckentempo. Bis zu einem Monat kann es dauern, bis die Nahrung aus seinem vielkammerigen Magen seinen kleinen Darm passiert hat.

DU BIST, WAS DU ISST

Nahrung beeinflusst den Stoffwechsel und die Aktivität. Sie kann sogar Schutz vor Feinden bieten. Südamerikanische Pfeilgiftfrösche (*Dendrobates sp.*) bilden z. B. durch das Fressen bestimmter Ameisen ein Gift in ihrer Haut, gegen das nur eine Schlangenart immun ist.

Nährstoffarme Nahrung macht Tiere lethargisch. Die im tropischen Regenwald lebenden Dreizehenfaultiere fressen überwiegend Pflanzenmaterial mit einem hohen Zelluloseanteil, der schwer verdaulich ist. Langsamer Stoffwechsel, niedrige Körpertemperatur und die »Angewohnheit«, bis zu 18 Stunden am Tag zu schlafen, helfen ihnen mit dieser energiearmen Nahrung zu überleben. In Australien zeigt der Koala ähnliche Anpassungen in Physiologie und Verhalten. Er ernährt sich von großen Mengen Blättern weniger Eukalyptus-Arten.

NAHRUNG UND BEUTE

Die deutlichsten physischen und Verhaltensmerkmale von Tierarten stehen oft in direktem Zusammenhang mit der Notwendigkeit, Nahrung effizient zu finden und zu verzehren. Fleisch fressende Säugetiere wie die Großkatzen der afrikanischen Savanne haben lange, spitze Zähne zum Zerreißen von Fleisch, blitzschnelle Reflexe und können schnell beschleunigen. Das Herdenverhalten ihrer Beutetiere, wie z. B. Zebras und Gazellen, gibt diesen weidenden Pflanzenfressern mehr Sicherheit, zu der auch ihre Hufe, die erheblich verletzen können, und ihr feiner Gesichts- und Geruchssinn beitragen.

Markante Anpassungen an das Fressverhalten findet man bei Tieren mit einer speziellen Ernährung. Die lange Zunge und der gebogene Schnabel des Honigfressers sind z. B. bestens geeignet, um den energiereichen Nektar aus Blüten zu holen. Die südamerikanische Blattschneideameise ergänzt ihre pflanzliche Kost mit Pilzen, die von bestimmten Gruppen dieser Ameisen auf Blättern kultiviert werden, die sie speziell dafür zerschneiden und kompostieren.

Knallige Farbe Zwergflamingos (*Phoenicopterus minor*) erhalten die rosa Farbe von den Karotinoiden in ihrer Nahrung aus Mikroplankton.

BIOLOGIE UND VERHALTEN **TIERE** 33

Nahrungskette im Regenwald Wie bei anderen Nahrungsketten auch ist im südamerikanischen Regenwald (rechts) die Vielfalt der Arten am unteren Ende größer als an der Spitze. Die beständigsten Umweltbedingungen herrschen am Boden. Hier ist es selten windig und Temperatur, Luftfeuchtigkeit und Lichtverhältnisse ändern sich selten. In der Nahrungskette führen Räuber und Beute ständig einen Kampf, wer der Überlegenere ist, und sie zwingen sich so gegenseitig immer mehr dazu, sich weiterzuentwickeln.

Leiser Zugriff Der Bartkauz (*Strix nebulosa*) nähert sich lautlos seiner Beute. Die gefransten Ränder seiner äußeren Schwungfedern verlangsamen den Luftstrom so über den Flügeln, dass die Geräusche beim Schlagen minimiert werden. Die meisten Vögel haben Schwungfedern mit glatten Rändern.

Top oder Hopp Heuschrecken sind eigentlich Einzelgänger. Bei großem Nahrungsangebot schließen sie sich jedoch zu Schwärmen von mitunter mehreren Milliarden Tieren zusammen, die verheerende Verwüstungen anrichten und z. B. in wenigen Stunden ganze Getreideernten vernichten.

Zwergameisenbär
Baumbewohner, wird von Greifvögeln bedroht.

Wickelbär
Obwohl dieses Tier ein Fleischfresser ist, ernährt es sich vorwiegend von Früchten. Manchmal frisst es auch Vögel und Kleinsäuger.

Riesentukan
Der Tukan frisst Früchte und Nüsse, die er geschickt mit seiner Schnabelspitze aufnimmt und mit der Zunge in Position bringt. Dann wirft er seinen Kopf zurück und lässt die Nahrung die Kehle herunterrutschen.

Tamandua
Dieser Ameisenfresser fängt Ameisen mit seiner langen, klebrigen Zunge. Er ist rein nachtaktiv.

Jaguar
Diese Großkatze steht am oberen Ende der Nahrungskette. Sie frisst viele Tiere der Baumkronen, darunter Affen und Vögel.

Hoatzin
Dieser Vogel besitzt einen sehr großen Kropf, der an das Zerkleinern von ganz spezieller Nahrung angepasst ist: Blätter, Knospen, Früchte und Blüten von nur wenigen Baum- und Straucharten.

VERWERTBAR MACHEN

Pflanzenfresser sind keineswegs die Hauptverzehrer von Pflanzen. Eine viel größere Menge wird von zersetzenden Bodenbewohnern wie Regenwürmern und Insektenlarven gefressen. Es gibt auch viele Tiere wie Fliegen und Käfer, die bei der Zersetzung von Tierkadavern an Land eine bedeutende Rolle spielen. Im Wasser tragen Krebstiere wie Krabben, Aas fressende Fische, filtrierendes Zooplankton und am Boden lebende Seeanemonen, Seesterne und andere Wirbellose direkt zur Zersetzung von organischem Material bei.

Die Rolle dieser Organismen ist überlebenswichtig für alle Lebewesen – vom Pflanzenfresser bis hin zum Beutegreifer –, weil ihre Tätigkeit Mineral- und Nährstoffe freisetzt und sie für die Wiederverwertung in der langen Nahrungskette verfügbar macht.

WANN IST'S GENUG

Bei vielen Pflanzenfressern gibt es nur eine Antwort: niemals. Im Vergleich zu Fleisch sind Pflanzen arm an Nährstoffen, z. B. an Eiweißen. Viele Tiere sind nicht in der Lage, Enzyme zu bilden, um die harte, die Zellwände der Pflanzen stabilisierende Zellulose abzubauen und zu verdauen. Pflanzenfresser lösen dieses Problem, indem sie die meiste Zeit mit Fressen verbringen und einen langen, komplexen Darm haben, in dem symbiontische Bakterien die Zellulose zersetzen.

Trotzdem verschlucken selbst die effektivsten Pflanzenfresser riesige Mengen an pflanzlicher Kost, die unverdaut ausgeschieden werden. Ein afrikanischer Elefant kann z. B. nicht mehr als die Hälfte der mehreren hundert Kilogramm Pflanzen, die er täglich aufnimmt, verdauen.

Da Fleisch einen höheren Nährwert als Pflanzenmaterial hat und leichter zu verdauen ist, haben Fleischfresser einen verhältnismäßig kurzen Darm und fressen weniger häufig. Der Weiße Hai (*Carcharodon carcharias*), ein stattlicher Raubfisch der Meere, ist einer von den zahlreichen Fleischfressern, die lediglich alle paar Tage eine große Mahlzeit benötigen.

Vogelspinne
Diese große Spinne frisst kleine Vögel, Käfer, Echsen und kleine Schlangen.

Vegetation
Der Waldboden besitzt eine langsam wachsende, verholzte Strauchschicht und eine Krautschicht.

Buschmeister
Diese Schlange ist der klassische Lauerjäger. Sie wählt einen Hinterhalt neben einem Säugetierpfad und wartet geduldig ab.

JÄGER UND GEJAGTE

Der ewige Kampf zwischen Jägern und Gejagten hat bei vielen Tieren zu wichtigen Anpassungen geführt. So ist Tarnung eine verbreitete Strategie. Sie hilft Beutegreifern, sich bei der Jagd zu verbergen, und auch der Beute, sich zu verstecken.

Stacheln halten Vögel davon ab, bestimmte Raupen zu fressen, und schützen Ameisenigel vor Dingos. Die leuchtenden Farben giftiger Beutetiere warnen ihre Feinde vor der Ungenießbarkeit ihres giftigen Fleisches. Um Fressfeinde fern zu halten, ahmen einige nichtgiftige Tiere die Zeichnung der giftigen nach (Mimikry). Anglerfische lassen wurmähnliche Köder vor dem Maul baumeln. Einige Schlangen locken mit ihrer »wedelnden« Schwanzspitze ihre Beutetiere an.

FORTBEWEGUNG

Jede Tierart ist in einem bestimmten Lebensabschnitt zu Fortbewegung fähig, selbst Wirbellose, die während der meisten Zeit ihrer Existenz auf einem Untergrund festsitzend leben. Die Art der Bewegung hängt von der Lebensweise und dem Grund für die Bewegung ab. Bei Fischen schwimmen die torpedoförmigen Arten des offenen Meeres, die ihre Beute jagen, erheblich schneller und wendiger als jene, die im Sediment warten und der Beute auflauern.

Meeressäuger sind natürlich alle fähige Schwimmer, aber auch viele Landsäuger können gut schwimmen, wenn sie müssen. Viel öfter bewegen sie sich jedoch laufend, rennend, kriechend oder springend. Einige Baumbewohner wie Opossums und Hörnchen können »se-

geln«. Fledertiere sind die einzigen Säugetiere, die fliegen können.

Einige Tiere ändern die Art der Fortbewegung in verschiedenen Lebensphasen. Viele Kaulquappen leben z.B. frei schwimmend, bis sie sich zu hüpfenden Fröschen oder Kröten entwickeln.

Schneller Wechsel Chamäleons sind bekannt für ihre perfekte Tarnung, was nützlich ist, wenn sie sich an Beute anschleichen. Sie verändern ihre Farbe, wenn sie drohen (bei der Begegnung zweier Männchen) oder wenn sie gestört werden.

Blitzschnell Geparden jagen meist in offenem Gelände, wählen ein Opfer aus und verfolgen es, obwohl andere näher oder leichter zu erreichen sind. Die Jagd dauert selten länger als 20 Sekunden. Das enorme Tempo erfordert Unmengen an Energie und erzeugt viel Wärme, sodass die Katze schnell überhitzt und außer Atem kommt.

Guter Schauspieler Bei Gefahr fällt das Opossum (rechts) in eine Starre und stellt sich tot. Dabei liegt es auf der Seite, wird steif und sabbert. Die Augen werden glasig und die Zunge hängt aus dem Maul. Die Reaktion erfolgt unwillkürlich und kann bis zu 4 Stunden anhalten. Sie hilft dem Opossum einen Angriff zu überleben, da viele Beutegreifer aufgeben, wenn das Opossum schon tot zu sein scheint.

Nützliche Nahrung Viele Nacktkiemer (ganz rechts) sind leuchtend bunt, um ihre Feinde vor ihrem Gift oder ihrer Ungenießbarkeit zu warnen. Andere sind zur Tarnung unauffällig gefärbt. Viele ernähren sich von Nesseltieren, z.B. Seeanemonen, die Nesselzellen besitzen, die von den Nacktkiemern in den eigenen Körper aufgenommen werden und einen Teil ihres Verteidigungssystems darstellen.

BIOLOGIE UND VERHALTEN TIERE 35

Sprungkraft Kängurus wie das Rote Riesenkänguru (*Macropus rufus*) besitzen große, kräftige Hinterbeine und lange Hinterfüße, mit denen sie schnell und kraftvoll springen können. Der lange, ziemlich starre Schwanz dient der Balance. Ein hüpfendes Känguru verbraucht weniger Energie als ein anderes gleich großes Säugetier, das sich ebenso schnell bewegt. Diese Spezialisierung bedeutet aber, dass Kängurus und Wallabys nicht gehen können. Bei langsamer Bewegung erheben sie ihr Hinterteil so, dass Vorderbeine und Schwanz ein Dreieck bilden, und schwingen dann gleichzeitig beide Hinterbeine nach vorn.

Von Baum zu Baum Flughörnchen gleiten statt zu fliegen. Die beidseitig am Körper befindliche Flughaut (Patagium) dient als Fallschirm, der Schwanz als Ruder. Die Richtung wird durch Beine, Schwanz und die Steifheit der Flughaut bestimmt. Vor der Landung bremst das Hörnchen, indem es Körper und Schwanz nach oben biegt.

AUF DER ÜBERHOLSPUR

Sich schnell bewegen zu können ist wichtig für Beutegreifer. Die Physiologie des Geparts (*Acinonyx jubatus*) ist weitgehend auf Geschwindigkeit ausgerichtet: Sein Körper ist stromlinienförmig, die langen Beine sind kräftig; Nasenlöcher, Lungen, Herz und Leber sind groß. Sein Schwanz sorgt für die Balance und die Struktur der Füße für Griffigkeit. Mit 112 km/h Höchstgeschwindigkeit ist er das schnellste Landtier. Seine bevorzugte Beute, Gazellen (*Gazella sp.*), sind flink, können ihm zwar nicht entkommen, manövrieren ihn aber oft aus.

Die schnellsten Schwimmer sind Fächerfische (*Istiophorus sp.*), Fleischfresser, die im offenen Meer andere Fische und Kopffüßer jagen. Sie erreichen ein Tempo von 110 km/h.

Der Wanderfalke (*Falco peregrinus*) kann bis zu 440 km/h erreichen, wenn er auf eine Beute herabstößt.

Gliedmaßen sind für schnelle Bewegungen nicht immer erforderlich. Die giftige Schwarze Mamba (*Dendroaspis polylepis*), eine ostafrikanische Schlange, kann mit erhobenem Vorderkörper bis zu 11 km/h schnell kriechen.

Schwimmmaschinen Barrakudas wie die Art *Sphyraena genie* sind ganz auf hydrodynamische Effektivität ausgerichtet. Der Körper ist stromlinienförmig und besitzt Grübchen und Vertiefungen, in denen die Flossen eingebettet werden, um Turbulenzen zu vermindern. Da Barrakudas nicht gemeinsam jagen, greifen sie häufig riesige Schulen von Fischen an, um sie auseinander zu treiben und dadurch einzelne Fische leichter fangen zu können.

ORIENTIERUNG

Wissenschaftler haben gerade erst begonnen, die Möglichkeiten der Navigation von Tieren zu verstehen. Bienen nutzen das polarisierte Licht, um sich anhand des Sonnenstandes bei ihren Sammelflügen zu orientieren. Vögel nutzen die Sonne vermutlich auch zur Navigation auf langen Wanderzügen, aber das Erdmagnetfeld spielt auch eine Rolle. Dies ist vermutlich auch wichtig für wandernde Wale. Außerdem erkennen sie wahrscheinlich Landmarken in Küstennähe. Manche Salamander und Nagetiere orientieren sich über kurze Entfernungen an Duftspuren. Geruch hilft Meeresschildkröten, geeignete Niststrände zu finden.

Flughörnchen
Verschiedene Arten von Hörnchen und Opossums haben eine Art Gleitflug ohne körpereigenen Antrieb entwickelt. Sie können über eine Entfernung von 50 m und mehr von Baum zu Baum gleiten.

ZUSAMMENLEBEN

Das Zusammenleben mit anderen Mitgliedern derselben Art bringt Vorteile. Es gibt zahlreiche Aufgaben, die in der Gruppe leichter zu bewerkstelligen sind, z. B. das Ausschauhalten nach Feinden und deren Bekämpfung oder das Aufspüren, Jagen oder Sammeln von Nahrung.

Viele Vögel leben in einfachen Familienverbänden, in denen ein monogames Elternpaar jedes Jahr seine Junge aufzieht. Solche Familien sind auch bei vielen Säugetieren üblich. Hier hält in der Regel eher das Weibchen als das Männchen engen Kontakt zum Nachwuchs, bis die Jungen für sich selbst sorgen können.

Großfamilien werden gebildet, wenn die Nachkommen aus verschiedenen Gelegen oder Würfen bei den Eltern bleiben, nachdem sie erwachsen sind. Manchmal helfen sie sogar mit, die nächste Generation großzuziehen. Extreme Beispiele finden sich bei sozialen Insekten wie Bienen und Termiten. Sie leben in großen Gruppen mit komplexer Arbeitsteilung. Der Nacktmull (*Heterocephalus glaber*) ist das einzige bekannte Säugetier mit einer ähnlichen Sozialstruktur.

EXTERNE BEZIEHUNGEN

Viele Tiere pflegen enge Beziehungen zu anderen Arten, zu denen sie sich häufig parallel entwickelt haben. Eine Verbindung, die beiden Teilen nutzt, wird als Mutualismus bezeichnet. So findet der Madenhacker (*Buphagus sp.*) Nahrung, indem er die Parasiten von der Haut von grasenden Pflanzenfressern wie dem Zebra (*Equus sp.*) pickt. Dafür dient er als Frühwarnsystem, indem er bei Annäherung eines Feindes auffliegt und kreischt.

Beim Kommensalismus profitiert nur eine Art. Schiffshalter finden Schutz und Nahrung, indem sie mit großen Fischen zusammenleben, die aus dieser Beziehung weder Vor- noch Nachteile ziehen.

Beim Parasitismus wird einer der Partner, der Wirt, geschädigt und in manchen Fällen sogar getötet.

Gruppenleben Mandrills (*Mandrillus sphinx*) leben in Trupps von wenigen bis einigen Dutzend Tieren. Die Jungen lernen das Auswählen der Nahrung von ihrer Mutter. So werden Nahrungsvorlieben und die Abneigung gegen unbekannte Nahrung über Generationen weitergegeben. Wie andere soziale Primaten festigen Mandrills durch verschiedene Berührungen, z. B. das Lausen, die sozialen Bindungen.

Konsequent Löwen leben in Rudeln von 5 bis 15 adulten Weibchen, ihren Jungen und 1 bis 6 adulten Männchen. Neu hinzukommende dominante Männchen töten meist die Nachkommen ihrer Vorgänger. Ohne Jungen wird das Weibchen brünstig und paart sich mit dem neuen Männchen, das durch »Kindsmord« die Überlebenschancen des eigenen Nachwuchses erhöht.

BIOLOGIE UND VERHALTEN TIERE 37

Stets zu Diensten Einige Tiere, die eigentlich potenzielle Beute anderer Arten wären, erhalten Schutz, indem sie einen nützlichen Dienst anbieten. Obwohl alle Muränen Fleischfresser sind, fressen sie nicht die Putzergarnelen, die diese Fische von Parasiten befreien (links). Dafür erhält die Garnele Nahrung und Schutz, da die Anwesenheit der Muräne andere Feinde fern hält.

Steinhammer Der Seeotter (*Enhydra lutis*) ist das einzige Meeressäugetier, das ein Werkzeug benutzt. Er hämmert seine hartschalige Nahrung (Muscheln, Krebse, Seeohren und Seeigel) mit einem Stein auf, um an das Fleisch zu gelangen. Die Tauchgänge zur Nahrungssuche dauern 1 bis 1,5 Minuten, obwohl er bis zu 5 Minuten unter Wasser bleiben kann. Seine Beute ertastet er mit den Vorderpfoten und lagert sie in Hautfalten seiner Achselhöhle. Dann taucht er auf, um zu fressen oder Luft zu holen. Die Otter leben in nach Geschlechtern getrennten Gruppen, die aus wenigen bis einigen hundert Tieren bestehen können.

LERNFÄHIGKEIT

Alle Tiere besitzen Fähigkeiten, Verhaltensweisen und Anpassungen, die angeboren sind und die man zusammen genommen als Instinkt bezeichnet. Zahlreiche Tiere können noch einiges dazulernen. Sogar manche Wirbellose sind zur einfachsten Form des Lernens, der Habituation, fähig. Dazu gehört die Verminderung eines Reflexes als Reaktion auf wiederholte Reize. Die Meeresschnecke (*Aplysia californica*) zieht z. B. ihren Siphon (mit dem sie Abfallstoffe ausstößt) bei Berührung zurück. Wenn wiederholte Berührungen keine negativen Auswirkungen haben, lässt dieser Rückziehreflex nach.

Durch Konditionierung lernt ein Tier, eine Reaktion als Antwort auf einen Reiz vorauszusehen. Ein Vogel erkennt und meidet z. B. Raupenarten, die beim ersten Versuch, sie zu fressen, nicht schmecken.

Tiere, die in festgelegten Sozialstrukturen leben, besitzen häufig die Fähigkeit, durch *trial and error* (Versuch und Irrtum) zu lernen. Wenn ein Tier durch wiederholte Fehler lernt, ist dies oft der beste Weg, um ein bestimmtes Verhalten zu prägen. Viele Jungtiere lernen Überlebensstrategien durch Spiel. Sie lernen auch wichtige Lektionen durch Beobachten und Nachahmen der Eltern oder anderer Alttiere.

TIERE MIT KULTUR

Durch Nachahmung übertragen manche Tierpopulationen die erlernten Fähigkeiten von einem Individuum zum anderen und sogar von einer Generation zur nächsten, sodass eine Art Kultur entsteht. Dies wurde bei Primaten, Walen und Elefanten beobachtet. Ein bekanntes Beispiel – dokumentiert in den 1950er-Jahren – ist der Makaken-Trupp auf einer kleinen Insel vor Japan. Wissenschaftler fütterten die Affen mit Süßkartoffeln. Ein Affe wusch eine Kartoffel im Wasser, was kurz darauf alle Affen taten, und so hat sich diese Verhaltensweise in dem ganzen Trupp eingebürgert.

Schimpansen nutzen Werkzeuge, z. B. Stöcke, mit denen sie geschickt Termiten aus deren Bau holen, um sie dann Gleichrangigen oder Jungtieren zu reichen.

Eindringlinge Kuckucke legen ihre Eier in die Nester anderer Arten wie dem Schilfrohrsänger (unten). Jedoch nur ungefähr 50 der rund 130 Arten sind echte Parasiten. Bei einigen parasitischen Arten wirft das Kuckucksjunge die anderen Eier oder Küken aus dem Nest. Bei anderen Arten nimmt das Kuckucksjunge den anderen Nestlingen das Futter weg und sie sterben. Kuckuckseier sehen häufig denen der Wirtsvögel ähnlich und verschiedene Weibchen innerhalb einer Kuckucksart können jeweils an eine spezielle Wirtsart angepasst sein.

AUSWIRKUNGEN

Viele Tiere haben einen enormen – guten oder schlechten – Einfluss auf ihren Lebensraum: Durch Regenwürmer wird Pflanzenmaterial zersetzt und damit die Bodenfruchtbarkeit verbessert. Fatale Folgen haben Heuschreckenschwärme, die ganze Ernten zerstören können, indem sie die Pflanzen kahl fressen.

Auch Elefanten können auf der Suche nach Nahrung viel Schaden anrichten, weil sie manchmal einfach ganze Bäume umwerfen, um an die saftigsten Blätter zu gelangen.

Biber verändern durch ihren Damm- bzw. Burgenbau den Verlauf von Bächen und Flüssen.

BAUSTELLE

Biber sind wohl die bekanntesten Baumeister im Tierreich, aber auch viele andere Tierarten errichten erstaunliche Bauwerke.

Zu den besten Nestbauern unter den Vögeln zählen die afrikanischen Webervögel. Deren Männchen verweben und verknoten Grashalme und Blätter zu riesigen Nestern mit mehreren Eingängen.

Viele Insekten errichten Schutzbauten und Fallen. Die besten Baumeister unter ihnen sind die Termiten. Die Hügel mancher Arten können 9 m hoch sein und Millionen von Termiten beheimaten.

VISITENKARTEN

Viele Tiere können durch das Aussenden chemischer Botschaften in Form von Pheromonen ihren Artgenossen Nachrichten hinterlassen oder übermitteln. Die Empfänger nehmen diese Signale mit dem Geruchssinn oder Geschmackssinn auf.

Pheromone lösen häufig eine bestimmte Verhaltensweise beim Empfänger aus und können sogar physiologische Reaktionen hervorrufen. So hemmt z. B. ein Pheromon, das von der Bienenkönigin im Stock produziert wird, das Fortpflanzungssystem der Arbeiterinnen und bringt die Drohnen dazu, sich nur mit der Königin zu paaren. Chemische Stoffe im Urin der Königinnen in Nacktmull-Kolonien sollen eine ähnliche Funktion erfüllen.

ALLE FÜNF SINNE

Die fünf Sinne – Sehen, Riechen, Hören, Fühlen, Schmecken –, über die der Mensch verfügt, gibt es auch im Tierreich, wobei sich die Sinnesorgane nicht immer gleichen. Die Antennen vieler Ameisen reagieren auf Berührung so wie die Beine von Spinnen Vibrationen fühlen. Gleichzeitig nehmen sie, wie die Antennen von vielen Nachtfaltern, chemische Botschaften ähnlich wie beim Riechen wahr.

Der Wahrnehmungsbereich der Sinnesorgane kann sich ebenfalls unterscheiden. Elefanten und Wale hören tiefe Infraschalllaute, die wir nicht wahrnehmen können, und kommunizieren damit. Hunde und Haie verfolgen Duftspuren, die so schwach sind, dass der Geruchssinn des Menschen sie nicht erfassen kann. Auch beim Sehvermögen gibt es bei den Tieren erhebliche Unterschiede.

Manche Tiere besitzen Sinne, über die der Mensch nicht verfügt. Fische haben z. B. Seitenlinienorgane: gallertgefüllte Kanäle unter der Haut, die durch Poren mit der Außenwelt in Verbindung stehen. Dadurch fühlen sie winzige Druckunterschiede im Wasser, die ihnen die Anwesenheit eines Objektes oder anderen Tieres signalisieren.

BIOLOGIE UND VERHALTEN **TIERE** 39

ECHOORTUNG

Die Echoorientierung hat sich im Tierreich mehrfach unabhängig voneinander entwickelt. Fledermäuse, Zahnwale, Delfine und einige Vögel nutzen diese Navigationsart, um Beute auszumachen, und für soziale Interaktionen. Auch manche Kleinsäuger, z. B. Spitzmäuse und Tanreks, verwenden einfache Echoortungsformen, um sich im Dunkeln zurechtzufinden. Tiere, die sich durch Echoortung orientieren, senden Töne aus, die jenseits unserer Hörgrenze liegen, z. B. das Klicken der Delfine oder das Piepsen der Fledermäuse. Dann werten sie Winkel und Qualität des Echos aus, das von Objekten zurückgeworfen wird. Die Frequenzen sind: 1000 Hz bei Vögeln, 30 000 bis 120 000 Hz bei Fledermäusen, 200 000 Hertz bei Walen.

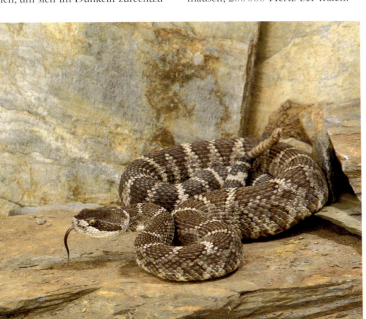

Gute »Sicht« bei Dunkelheit Um im Dunkeln Beute jagen und fangen zu können, benutzen Fledermäuse, wie diese Große Hufeisennase (*Rhinolophus ferrumequinum*), Echoortung. Dadurch kann sie gleichzeitig alle Objekte in ihrer Nähe wahrnehmen: Boden, Bäume, Sträucher, Felsen, Eulen, andere Fledermäuse. Die Fledermaus ändert Frequenz und Geschwindigkeit der Impulsfolge, um unterschiedliche Informationen über ihre Beute zu erhalten, z. B. wie weit sie weg ist und wie schnell sie sich bewegt.

Warnsignal Bei Klapperschlangen wie bei *Crotalus viridis oreganus* ist die Schwanzspitze zu einem Warngerät umfunktioniert: der Rassel, die aus speziell geformten Schuppen gebildet wird. Beim Vibrieren des Schwanzes bewegen sich die Glieder gegeneinander und erzeugen ein Rasseln.

Lockstoffe Wie fast alle Nachtfalter setzt *Argema mimosa* Pheromone als Nachrichten für andere Falter frei. Weibchen geben Pheromone ab, um Männchen aus großer Entfernung anzulocken; Männchen tun dies nur, wenn Weibchen in der Nähe sind, um diese sexuell zu stimulieren. Wie bei den meisten Insekten werden Düfte über die Antennen wahrgenommen. Einige Falter senden Ultraschall aus, der die Echoortung räuberischer Fledermäuse stört.

Kunst am Bau Die Männchen der meisten Laubenvögel-Arten bauen kunstvolle Bauwerke, die weder Nest noch Unterschlupf sind, sondern nur die Weibchen beeindrucken sollen. Die Form und Dekoration der Laube ist artspezifisch, wobei meist eine bestimmte Farbe bevorzugt wird. *Chlamydera guttata* (links) baut 2 parallele Wände aus Halmen. Andere errichten Plattformen oder Matten. Der beste Architekt der Vogelwelt ist der Hüttengärtner (*Amblyornis inornatus*), der eine maibaumähnliche Struktur von bis zu 1,5 m Höhe errichtet. Die Männchen verbringen die meiste Zeit mit dem Bau und Verzieren ihrer Lauben.

Gutes und Schlechtes Wenn die Nahrung knapp ist, verwüsten Afrikanische Elefanten (*Loxodonta africana*) manchmal große Gebiete, weil sie Bäume umwerfen, um die oberen Äste zu erreichen. Im Ökosystem spielen sie jedoch eine sehr nützliche Rolle: Sie verbreiten Samen und Nährstoffe durch ihren Dung, graben Wasserlöcher, die auch anderen Tieren Wasser bieten, und sie vergrößern bestehende Wasserlöcher, wenn sie sich suhlen. Die Pfade, die sie zu den Wasserstellen trampeln, bilden Feuerschneisen. Elefanten bieten vielen anderen Arten Schutz, da sie aufgrund ihrer Größe weit schauen und vor Gefahren warnen können.

LEBENSRÄUME UND ANPASSUNGEN

Lebensräume sind Orte, an denen lebende Organismen existieren. Sie bieten Nahrung und erfüllen andere Grundbedürfnisse der Pflanzen und Tiere. Die Lebensräume werden häufig charakterisiert durch die Kombination von Klima und Geografie, manchmal auch durch die Artengesellschaften, die vorherrschen. Korallenriffe kommen z. B. in flachen und meistens tropischen Meereszonen vor, in denen sich die Korallenpolypen mit ihren Kalkskeletten festgesetzt haben. Waldformen werden dagegen durch verschiedene Merkmale wie Breitengrad, Niederschlagsmenge, ob der Regen beständig über das ganze Jahr fällt oder in bestimmten Zeiten sowie durch die vorherrschende Vegetation bestimmt.

ZWISCHEN DEN WELTEN

Manche Arten existieren nur in einem Lebensraum, es gibt jedoch viele, die mehrere Lebensräume nutzen oder zwischen ihnen wechseln. Kaiserpinguine kuscheln sich im harten Polarwinter auf dem Eis in ihren antarktischen Brutkolonien aneinander, während sie Fische, ihre Hauptnahrung, im weit entfernten offenen Meer suchen.

Wandernde Arten wechseln häufig zwischen Lebensräumen, um verschiedene oder sich verändernde Lebensbedingungen zu nutzen oder zu meiden. Innerhalb der Lebensräume besetzen Tiere ökologische Nischen. Dadurch wird festgelegt, welche Rolle die Tiere spielen. Dazu gehört, was sie fressen, wer sie frisst, wo sie Schutz und Nahrung finden, wie sie auf andere Organismen reagieren und mit ihnen umgehen.

Einige Arten sind an eine spezielle Nische mit eng definierten Voraussetzungen angepasst. Koalas überleben z. B. nur dort, wo ihre Nahrungsbäume – spezielle Eukalyptusarten – wachsen.

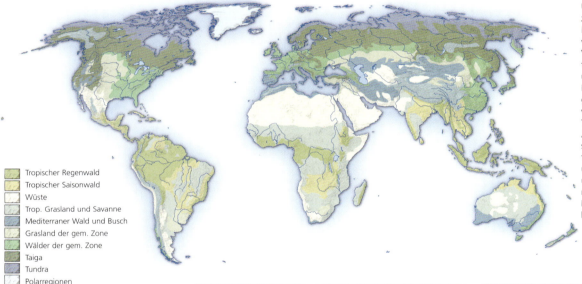

Ursprüngliche Vegetation Diese Karte zeigt die Vegetation, wie sie ohne den Einfluss und die Eingriffe der Menschen wäre. Klima und Boden bestimmen die Vegetation in einem Gebiet und die Vegetation bestimmt wiederum die Ausbreitung und Vielfalt der Tiere. Zusammen bilden Pflanzen und Tiere jeder Zone eine ökologische Gemeinschaft, die Biom genannt wird. Der Regen und die Wärme der Tropen ließ in diesen Regionen die größte Artenvielfalt auf der Erde entstehen. Zusätzlich zu den gezeigten und kurz charakterisierten Landflächen enthalten die Süß- und Meerwasserbiome eine enorme Fülle und breit gefächerte Vielfalt von Organismen. Die Ozeane beherbergen z. B. Lebensformen, die vom winzigen Plankton bis zu riesigen Walen reichen.

- Tropischer Regenwald
- Tropischer Saisonwald
- Wüste
- Trop. Grasland und Savanne
- Mediterraner Wald und Busch
- Grasland der gem. Zone
- Wälder der gem. Zone
- Taiga
- Tundra
- Polarregionen
- Gebirge und Hochland

Baumbewohner Der Koala (*Phascolarctos cinereus*) baut weder Nest noch Höhle. Für dieses Beuteltier ist der Eukalyptusbaum Heim und Nahrung. Die Eukalyptusarten, die der Koala frisst, haben einen hohen Faser- und Zelluloseanteil sowie einen hohen Gehalt an giftigen Stoffen. Der Koala muss große Mengen an Blättern verzehren, um ausreichend Nährstoff zu erhalten.

Winterschlaf Der Winterschlaf wird durch die Umweltbedingungen bestimmt und ist kein Merkmal einer Art. Bei ungünstigen Bedingungen machen Igel einen Winterschlaf. Ihre Körpertemperatur sinkt stark und nähert sich der Umgebungstemperatur. Tropische Igel machen keinen Winterschlaf, sind dazu aber in der Lage, wenn sie künstlich niedrigen Temperaturen ausgesetzt werden und die Nahrung knapp ist.

LEBENSRÄUME UND ANPASSUNGEN **TIERE** 41

DEMARKATIONSLINIE
Die Grenze, an der ein Lebensraum beginnt und ein anderer endet, ist nicht immer klar erkennbar. Viele Wälder gehen z. B. am Rand ganz allmählich in offene Bereiche wie Grasland über. In anderen Fällen ist es ganz klar, wo ein Lebensraum anfängt und endet, wie z. B. bei Höhlen. Deren Bewohner werden durch Faktoren wie wenig Licht und die begrenzte Verfügbarkeit von Nahrung bestimmt. Die Bedingungen am Höhleneingang unterscheiden sich oft extrem stark von denen im Innern. Ähnlich markant geprägt sind die hydrothermalen Nischen in der Tiefsee, die in ganz bestimmten und hochproduktiven Meereszonen vorkommen.

Höhe und Breitengrad Beide haben Einfluss auf die Beschaffenheit von Lebensräumen. Der schneebedeckte Gipfel des Kilimandscharo steht im Gegensatz zur halbwüsten Steppe an seinem Fuß.

Carlsbad Caverns National Park Der riesige Höhlenkomplex in New Mexico ist der Lebensraum von Fledermäusen während ihrer Fortpflanzungszeit im Sommer – sie hängen zu Tausenden an den Decken.

UMWELTVERÄNDERUNGEN
Lebensräume sind einer natürlichen Veränderung unterworfen. Viele werden von plötzlichen, dramatischen geologischen Ereignissen wie Erdbeben oder Vulkanausbrüchen geprägt. Andere verändern sich eher langsam aufgrund von Naturkräften wie Erosion. Wechselndes Wetter verursacht häufig saisonale, wiederkehrende und reversible Veränderungen. Manche Lebensraumveränderungen sind Reaktionen auf die ansässigen oder sich ansiedelnden Tiere und Pflanzen.

Seit geraumer Zeit sind die Veränderungen der Lebensräume nicht allein die Folge von Naturereignissen, sondern durch Menschen verursacht. Ausnahmen sind die wachsenden Wüsten und Halbwüsten. Fast alle Lebensräume werden z. B. immer kleiner, weil der Mensch sie beansprucht. Es ist bezeichnend, dass die Artenvielfalt in den meisten Lebensräumen abnimmt.

Von den komplexen und artenreichen Lebensräumen wie Regenwäldern und Korallenriffen glaubte man früher, sie besäßen die größte Widerstandsfähigkeit gegen Veränderungen. In letzter Zeit konnte man aber feststellen, dass sie zu den empfindlichsten Biomen zählen.

REGENWÄLDER

Der Regenwald ist ein feuchter, äußerst artenreicher Lebensraum, der von Laubbäumen mit flachen Wurzelsystemen beherrscht wird. Die jährliche Niederschlagsmenge liegt bei über 1000 mm/m² und verteilt sich gleichmäßig über das Jahr. Tropische Regenwälder gibt es in über 80 Ländern (vorwiegend in Süd- und Mittelamerika, Westafrika und Südostasien). Sie erstrecken sich um den Äquator zwischen dem Wendekreis des Krebses und des Steinbocks. Sie bedecken nur 7 % der Landoberfläche der Erde, beherbergen aber mindestens die Hälfte aller Pflanzen- und Tierarten. Regenwälder der gemäßigten Zonen gibt es in kühleren Klimaten an der nordamerikanischen Pazifikküste und in Teilen von Südaustralien, Neuseeland und Japan.

Eiablage-Strategien Der Rotaugenfrosch (*Agalychnis callidryas*) legt seine Eier auf Blättern, die über dem Wasser hängen, ab. Wenn die Kaulquappen schlüpfen, rutschen sie »automatisch« ins Wasser.

Tarnung Der Ozelot (*Leopardus pardalis*) braucht die dichte Deckung des Regenwaldes zu seiner Sicherheit. Das gefleckte Fell tarnt ihn zusätzlich. Der stark gefährdete Ozelot steht seit 1975 unter dem Schutz des Internationalen Handelsabkommens für bedrohte Tiere.

Das Nouragues-Reservat Die Baumkronen des Regenwaldes in Französisch Guyana im nördlichen Südamerika beherbergen zahlreiche Vogelarten wie Aras und Tukane. Gut getarnt leben in den unteren Zonen Jaguare und andere Großkatzen.

LEBEN IN ETAGEN

Das Leben im Regenwald findet in Stockwerken statt. Die höchsten Baumwipfel reichen bis zu 40 m hoch und bieten Schutz vor Sonne und Wind. Große Greifvögel ziehen dort ihre Runden. Viele der Bäume werden nicht so hoch; ihre Kronen bilden ein Blätterdach, das kaum Sonnenlicht hindurchlässt. Hier hat sich eine reiche Insektenwelt angesiedelt. Die Vögel und Säugetiere, die hier leben, suchen selten den Waldboden auf. Kommuniziert wird mittels Lauten, daher ist diese Etage erfüllt von einer Kakophonie aus Heulen, Pfeifen und Kreischen.

Sträucher und kleine Bäume, die wenig Licht benötigen, bilden den Unterwuchs, in dem Großkatzen wie der Jaguar (Südamerika) oder der Nebelparder (Südostasien) jagen.

Der Waldboden beheimatet zahlreiche Insekten sowie Nagetiere und Großsäuger wie Tapire, Elefanten und Gorillas.

Durch die hohe Luftfeuchtigkeit kommen Frösche und andere Tiere, die normalerweise in Wassernähe leben, im Regenwald häufiger vor als in anderen Landlebensräumen.

MONSUNWÄLDER

Tropische oder regengrüne Monsunwälder gedeihen in Regionen mit großen jährlichen Niederschlagsmengen, die vorwiegend in einer bestimmten Regen- oder Monsunzeit fallen. Es gibt eine Trockenzeit, in der kein oder nur wenig Regen fällt und die meisten Gehölze ihre Blätter abwerfen. Die Bäume werden nicht so hoch wie in Regenwäldern. Der Unterwuchs ist besser entwickelt, weil er mehr Sonnenlicht erhält. In diesem Lebensraum sind die Jahreszeiten sichtbarer, da die meisten Pflanzen zu Beginn der Regenzeit blühen und Früchte bilden. Monsunwälder kommen vor allem in Südostasien vor.

Riesenechsen Der Komodo-Waran (*Varanus komodoensis*) kommt nur auf wenigen Tropeninseln in Zentralindonesien vor. Die Tiere ernähren sich hauptsächlich von Aas, erlegen aber auch große Säugetiere wie Hirsche und Wasserbüffel.

Verborgene Stadt Fast zugewachsen vom vordringenden Regenwald liegt die Stadt Mrauk-U in Myanmar (Birma). Die Zerstörung der Wälder zur Befriedigung der Bedürfnisse der Menschen führt zum Verlust des Lebensraums vieler Tiere und Pflanzen.

NADELWÄLDER

In diesem Lebensraum dominieren immergrüne Nadelbäume, z. B. Tannen und Kiefern, die nadelähnliche Blätter besitzen und Zapfen mit Samen hervorbringen. Man findet sie in Gegenden mit langen, kalten Wintern und feuchten, kurzen Sommern. Als Schutz vor der starken Kälte halten hier viele Tiere Winterschlaf oder ziehen fort. Die riesigen mit Nadelwäldern bedeckten Landflächen auf der Nordhalbkugel werden als Taiga oder arktische (boreale) Wälder bezeichnet. Sie erstrecken sich rund um die Erde zwischen dem 50. und 60. Breitengrad. Nadelwälder kommen auch in Bergregionen anderer Gebiete der Welt vor.

Schwammspinner 1869 brachte ein Naturforscher Schwammspinner (*Lymantria dispar*) von Europa in die USA. Einige Tiere entkamen und die Art entwickelte sich bald zu einer Plage. Die Raupen fressen im Frühjahr riesige Mengen an Blättern. Kiefern und Fichten sind am stärksten betroffen.

Baumriesen An der feuchten kalifornischen Nordküste stehen in dem riesigen Redwood Nationalpark die größten Bäume der Welt, die Redwoods. Diese langsam wachsenden Riesen leben bis zu 2000 Jahre. Sie bilden ein komplexes Ökosystem, in dem Hunderte verschiedener Pflanzen und Tiere leben und für das Abholzung eine große Gefahr ist.

WALD GEMÄSSIGTER ZONEN

Wälder der gemäßigten Zone, in denen Laubbäume vorherrschen, kommen auf der ganzen Welt zwischen dem 25. und 50. Breitengrad vor. In Regionen mit kalten Wintern und Frost wie im östlichen Nordamerika, in Ostasien und Westeuropa wachsen überwiegend Laub abwerfende Gehölze. Die Jahreszeiten sind deutlich zu unterscheiden, wobei der spektakuläre Farbwechsel der Blätter typisch für den Herbst ist. Viele Tiere in diesen Wäldern halten entweder einen Winterschlaf oder ziehen in wärmere Gebiete. In den Wäldern der gemäßigten Zonen von Südamerika, Südchina, Neuseeland, Ostaustralien, Japan, Südamerika und Korea, wo die Winter mild und meist frostfrei sind, bleiben die Bäume immergrün.

Nationalpark Grand Teton Im Herbst verfärbt sich dieses riesige Gebiet goldgelb. Der Snake River schlängelt sich durch den Park. Fisch- und Weißkopfseeadler finden sich am Ufer ein. Biber, Wiesel und Kojoten bevölkern die Sümpfe, Wiesen und Wälder.

Im Ausguck Der Waschbär (*Procyon lotor*) ist Einzelgänger und verschläft den Tag in einer Baumhöhle oder im Winter in einem Bau. Er ernährt sich von organischem Material, das der Waldboden reichlich bietet.

Flinker Kletterer Der Hörnchen-Kletterbeutler (*Gymnobelideus leadbeateri*, rechts) ernährt sich von Pflanzensäften und Insekten. Extensive Abholzung in Altholzbeständen seiner Heimat Australien gefährdet sein Überleben.

SAISONALES LEBEN

Der deutliche Jahreszeitenwechsel prägt das Leben der Tiere in den Laubwäldern der gemäßigten Zone. Die Wärme des Frühlings bringt ein steigendes Nahrungsangebot. Winterschläfer wie Igel und Bären erwachen. Zahlreiche Tierarten kehren von ihren Überwinterungsplätzen zurück. Ankommende Zugvögel stürzen sich auf das enorme Insektenvorkommen, das so typisch für diese Wälder im Frühjahr ist. Um die günstigen Bedingungen für den neuen Nachwuchs zu nutzen, erfolgen nun gleich Balz und Paarung.

In den immergrünen Wäldern der gemäßigten Zonen unterscheiden sich die Jahreszeiten nicht so markant. Die Lebewesen müssen sich im Winter nicht verkriechen, um die kalten Temperaturen zu überleben, und die Hochsaison der Wachstums- und Fortpflanzungsperioden beginnt schon im Spätwinter. Diese Wälder besitzen auch besser entwickelten Unterwuchs aus Büschen und kleineren Bäumen. Daher gibt es hier wesentlich mehr Bodenbewohner als in den Laub abwerfenden Wäldern.

Uralter Eichenwald in England Eichen sind widerstandsfähige, langlebige Schattenbäume. Sie bilden männliche (Kätzchen) und weibliche Blüten am selben Baum.

MOORE UND HEIDEN

Dieser karge, raue Lebensraum wird geprägt von Zwergsträuchern und Gräsern sowie einigen anderen Bodendeckern, sodass die meisten Tiere dicht am oder im Boden leben. Moore kommen weltweit in exponierten oder hohen offenen Lagen vor, an Küsten und auf Bergen. Das äthiopische Hochland z. B. wird beherrscht von großen Moorgebieten, in denen der stark bedrohte Abessinische Fuchs (*Canis simensis*) lebt. In Europa sind Moore oft mit Heidelandschaften zu weitläufigen Lebensräumen verbunden, die ursprünglich vor 5000 Jahren entstanden, als Bauern begannen, Wälder für landwirtschaftliche Zwecke zu roden. Heute zählen einige Tiere, die dort leben, zu den bedrohten Arten, z. B. die Kreuzkröte (*Bufo calamita*).

Nationalpark Torres del Paine Der Park liegt in Patagonien, Chile (ganz rechts). Er umfasst Steppe, Heide, Wald und Wüste und ist Heimat vieler Säugetierarten, z. B des Guanakos (*Lama guanicoe*). Diese größere der beiden Lama-Arten fühlt sich in dieser rauen Landschaft sehr wohl.

Lust auf Honig Honigfresser wie die Art *Lichenostomus chrysopis* sind weitgehend auf die australasiatische Region beschränkt. Diese Vögel haben eine einzigartige Zunge: Sie besitzt eine tiefe Spalte und ist am Ende ausgefranst, sodass vier parallele Pinsel entstehen. Dies ist eine Anpassung an die saugende Nahrungsaufnahme.

OFFENE LANDSCHAFTEN

Geringe Niederschläge (500 bis 750 mm/m² jährlich) begrenzt das Baumwachstum in diesen Regionen, die oft Übergangszonen zwischen Wäldern und Wüsten bilden. Das weiträumige Flachland, vorwiegend mit Gräsern bewachsen, bietet großen Tieren kaum Versteckmöglichkeiten. Dennoch beherrschen große Pflanzenfresser diesen Lebensraum. Das Grasen in Gruppen bietet dem Einzelnen Sicherheit und erlaubt Strategien, Feinde zu täuschen und ihnen zu entkommen. Über die Prärie Nordamerikas zogen einst riesige Bisonherden. In Afrikas Savannen leben Zebra- und Antilopenherden sowie andere große Säugetiere, die von Großkatzen und Wildhunden gejagt werden. Andere offene Landschaften sind die Steppen der Ukraine, die Pampas Südamerikas und die südafrikanischen Steppen.

Hoch hinaus In einigen Termitenhügeln in dem trockenen, mit einzelnen Eukalyptusbäumen bewachsenen Grasland im Nordosten Australiens nisten Vögel. Gänge belüften die Baue und halten so Temperatur und Luftfeuchtigkeit im optimalen Bereich.

Endlos Serengeti ist ein Massai-Wort und heißt: endlose Ebene. Der Serengeti-Nationalpark ist Tansanias ältestes Reservat – eine baumlose Graslandschaft, so weit das Auge reicht. Auf diesem riesigen Areal grast eine Vielfalt von Tieren.

WÜSTE UND HALBWÜSTE

Charakteristisch für diese Lebensräume, die etwa ein Drittel der Landfläche unseres Planeten einnehmen, ist Wassermangel. In Wüsten liegt die durchschnittliche jährliche Niederschlagsmenge pro m² bei 250 mm, während in Halbwüsten zwischen 250 und 500 mm Regen jährlich fallen. Niederschläge kommen sporadisch und sind nicht vorhersehbar. Die meisten der trockensten Gegenden der Erde liegen zwischen dem 15. und 40. Breitengrad nördlich und südlich des Äquators. Hohe Tagestemperaturen sind häufig, aber nicht zwangsläufig typisch. In der Nacht fallen die Temperaturen oft unter den Gefrierpunkt. Einen Großteil der Antarktis, wo es das ganze Jahr über bitterkalt ist, kann man durchaus als Wüste bezeichnen.

Seitwärts Um sich über lockere Oberflächen wie Sand und Schlamm bewegen zu können, haben Schlangen das Seitenwinden entwickelt. Bei dieser Fortbewegungsform benutzt die Schlange einen Kontaktpunkt am Boden als Halt, dann hebt sie ihren Körper vom Boden ab, um einen anderen Kontaktpunkt zu suchen. Abgebildet ist hier die Art *Bitis peringuey*, die sich seitenwindend über eine Düne in der Namib-Wüste in Afrika bewegt.

LEBEN IM VERBORGENEN

Wüsten und Halbwüsten beherbergen mehr Lebewesen, als man auf den ersten Blick annimmt. Extreme Temperaturen und Trockenheit sind die größten Probleme für Wüstenbewohner. Aufgrund entsprechender Anpassungen kommen die meisten Tiere jedoch damit zurecht.

Die meisten kleineren Tiere sind nachtaktiv und entgehen so bei der nächtlichen Nahrungssuche den hohen Temperaturen und Verdunstungsraten. Zu diesen Überlebenskünstlern zählen einige Gliederfüßer wie Spinnen, Hundertfüßer und Skorpione, zudem Rennmäuse, Erdhörnchen, Kängururatten und andere Säugetiere. Mangels versteckbietender Vegetation dienen ihnen am Tag unterirdische Höhlen als Schutz; außerdem herrschen unter der Erde günstigere »Klimabedingungen« als darüber.

Bei großen Tieren, z. B. den Kamelen, Ziegen, Eseln, Emus und Straußen, schützt ein dichtes Feder- oder Haarkleid vor Überhitzung. Es begrenzt zudem den Wärmeverlust, daher besitzen diese Tiere auch spärlich bedeckte Körperregionen, über die überschüssige Wärme abgegeben wird.

Nebelfänger Nur die Nebelschwaden von der Küste bringen regelmäßig Feuchtigkeit in die Namib-Wüste – und dem Schwarzkäfer (*Onymacris baccus*) Wasser. Er streckt sein Hinterteil in die Höhe und wartet, bis der Nebel auf seinem Rücken kondensiert und Wassertröpfchen entlang einer Furche am Rücken in seinen Mund rinnen.

Wüstenstrategien Die Oryxantilope (*Oryx gazella*) ist ausgezeichnet an extreme Hitze angepasst. Beim Atmen passiert die ein- und ausströmende Luft ein feines Netzwerk von Blutgefäßen und kühlt so den Blutfluss zum Gehirn ab. Die Oryxantilope frisst vornehmlich nachts, wenn der Feuchtigkeitsgehalt der Pflanzen am größten ist. Gespreizte Füße helfen beim Laufen auf weichem Sand. Sie verbessern den Halt und verhindern ein Einsinken.

Auf Salz Die kräftigen Beine und die langen Zehen ermöglichen dem Strauß schnelles Rennen und kompensieren somit seine Flugunfähigkeit. Strauße fressen Früchte, Samen, saftige Blätter, Gräser und die Triebe von Sträuchern. Auf der Suche nach Nahrung und Wasser legen sie große Entfernungen in so unwirtlichen Gegenden wie der Etoscha-Pfanne in Namibia zurück.

BERGE UND HOCHLAND

Berge sind wie Inseln. Dort findet häufig eine isolierte Entwicklung statt, sodass die Tiere eines Berges einzigartig im Vergleich zu denen anderer Berge sein können – selbst wenn diese in der Nähe sind. Das Leben in den Bergen zeigt eine geschichtete Struktur, weil sich die klimatischen Bedingungen mit der Höhe verändern. Mit zunehmender Höhe wird die Luft kälter, sodass sogar tropische Berge wie der Mount Kenia und der Kilimandscharo (beide in Afrika) immer schneebedeckte Gipfel haben. Die großen Bergbewohner bewegen sich behände in der Berglandschaft, wie z. B. die Gämse in Europa und der Schneeleopard in Asien. Um sich vor den extremen Bedingungen zu schützen, suchen viele Tiere Höhlen auf.

Aasfresser der Lüfte Der Königsgeier (*Sarcoramphus papa*) steigt mit thermischen Winden auf und legt große Entfernungen zurück. Da er Aas nicht selbst riechen kann, arbeitet er oft mit Truthahngeiern zusammen: Er verlässt sich darauf, dass sie die Kadaver finden. Ist das Aas entdeckt, lässt sich der Königsgeier darauf nieder, reißt den Kadaver auf, frisst sich satt und überlässt den Rest anderen Vögeln.

Pyrenäen Die Pyrenäen bilden nicht nur eine geologische Barriere zwischen Frankreich und Spanien, sondern auch eine Wetterscheide. Auf den großen Weideflächen wird seit Jahrhunderten Viehzucht betrieben. Heute ist diese europäische Bergwelt aber auch auf Tourismus eingestellt.

TUNDRA

Die Tundra ist einer der rauesten Lebensräume mit der geringsten biologischen Vielfalt: Riesig und baumlos bedeckt sie auf der Nordhalbkugel nördlich des 55. Breitengrades etwa ein Fünftel der Landfläche der Erde. Es gibt sehr wenig Schnee oder Regen und für die Tiere ist die Nahrung knapp. Während der bitterkalten Winter mit monatelanger Dunkelheit bleibt der Boden bis in eine Tiefe von mindestens 25 cm gefroren. In den extrem kurzen Sommern scheint die Sonne täglich 24 Stunden. In dieser Zeit tauen die oberen Permafrostschichten auf und es bilden sich vorübergehend flache Seen auf dem nassen Boden. Insekten, Vögel und Säugetiere wandern ein, um diese begrenzte Vegetationszeit zu nutzen.

In Alaska In bitterer Kälte sind Fell oder Federn überlebenswichtig. Der Moschusochse (*Ovibus moschatus*) hat 60 bis 90 cm lange Deckhaare, die längsten im ganzen Tierreich. Die Schneehühner Alaskas zählen zu den am stärksten befiederten Vögeln.

Tundra im Herbst Die Schnee-Eule (*Nyctea scandiaca*) und der Schneehase (*Lepus americanus*) ändern im Herbst ihre Färbung von Braun in winterliches Weiß (im Frühjahr umgekehrt). Die Anpassung an die Farben der Jahreszeiten tarnt perfekt.

POLARREGIONEN

Die Antarktis ist der kälteste, windigste und trockenste Kontinent und die Arktis ist fast ebenso unwirtlich. Trotzdem kann eine überraschend große Zahl von Tieren an den Polen überleben. Der arktische Ozean ist z. B. einer der reichhaltigsten Fischgründe der Erde, und in der Antarktis brütet die Buntfußsturmschwalbe (*Oceanites oceanicus*) zu Millionen. Extreme Kälte erfordert in höchstem Maße Anpassungen der Tiere. Dicke Fettschichten und ein dickes Haar- oder Federkleid schützen Säugetiere und Vögel vor der Kälte. Häufig wandern die Tiere zeitweise ab, um den härtesten Bedingungen zu entgehen. Viele Fische und Wirbellose besitzen ein natürliches »Frostschutzmittel« in ihren Körperflüssigkeiten.

Pinguinparade Von klein auf haben die Adeliepinguine (*Pygoscelis adeliae*) ein dichtes, kurzes, fellähnliches Federkleid, das sie vor den eisigen Bedingungen in der Antarktis schützt.

Herzwärme Bei Eisbären (*Ursus maritimus*) wird der Wärmeverlust begrenzt: Warmes Blut aus dem Herzen gibt Wärme an das von der Haut zurückfließende kühle Blut ab.

Ohne Eis Am Meeresboden lebende Tiere wie Seeanemonen und Schwämme können in den relativ ruhigen Gewässern der Polarregionen existieren – sie leben dort, wo es kein Eis gibt.

SEEN UND TEICHE

Etwa 5 Mio. Seen und viel mehr Teiche sind über die Kontinente verteilt. Je älter sie sind, umso größer ist die Artenvielfalt. Die Tiere in Teichen und Seen lassen sich in drei Gruppen einteilen: Zooplankton lebt hauptsächlich im Oberflächenwasser und besteht aus winzigen Tieren wie Krebsen und Rädertierchen. Zum Nekton, der zweiten Gruppe, gehören Fische und einige große Wirbellose, die sich von Zooplankton ernähren und in allen Wassertiefen leben. Sie fressen auch benthische Tiere, d. h. vorwiegend am Boden lebende Wirbellose wie Insekten, Krebse und Weichtiere. Zur dritten Gruppe zählen die Tiere, die auf der Oberfläche von Seen und Teichen und an deren Ufern leben.

Der Pantanal Die Region ist ein Rückzugsgebiet für einen der größten Bestände an Wildtier-Arten in Südamerika, es gibt z. B. über 600 Vogelarten. In der Regenzeit bildet sich hier das größte Feuchtgebiet der Erde.

Rast Die Schneegans (*Anser caerulescens*) brütet in den arktischen Regionen Nordamerikas in der Tundra und überwintert an der Pazifikküste in Salzmarschen und sumpfigen Buchten an der Küste.

MEERE

Die Meere sind im Durchschnitt 3000 m tief und bedecken fast drei Viertel der Erdoberfläche; damit sind sie der größte Lebensraum. Die meisten Tiere sind pelagisch (leben im freien Wasser) oder benthisch (Meeresbodenbewohner). Die pelagische Tierwelt reicht vom winzigen Plankton, das mit den Strömungen driftet, bis hin zu kräftigen Schwimmern (Meeressäuger, Fische und Tintenfische). Das Sonnenlicht beeinflusst das Leben in den oberen Wasserschichten und das der Bodenbewohner in flachen Bereichen. Das Fehlen des Sonnenlichtes in Verbindung mit steigendem Wasserdruck ist die treibende Kraft für viele Anpassungen der Tiere, die in den Tiefen der Ozeane leben.

Sprungkünstler Der Ostpazifische Delfin (*Stenella longirostris*) ist bekannt für seine fantastischen Sprünge. Er wird hauptsächlich durch den Thunfischfang, bei dem Delfine als Beifang in den Netzen landen, ernsthaft bedroht.

Tangwald Da Tang auf Sonnenlicht für die Fotosynthese angewiesen ist, sind Tangwälder auf klare, flache Gewässer beschränkt. Wirbellose, z. B. Nacktkiemer und Entenmuscheln, heften sich an den treibenden Tang.

MANGROVESÜMPFE

Mangrovesümpfe stabilisieren die Ufer von Flussdeltas und Meeresbuchten und die Küsten der Tropen und Subtropen. Fast 75% der tropischen Küsten sind von diesem wertvollen Lebensraum gesäumt. Er wird beherrscht von salzverträglichen, flach wurzelnden Bäumen und Sträuchern. Das Gewirr der ausladenden Wurzeln dieser Pflanzen stabilisiert das Sediment, gibt der Vegetation Halt und bildet einen Lebensraum, in dem zersetzende Organismen, von Bakterien bis zu Würmern, bestens gedeihen, genau wie zahllose größere Wirbellose – von Weichtieren bis zu Krebsen. Mangrovesümpfe sind nur selten von großen Wirbeltieren besiedelt, spielen aber eine wichtige Rolle als Lebensraum für zahlreiche Fische im Larven- und Jugendstadium.

Festmahl Luftwurzeln, die Sauerstoff zu den unteren Wurzeln der Mangrovebäume führen, bilden ein Mikrohabitat mit einer in »Etagen« lebenden Tiergemeinschaft. Die Position der Mangrovekrabbe (*Scylla serrata*) auf der Wurzel hängt davon ab, wie gut die Art mit den Gezeiten zurechtkommt.

Mangroveküste Schlickgras und Mangrovepflanzen besitzen Wurzelsysteme, die das meiste aus dem Wasser aufgenommene Salz ausscheiden. Salz, das in die Pflanzensäfte gelangt, wird durch Poren an der Halm- oder Blattoberfläche abgegeben.

KORALLENRIFFE

Die Fundamente von Korallenriffen werden vor allem durch die harten Außenskelette kleiner Wirbelloser gebildet: den riffbildenden Korallenpolypen, die man Steinkorallen nennt und die eng mit Seeanemonen und Quallen verwandt sind. Diese Polypen leben in miteinander verbundenen Kolonien. Dort sitzen die Individuen in harten, schützenden, becherförmigen Ablagerungen aus Kalk, den sie selber ausscheiden. Wenn diese Tiere sterben, hinterlassen sie ihr Skelett, auf dem die nachfolgenden Polypengenerationen weiterbauen. Andere Kalk produzierende Wirbellose sind Schwämme und Weichtiere, die ebenso wie einige Algenarten zur Riffbildung beitragen.

Riffwelt In Korallenriffen lebt eine farbenprächtige Vielfalt an Arten. Sie bildet hier eine eigene Welt, in der es einen harten Wettbewerb um Nahrung, Verstecke und Partner gibt und die Bedrohung durch Fressfeinde groß ist.

 Tiefenwasser-Korallenriffe   Warme Meere   Warmwasser-Korallenriffe

»RIFFBAUER«
Kalkskelette von Korallenpolypen sind ein Substrat, auf dem sich andere Wirbellose und Algen in einer immensen Artenvielfalt ansiedeln und Nahrung und Schutz suchen.

Die meisten Korallenriffe liegen zwischen dem Wendekreis des Krebses und des Steinbocks. Sie entwickeln sich am besten in sauberen Gewässern mit Temperaturen zwischen 21 und 29 °C und in einer Tiefe von weniger als 10 m. Das hängt vor allem mit den Licht- und Temperaturansprüchen der einzelligen Algen zusammen, die als Zooxanthellen bezeichnet werden und symbiontisch im Gewebe der Korallenpolypen leben. Die riffbildenden Korallen können ohne diese Algen nicht existieren. Diese erzeugen die für die Polypen lebenswichtigen Nährstoffe, die wiederum den Algen Nahrung und Schutz bieten.

Am häufigsten sind die Saumriffe, die parallel zu den Küsten verlaufen und durch flache Lagunen von den Uferzonen getrennt sind. Am größten sind die Barriereriffe, die ebenfalls parallel zur Küste verlaufen, aber auch in größeren und tieferen Lagunen vorkommen.

Bedroht Jedes Jahr werden die Riffe durch Ölpest, Abwasser, Überfischen und die Auswirkungen der globalen Erwärmung geschädigt. Kaltwasserkorallen sind auch durch Schleppnetze ständig in Gefahr.

Great Barrier Reef, Australien Dieses Korallenriff ist das größte der Welt. Flora und Fauna der tropischen Korallenriffe weisen eine ähnliche üppige Artenvielfalt wie die tropischen Regenwälder auf.

KÜSTENREGIONEN

Zu diesem Lebensraum zählen Strände, Klippen, Sanddünen, Felsenbecken in den Gezeitenzonen und flache Küstengewässer. Die Lebewesen in diesen Gebieten sind kräftigen Winden, salzhaltiger Seeluft, brechenden Wellen und Gezeiteneinflüssen ausgesetzt. Wirbellose herrschen vor, z. B. räuberische Borstenwürmer, die an feuchten Sandstränden jagen und Höhlen graben, oder hartschalige Schnecken, die sich beharrlich an Felsen festheften, die ständig von Wellen umspült werden. Seevögel brüten auf Klippen und suchen die Strände und Küstenfelsen nach Nahrung ab. In einigen Gebieten finden sich Robben zur Paarung ein und bringen ihre Jungen zur Welt. An manchen Stränden haben Meeresschildkröten ihre Nistplätze.

Grasen im Meer Dugongs (*Dugong dugon*) leben in den Küstengewässern des Indischen und Pazifischen Ozeans. Durch ihre geringen Verteidigungsmöglichkeiten und die niedrige Fortpflanzungsrate sind sie stark gefährdet.

Felsenküste Die Zwölf Apostel in Victoria, Australien, sind ein mariner Nationalpark. Unterwassergewölbe, Schluchten, Höhlen und Wände locken Schulen von Rifffischen und in Kolonien brütende Vögel an.

FLÜSSE UND BÄCHE

Das Tierleben in diesen Lebensräumen wird stark durch die Wasserqualität beeinflusst, wobei Nährstoffmenge, Sauerstoffgehalt, Trübung und Fließgeschwindigkeit gewichtige Rollen spielen. Je beständiger die Wasserqualität ist, umso größer ist die Artenvielfalt. Einige Flüsse und Bäche unterliegen großen jahreszeitlichen Schwankungen. Durch heftige Sommerregen oder Schmelzwasser schwellen sie zu reißenden Gewässern an. Die Lebenszyklen der Tiere dieser Fließgewässer sind jedoch meist an solche Extreme gut angepasst. Die flachen Uferzonen und die Vegetation bieten zusätzlich spezielle Lebensräume für zahlreiche Tierarten.

Springendes Futter Grizzlys (*Ursus arctos horribilis*) erwachen hungrig aus ihrer Winterruhe. Sie knabbern frisches Gras an den Flussufern, bis – wie in jedem Sommer – die Lachse zu wandern beginnen und die Bären Jagd auf ihre Lieblingsnahrung machen können. Die Rangordnung der Bären sorgt dafür, dass sich die größten Bären die besten Fangplätze sichern.

Immer informiert Beim Flusspferd (*Hippopotamus amphibius*) befinden sich Ohren, Nase und Augen sehr hoch am Kopf, damit sie möglichst tief untertauchen können und trotzdem wahrnehmen, was um sie herum vorgeht.

FEUCHTGEBIETE

Feuchtgebiete sind für andere Lebensräume wichtig, weil sie bei Hochwasser die Fluten aufnehmen und langsam wieder abgeben. Sie filtern überschüssige Nährstoffe, Sedimente und Verschmutzungen heraus und halten sie fest, bevor diese das offene Wasser erreichen. Man bezeichnet sie daher auch als die Nieren der Erde. Vollgesogene Böden sind typisch für Feuchtgebiete, zu denen man alle Süß- und Brackwasser-Lebensräume, die zwischen trockenem Land und offenem Wasser liegen, zählt. Es gibt verschiedene Typen: Sumpf, Moor, Marschland, Schwemmland und Delta. Viele davon sind beständig, andere nur zeitweise. Feuchtgebiete findet man weltweit entlang von Flüssen, Bächen und Seen. Im Flachland entstehen sie durch Schmelzwasser oder ansteigenden Grundwasserspiegel.

WERTVOLL UND WICHTIG
Bis zu den letzten Jahrzehnten des 20. Jahrhunderts galten Feuchtgebiete weithin als unproduktives Ödland, das es höchstens wert war aufgefüllt zu werden. Dadurch wurden viele dieser Gebiete zerstört oder geschädigt. Inzwischen sind weltweit noch etwa 6% der Landfläche von diesen Lebensräumen bedeckt.

Heute weiß und akzeptiert man, dass Feuchtgebiete nicht nur andere Lebensräume schützen und reinigen, sondern auch viele Pflanzen- und Tierarten beherbergen, von denen die meisten sowohl ans Land wie auch ans Wasser angepasst sind. Zu den ständigen Feuchtgebietsbewohnern gehören Fische, Amphibien wie Frösche und Kröten, dazu Schildkröten, Krokodile, Schlangen und Echsen sowie eine Vielzahl von Wirbellosen wie Insekten und Krebstiere. Feuchtgebiete sind auch oft wichtige zeitweilige Lebensräume für wandernde Tiere, insbesondere für Vögel. Manche nutzen Feuchtgebiete als Stopp zum Fressen und Rasten auf dem Weg an einen anderen Ort. Viele, z. B. Reiher, Pelikane und andere Wasservögel, nutzen sie als Brutgebiet.

Pferde in der Camargue Die Camargue-Pferde, eine kleine, weiße Wildpferdrasse, kommen nur im namengebenden Feuchtgebiet mit Salzmarschen in Südfrankreich vor. Die robusten Tiere ertragen die kalten Winter und die heißen Sommer der Region.

Ruhender Alligator Der Mississippi-Alligator (*Alligator mississippiensis*) lebt in den Sümpfen im Südosten der Vereinigten Staaten. Bei der Jagd drückt er sich mit seinem massiven Schädel durch die dichte Vegetation und packt sein Opfer blitzschnell mit den stumpfen, breiten Kiefern.

Putzstunde Die Löffler-Art *Platalea ajaja* bewohnt die Küstensümpfe von Amerika. Zum Fressen schwenkt der Vogel seinen langen, leicht geöffneten Schnabel seitlich durchs Wasser hin und her. Hat er Beute gefunden, schließt sich der Schnabel sofort wie eine Klammer um die Nahrung.

IN DER STADT

Städte werden von den Aktivitäten der Menschen beherrscht. Das obere Ende der Nahrungskette wird hauptsächlich von den Menschen und zum Teil von ihren Haustieren wie Hunden und Katzen bestimmt. Dies trägt dazu bei, dass sich die Tierwelt in urbanen Gebieten auf wenige Arten beschränkt. Tiere, die bei Nahrung und Schutz wenig wählerisch sind, gibt es viele, z. B. Spatzen, Tauben, Ratten oder Schaben und andere Insekten. Gut scheinen Tiere mit einem Populationszyklus nach dem Alles-oder-nichts-Prinzip zu gedeihen. Arten mit niedriger Fortpflanzungsrate überleben selten, ebenso wenig wie jene, die spezielle Ansprüche an den Lebensraum stellen oder auf Luft- oder Wasserverschmutzung empfindlich reagieren.

Fütterung im sicheren Nest Schwalbennester bestehen aus Grashalmen und Schlamm- oder Dungkügelchen. Um die Nester vor Regen zu schützen, wählen die Schwalben Plätze unter Dachvorsprüngen oder Brücken aus.

Hoch hinaus Der Wanderfalke (*Falco peregrinus*) baut sein Nest eigentlich auf Klippen, hat sich aber so angepasst, dass er an Vorsprüngen von großen Gebäuden in nordamerikanischen und europäischen Städten nistet.

PARASITISCHES LEBEN

Einige Tiere, vorwiegend kleine Wirbellose, existieren ihr ganzes oder einen Teil ihres Lebens in anderen Organismen. Zum Überleben müssen diese Parasiten an die chemischen und physikalischen Verhältnisse im Innern ihrer pflanzlichen oder tierischen Wirte angepasst sein. Sie müssen gegen die Angriffe, die das Immunsystem ihrer Wirte gegen sie startet, gewappnet sein. Parasitisch lebende Tiere brauchen einen Weg, um zwischen den Wirten wechseln zu können. Manche überleben die Unbilden der Außenwelt in verkapselten oder unverwüstlichen Dauerstadien. Andere benutzen den Körper anderer Tiere als Zwischenwirt, um die Außenlebensräume zu meiden.

Überwältigt Parasitierende Wespen (links) legen ihre Eier in gelähmte, noch lebende Raupen, damit die Jungen frische Nahrung zur Verfügung haben. Mitunter legen mehrere Parasiten ihre Eier in einer Raupe ab.

Unliebsame Gäste Nematoden – Rundwürmer (links) der Familie Trichostrongylidae sind häufige Parasiten in Wiederkäuern. Sie nisten sich im Darm ein, schwächen den Wirt und hemmen seine Entwicklung.

Heuschreckenbewohner (oben). Parasitische Milben legen ihre Eier am Flügelgrund adulter Heuschrecken ab. Die Larven leben auf ihrem Wirt, den sie vermutlich nicht schädigen, bis sie erwachsen sind.

BEDROHTE TIERWELT

Biodiversität – biologische Vielfalt – umfasst drei ineinander greifende Ebenen: Die Basis bildet die Artenvielfalt, die alle Tiere, Pflanzen und Mikroorganismen umfasst, die auf der Erde leben, und die genetische Vielfalt, die alle genetischen Informationen einschließt, die Lebewesen besitzen. Die dritte Säule ist die Vielfalt der Ökosysteme: die Beziehung der Arten untereinander und zum Ökosystem, in dem sie leben. Untersuchungen haben ergeben, dass die Erhaltung der Biodiversität wichtig für die Gesunderhaltung und Stabilität der Lebensräume ist, deren Zustand erhebliche Auswirkungen auf die Lebensqualität und die Wirtschaft der menschlichen Gesellschaft hat. Weil die Biodiversität mit der Entwicklung aller menschlichen Kulturen verbunden ist, sprechen auch ethische Gründe für ihre Erhaltung.

Rodung am Amazonas Regenwälder werden nach wie vor gerodet (links). Das üppige Grün erweckt den Eindruck, der Waldboden sei fruchtbar, aber die Regenfälle waschen die Nährstoffe heraus. Die Nährstoffe im Ökosystem sind in den Lebewesen gebunden. Sterben Organismen, zersetzen sie sich und der Boden nimmt die Mineralstoffe auf. Werden große Flächen gerodet, ist der Boden in wenigen Jahren ausgelaugt und der Wald kann sich nicht erholen.

Moderne Medizin Auf der Suche nach neuen Medikamenten erregten die Hautausscheidungen von Kröten und Fröschen, z. B. dem Goldlaubfrosch (*Litoria aurea*), das Interesse der Wissenschaftler. Die Haut einiger Frösche hat antibiotische Wirkung und Untersuchungen zeigten, dass die Wirkstoffe in der Welt der Medizin eine wichtige Rolle spielen könnten: Der Mensch lernt von der Natur – ein Grund mehr, um bedrohte Froscharten zu erhalten.

DIE GRÖSSTEN GEFAHREN

Durch das Wachstum der menschlichen Population nimmt die Artenvielfalt auf der Erde mit einer Aussterberate ab, die schätzungsweise mindestens 1000 Mal höher ist als zu der Zeit, bevor sich unsere Art entwickelte. Klimaveränderungen bedrohen Tiere und Pflanzen, ebenso wie Umweltverschmutzung, die durch die vielen Menschen und die Technik verursacht wird. Weitere Gefahren sind Verlust und Verringerung von Lebensräumen aufgrund falscher Nutzung und Rodung sowie Ausbeutung durch legale, illegale und kommerzielle Jagd. Auch konkurrierende Pflanzen- und Tierarten, die zufällig oder absichtlich eingeführt wurden, haben in den betroffenen Lebensräumen unauslöschliche Spuren hinterlassen.

Nach einem Bericht eines internationalen Expertenteams, der 2004 im Wissenschaftsmagazin *Nature* erschienen ist, kann allein die Klimaveränderung in naher Zukunft erheblichen ökologischen Schaden anrichten. Die Verfasser des Berichts (*Extinction Risk from Climate Change*) meinen, dass die Auswirkungen der globalen Erwärmung bis 2050 zum Aussterben von weit über 1 Mio. Arten an Säugetieren, Vögeln, Reptilien, Fröschen, Wirbellosen und Pflanzen führen könnte.

Naturschutzgebiet Tsingy de Bemaraha auf Madagaskar Die Insel Madagaskar im Indischen Ozean hat nur 1,9 % Anteil an der afrikanischen Landfläche, besitzt aber mehr Orchideenarten als das gesamte afrikanische Festland und beheimatet etwa 25 % der afrikanischen Flora, außerdem alle Halbaffen des Kontinents sowie die meisten Reptilien und Amphibien. Das Naturschutzgebiet Tsingy de Bemaraha (rechts) bietet Lebensraum für seltene und bedrohte Halbaffen und Vögel, jedoch wird der biologische Reichtum vieler anderer Gebiete auf Madagaskar durch Brandrodung, Holzabbau, unkontrollierte Viehhaltung und Jagd bedroht. Auch die Erosion ist ein Problem mit verheerenden Auswirkungen.

BEDROHTE TIERWELT **TIERE** 55

Biodiversität-Hotspots
1 Kalifornisches Florengebiet
2 Karibik
3 Mittelamerika
4 Chocó-Darién–West-Ecuador
5 Tropische Anden
6 Brasilien (brasilianischer Cerrado)
7 Atlantischer Küstenregenwald
8 Zentral-Chile
9 Mediterranes Becken
10 Kaukasus
11 Wälder in Guinea, Westafrika
12 Eastern-Arc-Bergkette (Ostafrika)
13 Madagaskar u. Inseln d. Indischen Ozeans
14 Große und kleine Karoo (Wüsten)
15 Kap-Florengebiet
16 Westl. Ghats und Sri Lanka
17 Bergland von Südwest-China
18 Indonesischer Archipel
19 Philippinen
20 Sunda-Inseln
21 Wallace-Linie (Indoaustral. Zwischengebiet)
22 Südwest-Australien
23 Neuseeland
24 Neukaledonien
25 Polynesien und Mikronesien

Überlebensstrategien Die Biodiversität-Hotspots sind Gebiete, deren reiche Artenvielfalt am stärksten bedroht ist und wo Schutzmaßnahmen am besten wirken. Die biologische Basis für die Festlegung ist die Pflanzenvielfalt. In Frage kommen Regionen, die 1500 endemische Pflanzenarten besitzen, das sind 0,5 % aller existierenden Pflanzen. Ausgangspunkt für die Bewertung ist das Vorhandensein primärer Vegetation. Eine Region muss über 70 % ihrer ursprünglichen Lebensräume verloren haben. Die 25 auf der Karte gezeigten Regionen sind durch menschliche Eingriffe stark geschädigt worden. Zusammen leben in ihnen 44 % aller Pflanzenarten und 35 % aller Landwirbeltiere bei nur 1,4 % der gesamten Landfläche.

Ausgestorben Das Aussterben des Dodos (*Raphus cucullatus*) zeigt die Missachtung der Tiere durch den Menschen. Der Dodo wurde 1507 auf Inseln im Indischen Ozean entdeckt. Mit seinen 23 kg und den Stummelflügeln konnte er nicht vor den Seefahrern flüchten. Man tötete ihn zum Spaß und Verzehr: 1680 war er ausgestorben.

Stoppt den Handel Der Wildtierhandel ist ein Millionengeschäft. Er bedient den Wunsch nach exotischen Tieren als Haustiere, als Nahrung und als Dekorationsmaterial. Die meisten Tiere sterben auf dem Transport. Die Batagur-Schildkröten (*Batagur baska*, unten) stammen aus einer für China bestimmten Sendung mit 1500 Tieren, die 2002 beschlagnahmt wurde.

Flinke Bergsteiger Gämsen (*Rupicapra rupicapra*) leben in den Pyrenäen und in anderen Bergregionen in Europa. Obwohl die Art nicht bedroht ist, nimmt die Anzahl einiger Unterarten aufgrund übermäßiger Jagd und Nahrungskonkurrenz durch Nutztiere ab. In einigen Gebieten werden Gämsen erfolgreich (wieder)eingebürgert.

Bitte nicht stören Überfischen hat die Anzahl fortpflanzungsfähiger tasmanischer Süßwasserkrebse der Art *Astarcopsis gouldi* bedrohlich reduziert. Männchen und Weibchen dieser Art brauchen 9 bis 14 Jahre, bis sie geschlechtsreif sind. Hier (oben rechts) wird ein Exemplar markiert und vermessen, bevor es wieder freigelassen wird.

In Gefahr Der Kahlkopf-Uakari (*Cacajao calvus*) lebt in Brasilien und Peru in sumpfigen, überfluteten Wäldern. Er und seine Unterarten sind von der IUCN als bedroht eingestuft worden. In Gefahr sind sie durch Bergbau und Abholzung. Diese Aktivitäten ermöglichen auch Jägern, die Uakaris zu töten oder als Haustiere zu verkaufen.

DAS SECHSTE AUSSTERBEN

Alle 4 Jahre eine Art, das betrachten Wissenschaftler als eine normale Aususterberate. Schätzungsweise liegt der jährliche Verlust jedoch bei etwa 17 000 Arten pro Jahr, von denen die meisten verschwinden, bevor sie entdeckt wurden. Für viele Ökologen ist dieser Verlust das sechste Massenaussterben, das seit Beginn der Erdgeschichte auf unserem Planeten stattfindet. Das letzte erfolgte vor 65 Mio. Jahren, als über 75 % aller damals existierenden Arten, einschließlich der vielen Dinosaurier, für immer verschwanden.

Wissenschaftler bestätigen, dass alle anderen Massenaussterben durch natürlichen Phänomene verursacht wurden. Die momentane Krise sei aber auf die weltweite menschliche Aktivität zurückzuführen. Es ist möglich – vielleicht sogar unvermeidlich, wie manche Wissenschaftler glauben –, dass dieselben Faktoren, die das derzeitige Massenaussterben bewirken, schließlich auch unsere eigene Art bedrohen. Trotz dieser düsteren Prognose scheint noch nicht alles verloren zu sein, denn viele Experten glauben, wir hätten die Möglichkeit und genug Zeit, um das momentane dramatische Aussterben zu verlangsamen oder sogar zu stoppen. Das Wichtigste dabei ist der Wille, es zu tun.

Kennen lernen Schneeleoparden (*Uncia uncia*) sind scheue Bewohner der hohen Bergregionen in Zentralasien. Ein Programm, bei dem die Tiere mit Radiosendern markiert wurden, um mehr über sie erfahren, hat das Wissen über diese Art vergrößert. Die Bauern versuchen nun, ihr Vieh zu schützen, ohne den bedrohten Schneeleoparden zu töten.

Wiedereinbürgerung Der von der australischen Insel Lord Howe stammende Baumhummer (*Dryococelus australis*) galt seit den 1920er-Jahren als ausgestorben. 2001 hat man 3 Exemplare dieser großen, flugunfähigen Stabheuschrecke (oben) auf der Insel gefunden. Ein Artenschutzprogramm soll zu seiner Wiedereinbürgerung führen.

TIERVERLUSTE

Vom Aussterben bedroht sind laut World Conservation Union schätzungsweise: 1 von 4 Säugetierarten, 1 von 8 Vogelarten, 25% der Reptilien, 20% der Amphibien und 30% der Fische. Länder mit der höchsten Rate an bedrohten Vogel- und Säugetierarten sind China, Peru, Brasilien und Indien. Der Anteil an bekannten bedrohten Arten ist für Insekten und andere Wirbellose kleiner, da man vermutlich viele Arten vor ihrem Aussterben erst gar nicht entdeckt hat.

Amphibien reagieren besonders empfindlich auf Umweltveränderungen. Die jüngsten Bestandsrückgänge werden als Zeichen dafür angesehen, dass die Fähigkeit unseres Planeten, die momentane Artenvielfalt zu erhalten, nachlässt.

Zu den zahlreichen Rettungsversuchen, die heute weltweit erfolgen, gehören auch intensive Maßnahmen, um die engsten Verwandten des Menschen – die vier Menschenaffen-Arten – in allerletzter Minute vor dem Aussterben zu bewahren. Experten der Vereinten Nationen sagen voraus, dass Gorillas, Orang-Utans, Schimpansen und Bonobos (Zwergschimpansen) in wenigen Jahrzehnten in der Wildnis ausgestorben sein werden.

Nahrungsspezialist Das Verbreitungsgebiet des Riesenpandas (*Ailuropoda melanoleuca*) schrumpft ständig und Rodung verändert seinen Lebensraum. Der Bambus, von dem er sich ernährt, stirbt regelmäßig großflächig aus. Früher konnte der Panda zur Nahrungssuche in ein anderes Gebiet wandern, aber die Zerstückelung der Lebensräume macht dies schwierig. Strenge Strafen der chinesischen Behörden schützen die Art relativ gut vor Wilderern.

Langstreckenreisende Der Wanderalbatros (*Diomedea exulans*) (links) hat ein riesiges Verbreitungsgebiet über dem Meer. Er kann bis zu 11 500 km an einem Stück zurücklegen. Die Art gilt als gefährdet. Sie wird durch den Thunfischfang und Fressfeinde wie Katzen und Hunde bedroht.

Tödliches Öl Der Brillenpinguin (*Spheniscus demersus*), eine endemische Art, ist gefährdet. Der flugunfähige Vogel lebt vor der Küste Südafrikas. Illegal abgelassenes Öl aus Tankern, das Sammeln der Pinguineier für den Verzehr durch den Menschen und der Rückgang des Nahrungsangebotes aufgrund des kommerziellen Fischfangs fordern ihren Tribut von diesen Vögeln. Erfreulich positiv ist die hohe Erfolgsquote der South Africa National Foundation for the Conservation of Coastal Birds bei der Rettung verölter Seevögel.

GEFÄHRDETE MEERE

Verschmutzung und Überfischen der marinen Lebensräume geben schon lange Anlass zur Sorge. Auch die Landrodung wirkt sich schädlich aus, weil sie zu einer Auswaschung von Sedimenten führt, die direkt das Leben in den Küstenbereichen und schließlich auch in tieferen Gewässern beeinträchtigt. Heute wird auch die globale Erwärmung als massive Bedrohung für die Artenvielfalt im Meer angesehen.

Die Überschwemmung von tief liegenden Küstenstreifen betrifft vermutlich viele Arten, die an die Gezeitenzonen angepasst sind. Inselstrände ereilt ein ähnliches Schicksal und wahrscheinlich versinken einige Inseln gänzlich im Wasser samt ihrer einzigartigen Flora und Fauna.

Besondere Sorge machen die jüngsten wissenschaftlichen Prognosen, dass das größte Korallensystem der Welt, das Great Barrier Reef in Australien, bis 2050 vermutlich 95% seiner Korallen als Folge eines Ansteigens des Meeresspiegels und der Temperatur verliert.

Wissenschaftler haben herausgefunden, dass das Phytoplankton, von dem praktisch die gesamte Nahrungskette im Meer abhängt, mit dramatischer Geschwindigkeit abnimmt – ein Trend, der besonders im Nordpazifik zu verzeichnen ist.

Durch Wilderei bedroht Die Riesenmuschel (*Tridacna gigas*) lebt nur in den tropischen Gewässern des Indopazifiks. Die Art ist bedroht, da ihr Fleisch (oben) für den menschlichen Verzehr verwendet und die Schale (rechts) an Touristen verkauft wird.

Globale Erwärmung Neuere Daten zeigen, dass pro Jahrhundert der Meeresspiegel durchschnittlich um 20 cm ansteigt. Das mag wenig erscheinen, aber für flache Inseln und Atolle im Südpazifik ist der Anstieg katastrophal. Viele werden am Ende dieses Jahrhunderts verschwunden sein.

Haiverkauf Die Flossen vieler Haiarten (rechts) sind weltweit begehrt. Haifischflossensuppe war bei den Chinesen jahrhundertelang eine Delikatesse. Durch übermäßigen Fang sind viele Arten bedroht.

Meeresfrüchte Riesige Trawler mit integrierten Fischfabriken (links) haben dazu beigetragen, dass viele bekannte Fischarten sowohl wirtschaftlich als auch biologisch vernichtet sind. Fischzuchtbetriebe wie diese Lachsfarm (unten) sollen die Eiweißquellen der Zukunft sein. Aber derartige Aquakulturen können dort, wo sich die Betriebe befinden, einen schädlichen Einfluss auf die Artenvielfalt nehmen.

SUCHE NACH ANTWORTEN

Anlässlich eines Umwelt-Kongresses im Jahr 2002 in Johannesburg, Südafrika, entstand ein Abkommen, dass man sich bis 2010 um eine erhebliche Verminderung der jetzigen Verlustrate an Arten bemühen will. Das ist ein Schritt in die richtige Richtung, die Frage ist nur, wie eine spürbare Verminderung erreicht werden kann. Es gibt eine Reihe internationaler Protokolle und Verträge für vermehrten Schutz und geringere Ausbeutung der Arten, vor allem jener, die als bedroht oder gefährdet eingestuft sind. Hierzu zählen das Abkommen über die Erhaltung wandernder Tierarten, das Internationale Handelsabkommen für bedrohte Tiere und das Abkommen zur Artenvielfalt.

In vielen Ländern sieht die Gesetzgebung empfindliche Strafen für Verstöße gegen Schutzverordnungen vor. Dies wird immer wichtiger, um industrielle Umweltverschmutzer, Wilderer und jeden, der die Zukunft von gefährdeten Arten und Lebensräumen bedroht, abzuschrecken. Gesetze, die eine angemessene Nutzung der Lebensräume und Ressourcen auf dem Land und im Meer regeln, sind besonders wichtig.

Man ist sich jedoch einig, dass letztendlich Erziehung und Umdenken an der Basis – in Gemeinden, Schulen und Privathaushalten – die Zukunft der Artenvielfalt auf der Erde am besten sichern.

Zufluchten Nationalparks, Wildreservate und andere Schutzgebiete sorgen für das Überleben vieler Tausend Tierarten. Im Yellowstone Nationalpark (links) in Wyoming, USA, ziehen heute die Bisons (*Bison bison*), die auf den Schutz angewiesen sind, in Herden umher. Als der Park 1872 eröffnet wurde, gab es aber kein Geld für die Verwaltung und die Wilderei wurde nicht kontrolliert. Dadurch schrumpfte damals die letzte Bisonherde der USA auf 22 Tiere.

In der Wildnis ausgestorben Die rasante Kultivierung der Steppen in Südrussland und der Ukraine im 19. Jahrhundert führte zum Verschwinden der Wildpferde. Die einzige Unterart, die noch existiert, ist das Przewalski-Pferd (*Equus ferus przewalskii*), das nur durch ein Zuchtprogramm in Gefangenschaft überlebt hat. Die geplante Auswilderung dieser Tiere kann jedoch nur erfolgreich sein, wenn auch die natürlichen Lebensräume erhalten bleiben.

Missverstandene Kreatur Der Sandhai (*Carcharias taurus*) ist harmlos, wenn man ihn nicht reizt. Trotzdem wird er wegen seines bösen Aussehens gejagt. Aufgrund übermäßiger Bejagung und der niedrigen Fortpflanzungsrate gilt er als gefährdet.

Moderne Arche Noah Zuchtprogramme in Gefangenschaft für bedrohte Tierarten werden weltweit in Zoos mit der Absicht durchgeführt, Wildbestände, die bedroht oder schon verschwunden sind, wieder aufzubauen. Zur Sicherheit haben aber internationale Wissenschaftler an verschiedenen Orten begonnen, Gewebeproben von bedrohten Tieren zu sammeln und eingefroren aufzubewahren, falls als letzte Möglichkeit nur das Klonen und die Gentechnik übrig bleiben. Es wurden schon Versuche unternommen, den Sumatra-Tiger (*Panthera tigris sumatrae*) und den Riesenpanda (*Ailuropoda melanoleuca*) zu klonen.

SÄUGETIERE

SÄUGETIERE

KLASSE Mammalia
ORDNUNGEN 26
FAMILIEN 137
GATTUNGEN 1142
ARTEN 4785

Die erstaunliche Vielfalt der Klasse Mammalia reicht von der winzigen Feldmaus – nicht größer als ein Fingerhut – bis zum riesigen Blauwal, der 1750-mal so viel wiegt wie ein Mensch. Dank ihrer Anpassungsfähigkeit und Intelligenz leben Säugetiere auf allen Kontinenten und in fast allen Lebensräumen, an Land, unter der Erde, auf Bäumen, in der Luft, im Süß- und Salzwasser. Trotz unterschiedlicher Körperformen haben sie einige Charakteristika gemeinsam. Ihr eindeutiges Merkmal ist der Knochen des Unterkiefers, der direkt am Schädel befestigt ist. Säugetiere sind Warmblüter, sie nähren ihre Jungen mit Milch aus den Milchdrüsen und besitzen meist Körperbehaarung.

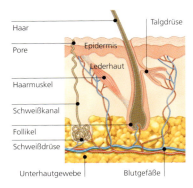

In der Haut Die Haut der Säugetiere besteht aus zwei Schichten: der Epidermis, der äußeren Schicht aus toten Zellen, und der Lederhaut, die Blutgefäße, Nervenenden und Drüsen durchsetzen. Muskeln stellen die Haare auf oder legen sie, damit sich eine isolierende Luftschicht dort fängt.
Im Wasser Wale, wie Delfine, gleiten dank des stromlinienförmigen Körpers geschmeidig durchs Wasser. Sie besitzen statt eines Fells eine isolierende Fettschicht (Blubber).

URSPRUNG, ANATOMIE

Die Säugetiere entstanden aus einer Gruppe säugetierähnlicher Reptilien mit kräftigem, differenziertem Gebiss. Die ersten echten Säugetiere mit dem typischen Kiefergelenk zwischen Unterkiefer und Schädel tauchten vor etwa 195 Millionen Jahren auf. Diese Morganucodontiden waren nachtaktive, spitzmausähnliche, Insekten fressende Wesen von nur etwa 2,5 cm Länge. In den nächsten 130 Millionen Jahren beherrschten Dinosaurier die Erde, die Säugetiere blieben klein. Vor etwa 65 Millionen Jahren führte eine grundlegende Klimaveränderung zum Aussterben von 70 Prozent aller Tierarten, auch der Dinosaurier. Die Säugetiere überlebten und füllten die jetzt freien Lebensräume. So begann die Entwicklung zur heutigen Artenvielfalt.

Ursache des Überlebens der Säugetiere in einer Zeit schwer wiegender Klimaveränderungen war vielleicht die Fähigkeit, ihre Körpertemperatur durch Anpassung des Grundumsatzes oder Blutflusses und durch Zittern, Schwitzen oder Hecheln zu regulieren. Aufgrund dieser Wärmeregulierung blieben Säugetiere trotz extremer Außentemperaturen aktiv und konnten vielfältige Lebensräume besiedeln.

Ein nur Säugetieren eigenes Merkmal ist die Körperbehaarung. Viele Säugetiere besitzen ein doppeltes Fell aus weichem Unterfell und raueren Deckhaaren, das gegen Wärme und Kälte isoliert. Spezielle Haare bilden die extrem berührungsempfindlichen Schnurrhaare. Die Zeichnung des Fells dient der Tarnung oder der Kommunikation. Stacheln sind veränderte Haare, die ein Schutzschild bilden.

In der Haut der Säugetiere liegen verschiedene Drüsen. Bei Weibchen geben die Milchdrüsen Milch zur Ernährung der Jungen ab. Talgdrüsen produzieren eine ölige Masse, die das Fell schützt und wasserabweisend macht. Schweißdrüsen helfen durch das Verdunsten des Schweißes bei der Temperaturregulierung. Duftdrüsen bilden komplexe Duftstoffe, die umfangreiche Informationen vermitteln. Einige Arten, wie das Stinktier, verteidigen sich mit Duftstoffen.

Das Gehirn von Säugetieren ist groß (im Verhältnis zur Körpergröße) und komplex. Der Geruchssinn ist wichtig für die Kommunikation. Das Farbensehen ist bei sehr vielen Säugetieren entwickelt, Primaten können durch binokulares Sehen Entfernungen abschätzen. Alle Säugetiere haben 3 Knochen im Mittelohr, die meisten fangen den Schall in einer Ohrmuschel auf.

Fell und Schnurrhaare Fast alle Säugetiere, von den australischen baumlebenden Fuchskusus (rechts) bis zum wasserlebenden Seehund (ganz rechts) haben ein Fell als isolierende Schicht. Haare (mit Keratin verstärkte Zellen) gibt es auch als berührungsempfindliche Schnurrhaare, die wertvolle Informationen liefern.

ÜBERBLICK **SÄUGETIERE** 63

SÄUGETIERE ÜBERBLICK

Großer Pflanzenfresser Das größte aller Landsäugetiere, der Afrikanische Elefant, ernährt sich nur von Pflanzen. Mit seinem geschickten Rüssel sammelt er Gräser, Blätter, Äste, Blüten und Früchte. Da er große Mengen verzehren muss, verbringt er drei viertel seiner Zeit mit Nahrungssuche.

Geflügelt Die Fähigkeit zum Fliegen und das raffinierte Echoortungssystem erlauben es Fledermäusen, wie der Kleinen Braunen Fledermaus, das reiche Angebot an nachtaktiven fliegenden Insekten zu nutzen.

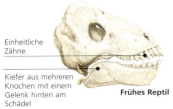

Einheitliche Zähne

Kiefer aus mehreren Knochen mit einem Gelenk hinten am Schädel

Frühes Reptil

Jochbogen

Einzelner Kieferknochen, Unterkiefer, Gelenk weiter vorne

Frühes Säugetier

Großer Jochbogen

Unterschiedliche Zähne

Heutiges Säugetier

Kiefer und Zähne Säugetiere sind die einzigen Tiere, die Nahrung kauen. Sie unterscheiden sich von ihren Reptilien-Vorfahren durch einen einzigen Kieferknochen, starke Kiefermuskeln am Jochbogen und ein komplexes Gebiss.

Gefangene Beute Fleisch liefert viel Energie und ist leicht zu verdauen, erfordert aber Mühe und Intelligenz bei der Jagd. Die Nahrung des Kanadaluchses besteht zu 35 bis 97 % aus Schneeschuh-Hasen.

LEBENSWEISEN

Als die Säugetiere sich in verschiedenen Lebensräumen ansiedelten, passten sie Anatomie, Bewegung, Ernährung und Gewohnheiten ihrer speziellen Umgebung an. Die meisten landlebenden Säugetiere laufen auf allen vieren. Einige, wie die Bären, setzen die ganze Sohle auf, andere gehen auf Zehen (Katzen) oder Zehenspitzen (Wild). Viele suchen unter der Erde Schutz – Maulwürfe und einige andere verbringen fast ihr ganzes Leben in Bauen. Viele Primaten, Nager und andere Säugetiere leben auf Bäumen. Manchen verleihen Greifhände, -füße und ein Greifschwanz einen sicheren Griff an Ästen. Einige Arten besitzen eine Gleitmembran, mit deren Hilfe sie von Baum zu Baum gleiten. Fledermäuse können richtig fliegen, Flügel tragen sie über weite Strecken durch die Luft. Viele Säugetiere sind gute Schwimmer – wasserlebende Säugetiere, wie Wale, Delfine, Robben und Seekühe, haben sich auf ein Leben im Wasser eingestellt (Stromlinienform und Flossen statt Gliedmaßen).

Um ihre Körpertemperatur ständig zu regeln, müssen Säugetiere eine reiche oder reichliche Nahrung zu sich nehmen. Die Struktur von Kieferknochen und -muskeln gibt den Säugetieren einen kräftigen Biss. Dadurch können sie ihre Nahrung abbeißen und zerkleinern. Das Gebiss ist an die Ernährung der Tiere angepasst. So sind etwa die Backenzähne der Fleischfresser sehr scharf, um Fleisch und Knochen zu kauen; jene der Pflanzenfresser sind breit, um Pflanzenmaterial zu zermahlen. Allesfresser verfügen über vielhöckrige Backenzähne, um tierische und pflanzliche Nahrung zu kauen. Während viele Säugetiere alles fressen, was ihnen über den Weg läuft, sind andere stark spezialisiert. Einige Fleischfresser nehmen nur Insekten und andere Wirbellose; andere fressen kleine oder große Wirbeltiere. Pflanzenfresser spezialisieren sich auf Früchte, Blätter oder Gras. Sie besitzen ein umfassendes Verdauungssystem und benötigen Mikroorganismen, die in ihrem Darm die Zellulose aufschließen.

Die Anpassungsfähigkeit der Säugetiere zeigen ihre Sozialstrukturen. Erwachsene Säugetiere sind Einzelgänger, sie leben in Paaren oder kleinen Familiengruppen, bilden Harems, Herden oder Kolonien. Die Gruppen können offen und zeitweilig oder festgefügt und dauerhaft sein. Bei allen Säugetieren schafft die Fütterung der Jungen

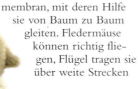

Ernsthaftes Spiel Viele junge Säugetiere, wie diese kämpfenden jungen Braunbären, lernen beim Spielen wichtige Jagd- und soziale Fähigkeiten, die sie im späteren Leben brauchen.

ÜBERBLICK **SÄUGETIERE**

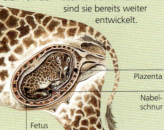

Laub fressender Affe Der Kleideraffe lebt in der Kronenschicht des Regenwaldes. Er fasst die Äste mit seinen Greifhänden und -füßen und springt von Baum zu Baum. In seinem Spitzbauch liegt ein komplexes Magen-Darm-System, um große Blättermengen zu verdauen.

Gieriger Esser Die Waldspitzmaus muss alle paar Stunden fressen und täglich etwa 90 % ihres Gewichts an Wirbellosen verzehren, um ihren Stoffwechsel in Gang zu halten. Sie sucht oft im verlassenen Bau einer anderen Art Unterschlupf.

SÄUGETIER-FORTPFLANZUNG

Bei allen Säugetieren werden die Eier im Weibchen durch den Samen des Männchens befruchtet. Kloakentiere legen die Eier nach einigen Tagen und bebrüten sie außerhalb des Körpers bis zum Schlüpfen. Beutel- und Plazentatiere gebären lebende Junge. Junge Beuteltiere werden nach einer kurzen Tragzeit schlecht entwickelt geboren. Sie fassen dann eine Zitze und saugen Muttermilch. Plazentatiere wachsen länger in der Gebärmutter und nähren sich von der Plazenta. Bei der Geburt sind sie bereits weiter entwickelt.

Plazenta
Nabelschnur
Fetus

mit Muttermilch eine soziale Bindung. Oft ist sie nicht eng – so besuchen etwa Spitzhörnchen ihre Jungen nur alle paar Tage, um sie zu säugen; einige Nager werden nach wenigen Wochen entwöhnt. Viele Säugetierjungen brauchen allerdings monate- oder gar jahrelang die Mutter, wie Primaten, Elefanten und Wale.

Säugetiere kommunizieren durch Geruch, Berührung, Geräusche, Haltung und Gesten miteinander. Wettbewerb und Zusammenhalt sind bei vielen Säugetierarten hoch entwickelt. Tiere der gleichen Art konkurrieren um Reviere, Nahrung, Paarungsrecht und Dominanz. Gesellige Arten helfen einander bei der Aufzucht der Jungen, jagen gemeinsam oder teilen Information über Nahrungsquellen, warnen bei Gefahr und verjagen Feinde.

Herdenverhalten Große Gras fressende Säugetiere bilden Herden. Viele Augen und Ohren erkennen Gefahr früher und verringern das Risiko für das Einzeltier. Männchen vieler Antilopenarten, hier Moorantilopen, verteidigen ein Lek genanntes Revier, das Weibchen zur Paarung besuchen.

Huckepack Die meisten Beuteltiere kommen fast noch als Embryos zur Welt, doch wenn sie sich von den Zitzen lösen, sind sie so gut entwickelt wie andere neugeborene Säugetiere. Ein junger Koala verlässt mit 7 Monaten den Beutel seiner Mutter, bleibt aber noch 5 Monate auf ihrem Rücken.

KLOAKENTIERE

KLASSE	Mammalia
ORDNUNG	Monotremata
FAMILIEN	2
GATTUNGEN	3
ARTEN	3

Wie andere Säugetiere tragen Kloakentiere einen Pelz, säugen ihre Jungen und besitzen ein vierkammeriges Herz, einen einzigen Unterkieferknochen und 3 Knochen im Mittelohr. Auch ähneln sie in einigen anatomischen Besonderheiten, wie zusätzlichen Knochen im Schultergürtel, den Reptilien. Die Ordnung umfasst 2 Familien: Tachyglossidae, mit den 2 Arten Ameisenigel, und Ornithorhynchidae, zu der nur das Schnabeltier gehört. Mit dem entenähnlichen Schnabel, den Füßen mit Schwimmhäuten, dem pelzbedeckten Körper und dem biberähnlichen Schwanz fasziniert das Schnabeltier Wissenschaftler, seit man das erste 1799 nach England brachte.

Fossiles Schnabeltier Dieser 15 Millionen Jahre alte Schnabeltier-Schädel gehört zu einer Hand voll Fossilien von Kloakentieren, die man bis jetzt gefunden hat. Aus ihnen kann man schließen, dass Kloakentiere vor 110 Millionen Jahren entstanden, als Australien noch zu Gondwana gehörte.

EIER LEGENDE SÄUGETIERE
Die Eier von Kloakentieren besitzen weiche Schalen, die Jungen schlüpfen nach etwa 10 Tagen. Danach brauchen sie, typisch für Säugetiere, mehrere Monate die Muttermilch.

Nach der Paarung im Frühling legt das Schnabeltier-Weibchen bis zu 3 Eier in einen Bau am Ufer und rollt sich ein, um sie zwischen Körper und Schwanz auszubrüten. Die Jungen bleiben 3 bis 4 Monate im Bau und saugen Milch aus 2 zitzenähnlichen Stellen im Fell der Mutter. Nach dem Verlassen des Baus werden die Jungen allmählich entwöhnt und führen dann ein Leben als Einzelgänger. Schnabeltiere können in der Natur mindestens 15 Jahre alt werden.

In der Paarungszeit im Winter folgen die Ameisenigel-Männchen einem Weibchen bis zu 14 Tage lang. Dabei konkurrieren sie im Graben und Kämpfen, bis eines das Recht zur Paarung erringt. Das Weibchen legt ein einziges Ei in seinen Beutel. Nach dem Schlüpfen bleibt das Junge im Beutel, bis sich die Wirbelsäule entwickelt und es in einen Bau umzieht. Die Mutter besitzt keine Zitzen, doch die Milchdrüsen öffnen sich in den Beutel. Sie säugt die Jungen bis zu 7 Monate lang. In Gefangenschaft wurde ein Ameisenigel 49 Jahre, in der Natur gilt 16 als höchstes Alter.

Man weiß wenig über die Fortpflanzung des Langschnabeligels, aber sie ähnelt wohl der des Ameisenigels.

Relativ große Nüstern

Lange klebrige Zunge

Klebrig Mit der schmalen Schnauze und der langen Zunge erreicht der Ameisenigel Ameisen und Termiten in engen Hohlräumen.

Nahrungssuche unter Wasser Beim Tauchen verschließt das Schnabeltier die Furche, in der Augen und Ohren liegen. Es vertraut ganz dem weichen Schnabel, der berührungsempfindlich ist und elektrische Signale von der Beute, am Grund lebenden Wirbellosen, empfängt.

Stachelige Verteidigung Zum Schutz vor Feinden wie Dingos gräbt sich der Ameisenigel senkrecht in die Erde ein, bis nur noch die Spitzen seiner Stacheln zu sehen sind. Wenn der Ameisenigel auf hartem Boden bedroht wird, rollt er sich zu einer stacheligen Kugel zusammen.

KLOAKENTIERE **SÄUGETIERE** 67

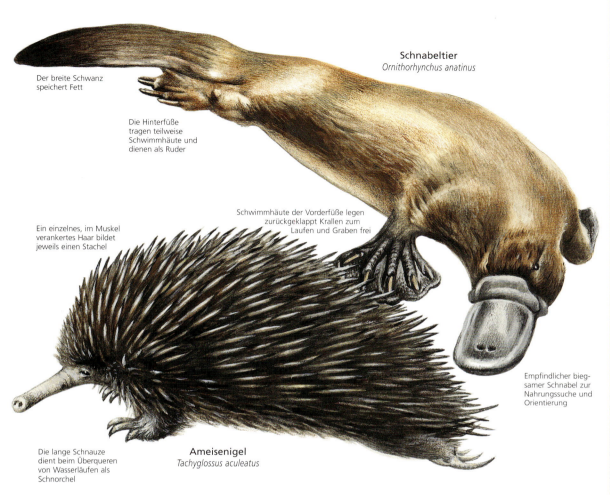

Schnabeltier
Ornithorhynchus anatinus

Der breite Schwanz speichert Fett

Die Hinterfüße tragen teilweise Schwimmhäute und dienen als Ruder

Ein einzelnes, im Muskel verankertes Haar bildet jeweils einen Stachel

Schwimmhäute der Vorderfüße legen zurückgeklappt Krallen zum Laufen und Graben frei

Empfindlicher biegsamer Schnabel zur Nahrungssuche und Orientierung

Ameisenigel
Tachyglossus aculeatus

Die lange Schnauze dient beim Überqueren von Wasserläufen als Schnorchel

Langschnabeligel
Zaglossus bruijni

Maul am Ende der Schnauze

Besitzt einen wiegenden Gang

AUF EINEN BLICK

Schnabeltier Das amphibische Säugetier mit biegsamem entenähnlichem Schnabel, dichtem Fell und Schwimmhäuten ist eines der seltsamsten Tiere. Es lebt in Bauen an Flussufern, es frisst Insektenlarven und andere Wirbellose.

- Bis 40 cm
- Bis 15 cm
- Bis 2,4 kg
- Einzelgänger
- Regional häufig

O-Australien, Tasmanien, Kangaroo-Insel

Ameisenigel Den stämmigen Körper bedecken lange Stacheln und kürzeres Fell. Das Tier besitzt einen wiegenden Gang. Es lebt in vielerlei Lebensräumen, von semiarid bis alpin, und frisst vorwiegend Ameisen und Termiten.

- Bis 35 cm
- Bis 10 cm
- Bis 7 kg
- Einzelgänger
- Regional häufig

Australien, Tasmanien, Neuguinea

Langschnabeligel Er besitzt mehr Haare und weniger Stacheln als der Ameisenigel. Mit kleinen Stacheln auf der Zunge fängt er Regenwürmer, den Hauptteil seiner Nahrung.

- Bis 80 cm
- Ohne
- Bis 10 kg
- Einzelgänger
- Stark gefährdet

Neuguinea

GIFTIGER SPORN

Das Schnabeltier-Männchen trägt am Knöchel der Hinterfüße einen Sporn, mit dem es ein lähmendes Sekret injiziert. Die Art ist eines der wenigen Säugetiere, die bei Revier- und Rangkämpfen Gift einsetzt.

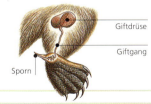

Giftdrüse
Giftgang
Sporn

SCHUTZSTATUS

Langschnabeligel Er lebt nur in den Bergwäldern und -wiesen von Neuguinea. Der gegenwärtige Bestand von etwa 300 000 Langschnabeligeln wird vom Menschen als Nahrung gejagt. Auch Lebensraumverlust durch die Umwandlung von Wildnis in Ackerland bedroht das Tier.

BEUTELTIERE

KLASSE	Mammalia
ORDNUNGEN	7
FAMILIEN	19
GATTUNGEN	83
ARTEN	295

Beuteltiere sind bei der Geburt nicht viel weiter entwickelt als Embryos und müssen sofort zu den Zitzen der Mutter kriechen, die meist in einer Art Beutel liegen. Sie klammern sich für einige Wochen oder Monate an einer Zitze fest und lassen erst los, wenn ihre Entwicklung der von neugeborenen Säugetieren, die sich im Mutterleib von der Plazenta ernährt haben, entspricht. Die meisten Beuteltiere unterscheiden sich noch anderweitig von Plazentatieren: Sie besitzen mehr Schneidezähne in jedem Kiefer, eine gegenständige Zehe an jedem Hinterfuß, ein im Verhältnis kleineres Gehirn, eine etwas niedrigere Körpertemperatur und einen langsameren Stoffwechsel.

Erfolgsgeschichte der Beuteltiere Während einige Beuteltierarten sich in Amerika ansiedelten, gibt es die größte Vielfalt in Australien und Neuguinea, wo es keine Plazentatiere gab. Man führte sie auch in Neuseeland, Hawaii und Großbritannien ein.

Geschwisterrivalität Das Nordopossum kann mehr als 50 Junge auf einmal werfen, aber nur die 13, die sich an einer Zitze festsaugen, überleben. Wenn die Jungen etwas weiter entwickelt, aber noch hilflos sind, lässt die Mutter sie im Nest, während sie Nahrung sucht.

ÖKOLOGISCHE NISCHEN

Früher sah man die Beuteltiere als eine einzige Ordnung an, doch sie sind vielfältiger als alle Ordnungen der Plazentatiere. Deshalb untergliedert man sie heute in 7 Ordnungen. Von diesen leben Didelphimorphia (Amerikanische Opossums), Paucituberculata (Spitzmausopossums) und Microbiotheria (Chiloé-Beutelratte) in Amerika, in der Region Australien-Neuguinea findet man Dasyuromorphia (Raubbeutler), Peramelemorphia (Nasenbeutler), Notoryctemorphia (Beutelmulle) und Diprodontia (Koala, Wombats und Kängurus).

Fossilien lassen vermuten, dass Beutel- und Plazentatiere sich vor 100 Mio. Jahren auseinander entwickelt haben. In Nordamerika und Europa starben die Beuteltiere aus, als die Plazentatiere sich differenzierten. Der südamerikanische Kontinent wurde vor 60 Mio. Jahren vom nordamerikanischen Festland getrennt und die Beuteltiere nutzten zahlreiche ökologische Nischen. Als Nord- und Südamerika vor 2 bis 5 Mio. Jahren wieder aneinander drifteten, ersetzten nördliche Fleischfresser, wie der Jaguar, schnell Südamerikas große Fleisch fressende Beuteltiere. Kleine allesfressende Beuteltiere blieben, etwa das Opossum, das wieder in Nordamerika heimisch wurde. Im Raum Australien und Neuguinea blieben die Beuteltiere die längste Zeit ohne Konkurrenz und entwickelten sich deshalb zur größten Vielfalt.

Leben im Beutel Wallabys, Kängurus und andere große Beuteltiere werfen ein lebendes Junges und tragen es in einer geräumigen, nach vorne offenen Tasche. Auch nach der Entwöhnung klettern die Jungen zum Schlafen und Transport dort hinein.

ÄHNLICHE LÖSUNGEN
Die Beuteltiere Australiens und Neuguineas, die Millionen Jahre vom Rest der Welt isoliert waren, besetzen ähnliche ökologische Nischen wie Plazentatiere anderswo und zeigen oft ähnliche Anpassungen. Dieses Phänomen bezeichnet man als konvergente Evolution. Der Streifenbeutler, ein Beuteltier in Australien und Neuguinea, und das Fingertier, ein Plazentatier auf Madagaskar, sind beide baumlebende Insektenfresser. Jede Art besitzt einen besonders langen Finger, mit dem sie Maden aus dem Holz holen kann.

Fingertier

Streifenbeutler

SÄUGETIERE BEUTELTIERE

GUTER SCHWIMMER

Das einzige im Wasser lebende Beuteltier, der Schwimmbeutler Mittel- und Südamerikas, ist gut an das Leben im Wasser angepasst. Er hat Zehen mit Schwimmhäuten an den Hinterfüßen, wasserabweisendes Fell und eine Tasche, die bei Tauchgängen verschließbar ist. Er jagt meist nachts Fische, Frösche, Krustentiere und Insekten.

Kräftige Züge
Der Schwimmbeutler bewegt sich durch seine Hinterfüße mit Schwimmhäuten im Wasser und sucht mit den Vorderfüßen Nahrung.

URSPRUNG DER BEUTELTIERE

DNA-Studien bestätigen, dass die Chiloé-Beutelratte aus Argentinien und Chile die einzige lebende Art der südamerikanischen Familie Microbiotheriidae ist, die enger mit den australischen als mit anderen südamerikanischen Beuteltieren verwandt ist. Zusammen mit Beuteltier-Fossilien, Funden auf der antarktischen Halbinsel, bestätigen Studien der Chiloé-Beutelratte, dass die Beuteltiere sich vor 100 bis 65 Millionen Jahren von Südamerika über die Antarktis nach Australien ausbreiteten. Damals bildeten diese Kontinente eine einzige Landmasse namens Gondwana.

Getrennte Populationen
Beuteltiere gelangten von Südamerika in die Antarktika und nach Australien. Sie vermehrten sich, bei nur wenig Konkurrenz in Australien, verschwanden aber in der Antarktis, die abbrach und südlich driftete. Als Nord- und Südamerika wieder zusammenkamen, ersetzten nördliche Fleischfresser die großen Beuteltiere Südamerikas.

Bergbewohner
Die Chiloé-Beutelratte lebt in den undurchdringlichen, feuchten Wäldern des Hochlands von Chile und Argentinien.

Chiloé-Beutelratte
Dromiciops gliroides

Auffällig ist der weiße Fleck über jedem Auge

Der nackte schuppige Schwanz übertrifft den Körper an Länge

Nacktschwanzbeutelratte
Metachirus nudicaudatus

An der Schwanzbasis lagert sich Fett für den Winterschlaf an

Dickschwanzbeutelratte
Lutreolina crassicaudata

Dreistreifen-Spitzmausbeutelratte
Monodelphis america

Schwimmbeutler
Chironectes minimus

Lestodelphys halli

Der fast unbehaarte Schwanz ist kürzer als der Körper

Monodelphis dimidiata

Ekuador-Opossummaus
Caenolestes fuliginosus

BEUTELTIERE SÄUGETIERE

Beutelwolf
Thylacinus cynocephalus

13 bis 19 dunkle Querstreifen am Rücken

Der steife Schwanz ist an der Wurzel dick und verjüngt sich zur Spitze

Pfoten mit 5 Zehen und Ballen

Kompakter Kopf mit kräftigem Kiefer und massiven Backenzähnen, die Knochen knacken können

Beutelteufel
Sarcophilus harrisii

Ameisenbeutler
Myrmecobius fasciatus

Die klebrige, zylindrische Zunge kann bis zu 10 cm aus dem Maul gestreckt werden

Weiße Querstreifen am Rücken

Langer, buschiger Schwanz

Ohrmuscheln fehlen; winzige, nicht sehende Augen stecken im Fell; eine Hornplatte bedeckt die Nase

Großer Beutelmull
Notoryctes typhlops

Spatenförmige Krallen zum Graben im Sandboden

Seidiges, schimmerndes Fell mit rosa oder rötlichen Flecken durch eisenhaltigen Boden

---

AUF EINEN BLICK

Beutelteufel Mit der Größe eines Terriers ist der Beutelteufel das größte Fleisch fressende Beuteltier. Er jagt lebende Beute wie Beutelratten oder Wallabys, bevorzugt aber Aas. Bei Bedrohung kreischt oder bellt er.

- Bis 65 cm
- Bis 26 cm
- Bis 9 kg
- Variabel
- Bedingt häufig

Tasmanien

Ameisenbeutler Er ist das einzige rein tagaktive Beuteltier und verbringt die meiste Zeit mit der Suche nach Termiten, die fast seine gesamte Nahrung ausmachen. Er gräbt sie mit den vorderen Krallen aus loser Erde und fängt sie mit seiner langen, klebrigen Zunge.

- Bis 27,5 cm
- Bis 21 cm
- Bis 700 g
- Einzelgänger
- Gefährdet

SW-Australien
• Frühere Verbreitung

Großer Beutelmull Er sucht in den Sandwüsten Australiens nach grabenden Insekten und kleinen Reptilien. Statt einen Tunnel zu bauen, schwimmt er durch den Boden und lässt den Sand hinter sich einstürzen.

- Bis 16 cm
- Bis 2,5 cm
- Bis 70 g
- Einzelgänger
- Stark gefährdet

Zentralaustralien

AUSGESTORBEN

Beutelwolf Das größte Fleisch fressende Beuteltier, das bis in historische Zeit existierte, ähnelte einem Wolf, trug aber ein typisches gestreiftes Fell und einen langen steifen Schwanz. Es jagte vor allem Vögel, Wallabys und kleinere Säugetiere. Die Rivalität mit dem Dingo führte vor 3000 Jahren zum Verschwinden des Beutelwolfs aus Australien, in Tasmanien war er aber bis zur Ankunft der Europäer weit verbreitet. Wegen seines Rufs Schafe zu töten, wurde er bis zur Ausrottung gejagt; zuletzt sah man ihn in den 1930er Jahren.

- Bis 130 cm
- Bis 68 cm
- Bis 35 kg
- Einzelg., kl. Gruppe
- Ausgestorben

Tasmanien (bis in die 1930er Jahre)
• Verbreitungsgebiet (vor dem Aussterben)

72 SÄUGETIERE BEUTELTIERE

AUF EINEN BLICK

Doppelkammbeutelmaus In Australiens Outback erbeutet dieses kleine Beuteltier Insekten und kleine Vögel, Reptilien und Säugetiere. Um im trockenen Klima zu überleben, sucht es Schutz in Bauen. Es nimmt alle Flüssigkeit über die Nahrung auf und muss überhaupt nicht trinken.

- Bis 18 cm
- Bis 14 cm
- Bis 140 g
- Einzelgänger
- Gefährdet

Zentralaustralien

JÄHRLICHES STERBEN

Ein sehr ungewöhnlicher Lebenszyklus tritt bei allen *Antechinus*- und zwei *Phascogale*-Arten auf, die jährlich Junge werfen. Jedes Jahr zur gleichen Zeit, nach 2 Wochen intensiver Paarungszeit, sterben alle Männchen. Ihr intensives Bemühen um die Paarung führt zu starkem Stress. Dadurch überstehen sie die Paarungszeit ohne Nahrung, sind aber sehr anfällig für Krankheiten, wie beispielsweise Magen- und Darmgeschwüre. Weibchen können auch 2 Jahre alt werden, werfen aber meist nur ein- oder zweimal im Leben.

Allein stehend Das Weibchen von *Antechinus swainsonii* zieht seine Jungen auf, nachdem alle Männchen der Population gestorben sind.

ENERGIE SPAREN

Beutelmäuse und andere kleine Insekten fressende Beuteltiere fallen zeitweise in Winterstarre. Dabei verringert sich der Stoffwechsel und Herzschlag und Atmung verlangsamen sich. So wird Energie gespart und es besteht geringerer Bedarf an Nahrung – im Winter bei Nahrungsknappheit ein großer Vorteil. Die Starre kann von wenigen Stunden bis zu mehreren Tagen dauern.

Winterzeit Im Winter fällt die Schmalfußbeutelmaus zeitweilig in eine Starre und lebt dann von dem Fett, das sie während üppigerer Zeiten im Schwanz gespeichert hat.

Zwerg-Fleckenbeutelmarder
Dasyurus hallucatus

Gefurchte Ballen an den Hinterfüßen geben beim Klettern auf Bäumen oder Felsen Halt

Fleckenschwanz-Beutelmarder
Dasyurus maculatus

Einziger Beutelmarder mit geflecktem Schwanz

Großer Pinselschwanzbeutler
Phascogale tapoatafa

Kammschwanzbeutelmaus
Dasycercus cristicauda

Doppelkammbeutelmaus
Dasycercus byrnei

Gelbfußbeutelmaus
Antechinus flavipes

Schmalfußbeutelmaus
Sminthopsis crassicaudata

Speichert Fett im Schwanz

Planigale maculata

BEUTELTIERE **SÄUGETIERE** 73

Lange Ohren
Lange, spitze Schnauze
Großkaninchen-Nasenbeutler
Macrotis lagotis
Zweifarbiger Schwanz

Microperoryctes longicauda

Isoodon obesulus

Großer Langnasenbeutler
Perameles nasuta

Steifes, stacheliges Fell

Langer Hinterfuß zum Rennen und Hüpfen

Großer Neuguinea-Nasenbeutler
Peroryctes raffrayana

Kräftige Krallen zum Graben

Flachstachel-nasenbeutler
Echymipera kalubu

AUF EINEN BLICK

Großkaninchen-Nasenbeutler Er gräbt bis zu 12 Baue in seinem Revier. Er unterscheidet sich von anderen Nasenbeutlern durch die langen Ohren.

- Bis 55 cm
- Bis 29 cm
- Bis 2,5 kg
- Einzelgänger
- Gefährdet

Zentralaustralien
- Frühere Verbreitung

Isoodon obesulus Dieser Allesfresser gräbt mit den scharfen vorderen Krallen nach Insekten und Würmern, die er durch wiederholtes Darauftreten tötet. Er frisst auch Früchte, Samen und Pilze.

- Bis 36 cm
- Bis 14 cm
- Bis 1,6 kg
- Einzelgänger
- Bedingt häufig

Küsten S- und O-Australiens, Tasmanien

NASENBEUTLER

Die Verwandtschaft der allesfressenden Nasenbeutler mit anderen Beuteltieren ist ungeklärt. Das Zahnschema entspricht dem der Fleisch fressenden Beuteltiere, andererseits haben sie an den Hinterfüßen zusammengewachsene Zehen, wie sie bei Pflanzenfressern, z. B. Kängurus und Wombats, vorkommen. Es gibt 2 Familien Nasenbeutler: die vorwiegend australischen Peramelidae (darunter die *Perameles*- und *Isoodon*-Arten) und auf Neuguinea die Peroryctidae (darunter der Flachstachelnasenbeutler).

Schnelle Fortpflanzung
Nach der kurzen Tragzeit von etwa 12 Tagen entwickeln sich Nasenbeutler-Junge rasch und werden nach etwa 90 Tagen geschlechtsreif.

SCHUTZSTATUS

Rettet den Großkaninchen-Nasenbeutler In den letzten 100 Jahren verkleinerten sich Zahl und Verbreitungsgebiet dieser Art drastisch. Ein Großteil des Lebensraums wurde in Ackerland umgewandelt. Eingeführte Arten wie Füchse und Wildkatzen forderten ihren Tribut. Schafe, Rinder und Kaninchen sind Nahrungskonkurrenten. Die Art steht unter Schutz und wird in Gefangenschaft zur Auswilderung gezüchtet.

74 SÄUGETIERE BEUTELTIERE

AUF EINEN BLICK

Spilocuscus maculatus Dieses Beuteltier des Regenwalds verbringt viel Zeit auf Bäumen. Es schläft tagsüber in Laub und frisst nachts Früchte, Blüten und Blätter. Die Männchen sind weiß mit grauen Flecken, die Weibchen meist einfarbig grau. Lebensraumverlust durch Abholzung und Bewirtschaftung bedroht die Art ebenso wie die intensive Jagd auf der Insel Neuguinea.

- Bis 58 cm
- Bis 45 cm
- Bis 4,9 kg
- Einzelgänger
- Gefährdet

N-Australien, Neuguinea, einige Inseln

IM GEBIRGE

Das einzige australische Beuteltier, das oberhalb der Schneegrenze lebt, *Burramys parvus*, nützt das Nahrungsangebot seines Lebensraums weitgehend aus, spezialisiert sich jedoch je nach Jahreszeit. In den wärmeren Monaten frisst es vorwiegend Bogong-Falter, die jährlich in die Australischen Alpen kommen, und geringe Mengen anderer Insekten. Wenn die Falter im Januar seltener werden, wechselt es zu Samen und Beeren und legt versteckte Vorräte für die bevorstehenden kalten Wintermonate an.

- Bis 12 cm
- Bis 15 cm
- Bis 80 g
- Einzelgänger
- Stark gefährdet

Australische Alpen (Snowy Mountains)

Falter-Happen
Während der aktiven wärmeren Monate machen Bogong-Falter ein Drittel bis die gesamte Nahrung von Burramys parvus aus.

SCHUTZSTATUS

Burramys parvus Mit einem Gesamtbestand von knapp 2000 erwachsenen Tieren wird diese Art als stark gefährdet eingestuft. Man hielt sie sogar schon für ausgestorben. Sie lebt in einem eng begrenzten Verbreitungsgebiet in Ostaustralien. Ein großer Teil ihres Lebensraums fiel dem Bau von Straßen, Dämmen und Skistationen sowie Waldbränden zum Opfer.

Hundskusu
Trichosurus caninus

Wollkuskus
Phalanger orientalis

Spilocuscus maculatus

Fuchskusu
Trichosurus vulpecula

Australien-Mausflugbeutler
Acrobates pygmaeus

Die Gleitmembran reicht vom Handgelenk zum Knie

Die gefiederähnliche Anordnung des Fells am Schwanz ist einmalig unter Säugetieren

Schuppenkuskus
Wyulda squamicaudata

Den Greifschwanz bedecken dicke Schuppen

Burramys parvus

BEUTELTIERE SÄUGETIERE

Petropseudes dahli

Streifen-Ringelschwanzbeutler
Pseudochirops archeri

Lemuren-
ringelschwanzbeutler
Hemibelideus lemuroides

Wander-
ringelschwanzbeutler
Pseudocheirus peregrinus

2 gegenständige Zehen an jeder Vorderpfote

Lebt fast ausschließlich auf Bäumen, kommt nur selten zum Boden

Pseudochirulus herbertensis

Im Ruhezustand wird der Schwanz fest eingerollt

AUF EINEN BLICK

Petropseudes dahli Tagsüber bleibt dieses Beuteltier in kühlen Felsspalten, nachts klettert es auf Bäume zum Fressen. Männchen und Weibchen teilen sich die Pflege der Jungen gleichmäßig; dies ist selten bei Säugetieren und unbekannt bei anderen Beuteltieren.

Bis 39 cm
Bis 27 cm
Bis 2 kg
Paarweise
Regional häufig

N-Australien

Streifen-Ringelschwanzbeutler Streifen von Weiß, Gelb und Schwarz auf seinen Haaren geben dieser Art die typische hellgrüne Färbung. Mit ihrer Hilfe kann das Tier sich in den Bäumen des Regenwalds vor Feinden verbergen. Es frisst vorwiegend Blätter.

Bis 38 cm
Bis 38 cm
Bis 1,3 kg
Einzelgänger
Weniger gefährdet

NO-Australien

Wanderringelschwanzbeutler Den Großteil der Nahrung dieses nachtaktiven Tiers bilden Eukalyptusblätter. Es frisst auch Früchte, Blüten und Nektar, in Stadtgebieten sogar Rosenknospen. Kleine Familiengruppen leben in Nestern aus Rinde, Zweigen und Farnen in einer Astgabel oder in Gebüsch.

Bis 38 cm
Bis 38 cm
Bis 1 kg
Einzelgänger
Regional häufig

O-Australien

GIFT AUF DEM SPEISEPLAN

Der Wander-Ringelschwanzbeutler frisst vorwiegend Eukalyptusblätter, die giftig sind und wenig Nährwert besitzen. Ein spezielles Verdauungssystem mit einem vergrößerten Blinddarm entgiftet die Blätter und bildet weiche Kotkügelchen, die das Tier fressen kann. Unverdautes Material wird als harter Kot ausgeschieden. Wegen dieser energiearmen Nahrung besitzt die Art einen langsamen Stoffwechsel.

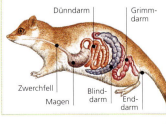

Dünndarm | Grimmdarm
Zwerchfell | Blinddarm | Enddarm
Magen

SÄUGETIERE BEUTELTIERE

AUF EINEN BLICK

Hörnchen-Kletterbeutler Dieses Beuteltier sucht sich seinen Lebensraum in durch Waldbrände geschädigten Gebieten im Hochland. Bei Waldbränden sterben alte Bäume ab und machen Platz, damit neue Akazien wachsen können. Familiengruppen teilen sich Nester aus zerkleinerter Rinde in großen hohlen Bäumen. Sie fressen Insekten, die ihre Eier in die Rinde legen.

- Bis 17 cm
- Bis 18 cm
- Bis 160 g
- Paarweise, Familien
- Stark gefährdet

SO-Australien

Lieblingsbissen
Hörnchen-Kletterbeutler fressen nicht nur Insekten, die Eier in die Rinde von Akazien legen, sondern auch den Saft der Bäume.

SAFT-GENIESSER

Eine Membran von den Handgelenken zu den Knöcheln ermöglicht es den Gleitbeutlern bedeutende Strecken von Baum zu Baum in der Luft zurückzulegen. Wenn sie gelandet sind, nagen sie Kerben in die Rinde der Bäume und lecken den Saft. Der große Gleithörnchenbeutler bevorzugt eine Reihe Eukalyptusarten, der Kurzkopfgleitbeutler Akazien und *Eucalyptus resinifera*.

Saft-Lutscher
Große Gleithörnchenbeutler verteidigen ihre Saft-»Quellen« aufs Heftigste.

SCHUTZSTATUS

Besondere Nester Hörnchen-Kletterbeutler bevorzugen einen speziellen Lebensraum: Sie leben in hohlen alten Bäumen (oft 150 Jahre und älter). Man hielt sie 1939 nach einem Waldbrand, der fast 70 % ihres Verbreitungsgebietes zerstörte, für ausgestorben. Heute gibt es noch etwa 5000 Tiere, doch sie sind durch Waldrodung bedroht. Trotz der Schutzmaßnahmen könnte der Lebensraum für das Überleben dieser Art zu knapp werden.

Riesengleitbeutler
Petauroides volans

Gleitmembran verläuft vom Ellbogen zu den Knöcheln

Großer Gleithörnchenbeutler
Petaurus australis

Das Fell am Bauch kann weißlich, gelblich oder orangefarben sein

Kurzkopfgleitbeutler
Petaurus breviceps

Jeder Hinterfuß trägt eine gegenständige große Zehe, ferner 2 teilweise zusammengewachsene Zehen zur Fellpflege

Hörnchen-Kletterbeutler
Gymnobelideus leadbeateri

Der lange buschige Schwanz dient beim Gleiten als Ruder

BEUTELTIERE **SÄUGETIERE**

Ernährt sich fast ausschließlich von Eukalyptusblättern

Koala
Phascolarctos cinereus

Die spitze Schnauze sucht in Blüten nach Nektar, die lange borstige Zunge sammelt Blütenstaub

Honigbeutler
Tarsipes rostratus

Der verlängerte vierte Finger mit dem gebogenen Nagel dient dazu, Maden aus dem Holz zu holen

Großer Streifenbeutler
Dactylopsila trivirgata

Scharfe Krallen geben festen Halt an glatten Baumstämmen

Nacktnasenwombat
Vombatus ursinus

Fellbedeckte Schnauze

Kräftige Vorderbeine mit kompakten Pfoten und langen, festen Krallen zum Graben von Bauen

Südlicher Haarnasenwombat
Lasiorhinus latifrons

AUF EINEN BLICK

Koala Koalas verbringen ihr ganzes Leben auf Bäumen. Sie schlafen am Tag 18 Stunden und fressen nachts, vor allem die Blätter 5 bestimmter Eukalyptusarten. Zur Paarungszeit brüllen rivalisierende Männchen durch die Nacht. Das Weibchen wirft ein einziges Junges, das es auf dem Rücken trägt, sobald es alt genug ist, den Beutel zu verlassen.

- Bis 82 cm
- Ohne
- Bis 15 kg
- Einzelgänger
- Weniger gefährdet

S- und O-Australien

Südlicher Haarnasenwombat Dieser Wombat kann im Spiel oder aus Angst mit hohem Tempo rennen. Vor der Hitze des Tages schützt er sich in labyrinthischen Gemeinschaftsbauen, nachts taucht er auf, um Gräser, Wurzeln, Rinde und Pilze zu fressen.

- Bis 94 cm
- Ohne
- Bis 32 kg
- Einzelgänger
- Regional häufig

S-Australien

IM UNTERGRUND

Der Nacktnasenwombat gräbt mit den kräftigen Vorderbeinen und Krallen ein ausgedehntes Labyrinth an Bauen, die bis zu 50 cm breit und 30 m lang sein können. Anders als sein Verwandter, der Haarnasenwombat, der seine Baue mit bis zu 10 Artgenossen teilt, verbringt der Nacktnasenwombat seine Zeit allein unter der Erde.

Raffiniertes Design
Der Bau eines Wombats besitzt meist mehrere Eingänge, Seitentunnels und Schlafhöhlen.

SCHUTZSTATUS

Nördlicher Haarnasenwombat Mit einem Gesamtbestand von 70 Tieren in einem einzigen Nationalpark in Queensland, Australien, gilt der Nördliche Haarnasenwombat (*Lasiorhinus krefftii*) als vom Aussterben bedroht. Einst jagte man ihn wegen seines dichten Fells, heute bedroht die Nahrungskonkurrenz von Viehherden ums Gras diese Art.

78 SÄUGETIERE BEUTELTIERE

AUF EINEN BLICK

Goodfellow-Baumkänguru Gleich lange Gliedmaßen und scharfe Krallen helfen ihm beim Klettern in den Bäumen des Regenwalds. Es lebt in kleinen Gruppen und frisst Blätter und Früchte.

- Bis 63 cm
- Bis 76 cm
- Bis 8,5 kg
- Einzelgänger
- Stark gefährdet

Neuguinea

Flachnagelkänguru Es hat einen hornigen Sporn am Schwanz und verbringt den Tag in einem flachen Bau unter einem Busch. Nachts frisst es Graswurzeln in der Savanne oder im offenen Waldland.

- Bis 70 cm
- Bis 74 cm
- Bis 9 kg
- Einzelgänger
- Regional häufig

N-Australien

Rotes Rattenkänguru Es ist an einige Lebensräume angepasst, von Laubwald bis zu trockenem Grasland. Es nimmt weder grüne Pflanzen noch Wasser zu sich. Seine Hauptnahrung sind Pilze, die es aus dem Boden gräbt.

- Bis 38 cm
- Bis 35 cm
- Bis 1,6 kg
- Einzelgänger
- Schutz nötig

SW-Australien

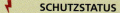 Frühere Verbreitung

Rotbeinfilander Das einzige bodenbewohnende Wallaby, das in feuchten Tropenwäldern lebt, ist nachtaktiv und sucht im dichten Unterholz nach Blättern, Früchten, Rinde und Zikaden.

- Bis 54 cm
- Bis 47 cm
- Bis 6,5 kg
- Einzelgänger
- Regional häufig

O-Australien, Neuguinea

SCHUTZSTATUS

Bürstenschwanzkänguru Früher lebte es in zwei Dritteln Australiens, heute beschränkt es sich auf einige kleine Gebiete. Eingeführte Arten jagten es und waren Nahrungskonkurrenten. Teile seines Lebensraums gingen als Ackerland verloren. In den letzten Jahren ermöglichten Zuchtprogramme und die Kontrolle der Fuchspopulation die Wiedereinführung in Südaustralien.

Das Junge bleibt im Beutel, bis es halb erwachsen ist

Bennett-Baumkänguru
Dendrolagus bennettianus

Goodfellow-Baumkänguru
Dendrolagus goodfellowi

4 etwa gleich lange Gliedmaßen

Flachnagel-känguru
Onychogalea unguifera

Langschnauzen-Kaninchenkänguru
Potorous tridactylus

Bürstenschwanzkänguru
Bettongia penicillata

Rotbeinfilander
Thylogale stigmatica

Moschusrattenkänguru
Hypsiprymnodon moschatus

Rotes Rattenkänguru
Aepyprymnus rufescens

FORTPFLANZUNG

Die Besonderheit der Fortpflanzung von Beuteltieren beginnt bei der Anatomie der Eltern. Außen erscheint das weibliche System einfacher als bei Plazentatieren, mit nur einer Öffnung, der Kloake, für das Verdauungs- und das Fortpflanzungssystem. Im Inneren gibt es ein doppeltes Fortpflanzungssystem mit 2 Gebärmuttern und 2 Scheiden. Viele Beuteltierchen-Männchen besitzen einen gegabelten Penis, der Samen in beide Scheiden abgibt. Ein trächtiges Weibchen entwickelt eine dritte Scheide als Geburtskanal. Nach kurzer Tragzeit – von 12 Tagen bei einigen Nasenbeutler-Arten bis 38 Tagen beim Grauen Riesenkänguru – kommen embryoartige Junge zur Welt, die zu einer Zitze (meist im Beutel) kriechen. Wenn die Jungen voll entwickelt sind, verlassen sie den Beutel, sind aber erst nach mehreren Monaten entwöhnt.

Doppelt Mit zwei Gebärmuttern und zwei Scheiden unterscheidet sich die innere Anatomie der weiblichen Beuteltiere deutlich von den Plazentatieren. Wenn ein Beuteltier-Weibchen trächtig wird, entwickelt es einen dritten Gang für die Geburt der Jungen.

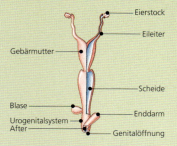

Weibliches Plazentatier
Dieses System besitzt eine einzige Gebärmutter und eine einzige Scheide sowie getrennte Öffnungen für das Fortpflanzungs- und das Verdauungssystem.

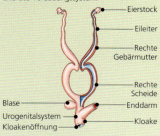

Nicht trächtiges Beuteltier-Weibchen
2 Gebärmuttern führen zu 2 Scheiden. Beide Scheiden und der Enddarm münden in eine einzige Öffnung, die Kloake.

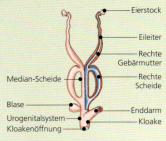

Trächtiges Beuteltier-Weibchen
Ein zentraler Geburtskanal entsteht während der Trächtigkeit. Bei den meisten Beuteltierarten verschwindet er nach der Geburt, doch bei den Kängurus und dem Honigbeutler bleibt er dauerhaft.

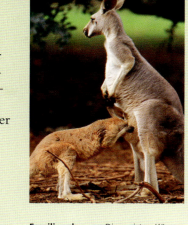

Familienplanung Die meisten Kängurus und Wallabys bringen ein einziges Junges zur Welt, paaren sich aber schon am nächsten oder übernächsten Tag wieder. Wenn ein Weibchen ein Junges säugt, das aus dem Beutel heraus- und hineinschlüpft, hat es meist noch ein kleineres Junges im Beutel, das fest an einer Zitze hängt. Außerdem trägt das Weibchen wahrscheinlich eine Blastozyste, ein befruchtetes Ei, in sich. Dieses ruht, bis sich das Junge von der Zitze löst.

Im Beutel Bei der Geburt ist ein Beuteltier winzig – das Neugeborene eines Roten Riesenkängurus besitzt nur 0,003 % des Gewichts der Mutter, ein menschliches Baby dagegen bringt etwa 5 % des Gewichts der Mutter auf die Waage. Am Ende der Entwöhnung ist das Gewichtsverhältnis von Jungen zur Mutter bei Beuteltieren und Plazentatieren etwa gleich.

1. Auf dem Weg
Neugeborene Tüpfelbeutelmarder (Dasyurus viverrinus) kriechen durchs Fell am Bauch der Mutter, um die Zitzen im Beutel zu finden. Zu diesem Zeitpunkt sind Augen, Ohren und Hinterbeine noch embryonal, während Nasenlöcher, Mund und Vorderbeine groß und einsatzfähig sind. Von bis zu 30 geworfenen Jungen überleben nur etwa 6, die sich an den Zitzen der Mutter festsaugen.

2. Festgeklammert
Die jungen Tüpfelbeutelmarder bleiben 8 Wochen fest an den Zitzen der Mutter und entwickeln sich weiter. Um das Ersticken zu verhindern, schließt eine große Glottis den Mund des Babys von den Atemwegen ab.

3. Hinaus in die Welt
Wenn sie voll entwickelt sind, lösen sich die jungen Tüpfelmarder von den Zitzen und verlassen den Beutel. Sie bleiben aber doch einige Monate bei der Mutter, halten sich bei der Nahrungssuche auf ihrem Rücken, teilen einen Bau zum Schlafen und ernähren sich von Muttermilch.

80 SÄUGETIERE BEUTELTIERE

AUF EINEN BLICK

Parmawallaby Das kleinste Wallaby hatte lange als ausgestorben gegolten, als man es 1965 auf der neuseeländischen Kawau-Insel wieder entdeckte, wo man es lange zuvor eingeführt hatte. Später fand man andere überlebende Populationen in Ostaustralien.

- Bis 53 cm
- Bis 54 cm
- Bis 6 kg
- Einzelgänger
- Weniger gefährdet

O-Australien

Rotes Riesenkänguru Es ist das größte Beuteltier und hüpft meist langsam, kann aber auch Geschwindigkeiten von 55–70 km/h err eichenMännchen dieser Art tragen ein rötliches Fell, Weibchen sind bläulich grau.

- Bis 140 cm
- Bis 99 cm
- Bis 85 kg
- Herde
- Häufig

Australien

IN DER GRUPPE

Große Kängurus sammeln sich oft in Gruppen von 50 oder mehr Tieren – eine Strategie, mit der Feinde, wie Dingos, abgeschreckt werden. Die Möglichkeit, sich zu paaren, hängt von der Stellung der Männchen in der Gruppenhierarchie ab, die sich nach der Größe richtet. Ein dominantes graues Riesenkänguru zeugt in einer Saison bis zu 30 Junge, die meisten Männchen bekommen keine Chance zur Paarung.

Kickboxen
Känguru-Männchen kämpfen mit Tritten der kräftigen Hinterbeine um Dominanz.

SCHUTZSTATUS

Von den 295 Beuteltierarten stehen 56 % auf der Roten Liste der IUCN mit folgenden Wertungen:

- 10 Ausgestorben
- 5 Vom Aussterben bedroht
- 27 Stark gefährdet
- 47 Gefährdet
- 45 Weniger gefährdet
- 32 Keine Angabe

Ringschwanz-Felskänguru
Petrogale xanthopus

Auffällig gezeichnetes Fell mit typischem kräftigem Rot, gelben Gliedmaßen und gestreiftem Schwanz

Zwergsteinkänguru
Petrogale concinna

Die rauen Sohlen der Hinterfüße geben Halt auf Felsen

Bürsten-Felskänguru
Petrogale penicillata

Parmawallaby
Macropus parma

Brillen-Hasenkänguru
Lagorchestes conspicillatus

Graues Riesenkänguru
Macropus giganteus

Rotes Riesenkänguru
Macropus rufus

Quokka
Setonix brachyurus

Hüpft auf der vierten und fünften Zehe der Hinterfüße

NEBENGELENKTIERE

KLASSE Mammalia
ORDNUNG Xenarthra
FAMILIEN 4
GATTUNGEN 13
ARTEN 29

Einige der eigenartigsten Tiere – Ameisenbären, Faultiere und Gürteltiere – bilden die Ordnung Nebengelenktiere, eine alte Ordnung, die einst viel umfangreicher war und zu der am Boden lebende Faultiere gehörten, größer als Elefanten, und gepanzerte Säugetiere, größer als Eisbären. Diese Tiere kommen nur in Amerika vor und besitzen zusätzliche Gelenke, die Nebengelenke, im unteren Bereich der Wirbelsäule. Sie schränken Drehungen ein, kräftigen aber den unteren Rücken und die Hüften. Das ist insbesondere für die grabenden Gürteltiere wichtig. Diese Arten besitzen ein kleines Gehirn und nur wenige oder, wie der Ameisenbär, gar keine Zähne.

Anhängliches Junges Nach einer Tragzeit von einem Jahr wirft das Faultier-Weibchen ein einziges Junges und säugt es etwa einen Monat. Das Junge bleibt noch einige Monate bei seiner Mutter und klammert sich mit den gebogenen Krallen an deren dichtem Fell fest.

LANGSAM UND STETIG

Dank ihres langsamen Stoffwechsels und ihrer niedrigen Körpertemperatur können die Ameisenbären und Faultiere sich auf Nahrung spezialisieren, die zwar reichlich vorhanden ist, aber nur wenig Energie liefert. Die Nahrung der Gürteltiere zeichnet sich durch Vielfalt aus. Doch die Tiere leben in Bauen unter der Erde, wo ihr langsamer Stoffwechsel hilft, ein Überhitzen zu verhindern. Die Ameisenbären, vom bodenlebenden Großen Ameisenbär bis zum baumlebenden Zwergameisenbär, finden mit dem guten Geruchssinn Ameisen und Termiten. Aus der langen röhrenförmigen Schnauze schnellt eine noch längere, mit winzigen Stacheln besetzte Zunge heraus. Durch den klebrigen Speichel bleibt die Beute daran hängen.

Die trägen Faultiere verbringen fast ihre gesamte wache Zeit mit dem Fressen von Blättern. Sie vertilgen solche Mengen, dass der volle Magen ein Drittel des Körpergewichts ausmacht. Im mehrteiligen Magen werden Gifte neutralisiert. Es dauert einen Monat und mehr, bis die Blätter ganz verdaut sind.

Der Panzer aus hornbedeckten Knochenplatten schützt Gürteltiere vor Feinden und erleichtert ihnen die Nahrungssuche in dorniger Vegetation. Ihre Nahrung besteht vorwiegend aus Wirbellosen, aber auch aus Früchten und Reptilien. Mit kräftigen Beinen und scharfen Krallen graben sie bis zu 20 Baue im Revier und suchen nach Beute.

Toilettenecke Etwa einmal pro Woche verlässt ein Faultier die Bäume, um am Boden Kot abzusetzen. Da es sein Körpergewicht nicht tragen kann, zieht es sich mit seinen langen Vorderbeinen vorwärts. Den Platz zum Kotabsetzen wählt es sorgfältig aus. Vielleicht düngt es dabei seine Lieblingsbäume.

EINGEBAUTE DECKE
Der Große Ameisenbär ruht bis zu 15 Stunden pro Tag. Er gräbt eine flache Mulde in den Boden, legt sich hinein und schlingt seinen buschigen, fächerförmigen Schwanz um sich. Das liefert nicht nur Wärme, sondern verbirgt den Ameisenbären, wenn er am schutzlosesten ist.

Tiefgang Die scharfen vorderen Krallen des Ameisenbären reißen betonähnliche Termitenhügel auf, damit die lange klebrige Zunge Insekten aufsammeln kann. Sein Angriff zerstört den Hügel nicht. Er dauert nur einige Minuten und nur wenige Termiten werden gefressen. Die überlebenden Termiten reparieren den Hügel.

82 SÄUGETIERE NEBENGELENKTIERE

AUF EINEN BLICK

Kragenfaultier Bis auf eine schwarze Mähne über den Schultern ist das raue zottige Fell dieses Tiers graubraun, oft durch grüne Algen getönt. Die grüne Farbe tarnt das langsame Faultier auf den Bäumen, auf denen es lebt.

- Bis 50 cm
- Bis 5 cm
- Bis 4,2 kg
- Einzelgänger
- Stark gefährdet

NO-Südamerika

Zwergameisenbär Die baumbewohnende Art hält sich mit langen Krallen und einem Greifschwanz an Ästen und frisst Baumameisen und -termiten. Beide Eltern pflegen das einzige Junge.

- Bis 21 cm
- Bis 23 cm
- Bis 275 g
- Einzelgänger
- Bedingt häufig

Mittelamerika und nördliches Südamerika

IDENTISCHE MEHRLINGE

Das einzige Nebengelenktier in den USA, das Neunbinden-Gürteltier, vergrößerte sein Verbreitungsgebiet in den vergangenen 150 Jahren rasant. Die einzige befruchtete Eizelle teilt sich in mehrere identische Embryonen. Diese Besonderheit tritt unter allen Wirbeltieren ausschließlich bei den beiden Arten der Gattung *Dasypus* auf.

Gleichheit Das Neunbindengürteltier wirft normalerweise 4 identische Junge (Vierlinge).

- Bis 57 cm
- Bis 45 cm
- Bis 6 kg
- Einzelgänger
- Häufig

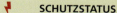

Nordamerika und Südamerika

SCHUTZSTATUS

Gefährdete Faultiere Faultiere sind Nahrungsspezialisten, die kaum natürliche Konkurrenten oder Feinde besitzen. So verbreiten sie sich in Mittel- und Südamerika. Ihr Überleben hängt vom Fortbestehen des Regenwalds ab, der erschreckend schnell verschwindet. Das Kragenfaultier gilt bereits als gefährdet, es kommt nur noch in einem kleinen Gebiet an der Küste Brasiliens vor.

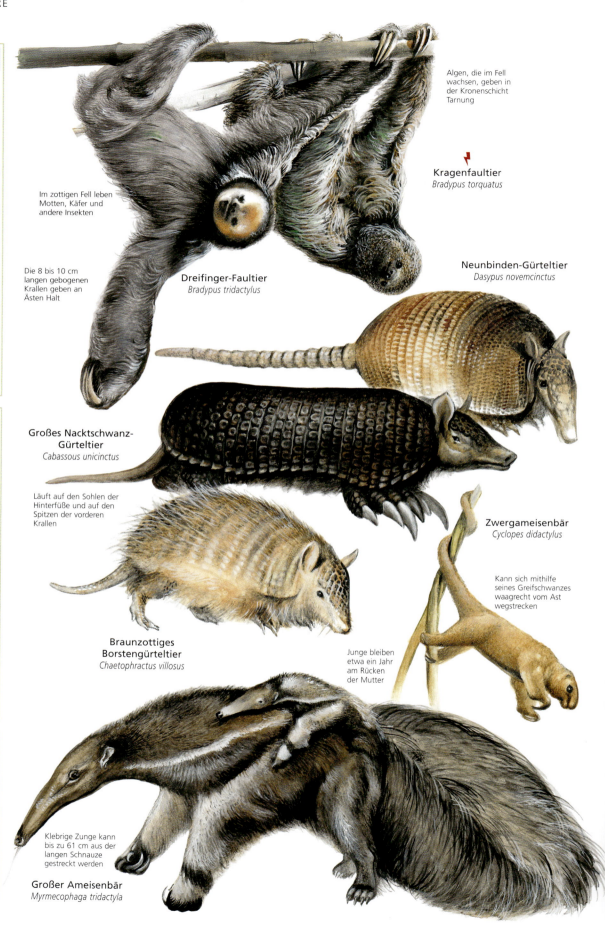

Algen, die im Fell wachsen, geben in der Kronenschicht Tarnung

Kragenfaultier *Bradypus torquatus*

Im zottigen Fell leben Motten, Käfer und andere Insekten

Die 8 bis 10 cm langen gebogenen Krallen geben an Ästen Halt

Dreifinger-Faultier *Bradypus tridactylus*

Neunbinden-Gürteltier *Dasypus novemcinctus*

Großes Nacktschwanz-Gürteltier *Cabassous unicinctus*

Läuft auf den Sohlen der Hinterfüße und auf den Spitzen der vorderen Krallen

Braunzottiges Borstengürteltier *Chaetophractus villosus*

Zwergameisenbär *Cyclopes didactylus*

Kann sich mithilfe seines Greifschwanzes waagerecht vom Ast wegstrecken

Junge bleiben etwa ein Jahr am Rücken der Mutter

Klebrige Zunge kann bis zu 61 cm aus der langen Schnauze gestreckt werden

Großer Ameisenbär *Myrmecophaga tridactyla*

SCHUPPENTIERE **SÄUGETIERE** 83

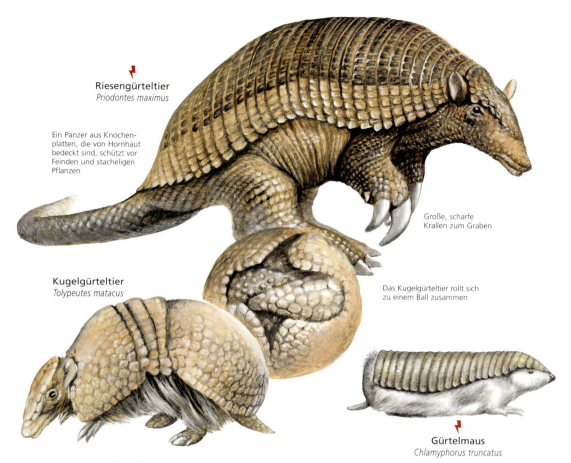

Riesengürteltier
Priodontes maximus

Ein Panzer aus Knochenplatten, die von Hornhaut bedeckt sind, schützt vor Feinden und stacheligen Pflanzen

Große, scharfe Krallen zum Graben

Kugelgürteltier
Tolypeutes matacus

Das Kugelgürteltier rollt sich zu einem Ball zusammen

Gürtelmaus
Chlamyphorus truncatus

SCHUPPENTIERE

KLASSE Mammalia
ORDNUNG Pholidota
FAMILIE Manidae
GATTUNG *Manis*
ARTEN 7

Die Schicht aus verhornten Schuppen, die aus der dicken Haut wächst, unterscheidet die Schuppentiere von allen anderen Säugetieren. Die Zunge ist länger als Kopf und Körper des Tieres, sie wird in Ruhe im Maul aufgerollt und kann herausschnellen, um in Ameisen- und Termitenhügeln zu suchen. Schuppentiere besitzen keine Zähne. Die Nahrung wird durch kräftige Muskeln und Steinchen im Magen zerkleinert. Bodenlebende Arten, wie das Riesen-Schuppentier, graben unterirdische Baue. Das Langschwanz-Schuppentier und andere baumlebende Arten besitzen einen Greifschwanz zum Klettern und rollen sich zum Ruhen in hohlen Bäumen zusammen.

Überlappende Schuppen bedecken den Körper, außer Bauch, Beininnen- und Schwanzunterseite

Das Tier wirft seine Schuppen im Lauf des Lebens ab und erneuert sie

Riesen-Schuppentier
Manis gigantea

AUF EINEN BLICK

Riesengürteltier Es ist etwa so groß wie ein Deutscher Schäferhund. Mit den riesigen Krallen an den Vorderpfoten gräbt es seine Baue und wühlt in Termitenhügeln. Es bevorzugt Termiten, frisst aber auch andere Insekten, außerdem Würmer, Schlangen und Aas.

- Bis 100 cm
- Bis 55 cm
- Bis 30 kg
- Einzelgänger
- Stark gefährdet

Nördliches Südamerika

Kugelgürteltier Andere Gürteltiere graben sich bei Gefahr rasch ein, doch diese Art rollt sich zu einem festen Ball zusammen, damit der Panzer sie völlig schützt. Mitunter lässt es eine kleine Öffnung, die sich sofort vor der tastenden Pfote eines Feindes schließt. Diese Verteidigungsstrategie nützt nichts beim Menschen, der dieses Gürteltier als Nahrung jagt.

- Bis 27 cm
- Bis 8 cm
- Bis 1,2 kg
- Einzelgänger
- Weniger gefährdet

Zentrales Südamerika

Asien und Afrika Schuppentiere leben in weiten Teilen Südostasiens und des subtropischen Afrika. Die asiatischen Arten besitzen Ohrmuscheln und Haare an der Schuppenbasis, den afrikanischen Arten fehlen Ohrmuscheln und die Schwanzunterseite trägt keine Schuppen. Wie die Ameisenbären Amerikas und die Ameisenigel Australiens und Neuguineas fressen Schuppentiere nur Ameisen und Termiten.

SCHUTZSTATUS

Gejagt Man jagte die Schuppentiere in Asien gnadenlos wegen des Fleisches und in Afrika wegen der heilenden Wirkung der Schuppen. Die Zerstörung des Regenwalds bedroht diese Nahrungsspezialisten. Das Steppen-Schuppentier (*Manis temminckii*) Afrikas, ebenso wie die 3 asiatischen Arten, das indische (*Manis crassicaudata*), javanisch-malaiische (*Manis javanica*) und das Ohren-Schuppentier (*Manis pentadactyla*), stuft die IUCN als weniger gefährdet ein.

INSEKTENFRESSER

KLASSE	Mammalia
ORDNUNG	Insectivora
FAMILIEN	7
GATTUNGEN	68
ARTEN	428

Spitzmäuse, Maulwürfe, Igel und andere Insektenfresser – kleine flinke Lebewesen mit einer langen, schmalen Schnauze – bilden eine vielgestaltige Ordnung, die heftig diskutiert wird. Alle besitzen gewisse einfache Charakteristika wie ein kleines, glattes Hirn, einfache Knochen im Ohr und einfache Zähne, viele zeigen aber auch Eigenheiten, z. B. Anpassungen ans Graben, Stacheln oder giftigen Speichel. Insektenfresser sind nach ihrer Hauptnahrung benannt, doch viele fressen auch bereitwillig andere Tiere und Pflanzen. Die meist scheuen, nachtaktiven Tiere vertrauen auf ihren Geruchs- und Tastsinn mehr als auf das Sehen, sie besitzen kleine oder winzige Augen.

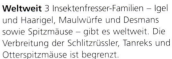

Weltweit 3 Insektenfresser-Familien – Igel und Haarigel, Maulwürfe und Desmans sowie Spitzmäuse – gibt es weltweit. Die Verbreitung der Schlitzrüssler, Tanreks und Otterspitzmäuse ist begrenzt.

Im Gänsemarsch Damit kein Junges verloren geht, bildet der Nachwuchs der Hausspitzmaus (*Crocidura russula*) eine Kette hinter der Mutter, indem jedes das hintere Ende des Vordertieres fest fasst.

Fastfood Spitzmäuse fressen wegen ihres schnellen Stoffwechsels im Verhältnis zu ihrer Größe Riesenmengen und leben dort, wo es genug Nahrung gibt. Die Wasserspitzmaus (*Neomys fodiens*) ernährt sich von Wirbellosen, Fischen und Fröschen.

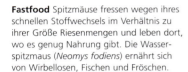

KONVERGENTE ARTEN

Die Ordnung Insectivora umfasst zahlreiche Beispiele für konvergente Evolution, bei der Tiere in ähnlichen Lebensräumen ähnliches Verhalten oder körperliche Anpassung zeigen, ohne eng verwandt zu sein.

Einige Insektenfresser haben sich am Wasser ihre Nische gesucht. Die europäischen Desmans und der Wassertanrek (*Limnogale mergulus*) aus Madagaskar entwickelten sich isoliert voneinander und besitzen doch das gleiche dichte, wasserabweisende Fell, den stromlinienförmigen Körper, Füße mit Schwimmhäuten, einen langen Schwanz, der als Ruder dient, und spezielle Vorrichtungen zum Atmen und zum Entdecken von Beute unter Wasser.

Europäische Maulwürfe und afrikanische Goldmulle sind sehr entfernt verwandt. Maulwürfe entwickelten sich aus einem spitzmausartigen Tier, Goldmulle sind näher mit den Tanreks verwandt. Trotzdem sehen sie ähnlich aus und zeigen beide Anpassungen an die grabende Lebensweise. Ihr Körper ist kompakt und zylindrisch, ihre Beine sind kurz und kräftig mit großen Krallen zum Graben an den Vorderfüßen und ihre winzigen Augen stecken unter Fell oder Haut.

Die europäischen Igel und die afrikanischen Tanreks tragen beide ein dichtes Stachelkleid, das sie aufstellen, wenn ein Feind sie bedroht.

Die Schlitzrüssler der Inseln Kuba und Hispaniola sowie die afrikanischen Tanreks entwickelten beide die Echoortung, mit deren Hilfe sie Beute auffinden können.

Günstige Gelegenheiten Insektenfresser sind nicht wählerisch, sie fressen eine Vielfalt an Beutetieren und Pflanzen. Der Westeuropäische Igel bevorzugt Wirbellose wie Regenwürmer, Nacktschnecken, Käfer und Heuschrecken, nimmt aber auch junge Vögel und tote Wirbeltiere zu sich.

Mit dem ganzen Fuß
Fast alle Insektenfresser sind Sohlengänger, sie setzen beim Laufen Fersen, Sohlen und Zehen auf.

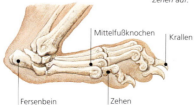

INSEKTENFRESSER SÄUGETIERE

Bedeckt von rauem Fell und scharfen Stacheln

Bei Gefahr stellen sich steife Haare im Nacken zur Haube auf

Großer Tanrek
Tenrec ecaudatus

Zwergtanrek
Geogale aurita

Dicker, schuppiger Schwanz

Kräftige Krallen, um Insekten, Würmer und kleine Eidechsen aus Laub zu graben

Kubanischer Schlitzrüssler
Solenodon cubanus

Dank des flachen Kopfes sind Nasenlöcher, Augen und Ohren oberhalb der Wasseroberfläche, wenn der Körper untertaucht

Im dichten Fell bildet sich beim Schwimmen eine isolierende Luftschicht

Mit den zusammengewachsenen Zehen an den Hinterfüßen wird das Fell gepflegt

Große Otterspitzmaus
Potamogale velox

Ortet die Beute mit den empfindlichen Schnurrhaaren

Der Schwanz dient im Wasser dem Antrieb und der Steuerung

Ruwenzori-Otterspitzmaus
Micropotamogale ruwenzorii

Füße mit Schwimmhäuten

AUF EINEN BLICK

Kubanischer Schlitzrüssler Wie der Dominikanische Schlitzrüssler (*Solenodon paradoxus*) auf Hispaniola gibt er aus einer Rinne in einem unteren Schneidezahn giftigen Speichel ab. Mit diesem Gift kann er größere Beute wie Frösche lähmen. Da es in den 1980ern nur noch eine Hand voll Exemplare gab, ist die Zukunft der Art ungewiss.

- Bis 39 cm
- Bis 24 cm
- Bis 1 kg
- Einzelgänger
- Stark gefährdet

O-Kuba

Große Otterspitzmaus Das Tier – in der afrikanischen Folklore als Mischwesen aus Fisch und Säugetier bezeichnet – schwimmt kraftvoll mit seitlichen Schlägen seines seitlich abgeflachten Schwanzes. Es jagt nachts Krebse, Frösche, Fische und Insekten; dabei vertraut es auf den Geruchs- und Tastsinn. Danach kehrt es durch einen Eingang unter Wasser in seinen Bau zurück.

- Bis 35 cm
- Bis 29 cm
- Bis 400 g
- Einzelgänger
- Stark gefährdet

Zentralafrika

MADAGASSISCHE TANREKS

Die Tanreks gehörten zu den ersten Tieren, die vor 150 Millionen Jahren nach der Trennung vom afrikanischen Festland auf die Insel Madagaskar kamen. Sie passten sich je nach Art an ein Leben im Wasser, an Land, auf Bäumen oder im Untergrund an.

Knochenschwanz Der Langschwanz-Tanrek (*Microgale longicaudata*) hat 47 Wirbel in seinem Schwanz.

SCHUTZSTATUS

Schlitzrüssler in Gefahr Die Rote Liste stuft beide Schlitzrüsslerarten als stark gefährdet ein. Die Populationen nahmen dramatisch ab, seit die Europäer Westindien besiedelten. Da Schlitzrüssler in ihrer Heimat kaum natürliche Feinde besaßen, entwickelten sie keine Verteidigungsstrategien und wurden eine leichte Beute für eingeführte Mangusten, Haushunde und -katzen. Rodungen für Ackerland zerstörten auch Teile des Lebensraums.

86 SÄUGETIERE INSEKTENFRESSER

AUF EINEN BLICK

Großer Haarigel Der Geruch nach fauligen Zwiebeln, kaltem Schweiß oder Ammoniak kann einen Großen Haarigel verraten, der in zwei Drüsen neben dem After einen starken Duftstoff produziert. Damit markiert er sein Revier. Als Einzelgänger zischt der Große Haarigel bedrohlich oder gibt tiefe Töne von sich, wenn er einem Artgenossen begegnet. Tagsüber ruht er in hohlen Bäumen oder Felsspalten, nachts jagt er Insekten, Regenwürmer, Krustentiere, Frösche oder Fische.

- Bis 46 cm
- Bis 30 cm
- Bis 2 kg
- Einzelgänger
- Regional häufig

Malaysische Halbinsel, Sumatra, Borneo

Kleiner Rattenigel Er verbringt die meiste Zeit am Boden feuchter Bergwälder, wo er sich mit kurzen Sprüngen fortbewegt und auch in Büsche klettert. Oft lebt er unter Felsen.

- Bis 14 cm
- Bis 3 cm
- Bis 80 g
- Einzelgänger
- Regional häufig

Indochina, Malaysia, Indonesien

Hottentotten-Goldmull Mithilfe einer Hornplatte auf der Nase und von je 4 Zehen mit Krallen an den Vorderfüßen baut dieser Goldmull ausgedehnte, weit verzweigte Tunnelsysteme. Er kann nicht sehen, Fell bedeckt die zurückgebildeten Augen.

- Bis 14 cm
- Ohne
- Bis 100 g
- Einzelgänger
- Regional häufig

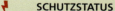

Südliches Südafrika

SCHUTZSTATUS

Population unter Druck Der Riesengoldmull (*Chrysospalax trevelyani*) gehört zu den 1000 seltensten Tieren der Welt. Es gibt ihn nur noch in einigen kleinen Gebieten in der östlichen Kapregion Südafrikas. Die bereits bedrohte Art steht durch das Zunehmen der menschlichen Besiedlung noch stärker unter Druck. Zu Unrecht hat man ihn für Ernteschäden verantwortlich gemacht, die Blindmäuse und andere Nager verursachten. Haushunde sehen in diesem Goldmull eine Beute. Rodung für Brenn- und Bauholz bedroht seinen Lebensraum ebenso wie die Einführung von Viehherden.

Großer Haarigel
Echinosorex gymnura

Raue, borstige Haare

Lange Eckzähne

Neotetracus sinensis

Frisst Wirbellose wie Würmer und Insekten

Kleiner Rattenigel
Hylomys suillus

Philippinen-Rattenigel
Podogymnura truei

Die scharfen Stacheln richten sich bei Gefahr auf

Hornplatte auf der Nase

Hottentotten-Goldmull
Amblysomus hottentotus

Bauch von weichem Fell bedeckt

Weißbauchigel
Atelerix albiventris

Westeuropäischer Igel
Erinaceus europaeus

Die kräftigen Vorderbeine mit den Krallen graben Baue und wühlen nach Beute

88 SÄUGETIERE INSEKTENFRESSER

AUF EINEN BLICK

Russischer Desman Diese gesellige Art – einst in ganz Europa verbreitet – lebt heute nur in wenigen Flusstälern Russlands. Man jagte ihn wegen des weichen Fells. Heute ist er geschützt.

- Bis 22 cm
- Bis 22 cm
- Bis 220 g
- Einzelgänger
- Gefährdet

O-Europa

Amerikanischer Spitzmausmaulwurf Dem kleinsten Maulwurf Nordamerikas, so groß wie eine Spitzmaus, fehlen die langen Vorderbeine anderer Maulwürfe. Er klettert auf Büsche.

- Bis 8 cm
- Bis 4 cm
- Bis 11 g
- Einzelgänger
- Regional häufig

Westliches Nordamerika

EMPFINDLICHE STERNE

Mit einer Gruppe fleischiger Tentakel um seine Nase spürt der Sternmull Fische, Blutegel, Schnecken und andere Beute im Wasser auf. Verlässt der wendige Schwimmer das Wasser, zieht er sich in sein Tunnelsystem zurück.

- Bis 13 cm
- Bis 8 cm
- Bis 85 g
- Einzelgänger
- Regional häufig

Östliches Nordamerika

Sensibel Jedes der 22 Tentakel des Sternmulls enthält Tausende sensorische Zellen.

SCHUTZSTATUS

Von den 428 Arten Insektenfressern stehen 40 % auf der Roten Liste der IUCN unter folgendem Status:

5	Ausgestorben
36	Vom Aussterben bedroht
45	Stark gefährdet
69	Gefährdet
5	Weniger gefährdet
9	Keine Angaben

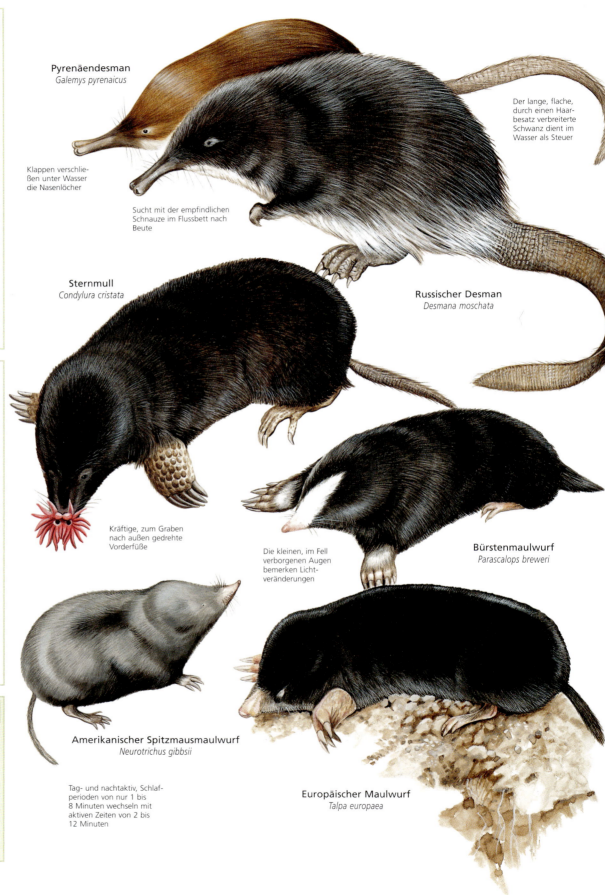

Pyrenäendesman
Galemys pyrenaicus

Der lange, flache, durch einen Haarbesatz verbreiterte Schwanz dient im Wasser als Steuer

Klappen verschließen unter Wasser die Nasenlöcher

Sucht mit der empfindlichen Schnauze im Flussbett nach Beute

Sternmull
Condylura cristata

Russischer Desman
Desmana moschata

Kräftige, zum Graben nach außen gedrehte Vorderfüße

Die kleinen, im Fell verborgenen Augen bemerken Lichtveränderungen

Bürstenmaulwurf
Parascalops breweri

Amerikanischer Spitzmausmaulwurf
Neurotrichus gibbsii

Tag- und nachtaktiv, Schlafperioden von nur 1 bis 8 Minuten wechseln mit aktiven Zeiten von 2 bis 12 Minuten

Europäischer Maulwurf
Talpa europaea

INSEKTENFRESSER **SÄUGETIERE** 89

LEBEN UNTER DER ERDE

Oft erkennt man das Vorhandensein von Maulwürfen nur an den Maulwurfshügeln, die beim Graben eines senkrechten Ganges entstehen. Maulwürfe verbringen fast ihr ganzes Leben unter der Erde und besitzen dort ein Tunnelsystem mit Kammern, in denen sie schlafen und ihre Jungen versorgen. In den Gängen jagen sie Regenwürmer, Insektenlarven, Nacktschnecken und andere bodenlebende Wirbellose. Ein Maulwurf kann 20 Meter Tunnel pro Tag graben. Er kommt nur an die Oberfläche, um Gras und Laub zu sammeln oder wenn ein stärkeres Tier ihn vertrieben hat.

Im Dunkeln Maulwürfe paaren sich im Bau des Weibchens während einer Paarungszeit von nur 24 bis 48 Stunden. Einen Monat später kommen meist 3 Junge zur Welt, die einen Monat in der Nistkammer versorgt werden. Nach Erkundungsgängen mit der Mutter im Tunnelsystem müssen junge Maulwürfe bald ihr eigenes Tunnelsystem anderswo graben.

Zum Graben geschaffen Maulwürfe besitzen große, kräftige Vorderbeine mit nach außen gerichteten Händen und spatenähnlichen Krallen. Beim Graben wirft der Maulwurf Erde zur Seite und nach hinten, mit den kürzeren Hinterbeinen stützt er sich ab.

Ein senkrechter Schacht verbindet das System mit der Oberfläche, den Eingang kennzeichnet ein Maulwurfshügel

Tunnel zur Nahrungssuche, um Maden, Würmer und andere unter der Erde lebende Beute zu fangen

Das Tunnelsystem verbindet die Schlaf-, Nist- und Vorratskammer

Maulwurfstunnel können insgesamt 100 bis 200 m lang sein und 70 cm tief in den Boden reichen

Tunnelfalle Das mehrstöckige Tunnelsystem des Maulwurfs besteht aus Haupt- und Seitentunnels mit einer einzigen Nistkammer. Die Tunnels bilden eine dauernde Falle, in der sich Regenwürmer und andere wirbellose Beute fängt, die sich durch die Erde bewegt. Ein Maulwurf köpft einen gefangenen Regenwurm rasch und zieht ihn dann durch seine vorderen Krallen, um Grit und Sand zu entfernen. Überzählige Würmer werden in einem Versteck lebend aufbewahrt, als Vorrat für härtere Zeiten.

Der Maulwurf ergreift wirbellose Beute, die im Tunnel gelandet ist

Die Jungen werden in einer mit Blättern gepolsterten Kammer geboren und aufgezogen

Empfindliche Schnauze

Winzige Augen

Fell mit wechselndem Strich

Spatenähnliche Krallen

Riesige Vorderfüße

Unterirdisch Die Anatomie des Maulwurfs ist hervorragend an das Leben unter der Erde angepasst. Die muskulösen Schultern und die vergrößerten Vorderbeine ermöglichen kraftvolles Graben. Das dichte Fell kann in jede Richtung liegen, sodass das Tier sich leicht vorwärts oder rückwärts bewegen kann. Die im Fell versteckten kleinen Augen nehmen nur Lichtänderungen wahr. Mit der berührungsempfindlichen, beweglichen Schnauze sucht es Nahrung.

RIESENGLEITER

KLASSE	Mammalia
ORDNUNG	Dermoptera
FAMILIE	Cynocephalidae
GATTUNG	Cynocephalus
ARTEN	2

Wie ihr Name sagt, gleiten Riesengleiter durch die Luft. Sie bilden eine eigene kleine Ordnung, Dermoptera (»Hautflügel«). Die etwa katzengroßen Tiere sind am Boden hilflos und klettern linkisch und taumelnd, aber gleiten mit Leichtigkeit im heimischen Regenwald von Baum zu Baum. Riesengleiter sind nachtaktiv, das verringert die Gefahr, dass sie während eines Gleitflugs einem geschickten Greifvogel zum Opfer fallen. Am Tag ruhen sie: Sie kuscheln sich entweder in einen hohlen Baum oder hängen mit ihren scharfen Krallen an einem Stamm. Ein Riesengleiter-Weibchen wirft ein einziges, ziemlich unentwickeltes Junges und trägt es am Bauch, bis es entwöhnt ist. Die Gleitmembran lässt sich zu einer bequemen Tasche für das Junge falten. Wenn die Mutter kopfunter am Baum hängt, bildet sie eine Hängematte.

Auf kleinem Gebiet Der Malaien-Gleitflieger lebt in Malaysia, Thailand und Indonesien, während der Philippinen-Gleitflieger nur auf den Philippinen vorkommt. Einheimische jagen beide Arten wegen Fell und Fleisch. Auch die Zerstörung des Regenwalds bedroht die Arten.

LAUBFRESSER
In ihrem spezialisierten Magen verdauen Riesengleiter die großen Mengen an Blättern, aus denen ihre Nahrung vorwiegend besteht. Sie fressen auch Knospen, Blüten, Früchte und wohl auch Baumsaft.

Die Gleitmembran bildet eine Hängematte für das Junge

Malaien-Gleitflieger
Cynocephalus variegatus

Klettert mit einer Reihe von Sprüngen am Stamm hoch und schlägt dabei die scharfen Krallen fest in die Rinde

Wie ein Drachen Die Gleitmembran erstreckt sich vom Hals zu den Fingern, Zehen und dem Schwanz. Sie ist bei den Riesengleitern größer als bei allen anderen Gleitfliegern. Ein Riesengleiter kann bis 135 m durch die Luft fliegen und dank des räumlichen Sehens eine exakte Landung schaffen. 4 weitere Säugetiergruppen können gleiten: Hörnchen (Sciuridae), Dornschwanzhörnchen (Anomaluridae), Gleitbeutler (Petauridae) und der Riesengleitbeutler (Pseudocheiridae).

Philippinen-Gleitflieger
Cynocephalus volans

SPITZHÖRNCHENARTIGE

KLASSE	Mammalia
ORDNUNG	Scandentia
FAMILIEN	Tupaiidae
GATTUNGEN	5
ARTEN	19

In manchen asiatischen Tropenwäldern huschen kleine eichhörnchenähnliche Säugetiere, Spitzhörnchen, über den Boden und an Stämmen entlang und suchen Insekten, Würmer, kleine Wirbellose und Früchte. Ihre scharfen Krallen und gespreizten Zehen geben festen Halt an Rinde und Felsen, der lange Schwanz hilft beim Balancieren. Beim Fressen halten sie die Nahrung in den Pfoten, sitzen in der Hocke und achten auf Feinde wie Schlangen, Greifvögel und Mangusten. Im Schnitt kommen 3 Junge in einem Nest aus Blättern zur Welt, das oft der Vater in einem hohlen Baum baut. Die Mutter besucht die Jungen meist nur alle 2 Tage. Man betrachtet Spitzhörnchen als einfache Form der Plazentatiere. Einige verbringen fast die ganze Zeit in Bäumen, die meisten leben teilweise am Boden, andere klettern nie auf Bäume.

Geteilte Familie Spitzhörnchen leben in den tropischen Regenwäldern von Süd- und Südostasien. Zunächst rechnete man sie zu den Insektenfressern, später zu den Primaten, heute bilden sie eine eigene Ordnung (Scandentia) mit einer einzigen Familie (Tupaiidae), die sich in zwei Unterfamilien gliedert. Zur Unterfamilie Ptilocercinae gehört nur eine Art, der Federschwanz, der auf Borneo und der Malayischen Halbinsel lebt. Die Unterfamilie Tupaiinae umfasst die 18 anderen Arten der Spitzhörnchen. Die meisten dieser Arten leben auf Borneo, während die restlichen über Ostindien und Südostasien verteilt sind.

Everetts Spitzhörnchen
Urogale everetti

Federschwanz
Ptilocercus lowii
Einziges rein nachtaktives Spitzhörnchen

Der schuppige Schwanz zuckt ständig

Gewöhnliches Spitzhörnchen
Tupaia glis

Mit der langen Schnauze sucht er in der Laubstreu am Waldboden nach Insekten und Samen

Tana
Tupaia tana

Treue Partner Während ihres 2 bis 3 Jahre dauernden Lebens bilden die Gewöhnlichen Spitzhörnchen eine dauerhafte Partnerschaft. Bei Tag sucht jeder Partner allein Nahrung, doch das Paar teilt ein Revier und verteidigt es gegen Artgenossen. Um ihr Besitztum zu kennzeichnen, markieren sie strategische Punkte und neue Objekte mit Urin, Kot oder einem Duft, den Drüsen auf Brust und Unterleib abgeben, wenn sie ihren Körper an Blättern oder anderen Oberflächen reiben. Spitzhörnchen setzen auch bei ihrem Partner und ihren Jungen Duftmarken. Wird der Duft abgerieben, kann es passieren, dass ein Weibchen seine Jungen nicht mehr erkennt und sie frisst.

SCHUTZSTATUS

Von 19 Arten Spitzhörnchen stehen 32 % auf der Roten Liste der IUCN, und zwar unter dem Schutzstatus:

- 2 Stark gefährdet
- 4 Gefährdet

FLEDERTIERE

KLASSE	Mammalia
ORDNUNG	Chiroptera
FAMILIE	18
GATTUNGEN	177
ARTEN	993

Als einzige Säugetiere mit schlagenden Flügeln und daher als einzige, die richtig fliegen können, fliegen Fledermäuse mit bis zu 50 km/h. So können sie große Strecken zurücklegen und Nahrungsquellen in einem weiten Bereich nützen. Sie kommen in den meisten Teilen der Welt vor, auch auf fernen Inseln wie Neuseeland und Hawaii, wo sie die einzigen heimischen Landsäugetiere sind. Etwa 1000 Fledermausarten bilden die Ordnung Chiroptera, die zweitgrößte Säugetierordnung. Diese Ordnung gliedert sich in 2 Unterordnungen: Megachiroptera und Microchiroptera, zu der vorwiegend Insekten fressende Tiere gehören.

In der ganzen Welt Fledertiere umfassen fast ein Viertel aller Säugetierarten. Am zahlreichsten sind sie in wärmeren Regionen, doch es gibt sie weltweit, außer in den Polargebieten und auf einigen isolierten Inseln. Fledertiere im Wald besitzen meist relativ große, breite, sehr manövrierfähige Flügel, während Fledertiere in offenen Lebensräumen kleine, schmale Flügel zum schnellen Fliegen haben.

Im Flug Eine Fledermaus besitzt lange Arme und stark veränderte Hände, bei denen alle Finger, mit Ausnahme des Daumens, sehr verlängert sind, um die Flugmembran, das Patagium, zu stützen. Dieses besteht aus einer doppelten Schicht Haut und ist gleichzeitig flexibel und fest.

Kindergarten Wie bei vielen Fledermausarten ziehen auch Weibchen von *Miniopterus australis* die Jungen gemeinsam in Kolonien auf. Nach der Rückkehr von der Nahrungssuche, erkennen die Mütter den eigenen Nachwuchs unter Tausenden am Geschrei und am Geruch.

Herumhängen Die meisten Fledermäuse hängen tagsüber kopfunter zum Schlafen, in einer Stellung, die einen schnellen Start erlaubt. Während viele Arten in Höhlen, Minen oder Gebäuden ruhen, bevorzugen andere Bäume, wie der Graukopfflughund (*Pteropus poliocephalus*) im Foto oben.

JÄGER DER NACHT

Fledertiere stellt man meist als blutsaugende Dämonen dar, doch nur drei Arten trinken Blut und gerade sie sind bereit ihre Nahrung mit ihren hungrigen Artgenossen zu teilen. Die meisten Fledertiere leben gesellig, manche in Kolonien mit Tausenden oder Millionen Tieren.

Mehr als 70% der Fledertiere fressen nachtaktive Insekten, eine Nahrungsquelle, die kaum andere Tiere nutzen. Die nächtlichen Jäger vertrauen auf ihr Flugvermögen und die Echoortung, durch die sie Hindernisse und Beute mithilfe von extrem hohen Tönen entdecken. In vielen Ökosystemen spielen Fledertiere eine wichtige Rolle, um den Insektenbestand einzudämmen.

Die meisten anderen Fledertiere sind Pflanzenfresser, die mit ihrem guten Geruchssinn und ihrer Fähigkeit, nachts zu sehen, Früchte, Blüten, Nektar und Blütenstaub finden. Sie sind von Bedeutung für die Bestäubung und die Verbreitung von Samen. Manche Pflanzen locken sie durch große Früchte und nachts blühende, duftende Blüten an.

Um den Energieverbrauch zu reduzieren, senken viele Fledertiere, wenn sie tagsüber ruhen, ihre Körpertemperatur. Wegen Nahrungsknappheit im Winter halten manche Arten in gemäßigten Zonen einen Winterschlaf und leben dabei von gespeichertem Körperfett. Andere ziehen in wärmere Gegenden; der Große Abendsegler legt dabei bis zu 2000 km zurück.

FLEDERTIERE **SÄUGETIERE** 93

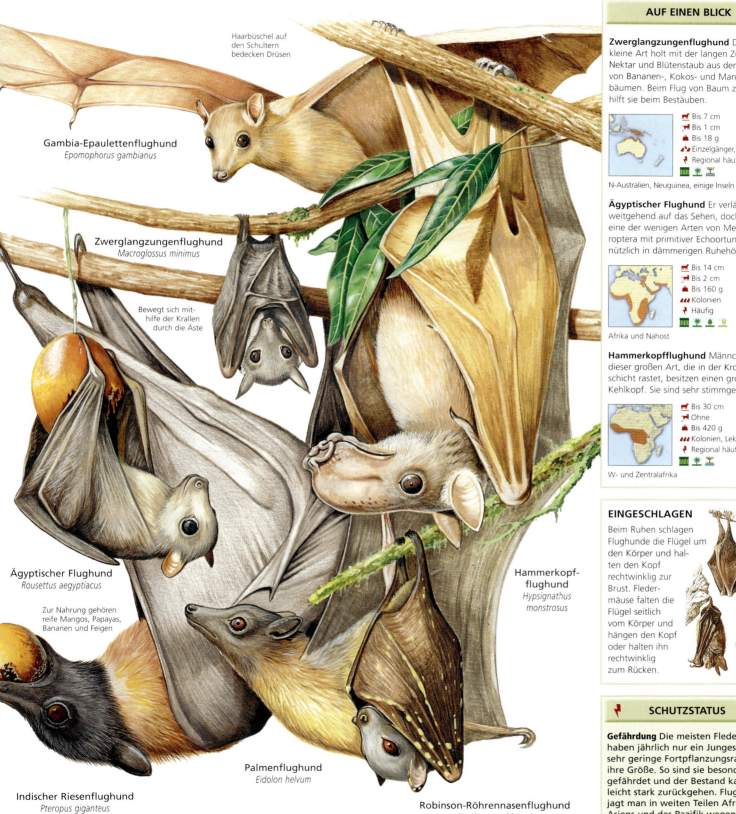

Haarbüschel auf den Schultern bedecken Drüsen

Gambia-Epaulettenflughund
Epomophorus gambianus

Zwerglangzungenflughund
Macroglossus minimus

Bewegt sich mithilfe der Krallen durch die Äste

Ägyptischer Flughund
Rousettus aegyptiacus

Zur Nahrung gehören reife Mangos, Papayas, Bananen und Feigen

Hammerkopfflughund
Hypsignathus monstrosus

Indischer Riesenflughund
Pteropus giganteus

Palmenflughund
Eidolon helvum

Robinson-Röhrennasenflughund
Nyctimene robinsoni

AUF EINEN BLICK

Zwerglangzungenflughund Diese kleine Art holt mit der langen Zunge Nektar und Blütenstaub aus den Blüten von Bananen-, Kokos- und Mangrovebäumen. Beim Flug von Baum zu Baum hilft sie beim Bestäuben.

- Bis 7 cm
- Bis 1 cm
- Bis 18 g
- Einzelgänger, paarw.
- Regional häufig

N-Australien, Neuguinea, einige Inseln

Ägyptischer Flughund Er verlässt sich weitgehend auf das Sehen, doch ist er eine der wenigen Arten von Megachiroptera mit primitiver Echoortung, nützlich in dämmerigen Ruhehöhlen.

- Bis 14 cm
- Bis 2 cm
- Bis 160 g
- Kolonien
- Häufig

Afrika und Nahost

Hammerkopfflughund Männchen dieser großen Art, die in der Kronenschicht rastet, besitzen einen großen Kehlkopf. Sie sind sehr stimmgewaltig.

- Bis 30 cm
- Ohne
- Bis 420 g
- Kolonien, Leks
- Regional häufig

W- und Zentralafrika

EINGESCHLAGEN

Beim Ruhen schlagen Flughunde die Flügel um den Körper und halten den Kopf rechtwinklig zur Brust. Fledermäuse falten die Flügel seitlich vom Körper und hängen den Kopf oder halten ihn rechtwinklig zum Rücken.

SCHUTZSTATUS

Gefährdung Die meisten Fledertiere haben jährlich nur ein Junges – eine sehr geringe Fortpflanzungsrate für ihre Größe. So sind sie besonders gefährdet und der Bestand kann leicht stark zurückgehen. Flughunde jagt man in weiten Teilen Afrikas, Asiens und des Pazifik wegen ihres Fleischs. Auch Lebensraumzerstörung und Pestizide bedrohen sie.

94 SÄUGETIERE FLEDERTIERE

AUF EINEN BLICK

Gelbflügelige Großblattnase Drehfrüchtige Akazien gehören zu ihren liebsten Ruheplätzen. Die Tiere dämmen die Insektenschwärme ein, die zur Zeit der Blüte an die Bäume kommen.

- Bis 8 cm
- Ohne
- Bis 36 g
- Paarweise, Kolonien
- Regional häufig

Afrika südlich der Sahara

Großes Hasenmaul Es fliegt im Zickzack über Teiche, Flüsse und Küstengewässer. Es orientiert sich mit Echoortung und fängt mit den Krallen Fische.

- Bis 13 cm
- Bis 4 cm
- Bis 90 g
- Kolonien
- Regional häufig

Zentral- und Südamerika, Karibik

EIN EIGENES ZELT

Die Weiße Fledermaus hängt nicht in einer Höhle oder einem Baum, sondern sie schafft sich einen eigenen Unterschlupf. Sie biegt ein Palmblatt, indem sie die Verbindung zwischen Mittelrippe und Blatträndern durchbeißt.

SCHUTZSTATUS

Von den 993 Fledertierarten stehen 52 % auf der Roten Liste der IUCN, unter folgendem Schutzstatus:

- 12 Ausgestorben
- 29 Vom Aussterben bedroht
- 37 Stark gefährdet
- 173 Gefährdet
- 209 Weniger gefährdet
- 61 Keine Angabe

Geoffroy-Schlitznase
Nycteris thebaica

Gelbflügelige Großblattnase
Lavia frons

Der lange Schwanz ist nicht mit der Flugmembran verwachsen

Rhinopoma microphyllum

Eine Furche teilt die Schnauze

Das Nasenschild zentriert die Ultraschalllaute, die im Kehlkopf entstehen

Ruht in Grabmälern, verlassenen Gebäuden, Felsspalten, Höhlen und Bäumen

Taphozous mauritianus

In den Backentaschen wird gekauter Fisch aufbewahrt, damit das Tier weiterfischen kann

Großes Hasenmaul
Noctilio leporinus

Die langen Hinterbeine mit den großen Füßen und den kräftigen Krallen fangen Fisch aus dem Wasser

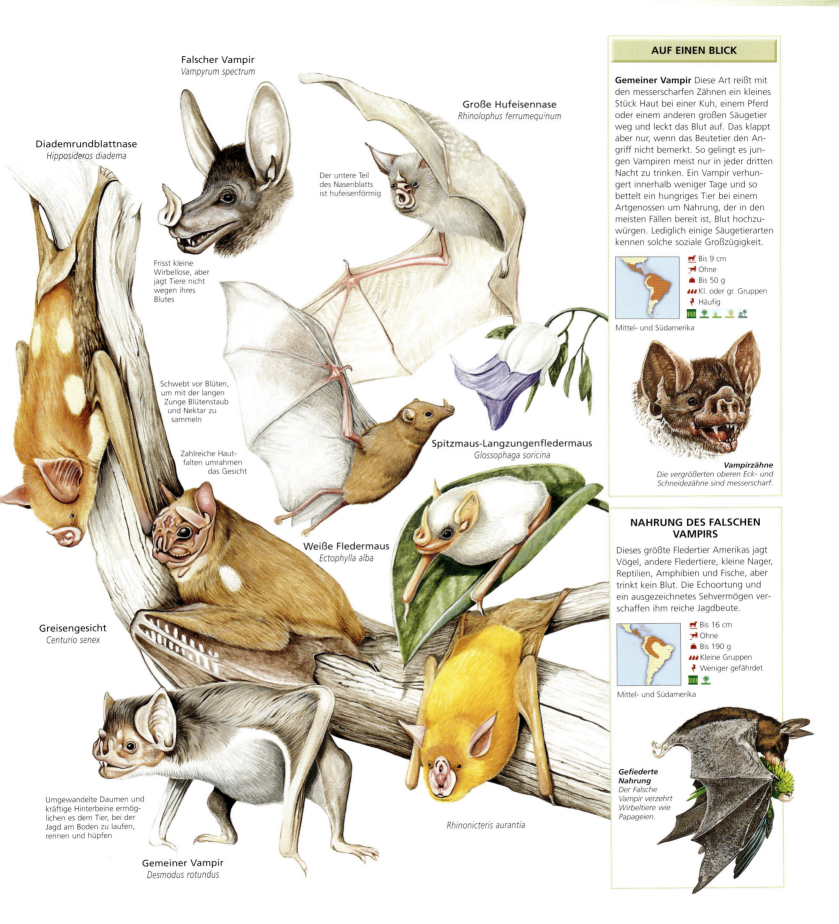

96 SÄUGETIERE FLEDERTIERE

AUF EINEN BLICK

Mopsfledermaus Dieses mittelgroße Fledertier ruht in Höhlen, Minen, Kellern, hohlen Bäumen oder unter loser Rinde. In der Abenddämmerung beginnt es die Jagd auf Nachtfalter. In geringer Zahl ist es weit verbreitet.

- Bis 6 cm
- Bis 4 cm
- Bis 10 g
- Kleine Gruppen
- Gefährdet

W-Europa, Marokko, Kanarische Inseln

Langflügelfledermaus In manchen Gebieten zieht diese Art im Winter an wärmere Plätze. Sie ruht bei Tag in Höhlen oder Gebäuden, dabei bilden die Jungen eine gemeinsame Gruppe, getrennt von den erwachsenen Tieren.

- Bis 6 cm
- Bis 6 cm
- Bis 20 g
- Große Gruppen
- Weniger gefährdet

Europa, Afrika, S-Asien, Australien, Ozeanien

Großes Mausohr Das Tier nimmt jede Nacht etwa die Hälfte seines Körpergewichts an Käfern und Nachtfaltern zu sich. Mausohren ruhen in Höhlen und Dachböden. Die Jungen kommen von April bis Juni zur Welt und müssen für den Winterschlaf Fett speichern.

- Bis 8 cm
- Bis 6 cm
- Bis 45 g
- Kl. bis gr. Gruppen
- Weniger gefährdet

Europa und Israel

SCHUTZSTATUS

Glattnasen Hier sind einige Arten der Familie der Glattnasen (Vespertilionidae) abgebildet. Zu dieser größten, weitestverbreiteten Fledertierfamilie gehört auch eine Art, die an der arktischen Baumgrenze lebt. Die Tiere sind nicht wählerisch in Bezug auf Ruheplätze. Trotzdem sind 2 Arten ausgestorben, viele benötigen Schutzmaßnahmen (7 Arten vom Aussterben bedroht, 20 stark gefährdet und 52 gefährdet). Selbst die häufigsten Fledertiere Großbritanniens, die Zwergfledermäuse, nahmen seit 1986 um 60 % ab.

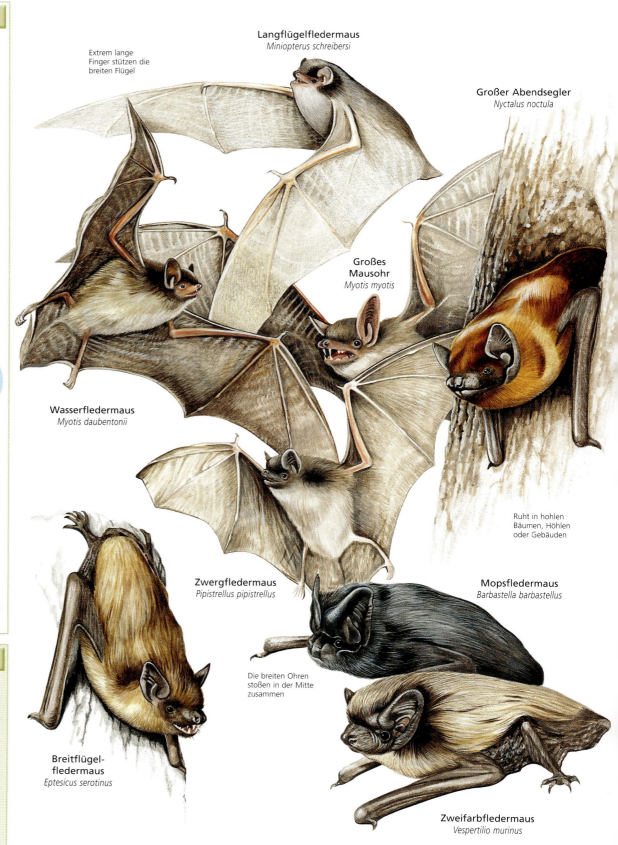

Langflügelfledermaus
Miniopterus schreibersi

Extrem lange Finger stützen die breiten Flügel

Großer Abendsegler
Nyctalus noctula

Großes Mausohr
Myotis myotis

Wasserfledermaus
Myotis daubentonii

Ruht in hohlen Bäumen, Höhlen oder Gebäuden

Zwergfledermaus
Pipistrellus pipistrellus

Mopsfledermaus
Barbastella barbastellus

Die breiten Ohren stoßen in der Mitte zusammen

Breitflügelfledermaus
Eptesicus serotinus

Zweifarbfledermaus
Vespertilio murinus

FLEDERTIERE **SÄUGETIERE**

Weißgraue Fledermaus
Lasiurus cinereus

Ein Hauch von Weiß im graubraunen Fell war namengebend

Tadarida brasiliensis

Tadarida brasiliensis fliegt in der Abenddämmerung im Schwarm zum Fressen aus einer Höhle

Weiße Flecken an Schultern und Rumpf

Gefleckte Fledermaus
Euderma maculatum

Europäische Bulldogfledermaus
Tadarida teniotis

Der dicke Schwanz steht über die Flugmembran hinaus

Kleinste aller Fledertierarten, etwa von der Größe einer großen Hummel

Schweinsnasenfledermaus
Craseonycteris thonglongyai

Nyctinomops femorosaccus

Die dicken, ledrigen Flügel werden zum Laufen am Boden eingerollt, damit die Vorderbeine frei sind

Madagassische Haftscheibenfledermaus
Myzopoda aurita

Ruht mit dem Körper über dem Kopf

Saugnäpfe an den Knöcheln

Neuseeland-Fledermaus
Mystacina tuberculata

AUF EINEN BLICK

Tadarida brasiliensis Viele Fledertierarten ruhen in kleineren oder größeren Gruppen, aber diese Art hält den Rekord mit 20 Millionen Exemplaren in der Bracken Cave, Texas, USA. Jeden Abend fliegt ein beeindruckender Schwarm auf Nahrungssuche aus der Höhle. Man schätzt, dass die Tiere pro Nacht mehr als 250 Tonnen Insekten verzehren. Viele Tiere dieser Art ziehen in jedem Frühjahr von Mexiko nach Texas, um sich zu paaren. Im Herbst kehren sie nach Süden zurück.

- Bis 7 cm
- Bis 4 cm
- Bis 15 g
- Kolonien
- Weniger gefährdet

Nord- und Südamerika, Karibik

Madagassische Haftscheibenfledermaus Sie trägt Saugnäpfe an Hand- und Fußknöcheln, damit sie sich – gestützt von ihrem Schwanz – an Blättern halten kann. Die Haftscheibenfledermäuse (Gattung *Thyroptera*) Mittel- und Südamerikas tragen ebenfalls Saugnäpfe am Ende ihrer Gliedmaßen. Diese Eigenheit entwickelte sich in der Neuen und Alten Welt unabhängig.

- Bis 6 cm
- Bis 5 cm
- Bis 10 g
- Unbekannt
- Gefährdet

O- und N-Madagaskar

Neuseeland-Fledermaus Zusammen mit einer größeren Fledermausart, die bereits im frühen 20. Jahrhundert ausstarb, sind diese Fledermäuse die einzigen einheimischen Landsäugetiere Neuseelands. Sie suchen ihre Nahrung am Boden und in Baumstümpfen. Sie fliegen nur, wenn es sein muss.

- Bis 7 cm
- Bis 1 cm
- Bis 15 g
- Kolonien
- Gefährdet

Neuseeland

SEHEN MIT DEN OHREN

Um im Dunkeln den Weg oder Beute zu finden, setzen viele Fledertiere Echoortung ein. Sie stoßen beim Fliegen eine Reihe von Ultraschallrufen aus. Am Echo erkennen sie, wie weit ein Hindernis oder eine Beute entfernt ist. Kleine Veränderungen des Echos zeigen Richtung und Größe an.

PRIMATEN

KLASSE	Mammalia
ORDNUNG	Primates
FAMILIEN	13
GATTUNGEN	60
ARTEN	295

Lemuren, Affen, Menschenaffen und ihre nahen Verwandten bilden die Ordnung der Primaten. Die frühesten Primaten lebten auf Bäumen und passten sich an diese Lebensweise an: nach vorne gerichtete Augen mit der Fähigkeit zu räumlichem Sehen, das ein Abschätzen der Distanz ermöglicht, geschickte Hände und Füße zum Fassen von Ästen und lange bewegliche Gliedmaßen für größere Beweglichkeit bei der Nahrungssuche. Die meisten Primaten leben immer noch weitgehend auf Bäumen, doch auch jene, die am Boden leben, zeigen noch einige dieser Anpassungen. Doch am faszinierendsten bei dieser Ordnung ist das komplexe Sozialverhalten vieler Arten.

In den Tropen Die meisten Primaten leben in den tropischen Regenwäldern 25° nördlicher und 30° südlicher Breite. Eine Hand voll Arten gibt es auch in anderen Weltgegenden wie Nordafrika, China und Japan.

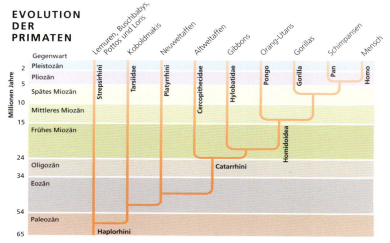

Halbaffen Wie andere Angehörige der Unterordnung Strepsirhini, zeichnet sich der Rattenmaki durch eine feuchte, spitze Schnauze und einen scharfen Geruchssinn aus. Der nachtaktive Einzelgänger ernährt sich von Blüten, Früchten und Insekten.

Fleischfresser Die Nahrung der meisten Primaten besteht aus Blättern, Früchten und Insekten. Doch Paviane und Schimpansen jagen auch große Wirbeltiere. Hier trägt ein Pavian, *Papio hamadryas anubis*, eine erbeutete junge Gazelle.

GROSSE VIELFALT

Einige Primaten suchen ihre Nahrung als Einzelgänger, sie verstecken sich und sind nachtaktiv, um Feinden zu entkommen. Viele größere Primaten sind tagaktiv und bilden Gruppen zur Sicherheit. In einer Gruppe halten viele Augen nach Feinden Ausschau. Selbst bei einem Angriff besteht eine Chance, dass ein anderes Gruppenmitglied gefangen wird. Einige Primaten wehren sich gemeinsam – Paviane töteten schon angreifende Leoparden.

Größe und Organisation der Primatengruppen unterscheiden sich deutlich. Einige Arten leben in monogamen Paaren, andere bilden Gruppen aus mehreren Weibchen und einem oder mehreren Männchen. Gruppen von 150 Dscheladas schließen sich manchmal zu Herden von 600 Tieren zusammen. Im Mittelpunkt der häufigsten Gruppierung stehen verwandte Weibchen und ihr Nachwuchs, oft mit einem Männchen als Anführer. In der Gruppe herrscht Konkurrenz um Nahrung und Partner, die durch komplizierte Hierarchien geregelt wird. Dieses ausgeklügelte soziale Netz bedarf exakter Kommunikation – mit visuellen und vokalen Signalen. Im Verhältnis zur Körpergröße besitzen Primaten ein größeres Hirn als die meisten Säugetiere. Vielleicht hängen damit ihre komplexen Sozialstrukturen zusammen.

Das Leben eines Primaten geht langsam. Die Tragzeiten sind lang; die Geburtenziffer niedrig mit nur 1 oder 2 Jungen pro Wurf; das Wachstum dauert Jahre und die Jungen hängen lange Zeit von der Mutter ab; ein hohes Lebensalter wird erreicht. Das liegt wohl am großen Hirn der Primaten, das Energie braucht, die sonst Wachstum und Fortpflanzung dienen könnte.

Primaten reichen vom Zwergmausmaki (*Microcebus myoxinus*) mit 10 cm Länge und 30 g Gewicht bis zum Gorilla, der im Stehen über

Haplorhini Mit Affen und Menschen bilden Gorillas und andere Menschenaffen die Unterordnung Haplorhini. Die geselligen Gorillas leben in Gruppen mit 1 oder 2 Silberrücken, einigen jüngeren Männchen, mehreren Weibchen und Jungen.

PRIMATES MAMMALS

Kälteschutz Die Rotgesichtmakaken in Japan gehören zu den wenigen Primaten, die nicht in Tropen oder Subtropen leben. In schneereichen Wintern wird ihr Fell dicker, sie leben von Rinde, Knospen und Vorräten und wärmen sich in heißen Quellen.

Aufrechter Gang Menschenaffen sitzen und gehen mitunter aufrecht. Dabei stützt sie ein kürzerer Rücken, ein breiterer Brustkorb und ein kräftigeres Becken als es Tieraffen und Lemuren besitzen. Die Arme, oft zur Fortbewegung benützt, sind länger als die Beine, die Handgelenke beweglich.

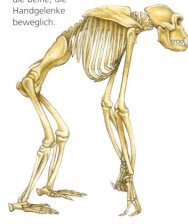

Mit Schwung von Baum zu Baum Gibbons schwingen mithilfe ihrer extrem langen Arme durch die Bäume. Dank ihres guten räumlichen Sehens können sie die Entfernung ihres nächsten Zieles ganz genau abschätzen.

1,5 m groß ist und 180 kg wiegt. Viele kleine Primaten fressen vorwiegend Insekten, die ihren schnellen Stoffwechsel rasch versorgen. Größere Arten brauchen viel Nahrung und konzentrieren sich häufig auf Blätter, Triebe und Früchte, die langsam verdaut werden, aber reichlich vorhanden sind. Die Vorliebe für diese pflanzliche Nahrung und Insekten beschränkt Primaten weitgehend auf die Tropen, wo das ganze Jahr kein Mangel herrscht.

Die Ordnung der Primaten teilt man in 2 Unterordnungen: Strepsirhini (Lemuren und Verwandte) sowie Haplorhini (Affen/Tieraffen, Menschenaffen und Menschen), nach neuerer Forschung zählt man nun auch die Koboldmakis dazu.

Geselliges Leben Das große Gehirn der Primaten, wie z. B. der Paviane, hilft die komplizierten Sozialstrukturen in der hierarchischen Gruppe zu organisieren. Das Leben in der Gruppe führt zu größerer Nahrungskonkurrenz, verringert aber auch das Risiko feindlicher Angriffe.

Überleben der Primaten Etwa ein Drittel aller Primatenarten ist vom Aussterben bedroht – Opfer von Lebensraumverlust und Jagd. Vor allem große Arten, wie der Orang Utan, sind gefährdet, weil Jäger sie problemlos aufspüren.

HALBAFFEN

KLASSE	Mammalia
ORDNUNG	Primates
FAMILIEN	8
GATTUNGEN	22
ARTEN	63

Die Bezeichnung Halbaffen bezieht sich auf die vielen Ähnlichkeiten, die diese Arten mit den frühen Affen besitzen. In Amerika kommen sie nicht vor. Zu den Halbaffen zählen die Lemuren in Madagaskar, die Galagos und Pottos in Afrika und die Loris in Asien – alle Angehörige der Unterordnung Strepsirhini. Diese Arten besitzen eine feuchte, spitze Schnauze, eine reflektierende Schicht im Auge und eine lange Kralle für die Fellpflege; die Zähne des Unterkiefers bilden den so genannten Zahnkamm. Koboldmakis zählen heute zur Unterordnung Haplorhini, doch gelten sie aufgrund ihres Aussehens und ihrer einzelgängerischen nachtaktiven Lebensweise oft als Halbaffen.

Gut ausgestattet Dem Fingertier fehlt als einzigem Halbaffen der Zahnkamm und die Kralle zur Fellpflege. Es hat große, ständig wachsende Schneidezähne und einen dünnen Mittelfinger, um Maden zu erwischen.

SPEZIALISIERTE SINNE
Die meisten Halbaffen sind relativ kleine, nachtaktive Baumbewohner, die allein Nahrung suchen, aber manchmal auch Gruppen bilden. Die meisten fressen vorwiegend Insekten, dazu Früchte, Blätter, Blüten, Nektar und Kautschuk. Für die Fellpflege verfügen sie über zwei Besonderheiten: eine lange Kralle an der zweiten Zehe des Fußes und den Zahnkamm, eine verbundene Reihe vorstehender unterer Zähne. Mit dem Zahnkamm kratzen sie wohl auch Harz aus den Bäumen.

Lemuren, Loris und die meisten anderen Halbaffen erhalten mithilfe ihrer feuchten, hundeähnlichen Schnauze vielerlei Geruchsinformationen. Auch das Sehen besitzt Bedeutung, obwohl ihnen das totale Farbensehen fehlt. Darauf können die Tiere, die meistens im Dämmer-

Leben im Baum Halbaffen, wie hier der Schlanklori, sind perfekt an das Leben in den Bäumen angepasst. Seine großen, nach vorn gerichteten Augen ermöglichen räumliches Sehen und seine geschickten Hände und Füße ergreifen die Äste sicher.

licht der Nacht Nahrung suchen, verzichten. Stattdessen besitzen die meisten Halbaffen das Tapetum lucidum, d. h. eine Kristallschicht am Augenhintergrund, die Licht reflektiert und das typische Leuchten der Augen von nachtaktiven Säugetieren erzeugt.

Das Gehör spielt in der Kommunikation eine Rolle – Alarm- und Revierschreie –, doch wichtiger ist der Geruchssinn. Urin, Fäkalien oder Duftstoffe aus speziellen Drüsen dienen zum Markieren des Reviers und vermitteln Informationen zu Individuum und Geschlecht.

Am Boden Kattas sind tagaktiv und verbringen die meiste Zeit am Boden, beides kommt bei Halbaffen kaum vor. Weibchen dominieren in den Gruppen von 3 bis 20 Tieren, ein Matriarchat, wie man es auch bei einigen anderen Primaten findet. Die Weibchen bringen 1 oder 2 Junge zur Welt, für deren Aufzucht die ganze Gruppe sorgt.

HALBAFFEN SÄUGETIERE

AUF EINEN BLICK

Breitschnauzenhalbmaki Mehr als 95 Prozent seiner Nahrung besteht aus Bambustrieben, -blättern und -stängeln. Er gehört zu den seltensten Säugetieren der Welt, galt ein Jahrhundert lang als ausgestorben, bis man ihn im Jahr 1972 wieder entdeckte.

- Bis 45 cm
- Bis 56 cm
- Bis 2,5 kg
- Familiengruppen
- Vom Aussterben bedr.

SO-Madagaskar

Mongozmaki Der in der trockenen Zeit nachtaktive Maki ändert seine Lebensweise in der kälteren nassen Zeit und sucht am Tag Nahrung. Er lebt in Familiengruppen aus einem Männchen und einem Weibchen mit Nachwuchs.

- Bis 45 cm
- Bis 64 cm
- Bis 3 kg
- Familiengruppen
- Gefährdet

NW-Madagaskar (S der Narinda Bay), Komoren

Mohrenmaki Lange hielt man Männchen und Weibchen wegen des unterschiedlichen Aussehens für verschiedene Arten. Männchen sind schwarz, Weibchen kastanienbraun mit weißem Bauch und Ohrbüscheln. Die Tiere fressen Früchte, Blüten und Nektar.

- Bis 45 cm
- Bis 64 cm
- Bis 3 kg
- Familiengruppen
- Gefährdet

NW-Madagaskar (N der Narinda Bay)

LEMUREN AUF MADAGASKAR

Jahrmillionen lebten die Lemuren isoliert auf Madagaskar. Sie passten sich an viele ökologische Nischen im Wald an und entwickelten große Artenvielfalt. Heute variiert ihre Größe von der einer Maus bis zu der eines mittleren Haushundes. Der vor kurzem ausgestorbene *Archaeoindris fontoynontii* war größer als ein Gorilla-Männchen. Die meisten Lemuren sind baumlebend und nachtaktiv, einige bodenlebend und tagaktiv. Sie leben als Einzelgänger, in Paaren oder größeren Gruppen.

Lebensraumverlust *Wie alle madagassischen Lemuren nimmt auch der Bestand an Rotbauchmakis (Eulemur rubriventer) durch die Zerstörung des Regenwalds ab.*

102 SÄUGETIERE HALBAFFEN

HÄNDE UND FÜSSE

Die Form ihrer Hände und Füße verdeutlicht die verschiedenen Lebensweisen der Primaten. Der Indri und die Koboldmakis hängen senkrecht und springen von Baum zu Baum, während das Fingertier entlang der Äste klettert. Der Gorilla kann klettern, verbringt aber die meiste Zeit am Boden.

Greifender Indri
Mit den kräftigen Daumen und großen Zehen hält sich der Indri an Baumstämmen.

Klammerndes Fingertier
Das Fingertier schlägt beim Klettern seine langen Krallen in die Rinde.

Reibung der Koboldmakis
Die Reibung der scheibenförmigen Ballen an Fingern und Zehen gibt Koboldmakis Halt.

Breite Hände des Gorillas
Die breiten Hände und Füße des vorwiegend bodenlebenden Gorillas tragen sein großes Gewicht.

SCHUTZSTATUS

Von den 63 Arten Halbaffen findet man 76 % auf der Roten Liste der IUCN:

- 3 Vom Aussterben bedroht
- 8 Stark gefährdet
- 12 Gefährdet
- 17 Weniger gefährdet
- 8 Keine Angabe

Großer Wieselmaki
Lepilemur mustelinus

Kleiner Wieselmaki
Lepilemur ruficaudatus

Macht in aufrechter Position kurze Sprünge von einem Baum zum anderen

Fingertier oder Aye-Aye
Daubentonia madagascariensis

Lange kräftige Hinterbeine ermöglichen kraftvolle Sprünge

Langer Mittelfinger zum Bohren nach Maden

Das Fell des Vari kann schwarz-rot oder schwarz-weiß sein

Vari
Varecia variegata

Gesicht, Hände, Füße und Schwanz sind bei jeder Fellfarbe schwarz

HALBAFFEN **SÄUGETIERE** 103

Wollmaki
Avahi laniger

Dichtes, wolliges Fell

Große schwarze Ohren mit Büscheln

Indri
Indri indri

Nacktes schwarzes Gesicht

Larvensifaka
Propithecus verreauxi

Einziger Lemur mit einem kurzen Schwanz

Diademsifaka
Propithecus diadema

Lebt fast vollständig auf Bäumen

AUF EINEN BLICK

Wollmaki Der ansteigende Alarmruf dieser Art klingt wie »Ava Hy« und stand beim lateinischen Namen der Gattung *Avahi* Pate. Familiengruppen, Eltern und ihr Nachwuchs, verbringen den Tag schlafend zwischen Ranken.

- Bis 45 cm
- Bis 40 cm
- Bis 1,2 kg
- Paarweise
- Weniger gefährdet

O-Madagaskar

Indri Der größte überlebende Lemur sucht bei Tag in den Bäumen nach Früchten und Blüten. Er zeigt seine Anwesenheit mit lauten, klagenden Rufen an und markiert sein Revier mithilfe der Duftdrüsen in den Wangen.

- Bis 90 cm
- Bis 5 cm
- Bis 10 kg
- Familiengruppe
- Stark gefährdet

NO-Madagaskar

DUFTSPUREN

Lemuren kennzeichnen ihr Revier mit Sekreten aus Duftmarken an Kopf, Händen oder Hinterteil. Die Duftdrüsen beim Indri liegen in den Wangen, beim Wollmaki am Hals.

GREIFEN UND SPRINGEN

Indri, Sifakas und Wollmaki hängen und springen alle senkrecht. Sie halten sich aufrecht, wenn ihre langen kräftigen Beine sie beim Sprung von Baum zu Baum bis zu 10 m in die Luft katapultieren. Kommen sie einmal auf den Boden, hüpfen sie auf zwei Beinen und halten die Arme zum Balancieren über den Kopf.

Sifaka am Boden
Am Boden hüpft der Larvensifaka mit erhobenen Armen seitwärts. Kleine Membranen unter den Armen helfen, wenn er geschickt zwischen den Bäumen gleitet.

104 SÄUGETIERE HALBAFFEN

AUF EINEN BLICK

Senegalgalago Das nachtaktive Tier frisst vorwiegend Heuschrecken und andere Insekten. Sind diese in Dürrezeiten rar, ernährt es sich nur vom Gummiharz der Akazien und überlebt so auch in trockenen Lebensräumen.

- Bis 20 cm
- Bis 30 cm
- Bis 300 g
- Familiengruppe
- Häufig

Zentral- und südliches Afrika

Zwerggalago Tagsüber schläft es in einem kunstvollen kugelförmigen Nest aus Blättern. Als einer der kleinsten Primaten hat es einen raschen Stoffwechsel und braucht energiereiche Nahrung. Davon sind 70 % Insekten.

- Bis 15 cm
- Bis 21 cm
- Bis 120 g
- Familiengruppen
- Regional häufig

Zentralafrika

GEGENSÄTZE

Galagos gehören zur Familie Galagonidae. Beim geschickten Springen von Baum zu Baum (unten) geben die langen Hinterbeine den Antrieb und der lange buschige Schwanz die Balance. Im Gegensatz dazu klettern Loris und Pottos aus der Familie Loridae langsam die Äste entlang. Wie andere Primaten, die sich auf allen vieren bewegen, besitzen sie etwa gleich lange Gliedmaßen und einen kurzen Schwanz.

SCHUTZSTATUS

Bedrohte Galagos Nur eine Art der Galagos, der Rondogalago (*Galago rondoensis*), gilt als stark gefährdet, 6 andere als weniger gefährdet. Von den restlichen weiß man größtenteils zu wenig, um ihren Schutzstatus genau festzulegen. Einige Arten entdeckte man erst in den letzten Jahren und wahrscheinlich wird man noch mehr neue finden. In der Zwischenzeit geht ihr Lebensraum, der tropische Wald, rasch zurück, weil man ihn für die Holzwirtschaft und für Ackerland rodet.

Senegalgalago
Galago senegalensis

Große fledermausähnliche Ohren, die nachts beim Aufspüren von Insekten helfen

Euoticus inustus

Große Hände und Füße, deren Nägel Krallen bilden

Zwerggalago
Galagoides demidoff

Messerscharfe Krallen zum Festhalten an Fingern und Zehen

Westlicher Kielnagelgalago
Euoticus elegantulus

Buschwaldgalago
Galago alleni

Der buschige Schwanz, der länger als der Körper ist, stabilisiert beim Sprung

HALBAFFEN **SÄUGETIERE** 105

Die Augen sind unbeweglich, doch der Kopf lässt sich um fast 360 Grad drehen

Nackter Schwanz mit einem Haarbüschel an der Spitze

Schlanklori
Loris tardigradus

Klettert mit schlanken, gleich langen Gliedmaßen langsam auf allen vieren

Sunda-Koboldmaki
Tarsius bancanus

Bärenmaki
Arctocebus calabarensis

Potto
Perodicticus potto

Bewegt sich langsam, auf allen vieren durch die Äste

Celebeskoboldmaki
Tarsius spectrum

Sehr lange, hautige Finger und Zehen, zum Ergreifen von Ästen

Plumplori
Nycticebus coucang

AUF EINEN BLICK

Potto Durch sehr langsame Bewegungen oder stundenlanges regloses Verharren vermeidet er, entdeckt zu werden. In einigen Bereichen seiner Hände und Füße kann viel Blut aufgenommen werden, damit er ohne Muskelermüdung still halten kann. Steht ein Feind vor ihm, geht der Potto in die Defensive, beißt aber beim Angriff.

Bis 45 cm
Bis 10 cm
Bis 1,5 kg
Einzelgänger
Regional häufig

Zentralafrika

Verteidigungspose
Ein bedrohter Potto steckt den Kopf nach unten und bietet den Hals dar, der einen Schutz aus stacheligen Wirbeln mit Hornhaut hat.

KOBOLDMAKI

Koboldmakis gehören eigentlich mit Tier- und Menschenaffen zur Unterordnung Haplorhini. Ihnen fehlt die feuchte Schnauze der Strepsirhini, doch sie besitzen viele andere Ähnlichkeiten mit dieser Gruppe. Mit den langen Beinen, schlanken Fingern und Zehen, großen Ohren und riesigen Augen sehen sie aus wie ein Galago mit dünnem Schwanz. Die einzigen Fleisch- und Insektenfresser unter den Primaten fressen Insekten, Eidechsen, Schlangen, Vögel und Fledermäuse.

Sunda-Koboldmaki Wie bei anderen Koboldmakis fehlt auch hier die reflektierende Schicht für gutes Sehen im Dunkeln, doch die Augen sind riesig. Ein Auge ist größer als das Gehirn.

Bis 15 cm
Bis 27 cm
Bis 165 g
Einzelgänger
Keine Angaben

Sumatra, Borneo, Bangka, Belitung, Serasan

Celebeskoboldmaki Wenn er sich mit seinen sehr langen Beinen abdrückt, kann er bis zu 6 m zwischen den Bäumen zurücklegen. Am Boden hüpft er auf seinen Hinterbeinen.

Bis 15 cm
Bis 27 cm
Bis 165 g
Einzelgänger
Weniger gefährdet

Sulawesi, Sangihe, Peleng, Salayar

AFFEN (TIERAFFEN)

KLASSE	Mammalia
ORDNUNG	Primates
FAMILIEN	3
GATTUNGEN	33
ARTEN	214

Die Geografie bestimmt zwei getrennte Linien der Affen, die beide der Unterordnung Haplorhini angehören: die Neuweltaffen aus Amerika, die Platyrhini, und die Altweltaffen aus Afrika und Asien, die man mit Menschenaffen und Menschen als Catarhini zusammenfasst. Neu- und Altweltaffen lassen sich am besten an Nasenform und Zahnschema unterscheiden. Alle Neuweltaffen leben auf Bäumen und besitzen kräftige Greifschwänze. Auch die meisten Altweltaffen sind baumlebend, doch trägt keiner einen Greifschwanz und manche Arten leben teilweise am Boden. Einige Altweltaffen haben schwielige Polster am Rumpf, dies gibt es bei keinem Neuweltaffen.

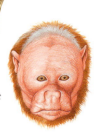

Alt und neu
Altweltaffen (oben) besitzen vorstehende Nasen mit nach vorn gerichteten Nasenlöchern. Die Nasen der Neuweltaffen (rechts) sind abgeflacht mit seitlich gerichteten Nasenlöchern.

Leben auf den Bäumen Südamerikas *Lagothrix cana* ist blendend für das Leben in den Bäumen ausgestattet. Mit seinen muskulösen Schultern und Hüften, den langen, kräftigen Gliedmaßen, den Greifhänden und dem Greifschwanz schwingt er problemlos von Ast zu Ast. Der Schwanz besitzt ein kahles Greifpolster am Ende.

Rangkämpfe Viele Paviane leben in großen Gruppen mit vielen Männchen und kämpfen um Vorherrschaft und Recht zur Paarung. Die Rangordnung in einer Gruppe, die durch Kämpfe und eine Art Bündnisse geklärt wird, ändert sich, wenn dominante Männchen älter werden, Männchen gehen oder neu hinzukommen.

GESELLIGE AFFEN

Affen sind meistens mittelgroß; die Skala reicht vom Zwergseidenäffchen mit einer Größe von 15 cm und einem Körpergewicht von 140 g bis zum Mandrill, der 76 cm groß und 25 kg schwer ist. Die meisten leben in Gruppen, sind tagaktiv und fressen vor allem Früchte und Blätter. Alle Altwelt- und viele der Neuweltaffen besitzen voll entwickeltes Farbensehen, sodass sie Früchte im Laub leicht entdecken.

Wie Menschenaffen unterscheiden sich auch Tieraffen von den Lemuren und anderen Halbaffen durch ihre trockene, leicht behaarte Schnauze, die größere Bedeutung des Sehens gegenüber dem Hören und ein größeres Gehirn im Verhältnis zur Körpergröße. Der Neokortex, die äußere Schutzschicht des Gehirns, ist gut ausgebildet. Den Neokortex bringt man mit dem kreativen Denken in Verbindung, das in den Turbulenzen des Gruppenlebens wichtig ist. Man weiß von Affen, dass sie bewusst andere Gruppenmitglieder täuschen, z. B. falschen Alarm auslösen, um sie von einer Nahrungsquelle zu vertreiben.

Die Sozialstrukturen der Affen weisen viele Varianten auf: kleine Familiengruppe bestehend aus einem monogamem Paar samt Nachwuchs, Harem mit mehreren Weibchen und einem dominanten erwachsenen Männchen und große Gruppen mit einigen erwachsenen Männchen und vielen Weibchen. In großen Gruppen finden oft heftige Rangkämpfe, aber auch ausgeprägtes Zusammenwirken statt. Beziehungen unter Affen sind eng und dauerhaft, regelmäßige gegenseitige Fellpflege stützt u. a. die Bindung.

AFFEN **SÄUGETIERE** 107

Goldgelbes Löwenäffchen
Leontopithecus rosalia

Auffallend rötlich goldenes Fell mit langer Mähne, die das schwarze Gesicht umrahmt

Goldkopflöwenaffe
Leontopithecus chrysomelas

Zwergseidenäffchen
Callithrix pygmaea

Krallen an Fingern und Zehen außer der großen Zehe, die einen flachen Nagel trägt

Weiße Haarbüschel an den Ohren tragen nur Erwachsene und Heranwachsende, bei Jungen fehlen sie

Lisztäffchen
Saguinus oedipus

Geoffroy-perückenaffe
Saguinus geoffroyi

Weißbüschelaffe
Callithrix jacchus

AUF EINEN BLICK

Goldgelbes Löwenäffchen In der Natur gibt es nur noch etwa 800 Tiere. Ihr bestechendes Aussehen machte sie zu beliebten Heim- und Zootieren. Dadurch fielen viele dem Tierhandel zum Opfer, bis er in den 1970er Jahren illegal wurde. Die Rodung des Waldes richtet auch schweren Schaden an.

- Bis 28 cm
- Bis 40 cm
- Bis 650 g
- Familiengruppe
- Stark gefährdet

Küstenwälder in Brasilien

Zwergseidenäffchen Dieser kleinste Affe der Welt bohrt Löcher in Bäume, um seine liebste Nahrung, Saft und Kautschuk, zu bekommen. Er läuft auf allen vieren über Äste und springt von Baum zu Baum. Gruppenangehörige verständigen sich durch hohe Triller.

- Bis 15 cm
- Bis 22 cm
- Bis 140 g
- Familiengruppe
- Regional häufig

Westliches Amazonasbecken

Lisztäffchen Nach einer gemeinsam in den Astgabeln ihres Schlafbaums verbrachten Nacht sucht eine Gruppe von 3 bis 9 Lisztäffchen in der Kronenschicht des Regenwaldes nach Insekten, Früchten und Gummiharz.

- Bis 25 cm
- Bis 40 cm
- Bis 500 g
- Familiengruppe
- Stark gefährdet

N-Kolumbien

GEMEINSAME KINDERPFLEGE

Krallenäffchen leben meist in kleinen Gruppen von mehreren nicht verwandten erwachsenen Männchen und Weibchen. Nur ein Weibchen paart sich, doch oft mit mehreren Männchen, und wirft dann Zwillinge. Einzigartig unter den Primaten sorgen alle Angehörigen der Gruppe für die Jungen, auch nicht verwandte Männchen.

Babysitter
Ein Männchen des Geoffroy-perückenaffen trägt auch Junge seiner Gruppe, die es nicht gezeugt hat.

108 SÄUGETIERE AFFEN

AUF EINEN BLICK

Nachtaffe Die einzigen nachtaktiven Affen der Welt suchen mit scharfem Geruchssinn und großen Augen Insekten, Früchte, Nektar und Blätter in der Dunkelheit. Sie leben in monogamen Paaren, das Männchen übernimmt den Großteil der Aufzucht der Jungen.

- Bis 47 cm
- Bis 41 cm
- Bis 1,2 kg
- Paarweise
- Häufig

SW-Venezuela, NW-Brasilien

Grauer Springaffe Springaffen leben in Familiengruppen. Paare sitzen oft mit ineinander geschlungenen Schwänzen beieinander. Sie sind tagaktiv und fressen große Mengen Früchte.

- Bis 36 cm
- Bis 46 cm
- Bis 1,4 kg
- Familiengruppen
- Regional häufig

Zentrales Amazonasbecken

Blasskopfsaki Die langen Hinterbeine dieses aktiven Baumbewohners schnellen zwischen den Bäumen bis zu 10 m in die Höhe. Nachts schlafen die Tiere auf Bäumen, eingerollt wie Katzen.

- Bis 48 cm
- Bis 45 cm
- Bis 2,4 kg
- Familiengruppen
- Bedingt häufig

Guyanas, Venezuela, N-Brasilien

Kahlkopf-Uakari Er lebt in Gruppen von bis zu 50 Tieren, zu denen mehrere adulte Männchen gehören. Adulte Weibchen und Junge beteiligen sich an der gegenseitigen Fellpflege. Für einen Baumbewohner ist der Schwanz kurz.

- Bis 50 cm
- Bis 21 cm
- Bis 4 kg
- Große Gruppen
- Selten

Oberes Amazonasbecken

SCHUTZSTATUS

Von den 214 Arten Affen stehen 56 % auf der Liste der IUCN, und zwar unter den Gefährdungsgraden:

- 14 Vom Aussterben bedroht
- 32 Stark gefährdet
- 32 Gefährdet
- 2 Schutz nötig
- 26 Weniger gefährdet
- 13 Keine Angabe

Nachtaffe *Aotus trivirgatus* — Große Augen für besseres Sehen in der Nacht

Grauer Springaffe *Callicebus moloch*

Blasskopfsaki *Pithecia pithecia*

Weißnasensaki *Chiropotes albinasus*

Kahlkopf-Uakari *Cacajao calvus*

Schwarzkopf-Uakari *Cacajao melanocephalus*

AFFEN SÄUGETIERE

Schwarzer Brüllaffe
Alouatta caraya

Männchen sind schwarz, Weibchen braun oder oliv und Junge golden

Greifschwanz für festen Halt an Ästen

Totenkopfaffe
Saimiri sciureus

Roter Brüllaffe
Alouatta seniculus

Mantelbrüllaffe
Alouatta palliata

Weißstirnkapuziner
Cebus albifrons

Cebus olivaceus

Apella
Cebus apella

Weißschulterkapuziner
Cebus capucinus

AUF EINEN BLICK

Totenkopfaffe Diese wendigen Affen leben in großen Gruppen von 50 oder mehr Tieren. Im Gegensatz zu den meisten anderen Affen paaren sie sich in einer bestimmten Zeit (September bis November) intensiv innerhalb der Gruppe. Die Jungen kommen zwischen Februar und April zur Welt, wenn es dank der Nässe reichlich Nahrung gibt.

Bis 32 cm
Bis 43 cm
Bis 1,4 kg
Gr. Gruppen, Herden
Häufig

Amazonasbecken, Guyanas

Roter Brüllaffe Er ist die größte Art der 9 Brüllaffen-Arten. Brüllaffen besitzen einen tief angesetzten Unterkieferknochen zum Zerkauen ihrer Hauptnahrung, Blätter, und einen riesigen Darm, um sie zu verdauen.

Bis 69 cm
Bis 79 cm
Bis 11 kg
Familiengruppen
Regional häufig

Venezuela bis oberes Amazonasbecken

Apella Gruppen von etwa 12 Tieren suchen tagsüber gemeinsam nach Nahrung. Anführer ist ein dominantes Männchen, das sich als Erster bedient. Sie verwenden manchmal Werkzeuge, z. B. einen Stein zum Nüsseknacken.

Bis 48 cm
Bis 48 cm
Bis 4,5 kg
Kleine Gruppen
Regional häufig

Nordöstliches Südamerika

BRÜLLEN

Brüllaffen geben einen der lautesten Schreie in der Tierwelt von sich. In der Morgendämmerung geben sie ihre Anwesenheit mit einem ohrenbetäubenden Konzert von Schreien bekannt, die bis zu 5 km weit durch den Wald klingen. So können die Gruppen einander aus dem Weg gehen und vermeiden Revierstreitigkeiten, die Zeit und Energie kosten würden, die besser für Fressen oder Ruhen verbraucht werden.

110 SÄUGETIERE AFFEN

AUF EINEN BLICK

Wollaffe Der schwere Affe verbringt die meiste Zeit auf Bäumen, kommt aber auch oft zum Waldboden, wo er aufrecht auf den Hinterbeinen geht. Große Gruppen (bis zu 70 Tiere) mit vielen Männchen ruhen nachts gemeinsam, teilen sich zur Nahrungssuche am Tag aber in kleinere Familiengruppen.

- Bis 58 cm
- Bis 80 cm
- Bis 10 kg
- Variabel
- Selten

Oberes Amazonasbecken

Spinnenaffe Man findet diese Art ausschließlich im ungestörten Regenwald, der zu 95 % vernichtet ist. In der freien Natur gibt es nur noch weniger als 500 Tiere. Für Primaten ungewöhnlich bleiben die Männchen ein Leben lang bei der Gruppe, in der sie zur Welt kamen, während die Weibchen sich, mit Beginn der Geschlechtsreife, eine andere Gruppe suchen müssen.

- Bis 63 cm
- Bis 80 cm
- Bis 15 kg
- Variabel
- Stark gefährdet

SO-Brasilien

Schwarzer Klammeraffe Gruppen von 20 Tieren verteidigen gemeinsam ihr Revier oder gehen gegen einen Feind vor. Gruppen von bis zu 6 Tieren suchen miteinander Nahrung.

- Bis 62 cm
- Bis 90 cm
- Bis 13 kg
- Variabel
- Regional häufig

Nördl. des Amazonas und östl. des Rio Negro

GESCHICKTE GREIFER

Klammeraffen, extrem wendige Kletterer, besitzen einen schlanken Körper, lange Gliedmaßen, Hände ohne Daumen, die wie Haken einzusetzen sind, und einen beweglichen Greifschwanz. Sie eilen auf allen vieren die Äste entlang, schwingen aber auch an Händen und Schwanz durch die Bäume. Eine Gruppe ist im Gänsemarsch unterwegs, der Erste testet die Festigkeit der Äste.

Sehr langer Greifschwanz, der genug Kraft besitzt, um das Gewicht des Affen zu halten

Die Hand ohne Daumen wirkt beim Schwingen als Haken

Wollaffe
Lagothrix lagotricha

Spinnenaffe
Brachyteles arachnoides

Das Fell kann rötlich, dunkel- bis hellbraun oder dunkel- bis hellgrau sein

Goldstirnklammeraffe
Ateles belzebuth

Das Gesicht zeigt Farben von Rosa bis Schwarz

Schwarzer Klammeraffe
Ateles paniscus

Geoffroy-Klammeraffe
Ateles geoffroyi

AFFEN **SÄUGETIERE** 111

AUF EINEN BLICK

Nasenaffe Die Art heißt nach der pendelartigen Nase des Männchens. Sie lebt in dauerhaften Harems mit einem erwachsenen Männchen und mehreren Weibchen. Sexualkontakte gehen vom Weibchen aus, das mit geschürzten Lippen Interesse zeigt. Sieht das Männchen es an, schüttelt das Weibchen den Kopf. Das Männchen imitiert dann den Schmollmund und das Weibchen präsentiert ihm sein Hinterteil. Bei der Paarung behalten beide Partner den schmollenden Ausdruck bei und das Weibchen schüttelt rasch den Kopf.

- Bis 76 cm
- Bis 76 cm
- Bis 23 kg
- Harem
- Stark gefährdet

Tiefland auf Borneo

RIVALENBESEITIGUNG

Rivalenbeseitigung oder besser gesagt Kindermord ist bei den Hanumanlanguren zwar am besten erforscht, kommt aber auch bei anderen Primaten vor. Wenn ein neues Männchen die Herrschaft in einer Gruppe übernimmt, tötet es alle noch nicht entwöhnten Jungen – wohl, weil das Säugen bei den Weibchen die Empfängnis verhindert. Die Muttertiere versuchen ihre Jungen zu verteidigen, meist ohne Erfolg. Sind die Jungen tot, versiegt bei den Weibchen der Milchfluss und das neue dominante Männchen kann eigene Junge zeugen.

Wettbewerb und Zusammenarbeit
Die heftige Rivalität unter Hanumanlanguren steht in starkem Widerspruch zur intensiven Pflege und zum engen Zusammenhalt in bestehenden Gruppen.

Rivalen Werden junge Hanumanlanguren-Männchen aus der Truppe, in die sie geboren sind, vertrieben, bilden sie Junggesellengruppen. Sie brechen in andere Gruppen ein und übernehmen die Position des dominanten Männchens.

112 SÄUGETIERE AFFEN

STUMMELAFFEN

Wie die asiatischen Languren besitzen die Stummelaffen Afrikas einen speziellen Magen, dank dessen sie die reichlichste Nahrungsquelle des Waldes, die Blätter, nützen können. Der Magen ist in eine sehr große, mehrkammerige obere Region und eine untere saure Region geteilt. Er fasst bis zu einem Drittel des Gewichts des Tiers in Blättern und enthält Bakterien, die Pflanzen aufschließen und Gifte neutralisieren. Stummelaffen sausen geschickt die Äste entlang und landen mit großen Sprüngen auf benachbarten Bäumen – dabei haken sie sich mit den daumenlosen Händen ein. Die meisten Stummelaffen leben in Gruppen von etwa 10 Tieren, mit einem festen Stamm an verwandten Weibchen. Weibchen passen oft auch auf Babys anderer Weibchen auf und säugen sie sogar.

Start Stummelaffen vollführen oft spektakuläre Sprünge von einem Baum zum anderen, um eine neue Nahrungsquelle zu erreichen oder vor Feinden zu fliehen.

Gemischte Gesellschaft
Stummelaffen schließen sich oft zeitweilig oder dauerhaft mit anderen Affenarten zusammen. Rote Stummelaffen und Grüne Meerkatzen trinken oft gemeinsam an einem Wasserloch und passen abwechselnd auf, damit sie nicht von Fressfeinden überrascht werden.

⚡ SCHUTZSTATUS

Gefahr im Verzug Alle 8 Unterarten des Roten Stummelaffen gelten als stark gefährdet oder vom Aussterben bedroht. Eine andere Unterart, *Procolobus badius waldroni*, erklärte man im Jahr 2000 für ausgestorben. Damit wurde zum ersten Mal seit 1900 das Aussterben eines Primaten dokumentiert. Rote Stummelaffen, die man des Fleisches wegen jagt, sind durch ihre leuchtende Farbe ein leichtes Ziel. Auch gehen weite Teile ihres Lebensraums durch Rodung rasch verloren.

Schopfstummelaffe *Procolobus verus*
Bildet oft dauerhafte Verbindungen mit Dianameerkatzen, die als Wachposten fungieren

Mantelaffe *Colobus guereza*
U-förmiger weißer Mantel an den Flanken und am Rücken

Die hakenförmige, daumenlose Hand ermöglicht rasche Bewegungen in den Bäumen

Roter Stummelaffe *Procolobus badius*

Typischer feierlicher Gesichtsausdruck

Schwarzer Stummelaffe *Colobus satanas*
Weiße Quaste der Schwanzs

Bärenstummelaffe *Colobus polykomos*

AFFEN SÄUGETIERE

Rhesusaffe
Macaca mulatta

In den Backentaschen lagert Nahrung

Berberaffe
Macaca sylvanus

Schweinsaffe
Macaca nemestrina

Graue Mähne

Bartaffe
Macaca silenus

Das Fell wird im Winter dichter

Bärenmakak
Macaca arctoides

Der kurze Schwanz ist fast nackt

Rotgesichtsmakak
Macaca fuscata

AUF EINEN BLICK

Rhesusaffe Bis zu 200 der geselligen Affen leben in einer Gruppe. Sie kommen in vielerlei Lebensräumen zurecht und ändern ihre Nahrung je nach Jahreszeit und Ort. Einige leben in Städten und plündern Gärten und Mülleimer. Die Art setzte man häufig in der medizinischen Forschung ein.

- Bis 65 cm
- Bis 30 cm
- Bis 10 kg
- Große Gruppen
- Weniger gefährdet

Afghanistan und Indien bis China

Berberaffen In einem Revier leben Gruppen von bis zu 40 Tieren mit mehreren Männchen. Weibchen paaren sich mit allen diesen Männchen. Jedes Männchen hilft bei der Aufzucht eines Jungen, oft nicht seines eigenen.

- Bis 70 cm
- Ohne
- Bis 10 kg
- Variabel
- Gefährdet

N-Marokko, N-Algerien; in Gibraltar eingeführt

SCHNEEAFFEN

Rotgesichtsmakaken leben weiter nördlich als alle anderen Primaten (außer dem Menschen). Während der schneereichen Winter ernähren sie sich von Knospen und Rinde sowie von ihrem Körperfett. Ein dominantes Männchen leitet eine Gruppe von 20 bis 30 Tieren. Sie leben meistens in Harmonie, betreiben gegenseitige Fellpflege und teilen sich die Pflege der Jungen.

- Bis 60 cm
- Bis 15 cm
- Bis 10 kg
- Variabel
- Keine Angaben

Japan

Schneebälle *Ganze Gruppen von Rotgesichtsmakaken formen Schneebälle. Sie formen mit den Händen einen kleinen Ball und rollen ihn über den Boden, damit er an Größe zunimmt.*

114 SÄUGETIERE AFFEN

AUF EINEN BLICK

Mantelpavian Nachts ruhen Gruppen von bis zu 500 Tieren auf Felsnasen. In der Morgendämmerung gehen 20 bis 70 Paviane gemeinsam auf Nahrungssuche: Gräser, Früchte, Blätter, Blüten und kleine Wirbeltiere. Bei diesen kleineren Gruppen handelt es sich um Harems – ein dominantes Männchen, mehrere Weibchen und ihr Nachwuchs.

- Bis 90 cm
- Bis 70 cm
- Bis 20 kg
- Fam.-Gruppe, Gruppe
- Weniger gefährdet

Äthiopien, Somalia, Sudan, Arab. Halbinsel

Bärenpavian Er passt sich an vielerlei Lebensräume an, auch an die trockensten Gebiete, in denen ein Primat – außer dem Menschen – lebt. In der Namib beobachtete man Bärenpaviane, die 116 Tage ohne Wasser überlebten und alle Flüssigkeit mit Feigen aufnahmen. Zur typischen Nahrung gehören Früchte, Blätter, Wurzeln und Insekten.

- Bis 90 cm
- Bis 75 cm
- Bis 40 kg
- Herde, große Gruppe
- Bedingt häufig

Südliches Afrika

Das Männchen ist graubraun mit zottigen silbrigen Haaren auf dem Kopf

Mantelpavian
Papio hamadryas

Das Weibchen ist olivbraun

Das Männchen trägt eine Mähne

Dschelada
Theropithecus gelada

Leuchtend rote Schwielen am Hinterteil

Herzförmiger nackter Fleck auf der Brust

Bärenpavian
Papio ursinus

Die hoch entwickelten gegenständig stehenden Daumen ermöglichen das geschickte Greifen von Gräsern, Wurzeln und Samen

Wachsam Das dominante Männchen der Gruppe achtet auf Bedrohungen von Junggesellengruppen.

GRASFRESSER

Die Gras fressenden Dscheladas sind die einzige Art einer einst in ganz Afrika weit verbreiteten Gattung. Heute leben sie nur noch im Hochland des nordwestlichen Äthiopien. Hier schlafen sie auf Felsen, außerhalb der Reichweite von Feinden. Am Tag suchen sie im nahe gelegenen Grasland Nahrung. Sie fressen fast nur Gras, deshalb gefährdet es sie, dass sich die menschliche Bevölkerung immer stärker ausbreitet und mehr Weideland für ihr Vieh braucht.

Perlenförmige Warzen beim Weibchen zeigen die Paarungsbereitschaft an

Knallrote Signale Männliche und weibliche Dscheladas besitzen eine nackte Brust, die abhängig von der Paarungsbereitschaft des Weibchens Farbe und Aussehen verändert. Sie können daher in einer wärmenden hockenden Stellung bleiben, während bei anderen Pavianarten die Veränderung am Hinterteil auftritt.

Soziale Wesen Die kleinste soziale Einheit bei den Dscheladas umfasst ein Männchen, mehrere Weibchen und ihren Nachwuchs. Einige Familien bilden zur Nahrungssuche eine Gruppe von etwa 70 Tieren. Manchmal schließen sich mehrere Gruppen zu Herden von 600 und mehr Tieren zusammen.

AFFEN SÄUGETIERE

AUF EINEN BLICK

Mandrill Der größte aller Affen lebt in Afrika und ist durch sein rotes und blaues Gesicht unverkennbar. Am Tag klettert er von seinem Schlafbaum, um Früchte, Samen, Insekten und kleine Wirbeltiere zu suchen. Große Gruppen von bis zu 250 Mandrills bestehen aus Gruppen von etwa 20 Tieren mit mehreren Männchen, die von einem dominanten Männchen angeführt werden, das die meisten Jungen zeugt.

- Bis 76 cm
- Bis 7 cm
- Bis 25 kg
- Fam.-Gruppe, Gruppe
- Gefährdet

Westliches Äquatorialafrika

Angabe
Um einen Rivalen oder einen Feind zu bedrohen, breitet ein Mandrill-Männchen die Arme weit aus, gähnt und zeigt dabei erschreckende Zähne.

Tolle Farben Mandrill-Männchen besitzen außer ihren auffälligen Gesichtern einen gelben Bart, ein malvenfarbenes Hinterteil, einen roten Penis und einen lilafarbenen Hodensack. Die Farben sind bei dominanten Männchen am intensivsten – sie scheinen vom Testosteronspiegel abzuhängen und Männlichkeit zu signalisieren.

SCHUTZSTATUS

Bedrohte Drills und Mandrills Beide Arten bedroht die Zerstörung ihres Lebensraums durch Holzeinschlag, Ackerbau und menschliche Siedlungen. Man jagt Drills und Mandrills des Fleischs wegen. Große Gruppen und laute Rufe machen sie leicht auffindbar. Drills gelten heute als stark gefährdet, ihre Anzahl ging in den letzten Jahren um 80 % zurück. Die Zahl der Mandrills, die man heute als gefährdet betrachtet, soll in nächster Zeit ähnlich sinken.

Mantelmangabe
Lophocebus albigena

Der lange, schlanke Greifschwanz hilft beim Leben in den Bäumen

Das Männchen ist zweimal so groß wie das Weibchen

Leuchtend gefärbtes Hinterteil mit kurzem Schwanz

Drill
Mandrillus leucophaeus

Leuchtend rot und blaues Gesicht beim Männchen, Gesicht in gedämpfterem Blau bei Weibchen und Heranwachsenden

Haubenmangabe
Cercocebus galeritus

Die Farbpalette des nackten Hinterteils reicht von Blau bis Purpurrot

Mandrill
Mandrillus sphinx

SÄUGETIERE AFFEN

AUF EINEN BLICK

Diademmeerkatze Ein adultes Männchen dominiert 10 bis 40 Weibchen mit Nachwuchs. Die Weibchen helfen einander bei der Aufzucht der Jungen.

- Bis 67 cm
- Bis 85 cm
- Bis 12 kg
- Fam.-Gruppe, variabel
- Regional häufig

Zentral-, O- und südliches Afrika

Grüne Meerkatze Sie lebt bevorzugt im Wald an Flussufern, passt sich aber auch an andere Lebensräume an und lebt sogar in menschlichen Siedlungen.

- Bis 62 cm
- Bis 72 cm
- Bis 9 kg
- Herden, Gruppen
- Gefährdet

Afrika südlich der Sahara

Dianameerkatze Diese Art verbringt ihr Leben hoch oben in den Bäumen. Sie lebt in Gruppen von 15 oder mehr Tieren, mit einem Männchen. Die Jungen lernen Klettern in ständigem Spiel.

- Bis 60 cm
- Bis 80 cm
- Bis 7,5 kg
- Familiengruppen
- Stark gefährdet

Küsten W-Afrikas

Monameerkatze Wie viele andere Altweltaffen speichert diese kleine Art Früchte und Insekten während der Nahrungssuche in den Backentaschen.

- Bis 70 cm
- Bis 70 cm
- Bis 7 kg
- Herden, Gruppen
- Regional häufig

W- und Zentralafrika

ARTENGEMISCH

In großen Affengruppen findet man oft mehr als eine Art. In Ostafrika gehen z. B. Diadem- und Rotschwanzmeerkatzen dauerhafte Verbindungen ein; sie sind gemeinsam unterwegs und suchen Nahrung. So verringert sich die Gefahr eines Angriffs von Feinden und die Konkurrenz ist nicht so stark wie in einer Gruppe mit nur einer Art.

Diademmeerkatze
Cercopithecus mitis

Das Fell kann blau, rötlich braun oder graubraun sein

Grüne Meerkatze
Chlorocebus aethiops

Das Männchen besitzt einen türkisblauen Hodensack

Dianameerkatze
Cercopithecus diana

Der weiße Streifen auf der Stirn inspirierte zu dem Namen, weil man ihn dem Bogen der Göttin Diana ähnlich fand

Lange weiße Büschel an den Ohren

Monameerkatze
Cercopithecus mona

Erstarrt bei Gefahr

AFFEN SÄUGETIERE

Rotschwanzmeerkatze
Cercopithecus ascanius

Greifhände zum Erfassen von Ästen und Sammeln von Früchten

Das kastanienbraune Fell an der Schwanzunterseite gab den Namen

Sumpfmeerkatze
Allenopithecus nigroviridis

Lebt in sumpfigen Wäldern und sucht am Boden oder in flachem Wasser nach Nahrung

Schwimmhäute zwischen Fingern und Zehen helfen beim Schwimmen

Husarenaffe
Erythrocebus patas

Schlanke, gleich lange Beine ermöglichen dem Affen mit einer Geschwindigkeit von bis zu 55 km/h zu rennen

Rotohrmeerkatze
Cercopithecus erythrotis

SIGNALE DER MEERKATZEN

Alle Meerkatzen der Gattung *Cercopithecus* verwenden eine Reihe von Signalen, um mit Artgenossen zu kommunizieren. Neben Lautsignalen wie Bellen, Grunzen, Schreien, Brüllen und Piepsen gibt es auch taktile und visuelle Signale. Das Aneinanderreiben der Nasen gilt bei vielen Arten als freundlicher Gruß. Die Schwanzstellung gibt über das Selbstvertrauen des Tiers Auskunft. Starren, Kopfnicken und Gähnen dienen oft als Drohgebärden gegenüber einem potenziellen Gegner, während das Zeigen zusammengebissener Zähne auf Furcht schließen lässt und als Geste der Beschwichtigung gemeint ist.

Gruß *Auf ein begrüßendes Reiben der Nasen folgt bei zwei Rotschwanzmeerkatzen häufig gegenseitige Fellpflege oder Spiel.*

Selbstvertrauen *Bei Grünen Meerkatzen zeigt die Schwanzstellung an, ob ein Tier Angst hat. Steht der Affe auf allen vieren und biegt den Schwanz über den Körper, zeigt das Selbstvertrauen.*

Warnschrei *Um die Gruppe vor einem Feind zu warnen, stoßen Grüne Meerkatzen spezielle Alarmrufe aus: Bei einem fauchenden Geräusch für Schlangen stehen die Tiere auf und prüfen das Gras, bei einem doppelten Husten für Adler gehen die Blicke zum Himmel und sie suchen Unterschlupf, bei einem Bellen für Leoparden klettern die Affen auf die Bäume.*

SCHUTZSTATUS

Gefährdung des Husarenaffen Diese bodenbewohnende Art lebt in den Savannen Zentralafrikas. Die starken Schwankungen in der Niederschlagsmenge bedeuten in der trockenen Region eine Gefährdung. Zudem jagt man diese Affen wegen ihres Fleisches und als Ernteschädlinge. Ihr Lebensraum wird zunehmend durch menschliche Aktivitäten zerstört.

MENSCHENAFFEN

KLASSE	Mammalia
ORDNUNG	Primates
FAMILIEN	2
GATTUNGEN	5
ARTEN	18

Wie Menschen sind Menschenaffen intelligent, bilden komplexe soziale Strukturen und verbringen Jahre mit der Pflege ihrer Jungen. Es gibt zwei Familien: Gibbons, Hylobatidae, und Menschenartige – Orang Utans, Schimpansen, Gorillas –, Hominidae, zu denen auch die Menschen gehören. Menschen- und Altweltaffen ähneln einander in Nasenform und Zahnschema und werden als Catarhina zusammengefasst, doch sie unterscheiden sich auch. Menschenaffen können aufrecht sitzen oder stehen. Ihnen fehlt ein Schwanz, die untersten Wirbel sind zum Steißbein verwachsen. Die Wirbelsäule ist kürzer, die Brust fassförmig, Schultern und Handgelenke sind sehr beweglich.

Eltern Die Jungen aller Menschenaffen brauchen ihre Eltern lange. Gorilla-Weibchen werfen meist ein Junges, das erst nach 3 Jahren entwöhnt ist. Da mehr als ein Drittel aller Gorilla-Jungen früher stirbt, haben die meisten Weibchen erst nach 6 bis 8 Jahren überlebenden Nachwuchs.

LIEDER DER GIBBONS
Gibbon-Paare beginnen den Tag mitunter mit Duetten, bei denen das Weibchen anstimmt und das Männchen folgt. Diese Lieder verstärken die Paarbindung, kennzeichnen aber auch das Revier und sorgen für den nötigen Abstand zu anderen Paaren bei der Nahrungssuche am Tag. Viele Gibbon-Arten tragen Kehlsäcke, die als Verstärker dienen. Bei den Siamangs, den größten Gibbons, besitzen Männchen und Weibchen riesige Kehlsäcke. Die Säcke produzieren beim Aufblasen ein brüllendes Geräusch, dem ein ohrenbetäubendes Bellen oder Kreischen folgt.

KLUGE MENSCHENAFFEN
Die Sozialstrukturen unterscheiden sich bei den Menschenaffen. Die monogamen Gibbons leben paarweise mit Nachwuchs in Gruppen von bis zu 6 Tieren. Bei den Orang Utans überschneiden sich Reviere, die Tiere treffen sich gelegentlich. Das Männchen geht meist allein auf Nahrungssuche, das Weibchen lebt mit seinem einzigen Jungen. Zu Schimpansen-Gruppen gehören 40 bis 80 Tiere, doch suchen sie meist in kleineren Gruppen Nahrung. Gorillas leben in Harems, mit 1 dominanten und 1 oder 2 weiteren adulten Männchen, mehreren Weibchen und ihrem Nachwuchs.

Gibbons und Menschenaffenartige entwickelten sich vor etwa 20 Mio. Jahren zu verschiedenen Familien. Schimpansen gelten als engste Verwandte des Menschen, mit einem gemeinsamen Ahnen vor etwa 6 Mio. Jahren. Menschenaffenartige scheinen bei der Problemlösung dem Menschen zu ähneln. Man weiß, dass Orang Utans in der Natur Werkzeuge verwenden, in Forschungszentren brachte man allen Menschenaffenartigen deren Verwendung bei. Diese Tiere erkennen sich im Spiegel, das heißt sie besitzen eine Vorstellung von sich. Einige hat man das Erkennen und die Verwendung von Symbolen wie der Zeichensprache gelehrt.

Menschenaffen in Bewegung Während alle Menschenaffen längere Arme als Beine haben, sind nur bei Orang Utans und Gibbons die Arme überlang im Verhältnis zum Rumpf. Beim Orang Utan beträgt die Körper-Kopf-Länge etwa 1,5 m, während die Arme ausgebreitet 2,2 m erreichen. Gibbons bewegen sich mithilfe der Arme fort, sie schwingen an ihnen von Ast zu Ast. Bei der Bewegung der Orang Utans dominieren die Arme nicht so stark, sie klettern langsam mithilfe aller vier Gliedmaßen durch die Bäume. Schimpansen verbringen bis zu drei Viertel ihrer Zeit am Boden, aber hangeln sich an den Armen durch Bäume. Gorillas bewegen sich vorwiegend am Boden, sie klettern kaum.

⚡ SCHUTZSTATUS
Starker Holzeinschlag und Rodung des Tropenwaldes bedroht die meisten Menschenaffen, ferner die Jagd wegen ihres Fleischs. Von 18 Menschenaffenarten stehen 100 % auf der Roten Liste der IUCN:

- 3 Vom Aussterben bedroht
- 7 Stark gefährdet
- 3 Gefährdet
- 4 Weniger gefährdet
- 1 Keine Angaben

Herumhängen Obwohl der Orang Utan an Ästen hängt, setzt er beim Klettern in den Bäumen alle vier Gliedmaßen ein.

Geringer Energieverbrauch Dank der langen Arme kann der Orang Utan Früchte mit wenig Anstrengung erreichen.

Vielseitiger Griff Die kräftigen Hände und Füße des Orang Utans sind hakenähnlich, Daumen und große Zehe kurz, die anderen Finger und Zehen lang.

MENSCHENAFFEN **SÄUGETIERE** 119

Mentawai-Gibbon
Hylobates klossii

Weißer Ring um das Gesicht, weiße Hände und Füße mit rötlichem oder schwarzem Fell

Hulock
Hylobates hoolock

Lar
Hylobates lar

Der Kehlsack ist größer als der Kopf

Männchen sind schwarz; adulte Weibchen golden oder gelbbraun, manchmal mit schwarzen Flecken

Schopfgibbon
Hylobates concolor

Siamang
Hylobates syndactylus

Verlängerter Arm mit hakenförmiger Hand

AUF EINEN BLICK

Mentawai-Gibbon Dieser Gibbon hangelt sich an den Armen durch den Wald und kann über 10 m weit von Baum zu Baum schwingen. Er frisst vorwiegend Früchte, vor allem sehr süße Feigen, nimmt aber auch Blüten und Insekten.

- Bis 65 cm
- Ohne
- Bis 8 kg
- Paarweise
- Gefährdet

Mentawai-Insel (Indonesien)

Hulock Diese große Art kommt weiter nördlich und östlich vor als alle anderen Gibbons. Sie vermeidet die Konkurrenz mit anderen Primaten, indem sie vor allem reife Früchte bevorzugt. Die Anzahl ist jedoch aufgrund von Jagd und Lebensraumzerstörung rückläufig.

- Bis 65 cm
- Ohne
- Bis 8 kg
- Paarweise
- Stark gefährdet

NO-Indien, Bangladesch, SW-China, Myanmar

Lar Dieser Gibbon schwingt sich zum Rand der Kronenschicht und sucht reife Früchte, junge Blätter und Knospen, die seine ganze Nahrung ausmachen und dort besonders häufig sind.

- Bis 65 cm
- Ohne
- Bis 8 kg
- Paarweise
- Weniger gefährdet

S-China, Myanmar, Thail., Malaysia, Sumatra

Schopfgibbon Er kommt mit goldenem oder gelbbraunem Fell zur Welt, das mit etwa 6 Monaten schwarz wird. Männchen bleiben schwarz, Weibchen werden bei der Geschlechtsreife wieder golden oder gelbbraun.

- Bis 65 cm
- Ohne
- Bis 8 kg
- Paarweise
- Stark gefährdet

S-China, N-Vietnam

Siamang Dieser größte Gibbon verbringt 5 Stunden am Tag mit Fressen – dabei hängt er oft an einem Arm. Er verzehrt zwar auch viele Früchte, einige Insekten und kleine Wirbeltiere, doch die Hälfte seiner Nahrung sind Blätter.

- Bis 90 cm
- Ohne
- Bis 13 kg
- Paarweise
- Weniger bedroht

Malaysia, Sumatra

120 SÄUGETIERE MENSCHENAFFEN

AUF EINEN BLICK

Orang Utan Die einzigen Menschenaffenartigen Asiens sind die größten baumbewohnenden Tiere der Welt. Sie kommen kaum jemals auf den Waldboden, sondern bewegen sich durch den Wald, indem sie an einem Baum so lange hin- und herschwingen, bis sie den nächsten fassen. Sie bauen sich jede Nacht kunstvolle Nester in Baumwipfeln und decken sich mit Laub zu.

- Bis 1,5 m
- Ohne
- Bis 90 kg
- Einzelgänger, Paarw.
- Stark gefährdet

Borneo, Sumatra

Westlicher Gorilla Gorilla-Männchen, die größten aller Primaten, wachsen etwa bis zum Alter von 12 Jahren. Sie entwickeln am Rücken silbrig-weißes Fell, daher nennt man geschlechtsreife Männchen »Silberrücken«. Gorillas verbringen viel Zeit am Boden, sie legen große Strecken auf allen vieren zurück.

- Bis 1,8 m
- Ohne
- Bis 180 kg
- Variabel
- Stark gefährdet

Zentralafrika

ARBEIT MIT WERKZEUGEN

Erfindungsreichtum und Geschick von Schimpansen zeigen sich im Umgang mit Werkzeugen. Sie streifen Blätter von Zweigen und Grashalmen ab, um Stäbe zum Tasten in Ameisen- und Termitenhügeln daraus zu machen. Mit speziell ausgewählten Steinen öffnen sie Nüsse und hartschalige Früchte. Beim Imponieren oder Jagen verwenden einige Tiere Stöcke und Steine als Geschosse. Werkzeuggebrauch ist anerzogen und variiert von Population zu Population.

- Bis 93 cm
- Ohne
- Bis 50 kg
- Große Gruppe, Herde
- Stark gefährdet

Zentral- und W-Afrika

Schimpanse *Pan troglodytes*
Die Arme sind länger als die Beine, die Finger länger als beim Menschen

Orang Utan *Pongo pygmaeus*
Das Männchen besitzt große Backenwülste und einen Kehlsack mit Bart und Schnurrbart

Kraftvoller Griff
Die sehr beweglichen Arme und Beine können in die meisten Richtungen schwingen

Westlicher Gorilla *Gorilla gorilla*
Läuft auf den Fußsohlen und Fingerknöcheln

Bonobo *Pan paniscus*
Schmälerer Körper und schlankere Gliedmaßen als der Schimpanse

PRIMATEN-SCHUTZ

Nach Angaben von Conservation International laufen 195 Primatenarten und -unterarten – etwa ein Drittel aller Primatenarten – Gefahr, in den nächsten Jahrzehnten auszusterben. Etwa die Hälfte aller Stummelaffen und Gibbons sind bedroht, nur das Überleben des Menschen ist in der Familie Hominidae gesichert, alle Menschenaffenartigen gelten als stark gefährdet. Der Handel mit lebenden Tieren als Heimtiere oder für die medizinische Forschung trug zu den abnehmenden Bestandszahlen bei, ebenso die Jagd auf Primaten wegen ihres Fleisches. Die größte Bedrohung liegt aber in der Lebensraumzerstörung durch Rodung. Da Primaten sich sehr langsam fortpflanzen, erholen sich die Populationen nur allmählich. Fast alle leben als tropische Tiere in ärmeren Ländern; dort fallen Schutzmaßnahmen oft den Bedürfnissen der wachsenden Bevölkerung zum Opfer.

Aussterben *Procolobus badius waldroni* kam einst in Ghana und an der Elfenbeinküste vor. Er ist der einzige Primat, dessen Aussterben man im 20. Jahrhundert dokumentierte. Die Jagd für den Fleischhandel löste vermutlich seine Ausrottung aus, verschärft durch den Holzeinschlag, der früher unzugängliche Wälder erreichbar machte. Viele heute noch existierende Primatenarten sehen sich ähnlichen Bedrohungen gegenüber. Der Handel mit lebenden Tieren wurde für gefährdete Arten verboten, doch fangen Wilderer immer noch einige Primaten, um sie als Haustiere oder für die medizinische Forschung zu verkaufen. Viele finden wegen ihres Fleisches den Tod.

Lebensraumzerstörung Wird ein Stück Regenwald gerodet, können mehrere Primatenarten betroffen sein und der Schaden ist von Dauer. Die Erdschicht im Regenwald ist dünn und nährstoffarm, bringt aber üppige Vegetation hervor, weil das Ökosystem die Nährstoffe hervorragend recycelt. Fehlen die Bäume, wäscht der Regen den Boden fort und das Gebiet wird bald kahl.

Hilfe für Orang Utans Wenn man Primaten rettet, die illegal als Haustiere gehalten werden, besitzen sie nicht mehr die Fähigkeiten, um in der freien Natur zu überleben. Im Sepilok Orangutan Rehabilitation Centre auf der Insel Borneo trainiert man gerettete Orang Utans darauf, für sich selbst zu sorgen, bevor man sie wieder in den Wald entlässt. Mehr als 100 Orang Utans schlossen sich nach ihrem Training der wilden Population von Sepilok an.

1. Quarantäne Neuankömmlinge hält man 3 bis 6 Monate in Quarantäne, damit sie nicht die anderen Orang Utans in der Station mit Krankheiten infizieren.

2. Kinderstube Ranger trainieren junge Orang Utans (bis zu 3 Jahren) in grundlegenden Fähigkeiten zum Überleben, wie Klettern auf Bäume, Bauen von Schlafnestern und Finden von Früchten und anderer Nahrung im Wald.

3. Schule der Wildnis Die Angestellten der Station verringern allmählich die Futtermenge und ermutigen die Orang Utans für sich selbst zu sorgen.

4. Überlebenstraining Zeigt ein Orang Utan Zeichen von Selbstständigkeit, bekommt er noch weniger Futter angeboten. Zuletzt schließen sich die meisten geretteten Tiere der wilden Orang-Utan-Population Seciloks an.

Asiatische Primaten Etwa 45 % der stark gefährdeten Primaten leben in Asien, vorwiegend in Indonesien (35 stark gefährdete Primatenarten), China, Indien und Vietnam (je 15). Das Foto zeigt den Delacourlangur (*Trachypithecus delacouri*), eine der vietnamesischen Arten, die in Gefahr sind.

FLEISCHFRESSER

KLASSE	Mammalia
ORDNUNG	Carnivora
FAMILIEN	11
GATTUNGEN	131
ARTEN	278

Von gewichtigen Eisbären bis zu kleinen Wieseln, schnellen Geparden bis zu schwerfälligen Seeelefanten, im Rudel lebenden Wölfen bis zu einzelgängerischen Tigern herrscht in der Ordnung Carnivora eine beträchtliche Vielfalt. Man nennt die Tiere zwar meist Fleischfresser, doch fressen manche kaum – oder nie – Fleisch. Allen Tieren der Ordnung Carnivora ist ein räuberischer Ahn mit 4 Reißzähnen – scharfkantigen Molaren, die Fleisch zerteilen – gemeinsam. Die meisten Fleischfresser besitzen diese Reißzähne, die sie von anderen Fleisch fressenden Säugetieren unterscheiden. Bei Insekten- oder vorwiegenden Pflanzenfressern sind die Reißzähne zum Mahlen umgebildet.

Schleckermaul Früher zählte der Wickelbär zu den Primaten, doch er ist ein nachtaktiver baumbewohnender Fleischfresser. Am Greifschwanz hängt er beim Fressen von Früchten kopfunter. Mit der langen Zunge sammelt er Nektar oder Honig. Manchmal jagt und frisst er auch Insekten.

Jagd nach Fleisch Wie die meisten Tiere der Ordnung Carnivora ist der Jaguar ein Beutegreifer und frisst meist selbst gefangenes Fleisch. Der einsame Jäger vertraut beim lautlosen Anschleichen auf seine scharfen Sinne. Die großen Ohren nehmen Schallwellen auf, die großen Augen sehen bei Tag und Nacht ausgezeichnet.

Beinahe-Vegetarier Der Große Panda frisst zwar mitunter Kleinsäuger, Fische und Insekten, doch seine Nahrung besteht zu 99 % aus Bambus. Diesen findet er das ganze Jahr lang reichlich, doch muss er 10 bis 12 Stunden pro Tag fressen, damit eine ausreichende Menge dieser nährstoffarmen Pflanze die nötige Energie liefert.

ERSTKLASSIGE JÄGER

Als wichtigste Land-Beutegreifer auf allen Erdteilen mit Ausnahme der Antarktis sind Fleischfresser für die Jagd ausgestattet. Mit scharfem Sehen, gutem Gehör und Geruchssinn entdecken sie ihre Beute. Das Ohr, oft mit inneren Kammern versehen, empfängt die Frequenzen, die Beutetiere aussenden.

Intelligenz, Geschick und Tempo helfen den Fleischfressern beim Anschleichen, beim Jagen und Fangen der Beute. Selbst scheinbar schwerfällige Arten wie Bären legen sehr beachtliche Sprints hin. Der Gepard ist das schnellste Landtier der Welt. Alle Fleischfresser verfügen über zusammengewachsene Handwurzelknochen, die Stöße beim Rennen abfedern. Das verkürzte Schlüsselbein erhöht die Beweglichkeit der Schultermuskeln, es erlaubt ein weites Ausgreifen und höheres Tempo.

Fleischfresser töten ihre Beute meist mit den kräftigen Kiefern und den scharfen Zähnen. Wiesel zertrümmern der Beute den Schädel, indem sie in den Hinterkopf beißen. Katzen schlagen kleiner Beute in den Nacken, um die Wirbelsäule zu brechen. Hunde renken einem

FLEISCHFRESSER **SÄUGETIERE**

Anpassungsfähige Tiere Fleischfresser gibt es in fast allen Lebensräumen. Eisbären, Polarfüchse und Alaska-Tundra-Wölfe (oben) überleben in der eisigen Arktis; Otter und Seehunde verbringen viel Zeit im Wasser; Großkatzen jagen in Dschungel und Savanne; Schakale leben in Wüsten.

Beutetier den Hals aus, indem sie es heftig zwischen den Kiefern schütteln. Dank der gemeinsamen Jagd können Wölfe, Löwen und andere Rudeltiere deutlich größere Beute, wie Gnus und Büffel, angreifen.

Fast alle größeren Fleischfresser jagen Wirbeltiere. Kleinere Fleischfresser verzehren meist Wirbellose, die leichter zu fangen sind, aber für große Tiere nicht ausreichen. Einige Fleischfresser bevorzugen Termiten, Würmer, Fische und Krustentiere, einige sind vorwiegend vegetarisch. Kein Fleischfresser verzichtet auf ein leicht zu erhaltendes Mahl.

Vor etwa 50 Mio. Jahren teilte sich die Ordnung Carnivora in 2 Linien. Zu den Katzenähnlichen gehören Zibetkatzen (Familie Viverridae), Katzen (Felidae), Hyänen (Hyaenidae) und Mangusten (Herpestidae). Zu den Hundeähnlichen gehören Hunde (Canidae), Bären (Ursidae), Waschbären (Procyonidae), Marder (Mustelidae) und Robben und Seelöwen (Otariidae und Phocidae). Lange galten Robben als eigene Ordnung Pinnipedia, doch genetische Studien beweisen, dass sie gemeinsame Vorfahren mit den anderen Fleischfressern haben.

Gruppenleben Für viele kleine Fleischfresser verringert die Gruppe das Risiko einem Feind zum Opfer zu fallen. Bei Erdmännchen-Gruppen, die aus 2 bis 3 Familien bestehen, wachen die Tiere abwechselnd.

Fürs Jagen eingerichtet Das Katzenskelett zeigt Charakteristika, die Fleischfresser zu guten Jägern machen. Eine bewegliche Wirbelsäule, lange Gliedmaßen, zusammengewachsene Handwurzelknochen und ein kurzes Schlüsselbein tragen zu Tempo und Wendigkeit bei.

FREMDE FLEISCHFRESSER

Dass Fleischfresser ausgezeichnete Jäger sind, führte zu vielen gescheiterten Versuchen, sie zur Schädlingsbekämpfung in Gegenden anzusiedeln, in denen sie nicht heimisch sind. Die Folgen waren meistens verheerend. Wiesel (rechts), die man in den 1880er Jahren wegen des Kaninchenproblems in Neuseeland einführte, bedrohen die natürliche Fauna. Auf den Karibik-Inseln und auf Hawaii verbreitete der eingeführte Kleine Mungo (*Herpestes javanicus*) die Tollwut, statt wie beabsichtigt Nager und Schlangen im Zaum zu halten. Auf einigen entlegenen Inseln töteten verwilderte Katzen nicht wie geplant die Ratten, sondern nahmen flugunfähige Vögel als leichte Beute und zerstörten deren Bestand.

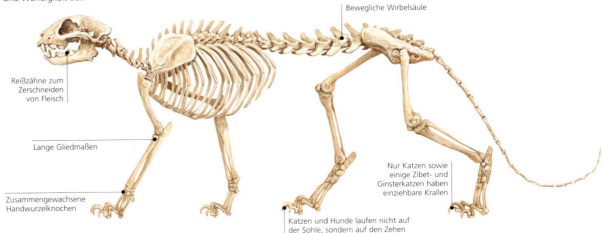

Reißzähne zum Zerschneiden von Fleisch

Lange Gliedmaßen

Zusammengewachsene Handwurzelknochen

Bewegliche Wirbelsäule

Nur Katzen sowie einige Zibet- und Ginsterkatzen haben einziehbare Krallen

Katzen und Hunde laufen nicht auf der Sohle, sondern auf den Zehen

HUNDE

KLASSE	Mammalia
ORDNUNG	Carnivora
FAMILIE	Canidae
GATTUNGEN	14
ARTEN	34

Hunde, Wölfe, Kojoten, Schakale und Füchse bilden die Familie Canidae, die mit den Menschen eine höchst vielschichtige Beziehung verbindet. Hunde wurden vor wenigstens 14 000 Jahren domestiziert, erlebten als erste Tiere eine Partnerschaft mit den Menschen und helfen bis heute häufig bei der Jagd, als Wach- oder Begleithunde. Gleichzeitig jagte der Mensch gnadenlos wilde Mitglieder der Familie Canidae wegen des Verlusts von Vieh, der Ausbreitung der Tollwut oder als Sport. Einige Arten, wie Rotfüchse oder Kojoten, passten sich an und leben mitten in Stadtgebieten, andere, wie der Rotwolf, sind vom Aussterben bedroht.

Weite Verbreitung Vor 34 bis 55 Mio. Jahren entwickelten sich die wilden Hunde in Nordamerika, doch heute leben sie auf allen Kontinenten außer der Antarktis. Sie fehlen auf einigen Inseln, darunter Madagaskar, Hawaii, Philippinen, Borneo und Neuseeland. In prähistorischer Zeit führte man sie in Neuguinea und Australien ein. Der Haushund kommt heute weltweit vor.

IM GRASLAND

Die meisten Hunde leben im offenen Grasland, wo sie ihre Beute entweder durch einen plötzlichen Angriff oder ausdauerndes Verfolgen fangen. Der schlanke, muskulöse Körper mit tiefer Brust und die langen kräftigen Beine geben große Ausdauer. Neben der Verschmelzung der Handwurzelknochen, die auch anderen Fleischfressern zu Eigen ist, verhindert bei Hunden eine Sperrung der Knochen im Vorderfuß ein Rotieren. In der spitzen Schnauze liegt der Geruchssinn, der es Hunden ermöglicht, Beute über weite Strecken zu verfolgen. Große stehende Ohren tragen zum guten Gehör bei.

Gemeinsame Jagd Wölfe leben meist in Familiengruppen von 5 bis 12 Tieren, die ein Alphapaar anführt. Das Rudel jagt gemeinsam größere Beute wie Hirsche. Häufig wird ein junges, altes oder schwaches Tier bis zur Erschöpfung verfolgt.

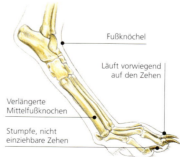

Auf Zehenspitzen Angehörige der Familie Hunde besitzen verlängerte Füße und sind Zehengänger: Sie laufen auf den Zehen, nicht auf der gesamten Sohle. Da Hunde die Krallen nicht einziehen können, laufen diese sich ab. Im Vorderfuß der Hunde federn die zusammengewachsenen Handwurzelknochen die Stöße beim Laufen ab.

Die anpassungsfähigen Hunde bevorzugen frisch getötetes Fleisch, nehmen aber, was immer greifbar ist, auch Fische, Aas, Beeren und menschlichen Abfall. Die Sozialstruktur ist flexibel, sie unterscheidet sich je nach Art und spiegelt oft die Ernährung wider. Kleinere Arten, wie Schakale und Füchse, fressen meist kleine Tiere und leben oft allein oder in Paaren. Größere Arten, wie Wölfe oder Afrikanische Wildhunde, leben und jagen in hierarchisch aufgebauten Rudeln und erlegen Beute, die größer ist als sie selbst. Hunde, die besonders große Tiere jagen, leben in den größten Gruppen, während Wölfe in Gebieten, wo kleinere Beute reichlich vorhanden ist, in Paaren leben.

Manche Tiere jagen allein, leben aber in einer Gruppe und nutzen die Vorteile des Gruppenlebens wie die gemeinschaftliche Sorge für die Jungen und die Verteidigung ihres Reviers gegenüber Rivalen.

FAMILIENLEBEN

Grundelement der Sozialstruktur bei Schakalen ist ein monogames Paar. Es kümmert sich gemeinsam um die Jungen, die 8 Wochen lang gesäugt und dann noch einige Wochen mit hochgewürgter Nahrung der Eltern gefüttert werden. Bei vielen Schakalfamilien bleiben 1 oder 2 Junge nach Erreichen der Geschlechtsreife noch ein Jahr bei den Eltern, um bei der Aufzucht des nächsten Wurfs zu helfen.

HUNDE **SÄUGETIERE** 125

Hängender buschiger Schwanz mit schwarzer Spitze

Schmale, spitze Schnauze

Kojote
Canis latrans

Vorderbeine, Füße und Schnauze sind rötlich braun

Rotwolf
Canis rufus

Kleiner als der Europäische Wolf mit längeren Ohren und kürzerem Fell

Alaska-Tundrawolf
Canis lupus tundrarum

Größe und Fellfarbe des Europäischen Wolfs variieren je nach Ort

Europäischer Wolf
Canis lupus lupus

KOJOTEN-KOMMUNIKATION

Viele Kojoten sind Einzelgänger, doch andere leben und jagen in Paaren oder Rudeln. Auch Kojoten kommunizieren mit Duftmarken, Gesichtsausdruck, Körper- und Schwanzstellung sowie vielerlei Quieken, Jaulen und Heulen.

Freundlich

Unterwürfig

Verspielt

Angriffslustig

Verteidigungsbereit

SCHUTZSTATUS

Weniger Wölfe Während die anpassungsfähigen Kojoten sich zahlreicher und weiter verbreiten, erging es den Wölfen schlecht. Einst fand man sie auf der ganzen Nordhalbkugel, heute gibt es sie nur noch in einigen begrenzten Gebieten in Nordamerika und Eurasien. Rotwölfe sind vom Aussterben bedroht, es gibt nur noch 200 Tiere in der Natur. Bei allen Wölfen versucht man, sie wieder auszuwildern.

AUF EINEN BLICK

Streifenschakal Das nachtaktive Tier verfolgt seine Beute meist nicht, sondern springt rasch auf Insekten, Mäuse und Vögel oder bedient sich bei der Beute anderer Beutegreifer. Jede Familie hat einen individuellen Kontaktlaut, den nur Familienmitglieder erkennen.

- Bis 80 cm
- Bis 40 cm
- Bis 12 kg
- Paarweise
- Selten

Zentral- und südliches Afrika

Goldschakal Der am weitesten verbreitete Schakal lebt seit alter Zeit am Rand menschlicher Siedlungen. In jenen Tagen spielte er in der ägyptischen Mythologie eine wichtige Rolle.

- Bis 100 cm
- Bis 30 cm
- Bis 15 kg
- Paarweise
- Häufig

N-Afrika, SO-Europa bis Thailand, Sri Lanka

Schabrackenschakal In der Nähe von Orten ist er nachtaktiv, sonst ist er tag- oder nachtaktiv. Die Hälfte seiner Nahrung besteht aus Insekten, dazu frisst er Kleinsäuger und Früchte. Männchen und Weibchen bilden dauerhafte Paare und teilen sich die Pflege der Jungen.

- Bis 90 cm
- Bis 40 cm
- Bis 12 kg
- Paarweise
- Regional häufig

O- und südliches Afrika

Abessinischer Fuchs Die Art kommt nur in einem Dutzend eng begrenzter Gebiete in Äthiopien vor. Mit nur 500 adulten Tieren in der Natur gehört die Art zu den bedrohtesten überhaupt.

- Bis 100 cm
- Bis 30 cm
- Bis 19 kg
- Einzelg., kl. Gruppe
- Vom Aussterben bedr.

Hochland von Äthiopien

Dingo Vermutlich brachten ihn asiatische Kaufleute vor 3500 Jahren nach Australien. Der Dingo entwickelte sich in vielen Gebieten zum dominanten Beutegreifer und jagt in Rudeln große Beuteltiere wie Kängurus und Wallabys.

- Bis 100 cm
- Bis 36 cm
- Bis 24 kg
- Einzelg., kl. Gruppe
- Regional häufig

Australischer Kontinent

Streifenschakal *Canis adustus* — Kürzere Beine und Ohren als andere Schakale mit weißen und schwarzen Streifen an den Flanken im grauen Fell

Goldschakal *Canis aureus* — Die Farbe variiert von Braun mit goldenen Spitzen in der Regenzeit bis zu mattem Gold in der Trockenzeit

Schabrackenschakal *Canis mesomelas* — Das schwarze Fell verläuft vom Nacken bis zum Schwanz

Abessinischer Fuchs *Canis simensis* — Lange spitze Schnauze zum Fangen kleiner Säugetiere

Dingo *Canis lupus dingo*

128 SÄUGETIERE HUNDE

AUF EINEN BLICK

Großohr-Kitfuchs Er kommt in ariden Gebieten vor und meidet die Hitze des Tages in seinem unterirdischen Bau. Nachts jagt er Kaninchen und Taschenratten. Dieser Fuchs nimmt die Feuchtigkeit über seine Beute auf und tötet deshalb mehr Tiere als nötig wären, um seinen Energiebedarf zu stillen.

- Bis 52 cm
- Bis 32 cm
- Bis 2,7 kg
- Einzelgänger
- Schutz nötig

SW-USA und N-Mexiko

ERFOLGREICHER ROTFUCHS

Der Rotfuchs – eine der am weitesten verbreiteten Arten der Welt – überlebt in Wald, Prärie, Ackerland und Stadtgebieten, denn er ist kein Nahrungsspezialist. Man hat dem Tier, das aus Sport gejagt und wegen des Fells gezüchtet wird, angelastet, Geflügel zu töten und Tollwut zu verbreiten. Wo man den Rotfuchs einführte, wie in Australien, ist er eine Gefahr für die einheimische Fauna.

- Bis 50 cm
- Bis 33 cm
- Bis 6 kg
- Einzelgänger, paarweise
- Häufig

Nordamerika, Europa, N- und Zentralasien, N-Afrika, Arabien; eingeführt in Australien

Mahlzeit Rotfüchse fressen fast alles, von Nagern und Kaninchen bis zu Früchten und Abfall.

SCHUTZSTATUS

Wieder da Einst kam der Swift-Fuchs auf allen nordamerikanischen Prärien vor, doch er verlor Lebensraum an Ackerland und Siedlungen, auch jagte und vergiftete man ihn. 1978 war er aus Kanada vollkommen verschwunden, doch hat man ihn mittlerweile in kleinen Populationen in Alberta und Saskatchewan erfolgreich wieder eingeführt. Heute gilt die Art als weniger gefährdet.

Tibetfuchs
Vulpes ferrilata

Die breiten Ohren hören auf das Rascheln von Nagetieren

Steppenfuchs
Vulpes corsac

Afghanfuchs
Vulpes cana

Bewegt sich katzenartig

Großohr-Kitfuchs
Vulpes macrotis

Blassfuchs
Vulpes pallida

Rotfuchs
Nordamerikanische Unterart
Vulpes vulpes fulva

Im Winter ersetzt ein längeres, dickeres graues Fell das kurze rötliche Sommerfell

Swift-Fuchs
Vulpes velox

Bengalfuchs
Vulpes bengalensis

Rotfuchs
Mitteleuropäische Unterart
Vulpes vulpes crucigera

HUNDE **SÄUGETIERE** 129

Festland-Graufuchs
Urocyon cinereoargenteus

Kräftige, gebogene Krallen als Hilfe beim Klettern

Schwanz mit schwarzer Spitze

Waldfuchs
Cerdocyon thous

Mähne aus stehenden schwarzen Haaren

Mähnenwolf
Chrysocyon brachyurus

Dank der langen Beine kann er über das hohe Gras der Pampa hinwegsehen

Argentinischer Graufuchs
Pseudalopex griseus

Kurzohrfuchs
Atelocynus microtis

Waldhund
Speothos venaticus

Schwimmhäute an den Füßen erleichtern die Jagd im Wasser

Andenfuchs
Pseudalopex culpaeus

Die Farbe des Fells ist im Norden des Verbreitungsgebietes am intensivsten

Pampasfuchs
Pseudalopex gymnocercus

AUF EINEN BLICK

Waldfuchs Er ist in seiner Nahrung nicht heikel. In der feuchten Jahreszeit frisst er oft Krebse und andere Krustentiere, in der Trockenzeit wechselt er zu Insekten. Er verzehrt auch Früchte, Schildkröteneier, Kleinsäuger, Vögel, Reptilien, Amphibien, Fische und Aas.

Bis 76 cm
Bis 33 cm
Bis 7,9 kg
Paarweise
Häufig

Kolumbien bis Argent. ohne Amazonasbeck.

Mähnenwolf Dieser Allesfresser verzehrt große Mengen Bananen, Guaven und andere Früchte, daneben Gürteltiere, Kaninchen, Nagetiere, Schnecken und Vögel. Er jagt nachts und springt, wie ein Fuchs, seine Beute plötzlich an.

Bis 100 cm
Bis 40 cm
Bis 24 kg
Einzelgänger, paarw.
Weniger gefährdet

Brasilien bis Paraguay und Argentinien

Argentinischer Graufuchs Das nachtaktive Tier lebt meist in Gruppen aus einem Elternpaar, deren Jungen und mitunter einem zweiten Weibchen, das mit für die Jungen sorgt. Die Gruppe beansprucht ganzjährig ein Revier.

Bis 66 cm
Bis 42 cm
Bis 5,4 kg
Einzelgänger, paarw.
Regional häufig

Chile und Argentinien

Waldhund Mit dem gedrungenen Körper und dem kurzen Gesicht besitzt er kaum Ähnlichkeit mit Hunden. Rudel von bis zu 10 Tieren suchen im Unterholz nach Nahrung. Sie verständigen sich mit hohem Piepen und Jaulen.

Bis 75 cm
Bis 13 cm
Bis 7 kg
Einzelg. bis gr. Gruppe
Gefährdet

W-Panama bis Paraguay und N-Argentinien

Pampasfuchs Wird er von Menschen bedroht, erstarrt er, bei Anfassen bleibt er reglos. Paare sind in der Paarungszeit zusammen, versorgen gemeinsam die Jungen, dann trennen sie sich.

Bis 72 cm
Bis 38 cm
Bis 7,9 kg
Einzelgänger, paarw.
Regional häufig

O-Bolivien und S-Brasilien bis N-Argentinien

GROSSBÄREN

KLASSE	Mammalia
ORDNUNG	Carnivora
FAMILIE	Ursidae
GATTUNGEN	6
ARTEN	9

Trotz ihres Furcht erregenden Rufes fressen Bären so viele Pflanzen wie kein anderer Fleischfresser. Nur eine Art, der Eisbär, verzehrt vorwiegend Fleisch. Beeren, Nüsse und Knollen bilden den Hauptteil der Nahrung des Baribal. Der Lippenbär verzehrt vorwiegend Insekten und der Große Panda fast nur Bambus. Die erste Bärenart entwickelte sich in Eurasien vor 20 bis 25 Mio. Jahren aus der Hundefamilie heraus. Sie besaß etwa Waschbärgröße, trug einen langen Schwanz und Reißzähne, wie die meisten Angehörigen der Ordnung Carnivora. Im Lauf der Zeit wurden die meisten Bärenarten größer, ihr Schwanz kürzer und die Reißzähne zum Zermahlen von Pflanzen flacher.

Nördliche Vielfalt Bären kommen vorwiegend auf der nördlichen Halbkugel vor, und zwar in Europa, Asien und Amerika. Bis nach 1800 fand man den Braunbär auch in Nordafrika. Heute sind – bis auf 2 – alle Bärenarten bedroht, Opfer von Lebensraumverlust und Jagd.

Fischfresser In den nordwestlichen Küstenregionen Nordamerikas warten Braunbären an Wasserfällen, um Lachse, die zum Ablaichen flussaufwärts schwimmen, zu fangen. Diese jährlichen Fischmahlzeiten liefern wichtige Proteine, bevor der Winter beginnt.

Zu voller Größe Grizzlybären (*Ursus arctos horribilis*) versuchen Rivalen oder Feinde abzuschrecken, indem sie sich auf die Hinterbeine stellen und ein Stück auf zwei Beinen gehen. Die aufrechte Haltung verstärkt ihre imposante Größe noch. Sie brummen auch und zeigen die langen Eckzähne.

KRAFT UND MASSE

Der Kleine Panda wiegt zwar nur etwa 3 kg, doch die meisten Bären der Familie Ursidae sind Schwergewichte. Eisbär und Braunbär konkurrieren um den Titel größtes Landsäugetier. Da Bären oft mehr Zeit mit Nahrungssuche als mit Jagd verbringen, ist ihr kräftiger muskulöser Körper mit den dicken Beinen und dem massiven Schädel mehr für Kraft als für Geschwindigkeit angelegt. Die verlängerte Schnauze zeigt den hervorragenden Geruchssinn an. Sehen und Gehör besitzen weniger Bedeutung, Augen und Ohren sind relativ klein.

Bären gibt es auch in den Tropen, doch am zahlreichsten gibt es sie in kalten nördlichen Regionen. Hier können sie sich dank ihrer Größe im Frühjahr und Sommer, wenn es reichlich Nahrung gibt, Fettpolster zulegen. Wenn es kalt wird, ziehen sich die Bären in eine Höhle zurück und schlafen bis zu einem halben Jahr. Während dieser Zeit leben sie nur von ihrem Körperfett, sie fressen, urinieren und koten nicht; ihre Herz- und Atemfrequenz sinkt. Ihre Körpertemperatur bleibt – anders als beim echten Winterschlaf – fast konstant. Weibchen werfen in diesem Ruhezustand die Jungen, die so die Chance erhalten, vor dem nächsten Winter zu wachsen und Fettvorräte anzulegen.

Bären leben meist als Einzelgänger, auch wenn Junge oft 2 bis 3 Jahre bei der Mutter bleiben. Kämpfe unter rivalisierenden Männchen zur Paarungszeit können zu Verletzungen oder zum Tod führen.

BEDÄCHTIGE BEWEGUNG

Bären bewegen sich meist langsam auf allen vieren, können Beute aber auch mit hohem Tempo verfolgen. Sie sind Sohlengänger, setzen also beim Gehen die ganze Sohle auf. Dadurch wird ihr großes Gewicht gestützt und so können sie auch auf den Hinterfüßen stehen. Die meisten Bären klettern auch sehr geschickt.

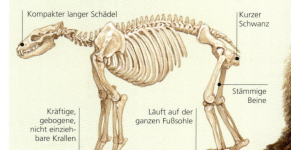

Kompakter langer Schädel · Kurzer Schwanz · Stämmige Beine · Läuft auf der ganzen Fußsohle · Kräftige, gebogene, nicht einziehbare Krallen

GROSSBÄREN SÄUGETIERE

Ursus arctos isabellinus

Deutlicher Schulterhöcker

Das Fell des Braunbären kann braun, hellbraun, mit silbernen Spitzen oder fast schwarz sein

Baribal
Ursus americanus

Das Fell des Baribal kann schwarz oder braun sein

Europäischer Braunbär
Ursus arctos arctos

Die kompakte Masse hilft dem Eisbären der Kälte zu trotzen und Fett für karge Zeiten zu speichern

Eisbär
Ursus maritimus

Größte Bärenart

Große paddelähnliche Pfoten zum Schwimmen

Kodiakbär
Ursus arctos middendorffi

Größte aller Braunbär-Unterarten

Das Männchen ist doppelt so groß wie das Weibchen

Kragenbär
Ursus thibetanus

AUF EINEN BLICK

Braunbär Diese Art lebte einst in ganz Eurasien und Nordamerika, im Süden bis Nordafrika und Mexiko. Zu den Unterarten gehören der Europäische Braunbär (*Ursus arctos arctos*), der Grizzlybär (*U. a. horribilis*), der Kodiakbär (*U. a. middendorffi*) und der im Himalaja vorkommende *Ursus arctos isabellinus*.

- Bis 2,8 m
- Bis 21 cm
- Bis 600 kg
- Einzelgänger
- Regional häufig

Gebiete in NW-Nordamerika, Wyoming, W- und N-Europa, Himalaja, Japan

Baribal Dieser wohl häufigste Bär kann in vielerlei Lebensräumen leben und passt als Allesfresser seine Nahrung an die Jahreszeit an.

- Bis 2,1 m
- Bis 18 cm
- Bis 240 kg
- Einzelgänger
- Regional häufig

Waldgebiete Nordamerikas, benachbarte Inseln

Kragenbär Er frisst vorwiegend Pflanzen und klettert zum Sammeln von Früchten und Nüssen auf Bäume. Um Feinde wie Tiger zu erschrecken, zeigt er die weiße Zeichnung auf der Brust.

- Bis 1,9 m
- Bis 10 cm
- Bis 170 kg
- Einzelgänger
- Gefährdet

Afghanistan, Pakistan bis China, Korea, Japan

BÄRENTATZEN

Tatzen spiegeln Lebensraum und Nahrung wider. Baribals haben hakenförmige Krallen zum Klettern und Graben. Um Bambus zu greifen, haben Große Pandas einen L-förmigen Ballen, der auch den zum sechsten Finger umgeänderten Handwurzelknochen bedeckt.

Baribal   Großer Panda

Vorderfuß   Hinterfuß   Vorderfuß   Hinterfuß

132 SÄUGETIERE GROSSBÄREN

AUF EINEN BLICK

Großer Panda Er verzehrt täglich bis zu 40 % seines Gewichts an Bambus. Er bevorzugt Triebe im Frühjahr, Blätter im Sommer und Stängel im Winter. Er hält keinen Winterschlaf.

- Bis 1,5 m
- Bis 10 cm
- Bis 160 kg
- Einzelgänger
- Stark gefährdet

Isolierte Gebirge in W-China

Kleiner Panda Er zählte wegen der Ähnlichkeit zu den Waschbären, doch Studien ergaben, dass er mit dem Großen Panda verwandt ist. Er schläft nachts auf Bäumen und frisst am Tag Bambus und Früchte am Boden.

- Bis 65 cm
- Bis 48 cm
- Bis 6 kg
- Paarweise
- Stark gefährdet

Nepal bis Myanmar und W-China

Lippenbär Nach dem Aufreißen von Termiten- und Ameisenhügeln mit den langen gebogenen Krallen holt er mit der langen Zunge Insekten heraus. Er klettert zum Honigfressen auf Bäume.

- Bis 1,8 m
- Bis 12 cm
- Bis 145 kg
- Einzelgänger
- Gefährdet

Sri Lanka, Indien, Nepal

BAMBUSBÄR

Das Anwachsen der Bevölkerung Chinas bedeutete, dass der Lebensraum des Großen Panda zerstört wurde. Es gibt nur etwa 1000 Pandas in der Natur, die alle in eng begrenzten Berggebieten mit Bambus leben. Er gilt weithin als Symbol für den Artenschutz, doch Wilderer jagen ihn noch immer.

SCHUTZSTATUS

Von den 9 Bärenarten stehen 7 auf der Roten Liste der IUCN, unter folgenden Gefährdungsstufen:

- 2 Stark gefährdet
- 3 Gefährdet
- 1 Schutz nötig
- 1 Keine Angabe

Großer Panda *Ailuropoda melanoleuca*

Die typische schwarz-weiße Zeichnung macht den Großen Panda zu einem der bekanntesten Tiere weltweit

Brillenbär *Tremarctos ornatus*

Einzige Bärenart in Südamerika

Die Vorderpfoten des Großen Panda besitzen einen »Pseudo-Daumen«, einen zusätzlichen gegenständig stehenden Finger zum Greifen von Bambus

Lippenbär *Melursus ursinus*

Bewegliche Schnauze mit langer Zunge, um Termiten und Ameisen zu fangen

Das zottige Fell kann in der tropischen Umgebung vor Hitze schützen

Die lange Zunge schleckt Larven, Insekten und Honig

Malaienbär *Helarctos malayanus*

Der kleinste Bär außer dem Kleinen Panda

Lange gebogene Krallen erleichtern dem baumlebenden Bären das Klettern

Kleiner Panda *Ailurus fulgens*

Das Fell besteht aus langen rauen Haaren und einem dichten Unterfell, das gegen die Kälte im hoch gelegenen Lebensraum isoliert

Einziger Bär mit einem langen Schwanz

EIN JAHR EISBÄRENLEBEN

Der Eisbär, der gut an das Leben im rauen Klima der Arktis angepasst ist, lebt nahe den eisbedeckten Gewässern, in denen er seine wichtigste Beute, die Eismeer-Ringelrobbe, findet. Im Gegensatz zu anderen Bären in kalten Zonen bleibt dieser zum Teil im Wasser lebende Fleischfresser im Winter aktiv. Er kann allerdings bei Nahrungsknappheit zu jeder Jahreszeit in einen schlafähnlichen Zustand verfallen und von den Fettvorräten seines Körpers leben. Bis auf die Paarungszeit lebt er allein, mitunter fasten mehrere Männchen in einer Gruppe.

Schutz für die Jungen Eisbären-Männchen töten manchmal Junge, damit das Weibchen wieder paarungsbereit ist. Mütter stellen sich oft schützend über ihr Junges und verteidigen es gegen größere Männchen.

Robbenjäger Eisbären warten oft stundenlang am Atemloch einer Robbe, um sich sofort auf ihre Beute zu stürzen. Sie fressen fast nur Robben und andere Meeressäuger.

Gute Schwimmer Der Eisbär kann mithilfe der riesigen Vorderpfoten als Paddel stundenlang schwimmen. An Land ist er sehr wendig und erreicht Geschwindigkeiten von 40 km/h. Dichtes Fell und eine Fettschicht unter der Haut isolieren gegen Kälte.

April–Juli: Fressen Im Sommer lauern Eisbären den zahlreichen unvorsichtigen Jungen der Ringelrobben auf. Wenn das Eis im Meer Ende Juli schmilzt, kommen die Bären an Land und fasten, bis es wieder friert.

April–Mai: Paarung Eisbären-Weibchen verbringen so viel Zeit mit der Aufzucht ihrer Jungen, dass sie nur einmal in 3 Jahren paarungsbereit sind. Daher konkurrieren die Männchen sehr heftig um sie.

Februar–April: Ausflüge Wenn die Jungen groß genug sind, um sich auf die Eisschollen zu wagen, führt die Mutter sie aus der Höhle hinaus. Junge bleiben etwa 2½ Jahre bei ihrer Mutter und lernen die Jagdtechniken, die überlebenswichtig sind.

November–Januar: Geburt Während andere Eisbären im Winter aktiv bleiben, ziehen sich trächtige Weibchen in eine Schneehöhle zurück, wo ihre Jungen zur Welt kommen. Meistens bestehen die Würfe aus 2 Jungen, die bis Ende März gesäugt werden.

MARDER

KLASSE Mammalia
ORDNUNG Carnivora
FAMILIE Mustelidae
GATTUNGEN 25
ARTEN 65

Als Gruppe sind Wiesel, Otter, Stinktiere und Dachse aus der Familie Mustelidae die erfolgreichsten und vielfältigsten Fleischfresser, mit mehr Arten als jede andere Familie. Marder findet man in fast jedem Lebensraum, einschließlich Wälder, Wüsten, Tundras, Süß- und Salzwasser. Sie leben auf Bäumen, am Boden, teilweise im Wasser, ganz im Wasser oder graben Baue. Einige Arten, wie Meerotter und Vielfraß, können mehr als 25 kg wiegen, doch die meisten sind mittelgroß. Das kleinste Tier der Familie, das Mauswiesel, wiegt nur 30 g. Sie fressen sehr viel Fleisch und jagen gierig. Dabei greifen sie häufig Beute an, die viel größer ist als sie selbst.

Weit verbreitete Familie Marder fehlen nur in Australien und der Antarktis. Es gibt sie in Europa, Asien, Afrika und Amerika. Trotz ihrer Häufigkeit erforschte man nur wenige gründlich. Marder wurden in vielen Gegenden eingeführt: Entweder entkamen sie zufällig von Pelzfarmen oder man holte sie bewusst, um Nager und Kaninchen in Schach zu halten.

Stinkende Verteidigung Fast alle Marder besitzen Duftdrüsen neben dem After, die Bisam, eine stark riechende Flüssigkeit zum Kennzeichnen des Reviers, produzieren. Stinktiere entwickelten daraus ein Verteidigungssystem, dem nur die entschlossensten Fressfeinde nicht weichen.

GNADENLOSE JÄGER

Mit dem lang gestreckten Körper und den kurzen Beinen können Marder Nagern und Kaninchen in den Bau folgen. Wiesel sind schlank und gelenkig mit einer beweglichen Wirbelsäule, die es ihnen ermöglicht zu hoppeln und zu springen. Dachse besitzen einen gedrungenen Körper und einen schwankenden Gang. Viele Marder schwimmen und klettern gut, sie nehmen neben bodenbewohnender auch wasser- oder baumlebende Beute.

Marder besitzen einen flachen Schädel und ein kurzes Gesicht mit kleinen Ohren und Augen. Der Geruchssinn ist der wichtigste Sinn zum Beuteaufspüren und zur Kommunikation. Das Revier kennzeichnen Duftmarken. Die meisten Marderarten tragen lange, gebogene, nicht einziehbare Krallen zum Graben. Arten, die teils oder ganz im Wasser leben, besitzen Schwimmhäute zwischen den Zehen.

Marder tragen ein doppeltes Fell mit einer Schicht weichem, dichtem Unterfell und längeren Deckhaaren. Dank dieses warmen, wasserabweisenden Fells können Marder im Wasser jagen und in kalten Wintern aktiv bleiben, doch machte es sie auch oft zum Opfer von Pelzjägern.

Wiesel im Sprung Die wendigen und sehr starken Tiere können beim Laufen Nahrung von der Hälfte des eigenen Gewichts tragen. Der kleinste Marder, das Mauswiesel, verfolgt Beute, Mäuse und Wühlmäuse gnadenlos durch dichtes Gras oder Schnee.

PAARUNGSVERHALTEN EINES EINZELGÄNGERS

Die meisten Marderarten sind absolute Einzelgänger, die sich nur zur Paarungszeit treffen. Die Paarung ist oft brutal und das Männchen zwingt das Weibchen. Die Begattung kann bis zu 2 Stunden dauern und löst beim Weibchen den Eisprung aus, einen Vorgang, der die Befruchtung fast garantiert. Ein befruchtetes Ei kann Wochen oder Monate ruhen, bevor es sich – bei günstigen Bedingungen – in der Gebärmutterschleimhaut einnistet. So paart sich z. B. der Baummarder (Bild) im Winter, doch das Einnisten findet im Frühjahr statt, sodass die Jungen erst im April zur Welt kommen.

MARDER **SÄUGETIERE** 135

Die Drüsen an der Schwanzwurzel produzieren Bisamduft

Europäischer Fischotter
Lutra lutra

Besitzt in seinem Revier bestimmte Stellen als Ein- und Ausgang zum Wasser

Glattotter
Lutra perspicillata

Neotropischer Fischotter
Lontra longicaudis

An den Vorderpfoten fehlen Schwimmhäute und Krallen, doch sie besitzen einen gegenständig stehenden Daumen, sind geschickt und empfindlich

Kapotter
Aonyx capensis

Die empfindlichen Schnurrhaare helfen beim Aufspüren der Beute

Riesenotter
Pteronura brasiliensis

Fleckenhalsotter
Lutra maculicollis

Seeotter
Enhydra lutris

Stein dient als Werkzeug zum Öffnen eines Seeigels

Die breiten, flossenähnlichen Hinterpfoten tragen Schwimmhäute zwischen den Zehenspitzen

Zwischen den langen Deckhaaren und dem dichten Unterfell ist eine isolierende Luftschicht eingeschlossen

AUF EINEN BLICK

Neotropischer Fischotter Der Einzelgänger verbringt den Großteil des Tags mit Tauchen nach Fisch. Kleine Beute frisst er im Wasser, größere an Land.

- Bis 81 cm
- Bis 57 cm
- Bis 15 kg
- Einzelgänger
- Keine Angabe

Mexiko bis Uruguay

Riesenotter Familiengruppen mit einigen Tieren teilen einen Bau am Ufer und suchen nach Nahrung. Die Jagd machte die Art zum seltensten Otter.

- Bis 1,2 m
- Bis 70 cm
- Bis 34 kg
- Familiengruppe
- Stark gefährdet

S-Venezuela und Kolumbien bis N-Argentinien

Seeotter Diese oft einzeln lebenden Tiere können ihr ganzes Leben im Meer verbringen – sie schlafen an der Oberfläche und suchen bis zu 5 Stunden täglich Nahrung. Sie leben aber auch in nach Geschlecht getrennten Gruppen an Land. Als einziges Tier außer den Primaten verwendet es Werkzeuge: Es öffnet Muscheln mit einem Stein.

- Bis 1,2 m
- Bis 36 cm
- Bis 45 kg
- Einzelg., ruht in Gr.
- Stark gefährdet

Nordpazifik

SCHWIMMPFOTEN

Alle Otter besitzen geschickte Pfoten, doch sie unterscheiden sich in punkto Schwimmhäute und Krallen. Die Pfoten der meisten in Flüssen lebenden Otter (wie beim Europäischen Fischotter, im Bild) tragen Schwimmhäute, Krallen und sind fürs Laufen an Land abgerundet.

SCHUTZSTATUS

Gejagte Otter 1911 hatten Pelztierjäger die Zahl der Seeotter auf knapp 2000 Tiere reduziert. Schutzmaßnahmen und Auswilderungsprogramme haben den Bestand wieder auf 150 000 Tiere erhöht, doch die Art ist weiterhin durch Wilderer, Ölteppiche, Jagd durch Besatzungen von Fischkuttern und Fressfeinde wie Schwertwale gefährdet.

136 SÄUGETIERE MARDER

AUF EINEN BLICK

Schweinsdachs Er fällt zwar mitunter Leoparden und Tigern zum Opfer, aber nie kampflos. Wird er bedroht, bäumt er sich auf, stellt die Haare senkrecht und knurrt. Er gibt auch eine stinkende Flüssigkeit aus den Afterdrüsen ab.

- Bis 70 cm
- Bis 17 cm
- Bis 14 kg
- Keine Angabe
- Keine Angabe

NO-Indien bis NO-China und SO-Asien

Europäischer Dachs Die meisten Dachsarten sind Einzelgänger, doch diese Art lebt in großen Familiengruppen. Der kraftvolle Gräber bewohnt ausgedehnte Baue, die über Generationen weitergegeben werden.

- Bis 90 cm
- Bis 20 cm
- Bis 16 kg
- Familiengruppen
- Regional häufig

W-Europa bis China, Korea und Japan

Silberdachs Der Einzelgänger verbringt einen großen Teil seiner Zeit mit dem Graben nach Nagern wie Präriehunden oder Erdmännchen. Wenn ihn an der Oberfläche ein Feind bedroht, gräbt er sich rasch ein.

- Bis 72 cm
- Bis 15 cm
- Bis 12 kg
- Einzelgänger
- Regional häufig

N-Kanada bis Mexiko

KLETTERNDER DACHS

Der kleinste Dachs, der China-Sonnendachs, sucht nachts nach Würmern, Insekten, Fröschen, Nagern und Früchten. Tagsüber ruht er in einem Bau oder einer Felsspalte oder klettert mithilfe seiner langen Krallen auf einen Baum.

- Bis 43 cm
- Bis 23 cm
- Bis 3 kg
- Keine Angabe
- Regional häufig

O-Indien, SO-Asien, S-China, Taiwan

Teledu
Mydaus javanensis

Kann bei Bedrohung ein übel riechendes Sekret aus den Afterdrüsen versprühen

Schweinsdachs
Arctonyx collaris

Lang gestreckte Schnauze mit schweineähnlichen Nasenlöchern

Europäischer Dachs
Meles meles

Kräftige Vorderbeine und Krallen zum Graben

China-Sonnendachs
Melogale moschata

Langer, buschiger Schwanz

Silberdachs
Taxidea taxus

Burma-Sonnendachs
Melogale personata

MARDER **SÄUGETIERE** 137

Haubenskunk
Mephitis macroura

Längeres, weicheres Fell als der Streifenskunk

Streifenskunk
Mephitis mephitis

Ferkelskunk
Conepatus leuconotus

Lange Krallen zum Graben an den Vorderpfoten

Fleckenskunk
Spilogale putorius

Amazonasskunk
Conepatus semistriatus

Kein weißer Streifen in der Mitte des Gesichts

Andenskunk
Conepatus chinga

Patagonischer Skunk
Conepatus humboldtii

Nackte, vorstehende Nase

AUF EINEN BLICK

Streifenskunk Das nachtaktive Tier ist bei seiner Nahrung nicht wählerisch; es frisst alles von kleinen Säugetieren über Fisch bis zu Früchten, Nüssen, Körnern und Gräsern. Im Winter ist es nur wenig aktiv und kommt kaum aus dem Bau heraus.

- Bis 80 cm
- Bis 39 cm
- Bis 6,5 kg
- Einzelgänger
- Häufig

N-Kanada bis Mexiko

Fleckenskunk Der einzige Skunk, der klettern kann, ist auch wachsamer und aktiver als andere Skunkarten. Während der Paarungszeit im März und April sprühen die Männchen oft ihr übel riechendes Sekret auf jedes große Tier, das ihnen über den Weg läuft.

- Bis 33 cm
- Bis 28 cm
- Bis 900 g
- Einzelgänger
- Häufig

USA (Östlich der Rocky Mountains)

Andenskunk Diese Art lebt in Felsspalten, hohlen Bäumen oder Bauen, die andere Tiere verlassen haben. Sie jagt Insekten, aber auch kleine Wirbeltiere wie Nager, Eidechsen und Schlangen. Sie besitzt eine Art von Immunität gegen das Gift von Grubenottern.

- Bis 33 cm
- Bis 20 cm
- Bis 3 kg
- Einzelgänger
- Häufig

Südamerika

SKUNK-VERTEIDIGUNG

Bevor ein Skunk stinkenden Moschus aus seinen Afterdrüsen verspritzt, warnt er seinen Feind: Er stellt den Schwanz auf, stampft mit den Füßen, gibt vor anzugreifen oder macht einen Handstand. Auch die typische schwarzweiße Zeichnung warnt Feinde, sich in Acht zu nehmen.

Bei Gefahr
Der Streifenskunk bietet bei Lebensgefahr dem Feind Kopf und Hinterteil dar.

138 SÄUGETIERE MARDER

AUF EINEN BLICK

Fichtenmarder Der wendige Marder verfolgt Eichhörnchen und andere Beute durch die Bäume. Er jagt auch Vögel und Insekten und sucht nach Früchten, Nüssen und Aas. Er lebt bevorzugt auf Bäumen, fühlt sich aber auch am Boden oder im Wasser wohl.

- Bis 45 cm
- Bis 23 cm
- Bis 1,3 kg
- Einzelgänger
- Selten

Alaska und Kanada bis N-Kalif. und Colorado

Fischermarder Die größte Marderart greift Stachelschweine an. Viele Angreifer schrecken die Stacheln ab, doch der Fischermarder besitzt die richtige Größe, um das ungeschützte Gesicht zu erreichen. Nach einigen Bissen kann der Marder das Stachelschwein umdrehen und am weichen Bauch fressen.

- Bis 79 cm
- Bis 41 cm
- Bis 5,5 kg
- Einzelgänger
- Selten

Alaska und Kanada bis N-Kalifornien

BEGEHRTES FELL

Der Zobel lebt im dichten Wald der Taiga in Nordasien; er jagt und hat seinen Bau am Waldboden. Er kam einst im Westen bis Skandinavien vor, doch wurden so viele Tiere von Pelztierjägern gefangen, dass das Verbreitungsgebiet und sein Gesamtbestand sich beträchtlich verringerten.

- Bis 56 cm
- Bis 19 cm
- Bis 1,8 kg
- Einzelgänger
- Selten

N-Asien

Teures Fell
Das lange seidige Winterfell des Zobels gehört zu den am teuersten gehandelten Fellen.

SCHUTZSTATUS

Von den 65 Marderarten stehen 35 % auf der Roten Liste der IUCN, in folgenden Gefährdungsgraden:

- 2 Ausgest./i. d. Natur ausgest.
- 7 Stark gefährdet
- 8 Gefährdet
- 2 Weniger gefährdet
- 4 Keine Angabe

Fichtenmarder
Martes americana

Verhältnismäßig große Augen und katzenähnliche Ohren

Buntmarder
Martes flavigula

Fischermarder
Martes pennanti

Der lange Schwanz hilft beim Klettern die Balance zu halten

Die Farbe variiert von gelblich braun bis dunkelbraun

Japanischer Marder
Martes melampus

Zobel
Martes zibellina

Steinmarder
Martes foina

Teilweise einziehbare Krallen zum Klettern

Fell bedeckt im Winter die Fußsohlen

Baummarder
Martes martes

MARDER **SÄUGETIERE** 139

Im nördlichen Teil des Verbreitungsgebiets wird das Fell im Winter weiß

Das Gewicht variiert stark (35–250 g), je nach Vorkommen

Langschwanzwiesel
Mustela frenata

Hermelin Winterfell
Mustela erminea

Mauswiesel
Mustela nivalis

Das weiße Winterfell bietet Tarnung im Schnee

Kopf blasser als der Körper

Nacktfußwiesel
Mustela nudipes

Hermelin Sommerfell
Mustela erminea

AUF EINEN BLICK

Mauswiesel Der kleinste Fleischfresser teilt sein Revier oft mit seinem größeren Verwandten, dem Hermelin, konzentriert sich aber auf kleinere Beute wie Mäuse und Wühlmäuse. Wie das Hermelin kann er ein Winterfell tragen.

- Bis 26 cm
- Bis 8 cm
- Bis 250 g
- Einzelgänger
- Häufig

Nördliche Nordhalbkugel; eingef. Neuseeland

Langschwanzwiesel Im Mai werfen Weibchen dieser Art durchschnittlich 6 Junge. Diese lernen von ihrer Mutter das Jagen und können mit 8 Wochen selbst Beute töten.

- Bis 26 cm
- Bis 15 cm
- Bis 365 g
- Einzelgänger
- Häufig

Kanada bis Peru und Bolivien

Hermelin Wenn der Winter kommt, ersetzt es oft sein braunes Sommerfell durch ein längeres, dichteres Fell, das bis auf die schwarze Schwanzspitze vollständig weiß ist. Lange Zeit suchte die Pelzindustrie nach dem weißen Fell.

- Bis 32 cm
- Bis 13 cm
- Bis 365 g
- Einzelgänger
- Häufig

Nördliche Nordhalbkugel; eingef. Neuseeland

DER VIELFRASS

Der größte bodenbewohnende Marder, der Vielfraß (*Gulo gulo*), lebt in den Nadelwäldern und der Tundra Nord-Eurasiens und Amerikas. Sein Aussehen ähnelt einem Bären, doch sein Verhalten ist eindeutig marderartig. Für seine Größe ist er sehr kräftig und wild; er kann ein Rentier oder ein Karibu erlegen, doch wenn er Aas findet, frisst er davon. Überschüssige Nahrung versteckt er in Tunnels unter dem Schnee und frisst sie bis zu 6 Monate später. Der Kopf ist massiv und das Gebiss so kräftig, dass das Tier auch große Knochen und gefrorenes Fleisch zerbeißen kann. Die großen Füße ermöglichen dem Sohlengänger rasches Laufen auf dem Schnee, um Huftiere zu verfolgen, bis sie ermüdet sind. Der Vielfraß ist auch ein wendiger Kletterer und starker Schwimmer.

GNADENLOSE JÄGER

Wiesel verfolgen ihre Beute unter Erde oder Schnee und tragen beim Rennen die Hälfte ihres Gewichts an Fleisch. Kleinere Wieselarten bevorzugen Mäuse und Wühlmäuse, größere Kaninchen, aber alle nehmen, was sie bekommen können.

140 SÄUGETIERE MARDER

AUF EINEN BLICK

Schwarzfußiltis Die meisten Marder sind bei ihrer Nahrung nicht wählerisch, doch der Schwarzfußiltis frisst fast nur Präriehunde und sucht in deren Bauen Schutz.

- Bis 46 cm
- Bis 14 cm
- Bis 1,1 kg
- Einzelgänger
- I. d. Natur ausgest.

S-Kanada bis NW-Texas (bis in die 1980er); wiedereingef. Montana, Dakota und Wyoming
- Frühere Verbreitung

SCHLACHT DER NERZE

Europäischer und Amerikanischer Nerz jagen im oder am Wasser. Der Europäische Nerz ging zurück, seit der Amerikanische Nerz aus Pelzfarmen entkam und sich zum direkten Konkurrenten in der Natur entwickelte.

Amerikanischer Nerz
- Bis 50 cm
- Bis 20 cm
- Bis 900 g
- Einzelgänger
- Häufig

Nordamerika; eingeführt Europa, Sibirien
- Eingeführt

Nerzvariation Amerikanische Nerze sind meist braun, etwa 10 % haben ein blaugraues Fell.

Europäischer Nerz
- Bis 43 cm
- Bis 19 cm
- Bis 740 g
- Einzelgänger
- Stark gefährdet

Frankreich, Spanien; Finnland bis Rumänien
- Frühere Verbreitung

SCHUTZSTATUS

Fast ausgestorben 1920 lebten mehr als 500 000 Schwarzfußiltisse auf den Ebenen Nordamerikas, doch als die Menschen ihnen ihre Beute, Präriehunde, nahmen, starben sie fast aus. Eine kleine Population, die man in den 1980er Jahren fand, führte zu einem Zuchtprogramm, doch die Art bleibt das gefährdetste Säugetier Nordamerikas.

Ölige Deckhaare machen das Fell wasserabweisend

Sibirisches Feuerwiesel
Mustela sibirica

Amerikanischer Nerz
Mustela vison

Die Zehen tragen teilweise Schwimmhäute

Schwarze Maske

Schwarzfußiltis
Mustela nigripes

Europäischer Iltis
Mustela putorius

Männchen können doppelt so schwer werden wie Weibchen

Steppeniltis
Mustela eversmannii

Europäischer Nerz
Mustela lutreola

Hat immer einen weißen Fleck auf der Oberlippe

MARDER **SÄUGETIERE** 141

Die feste Haut sitzt so locker, dass der Honigdachs sich drehen kann, um einen Feind anzugreifen, der ihn in den Nacken gebissen hat

Honigdachs
Mellivora capensis

Die Afterdrüsen geben ein übel riechendes Sekret ab

Tayra
Eira barbara

Patagonisches Wiesel
Lyncodon patagonicus

Große Hinterfüße mit langen Krallen

Großgrison
Galictis vittata

Steht zur Beutesuche auf den Hinterbeinen

Libysches Streifenwiesel
Ictonyx libyca

Zorilla
Ictonyx striatus

Weißnackenwiesel
Poecilogale albinucha

Tigeriltis
Vormela peregusna

AUF EINEN BLICK

Honigdachs Er lebt zwar vorwiegend am Boden, klettert aber auf Bäume, um Honig zu bekommen. Dabei hilft ihm ein Vogel, der Honiganzeiger, der ein bestimmtes Lied singt, um den Dachs zum Bienenstock zu führen. Der Dachs öffnet diesen mit den kräftigen Krallen und frisst den meisten Honig, lässt aber Wachs und Bienenlarven für den Vogel. Der Dachs frisst auch Insekten und große und kleine Wirbeltiere.

- Bis 77 cm
- Bis 30 cm
- Bis 13 kg
- Einzelgänger
- Selten

W-Afrika, Afrika südlich der Sahara, Arabien, Irak, Turkmenistan, Pakistan, Indien

Zottiger Schutz
Der Honigdachs greift manchmal Giftschlangen an. Durch sein langes dichtes Fell und seine feste Haut kann eine Schlange kaum beißen.

TOTSTELLEN

Bei Gefahr plustert der Zorilla seinen langen Schwanz auf und brummt oder schreit. Wenn das nicht funktioniert, bespritzt er den Angreifer mit übel riechendem Sekret aus seinen Afterdrüsen. Als letzte Zuflucht stellt er sich tot. Trotz dieser Verteidigungsstrategien fallen Zorialls gelegentlich Feinden wie Haushunden oder Wildkatzen zum Opfer. Doch die meisten werden im Straßenverkehr getötet. Wenn ein Tier überfahren wurde, verlassen die anderen Familienmitglieder die Unfallstelle nicht und erleiden dann oft das gleiche Schicksal.

Eine abstoßende Mahlzeit
Wenn der Zorilla sich tot stellt, ist er eine leichtere Beute, doch sein Feind bekommt damit die Chance, das Sekret der Afterdrüsen auf dem Fell zu kosten. Nach dieser unangenehmen Erfahrung verzichtet er oft auf die Mahlzeit.

ROBBEN UND SEELÖWEN

KLASSE Mammalia
ORDNUNG Carnivora
FAMILIEN 3
GATTUNGEN 21
ARTEN 36

Mit dem beweglichen, torpedoförmigen Körper, den zu Flossen umgebildeten Gliedmaßen und den isolierenden Schichten aus Blubber und Fell sind Robben, Seelöwen und Walrosse bestens an das Leben im Wasser angepasst. Nur zur Paarung und Aufzucht der Jungen kommen sie an Land. Früher galten diese Meeressäuger als eigene Ordnung, Flossenfüßer, doch jetzt rechnet man sie zu den Fleischfressern. Die meisten fressen Fische, Tintenfische und Krustentiere, einige auch Pinguine und Aas, manche greifen die Jungen anderer Robbenarten an. Sie tauchen bei der Beutesuche sehr tief, der Seeelefant kann am Stück bis zu 2 Stunden unter Wasser bleiben.

Im kalten Wasser Mönchsrobben findet man in wärmeren Gewässern, doch die meisten Robben, Seelöwen und Walrosse leben in den kälteren, nahrungsreichen Meeren der Polar- und gemäßigten Zonen. Fossilien zeigen, dass alle drei Familien aus dem nördlichen Pazifik stammen. Heute gibt es sie am häufigsten im Nordpazifik, Nordatlantik und in südlichen Meeren.

Gemeinschaftsleben Die meisten Flossenfüßer leben als gesellige Tiere in großen Kolonien. Walrossherden bestehen oft aus Tausenden von Tieren und sind gleich- oder gemischtgeschlechtlich. Körper- und Stoßzahngröße bestimmen den Rang.

DREI GRUPPEN

Die Flossenfüßer gliedern sich in 3 Familien. Phocidae oder Hundsrobben schwimmen vorwiegend mit Schlägen der Hinterfüße, die sich beim Laufen nicht nach vorn biegen können, sodass sie sich an Land sehr plump bewegen. Sie hören, vor allem unter Wasser, gut, besitzen aber keine Ohrmuscheln.

Die Familie Otariidae umfasst Seelöwen und Seebären. Diese »Ohrenrobben« besitzen kleine Ohrmuscheln. Sie schwimmen vor allem mit den Vorderflossen. An Land können sie die Hinterflossen biegen, sodass sie auf »allen vieren« laufen und halb aufrecht sitzen.

Zur Familie Odobenidae gehört nur das Walross, das man leicht an den langen, bei beiden Geschlechtern zu Stoßzähnen umgebildeten Eckzähnen erkennt. Wie Hundsrobben schwimmen Walrosse mit den Hinterfüßen und haben keine Ohrmuscheln. Wie Ohrenrobben biegen sie die Hinterflossen nach vorn.

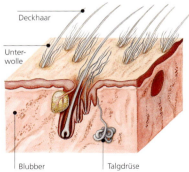

Isolierende Schichten Flossenfüßer besitzen eine dicke Schicht Blubber, die Wärme, Auftrieb und Fettvorräte bietet. Bis auf das Walross haben alle einen fellbedeckten Körper, wobei die dichte Unterwolle eine wasserabweisende Schicht bildet.

SORGE FÜR DIE JUNGEN

Alle Flossenfüßer werfen und paaren sich an Land oder auf dem Eis. Die Paarung findet wenige Tage nach der Geburt des meist einzigen Jungen statt, das befruchtete Ei nistet sich erst Monate später in der Gebärmutter ein. So geschehen Geburt, Säugen und Paarung in einer Saison, sodass die Tiere nur einmal im Jahr an Land leben, wo sie am gefährdetsten sind. Die Jungen sind unterschiedlich lang unselbstständig: Sattelrobben (rechts) säugen ihre Jungen nur etwa 12 Tage, Walrosse bleiben 2 Jahre bei der Mutter.

 SCHUTZSTATUS

Die Robbenjagd, die im 16. Jahrhundert begann, hatte verheerende Auswirkungen auf den Bestand der Tiere. Von den 36 Arten stehen 36 % auf der Roten Liste der IUCN, unter folgenden Gefährdungsgraden:

2 Ausgestorben
1 Vom Aussterben bedroht
2 Stark gefährdet
7 Gefährdet
1 Weniger gefährdet

144 SÄUGETIERE ROBBEN UND SEELÖWEN

AUF EINEN BLICK

Seehund Diese am weitesten verbreitete Art lebt meist als Einzelgänger, sammelt sich an Land aber in Gruppen. Eine kanadische Unterart, *Phoca vitulina mellonae*, lebt im Süßwasser.

- Männchen bis 150 kg, Weibchen bis 110 kg
- Variabel
- Häufig

Nordatlantik, Nordpazifik

Walross Sie orten ihre wichtigste Nahrung, Klaff- und Miesmuscheln, mithilfe der sensiblen Barthaare. Die Muscheln graben sie mit der Schnauze aus dem Sand. Das größte Tier mit den längsten Stoßzähnen beherrscht die Herde.

- Bis 3,5 m
- Bis 1650 kg
- Große Herden
- Regional häufig

Flache arktische Meere

SCHNEEHÖHLEN

Die Eismeer-Ringelrobbe lebt in Gewässern, die Teile des Jahres von Eis bedeckt sind. Ein trächtiges Weibchen gräbt eine Höhle in den Schnee über seinem Atemloch. Dort findet das Junge Schutz vor dem kalten arktischen Klima und vor Fressfeinden wie Eisbären.

SCHUTZSTATUS

Abschlachten von Sattelrobben In den späten 1980ern kam es dank öffentlichen Protests zum Ende des Niederknüppelns der »Whitecoats«, neu geborener Sattelrobben. Ältere Junge jagt man im Atlantik weiterhin, oft in solchen Zahlen, dass der Bestand deutlich Schaden nimmt.

Bartrobbe *Erignathus barbatus*
Lange empfindliche Barthaare helfen bei der Suche nach Muscheln, Schnecken, Krebsen und Garnelen

Baikal-Ringelrobbe *Phoca sibirica*

Seehund *Phoca vitulina*
Männchen bis 1,9 m lang, Weibchen bis 1,7 m

Bandrobbe *Phoca fasciata*
Den deutschen Namen inspirierte die schwarze Zeichnung auf dem Rücken

Sattelrobbe *Phoca groenlandica*
Die Jungen werfen das weiße Fell mit 3 Wochen ab

Stoßzähne bei Männchen und Weibchen

Walross *Odobenus rosmarus*

Eismeer-Ringelrobbe *Phoca hispida*
Flecken sind von einem Ring aus hellerem Fell umgeben

ROBBEN UND SEELÖWEN SÄUGETIERE

Klappmütze
Cystophora cristata

Beim Paarungsritual kann eine Membran aus einem Nasenloch ausgestülpt und aufgeblasen werden

Krabbenfresser
Lobodon carcinophagus

Nach dem Fellwechsel im Januar dunkelgrauer oder brauner Rücken, später im Jahr fast ganz hell

Kegelrobbe
Halichoerus grypus

Schwimmt mit kräftigen Schlägen der großen Flossen, während die meisten anderen Flossenfüßer mithilfe des Schwanzes schwimmen

Weddellrobbe
Leptonychotes weddellii

Seeleopard
Hydrurga leptonyx

Kann braun, grau oder schwarz sein

Mittelmeer-Mönchsrobbe
Monachus monachus

Südlicher Seeelefant
Mirounga leonina

Größter aller Flossenfüßer: Männchen bis 6 m lang, Weibchen bis 3 m

AUF EINEN BLICK

Mittelmeer-Mönchsrobbe Einst kam diese Art in den Küstengewässern des Mittelmeers häufig vor, doch die verstärkte Präsenz der Menschen ließ die Zahlen zurückgehen. Heute lebt sie vorwiegend auf kleinen kahlen Inseln.

- Bis 2,8 m
- Bis 300 kg
- Harem
- Vom Aussterben bedr.

Küsten W-Afrikas, Ägäis

Südlicher Seeelefant Bei dieser Art können Männchen 6-mal so schwer sein wie Weibchen. Nur die größten 10 % der Männchen bekommen die Chance, sich zu paaren. Um Weibchen anzulocken, blasen sie ihren Rüssel auf.

- Männchen bis 3700 kg, Weibchen bis 600 kg
- Harem
- Regional häufig

Argentinien, Neuseeland, Subantarktische I.

KRILLFRESSER

Krabbenfresser fressen nicht Krabben, wie ihr Name vermuten lässt, sondern sie bedienen sich beim üppigen Krillangebot der antarktischen Gewässer. Sie filtern die winzigen Krustentiere durch ihre höckerigen Backenzähne.

AUFGEBLASENE NASE

Geschlechtsreife Klappmützen-Männchen können bei Bedrohung oder beim Paarungsritual ihre schwarze Haube, eine Erweiterung der Nasenhöhle, aufblasen. Die Schleimhaut eines Nasenlochs lässt sich zu einer roten Blase vergrößern.

Aufgeblasen Beim Paarungsritual kann das Klappmützen-Männchen seine rote Nasenschleimhaut oder seine schwarze Haube aufblasen.

KLEINBÄREN

KLASSE	Mammalia
ORDNUNG	Carnivora
FAMILIE	Procyonidae
GATTUNGEN	6
ARTEN	19

Zur Familie Procyonidae, die nur in der Neuen Welt vorkommt, gehören Waschbären, Nasenbären, Wickelbären, Katzenfrette und Makibären – alle mittelgroß mit langem Körper und Schwanz, breitem Gesicht und Stehohren. Bis auf Wickelbären besitzen alle eine maskenähnliche Zeichnung sowie helle und dunkle Ringe am Schwanz. Die Allesfresser gibt es in verschiedensten Lebensräumen, Nadelwald, Regenwald, Feuchtgebieten, Wüste, Ackerland und Stadtgebieten. Kleinbären bellen und quieken, um die komplexen Sozialstrukturen zu organisieren. Waschbären schlafen oft in Gemeinschaftsbauen. Männchen sind in Gruppen unterwegs, Weibchen bilden mit 1 bis 4 Männchen eine Gruppe. Nasenbären-Männchen sind Einzelgänger, etwa 15 Weibchen betreiben Fellpflege, sorgen für die Jungen und verjagen Feinde. Wickelbären ruhen in Gruppen von 1 Weibchen mit Jungen und 2 adulten Männchen.

Günstige Gelegenheit Waschbären leben zwar gern in Wäldern am Wasser, doch sie haben sich an eine Existenz in der Nähe des Menschen angepasst. In Nordamerika kommen sie oft in Hinterhöfe und suchen in Mülltonnen nach Fressbarem. Sie hausen in alten Häusern, Kellern oder Dachböden.

AUF EINEN BLICK

Wickelbär Das nachtaktive Tier zählte man früher zu den Lemuren. Es besitzt einen Greifschwanz und große nach vorn gerichtete Augen; es frisst vorwiegend Früchte und lebt auf Bäumen. Doch es ist ein Fleischfresser. Studien ergaben, dass es mit den Wasch- und den Nasenbären verwandt ist.

- Bis 55 cm
- Bis 57 cm
- Bis 3,2 kg
- Einzelgänger, paarw.
- Regional häufig

S-Mexiko bis Bolivien und Brasilien

Südamerikanischer Nasenbär Diese Art schnüffelt am Tag im Laubstreu des Waldbodens und sucht mit der beweglichen Schnauze und dem scharfen Geruchssinn Insekten. Das Tier frisst auch große Mengen Früchte und kleine Wirbeltiere wie Eidechsen und Nager. Nachts ruht es in den Baumwipfeln.

- Bis 69 cm
- Bis 62 cm
- Bis 4,5 kg
- Familiengruppen
- Regional häufig

Arizona bis Kolumbien und Ecuador

Waschbär Die nachtaktiven Tiere mit der Gesichtsmaske fressen alles, kleine Wirbeltiere, Insekten und Würmer, dazu Früchte, Nüsse und Samen. Sie lieben Wassertiere wie Fische, Krustentiere und Schnecken, die sie mit geschickten Händen zu waschen scheinen.

- Bis 55 cm
- Bis 40 cm
- Bis 16 kg
- Einzelgänger
- Häufig

Nord- und Mittelamerika

Einziger Fleischfresser der Neuen Welt mit einem Greifschwanz

Wickelbär
Potos flavus

SCHUTZSTATUS

Von den 19 Kleinbärenarten stehen 63 % auf der Roten Liste der IUCN, unter den Gefährdungsgraden:

- 1 Ausgestorben
- 7 Stark gefährdet
- 3 Weniger gefährdet
- 1 Keine Angabe

Nordamerikanisches Katzenfrett
Bassariscus astutus

14 bis 16 abwechselnde schwarze und weiße Ringe am Schwanz

Der bewegliche Schwanz dient der Balance

Waschbär
Procyon lotor

Südamerikanischer Nasenbär
Nasua narica

Die Vorderpfoten sind empfindlich und geschickt

HYÄNEN UND ERDWOLF

KLASSE Mammalia
ORDNUNG Carnivora
FAMILIE Hyaenidae
GATTUNGEN 3
ARTEN 4

Die vier Arten der Familie Hyaenidae – Erdwolf, Schabracken-, Streifen- und Tüpfelhyäne – ähneln im Aussehen Hunden. Sie zählen aber zu den katzenartigen Fleischfressern, weil sie mit Katzen und Zibetkatzen näher verwandt sind. Von den langen Vorderbeinen zu den kürzeren Hinterbeinen fällt die Wirbelsäule deutlich zum Schwanz hin ab. Der ziemlich massige Kopf mit der breiten Schnauze trägt kräftige Kiefer und Zähne. Im Gegensatz zu anderen Säugetieren verdauen Hyänen Haut und Knochen. Oft fressen sie an der Beute von Löwen oder anderen Beutegreifern, manchmal fangen sie selbst ein Tier. Tüpfelhyänen bringen gemeinsam sogar große Beute wie Zebras oder Gnus zur Strecke. Der Erdwolf frisst vorwiegend Insekten, mit seiner langen klebrigen Zunge fängt er bis zu 200 000 Termiten pro Nacht.

Afrikanisches Revier Das Verbreitungsgebiet der Streifenhyäne erstreckt sich bis in den Nahen Osten und nach Südasien, doch die anderen Mitglieder der Familie sind auf Afrika beschränkt. Hyänen und Erdwolf findet man meist im Grasland; sie suchen dort Unterschlupf in Höhlen, dichter Vegetation oder verlassenen Bauen. Keine der Arten ist gefährdet, doch sie werden oft verachtet und verfolgt. Das Überleben der Streifenhyäne hängt von Schutzmaßnahmen ab.

Schabrackenhyäne
Hyaena brunnea

Gestreifte Beine

Erdwolf
Proteles cristatus

Bei Gefahr stellt sich die Mähne auf, damit der Erdwolf größer aussieht

Abfallende Wirbelsäule

Die kräftigen Kiefer und Zähne können die Knochen großer Huftiere zerknacken

Streifenhyäne
Hyaena hyaena

Dominante Weibchen Tüpfelhyänen-Weibchen (*Crocuta crocuta*) sind größer als Männchen; die weiblichen Geschlechtsteile sehen aus wie Penis und Hodensack. Weibchen dominieren im Rudel. Die Mutter zieht ihren Nachwuchs allein auf. Mit einigen Monaten kommen die Jungen in einen Gemeinschaftsbau, wo sie bis zur Entwöhnung mit 15 Monaten bleiben.

SIPPENVERBÄNDE

Alle Hyänen leben in Sippenverbänden von mehreren Tieren, die ein Revier teilen. Bei Tüpfelhyänen sind es bis zu 80 Tiere. Ausgeklügelte Duftmarkierungen und Begrüßungsrituale helfen dieses komplizierte soziale System zu bewahren. Treffen sich Streifen- oder Schabrackenhyänen, stellen sie die Mähne auf, beschnüffeln den anderen und beginnen eventuell einen rituellen Kampf.

Schleichkatzen/Mangusten

KLASSE	Mammalia
ORDNUNG	Carnivora
FAMILIEN	2
GATTUNGEN	38
ARTEN	75

Zur Fleischfresserfamilie Viverridae gehören Zibetkatzen, Ginsterkatzen und Linsangs. Früher zählten auch Mangusten dazu, doch sie gelten heute als eigene Familie. Beide Familien sind mit Katzen und Hyänen verwandt, mittelgroß mit langem Hals und Kopf, langem, schlankem Körper und kurzen Beinen. Skelettstruktur und Zahnschema ähneln stark dem der frühesten Fleischfresser, der Innenohrbereich ist weit entwickelt. Die nachtaktiven Schleichkatzen leben auf Bäumen, sie besitzen einen langen Schwanz, einziehbare Krallen und spitze Stehohren. Duftdrüsen im Genitalbereich produzieren bei einigen Arten Öl, das man auch zur Parfümherstellung verwendete. Mangusten leben in offenem Land am Boden und sind tagaktiv. Sie besitzen einen kürzeren Schwanz, nicht einziehbare Krallen und kleine, runde Ohren.

In der Alten Welt Zibetkatzen, Ginsterkatzen und Linsangs der Familie Viverridae und Mangusten der Familie Herpestidae sind in weiten Teilen der Alten Welt heimisch, einige Arten kommen allerdings nur auf Madagaskar vor. Mangusten führte man, als Rattenfänger, auch auf vielen Inseln der Neuen Welt ein, oft mit katastrophalen Folgen. In der Karibik und auf Hawaii ist der Kleine Mungo (*Herpestes javanicus*) heute z. B. ein Schädling, der Geflügel und die einheimische Fauna angreift.

⚡ SCHUTZSTATUS

Während eine Reihe von Schleichkatzen und Mangusten in ihrer Heimat als Schädlinge betrachtet werden, bedroht andere die Zerstörung ihres Lebensraums. Auf Madagaskar, wo man viel Wald rodet, leben 4 bedrohte Arten dieser Familien. Von den 75 Arten von Viverridae und Herpestidae stehen 32 % auf der Roten Liste der IUCN, unter den Gefährdungsstufen:

- 1 Vom Aussterben bedroht
- 8 Stark gefährdet
- 9 Gefährdet
- 6 Keine Angabe

Lebensweise Alle Angehörigen der Familie Viverridae und viele der Familie Herpestidae leben allein oder paarweise. Einige Mangusten leben in Kolonien. Erdmännchen schließen sich zu Gruppen von bis zu 30 Tieren zusammen, die sich gemeinsam um die Jungen kümmern und Wache halten. Reihum erfüllt jeder seine Pflichten.

Großfleckginsterkatze
Genetta tigrina

Das Fell fasziniert in feuchteren Gegenden des Verbreitungsgebiets durch kräftigere Farben und deutlichere Zeichnung

Angolaginsterkatze
Genetta angolensis

Wasserzivette
Osbornictis piscivora

Nackte Handflächen, um Fisch in Spalten aufzuspüren

SCHLEICHKATZEN/MANGUSTEN **SÄUGETIERE** 149

Die Zeichnung des Fells bietet im Dämmerlicht des Waldes Tarnung

Bänderlinsang
Prionodon linsang

Fanaloka
Fossa fossana

Im Schwanz speichert er Fettvorräte für den Winter

Schlichtroller
Diplogale hosei

Kleinfalanuk
Eupleres goudotii

Fleckenroller
Chrotogale owstoni

Bänderroller
Hemigalus derbyanus

Unterscheidet sich vom Fleckenroller durch die fehlenden Flecken

Schwarzer Streifen am Rücken

Tangalunga
Viverra tangalunga

Gestreifter Kragen

AUF EINEN BLICK

Bänderlinsang Das scheue Waldtier schläft unter einer Baumwurzel in einem Nest, das mit Pflanzen ausgepolstert ist. Es frisst vor allem Insekten und kleine Wirbeltiere wie Eichhörnchen, Vögel und Eidechsen.

Bis 45 cm
Bis 40 cm
Bis 800 g
Einzelgänger
Selten

Thailand, Malaysia, Sumatra, Java, Borneo

Fanaloka Junge kommen gut entwickelt zur Welt, mit vollem Fell und offenen Augen. Nach wenigen Tagen laufen sie, nach 1 Monat fressen sie, nach 10 Wochen sind sie entwöhnt.

Bis 45 cm
Bis 21 cm
Bis 2 kg
Paarweise
Gefährdet

N- und O-Madagaskar

Kleinfalanuk Wie der Fanaloka wirft auch das Kleinfalanuk-Weibchen gut entwickelte Junge, die nach 2 Tagen der Mutter folgen. Das Tier frisst Insekten und andere Wirbellose; es legt im Schwanz Fettvorräte für den Winter an, wenn Mangel an Beute herrscht.

Bis 65 cm
Bis 25 cm
Bis 4 kg
Einzelg., Fam.-Gruppe
Stark gefährdet

N- und O-Madagaskar

Fleckenroller Das wenig erforschte Tier scheint vorwiegend am Boden zu leben und Regenwürmer zu fressen. Das auffällige Fell soll vielleicht Feinde vor dem üblen Geruch des Duftstoffes aus den Afterdrüsen warnen.

Bis 72 cm
Bis 47 cm
Bis 4 kg
Einzelgänger
Gefährdet

N-Vietnam, N-Laos, S-China

Bänderroller Der nachtaktive Bänderroller schläft tagsüber in hohlen Bäumen und kommt nachts heraus, um am Waldboden Nahrung zu suchen, vor allem kleine Beute, wie Ameisen, Regenwürmer, Eidechsen und Frösche.

Bis 62 cm
Bis 38 cm
Bis 3 kg
Einzelgänger
Selten

Thailand, Malaysia, Borneo, Sumatra

150 SÄUGETIERE SCHLEICHKATZEN/MANGUSTEN

FOSSA

Der vorherrschende Beutegreifer auf Madagaskar ist der Fossa (*Crytoprocta ferox*). Die wendige Katze verfolgt Lemuren durch die Bäume, jagt aber auch Schlangen, Tenreks und Perlhühner. In der Paarungszeit wartet das Fossa-Weibchen hoch oben auf einem Baum, während die Männchen sich unten versammeln. Dann paart sich das Weibchen fast 3 Stunden lang mit einigen von ihnen.

Balanceakt
Der Schwanz des Fossa ist etwa so lang wie der Körper und hilft ihm bei der Jagd auf Lemuren das Gleichgewicht zu halten.

MASKIERTES SÄUGETIER

Dem Larvenroller in China und Südostasien kommt eine Schlüsselrolle im Ökosystem zu. Als Allesfresser hält er den Bestand an Insekten und kleinen Wirbeltieren in Grenzen und verteilt Samen. Er selbst ist wiederum Beute für Tiger, Falken und Leoparden. Als Schutz vor Feinden dienen ihm die intensiven Duftstoffe aus den Afterdrüsen. Die charakteristische Zeichnung im Gesicht soll vielleicht Feinde vor diesem üblen Geruch warnen.

Einzige Schleichkatze mit einem Greifschwanz

Binturong
Arctictis binturong

Jerdonmusang
Paradoxurus jerdoni

Fleckenmusang
Paradoxurus hermaphroditus

Celebesroller
Macrogalidia musschenbroekii

Pardelroller
Nandinia binotata

Larvenroller
Paguma larvata

Streifenroller
Arctogalidia trivirgata

Eichhörnchen gehören zu seiner Nahrung, ebenso wie Frösche, Vögel, Insekten und Früchte

Katzen

KLASSE	Mammalia
ORDNUNG	Carnivora
FAMILIE	Felidae
GATTUNGEN	18
ARTEN	36

Als perfekte Jäger fressen Katzen fast nur Fleisch, der Anteil ist höher als bei allen anderen Fleischfressern. Ihre großartige Jagdtechnik stellt sie auf allen Kontinenten (außer Australien und der Antarktis) und in vielen Lebensräumen (von der Wüste bis zu arktischen Gebieten) an die Spitze der Nahrungskette. Die Körpergröße variiert in der Familie Felidae, doch nicht die Körperform. Alle Arten besitzen einen kräftigen, muskulösen Körper, ein flaches Gesicht mit großen, nach vorn gerichteten Augen, scharfe Zähne und Krallen, gute Sinne und schnelle Reflexe. Meist belauern sie Beute oder schleichen sich an. Sie leben am Boden, klettern und schwimmen aber gut.

Weltweit verbreitet Wilde Katzenarten sind die dominanten Beutegreifer auf den meisten Kontinenten. Sie fehlen nur in Australien, Ozeanien, Madagaskar, Grönland und in der Antarktis. Heute gibt es Hauskatzen – zuerst vor Tausenden von Jahren in Ägypten domestiziert – außer in der Antarktis überall, verwilderte Tiere schaden heimischen Ökosystemen.

Überraschungsangriff Kleine Katzen wie Rotluchs, Wildkatze und Luchs jagen kleinere Säugetiere wie Nager, Eidechsen und Vögel. Sie schleichen sich lautlos an, springen dann blitzartig auf ihre Beute und töten sie mit einem Biss in den Nacken.

Brüllen und schnurren Mit Brüllen zeigt ein Löwe Herrschaft über ein Revier an. Nur bei Großkatzen ist der Kehlkopf beweglich genug, um ein Brüllen hervorzubringen. Alle Katzen schnurren, Großkatzen können dies nur beim Ausatmen, während kleine Katzen ständig schnurren können.

Weit aufgerissen
Weil Katzen nur selten Pflanzen fressen, besitzen sie keine Mahlzähne. Stattdessen sitzen in ihren kräftigen Kiefern Zähne wie Messer, scharfe, spitze Eckzähne und schneidende Reißzähne. Die raue Zunge mit winzigen Höckern dient dazu, Fleisch von Knochen abzuraspeln und das Fell zu pflegen.

AUSGEZEICHNETE JÄGER

Katzen teilen sich in 3 Unterfamilien: Pantherinae umfasst Großkatzen wie Tiger, Löwen, Leoparden und Jaguare; zu Felinae gehören Pumas (die mitunter größer sind als einige »Großkatzen«), Luchse, Rotluchse und Ozelots; Geparden bilden eine eigene Familie Acinonychinae. Der wichtigste Unterschied zwischen Groß- und Kleinkatzen liegt in der Beweglichkeit des Kehlkopfes, die Großkatzen das Brüllen ermöglicht. Geparden unterscheiden sich durch nicht einziehbare Krallen und ihr rasantes Tempo, das sie schnelle Beute wie Gazellen nach einer kurzen Strecke einholen lässt.

Der Geruchssinn dient der Verständigung, Duftmarken kennzeichnen das Revier. Bei der Jagd verlassen sich Katzen stark auf Sehen und Hören. Die nach vorn gerichteten Augen ermöglichen das Abschätzen von Entfernungen. Eine reflektierende Schicht im Auge und die schnell reagierende Iris lassen Katzen im Dunkeln 6-mal besser sehen als Menschen. Große bewegliche Ohren leiten Geräusche ins Innenohr, das auch leise hohe Töne von Beute wie Mäusen wahrnimmt.

Die ersten Katzen entwickelten sich vor 40 Millionen Jahren und führten sowohl zu den heutigen Arten als auch zu einem Stamm, zu dem der Säbelzahntiger gehörte, ein massiges Tier mit riesigen Eckzähnen, das erst am Ende der letzten Eiszeit vor 10 000 Jahren ausstarb. Man domestizierte Katzen im Nahen Osten vor etwa 7000 Jahren, eine Entwicklung, die sie als Heimtiere fast in die ganze Welt brachte.

⚡ SCHUTZSTATUS

Da Katzen ein großes Gebiet benötigen, um ausreichende Beute zu finden, trifft Lebensraumverlust sie besonders hart. Auch die Jagd forderte bei vielen Arten ihren Tribut. Von den 36 Katzenarten stehen 69 % auf der Roten Liste der IUCN, unter den Gefährdungsgraden:

1	Vom Aussterben bedroht
4	Stark gefährdet
12	Gefährdet
8	Weniger gefährdet

154 SÄUGETIERE KATZEN

AUF EINEN BLICK

Tiger Diese Einzelgänger, die größten aller Katzen, jagen vor allem Beute, die größer ist als sie selbst. Sie können bei der Nahrungssuche bis zu 20 km am Tag zurücklegen und müssen alle 3 bis 5 Tage ein Huftier töten, um ausreichend zu fressen. Tiger leben in unterschiedlichen Lebensräumen, denen eines gemeinsam ist: dichte Vegetation, die diffuses Licht schafft. Die auffälligen Streifen des Tigers helfen ihm, mit dem Hintergrund zu verschmelzen, sodass er sich ungesehen der Beute nähern kann. Diese Tarnung besitzt große Bedeutung, da ein Tiger nicht schneller laufen kann als große Beute und stattdessen die Überraschung nützt. Trotzdem führen nur 5 % aller Angriffe zum Erfolg.

- Bis 3,6
- Bis 1 m
- Bis 360 kg
- Einzelgänger
- Stark gefährdet

Indien bis O-Sibirien
● Frühere Verbreitung

Königstiger
Panthera tigris tigris

Jedes Tier besitzt seine spezielle Zeichnung

Größte aller Katzen

Sibirischer Tiger
Panthera tigris altaica

Das Fell wird im Winter heller

BEDROHTE TIGER

Zu Beginn des 20. Jahrhunderts durchstreiften noch etwa 100 000 Tiger Dschungel, Savanne, Grasland, Mangrovensümpfe, Laubwald und schneebedeckte Nadelwälder Asiens, von der östlichen Türkei bis zum Fernen Osten Russlands. Heute gibt es vermutlich nur noch weniger als 2500 geschlechtsreife Tiere in der Natur. Bali-, Kaspi- und Javatiger – 3 der 8 Tigerunterarten sind heute ausgestorben. Von den übrigen Unterarten ist der Bestand des Chinesischen Tigers auf 20 bis 30 Tiere geschrumpft, Sibirischer und Sumatratiger überleben in jeweils etwa 500 Exemplaren. Den größten Bestand weisen der Bengaltiger (links im Bild) und der Indochinatiger auf, doch selbst diese beiden Arten sind von der Ausrottung bedroht.

Jahrelang erschoss oder vergiftete man Tiger, weil man sie für Schäden verantwortlich machte, ihre Häute sowie andere Körperteile (in der traditionellen asiatischen Medizin verwendet) gute Preise brachten und weil Jäger sie als Trophäen begehrten. Gleichzeitig führte das Anwachsen der einheimischen Bevölkerung zu Zerstörung des Lebensraums und die Jagd zur Verringerung der Zahl an Huftieren, der Hauptbeute des Tigers.

Obwohl der Tiger heute in den meisten Ländern unter gesetzlichem Schutz steht, bedroht ihn Wilderei. Zu den Schutzmaßnahmen zählt die Sicherung des Lebensraums und die Wiedereinführung von Tigern in manchen Gebieten.

KATZEN **SÄUGETIERE** 155

Ruht oft auf Bäumen, um die Hitze des Tages oder andere Beutegreifer zu meiden

Leopard
Panthera pardus

»Schwarze Panther« sind in Wirklichkeit Leoparden, die zu viel dunkle Farbpigmente besitzen

Nebelparder
Neofelis nebulosa

Schneeleopard
Uncia uncia

Jaguar
Panthera onca

Stämmigerer Bau und größerer Kopf und Kiefer als beim Leoparden

Größte Katze der Neuen Welt

AUF EINEN BLICK

Leopard Die verbreitetste Großkatze verdankt ihren Erfolg ihrer vielfältigen Nahrung, zu der Gazellen, Schakale, Paviane, Störche, Nager, Reptilien und Fische gehören. Der geschickte Kletterer schleppt Beute auf hoch gelegene Äste.

- Bis 2,1 m
- Bis 1,1 m
- Bis 90 kg
- Einzelgänger
- Regional häufig

N-Afrika, Afrika südlich der Sahara; S-, SO-Asien

Nebelparder Die weitgehend baumlebende Katze lauert einer Beute, wie Hirschen oder Schweinen, auf. Er fängt auch Primaten und Vögel in den Ästen. Die Art ist die kleinste Großkatze und ihr Brüllen erklingt leiser.

- Bis 1,1 m
- Bis 90 cm
- Bis 23 kg
- Einzelgänger
- Gefährdet

Nepal bis China, SO-Asien

Jaguar Diese Katze der Neuen Welt ähnelt im Aussehen dem Leoparden, lebt aber in ähnlichen Lebensräumen wie der Tiger. In dichter Vegetation am Wasser schleicht er sich an große Beute wie Hirsche und Pekaris an.

- Bis 1,9 m
- Bis 60 cm
- Bis 160 kg
- Einzelgänger
- Weniger gefährdet

Mexiko bis Argentinien

EINGESCHNEIT

In den Bergen Zentralasiens lebt der an große Höhen angepasste Schneeleopard. Seine großen fellbedeckten Tatzen dienen als Schneeschuhe. Bis 5 Junge werden in einer Höhle geboren, die mit dem Fell der Mutter gepolstert ist.

156 SÄUGETIERE KATZEN

AUF EINEN BLICK

Rotluchs Er ist in einigen Teilen seines Verbreitungsgebietes selten, in anderen häufiger. Nachts jagt er Kaninchen und Nager, aber er frisst auch Aas. Am Tag ruht er, oft in einer Höhle.

- Bis 105 cm
- Bis 20 cm
- Bis 31 kg
- Einzelgänger
- Regional häufig

Gemäßigtes Nordamerika bis Mexiko

Eurasischer Luchs Er sucht meist in entlegenen Waldgebieten seine wichtigste Beute, kleine Hirsche. Auch in den Wintermonaten bleibt er aktiv.

- Bis 1,3 m
- Bis 24 cm
- Bis 38 kg
- Einzelgänger
- Weniger gefährdet

Frankr., Balkan, Irak, Skandinavien bis China

Puma Sein einst großes Verbreitungsgebiet beschränkt sich heute auf entlegene Berge. Dort jagt er Virginiahirsche, Elche, Karibus. Er zischt, knurrt, pfeift und schnurrt, aber brüllt nicht.

- Bis 1,5 m
- Bis 96 cm
- Bis 120 kg
- Einzelgänger
- Weniger gefährdet

Kanada bis S-Argentinien und Chile

Caracal Die schnellste Kleinkatze kann 3 m hoch springen, um Vögel aus der Luft zu schnappen. Er stürzt sich auch auf Nagetiere und Antilopen.

- Bis 92 cm
- Bis 31 cm
- Bis 19 kg
- Einzelgänger
- Selten

Afrika, Naher Osten, Indien und NW-Pakistan

EINZIEHBARE KRALLEN

Bis auf den Geparden besitzen alle Katzen einziehbare Krallen, die scharf bleiben, weil sie nur zum Beutefang oder zum Klettern eingesetzt werden.

Rotluchs
Lynx rufus

Kanadaluchs
Lynx canadensis

Eurasischer Luchs
Lynx lynx

Das Fell kann überwiegend gestreift, gefleckt oder einfarbig sein

Das im Winter dichtere, hellere Fell wärmt gut und die fellbedeckten Tatzen erleichtern das Laufen im weichen Schnee

Größte der Kleinkatzen

Puma
Puma concolor

Schwarze Fellbüschel auf den langen, schmalen Ohren

Caracal
Caracal caracal

Pardelluchs
Lynx pardinus

KATZEN **SÄUGETIERE** 157

Fellfarbe und Zeichnung variieren je nach Verbreitungsgebiet; meist rötlich braun oder gräulich mit Flecken an den Flanken oder am ganzen Fell

Afrikanische Goldkatze
Profelis aurata

Rohrkatze
Felis chaus

Lange Beine zur Verfolgung der Beute

Manul
Otocolobus manul

Graukatze
Felis bieti

Schwarzfußkatze
Felis nigripes

Europäische Wildkatzen besitzen meist dunkleres Fell als afrikanische Artgenossen

Die Fußsohlen sind schwarz und mit Fell bedeckt, das vor dem heißen Sand schützt

Sandkatze
Felis margarita

Wildkatze
Felis silvestris

AUF EINEN BLICK

Sandkatze Dieses Wüstentier überlebt unter extrem trockenen Bedingungen. Flüssigkeit liefern ihm die Beutetiere, Nagetiere, Hasen, Vögel und Reptilien, sodass es nicht trinken muss.

- Bis 54 cm
- Bis 31 cm
- Bis 3,5 kg
- Einzelgänger
- Weniger gefährdet

Sahara (N-Afrika)

Wildkatze Diese Art sieht wie eine große Hauskatze aus, aber mit einem breiteren Kopf. Der Einzelgänger jagt vorwiegend nachts Nagetiere, Vögel, kleine Reptilien und Insekten.

- Bis 75 cm
- Bis 35 cm
- Bis 8 kg
- Einzelgänger
- Regional häufig

Afrika, Europa bis W-China und NW-Indien

AUS DER WILDNIS

Im alten Ägypten domestizierte man erstmals Katzen, weil Getreidelager Ratten und Mäuse in die menschlichen Siedlungen lockten. Ihnen folgten Wildkatzen, die man gern duldete, weil sie die Nagetiere unter Kontrolle bekamen. Die Römer verbreiteten Hauskatzen in ganz Europa. Heute gibt es allein in den USA 100 Mio. Haus- oder verwilderte Katzen.

Wilde Katze Obwohl Wildkatzen wesentlich wilder sind als Hauskatzen, behalten auch Letztere den Jagdinstinkt und verwildern auch sehr leicht wieder.

Afrikanische Wildkatze
Sie leben in lichter bewaldeten Lebensräumen als Europäische Wildkatzen und tragen ein helleres Fell.

SCHUTZSTATUS

Kleinkatzen Die Zahl der meisten Kleinkatzen nahm im 20. Jahrhundert drastisch ab. Beim Puma in Florida führte die Zergliederung des Lebensraums zu isolierten Populationen und zu Inzucht. Auch der Pelzhandel wirkte sich aus, insbesondere bei Ozelot und Kleinfleckkatze; er ging allerdings durch verstärktes Käuferbewusstsein zurück.

158 SÄUGETIERE KATZEN

AUF EINEN BLICK

Marmorkatze Diese Katze, die wie eine kleinere Version des Nebelparders wirkt, lebt vorwiegend auf Bäumen und frisst Vögel. Sie versteckt sich im dichten tropischen Wald, deshalb ist nur wenig über ihr Verhalten bekannt.

- Bis 53 cm
- Bis 55 cm
- Bis 5 kg
- Einzelgänger
- Gefährdet

Nepal, NO-Indien, SO-Asien

Asiatische Goldkatze Sie jagt meist kleine Säugetiere und Vögel, doch Paare erlegen auch größere Beute wie Büffelkälber. Die Weibchen werfen 1 oder 2 Junge in einem Bau im hohlen Baum oder zwischen Felsen. Für Katzen ungewöhnlich hilft auch das Männchen bei der Aufzucht der Jungen.

- Bis 105 cm
- Bis 56 cm
- Bis 15 kg
- Einzelgänger
- Gefährdet

Nepal bis China, Indochina, Malaysia, Sumatra

Bengalkatze Die Schwimmkünste dieser Katze erklären wohl ihre Anwesenheit auf vielen asiatischen Inseln. Eine Unterart, die Iriomote-Katze, kommt nur auf den kleinen japanischen Inseln Iriomote und Ryukyu vor.

- Bis 107 cm
- Bis 44 cm
- Bis 7 kg
- Einzelgänger
- Regional häufig

Pakistan, Indien bis China, Korea und SO-Asien

Borneo-Goldkatze Sie ist so selten, dass man sie 1998 erstmals fotografierte. Sie lebt im Dschungel und zwischen Kalkfelsen in der Nähe von Wäldern auf Borneo. Ihr Fell ist meist kastanienbraun, manchmal auch grau.

- Bis 67 cm
- Bis 39 cm
- Bis 4 kg
- Einzelgänger
- Stark gefährdet

Borneo

Fischkatze Sie klopft aufs Wasser, um Fische anzulocken. Sie klettert auf Bäume, taucht kopfüber ins Wasser und fängt mit dem Maul Fische.

- Bis 86 cm
- Bis 33 cm
- Bis 14 kg
- Einzelgänger
- Gefährdet

Indien, Nepal, Sri Lanka, SO-Asien

Marmorkatze *Pardofelis marmorata* — Die Flecken auf dem Fell verschwimmen und hinterlassen einen marmorierten Eindruck

Asiatische Goldkatze *Catopuma temminckii* — Das Fell kann rötlich, golden oder graubraun sein

Bengalkatze *Prionailurus bengalensis*

Rostkatze *Prionailurus rubiginosus*

Iriomote-Katze *Prionailurus bengalensis iriomotensis* — Insel-Unterart der Bengalkatze

Borneo-Goldkatze *Catopuma badia*

Flachkopfkatze *Prionailurus planiceps*

Fischkatze *Prionailurus viverrinus* — An den Vorderpfoten Schwimmhäute zwischen den Zehen

KATZEN **SÄUGETIERE** 159

Kopf eher länglich als rund

Das Fell kann kastanienbraun oder bräunlich grau sein

Wieselkatze
Herpailurus yaguarondi

Ozelotkatze
Leopardus tigrinus

Ozelot
Leopardus pardalis

Langschwanzkatze
Leopardus wiedii

Pampaskatze
Oncifelis colocolo

Chilenische Waldkatze
Oncifelis guigna

Im nördlichen Teil des Verbreitungsgebiets ockerfarbenes Fell, im südlichen Teil silbergraues Fell

Kleinfleckkatze
Oncifelis geoffroyi

Das lange, dichte Fell schützt vor den extremen Bedingungen im Gebirge

Bergkatze
Oreailurus jacobita

AUF EINEN BLICK

Wieselkatze Sie ist nicht eng mit den anderen südamerikanischen Katzenarten verwandt und sieht nicht aus wie eine typische Katze. Der lange schlanke Körper, die kurzen Beine und der sehr lange Schwanz erinnern an einen Marder. Die Wieselkatze ist ein gewandter Kletterer und guter Schwimmer.

- Bis 65 cm
- Bis 61 cm
- Bis 9 kg
- Einzelgänger
- Selten

Arizona, Texas bis S-Brasilien, N-Argentinien

Ozelot Die große Artenvielfalt, die dieser Jäger erbeutet, ermöglicht ihm ein Leben in vielerlei Lebensräumen, vom üppigen Regenwald zum semiariden Unterholz. Das auffallende Fell des Ozelots tarnt ihn in der dichten Vegetation, ließ ihn aber auch zum Ziel der Pelzjäger werden. Der Handel mit seinem Fell ist heute verboten.

- Bis 47 cm
- Bis 41 cm
- Bis 12 kg
- Einzelgänger
- Regional häufig

SO-Texas bis N-Argentinien

Kleinfleckkatze Die wendige Katze kann kopfüber einen Ast entlanglaufen und an den Füßen vom Baum hängen. Der Pelzhandel dezimierte den Bestand, Argentinien exportierte zwischen 1976 und 1979 mehr als 340 000 Felle.

- Bis 67 cm
- Bis 37 cm
- Bis 6 kg
- Einzelgänger
- Weniger gefährdet

S-Bolivien, Paraguay bis Argentinien, Chile

ABWEHR NACH KATZENART

Katzen einer Art versuchen, durch die Kennzeichnung ihres Reviers mit Duftmarken Konflikte zu vermeiden, doch gibt es auch feindliche Begegnungen. Größere Katzen bedrohen kleinere. Bei Gefahr nutzen Katzen Körper und Schwanz sowie den Gesichtsausdruck, um einen Angriff zu verhindern.

Erste Warnung Starren mit großen Augen zeigt, dass die Langschwanzkatze verteidigungsbereit ist.

Letzte Warnung Mit angelegten Ohren und weit offenem Maul, das die Zähne zeigt, gibt die Langschwanzkatze dem Gegner Gelegenheit zum Rückzug.

JAGDSTRATEGIEN

Während einige Fleischfresser vorwiegend Nahrung suchen und von Aas, leicht zu fangenden Wirbellosen oder Pflanzen leben, jagen die meisten wenigstens gelegentlich Wirbeltiere und viele können Tiere erlegen, die deutlich größer sind als sie selbst. Diejenigen, die kleine Säugetiere, Vögel und Reptilien fangen, jagen allein, während größere Beute häufig zu vereinten Anstrengungen führt. Die Jagd in der Gruppe ist am weitesten verbreitet bei Hunden, Löwen und Tüpfelhyänen, während Kleinbären, Mangusten, Schleichkatzen, Marder, Schabracken- und Streifenhyänen und die meisten Katzen eher als Einzelgänger jagen. Hunde nehmen kleine Beute zwischen die Kiefer und schütteln sie, um das Genick auszurenken, größere Beute packen sie an der Kehle oder der Nase, oder sie reißen ihr den Bauch auf. Fast alle Katzen schlagen ihre Eckzähne in den Hals ihres Opfers. Wiesel, Schleichkatzen, Mangusten und Jaguare beißen sich im Nacken fest, damit Krallen und Zähne der Beute sie nicht erreichen. Größere Fleischfresser müssen nur alle paar Tage eine sättigende Beute machen. Um ausreichend Nahrung zu finden, müssen diese Beutegreifer, je nach Nahrungsangebot, oft weite Strecken zurücklegen. Löwen und Tiger z. B. suchen in einem Gebiet von 20 bis 500 qkm und legen bis zu 20 km am Tag zurück.

Keine Regel ohne Ausnahme Die meisten großen Fleischfresser erbeuten Wirbeltiere. Insekten sind zwar eine leichte Beute, doch sie reichen höchstens für Fleischfresser, die nicht größer als ein Dachs oder Erdwolf sind. Der Lippenbär ist wenigstens 5-mal so groß wie der Dachs, doch er ernährt sich vor allem von Wirbellosen. Mit den muskulösen Gliedmaßen und den langen gebogenen Krallen reißt er Termitenbauten auf und bekommt Tausende Insekten auf einmal.

Hyänen-Variationen Schabracken- und Streifenhyänen ernähren sich weitgehend von Aas, ergänzt durch Wirbellose und kleine Beute. Deshalb gehen sie allein auf Nahrungssuche, da es in der Gruppe zu starker Konkurrenz käme. Die größeren Tüpfelhyänen jagen dagegen größere Beute wie Zebras, Gnus, Spießböcke und Impalas. Ist die Beute wesentlich größer als sie selbst, erlegen Hyänen sie gemeinsam. Auch wenn es sich bei der Beute nur um ein junges, kleineres Tier handelt, das von einer einzigen Hyäne überwältigt werden könnte, begnügen sich mehrere Hyänen mit dieser Beute. Die gemeinsame Jagd vermeidet unnötiges Töten.

Familienangelegenheit Tüpfelhyänen leben in Gruppen von bis zu 80 Tieren, doch die Jagdgruppen sind kleiner und bestehen aus engen Verwandten. So kommt die Jagdbeute eher verwandten als fremden Hyänen zugute.

Wilde Jagd Hyänen verfolgen ihre Beute über eine Strecke von 3 km mit bis zu 60 km/h, bis sie ermüdet und einem Angriff leichter zum Opfer fällt. Nur ein Drittel solcher Verfolgungsjagden endet mit einem Erfolg des Hyänenrudels.

Todesstoß Hyänen konzentrieren sich meist auf junge, schwache, kranke oder verletzte Huftiere, die sie von der Herde trennen. Kommt die Beute ins Straucheln, beißen die Verfolger blitzartig zu und reißen ihr den Bauch auf.

FLEISCHFRESSER **SÄUGETIERE** 161

Überfall Selbst wenn ein Rudel Tüpfelhyänen ein Tier erlegt, ist ihnen die Mahlzeit noch nicht sicher. Ihre Hauptkonkurrenten sind Löwen, die gleiche Beutetiere jagen. Das Streiten der Hyänen lockt sie an und sie stehlen die Beute. Ein Rudel schreiender Hyänen, das Schulter an Schulter vorgeht, vertreibt vielleicht Löwen-Weibchen oder jüngere Tiere, doch den Männchen müssen sie ihre Mahlzeit überlassen.

Schnelle Fresser Sind Tüpfelhyänen ungestört, schlingen sie gierig. Sie vertilgen bis zu einem Drittel ihres eigenen Gewichts an Fleisch. Oft verstecken sie Teile des Kadavers für später in schlammigem Wasser.

Resteverwertung Wenn Hyänen ihre Beute an Löwen verlieren, warten sie, bis diese mit Fressen fertig sind, und kehren dann zu den Resten zurück. Der massige Schädel mit dem starken Kiefer ermöglicht es Hyänen, die kräftigen Zähne in die zähe Haut der großen Beute zu schlagen und Knochen zu zerbrechen, um ans Mark zu gelangen. Ihr saures Verdauungssystem entzieht den Knochen alle Nährstoffe.

Nicht wählerisch Einige Fleischfresser sind reine Nahrungsspezialisten, doch andere nehmen die unterschiedlichste Beute, die sich ihnen gerade bietet. Der Nerz jagt im Wasser Krustentiere und Fische, an Land Kaninchen, Vögel und Kleinsäuger in ihren Bauen. Wenn allgemein Nahrungsknappheit herrscht, leidet der Nerz unter der Konkurrenz der Spezialisten, findet aber in den meisten Fällen eine andere Nahrungsquelle.

Erfolg und Scheitern Beutegreifer versuchen, ihre Beute zu überlisten, müde zu machen oder zu überwältigen, doch die meisten Jagden bleiben erfolglos. Der Gepard legt kurze Strecken sehr schnell zurück, doch er überhitzt in knapp 1 Minute und muss rasten. Wenn die Beute so lange vor ihm bleiben kann, schafft sie es zu entfliehen.

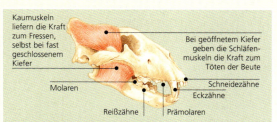

ZÄHNE DER FLEISCHFRESSER
Die Kiefer und das Gebiss der Fleischfresser sind hervorragend an ihre Nahrung angepasst. Die Kiefer sind extrem kräftig, sie können bei weit offenem Maul Beute ersticken oder deren Knochen zerquetschen. Sie haben genug Kraft, um Fleisch zu zerschneiden. Die meisten Fleischfresser besitzen 44 Zähne: 3 Schneidezähne, 1 Eckzahn, 4 Prämolaren und 3 Molaren auf jeder Seite jeden Kiefers. Der letzte Prämolar im Oberkiefer und der erste Molar im Unterkiefer bilden die Reißzähne, Höcker mit Spitzen, die wie Scheren durch Fleisch schneiden. Bei den Arten, die vor allem Insekten oder Pflanzen fressen, sind die entsprechenden Zähne zum Mahlen abgeflacht. Vorwiegend in der Katzenfamilie sind die Eckzähne sehr groß und werden in die Beute gestochen.

HUFTIERE

KLASSE	Mammalia
ORDNUNGEN	7
FAMILIEN	28
GATTUNGEN	139
ARTEN	329

Vor etwa 65 Mio. Jahren begann eine Ordnung von Huftieren namens Condylarthra sich in viele verschiedene Ordnungen zu teilen, von denen 7 bis heute bestehen. Von diesen Huftieren besitzen nur 2 Ordnungen echte Hufe: die Unpaarhufer (Perissodactyla), zu denen Pferde, Tapire und Nashörner gehören, und die Paarhufer (Artiodactyla), die u. a. Schweine, Nilpferde, Kamele, Hirsche, Rinder, Schafe und Ziegen umfassen. Außerdem gibt es die folgenden 5 Ordnungen, von denen jede ihre Eigenheiten besitzt: Elefanten (Proboscidea), Erdferkel (Tubulidentata), Schliefer (Hyracoidea), Dugongs und Manatis (Sirenia) und Waltiere (Cetacea).

Herr des Harems Wie viele andere Huftiere beanspruchen Zebras ein Revier und leben in Harems von mehreren Stuten, die ein Hengst beherrscht. Der Hengst schützt seinen Harem vor Aufmerksamkeiten anderer Hengste durch Beißen und Treten.

Mineralstoffe Bergziegen, Hirsche und andere Huftiere sammeln sich oft alle an besonders mineralstoffreichen Salzlecken. Man vermutet, dass sie durch das Lecken am Stein Nährstoffe aufnehmen, die in ihrer Pflanzennahrung nicht enthalten sind.

HUFE UND HERDEN

Unpaarhufer und Paarhufer sind enger miteinander verwandt als mit anderen Huftieren. Sie stehen beide auf den Zehenspitzen, die sich in Hufen befinden. Zusammen mit den verlängerten Mittelfußknochen verlängert dieser Zehengang das Bein und ermöglicht ausgreifendere Schritte und größeres Tempo. Als vorherrschende Pflanzenfresser an Land müssen Huftiere schneller und länger rennen können als die allermeisten großen Beutegreifer. Sie besitzen bewegliche Ohren, scharfes binokulares Sehen und einen ausgezeichneten Geruchssinn, durch die sie Gefahren früh erkennen.

Als weitere Überlebensstrategie bilden viele Huftiere im Grasland große Herden. Das Leben in der Gruppe erhöht die Chancen, einen Feind zu entdecken, und verringert die Gefahr des einzelnen Tieres, erbeutet zu werden. Große Herden sind nur auf offenen Ebenen sinnvoll, wo die Tiere engen Kontakt halten können. Zahlreiche Huftiere im Wald leben in kleinen Familiengruppen oder als Einzelgänger.

Fast alle Huftier-Arten fressen Pflanzen und ihre Zähne sind zum Mahlen geeignet. Ihr spezialisiertes Verdauungssystem kann Zellulose aufschließen, den für andere unverdaulichen Stoff aus den Zellwänden der Pflanzen. Mikroorganismen verdauen die Nahrung im Hinterdarm oder einer speziellen Magenkammer. Wiederkäuer wie Hirsche würgen das vorverdaute Futter wieder hoch und kauen es ein zweites Mal.

Elefanten, Schliefer und Erdferkel besitzen keine echten Hufe und sind keine Zehengänger. Während bei Elefanten nur die Zehenknochen (in Gewebe eingelagert) den Boden berühren, laufen Schliefer und Erdferkel auf der ganzen Sohle.

Waltiere, Dugongs und Manatis entwickelten sich mit stromlinienförmigem Körper und Flossen für das Leben im Wasser. Waltiere ordnete man erst in jüngster Zeit den Huftieren zu, weil genetische Studien zeigten, dass sie eng mit den Flusspferden verwandt sind. Einige Experten schlugen vor, sie mit den Paarhufern zu einer Ordnung Certartiodactyla zusammenzufassen.

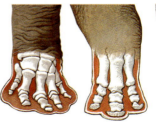
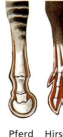

Elefant   Nashorn   Pferd   Hirsch

Zehen und Hufe Elefanten besitzen einen breiten Fuß mit 5 Zehen, der auf einem elastischen Sohlenpolster ruht. »Echte« Huftiere haben höchstens 4 Zehen, die einen Huf bilden. Unpaarhufer besitzen 3 Zehen (wie das Nashorn) oder 1 Zehe (wie das Pferd), Paarhufer 2 oder 4 Zehen, die zu einem gespaltenen Huf zusammengewachsen sind (wie beim Hirsch).

HUFTIERE SÄUGETIERE

Domestizierte Huftiere Schafe und Ziegen domestizierte man um 7500 v. Chr., Rinder wenig später. Insgesamt gibt es etwa 15 domestizierte Huftierarten, die weltweit vorkommen. Doch ihr Vordringen führte zu einer Veränderung der Landflächen und fand auf Kosten der wilden Huftiere statt – z. B. machen heute 4 Rinderarten mehr als 90 % der Huftiere in der afrikanischen Savanne aus.

Blätter und Gras Ein Teil der Huftiere sucht sich seine Nahrung an Bäumen und Büschen, ein anderer frisst Gras – manche nehmen auch beides. Afrikanische Elefanten konzentrieren sich in der Regenzeit auf Savannengräser und wenden sich in der Trockenzeit den holzigen Teilen von Bäumen und Büschen zu.

Gut entwickelte Junge Schweine haben in einem Wurf mehrere Junge, doch die meisten Huftiere bringen nur ein Junges zur Welt, das schon bald steht, sieht und hört. Impala-Weibchen ziehen sich zum Kalben zurück, schließen sich aber mit ihren Kälbern nach einem Tag wieder der Herde an.

Verdauung Bei Huftieren wird die Zellulose der Pflanzen von im Verdauungssystem lebenden Mikroorganismen aufgeschlüsselt. Viele Paarhufer wie Hirsche, Rinder und Schafe sind Wiederkäuer. Zu ihrem mehrkammerigen Magen gehört der Pansen, in dem Mikroorganismen die Nahrung fermentieren, bevor sie hochgewürgt und ein zweites Mal gekaut wird. Beim Wiederkäuer dauert die Verdauung bis zu 4 Tage und nützt die Nährstoffe bestmöglich aus. Unpaarhufer wie Pferde, Nashörner und Tapire verdauen die Nahrung im Hinterdarm (Blinddarm und Dickdarm). Dabei wird die Nahrung in nur 2 Tagen weniger gut genützt, deshalb müssen Unpaarhufer sehr viel fressen.

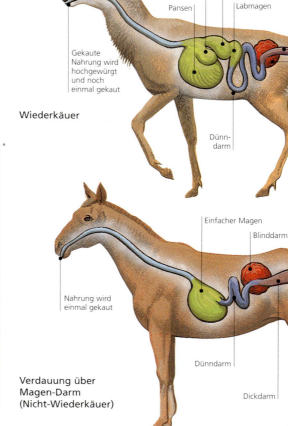

Wiederkäuer

Verdauung über Magen-Darm (Nicht-Wiederkäuer)

RÜSSELTIERE

KLASSE Mammalia
ORDNUNG Proboscidea
FAMILIE Elephantidae
GATTUNGEN 2
ARTEN 2

Die bis zu 6,3 Tonnen schweren Elefanten sind die größten Landtiere der Welt. Ihren massigen Körper tragen 4 säulenförmige Beine mit breiten Füßen. Am riesigen Kopf sitzen große, fächerförmige Ohren und der lange, biegsame Rüssel. Die aderndurchzogenen Ohren helfen dem Tier Hitze abzugeben und werden an heißen Tagen bewegt. Der Rüssel, eine Verbindung aus Nase und Oberlippe, hat mehr als 150 000 Muskelfasern und hebt feine Zweige ebenso auf wie schwere Stämme. Elefanten werden bis zu 70 Jahre alt, älter als alle anderen Säugetiere. Ihre Langlebigkeit und ihre Kraft ebenso wie ihre Intelligenz und ihr Lernvermögen förderten ihre Domestizierung.

GEFAHR HALB GEBANNT
Lebensraumverlust bedroht beide Elefantenarten, doch der Afrikanische Elefant wurde durch die schönen Stoßzähne auch zum Hauptziel des Elfenbeinhandels. Die kenianische Regierung ließ massenweise von Wilderern erbeutete Stoßzähne verbrennen (unten). Der Handel mit Elfenbein wurde zeitweilig verboten.

Asiat. Elefant   Afrikan. Elefant

Biegsamer Rüssel Den sehr geschickten Rüssel nutzt der Elefant zum Streicheln, Heben, Fressen, Riechen, als Schnorchel, als Waffe und um Töne von sich zu geben. Der Rüssel des Asiatischen Elefanten hat einen »Finger«, der des Afrikanischen zwei.

Enge Bindung Elefantenkühe werfen meist nur ein Junges, und das nach einer Tragzeit von 18 bis 24 Monaten – der längsten aller Säugetiere. Das Kalb wird allmählich entwöhnt und trinkt manchmal noch bis zu 10 Jahre bei seiner Mutter. Kühe bleiben bei der Herde der Mutter, Bullen verlassen sie mit etwa 13 Jahren.

Gemeinsame Fürsorge
Die Elefantenkühe einer Herde teilen sich die Sorge für die Jungen und bilden einen Ring um sie, damit sie vor Gefahr geschützt sind.

Rasches Wachstum *Mit 6 Jahren wiegt ein junger Elefant etwa 1 Tonne. Ab dem 15. Lebensjahr verlangsamt sich das Wachstum, hört aber nie ganz auf.*

SOZIALSTRUKTUREN

Die Ordnung Proboscidea tauchte vor etwa 55 Mio. Jahren auf. Zu ihr gehörten die riesigen Mastodons und die Mammuts. Die Angehörigen der Ordnung kamen in unterschiedlichsten Lebensräumen vor, von Polargebieten bis zum Regenwald. Zu irgendeiner Zeit gab es sie auf allen Kontinenten, außer Australien und der Antarktis. Heutige Elefanten beschränken sich auf Wälder, Savannen, Grasland und Wüsten in Afrika und Asien.

Für die nötige Nahrungsmenge suchen Elefanten täglich 18 bis 20 Stunden. Ein erwachsenes Tier frisst bis zu 150 kg Pflanzen und trinkt 160 l Wasser am Tag.

Soziale Grundstruktur ist die Familiengruppe aus verwandten Kühen und ihrem Nachwuchs, angeführt von einer Matriarchin. Erwachsene Bullen besuchen diese Gruppen nur zur Paarung, die restliche Zeit verbringen sie allein oder in Junggesellenherden. Einige Familiengruppen bilden größere Herden. Zur Pflege sozialer Bindungen kommunizieren Elefanten über Berührung (etwa durch Verschlingen der Rüssel), Töne (manche sind so tief, dass der Mensch sie nicht hört, und klingen über 4 km weit) und Haltungen (z. B. Hochheben des Rüssels als Warnung).

Geschlechtsreife Elefantenbullen haben Zeiten der Musth, wenn ihr Testosteronspiegel hoch ist und die Schläfendrüsen ein übel riechendes Sekret abgeben. Sie sind aggressiver und legen weite Strecken auf der Suche nach einer Partnerin zurück.

RÜSSELTIERE **SÄUGETIERE** 165

Gerader Rücken oder mit leichtem Höcker

Asiatischer Elefant
Elephas maximus

Oft versteckt Staub, den das Tier auf sich wirft, oder Schlamm, in dem es sich wälzt, die Hautfarbe

Nur Bullen tragen Stoßzähne

Bei Gefahr rennt er mit hoch gerecktem Schwanz davon, möglicherweise als Signal für die Herde

Mit den Stoßzähnen wird Rinde von Bäumen entfernt, abgefallene Äste bewegt, Zweige markiert, nach Wasser gegraben und gekämpft

4 Nägel am Hinterfuß

Schwerer und größer als der Asiatische Elefant

Größere Ohren als der Asiatische Elefant

Leicht durchgebogener Rücken

Bullen und Kühe tragen Stoßzähne

Rüssel nicht ganz so muskulös wie beim Asiatischen Elefanten

Das Junge kann der Mutter wenige Tage nach der Geburt schon folgen

Afrikanischer Elefant
Loxodonta africana

3 Nägel am Hinterfuß

AUF EINEN BLICK

Asiatischer Elefant Diese Art, kleiner als der Afrikanische Elefant, ist enger mit dem ausgestorbenen Mammut verwandt. Stoßzähne fehlen bei der Kuh. Kühe leben in matriarchalischen Herden mit 8 bis 40 Müttern, Töchtern und Schwestern. Bullen leben oft allein oder in Gruppen mit bis zu 7 Bullen und schließen sich den Kühen zur Paarung an. Elefanten verständigen sich oft über Töne; sie halten den Kontakt über weite Entfernungen mit Rufen in tiefer Frequenz; Töne höherer Frequenz vermitteln ihre Stimmung; lautes Trompeten bedeutet Alarm.

- Bis 6,4 m
- Bis 3 m
- Bis 5,4 t
- Variabel
- Stark gefährdet

Indien bis SW-China, SO-Asien

Afrikanischer Elefant Man findet ihn in Wüsten, Wäldern, Flusstälern, Sümpfen und Savannen, doch die Art überlebt vorwiegend in Schutzgebieten. Die Wilderei ließ die Zahlen rasch zurückgehen, in Kenia sank die Population von 167 000 Tieren 1970 auf 22 000 1989. Im offenen Lebensraum, vor allem zur Regenzeit, bilden sich vorübergehend Herden von Hunderten von Elefanten. Tiere, die im Wald leben, sind meist kleiner und bilden kleinere Familiengruppen.

- Bis 7,5 m
- Bis 4 m
- Bis 6,3 t
- Variabel
- Stark gefährdet

Afrika südlich der Sahara

IM KOPF

Der massive Schädel enthält luftgefüllte Hohlräume, um sein Gewicht zu verringern. Die Stoßzähne sind verlängerte, fest verankerte Schneidezähne. Molaren werden wie am Fließband ersetzt, dabei entwickeln sich hinten neue Zähne und wandern langsam nach vorn, um abgearbeitete zu ersetzen.

Mahlender Kiefer Wie andere Huftiere bewegt der Elefant beim Kauen den Kiefer seitlich statt auf und ab – im Gegensatz zu den meisten Säugetieren.

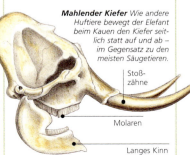

Stoßzähne

Molaren

Langes Kinn

SIRENEN (SEEKÜHE)

KLASSE	Mammalia
ORDNUNG	Sirenia
FAMILIEN	2
GATTUNGEN	3
ARTEN	5

Man vermutet, dass sie den Mythos von den Meerjungfrauen inspirierten. Die Meeressäugetiere der Ordnung Sirenia sind träge, sanft und kommen nie an Land. Sie sind die einzigen Säugetiere, die sich vorwiegend von Gräsern und anderen Pflanzen im flachen Wasser ernähren. Dies erklärt vielleicht die geringe Vielfalt der Ordnung, da Seegras deutlich weniger Varianten bietet als Gräser an Land. Die 4 überlebenden Arten kommen in den warmen Gewässern der Tropen und Subtropen vor. Der Dugong lebt nur im Meer, der Flussmanati nur im Süßwasser des Amazonas. Den Westafrikanischen und den Nagelmanati gibt es im Süßwasser, in Flussmündungen und im Meer.

⚡ SCHUTZSTATUS

Das sanfte Wesen und das köstliche Fleisch von Sirenen führte zu übermäßiger Jagd. Heute stehen die Seekühe unter Schutz, doch es wird gewildert. Alle 5 Arten finden sich auf der Roten Liste der IUCN:

- 1 Ausgestorben
- 4 Gefährdet

Fürs Wasser geformt Der Dugong besitzt einen stromlinienförmigen Körper mit paddelähnlichen Flossen statt Vorderbeinen. Seine Schwanzfluke ähnelt der des Delfins; der Schwanz des Manati erinnert mehr an den des Bibers. Beide Arten bewegen sich meist langsam durch das Wasser, um Energie zu sparen, doch sie können auch rasch schwimmen, um Gefahren zu entfliehen.

Seltene Mutterschaft Dugongs und Manatis pflanzen sich selten fort, deshalb gehen ihre Zahlen zurück. Weibchen werfen nur ein Kalb auf einmal und brauchen 2 oder mehr Jahre bis zur nächsten Trächtigkeit. Ein Kalb trinkt bis zu 2 Jahre bei der Mutter und lernt Nahrungsquellen und Wanderrouten durch sie kennen.

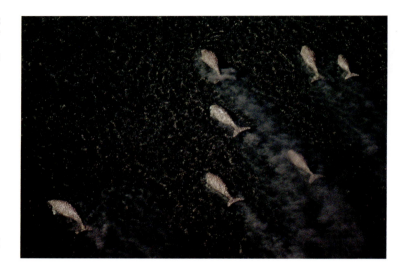

Grasen Der Nagelmanati schwimmt wie alle Seekühe langsam durchs Wasser und frisst Wasserpflanzen und Seegras. Er ortet die Nahrung mithilfe der empfindlichen borstenähnlichen Haare an der Schnauze. Mit den muskulösen Lippen fasst er Pflanzen und schiebt sie ins Maul.

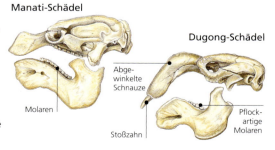

Verschiedene Schädel Manatis haben Molaren, für die neu gewachsener Ersatz von hinten nachgeschoben wird. Der Dugong-Schädel besitzt eine steile Schnauze mit einigen pflockähnlichen Molaren, die lebenslang wachsen. Bei Männchen bilden die Schneidezähne Stoßzähne.

Manati-Schädel — Molaren
Dugong-Schädel — Abgewinkelte Schnauze, Stoßzahn, Pflockartige Molaren

SANFTE PFLANZENFRESSER

Wie andere Meeressäugetiere besitzen Seekühe einen stromlinienförmigen Körper, Flossen und einen abgeflachten Schwanz. Sie kommen an die Oberfläche, um durch Atemlöcher oben auf dem Kopf Luft zu holen. Der Kopf einer Seekuh erinnert an den eines Schweins; mit der Schnauze gräbt das Tier Graswurzeln aus dem Grund. Die Schnauze des Dugong steht in solch einem Winkel, dass er nur vom Boden fressen kann, Manatis bedienen sich dagegen auf allen Wasserebenen.

Die Zähne der Seekühe sind auf verschiedene Arten für das Kauen großer Mengen von Pflanzenmaterial eingerichtet. Der Dugong zerkleinert die Nahrung mit rauen, verhornten Platten in seinem Maul, bevor er sie mit den pflockähnlichen Molaren, die lebenslang wachsen, zermahlt. Manatis kauen mit den vorderen Molaren, für die von hinten neue Zähne nachrutschen, wenn sie abgerieben sind.

Seekühe haben einen einfachen Magen und einen extrem langen Darm. Die Pflanzennahrung wird im hinteren Teil des Darms durch Mikroorganismen aufgeschlossen, wie bei Pferden und anderen Unpaarhufern. Damit die Gas produzierende Nahrung nicht zu viel Auftrieb verleiht, haben Seekühe sehr dichte, schwere Knochen.

Da Seekühe schlecht sehen, vertrauen sie für die Nahrungssuche auf den Tastsinn. Sie hören unter Wasser gut, der Klang wird durch den Schädel und die Kieferknochen geleitet. Sie quieken, um sich zu verständigen, doch man weiß nicht, wie sie ohne Stimmbänder die Töne produzieren.

Einige Seekühe sind Einzelgänger, doch meist leben sie zu etwa 12 Tieren in losen Gruppen. Mitunter bilden solche Gruppen Herden von 100 und mehr Tieren.

Da sie kaum natürliche Feinde besitzen, ist die Größe die einzige Verteidigung der Dugongs und Manatis. So wurden sie leichte Ziele für den Menschen. Es gibt nur noch etwa 130 000 Tiere, weniger als von jeder anderen Säugetierordnung.

SIRENEN (SEEKÜHE) **SÄUGETIERE** 167

Westafrikanischer Manati
Trichechus senegalensis

Paddelähnlicher Schwanz

Weniger massig als ein Manati

Fluke

Dugong
Dugong dugon

Keine Nägel auf den Flossen

Dicke, harte Haut, oft mit Falten

Nasenlöcher lassen sich unter Wasser verschließen

Nagelmanati
Trichechus manatus

Nägel auf den Flossen

Flussmanati
Trichechus inunguis

Steife Borsten auf den großen beweglichen Lippen

AUF EINEN BLICK

Westafrikanischer Manati Die wenig erforschte Art soll wenigstens teilweise nachtaktiv sein. Sie lebt in Küstengewässern und Flüssen, sie frisst dicht unter oder an der Wasseroberfläche.

- Bis 4 m
- 200 bis 600 kg
- Einzelg., Fam.-Grupp.
- Gefährdet

W-afrikanische Küste, Niger (Fluss)

Dugong Das ursprüngliche Verbreitungsgebiet der Art, das sich mit der Hauptnahrung, dem Seegras, deckte, ist heute stark eingeschränkt. Dugongs grasen meist auf dem Meeresboden.

- Bis 4 m
- 250 bis 900 kg
- Variabel
- Gefährdet

Rotes Meer bis SW-pazifische Inseln

Nagelmanati Diese Art wechselt zwischen Süß- und Salzwasser-Lebensräumen. Ist ein Weibchen paarungsbereit, folgen ihm etwa 20 Männchen und buhlen bis zu 1 Monat lang um seine Aufmerksamkeit.

- Bis 4,5 m
- 200 bis 600 kg
- Einzelgänger
- Gefährdet

Georgia und Florida bis Brasilien; Orinoco

Flussmanati Nur wenige Pflanzen wachsen im trüben Wasser des Amazonas, deshalb frisst dieser Manati vor allem Vegetation an der Wasseroberfläche wie Wasserhyazinthen.

- Bis 2,8 m
- 350 bis 500 kg
- Einzelgänger
- Gefährdet

Amazonasbecken

AUSGESTORBENE SEEKUH

Die Stellersche Seekuh (*Hydrodamalis gigas*) wurde 1741 erstmals von Europäern gesichtet und starb durch Jagd 1786 aus. Sie war die größte aller Seekühe und wog bis 10 t.

Pferde

KLASSE	Mammalia
ORDNUNG	Perissodactyla
FAMILIE	Equidae
GATTUNG	1
ARTEN	9

Pferde, Zebras und Esel der Familie Equidae vertrauen auf ihre Größe, ihre Schnelligkeit und die Herdenbildung, um Feinden zu entfliehen. Das Gewicht der Tiere ruht in jedem Fuß auf der Spitze einer einzelnen Zehe – daher der federnde Gang. Die Knochen im Kniegelenk sind so angeordnet, dass sie ein »Verschließen« erlauben, damit das Pferd ohne Muskelanstrengung lange Zeit stehen kann. Für seine Ernährung mit Gras und anderen Pflanzen hat das Pferd Schneidezähne zum Abbeißen der Pflanzen und Backenzähne mit Furchen zum Mahlen. Zellulose wird im Hinterdarm verdaut, sodass die Tiere von der reichlichen, aber nährstoffarmen Kost trockener Gebiete leben.

Wild und verwildert Wilde Pferdearten leben in Savannen und Wüsten Afrikas und Asiens. Sie bilden meist Herden in großen Gebieten. Man jagte sie wegen des Fleischs und Fells und als Konkurrenz auf Weideland. Dadurch sind die meisten Arten stark gefährdet. Verwilderte Herden domestizierter Pferde kommen auf allen Erdteilen außer der Antarktis vor.

ENTWICKLUNG

Alle Pferdearten sind von dichtem Fell bedeckt, mit einer Mähne an ihrem langen Hals. Das Fell der meisten Arten ist einfarbig, doch Zebras erkennt man sofort an ihren auffallenden schwarzen und weißen Streifen. Die seitlich am Kopf sitzenden Augen bieten bei Tag und Nacht eine gute Rundumsicht, die beweglichen Stehohren mit dem scharfen Gehör achten auf Gefahr. Pferde sind Fluchttiere, aber treten und beißen im Verteidigungsfall. Der Kommunikation dienen Wiehern, Schnauben und Röhren. Auch Schwanz-, Ohren- oder Maulstellung spielen bei der Verständigung eine Rolle, ebenso der Geruch.

Das erste pferdeähnliche Tier, ein etwa hundegroßes Säugetier, tauchte vor etwa 54 Mio. Jahren auf. Die Entwicklung fand vor allem in Nordamerika statt und führte vor etwa 5 Mio. Jahren zu einem einzehigen pferdeähnlichen Tier. Pferde zogen nach Afrika und Asien, wo später die heutigen Zebra- und Eselarten auftauchten. Am Ende der Eiszeit waren Pferde in Nordamerika verschwunden, erst die Europäer führten sie wieder ein.

Vor 3000 v. Chr. domestizierten Menschen in Nahost Esel, doch kaum 500 Jahre später kamen die schnelleren und stärkeren domestizierten Pferde aus Zentralasien. Sie revolutionierten Ackerbau, Transport, Jagd und Kriegführung. Heute sind praktisch alle Wildpferde verwilderte domestizierte Pferde.

Harem Wilde Pferde, wie z. B. Burchell- und Bergzebras, leben in festen Gruppen aus Stuten und ihren Fohlen, geführt von einem Hengst. Die Stuten sind meistens nicht verwandt und wurden aus ihrer Familiengruppe entführt. Erwachsene Grevy-Zebras und Esel bilden vorübergehende Gemeinschaften.

Das letzte Wildpferd Das domestizierte Pferd stammt vom Tarpan (*Equus ferus*) ab. Nur ein Tarpan überlebte bis heute: das Przewalskipferd (*E. f. przewalskii*), eine Unterart, die in der Mongolei lebte, heute aber nur noch in Zoos oder in einigen ausgewilderten Populationen vorkommt.

Gegenseitige Fellpflege Domestizierte und wilde Pferde betrachten die gegenseitige Fellpflege als Festigung ihrer sozialen Bindungen. Hier beknabbern 2 Fohlen Schultern und Widerrist. Ihre Position erlaubt es ihnen, auf Feinde zu achten.

PFERDE SÄUGETIERE

Kiang *Equus kiang*
Fell im Sommer rot, im Winter stärker ins Braun gehend und länger
Größter Wildesel

Onager *Equus onager*

Afrikanischer Wildesel, domestizierte Form *Equus africanus*

Afrikanischer Wildesel *Equus africanus*
Das Fell ist gräulich, bräunlich oder rötlich mit weißer Unterseite
Manche Esel haben gestreifte Beine

Asiatischer Halbesel *Equus hemionus*
Der Hengst schiebt die Oberlippe hoch, um eine paarungsbereite Stute am Geruch zu erkennen

Großer Kopf mit kurzer, stehender Mähne und keine Haare in der Stirn

Die Wildform ist kürzer und stämmiger als die domestizierte Form

Asiatischer Halbesel *Equus hemionus*

Tarpan *Equus ferus*

AUF EINEN BLICK

Kiang Eine alte Stute führt Herden von bis zu 400 Stuten an. Hengste leben meist allein, im Winter gelegentlich auch in kleinen Gruppen. In der Paarungszeit im Sommer folgen Hengste den großen Herden und kämpfen miteinander um das Recht zur Paarung.

- Bis 2,5 m
- Bis 1,4 m
- Bis 400 kg
- Herde
- Gefährdet

Tibetisches Hochland

Onager Mit einem Tempo von etwa 70 km/h, das er über kurze Zeit hält, ist dieser Wildesel die schnellste Art. Er lebt in ariden Regionen und sammelt sich in großen Herden ohne feste Bindung der adulten Tiere. Fohlen werden bis etwa 18 Monate gesäugt, nur die Hälfte überlebt das erste Lebensjahr.

- Bis 2,5 m
- Bis 1,4 m
- Bis 260 kg
- Herde
- Selten

Indien, Iran; wiedereingeführt in Turkmenistan

Afrikanischer Wildesel In seiner Wildform ist er mit nur noch 3000 Tieren selten. Man domestizierte das trittsichere Tier vor etwa 6000 Jahren und verwendet es noch heute als Lasttier. Der Esel ist ausdauernd und kann über einen langen Zeitraum in heißem Klima mit wenig Nahrung und Wasser überleben. Verwilderte Populationen, die vom domestizierten Esel abstammen, gibt es in unterschiedlichen Gebieten.

- Bis 2 m
- Bis 1,3 m
- Bis 250 kg
- Harem
- Vom Aussterben bedr.

Äthiopien, Eritrea, Somalia, Dschibuti

SCHUTZSTATUS

Das Quagga, *Equus quagga*, ein braunes Zebra, starb in den 1870ern aus. Der Tarpan, *Equus ferus*, gilt in der Natur als ausgestorben; die letzte wilde Unterart, das Przewalskipferd, sah man seit 1968 nicht in der Natur. Von den 9 Pferdearten stehen 6 auf der Roten Liste der IUCN in den Gefährdungsgraden:

- 1 Ausgestorben
- 1 Ausgestorben in der Natur
- 1 Vom Aussterben bedroht
- 2 Stark gefährdet
- 1 Gefährdet

170 SÄUGETIERE PFERDE

AUF EINEN BLICK

Burchell-Zebra Wie alle Zebraarten trägt es schwarze Streifen auf weißem Hintergrund. Theorien, dass diese Zeichnung der Tarnung oder der Ablenkung von Feinden diene, dürften nicht stimmen. Wahrscheinlich ermöglichen die Streifen es den Tieren, einander zu erkennen.

- Bis 2,5 m
- Bis 1,5 m
- Bis 385 kg
- Harem
- Häufig

O- und südliches Afrika

STREIFEN UND STIMMUNGEN

Wie alle Pferde drücken Zebras ihre Stimmungen durch optische Signale aus. Rivalisierende Hengste schütteln den Kopf und stampfen mit den Füßen, bevor sie beginnen, einander in Hals und Beine zu beißen. Stuten und Hengste versuchen, Feinde abzuschrecken, indem sie ihnen zeigen, wie sie treten können.

Zum Beißen bereit
Hengste zeigen die Zähne, bevor sie wirklich zubeißen.

Zum Treten bereit
Ein bedrohtes Pferd tritt als Zeichen seiner Verteidigungsbereitschaft mit den Hinterbeinen aus.

Flehmen
Ein Hengst zieht die Oberlippe hoch, damit der Geruch des Urins einer Stute das Jacobsonsche Organ in seinem Gaumen erreicht. So kann er ihre Paarungsbereitschaft erkennen.

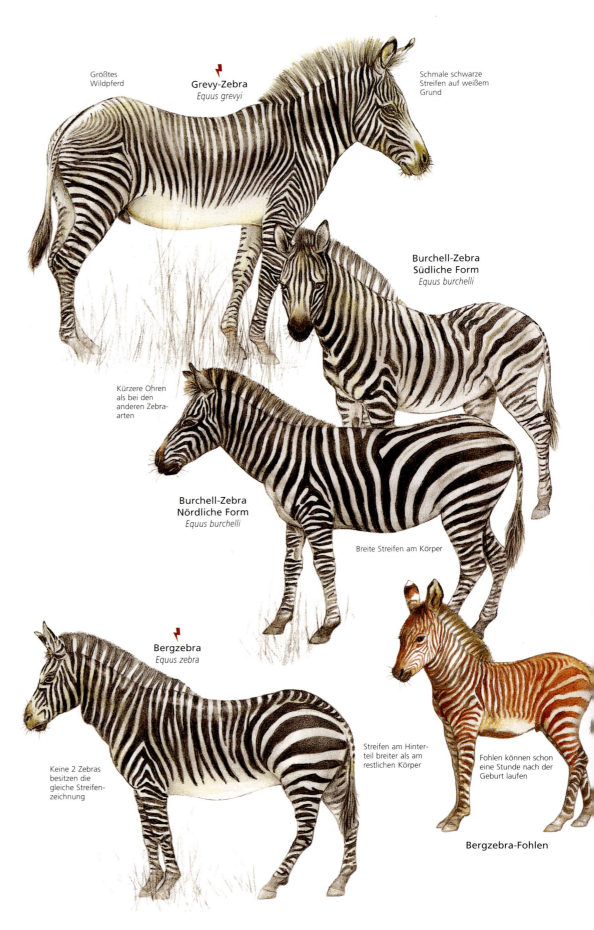

Größtes Wildpferd

Grevy-Zebra
Equus grevyi

Schmale schwarze Streifen auf weißem Grund

Burchell-Zebra Südliche Form
Equus burchelli

Kürzere Ohren als bei den anderen Zebraarten

Burchell-Zebra Nördliche Form
Equus burchelli

Breite Streifen am Körper

Bergzebra
Equus zebra

Keine 2 Zebras besitzen die gleiche Streifenzeichnung

Streifen am Hinterteil breiter als am restlichen Körper

Fohlen können schon eine Stunde nach der Geburt laufen

Bergzebra-Fohlen

TAPIRE

KLASSE Mammalia
ORDNUNG Perissodactyla
FAMILIE Tapiridae
GATTUNG 1
ARTEN 4

Tapire tauchen unter den Fossilien schon vor den Pferden und den Nashörnern auf und haben sich als Gruppe in den letzten 35 Mio. Jahren kaum verändert. Diese scheuen Pflanzenfresser des Tropenwaldes sind etwa so groß wie ein Esel. Sie haben einen gedrungenen stromlinienförmigen Körper, um sich den Weg durch das dichte Unterholz zu bahnen, und einen empfindlichen Greifrüssel, mit dem sie Nahrung fassen, Gefahr durch Gerüche erkennen und schnorcheln. Tapire suchen nachts nach Blättern, Knospen, Zweigen und Früchten von niedrigwüchsigen Pflanzen. Sie verteilen mit ihren Exkrementen Samen und spielen so eine wichtige ökologische Rolle im Wald. Als gute Schwimmer fressen sie auch Wasserpflanzen. Sie sehen schlecht, aber Gehör und Geruchssinn sind ausgezeichnet. Meist sind sie Einzelgänger und leben weit voneinander; sie kommunizieren mit hohem Pfeifen und Duftmarken. Nach 13-monatiger Tragzeit wirft ein Tapir-Weibchen meist ein einziges Junges. Während die Mutter Nahrung sucht, ist das Neugeborene im Dickicht versteckt, perfekt getarnt durch seine Zeichnung. Nach einer Woche begleitet es seine Mutter, mit 2 Jahren zieht es seiner eigenen Wege.

Rückzug Zu verschiedenen Zeiten fand man Tapire in weiten Teilen Nordamerikas, Europas und Asiens. Heute beschränken sie sich mit 3 Arten auf Mittel- und Südamerika und mit 1 Art auf Südostasien.

Zuflucht im Wasser Tapire entfernen sich nie weit vom Wasser und verbringen sehr viel Zeit untergetaucht, oft ragt nur der Rüssel als Schnorchel heraus. Das Wasser schützt vor Feinden und vor der Hitze.

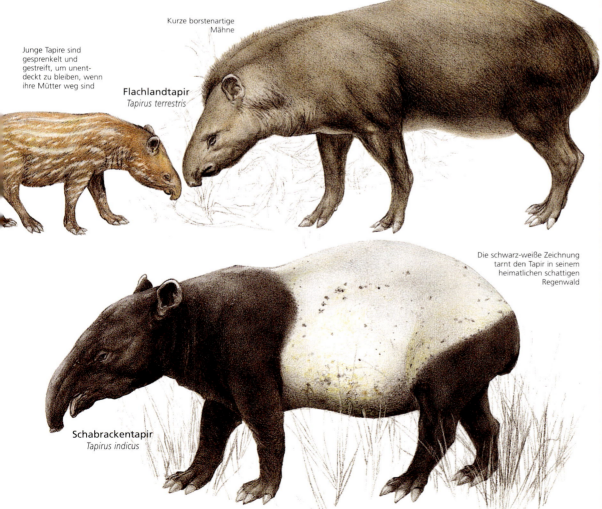

Junge Tapire sind gesprenkelt und gestreift, um unentdeckt zu bleiben, wenn ihre Mütter weg sind

Kurze borstenartige Mähne

Flachlandtapir
Tapirus terrestris

Die schwarz-weiße Zeichnung tarnt den Tapir in seinem heimatlichen schattigen Regenwald

Schabrackentapir
Tapirus indicus

AUF EINEN BLICK

Flachlandtapir Flieht dieser Tapir vor einem Jaguar ins Wasser, riskiert er von einem Krokodil geschnappt zu werden. Sein Hauptfeind ist jedoch der Mensch, der seinen Wegen zur Nahrung folgt.

- Bis 2 m
- Bis 1,1 m
- Bis 250 kg
- Einzelgänger
- Gefährdet

Tropisches Südamerika (östlich der Anden)

Schabrackentapir Er ist die einzige Tapirart in Asien. In der Paarungszeit umkreisen die Paare einander pfeifend und versuchen an den Genitalien des anderen zu schnüffeln.

- Bis 2,5 m
- Bis 1,2 m
- Bis 320 kg
- Einzelgänger
- Gefährdet

Myanmar, Thailand, Malaysia, Sumatra

SCHUTZSTATUS

Der Tapirbestand nimmt ab, weil der Lebensraum verloren geht und man die Tiere wegen des Fleischs und als Nahrungskonkurrenz für Vieh jagt. Alle 4 Arten stehen auf der Roten Liste der IUCN:

- 2 Stark gefährdet
- 2 Gefährdet

NASHÖRNER

KLASSE Mammalia
ORDNUNG Perissodactyla
FAMILIE Rhinocerotidae
GATTUNGEN 4
ARTEN 5

Auf der Schnauze sitzt das charakteristischste Merkmal des Nashorns – 1 oder 2 Hörner aus faserigem Keratin. Mit ihren beachtlichen Hörnern bekämpfen Nashörner Rivalen, verteidigen ihre Jungen gegen Feinde, führen ihre Jungen und stapeln Mist als Wegweiser. Obwohl Keratin eine gewöhnliche Substanz ist, die sich auch in menschlichen Fingernägeln findet, schreibt man den Hörnern der Tiere in der traditionellen asiatischen Medizin große Wirkung zu. Die Nachfrage war so groß, dass sehr viel gewildert wurde und alle 5 Arten heute als vom Aussterben bedroht gelten. In Afrika gibt es gegenwärtig weniger als 15 000 wilde Nashörner, in Asien nicht mehr als 3000.

Kampflustig Die beiden afrikanischen Nashornarten setzen bei Rangkämpfen ihre Hörner ein, die asiatischen Arten die scharfen Schneide- oder Eckzähne. Doch vor dem Angriff erfolgt eine Reihe von Gesten, wie Hörnerstoßen, Hörner-am-Boden-Reiben und Urinspritzen. Spitzmaulnashörner (Bild) sind besonders aggressiv, bei ihnen sterben die Hälfte aller Bullen und ein Drittel aller Kühe nach Kämpfen.

Hochgeschwindigkeits-Attacke Das Breitmaulnashorn, das drittschwerste Landsäugetier (nach dem Afrikanischen und dem Asiatischen Elefanten), kann beim Angriff auf Eindringlinge beachtliche Geschwindigkeiten entwickeln.

SCHWERGEWICHTIGE PFLANZENFRESSER

Die Familie Rhinocerotidae war einst vielfältig und weit verbreitet. Das Mammut zog bis zum Ende der letzten Eiszeit vor 10 000 Jahren durch ganz Europa und findet sich auf frühzeitlichen Höhlenmalereien. Ein hornloses Tier, *Indricotherium*, gilt als größtes Tier, das je an Land lebte. Heute gibt es noch 5 Arten, 2 in Afrika (Breitmaul- und Spitzmaulnashorn) und 3 in Asien (Panzer-, Java- und Sumatranashorn).

Der massive Körper des Nashorns ruht auf 4 stämmigen Beinen. 3 Zehen mit Hufen an jedem Fuß hinterlassen typische Fußspuren. Ihre dicke, faltige Haut ist grau oder braun, doch oft versteckt getrockneter Schlamm die wahre Farbe, weil Nashörner sich mit Vorliebe in Schlammlöchern und an Ufern von Flüssen und Seen suhlen.

Nashörner, die ein Alter von etwa 50 Jahren erreichen können, pflanzen sich nur langsam fort. Deshalb wirken sich Lebensraumverlust und übermäßige Jagd besonders dramatisch aus. Nach einer Tragzeit von etwa 16 Monaten bringt das Weibchen ein einzelnes Junges zur Welt und säugt es mehr als 1 Jahr lang. Das Junge bleibt 2 bis 4 Jahre bei der Mutter, bis das nächste Kalb geboren wird. Die meisten erwachsenen Nashörner leben als Einzelgänger, Paare bleiben während der Paarungszeit einige Monate zusammen, Kühe und junge Bullen bilden manchmal Herden. Breitmaulnashörner bilden zum Schutz vor Feinden einen Ring um die Jungen.

Scharfes Gehör Die stehenden Ohren drehen sich, um entfernte Laute wahrzunehmen.

Gekürztes Horn Um Wilderer abzuschrecken, hat man das Horn dieses Nashorns gekürzt.

Indischer Pflanzenfresser Die lange bewegliche Oberlippe hilft beim Sammeln großer Gräser, sie kann beim Fressen kurzen Grases weggeschoben werden.

Trübe Aussicht Die kleinen Augen seitlich am Kopf sehen schlecht.

Panzerung Die charakteristische graue Haut des Panzernashorns wirft an den Gelenken tiefe Falten, die an die Platten einer Ritterrüstung erinnern. Diese Besonderheit inspirierte die berühmte Geschichte von Rudyard Kipling »Wie das Nashorn seine Haut kriegte«.

⚡ SCHUTZSTATUS

Weitgehender Lebensraumverlust und Wilderei wegen der Hörner (für Schnitzarbeiten und die asiatische Medizin) hatten eine verheerende Wirkung. Einige Naturschützer plädieren dafür, als Verdienstquelle für die Einheimischen, Nashörner zu züchten und ihre Hörner abzunehmen. Alle 5 Nashornarten finden sich auf der Roten Liste der IUCN:

- 3 Vom Aussterben bedroht
- 1 Stark gefährdet
- 1 Weniger gefährdet

NASHÖRNER SÄUGETIERE

Breitmaulnashorn
Ceratotherium simum

Der Buckel enthält ein Band, um den massiven Kopf zu halten

Von den zwei Hörnern steht das längere vorn

Der Name bezieht sich auf das breite Maul des Tiers

Sumatranashorn
Dicerorhinus sumatrensis

Sehr bewegliche Lippen zum Greifen von Blättern

Javanashorn
Rhinoceros sondaicus

Panzernashorn
Rhinoceros unicornis

Das Kalb ist wenige Tage nach der Geburt in der Lage, der Mutter zu folgen

Spitzmaulnashorn
Diceros bicornis

AUF EINEN BLICK

● Frühere Verbreitung

Breitmaulnashorn Die größte noch existierende Art besitzt einen langen Kopf und eine eckige Oberlippe, um kurze Gräser zu fassen. Trotz ihrer Größe ist sie im Allgemeinen friedlich.

- Bis 4,2 m
- Bis 1,9 m
- Bis 3,6 t
- Einzelg., Fam.-Gruppe
- Weniger gefährdet

Afrika südlich der Sahara

Sumatranashorn Das kleinste Nashorn ist auch eines der bedrohtesten – in der Natur gibt es nur noch etwa 300 Tiere. Mit Vorliebe frisst es Schösslinge. Als einzige asiatische Nashornart besitzt es 2 Hörner.

- Bis 3,2 m
- Bis 1,5 m
- Bis 2 t
- Einzelgänger
- Vom Aussterben bedr.

Thailand, Myanmar, Malaysia, Sumatra, Borneo

Javanashorn Das Tier mit einem Horn hat eine sehr faltige Haut und ähnelt so seinem indischen Verwandten. Die Art gibt es nur noch in etwa 60 Exemplaren in 2 Nationalparks – ihre Zukunft ist sehr ungewiss.

- Bis 3,2 m
- Bis 1,8 m
- Bis 2 t
- Einzelgänger
- Vom Aussterben bedr.

Vietnam, Java

Panzernashorn Das größere der Nashörner mit einem Horn frisst vorwiegend Gräser, bedient sich aber auch an Büschen, Feldfrüchten und Wasserpflanzen. Um die Hitze zu vermeiden, frisst es früh, spät oder nachts.

- Bis 3,8 m
- Bis 1,9 m
- Bis 2,2 t
- Einzelgänger
- Stark gefährdet

Nepal, NO-Indien

Spitzmaulnashorn Diese Art kann mit der beweglichen Oberlippe Äste ins Maul ziehen. Sie ist aggressiver als das Breitmaulnashorn und greift Menschen und Fahrzeuge an.

- Bis 3,8 m
- Bis 1,8 m
- Bis 1,4 t
- Einzelgänger
- Vom Aussterben bedr.

Afrika südlich der Sahara

SCHLIEFTIERE

KLASSE	Mammalia
ORDNUNG	Hyracoidea
FAMILIE	Procaviidae
GATTUNGEN	3
ARTEN	7

Sie haben die Größe eines Kaninchens und eine gewisse Ähnlichkeit mit großen Meerschweinchen. Oft werden sie fälschlicherweise für Nagetiere gehalten, doch sie zählen zu den Huftieren, mit flachen hufähnlichen Nägeln an den Füßen. Vor Millionen von Jahren waren Schliefer, manche so groß wie Tapire, die beherrschenden Pflanzenfresser in Nordafrika. Größere Huftiere wie Antilopen und Rinder ersetzten sie. Die überlebenden Arten sind robuste, wendige Tiere, die auf steilen Felsen und Ästen herumhuschen und -springen. Die einzigartige Ausstattung ihrer Sohlen sorgt für gute Haftung – weiche Ballen, die ein Drüsensekret feucht hält, und Muskeln, die den mittleren Teil der Sohle zu einer Art Saugnapf zusammenziehen. Einige Arten leben in Kolonien von bis zu 80 Tieren.

Afrika bis zum Nahen Osten Schliefer gab es einst in mehr Arten und einem weiteren Verbreitungsgebiet; heute findet man nur noch 7 Arten in 3 Gattungen in Afrika und dem Nahen Osten. Klippschliefer (*Procavia*) leben meist auf Felsnasen und Klippen in weiten Teilen Afrikas und Teilen des Nahen Ostens, man findet sie aber auch im Grasland. Buschschliefer (*Heterohyrax*) findet man in ähnlichen Lebensräumen, sie beschränken sich aber vorwiegend auf Ostafrika. Auch Baumschliefer kommen in Afrika (*Dendrohyrax*) vor, doch sie leben in Wäldern.

Kuschelig Anders als die meisten Kleinsäuger sind Schliefer tagaktiv. Da sie ihre Körpertemperatur schlecht regulieren können, kuscheln sie sich eng aneinander und wärmen sich in der Sonne. Schliefer leben in Familiengruppen von mehreren Weibchen mit Nachwuchs, geführt von einem dominanten Männchen. Weibchen bleiben ihr ganzes Leben bei der Familie, Männchen bis zu 2 Jahren. Oft leben Letztere am Rand der Gruppe und hoffen, die Position des dominanten Männchens zu übernehmen.

Pflanzenfresser Alle Schlieferarten suchen auf Bäumen und am Boden Nahrung und legen dabei Strecken von mehr als 1 km zurück. Klippschliefer fressen vorwiegend Gräser, während Busch- und Baumschliefer Blätter verzehren. Mikroorganismen in ihrem mehrkammerigen Magen verdauen die Zellulose. Schliefer sind relativ lautstark und geben Töne von sich wie kein anderes Tier. Die geselligen Bodenbewohner schnattern, pfeifen und schreien. Nachts beginnen Baumschliefer mit einer Reihe lauter krächzender Geräusche und schließen mit einem Schrei. Die Ausdrucksvarianten der Schliefer ändern und vervollständigen sich im Lauf des Lebens. Junge Schliefer schnattern lang anhaltend mit zunehmender Intensität, doch sie besitzen nur einen Bruchteil der Töne, die ihre adulten Verwandten von sich geben.

⚡ SCHUTZSTATUS

Gejagt 3 Schlieferarten bedroht der Lebensraumverlust. Wenigstens eine Art, der Bergwaldbaumschliefer (*Dendrohyrax validus*), wird wegen seines Fells gejagt. Von den 7 Schlieferarten stehen 3 als gefährdet auf der Roten Liste der IUCN.

Steppenwaldbaumschliefer
Dendrohyrax arboreus

Ein Haarbüschel bedeckt die Duftdrüse am Rücken

Hufähnliche Nägel

Buschschliefer
Heterohyrax brucei

Kap-Klippschliefer
Procavia capensis

Die großen Augen sehen scharf

Die langen oberen Schneidezähne wachsen ein Leben lang

RÖHRENZAHNARTIGE **SÄUGETIERE** 175

Auf Wache Schliefer fallen Adlern, Pythons und Leoparden zum Opfer. Während eine Gruppe Nahrung sucht oder ruht, hält ein Tier Wache. Ein lauter Warnschrei sorgt dafür, dass die Tiere rasch unter Steinen Schutz suchen.

ZUSAMMENLEBEN

Schliefer bieten eines der wenigen Beispiele für das Zusammenleben zweier Säugetierarten. Buschschliefer und Klippschliefer findet man gemeinsam auf demselben Kopje (Felsnase) und sie teilen nachts Baue zum Schutz und kuscheln sich tagsüber zum Aufwärmen aneinander. Sie paaren sich nicht miteinander, doch die Weibchen werfen oft gleichzeitig und Tiere beider Arten kümmern sich um die Jungen. Die beiden Arten vermeiden Konkurrenz, indem sie unterschiedliche Nahrung verzehren.

Unterschiedliche Nahrung Während Buschschliefer vorwiegend Blätter fressen, konzentrieren sich Klippschliefer auf Gräser.

RÖHRENZAHNARTIGE

KLASSE Mammalia
ORDNUNG Tubulidentata
FAMILIE Orycteropodidae
GATTUNG 1
ART 1

Das Erdferkel – mittelgroß, schweineähnlich, mit stämmigem Körper, langer Schnauze und großen Ohren – ist die einzige existierende Art der Ordnung Tubulidentata, die sich aus einem frühen Huftier entwickelte. Der nachtaktive Einzelgänger sucht in der Dunkelheit Ameisen und Termiten, von denen er bis zu 50 000 in einer Nacht verzehrt. Dank des guten Geruchssinns entdeckt das Erdferkel die Beute und mit den kräftigen Füßen mit Krallen gräbt es einen Termitenhügel rasch auf. Zum Schutz vor Schmutz kann es die Nasenlöcher zusammenziehen und die Ohren zurückklappen. Die lange klebrige Zunge fängt Insekten, die unzerkaut geschluckt und im muskulösen Magen zermahlen werden. Dank der festen Haut und der scharfen Zähne sind Hyänen und Menschen die einzigen Feinde des erwachsenen Erdferkels.

AUF EINEN BLICK

Erdferkel Oft lebt es bei Termitenhügeln, weil diese Insekten seine liebste Nahrung sind. Das nachtaktive scheue Tier ist in der Natur kaum zu sehen.

- Bis 1,2 m
- Bis 60 cm
- Bis 70 kg
- Einzelgänger
- Regional häufig

Afrika südlich der Sahara

Erdferkel
Orycteropus afer

SCHUTZSTATUS

Nahrungsspezialist Das Erdferkel gilt nicht als bedroht, doch durch seine sehr spezialisierte Nahrung wirken sich Veränderungen im Lebensraum aus. Das Weiden von Huftieren kann dem Erdferkel Vorteile bringen, weil Termiten festgetrampelten Boden mögen. Andererseits kann Ackerbau zu einem Rückgang des Bestands an Erdferkeln führen. Die Tiere werden auch wegen des Fleischs gejagt.

Eifriger Gräber Das Erdferkel gräbt mit den schaufelförmigen Krallen seiner Vorderfüße nach Nahrung und seine Baue.

RINDER

KLASSE Mammalia
ORDNUNG Artiodactyla
FAMILIE Bovidae
GATTUNGEN 47
ARTEN 135

Zur Familie Bovidae rechnet man viele Millionen domestizierte Rinder, Schafe, Ziegen und Wasserbüffel. Die 135 Arten wilder Rinder bieten wesentlich mehr Vielfalt, von den kleinsten Antilopen, die nur 25 cm groß und 2 kg schwer sind, bis zu massigen Tieren wie Bisons, die eine Schulterhöhe von 2 m erreichen und bis zu 1 t wiegen. Rinder und deren Verwandte leben in weiten Teilen Eurasiens und Nordamerikas, durch eingeführte Arten kam es in Australien und Ozeanien zu wilden Populationen, doch die größte Artenvielfalt und den umfangreichsten Bestand gibt es im Grasland, in den Savannen und den Wäldern Afrikas.

Weit verbreitet Rinder leben in Wüsten und Tropenwäldern, in Berg- und arktischen Regionen. In Australien oder Südamerika fehlen einheimische Arten, aber domestiziert findet man die Tiere weltweit. Mehr als eine Million domestizierte Rinder leben auf der Welt, alle stammen vom Auerochsen ab, einem einst weit verbreiteten Wildrind, das 1627 ausstarb.

EINE VIELFÄLTIGE FAMILIE

Rinder, Büffel, Bisons, Antilopen, Gazellen, Schafe, Ziegen und andere Angehörige der Familie Bovidae sind Wiederkäuer mit einem vierkammerigen Magen, der Pflanzenzellulose aufschließt. Dank dieses Verdauungssystems nützen Rinder nährstoffarme Nahrung wie Gras bestmöglich aus und besiedeln die verschiedensten Lebensräume von trockenem Buschland bis zur arktischen Tundra. Gras fressende Rinder sind meist stämmig gebaut, damit der große Magen Platz findet. Antilopen und andere schlanke Arten sind beim Fressen wählerischer.

Alle Bullen und viele Kühe tragen Hörner, bei denen eine Keratinschicht den knochigen Kern bedeckt. Stets ungeteilt und mit einer Spitze variieren sie in Größe und Form (gerade, gebogen, spiralig). Sie kommen bei Rangkämpfen oder gegen Feinde zum Einsatz.

Rinder tragen ihr Gewicht auf den zwei mittleren Zehen jedes Fußes, der einen gespaltenen Huf bildet. Die Hauptknochen des Fußes sind zum Rohrbein verwachsen, das Stöße beim Laufen mildert – das ist für Fluchttiere wie Rinder wichtig.

Manche Arten sind Einzelgänger oder leben paarweise, aber die meisten sind gesellig. Einige bilden von einem Bullen geführte Harems, andere Herden aus Kühen und Kälbern, während die Bullen allein oder in Junggesellenherden leben. Die Gruppe verringert die Gefahr, einem Feind zum Opfer zu fallen, und ermöglicht den Austausch von Information über Weideplätze.

Rinder und Schafe wurden vor mehreren Tausend Jahren erstmals domestiziert. Seitdem ging der wilde Bestand zurück. Jagd (wegen Fleisch, Haut und als Sport) und Lebensraumverlust forderten Tribut.

Gerillte Hörner Setzen Gazellenböcke beim Kampf ihre Hörner ein, so verhindern die Rillen ein Abrutschen, das zu ernsthaften Verletzungen führen könnte.

Schutz in der Masse Kaffernbüffel leben meistens in Herden von 50 bis 500 Kühen und Kälbern, doch Tausende Büffel, auch Bullen, sammeln sich in der Regenzeit. Schwache Tiere überleben in der Herde, die Feinde verjagt.

Zweifarbig Schwarze Zeichnungen im Gesicht und an der Flanke heben sich im zweifarbigen Fell der Thomsongazelle ab.

Achtsam Da Rinder, wie z.B. Gazellen, viele Feinde haben, brauchen sie ihre scharfen Sinne, um Gefahren zu entdecken. Die meisten haben große bewegliche Ohren, Augen seitlich am Kopf für Rundumsicht und eine gute Nase. Die typische Zeichnung mancher Arten tarnt sie, weil sie die Umrisse unterbricht.

⚡ SCHUTZSTATUS

Von den 135 Rinderarten stehen 83 % auf der Roten Liste der IUCN, in folgenden Gefährdungsgraden:

4	Ausgestorben
2	In der Natur ausgestorben
7	Vom Aussterben bedroht
20	Stark gefährdet
25	Gefährdet
37	Schutz nötig
19	Weniger gefährdet

RINDER SÄUGETIERE

Abbottducker
Cephalophus spadix

Gelbrückenducker
Cephalophus silvicultor

Die Duckerarten unterscheiden sich in der Größe, aber gleichen sich in der typischen Körperform

Rotflankenducker
Cephalophus rufilatus

Eine große Drüse neben dem Auge produziert ein Sekret für Duftmarken

Kronenducker
Sylvicapra grimmia

Zebraducker
Cephalophus zebra

Kurze konische Hörner

Der weiße Streifen unterbricht den Umriss des Tiers

Adersducker
Cephalophus adersi

Ogilbyducker
Cephalophus ogilbyi

AUF EINEN BLICK

Ducker Ducker sind kleine Antilopen mit kurzen Hörnern, die an Waldrändern Pflanzennahrung suchen, manchmal auch Insekten und kleine Wirbeltiere fressen. Ihr Name stammt vom Afrikaans-Wort für »Taucher«, weil sie ins Unterholz abtauchen, wenn sie sich bedroht fühlen.

Zebraducker Diese muskulöse Art erkennt man leicht an den typischen Streifen des Fells. Wie bei Zebras trägt auch hier jedes Tier eine individuelle Zeichnung. Die tagaktiven Zebraducker leben in Paaren; gegenseitige Fellpflege festigt die Paarbindung.

Bis 90 cm
Bis 50 cm
Bis 20 kg
Einzelgänger, paarw.
Gefährdet

Liberia

Kronenducker Diese nachtaktive Antilope lebt in größeren Gruppen als jedes andere afrikanische Huftier. Sie erreicht beachtliche Geschwindigkeit und hat Ausdauer, um Feinden, z. B. Großkatzen, Hunden, Pavianen, Pythons, Krokodilen oder Adlern, zu entkommen.

Bis 115 cm
Bis 50 cm
Bis 21 kg
Einzelgänger
Häufig

Afrika südlich der Sahara, außer im Regenwald

Adersducker Die tagaktive Art beansprucht paarweise ein Revier. Sie frisst vorwiegend Blüten, Früchte und Blätter vom Waldboden. Oft sammelt das Tier Stücke auf, die Affen oder Vögel aus den Bäumen haben fallen lassen. Wie viele andere Ducker trägt auch der Adersducker ein weiches, seidiges Fell mit einer rötlichen Zeichnung am Kopf.

Bis 72 cm
Bis 32 cm
Bis 12 kg
Einzelgänger, paarw.
Stark gefährdet

Sansibar, Küste von SW-Kenia

SCHUTZSTATUS

Geblendete Beute Nachts geben Ducker, wegen des Fleischs und als Trophäen begehrt, eine leichte Beute für Jäger ab, wenn deren Lichter sie blenden. Die Rote Liste der IUCN führt 16 Duckerarten als gefährdet auf. Am seltensten ist der stark gefährdete Adersducker, von dem es in der Natur nur noch weniger als 1400 Tiere gibt.

178 SÄUGETIERE RINDER

AUF EINEN BLICK

Lichtensteins Kuhantilope Böcke dieser in der Savanne lebenden Art markieren ihr Revier mit den Hörnern am Boden. Rivalen kämpfen um das Recht zur Paarung; der Sieger führt einen Harem von 3 bis 10 Weibchen mit Jungen an. Schwächere Böcke leben allein oder in Junggesellengruppen.

- Bis 2,1 m
- Bis 1,3 m
- Bis 170 kg
- Kleine Gruppen
- Schutz nötig

Südliches Afrika

Hunterantilope Der Bestand dieser Art ging in der Natur zwischen 1976 und 1995 von 14 000 auf 300 Tiere zurück; sie ist eines der seltensten Säugetiere der Welt. Sie frisst kurzes, junges Gras. Wird das Gras zu lang oder stören sie andere nahrungssuchende Tiere, zieht sie weiter. Viele Wissenschaftler halten die Hunterantilope für das Entwicklungsglied zwischen den echten Antilopen und der Gattung *Damaliscus*. Deshalb besitzt ihr Überleben größte Bedeutung für die Erforschung der Antilopenentwicklung.

- Bis 2 m
- Bis 1,3 m
- Bis 160 kg
- Herden
- Vom Aussterben bedr.

Grenzregion zwischen Kenia und Somalia

Halbmondantilope und *Damaliscus lunatus korrigum* Sie haben einmal im Jahr Junge, am Ende der Regenzeit. In großen Herden ziehen die Kälber mit, geschützt von einer Gruppe adulter Tiere. Kleinere Herden verstecken die Jungen in dichter Vegetation, während adulte Tiere Nahrung suchen.

- Bis 2,6 m
- Bis 1,2 m
- Bis 140 kg
- Herden
- Schutz nötig

Savannen in Afrika südlich der Sahara

Kuhantilope Mit seinem abfallenden Rücken kann dieses große Tier ungelenk wirken, doch kann es Geschwindigkeiten von 80 km/h erreichen. Es lebt in offenen Ebenen, bevorzugt dort aber Lebensräume an Waldrändern. Kuhantilopen bilden oft mit anderen Antilopen und Zebras große Herden.

- Bis 1,9 m
- Bis 1,3 m
- Bis 150 kg
- Herden
- Schutz nötig

Sahel, Serengeti, Namibia bis Botswana

Lichtensteins Kuhantilope
Sigmoceros lichtensteinii

Nach W. H. C. Lichtenstein, einem berühmten Naturforscher, benannt, der das südliche Afrika von 1803 bis 1806 erforschte

Hunterantilope
Damaliscus hunteri

Böcke haben als Schutz bei Scheinkämpfen harte Haut am Hals

Damaliscus lunatus korrigum

Halbmondantilope
Damaliscus lunatus lunatus

Buntbockkälber haben helleres Fell und dunklere Gesichter

Buntbock
Damaliscus pygargus

S-förmige Hörner mit Ringen

Das Hinterteil liegt tiefer als die Schultern

Kuhantilope
Alcelaphus buselaphus

Die Fellfarbe variiert von Braun bis Rot

RINDER **SÄUGETIERE**

Die Hörner eines Spießbock-Männchens können bis zu 1,5 m lang sein

Spießbock
Oryx gazella

Schwarzer Schwanz mit Quaste

Dunkle Zeichnung an den Beinen, Flanken und im Gesicht

S-förmige Hörner mit Furchen nur beim Bock

Impala
Aepyceros melampus

Kann bis zu 3 m hoch springen

Duftdrüsen an den Hinterfüßen unter den schwarzen Fellflecken

Weißbartgnu
Connochaetes taurinus

Am Rücken senkrechte Streifen mit längeren Haaren

Weißschwanzgnu
Connochaetes gnou

AUF EINEN BLICK

Spießbock Diese Art lebt normalerweise in Herden von etwa 40 Tieren, sammelt sich aber in der Regenzeit zu Tausenden. In trockenen Zeiten kommt der Spießbock mehrere Tage ohne Wasser aus; er nimmt die Feuchtigkeit mit Früchten und Wurzeln auf.

Bis 1,6 m
Bis 1,2
Bis 240 kg
Herden
Schutz nötig

O- und SW-Afrika

Impala Während der Regenzeit frisst es hauptsächlich vom üppigen jungen Gras, in der Trockenzeit wechselt es zu verholzten Pflanzen. Wird das Impala bedroht, läuft es vor der Gefahr davon, versucht aber auch den Feind durch Sprünge in verschiedene Richtungen zu verwirren.

Bis 1,5 m
Bis 90 cm
Bis 50 kg
Herden
Schutz nötig

Savannen von O- und südlichem Afrika

Gnu Die meisten Gnu-Jungen kommen innerhalb von 3 Wochen zur Welt. Die Tragzeit dauert 8 Monate. Nur wenige Minuten nach seiner Geburt steht das Kalb und trinkt. Etwa 40 Minuten später rennt es bereits.

Bis 2,3 m
Bis 1,5 m
Bis 250 kg
Herden
Schutz nötig

O- und südliches Afrika

REVIERVERHALTEN

Während der Paarungszeit, meistens am Ende der Regenzeit, verteidigen Impalaböcke ihr Revier aufs Heftigste mit Duftmarken, Verteidigungsposen und Scheinkämpfen. Das Territorialverhalten ändert sich in der Trockenzeit, wenn die Reviere der Impalas sich ausbreiten und einander überlappen.

Lautstarke Demo
Das »Konzert« des Impalabocks beginnt mit einigem explosiven Schnauben, dann folgt weit tönendes tiefes Grunzen.

180 SÄUGETIERE RINDER

AUF EINEN BLICK

Saiga Bis auf die Hörner mit Querringen und die lange bewegliche Nase, die übers Maul herunterhängt, ähnelt diese Antilope einem kleinen Schaf. Die Paarungszeit fordert von den Böcken Tribut. Sie leben von ihren Fettvorräten und verbrauchen viel Energie, um ihren Harem gegen die Aufmerksamkeiten anderer Böcke zu verteidigen. Am Ende der Paarungszeit sind bis zu 90 % der Böcke im Kampf, am Hunger oder durch Feinde gestorben. Tausende Saigas bilden dann gemischte Herden, um zu den Sommerweiden zu ziehen.

- Bis 1,4 m
- Bis 80 cm
- Bis 69 kg
- Herden
- Vom Aussterben bedr.

Russland, Kasachstan

GROSSE SPRÜNGE

Gazellen springen manchmal mehrfach nacheinander hoch, dabei machen sie einen Buckel, halten die Beine steif und landen auf allen vieren. Dieses Verhalten scheint aufzutreten, wenn ein Tier erregt ist. Damit werden auch Feinde abgelenkt oder ihnen signalisiert, dass sie entdeckt worden sind.

Springbock im Sprung
Der Springbock stellt die weißen Haare auf seinem Rücken auf und springt bis zu 4 m hoch.

SCHUTZSTATUS

Gefährliche Hörner Der Schwarzmarkt für Hörner des Saiga-Bockes ist beachtlich, da sie in der Chinesischen Medizin als Mittel gegen Fieber gelten. Seit dem Zusammenbruch der UdSSR 1990 verringerten sich die Schutzmaßnahmen und die Wilderei nahm dramatisch zu. Nur Böcke werden gejagt, sodass die überlebenden Böcke immer größere Harems verteidigen und nicht alle Weibchen befruchten können. In den letzten 10 Jahren nahm die Zahl der Saigas um 80 % ab.

Giraffengazelle
Litocranius walleri

Beira-Antilope
Dorcatragus megalotis

Kann auf den Hinterbeinen stehen und Blätter fressen, die von den meisten Antilopen nicht erreicht werden

Tschiru
Pantholops hodgsonii

Springbock
Antidorcas marsupialis

Hirschziegenantilope
Antilope cervicapra

Saiga
Saiga tatarica

Die große fleischige Nase filtert im Sommer Staub aus der Luft und wärmt im Winter

Lamagazelle
Ammodorcas clarkei

RINDER SÄUGETIERE

Bleichböckchen
Ourebia ourebi

Duftdrüse neben dem Auge

Steinböckchen
Raphicerus campestris

Klippspringer
Oreotragus oreotragus

Kurze dornenähnliche Hörner beim Bock

Günhterdikdik
Madoqua guentheri

Ellipsen-Wasserbock
Kobus ellipsiprymnus

Pflockähnliche Hufe zum Laufen über Felsen

Riedbock
Redunca redunca

Riedböcke leben meist in der Nähe von Wasser

Bergriedbock
Redunca fulvorufula

AUF EINEN BLICK

Steinböckchen Diese flinke Antilope frisst am liebsten nährstoffreiche junge Blätter, Blüten, Früchte und Triebe. Nur bei dieser Rinderart hat man beobachtet, dass sie vor und nach dem Urinieren und Kotabsetzen im Boden scharrt.

- Bis 85 cm
- Bis 50 cm
- Bis 11 kg
- Einzelgänger, paarw.
- Häufig

O- und südliches Afrika

Klippspringer Dieser trittsichere Felsenbewohner besitzt ein dickes, moosähnliches Fell, das ihn vor Stößen und Kratzern schützt. Er lebt in kleinen Familiengruppen, in denen ein Mitglied wacht und bei Gefahr schrill pfeift.

- Bis 90 cm
- Bis 60 cm
- Bis 13 kg
- Paarw., Fam.-Gruppen
- Schutz nötig

Berg-/Felsengebiete in O- und südlichem Afrika

Güntherdikdik Man vermutet, dass die lange bewegliche Schnauze dieser scheuen Art hilft, die Körpertemperatur zu regulieren, weil dort Blut abgekühlt wird, bevor es ins Gehirn gelangt.

- Bis 65 cm
- Bis 38 cm
- Bis 5,5 kg
- Paarweise
- Häufig

NO-Afrika

Ellipsen-Wasserbock Alte schwache Tiere sind meist leichte Beute für Feinde. Beim Ellipsen-Wasserbock geben die Schweißdrüsen mit zunehmendem Alter einen unangenehmen Geschmack ans Fleisch ab, sodass Fressfeinde gern eine andere Beute suchen.

- Bis 2,4 m
- Bis 1,4 m
- Bis 300 kg
- Herden
- Schutz nötig

Savannen von Afrika südlich der Sahara

Bergriedbock Diese Art paart sich, wenn die Bedingungen für Nachwuchs günstig sind. Wie viele Antilopen- und Hirscharten hat sie eine weiße Stelle unter dem Schwanz, die beim Weglaufen vor Feinden sichtbar wird.

- Bis 1,3 m
- Bis 72 cm
- Bis 30 kg
- Harems
- Schutz nötig

Berge von Zentral-, O- und südlichem Afrika

RANGKÄMPFE

Scheinkämpfe
Die Arabische Kropfgazelle beginnt mitunter Scheinkämpfe, bei denen die Tiere aufeinander losgehen, aber 30 cm vor dem Gegner Halt machen. Falls nicht einer der Kontrahenten seine Unterwerfung signalisiert, beginnt ein handfester, ernsthafter Kampf.

Ineinander verhakt
Wie andere Gazellenarten verhaken die Arabischen Kropfgazellen ihre Hörner wie Greifhaken ineinander und ziehen, stoßen und schieben einander so lange umher, bis einer aufgibt und sich trollt.

In der Paarungszeit verteidigen Gazellenböcke ihr Revier und ihren Harem gegen Rivalen. Sie markieren das Revier mit Sekreten aus Drüsen neben dem Auge, dazu mit Urin und Fäkalien. Rangkämpfe beginnen mit erhobenem Kopf, sodass die Hörner am Rücken liegen, dann hebt sich der Kopf, die Hörner stehen senkrecht. Gesenkter Kopf mit Hörnern, die zum Gegner zeigen, ist meist die letzte Drohgebärde, bevor der Angriff erfolgt.

Pause
Gazellen unterbrechen mitunter den Kampf. Sie scheinen zu grasen, bevor sie weiterkämpfen.

Gefährliche Spiele
Gazellen-Junggesellen üben ihre Kampftechniken in harmlosen Sparringkämpfen, während in Rangkämpfen manchmal ernsthafte Verletzungen entstehen.

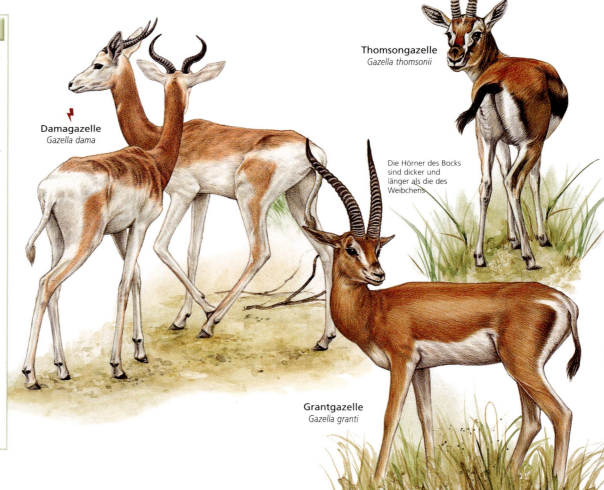

AUF EINEN BLICK

Thomsongazelle Gras bildet 90 % der Nahrung dieser Art. Tausende von Tieren versammeln sich zu den jährlichen Zügen, um für die Trockenzeit in die Wälder und für die Regenzeit ins Grasland zu ziehen. Reviere werden von Geschlechtsreifen Böcken beansprucht. Kleine lose strukturierte Gruppen von Nahrung suchenden Weibchen mit Jungen ziehen durch.

- Bis 1,1 m
- Bis 65 cm
- Bis 25 kg
- Herden
- Schutz nötig

O-Afrika

Grantgazelle Sie besitzt ein einzigartiges Paarungsritual, bei dem der Bock zischt, während er dem Weibchen mit erhobenem Kopf und hoch gestrecktem Schwanz folgt. Die Art ist gut an ihre heiße trockene Umgebung angepasst; sie steht auf den Hinterbeinen, um saftige Blätter zu erreichen.

- Bis 1,5 m
- Bis 95 cm
- Bis 80 kg
- Herden
- Schutz nötig

O-Afrika

Damagazelle
Gazella dama

Thomsongazelle
Gazella thomsonii

Die Hörner des Bocks sind dicker und länger als die des Weibchens

Grantgazelle
Gazella granti

RINDER **SÄUGETIERE** 183

Iberiensteinbock
Capra pyrenaica

Westkaukasischer Steinbock
Capra caucasica

Das Fell wird im Sommer röter

Die längeren Deckhaare schützen das warme, dichte Unterfell

Schneeziege
Oreamnos americanus

Die Sohlenfläche der Hufe ist weich und sorgt für Halt auf unebenem Untergrund

Gämse
Rupicapra rupicapra

Takin
Budorcas taxicolor

Serau
Capricornis sumatraensis

AUF EINEN BLICK

Iberiensteinbock Einst kam er auf der Iberischen Halbinsel häufig vor, doch durch die Jagd hat der Bestand in moderner Zeit stark abgenommen. Es gibt weniger als 30 000 Tiere und einige Unterarten sind ausgestorben.

- Bis 1,4 m
- Bis 75 cm
- Bis 80 kg
- Herden
- Weniger gefährdet

Spanien

Westkaukasischer Steinbock Er lebt in Gruppen von einigen Dutzend Tieren in großen Höhen. Manchmal bilden sich Herden bis zu 500 Tieren. Er zieht im Sommer in größere Höhen, um zu grasen, im Winter wechselt er zu tiefer gelegenem Laub.

- Bis 1,7 m
- Bis 1,1 m
- Bis 100 kg
- Herden
- Stark gefährdet

W-Kaukasus

Schneeziege Sie kann rasch und gewandt felsige Hänge hochklettern, wenn sie Nahrung wie Gras, Flechten und verholzte Gewächse sucht.

- Bis 1,6 m
- Bis 1,2 m
- Bis 140 kg
- Familiengruppen
- Regional häufig

W-Nordamerika

ANPASSUNGSFÄHIG

Schafe, Ziegen, Moschusochsen und ihre Verwandten gehören zur Familie Caprinae, der Ziegenartigen. Sie war anfangs nur in den Tropen verbreitet, siedelte sich dann aber auch in extremen Lebensräumen wie Wüsten und Gebirgen an. Ein Teil der heutigen Arten lebt in üppigen, nahrungsreichen Gegenden, z. B. die Seraus, andere, wie die Gämsen, kommen in sehr kargen Regionen zurecht.

Alpines Leben *Gämsen leben in Europa und Westasien oberhalb der Baumgrenze. Bei Gefahr stampfen und pfeifen sie und fliehen in großen Sprüngen über Stock und Stein an einen Platz, den Feinde nur schwer erreichen.*

184 SÄUGETIERE RINDER

AUF EINEN BLICK

Tahr Zur Paarungszeit im Sommer laufen rivalisierende Böcke mit aufgestellter Mähne und gesenktem Kopf herum, um die Hörner zu zeigen, wobei der stärkere dem anderen den Weg versperrt oder ihn verjagt. Echte Kämpfe sind selten.

- Bis 1,4 m
- Bis 1 m
- Bis 100 kg
- Herden
- Gefährdet

Himalaja

Nilgiri-Tahr Einst zogen große Herden über die grasbedeckten Hügel Südindiens, doch Lebensraumverlust sowie Jagd verringerten den Bestand auf etwa 100 Tiere. Dank Schutzmaßnahmen erhöhte sich der Gesamtbestand wieder auf etwa 1000 Tiere. Der Nilgiri-Tahr besitzt ein raues Fell und eine kurze borstige Mähne.

- Bis 1,4 m
- Bis 1 m
- Bis 100 kg
- Herden
- Stark gefährdet

Nilgiri (S-Indien)

Schraubenziege Die Jagd hat den Bestand verringert; es gibt nur noch kleine Populationen in isoliertem rauem Gelände oberhalb der Baumgrenze. Die spiraligen Hörner sind als Trophäen und in der Chinesischen Medizin gefragt. Die Nahrungskonkurrenz zu Hausziegen fordert ebenfalls Opfer.

- Bis 1,8 m
- Bis 1,1 m
- Bis 110 kg
- Herden
- Stark gefährdet

Turkmenistan bis Pakistan

Saola Bis in die 1990er-Jahre hatte man lange Zeit keine neue Säugetierart wissenschaftlich beschrieben, 1992 entdeckte man den Saola in Vietnam, jenem Land, in dem durch Krieg und stark eingeschränkte internationale Kontakte die Erforschung der Fauna kaum möglich war. Der nachtaktive, im Wald lebende Saola, eines der seltensten Säugetiere der Welt, kommt nur in entlegenen Berggebieten vor. Er sucht in kleinen Gruppen mit nur wenigen Tieren seine Nahrung, Feigenblätter und andere Pflanzen des Regenwalds.

- Bis 2 m
- Bis 90 cm
- Bis 100 kg
- Einzelg., Fam.-Grupp.
- Stark gefährdet

Laos, Vietnam

Der Bock trägt eine dichte Mähne um Hals und Schultern

Nilgiri-Tahr
Hemitragus hylocrius

Tahr
Hemitragus jemlahicus

Arabischer Tahr
Hemitragus jayakari

Die Hörner können 1,5 m lang sein

Die Innenkante der Hörner ist scharf

Schraubenziege
Capra falconeri

Bezoarziege
Capra aegagrus

Saola
Pseudoryx nghetinhensis

RINDER SÄUGETIERE

Mähnenspringer *Ammotragus lervia* — Die Hörner beim Weibchen haben die gleiche Form wie beim Bock, sind aber kleiner. Am Bauch wachsen lange weiße Haare.

Dickhornschaf *Ovis canadensis* — Beim Bock bestimmt die Größe der Hörner den Rang.

Dallschaf *Ovis dalli*

Kamtschatka-Schaf *Ovis nivicola*

Moschusochse *Ovibos moschatus* — Die Hörner des Männchens treffen am Ansatz fast zusammen, die Hörner des Weibchens sind kleiner. Die langen Deckhaare reichen mitunter fast bis zum Boden.

AUF EINEN BLICK

Mähnenspringer Das in den Bergen der Sahara heimische Tier führte man kurz nach 1800 in Europa und in den 1950ern im Südwesten der USA ein. Vor der Paarung leckt das Weibchen dem Männchen die Flanken und das Paar führt die Schnauzen zusammen.

- Bis 1,7 m
- Bis 1,1 m
- Bis 145 kg
- Herden
- Gefährdet

N-Afrika; eingeführt in Europa und den USA

Dickhornschaf Für das Recht zur Paarung kämpfen Böcke Kopf gegen Kopf, manchmal mehr als 24 Stunden lang. Dabei helfen ihnen nicht nur die massiven Hörner, die bis zu 14 kg wiegen, sondern auch der kräftige Schädel, der mit einer dicken Sehne an der Wirbelsäule befestigt ist.

- Bis 1,8 m
- Bis 1,2 m
- Bis 135 kg
- Herden
- Schutz nötig

Westliches Nordamerika

ÜBERLEBENSKÜNSTLER

Moschusochsen überstehen lange Winter mit Minustemperaturen und wenig Licht. Die langen Deckhaare liegen über einem dichten Unterfell, das im Frühjahr abgestoßen wird. Mit Hörnern und Füßen räumen die Tiere ringförmig den Schnee weg, um Gräser zu erreichen. Eine Herde umringt ein Jungtier, um es vor einem Feind zu schützen.

- Bis 2,3 m
- Bis 1,5 m
- Bis 410 kg
- Herden
- Selten

Arktisches Kanada und Alaska; Grönland

186 SÄUGETIERE RINDER

AUF EINEN BLICK

Tiefland-Anoa Der Einzelgänger lebt in Tiefland-Wäldern und Feuchtgebieten und frisst Pflanzen des Unterholzes.

- Bis 1,7 m
- Bis 1 m
- Bis 300 kg
- Einzelgänger
- Stark gefährdet

Sulawesi

Bison In Nordamerika gab es einst rund 60 Mio. Bisons, heute findet man die Art wild nur noch in 2 Nationalparks. Sie leben in Gruppen mit Kühen, Jungen und einigen älteren Bullen. Andere geschlechtsreife Bullen leben allein oder in Junggesellengruppen.

- Bis 3,5 m
- Bis 2 m
- Bis 1 t
- Herden
- Schutz nötig

Kanada, NW-USA

Gaur Herden von Kühen und Jungen, die ein Bulle führt, kommen morgens aus dem Wald, um auf nahe gelegenen Hängen zu grasen. Nachts kehren sie zum Schlafen in den Wald zurück.

- Bis 3,3 m
- Bis 2,2 m
- Bis 1 t
- Herden
- Gefährdet

Indien bis Indochina und Malaysia

Yak Domestizierte Yaks findet man in weiten Teilen Asiens, wilde Yaks beschränken sich auf unbewohnte Bergwälder und kalte Steppengebiete.

- Bis 3,3 m
- Bis 2 m
- Bis 1 t
- Herden
- Gefährdet

Tibet

SCHUTZSTATUS

Wildrinder und Wildbüffel Lebensraumverlust, extreme Bejagung und Hausrinder (die sich mit Wildarten paaren, Krankheiten übertragen und um Nahrung konkurrieren) hatten eine verheerende Wirkung auf wilde Rinder- und Büffelarten. Heute sind einige, wie Kouprey und Tamaran, vom Aussterben bedroht. Die notwendigen Schutzmaßnahmen zeigten vor allem beim Wisent Erfolg. 1919 erklärte man ihn für in der Natur ausgestorben, doch inzwischen wilderte man ihn aus Zoobeständen wieder aus.

Berg-Anoa *Bubalus quarlesi*

Tiefland-Anoa *Bubalus depressicornis*

Die Hörner können flach am Rücken angelegt werden, damit das Tier nicht im Unterholz hängen bleibt

Tamarau *Bubalus mindorensis*

Buckel aus Muskeln

Bison *Bison bison*

Das Fell ist vorn am Körper länger als hinten

Dank großer Lungen und einem hohen Anteil an roten Blutkörperchen können Yaks in großen Höhen leben

Gaur *Bos frontalis*

Yak *Bos grunniens*

Wilde Bullen sind 3-mal schwerer als wilde Kühe und 2- bis 3-mal schwerer als domestizierte Bullen

Kouprey *Bos sauveli*

UNGLAUBLICHE REISEN

Es gibt in der Natur kaum etwas Erstaunlicheres zu sehen als die jahreszeitlichen Wanderungen großer Huftiere wie der Karibus in Kanada und Alaska, der Gazellen in der Mongolei, der Kobs im südlichen Sudan und der Gnus, Zebras und Gazellen in Ostafrika. Tausende von Tieren sammeln sich und beginnen je nach Klima ihre Massenwanderung. In kälteren Klimazonen ziehen Karibus und Gazellen nach Norden zu den Sommer- und nach Süden zu den Winterweiden. In Afrika richten sich die Züge nach der Regen- und Trockenzeit. Heute ist die größte Wanderung die von etwa 1,3 Mio. Gnus, begleitet von etwa 200 000 Zebras und Gazellen, aus der Serengeti in Tansania in die Masai Mara in Kenia – im Uhrzeigersinn ein jährlicher Weg von mehr als 2900 km. Einige unglaubliche Reisen finden heute nicht mehr statt, da der Huftierbestand zurückging und die Wege jetzt über erschlossenes Land führen würden. Hunderttausende von Springböcken zogen einst über weite Strecken durch das südliche Afrika. In Nordamerika fanden in früheren Zeiten 4 Mio. Bisons ihren Weg durch die Great Plains zu frischem Gras auf Sommerweiden im Norden und Winterweiden im Süden.

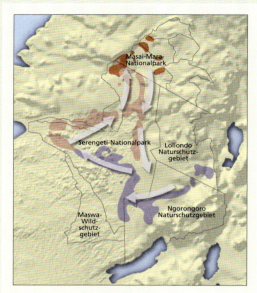

IM UHRZEIGERSINN
Früh im Jahr werfen Tausende von Gnus ihre Jungen und bevölkern dann die Ebenen der Serengeti, die frische mineralstoffreiche Gräser bieten. Ende Mai, gegen Ende der Regenzeit, sind die Ebenen abgeweidet und die Tiere ziehen in kleinen Gruppen nach Westen und Norden in das Übergangsgebiet, wo sie sich paaren. Während der Brunftzeit im Mai hallt die Region vom tiefen Muhen wider, wenn jedes dominante Männchen seinen Harem gegen die Aufmerksamkeiten der anderen verteidigt. Anfang Juli finden sich viele Tausend Gnus zu einer einzigen großen Herde zusammen, die nach Masai Mara zieht, wo sie während der Trockenzeit das junge Gras fressen und an den stets Wasser führenden Flüssen trinken. Der Rückweg in die Serengeti beginnt Ende November.

- Regenzeit
- Übergangsbereich
- Trockenzeit

Flussüberquerung Der gefährlichste Augenblick bei der großen Wanderung der Gnus ist die Überquerung des Mara-Flusses, der die Masai-Mara-Savanne teilt. Durch die unmittelbar vorausgegangenen Regenfälle ist der Fluss oft reißend. Die wandernde Herde sammelt sich am Ufer, bis die nachdrängenden Tiere den Übergang erzwingen. Viele Gnus brechen sich beim Sprung auf den felsigen Untergrund die Beine. Andere ertrinken oder werden von der starken Strömung mitgerissen. Riesige Krokodile warten im Wasser, für die Gnus das wichtigste Festmahl des Jahres bilden. Die überlebenden Tiere müssen am anderen Ufer versuchen, den hungrigen Löwen zu entkommen.

HUFTIERE **SÄUGETIERE** 189

Winterherde Die größten Graslandgebiete in gemäßigten Zonen finden sich in der östlichen Mongolei. In diesen Steppen lebt die Mongoleigazelle (*Procapra gutturosa*). Im Sommer bilden Männchen und Weibchen getrennte Herden, die Weibchen bringen die Jungen zur Welt. Große gemischte Herden von mehreren Tausend Tieren sammeln sich für die Winterwanderungen, bei denen sie auf dem Weg zu ihren südlichen Paarungsplätzen bis zu 300 km pro Tag zurücklegen. Der Gesamtbestand der Art nimmt ab. Dazu tragen Naturkatastrophen, z. B. Feuer und Epidemien, genauso bei wie die Hindernisse bei den Wanderungen, z. B. die Zäune entlang der chinesischen Grenze oder eine neue Eisenbahn in der Mongolei.

Schwimmende Karibus Immer im Frühling ziehen in Alaska und Kanada Tausende von Karibus von ihren Überwinterungsgebieten zu den Plätzen weiter nördlich, wo sie ihre Jungen werfen. Ihr Weg führt sie durch tiefen Schnee und eisige Flüsse. Nach dem Werfen fressen die Muttertiere die nährstoffreichen Tundrapflanzen, die ihre Milch gehaltvoll machen. Wenn der Winter mit kaltem Wind beginnt, ziehen sie wieder in Richtung Süden. In Europa domestizierte man die Karibus und sie sind als Rentiere bekannt. Die samischen Hirten im Norden Skandinaviens folgen den Wanderrouten der Tiere.

Jährlicher Zyklus Die Paarung der Gnus findet im Mai und Juni statt. Zur Zeit der gefährlichen Flussüberquerung, meistens im Juli, sind mehr als 90 % der erwachsenen Gnu-Kühe trächtig.

Wandergenossen Zebras ziehen mit der großen Herde von Gnus oder ihr voraus. Sie weiden die zähen längeren Gräser ab und legen die zarten jungen Halme für die Gnus frei. Gazellen folgen oft der Gnu-Herde.

Überlebenskampf Nur die stärksten Tiere der Gnu-Herde schaffen die Überquerung des Flusses. Sie werden am anderen Ufer von üppigem grünen Gras belohnt. Damit können sie die Reserven aufbauen, die sie für ihren langen Weg zurück in die Ebenen der Serengeti brauchen.

Reiche Beute Die Anwesenheit der großen Herde in der Masai-Mara-Savanne zieht viele Beutegreifer an. Die Stunde der Krokodile schlägt bei der Flussüberquerung, Löwen und Hyänen jagen Nachzügler.

Gefährliche Reise Jedes Jahr kommen in der Serengeti während eines Zeitraums von 6 Wochen Ende Januar etwa 400 000 Gnus zur Welt. Von diesen Kälbern sterben zwei Drittel während ihrer ersten Wanderung in der Masai-Mara-Savanne, doch überleben genug, um die großen Gnu-Herden Ostafrikas wieder aufzufüllen.

HIRSCHE

KLASSE	Mammalia
ORDNUNG	Artiodactyla
FAMILIEN	4
GATTUNGEN	21
ARTEN	51

Zur Familie Cervidae gehören Hirsche und ihre engen Verwandten wie Elche und Karibus (Rentiere). Hirsche ähneln in vielem Antilopen mit langem Körper und Hals, schlanken Beinen, kurzem Schwanz, großen, seitlich am Kopf stehenden Augen und hoch oben positionierten Ohren. Sie unterscheiden sich durch die oft gewaltigen Geweihe, die Männchen der meisten Arten tragen (beim Ren auch die Weibchen). Geweihe sind aus Horn und werden einmal jährlich abgeworfen. Wachsende Geweihe überzieht eine Haut, der »Bast«, der abstirbt und abgerieben wird, wenn das Geweih ausgewachsen ist. Geweihe können kleine Stangen oder riesige verzweigte Gebilde sein.

Verbreitung der Hirsche Hirsche gelangten nie nach Afrika südlich der Sahara. Sie sind in Nordwestafrika, Eurasien und in Amerika heimisch, einige wurden auch anderswo eingeführt. Die Arten der Familie Cervidae teilen sich nach ihrer Herkunft in 2 Gruppen: Altweltarten tauchten zuerst in Asien auf, Neuweltarten nahmen von der Arktis ihren Ausgang.

Abgetaucht Neugeborene Kitze, hier ein Maultierhirsch-Kitz, werden in dichter Vegetation versteckt, bis sie kräftig genug sind, um der Gruppe zu folgen. Die Neugeborenen vieler Hirscharten besitzen ein gesprenkeltes Fell, um ihren Umriss zu unterbrechen und Tarnung zu geben. Die Mutter kommt regelmäßig zum Säugen.

Raue Lebensräume Die meisten Hirsche kommen in Wäldern gemäßigter oder tropischer Zonen vor. Einige Arten vertragen rauere Bedingungen. Der Elch (rechts) lebt in nördlichen Feuchtgebieten, wo er auch Wurzeln von Wasserpflanzen frisst. Karibus findet man in der arktischen Tundra.

GROSS UND KLEIN

Die Familie Cervidae reicht vom Südlichen Pudu mit nur 8 kg bis zum Elch mit 800 kg. Das Geweih des Elchs kann eine Breite von 2 m erreichen, obwohl auch dies noch winzig scheint gegen die 3,5 m des ausgestorbenen Europäischen Riesenhirschs (*Megaloceros*). Das Chinesische Wasserreh hat kein Geweih, doch seine verlängerten Eckzähne bilden messerscharfe Stoßzähne. Die südostasiatischen Muntjaks tragen nur einfache Geweihstangen, aber auch Stoßzähne.

Als potenzielle Beute entwickelten Hirsche vielfältige Fluchtstrategien. Manche springen fort und suchen ein Versteck auf. Andere vertrauen auf ihr Tempo und ihre Ausdauer und rennen davon. Der Elch stapft über Hindernisse weg, die seine Feinde aufhalten.

Alle Hirscharten sind Wiederkäuer mit einem vierkammerigen Magen, doch anders als Rinder verdauen sie keine harten Gräser, sondern Triebe, junge Blätter und Gräser, Flechten und Früchte. Selbst jene Arten, die Gras fressen, brauchen auch nährstoffreiche Pflanzen.

Zur Unterordnung der Wiederkäuer zählen neben der Familie Cervidae u. a. 3 Familien von Huftieren, die leicht den Hirschen ähneln: die Hirschferkel (Tragulidae) und die Moschushirsche (Moschidae), die lange Eckzähne statt Geweihe tragen. Eine eigene Familie bildet der Gabelbock Nordamerikas, Antilocapridae.

Äsen in der Gruppe Kleinere Hirscharten leben allein oder in kleinen Familiengruppen. Größere Arten wie die Damhirsche bilden Herden. In der Gruppe besteht weniger Gefahr zur Beute zu werden, weil die Gruppe Feinde leichter entdeckt und nur die schwächsten Tiere gefährdet sind. In Neuseeland und anderen Ländern führte man Hirsche ein und züchtet sie.

HIRSCHE SÄUGETIERE

Moschushirsch
Moschus moschiferus

Die muskulösen Hinterbeine ermöglichen dem Tier wendige Sprünge

Wie bei anderen Tieren der Familie Moschidae fehlt bei dieser Art das Geweih, die Männchen haben stattdessen lange Eckzähne

Stark gejagt wegen des Moschus, den eine Drüse zwischen dem Nabel und den Geschlechtsorganen produziert

Chinesisches Wasserreh
Hydropotes inermis

Einzige Art der Familie Cervidae, bei der den Männchen ein Geweih fehlt

Fleckenkantschil
Moschiola meminna

Afrikanisches Hirschferkel
Hyemoschus aquaticus

Großkantschil
Tragulus napu

Kleinkantschil
Tragulus javanicus

Das gefleckte und gestreifte Fell tarnt das Tier im Laubwerk des Waldes

AUF EINEN BLICK

Fleckenkantschil Zur vielfältigen Nahrung dieses nachtaktiven Tiers gehören Pflanzen und kleine Tiere.

- Bis 60 cm
- Bis 30 cm
- Bis 2,7 kg
- Einzelgänger
- Selten

Indien, Sri Lanka

Afrikanisches Hirschferkel Dieser nachtaktive Einzelgänger versteckt sich tagsüber im dichten Unterholz des Tropenwaldes. Er lebt in Wassernähe und flieht vor Feinden ins Wasser, kann aber nicht lange schwimmen.

- Bis 95 cm
- Bis 40 cm
- Bis 13 kg
- Einzelgänger
- Keine Angabe

Tropisches W-Afrika

Großkantschil Da Weibchen dieser Art zu jeder Jahreszeit werfen und sich Stunden nach dem Wurf schon wieder paaren, sind sie die meiste Zeit ihres Lebens trächtig.

- Bis 60 cm
- Bis 35 cm
- Bis 6 kg
- Einzelgänger
- Selten

Indochina, Thailand, Malaysia, Sumatra, Borneo

Kleinkantschil Die Beine dieses kleinsten Paarhufers sind etwa bleistiftdick. Er lebt als Einzelgänger oder in kleinen Familiengruppen und ernährt sich von abgefallenen Früchten und Blättern.

- Bis 48 cm
- Bis 20 cm
- Bis 2 kg
- Einzelg., kl. Gruppen
- Selten

Indochina, Thailand bis Malaysia u. Indonesien

HIRSCHFERKEL

Hirschferkel sind kleine paarhufige Wiederkäuer, denen im Gegensatz zu Hirschen und Rindern ein Geweih oder Hörner fehlen. Die Männchen haben lange, stetig wachsende Eckzähne. Die scheuen nachtaktiven Einzelgänger leben im Wald. Sie bilden die Familie Tragulidae.

Eckzähne

192 SÄUGETIERE HIRSCHE

AUF EINEN BLICK

Indischer Sambar Der nachtaktive Hirsch ist in Asien heimisch und wurde in Australien, Neuseeland und den USA eingeführt. Er lebt meist an bewaldeten Hängen. Mehrere Kühe mit Jungen leben zusammen, während Böcke Einzelgänger sind und ihr Revier in der Paarungszeit verteidigen, wenn sie sich mit den dort lebenden Kühen paaren.

- Bis 2,5 m
- Bis 1,6 m
- Bis 260 kg
- Einzelgänger, Harems
- Regional häufig

Indien und Sri Lanka bis S-China und SO-Asien

IN DER BRUNFT

Der Rothirsch (*Cervus elaphus*) – eine Unterart ist der nordamerikanische Wapiti – ist die lauteste aller Hirscharten. Er beginnt sein Werben mit einem Röhren, sammelt dann einen Harem um sich, den er während der gesamten Paarungszeit heftig gegen Rivalen verteidigt.

Stimmen Der dominante Bock eines Harems und sein Herausforderer röhren einander vor einem Kampf minutenlang an.

Geweihkampf Nachdem zwei rivalisierende Böcke rituell nebeneinander hergelaufen sind, verhaken sie die Geweihe und ringen, bis einer zurückgedrängt wird und flieht.

SCHUTZSTATUS

Von den 51 Arten der 4 Hirschfamilien stehen 76 % auf der Roten Liste der IUCN:

- 1 Ausgestorben
- 1 Vom Aussterben bedroht
- 7 Stark gefährdet
- 11 Gefährdet
- 7 Weniger gefährdet
- 12 Keine Angaben

Das Geweih kann bis zu 1 m lang werden

Bei erhobenem Schwanz gibt der weiße Spiegel das Signal »Folge mir«

Indischer Sambar
Cervus unicolor

Barasingha
Cervus duvaucelii

Leierhirsch
Cervus eldii

Mähnenhirsch
Cervus timorensis

Das Kitz ist zur Tarnung gefleckt

Cervus elaphus roosevelti

194 SÄUGETIERE HIRSCHE

GEWEIHENTWICKLUNG

Geweihe werden in Rangkämpfen eingesetzt, doch sie wachsen wohl vor allem so groß, um die Kühe von den gesunden Genen der Böcke zu überzeugen. Bei den Hirscharten mit dem größten Geweih spielt es im Imponiergehabe eine wichtige Rolle.

Frühling Bei Hirscharten gemäßigter Zonen beginnt das Geweih im Frühling zu wachsen. Es ist mit Haut, dem Bast, bedeckt.

Sommer Im Spätsommer ist das Geweih ausgewachsen und hart geworden. Der Bast trocknet und löst sich.

Herbst Der Bock reibt den Bast an Büschen und kleinen Bäumen ab. Damit ist das Geweih für Rangkämpfe und zum Imponieren zur Paarungszeit bereit.

Winter Nach der Paarungszeit werden beide Geweihhälften im Abstand von einigen Tagen abgeworfen.

Sumpfhirsch
Blastocerus dichotomus

Das massive Geweih des Bocks besitzt bis zu 20 Enden

Größte aller Hirscharten

Elch
Alces alces

Die Rentierkuh ist die einzige Hirschkuh mit einem echten Geweih

Beim Rentierbock ist das Geweih größer als bei der Kuh

Klickendes Geräusch beim Laufen, wenn in den Füßen die Sehnen über die Knochen verlaufen

Rentier (Karibu)
Rangifer tarandus

Die großen Füße geben im Schnee und im Morast der Tundra Halt

Maultierhirsch
Odocoileus hemionus

Pampashirsch
Ozotoceros bezoarticus

Weißwedelhirsch
Odocoileus virginianus

Reh
Capreolus capreolus

Giraffen und Okapi

KLASSE	Mammalia
ORDNUNG	Artiodactyla
FAMILIE	Giraffidae
GATTUNGEN	2
ARTEN	2

Die Giraffe, deren Kopf 5,5 m über dem Boden schwebt, ist das größte Tier der Welt. Mit ihrem einzigen nahen Verwandten, dem Okapi, bildet sie die Familie Giraffidae. Bei Giraffe und Okapi sind Hals, Schwanz und Beine lang. Durch die längeren Vorder- als Hinterbeine fällt der Rücken ab. Ihre kleinen, stetig wachsenden Hörner bestehen aus Knochen, die von Fell bedeckt sind. Kein anderes Säugetier besitzt solche Hörner. Die Lippen sind dünn und beweglich, die Zunge ist lang, schwarz und kann greifen; Augen und Ohren sind groß. Beide Arten kommen in Afrika südlich der Sahara vor. Dank der Zeichnung fallen sie in ihrem Lebensraum wenig auf: Die Flecken der Giraffe tarnen sie im Zwielicht der Baumsavanne, während die Streifen am Hinterteil des Okapis in der dichten Vegetation des Regenwalds tarnen.

Gefährliches Trinken Eine Giraffe nimmt die meiste Flüssigkeit über Nahrung auf. Zum Trinken an Wasserlöchern muss sie die Vorderbeine spreizen. Dabei ist sie dann eine leichte Beute für Feinde.

»Halsringen« Um den Rang zu entscheiden, kämpfen junge Giraffenmännchen mit ritualisiertem »Halsringen«. Ähnlich dem menschlichen Armdrücken pressen hier zwei Giraffen mit den Hälsen gegeneinander, bis eine nachgibt. Ältere Giraffenmännchen stoßen mit dem Kopf nach dem Rivalen, um ihn umzustoßen. Auch rivalisierende Okapi-Männchen beginnen ihre Kämpfe mit Halsringen, bevor sie aggressiver werden.

GESTREIFTE KEHRSEITE
Ein britischer Forscher beschrieb das Okapi 1901 erstmalig. Er suchte nach einem pferdeähnlichen Tier, das die Einheimischen jagten. Auf den ersten Blick erinnert das Okapi mehr an ein Zebra als an eine Giraffe. Doch es hat einige typische Merkmale mit der Giraffe gemeinsam: die ungewöhnlichen fellbedeckten Hörner, die spezialisierten Zähne und Zunge und den vierkammerigen Magen der Wiederkäuer. Die Streifen am Hinterteil sind wohl ein Folge-mir-Signal, damit ein junges Okapi die Mutter findet. Mit den Streifen an den Vorderbeinen brechen sie die Umrisslinie in der dichten Waldvegetation.

KLARE UNTERSCHIEDE

Giraffen und Okapi besitzen nicht nur Gemeinsamkeiten, sondern es gibt Unterschiede, am offensichtlichsten in Größe und Figur. Das Okapi hat gewisse Ähnlichkeit mit einem Pferd. Die Giraffe mit ihrer extremen Längung ist sofort zu erkennen. Die Giraffe hat, wie fast alle Säugetiere, 7 Halswirbel, doch jeder Wirbel ist verlängert. Ein spezieller Blutkreislauf pumpt Blut bis ins Gehirn – eine Reihe von Ventilen regulieren den Blutdruck, wenn das Tier sich zum Trinken bückt. Dank ihrer ungewöhnlichen Statur kann die Giraffe das Nahrungsangebot der Baumsavanne voll nützen. Da sie in der Trockenzeit die Blätter der hohen Akazien erreicht, kann die Giraffe zu riesiger Höhe wachsen und sich ganzjährig fortpflanzen. Am gefährdetsten durch Feinde ist sie, wenn sie sich hinlegt oder zum Trinken bückt. Um Feinden zu entfliehen, hilft es der Giraffe, dass sie gut sieht, riecht und hört. Sie kann mit mehr als 50 km/h davonlaufen oder mit ihren Vorderfüßen den Feind kräftig treten.

Das Okapi, das im dichten Tropenwald lebt, sieht schlecht, hört und riecht aber gut. Es ist äußerst scheu und verschieden beim ersten Anzeichen von Gefahr im dichten Pflanzenwuchs. Diese Art lebt meist allein und markiert das Territorium mit Urin oder dadurch, dass es seinen Hals am Baum reibt.

Der offener Lebensraum der Savanne lässt Giraffen gesellig leben. Die meisten leben in kleinen lockeren Herden von etwa einem Dutzend Tieren. Junge Männchen leben in Junggesellenherden, werden aber im Alter zu Einzelgängern. Männchen kämpfen um das Recht der Paarung, dabei schwingen sie ihren langen Hals, um den Rivalen mit dem Kopf in den Bauch zu treffen. Der verstärkte Schädel fängt normalerweise die Auswirkung der Stöße ab, doch gelegentlich wird ein Tier bewusstlos geschlagen.

GIRAFFE UND OKAPI SÄUGETIERE

Männchen und Weibchen tragen Hörner

Massaigiraffe
Giraffa camelopardalis tippelskirschi

Kap-Giraffe
Giraffa camelopardalis giraffa

Kurze Mähne am Hals entlang

Der lange Schwanz mit der Quaste verjagt Fliegen

Die Vorderbeine sind länger als die Hinterbeine

Netzgiraffe
Giraffa camelopardalis reticulata

Nur die Männchen tragen Hörner

Okapi
Okapia johnstoni

AUF EINEN BLICK

Giraffe Die geselligen Tiere bilden meist lockere Herden von etwa einem Dutzend Weibchen mit Jungen, angeführt von einem erwachsenen Männchen. Da sie lange Zeit ohne zu trinken überleben und von den höchsten Akazienbäumen Nahrung holen, haben sie zu jeder Jahreszeit Nachwuchs.

- Bis 5,7 m
- Bis 3,5 m
- Bis 1,4 t
- Variabel
- Schutz nötig

Afrika südlich der Sahara

Okapi Es zieht am Tag auf fest gelegten Wegen durch den Tropenwald und sucht Blätter, Knospen und Triebe. Das Okapi ist Einzelgänger, nur Mütter und Junge leben zusammen. Ein einzelnes Kalb wird in der Regenzeit geboren.

- Bis 2 m
- Bis 1,6 m
- Bis 250 kg
- Einzelgänger
- Weniger bedroht

NO-Zaire

TYPISCHE ZEICHNUNG

Die Fleckenzeichnung auf dem Fell dient der Giraffe als Tarnung im Zwielicht der Baumsavanne. Jedes einzelne Tier besitzt eine individuelle Zeichnung, doch gewisse Gemeinsamkeiten kennzeichnen die Unterarten.

Netzzeichnung Die Netzgiraffe besitzt große kastanienbraune Flecken, die durch dünne weiße Linien getrennt sind.

Starker Kontrast Kleinere, dunklere Flecken, getrennt durch größere weiße Bereiche, sind typisch für die Massaigiraffe.

SCHUTZSTATUS

Auf der Roten Liste Giraffen und Okapi stehen auf der Roten Liste der IUCN. Die Giraffe, deren Lebensraum um 50 % zurückgegangen ist, bedarf des Schutzes. Da sie ihre Nahrung oberhalb der Köpfe von Haustieren sucht, ist es ihr besser ergangen als anderen Huftieren. Das Okapi gilt als weniger gefährdet. Obwohl es seit 1933 geschützt ist, jagt man es noch. Durch sein begrenztes Verbreitungsgebiet ist Lebensraumverlust sehr bedrohlich.

NAHRUNGSSPEZIALISTEN

Giraffe und Okapi fressen vorwiegend Blätter. Beide besitzen dünne, muskulöse Lippen und eine lange schwarze Zunge, die geschickt genug ist, um Blätter zu pflücken oder Äste ins Maul zu ziehen. Die Zunge der Giraffe (rechts) ist besonders lang, sie kann 46 cm erreichen. Beide Arten streifen mit den typischen eingekerbten Eckzähnen Blätter von Ästen und mahlen sie mit den Molaren. Der vierkammerige Wiederkäuermagen erlaubt ihnen, so viele Nährstoffe wie möglich aus ihrer Nahrung zu holen, die hochgewürgt und ein zweites Mal gekaut wird. Im Gegensatz zu anderen Wiederkäuern können Giraffen beim Wiederkäuen laufen – so haben sie mehr Zeit zum Fressen. Eine Giraffe verbringt 12 bis 20 Stunden täglich mit Fressen und verzehrt bis zu 34 kg Pflanzen auf einmal.

Giraffen fressen vielerlei Nahrung. Sie bevorzugen frische Triebe, Blüten und Früchte, können aber auch zu Zweigen und trockenen Blättern wechseln. Hauptbestandteil der Nahrung sind Akazienblätter, die durch Gift geschützt sind. Zum Schutz nehmen Giraffen die wenigst giftigen Blätter und sie besitzen einen dicken klebrigen Speichel und eine besondere Leberfunktion. Giraffe und Okapi reichern ihre Nahrung mit Mineralstoffen aus anderen Quellen an: Giraffen fressen Erde und kauen Knochen, die Aasfresser weggeworfen haben, Okapis lecken den Lehm von Flussufern und fressen die Holzkohle verbrannter Bäume.

SÄUGETIERE KAMELE

KAMELE

KLASSE	Mammalia
ORDNUNG	Artiodactyla
FAMILIE	Camelidae
GATTUNGEN	3
ARTEN	6

Sie sind bekannt für ihre Höcker und dafür, dass sie lange Zeit ohne Wasser überleben: das einhöckrige Dromedar, das heute nur noch in domestizierten Populationen in Nordafrika und Nahost vorkommt, und das zweihöckrige Trampeltier, das es in Nordasien domestiziert und, in geringer Anzahl, auch wild gibt. Ihre 4 Verwandten in der Familie der Camelidae leben in Südamerika – die wilden Guanakos und Vikunjas sowie die domestizierten Lamas und Alpakas. Kamele tauchten vor 45 Mio. Jahren in Nordamerika erstmalig auf. Sie verschwanden dort am Ende der Eiszeit vor rund 10 000 Jahren. Zu der Zeit hatten sie sich bereits auf andere Teile der Welt ausgebreitet.

Alt und neu Die 2 Altweltkamelarten leben in Nordafrika und Zentralasien. Die 4 südamerikanischen Arten kommen von den Ausläufern bis zu den Bergwiesen der Anden vor. Domestizierte Kamele wurden in vielen Weltgegenden eingeführt, auch in Australien, wo verwilderte Tiere durch das Outback ziehen.

Gut entwickelte Junge Bei allen Kamelarten wird ein einzelnes, gut entwickeltes Junges nach einer langen Tragzeit geboren, beim Guanako z. B. nach 11 Monaten. Das Neugeborene kann der Mutter schon 30 Minuten nach der Geburt folgen.

ROBUSTE KAMELE

Alle Kamelarten sind an aride oder semiaride Lebensräume angepasst. Der komplexe dreikammerige Wiederkäuermagen entzieht dem Gras, der Hauptnahrung, möglichst viele Nährstoffe. Ihre Füße sind einmalig unter den Huftieren, weil nur die Vorderkante der Hufe den Boden berührt und das Gewicht der Tiere auf fleischigen Ballen ruht. Bei Kamelen sind die Füße breit, damit sie beim Laufen im Sand nicht einsinken. Die vier südamerikanischen Arten besitzen schmälere Füße, um sicher auf Felshängen zu gehen. Ein dichtes doppeltes Fell isoliert gegen Hitze und Kälte.

Altweltkamele unterscheiden sich von ihren Artgenossen in der Neuen Welt durch die Größe und die Höcker, doch sonst gleicht sich die Anatomie. Typisch sind die langen, schlanken Beine, der kurze Schwanz, der lange, gebogene Hals und der relativ kleine Kopf mit der gespaltenen Oberlippe. Kamele sind Passgänger, d. h. beim Laufen setzen sie die Beine derselben Körperseite gleichzeitig auf. Sie sind gesellig und leben in Harems von Weibchen und Jungen, die ein dominantes Männchen führt. Männchen ohne Harem bilden Junggesellengruppen.

Die Domestizierung der Kamele, die Fleisch, Milch, Wolle, Brennstoff und Transportmöglichkeit liefern, erlaubt Menschen ein Leben in extremer Umgebung, von der Sahara bis zu den Hochebenen der Anden. Von den mehr als 20 Mio. Kamelen sind etwa 95 % Haustiere.

Wasser sparend Dromedare führte man vor mehreren tausend Jahren aus Arabien nach Nordafrika ein. Ihr Höcker speichert kein Wasser, sondern Fett, doch sie können monatelang ohne zu trinken überleben, wenn sie Wüstenpflanzen fressen. Ist Wasser erreichbar, trinken sie Mengen, die ein Viertel ihres Körpergewichts erreichen.

DOMESTIZIERT UND WILD

Bis vor kurzem nahm man an, dass das domestizierte Lama (rechts) und das domestizierte Alpaka beide vom wilden Guanako abstammen. Nach DNS-Studien scheint es möglich, dass das Alpaka eine Kreuzung zwischen dem Lama und dem wilden Vikunja ist. Lamas und Alpakas werden seit Jahrhunderten in Herden gehalten, es gibt keine wilden Exemplare mehr. Sie übertreffen an Zahl die wilden Guanakos und Vikunjas, doch Schafe verdrängten die südamerikanischen Kamele weitgehend. In Südamerika wurden Kamele zum ersten Mal vor 4000 bis 5000 Jahren domestiziert und das Lama trug wesentlich zum Gedeihen des Inkareiches bei. Lamas und Alpakas wurden inzwischen auch anderswo eingeführt, als Wolllieferanten, zum Hüten von Schafen, als Packtiere und Heimtiere.

KAMELE **SÄUGETIERE** 199

Bei Nahrungsknappheit wird das in den Höckern gespeicherte Fett verbraucht; die Höcker werden dann kleiner

Trampeltier
Camelus bactrianus

Das lange Winterfell wird im Sommer abgestoßen

Die schmalen Nüstern lassen sich bei Sandstürmen verschließen

Die langen Wimpern schützen vor Sand und Staub

Die dicken, harten Lippen haben kein Problem mit dornigen Pflanzen

Dromedar
Camelus dromedarius

Guanako
Lama guanicoe

Vikunja
Vicugna vicugna

AUF EINEN BLICK

Trampeltier Nur das Trampeltier und das Dromedar besitzen unter allen Säugetieren Blutkörperchen, die nicht rund, sondern oval sind. Diese Form erlaubt wohl eine leichtere Fortbewegung in dickem, dehydriertem Blut.

- Bis 3,5 m
- Bis 2,3 m
- Bis 700 kg
- Herden
- Vom Aussterben bedr.

Kasachstan bis zur Mongolei

Dromedar Obwohl sie domestiziert sind, leben viele Herden von Dromedaren während der Paarungszeit ohne menschliche Aufsicht in Harems.

- Bis 3,5 m
- Bis 2,3 m
- Bis 650 kg
- Herden
- Nur noch domestiziert und verwildert

N-Afrika bis Indien; eingeführt in Australien

Guanako Guanako-Männchen haben wie die Männchen aller südamerikanischen Kamelarten scharfe Zähne, die sie in Rivalenkämpfen einsetzen.

- Bis 2 m
- Bis 1,2 m
- Bis 120 kg
- Familiengruppen
- Regional häufig

S-Peru bis O-Argentinien und Feuerland

Vikunja Dieses kleine Kamel besitzt scharfe, nachwachsende Schneidezähne, um kurze Gräser abzubeißen.

- Bis 1,9 m
- Bis 1,1 m
- Bis 65 kg
- Familiengruppen
- Schutz nötig

S-Peru bis NW-Argentinien

SCHUTZSTATUS

Bedrohungen Von den 6 Kamelarten stehen 2 auf der Roten Liste der IUCN: Das Trampeltier mit nur noch etwa 1000 wilden Exemplaren ist vom Aussterben bedroht und das Vikunja benötigt Schutz. Das Dromedar ist in der Natur seit langem ausgestorben, ist aber domestiziert und verwildert noch weit verbreitet.

SCHWEINE

KLASSE	Mammalia
ORDNUNG	Artiodactyla
FAMILIE	Suidae
GATTUNGEN	5
ARTEN	14

Anders als die meisten Huftiere, die nur Pflanzen fressen, sind Schweine und Hirscheber in der Familie der Suidae Allesfresser, zu deren Nahrung Insektenlarven, Regenwürmer und kleine Wirbeltiere ebenso gehören wie vielerlei Pflanzen. Die Nasenlöcher an der vorstehenden Schnauze liegen in einer Knorpelplatte, der Rüsselscheibe. Sie hilft, gestützt von einem speziellen Knochen, beim Suchen von Nahrung in Laubstreu oder Schmutz. Die oberen und unteren Eckzähne bilden bei Männchen und Weibchen scharfe Hauer, die auch als Waffe dienen. Wilde Arten leben in den Wäldern Afrikas und Eurasiens, sie wurden in Nordamerika, Australien und Neuseeland eingeführt.

Statussymbole Die verlängerten Eckzähne des Hirscheber-Männchens bilden gebogene Hauer. Die oberen Hauer wachsen durch die Haut des Gesichts.

Familienbande Keiler leben allein oder sie gehören einer Junggesellengruppe an, während Bachen mit ihrem Nachwuchs in eng verbundenen Familiengruppen leben. Diese jungen Warzenschweine folgen ihrer Mutter bei der Nahrungssuche.

⚡ SCHUTZSTATUS

Verwilderte Schweine bedrohen vielerorts die ursprüngliche Fauna, auch andere Schweinearten. Lebensraumverlust ließ die Zahlen einiger Arten auch zurückgehen. Von den 14 Arten in der Familie der Suidae stehen 43 % auf der Roten Liste:

- 2 Vom Aussterben bedroht
- 1 Stark gefährdet
- 2 Gefährdet
- 1 Keine Angabe

Wildschwein
Sus scrofa

Die Bache hat kleinere Hauer als der Keiler

Mit seinem Gewicht von 6–9 kg stellt es die kleinste Art der Familie Suidae dar

Zwergwildschwein
Sus salvanius

Die Ferkel sind zur Tarnung gestreift, die Zeichnung verschwindet mit dem Älterwerden

SCHWEINE **SÄUGETIERE** 201

Warzenschwein
Phacochoerus africanus

Polster auf den Knien ermöglichen das Knien beim Fressen.

Buschschwein
Potamochoerus larvatus

Die oberen Hauer können bis 35 cm lang werden

Riesenwaldschwein
Hylochoerus meinertzhageni

Große Falten durchziehen die Haut

Flussschwein
Potamochoerus porcus

Die Mähne und die Quasten an den Ohren können aufgestellt werden, damit das Tier größer erscheint

Die unteren Hauer werden im Kampf eingesetzt

Hirscheber
Babyrousa babyrussa

AUF EINEN BLICK

Warzenschwein Dieses Tier des Graslands kniet auf den Vorderbeinen und zupft mit seinen speziellen Schneidezähnen frisches Gras. Wenn in der Trockenzeit die Halme verdorren, gräbt es Rhizome, Wurzelstöcke, aus.

- Bis 1,5 m
- Bis 70 cm
- Bis 105 kg
- Vorwiegend Einzelg.
- Häufig

Afrika südlich der Sahara

Buschschwein Es folgt oft Affen und sammelt die Früchte auf, die sie fallen lassen. Es frisst auch Feldfrüchte. Bei Rangkämpfen drücken die Keiler die Köpfe gegeneinander.

- Bis 1,3 m
- Bis 90 cm
- Bis 115 kg
- Familiengruppen
- Regional häufig

O- und SO-Afrika; auf Madagaskar eingeführt

Riesenwaldschwein Gegen Abend zieht sich eine gemischte Gruppe von Riesenwaldschweinen in ein großes Schlafnest in dichter Vegetation zurück. Die Bachen teilen sich die Aufzucht aller Ferkel. Rangkämpfe sind heftig, bei Zusammenstößen mit hohem Tempo kommt es zu Schädelbrüchen.

- Bis 2,1 m
- Bis 1 m
- Bis 235 kg
- Familiengruppen
- Selten

Zentral- und W-Afrika

Flussschwein Die Art gräbt sich einen unterirdischen Bau. Dort ruht sie bei Tag, nachts sucht sie Nahrung. Sie lebt in Harems von Bachen und Ferkeln, geführt von einem Keiler.

- Bis 1,5 m
- Bis 1 m
- Bis 130 kg
- Familiengruppen
- Regional häufig

W-Afrika

Hirscheber Nur selten gräbt er mit der Schnauze nach seiner ziemlich spezialisierten Nahrung, die aus Laub, Früchten und Pilzen besteht. Fossilien haben gezeigt, dass der Hirscheber die urtümlichste aller Schweinearten ist.

- Bis 1,1 m
- Bis 80 cm
- Bis 100 kg
- Familiengruppen
- Gefährdet

Sulawesi und benachbarte kleine Inseln

NABELSCHWEINE

KLASSE Mammalia
ORDNUNG Artiodactyla
FAMILIE Tayassuidae
GATTUNGEN 3
ARTEN 3

Die 3 Pekariarten der Familie Tayassuidae ähneln weitgehend den Schweinen der Familie Suidae, unterscheiden sich durch die langen, schlanken Beine, den komplexeren Magen und die Duftdrüse am Hinterteil. Sie sind Allesfresser, doch bevorzugen sie Früchte, Samen, Wurzeln und Ranken, das Chacopekari ernährt sich vorwiegend von Kakteen. Pekaris sind gesellig, Chacopekaris leben in Herden von 2 bis 10, Weißbartpekaris in Herden von 50 bis 400 Tieren. Die sozialen Bindungen festigt das Reiben der Wangen an den Duftdrüsen eines anderen Tiers. Bei Gefahr bleiben einige Weißbartpekaris zurück und kämpfen, um den anderen die Flucht zu ermöglichen.

Amerikanische Schweineverwandte
Während Schweine nur in Afrika und Eurasien heimisch sind, gibt es die Nabelschweine (Pekaris) nur vom Südwesten der USA bis nach Nordargentinien. Halsband- und Weißbartpekari leben in Tropenwäldern, Baum- und Dornbuschsavannen. Das Chacopekari kommt hauptsächlich im semiariden Dornwald vor.

Pekari-Zwillinge Pekaris werfen meist 2, manchmal aber auch bis zu 4 Junge. Junge Halsbandpekaris brauchen etwa 6 Monate lang die Mutter.

⚡ SCHUTZSTATUS

Vielerlei Bedrohungen Die Jagd wegen des Fleischs, Infektionskrankheiten eingeführter Arten und die rasche Zerstörung des südamerikanischen Tropenwalds haben verheerende Auswirkungen auf die Populationen der 3 Pekariarten, die stark vom Lebensraum abhängig sind. Der Chacopekari, mit nur etwa 5000 Tieren, wird auf der Roten Liste der IUCN als stark gefährdet geführt.

Gesellig Alle Pekari-Arten sind gesellig. Halsbandpekaris (oben) und Chacopekaris leben in Herden mit einigen Tieren. Hunderte von Weißbandpekaris sammeln sich zu Herden, doch gehen kleinere Gruppen auf Nahrungssuche. Wie Schweine kommunizieren Pekaris mit Grunzen, Quieken und Zähneklappern.

Weißbartpekari
Tayassu pecari
Weißer oder gelblicher Kragen aus Haar um Schultern und Hals

Halsbandpekari
Pecari tajacu
Die Eckzähne bilden scharfe Hauer

Knorpelscheibe am Ende der Schnauze

Chacopekari
Catagonus wagneri
Bis zu seiner Entdeckung 1972 nur durch Fossilien bekannt

FLUSSPFERDE

KLASSE Mammalia
ORDNUNG Artiodactyla
FAM. Hippopotamidae
GATTUNGEN 2
ARTEN 4

Heute weiß man, dass Flusspferde näher mit den Walen als mit anderen Huftieren verwandt sind. Die 2 überlebenden Arten verbringen den Tag ruhend im Wasser und kommen nachts zur Nahrungssuche an Land. Ihre dicke Haut hat nur eine dünne Oberschicht, die rasch austrocknet und reißt, wenn sie nicht regelmäßig befeuchtet wird. Beide Arten haben einen großen Kopf, einen fassförmigen Körper und erstaunlich kurze Beine. Enorm ist der Größenunterschied: Das im Grasland fressende Flusspferd ist 7-mal so schwer wie das im Wald Nahrung suchende Zwergflusspferd. Da häufig das Wasser ihr Gewicht trägt, sparen sie Energie und brauchen relativ wenig Nahrung.

Unter Wasser Dem Flusspferd fehlen die Schweißdrüsen, daher bleibt es im Wasser, um sich abzukühlen. Es schwimmt und taucht behände. Dank des spezifischen Gewichts seines Körpers kann es auf dem Grund von Flüssen oder Seen laufen und etwa 5 Minuten am Stück unter Wasser bleiben. Füllt es die Lungen mit Luft, treibt es. An den Füßen hat es Schwimmhäute, Nasenlöcher und Ohren sind verschließbar. Augen, Ohren und Nasenlöcher sitzen so, dass es sieht, hört und atmet, wenn nur der obere Teil seines Kopfs auftaucht. Junge werden unter Wasser geboren und gesäugt. Herden von bis zu 40 Tieren verbringen den Tag im Wasser, meist schlafend oder ruhend. Nachts kommen sie für etwa 6 Stunden zum Fressen an Land.

Weit offen Da die Kiefergelenke weit hinten am Schädel sitzen, kann ein Flusspferd sein Maul erstaunlich weit aufreißen, bis zu 150°, während ein Mensch es nur auf 50° bringt. Die langen unteren Hauer des Bullen dienen als Waffen in Rivalenkämpfen.

AUF EINEN BLICK

Flusspferd Einige Weibchen und ihre Jungen verbringen den Tag zusammen im Wasser, suchen aber nachts allein an Land Nahrung. Dominante Bullen besitzen ein Revier und paaren sich mit den Weibchen, die an ihr Uferstück kommen. Die Art frisst vor allem Gras.

- Bis 4,2 m
- Bis 1,5 m
- Bis 2 t
- Herden
- Regional häufig

Tropisches und subtropisches Afrika

Zwergflusspferd Es lebt meist allein und verbringt den Tag versteckt im Sumpf oder im Bau eines Otters am Ufer. Zu seiner vielfältigen Nahrung gehören Wurzeln und Früchte.

- Bis 2 m
- Bis 90 cm
- Bis 275 kg
- Einzelgänger, paarw.
- Gefährdet

W-Afrika

SCHUTZSTATUS

Lebensräume Das Flusspferd ist in manchen Gebieten häufig, doch in Westafrika selten. Da es sich gern in großen Herden sammelt, ist es eine leichte Beute für Jäger. Wilderei und Lebensraumverlust bedrohen das Zwergflusspferd, das als gefährdet auf der Roten Liste der IUCN steht. Im dichten Wald ist es schwer, den genauen Bestand herauszufinden.

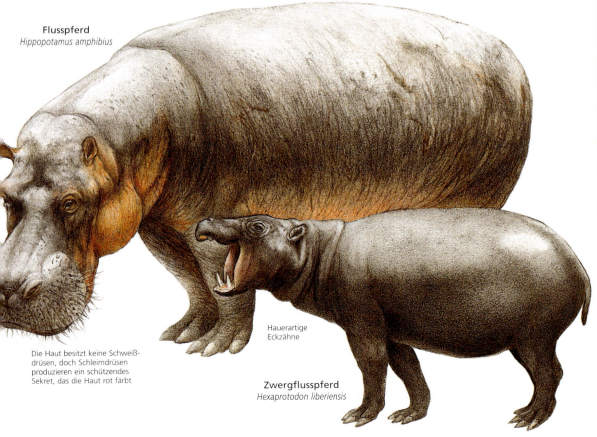

Flusspferd
Hippopotamus amphibius

Die Haut besitzt keine Schweißdrüsen, doch Schleimdrüsen produzieren ein schützendes Sekret, das die Haut rot färbt

Hauerartige Eckzähne

Zwergflusspferd
Hexaprotodon liberiensis

WALTIERE

KLASSE	Mammalia
ORDNUNG	Cetacea
FAMILIEN	10
GATTUNGEN	41
ARTEN	81

Ganz aufs Leben im Wasser eingestellt, sind Wale, Delfine und Schweinswale der Ordnung Cetacea wohl die spezialisiertesten Säugetiere. Sie fressen, ruhen, paaren sich im Wasser, bringen dort auch ihre Jungen zur Welt und ziehen sie auf, doch sie sind Warmblüter und atmen Luft wie andere Säugetiere. Die geselligen, intelligenten Wale stammen wohl vom selben Landsäugetier ab wie Flusspferde, doch ihre Vorfahren passten sich vor 50 Mio. Jahren an das Leben im Wasser an. Allmählich wurden sie wie Fische stromlinienförmig, ohne Haare und Hinterbeine, mit Flossen statt Armen und die kräftige Fluke entstand, die manche zu den schnellsten Lebewesen des Meeres macht.

Blasloch Kommt ein Wal zum Atmen an die Wasseroberfläche, stößt er Luft und Kondenswasser durch zu einem einfachen oder doppelten Blasloch umgebildete Nasenlöcher aus. Das Blasloch liegt oben am Kopf und schließt sich unter Wasser.

Gegen warm und kalt Da Wale keine Haare besitzen, brauchen sie die Schicht Blubber (Fett) unter ihrer Haut zur Isolierung. Ein ganzes Netz von Arterien und Venen im Blubber, das *retia mirabilia*, hilft dem Tier bei der Temperaturregulierung.

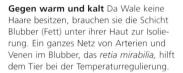

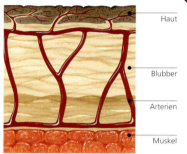

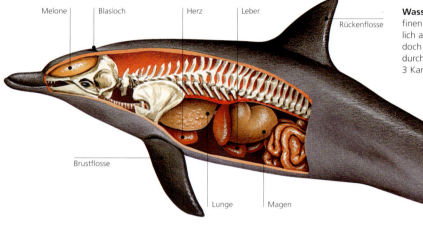

Wassersäugetier Die Körperform von Delfinen und anderen Waltieren ist zwar deutlich an das Leben im Wasser angepasst, doch sie sind Warmblüter und atmen Luft durch Lungen. Ihr Herz hat 4, ihr Magen 3 Kammern.

Eine mächtige Fluke Wie andere Wale treibt der Pottwal sich mit Schlägen seiner kräftigen Fluke durchs Wasser. Die Flossen setzt er zum Steuern ein.

Enge Bindung Nach einer langen Tragzeit kommt unter Wasser ein einziges Junges mit dem Schwanz voran zur Welt. Seine Mutter und manchmal andere Mitglieder der Gruppe stupsen es für seinen ersten Atemzug zur Oberfläche. Dank der reichhaltigen Milch wächst das Kalb rasch, es bleibt aber einige Jahre bei der Mutter.

REKORDE DER WALE

Wale kommen in allen Meeren der Welt, manchmal auch in Flüssen und Seen, vor. Man teilt sie in 2 Unterordnungen: die Zahnwale, Odontoceti, und die Bartenwale, Mysticeti. Zahnwale, zu denen Delfine, Schweins- und Pottwale gehören, besitzen einfache, kegelförmige Zähne, die glitschige Fische oder Tintenfische festhalten können. Zu den Bartenwalen zählen Buckel-, Grauwale und Kaper. Sie filtern ihre Nahrung durch Hornplatten im Oberkiefer, die Barten, aus dem Wasser. Dabei nehmen sie große Mengen Plankton und andere Wirbellose sowie kleine Fische auf.

Da das Wasser ihr Gewicht trägt, konnten einige Wale enorme Größen erreichen. Der Blauwal ist das größte existierende Tier mit einem Rekordgewicht von 190 t – das entspricht etwa dem Gewicht von 35 Elefanten – und einer Rekordlänge von 33,5 m.

Ein anderer Wal, der Pottwal, kann sich rühmen, so tief und lange zu tauchen wie kein anderes Säugetier. Man nimmt an, dass Pottwale bis auf 3050 m abtauchen und bis zu 2 Stunden am Stück unter Wasser bleiben können. Wenn ein Wal taucht, verringert sich die Herzfrequenz um 50 % und das Blut wird von den Muskeln zu den lebenswichtigen Organen umgeleitet. So kann das Tier mit sehr wenig Sauerstoff überleben, bis es auftaucht, um zu atmen.

Wale haben wenig oder gar keinen Geruchssinn. Mit ihren kleinen Augen sehen sie über und im Wasser ausreichend. Allen Arten fehlen Ohrmuscheln, doch ihr Gehör ist gut entwickelt, sodass sie weit entfernte Rufe ihrer Art hören. Zum Auffinden von Beute und Umgehen von Hindernissen arbeiten Zahnwale mit der Echoortung. Sie stoßen eine Reihe von Klicken und Pfiffen aus und analysieren dann die zurücklaufenden Schallwellen.

Töne sind entscheidend in der Kommunikation der Wale. Blauwale und Finnwale senden Töne in niedriger Frequenz aus, die weit durchs Meer reichen und bis zu 188 Dezibel laut sein können – das lauteste Geräusch aller Tiere. Buckelwal-

WALTIERE **SÄUGETIERE** 205

Tolle Sprünge Buckelwale springen bis zu 100 und mehr Male nacheinander aus dem Wasser. Die Sprünge dienen vermutlich der Verständigung mit anderen Walen; eventuell haben sie auch einen anderen Zweck.

Männchen produzieren die längsten und kompliziertesten Gesänge des ganzen Tierreichs.

Da Wale die meiste Zeit unter Wasser leben, sind genaue Bestandsangaben schwierig. Fest steht, dass menschliche Aktivitäten grausame Folgen haben. Walfang (weitgehend verboten, doch von Norwegen und Japan noch betrieben), Schleppnetz-Fischerei (Wale sind unabsichtlicher Beifang) und Wasserverschmutzung fordern ihren Tribut.

Gesellige Tiere Fast alle Wale sind bis zu einem gewissen Maß gesellig. Zahnwale bilden größere Gruppen als Bartenwale und besitzen komplexere Sozialstrukturen. Hunderte oder manchmal Tausende von Delfinen ziehen miteinander, sie schwimmen sehr schnell und springen hoch aus dem Wasser. Mitglieder einer Gruppe fressen meist gleichzeitig und treiben bei der Jagd gemeinsam Fischschwärme in die Enge.

Große Wanderung Grauwale werfen ihre Jungen im Winter in den warmen Gewässern in Äquatornähe. Die Kälber werden dank der Milch ihrer Mütter kräftig genug für den langen Weg zu den Sommerplätzen in den planktonreichen polaren Gewässern. Da die erwachsenen Tiere während der 3- bis 5-monatigen Reise nicht fressen, leben sie vom Blubber und verlieren bis zur Hälfte ihres Körpergewichts.

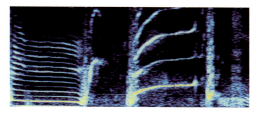

Lied des Schwertwals Jede Gruppe hat eine eigene Sprache, ein ganz bestimmtes Muster von Tönen, das bei der Wanderung oder beim Fressen dazu dient, die Aktivitäten der Tiere zu koordinieren.

Lied des Buckelwals Die Lieder der Männchen sind kompliziert, sie haben bis zu 9 Themen und können eine halbe Stunde dauern. Alle Männchen in einem Meeresgebiet singen das gleiche Lied, das sich mit der Zeit ändern kann.

ZAHNWALE

KLASSE Mammalia
ORDNUNG Cetacea
FAMILIEN 6
GATTUNGEN 35
ARTEN 68

Etwa 90% aller Wale sind Zahnwale und gehören zu einer der 6 Familien in der Unterordnung Odontoceti. Im Gegensatz zu den riesigen Bartenwalen sind Zahnwale meist mittelgroß, obwohl der größte unter ihnen, der Pottwal, ebenfalls ein massiges Tier ist. Sie gehören zu den intelligentesten Säugetieren neben den Primaten. Einige Arten leben als Einzelgänger, doch die meisten sind sehr gesellig, gesprächig und verspielt. Die Angehörigen einer Gruppe jagen gemeinsam und helfen einander bei der Aufzucht der Jungen. Die meisten Zahnwale fressen Fisch oder Tintenfisch, doch eine Art – der Schwertwal – jagt Warmblüter wie Robben und andere Wale.

Lang und schmal Das Skelett eines Zahnwals hat sich gegenüber seinem an Land lebenden Säugetier-Vorfahren stark verändert. Die Hinterbeine sind verschwunden. Die Vorderbeine entwickelten sich zu Flossen, obwohl die Knochen für die fünf Finger noch vorhanden sind. Der Kopf ist meist lang, schmal und schnabelähnlich.

Spiel mit ernstem Hintergrund Delfine, wie dieser Schwarzdelfin (*Lagenorhynchus obscurus*), springen, um ihre Partner zu beeindrucken, um Fische zusammenzutreiben oder zum Spaß. Spiele verstärken die soziale Bindung unter den Gruppenangehörigen und sorgen so für die Vertrautheit, die bei der gemeinsamen Jagd nötig ist.

Gesellige Art Pottwale leben in eng vertrauten Gruppen von etwa 12 verwandten Weibchen mit Jungen. Die Erwachsenen kümmern sich um alle Jungen und schützen ein verletztes Tier vor Feinden. Junge Männchen bilden Junggesellengruppen, werden im Alter aber weniger gesellig.

Scharfe Zähne Zahnwale haben scharfe, kegelförmige Zähne. Bei den Fisch fressenden Delfinen sind sie klein und zahlreich, bem Schwertwal (oben), der Meeressäuger jagt, weniger, aber größer. Die Tintenfisch fressenden Schnabelwale besitzen in jedem Kiefer nur einen Zahn.

GESELLIGE WALE

Zu der Unterordnung Odontoceti zählen Pott-, Nar- und Weißwale; Schnabelwale; Delfine, Schwert- und Grindwale (zur Familie der Delphinidae zusammengefasst); Schweinswale und Flussdelfine. Die meisten besitzen einen langen, schnabelähnlichen Kopf mit scharfen, kegelförmigen Zähnen, die Beute festhalten, aber nicht kauen können. Da sie nur ein Blasloch haben, ist der Kopf asymmetrisch. Die Melone, ein im Kopf sitzendes, mit Flüssigkeit gefülltes Organ, bündelt die klickenden Laute für die Echoortung und Verständigung. Bei Pottwalen ist die Melone stark vergrößert und mit Öl, dem Walrat, gefüllt. Auch dieses Walratorgan dient wahrscheinlich der Echoortung.

Die Sozialstrukturen der Zahnwale sind verschieden. Im Mittelpunkt von Gruppen stehen meist Weibchen, Männchen dagegen verlassen ihre Gruppe mit beginnender Geschlechtsreife. Schwert- und Grindwale bleiben lebenslang bei derselben Gruppe. Flussdelfine bilden kleine Gruppen oder leben allein. Delfine in Küstengewässern bilden größere Gruppen, weil die Beute auf engem Raum lebt und sie mehr Feinde haben. Im offenen Meer schließen sich Familiengruppen zeitweilig zu riesigen Verbänden zusammen.

Delfine gelten als verspielt, doch sie kämpfen auch. Zahnwale tragen oft Narben von Verletzungen, die sie bei Rivalenkämpfen um Partner oder Nahrung davontrugen.

⚡ SCHUTZSTATUS

Von den 68 Zahnwalarten stehen 82 % auf der Roten Liste der IUCN, unter den Gefährdungsgraden:

2	Vom Aussterben bedroht
2	Stark gefährdet
4	Gefährdet
10	Schutz nötig
38	Keine Angaben

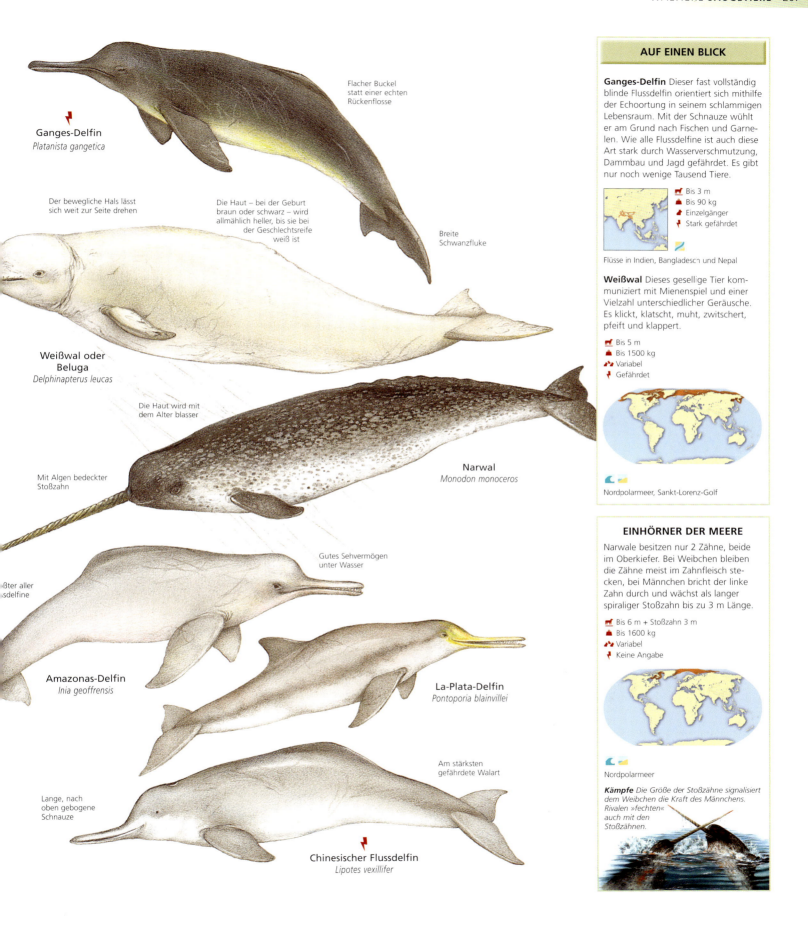

208 SÄUGETIERE WALTIERE

AUF EINEN BLICK

Großer Tümmler Diese Art wurde durch die Fernsehserie *Flipper* bekannt und taucht häufig in Meeresshows auf. In der Natur kommt sie sowohl in Küstengewässern als auch im offenen Meer in Gruppen von etwa 12 Tieren vor, die manchmal Schwärme von Hunderten bilden. Bei der Nahrungssuche sind die Tiere mit einer Durchschnittsgeschwindigkeit von 20 km/h unterwegs.

- Bis 4 m
- Bis 275 kg
- Variabel
- Keine Angabe

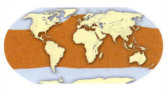

Gemäßigte bis tropische Meere

Delfin Diese kleine und häufigste aller Delfinarten lebt in Gruppen von mehreren Hundert oder sogar einigen Tausend Tieren, denen sich beim Fressen auch Streifendelfine und Große Tümmler anschließen.

- Bis 2,4 m
- Bis 85 kg
- Herden
- Häufig

Gemäßigte bis tropische Meere

ZUFÄLLIGE OPFER

Die großen Netze des kommerziellen Fischfangs stellen für Delfine ein großes Risiko dar. Sie folgen ihrer Beute und verfangen sich in den Netzen. Da sie nicht zum Atmen auftauchen können, ertrinken sie rasch. Man hat die Netze auffälliger gemacht, trotzdem geraten jährlich noch Tausende Delfine hinein.

Amazonas-Sotalia
Sotalia fluviatilis

Sowohl im Salz- als auch im Süßwasser vorkommend

Balu-Weißer Delfin
Stenella coeruleoalba

Kurze, stummelige Schnauze

Großer Tümmler
Tursiops truncatus

Rauzahndelfin
Steno bredanensis

Kreuz und quer liegen die Narben von Kämpfen mit Tintenfischen oder anderen Delfinen

Delfin
Delphinus delphis

Rundkopfdelfin
Grampus griseus

Commerson-Delfin
Cephalorhynchus commersonii

Atlantischer Weißseitendelfin
Lagenorhynchus acutus

Die zweifarbige Zeichnung tarnt den Delfin in seiner maritimen Umgebung

Weißstreifendelfin
Lagenorhynchus obliquidens

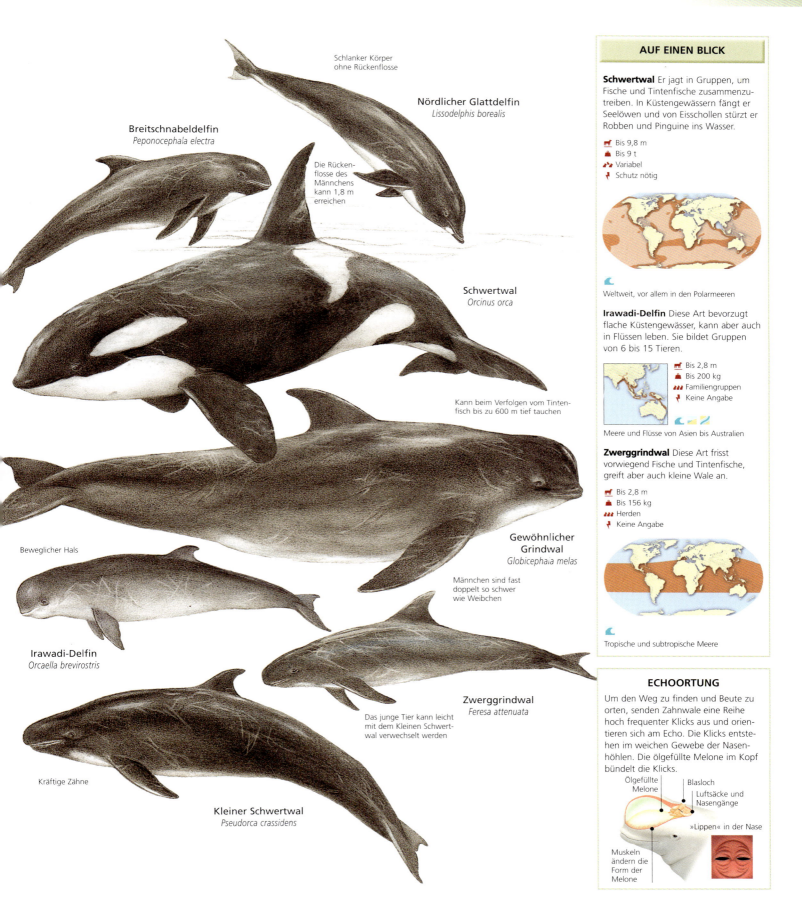

AUF EINEN BLICK

Brillentümmler Er ist weniger akrobatisch als viele andere kleine Wale und bewegt sich langsam durchs Wasser. Meist lebt er allein oder in Paaren und frisst Fische und Tintenfische.

- Bis 2,1 m
- Bis 115 kg
- Einzelgänger, kleine Gruppen
- Keine Angaben

Argentinien, Tasmanien und subarkt. Inseln

Schwarzer Tümmler Der Artname *spinipinnis* bedeutet »dornige Flosse« und kommt von den kleinen Erhöhungen am oberen Rand der Rückenflosse. Diese Besonderheit haben die meisten Tümmler und Schweinswale.

- Bis 1,8 m
- Bis 70 kg
- Kleine Gruppen
- Keine Angabe

Meere/Küstengewässer von Peru bis Brasilien

Hafenschweinswal Diese Art, die nur im nördlichen Teil des Golfs von Kalifornien vorkommt, hat das begrenzteste Verbreitungsgebiet aller Walarten. Sie entstand vermutlich aus dem Schwarzen Tümmler und blieb auf der Nordhalbkugel, als die tropischen Gewässer wärmer wurden.

- Bis 1,5 m
- Bis 55 kg
- Unbekannt
- Vom Aussterben bedr.

Mündung des Colorado; Golf von Kalifornien

Gewöhnlicher Schweinswal Seine geringe Körperoberfläche (runde Form, Flossen und Schwanz klein) und eine Schicht Blubber lassen ihn trotz seiner Kleinheit in kaltem Wasser überleben.

- Bis 1,9 m
- Bis 65 kg
- Variabel
- Gefährdet

Gemäßigte Meere der Nordhalbkugel

Brillentümmler *Australophocaena dioptrica* — Benannt nach den Ringen um seine Augen — Die Rückenflosse sitzt weiter hinten als bei allen anderen kleinen Walen

Schwarzer Tümmler *Phocoena spinipinnis*

Hafenschweinswal *Phocoena sinus*

Gewöhnlicher Schweinswal *Phocoena phocoena*

Dall-Hafenschweinswal *Phocoenoides dalli* — Weniger scheu und langsamer als andere Schweinswale — Vom Schwanz geht eine Fontäne in der Form eines Hahnenschwanzes aus

Indischer Schweinswal *Neophocaena phocaenoides* — Keine deutliche Rückenflosse

STRATEGIEN DER WALE

Um im Meer reiche Beute zu machen, entwickelten Wale eine Vielzahl von Verhaltensweisen und körperlichen Eigenheiten. Bartenwale besitzen ein riesiges Maul, mit dem sie ungeheure Mengen winziger Tiere verschlingen können. Zahnwale verfolgen mithilfe der Echoortung einzelne Beutetiere. Viele Arten jagen gemeinschaftlich und verständigen sich dabei mit einer Reihe von Lauten. Der Erfolg dieser Jagdform basiert auf einer Sozialstruktur, die enge Bindungen fördert.

Verfolgung mit Klicks Zahnwale spüren ihre Beute mithilfe von Echoortung auf. Ein Delfin sendet bis zu 600 Klicks pro Sekunde aus. Die Echos liefern ihm ein Bild der Umgebung und die Position der Beute. Schwertwale verfolgen Fische mittels Echoortung, setzen aber bei der Jagd auf andere Wale oder Robben, die durch Klicks aufmerksam würden, ihr Sehvermögen ein.

Ausgesandtes Geräusch

Zurückgeworfenes Echo

Mahlzeiten der Buckelwale Buckelwale (oben) stürzen sich gemeinsam auf Fischschulen oder treiben verstreute Beute zusammen. Beim Fischfang mittels Blasennetz (unten) schwimmt ein Buckelwal in Spiralen zur Wasseroberfläche, während er ausatmet und so ein großes Netz aus Blasen schafft. In diesem sammelt sich kleine Beute. Der Wal schwimmt rasch durch die Mitte dieses Netzes, um seine Beute zu fangen.

3. Reiche Ernte Wenn die Fische erst einmal im Blasennetz eingeschlossen sind, schwimmt der Buckelwal mitten hindurch in Richtung Oberfläche. Dabei öffnet er das Maul, um Beutetiere zu verschlucken.

Am Meeresgrund Der Grauwal frisst im Flachwasser bodenbewohnende Krustentiere, Weichtiere und Würmer. Er taucht zum Grund, dreht sich zur Seite und saugt ein Maul voll Sediment auf. Dies drückt er dann durch die Barten und filtert so die Beute heraus.

1. Langsames Ausatmen Ein Buckelwal bewegt sich in Spiralen zur Oberfläche und atmet dabei langsam aus, sodass Säulen von Blasen entstehen. Kleine schwarmbildende Fische fangen sich in diesem Netz aus Blasen.

2. Gemeinschaftsarbeit Den Fischfang mittels Blasennetz führt ein einzelner Wal oder mehrere Wale gemeinsam aus.

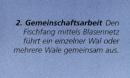

Gemeinsam und allein Schwertwale fressen vor allem Beute, die es reichlich gibt, und richten danach ihre Jagdmethode aus. Wo es etwa viele Lachse oder Heringe gibt, jagen Schwertwale in Gruppen. In Argentinien gleitet ein einzelner Wal auf den Strand, um einen jungen Seelöwen zu fassen (oben).

212 SÄUGETIERE WALTIERE

AUF EINEN BLICK

Pottwal Sein Schlund ist so groß, dass er sogar einen Menschen verschlucken könnte. Der tief tauchende Pottwal frisst auch Haie und Rochen, aber vor allem Riesenkraken, Tintenfische und Tiefseefische. Er lebt in Gruppen von 30 bis 100 Tieren.
- Bis 18,5 m
- Bis 70 t
- Variabel
- Gefährdet

Tiefe gemäßigte und tropische Meere

Baird-Schnabelwal Eng verbundene Gruppen von 6 bis 30 Tieren leben in tiefen küstenfernen Gewässern, ein dominantes Männchen führt sie an. Die meisten Männchen tragen auf Rücken und Schnabel Narben von bei Rangkämpfen erlittenen Wunden.
- Bis 13 m
- Bis 15 t
- Variabel
- Schutz nötig

N-Pazifik

SCHNÄBEL MIT STOSSZÄHNEN

Die Schnabelwale haben keine Zähne, da sie ihre Hauptnahrung, Tintenfische, einsaugen. Bei Männchen ragen jedoch 1 oder 2 Paar Zähne aus dem Maul und bilden Stoßzähne, die wohl als Waffen eingesetzt werden.

Eingewickelt
Beim Layard-Schnabelwal (Mesoplodon layardii) sind die Stoßzähne besonders lang und wickeln sich um den Oberkiefer. Deshalb kann er das Maul nur etwa 2,5 cm weit öffnen.

Zwergpottwal
Kogia breviceps

Pottwal
Physeter catodon

Keine Rückenflosse, sondern ein Buckel und Furchen

Männchen wiegen 3-mal so viel wie Weibchen

Baird-Schnabelwal
Berardius bairdii

Männchen und Weibchen besitzen 2 Paar vorstehende Zähne

Nördlicher Entenwal
Hyperoodon ampullatus

Blainville-Schnabelwal
Mesoplodon densirostris

Kann bis zu 30 Minuten in Tiefen bis 1000 m tauchen

Cuvier-Schnabelwal
Ziphius cavirostris

Das Weibchen ist meist etwas größer als das Männchen

Kurzer Schnabel

Sowerby-Zweizahnwal
Mesoplodon bidens

BARTENWALE

KLASSE Mammalia
ORDNUNG Cetacea
FAMILIEN 4
GATTUNGEN 6
ARTEN 13

Die Riesen der Meere, die Bartenwale der Unterordnung Mysticeti, fressen winzige Beute. Sie filtern sehr kleine Wirbellose und kleine Fische durch ihre siebähnlichen Barten. Ihre beträchtliche Größe ist ein Vorteil in kühleren Gewässern, da die Oberfläche des Körpers im Verhältnis zur Masse klein ist und sie dadurch wenig Wärme verlieren. Eine dicke Schicht Blubber isoliert und dient als Fettspeicher für die gewaltigen jährlichen Wanderungen. Man findet Bartenwale in allen Weltmeeren. Zu dieser Unterordnung gehören der Grauwal, die Glattwale, der Grönlandwal sowie die Furchenwale – Blauwal, Finnwal, Seiwal, Bryde-Wal, Buckelwal und Zwergwal.

Legaler Walfang Aus kulturellen Gründen dürfen die Inuit (oben) jährlich eine kleine Anzahl Grönlandwale für den Eigenbedarf erlegen. Der Bestand war durch den kommerziellen Walfang im 19. Jahrhundert dramatisch zurückgegangen, scheint sich aber langsam wieder zu stabilisieren.

BARTEN UND BLUBBER

Glattwale bewegen sich langsam an der Oberfläche und filtern kleine Tiere mithilfe ihrer Barten aus dem Wasser. Furchenwale stürzen sich mit offenem Maul auf Schwärme ihrer Beute, schlucken große Mengen Wasser und drücken es mit der Zunge wieder nach draußen. Dabei fangen sich Krill und andere Lebewesen in den kurzen Barten. Grauwale fressen am Grund, sie filtern Krusten- und Weichtiere mithilfe der Barten aus dem Sediment.

Die meisten Bartenwale fressen winzige Beutetiere, deshalb brauchen sie große Mengen davon, um zu überleben. Im Sommer verzehrt ein großer Blauwal 4 t Krill am Tag. Während des restlichen Jahres frisst er kaum und lebt vom im Sommer gespeicherten Fett und Blubber.

Barten und Blubber, lebenswichtig für diese Riesen, lockten auch die kommerziellen Walfänger an. Seit 1985 ist der kommerzielle Walfang verboten, doch Norwegen und Japan jagen trotzdem.

Großer Schluck Buckelwale haben wie alle Furchenwale Kehlfalten, die sich ausdehnen, wenn die Tiere Wasser und Plankton schlucken. Die Falten ziehen sich zusammen, wenn die Wale das Wasser ausstoßen und die Beute in den Barten festhalten.

Leichte Knochen Das Skelett eines Wals unterstützt sein Körpergewicht kaum, sondern dient vor allem als Aufhängung für die Muskeln. Die Knochen sind leicht, relativ weich und mit Öl gefüllt. Am auffälligsten am Walskelett ist der große Schädel.

Typische Kennzeichen Glattwale unterscheiden sich durch die Hautwucherungen am Kopf, die oft von Parasiten wie Seepocken befallen sind. Die Hautwucherungen sind bei Männchen etwas größer als bei Weibchen; man kann daraus schließen, dass sie als Waffen im Kampf gegen Rivalen eingesetzt werden.

> ### SCHUTZSTATUS
>
> Alle 13 Arten der Bartenwale stehen auf der Roten Liste der IUCN, unter folgenden Gefährdungsgraden:
>
> | | |
> |---|---|
> | 5 | Stark gefährdet |
> | 1 | Gefährdet |
> | 6 | Schutz nötig |
> | 1 | Keine Angaben |

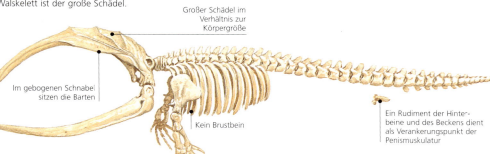

Großer Schädel im Verhältnis zur Körpergröße

Im gebogenen Schnabel sitzen die Barten

Kein Brustbein

Ein Rudiment der Hinterbeine und des Beckens dient als Verankerungspunkt der Penismuskulatur

SÄUGETIERE WALTIERE

AUF EINEN BLICK

Blauwal Im Sommer, wenn der Blauwal am meisten frisst, braucht er etwa 4 t Krill täglich. Er ist das größte Tier, das jemals gelebt hat. Ein neugeborenes Kalb ist mindestens 5,9 m lang und saugt täglich 190 l Milch. Dank dieser üppigen Ernährung nimmt es stündlich etwa 3,6 kg zu. Es kann 110 Jahre alt werden. Blauwale wurden in der ersten Hälfte des 20. Jahrhunderts gnadenlos gejagt, deshalb umfasst der Gesamtbestand weltweit heute nur noch 6000 bis 14 000 Tiere.

- Bis 33,5 m
- Bis 190 t
- Variabel
- Stark gefährdet

Alle Weltmeere

Finnwal Nur der Blauwal ist größer, doch schneller ist der Finnwal, der als schnellster Wal eine Geschwindigkeit von 37 km/h erreicht. Bei Wanderungen sammeln sich oft 300 oder mehr Tiere, sonst leben Finnwale paarweise oder in Gruppen von wenigen Tieren.

- Bis 25 m
- Bis 80 t
- Variabel
- Stark gefährdet

Alle Weltmeere

Nordkaper Reich an Waltran und leicht zu fangen, war diese Art bei den Walfängern des 18. und 19. Jahrhunderts besonders beliebt. Heute gibt es nur noch einige Hundert Tiere.

- Bis 18 m
- Bis 90 t
- Variabel
- Stark gefährdet

N-Pazifik und westlicher N-Atlantik

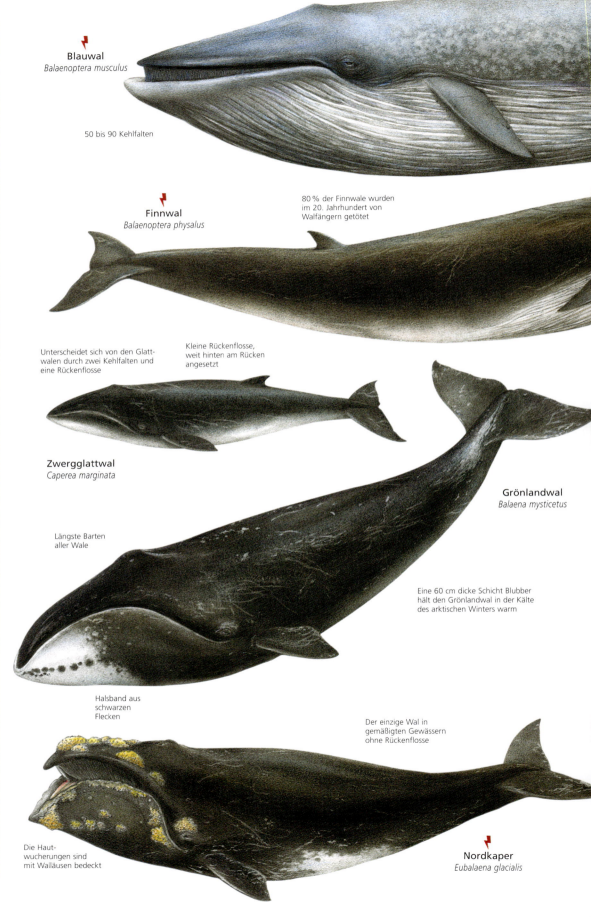

Blauwal *Balaenoptera musculus*
50 bis 90 Kehlfalten

Finnwal *Balaenoptera physalus*
80 % der Finnwale wurden im 20. Jahrhundert von Walfängern getötet

Unterscheidet sich von den Glattwalen durch zwei Kehlfalten und eine Rückenflosse

Kleine Rückenflosse, weit hinten am Rücken angesetzt

Zwergglattwal *Caperea marginata*

Grönlandwal *Balaena mysticetus*

Längste Barten aller Wale

Eine 60 cm dicke Schicht Blubber hält den Grönlandwal in der Kälte des arktischen Winters warm

Halsband aus schwarzen Flecken

Der einzige Wal in gemäßigten Gewässern ohne Rückenflosse

Die Hautwucherungen sind mit Walläusen bedeckt

Nordkaper *Eubalaena glacialis*

WALTIERE **SÄUGETIERE**

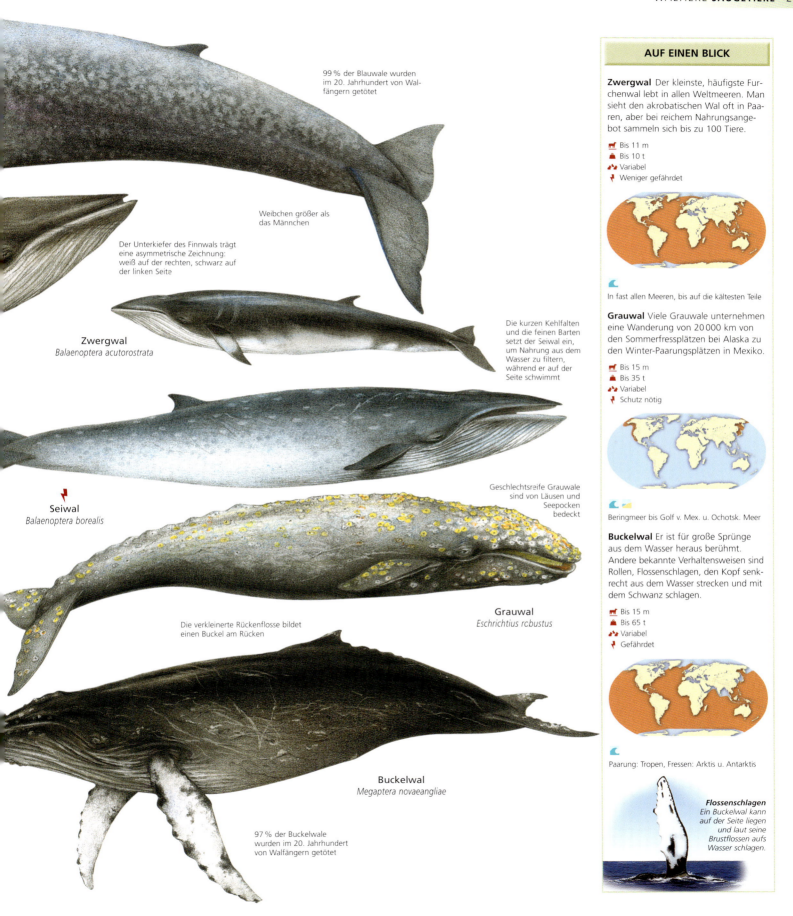

99 % der Blauwale wurden im 20. Jahrhundert von Walfängern getötet

Weibchen größer als das Männchen

Der Unterkiefer des Finnwals trägt eine asymmetrische Zeichnung: weiß auf der rechten, schwarz auf der linken Seite

Zwergwal
Balaenoptera acutorostrata

Die kurzen Kehlfalten und die feinen Barten setzt der Seiwal ein, um Nahrung aus dem Wasser zu filtern, während er auf der Seite schwimmt

Seiwal
Balaenoptera borealis

Geschlechtsreife Grauwale sind von Läusen und Seepocken bedeckt

Grauwal
Eschrichtius robustus

Die verkleinerte Rückenflosse bildet einen Buckel am Rücken

Buckelwal
Megaptera novaeangliae

97 % der Buckelwale wurden im 20. Jahrhundert von Walfängern getötet

AUF EINEN BLICK

Zwergwal Der kleinste, häufigste Furchenwal lebt in allen Weltmeeren. Man sieht den akrobatischen Wal oft in Paaren, aber bei reichem Nahrungsangebot sammeln sich bis zu 100 Tiere.

- Bis 11 m
- Bis 10 t
- Variabel
- Weniger gefährdet

In fast allen Meeren, bis auf die kältesten Teile

Grauwal Viele Grauwale unternehmen eine Wanderung von 20 000 km von den Sommerfressplätzen bei Alaska zu den Winter-Paarungsplätzen in Mexiko.

- Bis 15 m
- Bis 35 t
- Variabel
- Schutz nötig

Beringmeer bis Golf v. Mex. u. Ochotsk. Meer

Buckelwal Er ist für große Sprünge aus dem Wasser heraus berühmt. Andere bekannte Verhaltensweisen sind Rollen, Flossenschlagen, den Kopf senkrecht aus dem Wasser strecken und mit dem Schwanz schlagen.

- Bis 15 m
- Bis 65 t
- Variabel
- Gefährdet

Paarung: Tropen, Fressen: Arktis u. Antarktis

Flossenschlagen
Ein Buckelwal kann auf der Seite liegen und laut seine Brustflossen aufs Wasser schlagen.

NAGETIERE

KLASSE	Mammalia
ORDNUNG	Rodentia
FAMILIEN	29
GATTUNGEN	442
ARTEN	2010

Mit rund 2000 Arten machen Nagetiere mehr als 40% aller Säugetierarten aus und nehmen nahezu jeden Lebensraum auf der Erde ein. Dafür ist vor allem ihre Fähigkeit sich schnell und in großer Zahl fortzupflanzen verantwortlich, denn so konnten sie auch in rauen Bedingungen überleben und günstige vollstens ausnutzen. Auch half vielen Nagern ihre geringe Größe, um Kleinlebensräume zu besiedeln. Obwohl Nagetiere zu den frühen Plazentatieren gehören – die ältesten Fossilien stammen aus der Zeit vor etwa 57 Mio. Jahren, entstand die größte Familie, Muridae (Ratten und Mäuse), erst vor 5 Mio. Jahren. Zu dieser Ordnung gehören heute zwei Drittel aller Arten.

Erfolgreiche Verbreitung Angehörige der Ordnung Rodentia sind auf allen Kontinenten verbreitet, außer in der Antarktis. Dank ihrer Verbindung mit dem Menschen sind sie sogar auf entlegene Inseln gelangt. Sie passten sich an viele Lebensräume an, darunter arktische Tundra, Tropenwälder, Wüsten, Hochgebirge und Stadtgebiete.

Rasche Fortpflanzung Gartenschläfer paaren sich meist im April oder Mai, wenn sie aus dem Winterschlaf erwacht sind. Darauf folgt eine kurze Tragzeit von 22 bis 28 Tagen, dann wirft das Weibchen 2 bis 9 Junge. Die Neugeborenen sind noch hilflos und öffnen ihre Augen erst nach etwa 21 Tagen. Mit 6 Wochen sind sie selbstständig und wachsen dann rasch bis zu ihrem ersten Winterschlaf. Manche Nagetierarten sind bereits mit rund 6 Wochen geschlechtsreif, beim Gartenschläfer dauert es fast ein Jahr. Ein Gartenschläfer wurde in Gefangenschaft mehr als 5½ Jahre alt, ein langes Leben für ein Nagetier.

Hartnäckige Schädlinge Viele Nagetiere behaupteten sich neben dem Menschen, weil sie in ihrer Nahrung nicht heikel sind und sich schnell vermehren. Schädlinge wie die Hausratte (links) richten nicht nur große Schäden an Ernte und Vorräten an, sondern übertragen auch Krankheiten.

GLEICHER KÖRPERBAU

Die Größe der Nagetiere reicht von der winzigen Springmaus mit weniger als 5 cm Länge und gerade 5 g Gewicht bis zum massigen Wasserschwein, das 1,3 m lang wird und 64 kg wiegt. Typischerweise sind Nagetiere klein mit gedrungenem Körper, kurzen Beinen und mehr oder weniger langem Schwanz.

Das wichtigste Unterscheidungsmerkmal der Nagetiere ist das Zahnschema. Alle Nagetiere besitzen 2 Paare extrem scharfer Schneidezähne, mit denen sie Samenhüllen, Nussschalen und anderes harte Material durchnagen können, um an den nahrhaften Kern zu gelangen. Die Schneidezähne wachsen fortwährend und schärfen sich beim Aneinanderreiben selbst. Auf die Schneidezähne folgen nicht Eckzähne, sondern eine Lücke, die es den Tieren ermöglicht, beim Nagen das Maul zu schließen, damit ungenießbares Material nicht hineingelangt. Hinten im Maul mahlt eine Reihe von Molaren die Pflanzen, die Hauptnahrung der Nagetiere.

Einige Nager fressen vor allem Fleisch, doch die meisten verzehren als Allesfresser Blätter, Früchte, Nüsse und Samen, dazu Raupen, Spinnen und andere kleine Wirbellose. Die schwer verdauliche Zellu-

Typischer Nager Die Wanderratte besitzt die typische Anatomie der Nager: kompakter Körper, kurze Beine, Krallen, langer Schwanz und sensible Schnurrhaare. Der scharfe Geruchssinn und das gute Gehör helfen bei der Nahrungssuche beim Vermeiden von Feinden.

NAGETIERE **SÄUGETIERE** 217

Vielseitig Als Bewohner von Laubwäldern frisst das Eichhörnchen vor allem Samen und Nüsse, verzehrt aber auch Blüten, Triebe, Pilze und kleine Wirbellose. Es legt Vorräte mit Samen und Nüssen an, auf die es im Winter zurückgreifen kann.

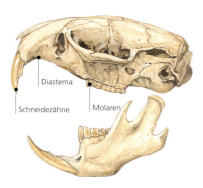

Diastema
Schneidezähne   Molaren

Nagezähne Eine Lücke, das Diastema, trennt bei den Nagern die Molaren von den scharfen, ständig wachsenden Schneidezähnen. Die Lücke erlaubt das Schließen des Mauls beim Nagen und verhindert, dass ungenießbares Material verzehrt wird.

Wichtige Rolle Als Hauptbeute für mittelgroße Beutegreifer, wie Schleiereulen, spielen Nagetiere eine große Rolle im Ökosystem. Wichtig ist in nordamerikanischen und australischen Wäldern die Verteilung von Pilzsporen, die Baumwurzeln nähren.

Nagetierschwänze Die unterschiedliche Lebensweise zeigt sich in den Schwanzformen und der Verwendung (rechts). Das Nördliche Gleithörnchen (*Glaucomys sabrinus*, oben) steuert und balanciert mit dem Schwanz beim Gleiten von Baum zu Baum.

Hamster: kurzer Schwanz, grabende Lebensweise

Bisamratte: senkrecht abgeflachter Schwanz, beim Schwimmen als Ruder benutzt

Springmaus: langer Quastenschwanz für die Balance beim Springen

Biber: breiter schuppiger Schwanz als Antrieb und Steuer im Wasser

Gleithörnchen: buschiger Schwanz für Balance beim Gleiten

Stachelschwein mit Greifschwanz: agiler Schwanz als fünfte Gliedmaße

lose der Pflanzen wird im großen Blinddarm durch Bakterien aufgeschlossen. Einige Arten nehmen den Blinddarmkot vom After auf und fressen ihn. So werden der Nahrung möglichst viele Nährstoffe entzogen.

Die intelligenten Nagetiere setzen ihren ähnlichen Körperbau unterschiedlich ein. Viele Arten leben am Boden und suchen ihre Nahrung im Wald, Grasland, in Wüsten oder menschlichen Siedlungen. Andere sind baumbewohnend und klettern über Äste, manche gleiten sogar von Baum zu Baum. Wieder andere legen unter der Erde ein System von Bauen an. Einige sind gute Schwimmer und verbringen viel Zeit im Wasser. Wenige Nager sind Einzelgänger, die meisten sind sehr gesellig, Präriehunde leben in Gemeinschaften von Tausenden von Tieren.

Man unterteilte die Ordnung Rodentia einst nach den Kiefermuskeln in 3 Unterordnungen: Hörnchenverwandte, Mäuseverwandte und Meerschweinchenverwandte. Diese Unterteilung verwendet man heute noch informell, doch die genetischen Strukturen verweisen auf nur 2 Unterordnungen. Zur Unterordnung Sciurognathi gehören alle Hörnchen- und Mäuseverwandten, dazu die Gundis, eine Familie der Meerschweinchenverwandten. Die andere Unterordnung, Hystricognathi, umfasst alle anderen Meerschweinchenverwandten.

> **⚡ SCHUTZSTATUS**
>
> Einige Nagetierarten haben sich an der Seite des Menschen zu wahren Plagen entwickelt. Viele andere, mit begrenzter Verbreitung, sind durch menschliche Aktivitäten bedroht oder sogar schon ausgestorben. Von den 2010 Nagetierarten stehen 33 % auf der Roten Liste der IUCN:
>
> | | |
> |---:|:---|
> | 32 | Ausgestorben |
> | 68 | Vom Aussterben bedroht |
> | 95 | Stark gefährdet |
> | 165 | Gefährdet |
> | 5 | Schutz nötig |
> | 255 | Weniger gefährdet |
> | 49 | Keine Angaben |

HÖRNCHENVERWANDTE

KLASSE	Mammalia
ORDNUNG	Rodentia
FAMILIEN	8
GATTUNGEN	71
ARTEN	383

Hörnchen, Biber und andere, die alle zusammen Hörnchenverwandte genannt werden, haben die Anordnung der Kiefermuskeln gemeinsam, die ihnen einen kräftigen Biss verleiht. Ihr Gebiss ist einfach, mit 1 oder 2 Prämolaren in jeder Reihe, die bei anderen Nagern fehlen. Außer Kiefermuskeln und Prämolaren besitzen sie nur wenig Gemeinsamkeiten und entwickelten sich wohl schon in den Frühzeiten der Evolution auseinander. Dazu gehören Biber (Familie Castoridae), Biberhörnchen (Aplodontidae), Hörnchen (Sciuridae), Taschenratten (Geomyidae), Taschenmäuse (Heteromyidae), Dornschwanzhörnchen (Anomaluridae) und Springhase (Pedetidae).

Winterschlaf Von Oktober bis März oder April hält das Waldmurmeltier (*Marmota monax*) in Erdbauen Winterschlaf. Dabei verlangsamt sich der Herzschlag, die Körpertemperatur sinkt und das Tier lebt vom Körperfett. Die Paarung erfolgt im Frühjahr.

Sprung durch die Luft Springt ein Eichhörnchen, wie dieses Rothörnchen, von Baum zu Baum, streckt es sich, macht den Körper flach und biegt den Schwanz leicht, um möglichst viel Oberfläche zu haben. Der buschige Schwanz dient als Steuer.

Gesellige Arten Präriehunde leben in großen Kolonien mit komplexer Sozialstruktur. Eine Kolonie besteht aus kleinen Gruppen von einem Männchen, einigen verwandten Weibchen und ihren Jungen. Die Mitglieder der Gruppe teilen Nahrung und Baue.

GRABEN UND SPRINGEN

Die Nagetiere in der Familie Sciuridae machen fast drei Viertel aller Hörnchenverwandten aus. Die tagaktiven Eichhörnchen besitzen lange, leichte Körper, scharfe Krallen, um sich an der Rinde festzuhalten, und ein gutes Sehvermögen, um die Entfernungen abzuschätzen. Sie laufen Äste entlang, klettern mit dem Kopf voran Stämme hinunter oder springen von Baum zu Baum. Die nachtaktiven Gleithörnchen gleiten durch die Luft – mittels einer fellbedeckten Membran an beiden Körperseiten. Baumbewohner fressen meist Früchte, Nüsse, Samen, Triebe und Blätter, ergänzen ihre Nahrung auch durch Insekten. Bodenbewohner wie Streifenhörnchen, Präriehunde, Murmeltiere und Backenhörnchen fressen am liebsten Gräser und Kräuter. Viele der bodenbewohnenden Arten zeigen komplexe Sozialstrukturen.

Dornschwanzhörnchen sind mit den anderen Hörnchen nur entfernt verwandt. Fast alle Arten haben, wie auch die Gleithörnchen, eine Gleitmembran – ein Beispiel für konvergente Evolution.

Biber sind mit stromlinienförmigem Körper, flachem Schwanz und Füßen mit Schwimmhäuten gut ans Leben im Wasser angepasst. Mit ihren großen Schneidezähnen fällen sie Bäume und bauen Dämme.

Taschenratten, Taschenmäuse, Biberhörnchen und Springhasen graben alle Baue. Taschenratten und Taschenmäuse tragen Nahrung in ihren Backentaschen.

> ### SCHUTZSTATUS
> Von den 383 Arten der Hörnchenverwandten stehen 21 % auf der Roten Liste der IUCN:
> - 8 Vom Aussterben bedroht
> - 11 Stark gefährdet
> - 3 Schutz nötig
> - 58 Weniger gefährdet
> - 2 Keine Angabe

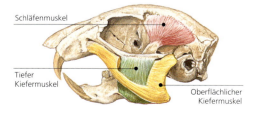

Starker Biss Bei den Hörnchenverwandten erstreckt sich der oberflächliche Kiefermuskel zur Schnauze und zieht den Kiefer beim Beißen nach vorn. Der tiefe Kiefermuskel ist kurz und verläuft direkt, er schließt ganz einfach die Kiefer.

Schläfenmuskel · Tiefer Kiefermuskel · Oberflächlicher Kiefermuskel

HÖRNCHENVERWANDTE **SÄUGETIERE** 219

Backentaschen im Maul, um Nahrung zu befördern

Perlziesel
Spermophilus suslicus

Europäisches Ziesel
Spermophilus citellus

Steht auf den Hinterbeinen und hält Ausschau nach Feinden

Eigentliches Steppenmurmeltier
Marmota bobak

Pfeift, um andere Murmeltiere bei Gefahr zu warnen

Alpenmurmeltier
Marmota marmota

Eisgraues Murmeltier
Marmota caligata

Kräftige, leicht gebogene Krallen zum Graben

Dreizehnstreifenziesel
Spermophilus tridecemlineatus

13 Streifen wechseln zwischen dunklem und hellem Fell

Schwarzschwanz-Präriehund
Cynomys ludovicianus

Schlechtes Sehvermögen, aber scharfes Gehör und guter Tastsinn

Stummelschwanzhörnchen
Aplodontia rufa

AUF EINEN BLICK

Dreizehnstreifenziesel Das tagaktive Tier ernährt sich vorwiegend von Gräsern und Samen. In den Backentaschen bringt es Nahrung zu seinen unterirdischen Verstecken.

- Bis 18 cm
- Bis 13 cm
- Bis 270 g
- Einzelgänger
- Regional häufig

Prärien im zentralen Nordamerika

Schwarzschwanz-Präriehund Die geselligen Tiere spielen miteinander, betreiben gegenseitige Fellpflege und kommunizieren mit vielerlei Rufen. Ein Alarmgebell warnt vor Gefahr, eine andere Art Bellen gibt Entwarnung.

- Bis 34 cm
- Bis 9 cm
- Bis 1,5 kg
- Familiengr., Kolonien
- Weniger gefährdet

Prärien mit kurzem Gras in W-Nordamerika

Stummelschwanzhörnchen Das ausschließlich bodenbewohnende Tier lebt in einem System von unterirdischen Gängen – meist als Einzelgänger, doch verbringt es auch Zeit mit Artgenossen.

- Bis 42 cm
- Bis 5 cm
- Bis 1,2 kg
- Einzelgänger
- Weniger gefährdet

SW-Kanada bis N-Kalifornien

MURMELTIERE

Murmeltiere leben nur auf der Nordhalbkugel, und zwar vorwiegend im Gebirge. Sie halten einen Winterschlaf in ihren Bauen und leben von ihrem Körperfett. Alle Murmeltiere, bis auf das Waldmurmeltier, leben in Familiengruppen. Junge Weibchen bleiben oft bei den Eltern, um bei der Aufzucht ihrer jüngeren Geschwister zu helfen.

Eng verbunden Auch das Olympische Murmeltier (Marmota olympus) ist sehr gesellig. Die Jungen brauchen 2 Jahre lang die Mutter.

220 SÄUGETIERE HÖRNCHENVERWANDTE

AUF EINEN BLICK

Grauhörnchen Es besitzt zusätzlich zu seiner Höhle in einem Baumstamm ein aus Zweigen gebautes und mit Gras und Rindenstückchen gepolstertes Nest in den Ästen eines Baumes. Im Nest ruht und frisst es und bringt dort auch seine Jungen unter.

- Bis 28 cm
- Bis 24 cm
- Bis 750 g
- Einzelgänger
- Häufig

S-Kanada bis Texas und Florida

Eichhörnchen Dank seiner kräftigen Schneidezähne knackt es eine Nuss in Sekunden. Es sammelt fast den ganzen Tag lang Samen, Nüsse, Pilze, Vogeleier und Baumsaft.

- Bis 28 cm
- Bis 24 cm
- Bis 280 g
- Einzelgänger
- Weniger gefährdet

W-Europa bis O-Russland, Korea und N-Japan

VORRATSKAMMER

Wie viele Hörnchen in Klimazonen mit rauen Wintern lagert das Rothörnchen Nahrung für die kalten Monate ein. Es sammelt Tausende von Kiefern- und Fichtenzapfen und versteckt sie in einer »Vorratskammer«, die unter einem Baumstamm oder in einem hohlen Strunk liegen kann. Das umgebende Revier wird vehement verteidigt.

SCHUTZSTATUS

Konkurrenz Das Eichhörnchen ist in weiten Teilen Mitteleuropas häufig, doch in Osteuropa sind seine Populationen durch die Jagd dezimiert. Diese Art ist heute aus den meisten Gegenden in Großbritannien verschwunden, weil das 1902 aus Nordamerika eingeführte Grauhörnchen ihm mit großem Erfolg die Nahrungsquellen streitig gemacht hat.

Rothörnchen *Tamiasciurus hudsonicus*

Sciurus variegatoides

Weißer Ring um die Augen

Die Ohren tragen im Winter lange Büschel

Grauhörnchen *Sciurus carolinensis*

Sciurus variegatoides

Nützt Gelbkiefern für Nahrung und Schutz

Pinselohrhörnchen *Sciurus aberti*

Eichhörnchen *Sciurus vulgaris*

Das Fell des Eichhörnchens kann rot oder schwarz sein

Das Fell wird im Winter dichter

Sciurus stramineus

HÖRNCHENVERWANDTE **SÄUGETIERE** 221

Lebt hoch oben in den Baumkronen, frisst aber auf tiefer gelegenen Ästen

Prevost-Schönhörnchen
Callosciurus prevostii

Sundasciurus hippurus

Südliches Gleithörnchen
Glaucomys volans

Die Gleitmembran, das Patagium, ist zusammengefaltet, wenn das Gleithörnchen sitzt

Gewöhnliches Gleithörnchen
Pteromys volans

Graufußhörnchen
Paraxerus palliatus

Erde färbt oft das Fell

Gestreiftes Zieselhörnchen
Xerus erythropus

Hält Nahrung in den Vorderpfoten

Graufußhörnchen
Heliosciurus gambianus

Sitzt beim Fressen und auf Wache auf den Hinterbeinen

Streifenbackenhörnchen
Tamias striatus

Kleinstes Hörnchen der Welt

Afrikanisches Zwerghörnchen
Myosciurus pumilio

5 schwarze Streifen am Rücken

AUF EINEN BLICK

Südliches Gleithörnchen Dieser nachtaktive Gleiter frisst vor allem Nüsse und Eicheln, verzehrt aber auch Insekten und Jungvögel. Er lebt in Paaren, doch für den Winter schließen sich oft größere Gruppen zusammen.

- Bis 14 cm
- Bis 12 cm
- Bis 85 g
- Paarw., kl. Gruppen
- Regional häufig

S-Kanada bis O-USA

Gestreiftes Zieselhörnchen Wie Präriehunde lebt dieses gesellige Tier in Kolonien. Bei Gefahr stößt es einen lauten Warnruf aus.

- Bis 40 cm
- Bis 30 cm
- Bis 1 kg
- Kolonien
- Regional häufig

W-Afrika bis Kenia

Streifenbackenhörnchen Der Einzelgänger sucht Schutz in Bauen. Wenn die Backentaschen voll gestopft sind, sind sie so groß wie sein Kopf.

- Bis 17 cm
- Bis 12 cm
- Bis 150 g
- Einzelgänger
- Regional häufig

SO-Nordamerika

Afrikanisches Zwerghörnchen Es ist etwa so groß wie ein menschlicher Daumen und ist die kleinste Hörnchenart. Es lebt in hohlen Baumstämmen.

- Bis 7,5 cm
- Bis 6 cm
- Bis 17 g
- Einzelgänger
- Gefährdet

Äquatorialafrika

GLEITEN

Ein Gleithörnchen kann in der Luft bis zu 100 m zurücklegen. Dabei braucht es deutlich weniger Energie als beim Klettern und entkommt allen Feinden, die nicht fliegen können. Bei den meisten Arten wird die Gleitmembran beim Klettern weggesteckt.

Bremsen
Dabei heben Gleithörnchen den Schwanz und strecken die Glieder nach vorn. So wird die Membran zum Fallschirm.

KLEINE HOLZFÄLLER

Biber, die großen Ingenieure des Tierreichs, ändern ihre Umwelt durch den Bau von Dämmen, Kanälen und Burgen. Ihre Konstruktionen sind bei Menschen nicht gerade beliebt, doch sie besitzen eine wichtige ökologische Funktion, denn sie verringern die Erosion und schaffen durch Überflutung neue Lebensräume für Wassertiere. Biber leben in Familiengruppen (ein monogames Paar und mehrere Junge). Sie kommunizieren durch Rufe und Haltungen. Als Alarm schlagen sie mit dem Schwanz aufs Wasser. Die 2 Arten, der nordamerikanische *Castor canadensis* und der eurasische *C. fiber*, ähneln sich in Aussehen und Verhalten, aber paaren sich nicht miteinander.

Winterruhe Biber fressen und bauen normalerweise nachts. In schneereichen Wintern kommen sie aber nur selten aus dem warmen Bau. Als Nahrung dienen ihnen Stöcke und Baumstämme, die unter Wasser lagern, und das im Schwanz gespeicherte Fett.

Baue und Dämme Eine Biberkolonie teilt sich ein Gängesystem am Ufer oder baut im Wasser eine Burg. Diese Kuppel aus Stecken und Schlamm hat einen Eingang unter Wasser, der zu einem mit Pflanzen ausgepolsterten Lebensbereich über der Wasseroberfläche führt. Um einen ruhigen Teich für ihre Burg zu schaffen, legen Biber Dämme an, die das Wasser stauen. Sie graben auch Kanäle, um ihren Damm mit Nahrungs- und Baumaterialquellen zu verbinden. Oft bleibt ein Damm über Generationen bestehen, doch wenn der Teich verlandet, müssen die Biber einen neuen Platz finden.

Werkzeug Wie alle Nagetiere haben Biber Schneidezähne, die sich selbst schärfen und nie zu wachsen aufhören. Die Außenseite ist durch harten Zahnschmelz geschützt, die Innenseite ist weicher und reibt sich beim Nagen ab. So entsteht eine scharfe Kante.

Leben im Wasser Der Biber bewegt sich mithilfe des flachen Schwanzes und der Hinterfüße mit Schwimmhäuten durchs Wasser. Durchsichtige Augenlider schützen die Augen. Nasenlöcher und Ohren sind verschließbar. Das dicke Fell isoliert im Wasser.

Biberjunge Ein Wurf umfasst meist 2 bis 4 Junge, die 6 bis 8 Wochen gesäugt werden. Die Jungen wachsen rasch, bleiben aber bis zu 2 Jahre bei ihrer Familiengruppe, damit sie den Bau von Dämmen und Burgen lernen.

Staudamm Biber bauen aus Steinen, Stecken, Ästen und Schlamm einen Damm. So entsteht ein Teich, der als Wassergraben um ihre Burg dient und die meisten Feinde abschreckt.

Schnelle Erholung Biber bevorzugen Espen, Pappeln, Erlen und Weiden, die alle rasch wachsen. Manchmal treiben sie sogar wieder aus, wenn ein Biber sie gefällt hat.

HÖRNCHENVERWANDTE SÄUGETIERE

Lord-Derby-Dornschwanzhörnchen
Anomalurus derbianus

Dornschwanzbilch
Zenkerella insignis

Einziges Dornschwanzhörnchen, das nicht gleitet

Pel-Dornschwanzhörnchen
Anomalurus pelii

Es kann durch Ausbreiten der Gleitmembran mehr als 100 m zwischen Bäumen gleiten

Buschschwanzgundi
Pectinator spekei

Gundi
Ctenodactylus gundi

Die Zehen der Hinterfüße tragen kammähnliche Borsten

Hörnchen-Springhase
Pedetes capensis

Der lange, buschige Schwanz sorgt beim Hoppeln für Balance

Eurasischer Biber
Castor fiber

Mit den langen Schneidezähnen fällt der Biber Bäume

Abgeflachter, schuppiger Schwanz dient beim Schwimmen dem Antrieb und dem Steuern

Zehen mit Schwimmhäuten

AUF EINEN BLICK

Ctenodactylus gundi Man rechnete es zu den Meerschweinchenverwandten, heute zählt es zu den Hörnchen- und Mäuseverwandten (Sciurognathi). Es trinkt nicht, sondern entnimmt die Flüssigkeit seiner Pflanzennahrung.

Bis 20 cm
Bis 2,5 cm
Bis 290 g
Familiengr., Kolonien
Regional häufig

N-Afrika

Hörnchen-Springhase Wie ein kleines Känguru hat der Hörnchen-Springhase lange Hinterbeine, auf denen er hüpft. Tagsüber schützt er sich in seinem Bau vor der Hitze, nachts frisst er Gras und Feldfrüchte.

Bis 43 cm
Bis 47 cm
Bis 4 kg
Einzelgänger
Gefährdet

O- und südliches Afrika

Eurasischer Biber Das teilweise wasserlebende Tier ernährt sich vor allem von Wasserpflanzen. Es frisst auch an Espen, während es Erlen und Eichen als Baumaterial fällt.

Bis 80 cm
Bis 45 cm
Bis 25 kg
Paarweise, Familiengr.
Weniger gefährdet

W-Europa bis O-Sibirien

SCHUPPIGE SCHWÄNZE

Die Dornschwanzhörnchen der Familie Anomaluridae sind nicht direkt mit den Hörnchen der Familie Sciuridae verwandt. Bis auf eine Art bewegen sie sich gleitend vorwärts, eine Anpassung, die sich unabhängig auch bei den Gleithörnchen entwickelt hat. Die Schuppen an der Schwanzwurzel geben Dornschwanzhörnchen bei der Landung und beim Hochklettern an Bäumen Halt.

SCHUTZSTATUS

Baumlöcher Die meisten Arten der Dornschwanzhörnchen Afrikas gelten als weniger gefährdet. Sie brauchen hohle Bäume zum Leben, die es nur in alten Wäldern gibt, doch diese müssen rasch Landflächen für den Ackerbau weichen.

224 SÄUGETIERE HÖRNCHENVERWANDTE

AUF EINEN BLICK

Heteromyidae Zu dieser Familie gehören Taschenmäuse und Kängururatten. Mit den Taschenratten (Familie Geomyidae) sind sie eng verwandt. Mit ihnen haben sie Backentaschen und die grabende Lebensweise gemeinsam.

Chaetodipus formosus Diese Art lebt vorwiegend in Steinwüsten. Während der Dürrezeit vermeiden die Weibchen es, Junge in die Welt zu setzen.

- Bis 10 cm
- Bis 12 cm
- Bis 25 g
- Einzelgänger
- Häufig

Nevada und Utah bis Niederkalifornien

Mexikanische Stacheltaschenmaus Sie kann zu jeder Jahreszeit Junge werfen. Dadurch ist sie in der Lage, günstige Bedingungen zu nützen.

- Bis 13 cm
- Bis 13 cm
- Bis 60 g
- Einzelgänger
- Selten

S-Texas bis Mexiko

Flachlandtaschenratte Dieser Einzelgänger gräbt einen Bau, dessen Gänge zu einer zentralen Kammer führen. In der Paarungszeit gräbt sich ein Männchen oft zum Bau eines Weibchens vor.

- Bis 20 cm
- Bis 12 cm
- Bis 250 g
- Einzelgänger
- Häufig

Prärien von S-Kanada bis Texas

Großohrkängururatte Wie andere Kängururatten hüpft diese Art auf langen Hinterbeinen. Mit den kurzen Vorderbeinen hält sie die Nahrung.

- Bis 15 cm
- Bis 20 cm
- Bis 90 g
- Einzelgänger
- Unbekannt

Kalifornien

Wüstenkängururatte Um in ihrer ariden Umgebung Wasser zu sparen, kommt sie nur nachts aus ihrem Bau, wenn die Luftfeuchtigkeit am höchsten ist. Sie trinkt selten, fast alle Flüssigkeit nimm sie über die Nahrung auf.

- Bis 15 cm
- Bis 21 cm
- Bis 150 g
- Einzelgänger
- Häufig

Nevada bis N-Mexiko

Chaetodipus formosus — Der Schwanz ist länger als Kopf und Körper

Mexikanische Stacheltaschenmaus *Liomys irroratus* — Raues, borstiges Fell

Heteromys anomalus

Große vorstehende Zähne, um Wurzeln abzubeißen oder zu graben

Dank der locker sitzenden Haut kommt die Taschenratte in engen Bauen zurecht

Massiver Schädel mit Furchen

Vergrößerte Krallen zum Graben von Bauen

Flachlandtaschenratte *Geomys bursarius*

Gebirgstaschenratte *Thomomys bottae*

Bewegt sich meist hüpfend

Großohrkängururatte *Dipodomys elephantinus*

Wüstenkängururatte *Dipodomys deserti* — Der lange Schwanz gibt beim Hüpfen Balance

MÄUSEVERWANDTE

KLASSE Mammalia
ORDNUNG Rodentia
FAMILIEN 3
GATTUNGEN 306
ARTEN 1409

Mehr als ein Viertel aller Säugetierarten sind Mäuseverwandte. Sie galten einst als eigene Unterordnung. Diese Nagetiere haben die Anordnung der Kiefermuskeln gemeinsam, die ihnen wirksames Nagen ermöglicht. Sie besitzen alle maximal 3 Backenzähne in einer Reihe. Sie werden nicht alt, doch die meisten werden früh geschlechtsreif und pflanzen sich häufig fort. Wichtigste Familie sind die Muridae, zu der mehr als 1000 Arten gehören, darunter die Altwelt- und Neuweltratten und -mäuse, die Wühlmäuse und Lemminge, die Hamster und Rennmäuse. Die anderen Familien der Mäuseverwandten sind die Schläfer (Myoxidae) und die Springmäuse (Dipodidae).

Immer der Nase nach Bis zu 50 Hausmäuse leben in einer Familiengruppe. In ihrem Revier setzen sie Duftmarken ab, mit deren Hilfe sie einander erkennen und Eindringlinge entdecken.

RASCHE AUSBREITUNG

Die ersten Angehörigen der Familie Muridae tauchten erst vor einigen Millionen Jahren auf – eine kurze Zeit in der Evolution. Seitdem hat die Familie sich reich verzweigt und kommt heute in fast jedem Lebensraum der Welt vor, von den Polargebieten bis zu Wüsten. Die meisten Arten sind kleine, nachtaktive, Samen fressende Bodenbewohner mit spitzer Schnauze und langen Schnurrhaaren. Einige verbringen die meiste Zeit im Wasser und wieder andere leben unter der Erde.

Es gibt mehr als 500 Arten von Altweltratten und -mäusen. Dazu gehören die häufigen Hausmäuse und Hausratten – als Schädlinge in Städten wohl bekannt. Unter den Neuweltratten und -mäusen gibt es Kletterer ebenso wie Fisch fressende Arten, doch die meisten leben am Boden im Wald oder Grasland.

Ratten und Mäuse stellen 80% der Familie Muridae. Wühlmäuse und Lemminge, Hamster und Rennmäuse bilden eigene Unterfamilien. Wühlmäuse und Lemminge leben auf der Nordhalbkugel und haben sich an das Fressen harter Gräser angepasst. Viele verbringen den Winter in Gängen unter dem Schnee. Hamster sind beliebte Heimtiere, doch in der Natur leben sie als Einzelgänger und reagieren aggressiv auf Eindringlinge. Rennmäuse gibt es vor allem in den ariden Gebieten Afrikas und Asiens.

Die Familien Myoxidae und Dipodidae sind kleiner und spezialisierter als Muridae. Schläfer leben meist in Bäumen und halten in kalten Wintern einen Winterschlaf. Alle Springmäuse besitzen große Füße und einen langen Schwanz, damit sie hüpfen können. Springmäuse überleben in einigen der unwirtlichsten Wüsten der Welt.

Früchtefresser Schläfer (oben) und die meisten anderen Mäuseverwandten sind Pflanzenfresser: Sie fressen Samen, Früchte und Knospen, dazu gelegentlich Insekten. Wühlmäuse und Lemminge sind auf Gräser spezialisiert. Einige Arten sind Fleisch fressend. Schwimmratten verzehren neben wasserlebenden Wirbellosen auch manchmal eine Schildkröte oder Fledermaus. Hausratten greifen sogar Geflügel an.

Großfamilien Ratten und Mäuse vermehren sich rasend schnell. Die meisten sind früh geschlechtsreif, haben eine kurze Tragzeit und große Würfe. Bei manchen Arten kann ein einziges Paar in weniger als einem Jahr Tausende Nachkommen haben.

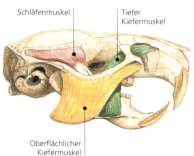

Wirksam Die Anordnung der Kiefermuskeln erlaubt den Mäuseverwandten wirksam zu nagen. Der tiefe Kiefermuskel verläuft bis zum Oberkiefer und wirkt mit dem oberflächlichen Kiefermuskel zusammen, um den Kiefer nach vorn zu ziehen.

Schläfenmuskel — Tiefer Kiefermuskel — Oberflächlicher Kiefermuskel

SÄUGETIERE MÄUSEVERWANDTE

AUF EINEN BLICK

Goldhamster Er ist heute ein beliebtes Heimtier und der bekannteste Hamster, doch in der Natur ist er gefährdet. Man führte ihn in den 1930ern in den USA und England ein und er hat sich seitdem in Gefangenschaft weit verbreitet.

- Bis 18 cm
- Bis 2 cm
- Bis 150 g
- Einzelgänger
- Stark gefährdet

Nahost, SO-Europa, SW-Asien

Feldhamster Das allein lebende Grabtier schläft im Winter. Etwa einmal pro Woche wacht es auf, um von seinen Samen- und Wurzelvorräten zu fressen. In den wärmeren Monaten füllt es seinen Vorrat auf, das Pflanzenmaterial trägt es in den Backentaschen heim.

- Bis 32 cm
- Bis 6 cm
- Bis 385 g
- Einzelgänger
- Häufig

Belgien bis zum Altaigebirge in Zentralasien

Florida-Buschratte Der nachtaktive Einzelgänger fällt Eulen, Wieseln und Schlangen zum Opfer. Er legt seinen Bau in einer Felsspalte oder zwischen Baumwurzeln an und schützt ihn mit Stöcken, Knochen und Blättern.

- Bis 27 cm
- Bis 18 cm
- Bis 260 g
- Einzelgänger
- Häufig

SO-USA

Baumwollratte Nach einer Tragzeit von 27 Tagen bringen Weibchen mehrere schon mit Fell bedeckte Junge zur Welt. Das Weibchen ist sofort wieder paarungsbereit, die Jungen sind nach 40 Tagen geschlechtsreif.

- Bis 20 cm
- Bis 16 cm
- Bis 225 g
- Einzelgänger
- Häufig

SO-USA bis N-Venezuela und N-Peru

Hirschmaus Der kleine Allesfresser hat sich an verschiedene Lebensräume angepasst, von nördlichen Wäldern bis zu Wüsten. Er vermehrt sich rasch: bis zu 4 Würfen mit 4 bis 9 Jungen jährlich.

- Bis 10 cm
- Bis 12 cm
- Bis 30 g
- Einzelgänger
- Häufig

Nordamerika außer Tundra und SO-USA

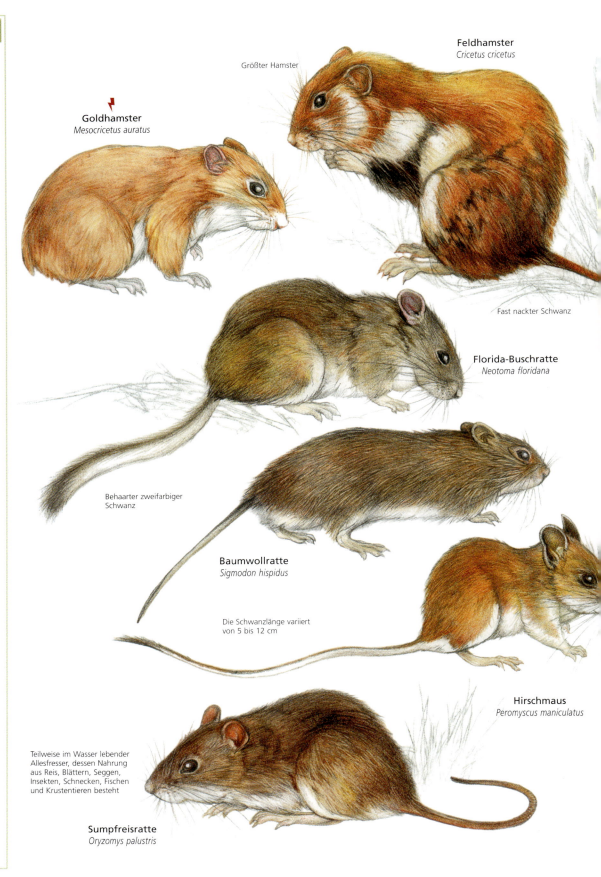

Feldhamster
Cricetus cricetus
Größter Hamster

Goldhamster
Mesocricetus auratus

Fast nackter Schwanz

Florida-Buschratte
Neotoma floridana

Behaarter zweifarbiger Schwanz

Baumwollratte
Sigmodon hispidus

Die Schwanzlänge variiert von 5 bis 12 cm

Hirschmaus
Peromyscus maniculatus

Teilweise im Wasser lebender Allesfresser, dessen Nahrung aus Reis, Blättern, Seggen, Insekten, Schnecken, Fischen und Krustentieren besteht

Sumpfreisratte
Oryzomys palustris

MÄUSEVERWANDTE SÄUGETIERE

Prometheusmaus
Prometheomys schaposchnikowi
Lange Krallen zum Graben von Bauen

Schermaus
Arvicola terrestris

Halsbandlemming
Dicrostonyx torquatus
Weißes Winterfell
Lebt weiter nördlich als alle anderen Nagetiere
Braunes Sommerfell

Rötelmaus
Clethrionomys glareolus

Große Rennmaus
Rhombomys opimus

Waldlemming
Myopus schisticolor

Berglemming
Lemmus lemmus

Libysche Rennratte
Meriones lybicus

Bisamratte
Ondatra zibethicus
Schwanz als Ruder seitlich abgeflacht
Kleine Schwimmhäute zwischen den Zehen
Größte Wühlmaus

AUF EINEN BLICK

Halsbandlemming Er verbringt den Sommer in flachen Bauen im Gebirge. Im Winter zieht er auf tiefer gelegene Wiesen und schützt sich in Gängen unter Schnee.

- Bis 15 cm
- Bis 1 cm
- Bis 90 g
- Einzelgänger
- Häufig

Arktisches Eurasien

Große Rennmaus Um kalte Winter zu überstehen, drängen sich große Gruppen dieser Tiere in weitläufigen Bauen aneinander. So wärmen sie sich gegenseitig und schützen ihre Vorräte.

- Bis 20 cm
- Bis 16 cm
- Unbekannt
- Kolonien
- Häufig

Kasp. Meer bis Mongolei, China und Pakistan

Bisamratte Sie schwimmt mit den großen Hinterfüßen mit Schwimmhäuten und rudert mit dem nackten Schwanz. Wie der Biber lebt sie in der Gruppe in einem Bau am Ufer oder in einer Burg.

- Bis 33 cm
- Bis 30 cm
- Bis 1,8 kg
- Kl. bis große Gruppen
- Häufig

USA u. Kanada außer Tundra; eingef. Eurasien

LEMMING-ZÜGE

Entgegen dem allgemeinen Glauben begehen Berglemminge nicht absichtlich Selbstmord. Doch alle 3 oder 4 Jahre steigt ihre Zahl. Dann werden die Lemminge sehr aggressiv. Solche Konflikte lösen wohl Massenbewegungen aus, die von der übervölkerten Bergwelt der Tundra in tiefer gelegene Wälder führen. Treffen Lemminge dann auf Hindernisse, wie Flüsse, geraten sie in Panik und fliehen. Dabei stürzen einige ins Meer.

Kampftechniken Berglemminge ringen, boxen oder nehmen Imponierstellungen ein.

228 SÄUGETIERE MÄUSEVERWANDTE

AUF EINEN BLICK

Schwarzohrriesenratte Diese baumbewohnende Ratte lebt in einer Baumhöhle. Sie ist ein reiner Pflanzenfresser und frisst vorwiegend Triebe.

- Bis 37 cm
- Bis 41 cm
- Bis 1,3 kg
- Einzelgänger
- Häufig

Zentrales Hochland von Neuguinea

Eurasiatische Zwergmaus Sie ist eine der kleinsten Mäuse und lebt inmitten von großen Feldfrüchten, Gräsern oder Bambus. Für jeden Wurf bauen beide Eltern ein kugelförmiges Nest, das zwischen Stängeln über der Erde hängt.

- Bis 2,5 cm
- Bis 2,5 cm
- Bis 7 g
- Einzelgänger
- Weniger gefährdet

England u. Spanien bis China, Korea u. Japan

Afrikanische Streifengrasmaus Sie lebt in der Savanne in unterirdischen Bauen oder verlassenen Termitenhügeln. Die Art baut in der Regenzeit ein rundes Nest, in dem nach 28 Tagen Tragzeit die Jungen geboren werden.

- Bis 14 cm
- Bis 15 cm
- Bis 68 g
- Einzelgänger
- Häufig

Afrika südlich der Sahara

Hausmaus Dank ihrer Verbindung mit dem Menschen verbreitete sich diese Art auf der ganzen Welt. Sie lebt in Gebäuden oder benachbarten Feldern und frisst fast jede menschliche Nahrung, dazu Dinge wie Leim oder Seife.

- Bis 10 cm
- Bis 10 cm
- Bis 30 g
- Variabel
- Zahlreich, oft als Schädling betrachtet

Weltweit, außer Tundra und den Polargebieten

Die große Ratte wird oft wegen ihres Fleisches gejagt

Schwarzohrriesenratte
Mallomys rothschildi

Eurasiatische Zwergmaus
Micromys minutus

Klettert geschickt und hält sich mit dem Greifschwanz fest

Afrikanische Streifengrasmaus
Lemniscomys striatus

Flieht bei Gefahr auf den Hinterbeinen hüpfend

Waldmaus
Apodemus sylvaticus

Mehrere Waldmäuse bauen mitunter gemeinsam einen tiefen Bau

Ägyptische Stachelmaus
Acomys cahirinus

Nilgrasratte
Arvicanthis niloticus

Langer, schuppiger Schwanz

Hausmaus
Mus musculus

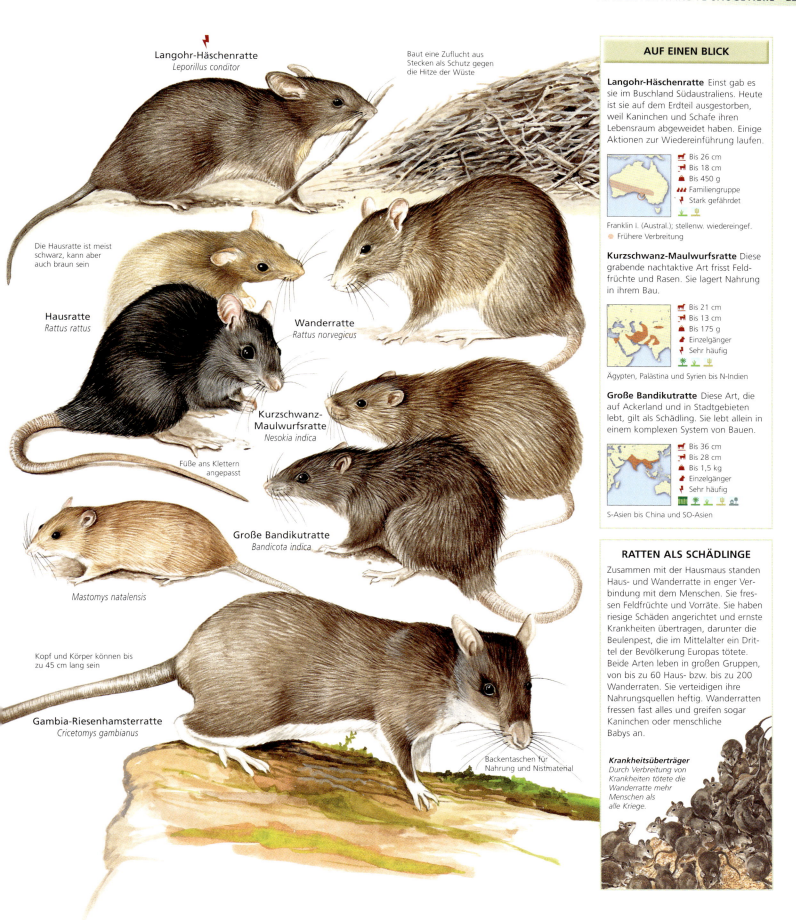

230 SÄUGETIERE MÄUSEVERWANDTE

AUF EINEN BLICK

Dendromus melanotis Sie klettert mithilfe des langen Greifschwanzes leicht an den Gräsern und Büschen ihrer heimatlichen Savanne hoch. Sie gräbt mitunter einen Bau, um sich vor Bränden zu schützen, baut aber meist ein kugelförmiges Grasnest am Boden.

- Bis 7 cm
- Bis 8 cm
- Bis 8 g
- Einzelgänger
- Häufig

Afrika südlich der Sahara

Otomys irroratus Wie Wühlmäuse und Lemminge lebt diese Ratte in feuchtem Grasland. Um Feinden zu entgehen, flieht sie ins Wasser.

- Bis 22 cm
- Bis 11 cm
- Bis 180 g
- Einzelgänger
- Regional häufig

Südliches Afrika

Rehbraune Hüpfmaus Erschrickt das nachtaktive Grabtier, hüpft es auf den langen Hinterbeinen weg. Sein Urin ist konzentriert, um Wasser zu sparen.

- Bis 12 cm
- Bis 16 cm
- Bis 50 g
- Familiengruppe
- Weniger gefährdet

Steinwüsten Inneraustraliens

SCHWIMMRATTE

Die Australische Schwimmratte lebt in Bauen an Fluss- oder Seeufern. Da sie mit der Umweltverschmutzung zurechtkommt, findet man sie oft in Stadtgebieten. Der Großteil ihrer Nahrung, wie Krustentiere, Weichtiere oder Fische, lebt im Süßwasser. Füße mit Schwimmhäuten dienen im Wasser als Paddel. Das Fell ist nicht wasserabweisend, aber eine Fettschicht hält sie warm.

- Bis 39 cm
- Bis 32 cm
- Bis 1,2 kg
- Einzelgänger
- Regional häufig

Papua-Neuguinea, Australien und Tasmanien

Wasserjagd Die Schwimmratte frisst ihre Beute oft an Land.

Gescheckte Riesenborkenratte
Phloeomys cumingi

Dendromus melanotis

Der lange Schwanz kann auch greifen

Buschschwanzborkenratte
Crateromys schadenbergi

Die lange Schnauze und die kleinen Augen erinnern an eine Spitzmaus

Rhynchomys soricoides

Otomys irroratus

Australische Schwimmratte
Hydromys chrysogaster

Dicker Schwanz mit weißer Spitze

Rehbraune Hüpfmaus
Notomys cervinus

Mesembriomys macrurus

MÄUSEVERWANDTE **SÄUGETIERE** 231

Kurze, gebogene Krallen zum Klettern

Siebenschläfer
Myoxus glis

Der Körper und der Schwanz erinnern an ein Eichhörnchen

Gartenschläfer
Eliomys quercinus

Baumschläfer
Dryomys nitedula

Abgeflachter, buschiger Schwanz

Graphiurus murinus

Raufußspringmaus
Dipus sagitta

Wüstenspringmaus
Jaculus jaculus

Wiesenhüpfmaus
Zapus hudsonius

Der lange Schwanz gibt beim Hüpfen Balance

AUF EINEN BLICK

Gartenschläfer Dieser laute Nager lebt in großen Kolonien und baut in Baumlöchern, Büschen oder Felsspalten kugelförmige Nester aus Blättern und Gras. Er verzehrt Eicheln, Nüsse und Früchte, jagt aber auch Insekten sowie kleine Nagetiere und Vögel.

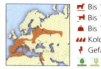

Bis 17 cm
Bis 13 cm
Bis 120 g
Kolonien
Gefährdet

Europa

Wüstenspringmaus Die Hinterbeine dieses Einzelgängers, der in der Wüste lebt, sind 4-mal so lang wie die Vorderbeine. Bei Gefahr hüpft er davon. Den Tag verbringt er im Bau, den er im Sommer mit Erde verschließt, damit ein kühleres, feuchtes Mikroklima entsteht.

Bis 10 cm
Bis 13 cm
Bis 55 g
Einzelgänger
Keine Angabe

Marokko und Senegal bis SW-Iran und Somalia

Wiesenhüpfmaus Sie bewegt sich meist mit kurzen Hüpfern, springt aber bis zu 1 m hoch, wenn sie erschrickt. Sie paart sich kurz nach dem Erwachen aus dem Winterschlaf.

Bis 10 cm
Bis 13 cm
Bis 30 g
Einzelgänger
Regional häufig

Nördliches und östliches Nordamerika

WINTERSCHLAF

Die europäischen Schläfer bereiten sich auf ihren langen Winterschlaf vor, indem sie sich eine Fettschicht anfressen und einen Nahrungsvorrat im Nest oder Bau anlegen. Je nach Klima schlafen sie bis zu 9 Monate im Jahr. Sie paaren sich, sobald sie aus dem Winterschlaf erwacht sind.

MEERSCHWEINCHENVERWANDTE

KLASSE	Mammalia
ORDNUNG	Rodentia
FAMILIEN	18
GATTUNGEN	65
ARTEN	218

Mit dem großen Kopf, dem stämmigen Körper, den kurzen Beinen und dem kurzen Schwanz sind Meerschweinchen typisch für die Vertreter der Familie Caviidae. Es gibt auch Ausnahmen mit einem anderen Körperbau: Einige Meerschweinchenverwandte wie die Stachelratten der Familie Echimyidae ähneln mehr den Mäusen und Ratten. Alle Meerschweinchenverwandten haben eine typische Anordnung der Kiefermuskeln gemeinsam, die ihnen einen kraftvollen Biss verleiht. Im Gegensatz zu den meisten Nagetieren werfen sie gut entwickelte Junge. Meerschweinchenverwandte gibt es in der Alten und der Neuen Welt, doch ihre Verwandtschaft ist umstritten.

Stachelige Junge Die Neuwelt-Stachelschweine werfen, wie andere Meerschweinchenverwandte, gut entwickelte Junge. Die Neugeborenen sehen, können fast direkt nach der Geburt laufen und klettern nach wenigen Tagen auf Bäume.

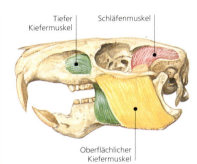

Kraftvoller Biss Wie Hörnchenverwandte haben Meerschweinchenverwandte einen kraftvollen Biss, der allerdings durch eine andere Anordnung der Muskeln entsteht. Der oberflächliche Kiefermuskel schließt die Kiefer, der tiefe Kiefermuskel reicht bis zum Auge und zieht den Kiefer nach vorn.

Rattenähnlich Die Stachelratten aus der Familie Echimyidae sehen den Mäusen und Ratten der Familie Muridae ähnlicher als die meisten anderen Meerschweinchenverwandten. Packt sie ein Feind, bricht der Schwanz ab und sie können rasch fliehen.

Paarweise Der Große Mara (*Dolichotis patagonum*) geht – ungewöhnlich für Säugetiere – eine lebenslange monogame Bindung ein. Der eine Partner hält nach Gefahren Ausschau, während der andere frisst. Die Paare haben nur selten Kontakt, doch sie teilen sich eine gemeinsame »Kinderstube«, wo die Eltern ihre Jungen täglich besuchen, um sie zu säugen.

SCHUTZSTATUS

Von den 218 Arten Meerschweinchenverwandte stehen 33 % auf der Roten Liste der IUCN:

- 12 Ausgestorben
- 8 Vom Aussterben bedroht
- 3 Stark gefährdet
- 15 Gefährdet
- 24 Weniger gefährdet
- 9 Keine Angabe

VERWANDTSCHAFT

Es ist unklar, ob die südamerikanischen Meerschweinchenverwandten aus Nordamerika kamen oder von Afrika herübertrieben, doch fest steht, dass die meisten von ihnen in Mittel- und Südamerika leben. Nicht alle Meerschweinchenverwandten sehen Meerschweinchen ähnlich. Der Mara ist ein langbeiniger Grasfresser. Das teilweise im Wasser lebende Wasserschwein ist mit mehr als 1 m Länge das größte Nagetier. Chinchillas und Viscachas kommen meist in großer Höhe vor und tragen ein dickes, weiches Fell. Agutis besitzen lange, schlanke Gliedmaßen, die ihnen eine schnelle Flucht erlauben. Während die meisten Meerschweinchenverwandten Südamerikas am Boden leben, graben *Ctenomys*-Arten Gangsysteme. Weitere südamerikanische Meerschweinchenverwandte sind Degu, Hutiaconga, Nutria und Pakarana.

Neuwelt-Stachelschweine gibt es in Nord- und Südamerika. Sie bewohnen Bäume und klettern geschickt, manche besitzen einen Greifschwanz. Sie ähneln weitgehend den Altwelt-Stachelschweinen in Afrika, Asien und Europa, doch diese sind meist bodenbewohnend.

Zu den Meerschweinchenverwandten der Alten Welt gehören Blindmäuse, Rohr- und Felsenratten. Die Gundis in Nordafrika (Familie Ctenodactylidae) rechnet man heute zur Unterordnung Sciurognathi. Alle anderen Meerschweinchenverwandten zählen zur Unterordnung Hystricognathi.

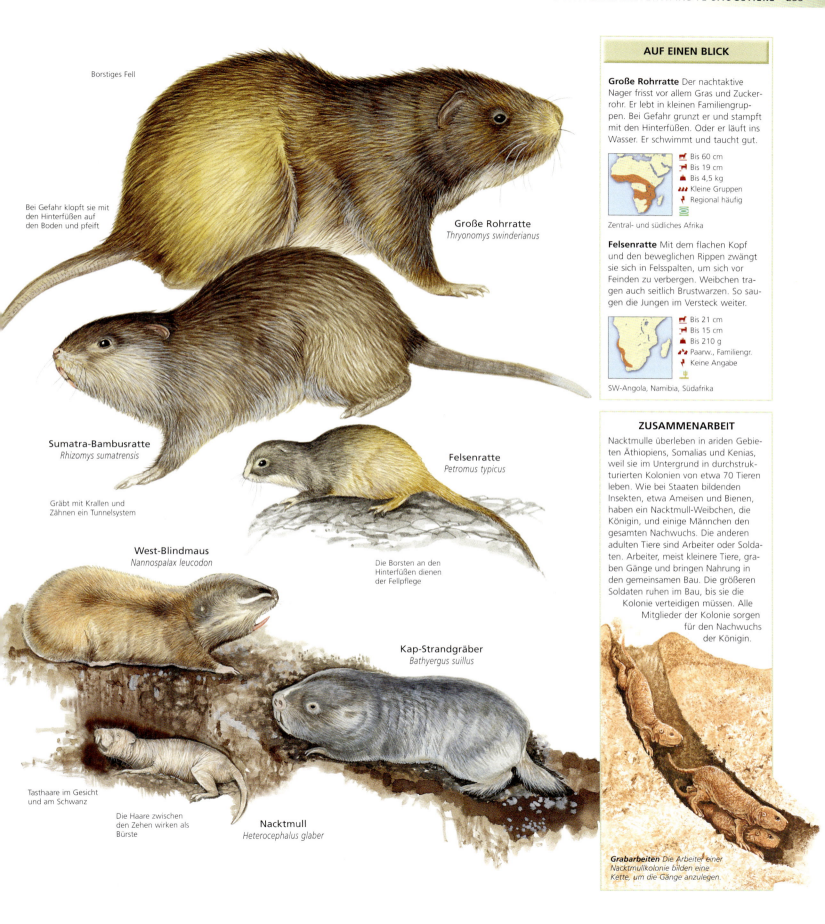

MEERSCHWEINCHENVERWANDTE **SÄUGETIERE** 233

AUF EINEN BLICK

Große Rohrratte Der nachtaktive Nager frisst vor allem Gras und Zuckerrohr. Er lebt in kleinen Familiengruppen. Bei Gefahr grunzt er und stampft mit den Hinterfüßen. Oder er läuft ins Wasser. Er schwimmt und taucht gut.

- Bis 60 cm
- Bis 19 cm
- Bis 4,5 kg
- Kleine Gruppen
- Regional häufig

Zentral- und südliches Afrika

Felsenratte Mit dem flachen Kopf und den beweglichen Rippen zwängt sie sich in Felsspalten, um sich vor Feinden zu verbergen. Weibchen tragen auch seitlich Brustwarzen. So saugen die Jungen im Versteck weiter.

- Bis 21 cm
- Bis 15 cm
- Bis 210 g
- Paarw., Familiengr.
- Keine Angabe

SW-Angola, Namibia, Südafrika

ZUSAMMENARBEIT

Nacktmulle überleben in ariden Gebieten Äthiopiens, Somalias und Kenias, weil sie im Untergrund in durchstrukturierten Kolonien von etwa 70 Tieren leben. Wie bei Staaten bildenden Insekten, etwa Ameisen und Bienen, haben ein Nacktmull-Weibchen, die Königin, und einige Männchen den gesamten Nachwuchs. Die anderen adulten Tiere sind Arbeiter oder Soldaten. Arbeiter, meist kleinere Tiere, graben Gänge und bringen Nahrung in den gemeinsamen Bau. Die größeren Soldaten ruhen im Bau, bis sie die Kolonie verteidigen müssen. Alle Mitglieder der Kolonie sorgen für den Nachwuchs der Königin.

Grabarbeiten Die Arbeiter einer Nacktmullkolonie bilden eine Kette, um die Gänge anzulegen.

234 SÄUGETIERE MEERSCHWEINCHENVERWANDTE

AUF EINEN BLICK

Altwelt-Stachelschweine Sie leben meist am Boden. Ihre Stacheln stehen büschelweise in der Haut, während sie bei Neuwelt-Stachelschweinen einzeln sitzen. Man unterteilt sie in zwei Gruppen: die Eigentlichen Stachelschweine mit langem, schlankem Schwanz, der rasselt, und die Quastenstachler, deren Stacheln lang und schwarz-weiß sind und deren kurzer Schwanz rasselt.

Nordafrikanisches Stachelschwein Es ist bekannt, dass es auch Löwen, Hyänen und Menschen töten kann. Bei Gefahr richtet es die Stacheln auf, um größer zu wirken. Hilft das nichts, wirft es sich auf den Angreifer, sodass ihm die Stacheln im Leib stecken bleiben.

- Bis 70 cm
- Bis 12 cm
- Bis 15 kg
- Familiengruppen
- Weniger gefährdet

Italien, Balkan, Afrika

Afrikanischer Quastenstachler Diese Art lebt in Familiengruppen aus einem Paar und dessen Nachwuchs. Sie verbergen sich tagsüber gemeinsam in Höhlen, Felsspalten oder Baumstämmen und sammeln nachts allein Wurzeln, Blätter, Früchte oder Knollen.

- Bis 57 cm
- Bis 23 cm
- Bis 4 kg
- Familiengruppen
- Häufig

Äquatoriales Afrika

Pinselstachler Anders als andere Altwelt-Stachelschweine kann es nicht mit den Stacheln rasseln, aber sein langer Schwanz bricht vom Körper, wenn ein Feind es fasst. Für Früchte und andere Nahrung klettert es auf Bäume.

- Bis 48 cm
- Bis 23 cm
- Bis 2,3 kg
- Keine Angabe
- Keine Angabe

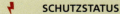

Malaysia, Sumatra, Borneo

SCHUTZSTATUS

Stacheliger Schutz Stachelschweine besitzen dank ihrer wirksamen Abwehr nur wenige natürliche Feinde. Doch Menschen töten sie wegen des Fleischs, als Schädlinge oder als Sport. Die meisten Altweltarten sind häufig, doch das Kurzschwanzstachelschwein gilt als gefährdet, das Nordafrikanische Stachelschwein und *Hystrix crassispinis* sind als weniger gefährdet aufgeführt.

Die dunklen Stacheln am Hals lassen sich als Haube aufstellen

Nordafrikanisches Stachelschwein
Hystrix cristata

Weißschwanzstachelschwein
Hystrix indica

Sumatra-Stachelschwein
Hystrix sumatrae

Die Stacheln am Schwanz rasseln beim Schütteln

Kurzschwanzstachelschwein
Hystrix brachyura

Die Stacheln rasseln nicht

Schuppiger Schwanz mit Quaste

Afrikanischer Quastenstachler
Atherurus africanus

Pinselstachler
Trichys fasciculata

Füße teilweise mit Schwimmhäuten

MEERSCHWEINCHENVERWANDTE **SÄUGETIERE** 235

Greifstachler
Coendou prehensilis

Urson
Erethizon dorsatum

Bis zu 30 000 spitze Stacheln mit Widerhaken

Der Greifschwanz trägt keine Stacheln

Coendou bicolor

Bergstachler
Echinoprocta rufescens

Die nackte Stelle an der Schwanzunterseite gibt Halt

Beim Männchen Duftdrüsen an der Schnauze

Beim Schwimmen sind nur Augen, Nase und Ohren über Wasser; kann auch 5 Minuten ganz untergetaucht bleiben

Capybara (Wasserschwein)
Hydrochaeris hydrochaeris

Füße mit Schwimmhäuten zum Schwimmen

AUF EINEN BLICK

Neuwelt-Stachelschweine Dank der großen Füße mit kräftigen Krallen und nackten Sohlen können sie auf Bäume klettern. Sie sehen zwar schlecht, riechen und hören aber gut.

Urson Es lebt in einer Höhle, einer Felsspalte oder einem umgestürzten Baumstamm und frisst nachts Rinde von Bäumen und Büschen.

Bis 1,1 m
Bis 25 cm
Bis 18 kg
Einzelgänger
Regional häufig

Nördliches und Westliches Nordamerika

Coendou bicolor Ein langer Greifschwanz hilft dieser Art durch die mittlere und die Kronenschicht des Waldes zu klettern. Sie kommt nur gelegentlich auf den Boden herunter.

Bis 49 cm
Bis 54 cm
Bis 4,7 kg
Paarweise
Regional häufig

Ostrand der Anden v. Kolumbien bis Bolivien

Bergstachler Diese wenig erforschte Art besitzt einen kurzen behaarten Schwanz. Ihre Stacheln werden nach hinten dicker und kürzer.

Bis 37 cm
Bis 15 cm
Keine Angabe
Keine Angabe
Keine Angabe

Anden in Kolumbien

GRÖSSTES NAGETIER

Capybaras sind fassförmige Pflanzenfresser, die vorwiegend am oder im Wasser Gräser verzehren. Sie schützen sich im Wasser vor der mittäglichen Hitze, Feinden – außerdem paaren sie sich dort. Die geselligen Tiere leben meist in Familiengruppen mit 1 Männchen, mehreren Weibchen und ihren Jungen. In Trockenzeiten bilden sie größere Herden mit bis zu 100 Tieren.

Bis 1,3 m
Bis 2 cm
Bis 65 kg
Familiengruppen
Regional häufig

Panama bis NO-Argentinien

236 SÄUGETIERE MEERSCHWEINCHENVERWANDTE

AUF EINEN BLICK

Paka Der Einzelgänger verbringt den Tag in einem flachen Bau. Man jagt ihn wegen des Fleisches und als Flurschädling. Sein Lebensraum geht zurück.

- Bis 78 cm
- Bis 3 cm
- Bis 13 kg
- Paarweise
- Häufig

SO-Mexiko bis S-Brasilien und N-Paraguay

AGUTIS UND ACOUCHIS

Die Jungen von Agutis und Acouchis kommen nach einer relativ langen Tragzeit von 100 Tagen zur Welt. Sie sind bei der Geburt fellbedeckt und ihre Augen offen. Sie laufen innerhalb weniger Stunden und knabbern an Pflanzen. Doch noch einige Wochen lang trinken sie auch Muttermilch. Sie können alt werden, bis zu 17 Jahren, doch die meisten fallen schon im ersten Lebensjahr einem Feind, etwa einem Nasenbären, zum Opfer oder verhungern in der Trockenzeit.

Myoprocta exilis Diese tagaktive Acouchi-Art vergräbt bei reichem Nahrungsangebot Vorräte. So muss das Tier bei Nahrungsknappheit nicht hungern und hilft Samen im Wald zu verbreiten.

- Bis 39 cm
- Bis 8 cm
- Bis 1,5 kg
- Einzelgänger
- Keine Angabe

S-Kolumbien bis Guyana, Amazonasbecken

Mohrenaguti Diese Art kann mehr als 2 m hoch springen. Sie läuft auf den Zehen und galoppiert, wenn es in Eile ist. Beim Paarungsritual besprizt das Männchen das Weibchen mit Urin und versetzt es in Aufregung.

- Bis 76 cm
- Bis 4 cm
- Bis 6 kg
- Einzelgänger, paarw.
- Häufig

Oberes Amazonasbecken

Goldaguti Wie bei anderen Agutis ist das Vorderteil des Tiers schlank, während es hinten massiger ist – eine Anpassung an die Suche nach herabgefallenen Früchten im Unterholz.

- Bis 64 cm
- Bis 3 cm
- Bis 6 kg
- Paarweise
- Häufig

O-Venezuela und Guyanas bis SO-Brasilien

Bergpaka
Agouti taczanowskii

Dichtes weißes Fell mit Streifen von weißen Punkten am Rücken

Paka
Agouti paca

Myoprocta exilis

Fellfarbe reicht von grünlich schwarz bis rötlich

Pakarana
Dinomys branickii

Drittgrößtes Nagetier

Hinterfüße mit hufähnlichen Krallen

Mohrenaguti
Dasyprocta fuliginosa

Goldaguti
Dasyprocta leporina

MEERSCHWEINCHENVERWANDTE **SÄUGETIERE** 237

AUF EINEN BLICK

Hutiaconga Diese Art besitzt kräftige Krallen und klettert leicht auf Bäume, doch sie verbringt mehr Zeit am Boden als andere Hutia-Arten. Mit ihnen hat sie einen dreikammerigen Magen gemeinsam, der komplexer ist als der Magen der meisten Nagetiere.

- Bis 60 cm
- Bis 30 cm
- Bis 8,5 kg
- Paarweise
- Häufig, rückläufig

Kuba und benachbarte Inseln

Zaguti Dieser Bodenbewohner lebt meist allein, kann aber in Familiengruppen bis zu 10 Tieren gefunden werden. Er versteckt sich am Tag in Felsspalten und sucht nachts im Wald nach Blättern, Wurzeln, Rinden und Früchten.

- Bis 45 cm
- Bis 6 cm
- Bis 2 kg
- Keine Angabe
- Gefährdet

Jamaika

Nutria Die teils wasserlebende Art mit Schwimmhäuten an den Hinterfüßen lebt in Salz- und Süßwasser. Sie kann 5 Minuten unter Wasser bleiben und frisst Muscheln und Wasserpflanzen.

- Bis 64 cm
- Bis 42 cm
- Bis 10 kg
- Paarweise, Familiengr.
- Häufig

Boliv. u. Brasil. bis Patagon; anderswo eingef.

Ctenomys colburni Das robuste Grabtier legt mit den kräftigen Krallen der Vorderfüße Tunnel an; Wurzeln schneidet es mit den vorstehenden Schneidezähnen. Da es als Schädling gilt, wurde es häufig gejagt.

- Bis 17 cm
- Bis 8 cm
- Keine Angabe
- Keine Angabe
- Keine Angabe

Nur 2 kleine Gebiete in Argentinien

SCHUTZSTATUS

Im Rückgang begriffen Die Hutias der Familie Capromyidae gibt es nur auf den Westindischen Inseln. Sie werden wegen ihres Fleisches stark bejagt. Sie sind die Beute von Vögeln, Schlangen und eingeführten Haustieren. 6 Hutia-Arten sind ausgestorben, weitere 6 sind vom Aussterben bedroht, 4 gefährdet und 2 weniger gefährdet.

238 SÄUGETIERE MEERSCHWEINCHENVERWANDTE

AUF EINEN BLICK

Corura Diese Art, die in raffinierten Tunnelsystemen lebt, kommuniziert durch eine Vielzahl an Rufen, darunter ein lautes melodisches Trillern, das bis zu 2 Minuten anhalten kann.

- Bis 17 cm
- Bis 4 cm
- Bis 120 g
- Kolonien
- Häufig, rückläufig

Mittel-Chile

Chinchillaratte Der kleine Nager hat weiches Fell, wie der Chinchilla, doch der Körper und der Kopf ähneln dem einer Ratte. Er ist nachtaktiv und ruht bei Tag im Bau oder einer Felsspalte.

- Bis 19 cm
- Bis 7 cm
- Keine Angabe
- Kolonien
- Keine Angabe

SW-Peru, N-Chile und NW-Argentinien

Chinchilla Die nachtaktive Art kommt meist in kahlen Gebirgsgegenden vor. Sie lebt in großen Kolonien von bis zu 100 Tieren. Die beliebten Heimtiere sind in der Natur heute selten.

- Bis 23 cm
- Bis 15 cm
- Bis 500 g
- Kolonien
- Gefährdet

Anden in N-Chile

DEGUS UND HUNDE

Degus ähneln nordamerikanischen Präriehunden (links). Beide sind tagaktive Nager, die in großen Kolonien in einem verzweigten System von Bauen leben und sich durch vielerlei Töne verständigen. Degus und Präriehunde sind entfernt verwandt. Ihre Ähnlichkeit ist das Ergebnis von konvergenter Evolution. Beide Gruppen passten sich auf gleiche Weise an ihren semiariden Lebensraum an.

SCHUTZSTATUS

Reiche Jagdbeute Chinchillas und Viscachas aus der Familie Chinchillidae wurden wegen des Fells in großer Zahl gejagt. Allein im Jahr 1900 exportierte man 500 000 Chinchilla-Felle aus Chile. Der Kurzschwanzchinchilla (*C. brevicaudata*) ist vom Aussterben bedroht, der Chinchilla gilt als gefährdet.

Corura *Spalacopus cyanus* — Vorstehende Schneidezähne und starke Vorderbeine helfen beim Grabben von Gängen

Degu *Octodon degus* — Beim Angriff eines Feindes wird die Haut des Schwanzes abgestoßen

Südamerikanische Felsenratte *Aconaemys fuscus*

Chinchillaratte *Abrocoma cinerea*

Chinchilla *Chinchilla lanigera* — Die großen Ohren lauschen nach Feinden

Peruanische Hasenmaus *Lagidium peruanum*

Viscacha *Lagostomus maximus* — Das gestreifte Gesicht ist bei Nagetieren ungewöhnlich

HASENARTIGE

KLASSE Mammalia
ORDNUNG Lagomorpha
FAMILIEN 2
GATTUNGEN 15
ARTEN 82

Hasen, Kaninchen und Pfeifhasen der Ordnung Lagomorpha galten einst als Unterordnung der Ordnung Rodentia – und sie ähneln tatsächlich großen Nagetieren. Sie beknabbern mit ihren großen, ständig wachsenden Schneidezähnen Pflanzen, haben keine Eckzähne, dafür eine Lücke zwischen Schneidezähnen und Molaren. Wie Nagetiere können sie so das Maul schließen und an Material nagen, ohne es ins Maul zu stecken. Im Gegensatz zu Nagetieren besitzen sie ein zweites kleineres Paar obere Schneidezähne hinter dem ersten Paar. Alle Hasenartigen leben am Boden. Man findet sie weltweit in vielen Lebensräumen, von der Tundra über Tropenwälder bis zur Wüste.

In Gesellschaft des Menschen Ihre enge Verbindung mit dem Menschen erlaubte es den Hasenartigen, sich weltweit auszubreiten. Sie fehlen nur im südlichen Südamerika und auf vielen Inseln. Wo sie, wie in Australien und Neuseeland, eingeführt wurden, hatten sie oft eine verheerende Wirkung; sie wurden z. B. zu Nahrungskonkurrenten für einheimische und Nutztiere.

VERWANDTSCHAFT

Die Hasenartigen teilt man in 2 Familien: Kaninchen und Hasen der Familie Leporidae und Pfeifhasen der Familie Ochotonidae. Sie sind Hauptbeute vieler Vögel und Beutegreifer. Ihre Augen sitzen an den Seiten des Kopfs, sodass sie ein weites Gesichtsfeld haben und Feinde gut sehen. Außerdem hören sie ausgezeichnet. Bei den Pfeifhasen sind die Ohren kurz und rund, bei den Kaninchen und Hasen sehr lang.

Viele Hasenartige sind sehr gesellig und alle kommunizieren mittels ihrer Duftdrüsen. Die Pfeifhasen setzen darüber hinaus eine Vielzahl von Tönen und Lauten ein.

Um Feinden zu entfliehen, besitzen Kaninchen und Hasen lange Hinterbeine, mit denen sie sehr schnell laufen. Kaninchen neigen dazu, ein Versteck aufzusuchen, während Hasen über offenes Land davonrennen. Pfeifhasen haben kürzere Beine, leben aber meist in felsigem Gelände, wo sie rasch in eine Felsspalte verschwinden können.

Trotz ihrer Fluchttaktiken werden Hasenartige sehr häufig getötet, weil sie eine wichtige Nahrungsquelle für andere Tiere sind. Um das auszugleichen, vermehren sie sich rasch. Die Tragzeiten sind kurz, meist 30 bis 40 Tage, und die Würfe oft groß. Viele Arten werden früh geschlechtsreif – Europäische Wildkaninchen können mit 3 Monaten zum ersten Mal Junge werfen. Die Eier werden als Reaktion auf die Paarung freigesetzt, so können Weibchen fast unmittelbar nach dem Wurf wieder trächtig werden. Bei manchen Arten kann das Weibchen bereits wieder empfangen, solange es noch trächtig ist. So vermehren sich einige Arten wie das Europäische Wildkaninchen so stark, dass sie heute als Schädlinge gelten.

Wintervorsorge Im Sommer und Herbst bereiten sich Pfeifhasen auf den Winter vor und verbringen bis zu einem Drittel ihrer Zeit mit Sammeln von Gräsern, Blättern und Früchten, die sie zum Vorratsplatz unter einem überhängenden Felsen bringen.

Leichtfüßig Mit den langen, kräftigen Hinterbeinen laufen Hasen ihren Feinden davon. Sie erreichen Spitzengeschwindigkeiten von 70 km/h. Selbst bei vollem Tempo sind die geschickten Tiere in der Lage, plötzlich die Richtung zu wechseln.

Hasen-Boxkampf In der Paarungszeit kämpfen Schneehasen-Männchen um das Recht zur Paarung. Die Weibchen vertreiben jedes Männchen, das sie nicht interessiert. Schneehasen leben meist in kleinen Familiengruppen, doch mitunter kommen Gruppen von mehreren hundert Tieren vor, vor allem auf den kalten Inseln im Norden.

SCHUTZSTATUS

Einige Hasenartige gelten heute als Schädlinge, doch viele spezialisierte Arten sind bedroht. Von den 82 Arten stehen 37 % auf der Roten Liste der IUCN:

- 1 Ausgestorben
- 4 Vom Aussterben bedroht
- 7 Stark gefährdet
- 6 Gefährdet
- 8 Weniger gefährdet
- 4 Keine Angabe

240 SÄUGETIERE HASENARTIGE

AUF EINEN BLICK

Nördlicher Pfeifhase Er bleibt in den kalten Wintern aktiv, bis die Schneedecke etwa 30 cm tief ist, dann zieht er sich in seine Gänge unter dem Schnee zurück.

- Bis 20 cm
- Ohne
- Bis 200 g
- Einzelgänger
- Keine Angabe

Mongolei, Sibirien

Royles Pika Meist hat er seinen Bau in natürlichen Steinhaufen, doch mitunter lebt er auch in den Steinmauern von menschlichen Behausungen. Er sammelt das ganze Jahr lang Nahrung und legt sich deshalb keinen Vorrat an.

- Bis 20 cm
- Ohne
- Bis 200 g
- Einzelgänger
- Keine Angabe

Himalaya in Pakistan, Indien, Nepal und Tibet

Daurischer Pfeifhase Er ist ein geselliges Grabtier, das in großen Kolonien lebt, die aus Familiengruppen bestehen. Familienmitglieder verständigen sich durch Rufe, pflegen einander das Fell, reiben die Nasen und spielen.

- Bis 20 cm
- Ohne
- Bis 200 g
- Kolonien
- Häufig

Steppen in der Mongolei und S-Sibirien

Nordamerikanischer Pfeifhase Jedes Tier verteidigt ein Felsenrevier, dabei haben Männchen und Weibchen benachbarte, aber eigene Bereiche.

- Bis 22 cm
- Ohne
- Bis 175 g
- Einzelgänger
- Regional häufig

Westliches Nordamerika

SCHUTZSTATUS

Störenfried Der Schwarzlippenpika (*Ochotona curzoniae*) im Hochland von Tibet wird, wegen seiner großen Zahl und weil er durch seine Tunnel Schäden anrichtet, mit Gift verfolgt. Solche Giftaktionen ignorieren die Schlüsselrolle, die Pikas im Ökosystem spielen. Sie sind nicht nur Beute für viele Feinde, sondern ihre Tunnel dienen auch vielen Vögeln und Eidechsen als Zuflucht. Ihr Graben vergrößert die Pflanzenvielfalt und verringert die Erosion.

Großohriger Pika
Ochotona macrotis

Die Nasenlöcher können komplett verschlossen werden

Nördlicher Pfeifhase
Ochotona alpina

Roter Pfeifhase
Ochotona rutila

Zu seinen Rufen gehört ein angstvolles Quieken aus 1 oder 2 Tönen

Royles Pika
Ochotona roylei

Daurischer Pfeifhase
Ochotona daurica

Seine Hauptrufe sind ein Warnruf und ein Paarungsgesang

Steppenpika
Ochotona pusilla

Nordamerikanischer Pfeifhase
Ochotona princeps

Stark behaarte Füße

HASENARTIGE **SÄUGETIERE** 241

Schneehase
Lepus timidus

Schwarze Spitzen an den Ohren

Das braune Sommerfell tarnt in der Vegetation der Tundra

Im Winter frisst er Rinde und Knospen und bekommt ein weißes Fell

Schneeschuhhase
Lepus americanus

Das weiße Winterfell hebt sich vom Schnee kaum ab

Im Sommer frisst er Beeren und grüne Pflanzen und bekommt ein braunes Fell

Antilopenhase
Lepus alleni

Lepus tolai

Kalifornischer Eselhase
Lepus californicus

Das Fell hellt sich im Sommer auf

Präriehase
Lepus townsendii

Kann mit 56 km/h vor Feinden fliehen

Europäischer Feldhase
Lepus europaeus

AUF EINEN BLICK

Schneehase Um den rauen arktischen Winter zu überstehen, sammelt sich dieser Einzelgänger in Gruppen von mehreren hundert Tieren. Kleinere Gruppen bauen miteinander einen Schutzwall aus Schnee. Das Tier wechselt mit den Jahreszeiten die Farbe, während des Winters zur Tarnung im Schnee ist sein Fell weiß, im Sommer in der Tundravegetation ist es braun.

- Bis 60 cm
- Bis 8 cm
- Bis 6 kg
- Einzelgänger
- Häufig

Island, Irland, Schottland, N-Eurasien

Antilopenhase Wie eine Antilope kann er große Sprünge machen. Das Wüstentier ist nachtaktiv und überlebt ohne zu trinken, weil es alle Flüssigkeit aus Pflanzen nimmt.

- Bis 60 cm
- Bis 8 cm
- Bis 6 kg
- Einzelgänger
- Häufig, rückläufig

S-Arizona bis N-Mexiko

Europäischer Feldhase Weibchen haben bis zu 4 Würfe pro Jahr. Im ersten Monat bleiben die Jungen in der Sasse, einer flachen Mulde im Gras. Einmal am Tag werden sie gesäugt.

- Bis 68 cm
- Bis 10 cm
- Bis 7 kg
- Einzelgänger
- Häufig, rückläufig

Europa bis Nahost; vielerorts eingeführt

KÜHLENDE OHREN

Der Kalifornische Eselhase, ein Wüstenbewohner, hält sich mit seinen langen Ohren kühl. Hunderte winziger Blutgefäße durchziehen die Oberfläche der Ohren. So kühlt das Blut ab, bevor es zum Herzen zurückfließt. Ein Eselhase ruht die heißesten Stunden des Tages im Schatten unter einem Busch oder im hohen Gras.

242 SÄUGETIERE HASENARTIGE

AUF EINEN BLICK

Florida-Waldkaninchen Der Einzelgänger ruht tagsüber in einem Hohlraum unter einem Stamm oder einem Busch. Die Jungen sind bei der Geburt blind und nackt, können aber schon mit 2 Wochen das Nest verlassen und sind mit 3 Monaten geschlechtsreif.

- Bis 50 cm
- Bis 6 cm
- Bis 1,5 kg
- Einzelgänger
- Häufig

Östliches und südliches Nordamerika

Zwergkaninchen Das kleinste Kaninchen lebt in dichten Beifußbüschen, die den Hauptteil zu seiner Nahrung beitragen, und gräbt sich einen Bau. Es stößt einen typischen Warnpfiff aus.

- Bis 28 cm
- Bis 2 cm
- Bis 460 g
- Einzelgänger
- Weniger gefährdet

W-USA

Europäisches Wildkaninchen Diese Art wurde an vielen Orten eingeführt und richtete oft verheerenden Schaden unter der heimischen Fauna an.

- Bis 46 cm
- Bis 8 cm
- Bis 2,2 kg
- Familiengruppen
- Sehr häufig

Großbrit.; Spanien bis Balkan; vielerorts eingef.

Borstenkaninchen Jagd und Haushunde dezimierten den Bestand, doch die größte Gefahr bildet das Abbrennen des Graslands, in dem sie leben.

- Bis 50 cm
- Bis 4 cm
- Bis 2,5 kg
- Einzelgänger, paarw.
- Stark gefährdet

Ausläufer des Himalaya in Nepal und N-Indien

KANINCHENBAU

Das Europäische Wildkaninchen ist eine der wenigen Kaninchen- oder Hasenarten, die einen eigenen Bau gräbt. Es lebt als einziges in festen Gruppen. Zahllose Junge werden im Schutz eines unterirdischen Kaninchenbaus aufgezogen.

Brasilien-Waldkaninchen
Sylvilagus brasiliensis

Zwergkaninchen
Brachylagus idahoensis

Florida-Waldkaninchen
Sylvilagus floridanus

Beim Rennen ist der weiße Schwanz zu sehen

Strauchkaninchen
Sylvilagus bachmani

Europäisches Wildkaninchen
Oryctolagus cuniculus

Schwanz nicht sichtbar

Mexikanisches Vulkankaninchen
Romerolagus diazi

Raue, borstige Deckhaare mit weicherem Unterfell

Trommelt als Warnung vor Gefahr mit dem Hinterbein auf den Boden

Borstenkaninchen
Caprolagus hispidus

Sumatrakaninchen
Nesolagus netscheri

Der seltenste Hasenartige wurde 1972 einmal beschrieben und 1998 von einer Kamera mit Fernbedienung fotografiert

Zentralafrikanisches Buschkaninchen
Poelagus marjorita

RÜSSELSPRINGER

KLASSE Mammalia
ORDN. Macroscelidea
FAMILIE Macroscelididae
GATTUNGEN 4
ARTEN 15

Sie wurden bis vor wenigen Jahren kaum erforscht und man rechnete sie abwechselnd zu den Insektenfressern, Huftieren, Spitzhörnchen und Hasenartigen. Doch Rüsselspringer unterscheiden sich so deutlich, dass man sie heute als eigene Ordnung, Macroscelidea, sieht. Ihre lange, bewegliche Schnauze stand Pate für ihren deutschen Namen. Sie leben am Boden und entdecken Gefahren mit ihrem scharfen Gehör und ihren guten Augen. Auf ihren langen, schlanken Beinen entfliehen sie Feinden schnell. Einige kleinere Arten springen bei Gefahr wie Mini-Antilopen. Rüsselspringer fressen Insekten, besitzen aber größere, besser entwickelte Gehirne als Insektenfresser.

Lebensräume Rüsselspringer gibt es in weiten Teilen Afrikas, doch sie fehlen in Westafrika und der Sahara. Sie bewohnen ganz unterschiedliche Lebensräume, darunter Felsen, Wüsten, Savannen, Grasland, Dornbuschsavanne und Tropenwald. Obwohl sie am Boden leben und tagaktiv sind, sieht man die scheuen, flinken Tiere nur sehr selten.

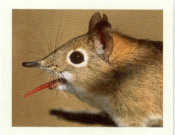

INSEKTENNAHRUNG

Ein Rüsselspringer verbringt bis zu 80 % seiner wachen Zeit mit Nahrungssuche. Obwohl Rüsselspringer wie Pflanzenfresser einen großen Blinddarm haben und auch Früchte, Samen und anderes Pflanzenmaterial fressen, verzehren sie hauptsächlich Insekten wie Käfer, Termiten, Ameisen, Hundertfüßer und Regenwürmer. Ihre lange, berührungsempfindliche, bewegliche Schnauze entdeckt in einem Haufen Laubstreu die Beute am Geruch. Einige Arten dringen mit ihren Krallen und Zähnen in die Bauten von Ameisen und Termiten ein. Andere, wie die Trockenlandelefantenspitzmaus (*Elephantulus intufi*), haben eine lange Zunge (Bild oben), mit der sie rasch Insekten ins Maul befördern können.

Gemeinsam und allein Wie andere Rüsselspringer lebt die Rotbraune Elefantenspitzmaus in monogamen Paaren, meist für ein ganzes Leben. Die Paare treffen sich nur selten, teilen sich aber ein Revier. Sie verständigen sich mit Duftmarken und unterhalten ein Netz von Wegen, über die sie Feinden rasch entkommen können. Männliche Eindringlinge vertreibt das Männchen, während das Weibchen die weiblichen Eindringlinge verjagt.

Geflecktes Rüsselhündchen
Rhynchocyon cirnei

Sehr berührungsempfindliche, bewegliche Schnauze

Rotbraune Elefantenspitzmaus
Elephantulus rufescens

Hinterbeine länger als Vorderbeine

Große Augen und große Ohren

Vierzehenrüsselratte
Petrodromus tetradactylus

Rattenähnlicher borstiger Schwanz

VÖGEL

STAMM	Chordata
KLASSE	Aves
ORDNUNGEN	29
FAMILIEN	194
GATTUNGEN	2161
ARTEN	9721

Vögel gehören zu den vielseitigsten Tieren. Ihre Vorfahren aus der großen Klasse der Reptilien haben die Fähigkeit zum Fliegen entwickelt. Vogelarten bevölkern Sümpfe, Wälder aller Klimazonen, einschließlich des Regenwaldes, einige haben sich an die Lebensbedingungen in Städten und unwirtlichen Wüsten angepasst, sogar am Nord- und Südpol sind Vögel zu finden. Manche bleiben ständig in einem Gebiet, andere legen Riesenstrecken – oft an einem Stück – zurück. Ihre Größe reicht vom winzigen Kolibri bis zum stattlichen Strauß. Es gibt über 9700 Arten, die eine unendliche Vielfalt an Farben und Federzeichnungen aufweisen.

Urvogel Die ersten Vögel entwickelten sich vor mehr als 150 Mio. Jahren aus den Dinosauriern. Die älteste bekannte Vogelart ist der *Archaeopteryx* (oben), von dem das erste Fossil 1861 in Deutschland entdeckt wurde – ein zweibeiniger Raubvogel, der mit seinem federbedeckten Körper wohl nur schwerfällig fliegen konnte.

IM FLUG
Seit Jahrtausenden faszinieren uns der Flug und der Gesang der Vögel. Diese unverwechselbaren Tiere haben uns Menschen nicht nur zum Bau von Flugzeugen inspiriert, sondern auch die Musik und viele andere Kunstformen beeinflusst.

Alle Vögel besitzen Federn, auch jene, die gar nicht fliegen können. Keine andere Tierart kann sich aus eigener Kraft über so große Entfernungen und so schnell fortbewegen.

Vögel haben eine erstaunliche Vielfalt an Flugarten entwickelt, das reicht vom Segeln über den Sturzflug bis hin zum Rüttelflug, dem »Stehen« in der Luft. Vögel fliegen, um Nahrung zu suchen, in ein wärmeres Klima zu gelangen, Feinden zu entkommen oder sogar, um miteinander zu kommunizieren.

Manche Vogelarten verbringen ihr ganzes Leben in einem einzigen Gebiet. Andere wechseln im Verlauf des Jahres ihren Standort, indem sie bestimmte Brutgebiete aufsuchen und/oder mehr oder weniger große Entfernungen zurücklegen, um dem kalten Winter zu entkommen. Zugvögel werden u.a. von ihrem Instinkt und ihrer Erfahrung geleitet.

Etwa die Hälfte der Vogelarten sind Singvögel, von denen manche ein facettenreiches Repertoire an Gesängen aufweisen. Der Gesang dient vor allem den Männchen dazu, Weibchen anzulocken oder Rivalen vom Revier fern zu halten. Manche Vögel sind Einzelgänger, andere leben in großen Gruppen, in denen die Adulten helfen, die Jungen anderer Eltern großzuziehen.

Im 20. Jahrhundert sind mehr als 30 Vogelarten durch die Aktivitäten des Menschen ausgestorben. Heute gilt jede neunte Art als gefährdet und bei unzähligen weiteren Arten nehmen die Bestände bedrohlich ab. Weltweit sind die Vögel durch teilweise gleiche Gefahren bedroht, dazu gehören die Zerstörung von Lebensräumen, Pestizide und andere Umweltgifte. Auch das Einbürgern von Katzen und Ratten bildet eine Bedrohung, vor allem auf Inseln, wo die einheimischen Vögel niemals Verteidigungsstrategien gegen derartige Tiere entwickeln mussten.

Obwohl ein stattlicher Teil der Vogelwelt auf der Liste bedrohter Tiere sind, stehen die Papageien an der Spitze, weil die meisten von ihnen in Regenwäldern leben – die zurzeit in beängstigendem Tempo von unserer Erde verschwinden.

Ausbreiten
Die Flügel sind weit ausgebreitet und geben Antrieb. Die Federn überlappen und die Füße sind dicht an den Körper gezogen.

Abschlag
Die Flügel senken sich und »drücken« die Luft zusammen, wodurch der Vogel vorangetrieben wird.

Ende des Abschlags
Die Federn spreizen sich wieder.

Anziehen
Während des Aufschlags faltet der Vogel die Flügel und führt sie eng am Rumpf vorbei.

Start
Beim Aufwärtsbewegen (Aufschlag) spreizt das Rotkehlchen die Federn, um den Luftwiderstand zu verringern und Energie zu sparen.

Im Flug Der Flügelschlag (Schlagflug) des Europäischen Rotkehlchens (oben) ist typisch für viele Vögel: Es ist ein weicher Wechsel zwischen Aufschlag (oder Nachschwingungsschlag) und Abschlag (oder Vortriebsschlag). Pinguine (rechts) zählen zu den wenigen flugunfähigen Vögeln.

Kraftpaket Wie viele Raubvögel nutzt der Seeadler (*Haliaeetus albicilla*, ganz rechts) seine gewaltigen Krallen und seinen Schnabel, um Fische oder andere Beutetiere zu greifen.

VÖGEL ÜBERBLICK

Start Alle Vögel schlüpfen aus einem Ei (links), das vom Weibchen und/oder dem Männchen ausgebrütet wird. Durch die Brutwärme entwickelt sich der Embryo, bis er ausgereift ist und selbst ein Loch in die Eischale pickt, um sich daraus zu befreien.

Balz Die meisten Vogelarten sind monogam und werben um ihren Partner. Zum Werbe- bzw. Balzverhalten gehören z. B. variantenreiche Balztänze, wie sie diese Kraniche (unten) vollführen, prachtvoll gefärbtes Gefieder oder Gesänge und Rufe.

Schnabelform und Lebensweise Beispiele (oben): gesägte Schnabelkante zum Festhalten von Fischen (Papageitaucher), beweglicher Schnabel zum Zerkleinern von Samen (Hyazinthara), langer Schnabel für Nahrungssuche im Wasser (Reiher).

FEDERTYPEN

Die Grundtypen sind: die Dunen, flaumige Federchen, die den Vogel vor Kälte schützen, die kurzen, abgerundeten Konturfedern, die ihm die typische Stromlinienform verleihen, sowie die langen, spitzen Schwungfedern an den Flügeln und am Schwanz, die ihm das Abheben, Fliegen, Manövrieren und Landen ermöglichen.

Flugfedern Die am Federschaft sitzende Fahne besteht aus ineinander verhakten Federstrahlen, die eine feste, glatte Oberfläche bilden.

Zweckmäßig Unterschiedlichen Federn bieten dem Vogel Wärme und Schutz, verleihen ihm Farbe, Form und Flugfähigkeit.

Schwanzfeder (Fasan) — Konturfeder (Ara) — Dune (Adler)

ZUM FLIEGEN GEBOREN

Trotz deutlicher Unterschiede in Größe und Aussehen ähneln sich die Vogelarten stark im Körperbau. Alle Vögel stammen von fliegenden Vorfahren ab und haben vordere Gliedmaßen in Form von Flügeln. Der Vogelkörper ist an das Fliegen angepasst. Der größte Teil des Gewichts konzentriert sich daher im Zentrum des leichten, kräftigen Körpers, der weniger Knochen besitzt als der von Reptilien oder Säugetieren. Manche Merkmale der Vögel, wie Schuppen an den Beinen sowie das Eierlegen, erinnern an ihre Reptilienvorfahren.

Ein schneller Stoffwechsel, verbunden mit einem gut ausgebildeten Atemsystem und Herz, bildet eine wichtige Grundlage für das Fliegen.

Der Verdauungstrakt der Vögel ist typisch für Wirbeltiere. Einige Arten besitzen einen Kropf, in dem vorübergehend Nahrung lagert, die später im Muskelmagen zermahlen und durch die Darmwände aufgenommen oder für die Jungen hochgewürgt wird.

Da Vögel Warmblüter sind, müssen sie einen großen Teil ihrer Zeit mit der Futtersuche verbringen. Ihre Nahrung reicht von Samen und Früchten bis hin zu Insekten, Kleinsäugern und sogar anderen Vögeln.

Der Schnabel hat verschiedene Funktionen, doch vor allem dient er dem Nahrungssammeln. Der Variationsreichtum in Struktur und Form der Vogelschnäbel und -füße ist riesig und spiegelt die jeweiligen ökologischen Nischen wider.

Die Form der Flügel und des Schwanzes bestimmt den Auftrieb, die Schubkraft und die Wendigkeit im Flug. Jede dieser Eigenschaften kann nur unter Verringerung der anderen beiden verbessert werden. Kleine Vögel, die rasch vor Feinden davonfliegen müssen, tragen meist kurze Flügel, große Vögel, z. B. Albatrosse, die regelmäßig große Strecken zurücklegen, besitzen lange, schmale, zugespitzte Flügel zum Gleiten.

Von den Sinnen ist bei Vögeln das Sehvermögen am besten entwickelt, das Gehör steht an zweiter Stelle – trotz des Fehlens einer Ohrmuschel.

Die Federn haben viele Farben (zum Teil je nach Jahreszeit unterschiedlich) und dienen oft ebenso dem Imponiergehabe wie dem

Vogelriese Der Strauß (*Struthio camelus*, rechts) ist der größte Vogel der Welt. Im Gegensatz zu den meisten anderen Vogelarten besitzt er ein »zottiges« Gefieder sowie ein flaches Brustbein ohne Kiel und kann daher nicht fliegen.

ÜBERBLICK VÖGEL

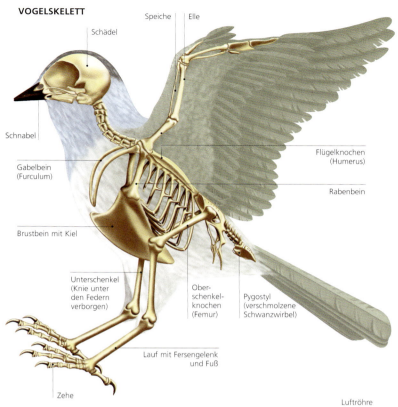

VOGELSKELETT

Schädel · Speiche · Elle · Flügelknochen (Humerus) · Rabenbein · Pygostyl (verschmolzene Schwanzwirbel) · Oberschenkelknochen (Femur) · Lauf mit Fersengelenk und Fuß · Unterschenkel (Knie unter den Federn verborgen) · Zehe · Brustbein mit Kiel · Gabelbein (Furculum) · Schnabel

Geordnetes Chaos Der Schwarm Schneegänse (*Chen caerulescens*, oben) sieht vielleicht wirr aus, doch die Vögel spüren ihre Nachbarn und reagieren rasch, um nicht gegeneinander zu stoßen, so ähnlich wie Menschen in einer überfüllten Straße.

Warmhalten Vögel wie der Rote Kardinal (*Cardinalis cardinalis*, links), die nicht in warmem Klima leben oder dorthin ziehen, brauchen im Winter nicht nur ausreichend Nahrung, sondern müssen auch ihre Körpertemperatur konstant halten. Durch das Aufplustern der Federn bilden sich Luftpolster, die den Körper gut isolieren.

Gute Flieger Das Skelett der Vögel (rechts) ist typisch für Wirbeltiere, aber ans Fliegen angepasst. Ein Teil der Wirbelsäule ist zu einem robusten Stück verwachsen. Das Schlüsselbein ist zum Furculum (Gabelbein) verwachsen. Beim Fliegen wirkt dieser Knochen wie eine Sprungfeder. Das Sternum (Brustbein), breit und gebogen, bietet die feste Verankerung für die kräftigen Flügelmuskeln. Die Lungen geben fortwährend Sauerstoff an das Blut ab, das vom starken Herzen in die Muskeln gepumpt wird.

Bedroht Einer von hunderten bedrohter Vögel ist die Harpyie (*Harpia harpyia*, rechts), der mächtigste Greifvogel der Welt, dessen Bestand in den Tropenwäldern Mittel- und Südamerikas stark abnimmt. Die Mehrzahl bedrohter Vogelarten lebt in den so genannten Entwicklungsländern.

Fliegen. Die Männchen sind meist farbenprächtiger als die Weibchen.

Vögel pflegen ihr Gefieder regelmäßig, dabei führen sie jede Feder durch den Schnabel, um sie zu glätten und Fremdkörper zu entfernen. Da auch die gepflegtesten Federn mit der Zeit altern und funktionsuntüchtig werden, fallen sie einmal jährlich aus und neue wachsen nach, das nennt man Mauser. Viele Vögel reinigen ihr Federkleid auch durch ein Bad in Wasser oder Staub.

Die meisten Vögel bauen mehr oder weniger kunstvolle Nester für ihre Jungen. Je nach Art besteht das Gelege aus einem einzigen Ei oder bis zu einem Dutzend oder mehr Eiern. Die Eiablage erfolgt einmal oder mehrmals jährlich.

Einige Arten sind beim Schlüpfen gut entwickelt und sorgen sofort für sich selbst. Andere sind blind und hilflos; sie bleiben, bis sie kräftig genug zum Fliegen und Nahrungssuchen sind im Nest und erhalten von einem oder beiden Elternteilen Futter und Schutz. Die Nestlingszeit (die Zeit im Nest) dauert etwa eine Woche bis zu mehr als 5 Monate.

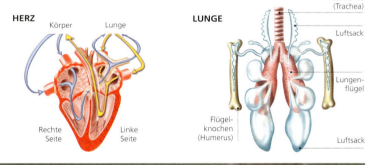

HERZ Körper · Lunge · Rechte Seite · Linke Seite

LUNGE Luftröhre (Trachea) · Luftsack · Lungenflügel · Flügelknochen (Humerus) · Luftsack

SCHUTZSTATUS

Die 2139 Vogelarten auf der Roten Liste der IUCN stehen unter folgenden Gefährdungsgraden:

129	Ausgestorben
3	Ausgestorben in der Natur
182	Vom Aussterben bedroht
331	Stark gefährdet
681	Gefährdet
3	Schutz nötig
731	Weniger gefährdet
79	Keine Angabe

TINAMUS/LAUFVÖGEL

KLASSE Aves
ORDNUNGEN 5
FAMILIEN 6
GATTUNGEN 15
ARTEN 59

Laufvögel sind flugunfähige Vögel, denen der Brustbeinkamm fehlt, der für den Vogelkörper typisch ist, und die man deshalb auch Flachbrustvögel nennt. Die Fähigkeit zu fliegen haben diese Großvögel möglicherweise verloren, weil sie keine Feinde hatten oder ihnen ohne große Kraftanstrengung entfliehen konnten. In diese Gruppe gehören auch der ausgestorbene Moa (Neuseeland). Die Laufvögel stammen eher von einer ganzen Ahnengruppe als von einem einzigen Vorfahren ab. Die Tinamus oder Steißhühner bilden eine den flugfähigen Vögeln verwandte Ordnung. Diese ebenfalls flugunfähigen Tiere haben einen Brustbeinkamm wie alle anderen kielbrüstigen Vögel.

Südlich ausgerichtet Laufvögel und Steißhühner (Tinamus) leben nur im südlichen Teil des Urkontinents Gondwana (aus dem Südamerika, Afrika, Indien, die Antarktis und Australien entstanden). Die verschiedenen Arten sind an unterschiedliche Lebensräume (Grasland, Wälder, Urwald, Gebirge) angepasst. Der vielseitige Emu kommt in allen Biotopen vor.

RIESIGE RENNER

Unter den Laufvögeln und ihren Verwandten, den Tinamus befinden sich die größten Vögel der Welt, z. B. der Strauß mit einer Körperhöhe von 2,8 m. Alle sind Bodenvögel mit stark zurückgebildeten Flugfedern. Im Gegensatz zu anderen – in der Regel vierzehigen – Vögeln haben sie nur 3 Vorderzehen (der Strauß nur 2); die Hinterzehe ist kaum entwickelt oder fehlt.

Die Laufvögel können extrem gut rennen. Der Strauß läuft schneller als ein Rennpferd und nutzt seine kräftigen Beine, um sich mit Fußtritten gegen Feinde zur Wehr zu setzen. Nandus heben z. B. bei der Flucht in vollem Lauf einen Flügel und senken den anderen, wodurch ein Steuerrudereffekt entsteht.

Der Kiwi ist der Nationalvogel seiner Heimat Neuseeland. Die 3 Kiwi-Arten sind nachtaktiv, verbergen sich tagsüber in Höhlen und suchen nachts Wirbellose, die sie mit ihrem geruchsempfindlichen Schnabel aufstöbern. Kiwis zählen zu den wenigen Vögeln, deren Geruchssinn hervorragend ausgeprägt ist.

47 Tinamus-Arten sind kleinere Vögel mit einem gedrungenen Körper, kurzen Flügeln. Obwohl sie fliegen können, verstecken sie sich oder erstarren, wenn Feinde nahen.

Werbung Bei den Tinamus übernimmt das Weibchen (oben) die führende Rolle bei der Balz, während bei den meisten Vögeln die Männchen die aktiveren sind.

Vaterrolle Wie bei den meisten Laufvögeln und Tinamus brütet bei den Kasuaren das Männchen die Eier aus und zieht die Jungen auf (oben rechts). Während der 8 Wochen des Brütens lebt das Männchen von seinen Fettreserven, da es das Gelege nicht verlässt, um Nahrung aufzunehmen.

Großtao
Tinamus major

Hochanden-Rebhuhntinamu
Nothoprocta ornata

Pfauensteißhuhn
Taoniscus nanus

Perlsteißhuhn
Eudromia elegans

Rotbrusttinamu
Crypturellus variegatus

GUT GEPOLSTERT

Nandus sind große, schwere Vögel, die eine Körperhöhe von 1,5 m erreichen können. Ihre kräftigen Beine mit den 3 massiven Vorderzehen tragen das stattliche Gewicht problemlos, auch wenn sie rennen. Muskelfleischpolster an den Füßen federn die Last ab.

TINAMUS/LAUFVÖGEL **VÖGEL** 251

AUF EINEN BLICK

Strauß Der große Vogel kam einst auch im Nahen Osten und in Asien vor, heute gibt es ihn nur noch in afrikanischen Schutzgebieten. Die Männchen halten sich in der Brutsaison einen Harem und scharren Nestmulden in den Boden.

- Bis 2,9 m
- 5–11
- Unterschiedlich
- Nomade
- Regional häufig

Zentral-, östliches und südliches Afrika

Emu Er ist der einzigen Überlebende der Emu-Familie und bewohnt unterschiedliche Lebensräume. Nur zur Paarung schließen sich Paare zusammen. Der Emu legt auf der Suche nach Nahrung riesige Strecken zurück.

- Bis 2 m
- 7–11
- Gleich
- Nomade
- Regional häufig

Australien, Tasmanien (ausgestorben)

Nandus Der Nandu (Gattung *Rhea*) ist größer als der Darwin-Nandu (Gattung *Pterocnemia*). Er ist bestens an die Nahrungssuche in Grassteppen angepasst. Der gute Läufer schlägt Haken, um seinen Feinden zu entkommen. Die Männchen verteidigen Reviere.

- Bis 1,6 m
- 13–30
- Gleich
- Standvogel
- Weniger gefährdet

O- und SO- Südamerika inkl. kl. Andenregion

Helmkasuar Die Weibchen dieses als Einzelgänger im Regenwald lebenden Vogels sind größer und farbiger als das Männchen (dem die Brutpflege obliegt), auch der Helm ist stattlicher.

- Bis 2 m
- 3–5
- Unterschiedlich
- Standvogel
- Gefährdet (Australien)

Ceram, S-Neuguinea, NO-Australien

SCHUTZSTATUS

Laufvögel Gemäß IUCN gelten 2 der 3 Kasuar-Arten und alle 3 Kiwi-Arten als gefährdet. Der Emu ist auf dem Festland von Australien noch häufig, doch die beiden kleineren Arten, die zur Zeit der Besiedlung durch die Europäer auf den King- und Känguru-Inseln lebten sind seit längerem ausgestorben.

Strauß *Struthio camelus*

Die Schwanzfedern können hochgestellt und wie ein Fächer ausgebreitet werden

Der breite, flache Schnabel ist an die Hauptnahrung (Samen, Früchte) angepasst

Der einzige Laufvogel Afrikas, der Strauß, hat nur 2 Zehen

Darwin-Nandu *Pterocnemia pennata*

Nandus sind nur in Südamerika verbreitet

Emu *Dromaius novaehollandiae*

Emus haben wie »zweipaarige« Federn (Feder- und Nebenschaft sind gleich)

Nandu *Rhea americana*

Langer Hals zum Erreichen der an Büschen und Bäumen wachsenden Nahrung

Goldhalskasuar *Casuarius unappendiculatus*

Helmkasuar *Casuarius casuarius*

Kräftige, kurze Beine; eine Anpassung an das Laufen durch den Regenwald

Fleckenkiwi *Apteryx owenii*

Streifenkiwi *Apteryx australis*

Kiwis kommen nur in Neuseeland vor; sie haben einen langen, tastempfindlichen Schnabel, an dessen Spitze sich die Nasenlöcher befinden

HÜHNERVÖGEL

KLASSE	Aves
ORDNUNG	1
FAMILIEN	5
GATTUNGEN	80
ARTEN	290

Zu diesen bekannten Vögeln gehören Hühner (die domestizierte Form des zentralasiatischen Bankivahuhns) und Truthühner. Menschen jagen Fasanen, Rebhühner und Wachteln. Pfauen hält man mitunter wegen des herrlichen Gefieders und des attraktiven Imponiergehabes in Gefangenschaft. Diese Vögel unterscheiden sich stark in der Größe, doch gemeinsam ist ihnen der stämmige Körperbau, der relativ kleine Kopf und kurze, breite Flügel. Sie fliegen meist tief und schnell. Sie sind eine beliebte Beute von Fleischfressern. Um ihnen zu entgehen, nützen die Vögel die Tarnung ihres unscheinbaren Gefieders oder sie fliegen weg. Sie haben große Gelege von bis zu 20 Eiern.

Weit und breit Hühnervögel leben in einer Vielfalt klimatischer Zonen und bevorzugen je nach Art Wälder, offene Lebensräume oder Grasland. Einige Arten der Hühnervögel sind weiter verbreitet als andere, z.B. findet man Wachteln und Rebhühner auf verschiedenen Kontinenten, während Truthühner nur in Nordamerika vorkommen.

AUF EINEN BLICK

Buschhuhn Es brütet seine Eier in einem Hügel aus Hitze erzeugendem, verfaulendem Material. Damit die Temperatur konstant bleibt, fügt es Material hinzu oder nimmt es weg.

- Bis 70 cm
- 15–27
- Gleich
- Standvogel
- Regional häufig

O-Australien

Tuberkelhokko Der schlanke Waldbewohner verbringt einen Großteil seiner Zeit am Boden und sucht Früchte und Samen, die er mit dem stämmigen Schnabel aufhebt. Auf Bäumen ruht er und sucht Schutz, dort baut er auch sein Nest aus Pflanzenmaterial.

- Bis 92 cm
- 2
- Unterschiedlich
- Standvogel
- Regional häufig

O-Mexiko bis nordwestliches Südamerika; Insel Cozumel

Weißschopfguan Der scheue attraktive Vogel kommt nur in einem kleinen Gebiet südlich des Amazonas vor. Sein Ruf kling weit durch den Wald, da seine Luftröhre in der Lage ist, den Ton zu verstärken.

- Bis 83 cm
- 3–4
- Gleich
- Standvogel
- Weniger gefährdet

NO-Amazonasgebietl

Kunstvoll Viele Hühnervögel zeigen aufwändige Balzrituale. Beifußhähne (*Centrocercus urophasianus*, oben) sammeln sich an Balzplätzen, den Leks. Wenn alle Männchen sich präsentiert haben, paart sich das dominante Männchen mit Dutzenden von Weibchen.

Buschhuhn *Alectura lathami*

Buschhühner leben im Unterholz des Regenwaldes. Sie haben große Füße, um Laubstreu für ihren Nesthügel zusammenzukratzen

Die meisten Guans kommen, wie der Weißschopfguan, nur in kleinen Bereichen im tropischen Südamerika vor

Tuberkelhokkos leben in tief gelegenen Regenwäldern und fressen am Waldboden allein, in Paaren oder in kleinen Gruppen

Tuberkelhokko *Crax rubra*

Weißschopfguan *Penelope pileata*

Show Ein Männchen des Jagdfasans (oben) präsentiert sich mit raschem Flügelschlag und typischen krähenden Rufen. Einige Arten leben nur auf Bäumen, doch die meisten Hühnervögel verbringen viel Zeit am Boden und können auf ihren kräftigen Beinen gut laufen. Alle Fasanen-Männchen sind bunt.

HÜHNERVÖGEL VÖGEL

Schopfwachtel
Callipepla californica

Schopfwachteln sind weltweit als Heimtiere beliebt

Harlekinwachtel
Coturnix delegorguei

Perdicula erythrorhyncha

Das Gesicht der meisten Frankolinwachteln ist gestreift

Galloperdix spadicea

Die Männchen tragen 2 Sporne an der Rückseite der Beine

Rebhuhn-Arten leben in Eurasien; allen gemeinsam ist das gestreifte Gefieder an den Flanken

Rothuhn
Alectoris rufa

Rotkehlfrankolin
Francolinus afer

Braunhalsfrankolin
Francolinus castaneicollis

Diese Art lebt nur in Äthiopien und Somalia, im nordöstlichen Afrika

Doppelspornfrankolin
Francolinus bicalcaratus

Dieser auffällig gestreifte Frankolin lebt im Unterholz im tropischen Westafrika

Frankoline sind große, gedrungene, wachtelähnliche Vögel, die im Unterholz nach Samen, Wurzelknollen und Insekten suchen. *Francolinus griseostriatus* kommt nur im afrikanischen Westangola vor

Francolinus griseostriatus

Halsbandfrankolin
Francolinus francolinus

AUF EINEN BLICK

Schopfwachtel Männchen und Weibchen tragen einen Federschopf. Sie sind in der Regel Pflanzenfresser, verzehren aber auch Wirbellose. Die Jungen entwickeln rasch ihre Federn und können nach einigen Wochen fliegen.

- Bis 28 cm
- 13–17
- Unterschiedlich
- Standvogel
- Häufig

W-USA, NW-Mexiko, SW-Kanada

Rothuhn Das Weibchen legt 2 Gelege in 2 verschiedene Nester und überlässt dem Männchen das Ausbrüten des einen. Diese Art wurde als Federwild nach Großbritannien eingeführt.

- Bis 38 cm
- 11–13
- Gleich
- Standvogel
- Regional häufig

Iberische Halbinsel und Frankreich bis N-Italien

Doppelspornfrankolin Dieser Vogel lebt an Waldrändern im Küstentiefland. Er ist meist scheu und nur schwer zu sehen, aber manchmal hört man ihn rufen, während er auf einem Hügel oder Pfosten sitzt.

- Bis 34 cm
- 5–7
- Gleich
- Standvogel
- Regional häufig

W-Marokko und S-Senegal bis S.-Tschad und Kamerun

Halsbandfrankolin Die 6 Unterarten dieses Vogels unterscheiden sich leicht in Größe und Farbton; am deutlichsten sieht man die Unterschiede bei den Weibchen. Halsbandfrankoline wurden in viele Länder eingeführt.

- Bis 36 cm
- 6–12
- Unterschiedlich
- Standvogel
- Regional häufig

Nahost und Kaukasusgebiet bis N-Indien

SCHUTZSTATUS

Drohende Gefahr Hühner- und Wasservögel sind die meistbejagten Vögel. Der Schaden ist begrenzt, weil sie zahlreiche Junge haben. Doch wenn Lebensraumzerstörung hinzukommt, geht der Bestand deutlich zurück. Am stärksten gefährdet sind Hühnervögel mit einem kleinen Verbreitungsgebiet, wie der Weißschopfguan im nordwestlichen Peru.

254 VÖGEL HÜHNERVÖGEL

AUF EINEN BLICK

Birkhuhn Dieser Vogel lebt in vielerlei Lebensräumen, von Waldgebieten bis zu Mooren. Das Birkhuhn nistet in einer Vertiefung, die es in den Boden gräbt und wo das Weibchen die Eier ausbrütet. Es frisst vor allem Pflanzen.

- Bis 60 cm
- 6–11
- Unterschiedlich
- Standvogel
- Regional häufig

Großbr. u. N-Eurasien bis O-Sibirien u. N-Korea

Alpenschneehuhn Im Sommer ist die Oberseite von Männchen und Weibchen grau bzw. braun, doch im Winter sind beide fast ganz reinweiß. Federn an den Beinen und Zehen ermöglichen es dem Vogel, im tiefen Schnee zu laufen, ohne einzusinken.

- Bis 38 cm
- 5–8
- Unterschiedlich
- Teilzieher
- Regional häufig

Nördl. Nordamerika, Europa und N-Eurasien

Bankivahuhn Diesen farbenprächtigen Vogel domestizierte man vor mindestens 5000 Jahren im Tal des Indus. Heute essen Menschen in aller Welt Hühnerfleisch und Hühnereier.

- Bis 75 cm
- 4–9
- Unterschiedlich
- Standvogel
- Regional häufig

N-Indien und SO-Asien bis westl. Kl. Sunda-I.

GESPORNT

Beim Bankivahuhn (und einigen seiner nahen Verwandten) trägt das Männchen unmittelbar über den Zehen einen Sporn an der Beinrückseite. Dieser dient als Waffe in Rivalenkämpfen. Jahrhundertelang waren Hahnenkämpfe ein beliebter Sport. Heute ist er in den meisten Ländern verboten, doch in manchen finden noch Kämpfe statt. Der Sporn selbst ist keine tödliche Waffe, aber wenn scharfe Klingen an den Beinen befestigt werden, kann der Kampf mörderisch werden.

Blauer Ohrfasan
Crossoptilon auritum

Der Blaue und der Weiße Ohrfasan gehören zu einer kleinen Gruppe von Fasanen mit einem abgerundeten Schwanz und weißen Ohrbüscheln; sie kommen nur in China vor

Weißer Ohrfasan
Crossoptilon crossoptilon

Der einzige Angehörige seiner Gruppe mit weißlichem Gefieder; gilt als gefährdet

Bankivahennen brüten die Eier aus und kümmern sich um die Küken

Bankivahuhn
Gallus gallus

Männchen krähen, um ihre Revieransprüche zu manifestieren

Koklas-Fasan
Pucrasia macrolopha

Alpenschneehuhn
Lagopus muta

Prachtgefieder im Sommer

Birkhuhn
Lyrurus tetrix

Wintergefieder zur Tarnung

Meleagris ocellata

WASSERVÖGEL

KLASSE	Aves
ORDNUNG	1
FAMILIEN	3
GATTUNGEN	52
ARTEN	162

Enten und Gänse zählen seit mehr als 4500 Jahren zu den domestizierten Tieren, die dem Menschen als Nahrung dienen. Schwäne werden wegen ihrer Schönheit ebenfalls schon lange in Menschenobhut gehalten. Bis auf wenige flugunfähige Arten können alle Wasservögel ausgezeichnet fliegen. Viele der nördlichen Arten legen in Familiengruppen riesige Entfernungen zurück. Sie fliegen mit gleichmäßigem Flügelschlag, können eine Geschwindigkeit von 122 km/h und mitunter eine Flughöhe von 8485 m erreichen. Die Wasservögel weisen eine Vielfalt an Rufen und Lauten auf: Sie quaken, schnattern, pfeifen, zischen und stoßen sogar trompetenartige Rufe aus.

Weltbürger Wasservögel, auch Wassergeflügel genannt, sind außer in der Antarktis auf der ganzen Welt verbreitet. Überwiegend kommen sie auf der nördlichen Erdhalbkugel vor, wobei die meisten Arten in Nordamerika zu finden sind. Sie leben in ruhigen Gewässern – von Teichen über Seen bis hin zu arktischen Haffen – sowie im Sumpf und in anderen Feuchtgebieten.

AUF DEM WASSER ZU HAUSE

Die Arten sehen sich auffallend ähnlich: Alle haben kurze Beine, Zehen mit Schwimmhäuten, einen relativ langen Hals und einen flachen, breiten Schnabel. Die meisten Arten schwimmen ausgezeichnet, manche sind an das Leben an Land angepasst und verfügen über nur schwach ausgeprägte Schwimmhäute.

Zum Schutz gegen die Kälte des Wassers besitzen die Vögel Wasser abweisende Deckfedern und ein dickes, isolierendes Untergefieder. Bei vielen Arten zeigt das Federkleid leuchtende Farben und markante Muster und Zeichnungen.

Das domestizierte Wassergeflügel stammt von Stock- und Bisamenten, Grau- und Schwanengänsen ab. Die auf der Nordhalbkugel beheimatete Stockente hat sich in vielen Teilen der Welt verbreitet, was dort zu unerwünschten Hybriden und genetischen Veränderungen der einheimischen Arten geführt hat.

Viele Wasservögel ernähren sich von Gräsern, Samen und anderer pflanzlicher Kost. Manche Arten bevorzugen Fische, Insekten, Weich- und Krustentiere.

Anlauf nehmen Schwäne sind die größten aller Wasservögel: Vom Schnabel bis zur Schwanzspitze gemessen können sie bis zu 1,5 m erreichen. Um seinen schweren Körper in die Luft erheben zu können, muss ein Schwan (oben) über das Wasser rennen und dabei kräftig mit den Flügeln schlagen.

Immer hinterher Die Küken der Brandgans, einer großen Ente mit gänseartiger Gestalt, können sich zwar alleine ernähren, sie folgen jedoch noch etwa 2 Monate lang der Mutter (ganz oben) oder einer anderen erwachsenen Brandgans, um alle lebensnotwendigen Verhaltensweisen zu lernen.

Singschwan
Cygnus cygnus

Höckerschwan
Cygnus olor

Schwarzhalsschwan
Cygnus melanocoryphus

Koskorobaschwan
Coscoroba coscoroba

WASSERVÖGEL VÖGEL

Tschaja *Chauna torquata*

Die 3 südamerikanischen Wehrvögel-Arten leben in den subtropischen und tropischen Regionen; sie ernähren sich vor allem von sukkulenten Pflanzen, die in den Feuchtgebieten oder an den Wasserläufen wachsen

Mit seinem geierähnlichen Schnabel kann der Vogel Wurzeln ergreifen und sie aus dem Boden ziehen

Spaltfußgans *Anseranas semipalmata*

Die Spaltfußgans kommt nur in den küstennahen Sumpfgebieten von Nordostaustralien und auf Neuguinea vor; die Vögel brüten in riesigen Kolonien inmitten der Sumpfpflanzen

Trotz seiner schwach ausgeprägten Schwimmhäute kann der Vogel sehr gut schwimmen

Schneegans *Anser caerulescens*

Schneegänse sind Zugvögel, die in der nordamerikanischen Tundra brüten und an der Ost- und Westküste der USA überwintern

Witwenpfeifgans *Dendrocygna viduata*

Die Verbreitung dieser Pfeifgans ist ungewöhnlich: Sie kommt sowohl in Afrika als auch in Südamerika vor

Rothalsgans *Branta ruficollis*

Kanadagans *Branta canadensis*

Kanadagänse sind monogam und leben in Dauerehe

Saatgans *Anser fabalis*

Die Saatgans brütet in den arktischen Regionen von Eurasien und überwintert in China und im Mittelmeerraum

AUF EINEN BLICK

Tschaja Dieser Vogel lebt in Gruppen im Marschland und an Wasserläufen. Obwohl seine Schwimmhäute nicht ausgeprägt sind, kann er ausgezeichnet schwimmen. Einige Eingeborene züchten den Tschaja als Haustier.

- Bis 95 cm
- 3–5
- Gleich
- Standvogel
- Regional häufig

Zentral- und SO-Südamerika

Schneegans Die Art weist 2 Farbphasen auf: In der hellen ist sie schneeweiß mit schwarzen Handschwingen, in der dunklen ist das Gefieder schiefergrau, Hals und Kopf sind weiß. Die Art brütet in der arktischen Tundra.

- Bis 80 cm
- 4–5
- Gleich
- Zugvogel
- Häufig

Arktis, S-Nordamerika

Kanadagans Es gibt 12 Rassen, die sich in Größe, Farbe und Verbreitung unterscheiden. Die ursprünglich in Nordamerika beheimatete Art ist weltweit in vielen Ländern eingebürgert worden und kommt heute auch häufig in Stadtparks vor.

- Bis 1,15 m
- 4–7
- Gleich
- Zugvogel
- Häufig

Nordamerika, Nordeuropa, NO-Asien

V-FORMATION

Kanadagänse fliegen in einer Keilformation zu ihrem Winter- bzw. Sommerquartier Der Anführer bricht die Luft und erzeugt damit einen stromlinienförmigen Aufwind, der den nachfolgenden Vögeln Energie spart, weil für sie der Luftwiderstand reduziert wird. Da die Tiere Tag und Nacht durchfliegen, setzt sich immer wieder ein anderes Tier an die Spitze.

AUF EINEN BLICK

Brandgans Diese kampflustige Ente fliegt recht schwerfällig. Sie brütet in verlassenen Kaninchenbauen oder in verfallenem Gemäuer. Die Balzrufe des Männchens bestehen aus hohen Pfeiflauten, während das Weibchen knurrt.

- Bis zu 65 cm
- 8–10
- Unterschiedlich
- Zugvogel
- Häufig

W-Europa, Zentralasien, NW-Afrika

Höckerglanzente Die Erpel tragen das ganze Jahr über einen kammartigen Fetthöcker auf dem Oberschnabel, der jedoch während der Paarungszeit besonders stark ausgeprägt ist.

- Bis zu 76 cm (Weibchen)
- 6–20
- Unterschiedlich
- Überwiegend Standvogel
- Regional häufig

Afrika südlich der Sahara, S-Asien, nördliches und östliches Südamerika

Brautente Sie baut ihr Nest in Baumhöhlen. Dank aufgestellter Nistkästen hat sich der Bestand dieser bedrohten Art wieder erhöht. Nach der Brutzeit verblasst das Prachtkleid des Erpels, nur das leuchtende Rot am Schnabel bleibt. Die Stimme der Art: nasal-quietschend.

- Bis zu 51 cm
- 9–15
- Unterschiedlich
- Teilzieher
- Regional häufig

Zentral- u. südl. Nordamerika, W-Kuba

LÖFFEL

Die Löffelente verdankt ihren Namen ihrem breiten, löffelähnlich geformten Schnabel, der länger als ihr Kopf ist. Mit eingezogenem Hals taucht sie den Schnabel, dessen Seiten mit dicht stehenden, langen Lamellen versehen sind, knapp unter die Wasseroberfläche und seiht Nahrungspartikel heraus.

Löffelsieb Neben Pflanzenpartikeln sammelt die Ente mit ihrem langen Schnabel auch Krebse, Insekten und Weichtiere auf.

Sturzbachente *Merganetta armata* — Kommt nur in Südamerika in den Anden vor; taucht in schnell fließenden Bergbächen nach ihrer Nahrung

Löffelente *Anas clypeata*

Moschusente *Cairina moschata*

Affenente (Pünktchengans) *Stictonetta naevosa* — Die seltene Art kommt nur in den Überschwemmungsgebieten im Inneren Australiens vor, wo sie sich von Mikroplankton ernährt

Orinokogans *Neochen jubata* — Lebt im tropischen Südamerika an und in Flüssen mit bewaldeten Ufern

Brandgans *Tadorna tadorna* — Das Männchen hat einen orangefarbenen Wulst oberhalb des Schnabelansatzes; beim Weibchen ist der Wulst weiß

Höckerglanzente *Sarcidiornis melanotos* — Die Männchen sind doppelt so groß wie die Weibchen

Magellan-Dampfschiffente *Tachyeres pteneres*

Stockente *Anas platyrhynchos*

Brautente *Aix sponsa*

WASSERVÖGEL VÖGEL

Kolbenente
Netta rufina

Eisente
Clangula hyemalis

Tafelente
Aythya ferina

Tafelenten tauchen und gründeln am Boden von Seen nach ihrer Hauptnahrung: Blättern, Trieben und Wurzeln von Wasserpflanzen

Die Färbung des Federkleids wechselt je nach Jahreszeit, die langen Schwanzspieße sind immer vorhanden; die in der Arktis beheimatete Eisente taucht nach Krusten- und Weichtieren

Gänsesäger tauchen in Flüssen und Seen nach Fischen und Wirbellosen

Gänsesäger
Mergus merganser

Lappenente
Biziura lobata

Das Männchen dieser südaustralischen Entenart trägt einen großen Hautlappen an seinem Unterschnabel

Eiderenten sind Meerestauchenten, die vor Felsenküsten nach Weich- und Krustentieren tauchen

Eiderente
Somateria mollissima

Weißkopf-Ruderente
Oxyura leucocephala

Außerhalb der Brutzeit verblassen die Farben des Erpels; das Weibchen ähnelt Stockentenweibchen

Männchen im Brutkleid

AUF EINEN BLICK

Kolbenente Diese Tauchente sucht die Nahrung meist nachts. Zum Balzritual gehört das Balzfüttern, für das der Erpel nach Wasserpflanzen taucht und diese seinem Weibchen hinhält. Um Schwung zum Auffliegen zu erhalten, muss die Ente übers Wasser rennen.

- Bis 58 cm
- 6–14
- Unterschiedlich
- Teilzieher
- Regional häufig

Von Mittel- u. S-Europa bis S-Asien, N-Afrika

Eiderente Sicherlich bietet kein anderes natürliches Material eine so gute Wärmeisolierung wie die als Eiderdaunen bekannten Dunen, die der Ente nach der Eiablage ausfallen. Die Enten brüten oft in Kolonien. Die meiste Zeit ihres Lebens verbringen sie im Meer.

- Bis 69 cm
- 3–6
- Unterschiedlich
- Teilzieher
- Häufig

Nördl. u. arkt. Nordamerika, N-Europa, N-Asien

Weißkopf-Ruderente Diese seltene Entenart brütet in flachen Süßwasserseen mit dichter Ufervegetation. Bejagung und Lebensraumverlust haben den Bestand dezimiert. Der verdickte, leuchtend blaue Schnabel des Erpels wird im Winter schmaler und grau.

- Bis zu 46 cm
- 5–8
- Unterschiedlich
- Teilzieher
- Gefährdet

S-Europa, Naher Osten, Zentralasien, N-Indien

SCHWIMMHÄUTE

Die meisten Wasservögel schwimmen ausgezeichnet. Ihre Schwimmhäute zwischen den Zehen wirken wie Paddeln, die den Vogel vorantreiben. Zudem erleichtern sie ihm das Laufen im Schlamm. Die sehr weit hinten am Körper angesetzten Beine fördern den Antrieb im Wasser; an Land erlauben sie ihm aber nur einen Watschelgang.

PINGUINE

KLASSE Aves
ORDNUNG 1
FAMILIE 1
GATTUNGEN 6
ARTEN 17

Seit 45 Mio. Jahren haben Pinguine ihre Gestalt nicht verändert. Diese an das Leben im Wasser bestens angepassten Vögel stammen von flugfähigen Vögeln ab, jedoch keine der 17 Pinguinarten kann fliegen. Mit ihren zu Schwimmflossen umgebildeten Flügeln und dem torpedoförmigen Körper können sie unter Wasser eine Geschwindigkeit bis zu 24 km/h erreichen. Fast drei Viertel ihres Lebens verbringen diese Vögel im Meer, wo sie Tauchgänge von mehr als 20 Minuten unternehmen. An Land kommen sie nur zum Brüten und Aufziehen der Jungen. Sie ernähren sich von Fischen, Krill und anderen Wirbellosen.

Ganz im Süden Pinguine sind in den kalten Meeren der Südhalbkugel weit verbreitet. Die größte Artenvielfalt findet man auf bzw. vor Neuseeland und den Falkland-Inseln. Die nördlichste Art lebt fast exakt am Äquator: auf und rund um die Galapagosinseln.

Leistungsschwimmer An Land bewegen sich Pinguine sehr unbeholfen, im Wasser jedoch sind es wahre Schwimmkünstler (links). Häufig rutschen sie rasant auf dem Bauch über das Eis am Ufer ins Wasser.

AN EXTREME ANGEPASST

Pinguine vertragen eine erstaunliche Temperaturspanne, die von -63 °C in Südpol-Regionen bis zu 37 °C in tropischen Gebieten reicht. Die Luftschicht, die sich zwischen ihren dichten, fellartigen Federn bildet, bietet zusammen mit einer dicken Fettschicht einen hochwirksamen Wärmeschutz und fördert zugleich ihre Schwimmfähigkeit.

Die Jungen kommen mit einem wärmeisolierenden Dunenkleid zur Welt. Ihr Wasser abweisendes Jugendkleid, mit dem sie erstmals ins Wasser können, erhalten sie bei der ersten Mauser. Adulte Tiere wechseln jährlich ihr Federkleid. Während der 3 bis 6 Wochen dauernden Mauser müssen die Tiere ohne Nahrung an Land bleiben, wodurch sie mehr als ein Drittel ihres Gewichts verlieren.

Pinguine schwimmen und tauchen hervorragend. Ihre Flügel haben sich zu steifen, flachen, paddelförmigen Flossen entwickelt, die ihnen sowohl beim Auf- als auch beim Abschlag im Wasser Schubkraft verleihen. Die Vögel verfügen auch über eine ganze Reihe körperlicher Anpassungen, die in kaltem Wasser ihre Körpertemperatur und ihren Sauerstoffspiegel regulieren.

Warmer Platz Der Königspinguin legt das einzige Ei zum Brüten auf die Füße unter eine Bauchfalte. Auf den Füßen sitzt dann auch das Küken noch, solange es den Schutz und die Wärme der Eltern braucht. Nach 6 Monaten mausert das Jungtier und ist reif genug, um das Meer aufzusuchen.

Kindergarten Königspinguine ziehen ihre Jungen in großen Kolonien auf. Die noch grau befiederten Jungtiere stehen dicht gedrängt beieinander und werden von den farblich markant abstechenden Adulten bewacht (oben). Die Eltern erkennen ihre Jungen an der Stimme.

 SCHUTZSTATUS

Außer Gefahr? Das Töten von Pinguinen wegen ihres Fettes und die Entnahme von Eiern dezimierte früher manche Arten erheblich. Der Abbau von Guano zerstörte viele Nistplätze. Heutzutage hat man diese Aktivitäten stark reduziert, sodass keine Art (evtl. bis auf 2 Arten) gefährdet ist.

PINGUINE **VÖGEL** 261

Kaiserpinguin
Aptenodytes forsteri

Die Küken des Kaiserpinguins tragen anfangs einen dunkelgrauen Flaum; der Kopf ist schwarz mit weißer Maske

Königspinguin
Aptenodytes patagonicus

Königspinguine können bis 2 m groß werden; sie ernähren sich von Fischen und Tintenfischen

Brillenpinguin
Spheniscus demersus

Adéliepinguin
Pygoscelis adeliae

Snaresinsel-Pinguin
Eudyptes robustus

Lebt auf der südlich von Neuseeland gelegenen Snares-Inselgruppe; die Tiere jagen unter Wasser nach kleinen Krustentieren und Tintenfischen

Zwergpinguin
Eudyptula minor

Haubenpinguin
Eudyptes schlegeli

Diese Art brütet nur auf Macquarie Island und einigen kleinen umliegenden Inseln im südaustralischen Becken (Südpazifik)

Das Verbreitungsgebiet beschränkt sich auf den Südwesten von Neuseeland; die Art scheint gefährdet zu sein

Gelbaugenpinguin
Megadyptes antipodes

AUF EINEN BLICK

Kaiserpinguin Er ist der größte aller Pinguine und der einzige, der mitten im antarktischen Winter brütet. Die Brutkolonien liegen auf dem ewigen Eis. Er ist der einzige Vogel, der niemals Erdboden unter den Füßen hat.

- Bis 1,2 m
- 1
- Gleich
- Standvogel
- Regional häufig

Meere und Küsten der Antarktis

Königspinguin Die Jungen des zweitgrößten und farbigsten Pinguins verbringen den Winter dicht aneinander gedrängt in großen Gruppen, die man Kindergärten nennt. Die Brutkolonien umfassen oft mehr als 100 000 Tiere.

- Bis 1 m
- 1
- Gleich
- Regional nomadisch
- Regional häufig

Meere und Inseln der Subantarktis

Zwergpinguin Von dieser kleinsten Pinguinart wiegen 30 Tiere so viel wie ein Kaiserpinguin. Die überwiegenden schiefergrauen Vögel sind an manchen Orten eine Touristenattraktion, wenn sie am Abend das Meer verlassen, um ihre Schlafplätze aufzusuchen.

- Bis 45 cm
- 2
- Gleich
- Standvogel
- Regional häufig

Küsten von S-Australien und Neuseeland

ESELSPINGUIN

Die größte Kolonie dieses kleinen Pinguins befindet sich auf den Falkland-Inseln. Diese Vögel brüten an Felsküsten oder im Grasland. In der Antarktis bauen sie ihr dürftiges Nest aus Kieseln und Federn, auf den subantarktischen Inseln besteht es aus Pflanzen. Beim Einsammeln des Nistmaterials sind sie aggressiv und kämpfen um jeden Halm.

LAPPEN-/SEETAUCHER

KLASSE	Aves
ORDNUNGEN	2
FAMILIEN	2
GATTUNGEN	7
ARTEN	27

Sowohl Lappentaucher (Podicipededidae) als auch Seetaucher (Gaviidae) sind Wasservögel mit Schwimmvorrichtungen, die ihr Fortbewegen unter Wasser fördern. Dennoch sind diese Gruppen nicht näher miteinander verwandt, ihre Ähnlichkeit beruht wahrscheinlich auf der konvergenten Evolution, in deren Verlauf diese Vögel Anpassungen entwickelt haben, die ihnen das Tauchen nach Fischen und Wirbellosen ermöglichen. Während die Seetaucher gut ausgeprägte Schwimmhäute zwischen den 3 Vorderzehen tragen, haben die Lappentaucher an den Zehen so genannte Schwimmlappen, die beim Rudern die Zehenfläche vergrößern. Alle bewegen sich an Land sehr unbeholfen.

Leben im Wasser See- und Lappentaucher verbringen den größten Teil ihres Lebens im Wasser. Lappentaucher bauen sogar ihr Nest in flachem Wasser, indem sie aus Pflanzenmaterial schwimmende, sicher verankerte Plattformen bilden. Die Seetaucher legen ihr Nest sehr nahe am Ufer an. Beide Gruppen brüten nur im bzw. am Süßwasser.

GEBORENE SCHWIMMER

Seetaucher, die sich an Land nur sehr schwerfällig bewegen können, bauen ihr Nest nahe ans Ufer von Seen. So sind sie nicht weit vom Wasser entfernt, wo sie rasant schwimmen oder bis zu 60 m tief tauchen, um Fische zu fangen. Den Winter verbringen sie am und auf dem Meer.

Den Lappentauchern scheint der Schwanz zu fehlen, weil die Steuerfedern am Körperende nur klein und sehr weich sind.

Die Jungen der Lappen- und Seetaucher können sofort nach dem Schlüpfen schwimmen und tauchen. Da sie jedoch empfindlich gegen kaltes Wasser sind, werden sie noch eine Zeit lang im Rückengefieder der Eltern transportiert.

Diese Vögel fliegen selten, Feinden entkommen sie durch Tauchen.

Hochzeitstanz Das Balzverhalten des Renntauchers ist faszinierend: Die Partner tauchen gleichzeitig unter und wieder auf, dann laufen sie mit hoch aufgerichtetem Körper dicht nebeneinander in einem rasanten Tempo, kräftig mit den Flügeln schlagend, über die Wasserfläche. Auch rivalisierende Männchen »tanzen«, um ihr Revier zu verteidigen.

Vielseitige Federn Der Haubentaucher und seine Verwandten tragen ihre Küken tagelang im Rückengefieder, obwohl diese gleich nach dem Schlüpfen schwimmen können. Die Vögel fressen eine Menge ihrer Federn, die sich im Magen zu einem weichen Knäuel formen, der vermutlich vor Verletzungen durch verschluckte Fischknochen schützt.

MIT GESCHREI
Die aggressiven Revierrufe der Seetaucher (oben) klingen wie Jodeln und sind über 1,6 km weit zu hören. Die Rufe ertönen, wenn die Vögel ihre Brutplätze im nördlichen Nordamerika einnehmen. Die scheuen Tiere kann man meist nur während ihres Zuges sehen.

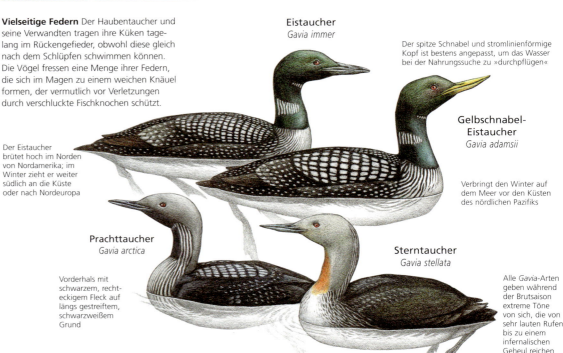

Eistaucher
Gavia immer

Der spitze Schnabel und stromlinienförmige Kopf ist bestens angepasst, um das Wasser bei der Nahrungssuche zu »durchpflügen«

Der Eistaucher brütet hoch im Norden von Nordamerika; im Winter zieht er weiter südlich an die Küste oder nach Nordeuropa

Gelbschnabel-Eistaucher
Gavia adamsii

Verbringt den Winter auf dem Meer vor den Küsten des nördlichen Pazifiks

Prachttaucher
Gavia arctica

Vorderhals mit schwarzem, rechteckigem Fleck auf längs gestreiftem, schwarzweißem Grund

Sterntaucher
Gavia stellata

Alle *Gavia*-Arten geben während der Brutsaison extreme Töne von sich, die von sehr lauten Rufen bis zu einem infernalischen Geheul reichen.

LAPPEN-/SEETAUCHER **VÖGEL** 263

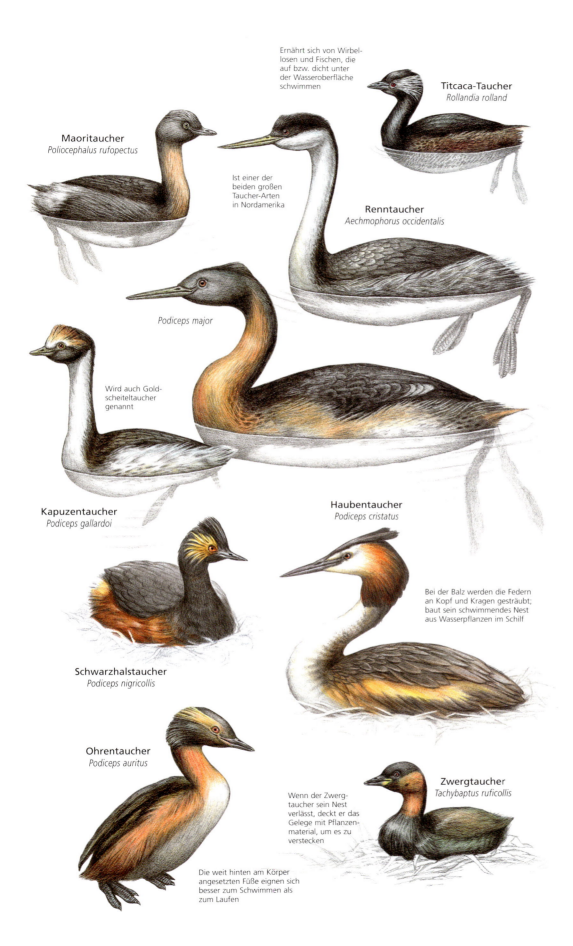

Maoritaucher
Poliocephalus rufopectus

Ernährt sich von Wirbellosen und Fischen, die auf bzw. dicht unter der Wasseroberfläche schwimmen

Titcaca-Taucher
Rollandia rolland

Ist einer der beiden großen Taucher-Arten in Nordamerika

Renntaucher
Aechmophorus occidentalis

Podiceps major

Wird auch Goldscheiteltaucher genannt

Kapuzentaucher
Podiceps gallardoi

Haubentaucher
Podiceps cristatus

Bei der Balz werden die Federn an Kopf und Kragen gesträubt; baut sein schwimmendes Nest aus Wasserpflanzen im Schilf

Schwarzhalstaucher
Podiceps nigricollis

Ohrentaucher
Podiceps auritus

Wenn der Zwergtaucher sein Nest verlässt, deckt er das Gelege mit Pflanzenmaterial, um es zu verstecken

Zwergtaucher
Tachybaptus ruficollis

Die weit hinten am Körper angesetzten Füße eignen sich besser zum Schwimmen als zum Laufen

AUF EINEN BLICK

Renntaucher Der elegante Vogel zeigt ein spektakuläres Balzverhalten. Sein Nest baut er in Kolonien am Ufer von Seen. Im Winter lebt er an der Küste. Er gehört zu den Lappentauchern, die Fische mit dem Schnabel aufspießen.

- Bis 76 cm
- 3–4
- Gleich
- Zugvogel
- Regional häufig

Westliches und zentrales Nordamerika

Haubentaucher Dieser bekannteste Lappentaucher wurde mancherorts wegen seines Kopfschmuckes so stark bejagt, dass er fast ausgestorben wäre.

- Bis 64 cm
- 3–5
- Gleich
- Teilzieher
- Regional häufig

Eurasien, Südafrika, S-Australien, Neuseeland

Schwarzhalstaucher Die Art bewohnt vorwiegend Sümpfe, Teiche und Seen. Ihre Eier wurden früher gesammelt und verzehrt; mit den Federn verzierte man Kleidung. Wie alle Lappentaucher vollführt er einen eindrucksvollen Balztanz.

- Bis 33 cm
- 3–5
- Gleich
- Zugvogel
- Häufig

Nordamerika, Europa, Asien, Afrika

Zwergtaucher Dieser kleine, gedrungene Vogel taucht bei Störungen sofort unter und erst in einiger Entfernung wieder auf. In der Balz- und Brutzeit lässt er lange trillernde Laute ertönen.

- Bis 28 cm
- 3–7
- Gleich
- Teilzieher
- Häufig

Afrika südlich der Sahara, von W- und S-Eurasien bis N-Melanesien

ALBATROSSE/STURMVÖGEL

KLASSE	Aves
ORDNUNG	1
FAMILIEN	4
GATTUNGEN	26
ARTEN	112

Diese Hochseevögel sind in der Ordnung Röhrennasen (Procellariiformes) zusammengefasst. Stundenlang segeln sie mit ausgebreiteten Flügeln über dem Wasser und legen Hunderte von Kilometern zurück, um Tintenfische und Zooplankton zu suchen. An Land halten sie sich nur zum Brüten auf. Der Wanderalbatross weist mit 3,3 m die größte Flügelspannweite aller Seevögel auf. Einige Riesensturmvögel erreichen die Spannweiten kleiner Albatrosse, die kleineren Sturmvögel bringen es im Durchschnitt auf 30 cm. Sturmtaucher beherrschen den Segelflug nicht so virtuos wie Albatrosse; ihre relativ kleinen, steifen Flügel sind sowohl ans Tauchen als auch ans Fliegen angepasst.

Hochseevögel Die Mehrzahl der Röhrennasen fliegen über den Ozeanen der südlichen Erdhalbkugel, doch das Verbreitungsgebiet reicht bis in arktische Breiten.

Brutpflege Laysanalbatrosse (*Diomedea immutabilis*, oben) füttern ihr Junges mit einer hochgewürgten Mischung aus halb verdauter Nahrung und einer im Magen gelagerten öligen Flüssigkeit – die Fütterung erfolgt bis zum Alter von 9 Monaten.

Begrüßung Wanderalbatrosse (*Diomedea exulans*, links) begrüßen einander mit ausgebreiteten Flügeln. Diese Geste ist auch ein Teil des Balzrituals.

LEBENSWEISEN

Namengebend für die Röhrennasen waren die röhrenförmigen äußeren Nasenlöcher, die auf dem Rücken des Oberschnabels sitzen. Ihren relativ gut ausgeprägten Geruchssinn nutzen sie, um Nahrung und Brutplätze zu finden. Alle Arten haben einen modrigen Körpergeruch, den man sogar noch nach Jahrzehnten an ausgestopften Tieren im Museum riechen kann.

Viele Röhrennasen speichern große Mengen einer öligen Flüssigkeit im Magen, die sie hochwürgen und an ihre Junge verfüttern oder zur Abwehr von Feinden nutzen.

Die Vögel zeigen an ihren Brutplätzen faszinierende Balzrituale: Männchen und Weibchen stehen sich mit ausgebreiteten Flügeln und breit gefächertem Schwanz gegenüber, werfen den Kopf zurück, geben dabei gutturale oder andere arttypische Laute von sich und koordinieren ihre Bewegungen.

Die langlebigen Tiere werden erst mit 10 Jahren geschlechtsreif.

SCHUTZSTATUS

Albatrosse sind durch die Fischerei mit Schleppnetzen, an denen Angelhaken mit Ködern an langen Leinen hängen, gefährdet. Beim Tauchen oder Aufnehmen von Nahrung verfangen sich die Tiere in den Leinen und ertrinken. Der Kurzschwanzalbatros (*Phoebastria albatrus*) wurde durch die Jagd auf seine Federn ausgerottet. Die 78 Röhrennasen-Arten auf der Roten Liste der IUCN stehen in folgenden Gefährdungsgraden:

3	Ausgestorben
13	Vom Aussterben bedroht
14	Stark gefährdet
31	Gefährdet
13	Weniger gefährdet
4	Keine Angabe

Eissturmvogel *Fulmarus glacialis*

Kapsturmvogel *Daption capense*

Die langen Flügel ermöglichen den Albatrossen im Aufwind ohne Energieverlust zu segeln

Gelbnasenalbatros *Thalassarche chlororhynchos*

Königsalbatros *Diomedea epomophora*

ALBATROSSE/STURMVÖGEL VÖGEL

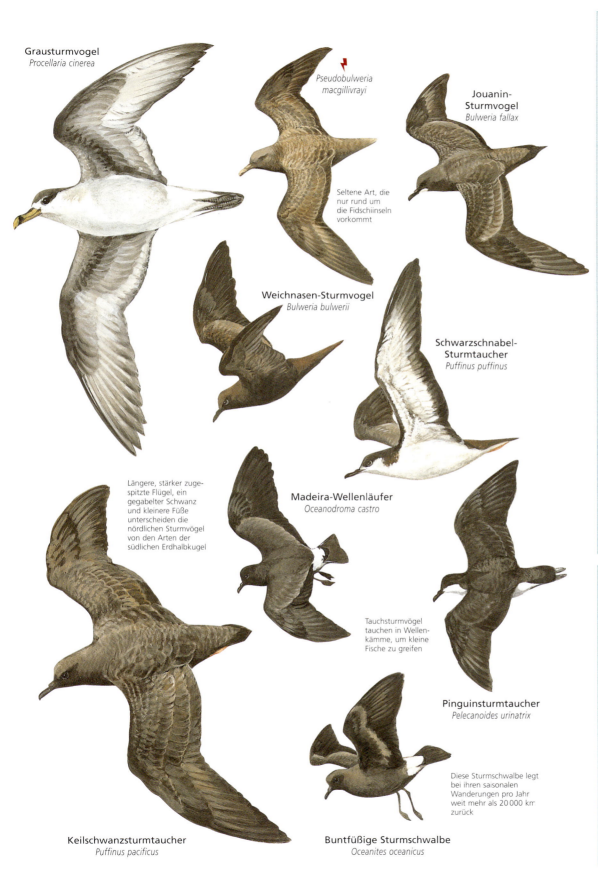

Grausturmvogel
Procellaria cinerea

Pseudobulweria macgillivrayi

Jouanin-Sturmvogel
Bulweria fallax

Seltene Art, die nur rund um die Fidschiinseln vorkommt

Weichnasen-Sturmvogel
Bulweria bulwerii

Schwarzschnabel-Sturmtaucher
Puffinus puffinus

Längere, stärker zugespitzte Flügel, ein gegabelter Schwanz und kleinere Füße unterscheiden die nördlichen Sturmvögel von den Arten der südlichen Erdhalbkugel

Madeira-Wellenläufer
Oceanodroma castro

Tauchsturmvögel tauchen in Wellenkämme, um kleine Fische zu greifen

Pinguinsturmtaucher
Pelecanoides urinatrix

Keilschwanzsturmtaucher
Puffinus pacificus

Buntfüßige Sturmschwalbe
Oceanites oceanicus

Diese Sturmschwalbe legt bei ihren saisonalen Wanderungen pro Jahr weit mehr als 20 000 km zurück

AUF EINEN BLICK

Buntfüßige Sturmschwalbe Wie andere Sturmschwalben brütet diese Art auf kleinen, einsamen Inseln in Kolonien und baut ihre Nester in Felsspalten oder Erdlöchern. Sie wandert zwischen Antarktis und Subarktis.

- Bis 19 cm
- 1
- Gleich
- Zugvögel
- Häufig

Antarktik, alle Meere nördlich des Äquators

Sturmvögel Diese Vögel fliegen den größten Teil ihres Leben über die Weltmeere. Ihre röhrenförmig verlängerten Nasenlöcher sind so ausgerichtet, dass kein Wasser hineinfließen kann.

- Bis 25 cm
- 1
- Gleich
- Standvogel, regional Nomade
- Häufig

Meere um SO-Australien, Neuseeland, SW-Afrika und südwestliches Südamerika

LANGER WEG

Viele Sturmtaucher unternehmen so genannte Schleifenzüge, d. h. sie halten sich im Frühjahr an der Küste eines Kontinents auf und im Herbst an der eines anderen und fliegen dabei in Achterschleifen. Diese Art des Vogelzugs wird wohl vom Nahrungsangebot, den Winden des Meeres und der Temperatur bestimmt.

Langflug
Die langen Flügel helfen den Sturmtauchern sehr lange Strecken über das offene Meer zu fliegen.

VOGELZUG

Fast die Hälfte aller Vogelarten teilt ihr Leben zwischen 2 wichtigen Plätzen auf. Die meisten wandern, weil die Nahrung jahreszeitlich bedingt knapp wird. Viele Arten ziehen allein, andere bevorzugen in großen Schwärmen zu ziehen, an denen sich eine oder mehrere Arten beteiligen. Der Weg führt am Tag oder nachts über Land oder über See. Oft wird die Reise in Etappen von einigen hundert Kilometern aufgeteilt. Doch Landvögel, die Meere überqueren und nicht auf dem Wasser landen können, müssen die Reise an einem Stück vollenden. Ein solcher Vogel ist der Kleine Goldregenpfeifer, der zwischen Alaska und Hawaii wechselt. Um sich auf solch energieintensive Züge vorzubereiten, fressen Vögel vor dem Start fast so viel wie ihr reguläres Gewicht beträgt.

Reisende Gartengrasmücken (*Sylvia borin*, oben) verbringen ihre Sommer in Europa und ihre Winter in Afrika.

Unglaubliche Reise Die Küstenseeschwalbe (*Sterna paradisaea*, unten) legt weitere Strecken zurück als alle anderen Vogelarten. Zweimal jährlich fliegt sie von einer Polarregion zur anderen.

Toller Anblick Lautstarke Schwärme von Schneegänsen (*Chen caerulescens*, oben) sind in Teilen Nordamerikas ein atemberaubender Anblick.

Brutplätze Küstenseeschwalben verbringen ihren Sommer in den höchsten nördlichen Breiten. Die Vögel nisten dort in Kolonien am Boden.

Im Flug Die Zugroute einer Küstenseeschwalbe hängt davon ab, aus welchem Teil der Arktis die jeweilige Population startet.

Rekordverdächtig Die Küstenseeschwalbe legt zweimal jährlich bei einem Zug, der alle Vogelarten in den Schatten stellt, 20 000 km zurück.

Mahlzeiten unterwegs Küstenseeschwalben fressen während ihres Zuges Fisch. Sie gleiten und tauchen dann ins Wasser, um ihre Beute zu fangen.

SONNE UND WANDERUNG

Umweltsignale wie Tageslänge und Temperatur zeigen Vögeln, wann es Zeit für den Zug ist. Unterwegs achten sie auf andere Hinweise wie Gebirge, Bauwerke u. Ä., Stellung der Gestirne sowie das Magnetfeld der Erde. Vögel besitzen auch einen scharfen Sinn für Zeit, mit dem sie die Reiselänge beurteilen können.

Ein Vogel weiß instinktiv, dass er in einem bestimmten Winkel zur Sonne fliegen muss.

Im Käfig, in dem ein Spiegel die Sonne ablenkt, orientiert der Vogel sich neu.

Egal, wie der Winkel der Sonne eingerichtet wird, der Vogel richtet sich danach.

FLAMINGOS

KLASSE Aves
ORDNUNG 1
FAMILIE 1
GATTUNGEN 3
ARTEN 5

Man erkennt die wunderschönen Vögel an ihrem leuchtend rosa, roten oder weißen Gefieder, den langen Beinen und dem langen Hals (im Verhältnis länger als bei anderen Vögeln) und dem eigenartig gebogenen Schnabel. Es gibt 5 Flamingoarten; am größten ist der Flamingo mit einer Höhe von fast 1,5 m. Riesige Flamingoschwärme, die sich an den Seen des Ostafrikanischen Grabens sammeln, sind eines der berühmten Naturschauspiele Afrikas. Die rötliche Farbe des Gefieders kommt von Karotinoiden in der aus Pflanzen und Zooplankton bestehenden Nahrung. Enzyme in der Leber verarbeiten die Karotinoide zu Farbpigmenten, die sich in Schnabel und Federn ablagern.

Salzliebhaber Flamingos kamen einst auf allen Kontinenten vor, doch verschwanden sie in Australien und Ozeanien. Die vorwiegend tropischen Vögel leben in flachen Seen und Küstenregionen, am liebsten in Salz- oder Brackwasser. Sie leben auch auf einigen einsamen Inseln und in großer Höhe in den Anden.

In großer Gesellschaft Flamingos (rechts) sind gesellige Vögel, die kegelförmige Nester aus Schlamm und Sand bauen, die sie in flachen Gewässern in Zentralafrika und der Karibik zusammenkratzen.

Ungewöhnlicher Winkel
Der lange, schlanke Hals und der nach unten gekehrte Schnabel sind gut geeignet, um beim Fressen den Kopf lange Zeit tief unterzutauchen.

NAHRUNGSSPEZIALISTEN

Die Abstammung der Flamingos ist noch nicht eindeutig geklärt; vielleicht sind sie die Verbindung zwischen Schreit- und Wasservögeln.

Der stark gebogene Schnabel des Flamingos ist günstig zum Filtrieren von kleinen Krebstieren, Insekten, Einzellern und Algen. Zum Fressen beugt sich der Vogel hinunter, senkt seinen Kopf ganz weit ab und zieht ihn mit offenem Schnabel durchs Wasser. Nach dem Schließen des Schnabels verwendet er den Unterkiefer und die Zunge mit ihren zahnähnlichen Erhebungen, um Wasser und Schlamm durch die Schlitze im Oberkiefer zu drücken. Dann schluckt der Vogel die Nahrung, die übrig bleibt.

Die flachen Gewässer, in denen die Flamingos leben, trocknen mitunter aus und zwingen sie dadurch zu langen Zügen, um reichere Nahrungsgründe zu finden. Schwärme fliegen nachts mit lautem Geschrei.

Flamingos nisten an Seen und in Küstengebieten; sie legen 1 oder 2 Eier pro Saison. Die Jungen können schon sehr früh laufen und schwimmen und verlassen mit etwa 4 Tagen mit ihren Eltern zusammen das Nest. Mit 70 bis 80 Tagen fangen sie an zu fliegen.

Adulte Tiere schwimmen mitunter, während sie – oft nachts – in tieferen Gewässern fressen.

Andenflamingo
Phoenicoparrus andinus

Flamingo
Phoeniconaias ruber

Zwergflamingo
Phoenicopterus minor

Chilenischer Flamingo
Phoenicopterus chilensis

Lange, schlanke, nackte Beine, die gut ans Waten im Wasser von 1 m Tiefe oder mehr angepasst sind

Die Füße tragen eine kurze, aber deutlich erkennbare hintere Zehe, die anderen Arten fehlt

SCHUTZSTATUS

Salziger Lebensraum Da Flamingos in Salzwasser leben, ist ihr feuchter Lebensraum noch nicht so stark beeinträchtigt wie der anderer Wasservögel. 2 südamerikanische Arten gelten trotzdem als bedroht: der Andenflamingo und der James-Flamingo (*Phoenicoparrus jamesi*).

SCHREITVÖGEL

KLASSE	Aves
ORDNUNGEN	3
FAMILIEN	5
GATTUNGEN	41
ARTEN	118

Zu dieser Gruppe langbeiniger Schreitvögel gehören Reiher, Störche, Ibisse und Löffler. Sie können zur Suche nach ihrer Nahrung (Fischen, Insekten und Amphibien) durch Wasser laufen, ohne dass ihr Gefieder nass wird. Einige Reiher-Arten, darunter die Seidenreiher, besitzen ein besonders feines Prachtgefieder, das im 19. Jahrhundert bei Hutmachern sehr beliebt war. Viele Arten in dieser Gruppe leben gesellig und oft kann man Schwärme sehen, in denen verschiedene Arten gemeinsam fressen, ruhen oder nisten. Der Weißstorch, ein Zugvogel, der oft paarweise auf Schornsteinen nistet, galt in Volkserzählungen lange als Bringer der Babys.

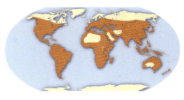

Süßwasserbewohner Schreitvögel leben in aller Welt, mit Ausnahme der Pole. Normalerweise findet man sie in oder an verschiedenen Süßgewässern, einschließlich Mooren, Flüssen, Bächen, Seen und Teichen. Einige Arten haben sich auch an das Leben in einem trockeneren Lebensraum angepasst.

Sicherer Ruheplatz Obwohl sie einen Großteil ihrer wachen Zeit am Boden verbringen, ruhen Rote Sichler (*Eudocimus ruber*, oben) in großen Gruppen auf Bäumen in Sicherheit. Andere Arten dieser Gruppe nisten am Boden.

Fang Ein junger Amerikanischer Graureiher (oben rechts) hält einen Fisch, den er gefangen hat. Die meisten Reiher haben einen langen Schnabel, mit dem sie Fische aufspießen. Der Schnabel der anderen Arten der Gruppe variiert je nach Nahrung.

UNTERSCHIEDE

Alle Vögel dieser Gruppe haben einen kurzen Schwanz, einen langen Schnabel, einen langen Hals und lange Beine. Doch es gibt deutliche Unterschiede in Größe, Farbe, Zeichnung und Ernährung.

Einige Arten haben sich spezialisiert, um ganz spezielle Nischen einzunehmen. Der Kuhreiher folgt z. B. Weidetieren, wie Büffeln, und frisst die aufgescheuchten Insekten. Einige Reiher tarnen sich in Sümpfen sehr geschickt; nähert sich jemand, strecken sie den Kopf zum Himmel, spannen den Körper an und schwanken wie die Binsen und Gräser. Anders als ihre engen Verwandten legen Reiher beim Fliegen den Kopf in den Nacken, sodass man sie leicht erkennen kann.

Wie einige andere Vögel besitzen auch Reiher spezielle Federn, die so genannten Puderfedern, die sie nie in der Mauser verlieren, sondern die ständig wachsen. Wenn die Federn ausfransen, wird ein feiner Puder daraus, den die Vögel in den Schnabel nehmen und mit dem sie bei der Gefiederpflege Schleim und Fett entfernen. Einige Störche und Ibisse haben einen nackten Hals, wohl damit das Gefieder nicht beschmutzt wird, wenn sie Aas fressen. Die meisten Arten ziehen über weite Strecken, vielleicht weil ihr großer Körper nur mit sehr viel Energie im Winter warm gehalten werden könnte.

Rohrdommel *Botaurus stellaris*

Kahnschnabel *Cochlearius cochlearius*

Zwergdommel *Ixobrychus minutus*

Weißnackenreiher *Tigriornis leucolopha*

Nordamerikanische Rohrdommel *Botaurus lentiginosus*

SCHREITVÖGEL VÖGEL 269

Schwarzhalsreiher
Ardea melanocephala

Langer Hals, um auf die Beute losstechen zu können

Graureiher
Ardea cinerea

Pfeifreiher
Syrigma sibilatrix

Lange, nackte Beine zum Waten im Wasser

Amerikanischer Graureiher
Ardea herodias

Dolchförmiger Schnabel, um die Beute packen zu können

Goliathreiher
Ardea goliath

Purpurreiher
Ardea purpurea

Kuhreiher
Bubulcus ibis

Kappenreiher
Pilherodius pileatus

China-Seidenreiher
Egretta eulophotes

Der Bestand an Kuhreihern explodierte im 20. Jahrhundert förmlich. Die Art folgt in kleinen Gruppen Vieh und wilden Weidetieren; oft ruht sie auf dem Rücken der Tiere

AUF EINEN BLICK

Graureiher Er nistet in Kolonien hoch oben auf Bäumen, oft zusammen mit anderen Arten. Beide Eltern betreiben Brutpflege, die Jungen bleiben fast 2 Monate im Nest. Zu seiner Ernährung gehören manchmal kleine Vögel.

- Bis 1 m
- 3–5
- Gleich
- Teilzieher
- Häufig

Afrika südlich der Sahara, Zentral- u. S-Eurasien

Amerikanischer Graureiher In verschiedenen Gebieten kommt er in Weiß und Grau vor. Den bekanntesten großen Schreitvogel Nordamerikas sieht man oft an Seeufern oder in Sümpfen.

- Bis 1,4 m
- 3–7
- Gleich
- Teilzieher
- Häufig

Mittl. Nord- bis Mittelamerika, Galapagosinseln

Purpurreiher Er ist weniger sozial als der größere Graureiher und lebt allein oder in kleinen Kolonien im Schilf. Seine Nahrung aus Amphibien, Fischen und Wirbellosen ergänzt der häufige Vogel gelegentlich mit kleinen Vögeln und kleinen Säugetieren.

- Bis 90 cm
- 2–5
- Gleich
- Teilzieher
- Regional häufig

S- u. Mitteleuropa bis Nahost, Afrika südl. der Sahara, Madagaskar, S- u. O-Asien bis Sunda-I.

SCHATTENSPIELE

Glockenreiher (*Egretta ardesiaca*) breiten die Flügel aus, um über dem Wasser einen Schirm zu schaffen. Das reduziert Spiegelungen auf dem Wasser und der Vogel sieht besser. Fische mögen wohl auch den Schatten. Manche Reiher stehen still und schnappen zu, wenn Beute kommt, andere jagen aktiv.

270 VÖGEL SCHREITVÖGEL

AUF EINEN BLICK

Hammerkopf Seinen Namen verdankt er seinem hammerförmigen Kopf. Er lebt allein oder in Paaren. Er fliegt langsam und unruhig, sein Ruf ist rau. Er ernährt sich von Wassertieren, vor allem in der Dämmerung oder nachts.

- Bis 56 cm
- 3–6
- Gleich
- Standvogel
- Regional häufig

Afrika südlich der Sahara, Madagaskar

Schuhschnabel Der ungewöhnlich aussehende Vogel verdankt den Namen seiner Schnabelform, die an einen Schuh erinnert. Der große Schnabel, der meist auf seiner Brust ruht, ist ideal zum Fang schlüpfriger Lungenfische.

- Bis 1,2 m
- 1–3
- Gleich
- Standvogel
- Weniger gefährdet

Zentralafrika

Heiliger Ibis Im Alten Ägypten war er hoch angesehen, denn er symbolisierte Toth, den Gott der Schreibkunst und der Weisheit. Die Ägypter balsamierten Ibisse ein. In Ägypten sind die Vögel heute ausgestorben, doch sie kommen andernorts zahlreich vor.

- Bis 90 cm
- 2–3
- Gleich
- Teilzieher
- Häufig

Afrika südlich der Sahara und W-Madagaskar

Mähnenibis Der große bodenbewohnende Vogel frisst auf feuchtem Boden in Wäldern und Gebüsch. Bei Gefahr rennt er lieber weg als zu fliegen und versteckt sich dabei hinter Bäumen.

- Bei 50 cm
- Gleich
- 2–3
- Standvogel
- Weniger gefährdet

O- und W-Madagaskar

SCHUTZSTATUS

Zurückgehende Feuchtgebiete Die Trockenlegung und Verschmutzung von Feuchtgebieten weltweit hat den Bestand an Schreitvögeln beeinträchtigt. Denn die Tiere brauchen diesen Lebensraum zur Nahrungssuche. Einige Marabu-Arten sind durch Nahrungsmangel und Vergiftungen gefährdet.

Mähnenibis — *Lophotibis cristata*

Die Kombination von rotbraunem Körper und weißen Flügeln ist bei dieser Art einzigartig

Japanischer Ibis — *Nipponia nippon*

Löffler — *Platalea leucorodia*

Hammerkopf — *Scopus umbretta*

Schuhschnabel — *Balaeniceps rex*

Platalea ajaja

Heiliger Ibis — *Threskiornis aethiopicus*

Schwarzstorch — *Ciconia nigra*

Lange, nackte Beine zum Laufen im flachen Wasser

Amerika-Nimmersatt — *Mycteria americana*

Diese südamerikanischen Vögel tasten mit dem offenen Schnabel im trüben Wasser nach Fischen

RUDERFÜSSLER

KLASSE Aves
ORDNUNG 1
FAMILIEN 6
GATTUNGEN 8
ARTEN 63

Die leicht zu erkennenden Pelikane (die es seit dem mittleren Tertiär vor etwa 30 Mio. Jahren gibt) sind verwandt mit 4 anderen Familien von Wasservögeln: Tropikvögel, Tölpel, Kormorane und Schlangenhalsvögel, Fregattvögel. Sie alle haben Füße mit Schwimmhäuten, mit deren Hilfe sie sich leicht durchs Wasser bewegen können. Viele besitzen einen großen, nackten Kehlsack, der zum Fischen oder beim Paarungsritual zum Einsatz kommt. Außergewöhnlich ausgedehnte Luftsack-Systeme in der Brust und im Hals polstern diese Bereiche (Schutz beim Tauchen) und dienen dem Auftrieb. Sie fressen vorwiegend Fisch, außerdem Tintenfisch und andere Wirbellose.

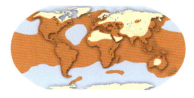

Vielfältige Lebensräume Ruderfüßler findet man in allen Lebensräumen im und am Wasser: vom offenen Ozean über Küsten bis hin zu Seen, Mooren und Flüssen. Die meisten Arten leben in tropischen oder gemäßigten Zonen.

GESCHICKTE FISCHER

Diese Vögel sind hervorragend an ein Leben im Wasser angepasst. Tropikvögel können nicht einmal laufen, weil ihre Beine zu weit hinten am Körper sitzen, und müssen sich auf dem Bauch vorwärtsbewegen. Eine Kormoran-Art auf den Galapagosinseln kann nicht fliegen. Pelikane fliegen erstaunlich elegant, denn sie gehören vom Körpergewicht her zu den größten flugfähigen Vögeln. Fregattvögel dagegen sind äußerst leicht und können tagelang in der Luft bleiben.

Ruderfüßler fangen geschickt Fische. Einige tauchen dazu aus großen Höhen. Jahrhundertelang haben chinesische Fischer Kormorane an Leinen aufs Wasser geschickt, um Fische zu fangen (aber nicht zu schlucken, das verhinderte ein enger »Kragen«) und sie dann zurückgeholt und ihre Beute genommen.

Kormorane und Indische Schlangenhalsvögel haben keine Wasser abweisende Schicht auf den Flügeln. So können sie tiefer tauchen und sich rascher durchs Wasser bewegen. Allerdings muss ihr Gefieder nach einem Aufenthalt im Wasser längere Zeit an Land trocknen.

All diese Vögel brüten in großen Kolonien, zusammen mit anderen Arten, verteidigen aber ihr Stück vom Territorium. Viele dieser Vögel benutzen Jahr für Jahr den gleichen Nistplatz.

Pelikantreffen Die meisten Pelikane (oben) sitzen beim Fressen auf der Wasseroberfläche und tauchen unter, um Fische in ihrem Kehlsack zu fangen. Gruppen treiben manchmal gemeinsam Fische ins flachere Wasser, wo sie diese leichter fangen können. Häufig sieht man Pelikane, die in der Nähe von Booten oder Molen tote Fische fressen.

Kleiner Fregattvogel
Fregata ariel

Indischer Schlangenhalsvogel
Anhinga melanogaster

Amerikanischer Schlangenhalsvogel
Anhinga anhinga

Balz Beim Paarungsritual sieht man oft, dass Tölpel (oben) mit ihrem Partner rasch und laut die Schnäbel aneinander schlagen. Tölpel-Männchen sind etwas größer als die Weibchen.

Indische und Amerikanische Schlangenhalsvögel sehen zwar Kormoranen ähnlich, doch anstatt zu tauchen und ihre Beute unter Wasser zu jagen, tauchen sie unter wie ein U-Boot

SCHUTZSTATUS

In Gefahr Obwohl viele Ruderfüßlerarten im Meer leben und auf entlegenen Inseln nisten, sind sie durch massenhafte Tötung in den Brutkolonien und die Störung bei der Guano-Entnahme gefährdet. 2 gefährdete Arten nisten nur auf der Weihnachtsinsel.

272 VÖGEL RUDERFÜSSLER

AUF EINEN BLICK

Rosapelikan Wegen seiner Größe (er gehört zu den schwersten flugfähigen Vögeln der Welt) vertraut der Rosapelikan so oft wie möglich auf die Thermik. Aus Balancegründen kann er nicht mit vollem Kehlsack fliegen.

- Bis 1,75 m
- 1–3
- Gleich
- Teilzieher
- Regional häufig

SO-Europa, Afrika, S-Asien

Basstölpel Er ist mit seinem spitzen Schwanz und spitzen Schnabel sowie den langen, schmalen Flügeln im Flug leicht zu erkennen. Er nistet in Kolonien an Felsenküsten und ist bekannt für sein spektakuläres Sturztauchen.

- Bis 92 cm
- 1
- Gleich
- Teilzieher
- Regional häufig

N-Atlantik, Mittelmeer

Blaufußtölpel Sein Name kommt von seinen erstaunlich blauen Füßen. Der zweitseltenste der Tölpel taucht nach Fisch. Dabei wird er so schnell, dass er an seiner Beute vorbeirast und den Fisch dann von unten schnappen muss, wenn dieser wieder auftaucht.

- Bis 84 cm
- 1–3
- Gleich
- Teilzieher
- Regional häufig

NW-Mexiko bis N-Peru, Galapagosinseln

VORVERDAUTE NAHRUNG

Bis Pelikanjunge alt genug sind, um selbst zu jagen, stecken sie ihren Schnabel in den Kehlsack der Eltern, die ihnen daraufhin halb verdauten Fisch hochwürgen. Erwachsene Pelikane sind fast stumm, doch Küken rufen laut um Futter.

Praktisch
Der Kehlsack des Pelikans dient zum Fischefangen und dazu seine Jungen mit hochgewürgter Nahrung zu füttern.

Rosapelikan *Pelecanus onocrotalus*

Rotschwanz-Tropikvogel *Phaeton rubricauda*

Krauskopfpelikan *Pelecanus crispus*

Basstölpel *Morus bassanus*

Dank der breiten Flügel gleitet der Krauskopfpelikan weite Strecken und spart so Energie

Brauner Pelikan *Pelecanus occidentalis*

Im Gegensatz zu den meisten Pelikanen, die beim Schwimmen fischen, fängt er seine Beute mittels Sturztauchen

Rotschnabel-Tropikvogel *Phaeton aethereus*

Typischer schwarzer Schnabel

Guanotölpel *Sula variegata*

Blaufußtölpel *Sula nebouxii*

Das Nest eines Blaufußtölpels ist nur ein Ring aus Exkrementen am nackten Boden oder zwischen Pflanzen

RUDERFÜSSLER **VÖGEL** 273

Ohrenscharbe
Phalacrocorax auritus

Erwachsene Vögel haben beidseits des Kopfes kurze Schöpfe und eine leuchtend orangefarbene Haut unter dem Schnabel

Kormoran
Phalacrocorax carbo

Ist die weitestverbreitete Kormoran-Art

Beim Prachtgefieder bilden sich große, weiße Flecken an den Flanken

Kerguelen-Scharbe
Phalacrocorax verrucosus

Paarungsbereite Krähenscharben entwickeln einen kurzen Schopf

Krähenscharbe
Phalacrocorax aristotelis

Nordpazifischer Kormoran
Phalacrocorax pelagicus

Weißrückenkormoran
Phalacrocorax atriceps

Der Schwanz wird beim Schwimmen ausgebreitet und als Ruder benutzt

Warzenkormoran
Phalacrocorax carunculatus

AUF EINEN BLICK

Kormoran Der größte Kormoran nistet in Kolonien an Felsküsten und auf Bäumen. Sein Nest ist ein Hügel aus Pflanzenmaterial. Man sieht ihn oft mit zum Trocknen gebreiteten Flügeln ruhen.

- Bis 1 m
- 3–5
- Gleich
- Teilzieher
- Häufig

O-Nordamerika, Eurasien, südl. Afrika, Australien

Krähenscharbe Sie baut in Kolonien ihre Nester auf Klippen. Sie knurrt und krächzt während der Paarungszeit, im Winter ist sie meist still.

- Bis 79 cm
- 2–4
- Gleich
- Standvogel
- Regional häufig

Europäische Küsten, Mittelmeer und Island

Weißrückenkormoran Sie bleiben in den südlichen kalten Gewässern, in denen sie leben, nahe der Küsten. Auf Inseln angesiedelte Populationen blieben isoliert voneinander und haben sich deshalb in mehreren leichten Varianten entwickelt.

- Bis 76 cm
- Gleich
- 2–3
- Standvogel
- Regional häufig

Küsten des südl. Südamerika, Falkland-Inseln

STURZTAUCHEN

Tölpel tauchen von einer Höhe von etwa 30 m ins Meer. Dank des räumlichen Sehens (weil ihre Augen weit an der Vorderseite des Kopfes sitzen) können sie genau auf ihre Beute zielen.

Wie Raketen
Tölpel tauchen im Sturzflug in einen Fischschwarm. Nach dem Fang tauchen sie mit ihrer Beute auf, um sie zu fressen oder damit davonzufliegen.

GREIFVÖGEL

KLASSE	Aves
ORDNUNG	1
FAMILIEN	3
GATTUNGEN	83
ARTEN	304

Alle Greifvögel sind ausgesprochen geschickte Jäger, die einer der größten Ordnungen der Vogelwelt angehören. Dazu zählen die schnellsten Vögel der Welt und die – aus menschlicher Sicht – hässlichsten Aasfresser. Ihre Fuß-Kopf-Größe reicht von 15 cm bis 1,2 m. Diese Ordnung umfasst Adler, Weihen, Milane, Falken, Bussarde, Geier und Sperber. Alle haben relativ große Augen, einen kräftigen Schnabel und starke, scharfe Krallen. Im Verhalten unterscheiden sich die Gruppen jedoch beträchtlich. Von alters her bewundern die Menschen die Jagdtechniken dieser Beutegreifer und haben einige Arten als Wappentiere oder Firmenlogos gewählt.

Weltweit Greifvögel findet man in den meisten Lebensräumen – von der Tundra über den tropischen Regenwald bis hin zu Wüsten, Sümpfen, Ackerland und Städten. Ihre Jagd- und Brutreviere sind häufig riesengroß, wobei die Vegetation nur selten eine besondere Rolle spielt.

FLÜGELSPANNWEITEN

Einige Greifvögel haben lange, breite Flügel, mit denen sie gleiten können, während sie nach Beute Ausschau halten. Die Flügel anderer laufen spitz zu, was ihnen einen schnellen Flug und Richtungswechsel erlaubt.

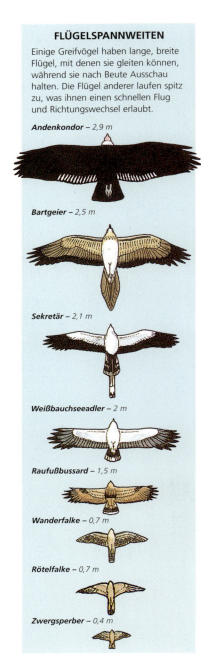

Andenkondor – 2,9 m

Bartgeier – 2,5 m

Sekretär – 2,1 m

Weißbauchseeadler – 2 m

Raufußbussard – 1,5 m

Wanderfalke – 0,7 m

Rötelfalke – 0,7 m

Zwergsperber – 0,4 m

Im Sturzflug Einige Greifvögel wie der Fischadler (ganz oben) stürzen sich mit großer Geschwindigkeit fast senkrecht auf die Beute, greifen sie mit den Krallen und tragen sie davon. Viele Arten legen riesige Strecken auf der Suche nach Nahrung zurück oder gleiten wie Aasfresser lange auf Aufwinden.

Fleischmahlzeit Wie dieser Weißkopfseeadler (oben) brüten viele Greifvögel in Bäumen. Einige bauen ihr Nest zwischen Pflanzen am Boden oder in Felsspalten und -höhlen. Es herrscht klare Arbeitsteilung: Das Weibchen füttert die Jungen und das Männchen schafft das Futter heran.

Größe Die Weibchen der Greifvögel sind in der Regel größer als die Männchen, wie man hier an dem Schreiseeadler-Paar (*Haliaeetus vocifer*, oben) sieht. Dieser Unterschied ist bei Arten, die Aas oder langsame Beute fressen, weniger ausgeprägt.

SUPERJÄGER

Greifvögel haben einen scharfen Hakenschnabel, der an das Zerreißen von Fleisch angepasst ist, kräftige Füße mit scharfen Krallen zum Packen der Beute sowie große Augen. Die Nahrung unterscheidet sich von Art zu Art und umfasst Insekten, Vögel, Säugetiere, Fische und Reptilien. Falken haben lange Zehen zum Greifen ihrer fliegenden Beute. Ihre kräftigen Beine erlauben ihnen ihre Beute bewegungsunfähig zu machen. Die langen Beine und langen Krallen der waldlebenden Adler sind nützlich beim Fang von Affen, Faultieren und anderen großen baumlebenden Säugetieren.

Alle Greifvögel können sehr gut sehen und ausgezeichnet fliegen. Ein Keilschwanzadler kann ein Kaninchen, das ein Mensch kaum auf eine Entfernung von 500 m sehen würde, aus 1,5 km blitzscharf erkennen. Adler, Bussarde und Fischadler sausen im Sturzflug auf Beute herab.

Viele Aasfresser haben einen weitgehend unbefiederten Kopf und Hals, weil sie häufig beides tief in Kadaver stecken.

GREIFVÖGEL VÖGEL 275

Andenkondor
Vultur gryphus

Größter Greifvogel der Welt

Kalifornischer Kondor
Gymnogyps californianus

Rabengeier
Coragyps atratus

Wie die meisten Geier ist diese Art ein Aasfresser mit schwachen Krallen

Truthahngeier
Cathartes aura

Königsgeier
Sarcoramphus papa

Fischadler
Pandion haliaetus

Der Fischadler lebt an allen Küsten der Welt

Zwergschopfbussard
Aviceda leuphotes

Kuckuckskopfbussard
Aviceda cuculoides

Der Kuckuckskopfbussard jagt knapp über Bäumen nach großen Insekten oder stürzt sich von einem Ansitz auf kleine Reptilien

Langschnabelmilan
Chondrohierax uncinatus

AUF EINEN BLICK

Kalifornischer Kondor Dieser Aasfresser hat die längste Nestlingszeit aller Vögel: 5 Monate. In dieser Zeit sind die Jungen vollkommen auf ihre Eltern angewiesen. Die Art wird in Menschenobhut gezüchtet und ausgewildert, um ihr Überleben zu sichern.

- Bis 1,3 m
- Bis 2,7 m
- 1
- Standvogel
- Vom Aussterben bedr.

SW-USA

Fischadler Er lebt an Seen, Flüssen und Küsten. Die Art baut riesige Nester aus trockenen Zweigen und anderem Pflanzenmaterial, das sie jahrelang zusammenträgt. Sie frisst fast nur Fisch.

- Bis 58 cm
- Bis 1,7 m
- 2–4
- Teilzieher
- Häufig

Nord- u. Südamerika, Eurasien, Afrika, Austral.

Königsgeier Er baut sein Nest hoch oben in Bäumen. Er frisst Aas; mit dem kräftigen Schnabel reißt er das Fleisch aus Kadavern heraus und frisst schnell, bevor seine Konkurrenten kommen.

- Bis 81 cm
- Bis 2 m
- 1
- Standvogel
- Regional häufig

Mittelamerika, nördl. u. östl. Südamerika

SCHARFE WAFFEN

Dem Fischadler helfen die nach hinten zu drehende Außenzehe, lange, gebogene, spitze Krallen und die raue, stachelige Zehenunterseite seine schlüpfrige Beute zu fassen und zu tragen. Wie alle Greifvögel hat er einen Hakenschnabel zum Zerreißen von Fleisch.

VÖGEL GREIFVÖGEL

AUF EINEN BLICK

Schneckenweihe Dieser Vogel frisst nur wasserlebende Schnecken aus dem Süßwasser der Tieflandsümpfe. Schneckenweihen sammeln sich mitunter in großer Zahl. Nester werden zwischen Gras und Wasserpflanzen gebaut.

- Bis 43 cm
- Bis 1,1 m
- 2–3
- Teilzieher
- Regional häufig

SO-USA, Mittelamerika, Nordöstl. Südamerika

Weißkopfseeadler Er wurde dank seines martialischen Aussehens zum Staatsvogel der USA. Er jagt vorwiegend Fische, obwohl er auch Enten oder Aas frisst. Er stiehlt auch Nahrung aus den Nestern anderer Vögel.

- Bis 96 cm
- Bis 2 m
- 1–3
- Zugvogel
- Regional häufig

Nordamerika bis N-Mexiko

Schlangenadler Er nistet mit Vorliebe auf immergrünen Bäumen. Zu seinem Lebensraum zählt Gelände mit Büschen und Wälder mit großen Lichtungen. Er ernährt sich vorwiegend von Reptilien, vor allem Schlangen und Echsen. Er frisst sogar Giftschlangen.

- Bis 67 cm
- Bis 1,8 m
- 1
- Teilzieher
- Regional häufig

NW-Afr., W- bis Zent.-Euras., W-China u. Ind.

PAARBINDUNG

Wie die meisten Greifvögel sind auch Weißkopfseeadler monogam. Paare erneuern ihre Bindung mit akrobatischen Ritualen. Das Männchen nähert sich im Sturzflug dem Weibchen, das unterhalb fliegt. Dieses dreht sich dann um und hebt seine Beine. Es fasst die Füße des Männchens und beide sinken gemeinsam.

Gemeinsamer Flug
Ein Paar von Weißkopfseeadlern hält sich bei einem akrobatischen Paarungsritual im Flug an den Zehen.

Mississippi-Weihe
Ictinia mississippiensis

Mississippi-Weihen jagen im Flug, sie fressen vorwiegend Insekten, die von grasenden Tieren oder Feuer aufgestört wurden

Charakteristisch sind der stark gegabelte Schwanz und der elegante graue Körper

Wespenbussard
Pernis apivorus

Wespenbussarde fressen Wespen und Bienen; sie greifen deren Nester und Waben an

Schwalbengleitaar
Chelictinia riocourii

Schneckenweihe
Rostrhamus sociabilis

Auf den Ruheplätzen sitzen Schwärme von bis zu 1000 Tieren

Typisch sind die roten Füße und die rote Haut im Gesicht

Weißkopfseeadler besitzen riesige Krallen; die Beine sind nackt

Schwarzmilan
Milvus migrans

Weißkopfseeadler
Haliaeetus leucocephalus

Schlangenadler
Circaetus gallicus

Er fängt kleine Reptilien im Sturzflug und verschlingt sie ganz

Seeadler
Haliaeetus albicilla

GREIFVÖGEL VÖGEL 277

Ohrengeier
Torgos tracheliotus

Bartgeier
Gypaetus barbatus

Diese riesigen Geier fressen vor allem die großen Knochen, die sie von großer Höhe auf Steine fallen lassen, um sie zu zerkleinern

Mönchsgeier
Aegypius monachus

Gänsegeier
Gyps fulvus

Schmutzgeier
Neophron percnopterus

Kappengeier
Necrosyrtes monachus

Weißrückengeier
Gyps africanus

Palmgeier
Gypohierax angolensis

AUF EINEN BLICK

Gänsegeier Der größte Geier in Europa bevorzugt zum Nisten, Ruhen und den Gleitflug gebirgiges Gelände, doch zum Fressen fliegt er ins offene Land. Er frisst Aas, vorwiegend von großen Säugetieren wie Schafen.

- Bis 1,1 m
- Bis 2,8 m
- 1
- Standvogel
- Regional häufig

N- und südliches Afrika, S-Europa bis Nahost und Kaukasus

Schmutzgeier Er baut lockere Nester aus kleinen Ästen und Abfall, die er meist in Löchern und Spalten zwischen Felsen platziert. Zu seiner Nahrung gehören verfaulende Früchte, Abfall, Aas und Mist.

- Bis 69 cm
- Bis 1,7 m
- 2
- Teilzieher
- Regional häufig

S-Europa, N- u. O-Afrika, SW-Asien bis Indien

Kappengeier Dieser Geier kann es an Kadavern nicht mit größeren Aasfressern aufnehmen, deshalb hält er sich am Rand und pickt kleine Stücke auf. Er ist das einzige Mitglied der Gruppe, das in Gegenden mit viel Regen lebt.

- Bis 69 cm
- Bis 1,8 m
- 1
- Standvogel
- Häufig

Afrika südlich der Sahara ohne Kongobecken

AASFRESSEN

Sperbergeier sind gesellige Vögel. Wenn einer von ihnen einen Kadaver entdeckt hat, lassen sich oft mehrere hundert Tiere dort zum Fressen nieder.

SCHUTZSTATUS

Geierbestand am Ende Ende des 20. Jahrhunderts kam es in ganz Südostasien zu dramatischen Einbrüchen in den Beständen an Geiern. Ursache war ein Gift, das in Aas konzentriert war und bei den Geiern zu Nierenversagen führte.

278 VÖGEL GREIFVÖGEL

AUF EINEN BLICK

Gabarhabicht Diesen Vogel gibt es in einer grauen und einer fast schwarzen Form. Von einer Baumwarte aus stürzt er sich auf Vögel, kleine Säugetiere, Echsen und Insekten.

- Bis 36 cm
- Bis 60 cm
- 2–4
- Teilzieher
- Häufig

Südl. der Sahara außer Kongo, S-Jemen

Schlangenbussard Über diesen langschwänzigen Bussard weiß man nur wenig. Seine großen Augen helfen ihm im Dämmerlicht seines Wald-Lebensraumes Chamäleons, Echsen und andere Tiere (außer Schlangen!) zu fangen.

- Bis 51 cm
- Bis 1,1 m
- Unbekannt
- Standvogel
- Regional häufig

Liberia bis Kongobecken

Kornweihe Die weit verbreitete Art lebt in Landschaften mit spärlicher Vegetation, bevorzugt in sumpfigen Gebieten. Sie jagt in Bodennähe Kleinsäuger und bodenlebende Vögel, ihr Ansitz ist nicht höher als ein Zaunpfahl.

- Bis 51 cm
- Bis 1,2 m
- 3–6
- Zugvogel
- Häufig

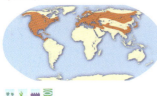

Nord- u. Mittelamerika, N- u. Zentraleurasien

BODENNEST

Während die meisten Greifvögel in Bäumen nisten, baut die Kornweihe ihr Nest in hohem Gras. Bis die Jungen flügge sind, etwa nach 4 Wochen, füttert das Weibchen sie mit der Nahrung, die das Männchen herbeischafft.

Kehlstreifenbussard
Kaupifalco monogrammicus

Schlangenbussard
Dryotriorchis spectabilis

Gabarhabicht
Micronisus gabar

Indischer Schlangenhabicht
Spilornis cheela

Jagt von einer hohen Warte (Ansitz) aus Baumschlangen und andere Reptilien

Graubürzel-Singhabicht
Melierax metabates

Schwarzweihe
Circus maurus

Weihen kreisen im niedrigen Suchflug über offenes Gelände, um ihre bodenlebenden Beute zu finden

Kornweihe
Circus cyaneus

Rohrweihe
Circus aeruginosus

Bei Weihen sind die Beine und Krallen lang und schlank, damit sie ihre Beute, die sich zwischen Pflanzen aufhält, gut greifen können

GREIFVÖGEL VÖGEL

Kampfadler *Polemaetus bellicosus* — Lebt in offenen Landschaften südlich der Sahara und fängt seine Beute im Flug

Raufußbussard *Buteo lagopus* — Jagt von Ansitzen aus; bevorzugt Lemminge, Mäuse und andere kleine Säugetiere

Mäusebussard *Buteo buteo*

Krabbenbussard *Buteogallus anthracinus*

Weißbussard *Leucopternis albicollis*

Streitaar *Harpyhaliaetus coronatus* — Lebt in offenen Landschaften von Zentral-Südamerika

Buteogallus subtilis

Königsbussard *Buteo regalis*

Wüstenbussard *Parabuteo unicinctus*

Weißbrauenhabicht *Accipiter novaehollandiae* — Weiße Form des Weißbrauenhabichts; die Art gibt es in vielen farblich verschiedenen Unterarten, u. a. in Grau oder mit rötlicher oder brauner Unterseite

Sperber *Accipiter nisus* — Sperber jagen in Kulturlandschaften, Wäldern und auch jenseits der Baumgrenze vorwiegend Vögel

AUF EINEN BLICK

Raufußbussard Er ist einer der wenigen Greifvögel, die in der Arktis, der arktischen Tundra, brüten. Nach der Aufzucht seiner Jungen zieht er in sein Winterquartier – in Sümpfe und Kulturlandschaften von Nordamerika, Europa und Asien.

- Bis 60 cm
- Bis 1,5 m
- 3–5
- Zugvogel
- Häufig

Nordamerika, N.- und Zentraleurasien

Sperber Dieser kleine Greifvogel lebt in Wäldern und ist sogar in Parks oder Friedhöfen von Großstädten zu finden. Vögel sind seine bevorzugte Beute, die er am Waldrand fängt. Selten frisst er Kleinsäuger oder Insekten.

- Bis 38 cm
- Bis 74 cm
- 3–6
- Teilzieher
- Selten

Europa, N-Afrika, N- bis S-Asien

FUTTERNEID

Greifvögel kämpfen mitunter heftig um eine Beute. Hier attackieren sich 2 Mäusebussarde, indem sie mit vorgestreckten Füßen aufeinander losfliegen. Ihren Schnabel setzen sie bei diesen Fußgefechten nicht ein.

Kampf ums Futter
Jeder der beiden Bussarde versucht, die Oberhand zu gewinnen.

280 VÖGEL GREIFVÖGEL

AUF EINEN BLICK

Kronenadler Dieser sehr große Adler jagt vorwiegend Säugetiere wie kleine Antilopen, frisst manchmal aber auch Reptilien, z. B. Giftschlangen. In der Balzzeit gibt er markerschütternde Laute und Rufe von sich.

- Bis 1 m
- Bis 1,8 m
- 1–2
- Standvogel
- Gefährdet

Zentral- bis SO-Afrika

Sekretär Der langbeinige Greifvogel schreitet im gemächlichen Tempo über die Grassteppe in seiner Heimat Afrika, um seine Nahrung, Insekten und kleine Reptilien, zu suchen. Häufig tötet er seine Beute mit einem Tritt seines Fußes, der mit den kurzen, kräftigen Zehen und den messerscharfen Krallen eine wirksame Waffe bildet.

- Bis 1,5 m
- Bis 2,1 m
- 1–3
- Standvogel
- Regional häufig

Afrika, südlich der Sahara außer Kongobecken

Steinadler Der große Vogel baut seinen Horst in Felsnischen an Steilwänden oder in Bäumen. Er jagt Säugetiere, frisst aber auch Aas. Sein Brutrevier, das er verteidigt, kann bis zu 10 120 ha umfassen.

- Bis 1 m
- Bis 2,2 m
- 1–3
- Teilzieher
- Regional häufig

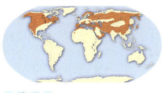

Nordamerika, Eurasien, NW-Afrika

SCHUTZSTATUS

Im Rückgang Die Greifvogelbestände nehmen weltweit ab, was weniger mit dem Verlust der Vogellebensräume zu tun hat, sondern mehr mit der Zerstörung des Lebensraums ihrer Beute. Aber auch Bejagung und Brutmisserfolge durch die DDT-Anreicherung der Beutetier (die sich auf die Vögel überträgt) haben dazu beigetragen. Gemäß IUCN ist die Art *Caracara lusotus* ausgestorben; 14 Arten sind stark gefährdet, 27 gefährdet, 30 weniger gefährdet.

Würgadler *Morphnus guianensis*
Dieser kraftvolle Raubvogel lebt in den Baumkronen des Regenwaldes von Südamerika, wo er mit viel List seine Beute fängt

Celebes-Haubenadler *Spizaetus bartelsi*
Gemäß IUCN gilt dieser Haubenadler als gefährdet. Lebt im Regenwald und ernährt sich von Vögeln und kleinen Wirbeltieren

Habichtsadler *Hieraaetus fasciatus*

Kronenadler *Stephanoaetus coronatus*
Kronenadlerpärchen unternehmen den Beuteflug oft gemeinsam und teilen sich dann die Beute

Sekretär *Sagittarius serpentarius*
Dank seiner langen Beine kann der Sekretär bei seiner Nahrungssuche täglich 10 bis 20 km oder mehr zurücklegen

Schopfadler *Lophaetus occipitalis*

Steppenadler *Aquila rapax*

Steinadler *Aquila chrysaetos*
Jagt in niedrigem Suchflug nach Wirbeltieren wie Hasen oder Raufußhühner

JAGDTECHNIKEN

Greifvögel jagen und töten ihre Beute auf unterschiedliche Weise, dabei sind ihre kräftigen Füße und ihre scharfen Krallen jedoch immer die Hauptwaffe. Einige Arten fangen fliegende Beute, andere bodenlebende Reptilien und Säugetiere. Adler töten ihre Beutetier meist mit einem starken Würgegriff. Manche Geier lassen Schildkröten aus der Höhe herabfallen, bis der Panzer zerbricht, dann verspeisen sie das Fleisch auf der Erde. See- und Fischadler holen die Fische im Flug aus dem Wasser. Der Sekretär stampft mit dem Fuß auf seine Beute, um sie zu töten. Viele Bussarde warten geduldig auf einer niedrigen Warte, um dann urplötzlich auf die Beute herabzustoßen.

Mit »Hammer« Der Schmutzgeier benutzt einen Stein als Werkzeug, um die Schale von Straußeneiern zu zertrümmern. Dafür lassen sie den Stein so lange auf die Schale fallen, bis sie zerbricht. Ein kleineres Ei packt er, dann fliegt er auf und lässt das Ei herabfallen. Der Bartgeier fliegt mit zu großen Knochen in die Höhe und lässt diese auf eine Felsplatte fallen.

Jagdtechnik der Falken Falken fangen ihre Beute in der Luft. Hier späht ein Wanderfalke im Segelflug ein Beutetier (hier einen Austernfischer) aus (links oben), dann stößt er in rasantem Tempo auf das Tier herab (Mitte) und ergreift es blitzartig mit seinen Krallen unten).

im Sturzflug Adler (oben) stoßen im Sturzflug auf das Beutetier (hier ein Fuchs) herab und greifen sie mit ihren scharfen Krallen. Fischadler verfügen über besonders lange, spitze Krallen, damit sie die schlüpfrigen Fische mit einem Griff sicher packen können.

282 VÖGEL GREIFVÖGEL

AUF EINEN BLICK

Indischer Zwergfalke Dieser scheue Vogel ist einer der kleinsten Greifvögel. Er nistet in verlassenen Bartvogel- oder Spechtlöchern in alten Bäumen. Selten bleibt er lange an einem Platz.

- Bis 18 cm
- Bis 34 cm
- 4–5
- Standvogel
- Regional häufig

Himalaya u. N-Indien bis Myanmar u. Indochina

Turmfalke Diese Art lebt in einer Vielzahl von offenen Lebensräumen, von Felsenküsten über Gebirge bis hin zu Ackerland. Er baut seine Nester manchmal an Gesimsen von Gebäuden oder in verlassene Nester anderer Vögel.

- Bis 38 cm
- Bis 81 cm
- 3–6
- Teilzieher
- Häufig

N- bis S-Eurasien, Afrika südlich der Sahara

Gelbkopf-Chimachima Außerhalb der Paarungszeit ruht dieser Vogel in großen Kolonien. Am Morgen starten die Tiere zu ihren jeweiligen Jagdgebieten. Der Ruf des Gelbkopf-Chimachima klingt rau und katzenähnlich. Oft greifen ihn andere Vögel an.

- Bis 43 cm
- Bis 74 cm
- 1–2
- Standvogel
- Häufig

Zentrales bis nördliches u. östliches Südamerika

ES BLEIBT IN DER FAMILIE

Zur Familie Falconidae gehören die Eigentlichen Falken und die Geierfalken (Karakaras). Anders als Eigentliche Falken laufen Geierfalken am Boden und fressen Insekten, Früchte und Samen oder Aas.

Jeder auf seine Art
Für Falken ist die Jagd in der Luft typisch, doch ihre Verwandten, die südamerikanischen Geierfalken, suchen am Boden nach Nahrung.

Rotkehlwaldfalke
Micrastur ruficollis

Lachhabicht
Herpetotheres cachinnans

Tropfenzwergfalke
Spiziapteryx circumcincta

Indischer Zwergfalke
Microhierax caerulescens

Karakaras (Geierfalken) sind Aasfresser, die am Boden Würmer, Maden und andere Nahrung suchen

Klunker-Karakara
Phalcoboenus carunculatus

Gelbkopf-Chimachima
Milvago chimachima

Der gelblich weiße Kopf ist unter den Karakaras einmalig

Turmfalke
Falco tinnunculus

Rotfußfalke
Falco vespertinus

KRANICHVÖGEL

KLASSE Aves
ORDNUNG 1
FAMILIEN 11
GATTUNGEN 61
ARTEN 212

Diese alte Vogelordnung umfasst eine Vielzahl von bodenbewohnenden Vögeln, die lieber laufen und schwimmen als fliegen. Einigen Arten ist Flugfähigkeit tatsächlich ganz verloren gegangen. Kranichvögel stammen von einem bodenbewohnenden Küstenvogel ab und besetzen viele ökologische Nischen in der ganzen Welt. Ihre Nester bauen sie normalerweise auf dem Boden, gelegentlich nisten sie auch in niedrigen Nestern im Flachwasser. Die meisten lassen laute Rufe ertönen und manchmal »singen« Männchen und Weibchen im Duett. In Teilen Asiens gelten Kraniche als Symbol für Glück und langes Leben – ein Kranich wurde in Gefangenschaft 83 Jahre alt.

Weit verbreitet Wenigstens eine Art dieser Ordnung kommt auf jedem Kontinent, außer der Antarktis, und auf vielen Inseln vor. Kranichvögel leben in Feuchtgebieten, Wüsten, Grasland und Wäldern. Trompetervögel und Rallenkraniche gibt es nur in der Neuen Welt, die meisten Trappen leben in Afrika.

Ritualtänze 2 Kronenkraniche (*Balearica regulorum*, links) führen einen raffinierten Balztanz mit Verbeugen und Kopfschütteln auf. Andere verwandte Arten haben noch erstaunlichere Balztänze, bei denen z. B. ein Kehlsack aufgeblasen wird.

Überraschung Der Takahe (oben) wurde in einem unzugänglichen Tal in Neuseeland in den 1940er-Jahren wiederentdeckt, nachdem man ihn 50 Jahre nicht gesehen hatte. Der scheue, flugunfähige Vogel ist eine ungewöhnliche Art dieser Gruppe.

AUF EINEN BLICK

Weißnackenkranich Der Vogel mit dem auffällig farbenprächtigen Kopf baut an leicht erhöhten Plätzen im Sumpf ein flaches Nest aus trockenem Gras. In seinem Verbreitungsgebiet sieht man seine Nester in Reisfeldern.

- Bis 1,5 m
- 2–3
- Gleich
- Teilzieher
- Gefährdet

NO-Asien

Nonnenkranich Im Gegensatz zu den meisten Kranichen hat er eine flötenähnliche Stimme. Er wird erst mit 5 bis 7 Jahren geschlechtsreif. Er ist sehr scheu und man sieht ihn selten. Sein Nest baut er in Wassernähe.

- Bis 1,4 m
- 2
- Gleich
- Zugvogel
- Vom Aussterben bedr.

NO-Sibirien bis Iran, NW-Indien und China

Jungfernkranich Man sieht ihn oft in der Nähe menschlicher Siedlungen nach Nahrung suchen und nisten. Er frisst Pflanzen sowie Insekten und andere Wirbellose. Die Jungen bleiben bei beiden Elternteilen, bis sie wirklich selbstständig sind.

- Bis 90 cm
- 1–2
- Gleich
- Zugvogel
- Selten bis reg. häufig

Zentrales Eurasien bis NO-Afrika und N-Indien

Weißnackenkranich *Grus vipio*

Nonnenkranich *Grus leucogeranus*

Die Vögel tanzen gemeinsam u. a. um die Paarbindung zu festigen

Alle Kronenkraniche besitzen einen typischen Schopf strohähnlicher Federn auf dem Kopf

Sudan-Kronenkranich *Balearica pavonina*

Ist wie die meisten Kraniche der Nordhalbkugel ein Zugvogel; er brütet in Zentralasien und überwintert in Afrika südlich der Sahara und in Indien

Jungfernkranich *Anthropoides virgo*

Mandschurenkranich *Grus japonensis*

284 VÖGEL KRANICHVÖGEL

AUF EINEN BLICK

Schwarzbrust-Kampfwachtel Meist lebt sie auf geringeren Höhen, doch sie kommt im Himalaya bis auf 2300 m Höhe vor. Diese Kampfwachtel sucht sich ihre Nahrung oft in Zuckerrohr-, Tee- und Kaffeeplantagen.

- Bis 17 cm
- 3–5
- Unterschiedlich
- Standvogel
- Häufig

S-, SO- u. O-Asien bis Philippinen u. Sulawesi

Hoatzin Der urtümlich wirkende Vogel hat einen sehr großen Kropf. Wenige Tage nach dem Schlüpfen klettern die Jungen mithilfe von Füßen, Schnabel und Flügeln auf Bäume. Die Flügel tragen Krallen, die später verschwinden.

- Bis 70 cm
- 2–4
- Gleich
- Standvogel
- Regional häufig

Nördliches Südamerika

Rallenkranich Er ist die einzige Art in seiner Familie und eng mit den Kranichen verwandt. Mit seinem langen gebogenen Schnabel zieht er Schnecken aus der Schale. Er baut große Nester aus Ästen. Bis er geschützt wurde, forderte die Jagd viele Opfer.

- Bis 70 cm
- 5–7
- Gleich
- Standvogel
- Regional häufig

Mittelamerika bis nordöstl. Südamerika, Karibik

KRÄFTIGE STIMME

Kraniche besitzen eine Vielzahl von Rufen, vom Schnurren bis zu Schreien. Ihre sehr lange Luftröhre ist aufgerollt und mit dem Brustbein verwachsen. In diesem Bereich sind die knöchigen Ringe der Luftröhre wie dünne Platten, die vibrieren und die Töne aus dem Stimmapparat verstärken, sodass die Stimme mitunter bis zu 1,5 km weit trägt. Kranicharten, bei denen die Luftröhre besser entwickelt ist, besitzen höhere Rufe.

Gefaltete Luftröhre
Brustbein

Rostkehl-Kampfwachtel
Turnix sylvatica

Die Kampfwachteln haben nur 3 Zehen; die Weibchen besitzen prächtigeres Gefieder als die Männchen

Schwarzbrust-Kampfwachtel
Turnix suscitator
♀

Hoatzin
Opisthocomus hoazin

Nach der Paarung verlässt ein Weibchen der Kampfwachtel das Männchen, um sich ein anderes zu suchen; das Männchen brütet die Eier aus und zieht die Jungen auf

Schwarzbrust-Kampfwachtel
Turnix suscitator
♂

Die Verwandtschaft des eigenartigen, hühnergroßen Hoatzin ist unklar; manche Forschungen bringen ihn sogar mit dem Kuckuck in Verbindung

Kurzfuß-Stelzenralle
Mesitornis variegatus

Monias-Stelzenralle
Monias benschi

Graurückentrompeter
Psophia crepitans

Rollenkranich
Aramus guarauna

KRANICHVÖGEL **VÖGEL** 285

Purpurhühner schwenken beim Laufen ihren Schwanz, um die weiße Unterseite zu präsentieren; dies ist ein Signal für andere Vögel der Gruppe

Atlantis-Ralle
Atlantisia rogersi

Rüsselblesshuhn
Fulica cornuta

Purpurhuhn
Porphyrio porphyrio

Weißbrust-Kielralle
Amaurornis phoenicurus

Kleines Sumpfhuhn
Porzana parva

Wachtelkönig
Crex crex

Takahes leben in Hochmooren in den Gebirgen des südöstlichen Neuseelands; sie graben die fleischigen Wurzelteile von Gräsern aus und fressen sie

Cayenne-Ralle
Aramides cajanea

Die Flügel von Takahes sind so verkümmert, dass die Vögel nicht fliegen können

Takahe
Porphyrio hochstetteri

Der schlanke Körper und die langen Beine ermöglichen schnelles Laufen durch das Unterholz

AUF EINEN BLICK

Rüsselblesshuhn Dieser Wasservogel baut ein riesiges, kegelförmiges Nest, das sich auf einer Basis aus Kieseln oder Reisig etwa 1 m übers Wasser erhebt. Er schwimmt und taucht gut.

- Bis 53 cm
- 3–5
- Gleich
- Standvogel
- Gefährdet

Mittlere Anden im westlichen Südamerika

Wachtelkönig Er ist in der Dämmerung aktiv und verbringt die meiste Zeit zwischen hohen Gräsern. Er legt bis zu 2 Gelege in ein Nest am Boden. Frisst Wirbellose, Pflanzen und Samen

- Bis 30 cm
- 8–12
- Gleich
- Zugvogel
- Gefährdet

W- und Zentral-Eurasien, SO-Afrika

Takahe Der flugunfähige Takahe ist das größte Mitglied der Rallenfamilie. Er setzt seine Flügel nur beim Paarungsritual und beim Angriff ein. Meist überlebt nur ein Junges aus jedem Gelege den ersten Winter.

- Bis 63 cm
- 1–3
- Gleich
- Standvogel
- Stark gefährdet

Südwestliche Südinsel (Neuseeland)

RALLEN UND FEINDE

Zahlreiche Rallen, die auf Inseln leben, können nicht fliegen und fallen deshalb leicht eingeführten Tieren wie Ratten zum Opfer. Dank Schutzprogrammen haben einige Arten sich erholt.

Rettung
Von der Lord-Howe-Ralle gab es nur noch 10 Paare, doch sie wurde in Gefangenschaft erfolgreich nachgezüchtet und ausgewildert.

SCHUTZSTATUS

Opfer des Ackerbaus Wachtelkönige waren einst in Europa und Nordasien ziemlich häufig, doch durch die Erntemaschinen ging ihre Zahl zurück. Da sich auch die Landwirtschaft in den früheren sowjetischen Teilrepubliken verändert hat, gilt der Wachtelkönig als gefährdet.

286 VÖGEL KRANICHVÖGEL

AUF EINEN BLICK

Sonnenralle Sie sucht an Waldflüssen und -bächen Nahrung. Zum Paarungsritual gehört es, dass sie auf einem exponierten Ast die farbenprächtigen Flügel und ihren Schwanz ausbreitet.

- Bis 48 cm
- 1–2
- Gleich
- Standvogel
- Gefährdet

Mittel- und nördliches Südamerika

Großtrappe Dieser Pflanzenfresser nistet am Boden, er legt ein kleines Gelege mit 2 bis 3 Eiern, die das Weibchen ausbrütet. Die Jungen können nach 5 Wochen fliegen und sind nach 12 bis 14 Wochen selbstständig.

- Bis 1 m
- 2–3
- Unterschiedlich
- Standvogel
- Gefährdet

Europa, Zentral- und O-Asien

Schwarzflügeltrappe Bei Gefahr kauern Trappen sich hin und sind kaum zu sehen. Das raffiniert gezeichnete Gefieder dieser Art wird beim Paarungsritual präsentiert.

- Bis 1 m (Männchen)
- 1–2
- Gleich
- Teilzieher
- Regional häufig

Zentral- bis südliches Afrika

Afrikanisches Binsenhuhn Dieser scheue Vogel sucht in langsam fließenden Gewässern nach Wirbellosen. Dabei bewegt er bei jedem Schritt den Kopf vor und zurück. Bei Gefahr taucht er unter, sodass nur noch Kopf und Hals aus dem Wasser schauen.

- Bis 59 cm
- 2–3
- Gleich
- Standvogel
- Selten

Zentral- und SO-Afrika

SCHUTZSTATUS

Bodenbewohner Von den Kranichvögeln sind im Verhältnis mehr Arten bedroht als von anderen großen Vogelgruppen. Die IUCN nennt 23 Arten stark gefährdet (7 davon vom Aussterben bedroht), 28 gefährdet und 3 ausgestorben. Alle Arten fressen und nisten am Boden, daher sind sie durch Lebensraumveränderung und Feinde gefährdet.

Kagu *Rhynochetos jubatus*

Seriema *Cariama cristata*

Sonnenralle *Eurypyga helias*

Lange Beine zum Laufen über offenes Gelände

Großtrappe *Otis tarda*

Die farbenprächtigen Halsfedern werden beim Paarungsritual aufgestellt

Der schöne Schwanz wird beim Paarungsritual präsentiert. Trappenmännchen sind wesentlich größer und bunter gefärbt als Weibchen

Schwarzflügeltrappe *Neotis denhami*

Kragentrappe *Chlamydotis undulata*

Von 26 Trappen-Arten kommen 20 in Afrika vor, 18 davon gibt nur auf diesem Kontinent

Alle Trappen haben lange Beine zum Laufen im offenen Gelände bei der Nahrungssuche; beim Fliegen werden die Beine unter den Körper gesteckt

Flaggentrappe *Sypheotides indica*

Afrikanisches Binsenhuhn *Podica senegalensis*

REGENPFEIFERVÖGEL

KLASSE Aves
ORDNUNG 1
FAMILIEN 16
GATTUNGEN 86
ARTEN 351

In den Flach- und Küstengewässern der Welt herrscht reges Treiben kleiner Tiere, die diesen sozialen Vögeln als Beute dienen. Die Gruppen der Ordnung sind sehr vielfältig, sodass sie verschiedene Nahrungsquellen in ihrem Lebensraum nutzen können. Typische Regenpfeifervögel wie Wasserläufer und Regenpfeifer suchen in Flachwasser und an der Küste ihre Nahrung. Möwen fressen auch an der Küste, da sie schwimmen können, holen sie Beute an der Oberfläche von tieferem Wasser. Seeschwalben wagen sich weiter hinaus und tauchen nach Nahrung. Alke schwimmen unter Wasser ihrer Beute nach. Die Augen vieler Regenpfeifervögel sitzen seitlich am Kopf.

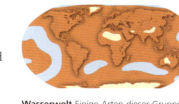

Wasserwelt Einige Arten dieser Gruppe leben am Meer oder an Flussmündungen; andere kommen im Binnenland vor, sogar in trockenen Klimabereichen.

GROSSE VIELFALT

Vögel dieser Ordnung unterscheiden sich im Körperbau, je nach ihrer ökologischen Nische. Arten, die in Schlamm und Flachwasser nach Nahrung tasten, haben lange, dünne Beine, einen langen Hals und einen langen Schnabel. Arten, die in der Brandung fressen, sind meist kleiner und können vor dem Wasser weglaufen. Vögel, die hinausschwimmen und Nahrung von der Wasseroberfläche holen, sind stämmig und besitzen Schwimmhäute.

Wer über offenem Meer Beute sucht, kann gut fliegen: Diese Vögel haben kürzere Beine und kleinere Füße und lange, schmale Flügel. Seeschwalben sind sehr wendig, ihr langer gegabelter Schwanz erlaubt ihnen rasche Flugmanöver.

Alke haben Schwimmhäute an den weit hinten am Körper angesetzten Füßen. Unter Wasser verwenden sie die Flügel als Flossen.

Die Nahrungspalette reicht von Insekten und Würmern bis zu Fisch, Krustentieren und Aas.

Auf dem Wasser Blatthühnchen (oben) können auf der Oberfläche von stehenden Gewässern laufen, indem sie von einem Seerosenblatt zum nächsten steigen.

Ein Fuß nach dem andern
Blatthühnchen haben gespreizte Zehen mit langen Krallen, die ihr Körpergewicht beim Lauf auf Wasserpflanzen gleichmäßig verteilen.

Löcher im Boden Wie viele Regenpfeifervögel nisten auch Papageitaucher (rechts) oft in Kolonien an der Küste. Einige Arten der Ordnung bauen kunstvolle Nester, z. B. die Papageitaucher, andere kratzen für die Eier nur ein Loch in den Boden. Alle füttern die Jungen bis zur Selbstständigkeit.

Pirat Die Mittlere Raubmöwe (*Stercorarius pomarinus*, oben) ist die größte Skua oder Raubmöwe. Sie ist groß, stämmig mit breiten Flügeln und sucht in Seevogelkolonien nach Nahrung. Sie stiehlt anderen Arten Nahrung, indem sie die Vögel zwingt, im Flug den Mageninhalt hochzuwürgen.

288 VÖGEL REGENPFEIFERVÖGEL

AUF EINEN BLICK

Afrikanisches Blatthühnchen Der Vogel läuft mit seinen langen Zehen staksig über Schwimmpflanzen-Blätter, ohne zu stolpern. Unter Pflanzen sucht er dabei nach Insekten, Schnecken und anderer Beute.

- Bis 30 cm
- 4
- Gleich
- Standvogel
- Häufig

Afrika südlich der Sahara

Austernfischer Dieser elegante Vogel frisst Weichtiere und andere Wirbellose, die er an den Küsten fängt. Er zieht in großen Schwärmen. Der kräftige Flieger schwimmt und taucht auch.

- Bis 46 cm
- 2–5
- Gleich
- Zugvogel
- Häufig

Europa; W-, SW- u. O-Asien; NW-, N- u. O-Afr.

Rifftriel Seine extrem großen gelben Augen helfen ihm nachts Krebse und andere Schalentiere auf Riffen, im Wattenmeer und an Sandstränden zu finden. Sein Ruf ist rau und seltsam. Er kratzt sein Nest in den Sand.

- Bis 56 cm
- 1
- Gleich
- Standvogel
- Gefährdet

Malaiische Halbinsel bis Philippinen, Neuguinea und N-Australien

SCHNABELFORMEN

Schnäbel variieren je nach Nahrung und Fressgewohnheiten. Papageitaucher haben einen großen Schnabel mit gezähnten Rändern, um unter Wasser Fisch zu fangen. Grünschenkel nehmen mit dem langen schlanken Schnabel Insekten auf. Möwen haben einen kräftigen Schnabel, um Aas zu zerreißen.

Die 8 Arten Blatthühnchen leben alle in den Tropen; sie nisten auf Schwimmpflanzen in Sümpfen; ihre langen Zehen verhindern, dass sie sinken

Afrikanisches Blatthühnchen
Actophilornis africanus

Buntschnepfe
Rostratula bengalensis

Wasserfasan
Hydrophasianus chirurgus

Austernfischer
Haematopus ostralegus

Reiherläufer
Dromas ardeola

Ibisschnabel
Ibidorhyncha struthersii

Stelzenläufer
Himantopus himantopus

Säbelschnäbler
Recurvirostra avosetta

Rifftriel
Esacus magnirostris

Säbelschnäbler besitzen einen nach oben gebogenen Schnabel, um Plankton aus Schlamm zu sieben. Mit den langen Beinen können sie laufen, sie schwimmen auch

Kommt auf allen bewohnten Kontinenten vor; Triele waten mit den langen Beinen im Flachwasser, um wirbellose Wassertiere zu fressen

REGENPFEIFERVÖGEL VÖGEL

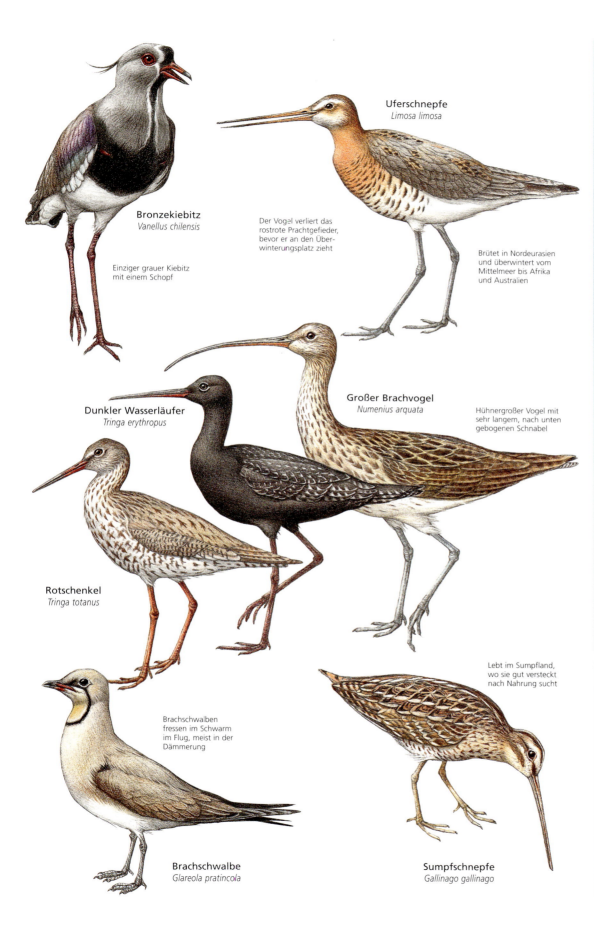

Bronzekiebitz
Vanellus chilensis

Einziger grauer Kiebitz mit einem Schopf

Uferschnepfe
Limosa limosa

Der Vogel verliert das rostrote Prachtgefieder, bevor er an den Überwinterungsplatz zieht

Brütet in Nordeuropa und überwintert vom Mittelmeer bis Afrika und Australien

Dunkler Wasserläufer
Tringa erythropus

Großer Brachvogel
Numenius arquata

Hühnergroßer Vogel mit sehr langem, nach unten gebogenem Schnabel

Rotschenkel
Tringa totanus

Brachschwalben fressen im Schwarm im Flug, meist in der Dämmerung

Lebt im Sumpfland, wo sie gut versteckt nach Nahrung sucht

Brachschwalbe
Glareola pratincola

Sumpfschnepfe
Gallinago gallinago

AUF EINEN BLICK

Bronzekiebitz Er fängt auf feuchten Wiesen und Ackerland Insekten und andere kleine Beute. Sein Nest kratzt er in den Boden und kleidet es mit einer dünnen Grasschicht aus.

- Bis 38 cm
- 3–4
- Gleich
- Standvogel
- Häufig

Nördliches, östliches und südliches Südamerika

Dunkler Wasserläufer Ein scheuer Einzelgänger, den man nur zusammen mit Regenpfeifervögeln findet. Er lebt beim Brüten in Wassernähe in der Heide, in Sümpfen oder der Tundra.

- Bis 32 cm
- 3–5
- Gleich
- Zugvogel
- Regional häufig

Subarkt. Eurasien bis S-Asien u. Zentralafrika

Sumpfschnepfe Die meist scheue Schnepfe fliegt in einer typischen Zickzacklinie. Im Flug zeigt ihr Schnabel nach unten. In dessen Spitze liegen Nervenenden, die dem Vogel das Finden von Insekten, Weichtieren und anderer Beute ermöglichen.

- Bis 27 cm
- 2–5
- Gleich
- Zugvogel
- Häufig

Nord- und Mittelamer., Eurasien bis Zentralafr.

FLUG DER SCHNEPFE

Zum Balzritual der Sumpfschnepfen zählen auffällige Sturzflüge. Das Männchen fliegt aus beträchtlicher Höhe steil nach unten, dabei schlägt es mit den Flügeln und stellt den Schwanz auf. Die äußeren Schwanzfedern spreizt es ab und vibriert damit, sodass ein trommelndes Geräusch entsteht. Dann wird der Vorgang wiederholt.

Abwärts
Eine Sumpfschnepfe zeigt beim Balzritual einen Sturzflug. Typisch für die Art ist auch der Zickzackflug.

290 VÖGEL REGENPFEIFERVÖGEL

AUF EINEN BLICK

Waldwasserläufer Im Sommer zeigt seine Unterseite einen grünen Schimmer. Der Waldwasserläufer piepst beim Fliegen. Seine Nahrung ertastet er sich an Wasserläufen im Binnenland.

- Bis 24 cm
- 3–4
- Gleich
- Zugvogel
- Regional häufig

Westl. bis östl. Eurasien, Zentralafrika, S-Asien

Odinshühnchen Die kleinste der 3 Thorshühnchen-Arten fliegt schnell und oft in Schwärmen. Sie überwintert auf dem Meer und schwimmt elegant, dabei hält sie den Kopf hoch und nickt.

- Bis 20 cm
- 3–4
- Gleich
- Zugvogel
- Regional häufig

Arktis, Nord- und Mittelamerika, Eurasien

Kampfläufer Im Frühjahr sieht man Schwärme mit hunderten von Vögeln. Das Weibchen baut ein Nest aus feinen Gräsern, entweder im dichten Gras oder in Riedgrashorsten.

- Bis 32 cm
- 3–4
- Unterschiedlich
- Zugvogel
- Regional häufig

Arktis bis W- und S-Eurasien, Afrika

HALSKRAUSE

In der Paarungszeit im Frühjahr trägt das Kampfläufer-Männchen bunte Ohrbüschel und eine Federhalskrause. Männchen versammeln sich morgens zum Balzritual auf bestimmten Hügeln.

Grünschenkel
Tringa nebularia

Waldwasserläufer
Tringa ochropus

Schwarze Zeichnung am Rücken und eine gesprenkelte Brust sind typisch für das Prachtgefieder

Diese Art brütet in sumpfigen Wäldern Eurasiens und zieht für den Winter nach Afrika und Südostasien

Zwergstrandläufer
Calidris minuta

Sichelstrandläufer
Calidris ferruginea

Andere Thorshühnchen verbringen den Winter auf dem Meer, aber diese Art zieht von den Brutplätzen in Mittleren Westen der USA an die Seen der Anden in Südamerika

Amerikanisches Odinshühnchen
Phalaropus tricolor

Odinshühnchen
Phalaropus lobatus

Kampfläufer im Prachtgefieder; diese Vögel sammeln sich auf Leks zu Beginn der Paarungszeit, um Weibchen anzulocken und sich zu paaren

Das Schlichtgefieder, das Kampfläufer tragen, wenn sie an ihren Winterplätzen von Afrika bis Südostasien sind, ist unscheinbar

Kampfläufer
Philomachus pugnax

VÖGEL REGENPFEIFERVÖGEL

AUF EINEN BLICK

Australische Seeschwalbe Sie nistet nur an einsamen Sandstränden oder Landzungen oberhalb der Flutlinie. In Australien lebt sie in Kolonien, in Neuseeland mehr als Einzelgänger.

- Bis 27 cm
- 1–2
- Gleich
- Teilzieher
- Gefährdet

Neukaledonien, W- und S-Australien, Tasmanien, nördliche Nordinsel (Neuseeland)

Zwergseeschwalbe Sie ist eine der kleinsten Seeschwalben, die einander alle sehr ähnlich sehen. Sie lebt an Stränden, in Buchten und an großen Flüssen.

- Bis 28 cm
- 2–3
- Gleich
- Zugvogel
- Regional häufig

Europa, Afrika, Asien bis Australien u. Ozeanien, Indischer u. Westlicher Pazifischer Ozean

Fluss-Seeschwalbe Sie lebt an Seen, Meeren, Buchten und Stränden der Nordhalbkugel und zieht auf die Südhalbkugel. Sie nistet in Kolonien an Sandstränden und auf kleinen Inseln.

- Bis 38 cm
- 2–4
- Gleich
- Zugvogel
- Regional häufig

Weltweit

STURZTAUCHEN

Seeschwalben ähneln Möwen, doch sie fangen Fische mittels Sturztauchen. Ihr Körper ist stromlinienförmig, der Kopf schwer, der Schnabel schmal und kräftig, die Flügel sind schmal und der Schwanz dient dem Bremsen und Manövrieren. Sie fliegen tief über Wasserflächen, gleiten kurz und stürzen sich dann auf Beute.

Australische Seeschwalbe *Sterna nereis* — Der Schwanz der Australischen Seeschwalbe ist tiefer und eleganter gegabelt als der größerer Seeschwalben

Zwergseeschwalbe *Sterna albifrons* — Diese Seeschwalbe schlägt schneller mit den Flügeln als ihre Artgenossen; sie zieht in die westlichen und nördlichen Teile ihres Verbreitungsgebietes

Fluss-Seeschwalbe *Sterna hirundo*

Sterna virgata

Brandseeschwalbe *Sterna sandvicensis*

Rußseeschwalbe *Sterna fuscata*

Großschnabel-Seeschwalbe *Phaetusa simplex* — Großschnabel-Seeschwalben leben an den großen südamerikanischen Flüssen, wo sie nach Fisch sturztauchen

Inka-Seeschwalbe *Larosterna inca* — Typische weiße Zeichnung im Gesicht

Weißbart-Seeschwalbe *Chlidonias hybridus*

REGENPFEIFERVÖGEL **VÖGEL** 293

Trottellumme
Uria aalge

Trottellummen leben in arktischen und subarktischen Meeren; sie sitzen in großen Scharen auf dem Wasser und tauchen länger als 1 Minute nach Fischen

Silberalk
Synthliboramphus antiquus

Nistet in Kolonien wie andere Alken, nicht in Nestern, sondern in Bauen rund um den Nordpazifik

Rotschnabelalk
Cyclorrhynchus psittacula

Nashornlund
Cerorhinca monocerata

Schopfalk
Aethia cristatella

Fratercula cirrhata

Papageitaucher
Fratercula arctica

Schwarzmantel-Scherenschnabel
Rhynchops niger

Bei Scherenschnäbeln ist der Unterschnabel länger als der obere. Zur Nahrungssuche fliegen sie flach über relativ stille Gewässer und tauchen den Unterschnabel ein, bereit sofort einen Fisch zu schnappen

---

AUF EINEN BLICK

Trottellumme Diese Vögel nisten in großen Kolonien auf felsigen Landspitzen und Inseln vor der Küste. Das Männchen begleitet die Jungen, nachdem sie flügge sind.

- Bis 43 cm
- 1
- Gleich
- Regional Nomade
- Häufig

N-Pazifik und N-Atlantik

Papageitaucher Im Sommer ist sein Schnabel rot, blau und gelb. Im Winter wird ein Teil des Schnabels abgestoßen; der Rest ist grau-braun mit einer gelben Spitze. Papageitaucher nisten in Kolonien, manchmal in Bauen von Kaninchen oder Sturmtauchern.

- Bis 36 cm
- 1
- Gleich
- Teilzieher
- Häufig

Arktis, N-Atlantik

PRAKTISCHE LÖSUNG

Alke legen in der regel ein Ei auf gefährlich aussehende Felsvorsprünge an Küsten. Im Gegensatz zu anderen Eiern ist dieses nicht oval, sondern birnenförmig. Daher rollt es, wenn es angestoßen wird, nur einen kleinen Kreis.

SCHUTZSTATUS

Familie Alke Der Riesenalk starb im 19. Jahrhundert aus. Von den 24 Arten der Familie Alke führt die Rote Liste der IUCN 1 als gefährdet, 4 als weniger gefährdet und 1 als ohne Angabe. 5 davon leben im Nordpazifik zwischen Japan und der Westküste der USA. Eingeführte Ratten und Füchse schädigen Brutkolonien, auch Umweltverschmutzung und Ausbeutung der Nahrungsquellen fordern ihren Tribut.

TAUBENVÖGEL/FLUGHÜHNER

KLASSE	Aves
ORDNUNG	1
FAMILIEN	3
GATTUNGEN	46
ARTEN	327

Tauben und Flughühner ähneln sich wenig und sind vielleicht nicht einmal verwandt. Tauben sind häufige baumlebende Vögel, die Früchte und Samen fressen. Sie haben eine enge Beziehung zum Menschen, der sie als Brieftauben einsetzt. Sie variieren vom Blaugrau der allseits bekannten Tauben bis zu den Farbschattierungen der Fruchttauben aus dem Gebiet des Indopazifiks. Tauben füttern ihre Jungen mit einer milchigen Substanz, die in ihrem Kropf entsteht. Ihr Schnabel erlaubt es ihnen, beim Trinken Wasser aufzusaugen. Im Gegensatz dazu sind Flughühner unscheinbare, schnell fliegende Wüstenbewohner, die gut ans Leben im ariden Klima angepasst sind.

Weit verbreitet Tauben gibt es weltweit, außer in den Polarregionen. Flughühner kommen nur in Afrika und Eurasien vor.

AUF EINEN BLICK

Felsentaube Diese Taube ist Stadtbewohnern in aller Welt ein vertrauter Anblick. Sie stammt aus Eurasien und Nordafrika, wo sie auf Klippen nistet, doch sie hat sich schnell ans Nisten auf Gebäudesimsen in der Stadt gewöhnt.

- Bis 33 cm
- 2
- Gleich
- Standvogel
- Häufig

S-Europa, Nahost, SW- und zentrales O-Asien, N-Afrika

Steppenhuhn Dieser seltene Vogel brütet auf den offenen Steppen Zentralasiens. Jedes Jahr fliegen zahlreiche Vögel weite Strecken in Grasland und an Strände, um den Schnee, der ihre Nahrungsquellen bedeckt, zu umgehen.

- Bis 40 cm
- 2–3
- Unterschiedlich
- Teilzieher
- Regional häufig

S-Ural bis Mongolei

Glanzkäfertaube Sie lebt im Regenwald oder benachbarter dichter Vegetation, wo sie am Waldboden allein oder in Paaren Nahrung sucht. Man sieht sie auch zwischen den Nahrungsgründen über offenes Gelände fliegen.

- Bis 27 cm
- 2
- Unterschiedlich
- Standvogel
- Häufig

Indien u. SO-Asien bis O-Austral. u. Melanesien

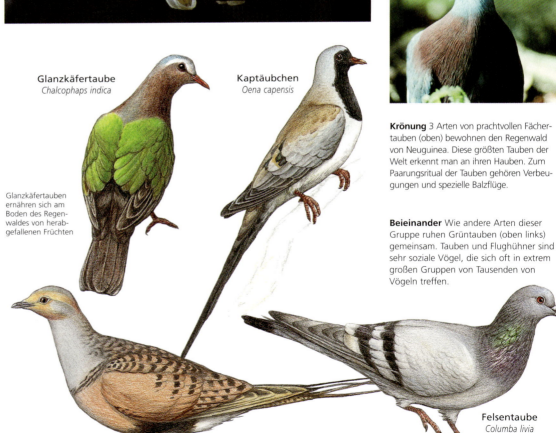

Glanzkäfertaube
Chalcophaps indica

Glanzkäfertauben ernähren sich am Boden des Regenwaldes von herabgefallenen Früchten

Kaptäubchen
Oena capensis

Krönung 3 Arten von prachtvollen Fächertauben (oben) bewohnen den Regenwald von Neuguinea. Diese größten Tauben der Welt erkennt man an ihren Hauben. Zum Paarungsritual der Tauben gehören Verbeugungen und spezielle Balzflüge.

Beieinander Wie andere Arten dieser Gruppe ruhen Grüntauben (oben links) gemeinsam. Tauben und Flughühner sind sehr soziale Vögel, die sich oft in extrem großen Gruppen von Tausenden von Vögeln treffen.

Steppenhuhn
Syrrhaptes paradoxus

Felsentaube
Columba livia

TAUBENVÖGEL/FLUGHÜHNER **VÖGEL** 295

Grüntaube
Treron australis

Grüntauben sind baumbewohnend und fressen Früchte; ihr Muskelmagen ist an die Verdauung von Samen und Früchten angepasst

Fruchttauben haben einen Muskelmagen mit dünnen Wänden, der die Verdauung von Früchten und Samen ermöglicht

Weißkopf-Flaumfußtaube
Ptilinopus cinctus

Warzenfruchttaube
Alectroenas pulcherrima

Waalie-Taube
Treron waalia

Die truthahngroßen Fächertauben auf Neuguinea besitzen eine einmalige fächerartige Haube

Fächertaube
Goura victoria

Trauertaube
Zenaida macroura

Schallschwingentaube
Leptotila plumbeiceps

Sperbertäubchen
Geopelia striata

AUF EINEN BLICK

Grüntaube Dieser hübsche Vogel, der Früchte frisst, ist eine von mehreren Grüntauben-Arten. Er verbringt die meiste Zeit auf Bäumen und Büschen und klettert wie ein Papagei. Er lässt weiche Rufe erklingen, die nicht für Tauben typisch sind.

- Bis 32 cm
- 2
- Gleich
- Standvogel
- Regional häufig

Madagaskar und Komoren

Trauertaube Der Name dieser Taube kommt von ihrem tiefen, traurigen Ruf. Sie fliegt kraftvoll und schnell, auch über lange Strecken, um Nahrungs- oder Wasserquellen zu finden. Oft ist sie in der Dämmerung unterwegs.

- Bis 34 cm
- 2
- Gleich
- Teilzieher
- Häufig

Nord- und Mittelamerika, Karibik

Fächertaube Die einzige Fächertaube, deren Haube weiße Spitzen hat, lebt im Regenwald des Tieflands. Da man sie wegen ihres Fleisch jagt, kommt sie nur noch in entlegenen Gegenden des nördlichen Neuguinea vor.

- Bis 76 cm
- 1
- Gleich
- Standvogel
- Gefährdet

Tiefland des nördlichen Neuguinea

VERSCHWUNDEN

Die Wandertaube (*Ectopistes migratorius*) war einer der häufigsten Vögel der Welt. Sie kam in Nordamerika in Riesenschwärmen vor, die oft Millionen Tiere umfassten. Doch Menschen jagten diese Taube gnadenlos und die letzte ihrer Art starb 1914.

SCHUTZSTATUS

Gefahr Die IUCN listet 11 Taubenarten als vom Aussterben bedroht, 5 als stark gefährdet und 30 als gefährdet auf. Lebensraumzerstörung und Jagd sind Hauptursachen. Wandertaube, Dodo, Rodrigues-Soliutär, Socorrotaube und Microgoura meeki sind ausgestorben.

PAPAGEIENVÖGEL

KLASSE	Aves
ORDNUNG	1
FAMILIE	1
GATTUNGEN	85
ARTEN	364

Papageien, Kakadus und Sittiche sind traditionell in einer Ordnung zusammengefasst. Es sind hoch entwickelte Vögel mit unverwechselbaren Kennzeichen: ein kurzer, gedrungener Schnabel mit senkrecht nach unten gerichteter Schnabelspitze und Füße mit 4 Zehen, von denen 2 nach vorne und 2 nach hinten weisen. Bis auf wenige unauffällig gefärbte Arten tragen die Vögel ein farbenprächtiges Gefieder, wobei die Farbe Grün in Kombination mit Rot, Blau und Gelb dominiert. Die meisten klettern mithilfe ihrer Greiffüße und ihres Schnabels geradezu akrobatisch durch das Geäst von Bäumen. Manche Arten können die menschliche Stimme nachahmen.

Südliches Verbreitungsgebiet Papageien und Sittiche kommen überwiegend auf der südlichen Erdhalbkugel vor. Ein Großteil der Arten bewohnt Regenwälder, die im Flachland liegen; einige bevorzugen offene Trockengebiete. Die meisten Papageienvögel leben in Australasien und Südamerika. Die südlichste Papageienart lebt auf Feuerland.

GRUPPENVÖGEL

Die meisten Papageienvögel verzehren sowohl Samen und Nüsse, die sie mit ihrem kräftigen Schnabel öffnen, als auch Früchte. Nur die Loris ernähren sich ausschließlich von weichen Früchten, Blütennektar und Pollen.

Obwohl sich die Papageienvögel in den Grundzügen gleichen, gibt es markante Unterschiede in der Größe (von sperlingsgroß bis zu fast 1 m) und im Detail. Am auffälligsten ist die Schwanzform: Bei manchen Arten ist der Schwanz sehr lang und spitz zulaufend, bei anderen kurz und stumpf. Die Kakadus, die eine Unterfamilie bilden, tragen eine aufstellbare Federhaube. Bei fast allen Papageienvögeln sehen Männchen und Weibchen gleich aus. Einige können besser klettern als fliegen.

Papageienvögel sind soziale Tiere. Sie leben in großen Trupps, die in ihren Aktivitätszeiten einen Heidenlärm veranstalten. Ihr grünes Gefieder tarnt sie gut, was sie aber nicht davor bewahrt hat, gefangen und weltweit als Haustier verkauft zu werden. Auch wenn inzwischen der Handel mit Papageienvögeln strengen Gesetzen unterliegt, sind viele Arten durch Lebensraumverlust in hohem Maße gefährdet.

Gruppendynamik Die Art *Pionopsitta barrabandi* aus der Gattung der Zierpapageien und der Schwarzohrpapagei (*Pionus menstruus*) leben wie fast alle Papageienvögel in großen Schwärmen oder Familiengruppen.

Spezielle Konstruktion Der Schnabel von Papageienvögeln ist deutlich beweglicher als der anderer Vögel und besitzt viel mehr Kraft. Dies beruht auf einem speziellen Schnabelschloss und starken Muskelsträngen. Daher können die Vögel den Schnabel als »dritten Fuß« zum Klettern nutzen und harte Samenschalen knacken, deren Inhalt sie mithilfe der Feilkerben an der Innenseite des Oberschnabels und schlittenartigen Bewegungen (auf und ab sowie seitlich) des Unterschnabels zerkleinern.

Farbenfroh Der Grünflügelara (*Ara chloroptera*, unten) fällt trotz seiner bunten Farben in den Baumkronen seiner Heimat nicht auf. Dank seiner spitz zulaufenden Schwungfedern kann er schneller fliegen, als es einem Vogel dieser Größe in der Regel möglich ist.

Papageienschädel Die Abbildung zeigt die Anpassungen von Kiefer und Schnabel

- Oberes Schloss
- Unteres Schloss
- Unterschnabel bei geöffnetem Kiefer
- Oberschnabel bei geöffnetem Kiefer
- Unterschnabel, mit dessen Hilfe Nahrung zerdrückt werden kann
- Hakenartige Schnabelspitze

Flugbild Die beiden Grünflügelaras zeigen im Flug ihre prachtvollen Gefiederfarben. Die Art ist einer der größten Papageien.

Alles im Griff Die großen Papageienvögel können wie dieser Palmkakadu (*Probosciger aterrimus*, oben) ihren Fuß wie eine Hand benutzen. Palmkakadus trommeln mit einem Stock auf hohle Bäume.

298 VÖGEL PAPAGEIENVÖGEL

AUF EINEN BLICK

Alexandersittich Diese Art, bei der nur die Männchen ein schwarzes Halsband besitzen, brütet in vorhandenen Baumhöhlen oder nagt selbst Höhlen in Baumstämme. Die Vögel leben in bewaldeten Gebieten oder in Kulturlandschaften. Sie bilden kleine Trupps, die sich für die Nachtruhe auf Bäumen zu großen Schwärmen vereinen.

- Bis 62 cm
- 3
- Unterschiedlich
- Standvogel
- Regional häufig

S- und SO-Asien

Blaukrönchen Dieser kleine Papagei lebt – durch seine Farben gut getarnt – im bewaldeten Flachland von Südostasien. Seine Nahrung umfasst Blüten, Knospen, Früchte und Samen. Die Vögel ziehen in kleinen Scharen umher. Die Art gehört zu den Fledermauspapageien, die ihren Namen ihrer Schlafstellung (kopfunter am Ast) verdanken.

- Bis zu 12 cm
- 3–4
- Unterschiedlich
- Standvogel
- Häufig

Malayische Halbinsel, Borneo, Sumatra und umliegende Inseln

BLAUE VARIANTE

Vom Alexandersittich gibt es neben mehreren Unterarten auch eine blaue Mutation, die auf der Unterdrückung der gelben Pigmentierung beruht. Seinen Namen verdankt der Vogel Alexander dem Großen, zu dessen Zeiten man diesen Papagei bereits als Haustier hielt und sich an seinem charmanten Verhalten erfreute.

Farbbild
Der in Südwestaustralien heimische Stanley zeigt im Flug die Schönheit seiner Farben.

SCHUTZSTATUS

Fischers Unzertrennliche Diese bildhübschen, einst sehr häufigen Vögel, die Baumsavannen und Wäldern Ostafrikas bewohnen, sind beliebte Heimtiere. In der Natur gibt es noch etwa 1 Mio. Exemplare, von der die Hälfte in Schutzgebieten lebt. Unzertrennliche nennt man Liebesvögel, weil sie eine lebenslange, enge Paarbindung eingehen.

Blaukrönchen
Loriculus galgulus

Alexandersittich
Psittacula eupatria

Der etwa meisengroße, kurzschwänzige Papagei hängt sich zum Ruhen und Schlafen wie eine Fledermaus kopfunter an einen Zweig

Schwalbensittich
Lathamus discolor

Frühlingspapagei
Loriculus vernalis

Das Halsband kommt bei afro-asiatischen Papageien häufig vor

Pflaumenkopfsittich
Psittacula cyanocephala

Mohrenkopfpapagei
Poicephalus senegalus

Schwarzköpfchen
Agapornis personata

Fischers Unzertrennliche (Pärchen)
Agapornis fischeri

Erdsittich
Pezoporus wallicus

PAPAGEIENVÖGEL **VÖGEL** 299

Arasittich
Rhynchopsitta pachyrhyncha

Ararauna
Ara ararauna

Aras können mit ihrem kraftvollen Schnabel sogar extrem harte Schalen öffnen

Hyazinthara
Anodorhynchus hyacinthinus

Weißohrsittich
Pyrrhura leucotis

Hellroter Ara
Ara macao

Soldatenara
Ara militaris

Der Nandaysittich sucht seine Nahrung (Samen und Früchte) vorwiegend am Boden

Nandaysittich
Nandayus nenday

Felsensittich
Cyanoliseus patagonus

AUF EINEN BLICK

Arasittich Der Schnabel der Jungtiere ist hell und wird mit der Geschlechtsreife dunkel. Auf der Suche nach Nahrung (Kiefernsamen, Wacholderbeeren und Eicheln) ziehen die Vögel in kleinen oder sehr großen Trupps umher.

- Bis 43 cm
- 1–4
- Gleich
- Nomade
- Gefährdet

W-Mexiko

Hyazinthara Dies ist die größte Art der Papageienfamilie und nur noch in kleinen Beständen vorhanden. Die Männchen sind etwas größer als die Weibchen. Im Gegensatz zu anderen großen Aras ist das Gesicht befiedert.

- Bis 1 m
- 2–3
- Gleich
- Standvogel
- Gefährdet

Mittel- und Ostbrasilien, Bolivien, Paraguay

Hellroter Ara Dieser farbenprächtige Ara ernährt sich von Früchten, Samen, Nüssen, Nektar und Blüten. Gelegentlich nimmt er Lehm zu sich, was u. a. die Verdauung der unreifen Früchte, die er verzehrt, bevor andere Vögel sie ergattern, erleichtert.

- Bis 89 cm
- 1–4
- Gleich
- Standvogel
- Häufig

Mittelamerika und N-Südamerika

FELSENSITTICH

Die meisten Papageienvögel brüten in Baumhöhlen, manche sogar in Termitenhügeln. Der kleine Felsensittich gräbt seine tiefe Bruthöhle in die Steilufer von Flüssen oder in Sandsteinklippen nahe dem Meer. So ist sein Nachwuchs gut vor Feinden geschützt.

300 VÖGEL PAPAGEIENVÖGEL

AUF EINEN BLICK

Eulenpapagei Der nachtaktive Vogel ist flugunfähig, weil der Kiel seines Brustbeins fehlt. Er kaut Blätter und Zweige, um ihnen den Saft zu entziehen. Bei der Balz bläht sich an der Kehle des Männchens ein dehnbarer Luftsack auf.

- Bis 64 cm
- 1–3
- Gleich
- Standvogel
- In Natur fast ausgest.

SW-Südinsel (Neuseeland); eingeführt auf die Inseln Little Barrier, Maud, Codfish und Pearl

Blaustirnamazone Dieser ausgezeichnet kletternde Papagei lebt in Wäldern und brütet in Baumhöhlen. Das Gelege besteht in der Regel aus 2 Eiern, die vorwiegend vom Weibchen in etwa 25 Tagen ausgebrütet werden.

- Bis 37 cm
- 2
- Gleich
- Standvogel
- Regional häufig

NO- und mittleres Südamerika

Mönchssittich Diese sehr anpassungsfähige Art findet man in Savannen, Wäldern, Palmenhainen, Parks und Gärten. Im Gegensatz zu den anderen Papageienvögeln, die nur ein notdürftiges Nest anlegen, baut er ein aufwändiges Nest aus Zweigen.

- Bis 29 cm
- 1–11
- Gleich
- Standvogel
- Häufig

Mittleres und SO-Südamerika

FÄCHERKRAUSE

Der in Amazonien heimische Fächerpapagei trägt an Genick und Halsseiten breite, blau geränderte Schmuckfedern, die er bei Erregung aufstellt und die dann einen nach hinten gerichteten Fächer bilden. Die lautstarke, gesellige Art lebt im oder am Rand der Urwälder, häufig an Wasserläufen.

Aufgestellt Wie eine aufgestellte Halskrause

Im Profil Aufgestellte Federn

Fächerpapagei
Deroptyus accipitrinus

Weißkopfpapagei (Glatzenkopfpapagei)
Pionus senilis

Mönchssittich
Myiopsitta monachus

Weißflügelsittich
Brotogeris versicolurus

Venezuela-Amazone
Amazona amazonica

Kuba-Amazone
Amazona leucocephala

Eulenpapagei (Kakapo)
Strigops habroptilus

Kann nicht fliegen; trotz seiner gut tarnenden Gefiederfarben ist er immer wieder das Opfer von Wieseln, Ratten und wildernden Katzen geworden und ist daher heute vom Aussterben bedroht

Blaustirnamazone
Amazona aestiva

Wie andere Papageienvögel hat der Eulenpapagei 4 Zehen, wobei 2 nach vorne und 2 nach hinten zeigen

KUCKUCKSARTIGE

KLASSE Aves
ORDNUNG 1
FAMILIEN 2
GATTUNGEN 42
ARTEN 162

Zwei alte Familien – die Turakos und die Kuckucke – bilden die Ordnung der Kuckucksartigen. Die landläufige Meinung, dass jeder Kuckuck ein »Brutschmarotzer« sei, trifft nicht zu, denn weit weniger als die Hälfte der 140 Kuckuck-Arten sind tatsächlich parasitische Vögel, die ihre Jungen von anderen Vögeln aufziehen lassen. Bei allen Kuckuck-Arten weisen 2 Fußzehen nach vorne und 2 nach hinten, ansonsten unterscheiden sich jedoch die Arten im Aussehen erheblich voneinander. Turakos sind eine homogenere Familie (mit einer Ausnahme), deren Mitglieder einen relativ schlanken Hals, kurze, abgerundete Flügel und einen kammartigen Federschopf besitzen.

Hier, dort, überall Turakos bewohnen Savannen und Wälder. Sie sind ausschließlich in Afrika südlich der Sahara verbreitet. Die Kuckuck-Arten findet man in unterschiedlichsten Lebensräumen – vom Moor bis zum Regenwald. Es sind Kosmopoliten, wobei die Mehrzahl der Arten tropische und subtropische Regionen bevorzugt.

Perfekt delegiert Das Junge (links) des Gemeinen Kuckucks (*Cuculus canorus*) ist im Nest seiner Pflegeeltern (hier sind es Rohrsänger) vor deren Jungem geschlüpft. Nach 3 oder 4 Tagen ist der Jungkuckuck so kräftig, dass er noch vorhandene Eier und Jungvögel der Wirtsart aus dem Nest werfen kann. So gehören die Fürsorge und vor allem das Futter ihm ganz allein. Jedes einzelne Kuckuckweibchen ist auf eine bestimmte Wirtsvogelart festgelegt.

SCHLICHTE UND SCHÖNE

Die meisten Kuckuck-Arten tragen ein unscheinbares Gefieder. Nur die die in den Tropen der Alten Welt leben weisen brilliante Farben auf. Bis auf einige Arten, die in Gruppen leben und Reviere einnehmen, sind Kuckucke Einzelgänger. Arten wie der Erd- und Laufkuckuck fliegen wenig, sondern laufen meist.

Turakos sind sehr laute Vögel, deren durchdringenden Rufe man weithin hören kann. Sie leben in kleinen Gruppen und bewegen sich flatternd von Baum zu Baum. Auf den Ästen laufen sie geschickt und wendig umher, während ihr Flug ausgesprochen unbeholfen wirkt.

Das Gefieder der in Savannen lebenden Turakos ist unscheinbar. Arten, die Wälder bewohnen, sind meist metallisch grün bis bläulich gefärbt. In die Federn dieser Turakos sind die Farbpigmente Turacin (rot) und Turacoverdin (grün) eingelagert. Diese Pigmente wasserlöslich, sodass das Gefieder Farbe abgibt, wenn es nass wird.

Hartlaubs Turako *Tauraco hartlaubi*

Alle Turakos haben einen schmalen, langen Schwanz

Die grüne Gefiederfarbe ist typisch für Turakos, diese Art lebt in Ostafrika in Äquatornähe

Der Riesenturako, die größte Turako-Art, lebt im tropischen Afrika; sein Bauchgefieder ist leuchtend orange

Riesenturako *Corythaeola cristata*

Jakobinerkuckuck *Clamator jacobinus*

Die afro-asiatischen Arten der Gattung *Clamator* sind die einzigen Kuckucke, die einen Federschopf tragen

Häherkuckuck *Clamator glandarius*

Schildturako *Musophaga violacea*

Das blauviolette Gefieder ist typisch für den Schildturako und den Haubenschildturako, die beide im westlichen Zentralafrika in von Flüssen durchzogenen Wäldern leben

Echte Farbe Bei den meisten Vögeln kommen die Gefiederfarben durch Lichtbrechung zustande. Bei Turakos wie dem Helmturako (*Tauraco corythaix*, unten) entstehen sie durch echte Farbpigmente.

302 VÖGEL KUCKUCKSARTIGE

AUF EINEN BLICK

Kuckuck Der weithin bekannte Vogel lebt auf Lichtungen und Äckern; dort frisst er Insekten. Sein Ruf, dem er seinen Namen verdankt, ist wohl vertraut. Die Weibchen sind polygam und legen ihre Eier in fremde Nester.

- Bis 33 cm
- Bis 12 oder 20, einzeln in fremde Nester
- Unterschiedlich
- Zugvogel
- Häufig

Eurasien bis auf SW-, NW- und südliches Afrika

Chinesischer Spornkuckuck Er lebt am Boden und legt seine Eier nicht in fremde Nester. Wegen seiner Größe hält man ihn oft für einen Hühnervogel. Er hat einen typischen Ruf, krächzt und kichert aber auch.

- Bis 52 cm
- 2–4
- Gleich
- Standvogel
- Häufig

S- und SO-Asien, Große Sunda-Inseln, einige den Philippinen vorgelagerte Inseln

Erdkuckuck Dieser Bodenbewohner ist die Vorlage für den Roadrunner im Zeichentrickfilm. Er lebt in Trockengebieten und Wüsten mit Gebüsch und Kakteen. Der lange Schwanz dient beim raschen Laufen als Steuerruder. Er frisst u. a. Schlangen und andere Reptilien.

- Bis 56 cm
- 2–6
- Gleich
- Standvogel
- Häufig

SW-USA bis Zentral-Mexiko

HAARIGE ANGELEGENHEIT

Kuckucke der Alten Welt fressen Insekten und deren Larven. Vor allem lieben sie haarige Raupen, die den meisten anderen Vögeln nicht behagen. Seine Nahrung zwingt den europäischen Kuckuck zur Überwinterung in Afrika.

Koël *Eudynamys scolopaceces*

Goldkuckuck *Chrysococcyx caprius*
Einer der Goldkuckucke mit dem typischen glänzend grünen Rücken der Gruppe

Chinesischer Spornkuckuck *Centropus sinensis*

Kuckuck *Cuculus canorus*
Ein Kuckuck-Weibchen, das gerade sein Ei in ein fremdes Nest legt – hier in das Nest eines Teichrohrsängers

Gelbschnabelkuckuck *Coccyzus americanus*

Laufkuckuck *Carpococcyx radiceus*
Frisst am Boden des Regenwaldes Insekten, schläft und nistet aber auf Bäumen

Tajazuira *Neomorphus geoffroyi*

Ani *Crotophaga ani*
Schnabel mit einem hohen Grat, um das Laubwerk zu teilen, in dem er nach Nahrung sucht

Erdkuckuck *Geococcyx californianus*
Allesfresser, der geschickt kleine Reptilien jagt, aber auch Insekten, Mäuse und die Eier kleiner Vögel frisst

EULENVÖGEL

KLASSE Aves
ORDNUNG 1
FAMILIEN 2
GATTUNGEN 29
ARTEN 195

Diese Einzelgänger der Nacht sind leicht an ihren nach vorne ausgerichteten Augen, ihrer Maske und der stämmigen Körperform zu erkennen. Es gibt 2 Eulenfamilie: Schleiereulen mit herzförmigem Gesicht und längerem Schnabel und die Eulen mit abgerundetem Kopf und habichtähnlichem Schnabel. Sie ruhen meist an versteckten Plätzen und selbst im offenen Land sind sie dank ihres in Erdtönen gesprenkelten Gefieders nur sehr selten zu sehen. Durch ihre geheimnisvolle nächtliche Aktivität und ihre lauten, mitunter unheimlich klingenden Rufe haben sie ihren Platz im Volksaberglauben gefunden. In ihrer Lebensweise sind sie ganz normale nachtaktive Raubvögel.

Kosmopoliten Beide Eulenfamilien sind weit verbreitet; manche Arten wie die Schleiereule gehören zu den Vogelarten mit dem größten Verbreitungsgebiet. Die meisten Arten leben im Wald oder am Waldrand, einige bevorzugen auch unbewaldete Lebensräume.

Hungrige Mäuler Ein Bartkauz (oben) füttert seinen Jungen ein Nagetier. Bei einigen Eulen variieren Paarungszeit und Gelegegröße je nach Nahrungsangebot. Häufig schlüpfen nicht alle Jungen gleichzeitig: Dadurch können bei Nahrungsknappheit die besser entwickelten Jungen überleben, indem sie ihre später geschlüpften Geschwister fressen.

NÄCHTLICHE JÄGER

Eulen, die meist in der Dämmerung aktiv werden, sind gut an die nächtliche räuberische Lebensweise angepasst. Die nach vorne gerichteten Augen ermöglichen ihnen binokulares Sehen, das ihnen hilft, Entfernungen einzuschätzen. Sie können ihren Kopf weit genug drehen, um hinter sich zu schauen. Sie sehen bei Dämmerlicht sehr gut, dank der Röhrenform der Augen und vieler darin eingebetteter lichtempfindlicher Stäbchen. Das Gehör ist scharf, bei einigen Arten dient ein das Gesicht umrandender Wulst dazu, die Töne zu den Ohren zu leiten.

Eulen besitzen einen scharfen Hakenschnabel, kräftige Beine und Krallen an den Füßen. Sie sitzen ruhig auf der Lauer und wenn sie Beute entdecken, stürzen sie sich auf das Säugetier oder Insekt am Boden. Sie schnappen auch Säuger oder Insekten von Bäumen oder fangen Insekten im Flug.

Tragen sie große Beute in den Füßen, beugen sich Eulen manchmal hinunter, um sie tot zu beißen. Kleine Beute heben sie mit einem Fuß zum Schnabel und verschlucken sie ganz. Größere Beute wird in den Füßen gehalten und vor dem Fressen mit dem Schnabel zerrissen.

Wenn Eulen gestört werden, legen sie ihr Gefieder an, um weniger aufzufallen. Manche Arten besitzen aufrichtbare Federn (»Ohren«).

Bei vielen Arten sind die Weibchen größer als die Männchen, mitunter wiegen sie doppelt so viel. Die Jungen verlassen das Nest oft schon, bevor sie flügge sind; die Eltern versorgen sie aber noch, bis sie allein zurechtkommen.

Alle Eulen lassen Rufe ertönen, vor allem in der Paarungszeit. Von einigen Eulenarten könnte man fast sagen, dass sie singen.

STEREOKLÄNGE

Bei vielen Eulen sind die Ohren in Größe und Form unterschiedlich. Dadurch können sie ihre Beute genauer lokalisieren, denn sie hören feine Unterschiede zwischen den Tonsignalen, die ihre Ohren erreichen.

Lautloser Flug Die Kreischeule (*Otus asio*, rechts) besitzt weiches, lockeres Gefieder. Ihre Schwungfedern haben gefranste Ränder, die den Luftstrom über die Flügel verlangsamen und den Flug lautlos machen.

In aller Stille
Die Flügel der Kreischeule verursachen kaum Geräusche, wenn sie sich auf ihre ahnungslose Beute herabstürzt.

VÖGEL EULENVÖGEL

AUF EINEN BLICK

Bartkauz Der große Vogel nützt mitunter verlassene Nester anderer Vögel. Ist Nahrung knapp, legt er manchmal jahrelang keine Eier, bei Überfluss können es bis zu 9 Eier jährlich sein.

- Bis 70 cm
- 2–9
- Gleich
- Standvogel
- Selten

Nördliches Nordamerika, N-Eurasien

Schneeeule Sie wandert im Winter – dann lebt sie an Seeufern, in Sümpfen oder an der Küste. Sie ruht auf Felsen oder Bäumen und tötet ihre Beute – Wirbellose und kleine Säugetiere oder Vögel – im Sturzflug.

- Bis 70 cm
- 3–11
- Unterschiedlich
- Teilzieher
- Selten

N-Eurasien, N-Kanada, Arktis

TRICKREICH

Eulen schützen sich vor Fressfeinden, indem ihr Gefieder ihnen Tarnung in ihrem Lebensraum bietet und sie an versteckten Plätzen rasten. Ihre nächtliche Lebensweise führt auch dazu, dass die meisten Fleischfresser nicht gleichzeitig mit ihnen aktiv sind. Als Schutz tragen viele Sperlingskäuze am Hinterkopf Flecken, die wie Augen aussehen. Dadurch sollen die Feinde denken, dass die Eule sie überall sehen kann.

Augen am Hinterkopf
Links: Wirkliche Augen im Gesicht eines Sperlingskauzes; rechts: Augenflecken im Gefieder am Hinterkopf desselben Kauzes.

Habichtskauz *Strix uralensis*

Habichtskäuze kommen in der Taiga Eurasiens vor; ihr zartgraues Gefieder ist typisch für die Gattung

Bartkauz *Strix nebulosa*

Der federbesetzte Wulst um das Gesicht leitet Geräusche zu den Ohren, ähnlich einer Satellitenschüssel

Dunkler Tropenwaldkauz *Ciccaba huhula*

Sperlingskauz *Glaucidium passerinum*

Streifenkauz *Strix varia*

Sperbereule *Surnia ulula*

Elfenkauz *Micrathene whitneyi*

Schneeeule *Nyctea scandiaca*

Dieser Greifvogel der Taiga jagt Vögel und Säugetiere, er bevorzugt Wühlmäuse. Meistens nistet er in Baumlöchern; sein Gelege besteht aus 6 bis 10 Eiern

EULENVÖGEL VÖGEL

Amerikanischer Uhu
Bubo virginianus

Blassuhu
Bubo lacteus

Er besitzt die Größe eines Bussards; er lebt in Afrika südlich der Sahara und jagt mittelgroße Säugetiere und ziemlich große Vögel

Tropenkreischeule
Otus choliba

Brillenkauz
Pulsatrix perscipillata

Schleiereule
Tyto alba

Die kammähnliche mittlere Kralle dient der Gefiederpflege

Sie hat die kürzesten »Ohren« (2 Federschöpfe über den Augen) in ihrer Gruppe; sie lebt in offenem Gelände und jagt meist kleine Säugetiere

Sumpfohreule
Asio flammeus

Waldohreule
Asio otus

Raufußkauz
Aegolius funereus

Der blasseste Vertreter einer Gruppe von Eulen, die meist in der Neuen Welt vorkommt

Kanincheneule
Athene cunicularia

Sägekauz
Aegolius acadicus

AUF EINEN BLICK

Schleiereule Sie ist einer der am weitesten verbreiteten Vögel der Welt. Oft sieht man sie an den Randstreifen von Straßen und Autobahnen Nagetiere jagen. Schleiereulen hören besonders gut und können auch bei totaler Dunkelheit mittels Echoortung Beute fangen. Mitunter jagen sie auch bei Tag.

- Bis 44 cm
- 4–7
- Gleich
- Standvogel
- Häufig

Südliches Nordamerika u. Südamerika, Afrika südlich der Sahara, W-Eurasien bis Australien

Waldohreule Dieser Vogel nistet gelegentlich in Eichhörnchenbauen. Das Weibchen füttert die Jungen, obwohl vor allem das Männchen jagt und die Nahrung – kleine Säugetiere, Vögel und Wirbellose – liefert. Weibchen sind normalerweise dunkler und größer als Männchen. Die Augenfarbe variiert, je nach Region, von Gelb bis Golden.

- Bis 40 cm
- 5–7
- Gleich
- Teilzieher
- Regional häufig

Zentrales und südliches Nordamerika, gemäßigtes W- bis O-Eurasien

ABSCHRECKUNG

Um Feinde von ihrem Nest abzuschrecken, breitet das Weibchen der Waldohreule die Flügel aus, plustert die Federn auf und senkt den Kopf, um größer zu erscheinen.

SCHWALMVÖGEL

KLASSE	Aves
ORDNUNG	1
FAMILIEN	5
GATTUNGEN	22
ARTEN	118

Man vermutet, dass diese Ordnung nachtaktiver Vögel – Fettschwalme, Schwalme, Tagschläfer, Höhlenschwalme und Ziegenmelker – entfernt mit den Eulen verwandt ist. Wie diese sind sie in der Dämmerung und bei Nacht unterwegs. Sie haben weiches Gefieder in Zeichnungen und Färbungen, durch die sie vor Bäumen oder dem Boden nur schwer zu erkennen sind. Meist besitzen sie einen ziemlich großen Kopf und große Augen, die weiter seitlich stehen als bei den Eulen. Sie sehen auch bei dämmerigen Lichtverhältnissen gut, ihr Gehör ist scharf.

Vielfalt Fettschwalme leben nur in Höhlen im tropischen Südamerika. Tagschläfer gibt es in lichten Wäldern Mittel- und Südamerikas. Schwalme und Höhlenschwalme findet man in bewaldeten Gegenden Australiens und Ozeaniens. Ziegenmelker leben weltweit in warmen Klimazonen.

Insektenfresser Ziegenmelker (oben) haben einen langen Schwanz und spitz zulaufende Flügel, mit denen sie schnell fliegen. Früher vermutete man, dass sie den Ziegen die Milch stehlen würden – daher ihr Name. In Wirklichkeit jagen sie die Insekten, die das Vieh umschwirren.

Schwer zu entdecken Der Eulenschwalm (oben) hebt sich kaum vom Hintergrund ab. Die nachtaktiven Vögel versuchen, sich am Tag unsichtbar zu machen. Hier sitzt einer regungslos auf seinem Nest, Form und Farbe ahmen den Ast eines Baumes nach.

MEISTER DER TARNUNG

Diese ungewöhnlich aussehenden nachtaktiven Vögel verstehen es perfekt, sich unsichtbar zu machen. Oft nehmen sie seltsame Posen ein, um abgebrochenen Ästen zu ähneln.

Mit ihrem breiten, flachen Schnabel fangen sie Insekten. Die Borsten, die den Schnabel umstehen, helfen die Nahrung (Insekten, andere Tiere oder Früchte) ins Maul zu befördern.

Der Fettschwalm bildet allein eine Familie. Er hat einen fächerförmigen Schwanz und lange, breite Flügel. Als Höhlenbewohner findet er sich dank Echoortung in ähnlicher Art zurecht wie Fledermäuse.

Bei den Schwalmen verjüngt sich der Körper vom großen, zottigen Kopf zum Schwanz. Ihr knochenharter Schnabel packt die Beute.

Tagschläfer ähneln Schwalmen, doch ist ihr Schnabel dünner und trägt weniger Borsten. Sie fressen im Flug Insekten.

Ziegenmelker umfassen 50% aller Arten dieser Ordnung. Sie fliegen gewandt, laufen aber nur selten und schlecht. Bei Gefahr zeigen sie ihren kräftig gefärbten Gaumen.

Höhlenschwalme wirken wie eine Kreuzung aus Ziegenmelker und Eule. Ihr Schnabel ist fast unter Borsten versteckt. Sie laufen häufiger als andere Vögel der Ordnung.

Der einzige Vogel der Ordnung, der Früchte, vor allem von Palmen, frisst; die harten Samen würgt er wieder aus

Fettschwalm
Steatornis caripensis

Sie sitzen bewegungslos auf einem erhöhten Platz und stoßen sofort herab, wenn sie ein Beutetier entdecken

Eulenschwalm
Podargus strigoides

Eurostopodus argus

Urutáu
Nyctibius griseus

Tarnt sich auf seinem Ruheplatz als toter Ast; die Zeichnung des Gefieders dient der Tarnung

SCHUTZSTATUS

Unklare Verhältnisse Nur 3 Arten aus der Ordnung der Schwalmvögel führt die IUCN als vom Aussterben bedroht auf. 5 gelten als gefährdet, doch vielleicht sind mehr bedroht. Man weiß über diese rätselhaften Vögel nur wenig. Alle gefährdeten Arten sind Ziegenmelker, die auf Jamaika, Puerto Rico sowie in Mittel- und Südamerika leben.

SCHWALMVÖGEL **VÖGEL** 307

Caprimulgus climacurus

Wimpelnachtschwalbe
Macrodipteryx vexillarius

Männchen von *Macrodipteryx*-Arten sind polygam; vor der Paarungszeit wachsen ihnen verlängerte Handschwingen, die sie in Paarungsritualen einsetzen, um Weibchen anzulocken

Flaggenflügel
Macrodipteryx longipennis

Pauraque
Nyctidromus albicollis

Poor-Will
Phalaenoptilus nuttallii

Europäischer Ziegenmelker
Caprimulgus europaeus

Caprimulgus poliocephalus

Australischer Höhlenschwalm
Aegotheles cristatus

Wartet auf einem hohen Platz, um sich auf seine Beute – Insekten – zu stürzen

AUF EINEN BLICK

Fettschwalm Er lebt in Höhlen, meist im Gebirge, aber mitunter auch an Felsenküsten. Sein becherförmiges Nest baut er aus hochgewürgten Früchten. Er schwebt beim Picken von Früchten und Samen, die er sieht und riecht.

- Bis 50 cm
- 1–4
- Gleich
- Standvogel
- Regional häufig

Nördliches und Nordwestliches Südamerika

Eulenschwalm Diese geselligen Vögel sieht man paarweise oder in Familiengruppen an Ruheplätzen. Sie suchen am Boden nach Nahrung, Wirbellosen und Kleinsäugern – bei Gefahr fliegen sie sofort in die Bäume.

- Bis 53 cm
- 1–3
- Gleich
- Standvogel
- Häufig

Australien und Tasmanien

Europäischer Ziegenmelker Seine Jungen schlüpfen nacheinander in einem kahlen, in den Boden gekratzten Nest. Die Farbe der Eier ist unauffällig. Der erwachsene Vogel nutzt ein spezielles Verhalten, um Feinde abzulenken und vom Nest wegzuziehen.

- Bis 28 cm
- 1–2
- Unterschiedlich
- Zugvogel
- Häufig

W- und Zentral-Eurasien, W- und SO-Afrika

WEIT GEÖFFNET

Ziegenmelker fliegen rasch durch die Dunkelheit und halten den weiten Schnabel offen, um Nachtfalter, Käfer, Grillen und andere Insekten zu fangen, denen sie dank des guten Sehvermögens folgen. Borsten beidseits des Schnabels helfen die Beute zu fangen.

Weit offen
Ein Ziegenmelker mit offenem Schnabel fängt ein Insekt im Flug.

KOLIBRIS UND SEGLER

KLASSE	Aves
ORDNUNG	1
FAMILIEN	3
GATTUNGEN	124
ARTEN	429

Gemeinsame Vorfahren dieser unterschiedlichen Vögel müssen sehr weit zurückliegen. Trotzdem besitzen Kolibris und Segler auffällige anatomische Gemeinsamkeiten, wie z. B. die relative Länge ihrer Flügelknochen. Damit sind 2 Charakteristika beider Vogelgruppen verbunden: ihr sehr schneller Flügelschlag und ihr Flugverhalten. Kolibris sind wegen ihrer geringen Größe bekannt, ihrer bunten, schillernden Farben und ihres schwebenden Flugs. Das Durchschnittsgewicht dieser Vögel liegt bei 8 g. Die Bienenelfe ist die kleinste bekannte Vogelart und wiegt gerade mal 2,5 g. Die deutlich größeren Segler sind die schnellsten Vögel der Welt.

Weltweit Segler sind überall verbreitet, doch am zahlreichsten in den Tropen. Kolibris gibt es nur in der Neuen Welt, die meisten leben ebenfalls in den Tropen.

EIFRIGE FLIEGER

Segler verbrigen den Großteil ihrer Zeit in der Luft. Mit ihren schmalen nach hinten gezogenen Flügeln verfolgen sie Insekten, vor allem solche, die in Schwärmen auftreten wie Eintagsfliegen oder Termiten. Sie fressen auch Bienen und Wespen. Einige Arten legen weite Strecken über Land und Meer zurück, um ihre Winterplätze auf der südlichen Halbkugel zu erreichen.

Die meist dunklen Segler haben kurze Beine und kräftige Krallen. Einige leben in Höhlen in Dunkelheit. Sie zählen zu den wenigen Vögeln, die sich mittels Klicklauten und Echoortung orientieren.

Kolibris besitzen lange, sehr schmale Schnäbel, mit denen sie Nektar aus Blüten holen. Während sie diese süße Substanz sammeln, stehen sie in der Luft. Sie ergänzen ihre Nahrung mit Insekten, die ihnen das nötige Protein liefern.

Ruhen Segler und Kolibris, verfallen sie in eine Starre, um Energie zu sparen. Sie verlangsamen ihren Stoffwechsel und senken ihre Körpertemperatur.

Brutpflege Ein Graubrust-Eremit (*Phaethornis guy*, oben) füttert seine Jungen. Meist baut das Weibchen das Nest und brütet die Jungen aus. Sein Nest ist ein kleiner Becher aus Pflanzenmaterial, das mit Spinnweben verbunden wird. Mitunter ist es an einer Blattunterseite verankert.

Speichel Die Speicheldrüsen vieler Segler (links) vergrößern sich in der Paarungszeit. Mit den Sekreten dieser Drüsen kleben sie Stöckchen zusammen, um ihr Nest zu bauen, das sie dann an senkrechten Wänden ihrer Nistplätze in hohlen Bäumen befestigen. Die Nester einiger höhlenbrütender Arten bestehen ganz aus Speichel und sind in einigen asiatischen Küchen sehr gefragt.

Nahrung im Flug Kolibris können dank der Anatomie ihrer Flügel im Flug fressen (rechts). Sie sind Schwirrflieger; dank der hohen Frequenz des Flügelschlags können sie praktisch in der Luft stehen bleiben. Der breite Schwanz hilft ihnen beim präzisen Manövrieren.

KOLIBRIS UND SEGLER **VÖGEL**

Kleinbartsegler
Hemiprocne comata

Am rechteckigen Schwanz und dem breiten weißen Streifen kann man diese Art von verwandten Seglern unterscheiden; sie lebt in großen Höhen in Afrika und Südwestasien

Weißbürzelsegler
Apus affinis

Alpensegler
Tachymarptis melba

Baumsegler bauen ein kleines, flaches Nest aus Federn und Rinde, das mit Speichel an Äste eines großen Baums im Wald geklebt wird; aus dem einzelnen Ei schlüpft ein tarnfarbenes Küken

Brütet in großen Höhen im südlichen Eurasien, zieht im Winter nach Afrika und Indien; kann im Flug schlafen

Haubensegler
Hemiprocne longipennis

Baumsegler starten von hoch gelegenen Plätzen in Baumwipfeln, um Insekten zu jagen; sie haben alle kurze Hauben oder weiße bartähnliche Streifen im Gesicht

Mauersegler
Apus apus

Er ist der weitestverbreitete Segler Eurasiens. Er nistet meist in Hohlräumen an Gebäuden. Im Winter zieht er nach Afrika, in Gebiete südlich des Äquators

Cypsiurus balasiensis

Kaminsegler
Chaetura pelagica

Altwelt-Palmsegler
Cypsiurus parvus

Mit dem langen gegabelten Schwanz und den spitz zulaufenden Flügeln ist der Altwelt-Palmsegler der stromlinienförmigste Segler; er ruht und nistet meist in Palmen

---

AUF EINEN BLICK

Mauersegler Dieser Vogel verbringt viel Zeit fliegend in städtischen und ländlichen Gebieten. Er ist sehr gesellig und fliegt oft in zwitschernden Gruppen. Beide Eltern ziehen die Nestlinge auf, die mit 2 Monaten fliegen können.

- Bis 17 cm
- 1–4
- Gleich
- Zugvogel
- Häufig

W- und Zentral-Eurasien, Südliches Afrika

Kaminsegler Man hört oft das hohe Gezwitscher dieses Vogels, wenn er hoch oben seine Bahnen zieht. Häufig sieht man ihn zusammen mit Schwalben, die ihm zwar ähnlich sind, aber mit denen er nicht eng verwandt ist.

- Bis 13 cm
- 2–7
- Gleich
- Zugvogel
- Häufig

Östl. Nordamerika, nordwestl. Südamerika

Altwelt-Palmsegler Das Nest dieses Vogels ist klein, flach und an ein Blatt, meist ein Palmblatt geklebt. In dieses Nest klebt das Weibchen mit Speichel 1 oder 2 Eier. Die Eltern sitzen beim Brüten aufrecht. Die Küken halten sich am Nest fest, bis sie fliegen können.

- Bis 16 cm
- 2
- Gleich
- Standvogel
- Regional häufig

Afrika südlich der Sahara, Madagaskar

LEBEN IM FLUG

Segler – sie sind in der Luft leicht an ihrem kompakten Körper und der typischen Flügelform zu erkennen – verbringen die meiste Zeit im Flug. Nur nachts lassen sie sich an ihren Ruheplätzen nieder. Sie können sich sogar in der Luft paaren. Das Weibchen tut sein Interesse kund, indem es die Flügel in v-Form hält und abwärts gleitet. Das Männchen folgt ihm und landet dann sanft auf dem Rücken des Weibchens. Im Hinabgleiten paaren sich die Vögel.

Paarung
Ein Segler-Männchen und -Weibchen paaren sich im Flug.

VÖGEL KOLIBRIS UND SEGLER

AUF EINEN BLICK

Topaskolibri Dieser auffällige Vogel ist der zweitgrößte Kolibri. Er lebt im Amazonasgebiet, wo er sich oft in der Kronenschicht des Waldes aufhält. Daher bekommt man ihn nur selten zu Gesicht. Die langen Schwanzfedern des Männchens kreuzen sich in der Mitte.

- Bis 22 cm
- 2
- Unterschiedlich
- Standvogel
- Regional häufig

Nördliches Südamerika

Riesengnom Der größte Vogel der Ordnung ist so groß wie ein großer Segler. Sein Gefieder ist braun und, im Vergleich zu anderen Kolibris, unauffällig. Er hat einen langen, schmalen Schnabel und eine gegabelte Zunge.

- Bis 23 cm
- 1–2
- Unterschiedlich
- Standvogel
- Regional häufig

Anden im westlichen Südamerika

Schwertschnabelkolibri Sein Schnabel ist länger als sein Körper – damit hat er den im Verhältnis zur Körperlänge längsten Schnabel aller Vögel. Der Schwertschnabelkolibri hat sich parallel zur Passionsblume entwickelt.

- Bis 23 cm
- Unbekannt
- Unterschiedlich
- Standvogel
- Regional häufig

Anden im NW-Südamerika

Schwarzbrustkolibri Er nimmt am liebsten Nektar aus roten Blüten, obwohl er sich auch bei anderen bedient. Beim Paarungsritual schlägt er doppelt so schnell mit den Flügeln wie normal.

- Bis 12 cm
- 2
- Unterschiedlich
- Teilzieher
- Häufig

Nordwestl., nordöstl. u. zentrales Südamerika

SCHUTZSTATUS

Lebensraumgefährdung Die Rote Liste der IUCN führt 7 Kolibriarten als vom Aussterben bedroht auf. Alle leben in Mittel- und im nördlichen Südamerika, wo die Lebensraumzerstörung katastrophale Ausmaße hat. Weitere 7 Kolibriarten sind stark gefährdet, 11 gefährdet. Von den Seglern gelten nur 7 Arten als gefährdet.

Topaskolibri *Topaza pella*

Blauflügelkolibri *Pterophanes cyanopterus*

Riesengnom *Patagona gigas*

Weißschwanzkolibri *Coeligena torquata*

Lebt im Nebelwald im nördlichen Teil der Anden in Südamerika. Er ist an der Kombination aus blauem Kopf, weißer Brust und seitlichen weißen Schwanzfedern zu erkennen

Schwertschnabelkolibri *Ensifera ensifera*

Chile-Kolibri *Sephanoides sephanoides*

Gelbflügel-Waldnymphe *Coeligena lutetiae*

Kolibris tragen die wohl fantasievollsten Namen aller Vögel; man erkennt diese Art aus den nördlichen Anden an einem gelbbraunen Fleck am Flügel

Adlerkolibri *Eutoxeres aquila*

Polygam; Männchen balzen in Gruppen und Weibchen bauen hängende, häufig kegelförmige Nester, die sie an der Unterseite von Blättern oder Zweigen befestigen.

Schwarzbrustkolibri *Anthracothorax nigricollis*

KOLIBRIS UND SEGLER **VÖGEL** 311

Einzigartige, nach oben gebogene Schnabelspitze zum Nektartrinken; die gegabelte Zunge rollt sich zum Nektar am Boden der Blüte und nimmt ihn auf

Männchen besetzen das ganze Jahr ein Revier mit vielen Blüten; Weibchen nur, wenn sie nicht brüten; das Gefieder ist bei den Geschlechtern gleich

Anthracothorax recurvirostris

Granatkolibri
Eulampis jugularis

Lophornis chalybeus

Gabelthalurania
Thalurania furcata

Einer von mehreren Kolibris mit gegabeltem Schwanz, er ist weit verbreitet in den Regenwäldern des nördlichen Südamerika

Topasrubinkolibri
Chrysolampis mosquitus

Prachtelfe
Lophornis magnificus

Man erkennt ihn an der glänzenden goldenen Kehle. Das Schillern im Gefieder der Kolibris kommt durch den Aufbau der Plättchen in den Federhäkchen

Diskuskolibri
Discosura longicauda

Schwanzfedern mit Wimpel an den Spitzen gibt es bei mehreren Kolibri-Arten; den Schwanzfedern kommt bei Flugmanövern eine wichtige Rolle zu

Eulampis holosericeus

AUF EINEN BLICK

Granatkolibri Er lebt auf den Kleinen Antillen in hoch gelegenen Wäldern und anderen Lebensräumen. Der Schnabel des Weibchens ist länger und gebogener als der des Männchens. Das becherförmige Nest tarnen Flechten.

- Bis 12 cm
- 2
- Gleich
- Standvogel
- Regional häufig

Kleine Antillen

Lophornis chalybeus Diese Kolibri-Art lebt in feuchten Wäldern und in von Büschen bedeckten Gebieten. Man findet sie im Tiefland bis zu 1000 m Höhe, östlich der Anden von Kolumbien bis Argentinien.

- Bis 8,5 cm
- 2
- Unterschiedlich
- Standvogel
- Keine Angabe

Nordwestliches Südamerika

Eulampis holosericeus Dieser vorwiegend grüne Kolibri hat einen dünnen, gebogenen Schnabel. Er lebt meist im trockenen Tiefland, gelegentlich auch in höher gelegenen Gebieten und in Mangrovesümpfen. Mitunter baut er sein Nest hoch oben auf Bäumen.

- Bis 13 cm
- 2
- Gleich
- Teilzieher
- Regional häufig

Östliches Puerto Rico, Kleine Antillen, Grenada

HOHER GRUNDUMSATZ

Die Flugweise des Kolibris verbraucht viel Energie und so muss er sich rasch mit Sauerstoff versorgen und große Mengen Nahrung schnell in Energie verwandeln. Er besitzt ein großes Herz, um das Blut in die Muskeln der Flügel zu pumpen und ihnen Energie zu liefern. Das Herz ist im Verhältnis doppelt so groß wie das eines Singvogels. Einige Arten legen weite Wege zurück, um den Nektarquellen nahe zu sein.

Energiehunger
Ein Kolibri taucht seinen langen Schnabel zum Nektarsaugen in eine Blüte.

KOLIBRI-FLUG

KOLIBRI-FLUG

Die meisten Vögel können nur vorwärts fliegen, doch Kolibris beherrschen auch den Rückwärts-, Seitwärts- und Senkrechtflug. Sie kehren sogar die Richtung um, ohne den Körper zu wenden. Dies ist dank ihrer speziellen Anatomie möglich, weil die Flügel um 180 Grad gedreht werden können. Um in der Luft zu stehen, können sie bis zu 90-mal pro Sekunde mit den Flügeln schlagen. Sie können auch rasch bremsen und beschleunigen. Ihre Schwungfedern nehmen fast den ganzen Flügel ein.

Vorwärts-Flug Um vorwärts zu fliegen, bewegen Kolibris ihre Flügel auf und ab.

Schweben Kolibris bewegen ihre Flügel in einer acht-ähnlichen Bewegung, um in der Luft stehen zu bleiben.

Aufwärts-Flug Durch Veränderung des Winkels bei der Flügelbewegung sind viele Richtungsänderungen möglich. Hier erlaubt ein steilerer Winkel einen Flug nach oben.

Rückwärts-Flug Kolibris schlagen ihre Flügel nach oben und hinter ihren Köpfen, um rückwärts zu fliegen.

Ideale Stellung Die Kolibri-Art *Selasphorus scintilla* (unten) platziert sich im richtigen Winkel vor einer Blüte, um den Nektar herauszuholen. Dann schlagen die Flügel so schnell, dass man sie kaum wahrnimmt, um ihn an der Stelle zu halten. Der Körper bleibt ruhig.

Flügelstruktur eines Kolibris Diese Anordnung überträgt sehr viel Kraft auf die Schwungfedern.

Freie Bewegung Die Flügel dieses schillernden Kolibris zeigen gerade für den Bruchteil einer Sekunde nach oben, während er in der Luft steht, um Nektar zu trinken. Eine einzigartige Gelenkstruktur in der Schulter ermöglicht solch freie Bewegungen.

MAUSVÖGEL/TROGONS **VÖGEL** 313

MAUSVÖGEL

KLASSE Aves
ORDNUNG 1
FAMILIE 1
GATTUNGEN 2
ARTEN 6

Mausvögel werden so genannt, weil sie zwischen Büschen herumkriechen und mit hoch gerecktem Schwanz kopfüber daran hängen. Zur Nahrung dieser Pflanzenfresser zählen wilde und angebaute Früchte, sogar Keimlinge. Daher sehen Gärtner und Bauern sie als Schädlinge an. Sie bauen Nester in Büschen; mitunter fressen sie ihre Jungen, wenn diese aus dem Nest fallen. Sie mögen Regen und Kälte nicht, schmiegen sich aneinander oder erstarren. Sie mausern unregelmäßig, ihre Federn haben lange Afterschäfte.

Nur in Afrika Mausvögel leben in vielen afrikanischen Lebensräumen, vom trockenen Buschland bis zum Waldrand – südlich der Sahara.

Gespreizt Der Blaunacken-Mausvogel (*Urocolius macrourus*, links) zeigt eine der außergewöhnlichen Fähigkeiten dieser Tiere: Er sitzt und die Füße befinden sich dabei fast auf Schulterhöhe.

Viele Richtungen Mausvögel haben einzigartige Füße mit zwei drehbaren äußeren Zehen, die nach vorn oder nach hinten zeigen können. So können sie die Zehenstellung aller anderen Vögel nachahmen. Das ist beim Klettern an Pflanzen nützlich.

Alle Richtungen Die äußeren Zehen von Mausvögeln können in jede Richtung zeigen.

Weißkopf-Mausvogel *Colius leucocephalus*

Von diesem Vogel, der am Horn von Afrika endemisch ist, weiß man nur wenig, doch wie andere Mausvögel ruht er in Familiengruppen

Gestreifter Mausvogel *Colius striatus*

Lebt im tropischen und östlichen Afrika; ist monogam, bei der Brutpflege helfen auch andere Mitglieder der Gruppe

TROGONS

KLASSE Aves
ORDNUNG 1
FAMILIE 1
GATTUNGEN 6
ARTEN 39

Der bekannteste dieser leuchtend bunten Vögel ist der Quetzal, der Nationalvogel Guatemalas und heiliger Vogel der Azteken. Trogon-Weibchen sind meist weniger bunt als Männchen – Gleiches gilt für die asiatischen Arten. Trogons sind scheu, sie verteidigen ein Revier. Von einem erhöhten Platz aus lauern sie Insekten und kleinen Echsen auf, einige Arten fressen auch Früchte. Zu den Balzritualen gehört das Jagen durch Bäume.

Tropenschönheiten Trogons sind Waldbewohner. Sie leben in tropischen Regionen mehrerer Kontinente. Man findet sie vorwiegend in Regenwäldern.

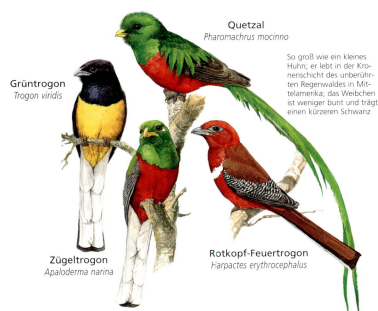

Grüntrogon *Trogon viridis*

Quetzal *Pharomachrus mocinno*

So groß wie ein kleines Huhn; er lebt in der Kronenschicht des unberührten Regenwaldes in Mittelamerika; das Weibchen ist weniger bunt und trägt einen kürzeren Schwanz

Zügeltrogon *Apaloderma narina*

Rotkopf-Feuertrogon *Harpactes erythrocephalus*

Ausguck Ein Quetzal-Männchen (oben) schaut aus seinem Nest in einem Baumloch. Trogons nisten darin oder hacken Nistlöcher in tote Bäume. Trogon-Männchen balzen zwar gemeinsam um mehrere Weibchen, sind aber monogam und helfen bei der Brutpflege.

EISVÖGEL U. VERWANDTE

KLASSE	Aves
ORDNUNG	1
FAMILIEN	11
GATTUNGEN	51
ARTEN	209

Eisvögel sind durch bestimmte anatomische und Verhaltensähnlichkeiten verwandt mit Todis, Sägeracken, Bienenessern, Racken, Nashornvögeln, dem Wiedehopf und den Baumhopfen. Alle haben kleine Füße mit 3 zusammengewachsenen, nach vorn weisenden Zehen; auch in den Gehörknochen und den Proteinen der Eier besteht Ähnlichkeit. Viele Arten besitzen buntes Gefieder, alle nisten in Löchern, die sie mit dem Schnabel in die Erde oder in verrottende Bäume graben. Typisch für Eisvögel sind die kurzen Beine zum Packen und der große, kräftige, lange, gerade Schnabel, meist mit dolch- oder hakenförmiger Spitze, zum Halten und Zerschmettern der Beute.

Wasser und Wald Eisvögel und ihre Verwandten leben weltweit in vielen Lebensräumen am Wasser und in Wäldern. Die meisten dieser Arten kommen in Afrika und Südostasien vor. Erdracken gibt es nur auf Madagaskar. Eisvögel, die nicht fischen, bevorzugen Tropenwälder.

NAHRUNGSVARIANTEN

Die meisten Eisvogelarten sind Jäger, die vielerlei Wirbellose und Wirbeltiere an Land und im Wasser fressen. Beim Jagen sitzen sie ruhig auf einem erhöhten Platz, von dem aus sie die Umgebung in Ruhe überblicken. Sehen sie eine Beute, stürzen sie sich im Sturzflug darauf und packen sie mit dem Schnabel. Nachdem sie an den Ausgangspunkt zurückgekehrt sind, lähmen sie die Beute durch einige Schläge gegen einen Ast und fressen sie.

Einige Eisvogelarten haben andere Beute und andere Jagdstrategien, etwa das Graben nach Regenwürmern im nassen Boden.

Todis – sehr kleine, gedrungene Vögel mit abgeflachtem Schnabel – sammeln Insekten von Blattunterseiten oder fangen sie im Flug.

Bienenesser fressen stechende Insekten. Sie drücken vor dem Fressen den Stachel heraus und wischen ihn einfach fort.

Unterstützung Scharlachspinte (*Merops nubicus*, oben) sammeln sich in Botswana in einer Nistkolonie. Viele Arten der Eisvögel und ihrer Verwandten unterstützen einander bei der Brutpflege. Dadurch überleben sehr viel mehr Jungvögel bis zum Flüggewerden.

Beim Fischfang Ein Eisvogel (*Alcedo atthis*, oben) fängt einen Fisch. Doch Fisch ist nicht die einzige Nahrung der Eisvögel, sie fressen vielerlei Nahrung, darunter Insekten.

Rieseneisvogel
Megaceryle maxima

Der gerade, kräftige Schnabel ist typisch für Eisvögel; diese größte aller Eisvogelarten ist in Afrika südlich der Sahara weit verbreitet

Nordamerikanischer Großfischer
Megaceryle alcyon

Graufischer
Ceryle rudis

In Afrika südlich der Sahara und Südasien weit verbreitet; lebt an Flüssen und Seen, wo er von hoch gelegenen Plätzen am Ufer aus nach Fischen taucht

Der kurze, keilförmige Schwanz ist typisch für viele Eisvogelarten

EISVÖGEL UND VERWANDTE **VÖGEL** 315

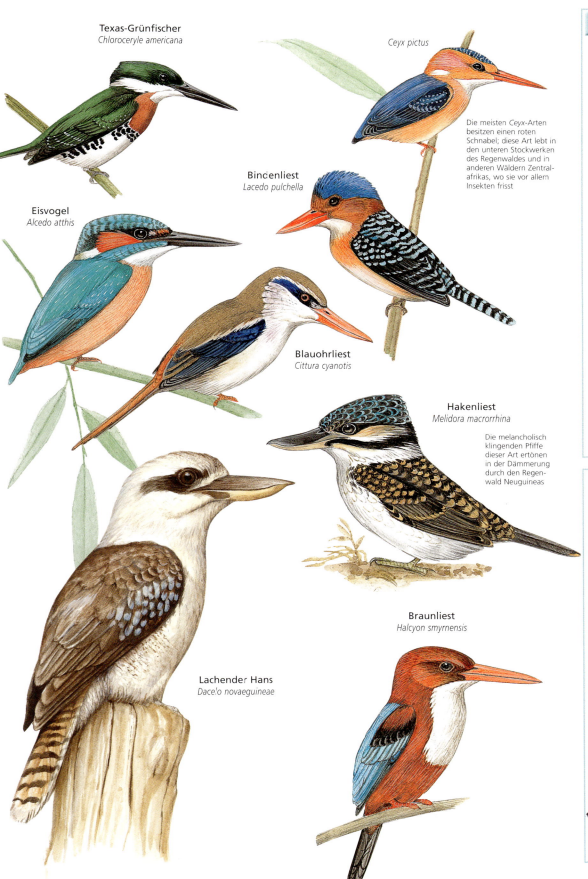

Texas-Grünfischer
Chloroceryle americana

Ceyx pictus

Die meisten *Ceyx*-Arten besitzen einen roten Schnabel; diese Art lebt in den unteren Stockwerken des Regenwaldes und in anderen Wäldern Zentralafrikas, wo sie vor allem Insekten frisst

Bindenliest
Lacedo pulchella

Eisvogel
Alcedo atthis

Blauohrliest
Cittura cyanotis

Hakenliest
Melidora macrorrhina

Die melancholisch klingenden Pfiffe dieser Art ertönen in der Dämmerung durch den Regenwald Neuguineas

Lachender Hans
Dacelo novaeguineae

Braunliest
Halcyon smyrnensis

AUF EINEN BLICK

Eisvogel Die Oberseite des Vogels wirkt leuchtend blau oder smaragdgrün, je nachdem wie das Licht darauf fällt. Er fliegt flach über das Wasser und nistet in Tunnelbauen in den Uferböschungen der Flüsse.

- Bis 16 cm
- 4–10
- Gleich
- Teilzieher
- Häufig

Europa, N-Afrika, W-Eurasien bis N-Melanesien

Lachender Hans Sein unverkennbarer lauter Ruf klingt wie Gelächter. Der Vogel nistet in hohlen Baumstämmen oder Baumlöchern, manchmal auch in verlassenen Termitenbauen. Die Jungen bleiben mehr als 1 Monat im Nest.

- Bis 43 cm
- 1–4
- Gleich
- Standvogel
- Häufig

O-Australien; eingef. SW-Australien, Tasmanien

STURZTAUCHEN

Junge Eisvögel lernen das Fischen von ihren Eltern, die tote Fische ins Wasser werfen, damit die Jungen sie herausholen. Wenn die Jungen die Technik beherrschen und für sich selbst sorgen, jagen die Eltern sie aus dem Revier.

Eisvögel sitzen beim Jagen meist auf einem Baum oder einem anderen hoch gelegenen Platz, von dem aus sie das Wasser überblicken. Oder sie gleiten übers Wasser. Einige Eisvogelarten haben polarisierende Filter im Auge, um besser unter die Wasseroberfläche zu sehen. Ihre Augen schützt eine Membran. Sie schließen den Schnabel, wenn sie einen Fisch darin spüren.

Ein geübtes Auge
Der Eisvogel fliegt übers Wasser und hält nach Beute Ausschau.

Eintauchen
Hat er eine Beute entdeckt, stürzt er senkrecht hinab, um sie zu fassen.

316 VÖGEL EISVÖGEL UND VERWANDTE

AUF EINEN BLICK

Kuba-Todi Alle 5 Todi-Arten kommen nur auf den Westindischen Inseln vor. Dieser Vogel fliegt einen Bogen, um Insekten von Blattunterseiten zu schnappen. Er nistet in einem Bau.

- Bis 11 cm
- 3–4
- Gleich
- Standvogel
- Regional häufig

Kuba, Isla de la Juventud

Bienenesser Er fängt giftige Insekten und hält sie in seinem Schnabel. Bevor er sie frisst, entfernt er den Stachel. Er nistet in Kolonien in Tunnels, die Paare mit Schnabel und Beinen graben.

- Bis 28 cm
- 4–10
- Gleich
- Zugvogel
- Häufig

SW-Eurasien, NW-, W- und südliches Afrika

Ostroller Typisch für diesen Vogel sind die silbrig-weißen Punkte auf den Flügeln. Fliegt der Vogel, erinnern diese Stellen an Silbermünzen. Er frisst vor allem Insekten, die er im Flug fängt.

- Bis 32 cm
- 3–5
- Gleich
- Teilzieher
- Häufig

S- u. SO-Asien bis O-Australien u. N-Melanesien

Scharlachspint Die 2 regionalen Populationen unternehmen jährliche Züge in 3 Etappen. Sie leben in großen Kolonien von bis zu 1000 Paaren. Sie lassen sich von Säugetieren auf dem Rücken tragen und fangen dort Insekten.

- Bis 27 cm
- 2–5
- Gleich
- Zugvogel
- Häufig

Afrika südlich der Sahara

SCHUTZSTATUS

Brennpunkt Die 5 existierenden Erdracken-Arten leben auf Madagaskar; davon gelten laut IUCN 3 als gefährdet. Von den 21 stark gefährdeten und gefährdeten Arten der Eisvögel sind 9 auf den Philippinen heimisch, darunter die vom Aussterben bedrohten Sulu- (*Anthracoceros montani*) und Walden-Hornvögel (*Aceros waldeni*). Auch 4 der 8 gefährdeten Eisvogelarten leben dort. Lebensraumzerstörung und, bei den Hornvögeln, Jagd sind die Ursache.

Kuba-Todi
Todus multicolor

Alle Todis haben einen kurzen, geraden Schwanz und eine ähnliche Zeichnung. Nur der Kuba-Todi hat blaue Stellen auf den Wangen

Malaiischer Nachtspint
Nyctyornis amictus

Lebt im oberen Stockwerk des südostasiatischen Regenwaldes; sitzt auf hohen Ausguckplätzen und nistet in Erdtunneln am Ufer

Motmot
Momotus momota

Alle Motmots haben an der Schwanzspitze Wimpel, doch nur diese Art zeigt eine blaue Haube und eine rostrote Brust

Blaubauchracke
Coracias cyanogaster

Bienenfresser
Merops apiaster

Scharlachspint
Merops nubicus

Ostroller
Eurystomus orientalis

Jagt von hoch gelegenen Plätzen aus in eleganten Flugmanövern fliegende Insekten; ostasiatische und australische Populationen sind Zug-, andere Arten in tropischen Gebieten sind Standvögel

Blauracke
Coracias garrulus

Wie bei den meisten Spinten sind auch beim Scharlachspint die mittleren Schwanzfedern in der Paarungszeit länger. Er nistet in Kolonien in Erdbauen am Ufer in den trockeneren Gegenden Afrikas südlich der Sahara. Die Paarungszeit fällt mit der Regenzeit zusammen

EISVÖGEL UND VERWANDTE **VÖGEL** 317

Lätzchen-Erdracke
Atelornis crossleyi

Langschwanz-Erdracke
Uratelornis chimaera

Wiedehopf
Upupa epops

Kurole pfeifen und schnattern laut, während sie über die Wälder Madagaskars gleiten; die Rufe gehören zu den typischsten der Insel

Kurol
Leptosomus discolor

Baumhopf
Phoeniculus purpureus

Rotschnabel-Toko
Tockus erythrorhynchus

Nördlicher Hornrabe
Bucorvus abyssinicus

Sucht paarweise oder in kleinen Gruppen am Boden Nahrung; er frisst vielerlei Wirbeltiere und Wirbellose

Doppelhornvogel
Buceros bicornis

Monogamer Vogel mit Revier, der in großen Löchern in hohen Bäumen des Regenwalds nistet; während das Weibchen brütet, versiegelt das Männchen das Einflugloch mit Schlamm, dann füttert es seine Partnerin und die Jungen durch ein kleines Loch, insgesamt etwa 100 Tage während Brüten und Brutpflege

AUF EINEN BLICK

Wiedehopf Der einzige Vogel seiner Familie steckt den langen Schnabel auf der Suche nach Insekten und Larven tief in Erde oder Dung. Er verwendet manche Nistplätze jedes Jahr wieder.

- Bis 32 cm
- 4–8
- Gleich
- Teilzieher
- Häufig

W-, O- u. S-Eurasien, Afrika südlich der Sahara

Kurol Diesen lauten, vor allem baumbewohnenden Vogel sieht man meist in Paaren. Er fängt große Insekten und Echsen an Ästen und im Laub. Manchmal kreist er über der Kronenschicht.

- Bis 50 cm
- 4–5
- Unterschiedlich
- Standvogel
- Regional häufig

Madagaskar

Doppelhornvogel Er trägt ein Horn auf dem Oberschnabel. Bei Männchen und Weibchen sind Schnabel, Augen und Ringe um die Augen unterschiedlich gefärbt. Sie fressen Früchte, Wirbellose und kleine Wirbeltiere.

- Bis 1,1 m
- 1–4
- Gleich
- Standvogel
- Selten

W-Indien und Himalaya bis SO-Asien, Sumatra

NESTER IN HOHLRÄUMEN

Der Wiedehopf (unten) nistet in Hohlräumen. Manche Plätze verwendet er mehrmals. Die Brutpflege übernimmt zuerst das Weibchen, dann beide Eltern. Bei den meisten Hornvogel-Arten, die in Hohlräumen nisten, ist das Einflugloch fast geschlossen. Das Weibchen und bleibt monatelang bei den Jungen. Das Männchen füttert die Familie.

NESTER

Bei den meisten Vögeln beginnt, unmittelbar nachdem sich ein Paar gebildet hat, einer oder beide Partner mit dem Nestbau. Dorthinein werden die Eier gelegt, die Jungen entwickeln sich, geschützt vor Fressfeinden. Die Wahl des Nistplatzes und den Bau des Nests übernehmen beide Geschlechter, allein oder als Paar. Welches adulte Tier baut, die Wahl des Platzes, der Technik und des Baumaterials und die Energie, die dafür verbraucht wird, ist typisch für die jeweilige Art. Das bekannte becherförmige Nest wird meist aus Zweigen oder anderem Pflanzenmaterial gebaut, das zusammengedreht oder -geflochten wird, um das Auseinanderfallen zu verhindern. Andere Nestarten sind flache Zweigstrukturen, ausgehöhlte Baumlöcher, Mulden oder Tunnel im Boden, mit Hilfe von Schlamm gebaute Nester oder Hügel aus verrottenden Pflanzen. Einige Arten bauen Nester für andere Zwecke, wieder andere bauen überhaupt keine. Einige schlafen oder suchen Zuflucht im Nest – in solchen Nestern sind nur selten Junge untergebracht. Laubenvogel-Männchen bauen kunstvolle Nester, nur um Weibchen anzulocken, die nach der Paarung wegfliegen und selbst das Nest für die Eier bzw. die Jungen bauen. Einige Arten besitzen kein Nest: Einige Pinguinarten beispielsweise halten die Eier beim Brüten und dann ihre Jungen einfach auf ihren Füßen.

Fertigbau Die Schreieule (*Otus asio*, oben) legt ihr Nest in bestehenden Baumlöchern an. Eulen ziehen ihre Jungen auch in Hohlräumen in Klippen oder alten Gebäuden auf, manchmal auch in verlassenen Nestern von Krähen oder Falken. Andere Vögel, wie die Eisvögel, nisten in Hohlräumen, die sie in Flussufer graben. Von einigen Vögeln weiß man, dass sie alte Kaninchenbaue nehmen.

Stachelige Unterkunft Der Kaktuszaunkönig (*Campylorhynchus brunneicapillus*, rechts) baut aus Stöckchen ein etwas unförmiges Nest mit Kuppel, das er am liebsten zwischen die Stacheln eines Kaktusses platziert. Zaunkönige bauen auch Schlafnester.

Nest mit Aussicht Weißstörche (*Ciconia ciconia*, unten) nisten oft auf Bauwerken, hier auf den Ruinen einer Kirche in Algerien. Diese Vögel, bei denen Paare ein Leben lang zusammenbleiben, häufen Äste zu festen Nestern auf, die sie viele Jahre nutzen.

Leicht zugänglich Ein Sterntaucher (*Gavia stellata*, oben) kommt zu seinem Küken ins Nest, das er am Ufer eines Sees in Alaska gebaut hat. Seetaucher-Nester sind meist Mulden in moorigem Grund. Einige Paare verwenden Binsen und Wasserpflanzen. Die Nester sind oft auf kleinen Inseln.

NESTER **VÖGEL** 319

Einer unter vielen Ein sozialer Webervogel (*Philetairus socius*, oben) schaut aus einem Loch im Gemeinschaftsnest. Webervögel sind bekannt dafür, dass sie kunstvoll verflochtene Grasnester bauen. Sie formen aus dem Pflanzenmaterial Schlingen und Knoten – in einer Technik, die Ähnlichkeit mit der Korbflechterei besitzt.

Wohngemeinschaft Die riesigen Gemeinschaftsnester (rechts) der Webervögel wiegen mehr als 1 Tonne und beherbergen hunderte Vögel. Jedes Paar hat eine Kammer. Die Nester werden jahrelang genutzt.

Auf Felsen Auf den Falkland-Inseln sitzt eine große Kolonie Königsscharben (*Phalacrocorax albiventer*, links) auf den Nestern. Diese Art baut auf Klippen Nester aus Schlamm und Pflanzenmaterial. Andere Arten verwenden Algen, Guano oder alte Knochen. Scharben, die auf Bäumen nisten, nehmen Äste.

Schützendes Heim Ein Vireo (*Vireo sp.*, unten) sitzt in einer Eiche auf dem Nest. Die Becherform ist ideal, um Eier am Herausrollen zu hindern. Oft werden Spinnweben zum Festigen genommen. Flechten auf der Außenseite dienen wohl der Tarnung.

Spinnweben zum Befestigen

Sorgfältige Konstruktion Vireos (rechts) bauen aus feinen Gräsern, Spinnweben und Rindenstreifen becherförmige Nester. Sie befestigen sie in Astgabeln im mittleren und oberen Bereich von Bäumen.

Rindenstreifen zur Tarnung

SPECHTVÖGEL

KLASSE	Aves
ORDNUNG	1
FAMILIEN	5
GATTUNGEN	68
ARTEN	398

Diese 6 Familien von Vögeln – Spechte, Honiganzeiger, Glanzvögel, Faulvögel, Bartvögel und Tukane – unterscheiden sich im Aussehen, teilen aber anatomische Charakteristika, wie die Kletterfüße mit 2 Zehen vorn und 2 Zehen hinten. Oft fehlen ihnen Flaumfedern; die meisten legen weiße Eier. Viele Arten sind farbenprächtig. Die meisten Arten leben in den Tropen und bauen ihr Nest in Baumhöhlen, Termitenhügeln oder am Boden. Spechte und Bartvögel schaffen sich ihre eigenen Höhlen, die – wenn die Spechte sie verlassen haben – oft von anderen Vögeln übernommen werden. Spechte leben oft in der Nähe großer Städte und besuchen Plätze, an denen gefüttert wird.

Weltweit Spechte leben im Wald; Tukane, Glanzvögel und Faulvögel in den Tropen der Neuen Welt, Honiganzeiger vor allem in Afrika. Bartvögel sind am weitesten verbreitet.

Vorrat Ein Eichelspecht (*Melanerpes formicivorus*, ganz links) hält sich an einer Fichte, die er mit Eicheln besteckt hat. Dieser Vogel hebt seine Eicheln in Löchern von speziellen Vorratsbäumen auf, die er heftig verteidigt. In den kargen Wintermonaten lebt er dann von diesen Vorräten. Die Art kommt in Eichen- und Eichenmischwäldern im westlichen Amerika vor und ist je nach Gegend monogam oder polygam.

Geschickt Ein Riesentukan (*Rhamphastos toco*, links) verzehrt eine Frucht. Er hat eine raue, schmale Zunge und einen gezähnten Schnabel, mit denen er geschickt Früchte von Bäumen pflückt. Mitunter erbeutet er Eier oder Nestlinge. Der Riesentukan lebt als einzige Tukan-Art nicht im Regenwald, sondern in Savannen oder an Flussufern.

SPEZIALISIERUNG

Spechte hört man oft, bevor man sie sieht. Sie hacken mit ihrem kräftigen, sich verjüngenden Schnabel an Baumrinde, um Insekten aufzustören. Knochige, mit Muskeln gepolsterte Schädel federn die Härte des Schlags ab. Mit den kräftigen Zehen und den langen Krallen fassen sie die Rinde und mit den Schwanzfedern stützen sie sich am Baum ab. Die meisten Arten laufen nicht, sondern hüpfen.

Trotz des langen, bunten Schnabels, der mehr als ein Drittel der Körperlänge ausmachen kann, entdeckt man Tukans oft erstaunlich schwer im Laubwerk. Sie fressen vor allem Früchte, wie auch die lebhaft bunt gemusterten Bartvögel, die einen relativ gedrungenen, manchmal eingekerbten Schnabel haben.

Glanz- und Faulvögel fliegen von Sitzplatz zu Sitzplatz, um Insekten zu fangen. Sie nisten in Tunnels, die sie graben; manche Arten verstecken den Eingang unter Reisig. Faulvögel sind meist unauffällig und relativ träge.

Honiganzeiger fressen Insekten ebenso wie das Wachs aus Bienenwaben. Ihr Name kommt daher, weil eine Art uns Menschen zu Bienenstöcken führt.

Einige Arten sind Einzelgänger, andere, z. B. die Schwarztrappisten und die Faulvögel, sind sozial und brüten gemeinsam. Einige afrikanische Bartvögel nisten in Gruppen von 100 oder mehr Tieren – alle in einem toten Baum. Der Schwarzkehl-Honiganzeiger legt je 1 Ei in das Nest eines anderen Vogels.

Die monotonen, andauernden Rufe der Bartvögel sind nicht zu überhören. Spechte haben als einzige Vögel Instrumente entwickelt, um auf Holz zu trommeln. Ton und Rhythmus sind artspezifisch.

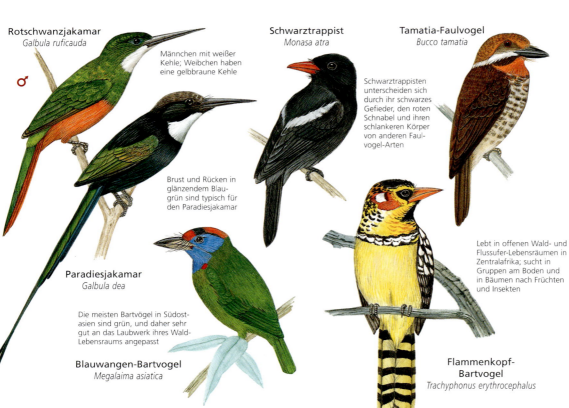

Rotschwanzjakamar *Galbula ruficauda* — Männchen mit weißer Kehle; Weibchen haben eine gelbbraune Kehle

Schwarztrappist *Monasa atra* — Schwarztrappisten unterscheiden sich durch ihr schwarzes Gefieder, den roten Schnabel und ihren schlankeren Körper von anderen Faulvogel-Arten

Tamatia-Faulvogel *Bucco tamatia*

Brust und Rücken in glänzendem Blaugrün sind typisch für den Paradiesjakamar

Paradiesjakamar *Galbula dea*

Die meisten Bartvögel in Südostasien sind grün, und daher sehr gut an das Laubwerk ihres Wald-Lebensraums angepasst

Blauwangen-Bartvogel *Megalaima asiatica*

Lebt in offenen Wald- und Flussufer-Lebensräumen in Zentralafrika; sucht in Gruppen am Boden und in Bäumen nach Früchten und Insekten

Flammenkopf-Bartvogel *Trachyphonus erythrocephalus*

SPECHTVÖGEL **VÖGEL** 321

Schwarzkehl-Honiganzeiger
Indicator indicator

Goldbürzel-Honiganzeiger
Indicator xanthonotus

Dieser im Himalaya lebende Honiganzeiger ist eine von nur 2 Arten, die nicht in Afrika zu Hause sind

Kleiner Honiganzeiger
Indicator minor

Honiganzeiger sind kleine, graugrüne Vögel mit deutlicher weißer Zeichnung seitlich am Schwanz; Wachs aus den Nestern von Insekten ist Hauptbestandteil ihrer Nahrung

Arassari
Pteroglossus aracari

Pteroglossus beauharnaesii

Laucharassari
Aulacorhynchus prasinus

Riesentukan
Ramphastos toco

Diese Art mit dem typisch gestreiften Schnabel lebt in den Regenwäldern der nördlichen Anden

Blautukan
Andigena hypoglauca

Kletterfüße mit zwei nach vorn und zwei nach rückwärts weisenden Zehen; damit lässt sich schlechter laufen als auf Ästen festhalten

Dottertukan
Ramphastos vitellinus

Leicht abgewandelter Schwanz, der oft auf Aussichtsplätzen oder beim Rufen aufgestellt wird

Typisch sind das breite rote Band quer über der Brust und der dunkle Schnabel. Der Vogel lebt in Tiefland-Regenwäldern des tropischen Südamerika. Er frisst Palmnüsse, Früchte und Insekten; er trinkt aus Bromelien oder sperrt bei Regen den Schnabel auf

AUF EINEN BLICK

Schwarzkehl-Honiganzeiger Dieser Vogel ist bekannt dafür, dass er Menschen zu den Stöcken wilder Bienen führt. Die Menschen ernten die Waben und lassen dem Vogel den Rest, der vor allem auf das Wachs Wert legt.

- Bis 20 cm
- Bis zu 5
- Gleich
- Standvogel
- Häufig

Afrika südlich der Sahara, außer Kongobecken

Kleiner Honiganzeiger Er legt seine Eier in fremde Nester wie alle Honiganzeiger. Die frisch geschlüpften Jungen töten die Jungen des Wirts mit dem Haken an ihrem Schnabel oder zerbrechen die Eier vor dem Schlupf.

- Bis 16 cm
- Gelege mit 2–4
- Gleich
- Standvogel
- Regional häufig

Afrika südlich der Sahara, außer Kongobecken

Laucharassari Männchen und Weibchen dieser kleinen grünen Tukan-Art tragen die gleiche Farbe, doch das Männchen ist etwas größer. Laucharassaris übernehmen gelegentlich die verlassenen Nisthöhlen anderer Arten oder graben eigene.

- Bis 37 cm
- 1–5
- Gleich
- Standvogel
- Regional häufig

Mexiko, Südl. Mittel- u. nordwestl. Südamerika

Riesentukan Er lebt in Familiengruppen oder Schwärmen. Er nistet in Baumlöchern und klopft oft lautstark gegen Äste. 2 Vögel schlagen manchmal die Schnäbel gegeneinander.

- Bis 60 cm
- 2–4
- Gleich
- Standvogel
- Regional häufig

Nordöstl. Südamerika

SCHUTZSTATUS

Wieder vorhanden Die IUCN führt 14 Arten der Spechte und Verwandten als gefährdet auf: 7 als gefährdet, 4 als stark gefährdet und 3 als vom Aussterben bedroht. Letztere sind Spechte, von denen der Elfenbeinspecht seit den 1970er-Jahren als ausgestorben galt, aber vor kurzem in North Carolina, USA, wieder gesichtet wurde.

AUF EINEN BLICK

Eichelspecht Dieser unverkennbare Vogel lebt häufig in Eichenwäldern. Er ist ein sozialer Vogel, den man keckern und rhythmisch rufen hört. Er frisst Insekten, die er aus Baumstümpfen holt oder im Flug fängt, und Eicheln.

- Bis 23 cm
- 4–6
- Gleich
- Standvogel
- Häufig

Westl. Nord- bis nordwestl. Südamerika

Saftlecker Männchen und Weibchen dieser Art unterscheiden sich durch die Farbe des Kehlflecks. An Nistplätzen lässt dieser Vogel typische trommelnde Laute hören, bei denen schnelles und langsames Klopfen abwechseln.

- Bis 21 cm
- 4–7
- Unterschiedlich
- Zugvogel
- Häufig

Nördl. bis südöstl. Nordamerika, Mittelamerika

Erdspecht Diese Art frisst überwiegend am Boden. Sie ist auf Ameisen spezialisiert, nach denen sie mit dem Kopf voran in Ritzen und in Ameisenhaufen sucht. Sie nistet auch am Boden, in Bauen von 1 m Länge, die meist das Männchen gräbt.

- Bis 30 cm
- 2–5
- Gleich
- Standvogel
- Regional häufig

Kapprovinz bis Transvaal und Natal

SAFTGENUSS

Der Saftlecker ist einer von mehreren nordamerikanischen Spechten, die eine Reihe von Löchern in den Stamm spezieller Bäume schlagen. Er frisst den Saft, der sich in den Löchern sammelt, und die Insekten, die der Saft anlockt. An den Saftlöchern, die im Spätsommer und Herbst gehackt werden, fressen auch andere Vögel und Säugetiere.

Auf der Suche
Ein Saftlecker untersucht Spalten in der Rinde einer Birke.

Weiches, tarnfarbenes Gefieder; 1 von nur 3 Spechtarten, die Zugvögel sind

Europäischer Wendehals
Jynx torquilla

Hüpft vor allem am Boden herum, um Ameisen zu fangen; mit dem gebogenen Schnabel öffnet er Ameisenhaufen

Dendropicos goertae

Saftlecker
Sphyrapicus varius

Pickt die mittleren Äste von Bäumen an, um Ameisen, Termiten und andere Insekten zu finden

Eichelspecht
Melanerpes formicivorus

Eichelspechte sind bekannt dafür, dass sie Nüsse in Baumlöchern für den Winter lagern

Der weiße Bürzel ist typisch für die Art

Rotkopfspecht
Melanerpes erythrocephalus

Frisst in Wäldern Insekten und Samen, legt sich in Ritzen und Spalten einen Nuss- und Samenvorrat für den Winter an

Campethera abingoni

Dendrocopos moluccensis lebt in Wäldern und sucht nach Ameisen und anderen Insekten

Dendrocopos moluccensis

Erdspecht
Geocolaptes olivaceus

SPECHTVÖGEL VÖGEL 323

Celeus brachyurus

Blondschopfspecht
Celeus flavescens

Schwarzspecht
Dryocopus martius

Gelber Kopf, roter Wangenfleck und golden gesprenkelter Rücken sind typisch für die Art; sie lebt in Wäldern und Savannen des östlichen Südamerika

Haubenschwarzspecht
Dryocopus pileatus

Diese indische Art lebt in feuchten bis trockenen Waldgebieten; sie sucht auf allen Ebenen der Bäume nach Ameisen und anderen Insekten

Goldrückenspecht
Dinopium benghalense

Diese eurasische Spechtart ähnelt in ihrem Verhalten weitgehend dem europäischen Grünspecht

Ein kräftiger, sich stark verjüngender Schwanz hilft den Spechten sich beim Fressen aufrecht am Stamm abzustützen

Grünspecht
Picus viridis

Picus flavinucha

Grauspecht
Picus canus

AUF EINEN BLICK

Celeus brachyurus Diesen Vogel sieht man häufig in Gärten. Er gräbt sich sein Nest inmitten eines Ameisenhügels, sodass ein gut zugänglicher Nahrungsvorrat sich zu jeder Zeit in seiner Reichweite befindet.

- Bis 25 cm
- 2–3
- Gleich
- Standvogel
- Häufig

S- und SO-Asien bis Borneo und Sumatra

Haubenschwarzspecht Der anpassungsfähige, weit verbreitete, große Vogel wird sogar im Umkreis von Wolkenkratzern gesehen. Er frisst Ameisen, die er mit seiner rauen, klebrigen Zunge aus verrottenden Bäumen holt.

- Bis 46 cm
- 2–6
- Unterschiedlich
- Standvogel
- Selten

Mittelwesten und östliches Nordamerika

Grünspecht Dieser Vogel besitzt eine typische Art zu fliegen: 3 oder 4 rasche Flügelschläge wechseln mit Gleitphasen ab. Er legt manchmal bis zu 11 Eier in ein Gelege.

- Bis 33 cm
- 4–8
- Unterschiedlich
- Standvogel
- Häufig

Europa bis Kaukasus, NW-Afrika

Bodenständig
Der europäische Grünspecht frisst fast nur am Boden.

LANGE ZUNGE

Der Haarspecht ist typisch für die Familie, weil er ein Loch in einen Stamm bohrt und mit seinem langen Schnabel Insekten herausholt. Spechte besitzen extrem lange Zungen, die weit aus dem Schnabel hinausreichen. Das bemuskelte Ende der Zunge liegt über und hinter dem Schädel.

SPERLINGSVÖGEL

KLASSE	Aves
ORDN.	Passeriformes
FAMILIEN	96
GATTUNGEN	1218
ARTEN	5754

Passeriformes ist bei weitem die größte Ordnung unter den Vögeln und umfasst mehr als 5700 Arten. Gleichzeitig gehören dazu unverhältnismäßig wenige Familien, d. h. dass jede Familie der Sperlingsvögel eine große Anzahl Arten umfasst. Diese beiden Tatsachen belegen die erfolgreiche Evolution der Sperlingsvögel. Sie sind relativ jung – man vermutet, dass sie sich vor etwa 75 Mio. Jahren auf dem südlichen Kontinent Gondwana entwickelt haben. Sie haben sich als erstaunlich anpassungsfähig erwiesen und sich auf allen Kontinenten, außer der Antarktis, verbreitet. Die auch Singvögel genannte Gruppe erkennt man am Gaumen, dem Stimmapparat und den Füßen.

Klein, aber großer Sänger Der Zitronensänger (*Dendroica petechia*, oben) singt auf einem Ast. Die Grasmücken gehören zur Unterordnung Oscines. Die Angehörigen dieser Ordnung haben eine besonders kompliziert bemuskelte Syrinx und sind deshalb die besten Sänger.

BEGABTE SÄNGER

Sperlingsvögel sind meist kleine bis mittelgroße Vögel, die sich in Körperform, Größe und Gefiederfarbe (von unscheinbar bis prächtig) stark unterscheiden.

An den Füßen stehen 4 Zehen, die alle auf gleicher Höhe am Bein ansetzen; 3 Zehen weisen gerade nach vorn, während die innerste Zehe nach hinten zeigt. Diese Form des Fußes und die Beweglichkeit der Zehen sind ideal, um sich festzuhalten, egal ob auf Bäumen, Büschen oder sogar Grashalmen.

Die meisten der Sperlingsvögel besitzen Flügel, die sich zum äußeren Ende hin zu einer Spitze verjüngen. Diese Form ermöglicht rasche Starts und verleiht eine gute Manövrierfähigkeit in der Luft – nützlich beim Beutefang und bei der Flucht vor Feinden. Längere Flüge mit hoher Geschwindigkeit sind kaum möglich.

Die meisten Sperlingsvögel singen ganze Lieder. Anders als Säugetiere, die Töne mit dem Kehlkopf erzeugen, entstehen die Lautäußerungen der Vögel in der Syrinx. Diese einzigartige Struktur am Ende der Luftröhre besteht aus 2 Kammern. Etwa ein halbes Dutzend Muskeln kontrolliert die Spannung der 3 elastischen, vibrierenden Membranen. Verändert wird der erzeugte Ton durch Luftröhre, Luftsack und Gaumen. Die 2 Kammern erlauben es dem Vogel, ein Duett mit sich selbst zu singen.

Eine große Gruppe der Sperlingsvögel bilden Vögel mit schlecht bemuskelter Syrinx und einfachen Liedern. Dazu zählen Pittas und Breitrachen in den Altwelt-Tropen sowie Töpfervögel, Ameisenvögel, Tyrannen und Schmuckvögel in Mittel- und Südamerika.

SCHUTZSTATUS

Die 1039 Arten der Ordnung Passeriformes auf der Roten Liste der IUCN stehen in den Gefährdungsgraden:

40	Ausgestorben
73	Vom Aussterben bedroht
168	Stark gefährdet
326	Gefährdet
1	Schutz nötig
389	Weniger gefährdet
42	Keine Angabe

Auf der Jagd Eine Blaumeise (*Parus caeruleus*, oben) schwebt vor einer Eiche und sucht die Äste nach Insekten ab. Die Nahrung richtet sich nach der Jahreszeit: Samen im Winter, wenn Beute schwer zu finden ist, Insekten im Frühjahr wegen der fürs Brüten notwendigen Proteine.

Gut passend Der Iiwi (*Vestiaria coccinea*, rechts) ist ein hawaiischer Zuckervogel, dessen langer, gebogener, zierlicher Schnabel zur Form der Blüten passt, aus denen er frisst. 3 Arten dieser kleinen Unterfamilie, die in der hawaiischen Kultur eine bedeutende Rolle spielte, sind ausgestorben.

SPERLINGSVÖGEL **VÖGEL** 325

Mahlzeit Ein australischer Lärmpitta (*Pitta versicolor*, links) sitzt auf einem Ruheplatz, nachdem er einige Würmer gefangen hat. Pittas sind Bodenbewohner der Wälder und gehören zu den farbenprächtigsten Vögeln. Einige andere Insekten fressende Sperlingsvögel jagen ihre Beute im Flug.

Futter naht Der amerikanische Langschnabel-Sumpfzaunkönig (*Cistothorus palustris*, rechts) füttert seine Küken im Nest. Die Jungen aller Sperlingsvögel sind Nesthocker, d. h. sie schlüpfen nackt, hilflos und blind. Nestlinge reißen ihren Schnabel auf, um Hunger zu signalisieren. Die Eltern reagieren darauf so stark, dass sie mitunter sogar andere Arten füttern.

In der Vergangenheit fasste man viele Familien dieser Ordnung aufgrund ihrer anatomischen Ähnlichkeiten zusammen. Man schrieb sie später in vielen Fällen der konvergenten Evolution anstatt genetischen Gemeinsamkeiten zu. Die Zaunkönige Australiens sind z. B. nicht eng verwandt mit Zaunkönigen auf der Nordhalbkugel.

Die meisten Sperlingsvögel fressen Pflanzen oder Insekten oder beides. Zur Brutzeit brauchen die Tiere mehr Proteine.

Die meisten Vögel dieser Ordnung sind monogam. Beide Eltern beteiligen sich an der Brutpflege, obwohl das Weibchen öfter brütet.

Im Wasser Eine Graue Wasseramsel (*Cinclus mexicanus*, links) steht in einem Wasserloch. Die 5 Arten von Wasseramseln, die keine Schwimmhäute haben, nutzen ihre Flügel, um unter Wasser Insekten zu jagen. Sie sind die einzigen echten Wasservögel unter den Sperlingsvögeln.

Kleine Passagiere Eine Gruppe von Gelbschnabel-Madenhackern (*Buphagus africanus*, unten) sitzt in Afrika auf dem Rücken eines Büffels. Man sieht sie auf dem Rücken verschiedener Säugetiere, denen sie Zecken von der Haut picken. Einige verwandte Stare picken Parasiten von Vieh, suchen aber auch Insekten, die von den grasenden Tieren aufgestört wurden.

Balz Ein Hämmerling-Männchen (*Procnias tricarunculata*, unten) nähert sich im Nebelwald Costa Ricas einem Weibchen. Glockenvögel zählen zu den lautesten Vögeln der Welt. In der Paarungszeit steht das Männchen hoch oben in der Kronenschicht und macht ein Geräusch wie ein Vorschlaghammer auf einem Amboss, das man noch in 1 km Entfernung hört.

VÖGEL SPERLINGSVÖGEL

AUF EINEN BLICK

Ameisenvögel und Verwandte Diese verschiedenen Vogelarten leben in Wäldern in Süd- und Mittelamerika. Sie folgen oft Gruppen von Treiberameisen und fressen die Insekten, die jene aufgestört haben. Manchmal gesellen sich Vögel verschiedener Arten zueinander.

Familie Formicariidae Namengebend war, dass manche Ameisenvögel-Arten sich in unmittelbarer Nähe von Ameisenhügeln aufhalten. Einige suchen am Boden, andere in der Luft Nahrung. Ihre Gesang klingt wie ein Pfeifen.

Gattungen 7
Arten 62

Zentral-Mexiko bis subtropisches Südamerika

Familie Furnariidae Die meisten Mitglieder der Familie Töpfervögel bauen Nester, die an traditionelle Lehmöfen erinnern. Diese Nester schützen die Jungen vor der Sonne, vor Kälte und vor Fressfeinden. Töpfervögel bewegen sich geschickt in engen Räumen.

Weißbart-Ameisenvogel
Dieser Ameisenvogel wartet über einem Trupp Treiberameisen, um andere Insekten aufzupicken, die aufgestört wurden.

Gattungen 55
Arten 236

S-Mexiko bis Süd-Amerika

Familie Dendrocolaptidae Baumsteiger werden manchmal mit den Spechten verwechselt, weil sie sich auch mit dem Schwanz an Baumstämmen abstützen. Baumsteiger besitzen aber Füße wie Sperlingsvögel und sind ganz braun, oft mit hellen Streifen im Gefieder.

Gattungen 13
Arten 50

Mexiko bis ins gemäßigte Südamerika (Zentral-Argentinien)

SCHUTZSTATUS

Waldbewohner 1 von 2 Arten der Familie Dendrocolaptidae steht auf der Roten Liste der IUCN: *Xiphocolaptes falcirostris*. Diese Art lebt in den trockenen Wäldern des östlichen Brasiliens. Sie ist gefährdet, weil in ihrem Lebensraum viele Bäume als Holzkohlengrundstoff für die Stahlindustrie gefällt werden.

Schwarzbauchmückenfresser
Conopophaga melanogaster,
Familie Conopohagidae

Weißscheitelwürger
Thamnophilus doliatus,
Familie Thamnophilidae

Sichelbaumhacker
Campylorhamphus trochilirostris,
Familie Dendrocolaptidae

Synallaxis brachyura,
Familie Furnariidae

Schieferfarbene Brust und rotbraune Flügel sind typisch für die *Synallaxis*-Arten

Pteroptochos tarnii,
Familie Rhinocryptidae

Sucht auf Ästen nach Insekten

Margarornis rubiginosus,
Familie Furnariidae

Herpsilochmus rufimarginatus,
Familie Thamnophilidae

Töpfervogel
Furnarius rufus,
Familie Furnariidae

Töpfervögel bauen ofenähnliche Nester

Hylopezus perspicillatus,
Familie Formicariidae

SPERLINGSVÖGEL VÖGEL

Guyana-Klippenvogel (Felsenhahn)
Rupicola rupicola,
Familie Cotingidae

Schmuckfedern an der Kehle sind typisch für mittelamerikanische Schmuckvögel

Araponga
Procnias averano,
Familie Cotingidae

Cotinga ridgwayi,
Familie Cotingidae

Männchen dieser Art balzen in Gruppen an Balzplätzen (Leks)

Kapuzinervogel
Perissocephalus tricolor,
Familie Cotingidae

Blutkotinga
Haematoderus militaris,
Familie Cotingidae

Kommt von Mexiko bis Brasilien vor

Weißsäbelpipra
Manacus manacus,
Familie Pipridae

Schnurrvögel besitzen eine Haube oder einen Kopf in jeweils einer anderen Farbe

Lepidothrix coronata,
Familie Pipridae

Hämmerling
Procnias tricarunculatus,
Familie Cotingidae

Uirapurú
Pipra erythrocephala,
Familie Pipridae

AUF EINEN BLICK

Schnurrvögel und Schmuckvögel
Schnurrvögel der Familie Pipridae und Schmuckvögel der Familie Cotingidae, haben Nahrung und Verbreitungsgebiet gemeinsam. Da sich bei beiden Familien die Geschlechter in den Farben stark unterscheiden, schließt man auf ein komplexes Sozialverhalten.

Familie Cotingidae Die Früchte fressenden Schmuckvögel oder Kotingas leben im oberen Teil der Kronenschicht in den Regenwäldern Mittel- und Südamerikas. Da sie nicht in großer Zahl auftreten, weiß man nur wenig über sie. Bei den meisten Arten sind die Männchen prächtig gefärbt, die Weibchen schlicht. Das komplexe Sozialverhalten verdeutlicht der Felsenhahn, bei dem die Männchen sich auf speziellen Balzplätzen (Leks) zur Werbung einfinden. Nach der Paarung bauen die Weibchen allein ein Nest in Felsspalten.

Gattungen 33
Arten 96

Mexiko bis Südamerika

Familie Pipridae Schnurrvögel oder Pipras sind klein und leuchtend bunt mit kurzem Schwanz und kurzem, breitem Schnabel. Sie leben in Tieflandern Mittel- und Südamerikas. Zum Sozialverhalten gehören raffinierte Balzrituale, bei denen die Männchen sich an Balzplätzen zum Tanz versammeln.

Balzritual
Während des Balzens kitzelt das Männchen des Fadenpipras (rechts) mit den fadenähnlichen Federn an der Schwanzspitze das Weibchen an der Kehle.

Gattungen 13
Arten 48

S-Mexiko bis subtropisches Südamerika

SCHUTZSTATUS

Kleiner Bestand Man nimmt an, dass es nur noch weniger als 50 Exemplare des Zwergkotinga (*Calyptura cristata*), eines sehr kleinen, gelblichen Schmuckvogels, der nördlich von Rio de Janeiro in Brasilien lebt. Daher gilt die Art als vom Aussterben bedroht. Die Rodung der Wälder hat den Bestand verringert.

AUF EINEN BLICK

Tyrannen Diese amerikanischen Vögel sind nicht verwandt mit den Fliegenschnäpperartigen der Alten Welt, doch sie nehmen die gleiche ökologische Nische ein. Sie fangen auf hoch gelegenen Plätzen oder am Boden Insekten.

Familie Tyrannidae Zur größten Familie der Ordnung zählen Tyrannen, Phoeben, Schmalschnabeltyrannen, Elaenien, Satrapen und Piwihs. Die Geschlechter sehen gleich aus, mit grünem, braunem, gelbem oder weißem Gefieder.

Gattungen 98
Arten 400

Südamerika, Westindische Inseln, Nordamerika

NAHRUNGSSPEZIALISTEN

Verschiedene Arten der Familie Tyrannen nehmen ganz unterschiedliche Nischen in ihrer Umgebung ein, sodass Dutzende von Arten im gleichen Gebiet leben. Oft hat diese Vielfalt mit Nahrungsvorlieben zu tun, etwa für Früchte oder Insekten. Am häufigsten ist sie auf kleine Unterschiede in der Zusammensetzung von Beutegröße, Lebensraum, Pflanzenbewuchs sowie Jagd- und Fangtechnik zurückzuführen.

Fressen am Boden Muscisaxicola albilora (rechts) ähnelt dem Steinschmätzer (links) durch die langen Beine, die aufrechte Haltung und das ähnliche Gefieder.

Suche im Laub Anairetes parulus (links) ähnelt stark seinem Gegenstück aus der Alten Welt, der Haubenmeise (rechts). Beide haben ähnliche Nahrungsstrategien.

SCHUTZSTATUS

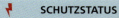

Geringe Verbreitung Das bekannte Verbreitungsgebiet einer erst vor kurzem beschriebenen Art aus der Familie Tyrannidae, *Zimmerius villarejoi*, liegt vorwiegend in einem Schutzgebiet in Peru. Wegen des sehr kleinen, sehr stark zergliederten Verbreitungsgebietes gilt die Art als gefährdet.

Scherentyrann *Tyrannus forficatus*, Familie Tyrannidae

Benteri *Pitangus sulphuratus*, Familie Tyrannidae

Scharlachrote Kopffeder bilden aufgestellt eine imposante Haube

Königstyrann *Onychorhynchus coronatus*, Familie Tyrannidae

Abgeflachter, leicht gebogener Schnabel, um Insekten im Flug zu fangen

Contopus cooperi, Familie Tyrannidae

Königssatrap *Tyrannus tyrannus*, Familie Tyrannidae

Gelbbauch-Höhlentyrann *Myiodynastes luteiventris*, Familie Tyrannidae

Die Haube wird bei Erregung aufgestellt

Mitrephanes phaeocercus, Familie Tyrannidae

Fängt Insekten im Flug

Schwarzphoebe *Sayornis nigricans*, Familie Tyrannidae

Langer Schwanz erhöht die Manövrierfähigkeit im Flug

GEMEINSAME BRUTPFLEGE

Bei etwa 3 % aller Vogelarten betreibt nicht nur das Elternpaar Brutpflege, sondern Artgenossen helfen den Eltern bei der Aufzucht ihrer Jungen. Neuere Forschungen haben ergeben, dass dieses Phänomen bei Sperlingsvögeln häufiger auftritt, als man bis dahin gedacht hatte. Es gibt 2 Formen der Unterstützung bei der Brutpflege: Entweder helfen fremde Artgenossen den Eltern ihre Jungen zu schützen und aufzuziehen oder mehrere Vögel brüten gemeinsam und der Nachwuchs wird in einer Gruppe, die mehrere adulten Vögel (Männchen, Weibchen oder beide) umsorgen, aufgezogen.

Bei den Eltern bleiben *Wie viele andere australische Vögel bleiben beim Blauen Staffelschwanz die Jungen aus einem früheren Gelege (links und rechts) oft bei den Eltern und helfen ihnen bei der Aufzucht der jüngeren Geschwister. Dies erhöht die Chancen, dass gleiche Gene überdauern.*

Gemeinsam Bergkrähen (*Corcorax melanorhamphos*, oben) sind sehr gesellige Vögel, die das ganze Jahr in Gruppen – meist ein Elternpaar und sein Nachwuchs des vorhergehenden Jahres – leben. Die Jungvögel helfen den Eltern beim Nestbau, dem Brüten und dem Füttern. Der Instinkt, Junge zu füttern, ist bei Elternvögel sehr stark entwickelt, sodass sie mitunter auch auf die Rufe und offenen Schnäbel von Nestlingen reagieren, die anderen Vögeln gehören, die nicht einmal von der gleichen Art sind.

Aufräumungsarbeiten *Ein noch nicht geschlechtsreifes Staffelschwanz-Männchen (rechts) befördert Fäkalien aus dem Nest. Helfer führen verschiedene Arbeiten aus, darunter die Reinigung des Nests, die Beschaffung von Futter und der Schutz der Nestlinge vor Fressfeinden.*

Weniger Arbeit *Die Mutter (links) bringt ihren Nestlingen Nahrung. Ihre Arbeitsbelastung wird durch die Helfer deutlich verringert. Untersuchungen haben gezeigt, dass Nestlinge, die in Gruppen aufgezogen werden, mehr Insekten pro Stunde gefüttert bekommen als Nestlinge in »Kleinfamilien«.*

A group effort Der Blaue Staffelschwanz (*Malurus cyaneus*, rechts) ist eine von vielen Arten der Sperlingsvögel, die gemeinsam brüten. Er lebt in Südostaustralien, kommt auch in Vorstadtgärten vor. Weshalb manche Vogelarten gemeinsam brüten und andere nicht, ist noch immer ein Rätsel, vor allem weil das Phänomen so willkürlich über verwandte Vogelgruppen verteilt erscheint. Ornithologen nehmen an, dass eine Kombination aus verschiedenen Faktoren dafür verantwortlich ist, darunter Umweltbedingungen (Verfügbarkeit von unbesetzten Revieren oder geschlechtsreifen Männchen) und Tatsachen wie die Sterblickeitsrate. Zu den Helfern zählen wahrscheinlich auch Vögel, deren eigene Bemühungen zu brüten im jeweiligen Jahr gescheitert sind.

Auf Wache *Der Vater (links) der Jungen wacht beim Nest. Beim Blauen Staffelschwanz ist es wahrscheinlicher, dass die Befruchtung durch einen Partner innerhalb der Gruppe als zwischen dem Paar stattfindet. Studien zeigen, dass der Einzelvogel sich in einer größeren Gruppe nicht häufiger fortpflanzt.*

330 VÖGEL SPERLINGSVÖGEL

AUF EINEN BLICK

Tropische Familien und Familien der Südhalbkugel Die größte Dichte an Vogelarten gibt es in den Weltgegenden mit der größten allgemeinen Biodiversität, weil sie dort mehr Nischen finden. Diese Gebiete liegen vor allem in den Tropen. Die zumeist milderen Klimazonen der Südhalbkugel sind auch für viele Arten vorteilhaft. Viele Vögel dieser Regionen sind bunt gefärbt oder leuchtend grün, um im Laubwerk der Umgebung nicht aufzufallen.

Familie Eurylaimidae Die Breitrachen sind gedrungene Vögel mit breitem Kopf, breitem, abgeflachtem Schnabel und kurzen Beinen. Sie haben auffälliges Gefieder, manche besitzen rote, grüne oder gelbe Augen. Die meisten Arten fressen Insekten, kleine Echsen, Frösche und Früchte.

Gattungen 9
Arten 14

Trop. Afrika, SO-Asien, Gr. Sunda-I., S-Philippin.

Familie Pittidae Pittas sind drosselgroße, Insekten fressende Vögel mit kurzem Schwanz. Die bunten Waldbewohner laufen oder hüpfen lieber statt zu fliegen. Ihre großen Nester, am Boden oder in niedrigen Pflanzen gleichen Haufen von Pflanzenabfall. Alle pfeifen laut und melodiös.

Gattung 1
Arten 30

Zentral-Afrika, SO-Asien bis N- und O-Australien, Melanesien

Unauffällig
Der Blauschwanzpitta ist zwar farbenprächtig, fällt aber am Waldboden kaum auf. Er frisst ruhig und ruft nur selten.

SCHUTZSTATUS

Schwindende Mangrovenwälder Die IUCN führt 13 Arten der Familie Pittidae auf, darunter *Pitta megarhyncha*. Er gilt als potenziell gefährdet, da sein Lebensraum bedroht ist, weil die Mangrovenwälder Südasiens gerodet werden, um Bauholz sowie Holzkohle zu gewinnen.

Smaragdracke
Calyptomena viridis, Familie Eurylaimidae

Die hellen Stellen am Kopf dienen wohl der Kommunikation im Wald

Flammenkopf
Oxyruncus cristatus, Familie Cotingidae

Papagei-Breitrachen
Psarisomus dalhousiae, Familie Eurylaimidae

Rotbrustpitta
Pitta erythrogaster, Familie Pittidae

Rotbrustpittas kommen von den Philippinen bis Australien vor

Chile-Pflanzenmäher
Phytotoma rara, Familie Cotingidae

Zwergschlüpfer
Acanthisitta chloris, Familie Acanthisittidae

Schwarzlappenpitta
Philepitta castanea, Familie Philepittidae

Großer Dickichtschlüpfer
Atrichornis clamosus, Familie Atrichornithidae

Ein Leierschwanz, der beim Paarungsritual singt

Leierschwanz
Menura novaehollandiae, Familie Menuridae

SPERLINGSVÖGEL **VÖGEL** 331

Langer, gebogener Schnabel, um Nektar aus Blüten zu holen

Rotkehlnektarvogel
Chalcomitra senegalensis,
Familie Nectariniidae

Kap-Honigesser
Promerops cafer,
Familie Promeropidae

Braunkehlnektarvogel
Anthreptes malacensis,
Familie Nectariniidae

Honigesser haben einen sehr langen Schwanz

Streifenkopf-Baumläufer
Rhabdornis mystacalis,
Familie Rhabdornithidae

Rotbrauen-Baumrutscher
Climacteris erythrops,
Familie Climacteridae

Orangebrust-Mistelesser
Dicaeum trigonostigma,
Familie Dicaeidae

Die Zehen des Baumläufers sind an der Basis zusammengewachsen

Prionochilus percussus,
Familie Dicaeidae

Kleiner, gezähnter Schnabel, um Früchte zu schälen

Schwalben-Mistelesser
Dicaeum hirundinaceum,
Familie Dicaeidae

Flecken-Panthervogel
Pardalotus punctatus,
Familie Pardalotidae

AUF EINEN BLICK

Nektarvögel, Baumrutscher und Mistelesser Die Gruppe kleiner baumbewohnender Vögel lebt in den Tropen und südlichen gemäßigten Zonen der Alten Welt. Am typischsten sind die Arten Australiens und Ozeaniens.

Familie Nectariniidae Nektarvögel lieben Blüten. Die lebhaften, bunten Vögel besitzen einen langen, schmalen, gebogenen und fein gezähnten Schnabel. Ihre röhrenförmige, tief gespaltene Zunge dient dem Nektarsaugen.

Gattungen 16
Arten 127

Afrika südlich der Sahara, S-Asien bis Melanesien und NO-Australien

Familie Dicaeidae Mistelesser sind kompakte Vögel mit spitzen Flügeln, kurzem Schwanz und konischem Schnabel. Die gespaltene Zunge dient dem Verzehr von Nektar und Früchten.

Gattungen 2
Arten 44

Indien, SO-Asien mit seinen Inseln bis Melanesien und Australien

Familie Climacteridae Die Familie der Baumrutscher, die an Baumrinde klettern, gibt es nur in Australien und auf Neuguinea. Ihr Schnabel ist schmal, der Schwanz kurz und eckig.

Gattungen 2
Arten 7

Australien, bis auf Wüsten, Neuguinea

Familie Pardalotidae Die häufigen, bunten Panthervögel ähneln in Größe und Proportionen stark den Mistelessern. Sie fressen fast nur Larven von Blätter fressenden Insekten und deren Absonderungen.

Gattung 1
Arten 4

Australien, Tasmanien

Höhlenbewohner
Panthervögel wie der Fleckenpanthervogel nisten in Baumhöhlen oder Tunnel im Boden; man hat ihre Nester auch schon in Gebäuden gefunden.

332 VÖGEL SPERLINGSVÖGEL

AUF EINEN BLICK

Honigesser und Brillenvögel Diese baumbewohnenden Vögel leben in Afrika, Asien, Australien und Ozeanien Sie variieren in der Größe von 7,5 bis 48 cm. Bei den Honigessern sind die Größenunterschiede bedeutender als bei den Brillenvögeln.

Familie Meliphagidae Honigesser, Lederköpfe und Neuseeländische Lappenvögel besitzen alle eine ganz spezielle, tief gespaltene, an der Spitze raue Zunge, mit der die Vögel Nektar sammeln. Honigesser bevorzugen oft bestimmte Pflanzen, vor allem Eukalyptus.

Süße Mahlzeit Ein Honigfresser frisst an Eukalyptusblüten.

Gattungen 44
Arten 174

Australien und Melanesien bis zu den Kl. Sunda-I., Sulawesi und Ozeanien

Familie Zosteropidae In ihrem Verbreitungsgebiet leben Brillenvögel in jedem Wald-Lebensraum bis hin zu Parks und Gärten in Vorstädten. Viele Arten sehen ähnlich aus. Sie haben zitronengelbes Gefieder, einen schmalen, spitzen Schnabel und einen Ring dichter weißer Federn um die Augen. Mit ihrer bürstenartigen Zunge sammeln sie Nektar, Früchte und Insekten.

Gattungen 14
Arten 95

Afrika südl. Sahara, S- u. O-Asien bis Australien

SCHUTZSTATUS

Inselbewohner Der Mao (*Gymnomyza samoensis*) auf Samoa ist ein großer, stark gefährdeter Honigesser. Brandrodung und die Einführung nicht heimischer Bäume bedrohen seinen Lebensraum. 6 weitere auf den Pazifik-Inseln heimische Honigesser sind bereits ausgestorben.

Diese Art ruft wie ein Teichrohrsänger

Bali-Honigesser
Lichmera indistincta,
Familie Meliphagidae

Myzomela erythrocephala,
Familie Meliphagidae

Certhionyx variegatus,
Familie Meliphagidae

Der nomadische Honigesser lebt in den Wüsten Australiens

Die meisten *Myzomela*-Arten haben glänzend rotes Gefieder am Bauch

Goldohr-Honigfresser
Meliphaga lewinii,
Familie Meliphagidae

Melithreptus gularis,
Familie Meliphagidae

Australischer Brillenvogel
Zosterops lateralis,
Familie Zosteropidae

Der weiße Augenring ist für die meisten Brillenvögel typisch

Ganges-Brillenvogel
Zosterops palpebrosa,
Familie Zosteropidae

Blauohr-Honigesser
Entomyzon cyanotis,
Familie Meliphagidae

SPERLINGSVÖGEL **VÖGEL** 333

Indischer Paradiesschnäpper
Terpsiphone paradisi,
Familie Monarchidae

Aphelocephala pectoralis,
Familie Acanthizidae

Scharlach-Ephthianura
Ephthianura tricolor,
Familie Meliphagidae

Beutelmeise
Remiz pendulinus,
Familie Remizidae

Beutelmeisen gibt es in Eurasien, Afrika und im südlichen Nordamerika

Rotstirn-Schwanzmeise
Aegithalos concinnus,
Familie Aegithalidae

Rhipidura hypoxantha,
Familie Rhipiduridae

Haubenmeise
Parus cristatus,
Familie Paridae

Diese Art sucht am Boden und in Bäumen des australischen Outback nach Nahrung

Graubrust-Gudilang
Colluricincla harmonica,
Familie Colluricinclidae

AUF EINEN BLICK

Meisen und Fliegenschnäpperartige Die kleinen Vögel fressen vor allem Insekten. Für viele ist der lange fächerförmige Schwanz typisch.

Familie Monarchidae Die Angehörigen der Familie Monarchen sind kleine Singvögel mit einer Vorliebe dafür, mit dem Schwanz zu wippen und Insekten in der Luft zu fangen. Sie mögen bewaldete Lebensräume und suchen mit anderen Arten zusammen Nahrung.

Gattungen 15
Arten 87

Australien und Melanesien bis Ozeanien, SO und S-Asien und Afrika

Familie Rhipiduridae Den Namen Fächerschnäpper verdanken die Vögel der Fähigkeit, den langen Schwanz aufzufächern. Sie drehen Pirouetten in der Luft und erscheinen hyperaktiv. Ihr breiter Schnabel ist von Borsten umgeben, die beim Insektenfang helfen.

Gattungen 1
Arten 43

Australien u. Melanesien, Ozean., SO-Asien/Indien

Familie Paridae Meisen haben häufig schwarze Kappen, einige mit weißen Hauben und weißen Wangen. Die meisten sind Standvögel. Sie leben in Wäldern und fressen mit dem kurzen, geraden Schnabel Insekten und Samen.

Gut bekannt
Die farbenprächtige Kohlmeise lebt in Wäldern, Parks und Gärten. Sie nistet in Bäumen und Löchern, einschließlich Nistkästen.

Gattungen 3
Arten 54

Nordamerika, Afrika und Eurasien bis Japan und Kleine Sunda-Inseln

334 VÖGEL SPERLINGSVÖGEL

AUF EINEN BLICK

Familie Sittidae Kleiber findet man überall auf der Nordhalbkugel und sie verbringen ihr ganzes Leben auf Bäumen. Diese an der Rinde kletternden Vögel ähneln oberflächlich den Australkleibern, doch die 2 Familien sind nicht eng verwandt. Sie bilden vielmehr ein Beispiel von konvergenter Evolution, die durch gleiche Umweltbedingungen ausgelöst wurde.

Kleiber
Kleiber und Australkleiber können bei der Nahrungssuche an einem Baumstamm auf und ab klettern.

Gattungen 2
Arten 25

Nordamerika, Eurasien bis Japan, Philippinen und Große Sunda-Inseln

Familie Maluridae Wie die nördlichen Zaunkönige, mit denen sie nicht eng verwandt sind, handelt es sich bei Staffelschwänzen und Borstenschwänzen um kleine Vögel, die ihren Schwanz aufstellen. Sie fressen Insekten, meist jagen sie am Boden oder im Gebüsch.

Gattungen 5
Arten 28

Australien, Tasmanien, Neuguinea, Aru-Insel

Auffallend
Die leuchtende Farbe der Staffelschwanz-Männchen fällt auf. Am prächtigsten ist Malurus splendens, *eine Art, die in West- und Mittelaustralien vorkommt.*

SCHUTZSTATUS

Seltenes Vorkommen Einige Kleiber-Arten gelten als gefährdet; andere werden nur sehr selten gesichtet. Der gefährdete Kabylenkleiber (*Sitta ledanti*) kommt nur noch an wenigen Orten in Algerien vor, von denen einer durch Abholzung bedroht ist.

Mauerläufer
Tichodroma muraria,
Familie Sittidae

Mauerläufer leben in Felsspalten in Klippen

Weißflanken-Wollschnäpper
Batis molitor,
Familie Platysteiridae

Männchen tragen ein schwarzes Band über die Brust

Australkleiber
Neositta chrysoptera,
Familie Neosittidae

Vielfarben-Staffelschwanz
Malurus lamberti,
Familie Maluridae

Waldbaumläufer
Certhia familiaris,
Familie Certhiidae

Weißbrustkleiber
Sitta carolinensis,
Familie Sittidae

Der schillernd blaue Kopf ist typisch für Staffelschwanz-Männchen

Weißbrauensericornis
Sericornis frontalis,
Familie Acanthizidae

Masken-Gerygone
Gerygone palpebrosa,
Familie Acanthizidae

Gelbbürzelacanthiza
Acanthiza chrysorrhoa,
Familie Acanthizidae

Gerygonen und Südseegrasmücken leben in Australien und Neuguinea

SPERLINGSVÖGEL VÖGEL 335

AUF EINEN BLICK

Würger und Verwandte Die Familien mit vorwiegend Insekten fressenden Vögeln gibt es weltweit, die meisten Arten leben in der Alten Welt.

Familie Artamidae Schwalbenstare haben kräftige Flügel, einen blaugrauen Schnabel und kurze Beine. Sie suchen in verschiedenen Lebensräumen Nahrung, meist im Flug. Die sozialen Vögel pflegen gegenseitig ihr Gefieder.

Gattung 1
Arten 10

Australien und Melanesien bis SO-Asien u. Indien

Familie Oriolidae Vögel dieser Familie sollten man nicht mit den Trupialen der Neuen Welt verwechseln. Man findet Pirole in Wäldern der Alten Welt. Die Männchen tragen meist gelbes Gefieder. In den Baumwipfeln, wo sie sich aufhalten, hört man sie meist nur und sieht sie nicht.

Ungewöhnlicher Vogel Der Feigenpirol unterscheidet sich in mehrerlei Hinsicht von den Pirolen. Er ist gesellig, laut und hat nackte Haut ums Auge. Er frisst vor allem Feigen.

Gattungen 2
Arten 29

Australien und Neuguinea bis ins gemäßigte Eurasien, Afrika südlich der Sahara

Familie Laniidae Die Anzahl der Würger ist zurückgegangen, weil Pestizide ihre bevorzugten Insekten vernichten. Eigentliche Würger mit Hakenschnabel spießen oft überschüssige Beute auf Dornen. Blauwürger haben sich auf Madagaskar über eine Reihe von Lebensräumen verbreitet.

Gattungen 4
Arten 30

Nordamerika, Afrika, Eurasien bis ins Bergland von Neuguinea

Ausguck Lanius schach *ist ein aggressiver Einzelgänger im offenen Gelände. Er hält auf erhöhten Plätzen nach Nahrung Ausschau.*

Kleiner Sänger Ein Langschnabel-Sumpfzaunkönig (*Cistothorus palustris*, links) singt, während er auf einem Rohrkolben sitzt. Dieser kleine Vogel singt das ganze Jahr, nur nicht in der Zeit der Mauser. Die Größe des Repertoires unterscheidet sich von Population zu Population.

Gut erforschte Sänger Zebrafinken (*Taeniopygia guttata*), die in trockenen Regionen Australiens weit verbreitet sind, gehören zu den am besten erforschten Singvögeln. Oft setzen sich Vögel auf den höchsten Platz, damit ihr Gesang möglichst weit zu hören ist. So singen viele Arten auch lieber am Morgen, wenn die klare Luft ihre Lieder weiter trägt. Vögel können höher frequente Töne produzieren als Menschen.

Lautstärke Zebrafinken-Männchen (links außen) singen wesentlich lauter, wenn andere Vögel anwesend sind, damit Weibchen (links) auf ihren Gesang antworten und andere Männchen verjagen.

GESANG

Der Gesang der Vögel hat im Lauf der Jahrhunderte Musiker, Dichter und andere Künstler inspiriert. Die Syrinx, der Resonanzraum, in dem Vögel Töne produzieren, ist ein komplexes Gebilde, das bei einer Gruppe Sperlingsvögeln, den Singvögeln, am besten entwickelt ist. Man kann verschiedene Vogelarten an ihrem Gesang unterscheiden, obwohl manche Vögel auch sehr geschickte Imitatoren sind. Die Lieder werden meist teilweise oder ganz gelernt und benachbarte Populationen haben oft verschiedene »Dialekte«. Bei den meisten Arten singen die Männchen, um Weibchen zu locken oder Rivalen vor dem Eindringen in ihr Revier zu warnen. Studien haben erwiesen, dass Männchen die Lieder ihrer Nachbarn von denen anderer Männchen unter–scheiden können. Mitunter singen Vögel im Duett.

Repertoire Die meisten Singvogel-Männchen können 2 oder mehr verschiedene Lieder. Man hat festgestellt, dass Zebrafinken-Weibchen generell Männchen mit komplizierterem Gesang bevorzugen.

Stimulierung Der Gesang hilft dabei, den Fortpflanzungszyklus von Paaren zu koordinieren. Er kann bei Weibchen den Eisprung, den Nestbau und die Ei-ablage anregen.

Bitte um Futter 4 hungrige Nestlinge der Spottdrossel (*Mimus polyglottus*, rechts) verlangen nach Futter. Die Eltern reagieren nicht nur auf die aufgerissenen Schnäbel, sondern auch auf die Rufe. Diese sind kürzer und weniger kompliziert als Lieder; sie können Gefahr, Hunger, sexuelles Interesse und andere Bedürfnisse zum Ausdruck bringen.

SPERLINGSVÖGEL **VÖGEL** 337

Grünkitta
Cissa chinensis,
Familie Corvidae

Rotschnabel-Schweifkitta
Urocissa erythrorhyncha,
Familie Corvidae

Diese Art kommt sowohl in Südwesteuropa als auch in Ostasien vor

Tannenhäher
Nucifraga caryocatactes,
Familie Corvidae

Blauelster
Cyanopica cyanus,
Familie Corvidae

Typischer langer Schwanz

Kiefernhäher
Nucifraga columbiana,
Familie Corvidae

Alpenkrähe
Pyrrhocorax pyrrhocorax,
Familie Corvidae

Alpendohle
Pyrrhocorax graculus,
Familie Corvidae

Typischer kompakter Schnabel

Wanderelster
Dendrocitta vagabunda,
Familie Corvidae

Geierrabe
Corvus albicollis,
Familie Corvidae

AUF EINEN BLICK

Rabenvögel Die Vorfahren dieser sehr erfolgreichen Gruppe von Sperlingsvögeln stammten wohl aus Australien. Die Evolution nach ihrem Erscheinen auf der Nordhalbkugel führte zu den heutigen verschiedenen Formen von Krähen, Alpenkrähen, Tannenhähern, Elstern, Hähern und Wanderelstern.

Familie Corvidae Die mittelgroßen bis großen Vögel haben von Borsten besetzte Nasenlöcher und ziemlich lange Beine. Die Farbpalette reicht von Tiefschwarz beim Raben bis zu leuchtendem Rot und Grün bei den asiatischen Elstern. Sie fressen Beeren, Insekten oder Samen.

Nesträuber *Der nordamerikanische Buschhäher ist bekannt dafür, dass er Eier und Nestlinge aus dem Nest von Singvögeln raubt.*

Gattungen 24
Arten 117

Weltweit außer südliches Südamerika und Polargebiete

NAHRUNGSVORRAT

Viele Rabenvögel verstecken überschüssige Nahrung, um sie später zu holen. Sie verblüfften Wissenschaftler mit ihrer Fähigkeit, die Verstecke zielsicher wieder aufzufinden. Man vermutet, dass sie sich an markanten Punkten orientieren und ein ausgezeichnetes räumliches Gedächtnis besitzen. Hier vergräbt ein Kiefernhäher Nüsse.

SCHUTZSTATUS

Verbesserung *Cyanolyca nana* ist ein kleiner, schlanker, wendiger, schiefergrauer Vogel, der in den Wäldern von Südostmexiko endemisch ist. Nach Sichtungen in Gebieten, wo man ihn für ausgestorben gehalten hatte, wurde er von stark gefährdet auf gefährdet zurückgestuft. Doch sein Lebensraum wird zerstört.

AUF EINEN BLICK

Paradiesvögel und Laubenvögel
Diese 2 Gruppen von Vögeln gibt es nur auf Neuguinea, in Australien und auf den Molukken. Die Männchen werben um Weibchen – entweder mit dem Bau einer kunstvollen Laube (Laubenvögel) oder durch Präsentation ihres prachtvollen Gefieders in ausgefeilten Paarungsritualen (Paradiesvögel).

Familie Paradisaeidae Paradiesvögel haben einen gedrungenen oder langen Schnabel und kräftige Füße; sie ähneln in Größe und Aussehen Krähen. Doch man erkennt sie am knallbunten Gefieder, dass die Männchen einzeln oder in Gruppen präsentieren, um Weibchen anzulocken. Sie leben in Bergwäldern.

Gattungen 16
Arten 40

Neuguinea und benachbarte Inseln, O-Australien, N-Molukken

Familie Ptilonorhynchidae Die meisten Laubenvögel leben in bewaldeten Gegenden; manche bevorzugen das offene Waldland des australischen Outback. Die meisten Arten können andere Vögel imitieren, einige nennt man wegen der katzenähnlichen Rufe Katzendrosseln. Sie fressen meist Früchte und andere Pflanzen, obwohl sie ihre Nestlinge mit Insekten oder sogar mit Nestlingen anderer Vögel füttern.

Gattungen 8
Arten 18

Neuguinea und benachbarte Inseln, Australien

Lauben-Präsentation Laubenvogel-Männchen bauen kunstvolle Lauben, die sie mit vielen kleinen Dingen schmücken.

SCHUTZSTATUS

Blaue Schönheit Der Blaue Paradiesvogel (*Paradisaea rudolphi*) mit dem einzigartigen Gefieder lebt im Bergwald Neuguineas und zählt zu den gefährdeten Angehörigen der Familie Paradisaeidae. Ihn bedrohen Lebensraumverlust und Jagd wegen seiner Federn. Ein Teil des Verbreitungsgebiets ist unzugänglich.

Schwarzkehl-Paradieselster
Astrapia nigra,
Familie Paradisaeidae

Glänzender, weicher Kehlfleck

Arfak-Strahlenparadiesvogel
Parotia sefilata,
Familie Paradisaeidae

Die drahtähnlichen Federn am Kopf werden bei der Balz herumgewirbelt

Prachtreifelvogel
Ptiloris magnificus,
Familien Paradisaeidae

Wallace-Paradiesvogel
Semioptera wallacei,
Familie Paradisaeidae

Die weißen Federn werden bei der Balz aufgestellt

Kragen-Laubenvogel
Chlamydera nuchalis,
Familie Ptilonorhynchidae

Fadenkopf
Seleucidis melanoleuca,
Familie Paradisaeidae

Seidenlaubenvogel
Ptilonorhynchus violaceus,
Familie Ptilonorhynchidae

Er schmückt seine Laube immer mit blauen oder violetten Gegenständen

Pfeilergärtner
Prionodura newtoniana,
Familie Ptilonorhynchidae

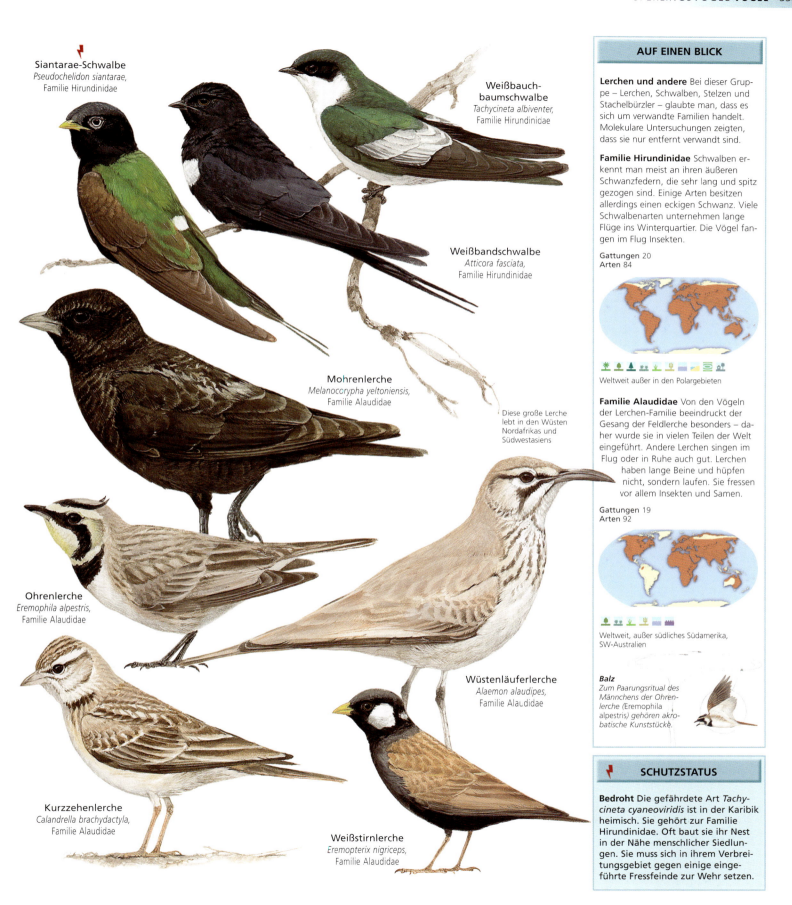

SPERLINGSVÖGEL **VÖGEL** 339

AUF EINEN BLICK

Lerchen und andere Bei dieser Gruppe – Lerchen, Schwalben, Stelzen und Stachelbürzler – glaubte man, dass es sich um verwandte Familien handelt. Molekulare Untersuchungen zeigten, dass sie nur entfernt verwandt sind.

Familie Hirundinidae Schwalben erkennt man meist an ihren äußeren Schwanzfedern, die sehr lang und spitz gezogen sind. Einige Arten besitzen allerdings einen eckigen Schwanz. Viele Schwalbenarten unternehmen lange Flüge ins Winterquartier. Die Vögel fangen im Flug Insekten.

Gattungen 20
Arten 84

Weltweit außer in den Polargebieten

Familie Alaudidae Von den Vögeln der Lerchen-Familie beeindruckt der Gesang der Feldlerche besonders – daher wurde sie in vielen Teilen der Welt eingeführt. Andere Lerchen singen im Flug oder in Ruhe auch gut. Lerchen haben lange Beine und hüpfen nicht, sondern laufen. Sie fressen vor allem Insekten und Samen.

Gattungen 19
Arten 92

Weltweit, außer südliches Südamerika, SW-Australien

Balz
Zum Paarungsritual des Männchens der Ohrenlerche (Eremophila alpestris) gehören akrobatische Kunststücke.

SCHUTZSTATUS

Bedroht Die gefährdete Art *Tachycineta cyaneoviridis* ist in der Karibik heimisch. Sie gehört zur Familie Hirundinidae. Oft baut sie ihr Nest in der Nähe menschlicher Siedlungen. Sie muss sich in ihrem Verbreitungsgebiet gegen einige eingeführte Fressfeinde zur Wehr setzen.

340 VÖGEL SPERLINGSVÖGEL

AUF EINEN BLICK

Familie Campephagidae Stachelbürzler heißen so, weil sie häufig die Federn um den Bürzel aufstellen. Die Färbung der Stachelbürzler variiert beträchtlich zwischen den verschiedenen Gattungen. Die meist dieser scheuen Vögel suchen in den Bäumen nach Insekten und Früchten. Sie bauen kleine, flache Nester, die sie hoch oben in den Ästen platzieren.

Gattungen 7
Arten 81

Australien und Melanesien bis S- und O-Asien, Madagaskar, Afrika

Familie Motacillidae Zur Familie der Stelzen zählen die kleinen, schlanken Stelzen und Pieper, die häufig einen langen Schwanz besitzen. Sie nisten meist am Boden und fressen Insekten. Typische Stelzen leben oft an Wasserläufen und in feuchtem Grasland. Die Pieper sind weit verbreitet und bevorzugen offene Lebensräume.

Gattungen 5
Arten 64

Weltweit (nur eine Art in Nordamerika)

Bergstelze
Die Bergstelze (*Motacilla cinerea*) ist meist am Wasser zu finden.

SCHUTZSTATUS

Kleines Gebiet Die Art *Macronyx sharpei* aus der Familie Motacillidae ist ein Standvogel mit Revier. Er ist in Kenia endemisch und gilt als stark gefährdet, weil sein Lebensraum klein und stark zerstückelt ist. Man vermutet, dass der restliche Lebensraum im kommenden Jahrzehnt um die Hälfte kleiner wird.

Scharlach-Mennigvogel
Pericrocotus flammeus,
Familie Campephagidae

Coracina striata,
Familie Campephagidae

Australischer Raupenfänger
Coracina novaehollandiae,
Familie Campephagidae

Schwarzraupenschmätzer
Lalage leucomela,
Familie Campephagidae

Der nomadische Vogel ist in den Wäldern Australiens verbreitet

Graumennigvogel
Pericrocotus divaricatus,
Familie Campephagidae

Stelzen sind bekannt dafür, dass sie beim Laufen mit ihrem Schwanz wippen

Anthus roseatus,
Familie Motacillidae

Madagascan wagtail
Motacilla flaviventris,
Familie Motacillidae

Rotkehlpieper
Anthus cervinus,
Familie Motacillidae

SPERLINGSVÖGEL VÖGEL 341

Palmschmätzer
Dulus dominicus,
Familie Dulidae

Diese westindische Art bevorzugt Haine mit Königspalmen, wo sie sich von Früchten ernährt

Blaubart-Blattvogel
Chloropsis hardwickei,
Familie Chloropseidae

Schwanz-Seidenschnäpper
Ptilogonys caudatus,
Familie Bombycillidae

Europäischer Seidenschwanz
Bombycilla garrulus,
Familie Bombycillidae

Weißkopf-Wasseramsel
Cinclus leucocephalus,
Familie Cinclidae

Nachtschattenesser
Hypocolius ampelinus,
Familie Bombycillidae

Langschnabel-Sumpfzaunkönig
Cistothorus palustris,
Familie Troglodytidae

Die Rufe dieser Art klingen ausgesprochen fröhlich

Katzendrossel
Dumetella carolinensis,
Familie Mimidae

Rotohrbülbül
Pycnonotus jocosus,
Familie Pycnonotidae

AUF EINEN BLICK

Bülbüls und andere Die kleinen bis mittelgroßen Vögel verschiedener Familien leben über die Welt verstreut. Sie fressen vor allem Insekten und Früchte. Der Nachtschattenesser ist eine von 3 Arten, deren Lebensraum durch die Irakkriege gefährdet wurde.

Familie Cinclidae Die Wasseramseln sind die einzigen Wasservögel unter allen Sperlingsvögeln. Man sieht sie meist an klaren, rasch fließenden Bächen, wo sie Insektenlarven und kleine Fische fressen. Zum Beutefang tauchen sie unter und schwimmen oder laufen am Grund entlang. Mit den Flügeln steuern sie unter Wasser.

Gattung 1
Arten 5

Westl. Nord- u. nordwestl. Südamerika, Eurasien

Familie Bombycillidae
Seidenschwänze haben an den Spitzen der Armschwingen rote, wachsähnliche Hornplättchen; ihre Funktion ist unbekannt. Die geselligen, oft beigefarbenen Vögel, sind schlank und tauchen an ungewöhnlichen Plätzen auf.

Gattungen 5
Arten 8

Nordamerika- bis nordwestl. Südamerika, Eurasien

Familie Troglodytidae Zaunkönige sind eine Neu-Welt-Familie, außer dem Zaunkönig, der über die Beringsee nach Asien und Europa kam. Die meisten fliegen gut und sind Standvögel.

Gattungen 16
Arten 76

Nord- und Südamerika, gemäßigtes Eurasien bis Japan

BALZVERHALTEN

In der Kommunikation von Vögeln spielen visuelle Signale eine wichtige Rolle. Sie dienen unterschiedlichen Funktionen wie Balz, Begrüßung, Drohen, Unterwerfung oder der Ablenkung von Feinden. Das Balzverhalten unterscheidet sich beträchtlich, dazu können rituelle Flüge, der Bau komplizierter Strukturen oder das Vorführen von speziellen Fähigkeiten gehören. Es gibt auch so einzigartiges Verhalten wie beim Schnurrvogel, der die Weibchen mit seinen Schwanzfedern an der Kehle kitzelt. In manchen Fällen präsentiert sich nur das Männchen, in anderen agiert das Paar gemeinsam. Bei vielen Balzritualen wird das Gefieder präsentiert, vor allem an den sichtbarsten Körperteilen wie Kopf, Hals, Brust, Flügeln oder Schwanz. Bei einigen Arten versammeln sich die Männchen an Balzplätzen (Leks), wo sie um die Aufmerksamkeit der Weibchen konkurrieren. Viele Vögel sind monogam und bilden für eine oder mehrere Brutsaisons Paare.

Imponierend Ein Kragen-Laubenvogel (*Chlamydera nuchalis*, oben) präsentiert sich einem Weibchen, das seine kunstvoll gebaute Laube begutachtet. Die Laubenvogel-Arten, bei denen die Männchen relativ unscheinbar sind, bauen kunstvollere Lauben als die Arten mit farbenprächtigerem Gefieder. Die Lauben können verschieden geformt sein und unterschiedliche kleine Dinge enthalten. Nach der Paarung bauen die Weibchen eigene becherförmige Nester.

Alle gemeinsam Männchen von Paradisaea raggiana (unten) kommen zusammen und wetteifern um die Aufmerksamkeit der Weibchen. Dazu flattern sie mit den langen, farbenprächtigen Federn, die sie weit ausbreiten, und rufen hysterisch.

Versammlungen Paradisaea-raggiana-Männchen sammeln sich meist in Gruppen von 3 bis 8 Vögeln. Bei anderen Arten, z. B. dem Großen Paradiesvogel (*Paradisaea apoda*), treffen sich bis zu 20 Männchen.

Qual der Wahl Die unscheinbaren Weibchen kommen zum Lek, um die Männchen zu beobachten. Studien zeigen, dass die meisten Weibchen sich mit demselben Männchen paaren, wohl mit dem dominantesten.

Spektakuläre Treffen
Paradiesvögel, die in den Wäldern Neuguineas, Ost-Indonesiens und Australiens leben, sind zu Recht berühmt für ihr schmuckvolles Gefieder und ihr beeindruckendes Balzritual. Männchen verschiedener Arten haben unterschiedliche Balzrituale; am bekanntesten sind die der Gattung *Paradisaea* – wie bei *Paradisaea raggiana* (oben) –, bei denen die Männchen sich an Leks im Wald versammeln. Sie sitzen auf Ästen und breiten ihre farbenprächtigen Federn aus, während sie einheitlich posieren und tanzen. Die Weibchen sehen zu und treffen ihre Wahl.

Eleganz Die Männchen vom Prachtleierschwanz (*Menura novaehollandiae*, links), der in den Wäldern Südostaustraliens lebt, führen einen der erstaunlichsten Balztänze auf. Um eine Partnerin anzulocken, setzt das Männchen seinen Schwanz ein, bei dem die beiden äußeren Federn die Form einer antiken Lyra bzw. Leier haben (darauf basiert der Name der Art). Der Vogel steht auf einem Hügel und fächert seinen spektakulären Schwanz auf. Dann wirft er den Schwanz nach vorn über seinen Kopf, lässt die Federn vibrieren und singt dabei.

Allein Männchen des Arfak-Strahlenparadiesvogels (*Parotia sefilata*, rechts) auf Neuguinea führen ihre Balztänze in Leks oder allein auf. In letzterem Fall stehen sie auf einer kleinen Lichtung im Wald und tanzen, um Weibchen anzulocken. Auch der Kragenhopf und die Reifelvögel balzen allein und breiten dabei ihre Flügel aus.

Das Beste zum Schluss Wenn ein *Paradisaea-raggiana*-Weibchen (unten rechts) so viel Interesse zeigt, dass es auf dem Ast eines Männchens landet, legt dieses sich voll ins Zeug. Es lehnt sich nach vorne, bis es fast Kopf steht, breitet dann seine farbenprächtigen Flügel aus und schlägt sie zusammen, damit das Weibchen sein fantastisches Gefieder besser betrachten kann. Dies ist sehr anstrengend für das Männchen. Nach der Paarung fliegt das Weibchen fort und das Männchen nimmt seinen Balztanz auf der Suche nach einer anderen Partnerin wieder auf. Die Männchen beteiligen sich nicht an der Brutpflege.

Vorbilder Die Balztänze der Paradiesvögel haben die Einheimischen im östlichen Neuguinea dazu angeregt, sich mit den Federn der Vögel zu schmücken und selbst rituelle Tänze aufzuführen. *Paradisaea raggiana* ist der Nationalvogel von Papua-Neuguinea. Der Handel mit den Vögeln wird kontrolliert und ein Ausländer darf weder einen dieser Vögel noch desssen Federn besitzen.

Interessiert Das *Paradisaea-raggiana*-Weibchen beobachtet die Präsentation des Männchens und beurteilt, wie begehrenswert es als Partner ist. Das Weibchen hackt auch gelegentlich nach dem Schnabel des Männchens. Wenn sich die Weibchen dafür entscheiden, sich mit demselben Männchen – dem Sieger des Wettbewerbs – zu paaren, geht es darum, dem Nachwuchs möglichst gute männliche Gene mitzugeben.

Jeder nach seiner Art Paradiesvogel-Männchen gehen je nach Art unterschiedlich vor. Königsparadiesvögel (*Cicinnurus regius*) hängen fast kopfunter an den Ästen.

344 VÖGEL SPERLINGSVÖGEL

AUF EINEN BLICK

Timalien, Drosseln und andere Diese Gruppe wurde nach DNA-Analysen stark umstrukturiert. Zu ihr gehören einige der bekanntesten Vögel, z. B. das Rotkehlchen, die Wanderdrossel, die Nachtigall und die Heckenbraunelle.

Familie Muscicapidae Die Fliegenschnäpper der Alten Welt wie der Trauerschnäpper (links: das Weibchen am Nest, das Männchen unterhalb) sind kleine Insekten fressende Vögel, die in Waldgebieten leben. Oft sitzen sie gut getarnt und starten dann plötzlich, um Insekten im Flug zu fangen.

Gattungen 48
Arten 275

W-Alaska, NO-Kanada, Afrika, Eurasien bis W-Melanesien

Familie Petroicidae Die australischen Vögel der Familie Schnäpper ähneln in Größe, Körperform und Aussehen Rotkehlchen bzw. der Wanderdrossel, sind aber nicht mit ihnen verwandt. Schnäpper leben in Wäldern.

Rasanter Jäger
Der Rotkappenpetroica (*Petroica goodenovii*) fängt Insekten im Sturzflug.

Gattungen 13
Arten 45

Australien, Neuguinea, Neuseeland, SW-Pazifik

Familie Prunellidae Vögel der Familie Braunellen sehen wie Sperlinge mit schmalem Schnabel aus. Sie leben in großen Höhen und fressen Samen, Insekten oder Beeren. Ihr am Boden liegendes Nest isolieren sie mit Federn.

Gattung 1
Arten 13

NW-Afrika, Eurasien mit Ausnahme der Tropen

Schwarzkehlbraunelle
Prunella atrogularis,
Familie Prunellidae

Brachypteryx montana,
Familie Turdidae

Heckensänger
Cercotrichas galactotes,
Familie Muscicapidae

Rotkehlchen
Erithacus rubecula
Familie Muscicapidae

Pogonocichla stellata,
Familie Muscicapidae

Rubin-Nachtigall
Luscinia calliope,
Familie Muscicapidae

Nord-Malleeflöter
Drymodes superciliaris,
Familie Petroicidae

Der Nord-Malleeflöter ähnelt auf den ersten Blick einer Drossel

Blaukehlchen
Luscinia svecica,
Familie Muscicapidae

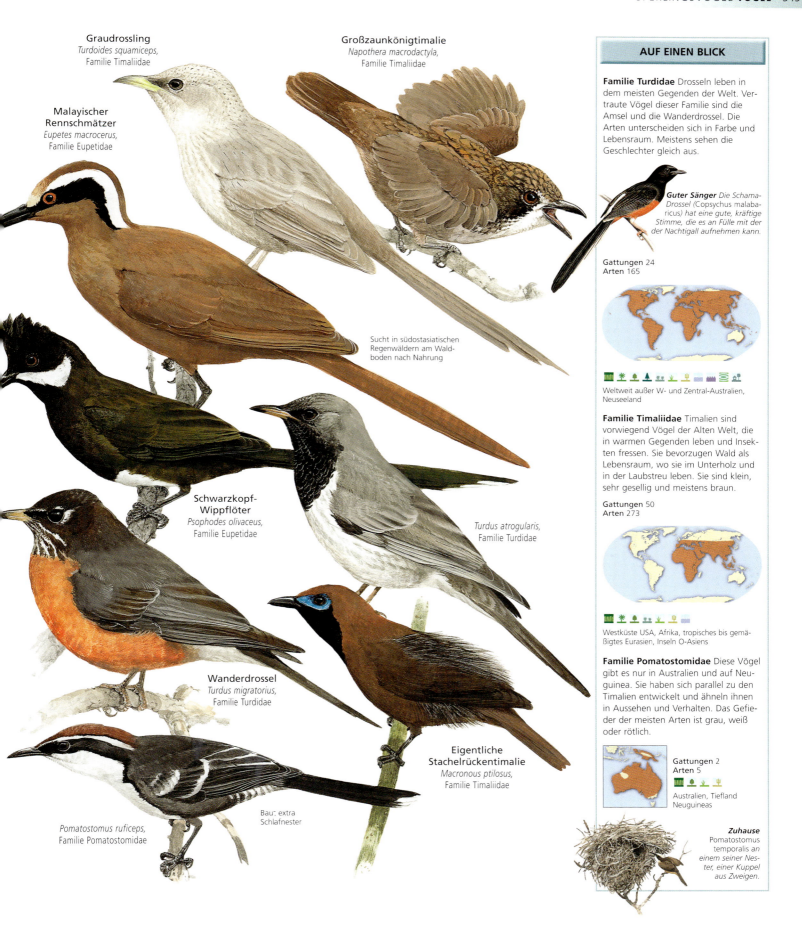

VÖGEL SPERLINGSVÖGEL

AUF EINEN BLICK

Grasmücken und andere Typisch für diese Gruppe sind die guten stimmlichen Fähigkeiten vieler ihrer Angehörigen. Grasmücken und Verwandte sind meist Insektenfresser, einige Arten fressen auch Früchte. Die afrikanischen Feldhüpfer fallen in vielerlei Hinsicht aus der Reihe. Die Mückenfänger leben ausschließlich in Amerika.

Familie Sylviidae Die meisten Grasmücken gibt es in der Alten Welt. Sie leben in Wäldern und Hecken. Viele brüten im hohen Norden oder in großen Höhen, ziehen aber im Winter über weite Strecken in wärmere Gebiete. Ihr Vermögen sich dabei zurechtzufinden, scheint in den Genen zu liegen.

Gattungen 48
Arten 265

Afrika, Eurasien bis Australasien und Ozeanien, W-Alaska

Winziger Sänger
Regulus satrapa *lebt in Nadelwäldern. Die kleinen Vögel der Gattung Goldhähnchen sind an dem lebhaft roten oder gelben Fleck am Kopf zu erkennen.*

Familie Picathartidae Die Felshüpfer sind auffallende Vögel, die langbeinigen Drosseln ähneln. Ihr nackter Kopf ist gelb-orange oder blau-pink. Sie leben in den dichten Wäldern Westafrikas, wo sie aus Schlamm schüsselförmige Nester bauen. Sie fressen Insekten, Amphibien und Früchte.

Gattung 1
Arten 2

W-Afrika (Guinea bis Gabun)

Familie Polioptilidae Die Insekten fressenden Mückenfänger sind kleine Vögel, selbst wenn man den langen Schwanz mitrechnet. Die meisten Arten leben in Mittel- und Südamerika. Bemerkenswert ist der Schwarzschwanzschnäbler, dessen Schnabel mehr als ein Drittel der Körperlänge ausmacht.

Gattungen 3
Arten 14

Gemäßigtes Nordamerika bis subtropisches Südamerika

SPERLINGSVÖGEL VÖGEL

Manche Webervögel-Kolonien bestehen aus Millionen Tieren

Hahnschweif-Widah
Euplectes progne,
Familie Ploceidae

Blutschnabelweber
Quelea quelea,
Familie Ploceidae

Onyxweber
Euplectes orix,
Familie Ploceidae

Braunkehlstar
Saroglossa spiloptera,
Familie Sturnidae

Amethyst-Glanzstar
Cinnyricinclus leucogaster,
Familie Sturnidae

Büffelweber
Bubalornis niger,
Familie Ploceidae

Spinnenstar
Aplonis metallica,
Familie Sturnidae

Hängt Kugelnester in Bäume; nistet in großen Kolonien

Marmorweber
Pseudonigrita arnaudi,
Familie Passeridae

Dieser Webervogel gehört zur Familie der Alt-Welt-Sperlinge

AUF EINEN BLICK

Stare und Webervögel Stare gibt es überall in der Alten Welt. Sie wurden in Nordamerika und in anderen Ländern außerhalb ihres ursprünglichen Verbreitungsgebietes eingeführt (und florierten dort). Webervögel sind finkenähnliche Vögel, die nur in Afrika leben.

Familie Sturnidae Zur Familie Stare gehört der Gemeine Star, einer der vertrautesten Gartenvögel. Der stämmige Vogel mit relativ kurzem Schwanz zeigt eine herausfordernde Haltung. Einige Stare leben in offenem Gelände und fressen Insekten, die meisten leben im Regenwald und fressen Früchte.

Safari-Begleiter Safari-Reisende sehen in Ostafrika oft den Dreifarbenglanzstar (Lamprotornis superbus). Er besucht häufig die Lagerplätze. Mit seinem prächtigen Gefieder ist er einer der schönsten Stare der Welt.

Gattungen 25
Arten 115

Afrika, gemäßigtes und tropisches Eurasien bis NO-Australien und Ozeanien

Familie Ploceidae Das Besondere an den Webervögeln ist ihr Nest. Männchen einiger Arten bauen ein Nest, indem sie Grashalme verknoten und verweben, als ob sie Korbflechter wären. Andere Arten bauen große Gemeinschaftsnester aus Reisig. Blutschnabelweber leben in Schwärmen.

Gattungen 11
Arten 108

Afrika südlich der Sahara, S- und SO-Asien. Große Sunda-Inseln (außer Borneo)

SCHUTZSTATUS

Gefahr im Verzug Die vom Aussterben bedrohte Art *Foudia rubra* ist ein mittelgroßer Vogel der Familie Ploceidae Er lebt nur im Südwesten der Insel Mauritius, wo die Rodung der Wälder im Hochland und die Einführung von Fressfeinden, wie Ratten, zu einem dramatischen Rückgang des Bestands geführt hat.

348 VÖGEL SPERLINGSVÖGEL

AUF EINEN BLICK

Prachtfinken, Glanzwitwen und Finken Zu dieser Gruppe finkenähnlicher Vögel zählen einige der beliebtesten Heimtiere. Die meisten Arten sind Körnerfresser mit kegelförmigem Schnabel. Es gibt sie in vielen Lebensräumen, von Parks über Grasland bis zu Trockengebieten. Sie singen schön.

Familie Fringillidae Fast alle Finken dieser Familie tragen Rot oder Gelb im Gefieder. Als Zugvögel leben sie in gemäßigten Zonen. Sie haben nur 9 große Armschwingen an jedem Flügel, die zehnte ist verkümmert. Sie fressen sogar in der Brutzeit nur selten Insekten.

Spezieller Schnabel
Der Kiefernkreuzschnabel (Loxia pytyopsittacus) holt mit seinem langen, an der Spitze gekreuzten Schnabel Nüsse aus Kiefernzapfen.

Gattungen 42
Arten 168

Amerika, Afrika, Eurasien bis SO-Asien

Familie Viduidae Glanzwitwen haben ihren Namen wegen des sehr langen Schwanzes des Männchens, der an einen Witwenschleier erinnert. Jede Witwen-Art legt ihre Eier in das Nest einer Prachtfinken-Art. Die Witwen-Jungen lassen sogar die gleichen Rufe wie die Jungen der Stiefeltern ertönen.

Gattungen 2
Arten 20

Afrika südlich der Sahara (außer Regenwälder in Kongo und Wüste Namib)

VIREO-NEST

Vireos – kleine, graugrüne amerikanische Vögel, die ausdauernd singen und Insekten fressen – bauen ihre Nester in Bäumen oder niedrigen Büschen. Ihre Nester sehen wie geflochtene Becher aus und sind an Astgabeln aufgehängt.

Birkenzeisig *Carduelis flammea,* Familie Fringillidae

Stieglitz *Carduelis carduelis,* Familie Fringillidae
In Australien und Neuseeland eingeführt

Zebrafink *Taeniopygia guttata,* Familie Estrildidae
In trockenen Gebieten Australiens weit verbreitet

Schmalschwanz-Paradieswitwe *Vidua paradisaea,* Familie Viduidae

Dominikanerwitwe *Vidua macroura,* Familie Viduidae

Strohwitwe *Vidua fischeri,* Familie Viduidae

Gouldamadine *Erythrura gouldiae,* Familie Estrildidae

Dreifarbige Papageiamadine *Erythrura trichroa,* Familie Estrildidae

Goldzeisig *Carduelis tristis,* Familie Fringillidae

Vireo atricapilla, Familie Vireonidae

Ihre leuchtenden Farben machen die Tangare für den Heimtierhandel interessant

350 VÖGEL SPERLINGSVÖGEL

AUF EINEN BLICK

Waldsänger Die Vögel dieser Familie der Neuen Welt sind das Pendant zu den Fliegenschnäppern der Alten Welt. Trotz ihres Namens sind sie nicht wegen ihrer Gesangskünste bekannt. Sie leben in nahezu jedem Lebensraum südlich der Tundra.

Familie Parulidae Diese Waldsänger suchen im Laub nach Nahrung. Manchmal bilden sie Schwärme aus vielen Arten, von denen jede auf ihre eigene Weise Nahrung sucht. Die meisten Arten bauen auf Bäumen, im Gebüsch oder in Ranken ihre Nester. Die Vögel haben nur 9 Armschwingen pro Flügel.

Gattungen 24
Arten 112

Nordamerika bis Südamerika, Karibik

PRACHTGEFIEDER

Die meisten Waldsänger sind bunt und tragen eine oft auffällige Zeichnung. Bei den nordamerikanischen Arten ist das Männchen zur Paarungszeit häufig farbiger als das Weibchen, beide mausern jedoch vor dem Zug ins Winterquartier in ein Schlichtkleid.

Vielfalt Wie unterschiedlich der Geschlechtsdimorphismus bei dieser Gruppe ist, zeigen diese Beispiele: kein Unterschied bei Vermivora celata; leicht unterschiedlich beim Magnolienwaldsänger (Dendroica magnolia) und Riesenunterschied beim Schnäpper-Waldsänger (Setophaga ruticilla).

SCHUTZSTATUS

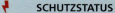

Mexikanischer Sumpfbewohner Die Art *Geothlypis flavovelata*, die im Nordosten Mexikos endemisch ist, wird als gefährdet betrachtet. Sie kommt nur in wenigen Süßwassersümpfen ihres Verbreitungsgebiets vor. Ihr Lebensraum wird durch die Viehzucht eingeschränkt.

Goldflügel-Waldsänger
Vermivora chrysoptera,
Familie Parulidae

Brütet in den östlichen USA und zieht im Winter bis ins nördliche Südamerika

Meisensänger
Parula americana,
Familie Parulidae

Oporornis tolmiei,
Familie Parulidae

Die meisten Waldsänger bauen einfache Nester; nur die Weibchen brüten

Nistet im Gegensatz zu seinen Verwandten auch in Gebieten ohne Wald

Wilsonia canadensis,
Familie Parulidae

Weidengelbkehlchen
Geothlypis trichas,
Familie Parulidae

Myrtensänger
Dendroica coronata,
Familie Parulidae

Elegante Zeichnungen in Rot und Gelb an Kopf und Brust sind typisch für das Prachtgefieder der Waldsänger

Halsband-Myioborus
Myioborus torquatus,
Familie Parulidae

Nistet in Baumhöhlen

Protonotar-Waldsänger
Protonotaria citrea,
Familie Parulidae

SPERLINGSVÖGEL **VÖGEL** 351

Rotschulterstärling
Agelaius phoeniceius,
Familie Icteridae

Einer der häufigsten Vögel Nordamerikas

Lerchenstärling
Sturnella magna,
Familie Icteridae

Die Männchen hüpfen beim Balzritual hoch, um die Zeichnung an der Brust zu zeigen

In dieser Familie gibt es beachtliche Größenunterschiede zwischen Männchen und Weibchen

Glanzkuhstärling
Molothrus bonariensis,
Familie Icteridae

Die Brustfedern werden beim Balzen aufgestellt

Molothrus oryzivorus,
Familie Icteridae

Dachsammerfink
Zonotrichia leucophrys,
Familie Emberizidae

Kaktusfink
Geospiza scandens,
Familie Emberizidae

Baltimore-Trupial
Icterus galbula,
Familie Icteridae

Pheucticus tibialis,
Familie Cardinalidae

Weißrücken-schneeammer
Plectrophenax hyperboreus,
Familie Emberizidae

Dicker, kegelförmiger Schnabel zum Samenpflücken und -öffnen

AUF EINEN BLICK

Ammern, Kardinäle und Trupiale
Diese Vögel gibt es nur in der Neuen Welt oder sie sind in Amerika heimisch und wanderten in mehreren Siedlungswellen auch in die Alten Welt. Sie unterscheiden sich stark voneinander, doch die meisten fressen Körner und bauen aus Pflanzenmaterial ein Nest.

Familie Icteridae Die Stärlinge sind die vielfältigste Gruppe unter den Singvögeln in der Neuen Welt. Die meisten Arten leben in den Tropen. Einige wenige Arten sind echte Waldbewohner, die meisten bevorzugen Sümpfe, Moore, Savannen und andere trockene Gebiete. In dieser Familie sind die Männchen bedeutend größer als die Weibchen.

Gattungen 26
Arten 98

Nordamerika bis Südamerika, Karibik

Familie Emberizidae Zu dieser Familie gehören die Finken der Neuen und die Ammern der Alten Welt. Die kleinen Vögel besitzen alle einen kurzen, kegelförmigen Schnabel zum Pflücken und Öffnen von Körnern. Ihre Jungen füttern sie allerdings mit Insekten. Die Vögel leben meist am Boden und tragen ein braun gestreiftes Gefieder. Die Schneeammer brütet nördlicher (im nördlichen Grönland) als irgendein anderer landbewohnender Vogel.

Gattungen 73
Arten 308

Weltweit außer Madagaskar, Indonesien, Australien und Ozeanien

Farbenfroh
Kardinäle, wie der Papstfink (*Passerina ciris*), sind wesentlich bunter als andere Vögel der Familie Ammern. Vor allem das Gefieder der Männchen weist sehr viele Farben auf.

SCHUTZSTATUS

Schlechte Nachricht Die Art *Xanthopsar flavus* ist eine von 6 gefährdeten Arten der Familie Icteridae. Sie wird wegen ihres tollen Aussehens für den Heimtierhandel gefangen. Der Einsatz von Pestiziden bedroht ihren Lebensraum: das Grasland.

EVOLUTION DER SCHNÄBEL

Größe und Form von Vogelschnäbeln variieren, je nach Nahrung und Technik der Nahrungsgewinnung. Charles Darwin bewies als Erster, dass körperliche Merkmale nicht unveränderlich sind und dass die Arten sich allmählich dem Lebensraum anpassen. Er vermutete, dass die Galapagosfinken, die sich in Schnabelgröße und -form stark unterschieden, alle von einem Vogel abstammen und sich entwickelten, um verschiedene ökologische Nischen einzunehmen, die nicht von anderen Tieren besetzt waren. Vorteilhafte genetische Mutationen wurden an die nachfolgenden Generationen weitergegeben. Diese Vorgänge kann man am besten auf abgelegenen Inseln verfolgen, wo Einflüsse von außen und konkurrierende Arten fehlen.

Gutes Zusammenwirken Der farbenprächtige Iiwi (oben), eine Art der hawaiischen Honigesser, besitzt einen Schnabel, mit dem er leicht den Nektar, von dem er sich ernährt, in den tropischen Blüten erreichen kann. Oft hängt er beim Fressen mit dem Kopf nach unten.

Isolierte Lebensräume Von links nach rechts: Hawaii; Galapagosinseln; Madagaskar.

Rasche Ausbreitung Spezialisierte Arten, die auch Insekten (H1 und H3) oder Samen (H2) fressen, entwickelten sich rasch – in einigen hunderttausend Jahren – und füllten die unbesetzten ökologischen Nischen auf Hawaii.

Unterschiedlicher Geschmack Nektarspezialisten wie der Iiwi (H4) entwickelten lange, gebogene Schnäbel, mit denen sie nach Nektar tasten und ihn aufsaugen, während für Körnerfresser wie der Pseudokea (H5) ein kräftiger, gedrungener Schnabel, mit denen sie harte Schalen knacken können, günstiger sind.

Besondere Fähigkeiten Die Darwinfinken-Art Camarhynchus pallidus (G1) hat gelernt, mit einem Kaktusstachel oder einem Ästchen Insekten unter der Rinde oder aus Ritzen im Holz hervorzuziehen. Der größte der Grundfinken, der Große Grundfink (G2), nutzt seinen kräftigen Schnabel, um große Samen zu fressen.

Schicksal Obwohl sie einen Schnabel hatten, mit dem sie auf den Hawaii-Inseln erfolgreich Nahrung suchen konnten, starben viele Honigesser, z. B. der Schwarzmamo (H6), aus. Die Evolution hielt nicht Schritt mit eingeführten Fressfeinden und anderen Gefahren.

A rainbow of differences Die hawaiischen Honigesser gehören zur Unterfamilie der Drepanidinae, zu der mehr als 30 Arten zählen (von denen viele heute ausgestorben sind), die in Aussehen und Verhalten sehr unterschiedlich sind, obwohl sie alle von einer einzigen Art abstammen. Die Vorfahren der Honigesser gehörten wohl zur Art *Carpodacus carpodacus*, einer europäischen Rosenfinkenart, die 4000 km übers offene Meer geflogen war, möglicherweise mithilfe starker Winde, um sich auf dem vulkanischen Archipel niederzulassen. Viele Honigesser entwickelten Schnabelformen, die zu bestimmten Blüten passen. Die abgebildeten hawaiischen Honigesser (oben) sind: H1: Anianiau (*Hemignathus parvus*); H2: *Telespyza cantans*; H3: Haubenkleidervogel (*Palmeria dolei*); H4: Iiwi (*Vestiaria coccinea*); H5: Pseudokea (*Pseudonestor xanthophrys*); H6: Schwarzmamo (*Drepanis funerea*, ausgestorben).

Vielfalt auf einer großen Insel Die Blauwürger sind eine vielfältige Familie (Vangidae) von Sperlingsvögeln, die es nur auf der Insel Madagaskar gibt. Alle 22 Arten jagen Wirbellose oder kleine Reptilien, haben sich aber viele verschiedene Nischen auf der lange isolierten Insel gesucht, die genauso viele verschiedenartige Lebensräume bietet wie Kalifornien. Hier abgebildet sind: M1: Sichelvanga (*Falculea palliata*); M2: Grauer Schmalschnabeltylas (*Xenopirostris polleni*); M3: Helmvanga (*Euryceros prevostii*); M4: *Calicalicus rufocarpalis*; M5: Blauvanga (*Cyanolanius madagascarinus*).

Unbesetzte Nische Ein Elstervanga (*Leptopterus chabert*, links) ruht auf Madagaskar auf einem Ast. Dieser Vogel fängt Insekten, die er im Sturzflug erhascht, oder indem er das Verhalten eines Schwalbenstars imitiert.

Rollenvielfalt
Die Blauwürger haben sich so stark spezialisiert, dass es fast ebenso viele Gattungen wie Arten gibt. Der lange Schnabel des Sichelvanga (M1) ist ideal für die Nahrungssuche in dornigen Pflanzen. Der Graue Schmalschnabeltylas (M2) sucht in verrottendem Holz; *Calicalicus rufocarpalis* (M4) fängt Insekten von Büschen und im Flug.

Ähnlichkeiten mit anderen Vögeln
Einzelne Blauwürger-Arten füllen ähnliche Nischen wie andere Arten anderenorts und haben sich deshalb auch ähnlich entwickelt. So erinnert der Helmvanga (M3) an einen kleinen Nashornvogel.

Blutsauger Der Spitzschnabel-Grundfink (G5) pickt brütende Seevögel an, vor allem Tölpel, um ihr Blut zu trinken.

Anpassungsfähig Der Kaktusfink (G6) entwickelte einen längeren Schnabel, mit dem er auch an Kaktusblüten- und früchten sowie an Samen fressen kann. Eine derartige Nahrungsspezialisierung ist vor allem in mageren Zeiten wichtig.

Darwin irrte nicht Genetische Analysen beweisen, dass Darwin Recht hatte, denn sie zeigen, dass 14 auf Galapagos lebende Vogelarten, die man heute als Darwinfinken kennt, tatsächlich von einer Art – einem Körner fressenden Finken – abstammen, der vom südamerikanischen Festland kam. Die hier abgebildeten auf Galapagos heimischen Vögel sind: G1: *Camarhynchus pallidus*; G2: Großer Grundfink (*Geospiza magnirostris*); G3: Waldsängerfink (*Certhidea olivacea*); G4: Maskentölpel (*Sula dactylatra*); G5: Spitzschnabel-Grundfink (*Geospiza difficilis*); G6: Kaktusfink (*Geospiza scandens*).

Wenige Feinde Der Galapagosbussard (*Buteo galápagoensis*, rechts) schwebt über der Insel Fernandina. Er ist einer der wenigen Landvögel, außer den Finken, die einst diese abgelegenen Inseln besiedelten. Er ist eine der 3 Greifvogelarten der Insel.

REPTILIEN

REPTILIEN

STAMM	Chordata
KLASSE	Reptilia
ORDNUNGEN	4
FAMILIEN	60
GATTUNGEN	1012
ARTEN	8163

Reptilien gelten oft als Relikte aus der Zeit der Dinosaurier. Doch tatsächlich entwickeln sich Reptilien ständig. Die heutigen Arten sind das Ergebnis von mehr als 300 Mio. Jahren Evolution, seit sich die Amnioten in 2 Linien geteilt haben: Eine führte zu den Säugetieren (Synapsida), die andere zu Vögeln und Reptilien (Diapsida). Aus diesen Reptilien entstanden in der Trias 2 Hauptgruppen, Lepidosaura (schuppige Reptilien – Echsen, Schlangen, Doppelschleichen und Brückenechsen) und Archosauria (herrschende Reptilien – Krokodile, Flugsaurier, Dinosaurier und Urvögel). Schildkröten tauchen zuerst vor etwa 210 Mio. Jahren auf. Die Skelettformen ähneln zwar den Arten von vor 200 Mio. Jahren, doch sind heutige Reptilien hochspezialisiert.

Elterliche Fürsorge Einige Krokodilarten bewachen ihr Nest und tragen ihre Jungen nach dem Schlüpfen zum Wasser. Manche bleiben mehr als ein Jahr bei ihrer Gruppe.

Sonnenbad Schmetterlinge lockt das Salz an, das die Augen der Terekay-Schildkröten (*Podocnemis unifilis*) absondern. Die Tiere liegen in der Sonne, um ihre Körpertemperatur zu steigern und die ultravioletten Strahlen aufzunehmen, die bei der Synthese von Vitamin D benötigt werden. Beim Sonnen trocknet auch der Panzer und darauf sitzende Algen lösen sich.

DAS EINGEHÜLLTE EI

Das geschlossene System des Eis – in dem Wasser, Nährstoffe und Abfall bis zum Schlüpfen gespeichert sind – ermöglichte es den Reptilien, vom Wasser unabhängig zu werden und an Land zu kommen. Alle Eier müssen atmen, sie besitzen winzige Poren, um Sauerstoff aufzunehmen. Einige Eier sind sehr durchlässig und trocknen aus, wenn sie nicht an einem feuchten Platz eingegraben sind. Andere haben sehr dicke Schalen, um das Austrocknen zu vermeiden. Bei vielen Schlangen und Echsen bleiben die Eier zunächst noch im Weibchen und die Entwicklung findet dort statt. Dies führte zu den lebend gebärenden Schlangen- und Echsenarten, bei denen das große Ei mit Dotter, aber ohne Schale bis zum Schlüpfen im Eileiter ruht. Gab es zwischen Weibchen und Embryos einen Nährstoffaustausch, führte das zur Bildung einer Plazenta.

Auch die Befruchtung des Eis im Körper ermöglichte den Reptilien ein Leben an Land. Echsen und Schlangen besitzen zwei Hemipenes. Brückenechsen legen die Kloaken aneinander; Schildkröten und Krokodile verfügen über einen Penis zur Samenübertragung.

Die Entstehung einer undurchlässigen Haut führte dazu, dass Reptilien dauerhaft an Land leben konnten, ohne auszutrocknen. Die Haut zeigt viele Varianten – die perlenartigen Schuppen der Gila-Krustenechse, den Kamm der Leguane, die Schuppen der Schlangen, die Klapper der Klapperschlangen, die Hornplatten der Schildkröten und die knochenverstärkten Schuppen der Krokodile. Die Haut der Reptilien unterscheidet sich in Bezug auf Wasser- und Luftaustausch.

An Land wechselt die Temperatur stärker als im Wasser, daher entwickelten Reptilien Verhaltensformen, um die Kerntemperatur des Körpers und damit die Körperfunktionen aufrechtzuerhalten. Anders als Säugetiere erzeugen Reptilien keine eigene Wärme, sondern sonnen sich in den Morgenstunden und ruhen am Tag im Schatten, um ihre Temperatur konstant zu halten. Reptilien entwickelten viele verschiedene Mechanismen, um die Energie bestmöglich zu nützen.

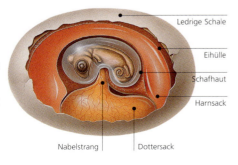

Reptilienei Der Embryo nimmt durch die Blutgefäße, die unter den Poren der Schale liegen, Sauerstoff auf. Abfallprodukte landen im Harnsack. Die Schafhaut hält das Flüssigkeitsgleichgewicht im Ei aufrecht und wirkt als Stoßdämpfer. Der Embryo wächst dank der Energie, die der Dottersack liefert, sowie des Sauerstoffs und des Wassers, die durch die ledrige Schale des Eis dringen.

Ledrige Schale · Eihülle · Schafhaut · Harnsack · Nabelstrang · Dottersack

Dornig oder stachelig? Der Wüstenteufel ist das Stachelschwein unter den Echsen. Dass sein gesamter Körper mit Stacheln bedeckt ist, schützt ihn vor Feinden, einschließlich Schlangen und den meisten Echsen. Einige Warane (Familie Varanidae) sollen ihn gefressen und überlebt haben.

SCHILDKRÖTEN

KLASSE	Reptilia
ORDNUNG	Testudines
FAMILIEN	14
GATTUNGEN	99
ARTEN	293

Schildkröten sind die einzigen Wirbeltiere, bei denen Becken- und Schultergürtel in einem Panzer liegen, der aus mit Knochen verwachsenen Rippen besteht. Die ältesten Fossilien zeigen, dass dieses Merkmal in der Trias vor 220 Mio. Jahren auftauchte. Seitdem erfuhr der Panzer einige Veränderungen. Die Spaltenschildkröte besitzt einen biegsamen flachen Panzer, dank dessen sie sich in Felsspalten zwängt. Sie bläst sich dann auf und ist nicht mehr herauszuziehen. Weichschildkröten haben keinen harten Panzer, sondern eine lederartige Haut, sodass sie schneller vorankommen. Es ist bis jetzt nicht geklärt, ob Schildkröten der gleichen Linie entstammen wie die anderen Reptilien.

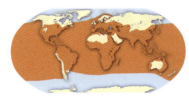

Verbreitung Schildkröten gibt es auf allen Kontinenten außer in der Antarktis und in allen Weltmeeren. 241 Schildkrötenarten haben sich an ein Leben in Süßwasserflüssen, -seen und -teichen angepasst, 45 sind reine Landbewohner und nur 7 Arten kommen im Meer vor.

Junge Lederschildkröte Lederschildkröten haben im Jahr bis zu 6 Gelege mit bis zu 200 Eiern, und das jahrzehntelang. Diese junge Schildkröte hat 2 Monate im Ei, nach dem Feinde suchen, überlebt. Jetzt muss sie sich den vielen Gefahren im Meer stellen.

ERFOLG DER EVOLUTION

Schildkröten haben außer dem Panzer weitere typische Merkmale. Ihre Muskeln übersäuern kaum durch Milchsäure, deshalb ermüden sie bei raschem Schwimmen nicht. Den Auftrieb regulieren sie durch Füllen und Leeren ihrer großen Harnblase.

Schildkröten sind Beutegreifer, Pflanzen- und Aasfresser. Bei einigen ist die Darmflora für das Aufschließen von Pflanzenzellen eingerichtet. Andere verbreiten Samen. Erdschildkröten trampeln mit den Vorderfüßen auf den Boden und fressen die Regenwürmer, die sie dadurch aufstören.

Einige Arten von Meeres- und Wasserschildkröten legen innerhalb weniger Tage am gleichen Strand in riesiger Zahl ihre Eier ab, diesen Vorgang nennt man Arribada. So wird es Feinden unmöglich, alle Eier zu fressen oder alle Weibchen zu töten. Der Erfolg all dieser Anpassungen ließ die Schildkröten über Millionen von Jahren bis heute überleben. Um menschliche Übergriffe zu verhindern, stehen zwei Drittel aller Schildkrötenarten unter dem Schutz der IUCN.

Gesattelter Riese Die Galapagos-Riesenschildkröte (oben) hat einen sattelförmigen Panzer. Diese Form kommt öfter bei Schildkröten-Männchen aus Populationen auf den trockeneren und kahleren Inseln des Galapagos-Archipels vor.

Skelett Der Schildkrötenpanzer hat eine Außenschicht aus Hornschilden (meist 38 am Rücken- und 16 am Bauchpanzer). Den Bauchpanzer, Stütze des Körpers, bilden die verwachsenen Rippen. Einige Wirbel sind am Rückenpanzer angewachsen.

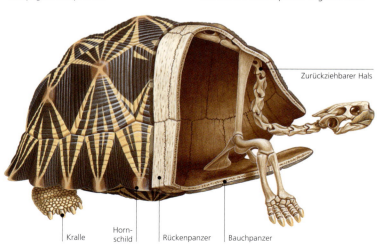

Zurückziehbarer Hals

Kralle — Hornschild — Rückenpanzer — Bauchpanzer

Schwimmende Meeresschildkröte Die Vorderbeine einer Meeresschildkröte sind zu flossenähnlichen Paddeln umgebildet, die sich synchron bewegen. So scheint sie durchs Wasser zu fliegen. Meeresschildkröten verlassen das Wasser nur selten, außer zur Paarung. Wasserschildkröten schwimmen mit allen 4 Beinen abwechselnd.

SCHILDKRÖTEN REPTILIEN

AUF EINEN BLICK

Matamata Gut getarnt liegt sie im Wasser und wartet auf vorbeischwimmende kleine Fische. Dann öffnet sie blitzschnell das Maul und streckt den Hals vor. Durch den Sog werden die Fische in ihr Maul gezogen.

- Bis 46 cm
- Im Wasser
- Unbekannt
- 12–28
- Häufig

Amazonien (Nördliches Südamerika)

Arrauschildkröte Die Brutdauer ist kurz, damit stellt sich das Tier auf das unregelmäßige Steigen der Flüsse ein. Die Jungen schlüpfen nach 45 Tagen, die Nesttemperatur erreicht oft 40 °C, mehr als bei anderen Schildkröten.

- Bis 107 cm
- Im Wasser
- Phänotypisch
- 60–150
- Schutz nötig

Amazonas und Orinokobecken (N-Südamerika)

LEBENSBEGINN

Meeresschildkröten legen ihre Eier an demselben Strand, an den ihre Vorfahren seit Jahrtausenden kommen. Wenn das Nest mit Sand bedeckt ist, wird es seinem Schicksal überlassen und läuft Gefahr von Feinden entdeckt zu werden. Nach dem Schlüpfen müssen die Jungen – mit dem Risiko hungrigen Säugetieren oder Vögeln zum Opfer zu fallen – ins Meer stürmen, wo weitere Feinde warten. Die Überlebensrate liegt bei manchen Arten bei 1 zu 50 000.

Junge Australische Suppenschildkröten
Frisch geschlüpfte Schildkröten sind auf sich gestellt. Ihre einzige Überlebenschance ist es, als große Gruppe ins Meer zu huschen.

Dank der langen schnorchelähnlichen Nase kann die Matamata im flachen Wasser an der Oberfläche atmen, ohne ihre Beute aufzuschrecken

Matamata
Chelus fimbriatus

Rotkopf-Plattschildkröte
Platemys platycephala

Die Rotkopf-Plattschildkröte ist die einzige Schildkrötenart, von der man weiß, dass sie bei einigen Populationen triploide Chromosomen hat

Glatthalsige Schlangenhalsschildkröte
Chelodina longicollis

Starrbrust-Pelomeduse
Pelomedusa subrufa

Arrauschildkröte
Podocnemis expansa

Gezähnelte Pelomeduse
Pelusios sinuatus

Rheodytes leukops

Emydura victoriae

Phrynops hilarii

360 REPTILIEN SCHILDKRÖTEN

AUF EINEN BLICK

Suppenschildkröte Diese Art legt im offenen Meer große Strecken von den Fressplätzen bis zu den Stränden der Eiablage zurück. Sie frisst im Flachwasser an Unterwasserpflanzen. Adulte Tiere sind vorwiegend Pflanzenfresser, junge fressen mehr Fleisch.

- Bis 1,5 m
- Im Wasser
- ♀♂ Phänotypisch
- 50–240
- Stark gefährdet

W-Atlantik von N-USA bis Argentinien

Bastardschildkröte Sie ist typisch für Schildkröten, die ihre Eier in einer Arribada ablegen. Die meisten Populationen treffen innerhalb von 2 bis 3 Tagen am gleichen Strand ein. Bei Arribadas in Orissa, Indien, zählte man mehr als 100 000 Schildkröten pro Jahr.

- Bis 79 cm
- Im Wasser
- ♀♂ Phänotypisch
- 30–168
- Stark gefährdet

Pazifik und Indischer Ozean, Atlantik von der Karibik und N-Südamerika bis W-Afrika

PANZERFORMEN

Landschildkröten haben hohe Panzer, zum Schutz vor Feinden und zum Speichern von Wasser. Wasserschildkröten sind stromlinienförmiger. Teils an Land lebende Tiere besitzen höhere Panzer zum Schutz vor Feinden. Meeresschildkröten bieten mit relativ flachen Panzern wenig Widerstand im Wasser.

Land | Land und Wasser

Meer | Süßwasser

Die zu Flossen umgebildeten Vorderfüße bewegen sich beim Schwimmen in Form einer Acht

Unechte Karettschildkröte
Caretta caretta

Suppenschildkröte
Chelonia mydas

Bastardschildkröte
Lepidochelys olivacea

Kemps Bastardschildkröte
Lepidochelys kempi

Lederschildkröte
Dermochelys coriacea

Aus den Hornplatten des Rückenpanzers, dem Schildpatt, stellt man Kämme her

Australische Suppenschildkröte
Natator depressus

Echte Karettschildkröte
Eretmochelys imbricata

SCHILDKRÖTEN REPTILIEN

Aspideretes gangenticus

Indische Klappen-Weichschildkröte
Lissemys punctata

Papua-Schildkröte
Carettochelys insculpta

Dornrand-Weichschildkröte
Apalone spinifera

Afrikanische Weichschildkröte
Trionyx triunguis

Die Afrikanische Weichschildkröte nimmt einen Teil des benötigten Sauerstoffs durch die Haut auf

Glattrand-Weichschildkröte
Apalone mutica

AUF EINEN BLICK

Aspideretes gangeticus Diese Art hilft als Aasfresser, die Verschmutzung des Ganges einzuschränken. Sie frisst an nur teilweise verbrannten menschlichen Leichnamen, die man nach den Bestattungsritualen in den Fluss wirft.

- Bis 71 cm
- Im Wasser
- Unbekannt
- 25–35
- Gefährdet

N-Indien, NW-Pakistan, Bangladesch u. Nepal

WÄRME UND GESCHLECHT

Bei einigen Schildkrötenarten ist das Geschlecht genabhängig (genotypisch). Bei den meisten Schildkröten, einigen Echsen, allen Krokodilen und den Brückenechsen entscheidet über das Geschlecht die Temperatur während der Brutzeit – das Geschlecht ist phänotypisch. Die Temperatur im mittleren Drittel der Brutzeit entscheidet, welches Geschlecht das geschlüpfte Tier haben wird. Weibchen entstehen bei extrem niedrigen oder hohen, Männchen bei mittleren Temperaturen. So kann ein Weibchen das Geschlecht seines Nachwuchses dadurch bestimmen, wo es seine Eier ablegt: Im prallen Sonnenlicht entstehen Weibchen, im Schatten Männchen. Im Sommer in den ersten Nestern entwickeln sich Weibchen, in den letzten im Herbst Männchen.

Beim Schlüpfen
Erdschildkröten zählen zu den wenigen nordamerikanischen Arten der Familie Emydidae mit genabhängigem Geschlecht.

SCHUTZSTATUS

198 Schildkrötenarten stehen in folgenden Gefährdungsgraden auf der Roten Liste der IUCN:

- 7 Ausgestorben
- 1 In der Natur ausgestorben
- 25 Vom Aussterben bedroht
- 46 Stark gefährdet
- 57 Gefährdet
- 1 Schutz nötig
- 41 Weniger gefährdet
- 13 Keine Angabe
- 7 Kaum gefährdet

362 REPTILIEN SCHILDKRÖTEN

AUF EINEN BLICK

Diamantschildkröte Sie lebt als einzige Schildkrötenart ausschließlich im Brackwasser. Wegen ihrer Beliebtheit bei Gourmets stand sie schon kurz vor dem Aussterben.

- Bis 24 cm
- Im Wasser
- Phänotypisch
- 4–18
- Weniger gefährdet

Ost- und Golfküste (USA)

Pracht-Höckerschildkröte Sie lebt in schnell fließendem Wasser und jagt Larven von Wasserinsekten. Sie ist durch die Verschmutzung des Pearl River stark gefährdet. Auch der Heimtierhandel hat ihre Zahl reduziert.

- Bis 21 cm
- Im Wasser
- Phänotypisch
- 4–8
- Stark gefährdet

Pearl River, Mississippi (USA)

Europäische Sumpfschildkröte Bei Bruttemperaturen von 24–28 °C entstehen nur Männchen, bei einer Temperatur von 30 °C sind 96 % Weibchen. Bei höheren Temperaturen entwickeln sich ausschließlich Weibchen.

- Bis 20 cm
- Im Wasser
- Phänotypisch
- 3–16
- Häufig

S-Europa und W-Asien

Zierschildkröte Im Frühling schwimmt die an Kälte angepasste Art unter dem Eis und paart sich zwischen Eisschollen. Junge überwintern im Nest, sie kühlen aus, erfrieren aber nicht bei – 4° C.

- Bis 25 cm
- Im Wasser
- Phänotypisch
- 4–20
- Häufig

O- und mittlere USA

Hieroglyphen-Schmuckschildkröte Dutzende von Tieren liegen oft auf treibenden Baumstämmen im Wasser. Dadurch steigt die Körpertemperatur und die Verdauung wird beschleunigt. Das Sonnenbad befreit auch Panzer und Beine von Pilzen und Algen.

- Bis 43 cm
- Im Wasser
- Phänotypisch
- 6–28
- Häufig

SO-USA

Diamantschildkröte *Malaclemys terrapin*

Pracht-Höckerschildkröte *Graptemys oculifera*

Waldbachschildkröte *Clemmys insculpta*

Carolina-Dosenschildkröte *Terrapene carolina*

Rotwangenschildkröte *Trachemys scripta*

Graptemys caglei

Rotbauch-Schmuckschildkröte *Pseudemys rubriventris*

Europäische Sumpfschildkröte *Emys orbicularis*

Mühlenberg-Schildkröte *Clemmys muhlenbergi*

Skorpionschildkröte *Kinosternon scorpioides*

Zierschildkröte *Chrysemys picta*

Hieroglyphen-Schmuckschildkröte *Pseudemys concinna*

REPTILIEN SCHILDKRÖTEN

AUF EINEN BLICK

Pantherschildkröte Vor der Paarung folgt das Männchen dem Weibchen. Nach der Paarung streckt es den Hals und stößt ein Grunzen aus. Weibchen haben von Mai bis Oktober 5 bis 7 Gelege mit 5 bis 30 Eiern.

- Bis 68 cm
- An Land
- Unbekannt
- 5–30
- Häufig

S-Sudan und Äthiopien bis Natal und Südafrika

Psammobates tentorius Die Paarung findet von September bis Dezember statt, wenn bis zu 3 ovale Eier in einem einzigen Gelege pro Jahr abgelegt werden. Die Jungen schlüpfen von April bis Mai. Sie sind dann 2,5 cm lang.

- Bis 16 cm
- An Land
- Unbekannt
- 1–3
- Häufig

SW-Afrika bis zum Kap (Südafrika)

Gopherschildkröte Diese Art ernährt sich von den Blättern, Blüten und Früchten von Kakteen. In der Wüste von Chihuahua sind sie am frühen Morgen aktiv und ruhen den Rest des Tages im Schatten oder in Bauen.

- Bis 22 cm
- An Land
- Phänotypisch
- 1–4
- Gefährdet

S-Texas (USA) bis N-Mexiko

WERBUNG

Schildkröten werben, wenn im gleichen Gebiet nahe verwandte Arten leben, die sich zur Paarung eignen. Männchen stellen sich vor das Weibchen, nicken oder stimulieren es mit Bewegungen der vorderen Krallen im Gesicht. Die Anzahl der Stimulationen und die Länge des Rituals sind artspezifisch.

Ein Weibchen stimulieren
Männchen der Rotwangenschildkröte sind kleiner als Weibchen. Ein werbendes Männchen reibt seine vorderen Krallen seitlich am Kopf des Weibchens. Wenn die Anzahl der Stimulationen pro Minute stimmt, erkennt das Weibchen das passende Männchen zur Paarung.

Pantherschildkröte
Geochelone pardalis
Dunkle Flecken auf dem Rückenpanzer

Stachelrand-Gelenkschildkröte
Kinixis belliana

Geochelone radiata
Dunkle Linien auf dem Rückenpanzer

Breitrandschildkröte
Testudo marginata

Gesägte Flachschildkröte
Homopus signatus

Indotestudo elongata

Leuchtend rote Schuppen an den Beinen

Köhlerschildkröte
Geochelone carbonaria

Psammobates tentorius

Malacochersus tornieri

Gopherschildkröte
Gopherus polyphemus

SCHILDKRÖTEN **REPTILIEN** 365

Kinosternon carinatus

Große Kreuzbrustschildkröte
Staurotypus triporcatus

Großkopf-schildkröte
Platysternon megacephalum

Großkopf-Schlammschildkröte
Claudius angustatus

Kinosternon minor

Schnappschildkröte
Chelydra serpentina

Pennsylvania-Klappschildkröte
Kinosternon subrubrum

Macrochelys temmincki

Tabasco-Schildkröte
Dermatemys mawii

AUF EINEN BLICK

Schnappschildkröte Sie ist bekannt dafür, rasch vorzustoßen und mit ihren harten Kiefern zuzuschnappen. So fängt sie Krebse und schützt sich. Diese Schildkröten sind Allesfresser, die Krustentiere, Aas, Wasserlinsen und andere Wasserpflanzen fressen.

- Bis 48 cm
- Im Wasser
- ♀♂ Phänotypisch
- 25–96
- Häufig

S-Kanada, O- und mittlere USA

Macrochelys temmincki Die größte Schildkröte Nordamerikas und die größte Süßwasserschildkröte weltweit wurde von der Lebensmittelindustrie, die sie zu Suppe verarbeitete, fast ausgerottet.

- Bis 80 cm
- Im Wasser
- ♀♂ Phänotypisch
- 8–52
- Stark gefährdet

SO-USA

Tabasco-Schildkröte Diese Schildkröte verlässt kaum jemals das Wasser, oft nicht einmal zur Eiablage. Sie gräbt unterhalb der Wasseroberfläche ein Nest ins Ufer. Die Eier entwickeln sich erst, wenn das Wasser niedriger steht.

- Bis 66 cm
- Im Wasser
- ♀♂ Phänotypisch
- 8–26
- Stark gefährdet

S-Mexiko, Guatemala, Belize

TARNUNG

Macrochelys temmincki ist eine Meisterin der Tarnung. Mit losen Hautlappen am Hals und Fadenalgen auf dem Panzer fällt sie zwischen den Baumstämmen und Pflanzen kaum auf. So lauert sie ruhig ihrer Beute auf. Nur ihr rosafarbener Köder sticht hervor.

Macrochelys temmincki
Sie sitzt mit offenem Maul am Grund eines Flusses oder Sees und fischt mit ihrem eigenen rosafarbenen Köder.

HANDLUNGSBEDARF

In den letzten 5 Jahren nahm der Schildkrötenbestand rapide ab. Man gründete die Turtle Survival Alliance (TSA), um den Bestand zu überwachen und dem Trend entgegenzuwirken. Die TSA listete 25 der gefährdetsten Arten auf, um das Problem ins allgemeine Bewusstsein zu bringen. Die meisten dieser Arten leben in Gebieten mit hoher Biodiversität – in Gebieten, die auch für andere Gattungen ein wichtiger Lebensraum sind. Schildkröten werden wegen ihres Fleischs oder für die traditionelle Medizin gejagt. Auch Heimtierhandel und Lebensraumverlust fordern Opfer. Nur 5 der 25 Arten leiden unter Lebensraumverlust, 15 sind vom Aussterben bedroht, weil der Mensch sie unkontrolliert der Natur entnimmt.

In Gefahr Die stark gefährdete Mühlenberg-Schildkröte (*Clemmys muhlenbergii*) ist auf Wiesen und in sauren Feuchtgebieten von Appalachen und Piedmont-Bergen in den USA endemisch. Lebensraumzerstörung und Heimtierhandel haben die Art dezimiert. Schutzgebiete könnten ihr Überleben sichern.

Geringe Zahl Heute leben nicht einmal mehr 400 Madagassische Schnabelbrustschildkröten (unten) in der Natur – alle in einem einzigen Bambuswald an der Baie de Baly in Nordost-Madagaskar. Jagd, Heimtierhandel und Lebensraumzerstörung führten zu ihrer Dezimierung. Ihr Name kommt von dem langen Hornschild an ihrer Kehle, das in Rivalenkämpfen als Waffe dient.

Es gibt Hoffnung Die Callagur-Schildkröte (oben) ist in weiten Teilen Indochinas ausgestorben, weil die Eier und das Fleisch erwachsener Tiere begehrt waren. Eine kleine Population steht seit 2001 in Kambodscha unter Schutz, 2002 gab es dort 30 Junge. *Elusor macrurus* in Australien war ebenfalls kurz vor dem Aussterben, wurde aber durch Schutzmaßnahmen gerettet.

Einsame Riesen Einst gab es 15 verschiedene Unterarten der Galapagos-Riesenschildkröte (*Geochelone nigra*), doch heute ist nur noch eine übrig geblieben. Der Mensch und verwilderte Säugetiere stellten ihnen mit verheerenden Folgen nach.

DIE GEFÄHRDETSTEN SCHILDKRÖTENARTEN

1. MITTELAMERIKA
Tabasco-Schildkröte
Dermatemys mawii

2. CHOCÓ-DARIÉN/WEST-ECUADOR
Kolumbianische Froschkopfschildkröte
Batrachemys dahli

3. MITTELMEERBECKEN
Ägyptische Landschildkröte
Testudo kleinmanni

4. MADAGASKAR UND INSELN IM INDISCHEN OZEAN
Erymnochelys madagascariensis

Madag. Schnabelbrustschildkröte
Geochelone yniphora

Pyxis planicauda

5. GROSSE UND KLEINE KAROO
Gesägte Flachschildkröte
Homopus signatus cafer

6. KAPREGION
Geometrische Landschildkröte
Psammobates geometricus

7. INDOCHINA
Chitra-Weichschildkröte
Chitra chitra

Dreistreifen-Scharnierschildkröte
Cuora trifasciata

Flache Erdschildkröte
Heosemys depressa

Burma-Landschildkröte
Geochelone platynota

Kachuga trivittata

Annamschildkröte
Mauremys annamensis

Swinhoes Weichschildkröte
Rafetus swinhoei

8. SUNDAINSELN
Batagur-Schildkröte
Batagur baska

Callagur-Schildkröte
Callagur borneoensis

9. PHILIPPINEN
Philippinen-Erdschildkröte
Heosemys leytensis

10. WALLACEA
McCords Schlangenhalsschildkröte
Chelodina mccordi

Leucocephalon yuwonoi

11. SÜDWEST-AUSTRALIEN
Falsche Spitzkopfschildkröte
Pseudemydura umbrina

KROKODILE

SSE	Reptilia
NUNG	Crocodilia
ILIEN	3
TUNGEN	8
EN	23

Alligatoren, Echte Krokodile und Gaviale stammen alle von der Linie Archosauria ab, zu der auch Dinosaurier und Vögel gehören. Die Ordnung der Krokodile ist enger mit Vögeln als mit den anderen Reptilien verwandt. Es gibt sie seit der Trias vor 220 Mio. Jahren. Ihre Überlebenschancen waren so hoch, weil sie dort, wo sie leben, als Beutegreifer im Wasser an der Spitze der Nahrungskette stehen. Die Statur der Krokodile blieb gleich, deshalb bezeichnet man sie oft als lebende Fossilien, doch sie haben sich jahrmillionenlang entwickelt und unterscheiden sich markant von ihren Vorfahren aus der Dinosaurier-Zeit. Im Gegensatz zu anderen Reptilien verfügen Krokodile über viele Laute.

Verbreitung Krokodile findet man weltweit in tropischen, subtropischen und gemäßigten Zonen: Gavialidae in Südasien und Alligatoridae im östlichen Nordamerika, in Mittel- und Südamerika und Ost-China. Crocodylidae leben in Flussmündungen und Flüssen in Afrika, Indien, Indonesien, Australien, dem nördlichen Südamerika, Mittelamerika und der Karibik.

Nilkrokodil Trotz ihres wilden Aussehens ernähren sich diese Tiere vorwiegend von Fischen. Tiere, die größer als 1 m sind, fressen vor allem Fische, die auf Speisefische Jagd machen. So sind sie von Nutzen für die örtliche Fischerei.

Nilkrokodil-Baby Kurz vor dem Schlüpfen rufen die Jungen aus dem Ei. Die Mutter kratzt dann das Material weg, das die Eier bedeckt. Nachdem die Jungen geschlüpft sind, nimmt sie diese sanft in eine Tasche, die sich am Grund ihres Mauls gebildet hat, und bringt sie in ihre feuchte Kinderstube.

⚡ SCHUTZSTATUS

Die 14 Arten der Echten Krokodile stehen auf der Roten Liste der IUCN unter folgenden Gefährdungsgraden:

- 4 Vom Aussterben bedroht
- 3 Stark gefährdet
- 3 Gefährdet
- 2 Schutz nötig
- 1 Keine Angabe
- 1 Nicht gefährdet

DER NACHWUCHS

Krokodile besitzen einen langen zylindrischen Körper mit kurzen muskulösen Gliedmaßen und einem seitlich zusammengedrückten Schwanz. Der massive Schädel sitzt auf einem kurzen Hals und ist gekennzeichnet durch das auffällige Gebiss. Krokodile leben im Wasser; an Land sonnen sie sich und legen ihre Eier ab.

Krokodile sind Eier legend mit innerer Befruchtung. Ein Gelege enthält meist 12 bis 48 Eier. Bei allen erforschten Arten bestimmt die Bruttemperatur das Geschlecht: Weibchen entstehen bei hohen und niedrigen, Männchen bei mittleren Temperaturen.

Die Eier werden in Hügel aus Pflanzenmaterial oder in Sandkuhlen abgelegt. Die Auswahl des Platzes kann das Geschlecht der Jungen bestimmen. Bei manchen Arten bewachen Männchen und Weibchen das Nest. Die Weibchen einiger Arten reagieren auf das Grunzen der Jungen in den Eiern und öffnen das Nest. Das Weibchen trägt die Jungen im Maul zum Wasser, wo es einen kleinen Teich für sie gegraben hat.

Weibchen versorgen 2 Monate lang die Jungen. Männchen sehen ihr Revier und ihre Nahrungsquellen bedroht – sie töten und fressen jedes junge Krokodil-Männchen in ihrem Revier. Deshalb muss das Weibchen oft die Jungen vor dem eigenen Vater schützen. Mississippi-Alligatoren-Weibchen bleiben oft 1 bis 2 Jahre bei ihren Jungen.

Gehen Beim Laufen an Land halten Krokodile die Beine senkrecht unter dem Körper.

Kriechen Krokodile kriechen flach über den Boden, wenn sie sich vor potenzieller Beute verbergen wollen.

Galopp Australische Süßwasser-Arten galoppieren oft über rauen Boden.

Gangarten der Krokodile Krokodile leben hauptsächlich im Wasser und nutzen ihren Schwanz zum Schwimmen. An Land laufen sie auf ihren Beinen. Ihre durch Kugelgelenke verbundenen Wirbel ermöglichen ihnen verschiedene Gangarten.

REPTILIEN KROKODILE

AUF EINEN BLICK

Mississippi-Alligator Sein Bestand war in den 1950er Jahren klein, bis 1967 schützte man die Art als stark gefährdet. Der Bestand stieg in 20 Jahren auf mehr als 800 000 Tiere. Einige Populationen dürfen gejagt werden, damit sie nicht zu zahlreich werden.

- Bis 5,8 m
- Im Wasser
- Ovipar
- 10–40
- Häufig

SO-USA

Mohrenkaiman Bis vor kurzem galt diese Art in Brasilien als stark gefährdet. 10 Jahre dauernde Schutzprogramme zeigten großen Erfolg und die Populationen erholten sich rasch. Eine Regelung für die kontrollierte Jagd hat man in Angriff genommen.

- Bis 6 m
- Im Wasser
- Ovipar
- 35–50
- Schutz nötig

Amazonasbecken (Nördliches Südamerika)

China-Alligator Er verbringt den größten Teil des Lebens in einem System unterirdischer Baue. Die Tiere legen dieses System mit Teichen über und unter der Erde und mit Luftlöchern zum Atmen an.

- Bis 2 m
- Im Wasser
- Ovipar
- 10–40
- Vom Aussterben bedr.

Tal des Jangtse (China)

ALLIGATOR-AKTIVITÄTEN

Alligatoren fangen oft unter den Ruhebäumen der Wasservögel Fische. Gelegentlich stürzen sie sich auch auf die Vögel. Dazu nutzen sie nur die Kraft ihres Schwanzes. Sie erreichen erstaunliche Geschwindigkeiten und Höhen. Oft scheint es, als liefen sie auf dem Schwanz.

Mississippi-Alligator
Alligator mississippiensis

Mohrenkaiman
Melanosuchus niger

Breitstirnkaiman
Paleosuchus palpebrosus

Stumpfkrokodil
Osteolaemus tetraspis

China-Alligator
Alligator sinensis

Sundagavial
Tomistoma schlegeli

Sumpfkrokodil
Crocodylus palustri

Leistenkrokodil
Crocodylus porosus

Orinoko-Krokodil
Crocodylus intermedius

KROKODILE REPTILIEN

Brillenkaiman
Caiman crocodilus

Die schwarzen Ringe am Schwanz sind typisch für einen Kaiman

Siam-Krokodil
Crocodylus siamensis

Am Vorderfuß stehen 5 Zehen mit Krallen

Spitzkrokodil
Crocodylus acutus

Nur beim Männchen findet sich die Verdickung an der Spitze der Schnauze

Ganges-Gavial
Gavialis gangeticus

Nilkrokodil
Crocodylus niloticus

AUF EINEN BLICK

Spitzkrokodil Einst war die Art zahlreich und weit verbreitet, doch man bejagte sie wegen ihrer Haut so stark, dass sie in vielen Regionen ausgerottet wurde. Häufig erholten sich die Populationen wegen der fortgesetzten Jagd und des Lebensraumverlusts nicht.

- Bis 7 m
- Im Wasser
- Ovipar
- 30–40
- Gefährdet

S-Florida, Mexiko bis Kolumbien, Ecuador

Nilkrokodil Die Geschlechtsreife tritt mit 12 bis 15 Jahren bei einer Länge von 1,8 bis 2,8 m ein. Das Weibchen bewacht das Nest, öffnet es und bringt die Jungen zum Wasser. Beide Eltern schützen die Jungen bis zu 2 Monaten.

- Bis 6 m
- Im Wasser
- Ovipar
- 16–80
- Häufig

Afrika südlich der Sahara

ANATOMIE

Krokodile besitzen viele Anpassungen an das Leben im Wasser. Die Lage von Augen, Ohröffnungen und Nasenlöchern weit oben am Kopf erlaubt es ihnen beim Lauern auf Beute unter der Wasseroberfläche versteckt zu bleiben. Die inneren Öffnungen des Nasengangs sind nach hinten in Richtung Schlund verlegt. Ein Hautlappen in der Kehle verhindert, dass beim Packen von Beute Wasser geschluckt wird.

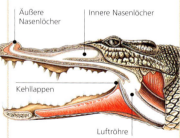

Äußere Nasenlöcher — Innere Nasenlöcher — Kehllappen — Luftröhre

SCHUTZSTATUS

Opfer der Mode Von 15 Krokodilarten verarbeitete man die Haut zu luxuriösen Lederwaren. Dies schadete dem wilden Bestand der Tiere. In der Zwischenzeit verschwinden Krokodilfarmen wegen der hohen Kosten, der geringen Nachfrage und den niedrigen Preisen. Eine vernünftige Nutzung der wilden Populationen scheint langfristig möglich.

BRÜCKENECHSEN

KLASSE	Reptilia
ORDN.	Rhynchocephalia
FAM.	Sphenodontidae
GATTUNG	Sphenodon
ARTEN	2

Brückenechsen bezeichnet man oft als lebende Fossilien; es gibt sie nur noch auf Neuseeland. Sie sind die einzigen Überlebenden einer großen Gruppe von Reptilien, die es zur Zeit der Dinosaurier vor 225 Mio. Jahren gab und deren restliche Arten vor 60 Mio. Jahren ausstarben. Ihr Zahnschema ist einmalig: 1 Reihe Zähne im Unterkiefer passt zwischen 2 Reihen im Oberkiefer. Brückenechsen haben keine sichtbaren Ohröffnungen.

Verbreitung Etwa 400 *Sphenodon guntheri* leben auf North Brother Island, Neuseeland. Mehr als 60 000 *S. punctatus* gibt es auf etwa 30 Inseln vor der Nordostküste von Neuseelands Nordinsel.

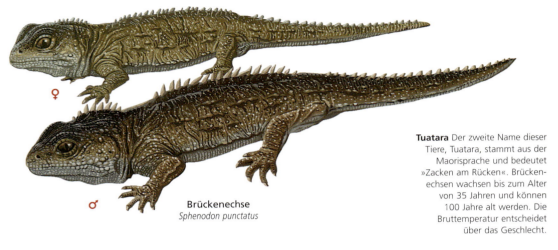

Brückenechse
Sphenodon punctatus

Tuatara Der zweite Name dieser Tiere, Tuatara, stammt aus der Maorisprache und bedeutet »Zacken am Rücken«. Brückenechsen wachsen bis zum Alter von 35 Jahren und können 100 Jahre alt werden. Die Bruttemperatur entscheidet über das Geschlecht.

DOPPELSCHLEICHEN

KLASSE	Reptilia
ORDNUNG	Squamata
UNTERORDNUNG	Amphisbaenia
FAMILIEN	4
GATTUNGEN	21
ARTEN	140

Diese beinlosen Schuppenkriechtiere haben zurückgebildete Schulter- und Beckengürtel. Ihre Schuppen sind ringförmig angeordnet, der Schwanz ist kurz. Doppelschleichen haben massive Schädel, mit denen sie graben. Der rechte Lungenflügel ist bei Doppelschleichen verkleinert, bei anderen beinlosen Echsen und Schlangen ist der linke Lungenflügel kleiner. 3 der 4 Doppelschleichen-Familien haben keine Gliedmaßen, während die vierte Familie vergrößerte Vorderbeine zum Graben und zur Fortbewegung hat.

Verbreitung Doppelschleichen gibt es in tropischen und subtropischen Gebieten des südlichen Nordamerika, in Südamerika, in der Karibik, in Afrika, auf der Iberischen Halbinsel, in Arabien und Westasien.

Mit schaufelförmigem Kopf Zum Erweitern eines Gangs drückt die Doppelschleiche mit dem Kopf gegen seine Decke. Doppelschleichen haben große, ineinander greifende obere und untere Zähne, mit denen sie Beute packen und in ihren Bau ziehen können.

»Zweiköpfig« Doppelschleichen werden oft fälschlicherweise als zweiköpfige Schlangen bezeichnet. Der Schwanz ähnelt nämlich stark dem Kopf, um potenzielle Angreifer zu irritieren. Eine Wunde am Schwanz überlebt das Tier leichter als eine am Kopf.

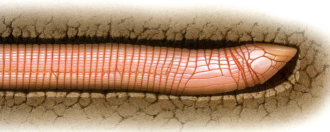

WIE SIE GRABEN

Die Schuppenringe hinter dem Kopf sind zu Beginn dicht geschlossen. Während des Vordringens trennen sie sich und schieben den Kopf vorwärts. Um den Tunnel zu erweitern, hebt das Tier den Kopf zur Decke des Tunnels.

Runder Kopf — Schaufel-Kopf

Kiel-Kopf — Meißel-Kopf

ECHSEN

KLASSE	Reptilia
ORDNUNG	Squamata
UNTERORDNUNG	Sauria
FAMILIEN	27
GATTUNGEN	442
ARTEN	4560

Heute bewohnen Echsen fast alle Kontinente mit Ausnahme der Antarktis und einiger arktischer Regionen. Vor etwa 65 Mio. Jahren, am Ende der Kreidezeit, überlebten die Echsen, als Dinosaurier und andere große Reptilien ausstarben. Mit mehr als 4000 Arten sind sie die größte Gruppe der lebenden Reptilien. Die größte Echse, der Komodowaran, erreicht zwar die beeindruckende Länge von 3 m, doch nur wenige Echsen werden länger als 30 cm. Gerade deshalb hatten sie Erfolg. Echsen leben meist in einem eng begrenzten Lebensraum, da Berge oder Wasser für sie echte Hindernisse darstellen.

Verbreitung Echsen gibt es von Norwegen bis Neuseeland und vom südlichen Kanada bis Feuerland. Sie sind auch auf vielen Inseln in allen Weltmeeren heimisch. Der einzige Kontinent, auf dem sie sich nicht angesiedelt haben, ist die Antarktis.

Die Echse nimmt auf allen vieren eine bedrohliche Pose ein.

Der Rücken wird hochgebogen und der Blick ist fest nach vorn gerichtet.

Die Hinterfüße verlassen zu einem aggressiven Sprung den Boden.

Revierverteidigung In seinem Revier kann das Echsenmännchen Nahrung suchen und ein Weibchen zur Paarung finden. Wenn ein Rivale in sein Revier eindringt, führt der Halsbandleguan eine Reihe von »Liegestützen« aus, um dem Störenfried größer und bedrohlicher zu erscheinen.

Echsen-Charakteristika *Die kegelförmigen Stacheln auf dem Rücken lassen Hypsilurus boydii größer erscheinen, als er tatsächlich ist. Seine vielfarbigen Schuppen bieten im Dämmerlicht des Waldes eine ideale Tarnung.*

Skink mit Greifschwanz Der Salomonen-Riesenskink (*Corucia zebrata*) lebt auf Bäumen und frisst Pflanzen. Mit seinem Greifschwanz hält er sich beim Fressen von Früchten und Blättern an Ästen fest.

ABWEHR UND FLUCHT

Echsen sind Beutetiere von Spinnen, Skorpionen, anderen Echsen, Schlangen, Vögeln und Säugetieren. Die Gila-Krustenechse und die Skorpion-Krustenechse sind die beiden einzigen giftigen Arten, doch selbst diese beginnen eine Auseinandersetzung mit Imponiergehabe. Viele andere Echsen haben eine beachtliche Vielzahl an Taktiken entwickelt, um sich zu verteidigen oder zu entfliehen.

Die meisten Echsen sind gut getarnt und können sich absolut still verhalten, bis ein Feind wieder weg ist. Chamäleons sind für ihre Fähigkeit, die Farbe in Anpassung an den Untergrund zu wechseln, bekannt. Andere Echsen überraschen einen Feind oder lenken ihn ab, um eine Chance zur Flucht zu haben. Die Kragenechse z. B. öffnet ihr Maul, zischt laut und stellt ihren Kragen auf, bevor sie davonläuft.

Einige Arten besitzen scharfe Stacheln, die das Maul eines Feindes verletzen, oder glitschige Schuppen, an denen ein Feind leicht abrutscht. *Cordylus cataphractus* rollt sich zusammen und schützt sich mit einem Zaun von Stacheln, während der Basilisk übers Wasser hüpft, bevor er in die sichere Tiefe taucht.

Tagaktive Echse *Hypsilurus boydii sucht am Tag im tropischen Regenwald an Bächen oder am Waldrand nach Nahrung.*

Hypsilurus boydii Diese Echse lebt im Regenwald von Nordaustralien. Sie kann ihre Wamme, einen Hautlappen an der Kehle, aufblasen, um mit anderen Tieren ihrer Art zu kommunizieren.

REPTILIEN ECHSEN

Unter Wasser Meerechsen der Galapagos-Inseln sind Pflanzenfresser. Sie tauchen auf der Suche nach Algen ins Meer. Vor und nach dem Tauchen sonnen sie sich, damit ihre Körpertemperatur steigt und sie ihre Nahrung besser verdauen. Auch die Ausdauer beim Schwimmen im meist kalten Wasser wird dadurch erhöht.

Echsen verteidigen sich mit dem Schwanz. Warane und Leguane schlagen Feinde mit dem Schwanz. Skinks und andere kleine Echsen geben ein Stück Schwanz für ihr Leben. Sie haben oft einen bunten Schwanz, den sie lebhaft bewegen, damit der Feind den Schwanz angreift statt den Kopf. Der Schwanz zappelt noch weiter, wenn die Echse schon weg ist. Ein abgeworfener Schwanz wächst mit der Zeit nach, die Echse verliert gespeicherte Energie, aber sie lebt, um sich fortzupflanzen. Bei Rangkämpfen greifen Geckos mitunter den Schwanz des Gegners an und fressen ihn.

Werden Krötenechsen von Füchsen oder Koyoten angegriffen, schießen sie einen Schwall übel schmeckendes Blut aus den Augenlidern, um den Feind abzulenken und zu erschrecken. Einige Echsen versuchen Feinde zu verjagen, indem sie ihre Zunge herausstrecken. Australische Skinks zischen und strecken ihre leuchtend gefärbte Zunge dem Feind entgegen. Selbst die giftige, bunte Gila-Krustenechse zeigt Angreifern ihre kräftig purpurfarbene Zunge und zischt.

Tannenzapfenechse

Baumlebendes Chamäleon

Echsenschwänze Die Schwänze einiger Echsen ähneln Blättern. Andere haben Greifschwänze. Viele Schwänze sind entbehrlich. Erwischt ein Feind den Schwanz eines Skinks, bleibt der Schwanz im Maul des Feindes und der Skink entkommt.

Skink

Plattschwanzgecko

Im Regenwald Der Grüne Leguan (oben) ist ein reiner Pflanzenfresser. Sein cholesterinarmes Fleisch gilt in Mittelamerika als Delikatesse.

Beutegreifer Der indonesische Komodowaran (links) versucht die Witterung warmblütiger Beute aufzunehmen. Diese Echsen werden mehr als 3 m lang und fressen große Säugetiere wie Hirsche, Schweine, Ziegen und sogar Wasserbüffel.

ECHSEN **REPTILIEN** 373

Kurzkammleguan
Brachylophus fasciatus, Familie Iguanidae

Grüner Inselleguan
Iguana delicatissima, Familie Iguanidae

Meerechse
Amblyrhynchus cristatus,
Familie Iguanidae

Drusenkopf
Conolophus subcristatus,
Familie Iguanidae

Nashornleguan
Cyclura cornuta,
Familie Iguanidae

Schwarzer Leguan
Ctenosaura similis,
Familie Iguanidae

Bei Wärme ist das Männchen des Schwarzen Leguans heller (oben), bei Kälte ist es dunkler

Grüner Leguan
Iguana iguana, Familie Iguanidae

AUF EINEN BLICK

Familie Iguanidae Zu dieser Familie gehören boden-, felsen-, baumbewohnende und im Meer lebende Arten. Die Größe differiert von 14 cm Länge bei *Dipsosaurus* bis zu 70 cm bei *Cyclura*. Junge Leguane einiger Arten fressen Insekten, sind später aber vorwiegend Pflanzenfresser, die sich von Blättern, Früchten und sogar Algen ernähren. Alle Arten sind Eier legend.

Gattungen 8
Arten 36

USA bis Paraguay, Galapagos, Fidschi, Karibik

Salzig
Meerechsen verbringen so viel Zeit im Meer, dass sie eine spezielle Drüse besitzen, die ihrem Körper Salz entzieht.

Lange Zeit
Brutzeit des Kurzkammleguans (Brachylophus vitiensis): 30 Wochen – 3-mal länger als die anderer Leguane.

ECHSENZUNGEN

Mit der langen gespaltenen Zunge der Warane werden Gerüche aus der Luft aufgenommen und zur Prüfung an das Jacobson'sche Organ weitergegeben. Chamäleons fangen mit ihrer langen, klebrigen Zunge Beute. Der Blauzungenskink (unten) zeigt die Zunge, um angreifende Vögel zu verjagen.

SCHUTZSTATUS

Die 15 Leguan-Arten auf der Roten Liste der IUCN stehen unter folgenden Gefährdungsgraden:

5 Vom Aussterben bedroht
2 Stark gefährdet
7 Gefährdet
1 Weniger gefährdet

374 REPTILIEN ECHSEN

AUF EINEN BLICK

Familie Crotaphytidae Halsband- und Leopardleguane sind mittelgroße tagaktive Echsen, die in Wüsten und anderen felsigen ariden Gebieten leben. Sie fressen Wirbellose sowie Echsen und andere kleine Wirbeltiere. Sie quieken, wenn sie sich bedroht fühlen, und können sich zwischen Felsen auch auf 2 Beinen bewegen. Sie legen Eier, 3 bis 8 pro Gelege.

Warnung
Trächtige Halsbandleguan-Weibchen sind leuchtend rot, damit Männchen nicht ihre Zeit verschwenden und um ein Weibchen werben, das nicht paarungsbereit ist.

Gattungen 2
Arten 12

SW-Nordamerika

Familie Phrynosomatidae Stachelleguane, *Sceloporus*, sind mit 70 Arten die vielfältigste Gattung innerhalb dieser Familie. Ihre Körperform ist an ihre Jagdtechnik, das Auflauern, angepasst. Sie dominieren in Wüstengebieten, wo es von ihnen boden- und baumbewohnende Arten gibt. Krötenechsen besitzen einen abgeflachten Körper und leben am Boden.

Abwehrbereit
Phyronsoma solare besitzt die meisten Stacheln aller Arten. Mit ihrer Hilfe kann er vielen Schlangenarten entkommen.

Gattungen 9
Arten 110

S-Kanada und USA bis Panama

SCHUTZSTATUS

Gefährdet Eine Art der Familie Crotaphytidae, *Gambelia sila*, ist wegen Lebensraumverlusts auf der Roten Liste der IUCN als stark gefährdet eingestuft. Eine Art der Familie Phrynosomatidae, die nordamerikanische Art *Uma inornata*, wird von der IUCN ebenfalls als stark gefährdet geführt. Sie lebt in Gebieten mit Wanderdünen, die heute durch Bepflanzung und Bebauung befestigt sind. In den Wüsten im Südwesten der Vereinigten Staaten gibt es jedoch zahlreiche Populationen von Halsband- und Leopardleguanen.

Oplurus cyclurus, Familie Opluridae

Halsbandleguan
Crotaphytus collaris, Familie Crotaphytidae

Seitenfleckenleguan
Uta stansburiana, Familie Phrynosomatidae

Gambelia sila, Familie Crotaphytidae

Chuckwalla
Sauromalus obesus, Familie Phrynosomatidae

Phrynosoma solare, Familie Phrynosomatidae

Phrynosoma douglasi, Familie Phrynosomatidae

Wüsten-Stachelleguan
Sceloporus magister, Familie Phrynosomatid

Colorado-Fransenzehenleguan
Uma notata, Familie Phrynosomatidae

ECHSEN REPTILIEN 375

Norops nitens, Familie Polychrotidae

Männchen bei der Werbung um ein Weibchen

Stirnlappenbasilisk
Basiliscus plumifrons, Familie Corytophanidae

Nur Männchen tragen einen Kamm auf dem Kopf

Anolis transversalis, Familie Polychrotidae

Ritteranolis
Anolis equestris, Familie Polychrotidae

Wasseranolis
Anolis vermiculatus, Familie Polychrotidae

Azurblauer Dornschwanzleguan
Uracentron azureum, Familie Tropiduridae

Anolis barbatus, Familie Polychrotidae

Marmorierter Buntleguan
Polychrus marmoratus, Familie Polychrotidae

AUF EINEN BLICK

Familie Corytophanidae Alle Helmleguane sind Fleischfresser. Sie sind Baumbewohner im Regenwald oder anderen tropischen Wäldern. Die bis zu 20 cm langen Tiere haben einen helmförmigen Kopf, einen schlanken Körper, lange Beine und einen langen Schwanz. Basilisken suchen vorwiegend am Boden Nahrung, flüchten aber auf Bäume.

Problemlos *Die Zehen der Basilisken sind durch einen Hautrand verbreitert. Durch die größere Oberfläche laufen sie auf dem Wasser.*

Gattungen 3
Arten 9

Mexiko bis Kolumbien, Venezuela

Familie Polychrotidae Alle Anolis-Arten haben für guten Halt beim Klettern Haftlamellen an den Zehen und für die Kommunikation einen bunten Kehllappen. Es gibt boden-, wasser- und baumlebende Arten. Die Fleischfresser legen 1 bis 2 Eier pro Gelege. Alle können ihren Schwanz abwerfen.

Imponiergehabe
Anolis-Männchen besitzen einen Kehllappen, den sie aufblasen, um Weibchen zu imponieren und andere Männchen fern zu halten.

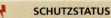

Gattungen 8
Arten 395

Mittel- und Südamerika, Karibik, USA

SCHUTZSTATUS

Allgemein sichern die unterschiedlichen Ansprüche von Basilisken- und Anolisarten an den Lebensraum, dass im Großteil des Verbreitungsgebietes der Bestand ungefährdet ist. Doch fehlen Studien zu den Arten im Regenwald Mexikos und Mittelamerikas. Da dieser Lebensraum schwindet, könnten die Tiere Schutz brauchen. 4 Arten Polychrotidae stehen auf der Roten Liste der IUCN:

1 Vom Aussterben bedroht
1 Gefährdet
2 Keine Angabe

REPTILIEN ECHSEN

AUF EINEN BLICK

Familie Agamidae Die 50 Agamen-Arten leben in Afrika, Asien und Australien. Ihre Größe variiert von 5 bis 35 cm. Waldbewohnende Arten sind grün, Wüstenbewohner braun, grau oder schwarz. Meist unterscheiden sich Männchen und Weibchen in der Farbe. Einige Arten ändern ihre Farbe rasch. Der Kopf ist groß und deutlich vom Hals abgesetzt, der Körper kann abgeplattet, seitlich abgeflacht oder zylindrisch sein. Die Zunge ist eingekerbt.

Gattungen 50
Arten 420

Australien, Indonesien, Asien, Afrika

Kragenechse Die baumbewohnende Echse ist am Tag in Waldgebieten aktiv. Wenn sie flieht, läuft sie auf 2 Beinen; sie stellt ihren Kragen auf, um wesentlich größer zu erscheinen, als sie ist.

- Bis 28 cm
- Auf Bäumen
- Ovipar
- 8–23
- Häufig

N-Australien und S-Neuguinea

Mahlzeit
Kragenechsen fressen auf Bäumen Zikaden und am Waldboden Ameisen und Grillen.

Wüstenteufel Ein System von Rinnen führt über die Haut dieser Echse. Darin sammelt sich der Tau, der auf ihren Rücken fällt, und läuft in die Winkel ihres Mauls. Sie frisst – wie die Krötenechsen – nur Ameisen.

- Bis 11 cm
- An Land
- Ovipar
- 3–10
- Häufig

W-Australien

SCHUTZSTATUS

5 Arten der Agamidae wurden im Jahr 2003 auf der Roten Liste der IUCN aufgeführt:

- 2 Stark gefährdet
- 1 Gefährdet
- 2 Keine Angabe

1. **Kragenechse**
   Chlamydosaurus kingii, Familie Agamidae
2. **Hardun**
   Laudakia stellio, Familie Agamidae
3. **Wüstenteufel**
   Moloch horridus, Familie Agamidae
4. *Pogona barbata*,
   Familie Agamidae
5. *Uromastyx ocellata*,
   Familie Agamidae
6. *Pseudotrapelus sinaitus*,
   Familie Agamidae
7. *Phrynocephalus persicus*,
   Familie Agamidae
8. *Trapelus persicus*,
   Familie Agamidae
9. **Afrikanischer Dornschwanz**
   Uromastyx acanthinura,
   Familie Agamidae
10. **Siedleragame**
    Agama agama, Familie Agamidae

ECHSEN REPTILIEN 377

1	*Acanthosaura armata*, Familie Agamidae	4	Große Winkelkopfagame *Gonocephalus grandis*, Familie Agamidae	7	*Calotes mystaceus*, Familie Agamidae
2	Fünfstreifen-Flugdrache *Draco quinquefasciatus*, Familie Agamidae	5	Cochinchina-Wasserdrache *Physignathus cocincinus*, Familie Agamidae	8	*Calotes calotes*, Familie Agamidae
3	Soa-Soa *Hydrosaurus amboinensis*, Familie Agamidae	6	*Harpesaurus beccarii*, Familie Agamidae	9	Borneo-Winkelkopfagame *Gonocephalus liogaster*, Familie Agamidae

AUF EINEN BLICK

Soa-Soa Die teils wasserlebende Echse sucht an Bachufern Nahrung und liegt dort in der Sonne. Bei Gefahr rennt sie mithilfe eines Hautsaums an den Zehen der Hinterfüße auf 2 Beinen übers Wasser. Der Bestand geht zurück, weil das Tier im Heimtierhandel und wegen seines Fleisches gefragt ist.

- Bis 100 cm
- Variabel
- Ovipar
- 6–12
- Häufig

SO-Asien, Neuguinea

Cochinchina-Wasserdrache Diese Echsenart lebt an Flussufern, klettert auf die unteren Äste von Bäumen und teilt Baue in Kolonien mit einem dominanten Männchen und mehreren Weibchen. Männchen besitzen größere Kämme als Weibchen. Die Brutdauer beträgt 60 Tage.

- Bis 30 cm
- Variabel
- Ovipar
- 7–12
- Häufig

Thailand, O-Indochina, Vietnam, S-China

Calotes calotes Dieser Baumbewohner lebt vorwiegend in Waldgebieten bis zu einer Höhe von 1500 m, oberhalb ersetzen ihn andere Arten. Die Männchen, die größten Echsen Sri Lankas, leuchten in lebhaften Farben.

- Bis 30 cm
- Auf Bäumen
- Ovipar
- 10–20
- Häufig

Indien und Sri Lanka

BAUMBEWOHNER

Diporiphora superba ist teils baumbewohnend und eine der schlanksten Agamen-Arten. Sie wird 8 cm lang, ihr Schwanz ist bis zu 4-mal so lang wie der Körper.

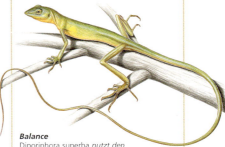

Balance
Diporiphora superba *nutzt den langen Schwanz zum Balancieren beim Klettern in den Bäumen.*

ECHSEN-FORTPFLANZUNG

Die Fortpflanzung bei Echsen weist einige Unterschiede auf. Manche Arten werden früh geschlechtsreif und produzieren ständig 1 Ei. Andere Arten brauchen einige Jahre bis zur Geschlechtsreife und legen dann viele Jahre lang Gelege mit zahlreichen Eiern. Zwischen diesen beiden Extremen gibt es alle möglichen Variationen, wie viele Gelege pro Jahr eine Echse hat. Manche Arten sind im Flachland Eier legend, aber Populationen in größeren Höhen sind lebend gebärend. Das Weibchen dient dabei als Brutkasten und sucht mit den sich entwickelnden Embryos Plätze mit der besten Temperatur. Erstaunlich sind auch Arten, bei denen immer 2 Eier ins Gelege kommen, unabhängig von ihrer Größe und der gespeicherten Energie.

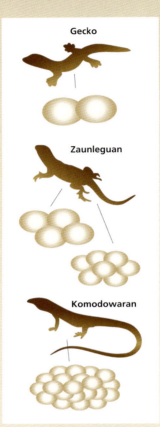

Gelege Geckos (oben) legen unabhängig von Größe und Ernährungszustand 2 Eier. Bei einigen Arten variieren Eier- und Gelegegröße (Mitte). Große Arten (unten) haben große Gelege mit großen Eiern. Eieranzahl und -größe hängen von Größe und Gesundheit des Weibchens ab.

Gecko

Zaunleguan

Komodowaran

Eisprung Anolis-Arten, egal wie groß sie sind, haben 1 Ei pro Gelege. Bei den Weibchen findet der Eisprung fortwährend statt, einmal von einem Eierstock, das andere Mal vom anderen.

Skink mit Eiern Viele Skink-Arten bebrüten ihre Eier. Das Weibchen bleibt beim Gelege und wehrt feindliche Insekten ab, schützt die Eier vor Pilzbefall und Austrocknung, bis die Jungen schlüpfen. Einige Skinks lecken ihre Jungen nach dem Schlüpfen sogar ab.

Zaunleguan mit Eiern Bei Zaunleguanen (Sceloporus) unterscheiden sich Anzahl und Größe der Eier je nach Jahreszeit und Gesundheitszustand der Weibchen. Sie wenden viel Energie auf, damit die ersten Gelege große Eier beinhalten. In späteren Gelegen finden sich kleinere Eier, die vor Winterbeginn weniger Zeit haben, sich zu entwickeln.

Leguan mit Eiern Leguane graben normalerweise Gänge in Sandstrände und legen 25 bis 40 Eier ab, je nach Größe des Weibchens. Die Jungen schlüpfen nach 3 Monaten und suchen nach anderen Leguanen, um deren Kot zu fressen. Dadurch siedeln sie Mikroben in ihrem Darm an, die in der Lage sind, Zellulose aufzuschließen.

ECHSEN **REPTILIEN** 379

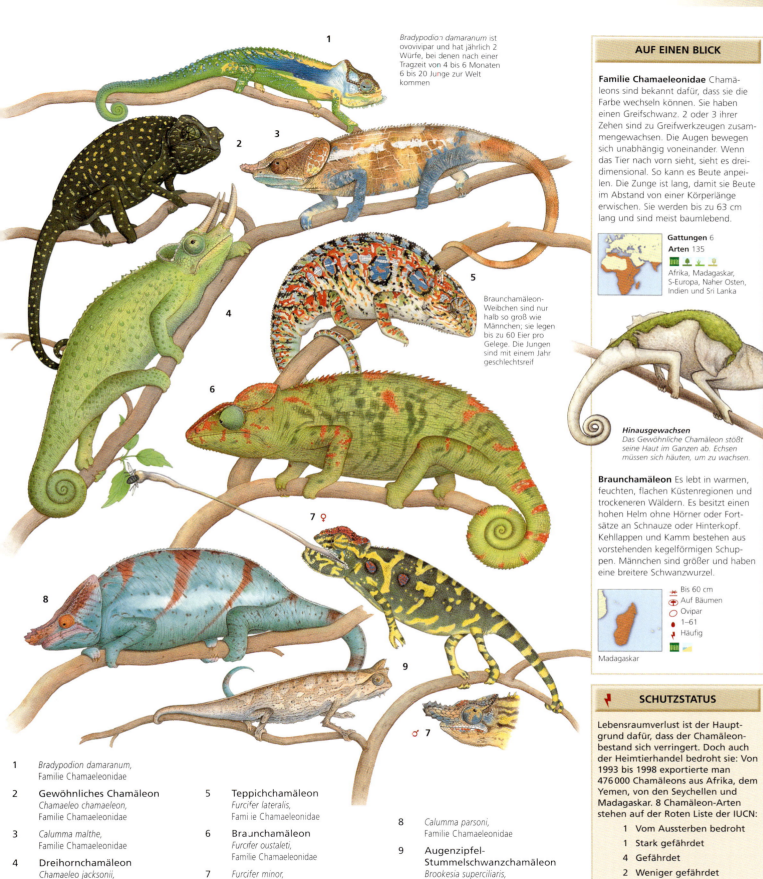

Bradypodion damaranum ist ovovivipar und hat jährlich 2 Würfe, bei denen nach einer Tragzeit von 4 bis 6 Monaten 6 bis 20 Junge zur Welt kommen

Braunchamäleon-Weibchen sind nur halb so groß wie Männchen; sie legen bis zu 60 Eier pro Gelege. Die Jungen sind mit einem Jahr geschlechtsreif

1 *Bradypodion damaranum*, Familie Chamaeleonidae
2 Gewöhnliches Chamäleon *Chamaeleo chamaeleon*, Familie Chamaeleonidae
3 *Calumma malthe*, Familie Chamaeleonidae
4 Dreihornchamäleon *Chamaeleo jacksonii*, Familie Chamaeleonidae
5 Teppichchamäleon *Furcifer lateralis*, Familie Chamaeleonidae
6 Braunchamäleon *Furcifer oustaleti*, Familie Chamaeleonidae
7 *Furcifer minor*, Familie Chamaeleonidae
8 *Calumma parsoni*, Familie Chamaeleonidae
9 Augenzipfel-Stummelschwanzchamäleon *Brookesia superciliaris*, Familie Chamaeleonidae

AUF EINEN BLICK

Familie Chamaeleonidae Chamäleons sind bekannt dafür, dass sie die Farbe wechseln können. Sie haben einen Greifschwanz. 2 oder 3 ihrer Zehen sind zu Greifwerkzeugen zusammengewachsen. Die Augen bewegen sich unabhängig voneinander. Wenn das Tier nach vorn sieht, sieht es dreidimensional. So kann es Beute anpeilen. Die Zunge ist lang, damit sie Beute im Abstand von einer Körperlänge erwischen. Sie werden bis zu 63 cm lang und sind meist baumlebend.

Gattungen 6
Arten 135

Afrika, Madagaskar, S-Europa, Naher Osten, Indien und Sri Lanka

Hinausgewachsen
Das Gewöhnliche Chamäleon stößt seine Haut im Ganzen ab. Echsen müssen sich häuten, um zu wachsen.

Braunchamäleon Es lebt in warmen, feuchten, flachen Küstenregionen und trockeneren Wäldern. Es besitzt einen hohen Helm ohne Hörner oder Fortsätze an Schnauze oder Hinterkopf. Kehllappen und Kamm bestehen aus vorstehenden kegelförmigen Schuppen. Männchen sind größer und haben eine breitere Schwanzwurzel.

Bis 60 cm
Auf Bäumen
Ovipar
1–61
Häufig

Madagaskar

SCHUTZSTATUS

Lebensraumverlust ist der Hauptgrund dafür, dass der Chamäleonbestand sich verringert. Doch auch der Heimtierhandel bedroht sie: Von 1993 bis 1998 exportierte man 476 000 Chamäleons aus Afrika, dem Yemen, von den Seychellen und Madagaskar. 8 Chamäleon-Arten stehen auf der Roten Liste der IUCN:

1 Vom Aussterben bedroht
1 Stark gefährdet
4 Gefährdet
2 Weniger gefährdet

REPTILIEN ECHSEN

AUF EINEN BLICK

Familie Gekkonidae Die Geckos sind die artenreichste Familie der Echsen, aufgeteilt in 4 Unterfamilien. Sie sind von kleinen rauen Schuppen bedeckt und reichen in der Größe von 1,5 bis 33 cm. Der fragile Schwanz lässt sich leicht abwerfen.

Augenwäsche
Die meisten Gecko-Arten, z. B. Oedura coggeri, besitzen keine Augenlider und reinigen die Augen mit der Zunge.

Gattungen 109
Arten 970

Südliches Nordamerika, Südamerika, Afrika, S-Europa, S-Asien, Indonesien, Australien

Leopardgecko Sie haben bewegliche Augenlider und keine Hautsäume an den Zehen. Das Geschlecht wird von der Bruttemperatur bestimmt.

- Bis 25 cm
- Am Boden
- Ovipar
- 2
- Häufig

Afghanistan, Pakistan, W-Indien, Irak, Iran

Gebänderter Krallengecko Dieser nachtaktive Gecko hat große, bewegliche Augenlider und keine Hautsäume an den Zehen. Der Schwanz ist fragil.

- Bis 10 cm
- Am Boden
- Ovipar
- 2
- Häufig

SW-USA bis Mexiko und Panama

LAUFEN IM SAND

Um auf feinem, lockerem Sand voranzukommen, müssen die Füße speziell angepasst sein. Der Wüstengecko (*Palmatogecko rangei*) setzt die Füße wie Schneeschuhe ein, um im Sand nicht zu versinken.

Laufen im Sand Einige Echsen verfügen über Hautsäume an den Zehen, andere besitzen paddelförmige Füße mit Schwimmhäuten.

Eine der wenigen in Neuseeland heimischen Echsen

Der Schwanz imitiert den Kopf, um Feinde abzulenken

1	*Goniurosaurus kuroiwae*, Familie Gekkonidae	**4**	**Gebänderter Krallengecko** *Coleonyx variegatus*, Familie Gekkonidae
2	**Leopardgecko** *Eublepharis macularius*, Familie Gekkonidae	**5**	**Grüner Baumgecko** *Naultinus elegans*, Familie Gekkonidae
3	**Katzengecko** *Aeluroscalabotes felineus*, Familie Gekkonidae	**6**	*Hoplodactylus rakiurae*, Familie Gekkonidae
		7	*Rhacodactylus auriculatus*, Familie Gekkonidae
		8	*Neohrurus stellatus*, Familie Gekkonidae
		9	*Saltuarius cornutus*, Familie Gekkonidae

ECHSEN **REPTILIEN** 381

Abgeflachter Schwanz

Zwei Drittel der
Länge bestehen
aus Schwanz

Riesige Augen,
massiver Kopf,
kurzer Schwanz

1   Streifengecko
    Gekko vittatus, Familie Gekkonidae

2   *Uroplatus henkeli*,
    Familie Gekkonidae

3   Tokee
    Gekko gecko, Familie Gekkonidae

4   *Diplodactylus ciliaris*,
    Familie Gekkonidae

5   Gefleckter Fettschwanzgecko
    Oedura marmorata, Familie Gekkonidae

6   *Delma australis*,
    Familie Pygopodidae

7   Spitzkopf-Flossenfuß
    Lialis burtonis, Familie Pygopodidae

8   *Cyrtodactylus pulchellus*,
    Familie Gekkonidae

9   Wundergecko
    Teratoscincus scincus,
    Familie Gekkonidae

AUF EINEN BLICK

Streifengecko Typisch ist der helle Streifen auf dem Rücken. Der Schwanz ist gebändert. Sie sind nachtaktiv und haben fürs Klettern Hautlamellen an den Füßen. Männchen besitzen eine v-förmige Reihe pränaler Poren und eine Art Hemipenis an der Schwanzwurzel.

- Bis 25 cm
- Am Boden
- Ovipar
- 2
- Häufig

Indonesien, Neuguinea und umliegende Inseln

Cyrtodactylus pulchellus Er hat einen abgeflachten, kompakten Körper. Die Zehen sind lang und dünn, nach oben und am letzten Glied wieder nach unten gebogen. Sie enden mit einer kleinen Lamelle. Die rauen Schuppen sind am Rücken dornenartig.

- Bis 20 cm
- Am Boden
- Ovipar
- 2
- Häufig

Zentralasien, SO-Asien

Familie Pygopodidae Diese Familie ist eng mit den Geckos verwandt. Die Vorderbeine fehlen, die Hinterbeine sind auf einen schuppigen Lappen vor der Kloake reduziert. Der Schwanz bricht leicht. Die Augen sind schlangenähnlich – ohne Lider und von einer unbeweglichen Brille bedeckt. Einige Arten besitzen äußere Ohröffnungen. Sie legen im Sommer meist 2 Eier. Die meisten sind Insektenfresser.

Rudimentäre Füße
Die Hinterbeine des Spitzkopf-Flossenfußes sind zu einer lappenartigen Schuppe reduziert, die im Sand Reibung verleiht.

Gattungen 8
Arten 36

Australien außer Tasmanien, Aru Inseln, Neuguinea, Neubritannien

SCHUTZSTATUS

7 Arten der Familie Pygopodidae stehen wie folgt auf der Roten Liste der IUCN:

- 6 Gefährdet
- 1 Weniger gefährdet

382 REPTILIEN ECHSEN

AUF EINEN BLICK

Lepidodactylus lugubris Der baumlebende Gecko ist von kleinen Schuppen bedeckt. Der lange Schwanz trägt seitlich kleine stachelige Schuppen.

- Bis 5 cm
- Auf Bäumen
- Ovipar
- 2
- Häufig

NO-Australien, Malaysia bis Ozeanien

Mauergecko Das kräftig gebaute Tier trägt Reihen von gekielten Schuppen. Männchen verteidigen ihr Revier. Junge schlüpfen nach 10 Wochen und sind nach 2 Jahren geschlechtsreif.

- Bis 15 cm
- Auf Bäumen
- Ovipar
- 2
- Häufig

Mittelmeerraum und Küsten S-Europas

Faltengecko Er verteidigt ein Revier. Im Abstand von 30 Tagen befestigt er Gelege mit 2 Eiern an Rinde oder Fels, die Jungen schlüpfen nach 60 Tagen.

- Bis 15 cm
- Auf Bäumen
- Ovipar
- 2
- Häufig

SO-Asien

FLIEGENDER GECKO

Bei hohem Tempo, wie bei einem Sturz, erlauben Hautlappen dem Faltengecko, langsamer zu werden und zu gleiten. Die Häute zwischen den Zehen helfen auch beim Gleiten. Der Flug ähnelt mehr dem »fliegender« Baumfrösche als dem anderer Reptilien.

Fallschirm
Die Hautlappen an Körper und Schwanz breiten sich aus und bremsen den Sturz eines Faltengeckos.

SCHUTZSTATUS

Die 27 Arten der Gekkonidae auf der Roten Liste der IUCN stehen unter folgenden Gefährdungsgraden:

- 2 Ausgestorben
- 1 Vom Aussterben bedroht
- 3 Stark gefährdet
- 8 Gefährdet
- 7 Weniger Gefährdet
- 3 Keine Angabe
- 3 Nicht gefährdet

Der Goldstaubtaggecko stammt aus Madagaskar, ist aber auch auf Hawaii heimisch geworden

1 **Madagassischer Taggecko**
Phelsuma madagascariensis, Familie Gekkonidae

2 **Goldstaubtaggecko**
Phelsuma laticauda, Familie Gekkonidae

3 *Lepidodactylus lugubris,* Familie Gekkonidae

4 **Mauergecko**
Tarentola mauritanica, Familie Gekkonidae

5 *Ptyodactylus puiseuxi,* Familie Gekkonidae

6 **Faltengecko**
Ptychozoon kuhli, Familie Gekkonidae

7 **Petris Dünnfingergecko**
Stenodactylus petrii, Familie Gekkonidae

8 *Hemidactylus flaviviridis,* Familie Gekkonidae

9 *Pachydactylus geitje,* Familie Gekkonidae

10 **Streifengecko**
Gonatodes vittatus, Familie Gekkonidae

ECHSEN **REPTILIEN** 383

AUF EINEN BLICK

Familie Gerrhosauridae Schildechsen haben große symmetrische Schilde mit Knochenplatten; die Schuppen sind rechteckig und überlappend. Die Allesfresser leben am Boden und ernähren sich von Insekten und Pflanzen. Bei Arten im Grasland sind die Gliedmaßen zurückgebildet. Die meisten Arten sind vivipar (2 bis 6 Junge).

Schwimmen im Gras
Die Vierzehige Geißelschildechse kann die Beine so fest an den Körper drücken, dass sie sich auf der Flucht rasch durchs Gras schlängelt.

Gattungen 6
Arten 32

S-Afrika u. Madagaskar

Familie Cordylidae Gürtelechsen haben am Kopf große symmetrische Schuppen und Knochenplatten. Die rechteckigen überlappenden Schuppen am Körper sind meist stark gekielt. Gürtelechsen besitzen ein Revier und sind lebend gebärend.

Gattungen 4
Arten 52

Südliches Afrika

Zum Ball zusammengerollt
Der Panzergürtelschweif (Cordylus cataphractus) beißt sich in den Schwanz, damit Feinde ihn nicht verschlingen.

---

1 **Braune Schildechse**
   Gerrhosaurus major, Familie Gerrhosauridae

2 **Madagass. Ringelschildechse**
   Zonosaurus madagascariensis, Familie Gerrhosauridae

3 **Vierzehige Geißelschildechse**
   Tetradactylus tetradactylus, Familie Gerrhosauridae

4 **Kleiner Plattgürtelschweif**
   Platysaurus guttatus, Familie Cordylidae

5 *Cordylus polyzonus*, Familie Cordylidae

6 *Pseudocordylus melanotus*, Familie Cordylidae

7 *Eumeces egregius*, Familie Scincidae

8 *Novoeumeces schneideri*, Familie Scincidae

9 **Apothekerskink**
   Scincus scincus, Familie Scincidae

SCHUTZSTATUS

11 Arten der Cordylidae stehen auf der Roten Liste der IUCN unter folgenden Gefährdungsgraden:

   1   Ausgestorben
   5   Stark gefährdet
   5   Weniger gefährdet

REPTILIEN ECHSEN

AUF EINEN BLICK

Familie Scincidae Skinke sind meist von einander überlappenden glatten Schuppen bedeckt. Die Länge der adulten Tiere variiert von 2,5 bis 35 cm. Die Körperform variiert von kräftig bis zierlich. Es gibt Arten ohne sichtbare Gliedmaßen. Letztere sind meist Grabtiere, andere Arten leben am Boden oder auf Bäumen. Die meisten Arten können die mittellangen bis langen Schwänze abwerfen. Beute wird mittels Sehen und Riechen aufgespürt. Der Großteil der Arten legt Eier, wenigstens 25 Arten sind lebend gebärend.

Gattungen 116
Arten 993

Weltweit, in verschiedenen Lebensräumen

Verräterischer Schwanz Streifenskink-Männchen (Eumeces fasciatus) erkennen Weibchen und Jungtiere am leuchtend blauen Schwanz und gewähren ihnen Zutritt zu ihrem Revier.

Hosmers Skink An der Schwanzwurzel fehlen diesem Skink vergrößerte Schuppen und lange, runzelige Ohrläppchen verdecken fast das Ohr. Die tagaktive Echse lebt auf Felsen und steinigen Hängen; dort versteckt sie sich in Felsspalten, unter Felsbrocken und Steinhaufen.

- Bis 18 cm
- An Land
- Ovipar
- 2
- Häufig

NO-Australien

Nördlicher Blauzungenskink Er hat eine blaue Zunge, relativ kurze Beine, Füße mit 5 Zehen und einen kurzen Schwanz. Er lebt in steinigen Wüsten und Halbwüsten, wo er Insekten und andere Wirbellose frisst. Der Schwanz ist etwa halb so lang wie der Körper.

- Bis 30 cm
- An Land
- Vivipar
- 10 lebende Junge
- Häufig

N- und NW-Australien

Der Salomonen-Riesenskink kann mit seinem Greifschwanz einen Ast umfassen und am Schwanz hängen

1	**Salomonen-Riesenskink** *Corucia zebrata*, Familie Scincidae	**3**	**Hosmers Skink** *Egernia hosmeri*, Familie Scincidae
2	**Smaragdskink** *Dasia smaragdina*, Familie Scincidae	**4**	**Nördlicher Blauzungenskink** *Tiliqua multifasciata*, Familie Scincidae

5 **Stutzechse**
Tiliqua rugosa, Familie Scincidae

6 *Androngo trivittatus*,
Familie Scincidae

7 **Otago-Skink**
Oligosoma otagense, Familie Scincidae

ECHSEN **REPTILIEN** 385

AUF EINEN BLICK

Lerista bipes Diese Echse gleitet ohne Vorderbeine durch den Sand; die Hinterbeine sind zurückgebildet, an den Füßen stehen nur 2 Zehen. Sie lebt in sandigen Ebenen und Dünen am Meer.

- Bis 6 cm
- An Land
- Ovipar
- 2
- Häufig

NW-Australien

Glaphyromorphus crassicaudum Die Art lebt in Wäldern und Dünen am Meer, wo sie unter Stämmen und Steinen oder in Laubstreu Nahrung sucht.

- Bis 5 cm
- An Land
- Ovipar
- 2
- Häufig

NO-Australien

Carlia triacantha Die tagaktive Art hat eine durchsichtige Scheibe im beweglichen Unterlid und eine runde Ohröffnung. Nahrung sucht sie in Laubstreu.

- Bis 4,5 cm
- An Land
- Ovipar
- 2
- Häufig

NW-Australien

KLEINER BLAUZUNGENSKINK

Man dachte, dass *Tiliqua adelaidensis* ausgestorben war, doch 1992 fand man ein Exemplar im Magen einer Schlange. Seitdem hat man sich bemüht, den Bestand zu vergrößern; jetzt gibt es wieder etwa 5500 Tiere.

⚡ SCHUTZSTATUS

Die 43 Arten der Familie Scincidae stehen auf der Roten Liste der IUCN unter den Gefährdungsgraden:

- 3 Ausgestorben
- 2 Vom Aussterben bedroht
- 3 Stark gefährdet
- 21 Gefährdet
- 5 Weniger gefährdet
- 7 Keine Angabe
- 2 Nicht gefährdet

---

1 *Mabuya vittata*, Familie Scincidae

2 *Lygosoma bowringii*, Familie Scincidae

3 *Typhlosaurus vermis*, Familie Scincidae

4 *Ctenotus pulchellus*, Familie Scincidae

5 *Lerista bipes*, Familie Scincidae

6 *Glaphyromorphus crassicaudum*, Familie Scincidae

7 *Morethia ruficauda*, Familie Scincidae

8 **Johannisechse** *Ablepharus kitaibelii*, Familie Scincidae

9 *Carlia triacantha*, Familie Scincidae

10 *Scelotes sexlineatus*, Familie Scincidae

WERBUNG BEI ECHSEN

Die Werbungsrituale bei Echsen sichern, dass Keimzellen nicht verschwendet werden, weil Tiere sich mit der falschen Art oder schwachen Partnern paaren. Männchen haben ihr Revier oft in Gebieten, deren Nahrungsangebot üppig ist, und verteidigen es gegen andere Männchen. Weibchen dürfen das Revier betreten und werden von Männchen durch Werbungsrituale zur Paarung aufgefordert. Gibt es im selben Lebensraum viele Tiere derselben Art oder Arten derselben Gattung, sind die Verhaltensmuster komplexer. Am raffiniertesten sind die Werbungsrituale – die gründlich erforscht wurden – bei der Familie Polychrotidae. Bei den Waranen (Varanidae) leckt das Männchen zu Beginn der Werbung kurz über verschiedene Körperteile des Weibchens. Bei Skinken handelt es sich vor allem um chemische Reaktionen.

Werbung der Anolis-Arten Kleine, bunte, baumlebende Echsen vertrauen am stärksten auf optische Reize. Die Männchen besitzen artspezifische, leuchtend bunte Kehllappen. Sie führen Bewegungen wie Kopfnicken aus, um Weibchen zur Paarung anzulocken. Die Rituale unterscheiden sich bei einzelnen Männchen, sodass ein Weibchen sich das Männchen anhand der Werbung auswählen kann. Häufig entscheidet sich das Weibchen für das kraftvollste Männchen.

Rasches Kopfnicken Norops carpenteri (oben) hat ein schlichtes Ritual: Der einfarbig orangefarbene Kehllappen wird aufgeblasen, begleitet von rhythmischem Kopfnicken. Während einer Serie von mehr als einem Dutzend schneller Kopfbewegungen bleibt der Kehllappen aufgeblasen.

Komplexer Bewegungsablauf Norops sericeus (oben) hat ein ausgefeiltes Werbungsritual: Der Kehllappen besitzt in der Mitte einen Fleck, der mit der Grundfarbe kontrastiert. Man sieht diesen Fleck nicht, wenn der Kehllappen nicht vollständig aufgeblasen ist. Das Kopfnicken ist unabhängig vom Aufblasen des Kehllappens. Die Sequenz beginnt mit 5-mal raschem Nicken und wird dann in Zeitlupe fortgesetzt. Der Kehllappen wird 2-mal aufgeblasen.

Langsames Kopfnicken Die Werbung von Norops pentaprion (oben) ist raffiniert. Der Kehllappen besitzt eine rote Grundfarbe mit blauen Linien. Je weiter der Kehllappen aufgeblasen ist, desto mehr blaue Linien sieht man. Der Bewegungsablauf verläuft folgendermaßen: nicken und aufblasen, einziehen des Kehllappens, nicken und aufblasen.

Beachtliche Ausmaße Wenn der Kragen vollständig ausgebreitet ist, erreicht er einen Durchmesser von 35 cm, mehr als die Körperlänge beträgt.

Regenmacher Aborigines jagen die Kragenechse nicht, weil sie glauben, dass sie Regen bringt. Ohne ausreichenden Regen kommt es zu einer Dürre im Land.

Pseudo-Paarung Bei den Rennechsen (Cnemidophorus) in den Wüsten der südwestlichen USA pflanzen sich die Weibchen ohne Männchen oder deren Sperma fort (Parthenogenese). Der Genbestand des Weibchens ist identisch mit dem seiner Jungen. Eine Pseudo-Paarung findet bei manchen Arten unter diesem rein weiblichen Nachwuchs statt. Ein Weibchen verhält sich wie ein Männchen und versucht ein anderes Weibchen zu besteigen. Werbung und Pseudo-Paarung regen den Eisprung an.

Überlebensgroß Wenn die Kragenechse die gefaltete Haut am Hals ausbreitet, erscheint sie wesentlich größer. Dies setzt sie bei Rangkämpfen ein oder um Weibchen anzulocken.

Riesenkragen Dominante Kragenechsen-Männchen zeigen beim Werbungsritual oder als Imponiergehabe zur Revierverteidigung verschiedene Bewegungsabläufe. Mehr als 75 Abfolgen zeichnete man auf, darunter Kopfnicken, Liegestütze, Aufstellen des Bartes, Aufblasen des Körpers, Kopflecken und Maulaufsperren. Eine wichtige Rolle bei der Werbung der Kragenechse spielen auch Farbwechsel und das Aufblitzen von Farbe beim Öffnen des Mauls.

ECHSEN **REPTILIEN** 387

AUF EINEN BLICK

Familie Lacertidae Adulte Eidechsen sind etwa 4 bis 25 cm lang. Die Schuppen sind verschieden, von groß, überlappend, gekielt oder glatt, bis zu klein und rau. Alle Arten haben Gliedmaßen. Der Schwanz ist bei allen lang, mitunter doppelt so lang wie der Körper. Die meisten leben am Boden, einige auf Bäumen. Die meisten Arten legen Eier, einige sind lebend gebärend, andere parthenogenetisch. Fast alle Arten fressen Insekten, einige auch Samen.

Gattungen 27
Arten 220

Afrika, Europa, Asien

Gallotia simonyi stehlini Die Art wird mit 3 Jahren geschlechtsreif und lebt etwa 12 Jahre. Erwachsene fressen vor allem Pflanzen und sind wichtig für die Samenverbreitung. Dank der überlangen Hinterbeine können Männchen auf der Flucht gut beschleunigen.

- Bis 27 cm
- An Land
- Ovipar
- 10
- Häufig

Gran Canaria (Kanarische Inseln)

Nucras tesselata Die Art jagt Skorpione, die am Tag ruhen und deshalb eine leichte Beute für sie sind. Die Eier legende afrikanische Echse ist in der Hitze des Tages aktiv, deshalb liegt ihre Körpertemperatur relativ hoch, im Durchschnitt bei 39 °C.

- Bis 20 cm
- An Land
- Ovipar
- 3–8
- Häufig

S-Namibia, SW-Botswana, Südafrika

SCHUTZSTATUS

Die 13 Arten der Familie Lacertidae stehen auf der Roten Liste der IUCN unter den Gefährdungsgraden:

1	Vom Aussterben bedroht
1	Stark gefährdet
5	Gefährdet
2	Weniger gefährdet
1	Keine Angabe
3	Nicht gefährdet

1 Smaragdeidechse
Lacerta viridis, Familie Lacertidae

2 *Gallotia simonyi stehlini*,
Familie Lacertidae

3 *Timon princeps*,
Familie Lacertidae

4 *Nucras tesselata*,
Familie Lacertidae

5 Perleidechse
Timon lepidus, Familie Lacertidae

6 Zauneidechse
Lacerta agilis, Familie Lacertidae

7 *Gallotia galloti*,
Familie Lacertidae

8 Riesensmaragdeidechse
Lacerta trilineata, Familie Lacertidae

388 REPTILIEN ECHSEN

AUF EINEN BLICK

Familie Xantusiidae Obwohl diese Familie auf Deutsch Nachtechsen heißt, sind die meisten Arten tagaktiv. Die kleinen Tiere von bis zu 10 cm Länge haben kleine Schuppen am Rücken und große Schuppen am Bauch. Alle Arten sind lebend gebärend. Die meisten Arten fressen Wirbellose, eine höhlenbewohnende Art ernährt sich von Feigen. Nachtechsen leben auf Bäumen und verteidigen ein Revier. In Mexiko wird eine Art der Nachtechsen, Lepidophyma, als Skorpion bezeichnet und für giftig gehalten. Wie bei vielen Echsen bricht der Schwanz leicht ab. Er wächst nach, ist dann aber einfarbig.

Ohne Männchen *Die Art* Lepidophyma flavimaculata *ist nachtaktiv und lebend gebärend. Bei einigen Populationen findet auch Parthenogenese statt.*

Gattungen 3
Arten 20

W-USA und O-Mexiko, Mittelamerika und nördliches Südamerika

Gewöhnliche Mauereidechse Diese Art lebt in Kolonien. Sie klettert gut und sonnt sich auf Felsen. Zu ihrer Nahrung zählen Käfer, Fliegen, Schmetterlinge und Spinnen. Sie fällt Beutegreifern oder Schlangen zum Opfer, vor allem jungen Hornvipern.

- Bis 10 cm
- An Land
- Ovipar
- 2–8
- Häufig

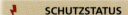

Südeuropa und Balkan

SCHUTZSTATUS

Begrenztes Verbreitungsgebiet Eine Art der Familie Xantusiidae, die nordamerikanische Insel-Nachtechse (*Xantusia riversiana*), gilt laut Roter Liste der IUCN als gefährdet. Diese Echse gibt es nur auf den Inseln San Clemente, Santa Barbara und San Nicholas vor der Küste Südkaliforniens. Sie lebt auf Grasflächen, in Kakteengruppen, auf Klippen und an Felsküsten. Durch Lebensraumverlust ist sie gefährdet. Ein Rückzugsgebiet ist die Insel Santa Barbara, die als Naturschutzgebiet zum Nationalpark Channel Islands zählt.

1 *Podarcis sicula*, Familie Lacertidae
2 **Gewöhnliche Mauereidechse** *Podarcis muralis*, Familie Lacertidae
3 *Podarcis perspicillata*, Familie Lacertidae
4 **Yucca-Nachtechse** *Xantusia vigilis*, Familie Xantusiidae
5 **Granit-Nachtechse** *Xantusia henshawi*, Familie Xantusiidae
6 **Bergeidechse** *Lacerta vivipara*, Familie Xantusiidae
7 *Lacerta raddei*, Familie Xantusiidae
8 *Lacerta uzzeli*, Familie Xantusiidae
9 **Milos-Eidechse** *Podarcis milensis*, Familie Xantusiidae

ECHSEN **REPTILIEN** 389

1 *Acanthodactylus pardalis*, Familie Lacertidae
2 **Schneller Wüstenrenner** *Eremias velox*, Familie Lacertidae
3 **Algerischer Sandläufer** *Psammodromus algirus*, Familie Lacertidae
4 **Blaukehlige Kielechse** *Algyroides nigropunctatus*, Familie Lacertidae
5 *Mesalina guttulata*, Familie Lacertidae
6 **Sechsstreifige Langschwanzeidechse** *Takydromus sexlineatus*, Familie Lacertidae
7 **Günthers Stacheleidechse** *Holaspis guentheri*, Familie Lacertidae
8 **Bushveld-Echse** *Heliobolus lugubris*, Familie Lacertidae
9 **Sandechse** *Meroles anchietae*, Familie Lacertidae
10 **Schlangenauge** *Ophisops elegans*, Familie Lacertidae

AUF EINEN BLICK

Acanthodactylus pardalis Die Zehen dieser Art tragen einen Hautsaum, damit sie besser auf Sanddünen laufen kann. Das Tier besitzt auch eine schaufelförmige Nase, damit es leicht durch den Sand pflügen kann. Die Hauptnahrung sind Ameisen.

- Bis 20 cm
- An Land
- Ovipar
- 3–5
- Häufig

Algerien, Ägypten, Israel, Jordanien u. Libyen

Blaukehlige Kielechse Diese Tiere sind tagaktiv. In Weinbergen und Gebäuden suchen sie Insekten. Sie paaren sich im April nach dem Winterschlaf. Paarungsbereite Männchen haben eine leuchtend blaue Kehle und einen orangeroten Bauch.

- Bis 20 cm
- Land, Bäume
- Ovipar
- 2–3
- Häufig

NO-Italien bis Golf von Korinth u. Ionische I.

Günthers Stacheleidechse Dank ihrer abgeflachten Form und der auffälligen Farbe ist diese Art leicht zu erkennen. Mit dem flachen Körper und dem breiten Schwanz gleitet sie von Baum zu Baum. Sie hat einen langen Körper und kräftige Hinterbeine.

Weitspringer
Günthers Stacheleidechse springt bis zu 10 m von Baum zu Baum. Der abgeflachte Körper und der flache Schwanz helfen dabei.

- Bis 12,5 cm
- Auf Bäumen
- Ovipar
- 2
- Häufig

Zentral-, O- und W-Afrika und Mosambique

Schlangenauge Der Name bezieht sich auf die großen transparenten Scheiben, die ihre Augen bedecken; sie sind so groß, dass keine Augenlider vorhanden sind. Auf der Flucht eilt das Tier von Busch zu Busch und hält Ausschau nach dem Feind. Kurze Strecken kann es auf 2 Beinen laufen.

- Bis 5 cm
- An Land
- Ovipar
- 4–5
- Häufig

N-Afrika, SO-Europa bis Nahost und Indien

390 REPTILIEN ECHSEN

AUF EINEN BLICK

Familie Gymnophthalmidae Zwergtejus sind kleine, Eier legende Echsen von bis zu 6 cm Länge mit unterschiedlichsten Schuppenmustern. Manche haben zurückgebildete Beine. Der Schwanz kann abgeworfen werden. Die meisten Arten leben in Laubstreu am Waldboden, alle fressen Insekten. Einige Arten leben teilweise im Wasser.

Gattungen 36
Arten 160

Südl. Mittelamerika und NW-Südamerika

Familie Teiidae Schienenechsen legen Eier und variieren in der Länge von 5 bis 40 cm. Die Schuppen am Rücken und an der Seite sind klein, die Schuppen am Bauch größer, rechteckig und in Reihen angeordnet. Der Schwanz ist lang und kann abgeworfen werden. Kleinere Schienenechsen leben in Wüsten, Grasland und offenen Gebieten im Wald, sie fressen Wirbellose. Größere Arten bevorzugen offene Wälder und sie sind Allesfresser.

Klone
Die Würfelrennechse (Cnemidophorus tesselatus) pflanzt sich ungeschlechtlich fort. Es gibt nur Weibchen.

Gattungen 9
Arten 118

N-USA bis Südamerika

Bänderteju Die schwere Echse ist einer der Hauptdiebe von Schildkröteneiern im Amazonasbecken. Um seine Eier zu schützen, legt der Teju sie auf Bäumen in Termitennestern ab.

- Bis 30 cm
- An Land
- Ovipar
- 4–32
- Häufig

Nördliches Südamerika

SCHUTZSTATUS

Die 6 Arten der Familie Teiidae stehen auf der Roten Liste der IUCN in folgenden Gefährdungsstufen:

2 Ausgestorben
1 Vom Aussterben bedroht
1 Gefährdet
2 Keine Angabe

Er frisst Ameisen und Spinnen in der Laubstreu

1 *Cercosaura ocellata,* Familie Gymnophthalmidae
2 *Bachia panoplia,* Familie Gymnophthalmidae
3 **Eigentlicher Wasserteju** *Neusticurus bicarinatus,* Familie Gymnophthalmidae
4 **Tüpfelrennechse** *Cnemidophorus lemniscatus,* Familie Teiidae
5 *Kentropyx calcarata,* Familie Teiidae
6 **Vierzehen-Ameive** *Teius teyou,* Familie Teiidae
7 **Blindschleiche** *Anguis fragilis,* Familie Anguidae
8 *Ophiodes intermedius,* Familie Anguidae
9 **Südliche Krokodilschleiche** *Elgaria multicarinata,* Familie Anguidae

ECHSEN **REPTILIEN** 391

AUF EINEN BLICK

Familie Xenosauridae Die Höckerechsen sind mit kleinen Körnerschuppen und großen Höckerschuppen bedeckt. Die Insekten fressenden Echsen kommen im bergigen Regenwald im Süden Mexikos und in Guatemala vor. Dort leben sie in Felsspalten oder Baumlöchern. Die Krokodilschwanz-Höckerechse, ihr entfernter Verwandter, jagt in Bergbächen Fische und Kaulquappen.

Gattungen 2
Arten 5

S-China sowie S-Mexiko und Guatemala

Familie Anguidae Schleichen haben gepanzerte Schuppen mit darunter liegenden Knochenschilden. Ein großer Teil von ihnen ist ohne Beine, aber mit einem langen Schwanz, der drei Viertel der Gesamtlänge ausmacht. Oft werden sie Glasschleichen genannt, weil der Schwanz in mehrere Teile zerbricht, wenn ein Feind sie packt.

Greifschwanz
Abronia aurita ist an das Leben hoch oben in der Kronenschicht des tropischen Regenwaldes angepasst. Die Art hält sich mit ihrem Greifschwanz fest.

Gattungen 13
Arten 101

S-Asien, SW-Asien, Europa und Amerika

SCHUTZSTATUS

Die 10 Arten der Familie Anguidae stehen auf der Roten Liste der IUCN in folgenden Gefährdungsgraden:

- 1 Ausgestorben
- 3 Vom Aussterben bedroht
- 1 Stark gefährdet
- 1 Gefährdet
- 1 Weniger gefährdet
- 3 Keine Angabe

Lebt in den untersten Ästen eines Baums am Wasser; der Schwanz ist zum Schwimmen hoch und seitlich abgeflacht

1 Ameive
  Ameiva ameiva, Familie Teiidae

2 *Diploglossus fasciatus*,
  Familie Anguidae

3 Krokodilschwanz-Höckerechse
  Shinisaurus crocodilurus,
  Familie Xenosauridae

4 Bänderteju
  Tupinambis teguixin, Familie Teiidae

5 *Pseudopus apodus*,
  Familie Anguidae

6 Schlanke Glasschleiche
  Ophisaurus attenuatus,
  Familie Xenosauridae

7 Krokodilschwanzechse
  Crocodilurus lacertinus, Familie Teiidae

8 *Dracaena paraguayensis*,
  Familie Teiidae

REPTILIEN ECHSEN

AUF EINEN BLICK

Familie Helodermatidae Gila- und Skorpion-Krustenechse sind die einzigen bekannten giftigen Echsen. Ihr Kopf ist breit und abgeflacht, der Körper stämmig mit kräftigen Gliedmaßen und einem dicken Schwanz, in dem Fett gespeichert wird. Beide tagaktive Arten bewegen sich langsam und legen Eier. Sie fressen Nestlinge und Eier.

Gattungen 2
Arten 2
SW-USA bis Guatemala

Familie Lanthanotidae Bei den Taubwaranen stehen die Zähne weit auseinander und sind nach hinten gekrümmt. Sie sind mit den Familien Varanidae und Helodermatidae verwandt. Die Art ist nachtaktiv und lebt an und in Waldbächen. Taubwarane fressen kleine Wirbeltiere und Wirbellose. Sie legen bis zu 6 Eier in ein Gelege.

Gattung 1
Art 1
Borneo

HAUT ABWERFEN

Die äußere Schicht der Echsenhaut (die Epidermis) besteht aus Keratin; Schuppen verstärken diese Schicht. Wächst die Echse, wird die äußere Schicht in großen Stücken abgeworfen.

Häutung
Alle Echsen müssen die Haut regelmäßig abwerfen, um zu wachsen.

SCHUTZSTATUS

Zusätzlicher Schutz Beide Arten der Helodermatidae stehen als gefährdet auf der Roten Liste der IUCN. Die Gila-Krustenechse ist in Arizona vollständig geschützt, damit sie nicht mutwillig getötet oder für den Heimtierhandel gefangen wird. Mexiko schützt beide Arten, damit sie weder dem Heimtierhandel zum Opfer fallen noch getötet, ausgestopft und als besondere Touristenattraktion verkauft werden.

Der Schwanz ist im Querschnitt rund, man erkennt keinen Rückenschild

1 **Skorpion-Krustenechse**
Heloderma horridum, Familie Helodermatidae

2 **Stachelschwanzwaran**
Varanus acanthurus, Familie Varanidae

3 **Raunackenwaran**
Varanus rudicollis, Familie Varanidae

4 **Smaragdwaran**
Varanus prasinus, Familie Varanidae

5 **Gila-Krustenechse**
Heloderma suspectum, Familie Helodermatidae

6 **Borneo-Taubwaran**
Lanthanotus borneensis, Familie Lanthanotidae

7 **Gillen-Waran**
Varanus gilleni, Familie Varanidae

ECHSEN REPTILIEN

AUF EINEN BLICK

Familie Varanidae Warane sind große Echsen mit langem Hals, dicker Haut und vielen Reihen kleiner, abgerundeter Schuppen. Ihr Schwanz ist lang und kann nicht abgeworfen werden. Die Zunge ist lang und gegabelt. Die größte Art ist der Komodowaran.

Aufrecht Goulds Waran hat einen dicken Schwanz, der ihm bei der Suche nach Beute oder einem Partner sicheren Stand auf drei Beinen gibt.

Gattung 1
Arten 50

Afrika, Asien, Australien und Pazifik-Inseln

JACOBSON'SCHES ORGAN

Eine große Anzahl von Echsen nimmt die Luft mit der Zunge auf und erfasst so chemische Hinweise auf Nahrung, Artgenossen, mögliche Partner und Feinde. Das Jacobson'sche Organ besteht aus Vertiefungen im Gaumen, die mit Sinneszellen ausgekleidet sind. Die Zunge bringt die von der Echse gesammelten Partikelchen zu diesen Vertiefungen, deshalb ist die Zunge gegabelt. Ein spezieller Nerv leitet die Information dann an das Gehirn zur Auswertung weiter.

*Zungentest
Warane und viele andere Echsen nehmen mit ihrer gegabelten Zunge Gerüche aus der Luft auf.*

SCHUTZSTATUS

Schutz für Warane Viele Waranarten werden wegen ihres Fleisches und ihrer Haut getötet. In Asien und Afrika verwendet man Teile von ihnen in der traditionellen Medizin. Sie gehören zur Nahrung der Aborigines. Mehr als 1 Mio. Nil- und asiatische Waranarten werden jährlich wegen ihrer Haut getötet, die man zu Luxusschuhen, -gürteln, -taschen und -accessoires verarbeitet.

Im Maul von Komodowaranen leben in Symbiose äußerst giftige Bakterien; Beute verliert einige Stunden nach einem Biss aufgrund des durch die Bakterien hervorgerufenen Fiebers alle Kraft und fällt zu Boden. Der Komodowaran folgt der Beute und frisst sie, wenn sie am Boden ist.

1 Papua-Waran
Varanus salvadorii, Familie Varanidae

2 Großwaran
Varanus giganteus, Familie Varanidae

3 *Varanus olivaceus*, Familie Varanidae

4 Wüstenwaran
Varanus griseus, Familie Varanidae

5 Goulds Waran
Varanus gouldii, Familie Varanidae

6 Nilwaran
Varanus niloticus, Familie Varanidae

7 Komodowaran
Varanus komodoensis, Familie Varanidae

SCHLANGEN

KLASSE	Reptilia
ORDNUNG	Squamata
FAMILIEN	17
GATTUNGEN	438
ARTEN	2955

Mit fast 3000 Arten ist die Gruppe der Schlangen höchst vielfältig. Die Länge reicht von etwa 10 cm bei den grabenden Blindschlangen bis zu mehr als 10 m bei den Riesenschlangen. Schlangen haben unterschiedliche Fortbewegungsarten entwickelt, außerdem verschiedene Möglichkeiten zum Sammeln von Informationen und diverse Arten ihr Gift abzugeben. Echsen tauchten in der Erdgeschichte bereits vor den Schlangen auf – der verkümmerte Beckengürtel bei einigen einfachen Schlangen weist wohl darauf hin, dass sie sich aus den Echsen entwickelt haben. Der linke Lungenflügel ist bei Schlangen verkümmert oder fehlt. Die meisten Organe sind schmal und lang.

Tropen bevorzugt Schlangen leben auf allen Kontinenten außer in der Antarktis. Das Verbreitungsgebiet mancher Arten reicht über den Polarkreis. Auf einigen Inseln (Neuseeland, Irland, Island) fehlen Schlangen, ebenso Seeschlangen im Atlantik. Die Tropen bieten die größte Vielfalt.

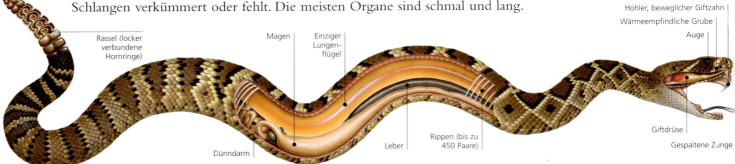

Schlangenanatomie Wie bei der oben gezeigten Texas-Klapperschlange sind bei den meisten Schlangen die Organe im Umfang reduziert und stattdessen verlängert. Die meisten Arten besitzen nur einen Lungenflügel. Männchen verfügen über 2 funktionsfähige Fortpflanzungsorgane.

Abwehrverhalten Die meisten Kobra-Arten, wie die Kapkobra (*Naja nivea*, rechts), können ihre Rippen als Schild abspreizen, um größer zu wirken und Feinde oder Beute zu erschrecken. An der Rückseite des Schildes sitzen bei einigen Arten große augenähnliche Flecken, die einem wesentlich größeren Tier zu gehören scheinen.

Versteckte Giftzähne Wenn Grubenottern wie die Waldklapperschlange (unten) mit offenem Maul drohen, lassen sie ihre Giftzähne locker, damit das Grubenorgan nicht behindert ist. Dieses nimmt Infrarotstrahlen von Feinden oder Beute auf.

EIN OHR AM BODEN

Schlangen haben engen Kontakt zu ihrer Umgebung. Ihr Bauch berührt die meiste Zeit die Erde, außer beim Gleiten zwischen Bäumen, beim Schwimmen oder Klettern. Durch den hautnahen Kontakt nehmen sie die Vibration von Lauten auf und folgen den Duftspuren von Beute oder paarungsbereiten Weibchen.

Aus der Form einer Schlange kann man schließen, wo sie lebt und was sie tut. Wurmnattern bleiben am Boden, graben mit ihren schaufelförmigen Köpfen und fressen Beute, die unter der Erde lebt. Die schlanken, schmalen, baumlebenden Schlangen sind an das Gleiten durch die Bäume und das Sich-Strecken nach dem nächsten Ast angepasst. Ihre kleinen Gelege enthalten längliche Eier und sie fressen dünne, lange Beute, wie Echsen oder Frösche. Schlangen mit kurzem, dickem Körper, wie einige Vipern, lauern ihrer Beute auf und verschlingen oft eine Mahlzeit, die schwerer ist als sie selbst. Ihre ungelenke Körperform beeinträchtigt sie nicht, da sie sich sowieso nur wenig bewegen – außerdem sind viele von ihnen giftig. Wendige Schlangen mit langem Körper, die schnell vorankommen, jagen Echsen und andere Schlangen. Ihre Geschwindigkeit dient ihnen auch zur Flucht. Es ist erstaunlich, wie rasch Mambas und Braunschlangen sich durch die Kro-

SCHLANGEN REPTILIEN

SCHLANGENHAUT

Die Haut der Schlange besteht aus Schuppen. Dabei handelt es sich nicht um Einzelteile, sondern um verdickte Stellen der Haut. Mit anderen Schuppen sind sie durch dünnere elastische Haut verbunden. Kleine, raue Schuppen sind typisch für Boas, glatte, glänzende, überlappende Schuppen für Zornnattern und gekielte Schuppen für Klapperschlangen.

Raue Schuppen

Glatte Schuppen

Gekielte Schuppen

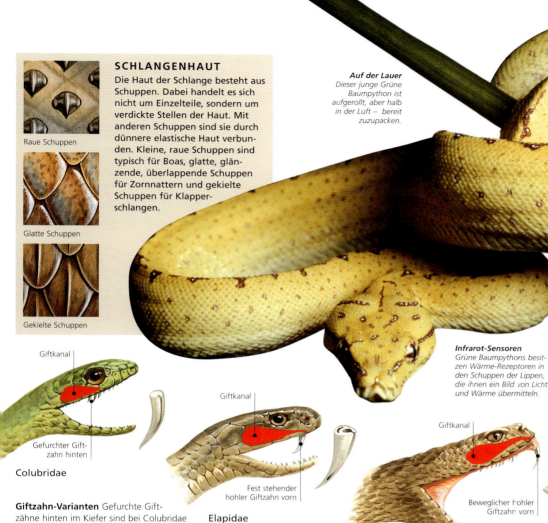

Auf der Lauer
Dieser junge Grüne Baumpython ist aufgerollt, aber halb in der Luft – bereit zuzupacken.

Infrarot-Sensoren
Grüne Baumpythons besitzen Wärme-Rezeptoren in den Schuppen der Lippen, die ihnen ein Bild von Licht und Wärme übermitteln.

Giftkanal

Gefurchter Giftzahn hinten

Colubridae

Giftkanal

Fest stehender hohler Giftzahn vorn

Elapidae

Giftkanal

Beweglicher hohler Giftzahn vorn

Viperidae

Giftzahn-Varianten Gefurchte Giftzähne hinten im Kiefer sind bei Colubridae mit der Duvernoy-Drüse verbunden. Elapidae (Kobras, Korallen- und Seeschlangen) haben feststehende Giftzähne vorn. Vipern besitzen alle bewegliche Giftzähne vorn.

Grüne Würgeschlange Der Grüne Baumpython ist ein baumlebender Beutegreifer, der Vögel, Säugetiere und Echsen frisst. Er packt einen Vogel oder eine Fledermaus mit seinen langen Zähnen an einem Flügel, wirft eine Schlinge um seine Beute und zieht zu. Frisch geschlüpfte Grüne Baumpythons sind 28 bis 35 cm lang und unterscheiden sich in der Farbe von adulten Tieren. Die leuchtende Jugendzeichnung wechselt mit 6 bis 8 Monaten zu einem lebhaften Grün.

Scharfer Blick Die Königskobra besitzt große runde Pupillen, um im Licht des Tages gut zu sehen. Sie entdeckt zwischen Pflanzen jede Bewegung anderer Schlangen – ihrer Lieblingsbeute.

nenschicht des Waldes bewegen: Sie scheinen nicht zu gleiten, sondern wie Wasser zu fließen. Seeschlangen verfügen über einen paddelförmigen Schwanz, der ihnen bei der Fortbewegung im Wasser nützlich ist. Manche Arten verbringen ihr gesamtes Leben im Meer.

Alle Schlangenmännchen haben zwei Hemipenisse an der Schwanzwurzel, die sie abwechselnd einsetzen. Jeder Hemipenis erhält nur aus einem Hoden Sperma. Das System entstand wahrscheinlich, damit rasch eine erneute Paarung möglich war, wenn nach dem Erwachen aus dem Winterschlaf eine massenhafte Paarung erfolgte. Das Sperma hält sich monatelang, bevor es zum Befruchten eines Eis verwendet wird.

Weibchen zeigen eine Reihe von Strategien, um den Nachwuchs zu schützen. Die meisten Schlangen legen Eier. Viele der entwickelteren Schlangenarten gebären lebende Junge und sorgen ebenfalls für sie. Pythons steigern beim Bebrüten der Eier ihre Körpertemperatur durch Muskelkontraktionen. Kobra-Weibchen bewachen ihr Nest, das in einem losen Bau aus Blättern liegt.

Einige fantastische Anpassungen heutiger Schlangen sind Mechanismen zum Finden, Fangen, Töten und Verschlingen von Beute. Hoch entwickelte chemische Rezeptoren im Gaumen helfen den Schlangen Partner, Feinde oder Beute zu erkennen. Grubenottern, Boas und Pythons nehmen dank Infrarot-Rezeptoren die Wärme warmblütiger Beute wahr. Das Gift von Vipern, Giftnattern und Nattern lähmt die Beute und hilft beim Schlucken und Verdauen. Manche Schlangen haben sich deutlich stärker entwickelt als andere. Viele sind heute gefährdet, weil der Mensch ihren Lebensraum rascher verändert, als sie sich anpassen können.

Beim Schlüpfen Pythons bewachen und bebrüten ihre Eier meist. Eine Woche nach dem Schlüpfen häuten sich die Jungen, verlassen die schützende Schlinge ihrer Mutter und suchen ihren eigenen Weg, wie der junge Grüne Baumpython unten.

REPTILIEN SCHLANGEN

AUF EINEN BLICK

Familie Tropidophiidae Diese westindische Boa-Familie besteht aus kleinen Arten von etwa 1 m Länge. Alle Insel-Arten scheinen auf eine gemeinsame Festlandsform zurückzugehen. Sie fressen Frösche, Echsen, Nager und Vögel. Bei Gefahr bluten sie aus Maul und Augen und rollen sich zu einem festen Ball zusammen.

Gattungen 2
Arten 31

Westindien bis Ecuador, SO-Brasilien, SO-Asien

BOA- UND PYTHON-SCHÄDEL

Die beweglichen Kiefer erlauben es den Schlangen, Beute zu verschlingen, die 5-mal so dick ist wie sie selbst. Die gebogenen Zähne helfen durch Seitwärtsbewegung Nahrung hinunterzuwürgen.

Kiefer in Ruhe

Aufgerissen
Der Unterkiefer der Schlange kann sich seitwärts bewegen. Bewegliche Sehnen erlauben es der Schlange, den Kiefer sowohl nach vorn als auch nach hinten fallen zu lassen.

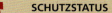

Aufgeklappter Kiefer

SCHUTZSTATUS

Boas auf Round Island Die heute ausgestorbene Art *Bolyeria multicarinata* kam nur auf Round Island im Indischen Ozean vor. Eine weitere dort heimische Art, *Casarea dussumieri*, ist durch Umweltzerstörung gefährdet. In den 1970er-Jahren zählte man nur noch 75 Tiere.

Männchen von *Charina trivirgata* besitzen gut entwickelte Aftersporen; die der Weibchen sind kleiner

Die Große Sandboa erzielt in Zentralasien einen hohen Preis, weil sie in der traditionellen Medizin verwendet wird

1 *Charina trivirgata,* Familie Boidae

2 *Tropidophis melanurus,* Familie Tropidophiidae

3 **Pazifik-Boa** *Candoia aspera,* Familie Boidae

4 **Erdboa** *Calabaria reinhardtii,* Familie Boidae

5 **Sandboa** *Charina bottae,* Familie Boidae

6 *Gongylophis colubrinu,* Familie Boidae

7 *Xenophidion schaeferi,* Familie Tropidophiidae

8 *Ungaliophis continentalis,* Familie Tropidophiidae

9 **Große Sandboa** *Eryx tataricus,* Familie Boidae

10 *Tropidophis feicki,* Familie Tropidophiidae

SCHLANGEN **REPTILIEN** 397

Wegen seiner sanften Art und seiner herrlichen Zeichnung ist der Tigerpython seit langem ein Favorit des Heimtierhandels – heute darf man nur noch in Gefangenschaft geborene Tiere verkaufen

Wärmeempfindliche Gruben sitzen in den Schuppen der Lippen

Die Zunge nimmt Gerüche aus der Luft auf

1 **Abgottschlange**
  Boa constrictor, Familie Boidae

2 **Tigerpython**
  Python molarus, Familie Boidae

3 **Madagaskar-Boa**
  Acrantophis madagascariensis, Familie Boidae

4 **Felsenpython**
  Python sebae, Familie Boidae

5 **Netzpython**
  Python reticulatus, Familie Boidae

6 **Anakonda**
  Eunectes murinus, Familie Boidae

7 **Grüne Hundskopfboa**
  Corallus caninus, Familie Boidae

AUF EINEN BLICK

Familie Boidae Zu dieser Familie zählen Boas, Pythons und Sandboas – die größten lebenden Schlangen. Einige Arten sind zwar nur knapp 50 cm lang. Die größte erreicht 10 m Länge und frisst große Säuger wie Wasserschweine, Hirsche und Kaimane. Boas und Sandboas sind vivipar, Pythons ovipar.

Ausbrüten
Antaresia childreni ringelt sich schützend um ihre Eier. Sie steigert ihre Körpertemperatur beim Brüten durch Muskelkontraktionen.

Gattungen 20
Arten 74

Weltweit außer Europa und in der Antarktis

Abgottschlange Boas, die auf Bäumen leben, besitzen einen schweren Körper und töten ihre Beute durch Umschlingen. Beiderseits der Kloake sitzen Aftersporen – verkümmerte Reste von Beinen.

- Bis 4,2 m
- Land, Bäume
- Vivipar
- 30–50
- Häufig

S-Mexiko bis Argentinien

Netzpython Er ist eine der beiden größten Schlangen der Welt und massiver als die Anakonda. Zu seiner Beute gehören große Reptilien wie Echsen und Krokodile, mittelgroße bis große Säugetiere und sogar Menschen.

- Bis 10 m
- An Land
- Ovipar
- 80–100
- Häufig

SO-Asien

SCHUTZSTATUS

Die 10 Arten der Familie Boidae stehen auf der Roten Liste der IUCN in folgenden Gefährdungsgraden:

1 Ausgestorben
2 Stark gefährdet
4 Gefährdet
3 Weniger gefährdet

398 REPTILIEN SCHLANGEN

AUF EINEN BLICK

Grüner Baumpython Diese nachtaktive Würgeschlange ist ein Beispiel für konvergente Evolution: Die Grüne Hundskopfboa (*Corallus caninus*) Südamerikas entwickelte sich im selben Lebensraum zu gleicher Farbe und Form.

- Bis 2 m
- Auf Bäumen
- Ovipar
- 12–18
- Selten

NO-Australien, Neuguinea

Verschiedene Farben
Die Jungen unterscheiden sich farblich von den leuchtend grünen Adulten; sie sind beim Schlüpfen von leuchtend gelb bis ziegelrot.

Corallus cookii Sie frisst als Jungtier kleine Echsen und geht zu Nagetieren und Vögeln über, wenn sie größer wird. Sie lauert der Beute auf. Dann beißt sie zu und umschlingt gleichzeitig ihr Opfer, während sie an ihrem Greifschwanz von einem Baum hängt.

- Bis 1,9 m
- Auf Bäumen
- Vivipar
- 30–80 lebende Junge
- Häufig

Panama, N-Südamerika, Karibik

Schwarzkopfpython Er ist in den wärmeren Monaten nacht- und in den kälteren tagaktiv. Zu seiner Nahrung gehören Warane, Frösche, Vögel, Säugetiere und Schlangen – selbst Todesottern. Dingos sind die Hauptfeinde.

- Bis 2,6 m
- An Land
- Ovipar
- 5–10
- Häufig

N-Australien

Buntpython Buntpythons sind stämmig, robust und verbringen viel Zeit unter Wasser in Sümpfen oder Bächen. Sie fressen vorwiegend Säugetiere und kleine Vögel. Buntpython-Populationen werden kleiner, weil die Tiere ihrer Haut wegen gejagt werden, da diese für Luxuslederwaren begehrt ist.

- Bis 3 m
- Land, Wasser
- Ovipar
- 18–30
- Häufig

SO-Asien

Grüner Baumpython
Morelia viridis, Familie Boidae

Corallus cookii, Familie Boidae

Rautenpython
Morelia spilota, Familie Boidae

Die Schuppen am Bauch sind gelblich mit grauen Sprenkeln

Leiopython albertisii, Familie Boidae

Kubanische Schlankboa
Epicrates angulifer, Familie Boidae

Schwarzkopfpython
Aspidites melanocephalus, Familie Boidae

Königspython
Python regius, Familie Boidae

Buntpython
Python curtus, Familie Boidae

SCHLANGEN **REPTILIEN** 399

Spitzkopfpython
Loxocemus bicolor, Familie Loxocemidae

Korallen-Rollschlange
Anilius scytale, Familie Aniliidae

Rhinophis drummondhayi,
Familie Uropeltidae

Regenbogen-Erdschlange
Xenopeltis unicolor,
Familie Xenopeltidae

Macrelaps microlepidotus,
Familie Atractaspidae

Atractaspis engaddensis,
Familie Atractaspidae

Atractaspis duerdeni,
Familie Atractaspidae

Rote Walzenschlange
Cylindrophis ruffus,
Familie Cylindrophiidae

Arafura-Warzenschlange
Acrochordus arafurae, Familie Acrochordidae

AUF EINEN BLICK

Spitzkopfpython Das nachtaktive Tier frisst kleine Säugetiere, Reptilien sowie die Eier von Wasserschildkröten und Echsen. Seine spitze Schnauze ist hilfreich, wenn es in Reptiliennestern gräbt. Die großen Schilde auf seinem Kopf erinnern stärker an Nattern als an die enger verwandten Boas.

Bis 1,4 m
Land, im Boden
Ovipar
2–4
Selten

S-Mexiko bis Costa Rica

Familie Atractaspidae Diese Eier legenden Schlangen besitzen je einen großen, halb aufrechten Giftzahn im Oberkiefer. Ihre Beute sind grabende Nagetiere: In den engen Gängen können sie ihr Maul nicht weit aufsperren, deshalb gleiten sie neben ihre Beute, bewegen ihren Kiefer zur anderen Seite der Beute und zeigen ihre langen Giftzähne. Dann schlagen sie die Zähne mit einer Rückwärtsbewegung in ihr Opfer und vergiften es.

Gattung 1
Arten 18

Afrika und Naher Osten

Familie Aniliidae Die Rollschlangen ähneln den Hundskopfboas. Sie leben in Laubstreu und fressen Regenwürmer, Wurmwühlen, Aale, Doppelschleichen und Schlangen. Mitunter gehen sie ins Wasser, aber sie sind wohl Grabtiere. Bei Gefahr rollen sie sich zum Ball.

Gattung 1
Art 1

Amazonien (Südamerika)

Familie Acrochordidae Sie haben kleine, stark gekielte Schuppen. Warzenschlangen leben fast ausschließlich im Wasser und bewegen sich an Land nur ungelenk. Sie sind nachtaktiv und fressen Fische und Krustentiere.

Gattung 1
Arten 3

Indien, SO-Asien, Austral.

Paddelähnlich
Der seitlich abgeflachte Schwanz von Acrochordus granulatus *ist eine Anpassung an die Bewegung im Wasser.*

VERTEIDIGUNGSSTRATEGIEN

Hoch hinaus beim Angriff *Vermiculla annulata* ist eine nachtaktive Giftnatter. Sie hebt ihren Körper in Schlingen vom Boden, wenn sie angegriffen wird. Möglicherweise versucht die Schlange dadurch größer zu erscheinen. Oder sie gibt vor in eine andere Richtung zu attackieren, um den Feind zu überraschen.

Schlangen haben unterschiedliche Strategien, um nicht ihren Feinden zum Opfer zu fallen. Tarnung – Farbe, Zeichnung und Form – ist die häufigste Taktik. Viele baumlebende Schlangen besitzen schmale Köpfe und Hälse wie Zweige, die in ihrem Lebensraum unauffällig sind. Flucht nützt nur sehr schnellen Tieren, wie der Art *Masticophis flagellum*. Viele Abwehrstrategien sollen gegen Vögel oder Säugetiere nützen. Die Brillenschlange (*Naja naja*) hebt den halben Körper vom Boden, spreizt ihre Halswirbel ab und zeigt die großen, augenähnlichen Flecken, die zu einem größeren Tier zu gehören scheinen. Die Arizona-Korallenschlange (*Micruroides euryxanthus*) hebt den Schwanz und bewegt ihn, um Feinde davon abzuhalten, ihren Kopf anzugreifen. *Diadophis punctatus* ist am Rücken schwarz. Bei Gefahr verbirgt sie ihren Kopf in den Schlingen und hebt den Schwanz, der am Bauch orange ist, um Angreifer zu irritieren. Viele Schlangen zischen, beißen und setzen Kot ab, um Feinde abzulenken.

Künstler der Tarnung *Bothriechis schlegelii*, eine baumlebende Grubenotter, ist perfekt getarnt. Sie wählt einen geeigneten Platz, an dem sie auf vorbeikommende Mäuse oder Frösche wartet. Ihre Farbe und Form verschwinden zwischen den Pflanzen, sodass Greifvögel nicht auf ihre Anwesenheit aufmerksam werden. Die »Wimpern« schützen ihre Augen vielleicht vor Verletzungen, wenn sie durch die Kronenschicht des Regenwaldes gleitet.

Klappernde Warnung Wird eine Klapperschlange aufgeschreckt, bewegt sie ihren Schwanz und macht damit ein lautes klapperndes Geräusch. Der Lärm und die Bewegung lenken potenzielle Beute oder mögliche Angreifer ab, die ihre Aufmerksamkeit dem Schwanz und nicht dem attackierenden Kopf widmen. Auch zahlreiche ungiftige Schlangen bewegen ihren Schwanz.

Überraschung im Sand Wenn die Zwergpuffotter (*Bitis peringueyi*, unten) darauf wartet, dass eine Beute kommt, macht sie sich unsichtbar und lässt den Sand der Wüste Namib über sich blasen. Ihre Zeichnung und ihre Farbe verschwinden im goldenen Sand, nur Augen und schwarze Schwanzspitze sind sichtbar. Sichverstecken ist eine gute Strategie gegen Beutegreifer.

Gefahr vorspiegeln Viele ungiftige Schlangen haben ähnliche Farbmuster entwickelt wie giftige Arten ihrer Gegend, um von der warnenden Wirkung zu profitieren, die diese Färbung auf Feinde besitzt. Diese Anpassung nennt man Batessche Mimikry. *Pliocercus elapoides* lebt in Mexiko auf der Halbinsel Yucatan und gehört zu diesen Imitatoren (rechts außen). Sie ähnelt stark *Micrurus hippocrepis* (rechts).

Sich tot stellen Bei Gefahr zischt die Gewöhnliche Hakennatter (oben) und greift mit geschlossenem Maul an. Lässt sich ein Feind dadurch nicht abschrecken, krümmt sich die Schlange und verzerrt den Körper; das Maul steht offen und aus der Kloake kommt stinkende Flüssigkeit. Nach einigen Minuten rollt sie auf den Rücken und liegt schlaff mit offenem Maul, als ob sie tot wäre. Wenn man die Schlange allerdings umdreht, wendet sie sich sofort wieder auf den Rücken.

Altersangabe Die Klapper wächst jeweils um einen Ring, und zwar immer, wenn die Schlange sich häutet. Das kann 1- bis 6-mal pro Jahr sein.

Schnecke im Gras Wenn die Bullennatter (*Pituophis melanoleucus*) bedroht wird, hebt sie ihren Kopf vom Boden und stößt Luft aus den Tracheen aus; dadurch wird ein Knorpel so in Schwingung versetzt, dass er einen kräftigen zischenden Laut von sich gibt. Gleichzeitig wird der Schwanz bewegt, der in trockenen Blättern oder Gräsern ein rasselndes Geräusch macht. Diese beiden Effekte zusammen schrecken die meisten Feinde ab.

Bedrohung Die giftige Wassermokassinschlange (*Agkistrodon piscivorus*) reißt ihr Maul auf, um das schneeweiße Innere zu zeigen. Das macht Feinde auf ihre Anwesenheit und akute Gefahr aufmerksam. Auch ungiftige Wasserschlangen haben eine ähnliche Zeichnung und ahmen ihr Verhalten nach.

AUF EINEN BLICK

Familie Colubridae Etwa 63 % aller Schlangenarten gehören zu dieser Familie, in der alle Arten der Fortpflanzung vorkommen und die in allen Lebensräumen lebt. Sie teilt sich in 6 locker definierte Gruppen: Natricinae sind die kleinsten Schlangen im Wasser oder an Land; die größte Gruppe, Colubrinae, lebt überall außer im Wasser; zur meist oviparen Gruppe Xenodontinae zählen kleine Neuweltarten aus den Tropen; Dipsadinae sind in Mittel- und Südamerika in verschiedenen Lebensräumen vielfältig vertreten; Homalopsinae umfasst 11 Gattungen verschiedener Wasserschlangen aus Nordaustralien und Asien und Aparallactinae sind kleine Schlangen, die von Afrika südlich der Sahara bis Nahost verbreitet sind.

Gattungen 320
Arten 1800

Weltweit, außer Antarktis und Polargebiete

Handel
Die kräftig gefärbte Kornnatter (Elaphe guttata) ist seit über 50 Jahren im Heimtierhandel wegen ihrer attraktiven Farben und ihres sanften Verhaltens begehrt. Heute stammen die meisten verkauften Schlangen aus Zuchten.

NATTERNGIFT

Menschen ignorieren oft die Tatsache, dass die meisten Natternarten Gift in der Duvernoy-Drüse produzieren. Das Gift wird freigesetzt und fließt entlang von Furchen in den senkrechten Giftzähnen hinten im Maul. Da das Gift nicht durch hohle Giftzähne mit Druck in die Wunde gepresst wird (wie bei Vipern und Giftnattern), erreicht nur etwa die Hälfte seine Bestimmung.

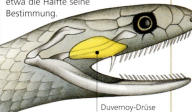
Duvernoy-Drüse

Gefährlich Wenn das Natterngift über die hinteren Zähne in eine Wunde gelangt, kann es tödlich sein. Reptilienforscher sind gestorben, weil sie die Wirksamkeit des Gifts unterschätzt haben.

Gelbbäuchige Rattenschlange
Ptyas korros, Familie Colubridae

Pfeilnatter
Coluber jugularis, Familie Colubridae

Äskulapnatter
Elaphe longissima, Familie Colubridae

Masticophis flagellum, Familie Colubridae

Gelbgrüne Zornnatter
Coluber viridiflavus, Familie Colubridae

Elaphe porphyracea, Familie Colubridae

Rotschwanznatter
Gonyosoma oxycephala, Familie Colubridae

Schlanknatter
Coluber najadum, Familie Colubridae

Elaphe taeniura, Familie Colubridae

Hühnerfresser
Spilotes pullatus, Familie Colubridae

SCHLANGEN **REPTILIEN** 403

Indigoschlange
Drymarchon corais,
Familie Colubridae

Philothamnus semivariegatus,
Familie Colubridae

Pareas chinensis,
Familie Colubridae

Graugebänderte Königsnatter
Lampropeltis alterna,
Familie Colubridae

Milchschlange
Lampropeltis triangulum,
Familie Colubridae

Erythrolamprus aesculapii,
Familie Colubridae

Milchschlange (Jungtier)
Lampropeltis triangulum,
Familie Colubridae

Gewöhnliche Eierschlange
Dasypeltis scabra,
Familie Colubridae

Bei der Eidechsennatter stehen die Giftzähne hinten, ihr Gift kann dem Menschen gefährlich werden

Psammophis schokar,
Familie Colubridae

Eidechsennatter
Malpolon monspessulanus,
Familie Colubridae

AUF EINEN BLICK

Indigoschlange Die große tagaktive Schlange ist wegen der schwarz-blauen Färbung und der sanften Art im Heimtierhandel sehr gefragt. Sie frisst Schildkröteneier, Reptilien, Amphibien, Vögel, Kleinsäuger und Schlangen.

- Bis 2,7 m
- An Land
- Ovipar
- 15–26
- Selten

SO-USA, Mexiko bis Paraguay

Milchschlange Die häufige Art besitzt 24 Unterarten. Viele Arten tarnen sich mit ähnlichen Mustern wie die Korallenschlangen.

- Bis 1,2 m
- An Land
- Ovipar
- 8–12
- Häufig

Östl. USA, Mexiko bis Venezuela und Ecuador

Psammophis schokar Die schlanke, schnelle, tagaktive Schlange sucht in ihrem Wüstenlebensraum nach Beute. Die Giftzähne sitzen hinten im Kiefer.

- Bis 1,6 m
- An Land
- Ovipar
- 8–16
- Häufig

NW-Indien, Afghanistan, Pakistan bis N-Afrika

SPEZIALISIERTE EIERFRESSER

Afrikanische Eierschlangen haben an den Wirbeln stumpfe Dornen, um die Eier zu öffnen, während sie durch Muskelkontraktionen vorwärts bewegt werden. Die Schale wird ausgewürgt.

Platzfrage Weil sie die Schale nicht verschluckt, hat die Schlange im Magen mehr Platz für proteinreiches Eigelb.

SCHUTZSTATUS

Erholt In den 1970er-Jahren wurde die seltene Graugebänderte Königsnatter in Texas unter Schutz gestellt. Das beliebte Heimtier wurde seitdem von Hobbyzüchtern so oft gezüchtet, dass der Bestand sich erholt hat und keinen Schutz mehr braucht.

404 REPTILIEN SCHLANGEN

AUF EINEN BLICK

Sonora semiannulata Die scheue Art bewohnt Gebiete mit Schwemmsand, Wüstenebenen, Gebüsch und steinige Hänge. Sie jagt am liebsten in der Nacht und frisst Hundertfüßer, Spinnen, Grillen, Heuschrecken und Insektenlarven.

- Bis 50 cm
- An Land
- Ovipar
- Keine Angabe
- Selten

SW-USA und NW-Mexiko

Dendrelaphis pictus Sie lebt vor allem auf Bäumen im Regenwald, in Kokosplantagen und städtischen Gebieten. Sie frisst Frösche und Echsen, darunter Flugdrachen (Draco).

- Bis 1 m
- Land, Bäume
- Ovipar
- Keine Angabe
- Häufig

Indien, Myanmar, W-Malaysia, Indon., S-China

Diadophis punctatus Wird die kleine Schlange angegriffen, versteckt sie den Kopf und hebt den Schwanz. Dabei zeigt sie ihre leuchtend orangefarbene Unterseite. Sie frisst Schnecken, Käfer, Frösche, Salamander und Schlangen.

- Bis 71 cm
- An Land
- Ovipar
- 1–7
- Häufig

SO-Kanada, USA, N-Mexiko

STRUMPFBANDNATTER

Viele Gewöhnliche Strumpfbandnattern (*Thamnophis sirtalis*) halten in Kanada Winterschlaf, wo der Boden nicht gefroren ist. Im Frühling erwachen tausende, liegen in der Sonne und paaren sich. Bis zu 100 Männchen folgen den Duftspuren eines paarungsbereiten Weibchens. Bei der Paarung hinterlässt das Männchen einen Samenklumpen im Weibchen, damit sein Sperma die Eier vor dem Eindringen fremder Spermien befruchtet.

Mehrere Väter DNA-Studien haben gezeigt, dass ein Wurf oft von mehreren Vätern stammt.

Oligodon octolineatus, Familie Colubridae

Der englische Name Kukri-Schlange bezieht sich auf die hinten stehenden Giftzähne, die den Messern der indischen Gurkha-Soldaten ähneln.

Sonora semiannulata, Familie Colubridae

Dendrelaphis pictus, Familie Colubridae

Gewöhnliche Strumpfbandnatter
Thamnophis sirtalis, Familie Colubridae

Lycodon laoensis, Familie Colubridae

Diadophis punctatus, Familie Colubridae

Calamaria septemtrionalis, Familie Colubridae

Kopfbinden-Zwergnatter
Eirenis modestus, Familie Colubridae

Gekrönte Schnauzennatter
Lytorhynchus diadema, Familie Colubridae

SCHLANGEN **REPTILIEN** 405

AUF EINEN BLICK

Ringelnatter Eine der wenigen Reptilienarten, die nördlich des Polarkreises und über 2000 m vorkommt. Frösche sind ihre Hauptnahrung. Wenn der Froschbestand zurückgeht, gibt es auch weniger Ringelnattern.

Tot oder lebend?
Wenn Ringelnattern angegriffen werden, blasen sie sich auf, zischen, beißen und geben übel riechendes Sekret ab. Schließlich bleiben sie schlapp liegen, als ob sie tot wären.

- Bis 2 m
- Land, Wasser
- Ovipar
- 15–35
- Häufig

Europa, W-Asien, NW-Afrika

Regina septemvittata Sie ist in Teilen ihres Verbreitungsgebietes durch Umweltverschmutzung und Lebensraumzerstörung gefährdet. Sie lebt in kühlen, klaren Bächen und sucht unter Steinen nach jungen Flusskrebsen.

- Bis 93 cm
- Im Wasser
- Ovovivipar
- 5–23 lebende Junge
- Keine Angabe

SO-Kanada, O-USA

Boa-Trugnatter Die nachtaktive Wasserschlange frisst Fische und Frösche. Sie hat gut entwickelte Duvernoy-Drüsen und gefurchte Zähne hinten im Kiefer. Mit dem Drüsensekret wird die Beute gelähmt, die dann leichter zu verzehren ist.

- Bis 1,2 m
- Im Wasser
- Vivipar
- Unbekannt
- Häufig

SO-Asien

Enhydris enhydris Diese tropische Wasserschlangenart frisst vor allem Flussfische und verträgt kein Salzwasser. Sie ist die häufigste Wasserschlange in den meisten Feuchtgebieten Südostasiens. Sie ist gefährdet, weil durch El Niño Salzwasser in ihren Lebensraum vorgedrungen ist.

- Bis 81 cm
- Im Wasser
- Vivipar
- Unbekannt
- Häufig

SO-Asien

Die Hundskopf-Wassertrugnatter verträgt Salzwasser

Enhydris enhydris besitzt für die Hersteller von Schlangenleder Bedeutung

1 *Macropisthodon rhodomelas,* Familie Colubridae

2 *Rhabdophis subminiatus,* Familie Colubridae

3 Ringelnatter
Natrix natrix, Familie Colubridae

4 *Nerodia sipedon,* Familie Colubridae

5 *Regina septemvittata,* Familie Colubridae

6 Boa-Trugnatter
Homalopsis buccata, Familie Colubridae

7 Hundskopf-Wassertrugnatter
Cerberus rynchops, Familie Colubridae

8 Fühlerschlange
Erpeton tentaculatum, Familie Colubridae

9 *Enhydris enhydris,* Familie Colubridae

406 REPTILIEN SCHLANGEN

AUF EINEN BLICK

Mangroven-Nachtbaumnatter Sie besitzt ein schwach wirksames Gift (tödlich für Menschen). Sie lebt teils auf Bäumen und frisst Kleinsäuger, Spitzhörnchen, Vögel und andere Schlangen in Mangrovesümpfen.

- Bis 2,5 m
- Wasser, Bäume
- Ovipar
- 7–14
- Häufig

SO-Asien

Boomslang Diese Giftschlange ist die gefährlichste Natter. Die Giftzähne sitzen hinten im Kiefer, aber ihr Gift ist wirksamer als das von Kobras oder Vipern und ruft innere Blutungen hervor. Sie ist sehr aktiv und frisst Chamäleons und Baumleguane, Nestlinge und Vogeleier.

- Bis 1,8 m
- Auf Bäumen
- Ovipar
- 10–25
- Häufig

Afrika südlich der Sahara

Kap-Baumnatter Ihre Giftzähne, mit denen sie auch Menschen tödliche Bisse zufügt, stehen hinten im Kiefer. Das Gift führt zu inneren Blutungen. Sie besitzt im Hals spezielle Knorpel, dank derer sie sich bei Bedrohungen wesentlich größer machen kann.

- Bis 1,6 m
- Auf Bäumen
- Ovipar
- 4–13
- Häufig

Afrika südlich der Sahara

ERZSPITZSCHLANGE

Die tagaktive Art jagt ihre Beute auf den unteren Ästen neotropischer Wälder, wo sie leicht bodenlebende Echsen erwischt. Sie frisst auch baumlebende Echsen, Frösche, Vögel und Säugetiere.

Taktik
Bei der Erzspitzschlange stehen die Giftzähne hinten im Kiefer. Sie tötet ihre Beute, um sie leichter fressen zu können – ohne Gefahr, dass sie wieder zu Boden fällt.

Nachtaktiver Jäger von Vögeln und Echsen; leicht giftig

1	Mangroven-Nachtbaumnatter *Boiga dendrophila,* Familie Colubridae	4	Boomslang *Dispholidus typus,* Familie Colubridae
2	Erzspitzschlange *Oxybelis aeneus,* Familie Colubridae	5	*Chrysopelea paradisi,* Familie Colubridae	7	Katzennatter *Telescopus fallax,* Familie Colubridae
3	Langnasiger Baumschnüffler *Ahaetulla nasuta,* Familie Colubridae	6	Kap-Baumnatter *Thelotornis capensis,* Familie Colubridae	8	*Oxyrhopus petola,* Familie Colubridae

NAHRUNGSSTRATEGIEN

Verräterische Wärme Morelia spilota *kann dank ihrer wärmeempfindlichen Gruben warmblütige Objekte entdecken und erkennen, bevor sie diese sieht.*

Alle Schlangen sind Fleischfresser. Die Vielfalt an Beutegrößen und -arten reicht von Termiten bis zu Krokodilen. Kleine Schlangen, die sich von Wirbellosen ernähren, suchen ihre Beute mittels Sehen und Riechen, greifen die Tiere oft im Nest an. Schlangen sammeln mit der Zunge Geruchsinformationen, wo die Beute sich aufgehalten hat, und folgen ihr oder erwarten ihre Rückkehr. Viele große Vipern und Würgeschlangen lauern an den Wegen von Nagetieren auf Beute. Zornnattern und Braunschlangen mit ihren großen Augen jagen andere Schlangen und Echsen auf Sicht. Das Gift, das Vipern, Giftnattern und einige Nattern ihrer Beute injizieren, hilft bei der Verdauung, weil das Gift ein Enzym ist. Viele große Schlangen fressen nur einige Male im Jahr, doch mitunter besitzt eine Mahlzeit größeres Gewicht als sie selbst.

Zuschlagen *Bothriechis schlegelii* (oben) lauert auf Bäumen auf Beute, die sie rasch an Aussehen, Geruch oder Infrarotsignalen erkennt. Schnell schlägt sie zu, wenn ein Vogel, eine Fledermaus, eine Echse, ein Frosch oder wie hier ein Nager vorbeikommt.

Schlangenfresser Viele Schlangenarten, wie auch die Königskobra (oben), fressen andere Schlangen, wie etwa Korallenschlangen oder Königsnattern. Schlangen sind gut zu verschlucken und ihr Protein ist leicht verdaulich.

Eierfresser Die Afrikanische Eierschlange (*Dasypeltis scabra*) hat hinter den Augen Drüsen, die Flüssigkeit zum Anfeuchten der Eierschale liefern. Sie kann Eier bis zum Dreifachen ihres Durchmessers verschlucken.

Fischzug Das leichte Gift aus der Duvernoy-Drüse reicht aus, um einen Fisch zu lähmen. Die Ringelnatter (*Natrix natrix*, oben) kann ihre Beute dann leichter schlucken. Alle Schlangen verschlingen ihre Beute ganz.

Ersticken Viele Schlangen, nicht nur Pythons, Boas und Anakondas, umschlingen ihre Beute, um sie zu töten. Die Amethystpython (*Morelia amethistina*, links) fängt Beute mit den Zähnen und legt einige Schlingen um sie. Die Schlingen werden enger, wenn das Tier ausatmet, und es stirbt den Erstickungstod. Normalerweise werden dabei keine Knochen gebrochen.

AUF EINEN BLICK

Dipsas catesbyi Diese nachtaktive Schlange lauert Schnecken auf. Sie holt das Schneckenfleisch mit den Zähnen des Unterkiefers aus der Schale.

- Bis 71 cm
- Land, Bäume
- Ovipar
- 1–5
- Häufig

Amazonien (Nördl. Südamerika)

Farbwechsel Junge Mussuranas leuchten in bunten warnenden Farben. Mit zunehmendem Alter wird daraus eine unscheinbare schwarze Farbe.

Xenodon severus Bei Gefahr legt sie ihren Kopf und Hals möglichst flach und breitet den Hals aus. Hinten im Kiefer sitzen Giftzähne, daher kann ihr Biss gefährlich sein.

- Bis 1,2 m
- An Land
- Ovipar
- 9–26
- Häufig

Amazonien (Nördl. Südamerika)

Hydrodynastes gigas Ihr Biss ist nicht tödlich giftig, doch hat er bei Menschen ernste Nebenwirkungen, daher sollte man vorsichtig sein. Erwachsene Tiere beißen und umschlingen Säugetiere und Vögel, schlucken Frösche und Fische aber sofort.

- Bis 2,8 m
- Im Wasser
- Ovipar
- 20–36
- Häufig

Nördl. Südamerika

SCHUTZSTATUS

37 Arten der Colubridae stehen auf der Roten Liste der IUCN in folgenden Gefährdungsgraden:

- 1 Ausgestorben
- 6 Vom Aussterben bedroht
- 7 Stark gefährdet
- 8 Gefährdet
- 4 Weniger gefährdet
- 10 Keine Angabe
- 1 Kaum gefährdet

Dipsas catesbyi, Familie Colubridae

Chironius monticola, Familie Colubridae

Riemennatter
Imantodes cenchoa, Familie Colubridae

Xenodon severus, Familie Colubridae

Mussurana
Clelia clelia, Familie Colubridae

Lystrophis semicinctus, Familie Colubridae

Gewöhnliche Hakennatter
Heterodon platyrhinos, Familie Colubridae

Farancia erytrogramma, Familie Colubridae

Hydrodynastes gigas, Familie Colubridae

SCHLANGEN **REPTILIEN** 409

Uräusschlange
Naja haje, Familie Elapidae

Königskobra
Ophiophagus hannah, Familie Elapidae

Wasserkobra
Boulengerina annulata, Familie Elapidae

Naja kaouthia, Familie Elapidae

Das Gift kann ohne ärztliche Behandlung zu Blindheit führen

Speikobra
Naja nigricollis, Familie Elapidae

Grüne Mamba
Dendroaspis viridis, Familie Elapidae

Schwarze Mamba
Dendroaspis polylepis, Familie Elapidae

Schnellste aller Schlangen, Messungen ergaben bis zu 20 km/h

Rotbauchige Bauchdrüsenotter
Maticora bivirgata, Familie Elapidae

Gelber Bungar
Bungarus fasciatus, Familie Elapidae

AUF EINEN BLICK

Familie Elapidae Zu dieser Familie gehören Kobras, Bungars, Seeschlangen, Korallenschlangen und Todesottern. Alle sind giftig, ihre feststehenden Giftzähne sitzen vorn im Kiefer. Auf Bäumen leben nur Mambas und einige Kobra-Arten. Viele lebhaft gefärbte Arten graben oder leben in der Laubstreu. Alle landlebenden Arten sind Eier legend oder lebend gebärend, Seeschlangen bringen im Wasser ihre lebenden Jungen zur Welt.

Gattungen 62
Arten 300

Weltweit außer Antarktis und Atlantik

Speikobra Diese Art beißt normalerweise nicht, doch sie kann mit ihrem Gift über eine Entfernung von 2,6 m direkt ins Auge des Angreifers zielen.

- Bis 2,2 m
- An Land
- Ovipar
- 10–22
- Häufig

Afrika südlich der Sahara

Schwarze Mamba Sie besitzt genug Nervengift, um 10 erwachsene Menschen zu töten. Sie ist eine der mutigsten und schnellsten Schlangen. Sie kann bis zu 40 % ihrer Länge nach vorn schnellen (die meisten Arten nur 25 %).

- Bis 4,2 m
- Land, Bäume
- Ovipar
- 12–14
- Häufig

Afrika

SPEIKOBRAS

Jeder Giftzahn trägt eine Öffnung an der Vorderseite oberhalb der Spitze. Zum besseren Zielen besitzt er an der Innenseite spiralförmige Furchen, die dem Gift einen Drall verleihen.

Sicheres Spucken
Speikobras meiden den Kontakt mit möglichen Angreifern, indem sie ihnen Gift in die Augen spritzen. So verhindern sie Verletzungen am Maul.

REPTILIEN SCHLANGEN

AUF EINEN BLICK

Harlekin-Korallenschlange Trotz ihres Nervengifts ist diese kleine Schlange für Menschen kaum gefährlich. Verschiedene ungiftige Schlangen tragen die gleiche farbige Zeichnung wie sie.

- Bis 1,2 m
- An Land
- Ovipar
- 3–13
- Häufig

SO-USA und O-Mexiko

Micrurus mipartitus Die Eier werden im Januar abgelegt. Im März schlüpfen die etwa 17 cm langen Jungen. *Pliocercus euryzona* in Costa Rica ähnelt im Muster stark dieser Schlange.

- Bis 1,1 m
- An Land
- Ovipar
- 15–18
- Selten

Südl. Mittel- und Nordwestl. Südamerika

Todesotter Diese nachtaktive Schlange verbringt den Tag versteckt unter Sand oder Laubstreu, oft am Fuß von Bäumen oder Büschen. Todesottern besitzen Giftzähne und tödliches Gift.

- Bis 1 m
- An Land
- Ovovivipar
- 10–20
- Häufig

Australien und Papua-Neuguinea

SCHLANGENAUGEN

An den Augen kann man die Lebensweise einer Schlange erkennen. Kleine Augen lassen auf Grabtiere schließen. Nachtaktive Arten haben senkrechte ovale Pupillen, tagaktive Jäger besitzen große, runde Augen.

SCHUTZSTATUS

Seeschlangen *Laticauda crockeri* aus Ozeanien steht auf der Roten Liste der IUCN als gefährdet. Sie ist die einzige Art der Unterfamilie Hydrophiinae, die genannt ist, und die einzige Seeschlangen-Art, die vor allem in Süßwasser lebt. Ihre Gefährdung resultiert aus dem kleinen Verbreitungsgebiet auf den Salomonen.

Harlekin-Korallenschlange
Micrurus fulvius, Familie Elapidae

Arizona-Korallenschlange
Microides euryxanthus, Familie Elapidae

Micrurus mipartitus, Familie Elapidae

Micrurus multifasciatus, Familie Elapidae

Elapsoidea loveridgei, Familie Elapidae

Die scheue, nachtaktive *Elapsoidea loveridgei* frisst Echsen; sie ist giftig, aber es sind nur wenige Fälle von gebissenen Menschen bekannt

Kap-Zwergschildkobra
Aspidelaps lubricus, Familie Elapidae

Todesotter
Acanthophis antarcticus, Familie Elapidae

Suta suta, Familie Elapidae

Simoselaps calonotus, Familie Elapidae

Taipan
Oxyuranus scutellatus, Familie Elapidae

Schwarze Tigerotter
Notechis ater, Familie Elapidae

Schwarzotter
Pseudechis australis, Familie Elapidae

Pseudonaja nuchalis, Familie Elapidae

Gewöhnlicher Plattschwanz
Laticauda laticauda, Familie Elapidae

Aipysurus laevis, Familie Elapidae

Plättchen-Seeschlange
Pelamis platurus, Familie Elapidae

Schildkrötenköpfige Seeschlange
Emydocephalus annulatus, Familie Elapidae

Hydrophis ornatus, Familie Elapidae

In der Körpermitte sind die Schuppen sechseckig

AUF EINEN BLICK

Taipan Nach der Tödlichkeit des Gifts handelt es sich um die gefährlichste Schlange der Welt. Sie lebt in feuchten Tropenwäldern, aber auch in der offenen Savanne und frisst Kleinsäuger.

- Bis 2 m
- An Land
- Ovipar
- 3–20
- Häufig

S-Neuguinea, Indonesien und Australien

Gewöhnlicher Plattschwanz Im Gegensatz zu anderen Seeschlangen sind Plattschwänze ovipar und legen ihre Eier an Land ab. Sie kommen auch oft an Land, um große Mahlzeiten zu verdauen – auch das unterscheidet sie von anderen Seeschlangen. Einige ihrer Muskeln sind gut an die Fortbewegung an Land angepasst.

- Bis 1 m
- Im Wasser
- Ovipar
- 1–10
- Häufig

Indischer und Pazifischer Ozean

SEESCHLANGEN

Seeschlangen rechnete man früher als eigene Familie Hydrophiidae, doch heute zählen sie zur Familie Elapidae. Alle sind giftig und alle – außer den Plattschwänzen – bringen im Meer lebende Junge zur Welt. Alle besitzen einen seitlich abgeflachten Körper, einen paddelförmigen Schwanz und verkümmerte Schuppen am Bauch. An Land bewegen sie sich ungelenk. Es gibt 70 Arten in 15 Gattungen, ihr Verbreitungsgebiet liegt auf Papua-Neuguinea, Australien und im tropischen Pazifik und Indischen Ozean.

Vorteilhaft Seeschlangen besitzen ein starkes Nervengift, das Fische rasch lähmt. Dann können sie ihre Beute ins Maul schieben, ohne die Gefahr, dass sie auf den Meeresboden sinken.

SCHUTZSTATUS

9 Arten der Familie Elapidae stehen auf der Roten Liste der IUCN in folgenden Gefährdungsgraden:

- 7 Gefährdet
- 2 Weniger gefährdet

412 REPTILIEN SCHLANGEN

AUF EINEN BLICK

Familie Viperidae Alle Arten dieser Familie sind giftig und besitzen bewegliche Giftzähne. Die meisten der 0,3 bis 3,75 m langen Tiere besitzen einen dicken Körper und einen dreieckigen Kopf. Jungtiere fressen häufig Amphibien, Echsen oder Schlangen, erwachsene Tiere bevorzugen Säugetiere oder Vögel. Grubenottern (Klapperschlangen und Verwandte) verfügen zwischen Nase und Auge über eine spezielle Grube zum Aufspüren von Infrarotstrahlen.

Giftzähne
Typisch für Vipern sind ihre großen beweglichen Giftzähne im Oberkiefer, mit denen sie Beute und Feinden ein hoch wirksames Gift injizieren können.

Gattungen 32
Arten 221

Mittel- und Südamerika, Afrika, Europa, Asien

SEITENWINDER

Die Gehörnte Klapperschlange (*Crotalus cerastes*) windet sich seitlich durch den losen Sand. Kopf und Hals werden zur Seite geworfen, während der Körper am Boden bleibt. Sobald Kopf und Hals wieder im Sand landen, gehen Körper und Schwanz hinterher. Berührt der Schwanz den Boden, heben sich Kopf und Hals wieder, so entsteht eine windende Bewegung.

Seitenwinden
Vipern in den Wüsten Afrikas und Klapperschlangen in den Wüsten Nordamerikas entwickelten das Seitenwinden als Fortbewegung im losen Sand.

Causus lichtensteini, Familie Viperidae

Kreuzotter
Vipera berus, Familie Viperidae

Westasiatische Hornviper
Pseudocerastes persicus, Familie Viperidae

Vipera wagneri, Familie Viperidae

Rauschuppige Buschviper
Atheris squamigera, Familie Viperidae

Sandrasselotter
Echis carinatus, Familie Viperidae

Kettenviper
Daboia russelii, Familie Viperidae

Hornviper
Cerastes cerastes, Familie Viperidae

Azemiops faae, Familie Viperidae

SCHLANGEN **REPTILIEN** 413

Levanteotter
Macrovipera lebetina, Familie Viperidae

Nashornviper
Bitis nasicornis,
Familie Viperidae

Macrovipera mauritanica,
Familie Viperidae

Tropische Klapperschlange
Crotalus durissus,
Familie Viperidae

Gabunviper
Bitis gabonica, Familie Viperidae

Eigentliche Zwergklapperschlange
Sistrurus miliarius,
Familie Viperidae

Felsenklapperschlange
Crotalus lepidus,
Familie Viperidae

Kupferkopf
Agkistrodon contortix,
Familie Viperidae

Mexikanische Mokassinschlange
Agkistrodon bilineatus,
Familie Viperidae

Texas-Klapperschlange
Crotalus atrox
Familie Viperidae

AUF EINEN BLICK

Nashornviper Diese schwere Viper trägt zwei oder drei Hörner an der Spitze ihrer Schnauze. Sie ist giftig, aber nicht aggressiv. Sie lauert ihrer Beute, meist Säugetiere, auf.

↔ Bis 1,2 m
⌂ An Land
⚲ Vivipar
● 6–35 lebende Junge
▮ Häufig

Zentral- und W-Afrika

Eigentliche Zwergklapperschlange Die Gattung *Sistrurus* ist durch 9 große Schuppen am Oberkopf gekennzeichnet. Jungtiere besitzen eine leuchtend gelbe Schwanzspitze, die sie als Köder für kleine Beute einsetzen.

↔ Bis 80 cm
⌂ An Land
⚲ Vivipar
● 6–10 lebende Junge
▮ Häufig

SO-USA

Texas-Klapperschlange Sie ist eine der häufigsten Klapperschlangen in den USA und verantwortlich für mehr Bisse als irgendeine andere Schlange. Sie ernährt sich vorwiegend von Nagetieren, Jungtiere fressen Echsen.

↔ Bis 2,3 m
⌂ An Land
⚲ Vivipar
● 4–25 lebende Junge
▮ Häufig

SW-USA und NW-Mexiko

KLAPPERN

Klapperschlangen haben an der Schwanzspitze eine Klapper. Sie besteht aus verzahnten Keratin-Segmenten. Bei jeder Häutung kommt ein neues Segment hinzu. Wenn der Schwanz vibriert, schlagen die hohlen Segmente aneinander und lassen das Feinde abschreckende Rasseln erklingen.

SCHUTZSTATUS

Die 20 Arten Viperidae auf der Roten Liste der IUCN stehen unter folgenden Gefährdungsgraden:

7 Vom Aussterben bedroht
4 Stark gefährdet
7 Gefährdet
1 Keine Angabe
1 Kaum gefährdet

REPTILIEN SCHLANGEN

AUF EINEN BLICK

Crotalus tigris Die kleine, nachtaktive Klapperschlange ruht tagsüber oft auf den Bauen von Buschratten (*Neotoma*). Nachts frisst sie Nagetiere und Echsen. Sie ist zwar klein, besitzt aber lange Giftzähne und ein hoch wirksames Gift.

- Bis 92 cm
- An Land
- Vivipar
- 2–5 lebende Junge
- Häufig

Sonora-Wüste (SW-USA und NW-Mexiko)

Massasauga Massasauga bedeutet in der Sprache der Chippewa »große Flussmündung«. Ihr bevorzugter Lebensraum sind Wälder im Überschwemmungsbereich großer Flüsse. Sie jagt im Sommer Nagetiere und Frösche, im Winter hält sie Winterschlaf. Wenn sie ihre kleine Klapper bewegt, klingt das wie das Zirpen einer Grille.

- Bis 76 cm
- An Land
- Vivipar
- 8–20 lebende Junge
- Selten

SO-Kanada, NO-USA bis NW-USA, N-Mexiko

Schwarzschwanz-Klapperschlange Im Frühjahr folgen die Männchen den chemischen Signalen der Weibchen. Werbung und Paarung dauern oft mehrere Tage. Weibchen bringen im August Junge zur Welt und bleiben bis zur ersten Häutung bei ihnen. Die Schlangen folgen dem Geruch ihrer Beute zu deren Bau oder Nest und warten, bis das Opfer zurückkommt.

- Bis 1,3 m
- An Land
- Vivipar
- 3–13 lebende Junge
- Häufig

SW-USA und NW-Mexiko

Waldklapperschlange Diese Art hat Gemeinschaftsbaue in Felsen, meist an der Südseite von Hügeln oder Bergen. Die Paarung und die Geburt der Jungen finden im Frühjahr statt, bevor die Schlangen die Baue verlassen. Die Jungen folgen im Herbst der Duftspur der Erwachsenen, um die Baue zu finden. Diese Art lebt vor allem am Boden, doch man hat auch schon Tiere auf unteren Ästen und bei jüngsten Forschungen sogar in den Kronen bei der Eichhörnchenjagd gefunden.

- Bis 1,5 m
- An Land
- Vivipar
- 6–15 lebende Junge
- Häufig

NO-USA

Crotalus tigris, Familie Viperidae

Massasauga
Sistrurus catenatus, Familie Viperidae

Der einfarbig schwarze Schwanz war namengebend

Schwarzschwanz-Klapperschlange
Crotalus molossus, Familie Viperidae

Zweipunkt-Klapperschlange
Crotalus pricei, Familie Viperidae

Kantenkopf-Klapperschlange
Crotalus willardi, Familie Viperidae

Mojave-Klapperschlange
Crotalus scutulatus, Familie Viperidae

Crotalus mitchelli, Familie Viperidae

Prärieklapperschlangen
Crotalus viridis, Familie Viperidae

Waldklapperschlange
Crotalus horridus, Familie Viperidae

AMPHIBIEN

STAMM	Chordata
KLASSE	Amphibia
ORDNUNGEN	3
FAMILIEN	44
GATTUNGEN	434
ARTEN	5400

Amphibien entstanden vor 360 Mio. Jahren. Sie stammen von frühen Quastenflossern ab und ließen sich als erste Wirbeltiere an Land nieder. Sie sind Kaltblüter mit feuchter Haut und ohne Krallen. Es gibt 3 Ordnungen. Blindwühlen (Gymnophiona) ähneln Regenwürmern; sie haben keine Gliedmaßen, ihr Kopf ist so rund wie ihr Schwanz. Salamander (Caudata) haben einen zylindrischen Körper, einen langen Schwanz, einen deutlich abgesetzten Kopf und Hals sowie gut entwickelte Beine. Frösche und Kröten (Anura) unterscheiden sich von anderen Wirbeltieren: Der Kopf geht direkt in den stämmigen Körper über, die Gliedmaßen sind gut entwickelt, ein Schwanz fehlt.

Blindwühlen Die Ringelwühle (*Siphonops annulatus*) ist ein Grabtier mit den dafür typischen Merkmalen: verkümmerte Augen, gegliederter Körper und stromlinienförmiger Kopf mit festen Knochenstrukturen. Einige Arten dieser scheuen tropischen Tiere leben im Wasser.

Amphibien-Haut Die Haut wird durch das Sekret der Schleimdrüsen befeuchtet. Sie reguliert den Wasserhaushalt, atmet und schützt den Körper. Viele Arten besitzen antibiotische oder schützende Substanzen, darunter auch Gifte, in ihren Sekreten. Gifte dienen der Abwehr von Feinden, weil sie übel schmecken und oft tödlich sind.

Rettender Sprung Der Rotaugenfrosch verbringt den Großteil seines Lebens in der Kronenschicht des Regenwaldes. Er frisst, paart sich und legt sogar seine Eier auf den Bäumen. Werden diese Frösche hoch oben in den Ästen von einem Feind bedroht, haben sie nur eine Chance – abzuspringen und zu hoffen, dass sie einen Ast erreichen.

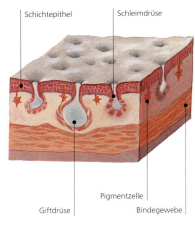

Farbblitze
Der Rotaugenfrosch erscheint völlig grün, bis die leuchtend blaue Innenseite seiner Schenkel beim Sprung sichtbar wird.

DOPPELLEBEN

Das Wort Amphibie stammt vom griechischen *amphibios*, d. h. »Wesen mit Doppelleben«. Dies bezieht sich auf den Lebenszyklus der meisten Amphibien, in dem auf eine wasserlebende Larvenform das Leben des erwachsenen Tiers an Land folgt. Die meisten Arten legen ihre Eier im Wasser ab. Die Larven schwimmen dann frei und besitzen Außenkiemen; später verwandeln sie sich in Miniaturausgaben der landlebenden adulten Tiere. Doch es gibt Ausnahmen. Einige Arten entwickeln sich ohne Larvenstadium an Land. Andere leben im Wasser und sind vivipar. Wieder andere bleiben beim Larvenstadium stehen.

Amphibien entwickelten einige Merkmale für das Leben an Land: die Zunge zum Befeuchten und Bewegen von Nahrung; Augenlider, die zusammen mit Drüsensekret die Hornhaut anfeuchten und schützen; eine Außenschicht toter Hautzellen, die regelmäßig abgestreift wird; die Ohren; den Kehlkopf, der Töne produziert, sowie das Jacobsonsche Organ in der Nasenhöhle, das sowohl dem Geschmacks- als auch dem Geruchssinn dient.

Die Amphibien-Haut hilft bei der Regulierung des Wasserhaushalts. Die Durchlässigkeit der Haut eines Frosches wechselt mit seiner Aktivität. Wenn er außerhalb des Wassers Nahrung sucht, kann die Haut sehr viel Wasser aufnehmen. Einige der landlebenden Frösche besitzen im Beckenbereich ein spezielles Stück Haut, das stark durchblutet ist und mit dem sie aus jedem feuchten Bereich Wasser aufnehmen können. Wenn Frösche im Wasser Winterschlaf halten, müssen sie die Durchlässigkeit ihrer Haut ändern, um die osmotische Aufnahme von Wasser zu verringern. In der Wüste lebende Amphibien können in ihrer Blase eine Harnstofflösung lagern, die sie an ihr Gewebe abgeben, wodurch sich die osmotischen Verhältnisse der Haut so verändern, dass diese Wasser aus der trockenen Erde aufnimmt.

Adulte Amphibien sind Fleischfresser, einige Arten fressen auch Früchte. Die Larven der Schwanzlurche verzehren Fleisch, die der Froschlurche meist Pflanzen. Die Kaulquappen einiger Froscharten ebenso wie viele adulte Tiere fressen Artgenossen.

Imponiergehabe Das Kammmolch-Männchen (*Triturus cristatus*, rechts) ist paarungsbereit. Die Kämme auf Schwanz und Rücken werden in der Paarungszeit größer. Die Eier werden im Inneren des Weibchens befruchtet und einzeln auf Pflanzen abgelegt. Die Larven fressen Fleisch.

SCHWANZLURCHE

KLASSE	Amphibia
ORDNUNG	Caudata
FAMILIEN	10
GATTUNGEN	60
ARTEN	472

Salamander, Molche, Gefleckte Furchenmolche und Armmolche gehören zur Ordnung Caudata. Alle besitzen einen Schwanz und die meisten haben 4 Beine. Die meist sehr scheuen Tiere leben am Boden in Laubstreu oder faulenden Baumstämmen, unter der Erde, in großen Bromelien oder unter Wasser. Einige leben an Land, kehren aber zur Fortpflanzung ins Wasser zurück. Man sieht sie zwar selten, doch sie sind ziemlich häufig. In einigen Laubwäldern Nordamerikas gibt es mehr Schwanzlurche als Vögel und Säugetiere. Alle Schwanzlurche und ihre Larven sind Fleischfresser; sie selbst wiederum dienen größeren Fleischfressern, Schlangen, Vögeln und Säugetieren, als Beute.

Verbreitung Schwanzlurche sind in Nord- und Mittelamerika, im nördlichen Südamerika, in Europa, Nordafrika und Asien weit verbreitet.

STILLE FLEISCHFRESSER

Schwanzlurche entwickelten für ein Leben an Land 4 Beine und einen Schwanz. Einige Arten – die Armmolche – sind im Lauf der Zeit ins Wasser zurückgekehrt, um dauerhaft dort zu leben.

Schwanzlurche ähneln den fossilen Amphibien stärker als Froschlurche. Die Haut von Schwanzlurchen ist im Allgemeinen glatt, feucht und flexibel; durch die Haut findet Sauerstoffaustausch statt. Viele Arten besitzen auch Lungen, doch einigen Familien fehlen sie und die gesamte Atmung geschieht durch die Haut. Beim Wachsen häuten Schwanzlurche sich in regelmäßigen Abständen. Nach der Häutung fressen sie ihre alte Haut auf, die leicht verdaulich ist, weil sie aus eigenen Körperzellen besteht.

Alle Schwanzlurche und ihre Larven sind Fleischfresser. Erwachsene Tiere verzehren Insekten, Spinnen, Schnecken, Würmer und andere Wirbellose. Die Larven ernähren sich von Moskitolarven und anderen kleinen Insekten. Wenn sie größer werden, fressen sie auch größere Beute, darunter Kaulquappen und die Larven von Libellen, von denen sie noch kurz zuvor selbst gefressen wurden. Einige Arten können blitzschnell ihre Zunge auf halbe Körperlänge ausstrecken, um ihre Beute einzufangen.

Salamander haben eine feuchte, glitschige Haut, Molche – im Wasser und an Land – eine raue, trockene. Einige Molcharten leben als Erwachsene an Land und gehen nur zur Paarung ins Wasser, bei anderen Arten sind auch adulte Tiere wasserlebend. Der Grünliche Wassermolch lebt im Wasser und an Land. Die wasserlebenden Larven werden zu landlebenden Jungtieren (Eft), die nach 1 bis 2 Jahren zur Paarung ins Wasser zurückkehren.

Warnfarben Der Rote Wiesensalamander (*Pseudotriton ruber*) lebt in oder unter Moos oder flachen Steinen an Quellen oder Bächen. Er bevorzugt kühles, klares Wasser, das durch Wiesen und Wälder fließt. Viele Salamander-Arten sind leuchtend bunt, um ihre Hauptfeinde – Vögel – zu warnen, dass sie übel schmecken.

Vierzehensalamander *Hemidactylium scutatum* legt bis zu 24 Eier unter Stämme oder in Moos an einem klaren Bach. Das Weibchen bewacht sie bis zum Schlüpfen; die Larven wachsen im Wasser heran.

Schwanzlurch-Skelett Neben der Stützfunktion für Kopf, Schulter- und Beckengürtel ist die Wirbelsäule so flexibel, dass sie seitliche und Bewegungen nach unten und oben ausführen kann. Schwanzlurche haben 10 bis 60 Wirbel oberhalb und verschieden viele unterhalb des Kreuzbeins, dazu eine Reihe von Schwanzwirbeln.

SCHWANZLURCHE **AMPHIBIEN** 421

Gemeiner Hellbender
Cryptobranchus alleganiensis

Großer Armmolch
Siren lacertina

Chinesischer Riesensalamander
Andrias davidianus

Kleiner Armmolch
Siren intermedia

Augenlider fehlen

Zweizehen-Armmolch
Amphiuma means

Gestreifter Zwergarmmolch
Pseudobranchus striatus

Die fiedrigen Auswüchse unterhalb des Kopfs sind externe Kiemen

AUF EINEN BLICK

Gemeiner Hellbender Er lebt unter Felsen und in Bächen, wo er Krebse, Weichtiere und kleine Fische fängt. Die Art ist harmlos, aber äußerst schleimig. Um sie zu fassen, muss man fest ihren Kopf umgreifen.

- Bis 74 cm
- Im Wasser
- Herbst
- Häufig

Östl. USA

Großer Armmolch Obwohl die meisten Schwanzlurche stimmlos sind, jault diese Art, wenn sie zum ersten Mal gegriffen wird. Sie gibt auch klickende Geräusche von sich, die vielleicht der Kommunikation dienen.

- Bis 98 cm
- Im Wasser
- Unbekannt
- Häufig

Südöstl. USA

Chinesischer Riesensalamander Das Weibchen legt in einer Unterwasser-Höhle bis zu 500 Eier ab. Das Männchen befruchtet die Eier außerhalb des Weibchens und bewacht sie bis zum Schlüpfen nach 50 bis 60 Tagen.

- Bis 1,8 m
- Im Wasser
- Herbst
- Keine Angabe

O- und Zentral-China

FORTPFLANZUNG

In der Paarungszeit bilden Männchen von Arten, bei denen die Befruchtung im Weibchen stattfindet, Samenpakete, die das Weibchen mit der Kloake aufnimmt. Arten mit direkter Entwicklung legen die Eier in feuchten Bereichen ab, das Weibchen bewacht die Eier, bis eine Mini-Version des adulten Tiers schlüpft. Aus Eiern, die im Wasser an Pflanzen befestigt werden, schlüpfen nach 1 bis 2 Wochen frei schwimmende Larven. Die Entwicklung einiger Arten führt nie über das letzte Larvenstadium hinaus.

Nach der Paarung
Nach der Paarung legt das Männchen sein Samenpaket unter dem Weibchen ab. Dieses nimmt es mit der Kloake auf und die Eier werden im Inneren befruchtet.

422 AMPHIBIEN SCHWANZLURCHE

AUF EINEN BLICK

Gefleckter Furchenmolch Typisch für ihn sind die roten äußeren Kiemen. Er frisst nachts Krustentiere, Insekten, Larven, Fische, Würmer sowie andere Amphibien. Die Weibchen bewachen und belüften ihre Eier.

- Bis 48 cm
- Im Wasser
- Herbst
- Häufig

N- und Zentral-USA

Olm Er lebt in überfluteten unterirdischen Höhlen; er ist blind mit verkümmerten Augen unter der pigmentlosen Haut. Die Entwicklung endet mit dem Larvenstadium. Er legt bis 70 Eier oder bringt wenige lebende Junge zur Welt.

- Bis 30 cm
- Im Wasser
- Frühjahr
- Gefährdet

Adriaküste und NO-Italien

Hynobius chinensis Dieser bodenbewohnende Molch mit kurzen Beinen wandert zur Paarung an Bäche oder Teiche. Weibchen locken Männchen durch Aussehen und chemische Reize.

- Bis 10 cm
- An Land
- Frühjahr
- Häufig

Provinz Hubei (S-China)

SCHUTZSTATUS

Rückläufig 3 Schwanzlurcharten stehen auf der Roten Liste der IUCN als vom Aussterben bedroht. Die Art *Ambystoma lermaense* wurde seit Jahren nicht mehr gesehen und gilt nun als ausgestorben. Diese Art war am Lerma-See in Mexiko endemisch und fiel einem Dammbau und der Wasserverschmutzung zum Opfer.
Der Sardinische Gebirgsmolch (*Euproctus platycephalus*) ist der gefährdetste Schwanzlurch Europas, da in seinem Verbreitungsgebiet, die Wasserläufe gegen Malaria mit DDT behandelt wurden. Außerdem führte man Forellen ein, die in Nahrungskonkurrenz zu ihm stehen. Zudem sank durch den Ackerbau der Wasserspiegel rapide ab.
Batrachoseps major aridus lebt ausschließlich in einem einzigen Canyon in Riverside County in Kalifornien. Da der Wasserspiegel kontinuierlich sinkt, verschwindet der Lebensraum dieser Art allmählich.

Gefleckter Furchenmolch
Necturus maculosus

Extrem schleimige Haut

Grottenolm
Proteus anguinus

Verkümmerte Augen

Sibirischer Fischzahnmolch
Ranodon sibiricus

Koreanischer Krallenfingermolch
Onychodactylus fischeri

Salamandrella keyserlingii

Liua shihi

Hynobius chinensis

Afghanischer Gebirgsmolch
Batrachuperus mustersi

SCHWANZLURCHE **AMPHIBIEN** 423

Lycischer Salamander
Mertensiella luschani

Feuersalamander
Salamandra salamandra

Olymp-Querzahnmolch
Rhyacotriton olympicus

Goldstreifensalamander
Chioglossa lusitanica

Pyrenäen-Gebirgsmolch
Euproctus asper

Pazifischer Riesenquerzahnmolch
Dicamptodon ensatus

Grünlicher Wassermolch
Notophthalmus viridescens

Teichmolch
Triturus vulgaris

Paarungsbereites Männchen

Neurergus kaiseri

Bandmolch
Triturus vittatus

AUF EINEN BLICK

Feuersalamander Der Eier legende Salamander paart sich an Land. Wenn die Embryos reif sind, legt das Weichen 20 bis 30 von einer Membran umhüllte Eier im Wasser ab und die Jungen schlüpfen sofort. Die Larven brauchen 2 bis 6 Monate, bis sie sich zur landlebenden Form entwickeln.

- Bis 25 cm
- Land, Wasser (Larven)
- Frühling
- Häufig

Europa und W-Asien

Pazifischer Riesenquerzahnmolch Die Weibchen bewachen ihre 50 oder mehr Eier, die unter Steinen in Bächen liegen, bis zu 6 Monate lang. Die landbewohnenden adulten Tieren klettern mitunter in Gebüsch bis zu 2,4 m Höhe über dem Boden.

- Bis 36 cm
- Land, Wasser
- Frühjahr
- Häufig

NW-USA

Teichmolch Während der Paarungszeit entwickeln die Männchen vom Kopf bis zum Schwanz einen wellenförmigen Kamm und einen Hautsaum an den hinteren Zehen. Sie bleiben von März bis Juli in den Paarungsteichen und leben dann wieder an Land.

- Bis 11,5 cm
- Land, Wasser
- Frühjahr
- Keine Angabe

Europa und W-Asien

NEOTENIE

Neotenie nennt man es, wenn die wasserlebende Larvenform mit Kiemen im adulten Alter beibehalten wird. Dies geschieht meist bei Arten, die in sauerstoffarmem Wasser leben. Einige Arten sind immer neotenisch. Der Axolotl ist neotenisch, wenn seiner Umgebung Jod fehlt.

Salamander
Dieses Wort stammt aus dem Griechischen und bedeutet »Feuerechse«, weil man die Tiere aus Baumstämmen kriechen sah, die ins Feuer geworfen wurden.

424 AMPHIBIEN SCHWANZLURCHE

AUF EINEN BLICK

Ringelquerzahnmolch Diese Art hat eine leuchtende Bänderzeichnung, einen schieferfarbenen Bauch und einen hellgrauen Streifen an den Seiten des schmalen Körpers.

- Bis 23 cm
- Wasser, im Boden
- Herbst
- Häufig

S-USA

Tigerquerzahnmolch Sie leben fast das ganze Jahr unter der Erde; sie kommen mit dem Frühjahrsregen heraus, um sich zu paaren. Nach der Eiablage in Teichen oder Sümpfen kehren sie unter die Erde zurück.

- Bis 33 cm
- Wasser, im Boden
- Frühes Frühjahr
- Häufig

S-Kanada bis Mexiko

Marmorquerzahnmolch Diese Art trifft sich von September bis Dezember in großer Zahl und legt bis zu 230 Eier in trockenen Senken ab. Die Weibchen schlingen sich um die Eier, um sie vor Feinden und dem Austrocknen zu schützen, bis Regen die Teiche füllt.

- Bis 13 cm
- Boden, Wasser
- Herbst
- Häufig

SO-USA

Feuerbauchmolch Männchen dieser Art unterscheiden sich von den Weibchen durch eine verdickte Kloake. Der Schwanz paarungsbereiter Männchen zeigt ein bläuliches Schimmern an der Schwanzspitze.

- Bis 13,2 cm
- Im Wasser
- Frühjahr
- Häufig

Japan

Nordvietnamesischer Warzenmolch Die größte Art der Gattung kennzeichnet ein Muster aus orange-gelben oder rötlichen Flecken am Bauch, die wiederum braun oder schwarz gefleckt sind.

- Bis 20 cm
- Im Wasser
- Frühjahr
- Gefährdet

Nordvietnam

Tylototriton kweichowensis

Ringelquerzahnmolch
Ambystoma annulatum

Kalifornischer Molch
Taricha torosa

Tigerquerzahnmolch
Ambystoma tigrinum

Blaufleckenquerzahnmolch
Ambystoma laterale

Marmorquerzahnmolch
Ambystoma opacum

Die Zeichnung am Bauch des Feuerbauchmolches ist variabel, es können Flecken, Wellenlinien oder Netzmuster sein

Poiretscher Rippenmolch
Pleurodeles poireti

Feuerbauchmolch
Cynops pyrrhogaster

Nordvietnamesischer Warzenmolch
Paramesotriton deloustali

Ungewöhnlich großer Kopf

SCHWANZLURCHE AMPHIBIEN

Speleomantes italicus

Bolitoglossa jacksoni

Höhlengelbsalamander
Eurycea lucifuga

Alligatorsalamander
Aneides lugubris

Eschscholtz-Salamander
Ensatina eschscholtzii

Porphyrsalamander
Gyrinophilus porphyriticus

Brauner Bachsalamander
Desmognathus fuscus

Tennessee-Höhlensalamander
Gyrinophilus palleucus

Rotrücken-Waldsalamander
Plethodon cinereus

Vierzehensalamander
Hemidactyliium scutatum

Silberwaldsalamander
Plethodon glutenosus

AUF EINEN BLICK

Alligatorsalamander Diese aggressive Art besitzt einen schweren Schädel, kräftige Kiefer, vergrößerte Kiefermuskeln und vergrößerte, abgeflachte einhöckrige Zähne. Viele Tiere tragen Narben, die wohl häufig aus Rangkämpfen mit Rivalen stammen.

- Bis 10 cm
- Land, Bäume
- Frühjahr
- Häufig, zurückgehend

Küstengebirge in Kalifornien (USA)

Tennessee-Höhlensalamander Diese Art ist vorwiegend neotenisch, obwohl einige Arten sich in die Erwachsenenform wandeln und ihre Kiemen verlieren. Sie hat verkümmerte Augen und nur wenig Pigmente in der Haut.

- Bis 23 cm
- Im Wasser
- Frühjahr
- Häufig

Zentral-Tennessee, N-Alabama (USA)

Silberwaldsalamander Man hat festgestellt, dass es sich bei den bekannten 13 Populationen um eigene Arten handelt. Alle sondern klebriges Sekret ab.

- Bis 20 cm
- An Land
- Frühjahr
- Häufig

SO-USA

LUNGENLOSE SALAMANDER

Die Familie Plethodontidae ist die vielfältigste Familie der Schwanzlurche mit 269 Arten. Der Rotwangen-Waldsalamander (*Plethodon jordani*) lebt in Laubstreu oder faulenden Bäumen am feuchten Waldboden in den Appalachen im Osten der USA. Er ist an einen kühlen, feuchten Lebensraum in Höhen bis 1993 m angepasst. Dank einer gut durchbluteten Hautoberfläche kann er durch die Haut und die Mundschleimhaut atmen.

Begehrte Farben
Den Rotwangen-Waldsalamander gibt es in einer Reihe von Farbvarianten. Andere Arten ahmen die Rotwangen-Variante nach, weil diese ihre Feinde durch einen sehr üblen Geschmack abschreckt.

AMPHIBIEN-LEBENSZYKLUS

Die meisten Amphibien haben einen zweiteiligen Lebenszyklus, zu dem Paarungsritual, Ablage von Sperma und Eiern, äußerliche Befruchtung, Larvenstadium im Wasser und Metamorphose zur Erwachsenenform gehören. Abweichungen sind innere Befruchtung, direkte Entwicklung, Gebären lebender Junger, Neotenie oder Brutpflege. Die Differenz reicht von unzähligen kleinen Eiern ohne Brutpflege bis zu wenigen großen Eiern mit Brutpflege.

Lebenszyklus eines Schwanzlurchs Pheromone stimulieren das Paarungsverhalten. Männchen legen Spermienpakete auf der Erde unter dem Weibchen ab. Dieses nimmt das Sperma mit der Kloake auf, befruchtet die Eier in seinem Inneren und legt die Eier im Wasser oder in feuchtem Boden ab. Wasserlebende Larven schlüpfen im Wasser; bei an Land abgelegten Eiern entfällt das Larvenstadium.

Dicke Eierpakete Das Eierpaket des Jefferson-Querzahnmolchs (*Ambystoma jeffersonianum*) ist, nachdem die Eier Wasser aufgenommen haben, deutlich größer als das adulte Tier. Diese Art betreibt keine Brutpflege.

1. Paarung Das Männchen greift das Weibchen um die Mitte. Das Weibchen trägt das Männchen, bis es zur Eiablage bereit ist. Das Männchen verteilt dann sein Sperma über die gelegten Eier.

5. Völliger Wechsel Nach 6 Wochen ist die Metamorphose von der Kaulquappe zum erwachsenen Frosch vollständig. Der junge Frosch beginnt, Insekten zu jagen.

2. Entwicklung der Eier Die Eier treiben in großen Massen, während sich darin die Embryos entwickeln. Die Eier sind von einer gelatineartigen Substanz bedeckt, die sich ausdehnt, wenn sie mit Wasser in Berührung kommt.

Sichere Entwicklung *Gastrotheca* haben 1 oder 2 Beutel, ähnlich wie die Beuteltiere. Sie öffnen sich am Rücken zur Kloake. Die Eier werden in den Beutel gelegt und das Männchen befruchtet sie. So entwickeln sich die Eier in feuchter und sicherer Umgebung. Die Jungen schlüpfen je nach Art als Kaulquappen oder Fröschchen.

Lebenszyklus der Frösche Frösche und Kröten besitzen einen komplexen Lebenszyklus. Männchen rufen, um Weibchen anzulocken. Sie besamen die Eier, wenn das Weibchen die Eier am gewählten Platz abgelegt hat. Die Eier nehmen Wasser auf und entwickeln sich in wenigen Tagen zu frei schwimmenden Kaulquappen, die sich von Pflanzen ernähren. Nach Wochen, Monaten oder Jahren (je nach Art) vollzieht sich die Metamorphose der Kaulquappen zu kleinen Abbildern der adulten Tiere. Dann dauert es Monate oder Jahre, bis das Fleisch fressende Tier geschlechtsreif ist.

4. Entwicklung der Kaulquappen Lungen bilden sich nach 3 Wochen und Beine entstehen nach 4 Wochen – zuerst die Hinterbeine. Der Schwanz der Kaulquappen schrumpft und die Kiemen bilden sich zurück.

3. Kaulquappen schlüpfen Nach 2 Wochen schlüpfen die Kaulquappen. Sobald sich das Maul entwickelt, fressen sie Algen. Die Kaulquappen atmen durch äußere Kiemen.

BLINDWÜHLEN

KLASSE Amphibia
O. Gymnophiona
FAMILIEN 6
GATTUNGEN 33
ARTEN 149

Blindwühlen haben sich in unterschiedlichen Lebensräumen an Land und im Wasser ausgebreitet. Sie zeigen Anpassungen an die grabende Lebensweise, die kein anderes Wirbeltier hat – chemisch reagierende Tentakel, zusätzliche Muskeln zum Schließen des Kiefers und am Kopf verknöcherte Haut. Die Größe adulter Tiere reicht von knapp 7 cm bis 1,6 m. Einige Arten sind ovipar, andere haben eine direkte Entwicklung, mehr als die Hälfte sind vivipar. Sie fressen Regenwürmer, Käferlarven, Termiten und Grillen.

Verbreitung Blindwühlen sind begrenzt auf die tropischen Gebiete Indiens, Südchinas, Malaysias, der Philippinen, Afrikas sowie Mittel- und Südamerikas. In Europa, Australien und der Antarktis sind keine Arten bekannt.

Schädel einer Blindwühle Der Körperbau der Blindwühlen ist mit dem massiven Kopf ans Graben angepasst. Die Tiere sind stromlinienförmig, aber kräftig, um sich durch den Boden zu graben. Sie kommen im Boden durch Wellenbewegungen voran: Die Muskeln ziehen sich vom Kopf zum Schwanz nacheinander zusammen. Dabei bietet der Körper der Erde oder dem Wasser Widerstand, die Wühlen bewegen sich fort.

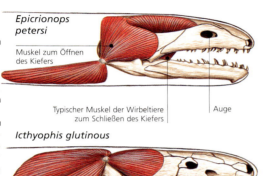

Epicrionops petersi
- Muskel zum Öffnen des Kiefers
- Typischer Muskel der Wirbeltiere zum Schließen des Kiefers
- Auge

Icthyophis glutinous
- Kräftige Muskeln zum Schließen der Kiefer
- Nasenloch

Sensible Fühler Alle Arten der Familie Caeciliidae (Wurmwühlenverwandte) sind deutlich in Ringe gegliedert. Deshalb verwechseln manche Leute sie mit Regenwürmern. Blindwühlen besitzen zu beiden Seiten des Kopfs einziehbare Fühler, die ihnen bei der Suche nach Beute helfen. Sie übermitteln ihnen chemische Hinweise in die Nasenhöhle.

- Deutliche, breite Ringe
- Ringelwühle *Siphonops annulatus*
- *Ichthyophis bannanicus*
- Schwimmwühle *Typhlonectes compressicauda*
- Seitlich abgeflachter Schwanz

JUNGE BLINDWÜHLEN

Die Art *Schistometopum thomense* (unten) ist vivipar. Die Eier entwickeln sich sicher in den Eileitern. Nach dem Schlüpfen ernähren sich die Larven 7 bis 10 Monate lang von nährstoffreichen Sekreten, die Drüsen in den Eileitern absondern. Die leuchtende Färbung warnt potenzielle Feinde, dass die Hautsekrete schlecht schmecken.

Unterschied
Vivipare Blindwühlen haben weniger Junge als Eier legende Arten, betreiben aber mehr Brutpflege.

FROSCHLURCHE

KLASSE	Amphibia
ORDNUNG	Anura
FAMILIEN	28
GATTUNGEN	338
ARTEN	4937

Die größte Ordnung der Amphibien umfasst knapp 5000 bekannte Arten. Froschlurche gibt es in allen Formen und Größen, von der winzigen Kröte *Psyllophryne didactyla* in Brasilien, die kaum 1 cm misst, bis zum afrikanischen Goliathfrosch (*Conraua goliath*), der 30 cm lang ist und 3,3 kg wiegt. Froschlurche erkennt man leicht an ihren langen Hinterbeinen, dem kurzen Rumpf, der feuchten Haut und dem Fehlen eines Schwanzes. Sie sind die einzigen Amphibien, die in der Paarungszeit ihre Stimme ertönen lassen. Die größte Gattung der Froschlurche – *Eleutherodactylus* (Antillen-Pfeiffrösche) – ist auch die zahlenmäßig umfangreichste Gattung aller Wirbeltiere.

Verbreitung Froschlurche gibt es auf allen Kontinenten außer in der Antarktis. Mehr als 80 % der Arten sind tropisch; an einem Platz hat man 67 Arten gefunden. 2 Arten gibt es auch nördlich des Polarkreises.

Fliegende Frösche Zwischen den Zehen des Java-Flugfroschs (*Rhacophorus reinwardtii*) liegen Schwimmhäute, die ihm ein Gleiten zwischen Bäumen oder von Ast zu Ast erlauben. Die Anpassung ist in der Kronenschicht des Regenwaldes wichtig.

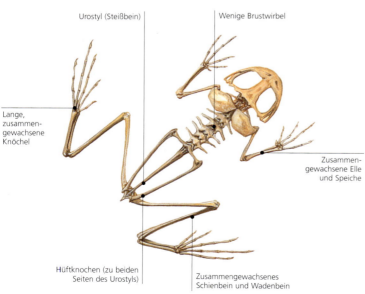

Zungenschlag Froschlurche wie die Kröte *Bufo japonicus* (oben) besitzen eine lange, klebrige Zunge. Damit fangen sie ihre Beute. Hat die Kröte das Insekt im Maul, blinzelt sie und ihre Augen drücken die Nahrung aus dem Maul in den Hals hinunter. Männchen setzen die Zunge auch im Kampf ein, sie schlagen damit bei Revierkämpfen oder bei Auseinandersetzungen mit Rivalen um ein Weibchen zu.

Froschskelett Die Wirbelsäule der Froschlurche ist auf 9 oder weniger Wirbel reduziert. Elle und Speiche sowie Schien- und Wadenbein sind zusammengewachsen; die Knöchel sind verlängert und bestehen aus 2 miteinander verwachsenen Teilen. Die Wirbel unterhalb des Kreuzbeins sind zum stabförmigen Urostyl verwachsen. Die langen Hinterbeine geben dem Frosch die Sprungkraft. Der kurze, kompakte Körper lässt sich leicht vorwärts bewegen. Der verstärkte Beckengürtel und die Vorderbeine fangen den Aufprall der Landung ab.

GESANGS-WETTBEWERB

Charakteristisch für Froschlurche ist die Stimme des Männchens, das nach einer Partnerin ruft. Die Rufe künden das Frühjahr in gemäßigten Zonen und die Regenzeit in den Tropen an. Jede Froschart hat einen eigenen, von allen anderen verschiedenen Ruf. Weibchen erkennen am Ruf die Größe und damit die Vitalität des Männchens. Nur Männchen rufen, Weibchen erscheinen daraufhin zur Paarung. Leider werden auch einige Feinde angezogen, vor allem Fledermäuse.

Bei manchen Arten sind Plätze, von denen aus sich gut rufen lässt, sehr begehrt und werden heftig verteidigt. Um Kämpfe zu vermeiden, warten Männchen still neben anderen rufenden Männchen und hoffen, ein Weibchen abzufangen. So verringern sie die Gefahr, von einer Fledermaus gefressen zu werden, und verbrauchen weniger Energie, weil sie weder rufen noch gegen ein dominantes Männchen kämpfen.

Die oben genannten Charakteristika gelten für Frösche mit einer lang dauernden Paarungszeit. Viele Arten kommen mit den ersten Starkregenfällen zu den Brutteichen und paaren sich in 2 bis 3 Tagen, dann ziehen sie sich bis zum nächs-

FROSCHLURCHE **AMPHIBIEN** 429

Ruf nach der Partnerin Während der Paarungszeit rufen männliche Froschlurche, um Weibchen zu locken. Jede Art hat ihren typischen Ruf. Diese Kreuzkröte (*Bufo calamita*, oben) hat ihren Kehlsack aufgeblasen und stößt trillernde Laute aus.

Energiebündel Dank ihrer langen Hinterbeine können Frösche – wie der in Nordamerika sehr weit verbreitete Leopardfrosch (*Rana pipiens,* rechts) – mit weiten und zum Teil auch sehr hohen Sprüngen ihren Fressfeinden entfliehen.

ten Jahr zurück. Diese Arten rufen meist laut und durchdringend und legen tausende kleiner Eier. Damit die Eier nicht von Feinden im Wasser gefressen werden, legen viele Laubfrösche (*Hylidae*) ihre Eier auf Pflanzen oberhalb des Teichs ab. Schlüpfen die Kaulquappen, fallen sie ins Wasser und entwickeln sich dort weiter. Viele *Osteocephalus*-Arten legen große befruchtete Eier in Baumlöcher. Das Weibchen kehrt regelmäßig zurück, um als Nahrung für die Kaulquappen unbefruchtete Eier ins Nest zu legen. Viele Baumsteiger-Arten (*Dendrobatidae*) bewachen ihre Eier an Land, bis die Jungen schlüpfen, und tragen die Kaulquappen zum Wasser oder mitunter auf Bäume oder in Bromelien. Viele Arten der Antillen-Pfeiffrösche (*Eleutherodactylus*) legen in Nester an Land 15 bis 25 große Eier mit Dotter, die sich direkt entwickeln. Bei Geburtshelfer- und Wabenkröten sowie magenbrütenden Fröschen tragen die Weibchen die Eier mit sich herum, bis die jungen Frösche schlüpfen. Einige Arten der Süd- und Ruderfrösche bauen Schaumnester und legen ihre Eier darin ab.

Frösche reagieren empfindlich auf Umweltverschmutzung. Seit den 1970er-Jahren hat man weltweit festgestellt, dass die Froschpopulationen in großem Umfang zurückgingen und dass viele Arten vom Aussterben bedroht waren, obwohl sie in scheinbar unberührten Gebieten lebten. Dies kann auf verschiedene Faktoren zurückzuführen sein, darunter Umweltverschmutzung, Pestizide, Pflanzenschutzmittel, UV-Strahlen, globale Erwärmung, geringere Niederschlagsmengen und geringere Luftfeuchtigkeit. Gegenwärtig scheint die Pilzkrankheit Chytridiomykose die größte Bedrohung zu sein. Der Pilz dringt durch die Haut in den Körper des Froschs ein und schädigt sein Immunsystem.

SCHUTZSTATUS

Die 342 Arten Froschlurche, die auf der Roten Liste der IUCN stehen, sind in den Gefährdungsgraden:

7	Ausgestorben
27	Vom Aussterben bedroht
27	Stark gefährdet
64	Gefährdet
1	Schutz nötig
15	Weniger gefährdet
67	Keine Angabe
134	Kaum gefährdet

430 AMPHIBIEN FROSCHLURCHE

AUF EINEN BLICK

Hamilton-Frosch Männchen dieser Art besitzen keinen lauten Ruf zum Anlocken des Weibchens in der Paarungszeit. Ihre Rufe entstehen durch Resonanz in Kopf und Körper, nicht durch Schwingungen der Stimmbänder.

- Bis 5 cm
- An Land
- Frühjahr
- Gefährdet

Stephens und Maud Island (Neuseeland)

Chinesische Rotbauchunke Sie ist in ihrem Verbreitungsgebiet sehr häufig und stellt in manchen Gebieten bis zu einem Drittel aller Froschlurche. In Brutgebieten können bis zu 9 dieser Unken pro Quadratmeter zu finden sein.

- Bis 6 cm
- An Land
- Sommer
- Häufig

Russland, Korea, China

Schwanzfrosch Sein »Schwanz« – der in Bächen zur inneren Befruchtung dient – ist einmalig unter Froschlurchen. Die Eier werden in Bändern unter Steinen in Bächen abgelegt. Die Kaulquappen werden in 1 bis 4 Jahren zu Jungtieren und brauchen noch 7 bis 8 Jahre zur Geschlechtsreife.

- Bis 5 cm
- Land, Wasser
- Sommer
- Häufig

NW-USA

FROSCHLURCH-BEFRUCHTUNG

Meist findet die Befruchtung der Eier statt, während die Frösche einander umklammern. Während das Weibchen die Eier ablegt, gibt das Männchen Sperma darüber. *Eleutherodactylus coqui* und einige andere landlebende Arten befruchten einander intern durch Aufeinanderlegen der Kloaken; nur der Schwanzfrosch besitzt ein spezielles Organ.

Frösche in Umklammerung
Das Weibchen trägt das Männchen an eine für die Eiablage geeignete Stelle.

Iberische Geburtshelferkröte
Alytes cisternasii

Goldbauchunke
Bombina variegata

Hamilton-Frosch
Leiopelma hamiltoni

Geburtshelferkröte
Alytes obstetricans

Hochstetters Frosch
Leiopelma hochstetteri

Chinesische Rotbauchunke
Bombina orientalis

Gemalter Scheibenzüngler
Discoglossus pictus

Der Bauch und die Unterseite der Gliedmaßen leuchten rot, um Feinde zu warnen

Discoglossus montalentii

Schwanzfrosch
Ascaphus truei

FROSCHLURCHE AMPHIBIEN

Atympanophrys shapingensis

Zipfelkrötenfrosch
Megophrys nasuta

Westlicher Schlammtaucher
Pelodytes punctatus

Wabenkröte
Pipa pipa

Die Eier sind am Rücken abgelagert

Spea multiplicata

Xenopus muelleri

Nasenfrosch
Rhinophrynus dorsalis

Orangeroter Streifen in der Mitte des Rückens

Kap-Krallenfrosch
Xenopus gilli

Syrische Schaufelkröte
Pelobates syriacus

AUF EINEN BLICK

Westlicher Schlammtaucher Man hört die Männchen von unterhalb der Wasseroberfläche rufen. Die Kaulquappen sind größer als die adulten Tiere, bis zu 6 cm lang. Die Eier werden in Bändern an Wasserpflanzen abgelegt.

Bis 5 cm
Land, Wasser
Frühjahr
Häufig

Span., Portugal, Frankr., W-Belgien, NW-Italien

Wabenkröte Während der Umklammerung legt das Weibchen ein Ei nach dem anderen. Das Männchen befruchtet jedes und befestigt es am Rücken des Weibchens, wo die Eier in wabenförmigen Taschen versinken. Nach 3 bis 4 Monaten schlüpfen die Jungtiere.

Bis 20 cm
Wasser
Frühjahr
Häufig

Nördliches Südamerika

Spea multiplicata In der sommerlichen Regenzeit, während der auch die Paarung stattfindet, ist diese Art nachtaktiv. Meist lebt sie in Bauen, die sie in weiche Erde gräbt.

Bis 5 cm
An Land
Sommer
Häufig

S-USA, N-Mexiko

Kap-Krallenfrosch Wasserveränderung der sauren Schwarzwasserteiche, in denen er lebt, erlaubte auch dem Glatten Krallenfrosch (*Xenopus laevis*) sich dort anzusiedeln. Beide Arten paaren sich miteinander, dies ergibt sterile Hybriden, die den Bestand gefährden.

Bis 5 cm
Im Wasser
Winter
Gefährdet

Südwestliches Südafrika

Nasenfrosch Er verbringt die meiste Zeit unter der Erde und taucht nur nach Starkregen zur Paarung auf. Beim Rufen sind die Körper der Männchen so aufgeblasen, dass sie Ballons ähneln.

Bis 9 cm
An Land
Sommer
Häufig

Texas (USA) bis Costa Rica

432 AMPHIBIEN FROSCHLURCHE

AUF EINEN BLICK

Schildkrötenfrosch Er gräbt kopfunter mit den kräftigen Vorderbeinen in Termitennestern, um die Tiere zu fressen. Rufen Männchen, schaut mitunter nur der Kopf aus dem Boden. Bis 40 große Eier werden unterirdisch abgelegt.

- Bis 6 cm
- An Land, im Boden
- Regenzeit
- Selten

SW-Australien

Katholikenfrosch Das Grabtier ist den Großteil des Lebens unter der Erde und kommt nur nach Regen zur Paarung in zeitweiligen Tümpeln heraus. Beim Rufen treiben Männchen auf dem Wasser. Die Eier werden im Wasser abgelegt.

- Bis 5,5 cm
- An Land, im Boden
- Regenzeit
- Häufig

SO-Australien

Limnodynastes interioris Adulte Tiere verbringen den Tag und die trockenen Monate unter der Erde. Männchen rufen von Wasserpflanzen oder von Bauen im Ufer aus. Die Eiablage findet in überfluteten Bauen statt.

- Bis 9 cm
- Im Wasser
- Frühjahr, Sommer
- Selten

SO-Australien

MAGENBRÜTER

Das Magenbrüter-Weibchen (*Rheobatrachus silus*) schluckt befruchtete Eier oder Larven, die sich in seinem Magen entwickeln. Dort hört die Produktion von Salzsäure in dieser Zeit auf. Die Kaulquappen entwickeln sich dank der Nährstoffe im Dotter, daher fehlen die Lippenzähne.

Heraufgekrochen *Die Jungen entwickeln sich 6 bis 7 Wochen im Magen der Mutter und kriechen dann ans Tageslicht.*

Pseudophryne australis

Roses Gespenstfrosch
Heleophryne rosei

Mit den spatelförmigen Zehen klettert er auf Steine hinauf

Schildkrötenfrosch
Myobatrachus gouldii

Thomassets Seychellenfrosch
Nesomantis thomasseti

Katholikenfrosch
Notaden bennettii

Natal-Gespenstfrosch
Heleophryne natalensis

Limnodynastes interioris

Unterscheidet sich vom Südlichen Grabfrosch (*Heleioporus australiacus*) durch die fehlenden schwarzen Stacheln an Rücken und Hals

Heleioporus barycragus

FROSCHLURCHE **AMPHIBIEN** 433

Gehörnter Hornfrosch
Ceratophrys cornuta

Südamerikanischer Ochsenfrosch
Leptodactylus pentadactylus

Er jagt nur kleine Beute

Schmuckhornfrosch
Ceratophrys ornata

Lepidobatrachus laevis

Krötenpfeiffrosch
Leptodactylus bufonius

Hydrolaetare schmidti

Leptodactylus gracilis

Physalaemus biligonigerus

Telmatobius yuracare

AUF EINEN BLICK

Gehörnter Hornfrosch Wenn Beute an ihm vorbeikommt, macht er einen kleinen Satz nach vorn und öffnet das riesige Maul. Dann verschluckt er die Beute ganz.

- Bis 12 cm
- An Land
- Regenzeit im Herbst
- Häufig

Amazonien (Südamerika)

Südamerikanischer Ochsenfrosch Sein Ruf ist ein einzelner lauter Pfeifton. Bis zu 3000 Eier werden in eine Mulde am Waldboden gelegt. Regen spült die kannibalischen Kaulquappen in nahe Bäche oder Sümpfe.

- Bis 18 cm
- An Land
- Herbst
- Häufig

Honduras bis Bolivien

Lepidobatrachus laevis Der große, stämmige, wasserlebende Frosch hat einen abgeflachten Körper. Der Kopf ist groß, breit und massiv, er nimmt ein Drittel der Körperlänge ein.

- Bis 10 cm
- Im Wasser
- Sommer
- Häufig

Gran Chaco (Argentinien, Bolivien, Paraguay)

TROCKENZEITEN ÜBERLEBEN

Die trockenen Wintermonate verbringen Schmuckhornfrösche unbeweglich in der Erde, dabei umgibt sie eine harte Schale aus nicht abgestoßener Haut. Dieser »Kokon« schützt das Tier vor zu großem Wasserverlust und lässt es bis zur Regenzeit überleben. In den feuchten Sommermonaten in Südamerika, die von Oktober bis Februar dauern, überfluten Starkregen den Gran Chaco und schaffen zeitweilige Tümpel zur Nahrungssuche und zur Paarung.

Eingegraben
Schmuckhornfrösche bleiben in der Erde, bis es zu Beginn der nassen Sommermonate regnet.

AUF EINEN BLICK

Eleutherodactylus coqui Der Name der Art kommt vom hohen Ruf des Männchens, der wie »coqui« klingt. Die an Land abgelegten Eier entwickeln sich direkt. Die Art wurde in Florida und in Hawaii eingeführt.

- Bis 5,5 cm
- Land, Bäume
- Ganzjährig
- Häufig

Puerto Rico (Karibik)

Mexikanischer Klippenfrosch Aus der Entfernung hört sich der Ruf dieser Art wie Gebell an, in der Nähe ist es ein kehliger Laut. Weibchen kreischen, wenn man sie fasst. Wenn sie gefangen werden, blasen sie sich groß auf.

- Bis 9,5 cm
- An Land
- Frühjahr
- Häufig

SW-USA bis Zentral- und W-Mexiko

Eleutherodactylus peruvianus Diese Art entwickelt sich direkt. Die Eier werden in feuchten Gebieten in Laubstreu abgelegt. Die Männchen, die deutlich kleiner sind als die Weibchen, rufen Tag und Nacht am Waldboden.

- Bis 3 cm
- An Land
- Regenzeit im Herbst
- Häufig

W-Amazonien (Brasil., Bolivien, Peru, Ecuador)

Adenomera andreae Weibchen legen 20 unpigmentierte Eier in ein Schaumnest. Die Kaulquappen entwickeln sich im Nest und fressen Dotter. Männchen rufen aus feuchten Mulden.

- Bis 3 cm
- An Land
- Frühjahr
- Häufig

Amazonien (Nördliches Südamerika)

Lithodytes lineatus Die knallroten Flecken an den Lenden und auf der Rückseite der Schenkel zeigt der Frosch, wenn er sich bewegt. Seine Zeichnung ahmt die der Pfeilgiftfrosch-Art *Epipedobates femoralis* nach. Die Eier werden in Schaumnestern abgelegt.

- Bis 5 cm
- An Land
- Winter
- Häufig

Nördliches Südamerika

Die Rufe dieses Frosches können eine Lautstärke von 100 dB erreichen

Coqui
Eleutherodactylus coqui

Mexikanischer Klippenfrosch
Eleutherodactylus augusti

Die Art kommt nur selten aus ihren Kalksteinhöhlen

Keine Schwimmhäute zwischen den Zehen

Eleutherodactylus lacrimosus

Eleutherodactylus ockendeni

Eleutherodactylus peruvianus

Eleutherodactylus variabilis

Adenomera andreae

Die roten Flecken an den Schenkeln ähneln der Zeichnung eines giftigen Frosches

Lithodytes lineatus

Darwin-Nasenfrosch
Rhinoderma darwinii

VORDRINGEN DER AGA-KRÖTE

Erfolgsgeschichten von der Einführung der Aga-Kröte (*Bufo marinos*) auf den Zuckerrohrfeldern von Puerto Rico, um schädliche Insekten zu kontrollieren, brachte Zuckerrohrbauern in Queensland, Australien, dazu, 100 erwachsene Kröten einzuführen und mit ihnen zu züchten. 1935 setzten sie 62 000 Jungtiere in in Queensland aus, um den Käfer *Dermolepida albohirtum* in den Griff zu bekommen. Da die Aga-Kröte keine natürlichen Feinde in Australien hat, wuchs der Bestand ungeheuer. Die Kröten fressen Tiere, die kleiner sind als sie selbst, und stehlen sogar Hunden das Futter aus dem Napf. In Brasilien versucht man eine Lösung zu finden.

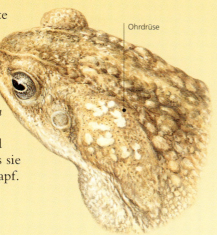

Ohrdrüse

Kröten-Alptraum Die Zuckerrohrfelder waren nicht eingefriedet, sodass die Kröten sich in die Landschaft absetzten. Sie sind heute so zahlreich, dass manche Gärten nachts zu einem sich schiebenden Krötenteppich werden und die Straßen von zerquetschten Körpern übersät sind.

Aga-Kröten-Gift Werden Aga-Kröten bedroht, blasen sie den Körper auf und schwitzen aus den Ohrdrüsen eine milchige, gummiartige Flüssigkeit aus. Im Extremfall kann das Sekret dem Angreifer bis auf 92 cm entgegengeschossen werden, doch es ist erst giftig, wenn es geschluckt wird. Das Gift wurde als halluzinogene Droge verwendet.

Nachwuchs Die Aga-Kröte paart sich in Australien ganzjährig in zeitweiligen Teichen, Seen und Bächen. Sie kann bis zu 13 000 Eier auf einmal produzieren. Ihre Kaulquappen entwickeln sich sehr rasch und haben nur geringe Ansprüche an ihren Lebensraum: Wasser und Algen. Es dauert zwar einige Jahre, bis eine Aga-Kröte geschlechtsreif wird, doch sie lebt 20 Jahre. Der Ruf der Aga-Kröte zur Paarungszeit stört die Rufe der heimischen Frösche.

Maßlose Fresser Die Aga-Kröte wird bis zu 23 cm lang und kann mehr als 1 kg wiegen. Sie frisst fast alles, was kleiner ist als sie selbst, darunter auch sehr nützliche Frösche. Die oben abgebildete Kröte frisst einen Bergbilchbeutler.

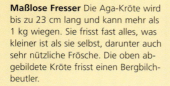

Tödliches Mahl Die Ohrdrüse der Aga-Kröte sondert ein Sekret ab, das für manche Tiere tödlich ist. Die rechts abgebildete Kröte hat ihre Ohrdrüsen auf die sich nähernde Schlange ausgerichtet. Der Bestand an australischen Schlangen, die normalerweise einheimische Amphibien fressen, geht zurück, weil sie am Gift der Aga-Kröte sterben. Auch Vögel, Dingos, Warane und andere Amphibien betrachten die Aga-Kröte als mögliche Beute. Fische sterben, weil sie die giftigen Kaulquappen verzehren. Und das Problem ist nicht auf Gebiete beschränkt, wo die Kröte eingeführt wurde: Im südamerikanischen Peru vermutet man, dass eine Gruppe Indios starb, weil sie eine Suppe aus Eiern der Aga-Kröte aß.

436 AMPHIBIEN FROSCHLURCHE

AUF EINEN BLICK

Colorado-Kröte Die Hautdrüsen dieser Kröte produzieren ein Gift, das auch bei Menschen zu Halluzinationen führt. In den USA ist die Substanz verboten; es gab schon Verhaftungen, weil Menschen die Kröte »melkten«.

- Bis 20 cm
- An Land
- Sommer
- Häufig

SW-USA und NW-Mexiko

Schwarznarbenkröte Sie war häufig, doch durch Lebensraumverlust wegen Dürre, Rodung, Bewässerung, Pestiziden, Düngern und Umweltverschmutzung geht der Bestand zurück.

- Bis 15 cm
- An Land
- Sommer
- Zurückgehend

SO-Asien

AMPHIBIEN-EIER

Amphibien-Embryos sind in eine gelatinartige Membran gehüllt, doch es fehlt die schützende Schafhaut. Da die Eier ohne Schale sind, müssen sie vor dem Austrocknen geschützt werden. Die Eier enthalten Nährstoffe für die Kaulquappen. Bei einigen Arten enthalten die Eier ausreichend Dottermasse, womit die Embryos sich bis zum Schlüpfen zu Mini-Adulten entwickeln.

Eine Kaulquappe entwickelt sich im Ei
Damit Froschlurche-Eier nicht austrocknen, müssen sie feucht gehalten werden.

SCHUTZSTATUS

Die 18 Arten der Bufonidae auf der Roten Liste der IUCN stehen unter folgenden Gefährdungsgraden:

- 1 Vom Aussterben bedroht
- 6 Stark gefährdet
- 6 Gefährdet
- 2 Weniger gefährdet
- 3 Keine Angabe

1. **Rokoko-Kröte** *Bufo paracnemis*
2. **Blomberg-Kröte** *Bufo blombergi*
3. **Aga-Kröte** *Bufo marinus*
4. **Zipfelkröte** *Bufo superciliaris*
5. **Pantherkröte** *Bufo regularis*
6. *Bufo peltocephalus*
7. **Colorado-Kröte** *Bufo alvarius*
8. **Berberkröte** *Bufo mauritanicus*
9. **Schwarznarbenkröte** *Bufo melanostictus*

FROSCHLURCHE **AMPHIBIEN** 437

Pedostibes everetti

Grüne Kröte
Bufo retiformis

Bufo ceratophrys

Schismaderma carens

Bufo margaritifer

Eichenkröte
Bufo quercicus

Bufo punctatus

Zwei Farbvarianten des
Bunten Stummelfuß-
froschs

Wechselkröte
Bufo viridis

Bunter Stummelfußfrosch
Atelopus varius

AUF EINEN BLICK

Bufo ceratophrys Das tagaktive Tier lebt am Waldboden, jagt Termiten und legt seine Eier in Waldbächen ab.

- Bis 8,2 cm
- An Land
- Unbekannt
- Häufig

NW-Amazonien (Südamerika)

Wechselkröte Diese Art bildet große Populationen in Gebieten, die vom Menschen verändert wurden – oft größere Populationen als in naturbelassenen Gegenden. Sie leben oft in verlassenen Bauen von Nagetieren. Im dicht besetzten Lebensraum kommen bis zu 100 Tiere auf 100 qm vor.

- Bis 12 cm
- An Land
- Frühjahr
- Häufig

Europa bis Asien

Bunter Stummelfußfrosch Die Paarungs-Umklammerung dauert besonders lang. Das Weibchen trägt das Männchen einige Tage bis zu einem Monat, bis etwa 20 Eier abgelegt sind.

- Bis 5 cm
- An Land, im Wasser
- Herbst
- Zurückgehend

S-Costa-Rica, Panama, N-Kolumbien

KRÖTEN GEGEN FRÖSCHE

In Europa und Nordamerika haben Kröten (Familie Bufonidae) kurze Beine zum Hüpfen, trockene, warzige Haut und leben an Land. Frösche (Familie Ranidae) haben lange, schlanke Beine für große Sprünge, feuchte Haut und leben im Wasser. Doch die Begriffe »Frosch« und »Kröte« werden in verschiedenen Weltgegenden unterschiedlich gebraucht. In Afrika bezeichnet man den glatten, feuchten, wasserlebenden Kap-Krallenfrosch (*Xenopus gilli*) als Krallenkröte.

Verwirrung
Südafrikaner nennen Bufo pardalis (oben) zwar Leopardenfrosch, doch er gehört zur Krötenfamilie Bufonidae.

438 AMPHIBIEN FROSCHLURCHE

AUF EINEN BLICK

Nyctimystes dayi Dieser Frosch verfügt über riesige Augen mit einer senkrechten ovalen Pupille. Man findet ihn auf Steinen und Pflanzen in schnell fließenden Bächen im Regenwald bis auf 1200 m Höhe.

- Bis 6 cm
- Auf Bäumen
- Frühjahr, Sommer
- Stark gefährdet

NO-Australien

Litoria raniformis Männchen lassen beim Treiben im Wasser ein tiefes, lang anhaltendes Knurren ertönen. Die Eier werden in einer treibenden Gelmasse abgelegt, die später sinkt. Die Art frisst andere Frösche und sogar Artgenossen.

- Bis 10 cm
- An Land, im Wasser
- Sommer
- Regional häufig

SO-Australien und Tasmanien

Cyclorana brevipes Dieses robuste Grabtier hat eine auffällige, stark variierende Zeichnung. Der Rücken ist dunkelbraun mit silbrig-braunen Flecken. Meist verläuft am Rücken ein silbrig-brauner Streifen; der Bauch ist weiß.

- Bis 5 cm
- An Land, im Boden
- Unbekannt
- Häufig

NO-Australien

Großer Harlekinfrosch Er hat große Füße mit Schwimmhäuten und eine sehr glitschige Haut. Die Kaulquappen sind 3-mal so groß wie die erwachsenen Tiere, bis zu 25 cm lang.

- Bis 7,5 cm
- Im Wasser
- Regenzeit
- Häufig

Amazonien (Südamerika) bis N-Argentinien

Wasserreservoirfrosch Diese Art verbringt die langen Trockenzeiten, die einige Jahre dauern können, in Bauen tief unter der Erde. Sie umgeben sich mit einer Art Kokon aus abgestoßenen Schichten ihrer eigenen Haut.

- Bis 6 cm
- An Land, im Boden
- Variabel
- Häufig

Zentral-Australien

FROSCHLURCHE **AMPHIBIEN** 439

Agalychnis craspedopus

Phyllomedusa sauvagii

Panzerkopflaubfrosch
Triprion spatulatus

Phyllomedusa palliate

Osteocephalus leprieurii

Rotaugenlaubfrosch
Agalychnis callidryas

Hyla geographica

Giftlaubfrosch
Phrynohyas venulosa

Trachycephalus jordani

Hyla boans

AUF EINEN BLICK

Phyllomedusa sauvagii Dieser Laubfrosch umgibt sich mit einem wachsartigen Sekret, um sich feucht zu halten. Er legt die Eier auf ein Blatt und umhüllt sie mit seinem Wachs-Sekret.

Bis 8,5 cm
Auf Bäumen
Regenzeit
Häufig

Gran Chaco (N-Paraguay, N-Argentinien, O-Bolivien, S-Brasilien)

Panzerkopflaubfrosch Die Haut an seinem Kopf ist mit den Schädelknochen verwachsen. Zieht er sich in Baumlöcher oder Felsspalten zurück, schließt er das Loch mit dem Kopf, um das Austrocknen zu verhindern.

Bis 7,5 cm
An Land, auf Bäumen
Sommer
Häufig

W-Mexiko

Rotaugenlaubfrosch Diese Art legt grüne Eier auf Pflanzen oder Felsen oberhalb von Teichen. Die Kaulquappen schlüpfen und fallen ins Wasser, wo sie sich weiterentwickeln. Männchen sind mit 1 Jahr geschlechtsreif.

Bis 7,5 cm
Auf Bäumen
Sommer
Häufig

S-Mexiko bis Kolumbien

FROSCHFÜSSE

Frösche haben an den Vorderfüßen je 4 und an den Hinterfüßen je 5 Zehen. Die Form entspricht der Lebensweise: mit Schwimmhäuten oder mit Polstern an den Zehen zum Klettern oder mit abgewandelten Krallen zum Graben.

Froschzehen *Die Evolution hat bei Familien, die nicht miteinander verwandt sind, wie Hylidae und Rhacophoridae, Zehen mit Polstern geschaffen.*

440 AMPHIBIEN FROSCHLURCHE

AUF EINEN BLICK

Centrolene prosoblepon Die Art ruft ein 3faches hohes »tick« oberhalb von Bächen. Sie befestigt die Eier an Blättern, die über einem Bach hängen. Kaulquappen halten sich mit ihrem Saugmaul an Steinen fest.

- Bis 2,5 cm
- Auf Bäumen
- Sommer
- Häufig

N-Nicaragua bis Kolumbien und Ecuador

Hyla gratiosa Dieser Frosch lässt den lauten, rauen Ruf aus 9 oder 10 Tönen von hoch oben in den Baumwipfeln erschallen. Sein Ruf zur Paarungszeit ist ein einfaches »dunk« oder »tunk«. Das Weibchen legt die Eier einzeln auf den Boden eines Teichs.

- Bis 7 cm
- An Land, auf Bäumen
- Frühjahr, Sommer
- Häufig

SO-USA

Laubfrosch Sein Bestand geht in West- und Mitteleuropa wegen Lebensraumverlusts, Umweltverschmutzung und Klimaveränderungen zurück.

- Bis 5 cm
- An Land, auf Bäumen
- Frühjahr
- Häufig

Europa, W-Asien, NW-Afrika

Beutelfrosch Während der Paarung schiebt das Männchen die befruchteten Eier in einen Beutel auf dem Rücken des Weibchens. Dort findet eine direkte Entwicklung statt.

- Bis 7 cm
- An Land, auf Bäumen
- Frühjahr, Sommer
- Häufig

Amazonien (Peru, Bolivien)

SCHUTZSTATUS

Die 72 Arten der Hylidae auf der Roten Liste der IUCN stehen in folgenden Gefährdungsgraden:

6	Vom Aussterben bedroht
5	Stark gefährdet
5	Gefährdet
5	Weniger gefährdet
8	Keine Angabe
43	Kaum gefährdet

Centrolene prosoblepon

Auffällig ist die durchscheinende Unterseite

Hyla ebraccata

Hyla leucophyllata

Hyla gratiosa

Nordamerikanischer Grüner Laubfrosch
Hyla cinera

Lebt auf Bäumen oder in Bauen unter der Erde

Hemiphractus proboscideus

Smilisca baudini

Laubfrosch
Hyla arborea

Beutelfrosch
Gastrotheca marsupiata

Weibchen ohne Eier im Beutel

Chorfrosch
Pseudacris ornata

LAUBFRÖSCHE

Zur Familie Hylidae – Laubfrösche – gehören 855 Arten in 42 Gattungen, die vor allem in Nord- und Südamerika sowie Australien leben. Einige sind auch in Europa und Asien beheimatet. Ihre Größe reicht von 12 mm bei *Litoria microbelos* bis zu 14 cm bei *Hyla vasta*. Die meisten Laubfrösche sind Baumbewohner, doch einige leben auch am Boden, im Wasser oder unter der Erde. Die meisten haben zu Scheiben verbreiterte Fingerspitzen, die als eine Art Saugnäpfe dienen. Fast alle Arten sind stark abgeflacht und stromlinienförmig, mit langen Beinen zum Springen von Ast zu Ast. Laubfrösche haben waagrechte ovale Pupillen, mit Ausnahme der Gattung Phyllomedusa, die senkrechte Pupillen besitzt.

Auffällige Haut Die Zeichnung von *Hyla leucophyllata* erinnert an das Muster einer Giraffe. Andere Laubfrösche sind weniger auffällig. Große Zehenscheiben und lockere Haut am Bauch erlauben es dem Frosch sich an glatten Oberflächen festzuhalten.

Grabtier Der Grablaubfrosch (*Pternohyla fodiens*) lebt in vielen Lebensräumen, die jahreszeitlich überschwemmt werden. Er ist gut an die grabende Lebensweise angepasst und verbringt die Trockenzeit unterirdisch in Ruhe. Nur nach Starkregen paart er sich.

Borneo-Flugfrosch Der Borneo-Flugfrosch (*Rhacophorus pardalis*) lebt auf Höhen von 200 bis 1700 m und besitzt eine Körperlänge von 6,5 cm. Die Art legt von März bis Mai bis zu 50 Eier in einer Schaummasse auf Bäumen oberhalb von Teichen ab. Sie kommt auf den Philippinen, Borneo und Sumatra vor.

Sicherer Griff Die Art *Phyllomedusa tarsius* ist nachtaktiv und lebt im Regenwald des Amazonasgebietes auf Bäumen. Der erste Finger am Vorderfuß steht gegenständig, so können diese Frösche wie Primaten kleine Äste umfassen, wenn sie sich langsam bei Wind und Regen durch die Kronenschicht des Regenwaldes bewegen. Sie besitzen runde Ohrdrüsen, die sich wenigstens bis zur Körpermitte erstrecken.

Anhänglich Glasfrösche rufen von der Blattoberseite an Bäumen direkt an Bächen. Auf der Unterseite derselben Blätter befestigen sie ihre Eier.

Fortpflanzung auf Bäumen Männchen besitzen artspezifische Rufe, mit denen sie Weibchen anlocken. Die Umklammerung bei der Paarung stimuliert das Weibchen zur Eiablage, meist ins Wasser, wenn sich daraus frei schwimmende Kaulquappen entwickeln. Viele Arten legen die Eier in Pflanzen oberhalb von Wasser ab; so fallen die Kaulquappen nach dem Schlüpfen ins Wasser, wo sie sich weiterentwickeln. Einige Arten legen die Eier in Bromelien ab und die Kaulquappen entwickeln sich dort. Bei *Osteocephalus oophagus* bewachen die Männchen nach der Eiablage das Nest, die Weibchen legen unbefruchtete Eier mit Dotter, von denen sich die Kaulquappen im Lauf ihrer weiteren Entwicklung ernähren.

442 AMPHIBIEN FROSCHLURCHE

AUF EINEN BLICK

Platypelis milloti Der Ruf dieser Art ist ein pfeifender Ton, der nur 55 bis 65 Millisekunden anhält. Er wird mehr als 100-mal pro Minute wiederholt. An den Händen fehlen Schwimmhäute, an den Füßen sind Ansätze vorhanden.

- Bis 3 cm
- An Land, auf Bäumen
- Unbekannt
- Häufig

NW-Madagaskar

Chiasmocleis ventrimaculata Diese Art lebt mit Taranteln in ihren Bauen und frisst die Ameisen, deren Beute Taranteleier sind. Nachts sitzen die Frösche am Eingang der Baue zwischen den Beinen der Spinnen.

- Bis 2,5 cm
- An Land
- Sommer
- Häufig

O-Ecuador, SO-Peru, NW-Bolivien

Tomatenfrosch Die leuchtend rote Farbe dieses Frosches ist eine klare Warnung für mögliche Feinde, dass er giftig ist. Ein weiße klebrige Flüssigkeit aus der Haut schreckt Schlangen ab und löst bei Menschen Allergien aus.

- Bis 10 cm
- An Land, im Wasser
- Sommer
- Gefährdet

NO-Madagaskar

KURZKOPFFRÖSCHE AFRIKAS

Kurzkopffrösche (Gattung *Breviceps*) haben einen kurzen Kopf und einen stämmigen Körper. Nur bei Regengüssen halten sie sich oberirdisch auf. Die Rufe der Männchen sind laut und bellend. Ein klebriges Hautsekret befestigt sie während der Umklammerung am Weibchen. Die Tiere legen ihre Eier unterirdisch, die jungen Frösche entwickeln sich, ohne Wasser zu brauchen.

Aufgeblasen wie ein Ballon
Männchen der Art Breviceps macrops *blähen ihren Körper riesig auf, wenn sie nach Weibchen rufen.*

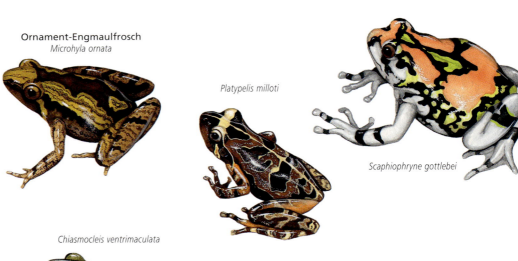

Ornament-Engmaulfrosch
Microhyla ornata

Platypelis milloti

Scaphiophryne gottlebei

Chiasmocleis ventrimaculata

Phrynomantis bifasciata

Dermatonotus muelleri

In Verteidigungshaltung, mit gesenktem Kopf und gestreckten Hinterbeinen

Gastrophryne olivacea

Tomatenfrosch
Dyscophus antongilii

Indischer Ochsenfrosch
Kaloula pulchra

Männchen tragen die gleiche Zeichnung wie Weibchen, sind aber etwas kleiner

FROSCHLURCHE **AMPHIBIEN** 443

Bunter Baumsteiger
Dendrobates histrionicus

Allobates femoralis

Dendrobates reticulatus

Mannophryne trinitatis

Schwarzgelber Baumsteiger
Dendrobates leucomelas

Erdbeerfröschchen
Dendrobates pumilio

Dendrobates lehmanni

Hat große Haftscheiben an den Zehen, um auf Bromelien zu klettern

Goldbaumsteiger
Dendrobates auratus

Blauer Baumsteiger
Dendrobates azureus

Gelber Blattsteiger
Phyllobates terribilis

AUF EINEN BLICK

Bunter Baumsteiger Das Männchen ruft von Ästen aus bis zu 1 m Höhe. Das Männchen sitzt auf dem Weg zur Eiablage oft auf dem Rücken des Weibchens. Ihr langes Paarungsritual, das 2 bis 3 Stunden dauert, umfasst eine Folge von Sitzen, Verbeugen, Kauern, Berühren und Umkreisen.

- Bis 4 cm
- An Land, auf Bäumen
- Regenzeit
- Häufig

Kolumbien, Ecuador

Dendrobates reticulatus Weibchen legen 2 oder 3 Eier von 2 mm Durchmesser. Obwohl die Tiere vorwiegend am Waldboden leben, springen die Männchen auf Baumstümpfe und bringen 1 bis 2 Kaulquappen zu Bromelien.

- Bis 2 cm
- An Land, auf Bäumen
- Regenzeit
- Häufig

NO-Peru, W-Brasilien

Blauer Baumsteiger Weibchen legen Eier im Wasser ab, damit Männchen sie befruchten. Die Männchen bewachen meist die Eier, bis die Kaulquappen sich nach 12 Tagen entwickeln. Mit 12 Wochen werden aus ihnen die Jungtiere.

- Bis 5 cm
- An Land
- Regenzeit
- Selten

Surinam

PFEILGIFTFRÖSCHE

Eingeborene Stämme tauchen ihre Pfeilspitzen in das Sekret der Pfeilgiftfrösche. Das Gift blockiert die neuromuskulären Funktionen und führt zu Lähmungen, ja sogar zum Tod. Um in der Haut diese Gifte produzieren zu können, müssen die Frösche Ameisen fressen und deren Ameisensäure aufnehmen.

444 AMPHIBIEN FROSCHLURCHE

AUF EINEN BLICK

Heterixalus madagascariensis Diese Frösche sind häufig in Dünen, Savannen und gerodeten Lebensräumen an der Ostküste Madagaskars. Sie sind nachtaktiv in den Pflanzen am Rand oder in flachen Sümpfen und Teichen. Während des Tags suchen sie Zuflucht in nahen Teichen und tauchen unter, wenn ein Feind sich nähert. Die Eier werden im Wasser abgelegt.

- Bis 4 cm
- An Land
- Ganzjährig
- Häufig

Madagaskar

Mantella expectata Die Art wurde beschrieben, als eine Reihe von Tieren in den Heimtierhandel kam, für den sie auch heute noch zu Beginn der Regenzeit (Oktober bis Dezember) in großer Zahl gesammelt werden. Bei den ersten Regenfällen kommen diese Frösche, die sich sehr rasch paaren, heraus und sind sehr leicht zu fangen.

- Bis 3,2 cm
- An Land
- Regenzeit
- Selten

Madagaskar

Semnodactylus wealii Die Männchen rufen von einer erhöhten Position in Pflanzen, am Ufer oder teilweise untergetaucht zwischen Teichpflanzen. Ihr Ruf ist laut, er ähnelt dem Geräusch, wenn ein Korken aus einer Flasche gezogen wird. Alle 3 bis 5 Sekunden ertönt ein Ruf von 1 Sekunde Dauer.

- Bis 4,4 cm
- An Land
- Regenzeit
- Häufig

Östliches und südöstliches Südafrika

SCHUTZSTATUS

In Gefahr Mindestens 27 Arten der Froschlurche stehen als vom Aussterben bedroht auf der Roten Liste der IUCN, viele wegen direkter Eingriffe des Menschen: Lebensraumzerstörung, Wasserverschmutzung und Einsatz von Herbiziden und Pestiziden. Selbst der Bestand der Goldkröte (*Bufo periglenes*), die in Schutzgebieten auf Berggipfeln lebt, ist in jüngster Zeit zurückgegangen. Dies ist wohl auf globale Erwärmung und Waldrodung zurückzuführen, die Einfluss auf Regenmengen und damit auf den Nebelwald haben.

FROSCHLURCHE **AMPHIBIEN** 445

Rotohrfrosch
Rana erythraea

Südafrikanischer Ochsenfrosch
Pyxicephalus adspersus

Grasfrosch
Rana temporaria

Rana luctuosa

Seefrosch
Rana ridibunda

Sumpffrosch
Rana palustris

Am Rücken sind 2 Reihen rechteckige schokoladenbraune Flecken

Schweinsfrosch
Rana grylio

Südamerikanischer Wasserfrosch
Rana palmipes

Ochsenfrosch
Rana catesbeiana

AUF EINEN BLICK

Sumpffrosch Er produziert ein giftiges Hautsekret, das die menschliche Haut reizt und für kleine Tiere, vor allem Amphibien, tödlich ist. Viele Schlangen machen einen Bogen um diese Frösche. Leopardfrösche (*Rana pipiens*) ahmen die Zeichnung nach, um nicht zur Beute von Schlangen zu werden.

- Bis 7,5 cm
- Am Boden, im Wasser
- Frühjahr
- Häufig

O-USA

Südamerikanischer Wasserfrosch Diese wasserlebende Art sucht Tag und Nacht am Ufer von Flüssen, Teichen und Seen nach Nahrung. Sie frisst Wirbellose und Wirbeltiere, wie Insekten, andere Frösche und kleine Vögel, im Wasser und an Land.

- Bis 11,5 cm
- Im Wasser
- Regenzeit
- Häufig

Mittelamerika bis Peru und Brasilien

Ochsenfrosch Er frisst alles, was sich bewegt und was er schlucken kann. Er wurde in die westlichen USA eingeführt und bedroht heimische Amphibien- und Reptilienarten. Kaulquappen entwickeln sich in 2 Jahren, adulte Tiere werden nach einigen Jahren geschlechtsreif.

- Bis 20 cm
- Im Wasser
- Sommer
- Häufig

O-USA

MASSENABLAICHEN

Der Grasfrosch paart sich in großer Zahl an 3 Tagen im Frühjahr. Dabei legt jedes Weibchen etwa 400 Eier in Paketen. Die Eier nehmen UV-Strahlen auf, so erhöht sich die Wassertemperatur und die Eier entwickeln sich schneller.

Alle auf einmal
Massenhafte Eiablage verringert die Gefahr, dass ein Fressfeind alle Eier frisst, weil er nicht so viel auf einmal vertilgen kann.

446 AMPHIBIEN FROSCHLURCHE

AUF EINEN BLICK

Limnonectes malesianus Diese Art lässt sich gut von von *Limnonectes blythii* unterscheiden: durch den scharfen Winkel, den die dunkle Linie hinter dem Auge macht, und durch den deutlichen schwarzen Fleck am Ohr.

- Bis 10 cm
- An Land
- Unbekannt
- Häufig

W-Malaysia, Singapur, Sumatra, Borneo, Java

Cacosternum capense Er lebt in überschwemmtem Grasland, Mulden der Dünen und auf Ackerland mit schlecht entwässertem Lehmboden.

- Bis 4 cm
- An Land
- Winter
- Weniger gefährdet

Südafrika

MISSBILDUNGEN

Frösche zeigen ein erschreckend klares Warnsignal: Bei chemischer Umweltverschmutzung tauchen Tiere mit stark missgebildeten Körpern auf. Ein Teil der chemischen Umweltverschmutzung ist dem Progesteron aus Antibabypillen zuzuschreiben, das in den Kläranlagen nicht vollständig aus dem Wasser gefiltert wird.

Vielbeiniger Frosch
Dieser Frosch entwickelte durch die chemische Verschmutzung der Teiche zusätzliche Beine.

SCHUTZSTATUS

Die 49 Ranidae-Arten auf der Roten Liste der IUCN stehen in folgenden Gefährdungsgraden:

- 3 Ausgestorben
- 7 Vom Aussterben bedroht
- 6 Stark gefährdet
- 15 Gefährdet
- 4 Weniger gefährdet
- 12 Keine Angabe
- 2 Kaum gefährdet

FROSCHLURCHE **AMPHIBIEN** 447

AUF EINEN BLICK

Weißbart-Ruderfrosch Dieser Frosch ist sehr erfolgreich, weil er sich gut an menschliche Lebensräume anpasst. Sein Schaumnest findet man in Badezimmern, Wassertanks, Bewässerungskanälen oder an jeder feuchten Stelle.

- Bis 8 cm
- Auf Bäumen
- April bis Dezember
- Häufig

SO-Asien

Wallace-Baumfrosch Das Weibchen behandelt ein Nest aus Zweigen und Blättern über dem Wasser mit einem Sekret. Wenn die Kaulquappen aus den Eiern schlüpfen, beginnt das Nest sich aufzulösen und sie fallen ins Wasser.

- Bis 10 cm
- Auf Bäumen
- Regenzeit
- Häufig

Indonesien, Malaysia, Thailand

Haarfrosch Die Warzen in der Haut des Männchens vergrößern die Oberfläche für die Atmung. Das brauchen Männchen wegen der kleinen Lungen und des kräftigen Körpers. Kaulquappen besitzen Zähne und fressen Fleisch.

- Bis 11 cm
- An Land
- Unbekannt
- Häufig

Guinea, Kamerun, Kongo, Nigeria

KONTROLLIERTER STURZ

Frösche können mit ihren Schwimmhäuten kontrolliert fallen, um Fressfeinden zu entgehen oder sich fortzubewegen. Sie sind in der Lage die Richtung des Falls zu steuern.

Große Schwimmhäute *Der Java-Flugfrosch (Rhacophorus reinwardtii) setzt die Füße mit den großen Schwimmhäuten bei seinen Sprüngen von Baum zu Baum ein.*

FISCHE

STAMM	Chordata
UNTERSTAMM	Vertebrata
KLASSEN	5
ORDNUNGEN	62
FAMILIEN	504
ARTEN	25 777

Mit bisher über 25 000 beschriebenen und wohl mehreren tausend noch zu entdeckenden Arten machen die Fische über die Hälfte aller lebenden Wirbeltierarten aus. Sie entstanden vor etwa 500 Mio. Jahren im Süßwasser und besiedeln heute fast jedes Gewässer vom Eismeer bis zu tropischen Tümpeln. Einige kommen sogar kurzzeitig an Land. Zu dieser vielfältigen Gruppe zählen Grundeln mit 1 cm Länge und 12 m lange Walhaie, unscheinbare Teppichhaie und bunte Schmetterlingsfische, räuberische Weiße Haie und friedfertige, Algen fressende Papageifische. 5 Klassen haben bis heute überlebt: Inger, Neunaugen, Knorpelfische, Fleischflosser und Strahlenflosser.

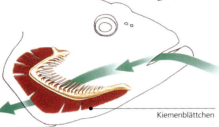

Kiemenblättchen

Kiemenatmung Wasser wird mit dem Maul aufgenommen und durch die gut durchbluteten Kiemenblättchen geleitet. Jedes besitzt viele Falten und damit eine riesige Fläche für den Gasaustausch. Wenn Blut und Wasser in entgegengesetzte Richtungen strömen, wird Sauerstoff aufgenommen und Kohlendioxid abgegeben.

ANPASSUNG ANS WASSER

Viele Anpassungen der Fische entstanden durch die physikalischen und chemischen Gegebenheiten des Wassers. Der stromlinienförmige Körper erleichtert z. B. die Bewegung in einem Medium, das 800-mal dichter als Luft ist.

Bei den meisten Arten erfolgt die Vorwärtsbewegung durch seitliche Bewegungen der Schwanzflosse und des Körpers, die anderen Flossen steuern und stabilisieren. Die Schwimmmuskeln machen bei den meisten Fischen etwa die Hälfte des Körpergewichtes aus.

Den meisten Fischen gemeinsam ist die Schwimmblase, ein innerer mit Gas gefüllter Sack, der den Auftrieb verstärkt.

Ein für das Leben im Wasser wichtiges Organ ist das Seitenlinienorgan. Es verläuft meist entlang des Körpers, nimmt kleinste Veränderungen im umgebenden Wasserdruck wahr und hilft beim Aufspüren von Beute sowie beim Ausweichen vor Hindernissen. Einige Arten pflanzen sich durch innere Befruchtung fort und gebären lebende Junge. Die meisten Fischarten legen Eier, da im Wasser das Vermischen von Geschlechtszellen außerhalb des Körpers und die Verbreitung der Brut möglich ist.

Fische sind die einzigen Wirbeltiere mit echten Flossen. Manche können damit sogar »laufen«, andere kurze Strecken »fliegen«.

Einer der wichtigsten frühen Evolutionsschritte bei Fischen und anderen Wirbeltieren war die Entwicklung von Kiefern. Sie tauchten vermutlich vor 450 Millionen Jahren erstmals bei Fischen auf. Kiefer haben sich wohl aus Kiemenbögen entwickelt. Man vermutet, dass einer der vorderen Bögen mit dem Schädel verschmolz, wobei sich der obere Bereich zum Oberkiefer und der untere zum Unterkiefer entwickelt hat.

Die ersten Fische waren Nahrungsfiltrierer, aber die Entwicklung von Kiefern vergrößerte die Möglichkeiten und förderte die enorme Vielfalt dieser Tiergruppe.

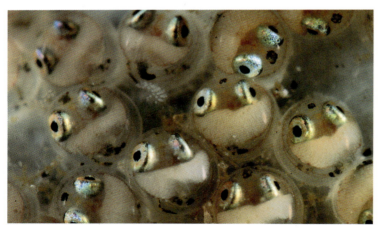

Fischentwicklung Viele Fische schlüpfen als Larven aus Eiern und leben dann in einem anderen Lebensraum als ihre Eltern, bevor sie sich durch Metamorphose zur adulten Form wandeln. Bei anderen wie der Schleimfischart *Chasmodes bosquianus* (oben) gibt es kein Larvenstadium. Die Jungen sind Miniausgaben der Adulten.

Wagemut Einige der größten Fische zählen zu den Riesenmantas (rechts), einer Gruppe, deren Arten eine Flügelspannweite von bis zu 7 m und ein Gewicht von 1000 kg erreichen. Trotz ihrer Größe können manche aus dem Wasser springen.

Wilde Sprünge
Die Teufelsrochenart Mobula hypostoma *ist eine kleine atlantische Art mit einer Spannweite von bis zu 1,2 m.*

Sehr spezialisiert *Acanthostracion polygonius*, ein Kofferfisch (rechts), gehört zu einer weit entwickelten Gruppe, die nicht mehr stromlinienförmig ist. Die Panzerung verhindert Körperbewegungen, doch die Flossen ermöglichen ein gut kontrolliertes »Schweben«.

ÜBERBLICK **FISCHE** 451

ZWITTER

Die meisten Fische sind getrenntgeschlechtig: Sie sind weiblich oder männlich und bleiben es ihr Leben lang. Hermaphroditen = Zwitter (Individuen mit weiblichen und männlichen Geschlechtsorganen) sind jedoch weit verbreitet, viel weiter als bei anderen Wirbeltieren. Bei einigen Arten gibt es konsekutiven Hermaphroditismus, d. h. die Tiere ändern ihr Geschlecht bei einer gewissen Größe oder wenn Mangel am anderen Geschlecht herrscht. Seltener ist simultaner Hermaphroditismus, bei dem im selben Tier beide Geschlechter auftreten. Hermaphroditismus scheint vor allem bei Fischen im Tropengürtel verbreitet zu sein. Die Fische der Korallenriffe sind besonders bekannt für das Phänomen.

Geschlechtswechsel Die Nasenmuräne (*Rhinomuraena quaesita*) ist protandrisch: Männchen werden zu Weibchen. Das Männchen wird gelb, wenn es zum Weibchen heranreift.

Dominanzwechsel Beim Zebra-Lyrakaiserfisch (*Genicanthus melanospilos*), einem protogynen Zwitter, lebt ein dominantes Männchen mit einem kleinen Harem von Weibchen. Stirbt das Männchen oder verschwindet es, wird das größte Weibchen noch größer und wechselt die Farbe, bevor es zum dominanten Männchen wird.

Jungtier: sexuell nicht aktiv

Anfangsphase: meist weiblich

Endphase: stets ein geschlechtsreifes Männchen

Nicht unersetzlich Hermaphroditismus kommt bei Papageifischen häufig vor. Ein dominantes Männchen besitzt oft einen Harem, aber wenn es verschwindet, wechselt das größte und aggressivste Weibchen innerhalb von Wochen das Geschlecht, was mit einem deutlichen Farbwechsel einhergeht.

1. Leben im Harem Der weibliche Zebra-Lyrakaiserfisch ist oberseits gelb und unterseits blassblau. Kräftige schwarze Linien umranden den Schwanz. Ein Harem umfasst in der Regel zwischen 3 und 5 Weibchen.

4. Schnelle Veränderung Die geschlechtliche Umwandlung ist nach etwa 14 Tagen abgeschlossen. Das neue Männchen beginnt mit den Weibchen abzulaichen.

3. Frauenpower Während der geschlechtlichen Umwandlung absorbiert der Körper die Eier und beginnt Spermien zu produzieren. Das Weibchen wird aggressiver und zeigt Balzverhalten gegenüber den anderen Weibchen des Harems.

2. Farbwechsel Verschwindet das dominante Männchen, beginnt das größte Weibchen des Harems zu wachsen und entwickelt die typische Färbung des Männchens: einen blassblauen Körper mit schwarzen Streifen.

KIEFERLOSE

ÜBERKLASSE Agnatha
KLASSEN 2
ORDNUNGEN 2
FAMILIEN 2
ARTEN 105

Kieferlose waren die ersten Fische. Die meisten starben vor etwa 360 Mio. Jahren aus. Die 2 überlebenden Gruppen – Inger und Neunaugen – sind wohl nur entfernt verwandt. Sie umfassen 105 Arten. Allen fehlen Schuppen und Kiefer, alle haben ein Knorpelskelett. Echte Flossen fehlen oder sind nur spärlich entwickelt. Inger sehen ähnlich aus wie Aale und produzieren in Drüsen an den Flanken große Mengen an Schleim, vermutlich zur Verteidigung. Sie fressen tote und sterbende Fische sowie Wirbellose. Sie haben Photorezeptoren, aber weder echte Augen noch ein Larvenstadium. Neunaugen haben funktionsfähige Augen und ein langes Larvenstadium. Neunaugenlarven sind Nahrungsfiltrierer, die meisten Adulten leben parasitisch auf anderen Fischen.

Verbreitete Raritäten Inger und Neunaugen kommen in gemäßigten Gewässern der Nord- und Südhalbkugel vor sowie in kühlen Tiefseegebieten der Tropen. Neunaugen leben im Süß- und Salzwasser, Inger sind reine Meeresbewohner. Neunaugenlarven graben sich in das weiche Substrat von Bächen und Flüssen ein, wo sie Algen, organisches Material und Mikroorganismen aus dem Wasser filtern.

Saugmäuler Neunaugen leben parasitisch auf anderen Fischen; sie heften sich mit der gezähnten Mundscheibe an deren Körper (rechts). Sie ernähren sich vor allem von Körperflüssigkeiten, mitunter aber auch von Fleisch und inneren Organen. Oft verursachen sie den Tod ihrer Wirte. Die Anordnung der Zähne rund um die Mundscheibe und das Maul dient als Bestimmungsmerkmal der sehr ähnlichen Arten.

⚡ SCHUTZSTATUS

Probleme bei Neunaugen Laut Roter Liste der IUCN gilt *Lethenteron zanandreai* als stark gefährdet. *Eudontomyzon hellenicus* und *Mordacia praecox* sind gefährdet. Hauptgrund für den Rückgang des Bestandes bei diesen 3 Neunaugenarten ist die Lebensraumzerstörung.

FORTPFLANZUNG

Die Fortpflanzung der Inger bleibt weitgehend rätselhaft. Diese Fische beginnen ihr Leben als Zwitter und werden später zu Männchen oder Weibchen. Man nimmt an, dass sie mehrmals in ihrem Leben ablaichen, wobei sie jeweils wenige große Eier – von 2,5 cm Länge – in einer harten Kapsel produzieren.

Neunaugen laichen nur einmal ab und erzeugen viele, wesentlich kleinere Eier, bevor sie sterben. Die ersten Jahre verbringen sie als nahrungsfiltrierende Larven, genannt Ammocoetes. Die Entwicklung zum adulten Tier erfolgt normalerweise, wenn die Larven 7,5 bis 16,5 cm lang sind und dauert 3 bis 6 Monate. Einige wandern stromabwärts ins Meer.

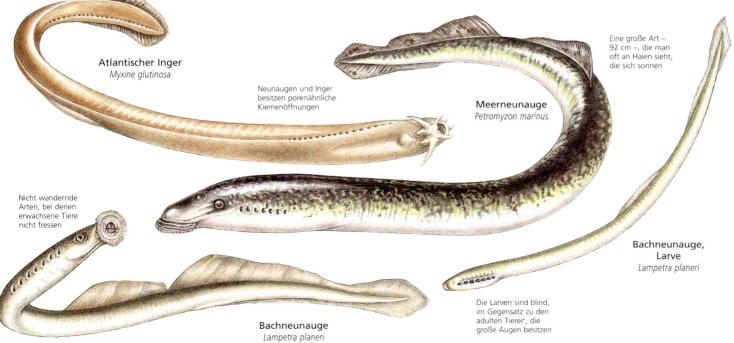

Atlantischer Inger
Myxine glutinosa

Neunaugen und Inger besitzen porenähnliche Kiemenöffnungen

Meerneunauge
Petromyzon marinus

Eine große Art – 92 cm –, die man oft an Haien sieht, die sich sonnen

Nicht wandernde Arten, bei denen erwachsene Tiere nicht fressen

Bachneunauge
Lampetra planeri

Die Larven sind blind, im Gegensatz zu den adulten Tieren, die große Augen besitzen

Bachneunauge, Larve
Lampetra planeri

KNORPELFISCHE

KL.	Chondrichthyes
UNTERKLASSEN	2
ORDNUNGEN	12
FAMILIEN	47
ARTEN	999

Haie und Rochen besitzen ein Skelett aus Knorpel und werden daher als Knorpelfische bezeichnet. Die Evolutionsgeschichte der Haie geht etwa 400 Mio. Jahre zurück, die ersten Rochen tauchten vor etwa 200 Mio. Jahren auf. Alle fressen andere Tiere, die meisten leben im Meer. Ihre in Bindegewebe eingebetteten Zähne wachsen ein Leben lang. Knorpelfische haben meist 5, mitunter auch 6 oder 7 äußere Kiemenspalten beiderseits des Mauls. Bei allen erfolgt eine innere Befruchtung. Zusammen mit den Chimären (vor allem in der Tiefsee lebende Arten, wie Seeratten, Geisterhaie und Elefanten-Chimären) bringen es Haie und Rochen heute auf etwa 1000 Arten.

Schläfchen Karibische Riffhaie (oben) kommen an Riffen rund um die Inseln der Karibik vor. Sie sind dafür bekannt, dass sie bewegungslos in Höhlen und am Meeresboden ruhen, als würden sie schlafen.

Sanfter Riese Der größte lebende Fisch, der Walhai (links), wird mit etwa 25 Jahren und 9 m Länge geschlechtsreif. Er zieht durch Indischen Ozean, Pazifik und Atlantik und filtert mit offenem Maul vor allem Plankton aus dem Wasser der Oberfläche.

ALTE MERKMALE

Anders als die kieferlosen Fische (die auch ein Knorpelskelett haben) besitzen Haie, Rochen und ihre engen Verwandten gut entwickelte Kiefer, paarige Nasenlöcher und paarige Brust- und Bauchflossen. Ferner unterscheiden sie sich von den Knochenfischen durch Hautzähnchen und durch Zähne, die ein Leben lang ersetzt werden oder zu ständig wachsenden Knochenplatten verschmolzen sind.

Die Klasse Chondrichthyes, zu der die Knorpelfische gehören, teilt man in zwei Unterklassen. Zu den Elasmobranchiern zählen Haie und Rochen. Die kleinere Gruppe der Holocephali umfasst die verhältnismäßig primitiven Chimären. Diese bizarr aussehenden, am Meeresboden lebenden Fische besitzen nur 1 Kiemenspalte und 4 Kiemen auf jeder Seite des Kopfes. Ihre Haut ist vorwiegend nackt, die Zähne sind zu Platten, der Oberkiefer ist mit dem Schädel verschmolzen.

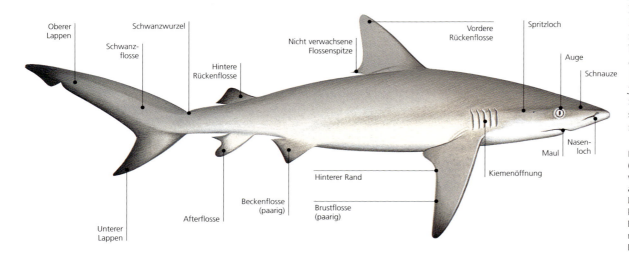

Hai-Anatomie Die Merkmale der Haie (links) haben sich seit der Entstehung kaum verändert. Der stromlinienförmige Körper ist an die räuberische Lebensweise angepasst. Die Flossen sind dick, starr und haben meist keine Stacheln. Alle Haie haben paarige Bauch- und Brustflossen und 2 bis 4 unpaarige After-, Schwanz- und Rückenflossen. Die Kiemenöffnungen sieht man von außen.

KNORPELFISCHE **FISCHE** 455

Gutes Sehvermögen Große Augen auf kurzen Stielen geben diesem Rochen, der auf einem Riff lebt, einen hervorragenden Blick nach vorn und zur Seite.

OBERSEITE

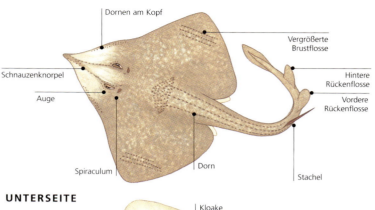

UNTERSEITE

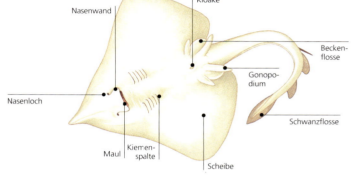

FORTPFLANZUNG

Bei allen Knorpelfischen findet eine innere Befruchtung statt. Männchen haben ein Gonopodium. Dieser steife, flossenähnliche Stab, der sich hinter den Bauchflossen parallel zum Körper erstreckt, wird in die Kloake des Weibchens eingeführt, um das Sperma dort einzuleiten. Je nach Art werden pro Trächtigkeit 2 bis 300 Junge erzeugt.

Die meisten Fische setzen bei der Fortpflanzung auf eine hohe Zahl von Nachkommen und legen manchmal Millionen winziger Eier auf einmal ab, sodass mindestens einige Jungtiere die Geschlechtsreife erreichen. Haie und Rochen haben wenige Nachkommen, investieren aber viel Energie in deren Frühentwicklung. Einige Haie und Rochen legen große, dotterreiche Eier, die den Embryo für Monate ernähren, bis er schlüpft. Bei den meisten bleiben die Jungen im Mutterleib, bis sie nach langer Tragzeit geboren werden. Haie und Rochen kommen als Mini-Version der Eltern auf die Welt.

Die Brutpflege endet fast immer mit der Geburt. Die Jungen vieler Haiarten verlassen ihre Mutter schnell, damit sie nicht von ihr gefressen werden.

Kräftige Schwimmer *Aetobatus narinari*, eine Adlerrochen-Art, ist ein sehr sozialer Fisch, der sich häufig in Gruppen an der Meeresoberfläche aufhält. Er bewegt sich kraftvoll und anmutig durchs Wasser und kann Feinden entkommen, indem er aus dem Wasser springt.

Wanderungen Blauflecken-Stechrochen (*Taeniura lymma*, oben) suchen bei Flut in kleinen Gruppen nach Wirbellosen, die auf Riffen leben. Bei Ebbe schwimmen sie zurück in tiefere Gewässer und verstecken sich unter Felsen und in Höhlen.

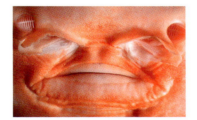

Rochenanatomie Rochen besitzen einen abgeplatteten, scheibenförmigen Körper mit Augen oberseits und einem Maul unterseits (links). Sie haben 5 oder 6 Paare von Kiemenspalten auf der Körperunterseite, die direkt hinter dem Maul liegen. Rochen nehmen das Atemwasser vor allem durch große Öffnungen auf der Kopfoberseite, die Spiracula, auf, mitunter auch zusätzlich durch das Maul. Der lange, dünne Schwanz ist oft mit spitzen Stacheln besetzt, um Feinde abzuwehren. Er dient nicht dem Schwimmen. Der Antrieb erfolgt durch die großen, flügelähnlichen Brustflossen. Schwanz- und Rückenflosse sind oft verkümmert oder fehlen.

HAIE

KL.	Chondrichthyes
UNTERKLASSE	Elasmobranchii
ORDNUNGEN	8
FAMILIEN	31
ARTEN	415

Haie machen zwar weniger als 2% aller lebenden Fischarten aus, spielen aber eine große Rolle im Ökosystem Meer, weil sie an der Spitze der Nahrungskette stehen. Daher kommen sie – verglichen mit den meisten Knochenfischen – in relativ geringer Zahl vor. Dies und eine geringe Fortpflanzungsrate machen Haie besonders anfällig für Überfischung. Die meisten werden mit 6 Jahren geschlechtsreif, manche erst mit 18 Jahren oder später. Sie haben wenige Junge; Embryos durchlaufen vor der Geburt eine lange Entwicklung. Chimären sind mit den Haien verwandt, gehören aber zur Unterklasse Holocephali, zu der 1 Ordnung mit 3 Familien und 37 Arten zählt.

Weite Verbreitung Haie kommen in allen Weltmeeren vor, obwohl nur wenige Arten in polaren Gewässern leben. Die meisten bevorzugen Flachwasserzonen, nur einige wie die Dornhaie leben in großen Tiefen.

Gut geschützt Haieier sind groß und dotterreich. Die taschenförmige Außenschicht besteht aus einem harten, keratinhaltigen Protein und wird bis zu 17 cm lang. In jedem Ei befindet sich ein Embryo, dessen Entwicklung bis zu 15 Monate dauert.

Gruppenbildung Haie bilden keine so streng geordneten Schwärme wie Knochenfische. Aber bei vielen Arten schließen sich die Tiere zusammen. Im Golf von Kalifornien bilden sich tagsüber große Gruppen vorwiegend junger, weiblicher Hammerhaie in Gebieten mit hohem Nahrungsangebot (links).

LEBEN ALS JÄGER

Als aktive Jäger sind die meisten Haie kräftige, flinke Schwimmer. Einige Arten unternehmen auf der Suche nach Nahrung Wanderungen über viele hundert Kilometer. Da ihr Stoffwechsel langsamer abläuft als bei den meisten Fischen, fressen Haie seltener. Trotz ihres Rufes als unbarmherzige Killer jagen sie nur, wenn es nötig ist. Zu ihrer Beute zählen Fische und Wirbellose, größere Haiarten jagen auch Meeresschildkröten und Meeressäuger.

Sie besitzen keine Schwimmblase, aber durch andere Anpassungen verbessern sie Auftrieb und Schwimmvermögen: Das Knorpelskelett ist leichter als Knochen; die große Leber mit dem hohen Ölgehalt sorgt ebenso für Auftrieb. Um nicht zum Meeresboden zu sinken, müssen die Tiere allerdings ständig schwimmen. Haie reduzieren ihren Wasserverlust, indem sie Harnstoff in ihren Geweben ablagern.

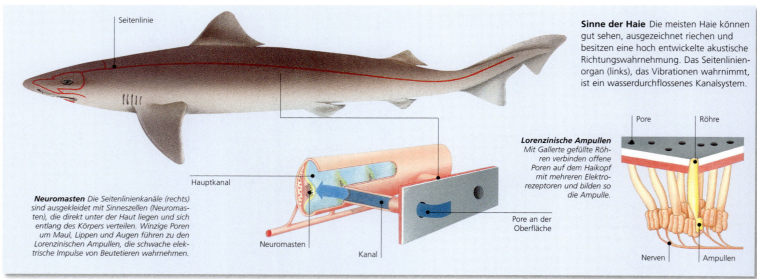

Sinne der Haie Die meisten Haie können gut sehen, ausgezeichnet riechen und besitzen eine hoch entwickelte akustische Richtungswahrnehmung. Das Seitenlinienorgan (links), das Vibrationen wahrnimmt, ist ein wasserdurchflossenes Kanalsystem.

Neuromasten Die Seitenlinienkanäle (rechts) sind ausgekleidet mit Sinneszellen (Neuromasten), die direkt unter der Haut liegen und sich entlang des Körpers verteilen. Winzige Poren um Maul, Lippen und Augen führen zu den Lorenzinischen Ampullen, die schwache elektrische Impulse von Beutetieren wahrnehmen.

Lorenzinische Ampullen Mit Gallerte gefüllte Röhren verbinden offene Poren auf dem Haikopf mit mehreren Elektrorezeptoren und bilden so die Ampulle.

HAIE **FISCHE** 457

Zebrahai
Stegostoma fasciatum

Die Schwanzflosse
ist fast so lang wie
der ganze Hai

Seeratte
Chimaera monstrosa

Männchen haben
einen keulen-
förmigen Fortsatz
auf der Stirn

Breiter, flacher Kopf
und hervortretende
Rippen entlang dem
Körper

Walhai
Rhincodon typus

Die Rückenflossen tragen
Stacheln; der Körper zeigt
schmale, dunkle Streifen

Ohne Schuppen, mit
hervortretender Seitenlinie
und großem Stachel an der
vorderen Rückenflosse

Doggenhai
Heterodontus portusjacksoni

Hydrolagus colliei

Relativ lange Barteln
und winzige Spiracula

Ammenhai
Ginglymostoma cirratum

AUF EINEN BLICK

Walhai Man nimmt an, dass diese riesigen Filtrierer auf ihren Wanderungen
lange Strecken zurücklegen. Manchmal
bilden sie lose Gruppen von 100 oder
mehr Tieren, doch man nimmt an, dass
sie meist als Einzelgänger leben.

Bis 18 m
Bis 20 000 kg
Ovovivipar
Männchen/Weibchen
Gefährdet

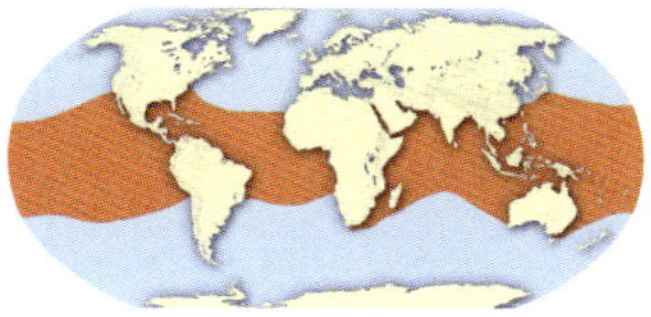

Weltweit, in allen warmen Meeren

HAI-SCHWÄNZE

Bei den Haien erstreckt sich die
Wirbelsäule immer bis in den
oberen, stets etwas größeren Lappen des Schwanzes. Die Schwanzform deutet auf die Lebensweise hin.
Heringshaie, bei denen der untere
Lappen fast so groß ist wie der obere,
schwimmen und beschleunigen rasch.
Die deutliche Asymmetrie beim
Schwanz des Tigerhais zeigt, dass er
langsam schwimmt.

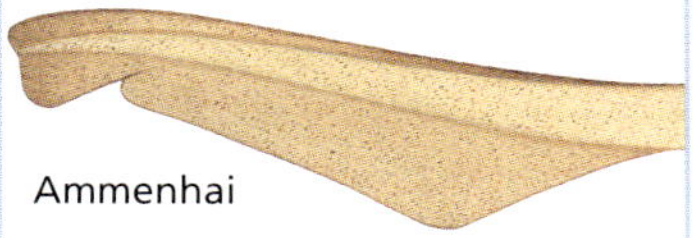

Ammenhai

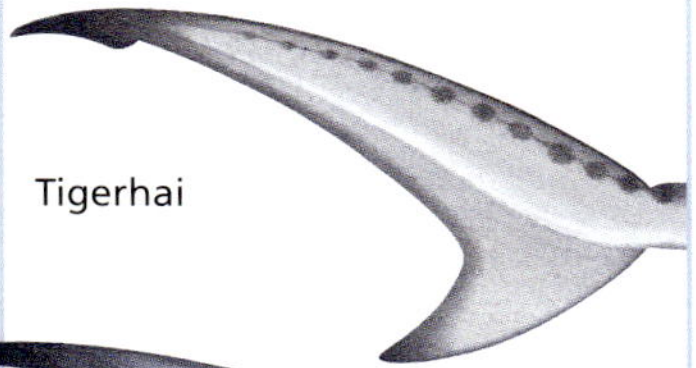

Tigerhai

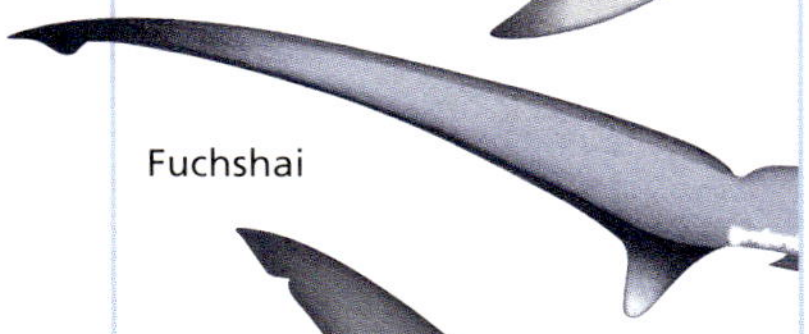

Fuchshai

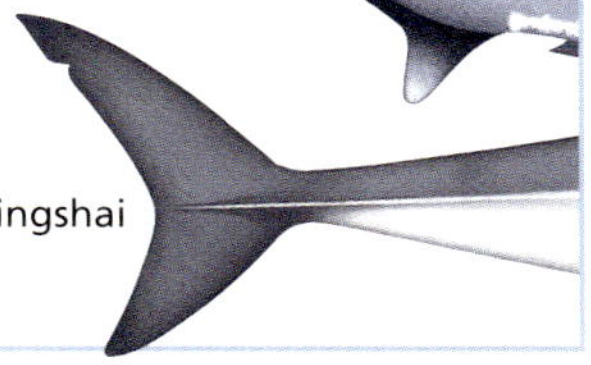

Heringshai

458 FISCHE HAIE

AUF EINEN BLICK

Glatter Hammerhai Er lebt vor allem in Gewässern gemäßigter Zonen und frisst Knochenfische, kleine Haie und Rochen, Krustentiere und Tintenfische.

- Bis 5 m
- Bis 400 kg
- Vivipar
- Männchen/Weibchen
- Weniger gefährdet

Verbreitet in gemäßigten u. tropischen Meeren

Blauhai Das Paarungsverhalten der Blauhai-Männchen ist so aggressiv, dass Weibchen eine doppelt so dicke Haut besitzen wie Männchen, um die Kniffe und Bisse abzufangen.

- Bis 4 m
- Bis 205 kg
- Vivipar
- Männchen/Weibchen
- Weniger gefährdet

Verbreitet in gemäßigten u. tropischen Meeren

ABWEHRVERHALTEN

Bei Gefahr zeigt der Graue Riffhai seine Verteidigungsbereitschaft an, indem er das Maul hebt, die Brustflossen absenkt und den Schwanz zur Seite neigt – dabei ist der Körper angespannt und gebogen. In dieser Haltung schwimmt er mit steigendem Tempo eine Acht, bis er rasch angreift oder flieht.

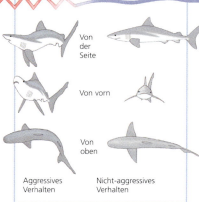

Aggressives Verhalten — Nicht-aggressives Verhalten

Der hintere Rand der Afterflosse ist tief eingekerbt

Der hammerförmige Kopf verbessert die Manövrierfähigkeit und den Beutefang, erhöht wohl auch die Fähigkeiten der Sinne

Glatter Hammerhai
Sphyrna zygaena

Tigerhai
Galeocerdo cuvier

Langer Kopf und große Augen

Blauhai
Prionace glauca

Bullenhai
Carcharhinus leucas

Eine der wenigen Arten, die auch Süßwasser verträgt; man hat Bullenhaie 4200 km amazonasaufwärts gefunden

Südlicher Glatthai
Mustelus mustelus

Abgeflachter Schwanz und lange Afterflosse

Fleckhai
Galeus melastomus

HAIE FISCHE 459

Fuchshai
Alopias vulpinus

Der Fuchshai treibt mit dem langen Schwanz Fische zusammen, betäubt und tötet sie damit

Sandtiger
Carcharias taurus

Riesenhai
Cetorhinus maximus

Zweitgrößter Fisch der Welt, Filtrierer

Weißer Hai
Carcharodon carcharias

Mako
Isurus oxyrinchus

Heringshai
Lamna nasus

Bevorzugt Wasser von unter 18 °C

AUF EINEN BLICK

Sandtiger Die Embryos des Sandtigers fressen einander auf, bis in jeder Gebärmutter nur eines überlebt. Daher haben die Weibchen dieser Art bei jeder Trächtigkeit nur 2 Junge.

- Bis 3,2 m
- Bis 158 kg
- Vivipar
- Männchen/Weibchen
- Gefährdet

Verbreitet in warmen Meeren außer O-Pazifik

Riesenhai Er filtert winzige Tiere aus dem Wasser. Dabei setzt er stündlich die Wassermenge eines Schwimmbeckens mit Olympiamaßen um.

- Bis 9,8 m
- Bis 4000 kg
- Ovovivipar
- Männchen/Weibchen
- Gefährdet

Weltweit in gemäßigten u. tropischen Meeren

VIVIPARE HAIE

Bei einigen Haiarten – darunter Blau- und Hammerhai – werden die sich entwickelnden Jungen wie bei Säugetieren durch Nährstoffe der Mutter ernährt. Die Embryos schlüpfen in den Eileitern und leben zuerst aus dem Dottersack; der leere Dottersack bildet sich zur Plazenta um und verbindet sich mit den Wänden der Gebärmutter. Aus dem Eifaden wird eine »Nabelschnur«, die an den Brustflossen des Embryos ansetzt. Vivipare Haie können je nach Art hunderte von Jungen bei einer Trächtigkeit haben.

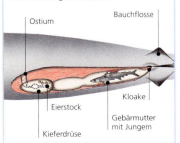

Ostium
Bauchflosse
Eierstock
Kloake
Kieferdrüse
Gebärmutter mit Jungem

MÄCHTIGER BISS

Man glaubt, dass der Weiße Hai, ein tagaktiver Jäger von Fischen, Tintenfischen, Schildkröten und Meeressäugetieren, sehr scharf sieht und über Farbensehen verfügt. Der riesige Fleischfresser verzehrt selten große Mengen. Er unternimmt wohl lange Züge zu seinen bevorzugten Jagdgebieten. Der Weiße Hai ist eine von 27 Haiarten, von denen bekannt ist, dass sie Menschen oder Boote angegriffen haben.

Nachtaktiver Räuber Der Graue Riffhai (*Carcharhinus amblyrhynchos*) hat gesägte dreieckige Zähne. Meist jagt er nachts Fische, Weichtiere und Krustentiere.

Bedrohliches Maul Der Weiße Hai kann mit dem Maul mit den kräftigen Kiefern und dem scharfen Gebiss riesige Fleisch- oder Blubberstücke aus großen Tieren herausreißen. Die Reihen von messerscharfen, dolchförmigen Zähnen sind gesägt und wachsen ständig nach.

Das Maul hebt sich

Der Unterkiefer senkt sich

Der ganze Kiefer schnellt vorwärts

Vorstreckbare Kiefer Wie bei anderen Haien sind auch beim Weißen Hai die Kiefer außen miteinander verbunden, aber hängen nur locker am Schädel. Zu Beginn des Bisses hebt sich das Maul, dann fällt der Unterkiefer und beim Öffnen des Mauls schnellt der ganze Kiefer nach vorn.

Abfalleimer Der Tigerhai (*Galeocerdo cuvier*, links) attackiert und frisst treibenden Müll, wie z. B. Blechdosen.

HAIZÄHNE

Zähne verraten die Lieblingsbeute der Haiarten: Der Weiße Hai hat große dreieckige Zähne mit gesägten Rändern, um Fleisch abzureißen; die abgeflachten hinteren Zähne des Hornhais knacken die Schalen von Wirbellosen; Zähne des Blauhais sind zum Fangen von Fisch fein gezähnt; die nadelspitzen Zähne des Mako halten große, glitschige Beute fest.

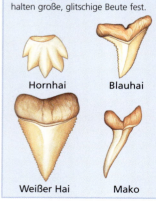

Hornhai Blauhai

Weißer Hai Mako

Hohe Sprünge Man hat beobachtet, dass Weiße Haie in der Umgebung südafrikanischer Robbenkolonien plötzlich kraftvolle, spektakuläre Sprünge ausführen, um die überraschte Beute zu schnappen.

HAIE FISCHE 461

Dornhai
Squalus acanthius

Die Dornen auf der Rückenflosse sind für Menschen leicht giftig

Grauhai
Hexanchus griseus

Spitzkopfsechskiemer
Heptranchias perlo

Krausenhai
Chlamydoselachus anguineus

Ein schlanker aalähnlicher Hai mit 6 Kiemenschlitzen

Nagelhai
Echinorhinus brucus

Der Name kommt von den ungewöhnlich weit vorstehenden dornähnlichen Schuppen, die den Körper bedecken

Gemeiner Meerengel
Squatina squatina

Pristiophorus cirratus

Mit tentakelartigen empfindlichen Barteln, die am Maul hängen, wird Beute im Sediment aufgespürt

AUF EINEN BLICK

Dornhai Er hat eine der längsten Tragzeiten aller Knorpelfische – bis zu 24 Monaten. Mit einer Lebenserwartung von etwa 70 Jahren ist er eine der langlebigsten Haiarten. Meist lebt er im tiefen Wasser, doch mitunter bilden sich Gruppen in flachen Küstengewässern.

- Bis 1,6 m
- Bis 9 kg
- Ovovivipar
- Männchen/Weibchen
- Weniger gefährdet

Weltweit in Meeren gemäßigter Zonen

Gemeiner Meerengel Tagsüber liegt er unter Sediment auf der Lauer – man sieht nur die Augen. Plötzlich packt er seine überraschte Beute, wie Knochenfische, Tintenfische, Rochen und Krustentiere, die über ihm schwimmen.

- Bis 2,4 m
- Bis 80 kg
- Ovovivipar
- Männchen/Weibchen
- Gefährdet

Östlicher N-Atlantik und Mittelmeer

FRESSVERHALTEN DER *ISISTIUS*-ARTEN

Tiere der beiden *Isistius*-Arten halten sich mit ihren Sauglippen an der Beute fest und schneiden mit ihren dreieckigen unteren Zähnen tiefe runde Löcher ins Fleisch. Mit den kleinen hakenförmigen oberen Zähnen hängen sie sich fest. Man vermutet, dass biolumineszente Organe an der Unterseite sie von unten betrachtet wesentlich kleiner aussehen lassen. So werden Möchtegern-Angreifer oft selbst zur Beute. Man weiß von Tieren, die sich an großen Fischen, Meeressäugetieren und sogar Gummi-Sonaren von U-Booten festgesaugt haben.

Große Zähne und sehr kräftige Kiefer

ROCHEN UND VERWANDTE

KL.	Chondrichthyes
UNTERKLASSE	Elasmobranchii
ORDNUNGEN	3
FAMILIEN	13
ARTEN	547

Die Körperform unterscheidet diese Fische von anderen Knorpelfischen. Rochen sind dorsoventral abgeplattet, eine Anpassung an die bodenbewohnende Lebensweise. Die vergrößerten Brustflossen reichen vom Maul bis zur Schwanzwurzel. Zusammen mit dem Körper und oft auch dem Kopf bilden sie eine »Scheibe«, die dreieckig, rund oder rautenförmig ist. Die meisten Rochen nehmen das Atemwasser durch Spiracula auf, Öffnungen oben auf dem Kopf, die oft irrtümlich für Augen gehalten werden. Die Zähne sind häufig plattenartig und dienen zum Zerkleinern der Beute, die von bodenbewohnenden Wirbellosen bis zu pelagischen Fischen reicht.

Meist Bodenbewohner Rochen kommen in den meisten Lebensräumen am Meeresboden vor. Wenige Rochen-Familien leben im offenen Meer. Einige Stachelrochen und Sägefisch-Arten gibt es im Brackwasser der Flussmündungen und in Flüssen und Seen, von den Tropen bis zu den Eismeeren. Die Geigenrochen findet man in den gemäßigten und tropischen Gewässern des Atlantischen, Pazifischen und Indischen Ozeans.

Kluge Fische Rochen sind neugierige, oft soziale Tiere mit einem komplexen Verhaltensmuster. Obwohl man sie meist allein sieht, schließen sich viele Arten zu lockeren Gruppen zusammen, besonders zur Paarung oder für Wanderungen.

Gonopodien (umgebildete Beckenflossen); das männliche Geschlechtsorgan

Brustflosse oder Flügel

Fleischige Flossen, gestützt von hornigen Flossenstrahlen

Typisch Rochen Viele Rochen haben einen dünnen Schwanz mit 2 kleinen Rückenflossen. Die Nase ist oft spitz. Auf der Oberseite trägt der Fisch häufig Dornen. Die Scheibe ist meist rautenförmig.

Außer Sicht Da sich die Spiracula direkt hinter den Augen befinden, können Tiere wie der Nagelrochen (oben) atmen, während sie eingegraben sind. Das Sehvermögen der meisten Rochen ist gut.

GEFÄHRLICHER SCHWANZ

Der Schwanz der Stachelrochen, hier *Dasyatis thetidis*, kann doppelt so lang sein wie der Körper. Die hervorragende Waffe gegen mögliche Feinde ist an der Wurzel dick, aber am Ende peitschenförmig, mit kleinen, spitzen Dornen besetzt und mit 1 oder 2 scharfen, gezähnten, giftigen Stacheln bewehrt. Das Gift ist für Menschen gefährlich.

ROCHEN-VIELFALT

Fast die Hälfte aller Arten gehört zur Familie Rajidae. Sie leben am Boden, legen Eier, haben eine große, flache Scheibe und einen kleinen Schwanz. Auf der Rückenseite sitzen meist Dornen zum Schutz vor Feinden, die Männchen auch zum Festhalten der Weibchen bei der Paarung einsetzen. Obwohl einige Arten eine Länge von 2,4 m erreichen, sind viele kleiner als 1 m. Die meisten bevorzugen flaches Wasser, aber einige hat man schon in Tiefen bis 2750 m gefunden.

Man unterteilt Rochen oft in 4 Hauptgruppen: Zitterrochen, Sägefische, Stachelrochen und Verwandte sowie Geigenrochen.

Sägefische haben ein typisch verlängertes Maul mit »Sägezähnen« am Rand, das bei Adulten bis zu einem Drittel der Körperlänge ausmacht. Damit können sie Beute betäuben und töten. Einige der 7 bekannten Arten erreichen eine Länge von über 7 m.

Zitterrochen betäuben ihre Beute mithilfe eines elektrischen Organs hinter den Augen. Es gibt weltweit über 40 Arten, die alle träge Bodenbewohner sind.

Viele der über 150 Arten Stachelrochen und Verwandten haben einen dünnen Schwanz mit gezähnten Stacheln. Die meisten der kraftvollen Schwimmer sind Bodenbewohner, aber 3 Familien haben sich ans Leben im offenen Meer angepasst. Der größte, der Manta, erreicht eine Spannweite von 7 m. Es gibt etwa 50 Arten von Geigenrochen. Ihr Schwanz ist gut entwickelt, die Scheibe nur schwach oder gar nicht ausgebildet. Sie sind alle ovovivipar und haben mehr haiähnliche Merkmale als die anderen Rochen, wie den gut entwickelten Schwanz mit 2 Rückenflossen.

ROCHEN UND VERWANDTE FISCHE 463

15 bis 20 Paare von Zähnen an der Säge

Sägefisch
Pristis pristis

Große Augenflecken mit blauer Mitte auf der Scheibe

Gefleckter Zitterrochen
Torpedo torpedo

Marmorzitterrochen
Torpedo marmorata

Rhinobatos lentiginosus

Der Ansatz der vorderen Rückenflosse liegt hinter den Beckenflossen

Kopf und Brustflossen bilden eine spatenförmige Scheibe

Rhinoraja odai

Nagelrochen
Raja clavata

Sehr lange zugespitzte Schnauze

Dipturus batis

Bei dieser Art sind die Eihüllen sehr groß: bis zu 25 x 15 cm

AUF EINEN BLICK

Pristis pristis Diese vom Aussterben bedrohte Sägefisch-Art setzt die Säge, die vorn am Kopf angesetzt ist, wie andere Sägefische ein, um Beutetiere, die sich im Sediment verstecken oder in einer Wassersäule schwimmen, zu schlagen oder sich gegen Fressfeinde zu wehren.

- Bis 4,5 m
- Bis 454 kg
- Ovovivipar
- Männchen/Weibchen
- Vom Aussterben bedr.

W- und O-Atlantik, Amazonas

Marmorzitterrochen Der nachtaktive Fisch lähmt seine Beute mit einer Schocktaktik. Der Marmorzitterrochen sendet aus 2 großen elektrischen Organen auf seinem Kopf Stromstöße von bis zu 200 Volt aus.

- Bis 60 cm
- Bis 3 kg
- Vivipar
- Männchen/Weibchen
- Selten

O-Atlantik und Mittelmeer

Dipturus batis Die Eier dieser Art sind wie die anderer Rochenarten in rechteckigen Kollagen-Hüllen geschützt, die mit Keratin verstärkt und mit antibakteriellem Schwefel imprägniert sind.

- Bis 2,85 m
- Bis 113 kg
- Ovipar
- Männchen/Weibchen
- Gefährdet

Östlicher Nordatlantik und W-Mittelmeer

BEWEGUNG IM WASSER

Die meisten Rochen bewegen sich durch senkrechte Wellenbewegungen ihrer Brustflossen durchs Wasser – fast wie flatternde Vögel. Die Zitter- und Geigenrochen dagegen schwimmen haiähnlich – mit seitlichen Bewegungen von Schwanz und Schwanzflossen.

Elegante Schwimmer
Während die Brustflossen auf- und abschlagen, geht eine Wellenbewegung durch den Körper.

464 FISCHE ROCHEN UND VERWANDTE

AUF EINEN BLICK

Dasyatis sabina Nur sehr wenige Hai- und Rochenarten vertragen Süßwasser, doch diese Art kommt in Lebensräumen im Meer, in Flussmündungen und in Flüssen vor. Einige Populationen laichen sogar in Süßwasserseen ab.

- Bis 60 cm
- Bis 4,7 kg
- Ovovivipar
- Männchen/Weibchen
- Regional häufig

W-Atlantik und Golf von Mexiko

Gewöhnlicher Stechrochen Der Giftstachel am Schwanz dieser Art kann bis zu 35 cm lang werden. Gelegentlich wird er abgeworfen, doch wächst ein neuer nach, der ihn ersetzt. Wie die meisten Rochenarten ist auch diese nicht agressiv und flieht lieber als sich Angreifern zu stellen.

- Bis 1,4 m
- Bis 25,4 kg
- Ovovivipar
- Männchen/Weibchen
- Regional häufig

O-Atlantik und Mittelmeer

SCHWANZ MIT STACHEL

Stechrochen sind die größten giftigen Fische. Bei vielen ist der Schwanz mit 1 oder 2 knorpeligen Stacheln ausgestattet. Diese sind meist eingekerbt, sodass scharfe, nach hinten gerichtete Zähne entstehen. Sie liegen in einer dünnen Gewebehülle, damit sie ständig von einer Schicht giftigem Schleim überzogen sind. Das Gift sondern Drüsen an der Wurzel jeden Stachels ab. Wird der Stachel in einen Angreifer gebohrt, reißt die Hülle und setzt das Gift frei.

Starke Waffe Der Stachel ist giftig und kann auch schlimme Verletzungen verursachen.

SCHUTZSTATUS

Sägerochen in Gefahr Alle 7 Sägerochen-Arten (Familie Pristidae) stehen auf der Roten Liste der IUCN: 5 als stark gefährdet und 2 als vom Aussterben bedroht. Sie landen oft als Beifang in den Netzen der kommerziellen Küstenfischerei. Lebensraumzerstörung und Umweltverschmutzung tragen zur Gefährdung bei. Sie werden spät geschlechtsreif und haben wenige Junge, dadurch erholt sich der Bestand nur langsam.

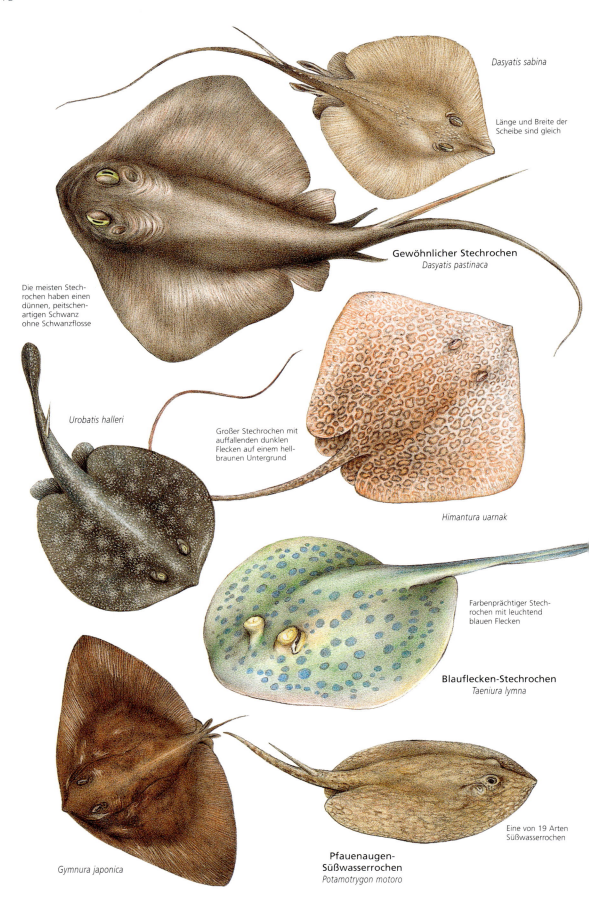

Dasyatis sabina

Länge und Breite der Scheibe sind gleich

Die meisten Stechrochen haben einen dünnen, peitschenartigen Schwanz ohne Schwanzflosse

Gewöhnlicher Stechrochen
Dasyatis pastinaca

Urobatis halleri

Großer Stechrochen mit auffallenden dunklen Flecken auf einem hellbraunen Untergrund

Himantura uarnak

Farbenprächtiger Stechrochen mit leuchtend blauen Flecken

Blauflecken-Stechrochen
Taeniura lymna

Gymnura japonica

Eine von 19 Arten Süßwasserrochen

Pfauenaugen-Süßwasserrochen
Potamotrygon motoro

ROCHEN UND VERWANDTE FISCHE 465

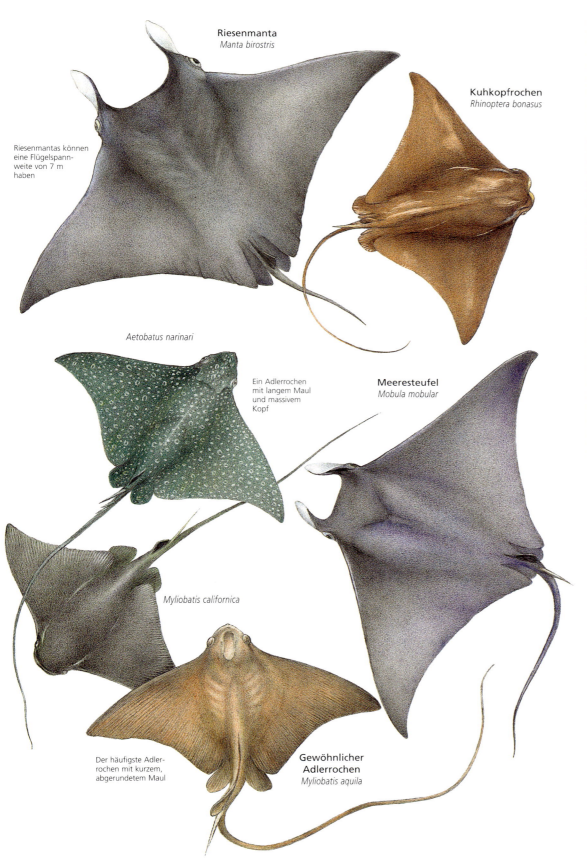

Riesenmanta
Manta birostris

Riesenmantas können eine Flügelspannweite von 7 m haben

Kuhkopfrochen
Rhinoptera bonasus

Aetobatus narinari

Ein Adlerrochen mit langem Maul und massivem Kopf

Meeresteufel
Mobula mobular

Myliobatis californica

Der häufigste Adlerrochen mit kurzem, abgerundetem Maul

Gewöhnlicher Adlerrochen
Myliobatis aquila

AUF EINEN BLICK

Riesenmanta Diese riesigen Rochen schwimmen oft zu »Putzerstationen«, oft an Riffen, wo kleine Fische, Klippfische, sorgfältig ihre äußeren Parasiten entfernen. Man hat Mantas beobachtet, wie sie an solchen Plätzen geduldig warten, bis sie an der Reihe sind.

- Bis 6,7 m
- Bis 3000 kg
- Ovovivipar
- Männchen/Weibchen
- Keine Angabe

Weltweit in tropischen Meeren

Myliobatis californica Vor der Paarung sticht das Männchen Dornen, die um seine Augen stehen, in den Unterkörper des Weibchens. So gelingt es dem Paar leichter mitten im Wasser zur Paarung zusammenzubleiben.

- Bis 1,5 m
- Bis 82 kg
- Ovovivipar
- Männchen/Weibchen
- Häufig

O-Pazifik: Oregon bis zum Golf von Kalifornien

FILTRIERER

Oft sieht man Mantas in großen Bögen nahe der Wasseroberfläche schwimmen. Dadurch sammeln sich vermutlich die kleinen Tiere, die der Filtrierer frisst.

Hilfe beim Fressen Kopflappen vorn am Kopf des Mantas bringen beim Fressen das Plankton ins Maul.

KNOCHENFISCHE

ÜBERKLASSE	Gnathostomata
KLASSEN	2
ORDNUNGEN	48
FAMILIEN	455
ARTEN	24 673

Sowohl bezüglich der Arten- als auch der Individuenanzahl sind die Knochenfische die erfolgreichste Wirbeltiergruppe. Knochenfische traten erstmalig vor 395 Mio. Jahren auf. Fossilfunde belegen, dass die ersten Formen im Süßwasser lebten. Es gibt zwei Entwicklungslinien. Die Fleischflosser (Sarcopterygii) sind heute nur noch mit wenigen Arten vertreten. Sie spielen eine wichtige Rolle in der Evolution, weil ihre Vorfahren sich zu den ersten Tetrapoden – vierbeinige Landwirbeltiere – entwickelten, aus denen alle anderen Wirbeltiere hervorgingen. Die überwältigende Mehrheit der Knochenfische sind jedoch die Strahlenflosser (Actinopterygii).

Erfolgreiche Verbreitung Knochenfische kommen praktisch in jedem Lebensraum im Meer, im Süß- und im Brackwasser auf der ganzen Welt vor, manchmal sogar in ausgetrockneten Gebieten. Die Artenvielfalt nimmt zu den Tropen hin zu und in Richtung auf die Pole ab. Sie ist in Küstennähe am größten und im offenen Meer am geringsten.

Schutz in der Menge Der schillernde Gelbrücken-Füsilier (*Caesio teres*, oben) hat einen länglichen, geschossförmigen Körper. Wie alle Mitglieder der Familie Caesionidae bilden diese Fische riesige, schnell schwimmende Schulen im freien Wasser, die sich tagsüber von Zooplankton ernähren und nachts an den äußeren Hängen von Riffen Schutz suchen. In die Schwärme mischen sich auch manchmal andere Füsilier-Arten.

Harmonische Symbiose Dieser Putzerfisch (*Labroides sp.*, rechts) ernährt sich, indem er den viel größeren Riesenzackenbarsch (*Epinephelus tukula*) von Parasiten befreit. Von dieser Beziehung profitieren beide. Die Pflege durch die Putzerfische wird nicht nur toleriert, sondern viele große Fische suchen sie aktiv auf, auch solche, die normalerweise kleine Fische fressen.

EFFEKTIVE EVOLUTION

Knochenfische zeichnen sich, wie der Name sagt, durch ein leichtes inneres Skelett aus, das ganz oder teilweise durch echte Knochen verstärkt wird.

Die Flossen der Knochenfische sind durch eine komplexere Anordnung von Skelett und Muskeln gestützt als die der Knorpelfische. So können die Knochenfische ihre Schwimmbewegungen gut kontrollieren. Viele können rückwärts schwimmen und sogar mitten im Wasser schweben. Die Manövrierbarkeit wird auch dadurch verbessert, dass sie präzise und schnell den Auftrieb verändern können. Das ermöglicht die gasgefüllte Schwimmblase. Bei einigen Arten ist sie mit der Kehle verbunden und wird über das Maul entleert bzw. gefüllt. Dazu müssen die Fische an der Wasseroberfläche Luft schlucken. Meist gibt es keine Verbindung nach außen und der Schwimmblaseninhalt wird durch den Austausch von Gasen zwischen benachbarten Blutgefäßen kontrolliert.

Da sie Kiemendeckel (Opercula) haben und die Kiemenkammer durch Knochen, die Kiemenhautstrahlen, gestützt wird, können Knochenfische Wasser durch ihre Kiemen pumpen und müssen sich zum Atmen nicht von der Stelle bewegen.

Etwa 90% aller Knochenfische geben ihre Geschlechtszellen ins freie Wasser ab, wo die Befruchtung der Eier und die Verbreitung der Jungfische stattfindet.

Knochenfische bilden oft große organisierte Schwärme. Dabei hilft ihnen das gut entwickelte Seitenlinienorgan und ein ausgezeichnetes Seh- und Hörvermögen. Schwärme verwirren Angreifer, weil einzelne Ziele schwer auszuwählen sind.

KNOCHENFISCHE **FISCHE** 467

Köder Der Kopf des Anglerfisches (unten) ist mit einem Knochenstab und einem fleischigen »Köder« an der Spitze ausgestattet, um Beute anzulocken. Dazu bewegt er ihn hin und her, aber die Strategie funktioniert nicht. Man hat schon Anglerfische ohne Köder gefunden, wohl weil die Beute mitunter mit dem Köder entkommt.

LANGE WANDERUNGEN

Wanderungen sind eine weitere Verhaltensanpassung, die zum Erfolg der Knochenfische beiträgt. Viele Arten unternehmen Massenwanderungen, um unterschiedliche Nahrungsquellen zu nutzen, Feinden zu entfliehen oder sich zu paaren und abzulaichen.

Solche Bewegungen können vertikal über einige hundert Meter von tiefen in flachere Gewässer und zurück erfolgen. Horizontale Wanderungen können jedoch über viele hunderte oder sogar tausende von Kilometern erfolgen. Führt solch eine Wanderung vom Süßwasser ins Meer und zurück, spricht man von anadromen Fischen. Dies ist typisch für die Lachsfische. Die Wanderung vom Meer ins Süßwasser und zurück erfolgt bei katadromen Fischen und ist typisch für Süßwasseraale. Bei Knochenfischen finden häufig Laichwanderungen statt, weil auf diese Weise adulte und Jungtiere unterschiedliche Nischen oder sogar Lebensräume besetzen können.

Knochenfisch-Anatomie Die Kiemen fast aller Knochenfische sind von einem Kiemendeckel bedeckt. Die meisten Arten tragen feine, biegsame Schuppen mit einer dünnen, Schleim absondernden Haut. Die Zähne stehen im Oberkiefer. Die 2 Lappen des Schwanzes sind meist symmetrisch. Die Wirbelsäule endet vor der Schwanzflosse. Die meisten Arten haben mindestens eine Rücken-, eine Afterflosse und paarige Brustflossen. Nur die Männchen lebend gebärender Arten haben äußere Geschlechtsorgane.

Tödliche Lauer Drüsen an der Basis der Flossenstacheln des Rotfeuerfisches (*Pterois volitans*, oben) sondern ein Gift ab, das für Menschen tödlich ist. Die meist als Einzelgänger lebenden, aggressiven Fische verstecken sich am Tag und lauern bei Nacht kleinen Fischen und Krebstieren auf, die sie mit ihren aufgestellten, fächerförmigen Brustflossen in die Enge treiben.

Anstrengende Reise Wie die meisten Thunfischarten unternimmt der Gewöhnliche Thunfisch (*Thunnus thynnus*) in großen Schwärmen weite saisonale Wanderungen. Diese werden ausgelöst durch Laichzeit, Wassertemperatur und Feindaufkommen. Untersuchungen zeigten, dass der Thunfisch im Schnitt mit 65 km/h den Atlantik überquert und dabei 7700 km in nur 119 Tagen zurücklegt.

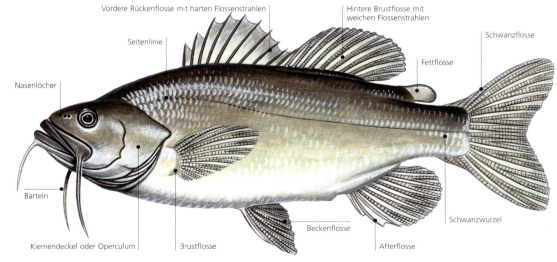

LUNGENFISCHE U. VERWANDTE

KLASSE	Sarcopterygii
UNTERKLASSEN	2
ORDNUNGEN	3
FAMILIEN	4
ARTEN	8

Aus den seit langem ausgestorbenen Vorfahren dieser Gruppe, den Sarcopterygii, entwickelten sich die ersten Landtiere. Nur 9 Lungenfisch- und 2 Quastenflosserarten haben überlebt. Alle besitzen fleischige Flossen mit Skelettstrukturen und Muskulatur, die eher an Gliedmaßen von Vierfüßern erinnern als an die Flossen anderer Fische. Im 19. Jahrhundert ordneten Wissenschaftler daher die Lungenfische den Reptilien und Amphibien zu, bevor sie die richtige Zugehörigkeit erkannten. Lungenfisch-Larven atmen durch Kiemen, Adulte – bis auf eine Art – durch Lungen, sodass sie in Wasser mit niedrigem Sauerstoffgehalt leben können. Es gibt sie in tropischen Flüssen und Seen, die kiemenatmenden Quastenflosser leben ausschließlich im Meer.

Begrenzte Verbreitung Lungenfische kommen nur in Afrika, Südamerika und Australien vor. Eine Quastenflosserart (*Latimeria chalumnae*) lebt in geringer Anzahl vor den Küsten der Komoren im Indischen Ozean. Die andere Art (*Latimeria menadoensis*) entdeckte man 1999 vor Sulawesi in indonesischen Gewässern. Dies sind die beiden einzigen bekannten Orte, an denen Quastenflosser leben.

Trockenzeit überleben *Protopterus annectens* (oben), eine afrikanische Lungenfischart, verbringt die Trockenzeit in einer senkrechten Höhle (rechts), geschützt in einem Kokon aus getrocknetem Schleim. Sie atmet durch eine Röhre, die zur Oberfläche reicht. Auf diese Weise kann sie Jahre überdauern.

⚡ SCHUTZSTATUS

In großer Gefahr Der Quastenflosser *Latimeria chalumnae* steht auf der Roten Liste der IUCN als vom Aussterben bedroht. Man vermutet die größte Population dieser Fische mit nur einigen hundert Exemplaren im Indischen Ozean in der Umgebung der Komoren. Sie werden 1,8 m lang, erreichen spät die Geschlechtsreife und sind langlebig. Sie haben eine Tragzeit von 13 Monaten und bringen lebende Junge zur Welt.

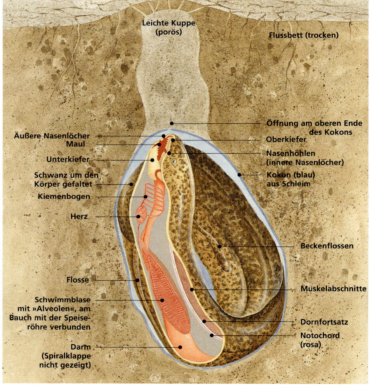

ATEMLUFT

Afrikanische und amerikanische Lungenfische haben 2 Lungen und fadenförmige Brust- und Bauchflossen. Sie laichen zu Beginn der Regenzeit, sodass ihre kiemenatmenden Larven überleben. Adulte überdauern Trockenperioden in Höhlen und nehmen über die Lungen Sauerstoff aus der Luft auf.

Der Australische Lungenfisch hat nur 1 Lunge und paddelförmige Flossen. Er kann Luft atmen, hat aber auch Kiemen und übersteht vollständige Trockenheit nicht.

Lebende Fossilien Quastenflosser galten seit der Zeit der Dinosaurier vor 65 Mio. Jahren als ausgestorben, bis 1938 Fischer vor der Küste von Madagaskar ein Tier der Art fingen.

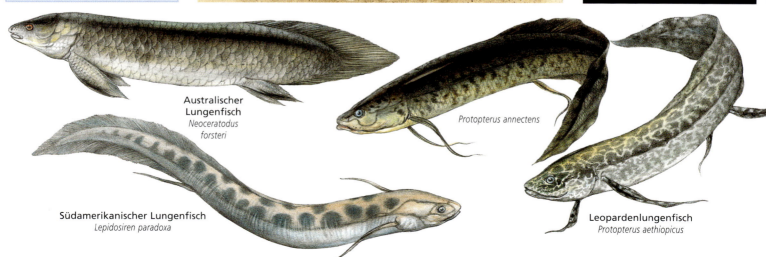

Australischer Lungenfisch
Neoceratodus forsteri

Protopterus annectens

Südamerikanischer Lungenfisch
Lepidosiren paradoxa

Leopardenlungenfisch
Protopterus aethiopicus

STRAHLENFLOSSER **FISCHE** 469

STRAHLENFLOSSER

ASSE Actinopterygii
NTERKL. Chondrostei
RDNUNGEN 2
MILIEN 3
TEN 47

Während des Perms vor 285 bis 245 Mio. Jahren waren die direkten Vorfahren von Fischen wie Stören, Löffelstören, Knochenhechten und Flösselhechten – zusammen als primitive Strahlenflosser bezeichnet – in hoher Art- und Individuenzahl verbreitet. Heute sind die primitivsten Arten der Strahlenflosser nur wenig verbreitet und gelten als Relikte mit urtümlichen Merkmalen. Die meisten besitzen rautenförmige Schuppen, die durch eine Schicht einer emailähnlichen Substanz (Ganoin), die modernen Fischen fehlt, verhärtet sind. Spiraculi und innere Spiralklappen sind häufige Merkmale, die eigentlich eher für Knorpelfische typisch sind. Die meisten haben eine einzelne Rückenflosse und eine mit dem Darm verbundene Schwimmblase, die der Luftatmung dient.

Verbreitung Obwohl Fossilfunde belegen, dass diese Gruppe einst weltweit vorkam, ist sie heute auf Europa, Asien, Afrika und Nordamerika beschränkt. Eine Löffelstör-Art lebt im Osten der USA, eine andere in China. Fossilien von Süßwasser-Flösselhechten (Familie Polypteridae) entdeckte man in Nordafrika. Die heute noch existierenden Arten sind auf das tropische Afrika und das Nilgebiet begrenzt.

Delikatesse Kaviar (unbefruchtete Eier vom Stör) gilt als Symbol für Luxus. Man kann den reifen Weibchen den Rogen abstreifen und sie anschließend wieder aussetzen. Doch zu oft werden die Fische wegen ihres Rogens getötet.

Empfindliches Maul Das verlängerte Maul der Löffelstöre, das halb so lang sein kann wie der Körper, ist empfindlich und trägt zahlreiche Elektrorezeptoren. Löffelstöre leben vorwiegend im Süßwasser und filtern Zooplankton aus dem Wasser. Früher hielt man sie irrtümlich für Haie, doch ihre engsten lebenden Verwandten sind die Störe.

MERKMALE DER STÖRE

Störe erforschte man wegen des wirtschaftlichen Wertes genauer als andere Strahlenflosser. Sie leben im Süßwasser und in Küstengewässern. Sie sind sehr groß, langlebig und brauchen viele Jahre bis zur Geschlechtsreife. Weibchen laichen nur alle paar Jahre.

Wie die Löffelstöre haben Störe mehrere haiähnliche Merkmale: ein partielles Knorpelskelett und einen asymmetrischen Schwanz. Die Wirbelsäule reicht bis in den oberen Schwanzlappen.

Mit den 5 Reihen Knochenplatten entlang dem Körper sind sie einmalig unter den Strahlenflossern. Sie haben eine lange, abgeflachte Schnauze und mehrere tentakelartige Barteln um das auf der Bauchseite liegende Maul.

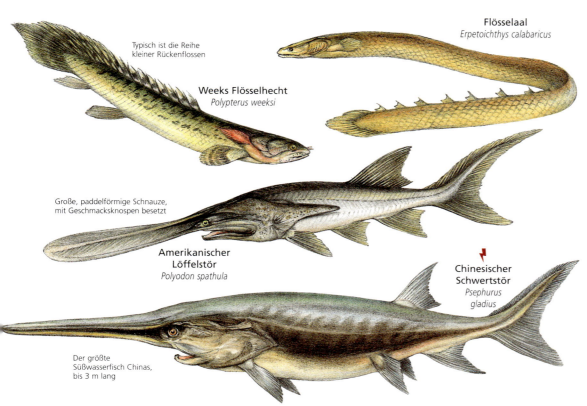

Typisch ist die Reihe kleiner Rückenflossen

Weeks Flösselhecht
Polypterus weeksi

Flösselaal
Erpetoichthys calabaricus

Große, paddelförmige Schnauze, mit Geschmacksknospen besetzt

Amerikanischer Löffelstör
Polyodon spathula

Chinesischer Schwertstör
Psephurus gladius

Der größte Süßwasserfisch Chinas, bis 3 m lang

SCHUTZSTATUS

Weniger Störe Gewinnung von Kaviar, Lebensraumverlust und Überfischung haben seit dem Ende des 20. Jahrhunderts zu einem Rückgang der Störbestände geführt. Die meisten Arten stehen auf der Roten Liste der IUCN, einschließlich 5, die als vom Aussterben bedroht eingestuft werden. Um diesen Rückgang aufzuhalten, unterliegen Störprodukte seit 1998 dem Internationalen Abkommen über den Handel mit bedrohten Tier- und Pflanzenarten.

470 FISCHE FLÖSSELHECHTE UND VERWANDTE

AUF EINEN BLICK

Weißer Stör Dieser größte aller Flussfische in Nordamerika kann eine Länge von bis zu 6 m und ein Gewicht von mehr als 680 kg erreichen. Alle Störarten haben eine sehr hohe Lebenserwartung und bei dieser Art vermutet man, dass sie mindestens 100 Jahre alt werden kann.

- Bis 6 m
- Bis 820 kg
- Ovipar
- Männchen/Weibchen
- Weniger gefährdet

Nordwestliches Nordamerika

Sternhausen Dieser Fisch besitzt alle typischen Merkmale der Störe: 5 Reihen Knochenplatten am Rücken, einen abgeflachten, lang gezogenen Kopf, ein unterseits gelegenes zahnloses Maul, empfindliche fleischige, tentakelartige Auswüchse, die Barteln, vorn am Maul. Störe ziehen diese Barteln über das Sediment am Meeresboden und suchen damit Beute, wie kleine Fische und Wirbellose.

- Bis 2,2 m
- Bis 80 kg
- Ovipar
- Männchen/Weibchen
- Stark gefährdet

Schwarzes, Asowsches u. Kasp. Meer; Adria

Europäischer Hausen Als Kaviarlieferant wird dieser Fisch oft als »teuerster Fisch der Welt« bezeichnet. Sein Rogen ist wegen der Qualität und Quantität sehr gesucht. Ein 4 m langes Weibchen kann bis zu 180 kg liefern.

- Bis 4 m
- Bis 800 kg
- Ovipar
- Männchen/Weibchen
- Stark gefährdet

Becken des Schwarzen u. Kasp. Meeres; Adria

STERLET

Der Sterlet (*Acipenser ruthenus*), ein Stör, der Kaviar liefert, gilt laut IUCN als gefährdet. Er kommt nur in den Zuflüssen des Schwarzen und des Kaspischen Meeres vor. Er überlebt die kalten Wintermonate wie andere Störe in einer Art »Winterstarre« in großer Tiefe, ohne zu fressen. Im Frühjahr ziehen die adulten Tiere zum Ablaichen flussaufwärts.

Reihen von Knochenplatten sind für alle Störe typisch

Adulte Sterlets schwimmen zum Insektenfang kopfunter

5 Reihen von Knochenplatten auf dem Rücken

Weißer Stör
Acipenser transmontanus

Der Kopf ist lang und deutlich v-förmig

Atlantischer Stör
Acipenser oxyrinchus

Baltischer Stör
Acipenser sturio

Das Maul ist klein und röhrenförmig

Die Bauchflossen sitzen weit hinten

Sternhausen
Acipenser stellatus

Europäischer Hausen
Huso huso

Vermutlich der größte Fisch, der auch im Süßwasser lebt

PRIMITIVE NEOPTERYGII **FISCHE** 471

PRIMITIVE NEOPTERYGII

KLASSE Actinopterygii
UNTERKL. Neopterygii
ORDNUNGEN 2
FAMILIEN 2
ARTEN 8

Die Neopterygii sind eine von 2 existierenden Fischgruppen mit Strahlenflossen. Sie stammen von frühen Fischen ab – vermutlich den Knorpelganoiden –, die vor 250 Mio. Jahren lebten. Diese besaßen im Vergleich zu ihren Vorgängern ein beweglicheres Maul, einen kompakteren Schwanz und eine einfachere Flossenstruktur. So konnten sie besser fressen und schwimmen. Aus ihnen entstanden die Knochenfische, zu denen die meisten gegenwärtigen Fischarten gehören. Merkmale der frühesten Neopterygii sieht man heute noch bei den Vertretern dieser Gruppe: dem Schlammfisch und den 7 Arten Knochenhechten, lauter wendige und gefräßige Fleischfresser.

Bewohner der nördlichen Halbkugel
Der Schlammfisch ist auf Süßwasserseen im gemäßigten östlichen Nordamerika beschränkt. 5 Knochenhecht-Arten kommen im östlichen Nordamerika vor. Die 2 weiteren Arten leben in Mittelamerika.

ALTE FISCHE

Knochenhechte und Schlammfisch haben eine längliche Körperform, einen relativ kurzen Schwanz ähnlich dem der Haie und zahlreiche scharfe Zähne. Sie leben meist in Sümpfen und Altwässern, wo sie auch bei geringem Sauerstoffgehalt überleben, weil sie durch lungenähnliche Gasblasen Luft atmen können. Knochenhechte haben primitive rautenförmige Schuppen, während Schlammfische runde Schuppen haben, wie die meisten Fische.

Räuberischer Fleischfresser Der Schlanke Knochenhecht (oben) lauert, wie die anderen lebenden Knochenhechte, im Versteck anderen Fischen oder Krustentieren auf. Er kann sehr stark beschleunigen. Bewaffnet ist er mit langen Reihen scharfer Zähne in einem verlängerten »Schnabel«.

Leben im Sumpf Wie andere Angehörige der Ordnung Semionotiformes ist *Atractosteus spatula* (oben) ein aggressiver Fleischfresser, der sich langsam durch sauerstoffarme sumpfige Gewässer bewegt. Er wird bis zu 3 m lang und ist damit die längste der 7 Arten.

Kurznasenknochenhecht
Lepisosteus platostomus

Schlanker Knochenhecht
Lepisosteus osseus

Nicht überlappende rautenförmigen Schuppen

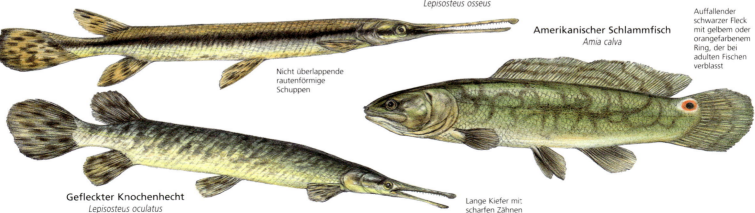

Geflechter Knochenhecht
Lepisosteus oculatus

Amerikanischer Schlammfisch
Amia calva

Auffallender schwarzer Fleck mit gelbem oder orangefarbenem Ring, der bei adulten Fischen verblasst

Lange Kiefer mit scharfen Zähnen

KNOCHENZÜNGLERARTIGE

KLASSE Actinopterygii
UNTERABTEILUNG Osteoglossomorpha
ORDNUNG Osteoglossiformes
FAMILIEN 6
ARTEN 221

Diese Fische gelten als die primitivsten der modernen Knochenfische. Der Begriff Knochenzüngler beschreibt ein Merkmal, das allen Tieren dieser Gruppe gemeinsam ist: gut entwickelte, zahnähnliche Knochen an der Zunge, die gegen die Zähne im Gaumen beißen. Bis auf dieses Charakteristikum – und die Tatsache, dass alle im Süßwasser leben, obwohl Fossilfunde darauf hindeuten, dass ausgestorbene Arten im Brackwasser lebten – zeigt diese Fischgruppe eine große Vielfalt an Formen und Verhaltensweisen. Es gibt sie auf allen Kontinenten außer Europa und der Antarktis. Die meisten Arten, kommen in Afrika vor, in Nordamerika findet man nur 1 Familie mit 2 Arten.

In den Tropen heimisch Knochenzüngler kommen in Südamerika, Afrika, Australien, Malaysia, auf den Inseln Borneo und Sumatra, in Thailand und auf Neuguinea vor. Messerfische gibt es nur in Asien und Afrika. Alle Nilhecht-Arten leben in Afrika.

Seltsamer Kopf Der Gabelbart (rechts) zeigt ein typisches Erscheinungsbild. Er hat 2 nach vorn weisende Barteln am Kinn und ein taschenartiges Maul, bei dem sich der Unterkiefer fast senkrecht öffnet.

Wendiger Schwimmer Mit wellenförmigen Bewegungen seiner langen Afterflosse kann der Schwarze Messerfisch (*Xenomystus nigri*, oben) genauso leicht rückwärts wie vorwärts schwimmen.

SÜSSWASSERFISCHE

Die Unterabteilung Knochenzünglerartige teilt sich in 3 große Gruppen. Knochenzüngler reichen vom kleinen Schmetterlingsfisch, der dank der gut entwickelten Brustflossen durch die Luft zu gleiten scheint, bis zum Arapaima, einem der größten Süßwasserfische.

Messerfische haben fast keine Schwanzflosse, die Afterflosse reicht über drei Viertel der Körperlänge.

Zu den Nilhechten, der dritten Gruppe, gehören Arten mit verlängerter rüsselähnlicher Schnauze. Bei diesen Fischen unterscheidet sich bei den Geschlechtern die Form der Afterflosse. Laichende Paare legen diese Flossen wohl als eine Art Gefäß zusammen, in das Eier und Sperma abgegeben werden.

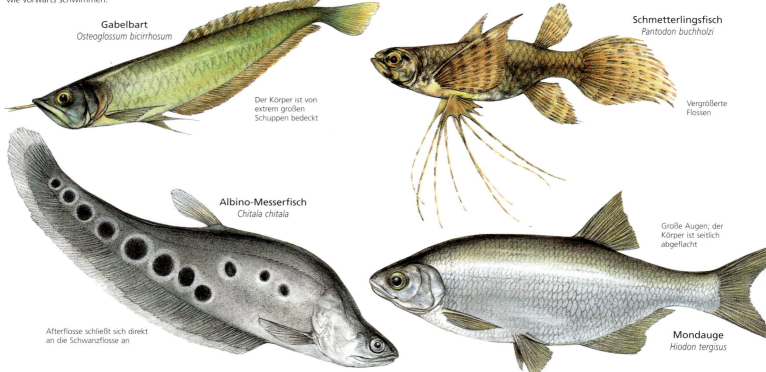

Gabelbart
Osteoglossum bicirrhosum

Der Körper ist von extrem großen Schuppen bedeckt

Schmetterlingsfisch
Pantodon buchholzi

Vergrößerte Flossen

Albino-Messerfisch
Chitala chitala

Afterflosse schließt sich direkt an die Schwanzflosse an

Mondauge
Hiodon tergisus

Große Augen; der Körper ist seitlich abgeflacht

KNOCHENZÜNGLERARTIGE **FISCHE** 473

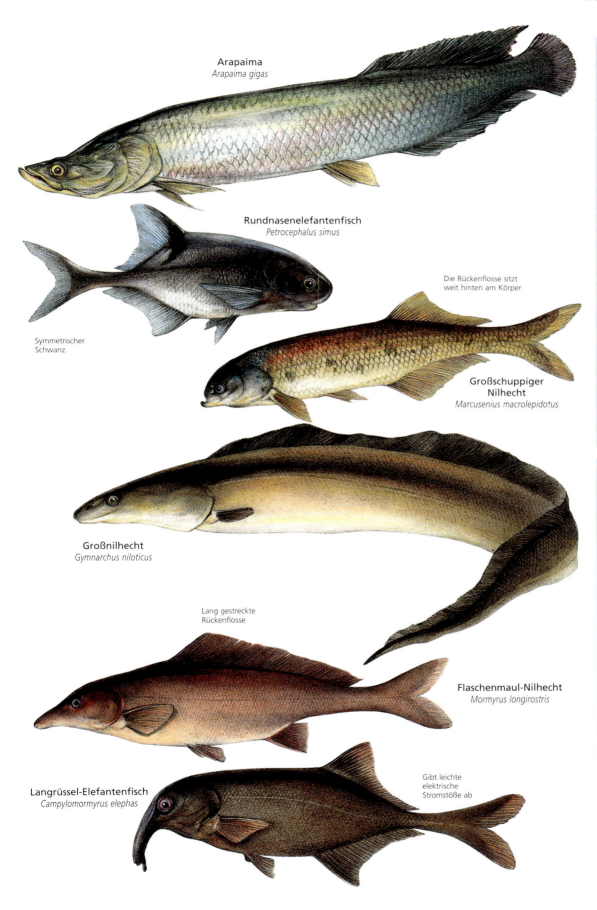

Arapaima
Arapaima gigas

Rundnasenelefantenfisch
Petrocephalus simus

Die Rückenflosse sitzt
weit hinten am Körper

Symmetrischer
Schwanz

Großschuppiger
Nilhecht
Marcusenius macrolepidotus

Großnilhecht
Gymnarchus niloticus

Lang gestreckte
Rückenflosse

Flaschenmaul-Nilhecht
Mormyrus longirostris

Langrüssel-Elefantenfisch
Campylomormyrus elephas

Gibt leichte
elektrische
Stromstöße ab

AUF EINEN BLICK

Arapaima Diese riesige Art ist einer der größten Süßwasserfische. Die Brutpflege ist bei Männchen und Weibchen gut entwickelt und beginnt mit dem Bau eines Nests für die gleichzeitige Ablage von bis zu 50 000 Eiern. Wenn die reifenden Embryos geschlüpft sind, werden sie von den Eltern ebenso bewacht wie die frei schwimmende Brut.

- Bis 4,5 m
- Bis 200 kg
- Ovipar
- Männchen/Weibchen
- Keine Angabe

Nördliches Südamerika

Großnilhecht Diese Art unterscheidet sich von allen anderen Tieren in ihrer Gruppe, weil sie weder eine Schwanz- noch eine After- oder Beckenflosse besitzt. Dafür erstreckt sich die Rückenflosse über einen Großteil des Körpers und kann bis zu 1,5 m lang sein.

- Bis 1,7 m
- Bis 18 kg
- Ovipar
- Männchen/Weibchen
- Häufig

Nördliches und nordwestliches Zentralafrika

GROSSES GEHIRN

Das verlängerte »Kinn« sucht
im schlammigen Sediment
nach Nahrung

Elefantenfische besitzen ein großes Gehirn – im Verhältnis zur Körpergröße so groß wie das menschliche Gehirn. Man hält sie für lernfähig. Vor allem das Kleinhirn ist gut entwickelt. Dort wird die Information verarbeitet, die sie mit ihrem elektrischen Organ aufnehmen. Sie können schwache Stromstöße erkennen und selbst produzieren sowie ein Feld elektrischer Spannung um ihren Körper schaffen. So orientieren sie sich im schlammigen Flusswasser oder bei Nacht.

SCHUTZSTATUS

Von den 221 Arten der Ordnung Osteoglossiformes stehen 4 auf der Roten Liste der IUCN, und zwar unter den folgenden Gefährdungsgraden:

- 1 Gefährdet
- 2 Weniger gefährdet
- 1 Keine Angabe

474 FISCHE AALARTIGE

AALARTIGE

KLASSE	Actinopterygii
UNTERABTEILUNG	Elopomorpha
ORDNUNGEN	5
FAMILIEN	24
ARTEN	911

Viele der mehr als 900 Arten, die in dieser Fischgruppe zusammengefasst sind, scheinen zunächst nicht den länglichen, schlangenartigen Tieren zu ähneln, die den meisten Leuten bei dem Begriff Aal in den Sinn kommen. Doch alle teilen den Lebensbeginn als Weidenblatt-Larve. Diese durchsichtigen, bandförmigen Organismen treiben bis zu 3 Jahre im Meer, bevor sie sich zu Jungtieren wandeln, die der adulten Form gleichen. Diese vorwiegend im Meer lebende Gruppe teilt sich in 3 Hauptgruppen: Aale wie Muränen, Meeraale und Süßwasseraale; Tarpune, Frauenfische und Grätenfische sowie die eigenartigen Sackmaulähnlichen.

Weite Verbreitung Die meisten Aale leben in tropischen und subtropischen Meeren, obwohl einige Arten der Familie Anguillidae auch den Großteil ihres Lebens im Süßwasser gemäßigter Breiten verbringen. Tarpune und ihre engsten Verwandten leben vorwiegend in warmen Küstengewässern und Flussmündungen. Tiefseeaale leben in Meerestiefen bis 4900 m. Auch die Sackmaulähnlichen findet man weltweit in der Tiefe der Ozeane.

VIELFÄLTIGE FORMEN

Mit mehr als 700 Arten sind die Aale die weitaus größte Gruppe unter den Aalartigen. Ihre Körperform ist lang gezogen und allen fehlen Becken- und Brustflossen. Die Stromlinienform weist auf eine grabende Lebensweise hin und erlaubt wendige Bewegungen in Löchern der Korallenriffregion.

Erwachsene Tarpune, Gräten- und Frauenfische besitzen große metallische Schuppen, gegabelte Schwänze und typische Fischform. Die beiden ersten Gruppen sind bei Sportanglern beliebt.

Die langen, schuppigen Tiefseeaale fressen langsame bodenbewohnende Wirbellose. Die Sackmaulähnlichen haben lange, schuppenlose Körper. Ein riesiges Maul und ein äußerst dehnbarer Magen erlauben seltene große Mahlzeiten.

Eigenartig, aber häufig
Hawaiische Wissenschaftler haben herausgefunden, dass Muränen fast die Hälfte aller Fleisch fressenden Tiere an Riffen ausmachen.

Grimmige Gesichter Viele Muränen, wie hier die Drachenmuräne (*Enchelycore pardalis*, oben), haben breite Kiefer mit großen scharfen Zähnen. Diese Art hat eine röhrenförmige Nase. Bei Muränen sind auffallende Zeichnungen häufig; diese dienen ihnen in ihrem Lebensraum (tropischen Riffen) als Tarnung. Es gibt mehr als 200 Arten dieser vorwiegend nachtaktiven Familie von Fleischfressern. Sie besitzen relativ kleine Augen und sehen schlecht. Beute orten sie mit ihrem guten Geruchssinn.

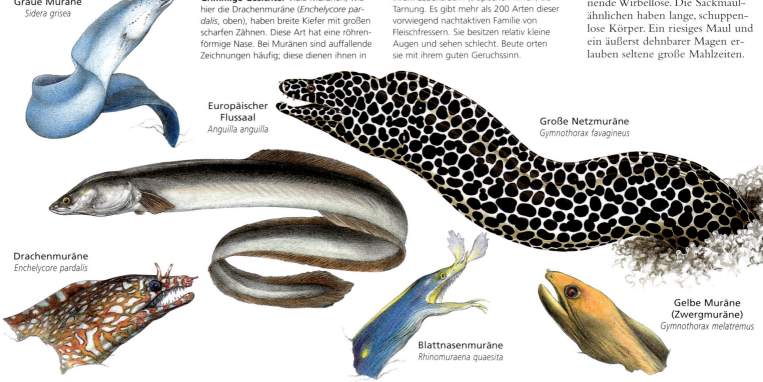

Graue Muräne
Sidera grisea

Europäischer Flussaal
Anguilla anguilla

Große Netzmuräne
Gymnothorax favagineus

Drachenmuräne
Enchelycore pardalis

Blattnasenmuräne
Rhinomuraena quaesita

Gelbe Muräne (Zwergmuräne)
Gymnothorax melatremus

AALARTIGE **FISCH** 475

Tarpun
Megalops atlanticus

Der letzte Strahl der Rückenflosse ist stark verlängert

Ochsenauge
Megalops cyprinoides

Der Unterkiefer steht deutlich vor

Frauenfisch
Elops saurus

Grätenfisch
Albula vulpes

Der Oberkiefer ist länger als der Unterkiefer

Albula nemoptera

AUF EINEN BLICK

Tarpun Dieser Fisch taucht häufig in wahren Riesenexemplaren im Anglerlatein auf. Er ist eine Herausforderung für Sportfischer, weil er sehr hart und oft stundenlang kämpft. Während dieses Kampfes kann er plötzlich hoch aus dem Wasser herausschnellen.

- Bis 2,4 m
- Bis 135 kg
- Ovipar
- Männchen/Weibchen
- Häufig

Karibisches Meer, W- und O-Atlantik

Ochsenauge Wie sein naher Verwandter, der Tarpun, kann auch das Ochsenauge in sauerstoffarmem Wasser Luft atmen – man sieht es an der Wasseroberfläche Luft schlucken. Probleme hat es bei niedrigeren Temperaturen. Massensterben können auftreten, wenn das Wasser plötzlich kälter wird.

- Bis 1,5 m
- Bis 18 kg
- Ovipar
- Männchen/Weibchen
- Häufig

Indischer Ozean, W-Pazifik

Grätenfisch Er lebt in Küstengewässern, darunter auch Flussmündungen und Mangrovesümpfen. Oft sammeln sich Grätenfische in Schwärmen von bis zu 100 Tieren. Sie besitzen einen schlanken torpedoähnlichen Körper und eine kegelförmige Schnauze, mit der sie im Boden nach ihrer Beute, meist Wirbellosen, graben.

- Bis 1 m
- Bis 10 kg
- Ovipar
- Männchen/Weibchen
- Häufig

Weltweit in warmen Meeren

KRÄFTIGER BISS

Wie andere Muränen besitzt die Perlenmuräne (*Gymnothorax meleagris*) große Eckzähne und kräftige Kiefer. Fühlen Muränen sich bedroht, beißen sie auch Taucher, aber meist richten sie ihre Aggressionen auf ihre Beute.

Muränen haben kleine Augen und sehen schlecht

476 FISCHE AALARTIGE

AUF EINEN BLICK

Meeraal Der lang gestreckte, schuppenlose, nachtaktive Raubfisch kann beträchtliche Ausmaße erreichen. Jungtiere leben an Felsen und über sandigem Meeresboden in Küstennähe; erwachsene Tiere kommen in tieferen küstenferneren Gewässern vor. Die Tiere pflanzen sich nur einmal im Leben fort: Dabei kann das Weibchen bis zu 8 Mio. Eier legen.

- Bis 2,8 m
- Bis 65 kg
- Ovipar
- Männchen/Weibchen
- Häufig

O-Atlantik, Mittelmeer, Schwarzes Meer

Pelikanaal Wie alle Sackmäuler hat er ein stark vergrößertes Maul, eine dehnbare Mundhöhle und einen Magen, der sich bis zu zwei Drittel der Größe des gesamten Tiers weiten kann: lauter Anpassungen an unregelmäßige große Happen von Wirbellosen und Fischen. Er lebt in Tiefen von 500 bis 7500 m. Am Schwanz trägt er ein Leuchtorgan.

- Bis 1 m
- Bis 900 g
- Ovipar
- Männchen/Weibchen
- Häufig

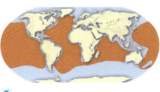

Verbreitet in gemäßigten u. tropischen Meeren

AALGÄRTEN

Mindestens 20 Meeraal-Arten verbringen ihr Leben als Jungtiere und Adulte dauerhaft im Meerboden verankert in Kolonien – manchmal mit tausenden von Tieren. Die Köpfe schwingen hin und her und nehmen Plankton auf. Diese Aalgärten gibt es in Tiefen von bis zu 300 m. Fühlen sich die Tiere bedroht, ziehen sie sich in ihre mit Schleim ausgekleideten Baue zurück.

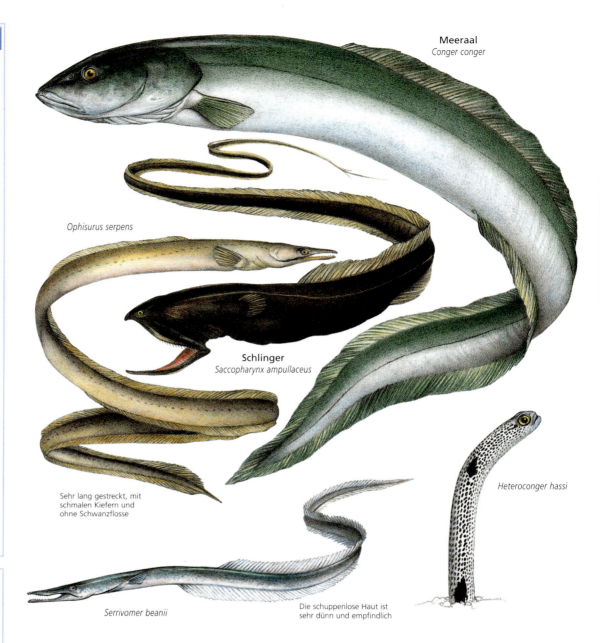

Meeraal
Conger conger

Ophisurus serpens

Schlinger
Saccopharynx ampullaceus

Heteroconger hassi

Sehr lang gestreckt, mit schmalen Kiefern und ohne Schwanzflosse

Serrivomer beanii

Die schuppenlose Haut ist sehr dünn und empfindlich

Pelikanaal
Eurypharynx pelecanoides

Langer, sich verjüngender Schwanz, riesiges Maul und große Speiseröhre

Zylindrischer Körper mit einem dicken, stumpfen Kopf und einem kleinen Maul

Stumpfnase
Simenchelys parasitica

GEHEIMNISVOLLES LEBEN VON SÜSSWASSERAALEN

Erst gegen Ende des 19. Jahrhunderts entdeckten Forscher die Wahrheit über den Lebenszyklus des Europäischen Flussaals (*Anguilla anguilla*) und seines Verwandten, des Amerikanischen Aals (*Anguilla rostrata*). Man weiß heute zwar, dass beide Arten in der Sargassosee laichen, kennt aber nicht den genauen Platz. Nach einem jahrzehntelangen Leben legen sie bis zu 11 250 km zurück, um es zu beenden. Europäische und Amerikanische Aale leben weitgehend im Süßwasser, bevor sie zum Ablaichen und Sterben in die Sargassosee zurückkehren.

Kleine Anfänge Europäische Flussaale sind 5 bis 10 cm lang, wenn sie nach mehrjährigem Treiben im Ozean endlich die Flussmündungen erreichen, die ihnen den Weg zu ihrem Süßwasser-Lebensraum als Adulte öffnet.

Spiegelbildlich Erwachsene Europäische Flussaale leben in ganz Europa und in Teilen Nordafrikas im Süßwasser. Ihr Lebenszyklus (unten) ist ein Spiegelbild desjenigen der amerikanischen Art, deren erwachsene Tiere im Süßwasser an der Ostküste Nordamerikas leben. Forschungen zeigen, dass der Bestand beider Arten seit den 1970er-Jahren stark abgenommen hat. Die Zahl der Europäischen Aale ist vermutlich durch Überfischung, Umweltverschmutzung, Krankheiten und Lebensraumzerstörung um mehr als 90 % zurückgegangen.

Silbrige Fische Erwachsene Europäische Flussaale leben in Flüssen, die zum Nordatlantik, zur Ostsee und zum Mittelmeer fließen. Weibchen werden mit 9 bis 20 Jahren geschlechtsreif, Männchen mit 6 bis 12 Jahren.

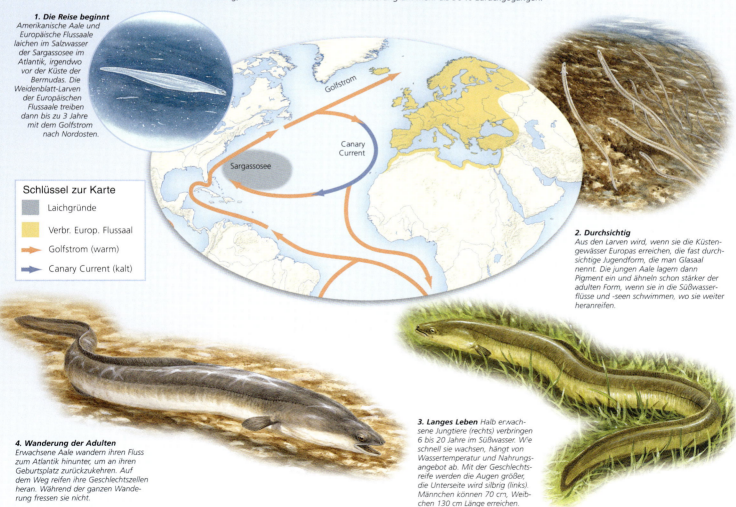

1. Die Reise beginnt Amerikanische Aale und Europäische Flussaale laichen im Salzwasser der Sargassosee im Atlantik, irgendwo vor der Küste der Bermudas. Die Weidenblatt-Larven der Europäischen Flussaale treiben dann bis zu 3 Jahre mit dem Golfstrom nach Nordosten.

Schlüssel zur Karte
- Laichgründe
- Verbr. Europ. Flussaal
- Golfstrom (warm)
- Canary Current (kalt)

2. Durchsichtig Aus den Larven wird, wenn sie die Küstengewässer Europas erreichen, die fast durchsichtige Jugendform, die man Glasaal nennt. Die jungen Aale lagern dann Pigment ein und ähneln schon stärker der adulten Form, wenn sie in die Süßwasserflüsse und -seen schwimmen, wo sie weiter heranreifen.

3. Langes Leben Halb erwachsene Jungtiere (rechts) verbringen 6 bis 20 Jahre im Süßwasser. Wie schnell sie wachsen, hängt von Wassertemperatur und Nahrungsangebot ab. Mit der Geschlechtsreife werden die Augen größer, die Unterseite wird silbrig (links). Männchen können 70 cm, Weibchen 130 cm Länge erreichen.

4. Wanderung der Adulten Erwachsene Aale wandern ihren Fluss zum Atlantik hinunter, um an ihren Geburtsplatz zurückzukehren. Auf dem Weg reifen ihre Geschlechtszellen heran. Während der ganzen Wanderung fressen sie nicht.

478 FISCHE HERINGSFISCHE

HERINGSFISCHE

ABTEILUNG Teleostei
UNTERABTEILUNG Clupeomorpha
ORDNUNG Clupeiformes
FAMILIEN 5
ARTEN 378

Zu dieser Gruppe mit 378 Arten gehören einige der für den Fischfang wichtigsten Arten, darunter Heringe, Sardinen, Sardellen und Alsen. Die meisten leben im Meer und filtern sich Plankton aus dem Wasser. Sie bilden große Schwärme. In Küstengewässern sind sie stärker verbreitet als im offenen Meer. Meist laichen sie in küstennahen Gewässern unter der Oberfläche ab; das Ablaichen geschieht in bestimmten Jahreszeiten. Weibchen produzieren in riesiger Zahl kleine Eier, die sich zu Larven entwickeln und als solche viele Monate in Oberflächenströmungen treiben, bevor die Metamorphose zur Jugendform stattfindet. Einige Arten unternehmen als Erwachsene unglaubliche Züge über viele tausend Kilometer, die jahrelang dauern.

Küstennähe bevorzugt Heringsfische leben vor allem auf der Nordhalbkugel. Die meisten adulten Tiere fressen entlang der Küsten in tropischen und gemäßigten Meeren, doch mehr als 70 Arten leben auch in Süßwasser-Flüssen und -Seen. Nur wenige Arten leben im offenen Meer, in den Polarmeeren oder in der Tiefsee gibt es überhaupt keine. Jahreszeitliche Wanderungen zu den Laichgründen sind häufig.

In Schulen Die Ausläufer der Schwimmblase bei allen Heringsfischen erstrecken sich bis ins Innenohr. Man vermutet, dass dies ihre Fähigkeit, Töne mit niedriger Frequenz zu hören, verbessert: So wäre es möglich, dass sie das Schlagen der Schwanzflossen hören und dadurch auch besser Schulen bilden können. Bei Larven, die alt genug sind, um eine Schwimmblase zu besitzen, nimmt man an, dass sie diese nur aufblasen und nachts in Wassersäulen aufsteigen.

HOCH- UND TIEFZEITEN
Heringsfische sind bekannt dafür, dass sie in manchen Jahren extrem hohe Sterblichkeitsraten haben – oft bis 99% –, teilweise weil sie zu allen Zeiten ihres Lebens vielen Feinden zum Opfer fallen. Als adulte Tiere sind sie anfällig für Schwankungen im Nahrungsangebot.

Doch die meisten Arten haben zum Ausgleich sehr hohe Fortpflanzungsraten und erreichen bereits sehr jung die Geschlechtsreife (meist bereits bevor sie 3 Jahre alt sind). Daher erholen sich die Populationen sehr schnell wieder in vollem Umfang, wenn die äußeren Bedingungen gut sind.

Die Heringsfische haben großen Anteil an der gesamten Biomasse (der Gesamtheit der Tiere) im maritimen Lebensraum und bilden in vielen Nahrungsketten im Wasser ein entscheidendes Glied.

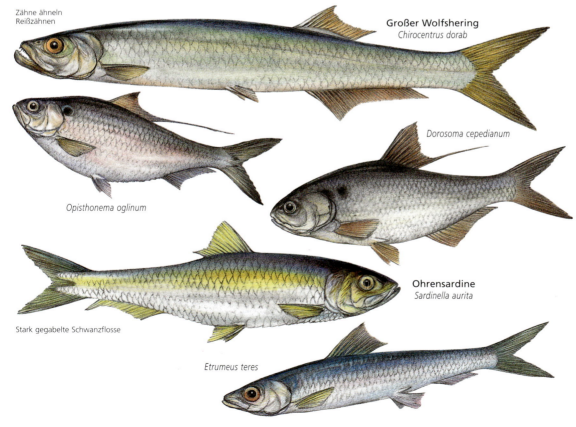

Zähne ähneln Reißzähnen

Großer Wolfshering
Chirocentrus dorab

Opisthonema oglinum

Dorosoma cepedianum

Ohrensardine
Sardinella aurita

Stark gegabelte Schwanzflosse

Etrumeus teres

Typisch Fisch Heringe stellen sich die meisten Leute vor, wenn von Fischen die Rede ist: klein – die meisten werden nicht einmal 30 cm lang –, stromlinienförmig und Schulen bildend, mit großen silbernen Flossen und gegabelten Schwänzen.

HERINGSFISCHE **FISCHE** 479

Alse
Alosa alosa

Der Unterkiefer steht bei geschlossenem Maul kaum vor

Amerikanische Alse
Alosa sapidissima

Die runden Schuppen fallen leicht ab

Atlantischer Hering
Clupea harengus

Deutlich erhöhte Streifen auf den Kiemendeckeln

Pilchard
Sardina pilchardus

Kerbe in der Mitte des Oberkiefers und erhöhte Streifen auf dem Kiemendeckel

Südamerikanische Sardine
Sardinops sagax

Südamerikanische Sardelle
Engraulis ringens

Erhöhter Streifen aus veränderten Schuppen vor der Rückenflosse

Große Schuppen am Bauch; die Schwanzflosse ist stark gegabelt

Brevoortia tyrannus

Sprott
Sprattus sprattus

AUF EINEN BLICK

Amerikanische Alse Erwachsene Amerikanische Alsen verbringen ihr Leben weitgehend in Küstengewässern oder Brackwasser. Sie wandern jedoch ohne zu fressen in die Bäche und Flüsse im östlichen Nordamerika, um abzulaichen. Jedes Weibchen legt an einem Abend bis zu 600 000 Eier ab. Die Art gilt als größte unter allen Alsen. Ihr Rogen ist hoch geschätzt.

- Bis 76 cm
- Bis 5,4 kg
- Ovipar
- Männchen/Weibchen
- Häufig

Nordamerika

Atlantischer Hering Manchmal wird er im *Guinness Book of World Records* als häufigste Fischart der Welt geführt. Man hat schon beobachtet, dass er in 27 km langen Schulen von Millionen von Tieren unterwegs war. Schulen dieser Art unternehmen täglich senkrechte Wanderungen. Bei Tageslicht halten sie sich meist am Meeresboden auf. Nachts steigen sie zum Fressen auf, meist verzehren sie Plankton.

- Bis 43 cm
- Bis 680 g
- Ovipar
- Männchen/Weibchen
- Häufig

Nordatlantik

Südamerikanische Sardelle Dieser Fisch wurde im Verlauf der Geschichte wohl stärker abgefischt als irgendein anderer; es gab Jahre, in denen 10 Mio. Tonnen gefangen wurden. Durch zeitweilige Überfischung wurden die natürlichen Schwankungen im Bestand noch verstärkt.

- Bis 20 cm
- Bis 60 g
- Ovipar
- Männchen/Weibchen
- Häufig

Küste des westlichen Südamerika

SCHUTZSTATUS

Alsen Zu den 12 Heringsfischen auf der Roten Liste der IUCN zählt die stark gefährdete Alabama-Alse (*Alosa alabamae*) und *Tenualosa thibaudeaui*. Der Bestand von Ersterer im Golf von Mexiko hat durch Dammbauten extrem abgenommen, weil diese die Wanderung zu den Laichplätzen verhinderten. Die Verringerung der Zahl von *Tenualosa thibaudeaui* in Indochina ist wohl auf Überfischung und Dammbau zurückzuführen.

KARPFENFISCHE UND WELSE

KLASSE	Actinopterygii
ÜBERORDNUNG	Ostariophysi
ORDNUNGEN	5
FAMILIEN	62
ARTEN	7023

Diese Fische dominieren die Süßwasser-Lebensräume der Welt. Sie bilden eine riesige Gruppe von mehr als 7000 Arten, die zwei Hauptmerkmale verbinden. Eine einzigartige Anordnung von Knöchelchen, der Weberäsche Apparat, verbindet die Schwimmblase mit dem Innenohr und verbessert das Gehör. Die zweite Besonderheit ist die Reaktion auf Gefahr, bei der Chemikalien aus einer speziellen Hautzelle freigesetzt werden. Viele Karpfenfische reagieren auf solche Substanzen durch Flucht. Einige Arten, die andere Karpfenfische fressen, haben diese Reaktion nicht, da der Großteil ihrer Beute diese Chemikalien produziert und eine Reaktion darauf das Fressen verböte.

Vorherrschaft im Süßwasser Die meisten Salmler leben in den Tropen. Karpfenähnlichen gibt es in Nordamerika, Afrika, und Eurasien. Welse gibt es auf allen Kontinenten. Die elektrischen Arten *Electrophoridae* sind auf Mittel- und Südamerika beschränkt. Viele Karpfenfische leben heute außerhalb des Verbreitungsgebietes, auch als Ergebnis des Aquarienhandels.

RIESIGE VIELFALT

Die einfachsten Karpfenfische sind eine tropische Gruppe mit unvollständigem Weber'schen Apparat. Der Milchfisch, ein wichtiger Proteinlieferant für die Menschen in Südostasien, gehört zu dieser Gruppe.

Die größte Gruppe sind die Karpfenähnlichen mit den Karpfen, den Elritzen und vielen der bekanntesten Aquarienfische der Welt – von den Goldfischen bis zu den Bärblingen. Diesen fehlen die Zähne im Kiefer, sie mahlen ihre Nahrung mit Schlundzähnen und einer Mahlplatte am Hinterhauptknochen. Diese Anordnung gibt es in Variationen je nach den Ernährungsgewohnheiten.

Zu den meist südamerikanischen Salmlern gehören u. a. Piranhas und die aquarienbekannten Tetras.

Die mehr als 2000 Welsarten sind leicht an den Barteln um ihr Maul zu erkennen.

Electrophoridae ist eine kleine spezialisierte Gruppe, die sehr wenig erforscht ist. Dazu gehört der legendäre Zitteraal.

Tasten *Plotosus lineatus* im Indo-Pazifik ist eine der wenigen Wels-Arten, die nur im Meer leben. Doch die Barteln um das Maul, die den Tast- und Geschmackssinn unterstützen, sind typisch für alle Welse. Alle Arten besitzen mindestens ein Paar Barteln.

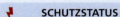

SCHUTZSTATUS

Wieder da Einst hielt man die Art für ausgestorben, doch *Noturus baileyi* wurde 1980 in einem Bach in Tennessee im Osten der USA wiederentdeckt. Weniger als 1000 adulte Tiere dieses winzigen Welses, der bis zu 6 cm groß wird, gibt es noch.

In Südafrika im Twee River und seinen Nebenflüssen erleidet *Barbus erubescens* ein ähnliches Schicksal. Diese Art steht Bedrohungen wie Verschmutzung durch Ackerbau und unmäßige Wasserentnahme gegenüber. Auch eingeführte Fischarten fordern Opfer. Weltweit sind 49 Karpfenfisch-Arten vom Aussterben bedroht, 45 sind stark gefährdet und 18 bereits ausgestorben.

Große Fresser Bei den meisten Piranha-Arten erlauben kurze, kräftige Kiefer und scharfe, ineinander greifende Zähne (oben) Fleisch in sauberen Stücken von der Beute abzutrennen.

Beliebte Fische Neonfische (links) stammen ursprünglich vom Oberlauf des Amazonas, heute sind sie fester Bestandteil des Aquarienhandels.

KARPFENFISCHE UND WELSE **FISCHE** 481

Milchfisch
Chanos chanos

Parakneria cameronensis

Schlank mit vorstehendem Oberkiefer

Afrikanischer Schlammfisch
Phractolaemus ansorgii

Keilfleckbarbe
Rasbora heteromorpha

Zebrabärbling
Danio rerio

Die Afterflosse ist gestreift, eine Seitenlinie fehlt

Kardinalfisch
Tanichthys albonubes

Karpfen
Cyprinus carpio

Schönflossige Rüsselbarbe
Epalzeorhynchos kalopterus

Schlanker Fisch mit einem goldenen Streifen oberhalb eines breiten dunkleren Streifens

Bitterling
Rhodeus sericeus

Rücken, Schwanz und Brustflosse mit schwarzen Rändern

Haibarbe
Balantiocheilos melanopterus

AUF EINEN BLICK

Milchfisch Milchfischlarven entwickeln sich im Brackwasser der Feuchtgebiete an den Küsten und sind gelegentlich auch in Süßwasser, bevor sie zum Laichen ins Meer schwimmen. Diese Art, eine wichtige Proteinquelle für die Menschen im Indo-Pazifik, wird auch in Teichen gezüchtet.

- Bis 1,8 m
- Bis 14,5 kg
- Ovipar
- Männchen/Weibchen
- Häufig

O-Afrika, SO-Asien, Ozeanien und O-Pazifik

Karpfen Ursprünglich war er in Teilen Europas und Asiens heimisch, aber der Karpfen wurde in der ganzen Welt eingeführt. Die alles fressende Art ist sehr anpassungsfähig und gilt heute an vielen Orten, wo sie eingeführt wurde, als Schädling, weil sie einheimische Arten verdrängt.

- Bis 1,2 m
- Bis 37 kg
- Ovipar
- Männchen/Weibchen
- Keine Angabe für wilde Karpfen

O-Europa bis China; weltweit eingeführt
● Eingeführt

BITTERLING

Zur Eiablage entwickelt das Bitterling-Weibchen eine lange Legeröhre, durch die es die Eier in die Kiemenkammer einer Süßwassermuschel legt. Die Eier werden befruchtet, wenn das Männchen nahe der Einströmöffnung der Muschel Sperma freisetzt und dieses eingesogen wird. Bitterling-Larven entwickeln sich bis zu 1 Monat in der Muschel.

Schwangerschaftstest
Bitterling-Weibchen setzte man früher für Schwangerschaftstests bei Frauen ein. Wenn den Fischen Urin mit Spuren von Schwangerschaftshormonen injiziert wurde, begannen sie, Legeröhren zu entwickeln.

482 FISCHE KARPFENFISCHE UND WELSE

AUF EINEN BLICK

Schwarzbandbarbe Viele der Barben-Arten sind auch im Aquarienhandel beliebt, doch die Schwarzbandbarbe wird etwas zu groß, um als Heimtier gesucht zu sein.

- Bis 18 cm
- Bis 225 g
- Ovipar
- Männchen/Weibchen
- Häufig

Malaiische Halbinsel bis Borneo

Hochflossenschmerle Die im Becken des Jangtse heimische Art saugt mit ihren dicken Lippen Nahrung wie Wirbellose und Algen aus dem Sediment und von Felsen und Pflanzen im Fluss. Bei einigen Tieren ist die Rückenflosse fast so hoch wie der Körper lang ist, daher stammt ihr deutscher Name.

- Bis 60 cm
- Bis 3,6 kg
- Ovipar
- Männchen/Weibchen
- Regional häufig

China (Jangtse-Becken)

Netzschmerle Diese tropische Süßwasserart kommt in Asien vor. Sie ist nachtaktiv. Als Allesfresser ernährt sie sich von am Flussgrund lebenden Wirbellosen, wie Schnecken und Würmern, genauso wie von Algen. Wenn der Fisch sich bedroht fühlt, gräbt er schnell Kopf und Körper im Sediment ein, sodass nur noch der Schwanz herausschaut.

- Bis 12 cm
- Bis 115 g
- Ovipar
- Männchen/Weibchen
- Häufig

Pakistan, Indien, Bangladesch, Nepal

Bachschmerle Der nachtaktive Fisch besitzt drei Paare Barteln. Er frisst am Grund lebende Wirbellose. Da er sehr empfindlich auf Verschmutzung und niedrigen Sauerstoffgehalt des Wassers reagiert, sagt sein Vorhandensein viel über die Wasserqualität aus.

- Bis 21 cm
- Bis 200 g
- Ovipar
- Männchen/Weibchen
- Häufig

Eurasien

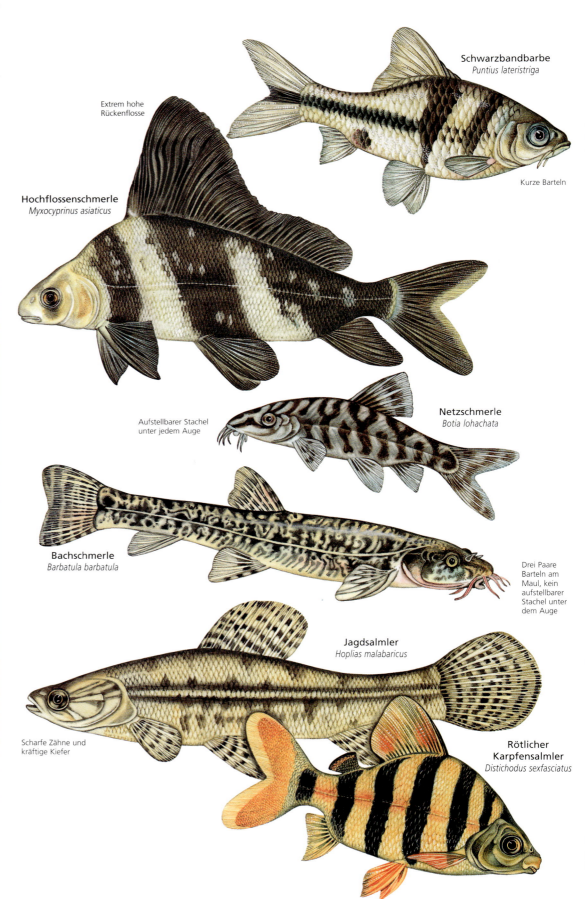

Schwarzbandbarbe
Puntius lateristriga
Kurze Barteln

Extrem hohe Rückenflosse

Hochflossenschmerle
Myxocyprinus asiaticus

Netzschmerle
Botia lohachata
Aufstellbarer Stachel unter jedem Auge

Bachschmerle
Barbatula barbatula
Drei Paare Barteln am Maul, kein aufstellbarer Stachel unter dem Auge

Jagdsalmler
Hoplias malabaricus
Scharfe Zähne und kräftige Kiefer

Rötlicher Karpfensalmler
Distichodus sexfasciatus

KARPFENFISCHE UND WELSE **FISCHE** 483

Ctenolucius hujeta
Die Rückenflosse sitzt weit hinten am Körper, die Fettflosse dahinter

Gefleckter Hechtsalmler
Boulengerella maculata

Spritzsalmler
Copella arnoldi

Gestreifter Beilbauch
Carnegiella strigata

Beilfisch
Gasteropelecus sternicla
Kann kleine Insekten aus der Luft fangen

Riesentigerfisch
Hydrocynus goliath

Roter Piranha
Pygocentrus nattereri

Serrasalmus rhombeus
Der scheue Fisch besitzt ein kräftiges Gebiss

Kaisersalmler
Nematobrycon palmeri

AUF EINEN BLICK

Gestreifter Beilbauch Die typische Körperform der Beilbäuche im Amazonasgebiet ist geprägt von gut entwickelten Muskeln zur Unterstützung der vergrößerten Brustflossen, mit denen sich der Fisch auf der Flucht vor Feinden aus dem Wasser schnellt. Die Art frisst an der Wasseroberfläche Pflanzen einschließlich Blüten und Insekten.

↔ Bis 3,4 cm
⚖ Bis 15 g
○ Ovipar
♀♂ Männchen/Weibchen
♦ Häufig

Nördliches Südamerika

Roter Piranha Die Gefräßigkeit des bekanntesten aller südamerikanischen Piranhas wird übertrieben. Gelegentlich kommt es zu gemeinsamen »Raubzügen« eines Schwarms, doch nur wenn sehr viele Tiere in der Trockenzeit in einem austrocknenden Wasserloch sind. Piranhas entdecken Beute mit ihrem gut entwickelten Gehör.

↔ Bis 36 cm
⚖ Bis 1,1 kg
○ Ovipar
♀♂ Männchen/Weibchen
♦ Häufig

Nordöstliches Südamerika

SPRITZSALMLER

Spritzsalmler laichen außerhalb des Wassers, um ihre Eier vor dem Gefressenwerden zu schützen. Die Weibchen springen hoch und streifen bis zu 8 Eier an einem Blatt ab. Das Männchen folgt rasch, das Paar verhakt die Flossen, während es am Blatt hängt und das Männchen Sperma abgibt. Dies wiederholt sich, bis mehrere hundert befruchtete Eier gelegt sind. Das Männchen befeuchtet die Eier bis zum Schlüpfen durch Schwanzbewegungen.

484 FISCHE KARPFENFISCHE UND WELSE

AUF EINEN BLICK

Kleiner Korallenwels Jungtiere dieser Seefischart bilden große Schulen, um Feinde zu verwirren. Die Brust- und Rückenflossen sind mit einem Gift versehen, das bei Menschen den Tod verursachen kann.

- Bis 33 cm
- Bis 340 g
- Ovipar
- Männchen/Weibchen
- Häufig

Indo-Pazifik

Indischer Glaswels Diese Art ist aufgrund ihres transparenten Fleischs zu einem beliebten Aquarienfisch geworden. Durch das Fleisch sieht man Skelett und innere Organe. Glaswelse sind eine Hauptzutat der populären Fischsauce vieler asiatischer Küchen.

- Bis 15 cm
- Bis 60 g
- Ovipar
- Männchen/Weibchen
- Häufig

SO-Asien

PARASITISCHE BRUT

Synodontis multipunctatus in Afrika ist die einzige Fischart, die ihre Eier bei anderen Fischen ablegt. Paare dieser Welsart laichen in der Nähe von maulbrütenden Cichliden, die auch beim Ablaichen sind, und fressen die meisten der Cichliden-Eier. Sammelt nun das Cichliden-Weibchen die Eier mit dem Maul ein, nimmt es Wels-Eier mit auf. Die Wels-Brut schlüpft zuerst, wächst rasch und frisst oft die Cichliden-Brut, wenn sie schlüpft.

Nach dem Schlüpfen kehrt die Wels-Brut ins Maul der »Pflegemutter«, in die Sicherheit, zurück.

Cichliden-Eier schützt eine feste Haut, doch die Brut besitzt keinen solchen Schutz.

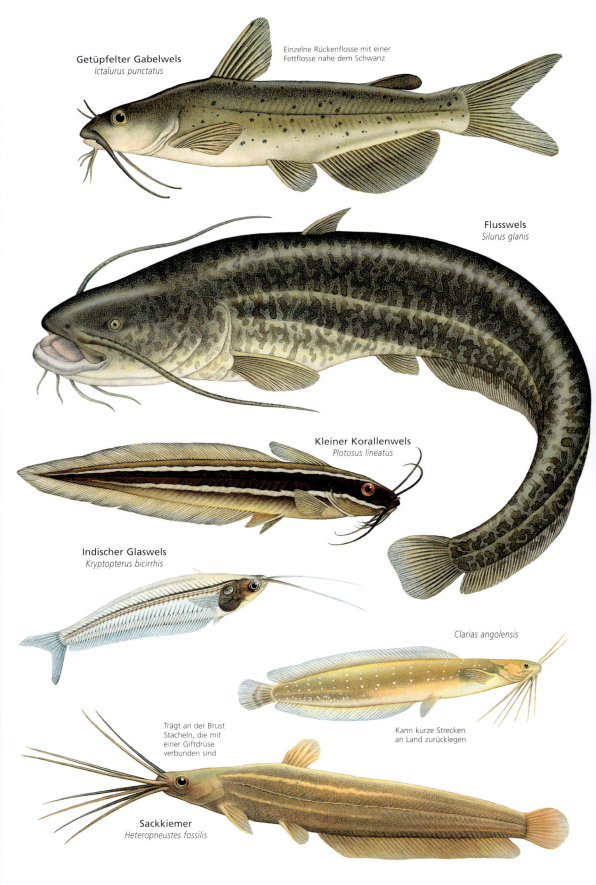

Getüpfelter Gabelwels
Ictalurus punctatus

Einzelne Rückenflosse mit einer Fettflosse nahe dem Schwanz

Flusswels
Silurus glanis

Kleiner Korallenwels
Plotosus lineatus

Indischer Glaswels
Kryptopterus bicirrhis

Clarias angolensis

Kann kurze Strecken an Land zurücklegen

Trägt an der Brust Stacheln, die mit einer Giftdrüse verbunden sind

Sackkiemer
Heteropneustes fossilis

KARPFENFISCHE UND WELSE **FISCHE**

Elektrischer Wels
Malapterurus electricus

Rückenschwimmender Kongowels
Synodontis nigriventris

Fettflosse mit verknöcherten Strahlen

Engelwels (Perlhuhnwels)
Synodontis angelicus

Megalechis thoracata

Lange Barteln

Kurzbinden-Panzerwels
Corydoras metae

Pimelodus pictus

Kleine Augen und keine Zähne; rhythmische elektrische Entladungen

Goldmesseraal
Steatogenys elegans

Weißstirn-Seekuhaal
Apteronotus albifrons

Großer Zitteraal
Electrophorus electricus

Kleine Schwanzflosse; ständige leichte elektrische Entladungen

AUF EINEN BLICK

Elektrischer Wels Dank umgebildeter Muskeln kann er Stromschläge von bis zu 400 Volt austeilen. Damit betäubt dieser Wels des tropischen Afrika Beute und schreckt Feinde ab.

- Bis 1,2 m
- Bis 20 kg
- Ovipar
- Männchen/Weibchen
- Häufig

Nil und Zentralafrika

Großer Zitteraal Die südamerikanische Art ist nicht mit Aalen, sondern mit Piranhas und Salmlern verwandt. Sie nimmt durch die Kiemen nicht genügend Sauerstoff auf und schluckt Luft, um durchs Maul zu atmen, das dicht von Blutgefäßen durchzogen ist.

- Bis 2,4 m
- Bis 20 kg
- Ovipar
- Männchen/Weibchen
- Häufig

Nördliches Südamerika

CANDIRU

Vanellia-Arten, von den Eingeborenen Candiru genannt, leben im Amazonas und werden nur 2,5 cm lang. Sie ernähren sich als Parasiten in den Kiemen anderer Fische von deren Blut. Sie sollen sich auch in der Harnröhre von im Wasser urinierenden Menschen festgesetzt und zu Blutungen oder sogar zum Tod geführt haben.

ZITTERAALE

Der größte Teil eines Zitteraals besteht aus dem Schwanz, der von vielen tausend Elektrizität produzierenden Zellen durchsetzt ist, die aus Muskelgewebe entstanden sind. Der Fisch orientiert sich mittels leichter elektrischer Entladungen. Doch er betäubt auch Beute mit Stromschlägen von bis zu 550 Volt – auch einen Menschen könnte er so betäuben.

Die elektrischen Organe liegen entlang der Flanken

Die fast körperlange Afterflosse hilft beim Schwimmen

LACHSFISCHE

KLASSE	Actinopterygii
ÜBERORDNUNG	Protacanthopterygii
ORDNUNGEN	3
FAMILIEN	15
ARTEN	502

Einige der weltweit begehrtesten Speisefische gehören zu den Protacanthopterygii, deren Ursprung bis in die Kreidezeit (vor 144 bis 65 Mio. Jahren) zurückreicht. Ihre 500 Arten werden gewöhnlich in 15 Familien und 3 Ordnungen eingeteilt: Hechte, Glasaugen und Lachsfische. Diese Fische sind vorwiegend Fleischfresser, mit großem Maul und scharfen Zähnen ausgestattet. Viele sind kraftvolle, flinke Schwimmer mit länglichem, stromlinienförmigem Körper und gut entwickelter Schwanzflosse. Gutes Schwimmvermögen ist für Lachse und Forellen besonders wichtig, weil viele von ihnen außerordentlich lange und beschwerliche Wanderungen zu ihren Laichplätzen unternehmen. Forscher waren jahrhundertelang über diese Reisen verblüfft.

Zunehmende Verbreitung Hechte kommen nur in den gemäßigten Zonen Nordamerikas, Europas und Asiens vor. Stinte leben ebenfalls in den gemäßigten Zonen, aber in beiden Hemisphären. Die Lachsfische stammen von der Nordhalbkugel, aber viele Arten wurden weltweit in geeigneten Teichen, Bächen und Flüssen als Fische für Sportangler und für die Fischwirtschaft eingeführt.

Fischfarmen Verschiedene Forellenarten, vor allem die Regenbogenforelle (*Oncorhynchus mykiss*), züchtet man in den gemäßigten Zonen in Teichen und in durch Netze abgesperrten Bereichen in Flüssen und Bächen. Man setzt Jungfische ein, die durch künstliche Befruchtung entstanden sind. Während des Wachstums füttert man sie mit Proteinpellets, die in der Fleischindustrie als Nebenprodukt anfallen.

Gefräßige Jäger Hechte mit ihrem großen Maul und den scharfen Zähnen lauern bewegungslos im Wasser oder unter Vegetation ihrer Beute auf, um dann blitzschnell vorzustoßen. Opfer sind in der Regel im Wasser lebende Wirbellose und Fische. Einige größere Arten erbeuten allerdings auch Kleinsäuger und Vögel.

ARTENVIELFALT

Zu den Hechten zählen auch Arten wie Muskellunge und Hundsfisch. Alle leben nur im Süßwasser. Die meisten lauern ihrer Beute mit großem Erfolg auf. Eine Anpassung an diese Lebensweise sind die weit hinten stehenden unpaaren Flossen.

Es gibt mehr als 230 Arten von Glasaugen. Zu den bizarrsten gehören die Teleskopfische, die nach oben gerichtete, röhrenförmige Augen und andere Anpassungen an ein Leben in der Dunkelheit und unter dem hohen Druck der Tiefsee haben. Von wirtschaftlicher Bedeutung sind die Stinte — kleine, stromlinienförmige Fische, die in temperierten Küstengewässern besonders häufig vorkommen. Auf der Südhalbkugel ist die Familie Galaxiidae am bekanntesten: schuppenlose Fische mit einem komplizierten Lebenszyklus, bei dem die Jugendstadien zwischen Süß- und Salzwasser hin und her wandern.

Zu den Lachsfischen zählen Weißfische, Zwergmaränen, Äschen, Saiblinge, Lachse und Forellen. Die meisten sind wichtige Speisefische. Die Fähigkeit zurückzufinden und die Wanderungen der Lachse ziehen besonders stark die Aufmerksamkeit der Menschen auf sich. Die 6 Arten pazifischer Lachse verbringen die meiste Zeit im Meer, aber alle versuchen, sobald sie geschlechtsreif sind, die Süßgewässer zu erreichen, in denen sie ausgeschlüpft sind. Vermutlich führt der Geruchssinn die Tiere an ihren Geburtsort.

Wundersame Wanderungen Jeder Bach hat durch die Erde und die Vegetation in seinem Bett einen bestimmten Geruch. Man glaubt, dass die jungen Lachse sich diesen Geruch einprägen und sich bei ihren Wanderungen daran orientieren.

LACHSFISCHE FISCHE 487

AUF EINEN BLICK

Hecht Der wichtige Fisch für Sportangler und die Fischindustrie kommt in den nördlichen Teilen von Nordamerika, Europa und Asien vor. Kein anderer Fisch weltweit, der nur im Süßwasser lebt, besitzt ein weit reichenderes Verbreitungsgebiet.

- Bis 1,4 m
- Bis 34 kg
- Ovipar
- Männchen/Weibchen
- Häufig

Nordamerika und nördliches Eurasien

Europäischer Hundsfisch Lebensraumzerstörung, Umweltverschmutzung und Konkurrenz eingeführter Fische bedrohen diesen osteuropäischen Fisch. Wenn der Sauerstoffgehalt des Wassers sinkt, kann der Hundsfisch Luft direkt aufnehmen.

- Bis 13 cm
- Bis 140 g
- Ovipar
- Männchen/Weibchen
- Gefährdet

O-Europa

HECHTZÄHNE

Der Unterkiefer eines Hechts trägt eine einzige Reihe mit zahlreichen nadelähnlichen Zähnen. Ihre Spitzen und messerscharfen Kanten durchbohren die Beute, wenn der Fisch mit bis zu 48 km/h zuschlägt. Nach hinten gebogene Zähne im Gaumen halten die Beute fest. Hechte greifen häufig Beute an, die so groß ist wie sie selbst. Mitunter sieht man sie herumschwimmen, während ihnen halb verdaute Beute aus dem Maul hängt.

Zurückgebogene Zähne im Gaumen halten die Beute fest

Winzige Zähne an den Kiemendornen verhindern, dass kleinere Beute durch die Kiemen entflieht

Mit kleinen, scharfen Zähnen im Unterkiefer und den Eckzähnen des Oberkiefers wird die Beute gefasst

488 FISCHE LACHSFISCHE

AUF EINEN BLICK

Atlantischer Lachs Die meisten jungen Atlantischen Lachse bleiben fast 4 Jahre im Süßwasser, bevor sie in den Nordatlantik ziehen. 1 bis 4 Jahre später kehren sie zum Laichen an ihren Geburtsplatz zurück – oft überleben sie und wandern später erneut. Einige Populationen wandern zwischen Fressplätzen im tiefen Wasser und flachen Küstengewässern.

- Bis 1,5 m
- Bis 36 kg
- Ovipar
- Männchen/Weibchen
- Häufig

N-Atlantik, NW-Europa, NO-Nordamerika

Lachsforelle Auch diese Art kommt im Süßwasser zur Welt, verbringt ihr Leben im Meer und kehrt zum Laichen ins Süßwasser zurück. Sie kann alt werden – man nimmt an älter als 20 Jahre. In dieser Zeit unternimmt sie einige Laichwanderungen.

- Bis 1,4 m
- Bis 15 kg
- Ovipar
- Männchen/Weibchen
- Häufig

NW-Europa; in weiten Gebieten eingeführt

Bachforelle Diese Süßwasserform der Lachsforelle, die keine Wanderungen unternimmt, ist bei Anglern und Feinschmeckern sehr gefragt. Sie stammt aus Europa, wurde aber weltweit häufig eingeführt. Die Weibchen bauen mit ihrem Schwanz Nester in sauberen Kies-Sedimenten.

- Bis 1,4 m
- Bis 15 kg
- Ovipar
- Männchen/Weibchen
- Häufig

Europa, W-Asien, NW-Afrika; weltweit eingef.

Stint Wie ihre engen Verwandten, die Lachse und Forellen, besitzen auch Stinte eine Fettflosse. Diese kleine fleischige Flosse nahe der Rückenflosse gilt als urtümliches Merkmal.

- Bis 30 cm
- Bis 200 g
- Ovipar
- Männchen/Weibchen
- Keine Angabe

NW-Europa

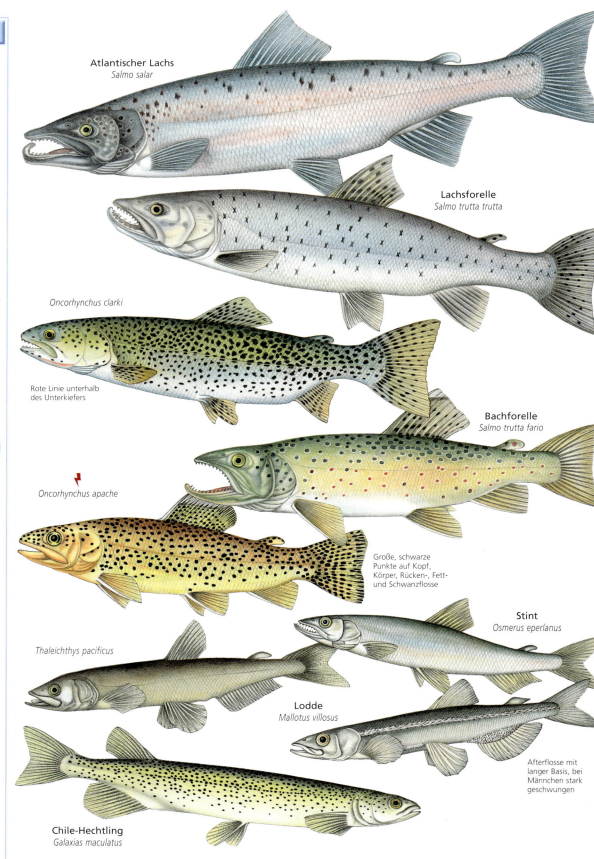

Atlantischer Lachs
Salmo salar

Lachsforelle
Salmo trutta trutta

Oncorhynchus clarki

Rote Linie unterhalb des Unterkiefers

Bachforelle
Salmo trutta fario

Oncorhynchus apache

Große, schwarze Punkte auf Kopf, Körper, Rücken-, Fett- und Schwanzflosse

Stint
Osmerus eperlanus

Thaleichthys pacificus

Lodde
Mallotus villosus

Afterflosse mit langer Basis, bei Männchen stark geschwungen

Chile-Hechtling
Galaxias maculatus

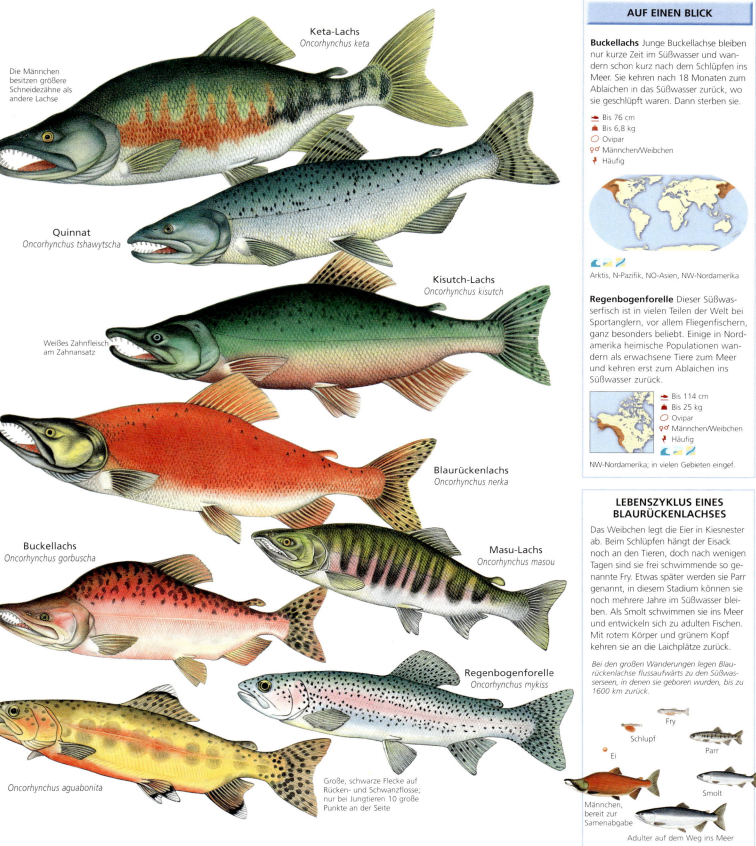

490 FISCHE LACHSFISCHE

AUF EINEN BLICK

Seesaibling Die im tiefen Wasser wohnende, lichtscheue Süßwasserart frisst andere Fische, Krustentiere und Wasserinsekten. In Zuchten sind Weibchen mit dem Bachsaibling (Salvelinus fontinalis) gekreuzt worden, so entstanden rasch wachsende Hybriden.

- Bis 1,2 m
- Bis 32 kg
- Ovipar
- Männchen/Weibchen
- Häufig

Nördliches Nordamerika

Europäische Äsche Sie lebt in Nordeuropa in sauberen Bächen, Seen und gelegentlich im Brackwasser. Im nördlichen Frühling graben Männchen Nester, in die Weibchen in großer Anzahl befruchtete Eier legen. Adulte Äschen fressen vor allem Wirbellose, mit Vorliebe Insekten.

- Bis 60 cm
- Bis 3 kg
- Ovipar
- Männchen/Weibchen
- Häufig

N-Europa

Huchen Der Huchen ist einer der größten Süßwasserfische der Welt. Erwachsene Tiere fressen in ihrem Revier andere Fische, Frösche, Reptilien, Vögel und sogar Kleinsäuger. Fischerei, Verschmutzung und das Aufstauen der schnell fließenden Wasserwege, die er bewohnt, haben dazu geführt, dass er als stark gefährdet gilt.

- Bis 1,5 m
- Bis 21 kg
- Ovipar
- Männchen/Weibchen
- Stark gefährdet

Donaubecken

SCHUTZSTATUS

Hechtlinge in Gefahr Auf der Roten Liste der IUCN sind 68 Lachsfisch-Arten aufgeführt, darunter 5 Arten, die bereits ausgestorben sind. Von den 8 vom Aussterben bedrohten Arten sind 4 Hechtlinge, die alle in eng begrenzten Süßwasser-Lebensräumen in Australien vorkommen und durch eingeführte Fische und Zerstörung ihres Lebensraums bedroht sind. Bis ins Jahr 1996 zählte *Galaxias pedderensis* zu den gefährdetsten Fischarten der Welt. Schutzmaßnahmen – darunter vor allem das Umsetzen von Tieren in einen sicheren See – haben inzwischen die Zukunft dieser Art gesichert.

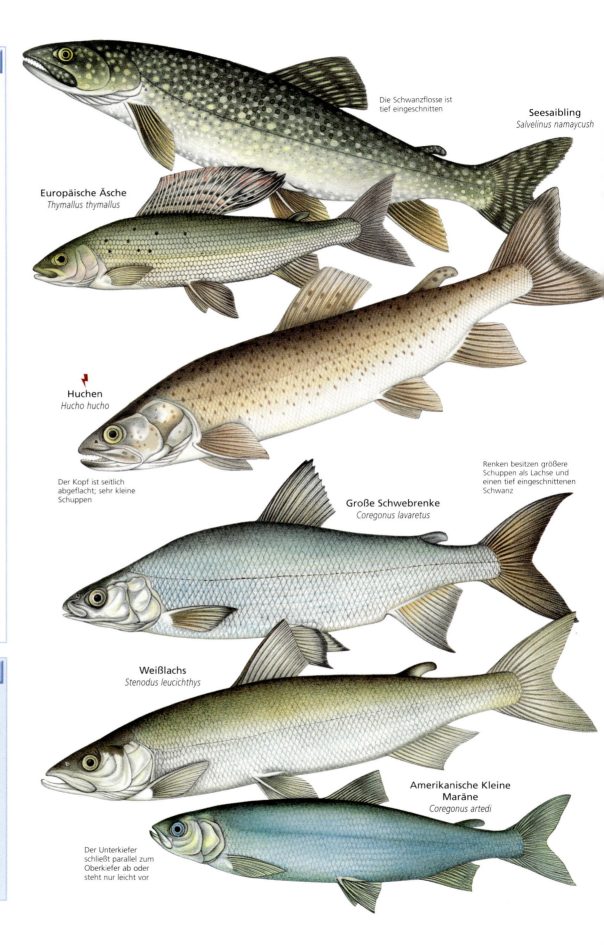

Die Schwanzflosse ist tief eingeschnitten

Seesaibling
Salvelinus namaycush

Europäische Äsche
Thymallus thymallus

Huchen
Hucho hucho

Der Kopf ist seitlich abgeflacht; sehr kleine Schuppen

Renken besitzen größere Schuppen als Lachse und einen tief eingeschnittenen Schwanz

Große Schwebrenke
Coregonus lavaretus

Weißlachs
Stenodus leucichthys

Amerikanische Kleine Maräne
Coregonus artedi

Der Unterkiefer schließt parallel zum Oberkiefer ab oder steht nur leicht vor

GROSSMÜNDER

KLASSE Actinopterygii
ÜBERORDNUNG Stenopterygii
ORDNUNGEN 2
FAMILIEN 5
ARTEN 415

Obwohl Großmünder weit verbreitet sind, sehen Menschen sie nur sehr selten, weil sie in mitteltiefem bis tiefem Meerwasser leben. Sie sind alle Fleischfresser, die gut an ihren Lebensraum mit hohem Druck, wenig Licht und geringem Nahrungsangebot angepasst sind. Die meisten haben lange Zähne und ein großes Maul, sodass sie auch eine seltene große Beute bewältigen. Alle Arten, bis auf eine, sind mit Leuchtorganen ausgestattet. An den Flanken und am Bauch dienen sie als Tarnung, wenn Feinde sie von unten gegen das schwache Licht von der Meeresoberfläche sehen. Den meisten dienen sie, an einer Bartel oder einem Flossenstrahl befestigt, auch als Köder.

Verbreitung in der Tiefsee Großmünder kommen in den tiefen offenen Gewässern aller großen gemäßigten und subtropischen Ozeane vor. Einige leben sogar in polaren Gewässern. Man findet die Tiere auch in unterschiedlichen Tiefen, viele zieht es nachts nach oben und tagsüber kehren sie wieder in die Tiefe zurück.

Bereit zum Angriff Dieser Drachenfisch (*Idiacanthus* sp.) der Tiefsee zeigt typische Merkmale der Großmünder, darunter die Leuchtorgane am Bauch und eine lange Bartel am Unterkiefer. Er bleibt bei Tag in der vollständigen Dunkelheit der Tiefsee, kommt aber nachts zum Fressen in geringere Tiefen. Die Männchen dieser Gattung sind deutlich kleiner als die Weibchen; sie haben weder Zähne noch Bauchflossen.

LEBEN IN DER TIEFSEE

Typisch für Großmünder ist der große Kopf, der lange Körper und die dunkle Färbung, obwohl einige durchscheinend oder silbrig sind. Deutsche Namen wie Borstenmünder, Drachenfische oder Viperfische lassen Rückschlüsse auf ihr oft bizarres Aussehen zu.

Zwittertum ist häufig – eine Anpassung an einen Lebensraum, in dem Tiere derselben Art nur selten anzutreffen sind.

Eier und Larven treiben, mitten im Plankton, in Oberflächenströmungen, doch die Jungfische kehren bereits in die großen Tiefen zurück. Adulte Tiere bleiben tagsüber meist in der Tiefsee, steigen aber in der Dämmerung in geringere Tiefen auf, wo es reichlich kleine Fische und Wirbellose gibt.

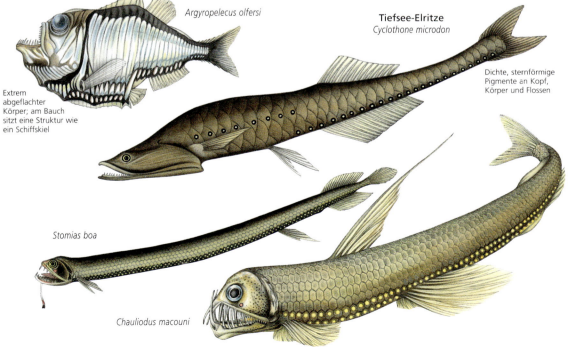

Extrem abgeflachter Körper; am Bauch sitzt eine Struktur wie ein Schiffskiel

Argyropelecus olfersi

Tiefsee-Elritze *Cyclothone microdon*

Dichte, sternförmige Pigmente an Kopf, Körper und Flossen

Stomias boa

Chauliodus macouni

 SCHUTZSTATUS

Rätselhaft Da Lebensräume in der Tiefsee oft so unzugänglich sind wie das Weltall, weiß man nur sehr wenig über Populationen oder Fortpflanzungsverhalten der Großmünder. Möglicherweise gibt es von einer Gattung, *Cyclothone*, einen größeren Bestand als von jeder anderen Wirbeltiergattung: Milliarden der kleinen Fische leben in den Meeren. Vielleicht verschwinden einige von ihnen wegen der Wasserverschmutzung, bevor ihre Existenz wissenschaftlich festgehalten wird.

EIDECHSENFISCHE U. VERWANDTE

KLASSE	Actinopterygii
ÜBERORDNUNG	Cyclosquamata
ORDNUNG	Aulopiformes
FAMILIEN	13
ARTEN	229

Diese Gruppe von Seefischen kommt sowohl in Küstengewässern als auch in großen Tiefen vor. Zu ihr gehören Eidechsenfische, Bombay-Enten, Grünaugen, Spinnenfische, Lanzenfische, Säbelzahnfische und Giganturidae. Sie zeigen eine ungewöhnliche Mischung von primitiven und entwickelten Merkmalen und sind für Wissenschaftler aus verschiedenen Gründen interessant, z. B. wegen der Vielfalt des Augenaufbaus. Viele Tiefseefische fallen durch ihren Fortpflanzungsmodus auf: Sie sind Zwitter, d. h. sie besitzen sowohl weibliche als auch männliche Geschlechtszellen und können sich selbst befruchten. Die Eidechsenfische und ihre Verwandten sind auch für die extremen Metamorphosen bekannt, die sie vom Larven- bis zum Jugendstadium durchlaufen.

Weite Verbreitung Eidechsenfische gibt es in allen warmen Meeren. Grünaugen kommen weltweit in tropischen und warmen Gewässern vor. Bombay-Enten leben im Indo-Pazifik. Lanzenfische findet man in mittleren Tiefen in weiten Teilen des Atlantiks und des Pazifiks.

FACETTENREICH

Eidechsenfische, Bombay-Enten und Grünaugen liegen am Meeresgrund auf der Lauer. Die gut getarnten Fische stützen sich oft auf ihre Brustflossen auf.

Die Spinnenfische leben in großen Tiefen, haben meist flache Köpfe, bleistiftförmige Körper und schlecht entwickelte Augen.

Lanzenfische gehören mit 2,1 m Länge zu den größten unter allen Raubfischen in der Tiefsee. Sie besitzen ein großes Maul und große, dolchähnliche Zähne. Man sagt ihnen nach, dass sie unterseeische Kabel zerstören. Manchmal sieht man sie auch in der Brandung herumschwimmen.

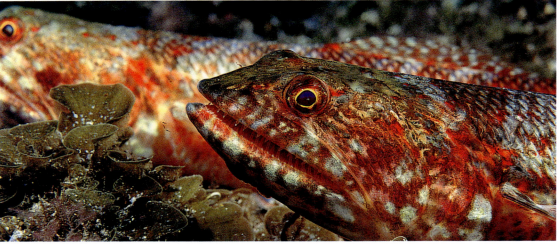

Gute Tarnung Die Zeichnung und Farben der meisten Eidechsenfische, einschließlich dieser indo-pazifischen Art, *Synodus variegatus*, sind eine hervorragende Tarnung vor dem Sediment des Meeresgrundes und dem Lebensraum in der Tiefe des Meeres.

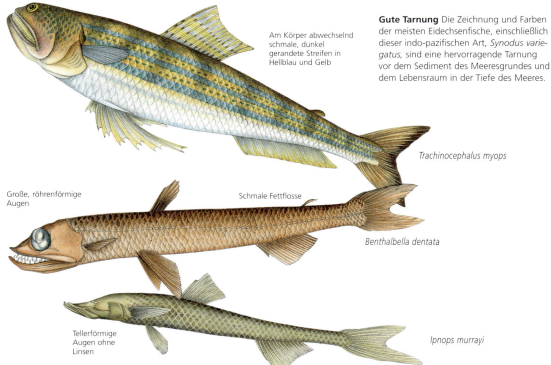

Am Körper abwechselnd schmale, dunkel gerandete Streifen in Hellblau und Gelb

Trachinocephalus myops

Große, röhrenförmige Augen

Schmale Fettflosse

Benthalbella dentata

Tellerförmige Augen ohne Linsen

Ipnops murrayi

Aussichtsplatz Spinnenfische ragen auf ihren stark verlängerten Bauch- und Schwanzflossen weit über das Sediment empor, während sie in den Tiefen des Ozeans auf Beute lauern. Sie erreichen eine Länge von bis zu 36 cm.

LATERNENFISCHE U. VERWANDTE

KLASSE Actinopterygii
ÜBERORDNUNG Scopelomorpha
ORDN. Myctophiformes
FAMILIEN 2
ARTEN 251

Von allen Fischen der offenen Tiefsee sind die Laternenfische am weitesten verbreitet, am vielfältigsten und zahlenmäßig am stärksten vertreten. Die kleinen Planktonfresser, die große Schulen bilden, sind eine wichtige Beute für Seevögel (vor allem Pinguine), Meeressäugetiere und viele Fleisch fressende Fische und deshalb ein wichtiger Teil im Ökosystem des Meeres. Sie werden in geringem Umfang für Fischmehl und Öl abgefischt, doch bei einer weltweiten Menge von etwa 600 Mio. Tonnen gelten sie als wenig genutzte Quelle. Sie bilden zusammen mit der weniger umfangreichen Gruppe der Laternenzüngler die Ordnung Myctophiformes.

Weltweit Laternenfische gibt es in allen offenen Meeresgewässern. Die Verbreitung hängt sowohl von den Meeresströmungen als auch von den physikalischen und biologischen Merkmalen des Wassers ab. Viele leben tagsüber in großen Tiefen und ziehen nachts in Richtung Wasseroberfläche.

Leuchtende Wegweiser Kopf und Bauchseite des Körpers sind bei Laternenfischen mit Leuchtorganen besetzt. Jede Art besitzt ein spezielles Muster, das es Artgenossen möglich macht, sie zu identifizieren. Leuchtorgane am Schwanz spielen vermutlich eine Rolle bei der Erkennung der Geschlechter.

Um den Schwanz herum leuchten verschiedene Lichter auf, um Feinde zu verwirren.

Myctophum affine

SCHLEIMKOPFARTIGE FISCHE

KLASSE Actinopterygii
ÜBERORDNUNG Polymixiomorpha
ORDN. Polymixiiformes
FAMILIE Polymixiidae
ARTEN 10

Gerade 10 Arten in einer Gattung bilden diese kleine, aber rätselhafte Gruppe von Tiefseefischen. Sie alle besitzen empfindliche Barteln, die vom Maul herabhängen. Wie die meisten höher entwickelten Knochenfische haben sie feine Gräten: zwischen 4 und 6 in der Rückenflosse und 4 in der Afterflosse. Doch neben diesem modernen Merkmal weisen sie einige primitive und einzigartige Charakteristika auf: Dies führt zu einer verwirrenden Mischung aus Merkmalen, die eine Debatte auslösten, mit welcher anderen Fischgruppe sie am engsten verwandt sind.

Bewohner des Meeresgrundes Schleimkopfartige Fische gibt es in tropischen und subtropischen Meeren. Sie leben auf dem äußeren Kontinentalschelf in verschiedenen Tiefen zwischen 20 und 760 m, meist auf dem Meeresgrund.

Seltener Fang *Polymixia berndti* findet man oft als Beifang, der sich in den Netzen von Trawlern in tropischen und subtropischen Gewässern des Indischen Ozeans und Pazifiks findet.

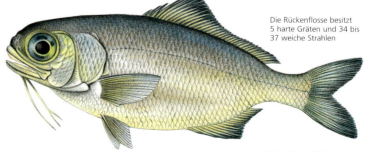

Die Rückenflosse besitzt 5 harte Gräten und 34 bis 37 weiche Strahlen

Polymixia nobilis

GLANZFISCHE UND VERWANDTE

UNTERABT.	Euteleostei
ÜBERORDNUNG	Lampridiomorpha
ORDN.	Lampridiformes
FAMILIEN	7
ARTEN	23

Diese Gruppe besteht aus 23 Arten von Tiefseefischen. Äußerlich scheinen sie sich stark zu unterscheiden, obwohl die meisten entweder breit und mondförmig oder lang und schlangenartig sind. Allen sind jedoch 4 einzigartige Merkmale gemeinsam, von denen alle mit dem ungewöhnlichen spezialisierten Kiefer zusammenhängen, der den Fischen ein stark vorstehendes Maul verleiht. Sie haben meist keine Schuppen, besitzen Rückenflossen, die sich am ganzen Körper entlangziehen, und die Bauchflossen sitzen weit vorn am Körper. Die Körper zeigen unterschiedliche Farbtöne mit leuchtend roten Flossen. Die Gruppe tauchte wohl vor etwa 65 Mio. Jahren auf.

Weit verbreitet, selten gesichtet Glanzfische findet man meist in Tiefen zwischen 100 und 1000 m. Glanzfische, Bandfische und Fadenschwänze sind weltweit in warmen Meeren verbreitet. Segelträger gibt es nur im Indischen und Pazifischen Ozean. Da all diese Arten im tiefen Wasser des offenen Meeres leben, bekommen Menschen sie nur selten zu Gesicht.

Geheimnisvolle Schlange Berichte über Seeungeheuer entstanden wohl, wenn irgendwo ein Bandfisch gesichtet wurde. Es gibt einen Bericht über ein 17 m langes Exemplar, doch die meisten Tiere erreichen eine Länge von etwa 8 m. Diese Fische leben normalerweise in Tiefen bis zu 200 m, wurden aber auch schon an der Oberfläche oder am Strand angespült gesehen.

Ovaler, abgeflachter Körper; zinnoberrote Lippen und Flossen

Lampris guttatus

Lange Rückenflosse mit hohem Schopf am Kopf; Lophotus-Arten sind die einzigen Fische mit Tintensack

Lophotus capellei

Trachipterus trachypterus

⚡ SCHUTZSTATUS

Rätselhafte Raritäten Keine Art in dieser Gruppe gilt als gefährdet, doch die meisten werden als selten betrachtet. Doch nicht nur über ihren Schutzstatus, sondern ganz allgemein ist nur sehr wenig über diese Fische bekannt. Das meiste, was wir wissen, stammt aus Erzählungen alter Seeleute oder aus kurzen Beobachtungen an gefangenen, erregten Tieren.

SELTSAME LEBENSWEISE

Zu den Glanzfischen und Verwandten gehören Schopffische, Glanzfische, Bandfische, Fadenschwänze und Segelträger, von denen einige ungewöhnliches Fressverhalten zeigen. Der Fadenschwanz *Stylephorus chordatus* z. B. steigt täglich aus Tiefen von 800 m hunderte von Metern auf, um senkrecht stehend winzige Krustentiere zu fressen.

Der Bandfisch *Trachipterus trachypterus* soll eine ähnliche senkrechte Position einnehmen, um Fisch und Tintenfisch zu fressen.

Alle Glanzfische und Verwandten legen große Eier, bis zu 6 mm Durchmesser. Die meisten sind kräftig rot – das schützt sie wohl vor UV-Strahlen, wenn sie vor dem Schlüpfen bis zu einem Monat an der Oberfläche treiben. Im Gegensatz zu den schwachen Larven anderer Knochenfische, die einen reichlichen Dottersack brauchen, entwickeln Glanzfisch-Embryos sich früh und schwimmen gut.

DORSCH- UND ANGLERFISCHE

UNTERABT. Euteleostei
ÜBERORDNUNG Paracanthopterygii
ORDNUNGEN 5
FAMILIEN 37
ARTEN 1382

Einige kleine, aber wichtige Merkmale am Skelett dokumentieren die Verwandtschaft der Arten in dieser Gruppe. Sie bevorzugen auch ähnliche Lebensräume. So leben z. B. die meisten am Meeresgrund; einige schwimmen aber auch in großen Schulen (vor allem die wirtschaftlich wichtigen wie Schellfisch, Seehecht und Dorsche). Bis auf etwa 20 Arten ist die gesamte Gruppe im Meer heimisch. Sie sind nachtaktiv oder leben in dunkler Umgebung wie Unterwasserhöhlen oder der Tiefsee. Typisch für einige Arten ist, dass sie mittels spezieller Muskeln an der Schwimmblase Geräusche produzieren können. Diese sind wohl für die Paarung und als Warnung wichtig.

Verbreitung Dorsch- und Anglerfische gibt es in allen Meeren. Dorsche kommen bis auf eine im Süßwasser lebende Art – die Aalquappe – im Meer vor. Barschlachse sind auf Süßwasser und auf Nordamerika beschränkt. Batrachoididae leben in tropischen Küstengewässern.

AUF EINEN BLICK

Halieutaea stellata Der große Kopf dieses Bodenbewohners, der von oben nach unten abgeflacht ist, bildet eine Scheibe. Mit den handähnlichen Brustflossen hinten an der Scheibe bewegt er sich über den Boden. Dieser Anglerfisch trägt einen fleischigen Köder an einem Knochenauswuchs am Maul.

- Bis 30 cm
- Bis 900 g
- Ovipar
- Männchen/Weibchen
- Häufig

Westlicher Indopazifik

Östlicher Barschlachs Er ist in Süßwasserbächen und -seen der östlichen USA heimisch. Der Barschlachs sucht tagsüber Schutz unter Steinen und zieht nachts in flacheres Wasser, um Nahrung zu suchen.

- Bis 20 cm
- Bis 170 g
- Ovipar
- Männchen/Weibchen
- Regional häufig

Nördliches Nordamerika

SCHUTZSTATUS

Bedrohte Zukunft Die vom Aussterben bedrohte Art *Speoplatyrhinus poulsoni* ist vollkommen weiß und blind. Sie kommt nur in Key Cave, Alabama, in den USA vor. Die Fledermauspopulation beeinträchtigte die Nahrungskette der Art; eine weitere Bedrohung ist die Verschmutzung des Grundwassers. Eine eingeführte Seestern-Art und der stark erhöhte Schlickanteil im Sediment haben eindeutig dazu beigetragen, dass heute *Brachionichthys hirsutus*, ein Seefisch, der im Meer um Tasmanien endemisch ist, als vom Aussterben bedroht gilt.

SPEISEFISCH

Die wichtigsten Fischindustrien der Welt verarbeiten Arten der Familie Gadidae, zu der sowohl Alaska-Seelachs als auch Kabeljau gehören und die jährlich 10% des weltweiten Fischfangs liefert.

Diese Fische produzieren riesige Mengen an Eiern, so viele wie nur wenige Fische. Ein großer Alaska-Seelachs kann z.B. 15 Mio. Eier pro Jahr ablaichen. Weil Dorschfische aber lang leben und spät geschlechtsreif werden, reagieren sie sehr empfindlich auf Überfischung. So hat die Fischindustrie heute teilweise Probleme.

Anglerfisch Viele Dorscharten sind kräftige Schwimmer, die am Meeresboden aktiv Beute suchen. Anglerfische (links) bewegen sich dagegen meist nur langsam, sie liegen träge auf der Lauer und warten darauf, dass Nahrung kommt. Sie können aber blitzschnell losschnellen, um ahnungslose Beute zu fangen.

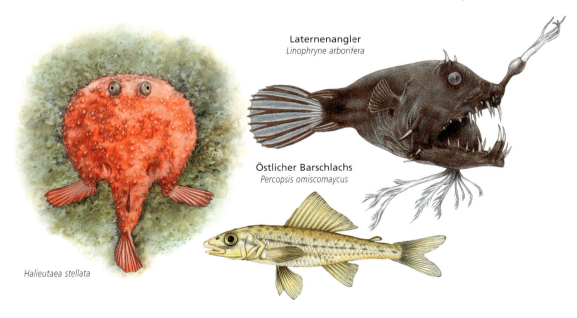

Laternenangler
Linophryne arborifera

Östlicher Barschlachs
Percopsis omiscomaycus

Halieutaea stellata

496 FISCHE DORSCH- UND ANGLERFISCHE

AUF EINEN BLICK

Aalquappe Der Süßwasserfisch, der vom Polarkreis bis in die gemäßigten Zonen der Nordhalbkugel verbreitet ist, lebt meist tief in Seen oder langsam fließenden Flüssen. Er sucht Schutz zwischen Pflanzen oder in Felsspalten.

- Bis 1,5 m
- Bis 34 kg
- Ovipar
- Männchen/Weibchen
- Häufig

Nördliches Nordamerika und N-Eurasien

Seehecht Nachdem der Seehecht jahrzehntelang in großem Umfang kommerziell abgefischt wurde, bestehen heute Bedenken, dass man ihn überfischt hat. Obwohl als größtes je gewogenes Gewicht 11,5 kg aufgezeichnet sind, fängt man heute nur selten Tiere mit mehr als 5 kg.

- Bis 1,4 m
- Bis 11,5 kg
- Ovipar
- Männchen/Weibchen
- Häufig

Östl. Nordatlantik, Mittel- und Schwarzes Meer

STRATEGIE

Fische der Familie Caulophrynidae leben in kleinen Populationen in der Dunkelheit der Tiefsee. Um einem Treffen mit dem anderen Geschlecht die Zufälligkeit zu nehmen, haben sich die Männchen einiger Arten sozusagen zu »parasitischen Hoden« zurückgebildet. Als adulte Tiere hängen sie dauerhaft an den wesentlich größeren Weibchen fest und beziehen auch von ihnen die Nahrung. Bei *Cryptopsaras couesii* (unten) hat man Weibchen gefunden, an denen 4 Männchen hingen.

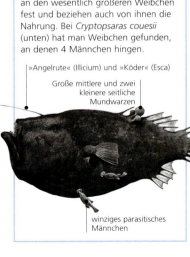

»Angelrute« (Illicium) und »Köder« (Esca)

Große mittlere und zwei kleinere seitliche Mundwarzen

winziges parasitisches Männchen

Blauhecht
Antimora rostrata

Brotula multibarbata

Rücken- und Afterflosse sind lang und mit der Schwanzflosse verbunden

Coelorhynchus fasciatus

Laemonema longipes

Macrourus berglax

Wird kommerziell gefischt; besitzt harte Schuppen, durch die schon Messer und Klingen in Fabriken stumpf geworden sind

Brosme
Brosme brosme

Aalquappe
Lota lota

Der einzige reine Süßwasserfisch unter den Dorschfischen

Seehecht
Merluccius merluccius

2 Rückenflossen; zweite Rücken- und Afterflosse mit einer flachen Kerbe

Urophycis chuss

Erste Rückenflosse mit verlängertem Strahl; Brustflossen lang

DORSCH- UND ANGLERFISCHE **FISCHE** 497

Schellfisch
Melanogrammus aeglefinus

Nördlicher Bootsmannfisch
Porichthys notatus

Froschdorsch
Raniceps raninus

Kräftiger Körper mit breitem, flachem Kopf; winzige vordere Rückenflosse und kleine Bartel am Kinn

Lophius americanus

Franzosendorsch
Trisopterus luscus

3 Rückenflossen

Atlantischer Seeteufel
Lophius piscatorius

2 Afterflossen

Kabeljau
Gadus morhua

AUF EINEN BLICK

Schellfisch Schellfisch-Männchen und -Weibchen machen bei Gefahr klopfende Geräusche. Vor allem Männchen klingen beim Ablaichen sehr heiser, es ist also wahrscheinlich, dass die Töne in der Fortpflanzung eine Rolle spielen.

Bis 90 cm
Bis 8,2 kg
Ovipar
Männchen/Weibchen
Gefährdet

Nordatlantik bis Spitzbergen

Atlantischer Seeteufel Diese Art, die im Ostatlantik lebt, besitzt ein riesiges Maul und liegt gut getarnt im Sand und Sediment am Meeresgrund auf der Lauer. Sie frisst normalerweise andere Fische, doch man weiß, dass sie auch schon Seevögel gefangen hat.

Bis 200 cm
Bis 58 kg
Ovipar
Männchen/Weibchen
Häufig

Östlicher Nordatlantik

Kabeljau Diese im kalten Wasser lebende Art wird in großem Umfang kommerziell abgefischt. Meist fängt man ihn, wenn er etwa 11,5 kg wiegt, doch er kann das 4fache dieser Größe erreichen.

Bis 1,5 m
Bis 45 kg
Ovipar
Männchen/Weibchen
Gefährdet

Nordatlantik bis Spitzbergen

AUSGEZEICHNETE TARNUNG

Seeteufel müssen nicht stromlinienförmig sein. Für sie ist es viel vorteilhafter, in Form und Farbe ihrer Umgebung zu ähneln, wenn sie auf der Lauer liegen. Der Sargassofisch (*Histrio histrio*) fällt z. B. zwischen den Algen, die um ihn wachsen, überhaupt nicht auf. *Antennarius avalonis* ähnelt einem Felsen.

Sargassofisch

Antennarius avalonis

ECHTE STRAHLENFLOSSER

KLASSE	Actinopterygii
ÜBERORDNUNG	Acanthopterygii
ORDNUNGEN	15
FAMILIEN	269
ARTEN	13 262

Zu dieser größten Fischgruppe zählen die erst in jüngerer Zeit entwickelten Knochenfische. Die Acanthopterygii, die Echten Strahlenflosser, umfassen mehr als 13 000 Arten in über 250 Familien. Zu den typischen Merkmalen gehören ein sehr beweglicher und vorstehender Oberkiefer, der viele verschiedene Ernährungsstrategien ermöglicht, und Kammschuppen, die sich bei manchen Arten zu verhärteten Platten entwickelt haben, sowie harte Stacheln in den Flossen. Als Gruppe sind diese Fische überall vertreten, kommen aber in Küstengewässern besonders häufig vor. Sie zeigen eine enorme Vielfalt an speziellen Anpassungen bezüglich Fortpflanzung, Verhalten und Körperbau, wodurch sie Nischen nutzen können, die für andere Fische unerreichbar sind.

Weite Verbreitung Als am weitesten verbreitete Fischgruppe kommen die Echten Strahlenflosser in fast allen Gewässern der Welt vor, vom Süßwasser über Brackwasser bis zum Salzwasser, von flachen Küsten bis in die Tiefsee. Anpassungen in Körperform und Verhalten erlauben ihnen die Besiedlung vieler verschiedener Lebensräume, selbst zugefrorener Meere oder austrocknender Teiche.

Wechselwirkung Der Anemonenfisch sucht zwischen den giftigen Tentakeln der Seeanemone Schutz vor Feinden, während diese von den Futterresten des Fisches frisst.

VIELFÄLTIGE ANPASSUNGEN

Bei den Echten Strahlenflossern ist fast jede Variante des Grundbauplans eines Fisches zu finden. Die Plattfische weichen z. B. dramatisch von der normalen Symmetrie der meisten Fische ab. Lippfische und Papageifische haben einen veränderten Schlundapparat, der als zweites Kieferpaar fungiert und eine spezielle Nahrungsaufnahme ermöglicht.

Zu den Cyprinodontiformes zählen Guppys, Schwertträger und andere robuste Süßwasser-Aquarienfische. Ährenfische bilden große Schwärme im Meer, viele sind wichtige Köderfische. Flugfische sind an ein Gleiten über das Wasser angepasst. Grundeln sind meist kleine Fische, wie der amphibische Schlammspringer, bei denen die Bauchflossen zu einer becherförmigen Scheibe verschmolzen sind.

Bei vielen Drückerfischen und ihren Verwandten sind die Schuppen zu einem schützenden Panzer umgewandelt.

Riffbarsche, wie der bekannte Clownfisch, haben oft ein stark ausgeprägtes Revierverhalten. Buntbarsche betreiben Brutpflege. Zackenbarsche gehören zu den robustesten aller Meeresraubfische und Fächerfische wie der Marlin sowie Schwertfische gehören zu den schnellsten Schwimmern.

Drachenköpfe können Menschen den Tod bringen. Umberfische erzeugen tiefe Töne, wenn sie bedroht werden. Schmetterlings- und Kaiserfische bestechen durch ihre herrlichen Farben.

Eigenart Die Echten Strahlenflosser haben viele verschiedene Fortpflanzungsstrategien, aber Monogamie und Männchen, die Eier austragen, sind typische Merkmale der Seepferdchen. Nur wenige andere Fischarten besitzen solche Besonderheiten.

Meisterhafte Verkleidung Mit seinen ausgefransten, blattartigen Flossen ist der Fetzenfisch so gut getarnt, dass weder Beute noch Feinde ihn zwischen Seegras und Tang, wo er sich aufhält, entdecken.

ECHTE STRAHLENFLOSSER **FISCHE** 499

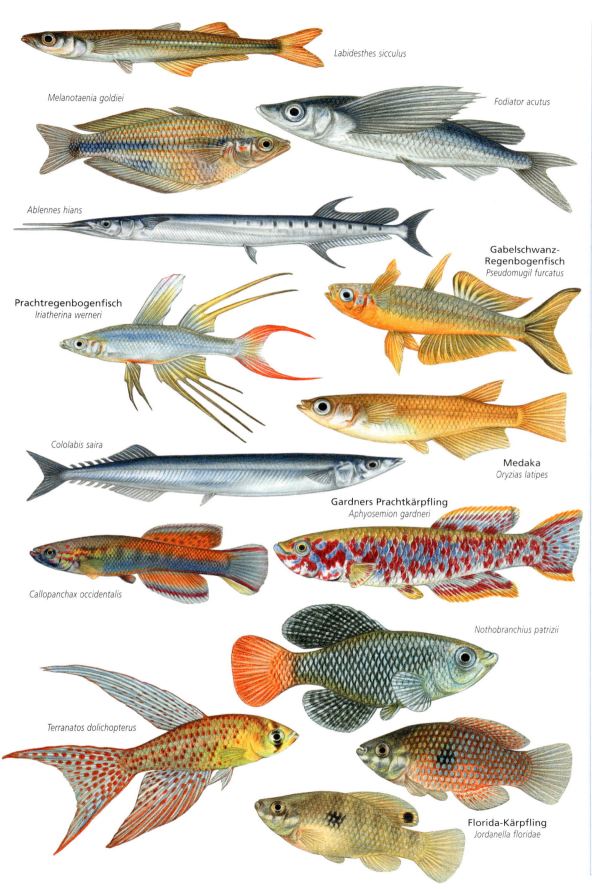

AUF EINEN BLICK

Labidesthes sicculus Dieser kleine durchscheinende Fisch lebt in den Süßwasserseen und -flüssen des subtropischen Nordamerikas. Meist fressen ganze Schwärme der Tiere gemeinsam winzige Krustentiere, Insektenlarven und kleine fliegende Insekten. Das Ablaichen findet in klarem Wasser statt, meistens an Pflanzen. Jedes Ei wird mit einem eigenen klebrigen Band im Boden verankert.

- Bis 13 cm
- Bis 115 g
- Ovipar
- Männchen/Weibchen
- Häufig

Südöstliches Nordamerika

Fodiator acutus Angehörige der Gattung *Fodiator* zählen zu den schwächsten »Fliegern« unter den Flugfischen. Doch die Art kann mit den vergrößerten, flügelähnlichen Brustflossen 50 m oder mehr übers Wasser gleiten. Sie lebt nahe der Wasseroberfläche im offenen Meer und frisst Plankton. Wenn Feinde sie angreifen, fliegt sie davon.

- Bis 24 cm
- Bis 225 g
- Ovipar
- Männchen/Weibchen
- Häufig

O-Pazifik und O-Atlantik

Calliopanchax occidentalis Der kurzlebige Süßwasserfisch lebt in temporären Teichen und Lachen im Regenwald und anderen feuchten Wäldern Westafrikas. Adulte Tiere sterben nach dem Laichen zu Beginn der Trockenzeit; die befruchteten Eier bleiben bis zu 3 Monate im Schlamm. Mit Beginn der Regenzeit schlüpfen die Jungen.

- Bis 7,5 cm
- Bis 30 g
- Ovipar
- Männchen/Weibchen
- Häufig

W-Afrika

Terranatos dolichopterus Bei dieser kurzlebigen Art sterben die erwachsenen Tiere nicht lange nach dem Ablaichen. Die befruchteten Eier ruhen im Schlamm, bis die ersten Tropfen der Regenzeit sie aktivieren. Es gibt praktisch keine Larvenzeit und die Jungen sind einen Monat nach dem Schlüpfen schon geschlechtsreif.

- Bis 4 cm
- Bis 15 g
- Ovipar
- Männchen/Weibchen
- Häufig

Venezuela

500 FISCHE ECHTE STRAHLENFLOSSER

AUF EINEN BLICK

Guppy Er gehört zu einer der wenigen Knochenfisch-Familien (Poeciliidae), die lebende Junge gebären. Der aus Südamerika stammende, beliebte Aquarienfisch wurde in warme Süßwasserseen weltweit eingeführt. Die Art ist sehr anpassungsfähig und findet sich in vielfältigen Lebensräumen mit unterschiedlicher Wasserqualität zurecht.

- Bis 5 cm
- Bis 20 g
- Vivipar
- Männchen/Weibchen
- Häufig

Nordöstliches Südamerika, Barbados, Trinidad; weltweit eingeführt

Sargocentron diadema Die meisten adulten Fische der Art leben im Flachwasser um tropische Riffe, während die Larven frei im offenen Meer schwimmen. An der Wange tragen sie einen kurzen, giftigen Stachel. Sie sind nachtaktiv, tagsüber suchen sie in Höhlen oder an Felsvorsprüngen Schutz. Sie fressen kleine Fische und Wirbellose.

- Bis 17 cm
- Bis 225 g
- Ovipar
- Männchen/Weibchen
- Häufig

Indo-Pazifik, Rotes Meer, Ozeanien

Barbourisia rufa Diese Art lebt in den Tiefen des Meeres. Die Fische haben verkümmerte Augen, aber ein hoch entwickeltes Seitenlinienorgan, das sie mit den nötigen Informationen über ihre Umgebung versorgt. Sie besitzen ein großes Maul und einen stark dehnbaren Magen – so kommen sie mit den unregelmäßigen Mahlzeiten, auch großen, zurecht, die typisch für das Leben am Meeresgrund sind.

- Bis 36 cm
- Bis 450 g
- Unbekannt
- Unbekannt
- Häufig

Weltweit in tropischen u. gemäßigten Meeren

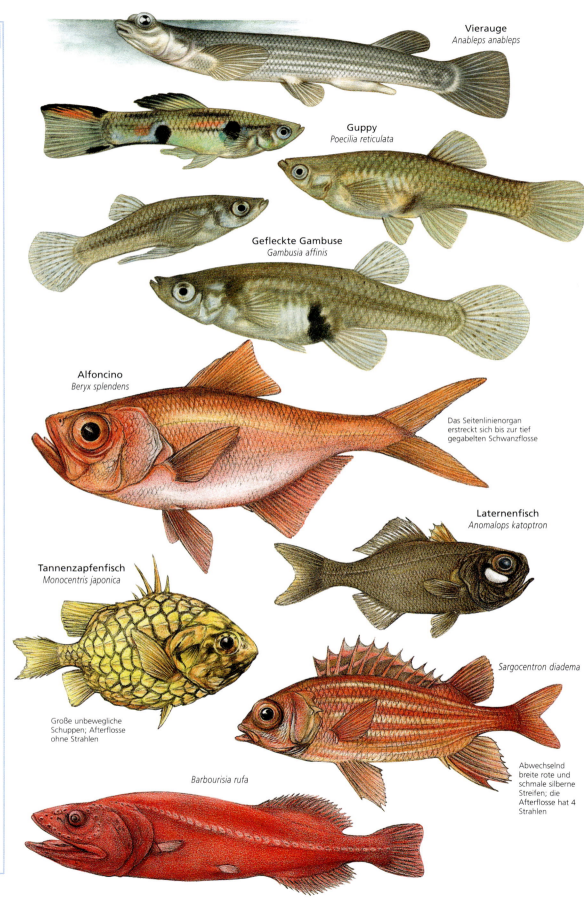

Vierauge
Anableps anableps

Guppy
Poecilia reticulata

Gefleckte Gambuse
Gambusia affinis

Alfoncino
Beryx splendens

Das Seitenlinienorgan erstreckt sich bis zur tief gegabelten Schwanzflosse

Laternenfisch
Anomalops katoptron

Tannenzapfenfisch
Monocentris japonica

Große unbewegliche Schuppen; Afterflosse ohne Strahlen

Sargocentron diadema

Abwechselnd breite rote und schmale silberne Streifen; die Afterflosse hat 4 Strahlen

Barbourisia rufa

ECHTE STRAHLENFLOSSER **FISCHE** 501

Dreistachliger Sichling
Gasterosteus aculeatus

Zwergstichling
Pungitius pungitius

7 bis 12 frei stehende Stacheln vor der Rückenflosse

Schnepfenfisch
Macrorhamphosus scolopax

Gedrungener Körper ohne Schuppen; das Maul endet in einer langen röhrenförmigen Schnauze

Antigonia rubescens

3 Stacheln an der Afterflosse mit 24 bis 48 weichen Strahlen; Körper stark gedrungen

Schnepfenmesserfisch
Aeoliscus strigatus

Petersfisch (Heringskönig)
Zeus faber

Kompakter Kopf mit großen, vorstehenden Kiefern

AUF EINEN BLICK

Schnepfenmesserfisch Diese Art mit fast transparentem Körper und langer Schnauze sammelt sich in Schwärmen, die senkrecht mit dem Schwanz nach oben im Wasser stehen und Zooplankton fressen. Sie lebt zwischen Seeigeln und *Acropora*-Korallen. Bei Stürmen werden Tiere an den Strand gespült.

- Bis 15 cm
- Bis 115 g
- Ovipar
- Männchen/Weibchen
- Häufig

Indischer Ozean, W-Pazifik

Petersfisch Der schwerfällige Schwimmer lebt allein in der Nähe des Meeresgrundes. Der stark abgeflachte Körper lässt den Kopf von vorn betrachtet extrem schmal erscheinen. So kann er sich gut verstecken, wenn er seiner Beute auflauert. Mit seinen kräftigen Kiefern schnappt er sich geschickt kleine Fische und Krustentiere.

- Bis 66 cm
- Bis 6 kg
- Ovipar
- Männchen/Weibchen
- Häufig

O-Atlantik, Mittelmeer, W-Pazifik und westlicher Indischer Ozean

EIFRIGE VÄTER

Stichling-Männchen kleben mit einem Sekret aus ihren Nieren Pflanzen zusammen, um ein kunstvolles Nest zu bauen, in dem die Weibchen die Eier legen. Nach der Befruchtung verjagen die Männchen meist die Weibchen und kümmern sich weiter um das Nest, während sie die Eier bewachen und ihnen mit den Brustflossen sauerstoffreiches Wasser zufächeln.

502 FISCHE ECHTE STRAHLENFLOSSER

AUF EINEN BLICK

Solenostomus paradoxus Seenadeln und Seepferdchen haben Knochenplatten unter der Haut. Deshalb bewegen sie sich nicht wie andere Fische durch Körperbewegungen fort, sondern durch rasches Schlagen ihrer Flossen.

- Bis 12 cm
- Bis 30 g
- Ovipar
- Männchen/Weibchen
- Selten

Indischer Ozean, W-Pazifik

Blattreicher Seedrache Wie bei ihren engen Verwandten, den Seepferdchen, bebrüten auch bei dieser Art die Männchen die Eier. Weibchen legen bis zu 250 Eier auf ein Schwammgewebe an der Schwanzunterseite des Männchens, wo die Eier etwa 6 Wochen reifen.

- Bis 40 cm
- Bis 225 g
- Ovipar
- Männchen/Weibchen
- Keine Angabe

S-Australien

Monopterus albus Der anpassungsfähige, Luft atmende Süßwasser-Fleischfresser, der einem Aal ähnelt, überlebt lange Zeit außerhalb des Wassers. In manchen Gegenden, in denen man ihn einführte, hält man ihn für einen potenziellen »ökologischen Alptraum«.

- Bis 46 cm
- Bis 700 g
- Ovipar
- Zwitter
- Häufig

SO-Asien, Australien

KLEINE »SAUGER«

Seepferdchen lauern in einem Hinterhalt meist Planktontierchen auf. Wie ihre nahen Verwandten, darunter Seenadeln, Trompetenfische und Pfeifenfische (Familien Syngnathidae, Aulostomidae und Fistulariidae), besitzen sie ein verlängertes röhrenförmiges Maul. Es funktioniert wie ein Strohhalm und zieht durch Entstehung eines Vakuums die Beute ins Maul.

Zahnlose Räuber Seepferdchen und ihre Verwandten besitzen keine Zähne und schlucken ihre Beute im Ganzen.

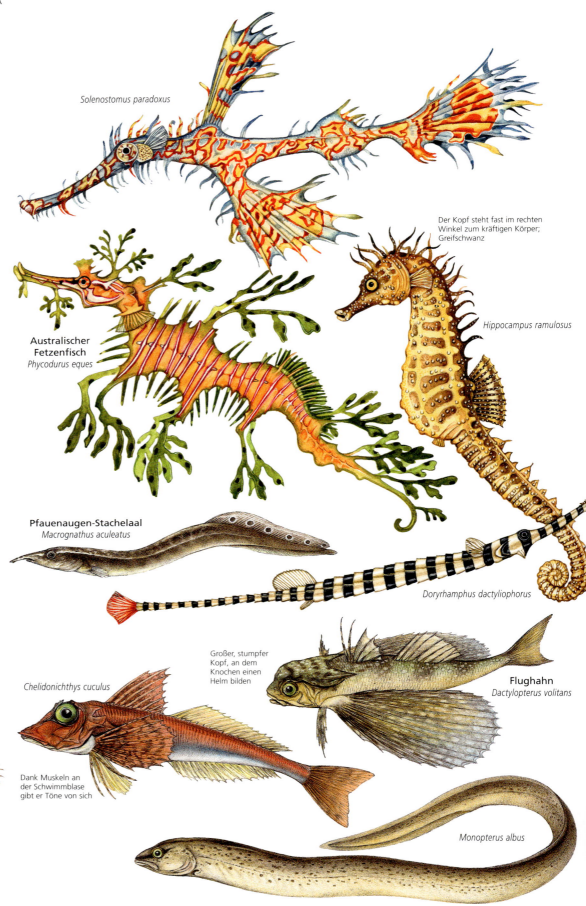

Solenostomus paradoxus

Der Kopf steht fast im rechten Winkel zum kräftigen Körper; Greifschwanz

Hippocampus ramulosus

Australischer Fetzenfisch
Phycodurus eques

Pfauenaugen-Stachelaal
Macrognathus aculeatus

Doryrhamphus dactyliophorus

Großer, stumpfer Kopf, an dem Knochen einen Helm bilden

Chelidonichthys cuculus

Flughahn
Dactylopterus volitans

Dank Muskeln an der Schwimmblase gibt er Töne von sich

Monopterus albus

ECHTE STRAHLENFLOSSER **FISCHE** 503

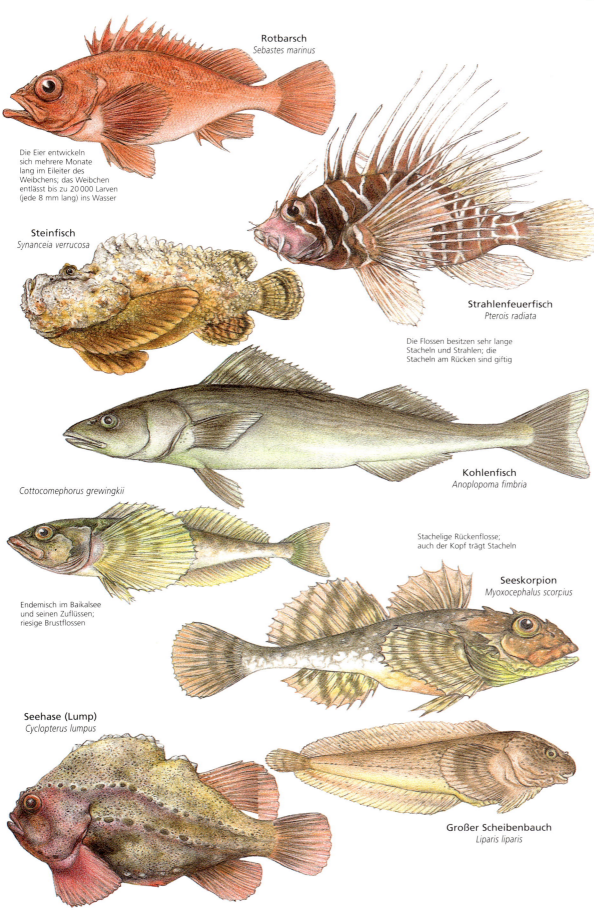

Rotbarsch
Sebastes marinus

Die Eier entwickeln sich mehrere Monate lang im Eileiter des Weibchens; das Weibchen entlässt bis zu 20 000 Larven (jede 8 mm lang) ins Wasser

Steinfisch
Synanceia verrucosa

Strahlenfeuerfisch
Pterois radiata

Die Flossen besitzen sehr lange Stacheln und Strahlen; die Stacheln am Rücken sind giftig

Kohlenfisch
Anoplopoma fimbria

Cottocomephorus grewingkii

Endemisch im Baikalsee und seinen Zuflüssen; riesige Brustflossen

Stachelige Rückenflosse; auch der Kopf trägt Stacheln

Seeskorpion
Myoxocephalus scorpius

Seehase (Lump)
Cyclopterus lumpus

Großer Scheibenbauch
Liparis liparis

AUF EINEN BLICK

Steinfisch Die Stacheln entlang der Rückenflosse funktionieren wie Spritzen. Mit ihnen injiziert das Tier seinen Opfern das tödlichste Gift, das ein Fisch besitzt. Es sind schon Menschen gestorben, die an Riffen versehentlich auf einen Steinfisch getreten sind.

- Bis 36 cm
- Bis 2 kg
- Ovipar
- Männchen/Weibchen
- Häufig

Indischer Ozean, Pazifik und Rotes Meer

Kohlenfisch Er verdankt seinen Namen seiner glatten, schwarzen bis dunkelgrünen Haut. In Alaska und in geringerem Maß in Kanada ist er für die Fischindustrie bedeutend. Exemplare des langlebigen Tiefseefisches sollen über 90 Jahre alt geworden sein.

- Bis 1 m
- Bis 57 kg
- Ovipar
- Männchen/Weibchen
- Häufig

N-Pazifik

Seeskorpion Er ist bekannt dafür, dass er »alles und jedes« frisst, sein Appetit scheint unstillbar. In sein großes Maul passt Beute, die halb so groß ist wie er selbst, und sein Magen dehnt sich problemlos aus, um auch große Mahlzeiten aufzunehmen.

- Bis 60 cm
- Bis 900 g
- Ovipar
- Männchen/Weibchen
- Häufig

N-Atlantik und Nordpolarmeer

ANATOMIE DES SEEHASEN

Das Seehasen-Weibchen legt seine große Menge Eier nahe der Küste ab, dort, wo sie gerade noch immer von Wasser umspült sind. Das Männchen verteidigt sie heftig. Um nicht abzudriften, macht das Männchen sich mit einer Saugscheibe an Felsen oder Pflanzen fest. Diese Saugscheibe am Bauch entsteht aus den umgebildeten Beckenflossen.

Preiswert
Seehasen-Eier werden als billige Kaviar-Variante verkauft.

504 FISCHE ECHTE STRAHLENFLOSSER

AUF EINEN BLICK

Barramundi Die meisten Barramundis sind Zwitter, die ihr Leben als Männchen beginnen, mit etwa 3 Jahren geschlechtsreif werden und sich mit etwa 5 Jahren zu Weibchen umwandeln. Daher sind größere Tiere unweigerlich Weibchen, während kleinere meist Männchen sind.

- Bis 1,8 m
- Bis 60 kg
- Ovipar
- Zwitter
- Häufig

Indischer Ozean, W-Pazifik

Juwelen-Fahnenbarsch Bei ihm wirken die Geschlechter wie unterschiedliche Arten. Weibchen sind orange bis gelb, Männchen meist lilarot. Letztere haben einen langen Stachel an der Rückenflosse und längere Schwanzlappen.

- Bis 15 cm
- Bis 225 g
- Ovipar
- Zwitter
- Häufig

Indischer Ozean, W-Pazifik und Rotes Meer

GENIALE TARNUNG

Der Echte Mirakelbarsch versteckt sich in einem Loch und zeigt nur seinen Schwanz. Dieser ähnelt dem grimmig aussehenden Kopf der Muräne *Gymnothorax meleagris*. Ein Fleck am hinteren Ende der Rückenflosse wirkt wie ein Auge. Ein Spalt zwischen After- und Schwanzflosse bildet das Maul.

Warnung Tiere, die – wie dieser Barsch – das Aussehen einer gefährlicheren Art imitieren, gibt es vor allem bei Schmetterlingen.

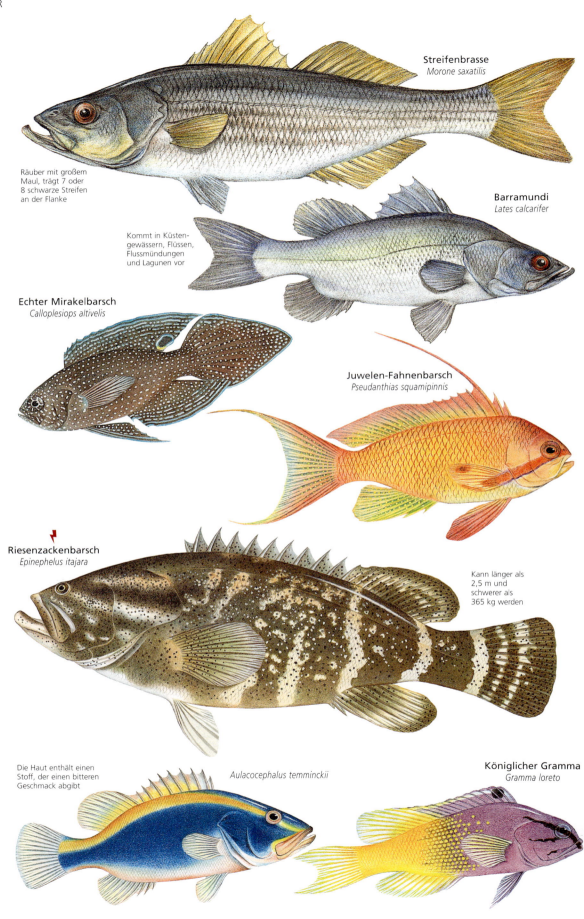

Streifenbrasse
Morone saxatilis

Räuber mit großem Maul, trägt 7 oder 8 schwarze Streifen an der Flanke

Barramundi
Lates calcarifer

Kommt in Küstengewässern, Flüssen, Flussmündungen und Lagunen vor

Echter Mirakelbarsch
Calloplesiops altivelis

Juwelen-Fahnenbarsch
Pseudanthias squamipinnis

Riesenzackenbarsch
Epinephelus itajara

Kann länger als 2,5 m und schwerer als 365 kg werden

Die Haut enthält einen Stoff, der einen bitteren Geschmack abgibt

Aulacocephalus temminckii

Königlicher Gramma
Gramma loreto

ECHTE STRAHLENFLOSSER **FISCHE** 505

Forellenbarsch
Micropterus salmoides

Sehr großes Maul, der Oberkiefer überragt das Auge um ein ganzes Stück

Flussbarsch
Perca fluviatilis

Sonnenfisch
Lepomis gibbosus

Breite, senkrechte Streifen am Körper und weiße Spitzen an Schwanz, hinterer Rücken- und Afterflosse

Lotsenfisch
Naucrates ductor

Lookdown
Selene vomer

Der Körper ist extrem abgeflacht, die Stirn steigt sehr steil an

Auffällig sind die verlängerten Stacheln der Rückenflosse

Nematistius pectoralis

AUF EINEN BLICK

Flussbarsch Die Weibchen dieser Art legen ihre Eier, zehntausende auf einmal, in langen, klebrigen, weißen Schleimbändern ab. Diese Bänder können bis zu 1 m lang sein und werden über Felsen oder Pflanzen unter Wasser gelegt.

- Bis 51 cm
- Bis 4,7 kg
- Ovipar
- Männchen/Weibchen
- Häufig

N-Eurasien

Sonnenfisch Wie bei den meisten Arten dieser nordamerikanischen Süßwasserfisch-Familie baut das Männchen ein Nest. Eier und Sperma werden abgegeben, während Männchen und Weibchen das Nest umrunden. Das Männchen bewacht zunächst die Eier, dann die Larven bis 11 Tage nach dem Schlupf.

- Bis 40 cm
- Bis 630 g
- Ovipar
- Männchen/Weibchen
- Häufig

Östliches Nordamerika; vielerorts eingef.

Lotsenfisch Diese Fische heißen so, weil sie mit Haien und anderen großen Meereslebewesen schwimmen und von deren Nahrungabfällen und Parasiten leben. Seeleute glaubten früher, dass die Fische ihre Wirte zu Nahrung lotsten. Jungtiere schwimmen mit Quallen.

- Bis 70 cm
- Bis 6,8 kg
- Ovipar
- Männchen/Weibchen
- Häufig

Tropische Meere weltweit

Nematistius pectoralis Fische der Familie Nematistiidae ähneln den Stachelmakrelen (Familie Carangidae), und sind wie diese bei Sportfischern beliebt. Ihre typischen langen, rückwärts gebogenen Stacheln an der Rückenflosse ähneln einem Hahnenkamm.

- Bis 1,2 m
- Bis 45 kg
- Ovipar
- Männchen/Weibchen
- Häufig

O-Pazifik

506 FISCHE ECHTE STRAHLENFLOSSER

AUF EINEN BLICK

Plectorhynchus orientalis Die lockeren, gummiartigen Lippen der Süßlippen saugen wie ein Staubsauger Wirbellose vom Meeresgrund. Die Art frisst so stürmisch, dass Schwemmsand als Wolke durch ihre Kiemenbögen wieder austritt. Sie gehört zur tropischen Familie der Grunzer (Haemulidae) und kann Töne produzieren, indem sie mit den Zähnen in ihrem Rachen knirscht.

- Bis 51 cm
- Bis 1,8 kg
- Ovipar
- Männchen/Weibchen
- Häufig

Indischer Ozean W-Pazifik

Gestreifte Meerbarbe Diese lebhaft rötlich gefärbte Art besitzt lange empfindliche Barteln am Kinn. Mit diesen tastet sie das Sediment am Meeresboden nach kleinen Wirbellosen ab. Meerbarben sind Allesfresser. Das Männchen ist deutlich kleiner als das Weibchen.

- Bis 40 cm
- Bis 1 kg
- Ovipar
- Männchen/Weibchen
- Häufig

Östlicher N-Atlantik und Mittelmeer

Kaiserschnapper Jungtiere leben in tropischen Flachwassern, oft in enger Nachbarschaft mit Seeigeln. Mit stattlichen erwachsenen Tieren, die in größeren Tiefen leben, gab es Fälle von Vergiftungen bei Menschen. Die lebhaft roten Streifen, die typisch für Jungfische sind, verblassen mit dem Alter. Geschlechtsreife Adulte sind ganz und gar kräftig pink gefärbt.

- Bis 1 m
- Bis 16 kg
- Ovipar
- Männchen/Weibchen
- Häufig

Indischer Ozean, W-Pazifik, Rotes Meer

Ritterfisch Eine stark verlängerte Rückenflosse gibt diesem in der Karibik heimischen Fisch das bemerkenswerteste Aussehen in der Familie Umberfische (Sciaenidae). Diese Fische sind bekannt dafür, mithilfe ihrer Schwimmblase und spezieller Muskeln Töne hervorzubringen. Die Art ist nachtaktiv und versteckt sich tagsüber in Höhlen.

- Bis 25 cm
- Bis 285 g
- Ovipar
- Männchen/Weibchen
- Häufig

W-Atlantik

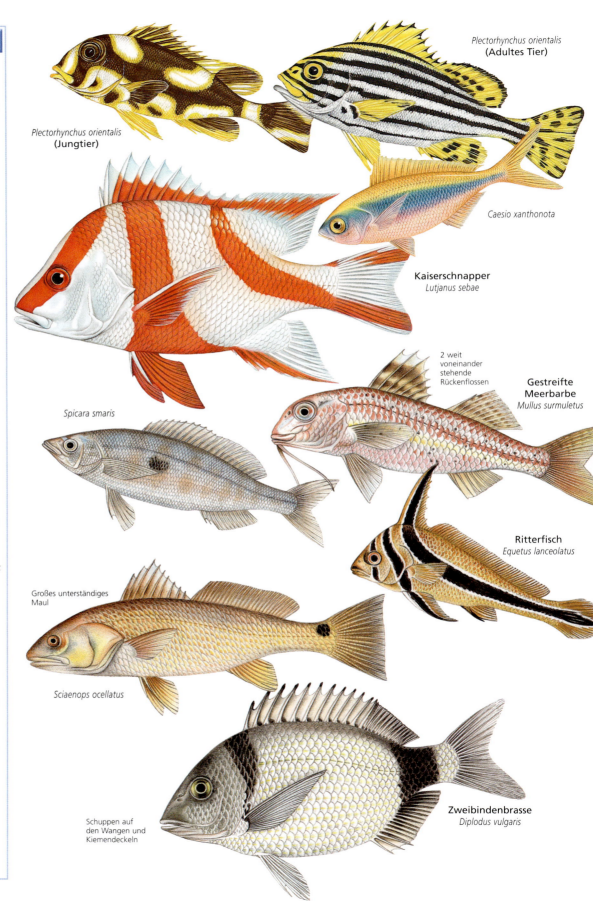

Plectorhynchus orientalis (Jungtier)

Plectorhynchus orientalis (Adultes Tier)

Caesio xanthonota

Kaiserschnapper *Lutjanus sebae*

Spicara smaris

2 weit voneinander stehende Rückenflossen

Gestreifte Meerbarbe *Mullus surmuletus*

Ritterfisch *Equetus lanceolatus*

Großes unterständiges Maul

Sciaenops ocellatus

Schuppen auf den Wangen und Kiemendeckeln

Zweibindenbrasse *Diplodus vulgaris*

ECHTE STRAHLENFLOSSER **FISCHE** 507

Blattfisch
Monocirrhus polyacanthus

Silberflossenblatt
Monodactylus argenteus

Körper stark abgeflacht

Schützenfisch
Toxotes jaculatrix

Argusfisch
Scatophagus argus

Microcanthus strigatus

Pfauenaugengaukler
Chaetodon auriga

Typisch sind die schrägen schwarzen Streifen

Auffälliger schwarzer Streifen zieht sich senkrecht über das Auge

Kaiserfisch
Pomacanthus imperator

Enoplosus armatus

AUF EINEN BLICK

Blattfisch Die südamerikanische Art in verschiedenen Brauntönen ähnelt mit ihren zweigartigen Barteln am Kinn einem welken Blatt. Zur Fortbewegung dienen dem Tier transparente Flossen. Mit seinem großen Maul schnappt es nach Beute.

- Bis 7,5 cm
- Bis 30 g
- Ovipar
- Männchen/Weibchen
- Häufig

Nördliches Südamerika

Kaiserfisch Wie bei den meisten Kaiserfischen unterscheidet sich auch bei dieser Art die Färbung der Jungfische deutlich von der adulter Tiere. Jungfische zeigen offene weiße und blaue Ringe auf schwarzblauem Untergrund. Wenn sie älter werden, entwickeln sie hellblaue und gelbe Streifen.

- Bis 40 cm
- Bis 1,4 kg
- Ovipar
- Männchen/Weibchen
- Häufig

Indischer Ozean, W-Pazifik und Rotes Meer

GUT GEZIELT

Schützenfische schießen Wasserstrahlen aus ihrem Maul, um Insekten und andere Beute von überhängenden Ästen zu werfen. Ein Zusammenpressen der Mundhöhle drückt Wasser durch eine Röhre, die aus der Zunge und dem speziell gefurchten Gaumen gebildet wird. Der Schützenfisch *Toxotes jaculatrix* schießt bis 1,5 m weit. Er zielt auch auf Insektenschwärme über dem Wasser.

508 | FISCHE ECHTE STRAHLENFLOSSER

AUF EINEN BLICK

Meerschwalbe Paare oder kleine Gruppen von Meerschwalben etablieren permanente »Reinigungsplätze« bei Höhleneingängen oder unter Felsüberhängen an tropischen Riffen im Indo-Pazifik. Dort bedienen sie »Kunden« – größere Fische, die ihre Parasiten abgezupft bekommen möchten.

- Bis 11,5 cm
- Bis 85 g
- Ovipar
- Männchen/Weibchen
- Häufig

Indo-Pazifik und Rotes Meer

Skalar Die auf untergetauchten Blättern von Wasserpflanzen abgelegten Eier werden von den Eltern bewacht und belüftet, bis die Jungen nach 3 Tagen schlüpfen. Die Brut wird jeden Abend als große Gruppe gesammelt, um sie gut beschützen zu können.

- Bis 7,5 cm
- Bis 225 g
- Ovipar
- Männchen/Weibchen
- Häufig

Nordöstliches Südamerika

KINDERSTUBE IM MAUL

Alle Cichliden zeigen Formen von Brutpflege: Am besten umsorgt ist der Nachwuchs beim Maulbrüten. Meist nimmt das Weibchen die Eier unmittelbar nach dem Legen ins Maul, drückt sich dann an die Genitalöffnung des Männchens und lässt Sperma ins Maul fließen. Dort bleiben die Eier und die Brut oft mehr als 3 Wochen. Gegen Ende dieser Zeit schwimmen die Jungen gelegentlich zur Nahrungssuche heraus.

Clownfisch
Amphiprion ocellaris

Clownfische leben mit Seeanemonen in Symbiose. Vor deren Nesselzellen schützt sie eine Schleimschicht und eine spezielle Schwimmweise.

Meerschwalbe
Labroides dimidiatus

Purpur-Prachtbuntbarsch
Pelvicachromis pulcher

Kleiner Cichlide, der seine Eier in Höhlen ablegt und sie bewacht

Skalar
Pterophyllum scalare

Großer Cichlide, der ausschließlich Fische frisst

Cichla ocellaris

Larven ernähren sich von weißem Schleim, den die Elterntiere aus der Haut absondern

Diskusfisch
Symphysodon aequifasciatus

Spiegelfleck-Lippfisch
Coris aygula

Jungtiere tragen augenähnliche orangefarbene Flecken auf der Rückenflosse

ECHTE STRAHLENFLOSSER **FISCHE** 509

Kieferfisch
Opistognathus aurifrons
Konstruiert ausgedehnte Baue; das Männchen brütet im Maul

Aalmutter
Zoarces viviparus

Petermännchen
Trachinus draco
Liegt im Sand vergraben; die Stacheln der vorderen Rückenflosse und der Kiemen enthalten Gift

Periophthalmus barbarus

Himmelsgucker
Uranoscopus scaber

Aspidontus taeniatus

Kleiner Sandaal
Ammodytes tobianus
Gräbt sich im Sand ein, bildet aber auch riesige Schulen

Acanthurus achilles
Eine Doktorfisch-Art: Doktorfische verdanken ihren Namen den scharfen Stacheln zu beiden Seiten der Schwanzwurzel

Halfterfisch
Zanclus cornutus

AUF EINEN BLICK

Himmelsgucker Der gut getarnte Bodenbewohner besitzt einen kleinen wurmähnlichen Fortsatz an der Unterlippe, den er bewegt, um Beute anzulocken. Als Anpassung an sein Leben, das er fast ganz im Sand eingegraben verbringt, sind Maul, Nasenlöcher und Augen hoch angesetzt. Zur Abwehr von Feinden besitzt er einen Giftstachel hinter dem Kiemendeckel und elektrische Organe hinter den Augen.

- Bis 40 cm
- Bis 940 g
- Ovipar
- Männchen/Weibchen
- Regional häufig

O-Atlantik; Mittel- und Schwarzes Meer

Aspidontus taeniatus Diese Schleimfisch-Art ahmt die Meerschwalbe (*Labroides dimidiatus*) nach, die großen Fischen die Parasiten entfernt. Die beiden sehen in ihrem natürlichen Lebensraum so ähnlich aus, dass nur wenige Fische in der Lage sind, sie auseinander zu halten. Doch *Aspidontus taeniatus* entfernt nicht Parasiten, sondern reißt Fleisch stückweise aus der Beute.

- Bis 11,5 cm
- Bis 75 g
- Ovipar
- Männchen/Weibchen
- Regional häufig

Indischer Ozean, Pazifik

AMPHIBISCHE FISCHE

Schlammspringer springen mithilfe der muskulösen Schwanz- und Brustflossen bei Ebbe über den Schlamm und klettern dank der Bauchflossen, einer Art von »Saugnapf«, sogar auf Bäume. Es gibt mehr als 30 Arten von Schlammspringern, die vor allem in schlammigen Mangrovenwäldern in Südostasien und Afrika leben. Sie atmen durch die reich durchblutete Haut.

Landliebe Die Männchen einiger Schlammspringer-Arten zeigen ihre Männlichkeit und markieren im Schlamm ein Revier.

510 FISCHE ECHTE STRAHLENFLOSSER

AUF EINEN BLICK

Schwertfisch Adulte Schwertfische besitzen weder Schuppen noch Zähne oder eine Seitenlinie. Sie fressen Fische – von der Oberfläche bis in Tiefen von 650 m –, die sie mit ihrem Schwert aufspießen. Diese Art bildet allein die Familie Xiphiidae.

- Bis 4,9 m
- Bis 650 kg
- Ovipar
- Männchen/Weibchen
- Keine Angabe

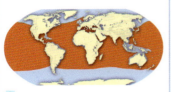

Weltweit in tropischen u. gemäßigten Meeren

Pazifischer Fächerfisch Beim wohl schnellsten aller Fische maß man Geschwindigkeiten bis zu 110 km/h. Mit dem dolchähnlichen Schnabel betäubt und verstümmelt er Beute, die er mit seinen zahnlosen Kiefern aufnimmt.

- Bis 3,5 m
- Bis 100 kg
- Ovipar
- Männchen/Weibchen
- Häufig

Tropischer u. gemäßigter Indopazifik

SCHUTZSTATUS

Rückgang Der Blaue Marlin ist bei Sportfischern so begehrt wie kaum ein anderer. Doch das ist nicht die größte Bedrohung: Zahlreiche Tiere fangen sich versehentlich in den Schleppnetzen, die kommerziell für Thun- und Schwertfisch ausgelegt werden. Da der Blaue Marlin an der Spitze einer Nahrungskette steht, gibt es ihn nicht in allzu großer Zahl und so reagieren die Populationen auf jede Überfischung empfindlich.
Eine 10 Jahre dauernde Untersuchung deutscher und kanadischer Wissenschaftler, die 2003 im internationalen Wissenschaftsmagazin *Nature* veröffentlicht wurde, ergab, dass der Bestand des Blauen Marlin wie der anderer großer Seefische in der zweiten Hälfte des 20. Jahrhunderts drastisch abgenommen hat.

Schwertfisch
Xiphias gladius

Der Oberkiefer geht in einen langen schmalen Schnabel über

Blauer Marlin
Makaira nigricans

Pazifischer Fächerfisch
Istiophorus platypterus

Die vordere Rückenflosse gleicht einem Segel; die Brustflossen sind sehr lang

Wahoo
Acanthocybium solandri

Großes Maul mit kräftigen, gesägten, dreieckigen Zähnen

Echter Bonito
Katsuwonus pelamis

Die Schwanzflosse ist tief eingeschnitten, der obere Teil ist kürzer als der untere

Quallenfisch
Nomeus gronovii

Silberne Pampel
Pampus argenteus

Lebt zusammen mit der Portugiesischen Galeere

ECHTE STRAHLENFLOSSER **FISCHE** 511

Microctenopoma ansorgii

Kampffisch
Betta splendens

Gurami
Osphronemus goramy

Mosaikfadenfisch
Trichogaster leerii

Kann feuchte Luft atmen und lange Zeit außerhalb des Wassers überleben

Die Lippen besitzen hornige Zähne; Filtrierer, frisst auch Algen

Küssender Gurami
Helostoma temminckii

Mit den Sauglippen küsst er andere Fische, Pflanzen und andere Dinge

Glattbutt
Scophthalmus rhombus

Kletterfisch
Anabas testudineus

Großer Plattfisch, der andere Fische jagt

Zebrias zebra

Typisch sind die »zebraartigen Streifen«

Weißer Heilbutt
Hippoglossus hippoglossus

Sommerflunder
Paralichthys dentatus

AUF EINEN BLICK

Kampffisch Die Männchen dieser Art schaffen Nester für die Eier, indem sie Blasen um Blätter herum abgeben. Diese Nester bewachen sie dann intensiv. Zum Kampf der Männchen, für den diese Art bekannt ist, gehören Drohgebärden und das Knabbern an Flossen.

- Bis 6,6 cm
- Bis 30 g
- Ovipar
- Männchen/Weibchen
- Häufig

Mekong-Becken (Asien)

Kletterfisch Mit einem zusätzlichen Atmungsorgan, das mit den Kiemen verbunden ist, kann diese Art gut in sauerstoffarmer Umgebung leben. Trocknen Teiche aus, »läuft« er auf seinen Flossen, sucht nach Wasser und klettert auf niedrige Bäume.

- Bis 25 cm
- Bis 455 g
- Ovipar
- Männchen/Weibchen
- Häufig

SO-Asien

Glattbutt Wie alle Plattfische vertraut auch diese Meeresart vorwiegend auf Tarnung, um sich vor Feinden oder Beute zu verstecken. Er kann die Farbe seines Körpers ändern, um sich an die Umgebung anzupassen.

- Bis 75 cm
- Bis 7,3 kg
- Ovipar
- Männchen/Weibchen
- Häufig

Östlicher N-Atlantik; Mittel- u. Schwarzes Meer

WANDERNDE AUGEN

Anfangs sehen junge Plattfische wie andere junge Fische aus, doch bald lehnen sie sich zur Seite, wenn ein Auge (bei manchen Arten das linke, bei anderen das rechte) über den Kopf zum anderen wandert. Gleichzeitig dreht sich der Schädel, um die Kiefer in eine seitliche Position zu bringen.

Larve mit normaler Stellung der Augen

Linkes Auge wandert nach oben

Beim adulten Tier sind beide Augen rechts

AUF EINEN BLICK

Schnabeldrückerfisch Wo es diesen Fisch der tropischen Korallenriffe gibt, ist die Umwelt noch gesund. Er lebt fast nur von Korallentieren und ist eine der ersten Arten, die verschwinden, wenn Riffe Umweltschäden erleiden.

- Bis 12 cm
- Bis 85 g
- Ovipar
- Männchen/Weibchen
- Häufig

Indischer Ozean, Westpazifik

Arothron meleagris Die Art ist typisch für Kugelfische, denn sie ist giftig und hat die Zähne so im Kiefer stehen, dass ein papageienähnlicher Schnabel entsteht. So ernährt er sich vor allem von den weichen Polypen, die an den Spitzen verzweigter Korallen sitzen.

- Bis 50 cm
- Bis 1,8 kg
- Ovipar
- Männchen/Weibchen
- Häufig

Indischer Ozean, Pazifik: O-Afrika bis Amerika

Kofferfisch Kofferfische sind von einer schützenden äußeren Hülle umgeben. Sie besitzen auch eine einzigartige Form der Fortbewegung: Lediglich eine Ruderbewegung der Schwanzflosse treibt sie voran, ohne dass der Körper irgendeine Bewegung ausführt. So ist der Fisch zwar nicht schnell, kann aber energiesparend durchs Wasser gleiten.

- Bis 23 cm
- Bis 460 g
- Ovipar
- Männchen/Weibchen
- Häufig

Indischer Ozean, W-Pazifik: O-Afrika bis Hawaii

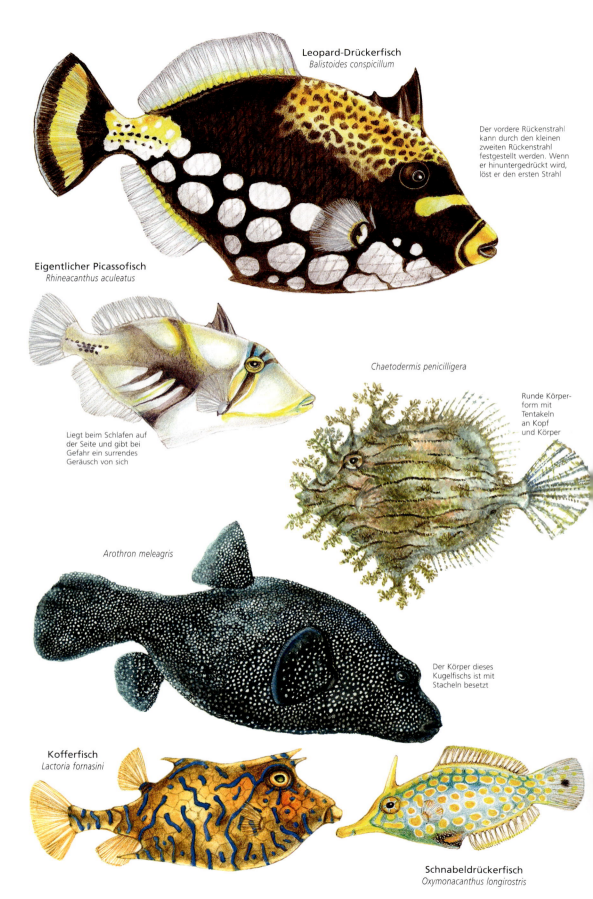

Leopard-Drückerfisch
Balistoides conspicillum

Der vordere Rückenstrahl kann durch den kleinen zweiten Rückenstrahl festgestellt werden. Wenn er hinuntergedrückt wird, löst er den ersten Strahl

Eigentlicher Picassofisch
Rhineacanthus aculeatus

Liegt beim Schlafen auf der Seite und gibt bei Gefahr ein surrendes Geräusch von sich

Chaetodermis penicilligera

Runde Körperform mit Tentakeln an Kopf und Körper

Arothron meleagris

Der Körper dieses Kugelfischs ist mit Stacheln besetzt

Kofferfisch
Lactoria fornasini

Schnabeldrückerfisch
Oxymonacanthus longirostris

ECHTE STRAHLENFLOSSER **FISCHE** 513

Teppichkugelfisch
Tetraodon mbu

Männchen und Weibchen sehen unterschiedlich aus, doch bei beiden umhüllt ein knöcherner Panzer den Körper

4 miteinander verwachsene Zähne, die aber durch einen Spalt in der Mitte jeden Kiefers getrennt sind

Ostracion meleagris

Fledermausfisch
Platax orbicularis

Abgeflachter Körper; Streifen läuft über das Auge hinweg, mit einer Reihe von Querstreifen

Mondfisch
Mola mola

Igelfisch
Diodon holacanthus

Bauchsackkugelfisch
Triodon macropterus

Großer Hautlappen am Bauch und schwarzer Fleck inmitten der Flanke

AUF EINEN BLICK

Teppichkugelfisch Bei Gefahr pumpen Kugelfische Luft oder Wasser in einen dehnbaren Sack im Magen, um deutlich größer und eindrucksvoller zu erscheinen. Dadurch treten auch Strahlen und Schuppen hervor, sodass die Tiere schwerer zu verschlucken sind.

- Bis 67 cm
- Bis 6,8 kg
- Ovipar
- Männchen/Weibchen
- Häufig

Zentralafrika

Mondfisch Der scheibenförmige Körper dieser Art wirkt am hinteren Ende stark verkürzt, weil er keine Schwanzflosse trägt. Die Vorwärtsbewegung kommt durch Rudern mit Rücken- und Afterflosse zustande, die beide weit hinten am Körper liegen.

- Bis 3,3 m
- Bis 1500 kg
- Ovipar
- Männchen/Weibchen
- Häufig

Weltweit in warmen und gemäßigten Meeren

KUGELFISCH-GIFT

Einige Kugelfische sind stark giftig, vor allem die Arten des Indischen und Pazifischen Ozeans. Tetrodotoxin, das im ganzen Körper vorkommt, sich aber in Leber, Eierstöcken und Darm konzentriert, ist ein hoch wirksames Nervengift, stärker als Blausäure. Wenn ein potenzieller Feind diesen Fischen Angst macht, geben sie das Gift ins umgebende Wasser ab.

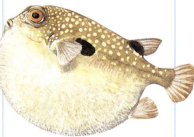

Russisches Roulette *Das giftfreie Fleisch einiger Kugelfisch-Arten ist in Japan und Korea hoch geschätzt, obwohl einige Organe der Tiere das tödliche Tetrodotoxin enthalten und sorgfältig entfernt werden müssen.*

WIRBELLOSE

WIRBELLOSE

WIRBELLOSE	
STÄMME	> 30
KLASSEN	> 90
ORDNUNGEN	> 370
ARTEN	> 1,3 Mio.

Wirbellose, zu denen über 95% aller bekannten Tierarten gehören, besitzen weder Wirbelsäule noch Knochen oder Knorpel. Im Gegensatz zu Wirbeltieren, die einen einzigen Stamm bilden, werden als Wirbellose über 30 Stämme zusammengefasst, von denen manche näher mit den Wirbeltieren verwandt sind als untereinander. Zu den Wirbellosen zählen so unterschiedliche Lebewesen wie Nesseltiere, Schwämme, Quallen, Plattwürmer, Weichtiere wie Tintenfische und Muscheln – nicht zu vergessen die riesige Welt der Insekten mit ihren bunten Schmetterlingen und farbenprächtigen Käfern.

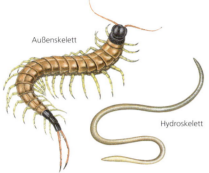

Außenskelett

Hydroskelett

Skelette Ein inneres flüssigkeitsgefülltes Hydroskelett stützt den Körper von Würmern und vielen anderen Wirbellosen, die in feuchter Umgebung oder im Wasser leben. Dank des Außenskeletts konnten Gliederfüßer, z. B. Hundertfüßer, das Land besiedeln.

WEICHE KREATUREN

Die ersten Tiere, die sich auf der Erde entwickelten, waren Wirbellose. Ihre weichen Körper hinterließen jedoch keine Spuren im Gestein. Die ältesten bis jetzt bekannten versteinerten Tiere sind über 600 Mio. Jahre alt und werden nach ihrem Fundort in den Ediacara-Hügeln (Südaustralien) Ediacara-Fauna genannt. Darunter befinden sich schwammähnliche Formen, Quallen, Weichkorallen, Gliederwürmer und Stachelhäuter. Etwa 60 Mio. Jahre später entwickelten sich im Kambrium die Wirbellosen explosionsartig. Vor etwa 500 Mio. Jahren zum Ende dieser Periode scheinen alle heute bekannten Wirbellosen-Stämme entstanden zu sein.

Obwohl die größte Vielfalt im Meer existiert, sind Wirbellose in fast allen Lebensräumen an Land und im Wasser zu finden. Die meisten Arten sind klein, manche sogar mikroskopisch winzig wie die unter 0,001 mm langen Rädertierchen. Einige erreichen allerdings eine enorme Größe, z. B. der Riesenkalmar mit bis zu 18 m Länge und einem Gewicht von bis zu 900 kg.

Es gibt zwei Grundbaupläne bei Wirbellosen: Radiärsymmetrische Tiere, z. B. Quallen und Seeanemonen, haben einen ringförmigen Körper und eine zentrale Mundöffnung. Würmer und Insekten sind bilateral symmetrisch gebaut, das bedeutet: Kopf sowie eine rechte und linke Körperseite sind deutlich erkennbar.

Wirbellose besitzen keine Knochen, werden aber durch eine Art Skelett gestützt. Viele sehen weich aus, doch Proteinfasern halten sie in Form. Zahlreiche Würmer besitzen ein Hydroskelett, bei dem sich unter Druck stehende Flüssigkeit in der Körperhöhle befindet. Schwämme und Stachelhäuter verfügen über Endoskelette mit harten Strukturen im Gewebe. Die meisten Weichtiere und alle Gliederfüßer haben eine harte, äußere Hülle: das Exo- oder Außenskelett. Bei den Weichtieren ist es eine starre Schale, bei den Gliederfüßern gelenkig und flexibel.

Viele Wirbellose vermehren sich, indem sie riesige Mengen an befruchteten Eiern ablegen und diese sich selbst überlassen. Einige Arten entwickeln sich aus unbefruchteten Eiern, andere durch Teilung oder Knospung, wobei Teile des eigenen Körpers zu den Nachkommen werden. Bei manchen Arten durchlaufen die Jungtiere eine mehrstufige Metamorphose.

Vermehrung Baumkorallen (*Acropora* sp.) pflanzen sich durch Teilung ungeschlechtlich oder durch Abgabe von Eiern und Spermien ins Wasser geschlechtlich fort. Jeder Polyp ist zwittrig; er kann sowohl Eier- als auch Spermapakete produzieren. Die Mondphasen synchronisieren das Ablaichen.

Bewegungsformen Seeanemonen wie die Art *Heteractis crispa* (rechte Seite) sitzen als erwachsene Tiere fest auf einem Untergrund. Um Nahrung zu fangen, schwenken sie ihre Tentakeln. Viele andere Wirbellose sind äußerst beweglich. Sie schwimmen, kriechen, rennen, fliegen oder bewegen sich grabend fort.

Jagdspinnen Taranteln und andere Spinnen leben räuberisch. Mit ihrem Gift lähmen sie ihre Beute.

ÜBERBLICK **WIRBELLOSE** 517

WIRBELLOSE CHORDATIERE

STAMM	Chordata
UNTERSTÄMME	2
KLASSEN	4
ORDNUNGEN	9
FAMILIEN	47
ARTEN	> 2000

Der Stamm Chordata umfasst 3 Unterstämme. Den größten bilden alle Wirbeltiere (Säugetiere, Vögel, Reptilien, Amphibien, Fische). Die anderen beiden – hier vorgestellten – Unterstämme sind marine Wirbellose: die Manteltiere (Urochordata) mit etwa 2000 Seescheiden-Arten und deren Verwandten sowie die Schädellosen (Cephalochordata) mit etwa 30 Lanzettfischchen-Arten. Wirbellose Chordatiere besitzen keine Wirbelsäule, sondern nur einen biegsamen Skelettstab (das Notochord); er ist bei Wirbeltierembryos noch vorhanden, wird aber resorbiert und durch die Wirbelsäule ersetzt. Wirbeltiere scheinen sich aus wirbellosen Chordatieren entwickelt zu haben.

Aus der Tiefe Das Tiefsee-Manteltier (*Megalodicopia hians*) lebt am Boden der Tiefsee. Schwimmt ein kleines Tier wie ein Krill in die Mundöffnung, wird diese schnell geschlossen, um die Beute zu fangen.

Kolonien Dieses Bild zeigt mehrere Kolonien der Seescheiden-Art *Botrylloides magnicoecum*. Die dunklen Punkte sind die Einström- bzw. Ansaugöffnungen. Die siebartige Platte ist jeweils die gemeinsame Ausström- bzw. Auslassöffnung der Kolonie.

FIXIERT ODER FREI

Wenn die Seescheiden aus dem Ei schlüpfen, sind sie kaulquappenähnliche Larven mit einem Notochord im Schwanz. Die Larven heften sich am Meeresboden fest, resorbieren ihren Schwanz und das Notochord, wobei der Mund an das freie Ende wandert. Die sessilen (festsitzenden) Seescheiden sind sackförmig. Wasser tritt durch eine Ansaug- bzw. Einströmöffnung ein und durch eine Auslass- bzw. Ausströmöffnung aus. Dabei passiert das Wasser einen durchlöcherten Pharynx (Schlund), wo mithilfe von Schleim Nahrungspartikel herausgefiltert werden. Seescheiden leben einzeln oder in Kolonien – meist sessil. Einige Arten verbringen ihr ganzes Leben frei schwimmend. Fast alle sind Zwitter, die zur Fortpflanzung Eier und Spermien ins Wasser abgeben.

Lanzettfischchen schwimmen gut, bleiben aber meist in flachen Gewässern teilweise im Sand oder Kies eingegraben, wobei nur der Kopf herausschaut. Sie filtern auf eine ähnliche Weise ihre Nahrung aus dem Wasser. Sie sind getrenntgeschlechtig; die Eier werden außerhalb des Körpers befruchtet.

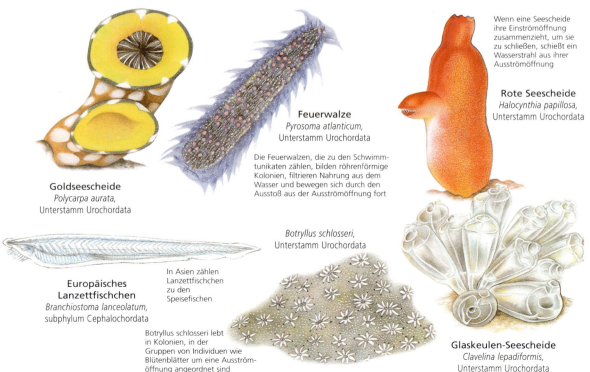

Goldseescheide
Polycarpa aurata,
Unterstamm Urochordata

Feuerwalze
Pyrosoma atlanticum,
Unterstamm Urochordata

Die Feuerwalzen, die zu den Schwimmtunikaten zählen, bilden röhrenförmige Kolonien, filtrieren Nahrung aus dem Wasser und bewegen sich durch den Ausstoß aus der Ausströmöffnung fort

Wenn eine Seescheide ihre Einströmöffnung zusammenzieht, um sie zu schließen, schießt ein Wasserstrahl aus ihrer Ausströmöffnung

Rote Seescheide
Halocynthia papillosa,
Unterstamm Urochordata

Botryllus schlosseri,
Unterstamm Urochordata

Botryllus schlosseri lebt in Kolonien, in der Gruppen von Individuen wie Blütenblätter um eine Ausströmöffnung angeordnet sind

Europäisches Lanzettfischchen
Branchiostoma lanceolatum,
subphylum Cephalochordata

In Asien zählen Lanzettfischchen zu den Speisefischen

Glaskeulen-Seescheide
Clavelina lepadiformis,
Unterstamm Urochordata

SCHWÄMME

STAMM	Porifera
KLASSEN	3
ORDNUNGEN	18
FAMILIEN	80
ARTEN	ca. 9000

Schon vor über 2000 Jahren hat Aristoteles die Schwämme den Tieren zugeordnet, aber seine Annahme blieb bis 1765 unbestätigt. Bis dahin hielt man sie wegen ihrer Unbeweglichkeit und ihrer verzweigten Form für Pflanzen. Schwämme sind im Tierreich einzigartig. Ihnen fehlen Nervensystem, Muskeln und Magen; ihre Zellen bilden weder Gewebe noch Organe. Sie verfügen über spezielle Funktionen wie Nahrungsaufnahme, Verdauung, Verteidigung oder Skelettbildung. Die Zellen können durch einen Schwamm wandern und sich von einem Typ in den anderen umwandeln, wodurch sich der Schwamm vollständig regenerieren kann – sogar aus einzelnen Zellen.

Elektrisch Obwohl sie keine Nerven haben, reagieren Glasschwämme (Klasse Hexactinellida) auf Störungen, indem sie elektrische Impulse durch ihren Körper senden, worauf sich das Filtersystem schließt.

Stützstacheln Ein Schwammskelett besteht aus Spicula (lat.: Stacheln, Pfeil), die im ganzen Schwamm verteilt sein können oder zu Fasern zusammengefasst sind. Dieses Bild zeigt nadel- und sternförmige Spicula bei hundertfacher Vergrößerung.

Knospung Ein Teil der Schwämme vermehrt sich asexuell: Einige Arten teilen sich, andere bilden Knospen (ganz rechts), die abbrechen und zu neuen Schwämmen heranwachsen. Schwämme können auch Dauerknospen oder Zellansammlungen abgeben. Dauerknospen sind in einem Ruhestadium und wachsen nur unter günstigen Bedingungen zu einem Schwamm heran.

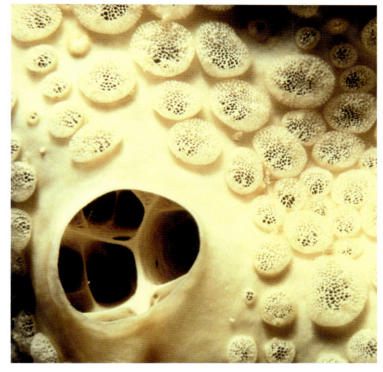

Badeschwamm
Spongia officinalis, Klasse Demospongiae
Die Art ist bekannt als Badeschwamm und wird zu diesem Zweck kommerziell genutzt

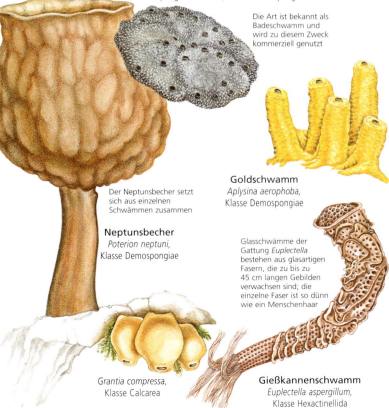

Der Neptunsbecher setzt sich aus einzelnen Schwämmen zusammen

Neptunsbecher
Poterion neptuni, Klasse Demospongiae

Goldschwamm
Aplysina aerophoba, Klasse Demospongiae

Glasschwämme der Gattung *Euplectella* bestehen aus glasartigen Fasern, die zu bis zu 45 cm langen Gebilden verwachsen sind; die einzelne Faser ist so dünn wie ein Menschenhaar

Grantia compressa, Klasse Calcarea

Gießkannenschwamm
Euplectella aspergillum, Klasse Hexactinellida

NAHRUNGSFILTRIERER

Schwämme sind zwischen 1 cm und 2 m lang und können die Form von Bäumen, Sträuchern, Vasen, Fässern, Bällen, Kissen oder Teppichen haben oder formlose Massen bilden. Sie kommen in jedem marinen Lebensraum vor, vom Flachwasser bis in die Tiefsee. Wenige Arten haben sich in Seen und Flüssen angesiedelt.

Das Skelett der Schwämme besteht aus Mineralien und/oder Proteinen. Kalkschwämme (Klasse Calcarea) haben ein Skelett aus Kalk, bei Glasschwämmen (Klasse Hexactinellida) ist es aus Silikat. Arten der Klasse Demospongiae (Gemeinschwämme), zu der über 90% der Schwammarten gehören, haben ein Skelett aus Silikat und/oder Protein.

Schwämme filtern Mikroorganismen aus dem Wasser, das durch winzige Poren (Ostien) eindringt, ein Kanalsystem durchläuft und durch das Osculum (große Öffnung) wieder ausgestoßen wird. Kragenzellen im Schwamminneren schlagen mit peitschenförmigen Geißeln, um eine gleichmäßige Strömung aufrechtzuerhalten. Einige Fleisch fressende Schwämme fangen mit hakenähnlichen Filamenten Krebstiere.

Die meisten Schwämme sind Zwitter. Sie geben Spermien ins Wasser ab, die zu anderen Schwämmen treiben, um dort die Eier zu befruchten. Die Larven schwimmen für kurze Zeit frei, bevor sie sich an einem Substrat anheften und zum erwachsenen Schwamm entwickeln.

NESSELTIERE

STAMM	Cnidaria
KLASSEN	4
ORDNUNGEN	27
FAMILIEN	236
ARTEN	ca. 9000

Der Stamm Cnidaria (Nesseltiere) umfasst vorwiegend marine Wirbellose wie Seeanemonen, Korallen, Quallen und Hydroidpolypen. Alle sind Fleischfresser, die mithilfe brennender Nesselzellen Beute überwältigen und Feinde abwehren. Eine gastrovaskuläre Körperhöhle fungiert als Verdauungsapparat und Hydroskelett. Die Nahrung wird über eine (häufig von Tentakeln umgebene) Mundöffnung aufgenommen, durch die auch Abfallstoffe abgegeben werden. Es gibt 2 Nesseltier-Formen: Die Polypen sind zylindrisch und festsitzend, Mund und Tentakel liegen am freien Ende. Medusen sind frei schwimmend und schirmförmig, Mund und Tentakel weisen nach unten.

Fixiert Die Dickarmige Anemone (*Corynactis viridis*) besitzt bis zu 100 Tentakel, die in drei Ringen um die Mundöffnung angeordnet sind. Die Seeanemone ist mit einer Art Saugscheibe am Substrat befestigt und bewegt sich selten, manche können ganz langsam gleiten.

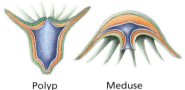

Polyp   Meduse

Sandwich Zwischen den beiden Zellschichten eines Nesseltieres, dem Ektoderm und dem Entoderm, befindet sich eine Gallertschicht, die Mesogloea (in der Zeichnung orange). Bei Polypen ist die Mesogloea dünn, bei Medusen macht sie den größten Teil des Tieres aus.

Treibend Mit 45 cm Durchmesser bietet die Art *Pelagia panopyra* Fischen und Krebsen Unterschlupf. Wie andere Quallen hat sie nur einen schwachen Antrieb und lässt sich vorwiegend mit der Strömung treiben.

POLYPEN UND MEDUSEN

Im Süßwasser gibt es nur wenige Nesseltiere, die meisten leben im Meer in allen Breiten und Zonen, wobei die größte Anzahl in flachen tropischen Gewässern vorkommt. Sie fressen hauptsächlich vorbeiziehende Fische und Krebstiere. Die Nesselzellen befinden sich meist auf den Tentakeln und enthalten einen aufgerollten Faden mit Widerhaken, der herausgeschossen wird, um die Beute zu fangen und zu lähmen. Anschließend befördern die Tentakel die Nahrung in den Mund.

Während Korallen und Seeanemonen nur als Polypen existieren, wechseln viele andere Nesseltiere während ihres Lebens zwischen Polyp und Meduse. In der Regel bringen Polypen ungeschlechtlich Medusen hervor, während diese geschlechtlich Larven erzeugen, die zu Polypen heranwachsen. Polypen und einige Medusen bilden Knospen oder teilen sich. Lösen sich die Nachkommen von den Eltern, werden sie zu Klonen, bleiben sie angeheftet, bilden sie Kolonien wie in den Korallenriffen. In einigen Kolonien ist jedes Mitglied spezialisiert, z. B. auf Fressen, Verteidigung, Fortpflanzung oder Bewegung.

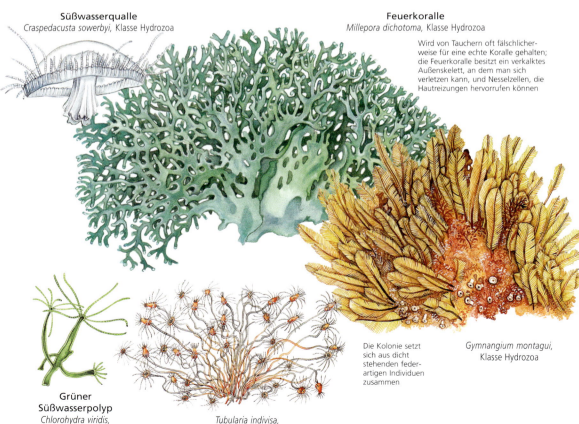

Süßwasserqualle
Craspedacusta sowerbyi, Klasse Hydrozoa

Feuerkoralle
Millepora dichotoma, Klasse Hydrozoa

Wird von Tauchern oft fälschlicherweise für eine echte Koralle gehalten; die Feuerkoralle besitzt ein verkalktes Außenskelett, an dem man sich verletzen kann, und Nesselzellen, die Hautreizungen hervorrufen können

Die Kolonie setzt sich aus dicht stehenden federartigen Individuen zusammen

Gymnangium montagui, Klasse Hydrozoa

Grüner Süßwasserpolyp
Chlorohydra viridis, Klasse Hydrozoa

Tubularia indivisa, Klasse Hydrozoa

NESSELTIERE WIRBELLOSE

Saugschirmqualle
Cassiopeia andromeda,
Klasse Scyphozoa

Sitzt fest auf sandigem Meeresboden

Portugiesische Galeere
Physalia physalis,
Klasse Hydrozoa

Die Portugiesische Galeere ist eine frei schwimmende Kolonie aus einer Meduse, die das gasgefüllte »Floß« bildet, an dem lange Tentakel hängen, an denen Polypen sitzen, die unterschiedliche Aufgaben haben, z. B. Beutefangen, Fortpflanzung oder Verdauung

Cyanea arctica,
Klasse Scyphozoa

Physophora hydrostatica,
Klasse Hydrozoa

Meerhand (Tote Seemannshand)
Alcyonium digitatum, Klasse Anthozoa

Seewespe
Chironex fleckeri,
Klasse Cubozoa

Eine Seewespe enthält so viel Gift, dass sie damit 60 Menschen töten kann

Velella velella, Klasse Hydrozoa

Pennatula phosphorea,
Klasse Anthozoa

Existiert nur als Polyp, der an Algen angeheftet ist, als Meduse kommt die Art nicht vor

Haliclystus auricula, Klasse Scyphozoa

Sarcophyton glaucum,
Klasse Anthozoa

Tubipora musica, Klasse Anthozoa

AUF EINEN BLICK

Klasse Scyphozoa Die Echten Quallen verbringen den größten Teil ihres Lebens als Medusen. Diese Medusen erzeugen Larven, die sich am Meeresboden als winzige Polypen ansiedeln. Die Polypen teilen sich dann horizontal, brechen ab und werden wiederum zu Medusen. Die meisten Quallen sind frei schwimmend. Durch Pulsieren des Schirmes entsteht ein schwacher Antrieb.

Arten 200

Weltweit; im Meer

Häufige Qualle
Die Ohrenqualle (Aurelia aurita) kommt weltweit an den Küsten vor und wird häufig an den Strand gespült.

Klasse Hydrozoa Hierzu gehören Arten, die während ihres Lebens sowohl Polypen als auch Medusen sind. Häufig sind die Medusen zu Knospen auf den Polypen reduziert. Viele Arten bilden Kolonien, wobei die Individuen oft auf bestimmte Aufgaben spezialisiert sind.

Arten 3300

Weltweit

Süßwasserhydra
Der Graue Süßwasserpolyp (Pelmatohydra oligactis) lebt in Seen und Teichen. Seine Tentakel können bis zu 25 cm lang werden.

Klasse Cubozoa Von oben gesehen haben die Würfelquallen eine quadratische Form, die sie von echten Quallen unterscheidet. Sie sind auch schneller und wendiger. Zu ihnen gehören einige der tödlichsten Arten des Meeres.

Arten 36

Weltweit; Meere der Tropen u. gemäß. Zone

JUNGE NESSELTIERE

Bei der geschlechtlichen Fortpflanzung erzeugen Nesseltiere eine winzige Planula-Larve, die am Boden entlangkriecht oder mithilfe ihrer schlagenden Zilien (Härchen) schwimmt. Nach einer Zeit verwandelt sich die Planula in einen Polypen, indem sie ihr Vorderende am Boden anheftet und am freien Ende Tentakel bildet. Für Korallen und Seeanemonen ist das Larvenstadium die einzige Chance, um sich zu verbreiten.

WIRBELLOSE NESSELTIERE

AUF EINEN BLICK

Klasse Anthozoa Anthozoen verbringen ihr adultes Leben als festsitzende Polypen – meist in Kolonien. Die Klasse umfasst u. a. die Riff bildenden echten Korallen, die nackten Seeanemonen, die ledrigen Weichkorallen, Seefächer, Hornkorallen und Seefedern. Echte Korallen bilden ein Exoskelett, die anderen haben ein Endoskelett.

Arten 6500

Weltweit; im Meer

Formen Die Zylinderrose (*Cerianthus lloydi*, *unten*) und die Seefeder-Art *Pennatula grisea* (*rechts*) verdeutlichen die Formenvielfalt der Anthozoen.

GREAT BARRIER REEF

Das Great Barrier Reef erstreckt sich über mehr als 2240 km entlang der Nordostküste Australiens. Es ist eine Ansammlung von Korallenriffen, die zusammen das größte natürliche Gebilde der Erde sind. Es entstand über Jahrmillionen aus den Kalkskeletten echter Korallen. Symbiontische Algen leben in den Korallenpolypen und liefern die meiste Energie für die Korallen. Die Korallen leben nur in klaren, flachen Gewässern, wo die Algen die Fotosynthese ausführen können.

Voller Leben Mit 400 Korallenarten, 1500 Fischarten und 4000 Weichtierarten konkurriert die Artenvielfalt des Great Barrier Reef mit dem tropischen Regenwald.

SCHUTZSTATUS

Sterbende Riffe Korallen reagieren extrem empfindlich auf Umweltbelastungen, schon aufgrund kleiner Veränderungen von Temperatur, Salz- oder Stickstoffgehalt des Wassers können sie sterben. Daher sind sie sehr verwundbar durch Meeresverschmutzung und -erwärmung. Auch Tourismus, Ausbeutung und eingeschleppte Arten fordern ihren Tribut. Die Hälfte aller Riffe könnte in den nächsten 50 Jahren sterben.

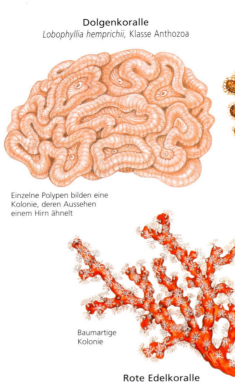

Dolgenkoralle
Lobophyllia hemprichii, Klasse Anthozoa

Einzelne Polypen bilden eine Kolonie, deren Aussehen einem Hirn ähnelt

Baumartige Kolonie

Rote Edelkoralle
Corallium rubrum, Klasse Anthozoa

Lophelia pertusa, Klasse Anthozoa

Lophelia pertusa ist eine Kaltwasserkoralle, die in den Tiefen des Nordatlantiks Riffe bildet

Der Stiel steckt tief in Spalten oder ist in Schlamm oder Sand vergraben

Cereus pedunculatus, Klasse Anthozoa

Porenkoralle
Porites porites, Klasse Anthozoa

Blasenkoralle
Plerogyra sinuosa, Klasse Anthozoa

Antipathes furcata, Klasse Anthozoa

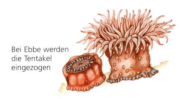

Bei Ebbe werden die Tentakel eingezogen

Pferdeanemone (Purpurrose)
Actinia equina, Klasse Anthozoa

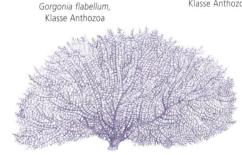

Gorgonia flabellum, Klasse Anthozoa

Pilzkoralle
Fungia fungites, Klasse Anthozoa

Caryophyllia smithi, Klasse Anthozoa

PLATTWÜRMER

STAMM Plathelminthes
KLASSEN 4
ORDNUNGEN 35
FAMILIEN 360
ARTEN 13 000

Die Vielfalt der Plattwürmer reicht von mikroskopisch kleinen frei lebenden Arten bis zu 30 m langen Bandwürmern, die in Menschen und Tieren leben. Als die einfachsten Tiere mit Bilateralsymmetrie haben sie weder eine Körperhöhle noch ein Atmungs- und Kreislaufsystem. Einige parasitische Arten besitzen nicht einmal ein Verdauungssystem. Bei den meisten Arten erfolgen Nahrungsaufnahme und Ausscheidung über eine Darmöffnung. Der kaum ausgeprägte Kopf enthält ein Gehirn und viele der Sinnesorgane, darunter die Ocellen (einfache Augen), die Hell und Dunkel erkennen, und Rezeptoren, die Chemikalien, Schwerkraft und Wasserbewegungen wahrnehmen.

Lange Kolonie Die Bandwurm-Art *Hymenolepis diminuta* parasitiert in Ratten. Bei 50facher Vergrößerung und verstärkter Farbe sind die einzelnen Proglottidien (Glieder) und die Saugorgane gut zu erkennen.

PARASITISCHES LEBEN
Während Arten der Monogenea in ihrem Leben nur einen Wirt haben, nutzen die meisten parasitischen Plattwürmer verschiedene Wirte in verschiedenen Lebensstadien.

Eier in menschlichem Kot abgegeben, werden von Schnecken gefressen

Das letzte Larvenstadium schlüpft aus der Schnecke

Das Jungtier heftet sich an einen Fisch

Adulte werden in der menschlichen Leber geschlechtsreif

Chinesischer Leberegel Wasserschnecken fressen die Eier von *Opisthorchis sinensis* (Klasse Trematoda). Das letzte Larvenstadium heftet sich an Fische, die von Menschen gegessen werden. Die Eier des adulten Egels werden mit menschlichen Fäkalien ausgeschieden.

Kriechendes Blatt Bis auf einige kleine zylindrische Arten sind Plattwürmer abgeflacht. Viele marine Arten, z. B. *Pseudoceras dimidiatus*, besitzen eine Blattform.

LEBENSWEISEN

Plattwürmer werden in 4 Klassen eingeteilt: Strudelwürmer (Turbellaria) sind vorwiegend frei lebend – meistens im Meer, manche auch in Seen, Teichen und Flüssen. Einige vertragen sowohl Salz- als auch Süßwasser oder kommen an Land in feuchten Lebensräumen vor. Die Strudelwürmer ernähren sich von Wirbellosen. Sie bewegen sich auf von speziellen Drüsen erzeugten Schleimspuren, angetrieben durch das Schlagen der Zilien (Härchen).

Die anderen 3 Klassen sind zumindest während einer Phase ihres komplexen Lebenszyklus parasitisch: Monogenea sind kleine Plattwürmer, die am Hinterende eine Verdickung mit einem Saugnapf und/oder Haken haben, mit dem sie sich an die Kiemen von Fischen oder die Schallblase von Fröschen heften. Die meisten Plattwürmer gehören zu den Trematoden. Die Adulten parasitieren in Wirbeltieren: Sie saugen sich im Darm und anderen Organen fest. Die zur Klasse Cestoda zählenden Bandwürmer sind Endoparasiten, die eine lange, sehr flache Kolonie aus Einzeltieren (Proglottidien, Bandwurmgliedern) bilden. Fast alle Plattwürmer sind Zwitter.

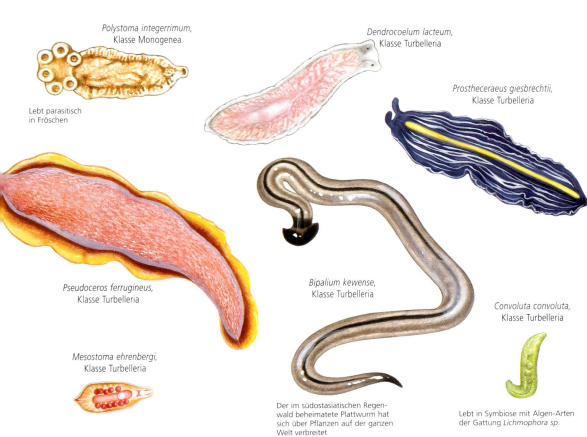

Polystoma integerrimum, Klasse Monogenea
Lebt parasitisch in Fröschen

Dendrocoelum lacteum, Klasse Turbelleria

Prostheceraeus giesbrechtii, Klasse Turbelleria

Pseudoceros ferrugineus, Klasse Turbelleria

Mesostoma ehrenbergi, Klasse Turbelleria

Bipalium kewense, Klasse Turbelleria
Der im südostasiatischen Regenwald beheimatete Plattwurm hat sich über Pflanzen auf der ganzen Welt verbreitet

Convoluta convoluta, Klasse Turbelleria
Lebt in Symbiose mit Algen-Arten der Gattung *Lichmophora* sp.

FADENWÜRMER

STAMM	Nematoda
KLASSEN	4
ORDNUNGEN	20
FAMILIEN	185
ARTEN	> 20 000

Obwohl eine Art von Fadenwürmern, die in Pottwalen parasitiert, 13 m lang werden kann, sind die meisten Arten des Stammes Nematoda mikroskopisch klein. Frei lebende Arten kommen in fast allen Wasser- und Landlebensräumen vor. Die im Boden lebenden spielen bei der Zersetzung von organischem Material eine wichtige Rolle. In den meisten Pflanzen und Tieren finden sich parasitische Fadenwürmer – mitunter in riesigen Mengen: In einem verfaulenden Apfel hat man schon 90 000 Nematoden gefunden. Über die Hälfte der Erdbevölkerung ist von Spulwürmern, Hakenwürmern, Filarien, Peitschenwürmern und anderen Fadenwürmern befallen.

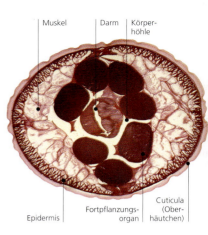

Einfach Der einfache Bauplan eines Fadenwurms (oben) ist nicht unbedingt ein Anzeichen für Primitivität, da er von komplexeren Vorfahren abstammen könnte.

Fast wie die Alten Nach dem Schlüpfen besitzt dieser parasitische Fadenwurm alle Merkmale eines erwachsenen Tieres – bis auf die Fortpflanzungsorgane. Er häutet sich viermal, bis er erwachsen ist.

Anpassungsfähig Fadenwürmer können im Meer (rechts), im Süßwasser oder an Land leben. Sie kommen im Eis, in heißen Quellen und sogar in Säuren wie Essig vor.

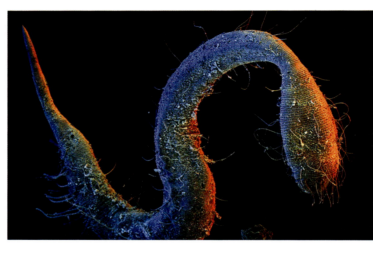

UNVERWÜSTLICH

Fadenwürmer haben einen langen, schlanken, zylindrischen Köper und sehen häufig wie Fäden aus. Mit dieser Form können sie in winzigen Spalten, z.B. zwischen Erdkörnchen, leben. Sie sind bilateralsymmetrisch und oft an beiden Enden zugespitzt.

Die Epidermis (Haut) sondert eine zähe, aber flexible Cuticula ab. Fadenwürmer müssen sich häuten, wenn sie wachsen, meistens viermal, bis sie ausgewachsen sind.

Für die Fortbewegung sorgt eine zwischen Darm und Körperwand liegende Körperhöhle (Pseudocoel), die unter Druck stehende Flüssigkeit enthält. Wenn der Wurm seine Muskeln, die nur in Längsrichtung verlaufen, zusammenzieht, verursacht der Druck ein Biegen des Körpers von einer Seite zur anderen – eine Methode der Fortbewegung, die zwischen Erdpartikeln oder in einem Wasserfilm gut funktioniert.

Die durch den Mund aufgenommene Nahrung wird mithilfe des muskulösen Schlunds durch einen einfachen Darm gepumpt. Abfallstoffe werden durch einen Anus am Körperende abgegeben.

Unter ungünstigen Bedingungen, z. B. extremer Trockenheit, Hitze oder Kälte, fallen Fadenwürmer für Monate oder Jahre in eine Kryptobiose, einen todähnlichen Zustand. Verbessern sich die Bedingungen, »erwachen« sie wieder zum Leben.

Nur einige Fadenwürmer sind Zwitter, die Mehrzahl ist getrenntgeschlechtig. Bei der Kopulation hält sich das Männchen mit einem an seinem Hinterende befindlichen Haken am Weibchen fest.

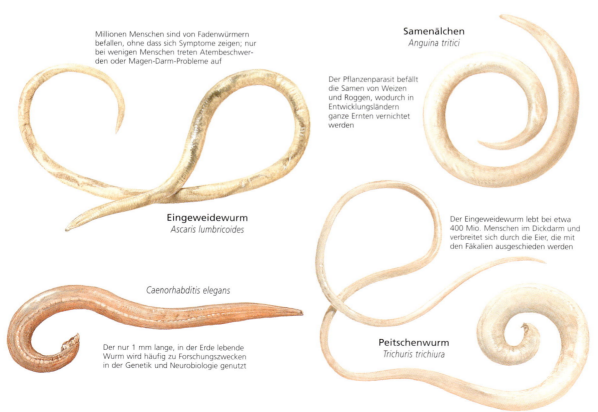

Millionen Menschen sind von Fadenwürmern befallen, ohne dass sich Symptome zeigen; nur bei wenigen Menschen treten Atembeschwerden oder Magen-Darm-Probleme auf

Eingeweidewurm
Ascaris lumbricoides

Samenälchen
Anguina tritici

Der Pflanzenparasit befällt die Samen von Weizen und Roggen, wodurch in Entwicklungsländern ganze Ernten vernichtet werden

Caenorhabditis elegans

Der nur 1 mm lange, in der Erde lebende Wurm wird häufig zu Forschungszwecken in der Genetik und Neurobiologie genutzt

Der Eingeweidewurm lebt bei etwa 400 Mio. Menschen im Dickdarm und verbreitet sich durch die Eier, die mit den Fäkalien ausgeschieden werden

Peitschenwurm
Trichuris trichiura

WEICHTIERE

STAMM Mollusca
KLASSEN 7
ORDNUNGEN 35
FAMILIEN 232
ARTEN 75 000

Die anpassungsfähigen Weichtiere haben die meisten ökologischen Nischen gefüllt. Sie leben im Meer und sind in jeder Tiefe zu finden, besiedeln aber auch weltweit Süßgewässer und das Land. Die variantenreichen Lebensräume haben zu einer immensen Formenvielfalt geführt, von strahlgetriebenen Tintenfischen bis zu kriechenden Schnecken und festsitzenden Muscheln. Die meisten Weichtiere besitzen einen gut entwickelten Kopf, eine Körperhöhle mit den inneren Organen sowie eine spezielle Haut, den Mantel, der den Körper bedeckt und eine Kalkschale erzeugt. In einer Einstülpung, der Mantelhöhle, liegen die Kiemen. Der muskulöse Fuß sondert Schleim ab.

Bodenbewohner Die Nacktkiemer oder Seeschnecken sind schalenlose Schnecken mit gefiederten Außenkiemen. Hier frisst die Art *Chromodoris bullocki* an Korallen.

Farbwechsel Viele Tintenfische können ihre Farbe und Zeichnung ändern, zur Tarnung oder Kommunikation bei Revierverhalten. Die beiden Männchen des Karibischen Riffkalmars (*Sepioteuthis sepioidea*) versuchen mit einer Zebrafärbung das Recht auf Paarung zu beanspruchen.

Giganten des Meeres Viele Weichtiere sind klein, sogar winzig, manche Arten haben jedoch eine enorme Größe. Die Riesenmuschel (unten), die größte Muschel, kann fast 1,5 m im Durchmesser erreichen. Im Vergleich zum Riesenkalmar mit 18 m Länge erscheint sie allerdings klein.

VIELFÄLTIGES AUSSEHEN

Weichtiere werden in 8 Klassen eingeteilt: Wurmschnecken bilden eine kleine Klasse wurmähnlicher Tiere ohne Schale. Zu den Napfschalern zählen 20 Arten mit einer flachen, rundlichen Schale. Die Käferschnecken mit der Gattung Chiton sind durch 8 Platten geschützt und kriechen auf einem Saugfuß. Kahnfüßer haben eine stoßzahnförmige Schale, mit der sie graben. Muscheln (Bivalvia) besitzen eine zweiteilige Schale mit Scharnier und einen winzigen Kopf. Die Schnecken der Klasse Gastropoda tragen eine spiralförmige Schale oder keine. Oktopusse, Kalmare und andere Tintenfische (Kopffüßer) verfügen über bewegliche Arme und sind oft schalenlos.

Das Fressverhalten der Weichtiere ist sehr unterschiedlich: Manche raspeln Algen von Felsen, andere fressen Blätter, filtern winzige Organismen aus dem Wasser oder überwältigen Beutetiere wie Krebse und Fische. Die Nahrung wird durch die Mundöffnung häufig mithilfe einer gezähnten Raspel (Radula) aufgenommen und durch ein komplexes Verdauungssystem geschleust, das in einen Anus mündet.

Die meisten Weichtiere sind getrenntgeschlechtlich. Einige geben ihre Eier und Spermien ins Wasser ab, während andere kopulieren. Die Larven schwimmen frei.

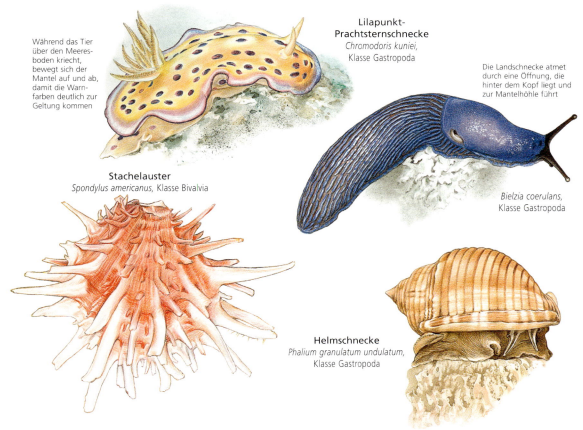

Während das Tier über den Meeresboden kriecht, bewegt sich der Mantel auf und ab, damit die Warnfarben deutlich zur Geltung kommen

Lilapunkt-Prachtsternschnecke
Chromodoris kuniei, Klasse Gastropoda

Die Landschnecke atmet durch eine Öffnung, die hinter dem Kopf liegt und zur Mantelhöhle führt

Bielzia coerulans, Klasse Gastropoda

Stachelauster
Spondylus americanus, Klasse Bivalvia

Helmschnecke
Phalium granulatum undulatum, Klasse Gastropoda

AUF EINEN BLICK

Klasse Monoplacophora Nur als fossile Schalen bis 1952 bekannt, besteht diese seltene Klasse aus kleinen, napfschneckenähnlichen Tieren, die im Meer von 200 m bis 7000 m Tiefe leben. Sie sind durch die Anzahl bestimmter Körperteile gekennzeichnet: Sie besitzen 5 oder 6 Kiemenpaare, 6 Nierenpaare und 8 Paare von Rückziehmuskeln.

Arten 20

Atlantik, Pazif. und Ind. Ozean; am Meeresboden

Tiefsee-Kriecher
Monoplacophora wie *Verna hyalina* sind etwa 2,5 cm lang und haben eine mützenförmige Schale. Mit einem großen, flachen Fuß kriechen sie über den Meeresboden.

Klasse Polyplacophora Die flachen Käferschnecken sind zwischen 3 mm und 40 cm lang und haben eine Schale aus 8 überlappenden Platten. Sie kriechen auf ihrem breiten, flachen Fuß und raspeln dabei häufig mit ihrer langen Radula Algen von Steinen und Schalen anderer Tiere. Bei Störungen heften sie sich mit Unterdruck fest, sodass sie sehr schwer abzulösen sind.

Arten 500

Weltweit; Gezeitenzone bis in die Tiefsee

Haftmechanismus
Wie bei anderen Chitons ist die Schale der nordamerikanischen Art *Chaetopleura apiculata* von einem aus dem Mantel gebildeten Gürtel umgeben. Mithilfe dieses Gürtels und ihres Fußes heftet sie sich z. B. an Felsen.

Klasse Scaphopoda Die Kahnfüßer sind grabende Röhrenschnecken mit langer, röhrenförmiger, an beiden Enden offener Schale. Der muskulöse Fuß und das Köpfchen mit klebrigen Tentakeln ragt aus dem großen Ende der Schale heraus. Die Tiere fangen mit den Tentakeln winzige Organismen, die sie mit der Radula zerkleinern.

Arten 500

Weltweit; sandiger oder schlammiger Meeresboden

Grabfuß Kahnfüßer wie die Vertreter von *Entalina* sp. benutzen ihren gut entwickelten Fuß, um sich am Meeresboden in Sand oder Schlamm einzugraben.

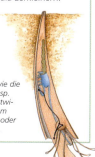

Chaetoderma canadense,
Klasse Aplacophora

Tonicella marmorea,
Klasse Polyplacophora

Weidet Algen von festsitzenden Wirbellosen wie Schwämmen und Moostierchen ab

Napfschnecken, deren Standort an der Felsenküste höher ist, besitzen eine größere Schale als jene, die weiter unten leben

Gemeine Napfschnecke
Patella vulgata, Klasse Gastropoda

Stenochiton longicymba,
Klasse Polyplacophora

Chiton olivaceus,
Klasse Polyplacophora

Pictodentalium formosum,
Klasse Scaphopoda

Neopilina galatheae,
Klasse Monoplacophora

Chiton tuberculatus,
Klasse Polyplacophora

Elefantenzahn
Dentalium elephantinum,
Klasse Scaphopoda

Dentalium elephantinum ist jadegrün, während die meisten anderen Röhrenschnecken-Arten weiß oder gelblich sind

Antalis tarentinum,
Klasse Scaphopoda

Die Länge der Röhrenschnecken reicht von 4 mm bis 15 cm

Eine der häufigsten Chiton-Arten in der Karibik

WEICHTIERE WIRBELLOSE

Stachelige Herzmuschel
Acanthocardia aculeata, Klasse Bivalvia

Gleichmäßig angeordnete scharfe Stacheln

Dattelmuschel
Pholas dactylus, Klasse Bivalvia

Bohrt sich in weiches Gestein, Lehm und Torf

Die etwa 10 cm lange Scheidenmuschel-Art bohrt sich bis zu 50 cm tief in den Sand

Sandklaffmuschel
Mya arenaria, Klasse Bivalvia

Solen vagina, Klasse Bivalvia

Gräbt sich in Sand, Schlamm oder Kies ein

Gemeine Nussmuschel
Nucula nucleus, Klasse Bivalvia

Essbare Miesmuschel
Mytilus edulis, Klasse Bivalvia

Abhängig von den regionalen Lebensbedingungen variieren Form, Größe und Farbe der Miesmuscheln

Die Schale kann eine Länge von 1 m erreichen

Steckmuschel
Pinna nobilis, Klasse Bivalvia

Europäische Auster
Ostrea edulis, Klasse Bivalvia

Kalkartiges Sekret bildet eine Röhre

Große Teichmuschel
Anodonta cygnaea, Klasse Bivalvia

Lima hians, Klasse Bivalvia

Am Mantelrand sitzen viele kleine Tentakel

Flussperlmuschel
Margaritana margaritifera, Klasse Bivalvia

Die stark zurückgebildeten Klappschalen sind mit der Röhre verschmolzen

Penicillus javanus, Klasse Bivalvia

AUF EINEN BLICK

Klasse Bivalvia Klaffmuscheln, Austern und andere Muscheln dieser Klasse leben in zweiteiligen Schalen mit Scharnier. Je nach Art graben sie sich ein, fixieren ihr Gehäuse auf einer Oberfläche, heften sich mit im Fuß gebildeten klebrigen Byssusfäden fest, leben frei auf dem Boden bzw. im Wasser oder parasitieren in anderen Wassertieren.

Arten 10 000

Weltweit

Brüter Die große Erbsenmuschel (*Pisidium amnicum*) brütet ihre Eier im Innern der Schale aus. Die Jungtiere sehen wie Miniaturen der Adulten aus.

RIESENMUSCHEL

Die größte Muschel der Welt lebt auf den tropischen Korallenriffen des Indischen und Pazifischen Ozeans: Die Riesenmuschel (*Tridacna gigas*) wiegt bis zu 320 kg. Sie sitzt im Sediment und filtert Plankton aus dem Wasser. Die meisten Nährstoffe liefern ihr jedoch die Algen, die auf den vorstehenden dicken Wülsten ihres Mantels leben.

ZWEISCHALIGE MUSCHEL

Der Mantel der Muschel bildet eine Gewebeschicht, die beide Schalen auskleidet. Der klingenförmige Fuß wird häufig zum Graben benutzt. Die mit den Kiemen aus dem Wasser gefilterten Nahrungsteilchen werden von den Palpen (Tastspitzen) nach Größe sortiert.

Magen · Herz · Nieren · Schließmuskel · Schließmuskel · Mund · Fuß · Palpen · Darm · Kiemen · Mantelrand

SCHUTZSTATUS

Unerwünscht In den 1980er Jahren tauchte die in Europa beheimatete Wandermuschel (*Dreissena sp.*) erstmals in den Großen Seen auf; sie hat sich in vielen Seen und Flüssen der USA verbreitet. Da sie riesige Mengen Phytoplankton aus dem Wasser filtert, schädigt sie die Nahrungskette und ist so eine Bedrohung für einheimische Tiere dieser Biotope.

528 WIRBELLOSE WEICHTIERE

AUF EINEN BLICK

Klasse Gastropoda Diese größte Klasse der Weichtiere umfasst Gehäuse-, Nackt- und Napfschnecken sowie Nacktkiemer. Bis auf einige schalenlose Gastropoden besitzen die meisten eine spiralförmige Schale, in der sich der Körper befindet. Am Kopf der Schnecken sitzen Fühler. Die Mantelhöhle liegt oberhalb des Kopfes, wodurch dieser in die Schale eingezogen werden kann. Der muskulöse Fuß dient zum Kriechen, Schwimmen oder Graben.

Arten 60 000

Weltweit

Kannibalisch Die Tulpenschnecke *Fasciolaria hunteria* kann sehr aggressiv sein; sie frisst sogar Artgenossen.

RADULA

Weichtiere tragen an der Mundöffnung ein zungenartiges Element: die Radula. Bei den Tiefseenapfschnecken (*Neomphalus sp.*) bildet die Radula durch eine harte, gezähnte Schicht eine Raspel zum Algenabschaben. Bei den Rissschnecken (*Scissurella sp.*) ist die Oberfläche der Radula gefiedert, um organisches Material vom Sand aufzunehmen. Bei einigen Fleisch fressenden Arten wie den Kegelschnecken (*Conus sp.*) ist die Radula zu einem spitzen Giftzahn geworden.

SCHNECKENHAUS

Obwohl Schneckenschalen sehr unterschiedlich aussehen können, ist die typische Form ein konischer Turm. Die Spiralform entsteht durch Anfügen von unterschiedlich vielem neuem Material an der inneren und äußeren Lippe.

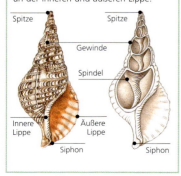

Marginella cornea, Klasse Gastropoda

Veilchenschnecke
Janthina janthina, Klasse Gastropoda

Von schleimüberzogenen Blasen getragen, treibt die Schnecke an der Meeresoberfläche

Gemeines Seeohr
Haliotis tuberculata, Klasse Gastropoda

Brandhorn
Murex brandarius, Klasse Gastropoda

Aus dem Schleim des Brandhorns hat man in der Antike Purpurfarbstoff hergestellt, der so rar und teuer war, dass damit nur die Kleidung von Königen gefärbt wurde

Gekräuseltes Gewebe bildet bei dieser Nacktschnecke eine bizarre Körperform

Blumenkohl-Sackzungenschnecke
Tridachia crispata, Klasse Gastropoda

Glaucus atlanticus »weidet« auf der Portugiesischen Galeere und nutzt deren Nesselzellen zum eigenen Schutz

Glaucus atlanticus, Klasse Gastropoda

Augenwarzenschnecke
Phyllidia ocellata, Klasse Gastropoda

Kennzeichen der farblich variierenden Augenwarzenschnecke sind die hellen Höcker und die wie Augen wirkenden Flecken

Florida-Kronenschnecke
Melongena corona, Klasse Gastropoda

Trompetenschnecke
Charonia tritonis, Klasse Gastropoda

Tigerschnecke
Cypraea tigris, Klasse Gastropoda

Fechterschnecke
Strombus gigas, Klasse Gastropoda

Porzellanschnecke
Ovula ovum, Klasse Gastropoda

WEICHTIERE **WIRBELLOSE** 529

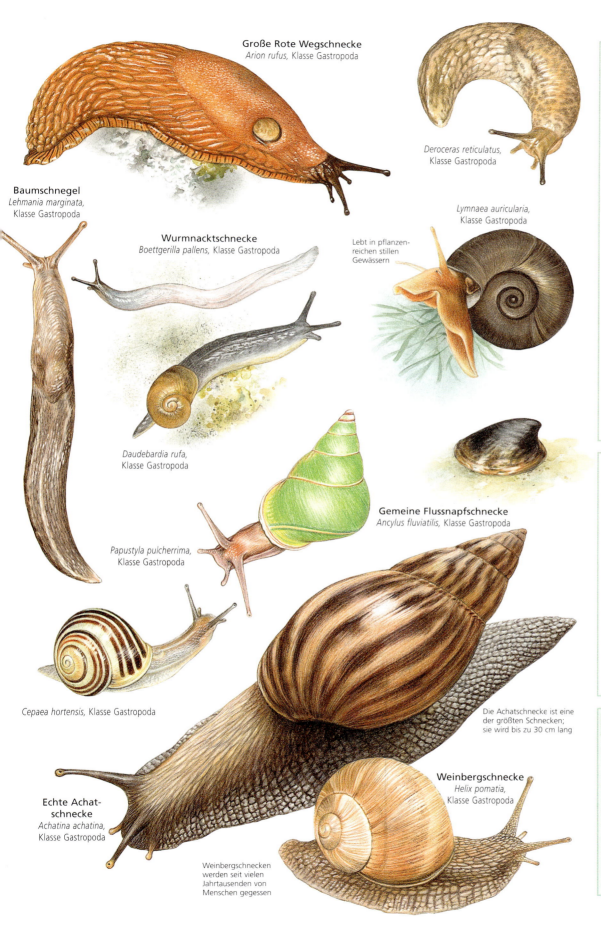

Große Rote Wegschnecke
Arion rufus, Klasse Gastropoda

Deroceras reticulatus,
Klasse Gastropoda

Baumschnegel
Lehmania marginata,
Klasse Gastropoda

Wurmnacktschnecke
Boettgerilla pallens, Klasse Gastropoda

Lebt in pflanzenreichen stillen Gewässern

Lymnaea auricularia,
Klasse Gastropoda

Daudebardia rufa,
Klasse Gastropoda

Gemeine Flussnapfschnecke
Ancylus fluviatilis, Klasse Gastropoda

Papustyla pulcherrima,
Klasse Gastropoda

Cepaea hortensis, Klasse Gastropoda

Die Achatschnecke ist eine der größten Schnecken; sie wird bis zu 30 cm lang

Weinbergschnecke
Helix pomatia,
Klasse Gastropoda

Echte Achatschnecke
Achatina achatina,
Klasse Gastropoda

Weinbergschnecken werden seit vielen Jahrtausenden von Menschen gegessen

LEBEN AN LAND

Es gibt etwa 20 000 Landschnecken-Arten. Bei den meisten wurden im Verlauf der Evolution die Kiemen durch Lungen ersetzt. Einige Arten besitzen sowohl eine Kiemenkammer als auch eine Lunge. Durch die Anpassung an das Leben an Land wurde die Schale leichter und schützt nun vor Austrocknung und Feinden. Der Mantel und der Schleim, der den Körper bedeckt, halten die Schnecke feucht. Bei zu trockenen Verhältnissen heften sich die Schnecken an Pflanzen oder andere feuchte Oberflächen und verfallen in einen Ruhezustand. Nacktschnecken leben vorwiegend in Felsspalten.

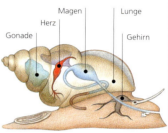

Lungenatmer *Die meisten Landschnecken haben keine Kiemen. Der Mantel ist mit Blutgefäßen gefüllt und dient als Lunge.*

PAARENDE ZWITTER

Landschnecken sind Zwitter, befruchten sich aber nicht selbst. Zur Paarung umkreisen sich die Tiere, berühren sich mit den Fühlern, umschlingen und beißen sich. Bei der Kopulation erfolgt dann ein Spermienaustausch, sodass die Eier beider Schnecken befruchtet werden.

Liebespfeile *Die Werbung einiger Landschnecken, z. B. bei Helix sp., ist bizarr. Beim Umschlingen schießt die eine Schnecke einen Kalkpfeil aus ihrem Körper in den des Partners. Der Pfeil scheint eine Substanz zu tragen, die den Spermien hilft, die weiblichen Fortpflanzungsorgane zu erreichen.*

SCHUTZSTATUS

Bedroht Nicht im Meer lebende Weichtiere scheinen die am stärksten bedrohte Tiergruppe zu sein. In den letzten 300 Jahren sind nachweislich 284 Arten ausgestorben – weit mehr als Säugetiere (74 ausgestorben) oder Vögel (129 ausgestorben). Obwohl die Meere keineswegs unberührt sind, wurden die Land- und Süßwasser-Lebensräume erheblich stärker durch den Menschen verändert, worunter die Bestände der Weichtiere sehr gelitten haben.

530 WIRBELLOSE WEICHTIERE

AUF EINEN BLICK

Klasse Kopffüßer Der Fuß der Kopffüßer liegt nahe dem Kopf und ist so modifiziert, dass er Arme, Tentakel und einen Trichter bildet. Der Nautilus hat eine große äußere Schale. Bei Sepien und Kalmaren ist die Schale reduziert und von Gewebe umgeben. Oktopusse sind schalenlos. Da Kopffüßer das höchstentwickelte Gehirn aller Wirbellosen besitzen, zeigen sie komplexe Verhaltensweisen und sind lernfähig.

Arten 600

Weltweit; im Meer

Räuber Wie alle Kopffüßer ist der Europäische Kalmar (Loligo subulata) ein Fleischfresser. Er fängt die Beute mit seinen Armen; zerkleinert wird sie mittels Schnabel und Radula.

NAUTILUS

Der Nautilus, der primitivste Kopffüßer, lebt in der letzten Kammer einer großen Schale. Die anderen Kammern sind mit Gas gefüllt. Das Tier verändert seinen Auftrieb, indem es Flüssigkeit in die Kammern lässt oder daraus entfernt.

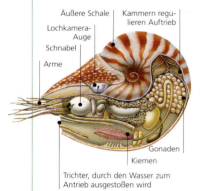

TINTENFISCH-AUGE

Tintenfische sehen ausgezeichnet. Wie die Wirbeltieraugen haben ihre Augen eine Hornhaut, Iris, Linse und Netzhaut. Menschen fokussieren ein Objekt, indem sie die Form der Linse verändern, die Kopffüßer dagegen bewegen die ganze Linse in Relation zur Netzhaut. Kontrolliert durch Gleichgewichtsorgane behält die schlitzförmige Pupille immer eine horizontale Position bei – unabhängig vom Winkel des Kopfes.

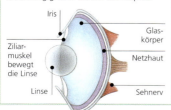

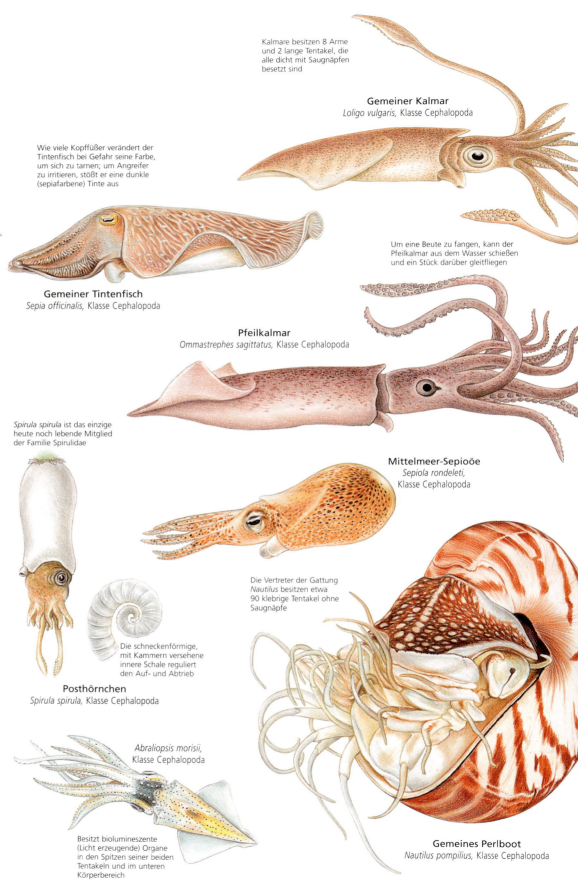

Kalmare besitzen 8 Arme und 2 lange Tentakel, die alle dicht mit Saugnäpfen besetzt sind

Gemeiner Kalmar
Loligo vulgaris, Klasse Cephalopoda

Wie viele Kopffüßer verändert der Tintenfisch bei Gefahr seine Farbe, um sich zu tarnen; um Angreifer zu irritieren, stößt er eine dunkle (sepiafarbene) Tinte aus

Um eine Beute zu fangen, kann der Pfeilkalmar aus dem Wasser schießen und ein Stück darüber gleitfliegen

Gemeiner Tintenfisch
Sepia officinalis, Klasse Cephalopoda

Pfeilkalmar
Ommastrephes sagittatus, Klasse Cephalopoda

Spirula spirula ist das einzige heute noch lebende Mitglied der Familie Spirulidae

Mittelmeer-Sepioöe
Sepiola rondeleti,
Klasse Cephalopoda

Die schneckenförmige, mit Kammern versehene innere Schale reguliert den Auf- und Abtrieb

Posthörnchen
Spirula spirula, Klasse Cephalopoda

Die Vertreter der Gattung *Nautilus* besitzen etwa 90 klebrige Tentakel ohne Saugnäpfe

Abraliopsis morisii,
Klasse Cephalopoda

Besitzt biolumineszente (Licht erzeugende) Organe in den Spitzen seiner beiden Tentakeln und im unteren Körperbereich

Gemeines Perlboot
Nautilus pompilius, Klasse Cephalopoda

WEICHTIERE WIRBELLOSE 531

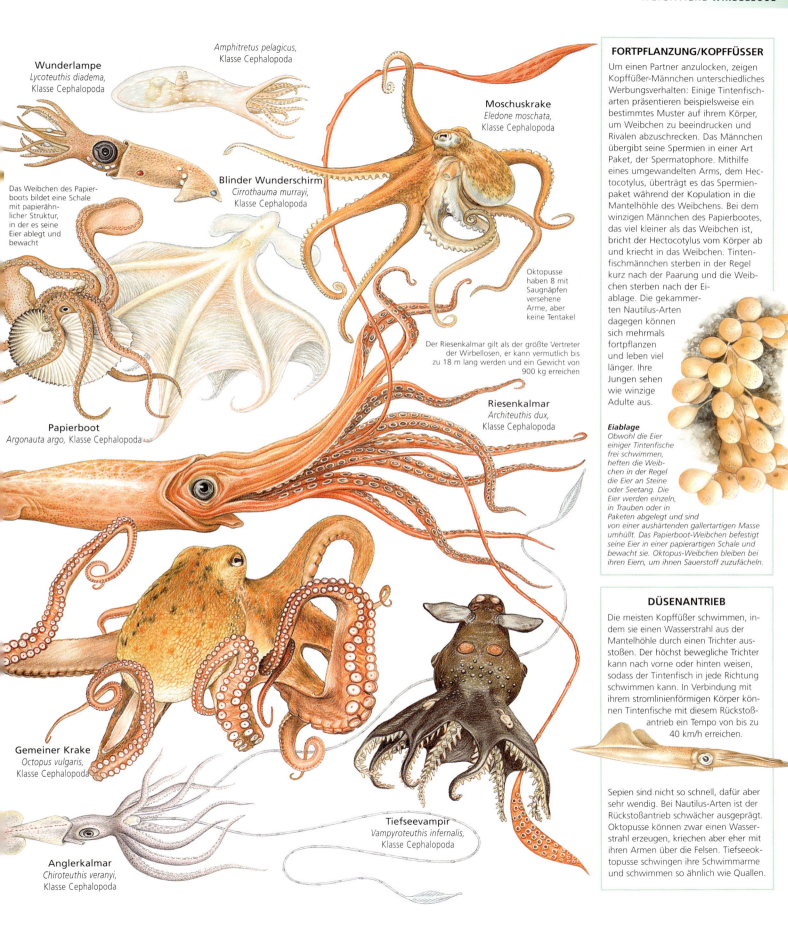

FORTPFLANZUNG/KOPFFÜSSER

Um einen Partner anzulocken, zeigen Kopffüßer-Männchen unterschiedliches Werbungsverhalten: Einige Tintenfischarten präsentieren beispielsweise ein bestimmtes Muster auf ihrem Körper, um Weibchen zu beeindrucken und Rivalen abzuschrecken. Das Männchen übergibt seine Spermien in einer Art Paket, der Spermatophore. Mithilfe eines umgewandelten Arms, dem Hectocotylus, überträgt es das Spermienpaket während der Kopulation in die Mantelhöhle des Weibchens. Bei dem winzigen Männchen des Papierbootes, das viel kleiner als das Weibchen ist, bricht der Hectocotylus vom Körper ab und kriecht in das Weibchen. Tintenfischmännchen sterben in der Regel kurz nach der Paarung und die Weibchen sterben nach der Eiablage. Die gekammerten Nautilus-Arten dagegen können sich mehrmals fortpflanzen und leben viel länger. Ihre Jungen sehen wie winzige Adulte aus.

Eiablage
Obwohl die Eier einiger Tintenfische frei schwimmen, heften die Weibchen in der Regel die Eier an Steine oder Seetang. Die Eier werden einzeln, in Trauben oder in Paketen abgelegt und sind von einer aushärtenden gallertartigen Masse umhüllt. Das Papierboot-Weibchen befestigt seine Eier in einer papierartigen Schale und bewacht sie. Oktopus-Weibchen bleiben bei ihren Eiern, um ihnen Sauerstoff zuzufächeln.

DÜSENANTRIEB

Die meisten Kopffüßer schwimmen, indem sie einen Wasserstrahl aus der Mantelhöhle durch einen Trichter ausstoßen. Der höchst bewegliche Trichter kann nach vorne oder hinten weisen, sodass der Tintenfisch in jede Richtung schwimmen kann. In Verbindung mit ihrem stromlinienförmigen Körper können Tintenfische mit diesem Rückstoßantrieb ein Tempo von bis zu 40 km/h erreichen.

Sepien sind nicht so schnell, dafür aber sehr wendig. Bei Nautilus-Arten ist der Rückstoßantrieb schwächer ausgeprägt. Oktopusse können zwar einen Wasserstrahl erzeugen, kriechen aber eher mit ihren Armen über die Felsen. Tiefseeoktopusse schwingen ihre Schwimmarme und schwimmen so ähnlich wie Quallen.

RINGELWÜRMER

STAMM	Annelida
KLASSEN	2
ORDNUNGEN	21
FAMILIEN	130
ARTEN	12 000

Der Körper der Ringelwürmer (Anneliden) besteht aus Segmenten, die von außen wie Ringe aussehen. Jedes Segment besitzt seine eigene flüssigkeitsgefüllte Körperhöhle, die wie ein Hydroskelett funktioniert und jeweils eine Kammer mit Ausscheidungs-, Bewegungs- und Atmungsorganen enthält. Die Segmente sind jedoch durch gemeinsame Verdauungs-, Kreislauf- und Nervensysteme verbunden. Ringelwürmer kriechen oder schwimmen durch seitliches Schlängeln oder graben sich ein, indem sich Kontraktionswellen in Längsrichtung durch den Körper ziehen. Während manche Arten sich sehr aktiv fortbewegen, leben andere beständig in Höhlen oder Röhren.

Im Boden Lang, dünn, mit schmalem Kopf sind Regenwürmer zum Graben geschaffen. Bei einem Vorkommen von bis zu 650 Tieren pro Quadratmeter sind sie wichtig für die Durchlüftung und Fruchtbarkeit des Bodens.

Fest sitzend Fächerwürmer sind Anneliden, die angeheftet am Meeresboden leben. Der größte Teil des Körpers steckt in einer Röhre, die sie selber abgesondert oder aus Sediment gebaut haben. Eine Krone aus feinen, mit winzigen schlagenden Härchen (den Zilien) bedeckten Tentakeln filtert Nahrungspartikel aus dem Wasser.

IM WASSER UND AN LAND

Ringelwürmer sind in allen Zonen der Meere, in Süßwasserseen und Flüssen sowie an Land zu finden. Es gibt Nahrungsfiltrierer, Blutsauger und Arten, die sich räuberisch oder von organischen Stoffen ernähren (Regenwürmer, die Sediment fressen und ihm Nährstoffe entziehen).

Viele Arten der Klasse Polychaeta (Borstenwürmer) leben im Meer und sind meist getrenntgeschlechtig. Sie schwimmen oder kriechen mithilfe von Parapodien (ruderförmigen Anhängseln). In Röhren lebenden Arten mit einer für die Nahrungsaufnahme modifizierten Kopfregion fehlen die Parapodien.

Zur Klasse Clitellata (Gürtelwürmer) gehören landlebende und Süßwasserarten (Regenwürmer, Egel) sowie einige Meeresbewohner. Die meisten sind Zwitter, die ihre Spermien bei der Kopulation austauschen. Alle besitzen ein Clitellum, einen Ring aus Drüsenhaut, die einen Kokon für die Eier absondert.

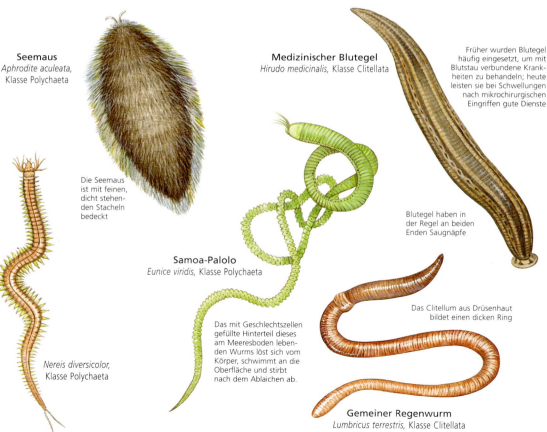

Seemaus
Aphrodite aculeata, Klasse Polychaeta

Die Seemaus ist mit feinen, dicht stehenden Stacheln bedeckt

Medizinischer Blutegel
Hirudo medicinalis, Klasse Clitellata

Früher wurden Blutegel häufig eingesetzt, um mit Blutstau verbundene Krankheiten zu behandeln; heute leisten sie bei Schwellungen nach mikrochirurgischen Eingriffen gute Dienste

Blutegel haben in der Regel an beiden Enden Saugnäpfe

Samoa-Palolo
Eunice viridis, Klasse Polychaeta

Das mit Geschlechtszellen gefüllte Hinterteil dieses am Meeresboden lebenden Wurms löst sich vom Körper, schwimmt an die Oberfläche und stirbt nach dem Ablaichen ab.

Nereis diversicolor, Klasse Polychaeta

Das Clitellum aus Drüsenhaut bildet einen dicken Ring

Gemeiner Regenwurm
Lumbricus terrestris, Klasse Clitellata

Bei Störungen wird die fiedrige Krone sofort eingezogen

Spirographis spallanzanii, Klasse Polychaeta

METAMORPHOSE

Während einige frisch geschlüpfte Wirbellose an Adulte erinnern, sehen die meisten nicht wie ihre Eltern aus und haben eine völlig andere Lebensweise. Um erwachsen zu werden, machen diese Jungtiere eine Verwandlung durch: die Metamorphose. Korallen, Muscheln, viele Krebstiere und die meisten Wirbellosen entwickeln sich nach einem kurzen Larvenstadium zu Adulten. Bei den meisten Insekten dauert dies länger. Manche Insektengruppen, z. B. Grillen, Wanzen, haben eine unvollständige Metamorphose: Das ausgeschlüpfte Tier, die Nymphe, ist wie Adulte aufgebaut, hat aber bis zur letzten Häutung weder Flügel noch fertige Geschlechtsorgane. Bei Bienen und Schmetterlingen erfolgt eine vollständige Metamorphose: Die Larve muss ein Puppenstadium durchlaufen, in dem ihr Körper zerfällt und neu zur Imago aufgebaut wird.

Veliger-Larve Die frei schwimmenden Larven (Veliger-Larven) der Meeresschnecken nehmen ihre Nahrung mithilfe winziger Haare auf. Bei der Larve erscheinen allmählich Schale, Mantelhöhle und Fuß (oben), bis sie sich zum adulten Tier (unten) umgewandelt hat.

Zoëa-Larve Der Große Bärenkrebs schlüpft als eine Art frei schwimmende, stachelige Larve (oben). Dieses Zoëa-Larve genannte Tier wandelt sich in eine postlarvale Megalopa um, die schon Anhängsel der Adulten hat. Es sinkt auf den Meeresgrund und wird zum Bodenbewohner (unten).

Ei – Nymphe – Imago Eine Libelle entwickelt sich durch unvollständige Metamorphose: **1.** Paarung von Männchen und Weibchen. **2.** Weibchen legt Eier ins Wasser bzw. in Pflanzenstängel. **3.** Nymphe schlüpft. **4.** Nymphe frisst Kaulquappen und Würmer und häutet sich mehrfach. **5.** Zur letzten Häutung klettert sie aus dem Wasser. **6.** Imago steigt aus der Nymphenhaut. **7.** Imago ruht, während die Flügel trocknen. **8.** Imago frisst fliegende Insekten; sucht an neuem Ort einen Paarungspartner.

GLIEDERFÜSSER

STAMM	Arthropoda
KLASSEN	22
ORDNUNGEN	110
FAMILIEN	2120
ARTEN	> 1,1 Mio.

Die Insekten, Spinnen, Krebse, Hundertfüßer und anderen Wirbellosen im Stamm Arthropoda (Gliederfüßer) machen 75% aller bekannten Tierarten aus und viele Millionen sind noch unentdeckt. Gliederfüßer haben sich an alle ökologischen Nischen an Land, im Süßwasser und im Meer angepasst, daher weisen sie in ihrer Anatomie und Lebensweise eine enorme Vielfalt auf. Einige charakteristische Merkmale haben jedoch alle Arthropoden gemeinsam: Sie besitzen gegliederte Anhängsel und einen segmentierten Körper. Von anderen Wirbellosen unterscheiden sie sich durch ihr hartes, aber flexibles Exoskelett (Außenskelett), das ihnen sowohl Schutz als auch Stabilität verleiht.

Fossile Meerestiere Mit mehr als 15 000 bekannten Arten beherrschen die Trilobiten (oben) die Fossilfunde von vor etwa 500 Mio. Jahren. Diese Lebewesen starben vor etwa 250 Mio. Jahren aus.

Allgegenwärtig Etwa 90% aller Gliederfüßer sind Insekten. Überall auf dem Land und im Süßwasser – seltener im Meer – leben Insekten räuberisch, wie z.B. die Gottesanbeterin (links), oder ernähren sich von Nektar wie der Schwalbenschwanz.

FRÜH AUFGETAUCHT

Die ersten Gliederfüßer erschienen vor etwa 530 Mio. Jahren in den Meeren. Zu ihnen zählten Krebstiere, Vorfahren der Pfeilschwanzkrebse und die ausgestorbenen Trilobiten. Diese frühen Arten hatten zahlreiche Körpersegmente, von denen jedes ein Paar Anhängsel trug. Mit der Zeit spezialisierten sich die Anhängsel für bestimmte Aufgaben – Bewegung, Nahrungsaufnahme, Sinneswahrnehmung und Kopulation. Durch Zusammenfassung von Segmenten entstanden Körperregionen (Tagma), z.B. Kopf, Thorax und Abdomen der Insekten.

Gliederfüßer waren die ersten Tiere, die das Meer verlassen und neue Lebensräume besiedelt haben. Skorpione sind vor 350 Mio. Jahren an Land gegangen, gefolgt von den ersten Insekten. Bald erschienen die ersten geflügelten Insekten. Der Erfolg der landlebenden Gliederfüßer beruht zum Teil auf ihrem wachsartigen Exoskelett, das sie vor Austrocknung schützt. Dank ihrer gegliederten Beine sind Arthropoden höchst mobil, wodurch sie leichter Nahrung und Paarungspartner finden, Feinden entkommen und neue Plätze besiedeln können.

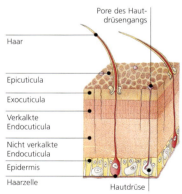

Arthropodenpanzer Das von Epidermiszellen gebildete Exoskelett der Gliederfüßer besitzt dünne Schichten aus Wachs und Protein (Epicuticula), unter denen mehrere Chitin- und Proteinschichten liegen. Wie alle Gliederfüßer muss die Weichkorallen-Spinnenkrabbe (*Hoplophrys oatesii*, rechts) ihr Exoskelett durch Häutungen erneuern, wenn sie wächst.

GLIEDERFÜSSER **WIRBELLOSE** 535

Körperbau Vogelspinnen (links) und andere Spinnen haben 8 Beine und einen zweigeteilten Körper, bestehend aus dem Cephalothorax (Kopf und Thorax sind verwachsen) und dem Abdomen. Insekten besitzen 6 Beine; ihr dreiteiliger Körper besteht aus Kopf, Thorax und Abdomen.

Tödliche Bisse Manche Gliederfüßer sind giftig; einige können sogar für Menschen tödlich sein. Höchst gefährlich sind die Krankheiten, die Blutsauger wie Mücken (unten) verursachen können. Diese Tiere übertragen Malaria- und andere Krankheitserreger von einem Wirbeltier zum anderen.

ATEMWEGE

Das Exoskelett der Gliederfüßer schützt, ist aber in der Regel nicht gasdurchlässig. Einige winzige Gliederfüßer können direkt durch die Körperwand atmen, die meisten haben dafür aber spezielle Strukturen entwickelt. Wasserbewohner besitzen Kiemen, viele Spinnentiere verfügen über Fächerlungen, die sich im Verlauf der Evolution aus Kiemen entwickelt haben. Bei vielen landlebenden Gliederfüßern transportieren Tracheen (winzige Kanäle) die Luft in alle Körperteile.

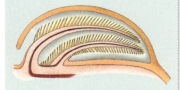

Kiemen Sie nehmen Sauerstoff aus dem Wasser auf und sorgen zudem für einen ausgeglichenen Salzhaushalt. Bei Krebsen liegen die Kiemen außen – häufig auf den Beinen – und werden vom Exoskelett gut geschützt. Pfeilschwanzkrebse verfügen über Blattkiemen, bei denen die Blätter wie die Seiten eines Buches angeordnet sind.

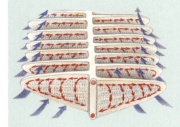

Fächerlungen Sie sind den Blattkiemen der Pfeilschwanzkrebse am ähnlichsten und kommen bei vielen Spinnentieren vor. Während Blut durch den Hohlraum zirkuliert, wird der Raum zwischen den einzelnen Fächern von Luft durchströmt. Bei Spinnentieren findet man häufig eine Kombination aus Fächerlungen und Tracheen.

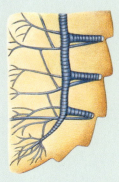

Tracheen Insekten, Spinnentiere, Hundert- und Tausendfüßer haben Tracheen. Es sind Röhren, die Luft durch winzige Öffnungen im Exoskelett (Spiracula) aufnehmen und zu Geweben oder zum Blut transportieren. Die Spiracula können zum Schutz vor Verdunstung verschlossen werden.

Gut zu Fuß Da ihre gelenkigen Beine gut ans Gehen, Rennen, Springen, Graben oder Schwimmen angepasst sind, können Gliederfüßer verschiedene Lebensräume besiedeln. Einige Gliederfüßer, z. B. Heuschrecken (rechts), haben Hörorgane an den Beinen.

Viele Gliederfüßer leben selber räuberisch, aber fast alle werden von Wirbeltieren oder anderen Wirbellosen gefressen.

Die Komplexaugen vieler Gliederfüßer bestehen aus zahlreichen Linsen und können besonders gut Bewegungen wahrnehmen. Haare (Setae), Auswüchse und Schlitze an Antennen, Mundwerkzeugen und Beinen nehmen feinste Vibrationen wahr. Das Gehirn (Cerebralganglion) ist durch einen Nervenstrang mit den Ganglienzellen der Körpersegmente verbunden. In einem offenen Kreislaufsystem pumpt ein Herz die Hämolymphe (Blut), um die Organe zu umspülen.

Die meisten Gliederfüßer sind getrenntgeschlechtig, wobei die Eier von Spermien befruchtet werden. Oft werden Spermienpakete (Spermatophoren) übertragen und vom Weibchen »aktiviert«, sobald es zur Fortpflanzung bereit ist.

Die Lebensstadien der Gliederfüßer sind unterschiedlich: Einige Arten sehen schon beim Schlüpfen wie kleine Adulte aus. Viele Insektenlarven ähneln ihren Eltern gar nicht und durchlaufen ein Puppenstadium, um sich in ein geflügeltes erwachsenes Tier zu verwandeln.

SPINNENTIERE

STAMM Arthropoda
UNTERST. Chelicerata
KLASSE Arachnida
ORDNUNGEN 17
FAMILIEN 450
ARTEN 80 000

Zur Klasse der Spinnentieren zählen Spinnen, Skorpione, Weberknechte, Milben und Zecken sowie einige weniger bekannte Gruppen. Abgesehen von einigen Familien von Wassermilben und einigen Arten von Wasserspinnen leben alle Spinnentiere an Land. Die meisten ernähren sich räuberisch von anderen Wirbellosen. Viele Spinnen fangen ihre Beute mithilfe selbst gesponnener Netze. Sowohl Skorpione als auch Spinnen injizieren ihrem Opfer ein Gift, um es zu lähmen oder zu töten. Die meisten Spinnentiere sind nicht in der Lage, feste Nahrung zu verschlucken, daher spritzen sie Verdauungsenzyme in ihre Beute und saugen dann die verflüssigte Nahrung auf.

Gute Sicht bei Tag Die meisten Spinnentiere sind nachtaktiv und ihre einfachen Augen können nur Helligkeit unterscheiden. Tagaktive Jäger wie die Springspinne (Familie Salticidae) sehen mit 2 primitiven Augen im Nahbereich recht scharf.

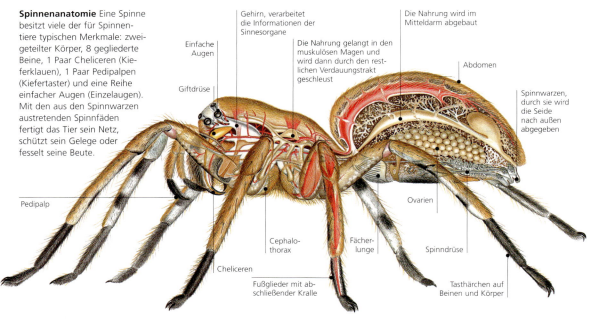

Spinnenanatomie Eine Spinne besitzt viele der für Spinnentiere typischen Merkmale: zweigeteilter Körper, 8 gegliederte Beine, 1 Paar Cheliceren (Kieferklauen), 1 Paar Pedipalpen (Kiefertaster) und eine Reihe einfacher Augen (Einzelaugen). Mit den aus den Spinnwarzen austretenden Spinnfäden fertigt das Tier sein Netz, schützt sein Gelege oder fesselt seine Beute.

ACHTBEINIGE RÄUBER

Wie andere Gliederfüßer besitzen Spinnentiere ein hartes, aber flexibles Exoskelett und gegliederte Beine. Bei Milben und Zecken ist der Körper rundlich und ungeteilt. Andere Spinnentiere haben einen zweigeteilten Körper aus einem Cephalothorax mit Augen, Mundwerkzeugen und Beinen sowie einem Abdomen, das viele der inneren Organe enthält.

Im Gegensatz zu den sechsbeinigen Insekten verfügen Spinnentiere über 8 Beine. Die Tiere tragen in der Nähe der Mundöffnung 2 Paar Anhängsel. Ein Paar, die Cheliceren, ist pinzettenförmig oder als Giftzähne ausgebildet und dient zum Überwältigen der Beute. Das andere Paar, die Pedipalpen, wird oft wie Antennen für die Wahrnehmung verwendet. Skorpione und einige andere Spinnentiere fangen mit den Pedipalpen ihre Beute; Spinnenmännchen übertragen damit die Spermien auf das Weibchen.

Beim Auffinden von Beute verlassen sich Spinnentiere auf die feinen Tasthaare an Körper und Beinen. Über feine Schlitze in der Cuticula können Gerüche, Schwerkraft oder Vibrationen wahrgenommen werden. Spinnentiere atmen mit Fächerlungen oder Tracheen oder einer Kombination aus beiden.

Die Entwicklung der Spinnentiere erfolgt direkt, d. h. die Jungen schlüpfen als kleine Version ihrer Eltern. Das Wachstum ist mit einer Reihe von Häutungen verbunden.

Die meisten Spinnentiere sind Einzelgänger.

Blutsauger Während die meisten Spinnentiere räuberisch leben, sind Zecken und einige Milben Parasiten. Eine Zecke durchbohrt mit ihren hakenförmigen Mundwerkzeugen die Haut von Säugetieren und saugt deren Blut. Ist die Zecke voll gesogen, lässt sie sich fallen und häutet sich.

Stichwaffe Spinnen und Skorpione sind zwar gefürchtet, aber nur bei wenigen Arten ist der Biss oder Stich für einen Menschen tödlich. Der Stich des Großen Texas-Skorpions (*Hadrurus arizonensis*) ist sehr schmerzhaft, doch sein Gift ist harmlos.

SPINNENTIERE WIRBELLOSE

AUF EINEN BLICK

Ordnung Skorpiones (Skorpione) Im Unterschied zu anderen Spinnentieren haben Skorpione 2 große, mit Zangen bewehrte Pedipalpen und einen gegliederten Körper. Der an der Schwanzspitze sitzende Stachel dient zum Überwältigen der Beute und zur Verteidigung. Skorpione verstecken sich tagsüber in Spalten und jagen nachts.

Arten 1400

Wärmere Regionen; unter Steinen, Rinde

Hausgast
Der Dunkle Honduras-Skorpion (Centruroides gracilis) lebt vorwiegend in tropischen Wäldern. In Regionen, in die er eingeschleppt wurde, ist er auch in Häusern zu finden.

Ordnung Uropygi (Geißelskorpione) Diese Spinnentiere ähneln Skorpionen, ihre Pedipalpen sind jedoch kräftiger und ihr langer Schwanz ist viel dünner. Bei Gefahr versprühen Geißelskorpione Säure aus einer Drüse an der Wurzel des peitschenförmigen Schwanzes.

Arten 100

Vorwiegend tropische Regionen; unter Steinen

Take-away-Mahlzeit Die große Geißelskorpion-Art Mastigoproctus giganteus packt und zerkleinert ihre Beute mit den Pedipalpen, dann trägt sie ihre Mahlzeit in ihre Höhle, um sie dort zu verspeisen.

BRUTPFLEGE

Die Weibchen der meisten Spinnentiere legen ihre Eier an einen sicheren Ort ab, z. B. in den Boden, und überlassen das Gelege sich selbst. Bei *Euscorpius carpathicus* (links) und anderen Skorpionen entwickeln sich jedoch die befruchteten Eier im Mutterleib und die Jungen werden lebend geboren. In diesem Stadium sind sie recht hilflos, da sie keine Pedipalpen haben und nicht stechen können. Sie krabbeln auf den Rücken der Mutter, die sie bis zur ersten Häutung, die nach 3 bis 14 Tagen erfolgt, umherträgt. Danach haben sie Pedipalpen und einen funktionierenden Stachel. Sie zerstreuen sich schnell, um ihr eigenes Revier einzunehmen, und bevor die Mutter sie auffrisst.

538 WIRBELLOSE SPINNENTIERE

AUF EINEN BLICK

Ordnung Araneae (Echte Spinnen)
Die Mitglieder dieser Ordnung besitzen Spinndrüsen, mit denen sie Netze und schützende Eikokons herstellen. Alle Spinnen sind Fleischfresser und ernähren sich hauptsächlich von anderen Wirbellosen, inklusive anderen Spinnen. Netzspinnen bauen Netze, um ihre Beute zu fangen, während Jagdspinnen aktiv jagen. Fast alle Spinnen sind giftig und injizieren mithilfe ihrer Cheliceren Gift in Beute oder Feinde. Die Tiere beißen Menschen meist nur, wenn sie sich bedroht fühlen. Etwa 30 Arten können Krankheiten hervorrufen.

Arten 40 000

Weltweit; in allen Lebensräumen an Land

Nächtliche Jagd Wolfsspinnen wie *Trochosa terricola* sind nachtaktive Jäger. Sie spinnen keine Netze, um ihre wirbellosen Beutetiere zu fangen.

SPINNENAUGEN

Die meisten Spinnen sind nachtaktiv und verlassen sich mehr auf den Tastsinn als auf das Sehen. Tagaktive Arten können ausgezeichnet Nahsehen. Spinnen besitzen 4 Paare einfacher Augen, die in einem für die Familie charakteristischen Muster angeordnet sind.

Weitwinkel Jagdspinnen (Familie Heteropodidae) sind aktive Jäger. Ihre weit auseinander liegenden Augen sorgen für guten Rundumblick.

Nachtjäger Sechsaugenspinnen (Familie Dysderidae) haben 6 winzige Augen statt der üblichen 8 und verlassen sich beim Aufspüren der Beute auf ihren Tastsinn.

Nahsicht Krabbenspinnen (Familie Thomisidae) sind tagaktiv und bei der Insektenjagd auf gutes Nahsehvermögen angewiesen.

Sicht im Dunkeln Die Spinnen der Familie Deinopidae sehen mit ihren beiden riesigen Augen die Beute in fast völliger Dunkelheit.

Veränderliche Krabbenspinne
Misumena vatia, Ordnung Araneae

Die Veränderliche Krabbenspinne frisst kleine Insekten, denen sie in Blüten auflauert

Liphistius malayanus, Ordnung Araneae

Atypus muralis, Ordnung Araneae

Atypus-Arten werden auch Tapezierspinnen genannt

Lebt im Regenwald in Baumwurzeln

Kraushaarvogelspinne
Brachypelma albopilosa, Ordnung Araneae

Diese Vogelspinne gräbt Höhlen und kleidet sie mit Seidenfäden aus

Pterinochilus murinus, Ordnung Araneae

Große Zitterspinne
Pholcus phalangioides, Ordnung Araneae

Rote Röhrenspinne
Eresus niger, Ordnung Araneae

Lauert der Beute auf und kann dann mehr als 50-mal so hoch wie ihre Körpergröße springen, um die Beute zu fangen

Zebraspringspinne
Salticus scenicus, Ordnung Araneae

Micaria formicaria, Ordnung Araneae

SPINNENTIERE **WIRBELLOSE** 539

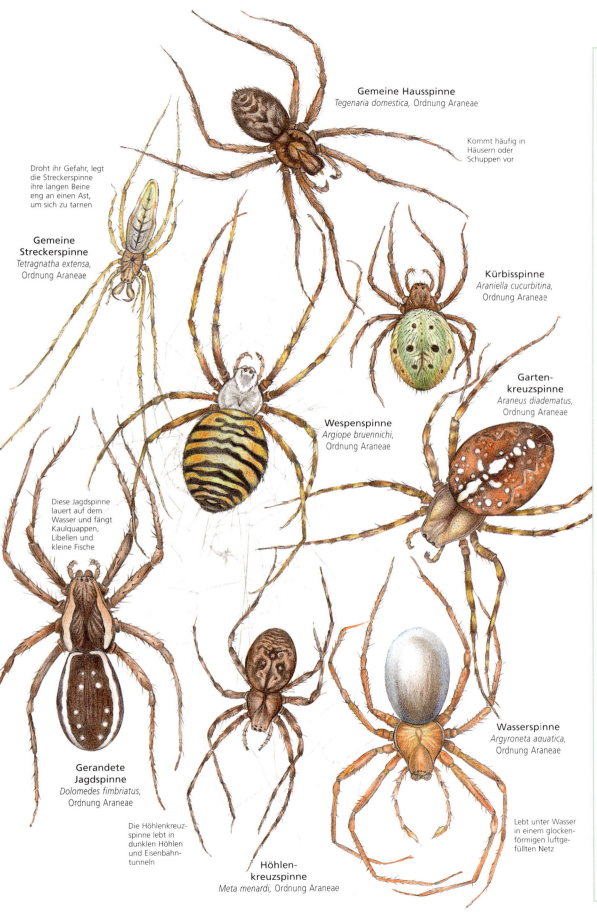

Gemeine Hausspinne
Tegenaria domestica, Ordnung Araneae

Kommt häufig in Häusern oder Schuppen vor

Droht ihr Gefahr, legt die Streckerspinne ihre langen Beine eng an einen Ast, um sich zu tarnen

Gemeine Streckerspinne
Tetragnatha extensa, Ordnung Araneae

Kürbisspinne
Araniella cucurbitina, Ordnung Araneae

Gartenkreuzspinne
Araneus diadematus, Ordnung Araneae

Wespenspinne
Argiope bruennichi, Ordnung Araneae

Diese Jagdspinne lauert auf dem Wasser und fängt Kaulquappen, Libellen und kleine Fische

Gerandete Jagdspinne
Dolomedes fimbriatus, Ordnung Araneae

Wasserspinne
Argyroneta aquatica, Ordnung Araneae

Lebt unter Wasser in einem glockenförmigen luftgefüllten Netz

Die Höhlenkreuzspinne lebt in dunklen Höhlen und Eisenbahntunneln

Höhlenkreuzspinne
Meta menardi, Ordnung Araneae

FANGMETHODEN

Nicht alle Spinnen warten darauf, dass sich Beute in ihren Netzen verfängt. Die Speispinne (*Scytodes thoracica*) hat einen vergrößerten Cephalothorax, der eine kombinierte Gift-Spinn-Drüse besitzt. Sie jagt in der Nacht und schleicht sich an ein Beutetier heran, bis sie in Spuckdistanz ist. Dann wirft die Spinne zwei giftige Spinnfäden und bedeckt ihr Opfer in einem Zick-Zack-Muster. Die Beute wird so am Boden festgeklebt und von dem Gift gelähmt.

Speispinne Mit nur 6 kleinen Augen kann die Speispinne schlecht sehen, daher benutzt sie die Tasthaare an ihren Vorderbeinen, um ihre Beute, z. B. Fliegen und Nachtfalter, aufzuspüren.

Bolaspinnen gehören zwar zur Familie Araneidae (Radnetzspinnen), bauen aber keine Netze. Stattdessen »angeln« sie ihre Beute mit einem Spinnfaden, der wie eine Bola an seinem Ende eine klebrige Kugel trägt. Die Kugel enthält vermutlich ein Pheromon, das dem Pheromon weiblicher Nachtfalter ähnelt. Wenn männliche Falter davon angelockt werden, bleiben sie an der Kugel kleben und die Spinne zieht sie an dem Faden zu sich heran.

Bolaspinne Wenn die Bolaspinne einen sich nähernden Nachtfalter bemerkt, schwingt sie ihre Bola wie ein Lasso im Kreis. Man nennt sie daher auch Lassospinne.

Spinnen verschiedener Familien sehen äußerlich Ameisen verblüffend ähnlich. Sie erzeugen vermutlich sogar Pheromone, die es ihnen ermöglichen, in Ameisenkolonien einzudringen. Manche Spinnen nutzen ihre Tarnung, um die ahnungslosen Ameisen zu erbeuten. Andere genießen nur den Schutz vor Wespen und Vögeln, die Ameisen wegen der Ameisensäure, die diese bei Gefahr abgeben, meiden.

Brasilianische Ameisenspinne Wie andere Ameisenspinnen hat Aphantochilus rogersi eine lange Taille und einen langen Cephalothorax, der teilweise in 2 Segmente geteilt ist, um den Eindruck eines dreigeteilten Insektenkörpers zu vermitteln. Das erste Beinpaar wird wie Antennen nach vorne gehalten.

SEIDE UND NETZE

Nur einige Spinnenarten bauen Netze, doch alle produzieren Seide. Spinnenseide besteht aus dem Protein Fibroin und ist so stabil wie Nylon, aber elastischer. Eine Spinne kann bis zu 8 Spinnwarzen in ihrem Abdomen haben, wobei jede eine andere Seidenart bildet. Eine Art dient als Schleppleine, welche die Spinne hinter sich herzieht wie ein Kletterer das Sicherungsseil. Andere Seidenarten bilden den Kokon für die befruchteten Eier oder werden zum Einwickeln von Beutetieren verwendet. Spinnen-Männchen halten mit Spinnfäden ihre Spermienpakete fest. Jungspinnen lassen sich von Spinnfäden durch die Luft treiben, um sich zu verbreiten. Und Netzspinnen bauen ihre Seidennetze, um ihre Beute zu fangen.

Haubennetz Dieses Netz besitzt gespannte Fangfäden mit klebrigen Enden, die am Boden befestigt sind. Läuft ein kriechendes Insekt in den Fangfaden, schnellt dieser nach oben und das Opfer baumelt in der Luft.

Gespinstdecke Dieses Fangnetz besteht aus feiner, wolliger Seide. Auch wenn sie nicht klebt, verwickeln sich die Insekten in den zahlreichen Fäden und bleiben gefangen, bis die Spinne sie verzehrt.

Sicherer Weg Spinnen wie diese Radnetzspinne (*Argiope sp.*, rechts) verfangen sich nicht im eigenen Netz, weil nur einige Fäden kleben und die Tiere wissen, wo sie hintreten dürfen.

Gemeinsam Die meisten Spinnen sind Einzelgänger, manche Arten teilen sich jedoch ein Nest. Einige bilden Kolonien, jagen und fressen zusammen. *Cryptophora sp.* z. B. frisst allein und bewacht ihr eigenes Netz, aber die Netze haben gemeinsame Gerüstfäden, sodass ein großes Gespinst entsteht (unten).

Baldachinnetz Diese etwas unordentlich aussehende Netzart wird über niedrige Büsche hinweg gesponnen. Jedes Insekt, das sich in dem feinen Gespinst verfängt, fällt in ein darunter hängendes Netz.

Dreiecksnetz Die Spinne hält ihr dreieckiges Netz mit den Vorderbeinen fest, während sie mit einem Spinnfaden an einem Ast verankert ist. Setzt sich ein Insekt auf das Netz, lockert die Spinne den Griff und die Beute verfängt sich in dem zusammenfallenden Netz.

Beutefang Spinnen der Gattung Deinopus bauen jede Nacht ein kleines Fangnetz und halten es in Erwartung einer Beute in den Beinen. Kommt ein mögliches Opfer vorbei, schleudert die Spinne das Netz darüber, spinnt das Opfer schnell ein und beißt es dann.

Radnetz Dies ist das kunstvollste Netz. Mit einem Minimum an Spinnfäden deckt es eine große Fläche ab. Ein Rahmen stützt eine durchgehende Spirale und die Speichen. Das Netz wird zwischen Zweigen gesponnen, um fliegende Insekten zu fangen.

SPINNENTIERE **WIRBELLOSE** 541

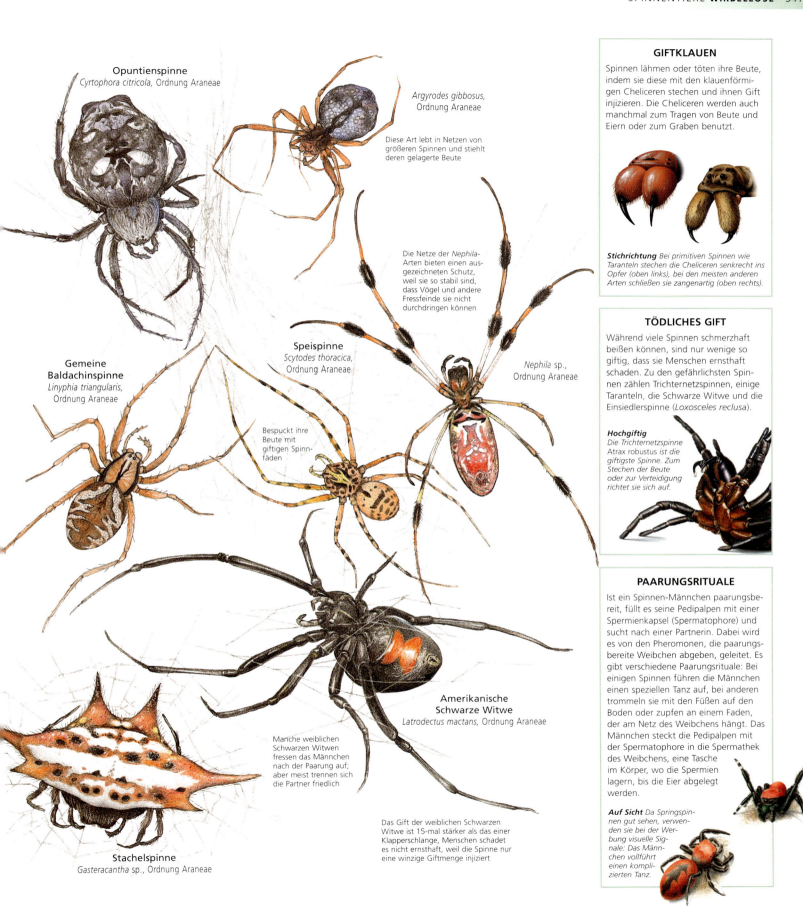

Opuntienspinne
Cyrtophora citricola, Ordnung Araneae

Argyrodes gibbosus, Ordnung Araneae

Diese Art lebt in Netzen von größeren Spinnen und stiehlt deren gelagerte Beute

Die Netze der *Nephila*-Arten bieten einen ausgezeichneten Schutz, weil sie so stabil sind, dass Vögel und andere Fressfeinde sie nicht durchdringen können

Gemeine Baldachinspinne
Linyphia triangularis, Ordnung Araneae

Speispinne
Scytodes thoracica, Ordnung Araneae

Nephila sp., Ordnung Araneae

Bespuckt ihre Beute mit giftigen Spinnfäden

Amerikanische Schwarze Witwe
Latrodectus mactans, Ordnung Araneae

Manche weiblichen Schwarzen Witwen fressen das Männchen nach der Paarung auf; aber meist trennen sich die Partner friedlich

Das Gift der weiblichen Schwarzen Witwe ist 15-mal stärker als das einer Klapperschlange. Menschen schadet es nicht ernsthaft, weil die Spinne nur eine winzige Giftmenge injiziert

Stachelspinne
Gasteracantha sp., Ordnung Araneae

GIFTKLAUEN

Spinnen lähmen oder töten ihre Beute, indem sie diese mit den klauenförmigen Cheliceren stechen und ihnen Gift injizieren. Die Cheliceren werden auch manchmal zum Tragen von Beute und Eiern oder zum Graben benutzt.

Stichrichtung Bei primitiven Spinnen wie Taranteln stechen die Cheliceren senkrecht ins Opfer (oben links), bei den meisten anderen Arten schließen sie zangenartig (oben rechts).

TÖDLICHES GIFT

Während viele Spinnen schmerzhaft beißen können, sind nur wenige so giftig, dass sie Menschen ernsthaft schaden. Zu den gefährlichsten Spinnen zählen Trichternetzspinnen, einige Taranteln, die Schwarze Witwe und die Einsiedlerspinne (*Loxosceles reclusa*).

Hochgiftig
Die Trichternetzspinne Atrax robustus ist die giftigste Spinne. Zum Stechen der Beute oder zur Verteidigung richtet sie sich auf.

PAARUNGSRITUALE

Ist ein Spinnen-Männchen paarungsbereit, füllt es seine Pedipalpen mit einer Spermienkapsel (Spermatophore) und sucht nach einer Partnerin. Dabei wird es von den Pheromonen, die paarungsbereite Weibchen abgeben, geleitet. Es gibt verschiedene Paarungsrituale: Bei einigen Spinnen führen die Männchen einen speziellen Tanz auf, bei anderen trommeln sie mit den Füßen auf den Boden oder zupfen an einem Faden, der am Netz des Weibchens hängt. Das Männchen steckt die Pedipalpen mit der Spermatophore in die Spermathek des Weibchens, eine Tasche im Körper, wo die Spermien lagern, bis die Eier abgelegt werden.

Auf Sicht Da Springspinnen gut sehen, verwenden sie bei der Werbung visuelle Signale: Das Männchen vollführt einen komplizierten Tanz.

542 WIRBELLOSE SPINNENTIERE

AUF EINEN BLICK

Ordnung Opiliones (Weberknechte oder Kankerspinnen) Die Mitglieder dieser Ordnung besitzen weder Giftdrüsen noch Spinnwarzen. Die meisten Arten haben lange, dünne Beine. Die Befruchtung erfolgt direkt: Das Männchen deponiert mit einem Penis die Spermien im Weibchen.

Arten 5000

Weltweit; im Laub und unter Steinen

Nahrungssuche Der Weberknecht Phalangium opilio jagt im Laub kleine Gliederfüßer. Er sucht auch häufig auf Feldfrüchten nach Schädlingen wie Blattläusen.

Unterklasse Acari (Milben, Zecken) Diese Unterklasse ist in 7 Ordnungen unterteilt. Milben und Zecken sind die häufigsten Spinnentiere. Sie gedeihen in fast jedem Lebensraum, seien es Wüsten, Polarregionen, thermale Quellen oder Tiefseegräben. Einige Milbenarten sind so winzig, dass sie – meist unbemerkt – in menschlichen Haarfollikeln leben. Zecken sind meistens größer, aber selten länger als 1 cm. Milben und Zecken haben nur 6 Beine, wenn sie als Larven schlüpfen. Ein zusätzliches Paar bekommen sie als Nymphen, bevor sie ausgewachsen sind.

Arten 30 000

Weltweit

Im Staub Die Mehlmilbe (Acarus siro) lebt im Staub von gelagertem Getreide, in Tierställen und in Lebensmittellagern.

KRANKHEITSÜBERTRÄGER

Während die meisten Milben frei im Boden, in der Laubstreu und im Wasser leben, parasitieren einige auf Tieren oder Pflanzen. Milben und Zecken, die auf Wirbeltieren fressen, übertragen häufig Bakterien, die bei Menschen gefährliche Krankheiten auslösen. Einige Zeckenarten verursachen akute Entzündungen bei Menschen und Haustieren.

Gefährlich Der Holzbock (Ixodes ricinus), der Vieh, Hunde und Menschen befällt, kann Lyme-Borreliose und andere Krankheiten übertragen.

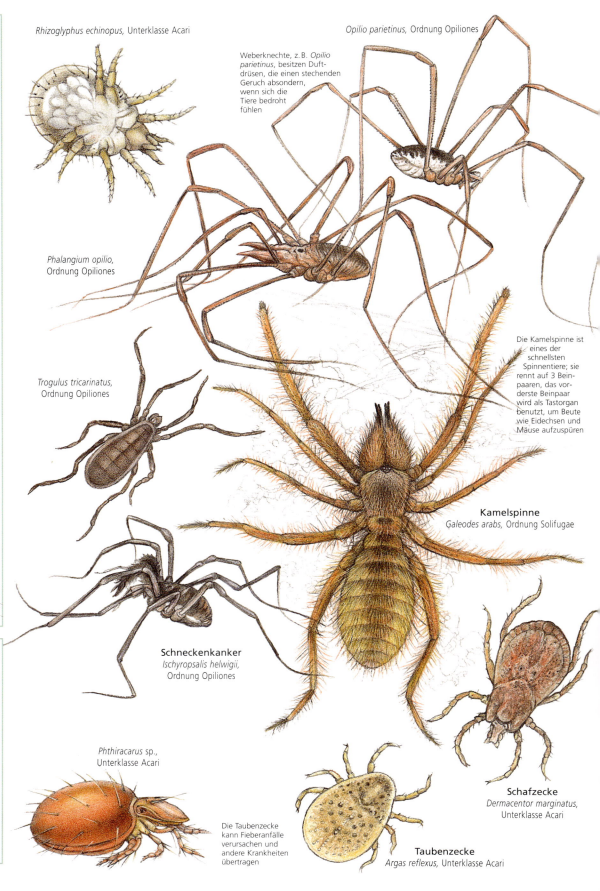

SPINNENTIERE WIRBELLOSE 543

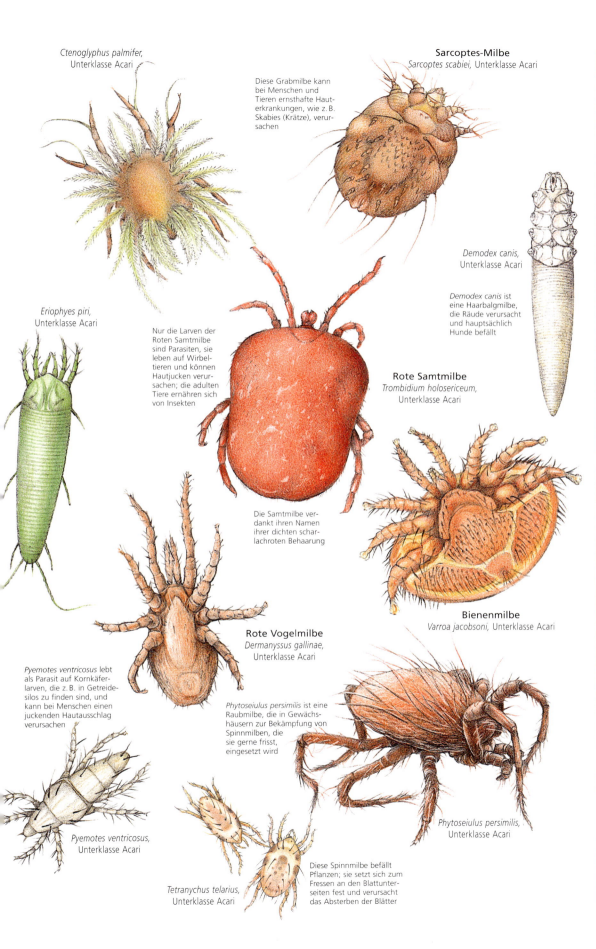

Ctenoglyphus palmifer, Unterklasse Acari

Sarcoptes-Milbe
Sarcoptes scabiei, Unterklasse Acari

Diese Grabmilbe kann bei Menschen und Tieren ernsthafte Hauterkrankungen, wie z. B. Skabies (Krätze), verursachen

Eriophyes piri, Unterklasse Acari

Nur die Larven der Roten Samtmilbe sind Parasiten, sie leben auf Wirbeltieren und können Hautjucken verursachen; die adulten Tiere ernähren sich von Insekten

Demodex canis, Unterklasse Acari

Demodex canis ist eine Haarbalgmilbe, die Räude verursacht und hauptsächlich Hunde befällt

Rote Samtmilbe
Trombidium holosericeum, Unterklasse Acari

Die Samtmilbe verdankt ihren Namen ihrer dichten scharlachroten Behaarung

Rote Vogelmilbe
Dermanyssus gallinae, Unterklasse Acari

Phytoseiulus persimilis ist eine Raubmilbe, die in Gewächshäusern zur Bekämpfung von Spinnmilben, die sie gerne frisst, eingesetzt wird

Bienenmilbe
Varroa jacobsoni, Unterklasse Acari

Pyemotes ventricosus lebt als Parasit auf Kornkäferlarven, die z. B. in Getreidesilos zu finden sind, und kann bei Menschen einen juckenden Hautausschlag verursachen

Pyemotes ventricosus, Unterklasse Acari

Tetranychus telarius, Unterklasse Acari

Diese Spinnmilbe befällt Pflanzen; sie setzt sich zum Fressen an den Blattunterseiten fest und verursacht das Absterben der Blätter

Phytoseiulus persimilis, Unterklasse Acari

WASSERMILBEN

Einige Milben sind an das Leben im Wasser angepasst. Sie kommen in jeder Art Süßgewässer vor, von Pfützen bis zu reißenden Flüssen. Einige leben auch im Watt, auf Korallenriffen und am Meeresboden, nur nicht im offenen Meer. Während halbaquatisch lebende Milben in vielen Gruppen dieser Unterklasse zu finden sind, sind die über 40 Familien der nur im Wasser lebenden Milben in der Unterabteilung Hydracarina zusammengefasst. Diese Milben legen ihre Eier unter Wasser ab, z. B. auf Steinen oder Pflanzen, in Schwämmen oder Muscheln. Die Larven leben parasitisch und heften sich an einen wirbellosen Wirt. Da der Wirt häufig ein fliegendes Insekt ist, z. B. eine Libelle, versorgt er die Larve nicht nur mit Nahrung, sondern transportiert sie auch in andere Gewässer. Als Nymphen und Adulte ernähren sich Wassermilben von anderen Milben, Wasserinsekten und Krebstieren.

Warnleuchte
Wassermilben wie Brachypoda versicolor sind oft leuchtend gefärbt, um Fische und andere Feinde vor ihrer Ungenießbarkeit zu warnen.

GEFAHR FÜR BIENEN

Ein Bienenvolk kann durch die Milbenart *Varroa jacobsoni* ernsthaft geschädigt oder sogar getötet werden. Das adulte Weibchen dieser Milbenart legt ihre Eier in eine Brutzelle der Bienen. Die Milbe und ihr Nachwuchs ernähren sich dann von den Bienenlarven. Die Milbennachkommen paaren sich noch in der Brutzelle. Die Männchen sterben und die Weibchen heften sich an die jungen Bienen. Sie finden eine andere Brutzelle, in der sie ihre Eier ablegen. Aus den von Milben befallenen Bienenpuppen schlüpfen meist schwache, deformierte Bienen.

Gut versteckt *Varroa jacobsoni setzt sich meist zwischen die Körpersegmente der Biene, wo sie kaum zu sehen ist.*

SCHUTZSTATUS

Unbeachtet Der Artenschutz schenkt den Spinnentieren kaum Beachtung. Die IUCN hat nur 18 Arten beurteilt, die alle auf der Roten Liste stehen. Weitere Untersuchungen sind notwendig, denn die Spinnentiere sind zweifellos durch Lebensraumverlust, Pestizide und Einschleppung exotischer Arten bedroht.

HÜFTMÜNDER

STAMM Arthropoda
UNTERST. Chelicerata
KLASSE Merostomata
ORDNUNG Xiphosura
FAMILIE Limulidae
ARTEN 4

Die zur Klasse Merostomata (Hüftmünder) gehörenden Pfeilschwanzkrebse sind näher mit den Spinnentieren als mit den Krebsen verwandt und haben sich in den letzten 200 Mio. Jahren kaum verändert. Die 4 noch existierenden Arten leben im Meer vor den Ostküsten Nordamerikas und Asiens. Der Körper besteht aus dem Cephalothorax mit Cheliceren und 5 Beinpaaren und dem Abdomen – beide durch eine harte Schale geschützt. Mit den Cheliceren ergreift das Tier Würmer und andere Beutetiere am schlammigen Meeresgrund. Der bedrohliche Schwanzstachel, das Telson, dient nicht als Waffe, sondern hilft dem Tier sich aufzurichten und durch den Schlamm zu pflügen.

Kann bis zu 60 cm lang werden

Pfeilschwanzkrebs-Art
Limulus polyphemus

Fortpflanzung Im Frühjahr sammeln sich die Pfeilschwanzkrebse an den Stränden. Die Eier werden direkt unterhalb der Hochwasserlinie im Sand vergraben, wo sie feucht bleiben, aber von der Sonne gewärmt werden.

MEERE UND KÜSTEN
Pfeilschwanzkrebse verbringen die meiste Zeit am Meeresgrund in Tiefen von etwa 30 m, wo sie sich durch den Schlamm pflügen; sie können auch laufen und auf dem Rücken schwimmen. Sie atmen durch Blattkiemen im Abdomen.

Die Fortpflanzung erfolgt im Frühjahr an der Küste: Das Männchen sitzt auf dem Rücken des Weibchens. Dieses gräbt Löcher in den Sand und legt in jedes bis zu 300 Eier, die das Männchen mit seinen Spermien bedeckt. Die Larven häuten sich 16-mal, bis sie nach 9 bis 12 Jahren erwachsen sind.

ASSELSPINNEN

STAMM Arthropoda
UNTERST. Chelicerata
KLASSE Pycnogonida
ORDNUNG Pantopoda
FAMILIEN 9
ARTEN 1000

Mit ihren langen Beinen ähneln Asselspinnen den Spinnen, sie haben sich aber getrennt entwickelt und besitzen viele einzigartige Merkmale. Der Körper ist weitgehend zurückgebildet. Die kleine Kopfregion, das Cephalon, besitzt rüsselförmige Mundwerkzeuge, 4 einfache, gestielte Augen und 2 Cheliceren (zum Greifen von Beute) sowie 2 Pedipalpen (als Sinnesorgane). Hier befinden sich auch das erste Laufbeinpaar und 1 Paar von Anhängseln, die zum Transport der Eier (Eiträger) dienen. Am segmentierten Rumpf, der in ein winziges Abdomen ausläuft, sitzen 3 weitere Laufbeinpaare. Wegen des kleinen Abdomen sind Verdauungs- und Fortpflanzungsorgane in die Beine verlagert.

Antarktische Arten Die Asselspinne *Pycnogonum decalopoda* und die kleinere *P. nymphon* leben am Grund der Eismeere.

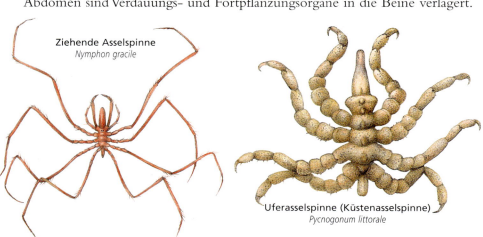

Ziehende Asselspinne
Nymphon gracile

Das Männchen kann gleichzeitig die Eier von 4 verschiedenen Weibchen bis zum Schlüpfen der Larven tragen

Uferasselspinne (Küstenasselspinne)
Pycnogonum littorale

BODENBEWOHNER
Asselspinnen leben in jedem Ozean, von warmen, flachen Gewässern bis in die eisige Tiefe von 7000 m. Die meisten sind klein; einige Tiefseearten haben eine Beinspanne von 70 cm. Einige Asselspinnen können schwimmen, die meisten leben aber am Boden und ernähren sich von Wirbellosen, z. B. Korallen.

Bei der Paarung übernimmt das Männchen mit seinen Eiträgern die Eier aus der Genitalöffnung des Weibchens und trägt sie mit sich umher, bis die Larven schlüpfen.

TAUSENDFÜSSER

STAMM Arthropoda
UNTERSTAMM Myriapoda
KLASSEN 4
ORDNUNGEN 20
FAMILIEN 140
ARTEN 13 500

Hundertfüßer (Klasse Chilopoda), Doppelfüßer (Klasse Diplopoda), Zwergfüßer (Klasse Symphylida) und Wenigfüßer (Klasse Pauropoda) gehören zu den Tausendfüßern. Alle besitzen einen langen, segmentierten Körper, einfache Augen, 1 Paar gegliederte Fühler und viele Beinpaare. Hundertfüßer sind meist Fleischfresser und jagen im Laub nach Wirbellosen. Ihre Beute lähmen sie mit Giftzähnen, die auf der Kopfunterseite sitzen. Doppelfüßer sind Pflanzenfresser, beißen nicht, rollen sich aber bei Gefahr zusammen und geben eine giftige Substanz ab. Zwergfüßer und Wenigfüßer sehen aus wie winzige Hundertfüßer, leben im Laub und im Boden und ernähren sich von verrottenden Pflanzen.

Tropische Arten In Tropenwäldern leben die meisten Hundertfüßer-Arten. Die Beine der Tiere können kurz und hakenförmig oder lang und dünn sein. Das letzte Extremitätenpaar kann fühlerartig wie bei *Scutigera sp.* (oben) oder scherenförmig sein.

BEINE OHNE ENDE

Hundertfüßer besitzen einen abgeflachten, wurmförmigen Körper. An jedem Körpersegment – außer am letzten – sitzt ein Beinpaar. Diese Tiere haben mindestens 15, maximal 191 Beinpaare. Die größte Hundertfüßer-Art ist *Scolopendra gigantea*. Sie lebt in den amerikanischen Tropen, kann bis 28 cm lang werden und jagt u. a. Mäuse und Frösche.

Der Körper der Tausendfüßer ist drehrund und besteht aus Doppelsegmenten, von denen die meisten ein doppeltes Beinpaar tragen.

Die Arten der Doppelfüßer sind zwischen 2 mm und 28 cm lang. Sie haben bis zu 200 Beinpaare.

Zwergfüßer werden höchstens 1 cm lang und tragen 12 Beinpaare.

Wenigfüßer sind mit 2 mm noch kleiner und besitzen 9 Beinpaare.

Die meisten Tausendfüßer sind nachtaktiv, leben in feuchten Wäldern, meist versteckt im Laub und Boden oder unter Steinen und Holz. Nur einige Arten leben in Grasland oder Wüsten.

Doppelfüßer legen ihre Eier meistens in Erdnester, während sich einige Hundertfüßer um ihre Eier wickeln, um sie zu schützen.

Verteidigung Der Tausendfüßer *Narceus americanus* (oben) hat sich in die für Doppelfüßer typische Verteidigungsposition zusammengerollt, wobei nur noch die harten Platten des Exoskeletts nach außen weisen. Er kann zur Verteidigung auch eine ätzende Flüssigkeit absondern.

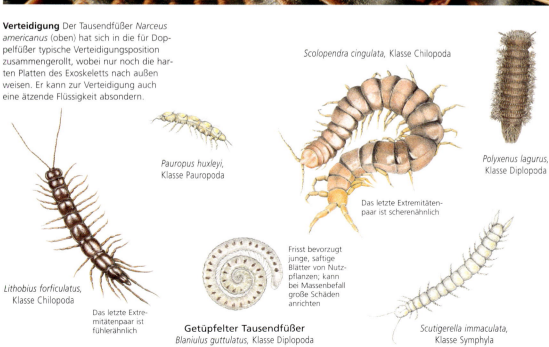

Lithobius forficulatus, Klasse Chilopoda

Das letzte Extremitätenpaar ist fühlerähnlich

Pauropus huxleyi, Klasse Pauropoda

Scolopendra cingulata, Klasse Chilopoda

Das letzte Extremitätenpaar ist scherenähnlich

Getüpfelter Tausendfüßer *Blaniulus guttulatus*, Klasse Diplopoda

Frisst bevorzugt junge, saftige Blätter von Nutzpflanzen; kann bei Massenbefall große Schäden anrichten

Polyxenus lagurus, Klasse Diplopoda

Scutigerella immaculata, Klasse Symphyla

KREBSTIERE

STAMM	Arthropoda
UNTERSTAMM	Crustacea
KLASSEN	11
ORDNUNGEN	37
FAMILIEN	540
ARTEN	42 000

Vom nur 0,25 mm langen Wasserfloh bis zur riesigen Spinnenkrabbe mit einer Beinspanne von 3,7 m sind die Krebstiere eine äußerst vielfältige Tiergruppe. Obwohl einige Arten an Land leben, ist das Wasser das Lebenselement der Krebstiere und sie haben mit der Zeit jeden Lebensraum im Meer und Süßwasser besiedelt. Frei schwimmendes Plankton wie der Krill bilden die Basis einer riesigen Nahrungskette. Krabben und andere Bodenbewohner leben im Sediment oder krabbeln darüber. Entenmuscheln sitzen fest an einem Platz und filtern Nahrung aus dem Wasser. Es gibt sogar parasitische Krebstiere, von denen einige nicht mehr als Zellanhäufungen in einem Wirt sind.

LANDBESIEDLER
Nur wenige Krebstiere leben an Land. Dort besiedeln sie feuchte Plätze; manche kehren zur Fortpflanzung ins Wasser zurück. Ans terrestrische Leben gut angepasst sind die Rollasseln der Familie Oniscoidea – es gibt sogar einige Wüstenarten. Manche rollen sich bei Gefahr zu einer Kugel zusammen (unten). Die geringe Verbreitung der Krebstiere in Landlebensräumen hängt mit dem Fehlen der wachsartigen, wasserdichten Cuticula zusammen und damit, dass diese Tiere mit Kiemen atmen müssen.

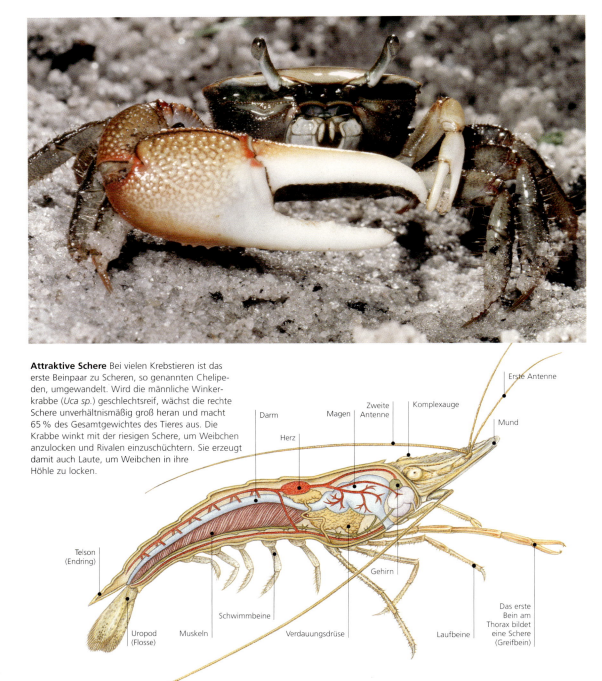

Attraktive Schere Bei vielen Krebstieren ist das erste Beinpaar zu Scheren, so genannten Chelipeden, umgewandelt. Wird die männliche Winkerkrabbe (Uca sp.) geschlechtsreif, wächst die rechte Schere unverhältnismäßig groß heran und macht 65 % des Gesamtgewichtes des Tieres aus. Die Krabbe winkt mit der riesigen Schere, um Weibchen anzulocken und Rivalen einzuschüchtern. Sie erzeugt damit auch Laute, um Weibchen in ihre Höhle zu locken.

KREBSTIER-ANATOMIE
Wie andere Gliederfüßer besitzen Krebstiere einen segmentierten Körper, gegliederte Beine sowie ein Exoskelett und sie wachsen durch Häutungen. Das Exoskelett kann dünn und flexibel sein wie bei den Wasserflöhen oder hart und verkalkt wie bei den Krabben. Der Körper besteht aus Kopf, Thorax und Abdomen; bei vielen größeren Arten bilden Kopf und Thorax einen Cephalothorax, der von einem Rückenschild (Carapax) geschützt wird. Das Abdomen hat oft schwanzartige Anhänge (Endring oder Telson).

Der typische Krebskopf trägt 2 Antennenpaare, 2 (häufig gestielte) Komplexaugen und 3 Paar beißende Mundwerkzeuge. Der Thorax und manchmal das Abdomen tragen meist zweiästige Gliedmaßen. Bei vielen Arten sind die Beine unterschiedlich spezialisiert, z. B. für das Laufen, Schwimmen, die Nahrungsaufnahme oder Verteidigung. Bei Krabben bildet das erste Beinpaar Scheren (Chelipeden).

Krebstiere legen ihre Eier ins Wasser ab oder brüten sie auf dem Körper aus. Nur bei einigen Arten schlüpfen frei schwimmende Nauplius-Larven. Die meisten Krebstiere kommen höher entwickelt oder als Miniatur-Adulte auf die Welt.

Shrimp-Bauplan Garnelen haben 2 Paar Antennen, von denen eines sehr beweglich ist. Ihre beiden Komplexaugen bestehen aus etwa 30 000 Einzellinsen. Ihre Gliedmaßen sind spezialisiert. Das Blut wird von einem Herz gepumpt. Die Atmung erfolgt durch Kiemen an den Beinen.

KREBSTIERE WIRBELLOSE

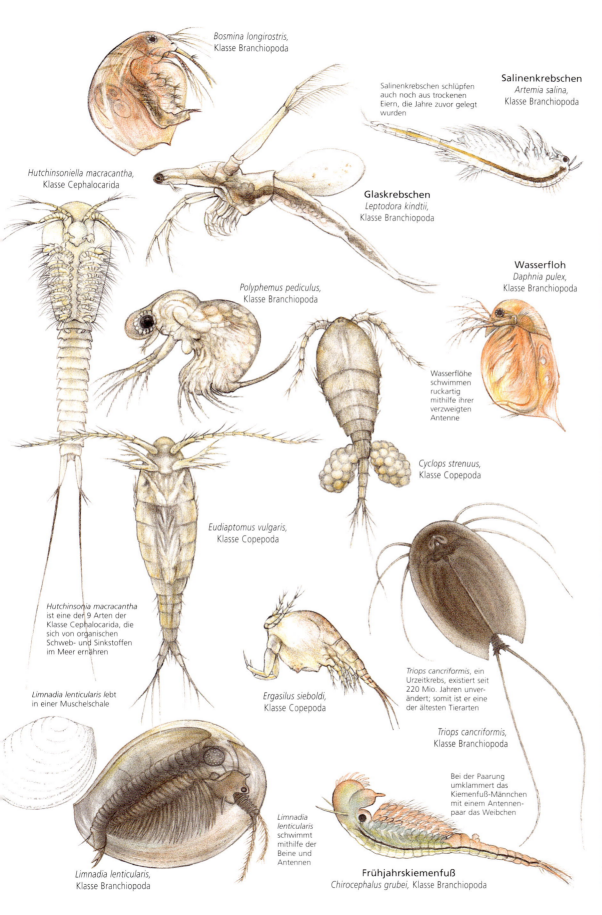

Bosmina longirostris, Klasse Branchiopoda

Hutchinsoniella macracantha, Klasse Cephalocarida

Salinenkrebschen schlüpfen auch noch aus trockenen Eiern, die Jahre zuvor gelegt wurden

Salinenkrebschen
Artemia salina, Klasse Branchiopoda

Glaskrebschen
Leptodora kindtii, Klasse Branchiopoda

Polyphemus pediculus, Klasse Branchiopoda

Wasserfloh
Daphnia pulex, Klasse Branchiopoda

Wasserflöhe schwimmen ruckartig mithilfe ihrer verzweigten Antenne

Cyclops strenuus, Klasse Copepoda

Eudiaptomus vulgaris, Klasse Copepoda

Hutchinsonia macracantha ist eine der 9 Arten der Klasse Cephalocarida, die sich von organischen Schweb- und Sinkstoffen im Meer ernähren

Limnadia lenticularis lebt in einer Muschelschale

Ergasilus sieboldi, Klasse Copepoda

Triops cancriformis, ein Urzeitkrebs, existiert seit 220 Mio. Jahren unverändert; somit ist er eine der ältesten Tierarten

Triops cancriformis, Klasse Branchiopoda

Limnadia lenticularis schwimmt mithilfe der Beine und Antennen

Bei der Paarung umklammert das Kiemenfuß-Männchen mit einem Antennenpaar das Weibchen

Limnadia lenticularis, Klasse Branchiopoda

Frühjahrskiemenfuß
Chirocephalus grubei, Klasse Branchiopoda

AUF EINEN BLICK

Klasse Branchiopoda (Kiemenfüßer) Die Rückenschaler, Wasserflöhe, Muschelschaler und Salinenkrebse in dieser Klasse sind mit 0,25 mm bis 10 cm Länge alle klein. Sie besitzen blattähnliche Beine, mit denen sie Nahrung aufnehmen, schwimmen und atmen. Sie leben in fast allen Süßgewässern der Welt und einige auch in temporären Gewässern. Trockenheit überleben sie im Eistadium.

Arten 800

Weltweit, vorwiegend im Süßwasser

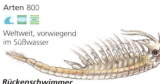

Rückenschwimmer
Branchipus stagnalis und andere Salinenkrebschen schwimmen auf dem Rücken. Mit ihren Beinen filtern sie Nahrung aus dem Wasser.

Klasse Copepoda (Ruderfüßer) Kommen in riesiger Anzahl in den Meeren vor und sind ein wichtiges Glied in der Nahrungskette. Ihr Körper ist zylindrisch. Sie haben nur ein einfaches Auge (Überbleibsel des Nauplius-Stadiums). Einige Arten leben parasitisch auf Fischen und anderen Wassertieren.

Arten 8500

Weltweit; meist im Meer

Gabelschwanz
Canthocamptus staphylinus hat das für Ruderfüßer typische verzweigte Telson (schwanzartiger Fortsatz).

NEUESTE ENTDECKUNG

Seit man *Speleonectes lucayensis* 1981 in einer Höhle im Meer vor den Bahamas entdeckte, gibt es eine neue Klasse der Krebstiere: die Remipedia. Seither wurden mehrere Arten dieser Klasse in der Karibik und in Australien in Höhlen mit Verbindung zum Meer gefunden. Diese primitiven Formen besitzen einen langen, wurmähnlichen Körper mit bis zu 32 Segmenten, jedes mit einem Beinpaar. Sie sind Fleischfresser.

Blind Wie andere Remipedia hat auch *Speleonecta lucayensis* keine Augen. Er schwimmt auf dem Rücken und benutzt die Beine als Ruder.

548 WIRBELLOSE KREBSTIERE

AUF EINEN BLICK

Klasse Cirripedia (Rankenfußkrebse)
Diese Meeresbewohner sind die einzigen sessil lebenden Krebstiere. Man zählte sie zu den Weichtieren, bis man 1830 entdeckte, dass aus den Eiern frei schwimmende Nauplius-Larven schlüpfen und sie daher Krebstiere sind. Die Larven heften sich mit dem Kopf voran an Felsen, Schiffe oder Wirte (Fische, Wale, Schildkröten). Die meisten adulten Rankenfußkrebse sind durch Kalkplatten geschützt und sammeln mit ihren fiedrigen Beinen (Cirren) Nahrungspartikel aus dem Wasser. Rankenfußkrebse sind Zwitter. Sie leben in enger Gemeinschaft und können sich gegenseitig innerlich befruchten.

Arten 900

Weltweit; im Meer

Klasse Ostracoda (Muschelkrebse)
Man unterscheidet sie anhand des Carapax (eines Rückenschildes), der die Form einer geteilten Schale mit Scharnier hat. Nur die Antennen und die Endborsten der Beine schauen aus der Schale hervor.

Arten 6000

Weltweit; in allen Gewässern

Selbstvermehrung
Der Muschelkrebs Ilyocypris gibba *kann sich geschlechtlich fortpflanzen, nutzt aber oft die Parthenogenese, bei der sich Larven aus unbefruchteten Eiern entwickeln.*

SACCULINA/SÄCKCHEN

Der Parasit *Sacculina carvini* ist nur aufgrund seiner Nauplius-Larve als Rankenfußkrebs zu identifizieren. Ist ein Weibchen geschlechtsreif, befällt es einen Wirt, häufig die Strandkrabbe (*Carcinus maenas*). Die nadelartig geformte Larve injiziert Zellen in den Wirt. Diese bilden im Körper der Krabbe eine Art Wurzelsystem (Sacculina interna), aus dem sich ein außen liegender Reproduktionskörper (Sacculina externa) bildet. An diesen heften sich männliche Larven und geben Zellen ab, die sich zu Spermien entwickeln. Ergebnis der Befruchtung sind dann die Nauplius-Larven.

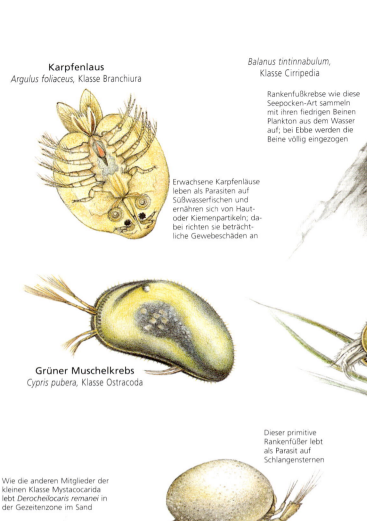

Karpfenlaus
Argulus foliaceus, Klasse Branchiura

Erwachsene Karpfenläuse leben als Parasiten auf Süßwasserfischen und ernähren sich von Haut- oder Kiemenpartikeln; dabei richten sie beträchtliche Gewebeschäden an

Balanus tintinnabulum, Klasse Cirripedia

Rankenfußkrebse wie diese Seepocken-Art sammeln mit ihren fiedrigen Beinen Plankton aus dem Wasser auf; bei Ebbe werden die Beine völlig eingezogen

Grüner Muschelkrebs
Cypris pubera, Klasse Ostracoda

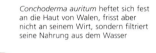

Candona suburbana, Klasse Ostracoda

Wie die anderen Mitglieder der kleinen Klasse Mystacocarida lebt *Derocheilocaris remanei* in der Gezeitenzone im Sand

Derocheilocaris remanei, Klasse Mystacocarida

Dieser primitive Rankenfüßer lebt als Parasit auf Schlangensternen

Ascothorax ophioctenis, Klasse Cirripedia

Conchoderma auritum heftet sich fest an die Haut von Walen, frisst aber nicht an seinem Wirt, sondern filtriert seine Nahrung aus dem Wasser

Conchoderma auritum, Klasse Cirripedia

Entenmuscheln leben in Gruppen, meist im Tiefwasser, wo sie sich mit ihrem beweglichen Fuß an Felsen und Holz fest anheften

Gemeine Entenmuscheln
Lepas anatifera, Klasse Cirripedia

KREBSTIERE WIRBELLOSE 549

Parastygocaris andeni, Klasse Malacostraca, Ordnung Stygocaridacea

Caprella anatifera, Klasse Malacostraca, Ordnung Amphipoda

Thermosbaena mirabilis, Klasse Malacostraca, Ordnung Thermosbaenacea

Diastylis rathkei, Klasse Malacostraca, Ordnung Cumacea

Alle Maulfüßer (Ordnung Stomatopoda) tragen große Greifarme, mit der sie ihre Beute aufspießen oder zerdrücken

Reliktkrebschen *Mysis relicta*, Klasse Malacostraca, Ordnung Mysidacea

Bunter Fangschreckenkrebs *Odontodactylus scyllarus*, Klasse Malacostraca, Ordnung Stomatopoda

Gammarus fossarum, Klasse Malacostraca, Ordnung Amphipoda

Die Rollassel lebt an Land; ihre Eier brütet sie in einem mit Flüssigkeit gefüllten Brutbeutel aus, der sich auf der Bauchseite befindet

Rollassel *Armadillidium vulgare*, Klasse Malacostraca, Ordnung Isopoda

Bathynella natans, Klasse Malacostraca, Ordnung Bathynellacea

Bathynella natans lebt in der Nähe von Seen im Kies

Anaspides tasmaniae, Klasse Malacostraca, Ordnung Anaspidacea

Anaspides tasmaniae ist ein lebendes Fossil; die Art existiert seit 250 Mio. Jahren

Bathynomus giganteus, Klasse Malacostraca, Ordnung Isopoda

Nebalia bipes, Klasse Malacostraca, Ordnung Leptostraca

Gemeine Wasserassel *Asellus aquaticus*, Klasse Malacostraca, Ordnung Isopoda

---

AUF EINEN BLICK

Klasse Malacostraca (Höhere Krebse) Zu dieser größten Gruppe der Krebstiere gehören 13 Ordnungen. Fast alle Arten haben 6 Kopfsegmente, 8 Thoraxsegmente und 6 Abdominalsegmente. Außer dem ersten Kopfsegment tragen alle 2 Anhänge.

Arten 25 000

Weltweit; meist im Wasser

Hummer Zu den Höheren Krebsen gehört der Riffhummer (*Enoplometopus daumi*), der wie andere Hummer, die Krabben und Garnelen zur Ordnung Decapoda zählt.

Ordnung Amphipoda (Flohkrebse) Diese kleinen, weit verbreiteten Krebse kommen im Meer, im Süßwasser und an feuchten Standorten vor. Ihr länglicher Körper ist in der Regel seitlich abgeflacht und ähnelt häufig dem der Garnelen.

Arten 6000

Weltweit; vorwiegend im Wasser

Verschiedene Salzgehalte Der Flohkrebs *Corophium volutator* lebt in U-förmigen Höhlen im Salz-, Brack- und Süßwasser.

Ordnung Isopoda (Asseln) Wie die Flohkrebse gehören die Asseln zu den Höheren Krebsen. Der Körper ist vom Rücken zum Bauch abgeflacht. Zu ihnen zählen die landlebenden Kellerasseln; die meisten Arten krabbeln über den Boden von Gewässern.

Arten 4000

Weltweit; vorwiegend im Meer

Wasserasseln Wie Flohkrebsen fehlt Asseln wie *Astacilla pusilla* ein Carapax. Die meisten leben im Wasser und ernähren sich von Aas.

GUT AUSGERÜSTET

Die Stomatopoda (Maulfüßer) sind eine hoch spezialisierte Ordnung der Höheren Krebse. Diese Tiere jagen Fische, Krabben und Weichtiere. Ihren Erfolg als Beutejäger verdanken sie nicht nur ihren Fangwerkzeugen, sondern auch ihren großen Komplexaugen.

Sehvermögen Jedes Komplexauge wird durch ein Band unterteilt, das für Sehen von Farben und polarisiertem Licht (Kontrast) zuständig ist. Das restliche Auge dient zum Schwarz-Weiß- und perspektivischen Sehen.

550 WIRBELLOSE KREBSTIERE

AUF EINEN BLICK

Ordnung Decapoda (Zehnfußkrebse) Hierzu gehört etwa ein Viertel aller Krebstiere: schwimmende Arten wie Garnelen und kriechende wie Hummer, Langusten und Krabben. Bei vielen Arten bildet das erste Beinpaar kräftige Scheren (Chelipeden), mit denen sie Beute fangen, manche sind Nahrungsfiltrierer, andere fressen Pflanzen oder organische Abfallstoffe. Meist tragen sie die befruchteten Eier auf dem Körper. Die meisten Larven schlüpfen als Zoëa, ein winziger Organismus, der sich durch Anhängsel und einen langen Stachel am Vorderende bewegt.

Arten 8000

Weltweit; meist im Meer

Laut Eine männliche Winkerkrabbe (Uca tangeri) kann Trommel-, Raspel- und Hupgeräusche erzeugen, indem sie die übergroße rechte Schere gegen andere Körperteile oder den Boden reibt.

KRILL

Die kleine Ordnung Euphausiacea umfasst etwa 85 Krill-Arten. Diese planktonischen Tiere mit garnelenähnlichem Körper sind ein wichtiges Glied in der Nahrungskette, vor allem in der Antarktis, wo der Antarktische Krill (*Euphausia superba*) die Basis darstellt. Krill verbringt den Tag in den Tiefen der Meere und kommt nachts zum Fressen in riesigen Schwärmen an die Oberfläche. Die meisten Arten sind Nahrungsfiltrierer und nehmen Phytoplankton mit ihren gefransten Beinen auf; sie selbst sind die Grundnahrung für Fische, Tintenfische, Seevögel, Bartenwale und Robben. Viele Arten besitzen Licht erzeugende Organe. Diese Biolumineszenz hilft vermutlich dabei, Schwärme zu bilden und Partner zu finden.

Antarktischer Krill Die Biomasse (alle vorhandenen Tiere zusammengenommen) von *Euphausia superba* beträgt etwa 800 Mio. Tonnen – mehr als die gesamte Menschheit ergäbe. Diese Krill-Art wird bis zu 6 cm lang und lebt 5 bis 10 Jahre.

Nordischer Krill Die vorherrschende Krill-Art im Nordatlantik ist *Meganyctiphanes norvegica*.

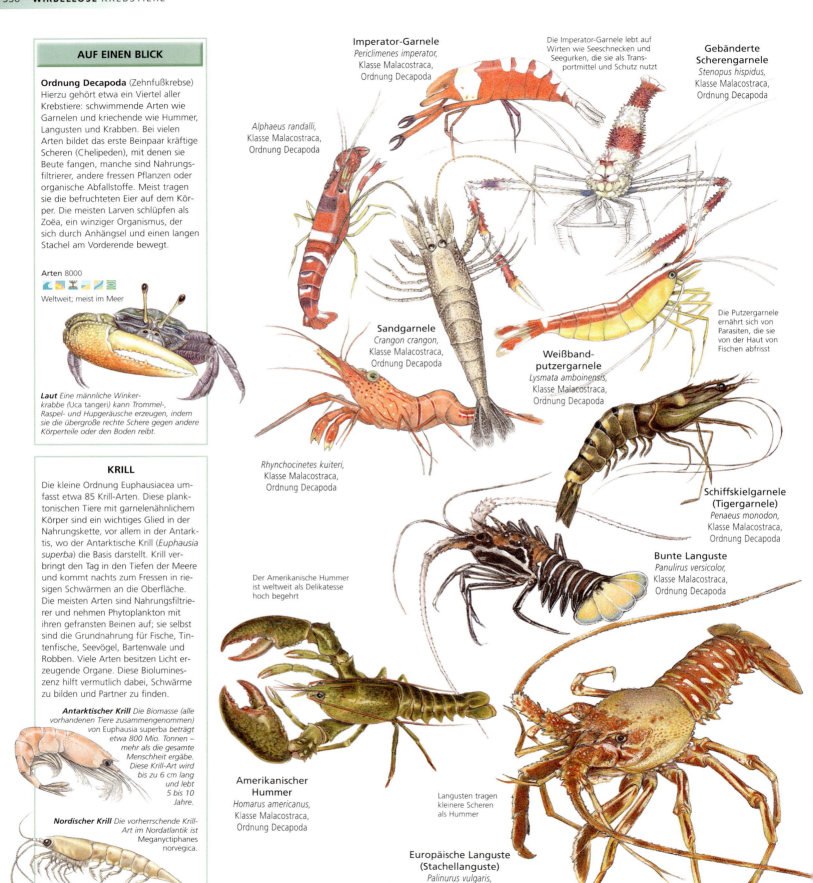

Imperator-Garnele
Periclimenes imperator,
Klasse Malacostraca,
Ordnung Decapoda

Die Imperator-Garnele lebt auf Wirten wie Seeschnecken und Seegurken, die sie als Transportmittel und Schutz nutzt

Gebänderte Scherengarnele
Stenopus hispidus,
Klasse Malacostraca,
Ordnung Decapoda

Alphaeus randalli,
Klasse Malacostraca,
Ordnung Decapoda

Die Putzergarnele ernährt sich von Parasiten, die sie von der Haut von Fischen abfrisst

Sandgarnele
Crangon crangon,
Klasse Malacostraca,
Ordnung Decapoda

Weißbandputzergarnele
Lysmata amboinensis,
Klasse Malacostraca,
Ordnung Decapoda

Rhynchocinetes kuiteri,
Klasse Malacostraca,
Ordnung Decapoda

Schiffskielgarnele (Tigergarnele)
Penaeus monodon,
Klasse Malacostraca,
Ordnung Decapoda

Bunte Languste
Panulirus versicolor,
Klasse Malacostraca,
Ordnung Decapoda

Der Amerikanische Hummer ist weltweit als Delikatesse hoch begehrt

Amerikanischer Hummer
Homarus americanus,
Klasse Malacostraca,
Ordnung Decapoda

Langusten tragen kleinere Scheren als Hummer

Europäische Languste (Stachellanguste)
Palinurus vulgaris,
Klasse Malacostraca, Ordnung Decapoda

KREBSTIERE **WIRBELLOSE** 551

Amerikanischer Flusskrebs (Kamberkrebs)
Orconectes limosus,
Klasse Malacostraca,
Ordnung Decapoda

Japanische Riesenkrabbe
Macrocheira kaempferi,
Klasse Malacostraca, Ordnung Decapoda

Mit einer Beinspannweite von 3,7 m ist diese Krabbe der größte Gliederfüßer

Der Bärenkrebs hat einen schaufelförmigen Anhang, mit dem er sich in Sand, Schlamm oder Kies bohrt

Kleiner Bärenkrebs
Scyllarus arctus,
Klasse Malacostraca,
Ordnung Decapoda

Ocypode ceratophthalma,
Klasse Malacostraca,
Ordnung Decapoda

Gemeine Krabbe
Carcinus maenas,
Klasse Malacostraca,
Ordnung Decapoda

Ihren Trivialnamen verdankt die Wollhandkrabbe der Behaarung ihrer Scheren

Chinesische Wollhandkrabbe
Eriocheir sinensis,
Klasse Malacostraca,
Ordnung Decapoda

Die chinesische Wollhandkrabben-Art ist nach Europa und Nordamerika eingeführt worden, wo sie für die einheimischen Arten eine ernsthafte Gefährdung darstellt

Kamtschatka-Krabbe (Königskrabbe)
Paralithodes camtschatica,
Klasse Malacostraca,
Ordnung Decapoda

KREBSWANDERUNG

Vom Land zum Meer Manche der an das terrestrische Leben angepassten Landkrabben suchen zur Fortpflanzung das Wasser auf. Die Rote Krabbe (*Gecarcoidea natalis*) lebt als Adulte in den Regenwäldern im Inneren der Weihnachtsinseln. Kommt die Zeit der Eiablage, unternimmt die gesamte Population von 40 Mio. Krabben eine

wochenlange, gefährliche Wanderung zur Küste. Die Männchen kommen zuerst an und graben die Nisthöhlen. Die Weibchen brüten 2 Wochen die Eier. Die ins Meer entlassenen Larven kehren nach 1 Monat an den Strand zurück, häuten sich zu kleinen Landkrabben und ziehen langsam ins Landesinnere.

Über den Meeresboden
Einige Stachelhummer unternehmen saisonale Wanderungen: Sie laufen in einer langen Reihe im Gänsemarsch – mehrere Tage lang ohne Unterbrechung – über den Meeresboden. Bei der Karibik-Languste hat man (*Panulirus argus*) festgestellt, dass es einen »Navigator« gibt, der auch in unbekannten Gegenden den aktuellen Standort feststellen kann. Wahrscheinlich erfolgt diese genaue Bestimmung mithilfe des Erdmagnetfeldes.

TRANSPORTABLES HEIM

Zum Schutz ihres weichen Hinterleibs leben Einsiedlerkrebse (Familie Paguridae) und fast alle Landeinsiedlerkrebse (Familie Coenobitidae) in leeren Schneckenschalen. Wenn die Krebse wachsen, ziehen sie in größere Schalen. Häufig kämpfen 2 Krebse um eine Schale.

INSEKTEN

STAMM	Arthropoda
UNTERSTAMM	Hexapoda
KLASSE	Insecta
ORDNUNGEN	29
FAMILIEN	949
ARTEN	>1 Mio.

Insekten sind die erfolgreichste Tiergruppe unseres Planeten. Mit etwa 1 Mio. beschriebener Arten nehmen sie über die Hälfte aller bekannten Tierarten ein. Viele warten noch auf ihre Entdeckung, denn man schätzt die tatsächliche Anzahl der Insektenarten auf 2 bis 30 Mio.; damit übertreffen die Insekten zahlenmäßig alle anderen Tiere. Manche Wissenschaftler glauben, dass allein die Ameisen und Termiten bis zu 20% der gesamten tierischen Biomasse ausmachen. Einigen Insektenarten ist es gelungen, die heißesten Wüsten und die kältesten Polarzonen sowie praktisch alle dazwischen liegenden Land- und Süßwasserlebensräume zu besiedeln. Ein paar Arten leben sogar im Meer.

Extreme Lebensräume Sumpffliegen (Familie Ephydridae) kommen an den Ufern des kalifornischen Salzsees Mono Lake vor, wo ihre Larven sich von Algen ernähren. Andere Insekten leben in Rohölpfützen, in heißen Quellen oder im antarktischen Eis.

Elterliche Fürsorge Brutpflege erfolgt bei den wenigsten Insekten. Die meisten legen ihre Eier in großer Zahl ab und überlassen sie sich selbst. Einige Schildwanzen bewachen ihre Eier und bleiben mindestens bis zur ersten Häutung bei den Nymphen.

Bestäuber Pollen kleben an Bienen fest, wenn die Tiere Nektar aus Blüten saugen. Besucht die Biene die nächste Blüte, werden einige Pollen abgestreift. Viele Blütenpflanzen sind auf die Bestäubung durch Insekten angewiesen und haben verschiedene Blütenformen, -farben und -düfte entwickelt, um ihre Bestäuber anzulocken.

SCHUTZSTATUS

Von der 1 Mio. bekannten Insektenarten sind nur 768 von der IUCN erfasst. Davon stehen 97% auf der Roten Liste:

70	Ausgestorben
46	Vom Aussterben bedroht
118	Stark gefährdet
389	Gefährdet
3	Schutz nötig
76	Weniger gefährdet
42	Keine Angabe

ERFOLGSMERKMALE

Insekten weisen einige Merkmale auf, die ihren Erfolg als Tiergruppe verdeutlichen: Ihr hartes, flexibles Exoskelett bietet Schutz, ohne die Bewegung nennenswert einzuschränken. Eine wachsartige Deckschicht minimiert den Feuchtigkeitsverlust, sodass sie auch unter trockenen Bedingungen überleben.

Insekten waren die ersten Tiere (und sind die einzigen Wirbellosen), die den aktiven Flug entwickelt haben, wodurch sie seit jeher effizient Nahrung und Partner finden, Feinden entkommen und neue Gebiete besiedeln. Die meisten Insekten falten die Flügel in Ruhestellung über dem Körper, sodass die Tiere enge Spalten u. a. in Baumrinden oder der Erde nutzen können.

Insekten atmen mithilfe kleiner Körperöffnungen (Spiraculi), die zum Schutz vor Verdunstung verschließbar sind. Der Sauerstoff wird im Blut durch den Körper transportiert und durch winzige Röhren (Tracheen) direkt an die Körpergewebe verteilt. Diese Art der Gasdiffusion funktioniert nur über kurze Strecken, deshalb sind Insekten so klein geblieben. Die meisten werden nicht länger als ein paar Zentimeter. Die geringe Größe ermöglicht den Insekten, Kleinstlebensräume zu besetzen, woraus u. a. auch die große Artenvielfalt resultiert.

Sinnesorgane sind über den Körper verteilt. Am Kopf sitzen meist 2 Komplexaugen sowie 3 einfache Augen (Ocellen). Die beiden Antennen bzw. Fühler dienen dem Riechen, Schmecken, Fühlen (Tasten)

INSEKTEN WIRBELLOSE 553

Plötzliches Auftauchen Mistkäfer (Familie Scarabaeidae) benutzen ihre kräftigen Vorderbeine, um Dung zu großen Kugeln zu formen, die als Nahrung unter die Erde gebracht werden oder als Nest für die Jungen dienen. Die Jungen tauchen plötzlich aus den Kugeln auf, was die alten Ägypter zur Verehrung des Skarabäus veranlasste.

INSEKTENFLUG

Bis auf einige wenige flügellose Insekten tragen die meisten Arten als Adulte Flügel. Käfer und Heuschrecken haben mit 4 bis 20 Schlägen pro Sekunde einen langsamen Flügelschlag und können nur begrenzt manövrieren. Bienen und Fliegen können mit ihren 190 Schlägen blitzschnell sein und schweben. Einige Mücken schlagen die Flügel 1000-mal pro Sekunde. Am schnellsten sind Libellen, die eine Geschwindigkeit von 50 km/h erreichen.

Gefaltet
Die Hinterflügel der Gottesanbeterin werden in Ruhe wie ein Fächer gefaltet. Das schützt die Flügel und ermöglicht dem Tier, sich in kleine Ritzen zu drücken.

Stabilisatoren
Fliegen scheinen nur ein Paar Flügel zu besitzen. Das zweite Paar ist zu knopfförmigen Strukturen – Schwingkölbchen oder Halteren genannt – umgewandelt, die im Flug für Stabilität sorgen.

Wie Federchen
Die Flügel von Thripsen und Federmotten sehen wie winzige Federn aus und bestehen aus feinen Härchen, die von einer Mittelrippe gestützt werden.

Mundwerkzeuge Die unterschiedlichen Nahrungsgewohnheiten von Insekten spiegeln sich in ihren Mundwerkzeugen wider. Ein Nachtfalter (oben) hat einen langen, aufgerollten Rüssel (Proboscis), mit dem er Nektar saugt. Mücken durchdringen Haut mit einem Stachel und saugen Körperflüssigkeiten, während Blattläuse mit ihren bohrenden Mundwerkzeugen Pflanzensäfte saugen. Die Mandibeln (Oberkiefer) von Fleisch fressenden Insekten wie Laufkäfern sind zum Schneiden messerscharf, während die von Pflanzenfressern wie Heuschrecken zum Zerkleinern dienen.

Insektenanatomie Insekten sehen sehr unterschiedlich aus, haben jedoch alle denselben Grundbauplan. Wie andere Gliederfüßer besitzen sie einen unterteilten Körper bestehend aus Kopf, Thorax und Abdomen, gegliederte Beine und ein hartes Exoskelett. Typisch für Insekten sind die 3 Beinpaare, die beiden Flügelpaare, 1 Paar Antennen (Fühler) und 1 Paar Komplexaugen.

2 Ocellen (einfache Augen) nehmen unterschiedliche Lichtwerte wahr

Am Kopf sitzen die Augen, 1 Paar Antennen und die Mundwerkzeuge

1 Paar Komplexaugen; jedes Auge besteht aus 300 bis 30 000 Linsen

2 Flügelpaare; stabile Adern stützen die Flügel

Das Abdomen enthält die Verdauungs- und Fortpflanzungsorgane

Antennen (Fühler) dienen dem Riechen, Schmecken, Fühlen und Hören

Am Thorax sitzen die Flügel und Beine

3 gegliederte Beinpaare

Mit Häkchen
Bei Wespen sind Vorder- und Hinterflügel durch winzige Haken miteinander verbunden, wodurch der Auf- und Abschlag synchronisiert werden.

und Hören. Hörorgane können sich auch auf den Körper oder in den Beinen befinden.

Ihr Lebenszyklus erlaubt vielen Insekten eine hohe Fortpflanzungsrate, sodass die Populationen schnell auf günstige Bedingungen reagieren und sich von Katastrophen erholen können. Bei Insekten erfolgt meist eine innere Befruchtung, wobei das Weibchen die Spermien lagern und später verwenden kann. Manche Insekten, z. B. Blattläuse, vermehren sich ohne Befruchtung, um den Bestand rasch zu erhöhen. Zur Erhaltung der genetischen Vielfalt pflanzen sie sich auch geschlechtlich fort.

Eine Membran (Chorion) schützt die Insekteneier vor Austrocknung – mit ein Grund für die erfolgreiche Besiedlung von trockenen Lebensräumen. Nur wenige Insekten sehen beim Schlüpfen wie eine Miniatur-Ausgabe der Eltern aus. Die meisten durchlaufen eine Metamorphose. Jungtiere und Adulte besetzen oft verschiedene ökologische Nischen und ernähren sich unterschiedlich, um Konkurrenz auszuschließen.

Einige Insektenarten bereiten Menschen Unbehagen, übertragen Krankheiten und vernichten Ernten und Lebensmittel. Dennoch richtet die Mehrheit der Insekten wenig Schaden an, sondern spielt vielmehr eine wichtige Rolle im Ökosystem. Etwa drei Viertel aller Blütenpflanzen sind bei der Bestäubung auf Insekten angewiesen und viele Tiere ernähren sich von Insekten.

Rieseninsekt Die in Neuseeland beheimatete Riesenheuschrecke *Deinacrida heteracantha* wird so groß wie eine kleine Ratte. Mit 70 g Gewicht ist sie eines der schwersten Insekten. Mit 0,14 mm Länge ist die parasitische Wespe *Dicopomorpha echmepterygis* wohl die kleinste Insektenart.

Getrennte Flügel
Die Vorder- und Hinterflügel der Libelle können sich synchron oder unabhängig voneinander bewegen. Wie bei den ersten urzeitlichen fliegenden Insekten werden die Flügel nicht über dem Rücken gefaltet.

Schützende Flügel
Bei Marienkäfern und anderen Käfern sind die Vorderflügel zu schützenden Deckflügeln (Elytren) umgewandelt. Nur die Hinterflügel werden zum Fliegen verwendet.

LIBELLEN

STAMM	Arthropoda
UNTERSTAMM	Hexapoda
KLASSE	Insecta
ORDNUNG	Odonata
FAMILIEN	30
ARTEN	5500

Die ersten Libellen tauchten vor etwa 300 Mio. Jahren auf – 100 Mio. Jahre bevor die Dinosaurier erschienen. Zur Ordnung Odonata zählt das größte, inzwischen ausgestorbene Insekt, das je gelebt hat: eine Libelle mit einer Flügelspannweite von 70 cm. Mit Spannweiten von 18 mm bis 19 cm sind die heutigen Libellen viel kleiner. Diese gefräßigen Jäger der Lüfte sind oft in Wassernähe zu beobachten. Am häufigsten kommen sie in den Tropen vor, sind aber weltweit – außer in den Polarzonen – verbreitet. Kleinlibellen fliegen flatternd und legen die Flügel in Ruhe an den Körper an. Die virtuos fliegenden Großlibellen halten in Ruhe die Flügel vom Körper abgespreizt.

Gute Sicht Die großen Komplexaugen der Libelle können aus bis zu 30 000 Linsen bestehen, die gutes Sehvermögen und ein breites Gesichtsfeld gewährleisten. Die Mundwerkzeuge heißen Fangmaske.

Akrobaten der Lüfte Mit ihren 2 Paar großen, geäderten Flügeln, die synchron oder unabhängig schlagen können, kann eine Libelle gut manövrieren, schweben und rückwärts fliegen. Einige Arten erreichen eine Geschwindigkeit von 30 km/h.

Liebesrad Zur Paarung umfasst das Männchen mit seinen Kopulationsfüßen, die an seinem Hinterleib sitzen (unten), den Kopf des Weibchens. Das Weibchen biegt dabei ihr Abdomen, um die Spermien aus der männlichen Samentasche aufzunehmen.

ES BEGINNT IM WASSER
Libellen verbringen die meiste Zeit ihres Lebens als flügellose, im Wasser lebende Nymphen. Die Nymphe atmet mit Kiemen und ernährt sich von anderen Insektenlarven, Kaulquappen und kleinen Fischen. Zum Ergreifen eines Beutetieres schießt die Fangmaske, das Mundwerkzeug der Nymphe, hervor. Je nach Art häuten sich die Nymphen in einem Zeitraum von wenigen Wochen bis zu 8 Jahren bis zu 17-mal. Für die letzte Häutung klettert die Nymphe aus dem Wasser und streift die Nymphenhaut ab, um als Adulte mit vorstehenden Augen, kräftigen Mundwerkzeugen, 2 durchsichtigen Flügelpaaren, einem abgeschrägten Thorax und einem langen, schlanken Abdomen auszuschlüpfen und vom Wasser wegzufliegen.

Zur Paarung sammeln sich die Libellen an Gewässern, wobei sich die Männchen im Flug messen. Wenn dann das Weibchen die Eier ins Wasser ablegt, wird es vom Männchen bewacht. Die meisten Libellen leben nur einige Wochen.

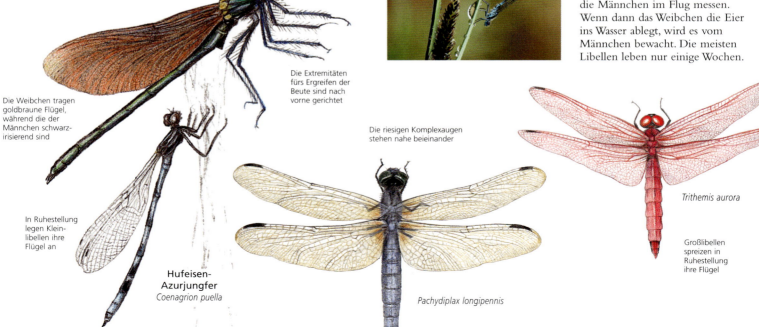

Blauflügel-Prachtlibelle
Calopteryx virgo

Die Komplexaugen liegen weit auseinander

Die Weibchen tragen goldbraune Flügel, während die der Männchen schwarz-irisierend sind

Die Extremitäten fürs Ergreifen der Beute sind nach vorne gerichtet

In Ruhestellung legen Kleinlibellen ihre Flügel an

Hufeisen-Azurjungfer
Coenagrion puella

Die riesigen Komplexaugen stehen nahe beieinander

Pachydiplax longipennis

Trithemis aurora

Großlibellen spreizen in Ruhestellung ihre Flügel

FANGSCHRECKEN

STAMM Arthropoda
UNTERSTAMM Hexapoda
KLASSE Insecta
ORDNUNG Mantodea
FAMILIEN 8
ARTEN 2000

Lauert eine Fangschrecke ihrer Beute auf, sitzt sie absolut still und hält ihre großen Vorderbeine vor dem Körper gefaltet – daher heißen einige Arten Gottesanbeterin. Mit blitzschnellen Reflexen schießen die Vorderbeine nach vorne, um die Insektenbeute zu packen. Die meisten Fangschrecken sind mit 5 cm Länge mittelgroß. Einige tropische Arten werden bis zu 25 cm lang; diese riesigen Fangschrecken erbeuten sogar kleine Vögel und Reptilien. Die meisten Fangschrecken leben in den Tropen und Subtropen, es gibt aber auch einige Arten in den wärmeren gemäßigten Zonen von Südeuropa, Nordamerika, Südafrika und Australien.

Präzisionsjagd Das räumliche Sehen ist bei der Gottesanbeterin gut ausgeprägt. Daher kann sie eine vorbeifliegende Wespe mit ihren spitzen Vorderbeinen rasch und perfekt gezielt aufspießen.

Schutzschaum Ein Weibchen legt die Eier in eine gummiartige Flüssigkeit, die es zu Schaum schlägt. Dieser erhärtet und bildet ein Gehäuse (Oothek), das die Eier schützt.

Kannibalismus Bei einigen Fangschrecken erfolgt die Spermienübertragung schneller, wenn das Weibchen den Kopf des Männchens abbeißt. Außerdem liefert das Männchen auf diese Weise Nährstoffe, die den Nachkommen beim Überleben helfen.

Wandelnde Geige
Gongylus gongyloides

Die Körperform dieser Fangschrecke erinnert an eine Geige

Orchideenmantis
Hymenopus coronatus

Die Flügel imitieren die Blütenblätter von Orchideen

Fangschrecken sehen mit ihren Komplexaugen ausgezeichnet

Die Ähnlichkeit mit einer Blüte ist eine gute Tarnung

Gottesanbeterin
Mantis religiosa

Lederartige Vorderflügel

Idolum diabolicum

LAUTLOSE JÄGER

Fangschrecken können sich meisterhaft vor Feinden und Beute verstecken. Sie sind die einzigen Insekten, die den Kopf drehen können, ohne andere Körperteile zu bewegen. So können sie ihre Beute fast regungslos beobachten. Die meisten Arten besitzen eine Tarnfärbung, durch die sie mit Gras, Blättern oder Blüten ihrer Umgebung verschmelzen.

Bei Gefahr droht die Fangschrecke, indem sie sich erhebt, mit den Flügeln raschelt und ihre leuchtende Warnfärbung präsentiert. Fangschrecken-Arten, die nachts von Fledermäusen gejagt werden, haben ein einfaches »Ohr« auf ihrem Thorax, mit dem sie die Ultraschallsignale der Fledermäuse wahrnehmen.

Bei einigen Arten frisst das Weibchen das Männchen während der Kopulation auf. Die Weibchen paaren sich nur einmal, produzieren aber bis zu 20 Eigehäuse (Oothéken) mit jeweils 30 bis 300 Eiern. Die Jungen schlüpfen als Nymphen und sehen wie kleine, flügellose Versionen ihrer Eltern aus. Jagdbereit fressen sie sich sogar gegenseitig. Nach mehreren Häutungen sind sie geschlechtsreif und entwickeln Flügel und die Adultfärbung.

SCHABEN

STAMM	Arthropoda
UNTERSTAMM	Hexapoda
KLASSE	Insecta
ORDNUNG	Blattodea
FAMILIEN	6
ARTEN	4000

Als Insekten, die fast jede pflanzliche und tierische Nahrung inklusive Abfall, Papier und Kleidung fressen, haben sich einige Schaben im Lebensraum des Menschen eingenistet, der sie als Schädlinge betrachtet. Doch weniger als 1% aller Schabenarten sind Schädlinge, die anderen spielen in Wäldern und anderen Lebensräumen eine wichtige Rolle beim Zersetzen von Laubstreu und Tierexkrementen. Die meisten Schaben leben in warmen tropischen Zonen, nur etwa 25 Arten haben sich, vorwiegend durch Schiffe transportiert, weltweit verbreitet. Schaben gehören zu den primitivsten aller lebenden Insekten. Ihr Körperbau hat sich in mehr als 300 Mio. Jahren kaum verändert.

Gut geschützt Schaben-Weibchen legen ihre Eier in eine Oothek (Eigehäuse). Die Nymphen sind zunächst weich und weiß, werden bald hart und braun. Ihre erste Nahrung ist die Oothek.

Brutpflege Mit bis zu 50 g Gewicht ist die Australische Großschabe (*Macropanesthia rhinoceros*) die größte Schabe. Ihre bis 30 Jungen, die in einer Erdhöhle zur Welt kommen, werden dort von der Mutter etwa 9 Monate lang gefüttert.

SINNESORGANE

Dank gut ausgeprägter Sinnesorgane können Schaben die kleinsten Veränderungen in ihrer Umgebung wahrnehmen. Ihre langen Antennen finden winzige Nahrungsmengen. Sensoren an Beinen und Abdomen nehmen kleinste Luftbewegungen wahr, wodurch die Tiere in Sekundenbruchteilen fliehen können.

Mit ihrer ovalen, abgeflachten Form passen Schaben in schmalste Ritzen. Nicht alle Schaben haben Flügel, bei Arten mit Flügeln sind die Vorderflügel hart und undurchsichtig, die Hinterflügel transparent.

Zur Paarung locken die Weibchen die Männchen durch Pheromone an. Die Weibchen legen 14 bis 32 Eier in ein hartes Gehäuse, das man Oothek nennt. Die Oothek wird dann entweder sich selbst überlassen, am Hinterleib der Mutter angeheftet oder im Körper der Mutter ausgebrütet, sodass lebende Junge zur Welt kommen. Diese häuten sich bis zu 13-mal, bis sie erwachsen sind. Eine Schabe wird 2 bis 4 Jahre alt.

Riesen-Totenkopfschabe
Blaberus giganteus

Kann mehr als 7,5 cm lang werden

Gromphadorina portentosa

Schreckt Feinde durch ein Zischen ab, das durch aus ihrem Tracheensystem ausgepresste Luft entsteht

Deutsche Schabe
Blatella germanica

Ist weltweit verbreitet und gilt als Plage

Grüne Bananenschabe
Panchlora nivea

Attaphila fungicola

Diese mit 4 mm Länge kleinste aller bekannten Schaben lebt in Nestern von Blattschneiderameisen und ernährt sich von Pilzen

TERMITEN

STAMM Arthropoda
UNTERSTAMM Hexapoda
KLASSE Insecta
ORDNUNG Isoptera
FAMILIEN 7
ARTEN 2750

Termiten sind wohl die monogamsten Tiere der Welt. König und Königin verpaaren sich fürs Leben und erzeugen Tausende oder Millionen von Nachkommen, die gemeinsam in einem fein strukturierten Staat leben. Da ihr Sozialsystem und ihre Anatomie an die von Ameisen erinnern, bezeichnet man Termiten oft als weiße Ameisen. Doch sie haben sich unabhängig entwickelt und sind mit den Schaben viel näher verwandt. Termiten leben in vielen Regionen der Erde, am häufigsten in tropischen Regenwäldern, wo ihr Bestand 10000 Individuen pro qkm betragen kann. Termiten ernähren sich von Totholz und recyceln so wichtige Nährstoffe in ihrem Lebensraum.

Holzfresser Termiten raspeln mit ihren kräftigen Kiefern, die mit feinen Sägezähnen besetzt sind, das Holz ab und können daher auch erhebliche Schäden an Gebäuden anrichten.

KASTENGESELLSCHAFT

Ein Termitenstaat umfasst 3 Kasten: Geschlechtstiere, Arbeiter und Soldaten. Geschlechtstiere sind König und Königin, die alle Mitglieder eines Staates hervorbringen und etwa 25 Jahre leben. Außerdem gibt es sekundäre Geschlechtstiere, die den König oder die Königin ersetzen, falls diese sterben.

Arbeiter und Soldaten sind weiblich oder männlich und flügellos. Sie besitzen meist weder Augen noch Geschlechtsorgane und leben rund 5 Jahre. Die hellen, weichkörprigen Arbeiter füttern alle anderen Mitglieder des Staates und pflegen das Nest. Die Soldaten verteidigen die Kolonie mit ihren kräftigen Mandibeln. Nymphen können sich je nach Bedarf zu jeder Kaste entwickeln.

Jährlich fliegt ein Schwarm geflügelter Männchen und Weibchen aus. Sie werfen ihre Flügel ab, bilden Paare und werden so zu Königen und Königinnen neuer Staaten.

Eier wie vom Fließband Eine Termitenkönigin, hier umringt von anderen Koloniemitgliedern, kann 11 cm lang werden und 36000 Eier täglich aus ihrem enormen Hinterleib hervorbringen.

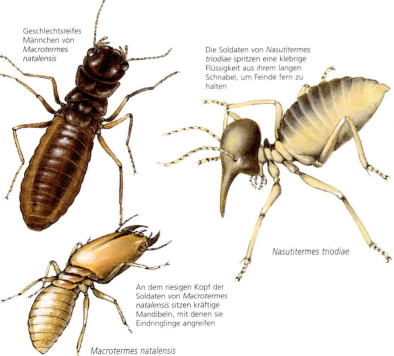

Geschlechtsreifes Männchen von *Macrotermes natalensis*

Die Soldaten von *Nasutitermes triodiae* spritzen eine klebrige Flüssigkeit aus ihrem langen Schnabel, um Feinde fern zu halten

Nasutitermes triodiae

An dem riesigen Kopf der Soldaten von *Macrotermes natalensis* sitzen kräftige Mandibeln, mit denen sie Eindringlinge angreifen

Macrotermes natalensis

IM TERMITENBAU

In Termitenbauen herrscht ein stabiles, feuchtes Mikroklima. Während einige Termiten in Holz nisten, bauen die meisten unterirdische Nester, die sich teilweise als hohe Hügel über die Erde erheben. Die Arbeiter verwenden Speichel oder Kot, um Erd- oder Holzpartikel zu verkleben, und bauen so eine harte Außenwand, die das weichere, aus Kammern bestehende Innere schützt.

Erdwände können bis zu 6 m hoch werden

Durch Luftschächte in den porösen Wänden findet ein Luftaustausch statt

Heiße Luft steigt durch den Hauptkamin auf und kühlt ab

Kalte Luft sinkt in die unterirdischen Kammern und sorgt für eine gleichmäßige Temperatur

HEU- UND SPRINGSCHRECKEN

STAMM	Arthropoda
UNTERSTAMM	Hexapoda
KLASSE	Insecta
ORDNUNG	Orthoptera
FAMILIEN	28
ARTEN	> 20 000

Die Mitglieder der Ordnung Orthoptera – Heuschrecken, Grillen, Langfühlerschrecken und ihre Verwandten – sind bekannt für ihre Gesänge und Sprungkünste. Typisches Merkmal sind ihre verlängerten Hinterbeine, die sie zum Springen befähigen. Die meisten Arten tragen Flügel mit schlanken, harten Vorderflügeln, die den häutigen, fächerförmigen Hinterflügeln Schutz bieten. Die meisten Schrecken leben als Bodenbewohner in Grasland und Wäldern, einige Arten wohnen auf Bäumen, in Höhlen, Sümpfen, Mooren, Wüsten oder an Küsten. Heuschrecken und manche Dornschrecken sind Pflanzenfresser, während die meisten anderen Arten Allesfresser sind.

Drohhaltung In der Farbe passend zu den Pflanzen im Amazonas-Regenwald ist diese Dornschrecke (*Copiphora sp.*) mit spitzen Stacheln besetzt und richtet sich drohend auf, um Feinde abzuschrecken.

SINGENDE MÄNNCHEN

Die meisten Männchen dieser Tiergruppe erzeugen Töne, indem sie 2 Körperteile aneinander reiben (Stridulation). Grillen und Langfühlerschrecken bewegen eine Reibfläche an einem Vorderflügel entlang einer Zahnreihe auf dem anderen Vorderflügel. Kurzfühlerschrecken reiben eine gerippte Fläche am Hinterbein gegen einen Vorderflügel. Die Töne werden durch Tympanalorgane an den Beinen oder dem Hinterleib wahrgenommen.

Es gibt 3 Arten von – jeweils arttypischen – Gesängen: rufender Gesang zum Anlocken von Weibchen, Werbungsgesang, um Weibchen zur Paarung zu animieren, und Kampfgesang zum Vertreiben männlicher Rivalen. Der Gesang der Grillen wird vom Wetter beeinflusst, z.B. erhöht sich die Zirp-Rate mit steigender Temperatur.

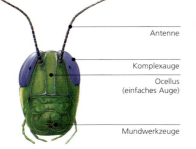

Komplexe Struktur Am Kopf befinden sich 2 feine, empfindliche Antennen, 2 große Komplexaugen und kräftige Mundwerkzeuge zum Zerkleinern von Pflanzen.

- Antenne
- Komplexauge
- Ocellus (einfaches Auge)
- Mundwerkzeuge

Warnfarben Während viele Grillen und Heuschrecken eine Tarnfärbung besitzen, die sie mit dem Hintergrund verschmelzen lässt, sind andere wie diese Regenwald-Art leuchtend gefärbt, um Feinde vor ihrer Ungenießbarkeit zu warnen.

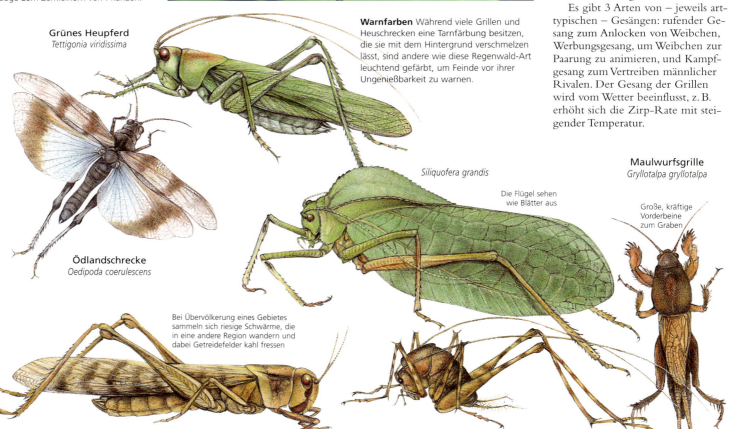

Grünes Heupferd
Tettigonia viridissima

Ödlandschrecke
Oedipoda coerulescens

Siliquofera grandis
Die Flügel sehen wie Blätter aus

Maulwurfsgrille
Gryllotalpa gryllotalpa
Große, kräftige Vorderbeine zum Graben

Bei Übervölkerung eines Gebietes sammeln sich riesige Schwärme, die in eine andere Region wandern und dabei Getreidefelder kahl fressen

Europäische Wanderheuschrecke
Locusta migratoria

Tachycines asynamorus

SCHNABELKERFE

STAMM	Arthropoda
UNTERSTAMM	Hexapoda
KLASSE	Insecta
ORDNUNG	Hemiptera
FAMILIEN	134
ARTEN	> 80 000

Zu dieser Tiergruppe zählen so unterschiedliche Formen wie winzige, flügellose Blattläuse oder riesige Wasserwanzen, die Frösche fangen. Der Name Hemiptera bedeutet »halber Flügel«: Bei vielen Arten sind die Vorderflügel an der Basis ledrig und an der Spitze häutig. Alle Schnabelkerfe besitzen Mundwerkzeuge, mit denen sie stechen und saugen können. Damit stechen sie Pflanzen oder Tiere an und injizieren Speichel, der die Nahrung, die sie dann aufsaugen, gewissermaßen vorverdaut. Die meisten Schnabelkerfe ernähren sich von Pflanzensäften (manche richten dabei erhebliche Schäden an). Andere saugen das Blut von Wirbeltieren oder jagen andere Insekten.

Verteidigung Die leuchtenden Farben vieler Schildläuse warnen ihre Feinde vor dem üblen Geruch, den diese Insekten bei Störung verbreiten. Schildläuse sind meistens Pflanzensauger, einige leben räuberisch.

Mimikry Bei Buckelzirpen (oben) bildet die erste Thoraxplatte einen dornförmigen Fortsatz. Er tarnt das Insekt beim Saugen von Pflanzensaft. Falls ein Feind die Zirpe entdeckt, wehrt ihr Dorn einen Angriff ab.

Räuberisch Während viele Schnabelkerfe Pflanzensäfte mit den Mundwerkzeugen saugen, benutzen andere sie zum Verschlingen lebender Beute. Die Raubwanze (links) lauert einem Insektenopfer auf.

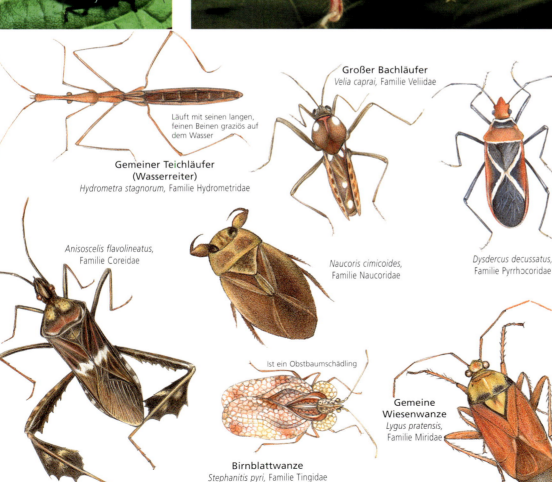

VIELE FORMEN

Schnabelkerfe sind weltweit verbreitet und in fast allen terrestrischen Lebensräumen zu finden. Wenige Arten sind ans Leben im Wasser angepasst, z. B. der Meeresläufer (*Halobates sp.*), das einzige Insekt des offenen Meeres.

Schnabelkerfe werden von 1 mm bis 11 cm lang. Die Nymphen sehen wie kleine, flügellose Adulte aus. Bei Zikaden und einigen anderen Arten unterscheiden sich die grabenden Nymphen von den Adulten.

Die Ordnung Hemiptera wird in 3 Unterordnungen geteilt: Wanzen (Heteroptera); ihre Flügel sind an der Basis hart, liegen flach an und bedecken die häutigen Hinterflügel. Wanzen können Kopf und Mundwerkzeuge nach vorne biegen und besitzen oft Stinkdrüsen. Zikaden (Auchenorrhyncha) halten die einheitlichen Vorderflügel wie ein Zelt über dem Abdomen. Kopf und Mundwerkzeuge weisen nach unten hinten. Zu den Pflanzenläusen (Sternorrhyncha) zählen Blattläuse, Schildläuse und ihre Verwandten. Eine Schaum- oder Wachsschicht hält ihren meist weichen Körper feucht. Die Flügel sind bei Adulten oft reduziert oder fehlen.

560 WIRBELLOSE SCHNABELKERFE

AUF EINEN BLICK

Familie Pentatomidae (Baumwanzen)
Diese Tiere werden wegen ihres schildförmigen Körpers Schildwanzen und wegen der Stinkdrüsen am Thorax auch Stinkwanzen genannt. Sie tragen eine deutliche große, dreieckige Platte auf ihrem Rücken. Die meisten Arten sind Pflanzensauger, viele davon landwirtschaftliche Schädlinge.

Arten 5500

Weltweit; auf Pflanzen

Angepasst Wie viele Schildwanzen passt sich die braune Picromerus bidens an die Umgebung an. Einige Arten besitzen leuchtende Warnfarben.

Familie Reduviidae (Raubwanzen)
Diese Wanzen fressen andere Insekten, manchmal saugen sie auch Blut von Wirbeltieren. Sie stechen die Beute mit ihrem gebogenen Rüssel und injizieren ein lähmendes Gift. Dann saugen sie die Körperflüssigkeit heraus.

Arten 6000

Weltweit; am Boden, auf Pflanzen

Blutiger Kuss Die Art Triatoma sanguisuga ist ein Blutsauger. Sie sticht auch manchmal schlafende Menschen in die Nähe des Mundes.

ZIKADEN

Die männlichen Zikaden (Familie Cicadidae) sind die lautesten Insekten der Welt. Sie erzeugen Töne mit Trommelorganen an ihrem Abdomen. Von dem bis zu 8 Jahre dauernden Lebenszyklus verbringen die Zikaden einen Großteil als Nymphe im Boden. Die Tiere der Gattung *Magicicada* synchronisieren ihren Zyklus. Nach bis zu 18 Jahren im Boden entwickelt sich die gesamte Population gleichzeitig zu adulten Tieren und erscheint auf einmal.

Adult

Letzte Häutung Periodisch erscheinende Zikaden verbringen 13 bis 18 Jahre als Nymphen im Boden, bevor sie auftauchen und sich zur adulten Form häuten.

Auftauchende Nymphe

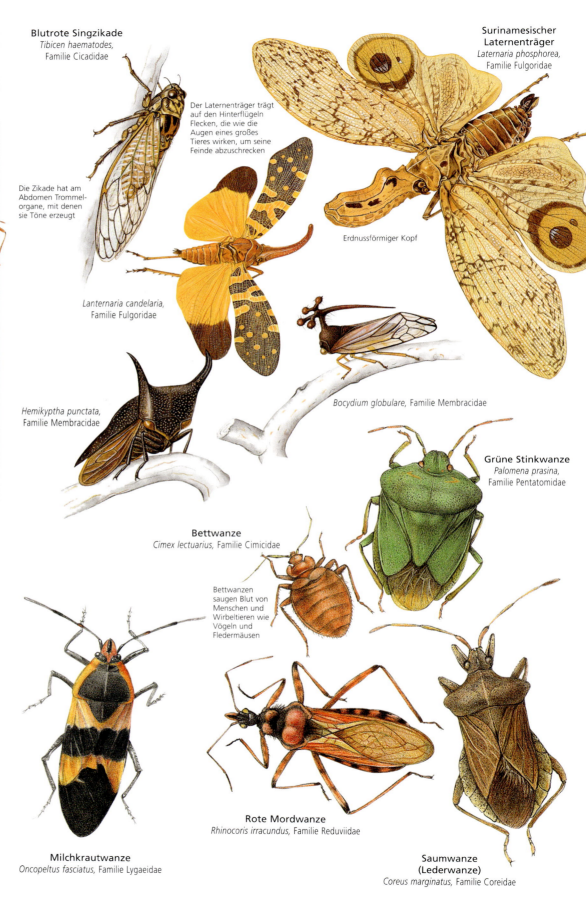

SCHNABELKERFE **WIRBELLOSE** 561

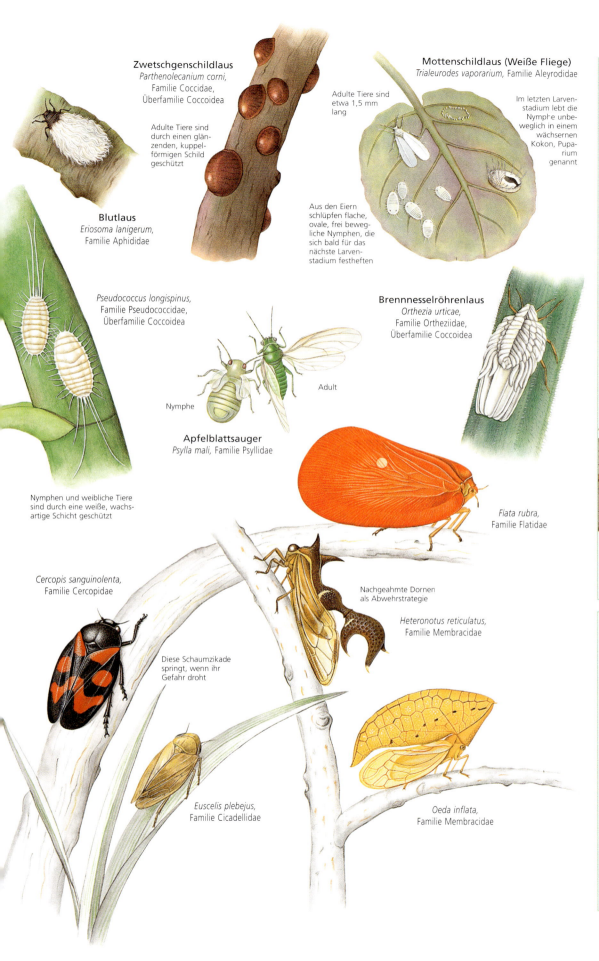

AUF EINEN BLICK

Familie Aphididae (Röhrenläuse) Die winzigen Pflanzensauger können sich in kurzer Zeit stark vermehren: Aus Massen unbefruchteter Eier schlüpfen ungeflügelte oder geflügelte Weibchen. Im Herbst bringen die geflügelten Weibchen Männchen und Weibchen hervor, die sich paaren. Die befruchteten Eier überwintern. Im Frühjahr schlüpfen die Weibchen und der Zyklus beginnt von vorn.

Arten 2250

Weltweit; auf Pflanzen

Kohlliebhaber
Die europäische Kohl-Blattlaus (Brevicoryne brassicae) hat sich in vielen Teilen der Erde verbreitet. Sie frisst an Wild- und Kulturpflanzen und richtet besonders am Kohl große Schäden an.

Überfamilie Coccoidea (Schildläuse) Sie sind die meiste Zeit ihres Lebens durch ein Wachssekret geschützt und kaum als Insekten zu erkennen. Adulte Weibchen besitzen einen sackförmigen, flügellosen Körper; oft fehlen Beine und Augen. Adulte Männchen sind geflügelt; Kopf, Thorax und Abdomen sind erkennbar. Sie haben keine Mundwerkzeuge, können nicht fressen und leben nur kurz.

Arten 7300

Weltweit; auf Pflanzen

Gut geschützt
Die Kommaschildlaus (Lepidosaphes ulmi) überwintert als Ei.

BLATTLÄUSE ALS NAHRUNG

Blattläuse bilden für viele andere Insekten wie Marienkäfer (Familie Coccinellidae), Schwebfliegen (Familie Syrphidae) und Florfliegen (Ordnung Neuroptera) eine begehrte Nahrung. Ein sehr viel besseres »Verhältnis« ergibt sich im Zusammenleben mit einigen Ameisenarten, die Blattläuse vor Feinden und ungünstiger Witterung schützen. Dafür »melken« die Ameisen die Blattläuse, um sich vom Honigtau, dem süßen Abfallprodukt der Pflanzensauger, zu ernähren.

Feinde
Im Verlauf ihres kurzen Lebens von 1 bis 2 Monaten können Marienkäfer bis zu 2000 Blattläuse verspeisen.

INSEKTEN IM WASSER

Nur etwa 3% oder 30 000 Insektenarten leben zumindest während eines Teils ihres Lebens im Wasser. Diese Tiere sind an den niedrigen Sauerstoffgehalt im Wasser genauso gut angepasst wie an die Gewässerart, d. h. sie bewegen sich in stehenden Gewässern problemlos und werden in fließenden nicht fortgespült. Einige Insekten wie die Wasserläufer leben nur auf der Wasseroberfläche. Viele wie der Rückenschwimmer atmen Luft und nehmen einen Luftvorrat beim Tauchen mit. Andere wie Libellennymphen verbringen die ganze Zeit unter Wasser und nehmen durch Kiemen den Sauerstoff aus dem Wasser auf. Die meisten aquatischen Insekten leben im Süßwasser, nur etwa 300 Arten im Salzwasser.

Im Kreis Taumelkäfer (Familie Gyrinidae) schwimmen in kleinen Kreisen auf der Oberfläche und benutzen ihre abgeflachten Hinterbeine als Ruder. Sie tragen Luftblasen beim Tauchen mit sich. Ihre Augen sind zweigeteilt, sodass sie über und unter Wasser sehen.

Sauerstoffvorrat Die räuberischen Schwimmkäfer (Familie Dytiscidae) verbringen ihr ganzes Leben im Wasser. Die adulten Tiere nehmen an der Oberfläche Luft auf, die sie in einer Blase unter ihren Elytren (Vorderflügeln) speichern. Sie schwimmen mit den Hinterbeinen, die mit dicken Haaren gesäumt sind.

Fortbewegung Wasserinsekten bewegen sich auf unterschiedliche Weise: Skorpionswanzen (Familie Nepidae) können schwimmen, kriechen aber oft über den Teichgrund und verbringen viel Zeit damit, von Wasserpflanzen herabhängend auf Beute zu lauern. Sie atmen Luft durch eine Röhre, die bis an die Wasseroberfläche reicht. Ruderwanzen (Familie Corixidae) besitzen lange, behaarte Hinterbeine, mit denen sie kraftvoll durchs Wasser »rudern«. Wasserläufer (Familie Gerridae) tragen feine Haare an den Füßen, die ihnen kleine Sprünge entlang der Wasseroberfläche ermöglichen.

Mit Schnorchel Von der Oberfläche herabhängend filtern Mückenlarven Pflanzenmaterial aus dem Wasser. Sie nehmen Luft durch eine schnorchelartige Röhre auf, wodurch sie gut in stehenden, sauerstoffarmen Gewässern überleben können.

Wasserräuber Viele Wasserinsekten sind Alles- oder Pflanzenfresser, doch die räuberischen Schwimmkäfer sind reine Fleischfresser. Sogar als Larve greifen sie Kaulquappen, kleine Fische und andere Beute, die größer als sie selbst ist, an. Adulte setzen ihre mächtigen Mandibeln für kräftige Beutetiere wie Molche ein.

Die Skorpionswanze hängt an einer Wasserpflanze, während sie eine Kaulquappe angreift

Wasserläufer nutzen die Oberflächenspannung, um auf dem Wasser zu laufen

Ruderwanzen benutzen ihre Beine als Ruder

KÄFER

STAMM Arthropoda
UNTERSTAMM Hexapoda
KLASSE Insecta
ORDNUNG Coleoptera
FAMILIEN 166
ARTEN > 370 000

Von allen bekannten Tierarten ist jede vierte Art ein Käfer. Die unzähligen Mitglieder der Familie Coleoptera haben fast alle Lebensräume der Erde besiedelt. Sie leben in der arktischen Tundra, in Gebirgen – und dort sogar auf hohen Berggipfeln – in Wüsten, im Grasland, in Wäldern aller Art und in Seen oder Teichen. Die größte Artenvielfalt herrscht jedoch in den tropischen Regenwäldern. Ein typisches, leicht erkennbares Merkmal der Käfer sind ihre harten ledrigen Deckflügel, die man Elytren nennt. Diese schützen die häutigen, zum Fliegen benutzten Hinterflügel und ermöglichen es den Tieren, in engen Spalten unter Borke von Bäumen oder in der Laubstreu zu leben.

Bestäubende Käfer Gurkenblattkäfer (*Diabrotica undecimpunctata*, oben), die von vielen Gärtnern als Schädlinge betrachtet werden, spielen wie viele andere Käfer, die Pollen und Blätter fressen, eine sehr wichtige Rolle beim Bestäuben der Pflanzen, von denen sie sich ernähren.

Rivalen Die riesigen, verzweigten Mandibeln der männlichen Hirschkäfer (links) erinnern an ein Geweih und erfüllen eine ähnliche Funktion beim Kampf der Männchen um das Vorrecht zur Paarung. Bei manchen Arten sind die Mandibeln so lang wie der Körper.

FORMENREICHTUM

Der Federflügelkäfer (*Nanosella fungi*) misst nur 0,25 mm, während der südamerikanische Goliath-Käfer (*Titanus giganteus*) bis zu 16 cm lang ist. Adulte Käfer können oval oder abgeflacht, lang und schlank oder gedrungen und gewölbt sein. Nur wenige Käfer sind gute Flieger, die meisten fliegen eher unbeholfen. Einige sind sogar flügellos.

Die Mundwerkzeuge der Käfer dienen zum Beißen und vielen anderen Zwecken. Die Pflanzenfresser unter den Käfern verzehren Wurzeln, Stängel, Blätter, Blüten, Früchte, Samen oder Holz. Fleischfresser erbeuten Wirbellose. Eine wichtige Rolle im Ökosystem spielen die Aasfresser, die tote Tiere und Pflanzen, Exkremente und andere Abfallstoffe verwerten.

Die meisten Käfer leben am Boden; einige haben sich an ein Leben in Bäumen, im Wasser und unter der Erde angepasst. Ein paar sind sogar in Nestern von Ameisen und Termiten zu Hause.

Käfer durchlaufen eine vollständige Metamorphose. Die Larven sehen völlig anders als die Eltern aus und entwickeln sich über ein Puppenstadium, in dem sie nicht fressen, zu Adulten.

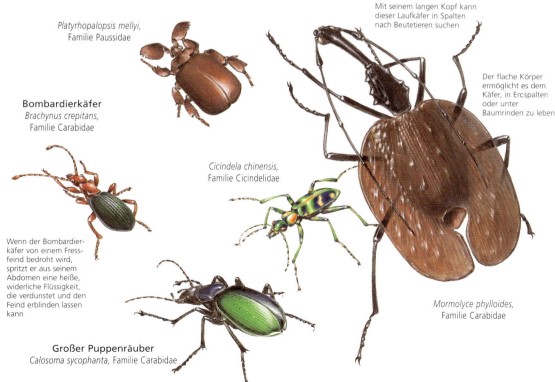

Platyrhopalopsis mellyi, Familie Paussidae

Bombardierkäfer *Brachynus crepitans*, Familie Carabidae

Wenn der Bombardierkäfer von einem Fressfeind bedroht wird, spritzt er aus seinem Abdomen eine heiße, widerliche Flüssigkeit, die verdunstet und den Feind erblinden lassen kann

Cicindela chinensis, Familie Cicindelidae

Mit seinem langen Kopf kann dieser Laufkäfer in Spalten nach Beutetieren suchen

Der flache Körper ermöglicht es dem Käfer, in Ercspalten oder unter Baumrinden zu leben

Mormolyce phylloides, Familie Carabidae

Großer Puppenräuber *Calosoma sycophanta*, Familie Carabidae

564 WIRBELLOSE KÄFER

AUF EINEN BLICK

Familie Buprestidae (Prachtkäfer) Mit spektakulären Farben und metallischem Schimmer gehören diese Käfer zu den attraktivsten Insekten der Welt. Sie haben einen langen Körper und fliegen gut. Viele Adulte ernähren sich von Nektar, die Larven sind Holzbohrer.

Arten 15 000

Weltweit; auf Pflanzen

Dekorative Flügel
Die schillernden Flügel der südamerikanischen Art Euchroma gigantea werden von den Einheimischen als Schmuck verwendet.

Familie Coccinellidae (Marienkäfer) Diese Käfer zählen zu den bekanntesten Insekten. Sie sind in der Regel leuchtend gefärbt und gefleckt, haben eine kompakte, rundliche Form und kurze, keulenförmige Antennen. Marienkäfer sind gern gesehene Gäste in Gärten und auf Feldern. Nur wenige ernähren sich von Pflanzen, die meisten fressen Blattläuse und andere Schädlinge. Eine Larve kann 25 Blattläuse pro Tag verzehren, ein adulter Käfer sogar 50.

Arten 5200

Weltweit; auf Blättern

Mit Streifen *Der Konvergierende Marienkäfer (Hippodamia convergens) trägt seinen Namen wegen der konvergenten weißen Streifen auf dem ersten Thoraxsegment. In der Regel zeigt er 13 Punkte.*

Family Lampyridae Zu dieser Familie zählen die Leuchtkäfer. Alle Larven leuchten, indem sie durch eine chemische Reaktion nahezu kaltes Licht erzeugen. Das Leuchten warnt Feinde vor ihrer Ungenießbarkeit. Die Larven leben räuberisch und folgen den Schleimspuren von Schnecken. Adulte Leuchtkäfer erzeugen mit Organen an ihrem Abdomen Licht, das in einem artspezifischen Muster blinkt, um Paarungspartner anzulocken

Arten 2000

Weltweit; auf Pflanzen, im Boden, unter Steinen

Trick *Einige Leuchtkäferweibchen ahmen das Leuchtmuster anderer Arten nach, um deren angelockten Männchen zu fressen.*

Ungarischer Prachtkäfer
Anthaxia hungarica,
Familie Buprestidae

Leuchtende Farben warnen Fressfeinde vor der Ungenießbarkeit des Marienkäfers

Siebenpunkt-Marienkäfer
Coccinella septempunctata,
Familie Coccinellidae

Larve des Siebenpunkt-Marienkäfers

Emus hirtus,
Familie Staphylinidae

Emus hirtus ist mit feinen Haaren bedeckt

Schwarzer Schneckenjäger
Phosphuga atrata, Familie Silphidae

Gewöhnlicher Bienenkäfer
Anthrenus scrophulariae,
Familie Dermestidae

Frisst Partikel von Tierprodukten wie Teppichen und Wolle

Sphaeridium scarabaeoides,
Familie Hydrophilidae

Großer Leuchtkäfer (Großes Glühwürmchen)
Lampyris noctiluca,
Familie Lampyridae

Die geflügelten Männchen werden von dem Leuchtfleck des flügellosen Weibchens angelockt

Larve des Leuchtkäfers

Totengräber
Necrophorus vespillo, Familie Silphidae

Gräbt die Leichname kleiner Wirbeltiere als Nahrung für seine Jungen aus

Soldatenkäfer
Cantharis fusca, Familie Cantharidae

Nützliches Insekt, das Blattläuse und Raupen frisst

Bienenwolf
Trichodes apiarius,
Familie Cleridae

Lebt als Parasit in Bienenstöcken

KÄFER WIRBELLOSE

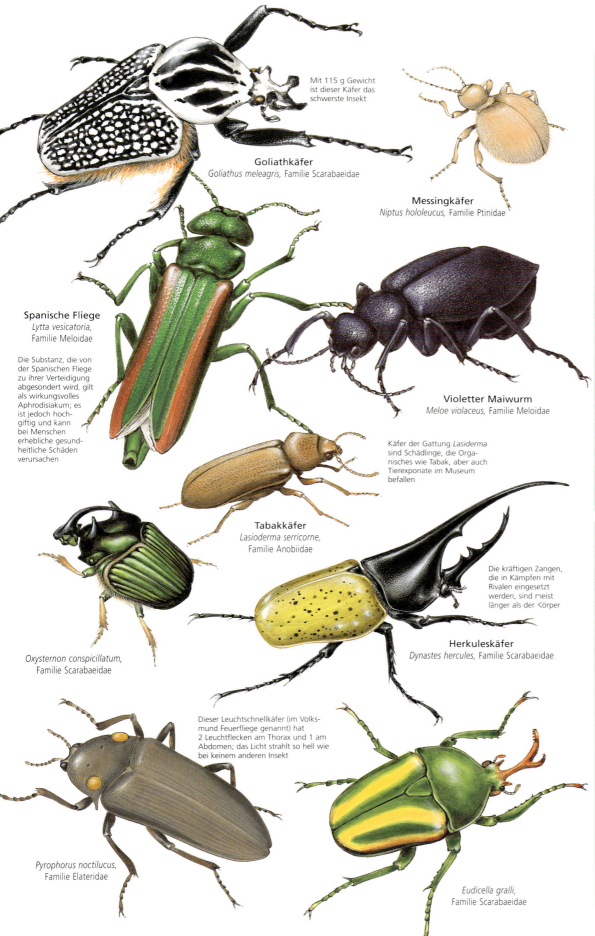

Mit 115 g Gewicht ist dieser Käfer das schwerste Insekt

Goliathkäfer
Goliathus meleagris, Familie Scarabaeidae

Messingkäfer
Niptus hololeucus, Familie Ptinidae

Spanische Fliege
Lytta vesicatoria,
Familie Meloidae

Die Substanz, die von der Spanischen Fliege zu ihrer Verteidigung abgesondert wird, gilt als wirkungsvolles Aphrodisiakum; es ist jedoch hochgiftig und kann bei Menschen erhebliche gesundheitliche Schäden verursachen

Violetter Maiwurm
Meloe violaceus, Familie Meloidae

Käfer der Gattung *Lasioderma* sind Schädlinge, die Organisches wie Tabak, aber auch Tierexponate im Museum befallen

Tabakkäfer
Lasioderma serricorne,
Familie Anobiidae

Oxysternon conspicillatum,
Familie Scarabaeidae

Die kräftigen Zangen, die in Kämpfen mit Rivalen eingesetzt werden, sind meist länger als der Körper

Herkuleskäfer
Dynastes hercules, Familie Scarabaeidae

Dieser Leuchtschnellkäfer (im Volksmund Feuerfliege genannt) hat 2 Leuchtflecken am Thorax und 1 am Abdomen; das Licht strahlt so hell wie bei keinem anderen Insekt

Pyrophorus noctilucus,
Familie Elateridae

Eudicella gralli,
Familie Scarabaeidae

AUF EINEN BLICK

Familie Meloidae (Ölkäfer) Bei Störung geben Käfer dieser Familie eine ätzende, giftige Flüssigkeit aus ihren Gelenken ab, die auf menschlicher Haut Blasen hervorrufen kann. Die meisten Adulten ernähren sich von Blüten und Blättern. Die Larven sind spezialisierte Räuber. Einige leben in Bienenstöcken und fressen die Eier, Larven sowie Vorräte der Bienen.

Arten 2500

Weltweit; auf Pflanzen

Typische Form Ölkäfer *Cerocoma muehlfeldi* haben einen weichen, schlanken Körper mit langen Beinen.

Familie Elateridae (Schnellkäfer) Liegt ein Schnellkäfer auf dem Rücken, streckt er seinen Rücken und schnellt sich selbst in die Luft, um richtig herum zu landen. Dabei erzeugt eine Art Scharnier auf den Elytren ein lautes Klick-Geräusch. Adulte fressen Blätter, die gelben oder braunen Larven leben im Boden und ernähren sich von Wurzeln und Zwiebeln.

Arten 9000

Weltweit; in Pflanzennähe, im Boden

Gefurcht Wie andere Schnellkäfer hat *Semiotus distinctus* einen langen, schlanken Körper mit gefurchten Flügeln.

LEBENSZYKLUS DER KÄFER

Alle Käfer durchlaufen eine vollständige Metamorphose. Bei den meisten werden die Eier befruchtet; nur einige Arten legen ohne Paarung ihre unbefruchteten Eier. Die geschlüpften Larven besitzen beißende Mundwerkzeuge, erinnern aber schon etwas an die fertigen Käfer. Die Larve häutet sich mehrmals und wächst, bis sie sich verpuppt. In einem Kokon verwandelt sich die Larve in eine Puppe mit adulten Merkmalen. Sie ist beim Schlüpfen weich und blass, erhärtet aber bald und färbt sich. Der adulte Käfer ist sofort zur Fortpflanzung bereit.

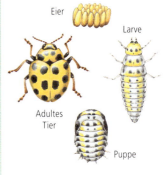

Eier

Larve

Adultes Tier

Puppe

566 WIRBELLOSE KÄFER

AUF EINEN BLICK

Familie Lucanidae (Hirschkäfer) Die Männchen sind größer als die Weibchen und an ihren riesigen Mandibeln zu erkennen. Rivalisierende Männchen benutzen sie beim Kampf. Die Larven ernähren sich von verrottendem Holz und brauchen mehrere Jahre für die Entwicklung. Einige Adulte fressen Blätter, die meisten saugen Nektar.

Arten 1300

Weltweit; auf Bäumen

Südamerikaner Die in Chile und Argentinien häufige Art *Chiasognathus grantii wird bis zu 9 cm lang.*

Familie Curculionidae (Rüsselkäfer) Dies ist die größte Familie im Tierreich. An dem vorstehenden Rüssel befinden sich beißende Mundwerkzeuge, mit denen die Käfer an weichen Pflanzen nagen und Löcher in Pflanzen, Samen, Früchte oder die Erde bohren, um ihre Eier hineinzulegen. Der Rüssel des Weibchens ist mitunter viel länger als sein Körper. Einige Arten richten in der Landwirtschaft erhebliche Schäden an.

Arten 50 000

Weltweit; in Pflanzennähe

Schillernd Der Diamantkäfer (*Entimus splendidus*) trägt schillernde Schuppen. Der Rüssel ist kürzer als bei vielen anderen Rüsselkäferarten.

Familie Cerambycidae (Bockkäfer) Sie haben einen langen, schlanken Körper, der bei der größten Art 16 cm Länge erreicht. Die Länge der Antennen kann ein Vielfaches der Körperlänge betragen. Die Antennen dienen dem Auffinden von Nahrung wie Pollen, Nektar, Pflanzensäften oder Blättern. Die Larven ernähren sich von Substanzen lebender oder toter Bäume.

Arten 30 000

Welt; in der Nähe von Pflanzen, vor allem von Blüten

Bockkäfer in Gefahr Der südamerikanische Bockkäfer *Macrodontia cervocornis* ist durch die Vernichtung der tropischen Regenwälder stark gefährdet.

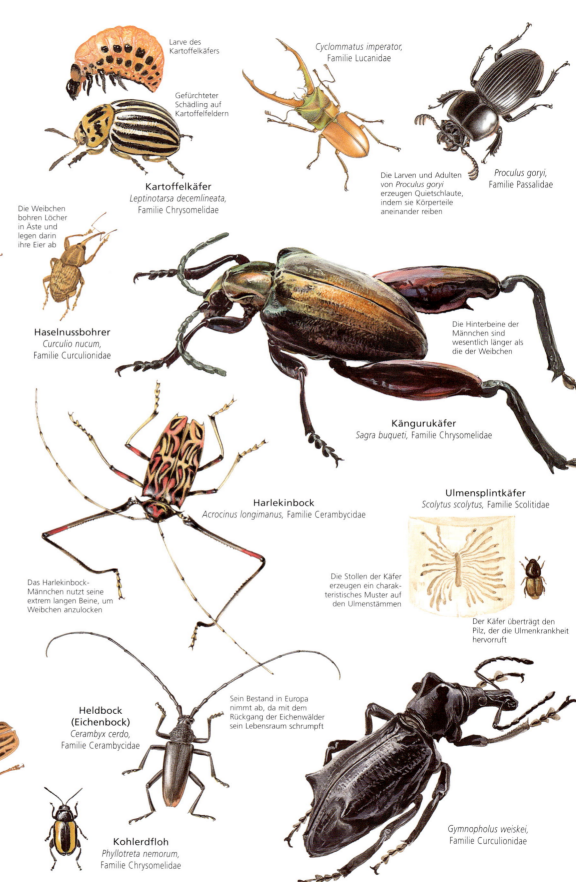

Larve des Kartoffelkäfers

Gefürchteter Schädling auf Kartoffelfeldern

Kartoffelkäfer
Leptinotarsa decemlineata, Familie Chrysomelidae

Cyclommatus imperator, Familie Lucanidae

Die Larven und Adulten von *Proculus goryi* erzeugen Quietschlaute, indem sie Körperteile aneinander reiben

Proculus goryi, Familie Passalidae

Die Weibchen bohren Löcher in Äste und legen darin ihre Eier ab

Haselnussbohrer
Curculio nucum, Familie Curculionidae

Die Hinterbeine der Männchen sind wesentlich länger als die der Weibchen

Kängurukäfer
Sagra buqueti, Familie Chrysomelidae

Harlekinbock
Acrocinus longimanus, Familie Cerambycidae

Ulmensplintkäfer
Scolytus scolytus, Familie Scolitidae

Die Stollen der Käfer erzeugen ein charakteristisches Muster auf den Ulmenstämmen

Der Käfer überträgt den Pilz, der die Ulmenkrankheit hervorruft

Das Harlekinbock-Männchen nutzt seine extrem langen Beine, um Weibchen anzulocken

Heldbock (Eichenbock)
Cerambyx cerdo, Familie Cerambycidae

Sein Bestand in Europa nimmt ab, da mit dem Rückgang der Eichenwälder sein Lebensraum schrumpft

Kohlerdfloh
Phyllotreta nemorum, Familie Chrysomelidae

Gymnopholus weiskei, Familie Curculionidae

ZWEIFLÜGLER

STAMM	Arthropoda
UNTERSTAMM	Hexapoda
KLASSE	Insecta
ORDNUNG	Diptera
FAMILIEN	130
ARTEN	120 000

Stubenfliegen und Stechmücken sind die allgegenwärtigen Vertreter der Ordnung Diptera. Hierzu zählen auch andere Mückenarten, Schmeißfliegen, Fruchtfliegen, Schnaken, Bremsen und weitere Zweiflügler. Während die meisten Insekten mit 4 Flügeln fliegen, besitzen Fliegen nur ein Paar funktionsfähiger Flügel. Die Hinterflügel sind zu Schwingkölbchen reduziert, kleine keulenförmige Gebilde, die synchron mit den Vorderflügeln auf und ab schwingen und dabei helfen, im Flug die Balance zu halten. Einige Arten haben alle Flügel verloren und sind flugunfähig. Zweiflügler kommen in fast allen Lebensräumen vor – außer in der Antarktis.

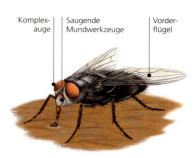

Augen und Flügel Die meisten Zweiflügler sind tagaktiv und orientieren sich mit ihren Komplexaugen, die aus bis zu 4000 Linsen bestehen. Die Kraft für den Flügelschlag liegt im ersten Thoraxsegment.

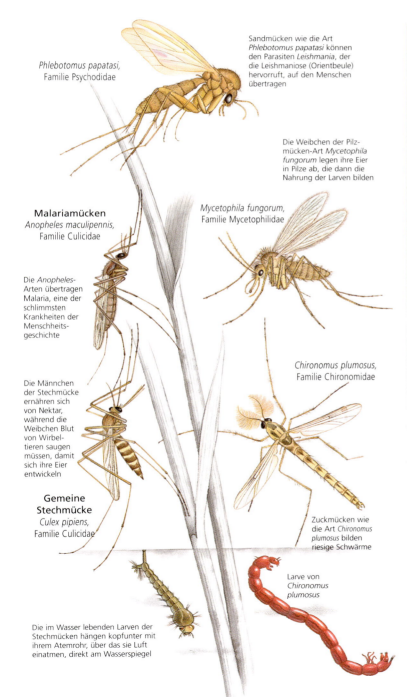

Phlebotomus papatasi, Familie Psychodidae

Sandmücken wie die Art *Phlebotomus papatasi* können den Parasiten *Leishmania*, der die Leishmaniose (Orientbeule) hervorruft, auf den Menschen übertragen

Die Weibchen der Pilzmücken-Art *Mycetophila fungorum* legen ihre Eier in Pilze ab, die dann die Nahrung der Larven bilden

Malariamücken *Anopheles maculipennis,* Familie Culicidae

Die *Anopheles*-Arten übertragen Malaria, eine der schlimmsten Krankheiten der Menschheitsgeschichte

Mycetophila fungorum, Familie Mycetophilidae

Die Männchen der Stechmücke ernähren sich von Nektar, während die Weibchen Blut von Wirbeltieren saugen müssen, damit sich ihre Eier entwickeln

Gemeine Stechmücke *Culex pipiens,* Familie Culicidae

Chironomus plumosus, Familie Chironomidae

Zuckmücken wie die Art *Chironomus plumosus* bilden riesige Schwärme

Larve von *Chironomus plumosus*

Die im Wasser lebenden Larven der Stechmücken hängen kopfunter mit ihrem Atemrohr, über das sie Luft einatmen, direkt am Wasserspiegel

VARIANTENREICH

Zu den Zweiflüglern zählen Winzlinge wie 1 mm lange Mücken, aber auch bis zu 7 cm lange Raubfliegen. An den Füßen dieser Insekten sitzen Haftpolster mit winzigen Krallen, mit denen sie auf glatten Oberflächen und sogar kopfunter an der Decke entlanglaufen können.

Mit ihren nur ans Saugen angepassten Mundwerkzeugen können Zweiflügler nur flüssige Nahrung aufnehmen. Stubenfliegen saugen mithilfe von fleischigen Polstern an ihrer Mundöffnung Nahrung auf. Mücken saugen mit ihren stechenden Mundwerkzeugen Nektar und Blut. Raubfliegen erdolchen mit ihren Mundwerkzeugen Beuteinsekten, die sie dann aussaugen.

Aus den Eiern der Zweiflügler schlüpfen blasse, weiche Larven, oft als Maden bezeichnet. Nach mehreren Häutungen verpuppen sie sich und werden dann adulte Zweiflügler.

Viele Zweiflügler sind Überträger schwerer Krankheiten, z. B. der Malaria. Als Bestäuber und Zersetzer von organischem Material spielen sie im Ökosystem eine wichtige Rolle.

Daddy Langbein Die Schnaken (Familie Tipulidae) sind die größte Zweiflügler-Familie. Die Adulten haben sehr lange Beine. Sie bevorzugen feuchte Wälder. Die Larven leben im Wasser oder in der Erde.

568 WIRBELLOSE ZWEIFLÜGLER

AUF EINEN BLICK

Familie Syrphidae (Schwebfliegen) Diese Insekten schweben auf der Stelle und schnellen dann nach vorne oder seitwärts, bevor sie wieder schweben. Mit ihrem gelb-schwarzen Abdomen erinnern sie an Bienen oder Wespen. Die Larven vieler Schwebfliegenarten sind im Garten gern gesehen, weil sie Blattläuse fressen.

Arten 6000

Weltweit; auf Blüten

Zwiespältig Die Narzissenschwebfliege (*Merodon equestris*) gilt als Schädling, weil ihre Larven an Blumenzwiebeln fressen, aber wie andere Schwebfliegen sind die Adulten wichtige Bestäuber.

Familie Tabanidae (Bremsen) Während die Männchen Nektar, Honigtau und Pflanzensaft saugen, sind die Weibchen Blutsauger, weil sie das Eiweiß für die Entwicklung ihrer Eier brauchen. Weibchen benutzen ihre messerartigen Mundwerkzeuge, um die Haut von Säugetieren anzuritzen, damit sie Blut saugen können.

Arten 4000

Weltweit; in Tiernähe

Namen Wie andere Arten der Gattung wird auch *Chrysops caecutiens* als Goldaugenbremse bezeichnet. Arten der Gattung *Tabanus* werden Pferde- oder Rinderbremsen genannt.

FLUGUNFÄHIG

In einigen Zweiflügler-Familien haben manche Arten ihre Flügel verloren und sind flugunfähig, z. B.: Zu den Tipulidae (Schnaken) gehört die flugunfähige Stelzmücke (*Chionea sp.*), die im ganzen Winter in ihrem schneebedeckten Lebensraum aktiv ist. Sie verträgt Temperaturen bis -6 °C und entgeht so den Feinden, die in den wärmeren Monaten kommen. Da das Fliegen wärmere Muskeln erfordert, als es in dieser kalten Umgebung möglich ist, hat sie ihre Flügel verloren. Die Schwingkölbchen sind jedoch noch vorhanden.

Flügelloser Parasit Die Bienenlaus (*Braula caeca*) aus der Familie Chamaemyiidae ist ein flügelloser Zweiflügler, der seine Eier in Bienenstöcke legt, wo sich dann ihre Larven von dem Honig ernähren.

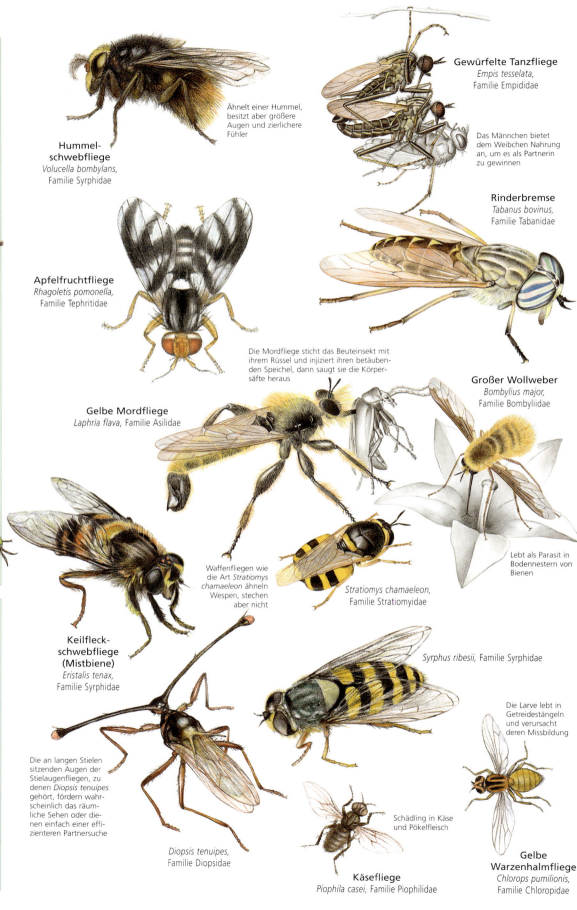

Hummelschwebfliege *Volucella bombylans*, Familie Syrphidae — Ähnelt einer Hummel, besitzt aber größere Augen und zierlichere Fühler

Gewürfelte Tanzfliege *Empis tesselata*, Familie Empididae — Das Männchen bietet dem Weibchen Nahrung an, um es als Partnerin zu gewinnen

Apfelfruchtfliege *Rhagoletis pomonella*, Familie Tephritidae

Rinderbremse *Tabanus bovinus*, Familie Tabanidae

Gelbe Mordfliege *Laphria flava*, Familie Asilidae — Die Mordfliege sticht das Beuteinsekt mit ihrem Rüssel und injiziert ihren betäubenden Speichel, dann saugt sie die Körpersäfte heraus

Großer Wollweber *Bombylius major*, Familie Bombyliidae — Lebt als Parasit in Bodennestern von Bienen

Stratiomys chamaeleon, Familie Stratiomyidae — Waffenfliegen wie die Art *Stratiomys chamaeleon* ähneln Wespen, stechen aber nicht

Keilfleckschwebfliege (Mistbiene) *Eristalis tenax*, Familie Syrphidae

Syrphus ribesii, Familie Syrphidae

Diopsis tenuipes, Familie Diopsidae — Die an langen Stielen sitzenden Augen der Stielaugenfliegen, zu denen *Diopsis tenuipes* gehört, fördern wahrscheinlich das räumliche Sehen oder dienen einfach einer effizienteren Partnersuche

Käsefliege *Piophila casei*, Familie Piophilidae — Schädling in Käse und Pökelfleisch

Gelbe Warzenhalmfliege *Chlorops pumilionis*, Familie Chloropidae — Die Larve lebt in Getreidestängeln und verursacht deren Missbildung

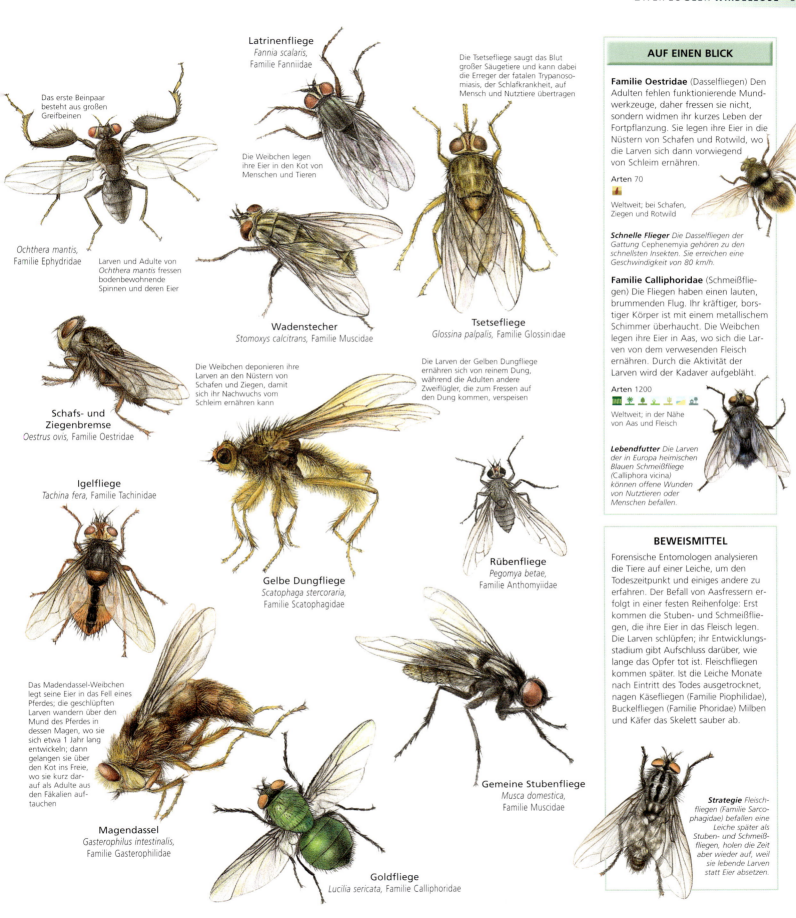

WIRBELLOSE SCHMETTERLINGE

SCHMETTERLINGE

STAMM	Arthropoda
UNTERSTAMM	Hexapoda
KLASSE	Insecta
ORDNUNG	Lepidoptera
FAMILIEN	131
ARTEN	165 000

Mit ihrem gaukelnden Flug und den dekorativ gemusterten Flügeln sind Schmetterlinge die beliebtesten Insekten. Sie gehören zur Ordnung Lepidoptera (Griech: geschuppte Flügel). Die 4 breiten Flügel sind von winzigen, überlappenden Schuppen bedeckt; dies sind hohle, abgeflachte Härchen, durch die das Schillern und die leuchtenden Farben zustande kommen. Fast alle Schmetterlinge ernähren sich von Pflanzen. Die beißenden Mundwerkzeuge der Raupen (Larven) können erhebliche Schäden an Pflanzen anrichten. Die meisten Adulten saugen mit einem langen, spiraligen Saugrüssel Blütennektar. Schmetterlinge zählen zu den wichtigsten Bestäubern.

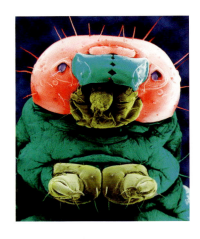

Nektarsauger Um Nektar aus den Blüten zu holen, strecken Schmetterlingen ihren langen Saugrüssel aus, der in Ruhe wie eine Uhrenfeder aufgerollt ist. Viele Blütenpflanzen haben bestimmte Formen und Farben entwickelt, um die bestäubenden Insekten anzulocken.

Pflanzenmampfer Eine Raupe ist eine wahre Fressmaschine, die sich mit beißenden Mundwerkzeugen durch Blätter und anderes Pflanzenmaterial frisst. Leuchtende Warnfarben sollen Feinde fern halten.

TAG- UND NACHTFALTER

Schmetterlinge fehlen nur an den polaren Eiskappen und über dem Meer. Sie leben überall dort, wo es Pflanzen gibt. Die meisten sind an bestimmte Nahrungspflanzen angepasst. Die größte Artenvielfalt findet man in den Tropen.

Als adulte Falter haben sie einen schlanken Körper, breite Flügel, lange Fühler und 2 große Facettenaugen (Komplexaugen). Die Spannweite der Flügel reicht von 4 mm bis zu 30 cm. Über 85 % aller Arten gehören zu den Nachtfaltern. Die meisten fliegen vorwiegend nachts und tragen unscheinbar gefärbte Flügel, die durch eine borstenartige Struktur (Frenulum) miteinander verbunden sind. Tagfalter fliegen am Tag und sind meistens leuchtend gefärbt. Das Ende ihrer fadenförmigen Fühler ist kolbenartig verdickt.

Die stets behaarten Raupen bewegen sich mit 3 echten Beinpaaren und mehreren Paaren von Afterfüßen fort. Zum Verpuppen spinnen sie sich mithilfe von umgewandelten Speicheldrüsen in einen Kokon ein. Der Lebenszyklus reicht von wenigen Wochen bis zu einigen Jahren.

Kieferknospentriebwickler
Rhyacionia buoliana,
Familie Tortricidae

Die Larven dieser Wickler-Art fressen an den jungen Trieben von Kiefern und richten dabei große Schäden an

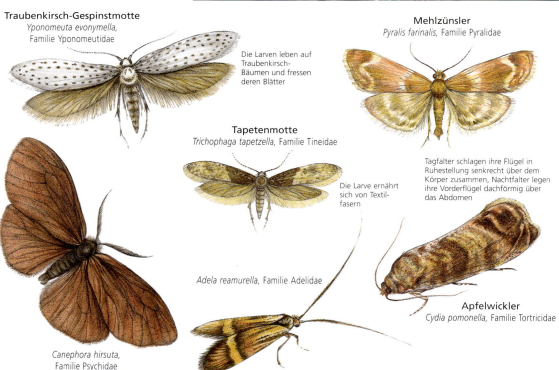

Traubenkirsch-Gespinstmotte
Yponomeuta evonymella,
Familie Yponomeutidae

Die Larven leben auf Traubenkirsch-Bäumen und fressen deren Blätter

Mehlzünsler
Pyralis farinalis, Familie Pyralidae

Tapetenmotte
Trichophaga tapetzella, Familie Tineidae

Die Larve ernährt sich von Textilfasern

Tagfalter schlagen ihre Flügel in Ruhestellung senkrecht über dem Körper zusammen, Nachtfalter legen ihre Vorderflügel dachförmig über das Abdomen

Adela reamurella, Familie Adelidae

Apfelwickler
Cydia pomonella, Familie Tortricidae

Canephora hirsuta,
Familie Psychidae

SCHUTZSTATUS

Tödlicher Handel Nur 303 Schmetterlingsarten wurden von der IUCN beurteilt. Von diesen stehen 94 % auf der Roten Liste; 37 Arten sind ausgestorben. Lebensraumverlust ist der Hauptgrund für den Rückgang, aber auch das Sammeln besonders attraktiver Arten hat dazu beigetragen.

SCHMETTERLINGE WIRBELLOSE 571

AUF EINEN BLICK

Familie Hepialidae (Wurzelbohrer) Die Nachtfalter in dieser primitiven Familie werden auch Lichtmotten genannt. Die Adulten haben keine funktionsfähigen Mundwerkzeuge und fressen daher nicht. Ihr kurzes Leben gilt der Fortpflanzung. Die Weibchen setzen im Flug enorme Mengen an Eiern ab – bis zu 30 000 Stück. Die Raupen schlüpfen im Boden und fressen Wurzeln, Blätter, Gräser, Moos und Holz.

Arten 500

Weltweit, außer Zentralwestafrika und Madagaskar; in der Nähe von Pflanzen

Unterschiede
Das Weibchen der Lichtmotte Aenetus dulcis aus dem australischen Regenwald ist grün, das Männchen weiß.

Familie Sesiidae (Glasflügler) Die Mitglieder der Familie haben ihre Schuppen weitgehend verloren, daher sind die Flügel fast durchsichtig. Mit gelben und braunen Streifen auf dem Abdomen und den farblosen Flügeln ahmen sie stechende Insekten (Hornissen, Bienen, Wespen) nach. Viele Raupen bohren in Trieben und Wurzeln.

Arten 1000

Weltweit; in Pflanzennähe

Schädlicher Bohrer
Die Raupe des Johannisbeerglasflüglers (Synanthedon tipuliformis) gilt als Schädling, weil sie zum Fressen die Triebe von Johannis- und Stachelbeeren anbohrt.

Familie Hesperiidae (Dickkopffalter) Diese Falter huschen blitzschnell von Blüte zu Blüte. Sie sind eine Zwischenform von Tag- und Nachtfalter. Ihre geringe Größe, die düstere Färbung und der kräftige, behaarte Körper erinnern an einen Nachtfalter, sie besitzen aber nicht die typische Verbindung zwischen den Flügeln und halten die Flügel – wie die Tagfalter – in Ruhestellung häufig senkrecht zusammen.

Arten 3000

Weltweit, außer Neuseeland; in lichten Wäldern, auf Grasland und Feldern

Fühler Wie andere Dickkopffalter hat die in Australien heimische Art Trapezites eliena keulenförmige Fühler, die in feinen Haken enden.

WIRBELLOSE SCHMETTERLINGE

AUF EINEN BLICK

Familie Papilionidae (Schwalbenschwänze/Ritterfalter) Diese Falter sind häufig groß und prächtig gefärbt. Ihr Name bezieht sich auf die schwanzähnlichen Verlängerungen der Hinterflügel. Die Raupe hat am Kopf ein gabelförmiges Organ (Osmeterium), das zur Abwehr von Feinden faulig riechende Substanzen abgibt. Die Raupen einiger Arten fressen giftige Pflanzen, dabei nehmen sie so viel Gift auf, dass sie noch als Adulte ungenießbar sind.

Arten 600

Weltweit; in Pflanzennähe

Leuchtende Warnung
Die grell leuchtenden Flügelzeichnungen von Pachliopta hector und vielen anderen Schwalbenschwänzen warnen Fressfeinde vor ihrer Ungenießbarkeit.

Familie Noctuidae (Eulen). Dies ist die größte Schmetterlings-Familie. Die Falter fliegen nachts. Mit ihren am Thorax sitzenden Hörorganen nehmen sie die Echoortungs-Signale der Fledermäuse, ihrer Hauptfeinde, wahr. Adulte ernähren sich von Nektar, Pflanzensäften, fauligem Obst oder Dung. Die Raupen fressen Blätter bzw. Samen oder bohren sich in Stängel oder Früchte, wobei sie großen Schaden anrichten können.

Arten 35 000

Weltweit; auf Pflanzen

Tarnung Wie viele Eulenfalter besitzt Moma alpinum eine Tarnfärbung. Die marmorierten Flügel verschmelzen in seinem Lebensraum, dem Wald, mit der Umgebung.

Familie Geometridae (Spanner) Die Schmetterlinge dieser Familie sind klein und haben einen schlanken Körper. Die Raupen sehen in Ruhestellung häufig wie Zweige aus. Ihnen fehlt mindestens ein mittleres Paar Afterfüße. Sie bewegen sich »spannend« vorwärts, indem sie den Vorderkörper nach vorne strecken und dann den hinteren Teil des Körpers nachziehen.

Arten 20 000

Weltweit; auf Blättern

Gute Tarnung Die Flügel des südostasiatischen Spanners *Sarcinodes restitutaria* sehen wie Blätter aus.

SCHMETTERLINGE **WIRBELLOSE**

Große Augenflecken helfen diesem südamerikanischen Tagfalter Fressfeinde fern zu halten

Adulte der Art *Caligo idomeneus* ernähren sich von verfaulenden Früchten

Caligo idomeneus, Familie Nymphalidae

Passionsfalter
Heliconius melpomene, Familie Nymphalidae

Morpho rhetenor, Familie Morphidae

Die Flügel aller *Morpho*-Arten sind gelb-braun, nur bei den Männchen entsteht durch ihre wie Ästchen aussehenden Schuppenrillen, die das Licht auf eine bestimmte Weise reflektieren, ein brillantes Blau

Kaisermantel
Argynnis paphia, Familie Nymphalidae

Flecken auf der Flügelunterseite und die Farbe lassen den Schmetterling wie ein völlig verwelktes Blatt aussehen

Indischer Blattschmetterling
Kallima inachus, Familie Nymphalidae

Kallima inachus im Flug

Stichophthalma camadeva, Familie Nymphalidae

Afrikanischer Monarch
Danaus chrysippus, Familie Nymphalidae

Das Weibchen von *Hypolimnas misippus*, ist zwar genießbar, imitiert aber den ungenießbaren Afrikanischen Monarchen

Hypolimnas misippus, Familie Nymphalidae

Das Männchen von *Hypolimnas misippus* wartet auf dem Boden auf ein Weibchen

AUF EINEN BLICK

Familie Nymphalidae (Edelfalter) Die Tagfalter haben sehr kleine, zu »Putzpfoten« umgewandelte Vorderbeine und laufen daher nur auf den beiden hinteren Beinpaaren. Die Unterseite der Flügel ist düster gefärbt, während die Oberseite eine kontrastreiche Zeichnung aufweist.

Arten 5200

Weltweit; in Pflanzennähe

Saisonfarben Die Landkärtchen (Araschnia levana), die im Frühjahr erscheinen, haben orange gefleckte Flügel, Sommertiere sind schwarz-weiß gefärbt.

KOKONS UND PUPPEN

Nach mehreren Häutungen verpuppen sich die Raupen. Sie hören auf zu fressen und suchen einen sicheren Ort. Die Nachtfalter spinnen meist einen Kokon aus Seide, während fast alle Tagfalter aus der Raupenhaut eine hartschalige Puppe bilden, die mit Seide an einem Zweig befestigt ist. In der Puppe erfolgt die Umwandlung von der Raupe zum Schmetterling.

Klebriger Kokon Die Raupen von Thyridopteryx ephemeraeformis leben in einer Hülle aus Seide und Pflanzenmaterial, die beim Verpuppen zu einem harten Kokon wird.

Transparent Die blassgrüne Puppenhaut des Monarchfalters wird durchsichtig, wenn der Falter zum Ausschlüpfen bereit ist.

WANDERUNGEN

Ein Monarchfalter (*Danaus plexippus*) legt in seinem 9 Monate dauernden Leben über 2900 km zurück. Im Herbst ziehen Millionen Monarchfalter nach Süden in ihre Winterquartiere in Kalifornien und Mexiko. Hier sammeln sie sich in großen Gruppen auf Bäumen. Im Frühjahr treten sie die Rückreise nach Norden an, wobei sie ihre Eier legen und sterben. Die neue Generation fliegt in die sommerlichen Nahrungsgründe.

Hautflügler

STAMM	Arthropoda
UNTERSTAMM	Hexapoda
KLASSE	Insecta
ORDNUNG	Hymenoptera
FAMILIEN	91
ARTEN	198 000

Wie der Name schon signalisiert, besitzen die meisten Arten dieser Ordnung, zu der Bienen, Wespen, Ameisen und Pflanzenwespen zählen, 2 Paar häutige Flügel. Obwohl viele dieser Tiere Einzelgänger sind, leben einige Bienenarten und alle Ameisenarten in komplex strukturierten Gesellschaften mit Tausenden oder Millionen von Individuen, die verschiedenen Kasten oder Hierarchien angehören und spezielle Aufgaben erfüllen. Viele der nützlichsten Insekten der Welt sind Hautflügler. Bienen und einige Wespen spielen eine sehr wichtige Rolle bei der Bestandskontrolle anderer Insekten. Honigbienen wurden zum Erzeugen von Honig und Wachs domestiziert.

Beißen und stechen Trotz ihrer enormen Zangen fressen adulte Bulldogameisen vorwiegend Nektar und Pflanzensäfte, aber zum Füttern der Jungen fangen sie Insekten. Mit einem Stachel am Hinterleib überwältigen sie Beute und wehren Feinde ab.

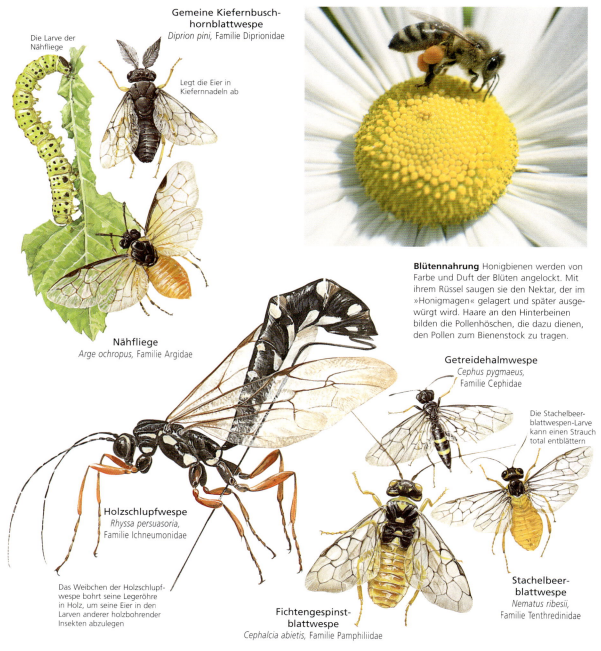

Die Larve der Nähfliege

Gemeine Kiefernbuschhornblattwespe
Diprion pini, Familie Diprionidae
Legt die Eier in Kiefernnadeln ab

Blütennahrung Honigbienen werden von Farbe und Duft der Blüten angelockt. Mit ihrem Rüssel saugen sie den Nektar, der im »Honigmagen« gelagert und später ausgewürgt wird. Haare an den Hinterbeinen bilden die Pollenhöschen, die dazu dienen, den Pollen zum Bienenstock zu tragen.

Nähfliege
Arge ochropus, Familie Argidae

Getreidehalmwespe
Cephus pygmaeus, Familie Cephidae

Die Stachelbeerblattwespen-Larve kann einen Strauch total entblättern

Holzschlupfwespe
Rhyssa persuasoria, Familie Ichneumonidae

Das Weibchen der Holzschlupfwespe bohrt seine Legeröhre in Holz, um seine Eier in den Larven anderer holzbohrender Insekten abzulegen

Fichtengespinstblattwespe
Cephalcia abietis, Familie Pamphiliidae

Stachelbeerblattwespe
Nematus ribesii, Familie Tenthredinidae

AUSSEHEN UND LEBEN

Die Hinterflügel der Hautflügler sind durch winzige Haken mit den größeren Vorderflügeln verbunden, damit sie synchron schlagen. Die primitiveren Pflanzenwespen haben nicht die schmale Taille, die Thorax und Abdomen bei Bienen, Wespen und Ameisen trennt.

Die Mundwerkzeuge können beißen und/oder saugen. Pflanzenwespen, Gallwespen und einige Ameisen und Bienen sind Pflanzenfresser, die meisten anderen Arten leben räuberisch oder parasitisch. Bei vielen ist die Legeröhre des Weibchens (Ovipositor) umgewandelt. Pflanzenwespen bohren damit Pflanzenstängel an und legen ihre Eier hinein. Bienen, Wespen und Ameisen benutzen sie oft, um damit Feinde oder Beutetiere zu stechen.

Weibliche Hautflügler legen ihre Eier in Erde, Pflanzen, Nester oder Bienenstöcke oder in Wirte (Insekten). Bei vielen Arten bestimmt das Weibchen, ob die Eier befruchtet werden. Aus unbefruchteten Eiern schlüpfen männliche Larven, aus befruchteten weibliche. Bei einzelgängerischen Arten schlüpfen die Larven in der Nähe der Nahrungsquelle und entwickeln sich unabhängig. Bei Staaten bildenden Arten sind sie auf die ständige Pflege durch Adulte angewiesen. Die Entwicklung erfolgt über eine vollständige Metamorphose. Die Larven verpuppen sich in einem Kokon.

HAUTFLÜGLER WIRBELLOSE

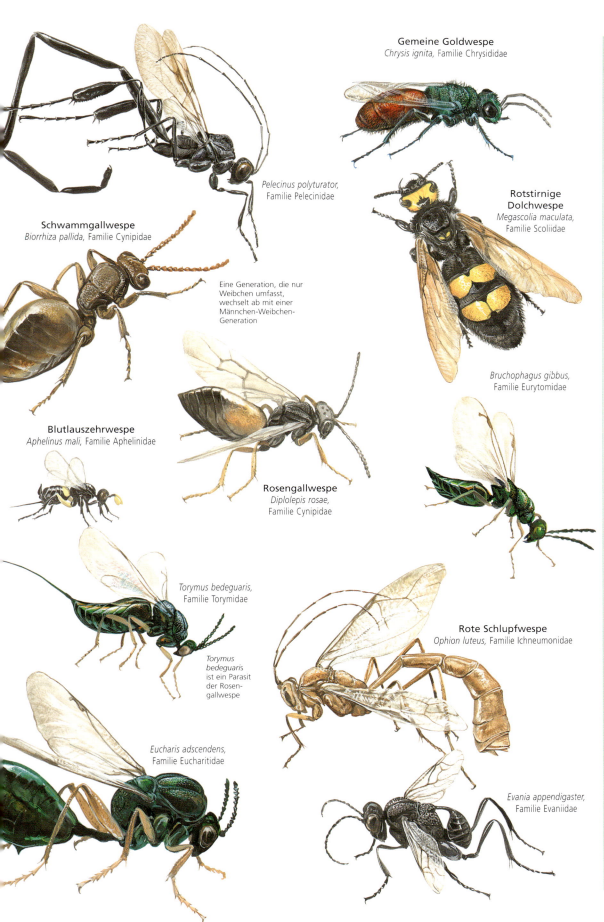

Pelecinus polyturator, Familie Pelecinidae

Schwammgallwespe
Biorrhiza pallida, Familie Cynipidae

Eine Generation, die nur Weibchen umfasst, wechselt ab mit einer Männchen-Weibchen-Generation

Gemeine Goldwespe
Chrysis ignita, Familie Chrysididae

Rotstirnige Dolchwespe
Megascolia maculata, Familie Scoliidae

Bruchophagus gibbus, Familie Eurytomidae

Blutlauszehrwespe
Aphelinus mali, Familie Aphelinidae

Rosengallwespe
Diplolepis rosae, Familie Cynipidae

Torymus bedeguaris, Familie Torymidae

Torymus bedeguaris ist ein Parasit der Rosengallwespe

Rote Schlupfwespe
Ophion luteus, Familie Ichneumonidae

Eucharis adscendens, Familie Eucharitidae

Evania appendigaster, Familie Evaniidae

AUF EINEN BLICK

Familie Chrysididae (Goldwespen) Die Arten dieser Familie legen ihre Eier in die Nester von Bienen, Wespen oder anderen Insekten ab. Die Goldwespen-Larven ernähren sich von den Larven im Nest oder der für diese vorgesehenen Nahrung. Als Schutz vor den Stichen der Wirtsinsekten haben die Goldwespen ein hartes Exoskelett sowie einen biegsamen Körper, der sich zu einem Ball zusammenrollen kann.

Arten 3000

Weltweit; nahe der Blüten-/Insekten-Wirte

Gute Plätze
Die meisten Goldwespen legen ihre Eier in die Nester anderer Wespen und Bienen; einige Arten parasitieren in Pflanzenwespen, Seidenspinnern und Stabschrecken.

Familie Scoliidae (Dolchwespen) Die adulten Insekten ernähren sich von Nektar und Pollen; ihre Larven sind Parasiten. Das Weibchen gräbt sich zu einer unterirdisch lebenden Blatthornkäferlarve vor und lähmt sie mit einem Stich, dann legt sie ein Ei auf der Käferlarve ab. Diese dient der Wespenlarve als Nahrung und stirbt, sobald sich die Wespenlarve verpuppt.

Arten 8000

Weltweit; nahe von Blatthornkäfern

Bunt Dolchwespen wie *Scolia procera* sind relativ große Insekten mit einem struppig behaarten Körper, der oft farbenprächtige Muster hat.

Familie Cynipidae (Gallwespen) Diese meist unscheinbaren Insekten sind kleiner als 5 mm. Das Weibchen legt seine Eier auf Eichen und anderen Bäumen ab, wo die Larven schlüpfen und einen Speichel produzieren, der die Pflanze zur Bildung einer schützenden Galle anregt. Von dieser Galle ernähren sich die Larven, bis sie als Adulte durch kleine Löcher schlüpfen. Jede Art bildet eine charakteristische Galle.

Arten 1400

Vorwiegend auf Nordhalbkugel; auf Bäumen

Rosengallen Rosengallwespen-Larven entwickeln sich aus unbefruchteten – in Rosenbüschen abgelegten – Eiern. Etwa 50 Larven leben in den roten Haaren, aus denen jede Galle besteht.

EMSIGER STAAT

Das Sozialleben der Honigbiene (Gattung *Apis*) ist recht kompliziert. Eine Königin kann bis zu 1500 Eier pro Tag legen; die befruchteten entwickeln sich zu Arbeiterinnen oder Königinnen, unbefruchtete zu Drohnen. Die Arbeiterinnen füttern die Larven, bis diese sich verpuppen. Hat ein Staat die optimale Größe erreicht, fliegt die alte Königin mit Tausenden von Arbeiterinnen aus und gründet einen neuen Staat. Die erste neu geschlüpfte Königin regiert dann das alte Nest.

Nahaufnahme Diese elektronenmikroskopische Aufnahme zeigt die großen Komplexaugen einer Honigbiene. Jedes Auge besteht aus über 4000 Linsen. Zwischen den Augen befinden sich 2 Antennen.

Im Bienenstock Alle Drohnen und Arbeiterinnen in einem Stock (unten) sind Nachkommen der Königin, deren einzige Aufgabe das Eierlegen ist. Drohnen sind Männchen und nur dazu da, sich mit der Königin zu paaren. Arbeiterinnen sammeln Nahrung, halten den Stock instand und füttern die Königin und ihre Jungen. In Drüsen ihres Kopfes wird Gelée royal für die Larven produziert. Arbeiterinnen erzeugen auch Honig, indem sie Nektar auswürgen und in Zellen füllen, die sie mit Wachs verschließen.

Königin Sie ist die größte Biene im Stock und kann bis zu 5 Jahre alt werden.

Arbeiterinnen Sie sind Weibchen, die keine Eier legen können und nur wenige Wochen leben.

Schwarm Die Königin verlässt mit bis zu 70 000 Arbeiterinnen ihren alten Stock, um einen neuen Staat zu bilden. Der Schwarm wartet irgendwo, bis Kundschafter einen guten Standort für das neue Nest gefunden haben.

Bienenjunge Arbeiterinnen füttern die Larven, die sich in wasserdichten Wachszellen entwickeln. Die Larven (oben) verwandeln sich zu Puppen und schlüpfen als Adulte.

Schwänzeltanz Eine Arbeiterin vollführt einen Tanz in Form einer 8, um Informationen über eine Nahrungsquelle mitzuteilen. Die Schwänzelrate zeigt die Entfernung an, während die Richtung durch den Winkel des Tanzes zur Sonne vermittelt wird.

Larvenzelle Aus den meisten Larven schlüpfen Arbeiterinnen. Die Larven werden erst mit Gelée royal, dann mit Pollen und Honig gefüttert. Die Königin verzehrt ausschließlich Gelée royal.

HAUTFLÜGLER WIRBELLOSE 577

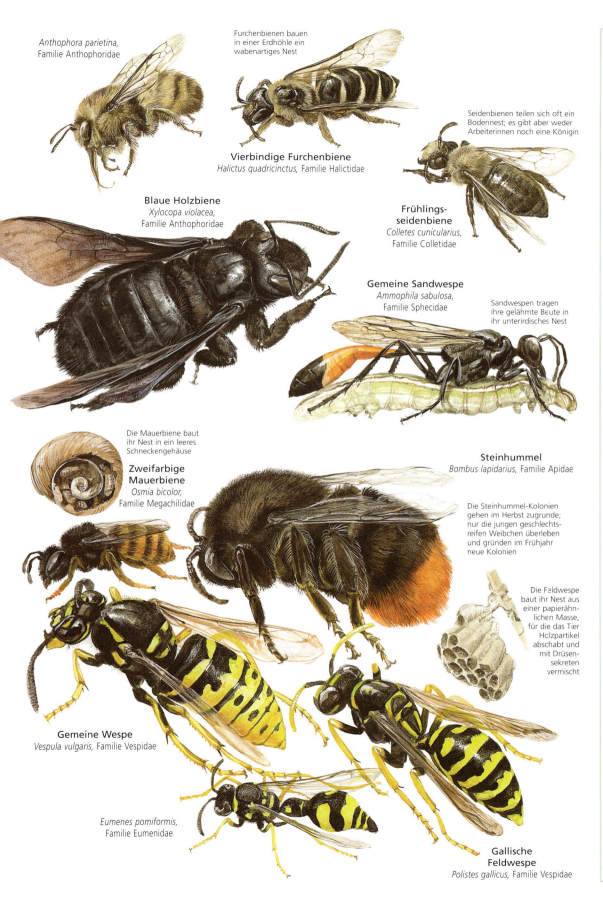

Anthophora parietina, Familie Anthophoridae

Furchenbienen bauen in einer Erdhöhle ein wabenartiges Nest

Vierbindige Furchenbiene
Halictus quadricinctus, Familie Halictidae

Seidenbienen teilen sich oft ein Bodennest; es gibt aber weder Arbeiterinnen noch eine Königin

Blaue Holzbiene
Xylocopa violacea, Familie Anthophoridae

Frühlingsseidenbiene
Colletes cunicularius, Familie Colletidae

Gemeine Sandwespe
Ammophila sabulosa, Familie Sphecidae

Sandwespen tragen ihre gelähmte Beute in ihr unterirdisches Nest

Die Mauerbiene baut ihr Nest in ein leeres Schneckengehäuse

Zweifarbige Mauerbiene
Osmia bicolor, Familie Megachilidae

Steinhummel
Bombus lapidarius, Familie Apidae

Die Steinhummel-Kolonien gehen im Herbst zugrunde; nur die jungen geschlechtsreifen Weibchen überleben und gründen im Frühjahr neue Kolonien

Die Feldwespe baut ihr Nest aus einer papierähnlichen Masse, für die das Tier Holzpartikel abschabt und mit Drüsensekreten vermischt

Gemeine Wespe
Vespula vulgaris, Familie Vespidae

Eumenes pomiformis, Familie Eumenidae

Gallische Feldwespe
Polistes gallicus, Familie Vespidae

AUF EINEN BLICK

Familie Sphecidae (Grabwespen) Hierzu zählen Arten wie Kotwespe, Sandwespe oder Bienenwolf. Die weibliche Grabwespe lähmt einen Gliederfüßer mit einem Stich und bringt ihn in ihr Nest, wo ihre Larven später von diesem Körper fressen. Die meisten Arten legen unterirdische Nester an, einige benutzen Pflanzenstängel oder verrottendes Holz oder bauen Zellreihen aus Schlammkügelchen.

Arten 8000

Weltweit; häufig in sandigem Boden

Einsame Jäger *Der weibliche Bienenwolf (Philanthus triangulum) trägt gelähmte Honigbienen in seine Sandhöhle.*

Familie Apidae (Honigbienen, Hummeln und stachellose Bienen) Diese Tiere leben in Staaten, die sich um eine Königin bilden. Arbeiterinnen suchen Nektar und Pollen, um damit im Nest die Königin und die Larven zu füttern. Während Honigbienen ihre Nester häufig an Bäumen befestigen, legen Hummeln sie meistens im Boden an.

Arten 1000

Weltweit; in der Nähe von Blüten

Wilde Bienen
Fühlt sich eine Kolonie der Riesenhonigbiene (Apis dorsata) gestört, kann sie einen Menschen zu Tode stechen.

Familie Vespidae (Faltenwespen) Hierzu gehören die Staaten bildenden und einige einzeln lebende Wespen. Hornissen, Faltenwespen und Feldwespen bauen ihre Nester aus zerkautem Holz und Speichel. Meist stirbt das Volk im Spätherbst. Nur einige befruchtete Königinnen überwintern und gründen im Frühjahr neue Kolonien.

Arten 4000

Weltweit

Selbstopferung *Um das Nest zu verteidigen stechen die Arbeiterinnen der sozialen Wespe Brachybastra lecheguana den Angreifer und sterben, wenn der Stachel aus dem Hinterleib herausgerissen wird.*

WIRBELLOSE HAUTFLÜGLER

AUF EINEN BLICK

Familie Formicidae (Ameisen) Die Mitglieder dieser Familie sind soziale Insekten – ein Grund für ihren außerordentlichen Daseins- und Überlebens-Erfolg. In einem Nest können zwischen knapp 50 und über eine Million Individuen leben. Die Nester bestehen aus Sand, Zweigen oder Kies und können ober- oder unterirdisch angelegt sein. Einige Arten stechen zur Selbstverteidigung, andere verspritzen die allbekannte Ameisensäure. Viele Ameisen-Arten sind Allesfresser, einige haben sich auf bestimmte Pflanzen oder auf den von Blattläusen erzeugten Honigtau spezialisiert.

Arten 10 000

Weltweit, ausgenommen kalte Regionen

Winzige Diebe
Die winzige Knotenameise Solenopsis fugax *schleicht sich in Nester anderer Ameisen, um Futter zu stehlen.*

Schnappfalle *Die Schnappkiefer-Ameise* Odontomachus haematodes *hält ihre großen Mandibeln meistens weit geöffnet, kann sie aber blitzschnell schließen, um Beute zu fangen.*

AMEISENSTAAT

Alle Ameisenstaaten haben 1 Königin, Arbeiterinnen und Männchen. Zur Bildung neuer Staaten verlassen geflügelte Weibchen und Männchen das Nest und paaren sich. Die Männchen sterben; die Weibchen werfen die Flügel ab und beginnen als Königinnen Eier zu legen.

Königin *Nach Gründung eines Staates ist das Eierlegen die einzige Aufgabe der Königin. Ihr Thorax und ihr Hinterleib sind groß.*

Männchen *Sie entstehen aus unbefruchteten Eiern, leben nur kurz und ihre einzige Funktion ist das Befruchten der jungfräulichen Königin.*

Soldat *Bei einigen Arten dienen große Arbeiterinnen mit enormen Köpfen als Soldaten. Sie verteidigen den Staat gegen Eindringlinge.*

Arbeiterin *Der größte Teil des Staats besteht aus Arbeiterinnen, die Nahrung sammeln, die Königin, Eier und Larven pflegen und das Nest instand halten.*

Myrmica laevinodis, Familie Formicidae

Myrmica laevinodis frisst den Honigtau der Blattläuse und bietet diesen im Gegenzug Schutz vor Fressfeinden

Myrmecocystus hortideorum, Familie Formicidae

Bei den Honigameisen der Gattung *Myrmecocystus* gibt es Ameisen – Honigtöpfe genannt –, die in ihrem Abdomen Nahrung lagern und mit den Beinen an der Decke des Kolonienestes hängen

Arbeiterin der Roten Waldameise

Rote Waldameise
Formica rufa, Familie Formicidae

Königin der Roten Waldameise

Die Arbeiterinnen von Blattschneiderameisen wie *Atta sexdens* tragen Blattstücke, die dreimal schwerer sind als sie selbst

Männchen der Roten Waldameise

Pharao-Ameise
Monomorium pharaonis, Familie Formicidae

Atta sexdens, Familie Formicidae

Rossameise
Camponotus herculeanus, Familie Formicidae

Amazonenameise
Polyergus rufescens, Familie Formicidae

Dinoponera grandis, Familie Formicidae

Amazonenameisen überfallen Nester nahe verwandter Arten, um Puppen zu stehlen und sie im eigenen Nest als Arbeiterinnen zu versklaven

Myrmecia forficata, Familie Formicidae

Weberameise
Oecophylla smaragdina, Familie Formicidae

ANDERE INSEKTEN

STAMM	Arthropoda
UNTERSTAMM	Hexapoda
KLASSE	Insecta
ORDNUNGEN	19*
FAMILIEN	218*
ARTEN	> 3000*

Die Anzahl bezieht sich nur auf die in diesem Abschnitt angesprochenen »Anderen Insekten«.

Die restlichen 19 Ordnungen der Insekten sind sehr unterschiedlich. Zu ihnen gehören primitive, flügellose Formen wie Silberfischchen und Borstenschwänze, Säugetierparasiten wie Flöhe und Läuse, Insektenparasiten wie Fächerflügler, Pflanzenschädlinge wie Fransenflügler und Insekten, die ihr Leben großteils im Wasser verbringen wie Eintagsfliegen, Köcherfliegen, Steinfliegen und Schlammfliegen. Stabschrecken und Wandelnde Blätter sind Pflanzenfresser. Bodenläuse, Kamelhalsfliegen, Ameisenjungfern, Florfliegen und Schnabelfliegen ernähren sich von anderen Wirbellosen. Grillenschaben, Fußspinner, Ohrwürmer und Schnabelfliegen verwerten organische Abfälle.

Ohrwürmer Die zur Ordnung Dermaptera gehörenden kleinen, abgeplatteten Insekten ernähren sich von organischem Abfall. Die mächtigen »Zangen« am Hinterleib dienen u. a. der Verteidigung. Die Weibchen bewachen ihre Eier und Larven.

Fußspinner Neben den Tanzfliegen sind die Fußspinner (Ordnung Embioptera) die einzigen Insekten mit Spinndrüsen in den Beinen. Sie bauen mit ihrer Seide ein Netzwerk aus Tunneln und Nestern. Die Nachkommen durchlaufen eine unvollständige Metamorphose mit Nymphen, die wie Adulte aussehen.

Durch den schlanken Thorax kann das Tier seinen Kopf ähnlich wie eine Schlange heben

Kamelhalsfliege
Raphidia notata, Ordnung Raphidioptera

Die Stacheln an den Hinterbeinen werden zur Verteidigung im Kampf mit Rivalen eingesetzt

AUF EINEN BLICK

Ordnung Thysanura Hierzu gehören die Silberfischchen. Es sind flugunfähige Tiere mit langen Fühlern am Kopf und 3 »Schwänzen« am Hinterleib. Silberfischchen schlüpfen aus Eiern, die in Spalten in der Nähe von Nahrungsquellen abgelegt werden.

Arten 370

Weltweit; in Bäumen, Höhlen, Häusern

Hausgast Das Silberfischchen (*Lepismodes inquilinus*) lebt oft in Häusern, wo es sich von Papier, Bücherleim, gestärkter Kleidung und trockenen Lebensmitteln ernährt.

Ordnung Phasmatodea Die Tarnung der Stabschrecken und Wandelnden Blätter ist hervorragend. Sie fressen auf Blättern. Die meisten Arten sind flügellos. Bei denen mit Flügeln sind diese nur bei Männchen voll entwickelt und funktionsfähig. Viele Weibchen produzieren Nachkommen aus unbefruchteten Eiern.

Arten 3000

Weltweit; vor allem in den Tropen an Pflanzen

Gut getarnt Bei Gefahr sitzen Stabschrecken wie *Bacillus rossii* stundenlang unbeweglich oder schaukeln wie ein Ast im Wind.

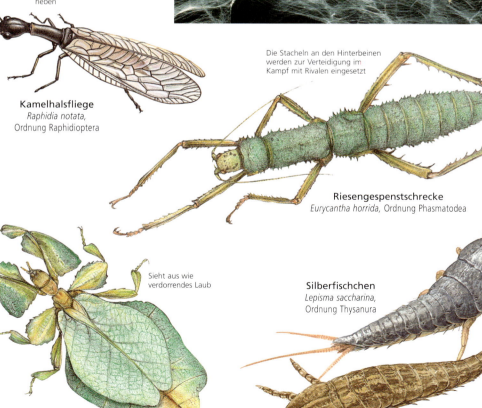

Riesengespenstschrecke
Eurycantha horrida, Ordnung Phasmatodea

Sieht aus wie verdorrendes Laub

Silberfischchen
Lepisma saccharina, Ordnung Thysanura

Wandelndes Blatt
Phyllium siccifolium, Ordnung Phasmatodea

Die Art kann nicht fliegen, aber schnell laufen und gut springen

Machilis helleri, Ordnung Archaeognatha

580 WIRBELLOSE ANDERE INSEKTEN

AUF EINEN BLICK

Ordnung Ephemeroptera Eintagsfliegen leben als Adulte oft nur einen Tag. Die Männchen bilden Schwärme, aus denen sich die Weibchen ihren Partner wählen. Eier werden im/am Wasser abgelegt; die Nymphen leben im Wasser. An Land häuten sie sich über ein geflügeltes Stadium zu Adulten. Eintagsfliegen sind die einzigen Insekten, die sich häuten, wenn sie schon Flügel haben.

Arten 2500

Weltweit; in Süß- und Brackwasser

Im Flug Eintagsfliegen paaren sich im Flug, wobei das Männchen mit seinen langen Vorderbeinen das Weibchen festhält.

Ordnung Megaloptera Die Schlammfliegen verbringen die meiste Zeit ihres Lebens als räuberische Larven im Wasser. Sie gehen an Land, um sich zu verpuppen, und schlüpfen als geflügelte Insekten aus, die nicht fressen und nur kurz leben, um sich fortzupflanzen. Die Eier werden auf Steinen und Pflanzen an Teichen oder Bächen abgelegt.

Arten 300

Weltweit; in Süßwasser

Schlammfliege Die Larve der Schlammfliege *Archichauliodes* sp. heißt im Volksmund Zehenbeißer. Sie atmet durch beinähnliche Kiemen entlang des Abdomens.

Ordnung Phthiraptera Die parasitischen Tierläuse sind winzige, flügellose Insekten, die sich aus geflügelten Vorfahren entwickelt haben. Sie fressen auf Vögeln und Säugetieren und können ohne ihren Wirt nicht lange überleben. Läuse können nur auf einen neuen Wirt gelangen, wenn 2 Tiere der Wirtsart miteinander in Kontakt kommen. Die meisten Läuse sind auf eine bestimmte Tierart spezialisiert.

Arten 5500

Weltweit; auf Vögeln oder Säugetieren

Hundegast Der Hundehaarling (*Trichodectes canis*) ernährt sich von Haaren, Haut und Blut von Hunden und deren Verwandten. Wegen seiner Greifklauen an den Beinen lässt er sich nur schwer entfernen.

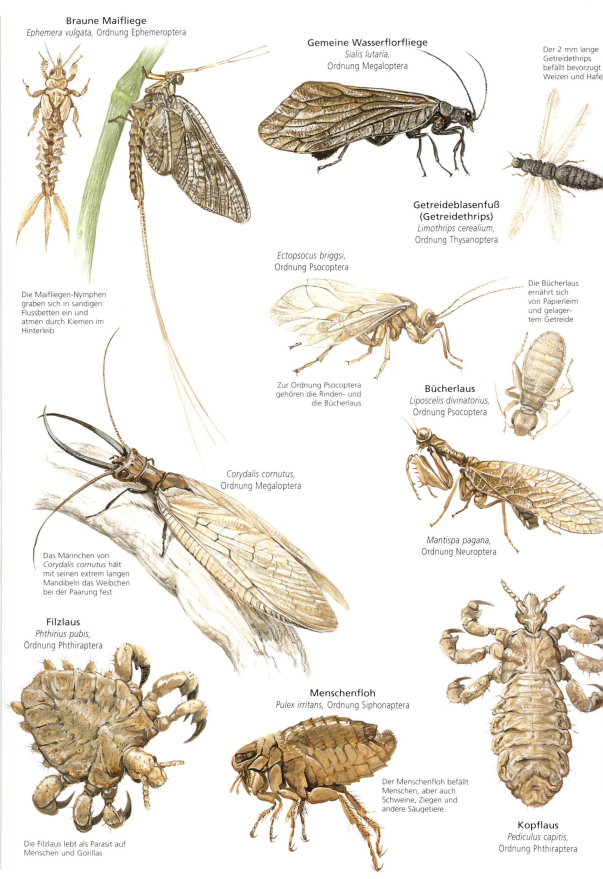

Braune Maifliege
Ephemera vulgata, Ordnung Ephemeroptera

Die Maifliegen-Nymphen graben sich in sandigen Flussbetten ein und atmen durch Kiemen im Hinterleib

Gemeine Wasserflorfliege
Sialis lutaria, Ordnung Megaloptera

Der 2 mm lange Getreidethrips befällt bevorzugt Weizen und Hafer

Getreideblasenfuß (Getreidethrips)
Limothrips cerealium, Ordnung Thysanoptera

Ectopsocus briggsi, Ordnung Psocoptera

Zur Ordnung Psocoptera gehören die Rinden- und die Bücherlaus

Bücherlaus
Liposcelis divinatorius, Ordnung Psocoptera

Die Bücherlaus ernährt sich von Papierleim und gelagertem Getreide

Corydalis cornutus, Ordnung Megaloptera

Das Männchen von *Corydalis cornutus* hält mit seinen extrem langen Mandibeln das Weibchen bei der Paarung fest

Mantispa pagana, Ordnung Neuroptera

Filzlaus
Phthirius pubis, Ordnung Phthiraptera

Die Filzlaus lebt als Parasit auf Menschen und Gorillas

Menschenfloh
Pulex irritans, Ordnung Siphonaptera

Der Menschenfloh befällt Menschen, aber auch Schweine, Ziegen und andere Säugetiere

Kopflaus
Pediculus capitis, Ordnung Phthiraptera

ANDERE INSEKTEN **WIRBELLOSE** 581

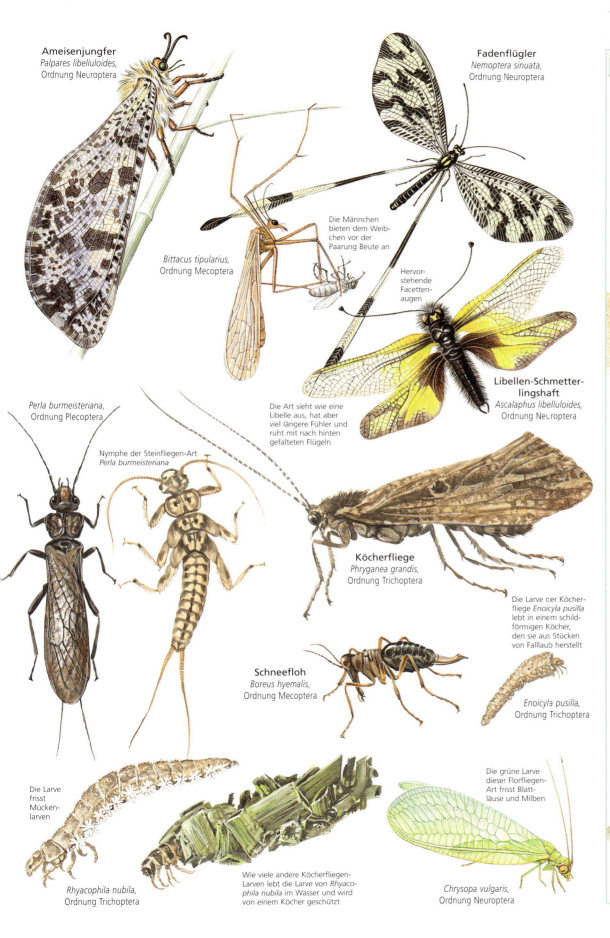

Ameisenjungfer
Palpares libelluloides,
Ordnung Neuroptera

Bittacus tipularius,
Ordnung Mecoptera

Die Männchen bieten dem Weibchen vor der Paarung Beute an

Fadenflügler
Nemoptera sinuata,
Ordnung Neuroptera

Hervorstehende Facettenaugen

Libellen-Schmetterlingshaft
Ascalaphus libelluloides,
Ordnung Neuroptera

Die Art sieht wie eine Libelle aus, hat aber viel längere Fühler und ruht mit nach hinten gefalteten Flügeln

Perla burmeisteriana,
Ordnung Plecoptera

Nymphe der Steinfliegen-Art *Perla burmeisteriana*

Köcherfliege
Phryganea grandis,
Ordnung Trichoptera

Die Larve der Köcherfliege *Enoicyla pusilla* lebt in einem schildförmigen Köcher, den sie aus Stücken von Falllaub herstellt

Schneefloh
Boreus hyemalis,
Ordnung Mecoptera

Enoicyla pusilla,
Ordnung Trichoptera

Die Larve frisst Mückenlarven

Rhyacophila nubila,
Ordnung Trichoptera

Wie viele andere Köcherfliegen-Larven lebt die Larve von *Rhyacophila nubila* im Wasser und wird von einem Köcher geschützt

Die grüne Larve dieser Florfliegen-Art frisst Blattläuse und Milben

Chrysopa vulgaris,
Ordnung Neuroptera

AUF EINEN BLICK

Ordnung Neuroptera Die Netzflügler haben auf ihren Flügeln ein kompliziert verzweigtes Adersystem. Die meisten leben als Larven und Adulte räuberisch. Florfliegenlarven fressen Blattläuse, Milben und Schildläuse. Ameisenlöwen leben im Sand und ernähren sich von Ameisen. Schmetterlingshafte jagen im Laub am Boden nach Wirbellosen. Schwammfliegenlarven leben im Süßwasser und fressen nur Schwämme.

Arten 4000

Weltweit; meist in der Nähe von Vegetation

Trichterfalle Die Larve der Ameisenjungfer, (Ameisenlöwe genannt) gräbt Trichter in den losen Sand, um Ameisen zu fangen.

Ordnung Mecoptera Hierzu zählen die Skorpionsfliegen, bei denen das Männchen sich bei der Paarung mit seinem großen Schwanz am Weibchen festhält, und die Schnabelfliegen, die zum Jagen und zur Paarung von Blättern herabhängen. Das Männchen bietet dem Weibchen als Hochzeitsgeschenk Beute oder eine Speichelkugel an, die dieses bei der Kopulation verzehrt.

Arten 500

Weltweit; nahe feuchter Vegetation

Ohne Stachel
Das Männchen der Skorpionsfliegen-Art Panorpa communis ist harmlos, obwohl der mächtige »Schwanz« an den Stachel eines Skorpions erinnert.

Ordnung Plecoptera Die Nymphen der Steinfliegen zeigen die Wasserqualität von Bächen an. Sie leben gänzlich im Wasser und können nur in kühlen, sauberen Fließgewässern mit hohem Sauerstoffgehalt überleben. Nachdem sie sich bis zu 30-mal gehäutet haben, kriechen sie aus dem Wasser und schlüpfen als geflügelte Adulte aus.

Arten 3000

Weltweit außer Australien; an Fließgewässern

Nahrungsstrategie Während adulte Steinfliegen der Gattung Perla überhaupt nicht fressen, ernähren sich ihre im Wasser lebenden Larven räuberisch von anderen Larven.

INSEKTENÄHNLICHE

STAMM	Arthropoda
UNTERSTAMM	Hexapoda
KLASSEN	3
ORDNUNGEN	5
FAMILIEN	31
ARTEN	8300

Hexapoden sind Gliederfüßer mit 6 Beinen und einem dreigeteilten Körper, bestehend aus Kopf, Thorax und Abdomen. Die meisten Hexapoden sind Insekten, aber es gibt noch 3 weitere Klassen: Springschwänze (Collembola), Beintastler (Protura) und Doppelschwänze (Diplura). Diese winzigen Kreaturen leben im Boden und Falllaub und werden zwischen 0,5 mm und 3 cm lang. Sie sind an ihren Mundwerkzeugen, die in den Kopf eingezogen werden, von den Insekten zu unterscheiden. Wie die primitivsten Insekten, die Silberfischchen und Borstenschwänze, haben sich diese winzigen Bodenbewohner aus geflügelten Vorfahren entwickelt und häuten sich ihr Leben lang.

Überall Springschwänze leben im Süßwasser, an Meeresküsten und in fast allen Lebensräumen an Land, einschließlich Wüsten und Polarzonen. Sie fressen vorwiegend Mikroorganismen. Manche sind mit Haaren (oben) oder Schuppen bedeckt.

PRIMITIVE HEXAPODEN

Die Springschwänze haben ein gegabeltes Organ am Hinterleib (Sprunggabel), mit dem sie um das 100fache ihrer Körperlänge nach vorne springen können.

Mit einer Länge von weniger als 2 mm sind Beintastler kaum zu erkennen; sie wurden erst 1907 entdeckt. Sie leben im Boden und in der Laubstreu, wo sie sich von Pilzen und verrottendem Material ernähren. Sie sind die primitivsten Hexapoden und besitzen weder Augen noch Fühler, stattdessen übernehmen die Vorderbeine sensorische Funktionen. Diese Beine werden nach vorne gestreckt und nicht zum Laufen benutzt. Mit jeder Häutung bekommen die Beintastler ein weiteres Hinterleibssegment.

Doppelschwänze haben keine Augen, sie ertasten sich den Weg in Erde oder Laubstreu mit ihren langen Fühlern und 2 schwanzartigen, als Cerci bezeichneten Strukturen. Bei einigen Fleisch fressenden Arten sind die Cerci zu kräftigen Zangen umgewandelt, mit denen sie andere Bodenbewohner fangen. Andere Arten ernähren sich von Pilzen und organischen Abfällen. Doppelschwänze können Körperteile, z. B. Beine und Fühler, regenerieren.

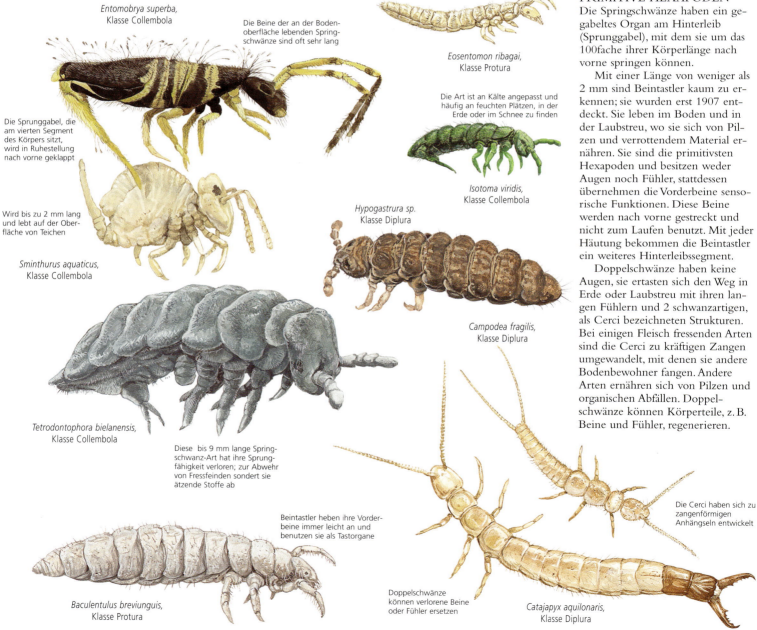

STACHELHÄUTER

STAMM	Echinodermata
KLASSEN	5
ORDNUNGEN	36
FAMILIEN	145
ARTEN	6000

Seesterne, Seeigel, Schlangensterne, Haarsterne und Seewalzen, die zum Stamm Echinodermata gehören, haben verschiedene Körperformen, aber einige gemeinsame Merkmale. Die Adulten besitzen meist eine fünfzählige Symmetrie, wobei der Körper nach einem fünfteiligen radialen Muster um eine zentrale Achse angeordnet ist. Ein Innenskelett aus Kalkplatten dient als Schutz und Stütze. Die Platten tragen oft Stacheln oder kleine Beulen, daher der Name Stachelhäuter. In der Körperhöhle befindet sich ein vaskuläres System, ein Netzwerk aus Wassergefäßen, das die Röhrenfüße kontrolliert, die zur Fortbewegung, Nahrungsaufnahme, Atmung und Wahrnehmung dienen.

Verteidigung Bei Seewalzen besteht die fünfteilige Symmetrie nur im Innern und das Skelett ist reduziert. Die Augenfleck-Seewalze (*Bohadschia argus*) stößt weiße Fäden (Cuvier'sche Schläuche) aus, um Feinde zu verwirren oder einzuwickeln.

Bunte Seegurke (Seeapfel)
Pseudocolochirus violaceus,
Klasse Holothuroidea

Gestielte Junge Alle Vertreter der Klasse Crinoidea sind anfangs mit einem dünnen Stiel am Substrat festgeheftet. Haarsterne wie *Comanthus sp.* sind später frei lebend. Die verzweigten Arme besitzen Röhrenfüße, die Plankton aus dem Wasser fangen und zum Mund führen.

Der Seeapfel sondert ein Gift ab (Holothurin), das für viele Meerestiere tödlich ist

Die Wurmseewalze kann bis zu 5 m lang werden

Geflechte Wurmseewalze
Synapta maculata,
Klasse Holothuroidea

Gemeiner Seestern
Asterias rubens,
Klasse Asteroidea

Pelagothuria natatrix,
Klasse Holothuroidea

Tropiometra afra,
Klasse Crinoidea

Der Griffelseeigel lebt oft in Gesellschaft mit der Gestreiften Harlekingarnele (*Gnathophyllum americanum*)

Griffelseeigel
Heterocentrotus mammillatus,
Klasse Echinoidea

BODENBEWOHNER

Alle Stachelhäuter leben im Meer in allen Tiefen und die meisten sind bewegliche Bodenbewohner. Ausnahmen sind Seelilien, die mit einem langen Stiel am Meeresgrund befestigt sind, und einige Seewalzen, die im offenen Meer treiben. Stachelhäuter gibt es auf der ganzen Welt. Seeigel und Seesterne sind oft entlang von Stränden zu finden.

Der Stamm Echinodermata ist in 5 Klassen eingeteilt. Zur Klasse Crinoidea zählen die festsitzenden Seelilien und die beweglichen Haarsterne. Sie sind Nahrungsfiltrierer und der Mund ist im Gegensatz zu anderen Stachelhäutern vom Substrat abgewandt. Zu den anderen Klassen gehören Arten, die räuberisch leben, Algen abweiden oder organische Abfälle fressen. Die Seesterne der Klasse Asteroidea und die Schlangensterne der Klasse Ophiuroidea haben Arme, die vom Körper strahlenförmig ausgehen. Die von Muskeln gestützten Skelettplatten sind flexibel. Bei Seeigel und Sanddollar der Klasse Echinoi-

Strategie Viele Stachelhäuter wie diese Seeigel sammeln sich – abhängig vom Nahrungsangebot – in großen Gruppen. Diese Strategie bietet auch Schutz vor Feinden und erhöht die Fortpflanzungsrate.

dea bilden verschmolzene Skelettplatten eine kugelige oder flache Form mit deutlichen Stacheln. Bei Seewalzen der Klasse Holothuroidea ist der Körper weich, da das Skelett auf winzige Stacheln reduziert ist.

Die meisten Stachelhäuter sind getrenntgeschlechtig und geben Eier und Spermien zur Befruchtung ins Wasser ab. Larven schwimmen frei und entwickeln sich zu bodenbewohnenden Adulten. Bei einigen Arten fallen Larvenstadien aus.

584 WIRBELLOSE STACHELHÄUTER

AUF EINEN BLICK

Klasse Asteroidea Seesterne bewegen sich und fressen mithilfe ihrer röhrenförmigen Saugfüße auf den Armen. Die meisten leben räuberisch. Sie stülpen ihren Magen über sessile oder sich langsam bewegende Beute, um sie zu verdauen. Einige brechen mit ihren Röhrenfüßen die Schalen von Muscheln auf. Seesterne sind meist leuchtend gefärbt und können eine glatte, stachelige oder gefurchte Oberfläche haben.

Arten 1500

Weltweit; am Meeresgrund

Viele Arme Der Sonnenstern (*Crossaster paposus*) kann bis zu 40 Arme haben und etwa 30 cm im Durchmesser erreichen.

Klasse Ophiuroidea Die Schlangensterne und Gorgonenhäupter dieser Klasse besitzen meist schlanke, sehr deutlich abgesetzte Arme. Statt wie die Seesterne mit den Röhrenfüßen zu kriechen, bewegen sie sich mit 2 von ihren beweglichen, gegliederten Armen durch eine Art Brustschwimmen. In dieser Klasse gibt es Räuber, Aasfresser und Nahrungsfiltrierer.

Bodenstern Der Schlangenstern (*Ophiura ophiura*) lebt an der Oberfläche von sandigen oder schlammigen Böden, kann sich aber auch flach eingraben.

Arten 2000

Weltweit; am Meeresgrund

Klasse Echinoidea Der kugelige Körper der Seeigel wird durch eine Skelettschale (Corona) und lange, bewegliche Stacheln geschützt. Der abgeplattete Sanddollar ist mit kleineren Stacheln besetzt. Viele Echinoidea besitzen ein System aus Platten, Muskeln und Zähnen (»Laterne des Aristoteles«), mit dem sie Algen von Steinen abweiden.

Arten 950

Weltweit; auf oder im Meeresboden

Felsengräber Der Steinseeigel (*Paracentrotus lividus*) gräbt sich mithilfe seiner Stacheln und Zähne in weiches Gestein, um vor Wellen geschützt zu sein.

Eisseestern *Marthasterias glacialis*, Klasse Asteroidea — Kann bis 70 cm Durchmesser erreichen

Sanddollar *Clypeaster humilis*, Klasse Echinoidea

Diademseeigel *Diadema setosum*, Klasse Echinoidea — Dieser Seeigel nutzt seine Röhrenfüße und Stacheln zum Fortbewegen

Ophiocomina nigra, Klasse Ophiuroidea — Die Arme von *Ophiocomina nigra* brechen leicht ab

Astrospartus mediterraneus, Klasse Crinoidea

Anseropoda placenta, Klasse Asteroidea

Herzigel *Echinocardium cordatum*, Klasse Echinoidea

Echinodiscus auritus, Klasse Echinoidea

Essbarer Seeigel *Echinus esculentus*, Klasse Echinoidea

Großer Kissenstern *Culcita novaeguineae*, Klasse Asteroidea

Dornenkronenseestern *Acanthaster planci*, Klasse Asteroidea — Die ständig wachsende Anzahl dieses Korallenschädigers hat im Great Barrier Reef große Schäden verursacht

Linkes Walzenseestern *Protoreaster linckii*, Klasse Asteroidea

ANDERE WIRBELLOSE

KLEINE STÄMME	
STÄMME	25
KLASSE	> 40
ORDNUNGEN	> 60
ARTEN	> 12,000

Im Folgenden sind die 8 wichtigsten Stämme der Wirbellosen sowie 2 Unterstämme der wirbellosen Chordatiere ausführlicher und einige der weiteren 25 Stämme kurz beschrieben. Der Stamm Bryozoa umfasst 5000 Arten, während die anderen Gruppen klein sind. Zu den Phoronida (Hufeisenwürmer) gehören beispielsweise nur knapp 20 Arten. Die Vertreter dieser Stämme sind in der Regel klein, oft sogar mikroskopisch winzig. Die meisten leben im Meer, viele kommen auch im Süßwasser und einige sogar an Land vor. Obwohl diese kleinen Stämme häufig übersehen werden, zeigen sie faszinierende Lösungen der Natur, wie sich Tiere den Herausforderungen der Umwelt stellen.

Mit Lasso Etwa 1000 Arten von langen Schnurwürmern bilden den Stamm Nemertea. Die meisten leben im Meer, einige im Süßwasser oder feuchtem Boden. Sie fangen ihre wirbellose Beute mit einem einzigartigen hervorschießbaren Rüssel.

Invasion Die Meerwalnuss (*Mnemiopsis leidyi*) stammt von der amerikanischen Atlantikküste und wurde in den 1980er-Jahren ins Schwarze Meer eingeschleppt. Durch ihre extreme Vermehrung schädigten diese räuberisch von Zooplankton und Fischeiern lebenden Tiere und ihre Larven das Ökosystem in kurzer Zeit.

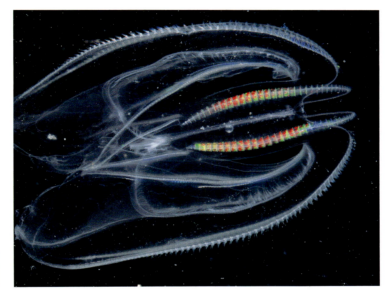

Überlebenskünstler Bärtierchen wie *Echiniscus testudo* (oben, vergrößert abgebildet) überdauern ungünstige Umweltbedingungen durch Kryptobiose, einen todesähnlichen Zustand. Sie können so Jahre überstehen, um bei günstigen Bedingungen wieder zum Leben zu erwachen.

AUF EINEN BLICK

Stamm Entoprocta Kelchwürmer sind mit einem Stiel am Substrat befestigt. Mit einem Ring aus Schleim produzierenden Tentakeln filtrieren sie Nahrung. Einige bilden durch Knospung Kolonien.

Arten 150

Weltweit; meist am Meeresgrund

Stamm Tardigrada Bärtierchen waren bis zur Erfindung des Mikroskops 1773 unentdeckt. Mit einem langsamen, bärenartigen Gang kriechen sie über den Meeresboden. Die Winzlinge kommen in fast allen aquatischen und an Land in feuchten Lebensräumen vor.

Arten 600

Welt; im Wasser, an Land in Feuchtgebieten

Stamm Ctenophora Rippenquallen schwimmen, indem sie mit ihren verschmolzenen Zilien (winzige Haare) schlagen, die in 8 Reihen entlang ihres Körpers angeordnet sind. Sie verschlingen ihre Beute direkt oder fangen sie mit einem Paar klebriger Tentakel.

Arten 100

Weltweit; vorwiegend planktonisch

Macrobiotus hufelandi, Stamm Tardigrada

Beroe cucumis, Stamm Ctenophora

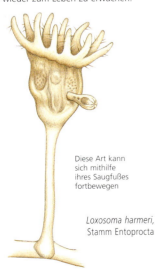

Diese Art kann sich mithilfe ihres Saugfußes fortbewegen

Loxosoma harmeri, Stamm Entoprocta

Der bis zu 1,5 m lange Venusgürtel hat eine grünliche, phosphorisierende Färbung und bewegt sich schlangenähnlich fort

Venusgürtel
Cestus veneris, Stamm Ctenophora

Diese Rippenquallen-Art verschlingt Beute, die viel größer als sie selbst ist

WIRBELLOSE ANDERE WIRBELLOSE

AUF EINEN BLICK

Stamm Rotifera Rädertierchen sind mikroskopisch kleine Wasserlebewesen. Eine Krone von Zilien (Härchen) um die Mundöffnung schlägt schnell für die Nahrungsaufnahme und zur Fortbewegung, wodurch der Eindruck eines sich drehenden Rads entsteht. Der Rumpf ist oft von einer steifen Epidermis geschützt und besitzt manchmal Stacheln. Die meisten Arten leben im Süßwasser, wo sie den Großteil des Zooplanktons ausmachen.

Arten 1800

Weltweit; im Wasser, an Land in Feuchtgebieten

Fest und frei
Viele Rädertierchen wie Brachionus plicatilis schwimmen frei. Andere heften sich mit ihren Klebstoff produzierenden Zehen an eine Oberfläche.

Stamm Hemichordata Kragentiere oder Kiemenlochtiere haben einen dreiteiligen Körper, bestehend aus Kopf und einem Kragen in der Mitte, der bei einigen Arten Tentakel trägt, sowie dem Rumpf, der die Verdauungs- und Fortpflanzungsorgane enthält. Sie ernähren sich von Partikeln, die sie aus dem Wasser filtern oder mit dem Sediment aufnehmen.

Arten 90

Weltweit; am Meeresgrund

Nah verwandt Kragentiere wie Saccoglossus cambrensis sind eng verwandt mit den Chordatieren, haben aber kein Notochord.

Stamm Chaetognatha Pfeilwürmer leben räuberisch. Mit ihren am Kopf sitzenden Greifstacheln packen sie Beute (Ruderfüßer, kleine Fische). Werden die Stacheln nicht gebraucht, wird der Kopf zu deren Schutz mit einer von der Körperwand gebildeten Haube bedeckt. Die meisten Arten leben planktonisch und viele kommen nachts aus der Tiefe an die Oberfläche, um zu fressen.

Arten 90

Weltweit; in Plankton und am Meeresgrund

Torpedowurm
Wie andere Pfeilwürmer hat Sagitta setosa einen torpedoförmigen Körper mit Rücken- und Bauchflossen für die Balance und einer Schwanzflosse für den Antrieb.

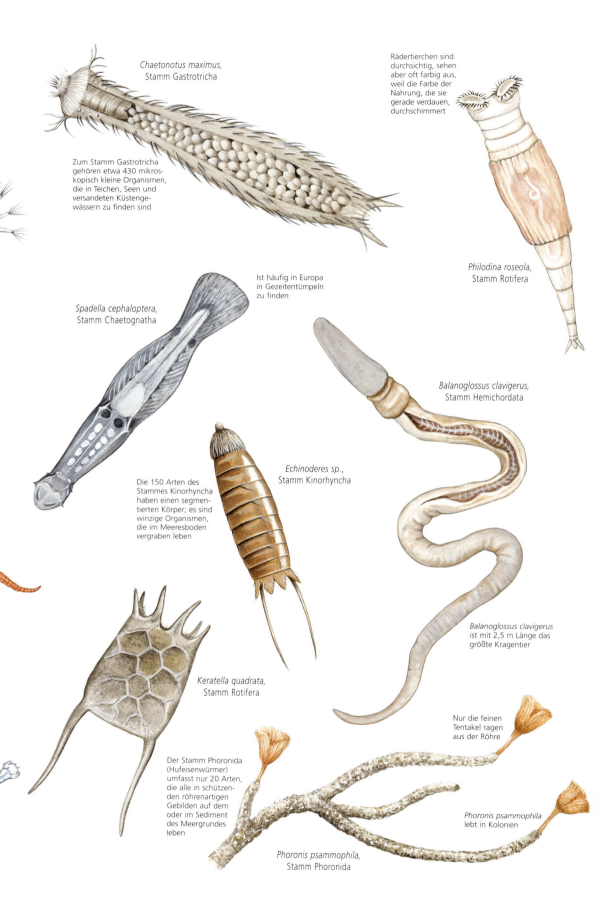

ANDERE WIRBELLOSE **WIRBELLOSE** 587

Peripatopsis capensis, Stamm Onychophora

Das Männchen von *Peripatopsis sp.* deponiert bei der Paarung ein Spermienpaket auf dem Rücken oder an einer Körperseite des Weibchens; die Spermien werden absorbiert und über die Blutbahnen zu den Ovarien transportiert.

Peripatus torquatus, Stamm Onychophora

Peripatoides novaezealandiae, Stamm Onychophora

Paludicella articulata, Stamm Bryozoa

Stummelfüßer fangen ihre Beute mithilfe klebriger Fäden, die sie aus einer Drüse nahe der Mundöffnung herausspritzen

Liothyrella neozelandica, Stamm Brachiopoda

Myriopora truncata, Stamm Bryozoa

Im Gegensatz zu anderen Moostierchen, die fest auf einem Untergrund haften, können sich die an ihrer Unterseite flachen Kolonien von *Cristatella mucedo* auf dem Gewässerboden fortbewegen

Cristatella mucedo, Stamm Bryozoa

AUF EINEN BLICK

Stamm Onychopora Stummelfüßer haben eine dünne Cuticula und sind auf feuchte Lebensräume beschränkt; man findet sie in der Laubstreu, im Boden, unter Steinen und verrottendem Holz. Um Insekten und andere Beute zu fangen, spritzen Stummelfüßer klebrige Fäden aus Schleimdrüsen, die in der Nähe der Mundöffnung sitzen. Diese Technik dient auch der Verteidigung.

Arten 70

Tropische und südliche gemäßigte Zonen

Wie Samt *Stummelfüßer wie* Peripatus trinnitatis *sind mit winzigen Vorsprüngen bedeckt, wodurch sie samtig erscheinen. Der zylindrische Körper hat zwischen 13 und 43 Paar Stummelfüße.*

Stamm Brachiopoda Mit ihren zweigeteilten Schalen sehen Armfüßer wie Muscheln aus, sind aber näher mit den Moostierchen verwandt. Beide filtern Nahrungspartikel mit einem Lophophor, einem Kranz aus hohlen Tentakeln rund um die Mundöffnung, aus dem Wasser.

Arten 350

Welt; im Meer in jeder Tiefe

Grabender Stiel
Der Armfüßer Lingula anatina *benutzt seinen fleischigen Stiel, um sich ins Sediment zu graben. Die meisten Armfüßer setzen sich aber an Steinen fest.*

Stamm Bryozoa Die Moostierchen, auch Kranzfüßer genannt, sind winzige, Kolonie bildende Wassertiere. Die meisten sondern eine Schutzschicht ab, die den Körper – bis auf eine Öffnung für das Lophophor (Fresstentakel) – umhüllt. Durch Knospung wachsen die Kolonien als Überkrustungen auf Steinen oder Seetang oder sind verzweigt. Einige Arten bewegen sich frei.

Arten 5000

Weltweit; am Gewässerboden

Festsitzend *Das Moostierchen* Bowerbankia imbricata *hat eine aufrechte, verzweigte Form, die einem festsitzenden Stolon (Stängelausläufer) entspringt.*

GLOSSAR

Aasfresser Ein Tier, das sich von den Überresten toter Tiere ernährt.

Abdomen Der Teil des Körpers, in dem sich Geschlechts- und Verdauungsorgane befinden. Bei Insekten und Spinnen bildet das Abdomen den hinteren Teil des Körpers.

Adaptive Radiation Die Situation, wenn Tiere von einem gemeinsamen Vorfahren abstammen und verschiedene ökologische Nischen besetzen, die nicht von anderen Tieren belegt sind, z. B. wie die Galapagos-Finken oder die Lemuren auf Madagaskar.

Afterflosse siehe Analflosse

Algen Die einfachste Form pflanzlichen Lebens.

Amphibien Wirbeltiere – Frösche, Kröten, Salamander, Molche und Blindwühlen –, die den Reptilien ähneln, aber eine feuchte Haut haben und ihre Eier im Wasser ablegen.

Amphibisch An Land und im Wasser lebend.

Anadrom Im Meer lebend, aber zum Laichen ins Süßwasser zurückkehrend wie der Lachs.

Analflosse Unpaarige Flosse an der Unterseite des Fischabdomens. Ist beim Schwimmen von Bedeutung.

Annulus (pl. Annuli) Eine ringförmige Struktur wie bei Blindwühlen oder ein Wachstumsring wie bei Fischschuppen, anhand deren man das Alter bestimmen kann.

Anpassung Eine Veränderung des Verhaltens oder des Körpers eines Tieres, damit es unter neuen Bedingungen überleben und sich fortpflanzen kann.

Antenne Fühler, ein dünnes Organ am Kopf, mit dem Gerüche und Vibrationen wahrgenommen werden. Insekten haben 2 Antennen.

Aquatisch Immer oder vorwiegend im Wasser lebend.

Arachnida Ein Gliederfüßer mit 4 Laufbeinpaaren, z. B. Spinne, Skorpion, Zecke und Milbe.

Arbeiterin Ein Insekt, das Nahrung sammelt und die Jungen in einem Staat pflegt, aber sich nicht fortpflanzen kann.

Arboreal Immer oder vorwiegend auf Bäumen lebend.

Art Eine Gruppe von Tieren mit sehr ähnlichen Merkmalen, die sich untereinander paaren und fruchtbare Nachkommen hervorbringen können.

Arthropoda Gliederfüßer, Tiere mit gegliederten Beinen und einem harten Exoskelett. Arthropoden stellen die größte Tiergruppe der Erde dar.

Ästivation Das Verbringen eines Zeitraumes in einem inaktiven Stadium, um ungünstigen Bedingungen zu entgehen. In Trockenzeiten reduzieren viele Frösche ihren Stoffwechsel weitgehend und überdauern im Boden, bis es regnet.

Aves Vögel; sie bilden die Klasse Aves im Tierreich.

Bartel Ein dünner, fleischiger Auswuchs an den Lippen oder in Mundnähe. Ausgerüstet mit sensorischen und chemischen Rezeptoren dienen Barteln z. B. bei bodenbewohnenden Fischen der Nahrungssuche.

Barten Die kammartigen, faserigen Platten bei einigen Walen; oft als Walbein bezeichnet. Die Platten hängen von Oberkiefer herab und filtern Nahrung aus dem Meerwasser.

Bauchflossen Paarige Flossen an der Unterseite eines Fischkörpers.

Benthisch In Verbindung mit oder Bezug nehmend auf den Gewässergrund oder die Tiefsee; bodenbewohnend (wie bei Fischen).

Bestäubung Der Vorgang, bei dem die von den männlichen Blütenorganen erzeugten Pollen in Kontakt mit den weiblichen Blütenteilen kommen, damit die Blüte befruchtet wird und Samen bilden kann.

Beuteltier Ein Säugetier, das Junge, die nicht voll entwickelt sind, zur Welt bringt. Die Jungen werden in einem Beutel getragen (wo sie Milch saugen), bevor sie selbstständig sind.

Biodiversität Biologische Vielfalt; dazu zählen die Vielfalt an Arten und Lebensräumen sowie die genetische Vielfalt (z. B. Unterarten innerhalb einer Art, genetische Unterschiede innerhalb einer Population etc.).

Blubber Eine dicke, isolierende Fettschicht, aus der Tran hergestellt wird, bei Walen, Robben und anderen großen Meeressäugetieren.

Brustflossen Bei Fischen und im Wasser lebenden Säugetieren die paarigen Flossen beidseits des Körpers, die für den Auftrieb und die Bewegungskontrolle benutzt werden. Bei Fischen sitzen sie hinter den Kiemen.

Brutparasit Tiere, oft Vögel, die ihre Jungen von einer anderen Art aufziehen lassen, z. B. einige Kuckucksarten. Brutparasiten töten häufig die anderen Nestlinge, damit sie ihnen

das Futter nicht streitig machen.

Cephalothorax Bei Spinnentieren und Krebstieren ein Bereich des Körpers, der Kopf und Thorax vereint.

Chelicere Zangenähnliche, beißende Mundwerkzeuge bei Spinnen, Zecken, Skorpionen und Milben.

Chitin Eine harte, kunststoffähnliche Substanz, die einem Exoskelett Stabilität verleiht.

Dimorph Zweigestaltig; wenn Männchen und Weibchen einer Art sich in Aussehen und/oder Größe unterscheiden, spricht man von Geschlechtsdimorphismus.

Dinosaurier Eine Reptiliengruppe, die den Planeten Erde vom Trias bis zur Kreide (vor 245 bis 65 Mio. Jahren) beherrschte. Dinosaurier waren die größten Landtiere, die jemals lebten. Sie sind enger mit den heutigen Vögeln und Krokodilen verwandt als mit anderen lebenden Reptilien.

Divergente Entwicklung Divergenz; die Situation, in der zwei oder mehrere verwandte Arten aufgrund von Umweltanpassungen immer unähnlicher werden.

DNS Dieses Molekül kommt in den Chromosomen im Zellkern vor und enthält die Gene. DNS ist die Abkürzung für **D**esoxyrib**o**nukleins**ä**ure; in der modernen Wissenschaft wird der englische Begriff verwendet: DNA **D**eoxyrib**o**nucleic acid.

Domestikation Der Vorgang, bei dem Tiere vom Menschen zur Nutzung gezähmt und gezüchtet werden. Domestizierte Tiere sind Haustiere wie Hunde, Katzen, Pferde, Rinder, Ziegen, Schafe, Schweine, Hühner, Tauben, aber auch z. B. Meerschweinchen und Kaninchen. Sie dienen dem Menschen als sozialer Gefährte, zur Nahrung, aber auch zu Arbeit und Sport.

Drohne Männliche Honigbiene. Drohnen paaren sich mit jungen Königinnen und helfen nicht wie Arbeiterinnen beim Futtersammeln und Instandhalten des Bienenstockes.

Echoorientierung Echoortung; ein Navigationssystem, das auf dem aufgefangenen Echo selbst ausgesandten Schalls beruht. Delfine, Zahnwale und viele Fledermausarten verwenden sie zur Orientierung im Raum und zum Aufspüren der Beute.

Eierpaket Seidentasche, die einige Spinnen um ihre Eier spinnen. Tragbare Eierpakete werden von Ort zu Ort transportiert. Andere sind wie

eine Decke geformt und werden an Blättern oder an Zweigen befestigt.

Eizahn Spezielle Schuppe auf der Spitze der Oberlippe zum Schlüpfen bereiter Echsen, Schlangen oder Vögel. Wird benutzt, um ein Loch in das Ei zu brechen. Der Eizahn fällt einige Tage nach dem Schlüpfen ab.

Ektotherm Unfähig, die Körpertemperatur selbst zu regulieren; ektotherme Tiere sind auf Wärmequellen wie die Sonne angewiesen, z. B. wechselwarme Tiere wie Reptilien.

Elektrorezeptoren Spezialisierte Sinneszellen bei einigen Fischen, z. B. Haien, und Säugetieren, z. B. Schnabeltier, die von anderen Tieren ausgestrahlte elektrische Signale wahrnehmen können. Sie können auch zur Navigation dienen, indem sie Störungen im elektrischen Feld der Umgebung aufzeigen, wie sie z. B. von einem Riff verursacht werden.

Elytren Die verdickten Vorderflügel von Käfern, die über die Hinterflügel reichen, um diese zu schützen.

Embryo Ein ungeborenes Lebewesen im frühesten Entwicklungsstadium. Ein Embryo kann im Körper der Mutter heranwachsen oder in einem Ei außerhalb des Körpers.

Endotherm Fähig, die Körpertemperatur selbst zu regulieren, wie gleichwarme Tiere.

Evolution Die Entwicklung der Lebewesen im Verlauf der Erdgeschichte, die auf der Basis von Mutation und Selektion zur Bildung neuer Arten und zu höheren Organisationsformen geführt hat. Veränderungen im Genom, der Gesamtheit der genetischen Information eines Individuums, können durch zufällige Mutationen oder durch Genaustausch (z. B. Rekombination von Genen bei sexueller Fortpflanzung) stattfinden. Sie sind die Basis für den Prozess der Selektion (Auslese), der besser angepassten Individuen einen höheren Fortpflanzungserfolg beschert.

Exoskelett Ein hartes Außenskelett oder ein Panzer.

Facettenauge siehe Komplexauge

Fächerlunge Lungen bei primitiven Insekten und Spinnentieren, die aus Gewebe-»Blättchen« bestehen, durch die Blut und Sauerstoff kreisen.

Flügge Wenn ein junger Vogel seine ersten echten Federn bekommen und gerade das Nest verlassen hat.

Fossil Ein Überrest, ein Abdruck

oder eine Spur von Pflanzen oder Tieren aus einer vergangenen geologischen Epoche, meist im Gestein.

Fressfeind Ein Tier, das hauptsächlich davon lebt, andere Tiere zu töten und zu fressen.

Fühler siehe Antennen

Gelege Alle Eier, die von einem Vogel oder Reptil in ein einzelnes Nest gelegt werden.

Gemäßigt Eine Umgebung oder Region, mit einem warmen, aber nicht sehr heißen Sommer und einem kühlen, aber nicht sehr kalten Winter. Die gemäßigten Zonen der Erde liegen zwischen den Tropen und den Polargebieten.

Genitalfüße Gonopodien; umgewandelte innere Ränder der Bauchflossen männlicher Haie, Rochen und Seedrachen; dienen der Übertragung der Spermien auf Weibchen.

Getrenntgeschlechtig Als Männchen oder Weibchen geboren und das ganze Leben so bleibend.

Geweih Knochige, oft verzweigte Auswüchse auf dem Kopf von Hirschen (Cerviden). In den meisten Fällen werden sie jährlich abgeworfen. Sie dienen zum Imponieren und als Waffen in Rivalenkämpfen.

Gifttier Ein Tier, das in der Lage ist, Gift in andere Tiere (Feind oder Beute) mithilfe von Giftzähnen, Stacheln, Dornen o. Ä. zu injizieren. Gifttiere greifen in der Regel durch Beißen oder Stechen an.

Globale Erwärmung Treibhauseffekt; ansteigende Temperatur in der unteren Erdatmosphäre durch Aktivitäten wie Abholzung, intensive Landwirtschaft und Verbrennen fossiler Brennstoffe. Die dabei entstehenden Treibhausgase wie Kohlendioxid und Methan verhindern, dass angestaute Wärme in den Weltraum abgestrahlt wird. Dies kann zum Schmelzen der Polarkappen und zum Ansteigen des Meeresspiegels führen.

Gondwana Der alte südliche Superkontinent, der die heutigen Kontinente Australien, Indien, Afrika, Südamerika und die Antarktis umfasste.

Greifvogel Ein tagaktiver Raubvogel wie Habicht oder Falke. Der Begriff wird nicht für Eulenvögel gebraucht.

Grubenorgan Sinnesorgan bei Schlangen, das winzige Temperaturunterschiede wahrnehmen kann.

Habitat Der natürliche Lebensraum eines Tieres. Viele verschiedene Tierarten leben in derselben Umgebung, z. B. im Regenwald, aber jede Art besetzt ein anderes Habitat innerhalb dieser Umgebung. So leben z. B. einige Tiere in einem Regenwald in den Bäumen, andere am Boden.

Harem Eine Gruppe geschlechtsreifer, weiblicher Tiere, die sich mit demselben Männchen paaren und mit ihm ständig zusammenleben.

Hauer siehe Stoßzähne

Häutung Abstoßen der äußersten Körperschicht, z. B. Haut, Schuppen oder Exoskelett.

Herbivore Tiere, die nur Pflanzenmaterial wie Blätter, Borken, Wurzeln, Früchte oder Samen fressen.

Hermaphrodit Zwitter; Pflanzen oder Tiere, die gleichzeitig männliche und weibliche Geschlechtsorgane besitzen und sich so selbst befruchten können (Simultan-Hermaphroditismus) oder die zuerst das eine, dann das andere Geschlecht annehmen (konsekutiver Hermaphroditismus).

Hibernation Vollständige Inaktivität in den kalten Wintermonaten. Einige Tiere fressen vor dem Winter so viel, wie sie können, rollen sich dann an einem geschützten Ort zusammen und fallen in einen sehr tiefen Schlaf (Winterschlaf). Sie leben von Fettreserven und verlangsamen Atmung, Stoffwechsel sowie Herzschlag, um bis zum Frühjahr Energie zu sparen. Insekten überwintern als Eier, Larven, Puppen oder Adulte.

Hörner Spitze, hohle und paarige Auswüchse aus Hornsubstanz, die paarige Knochenzapfen am Kopf von Boviden überziehen. Im Gegensatz zu Geweihen werden Hörner nicht abgeworfen.

Huf Zehe(n) von Pferd, Antilope, Hirsch oder verwandten Tieren, bedeckt mit dicker, harter Haut.

Huftiere Große, Pflanzen fressende Säugetiere mit Hufen, z. B. Elefanten, Nashörner, Pferde, Hirsche, Antilopen und Wildrinder.

Hybrid Die Nachkommen von Eltern zweier verschiedener Arten.

Imponiergehabe Verhaltensweise zwischen rivalisierenden Männchen. Imponierende Männchen nehmen z. B. Drohstellungen ein, bei denen sie größer erscheinen oder bestimmte Körperpartien präsentieren, um den Artgenossen abzuschrecken, bevor es zum Kampf kommt.

Inkubation Bebrüten; die meisten Vögel bebrüten ihre Eier, indem sie diese mit ihrem Körper wärmen. Die Eier mancher Vögel und Reptilien werden im Boden, in der Laubstreu o. Ä. ohne weiteres Zutun der Eltern ausgebrütet.

Insektivore Ein Tier, das sich ausschließlich oder überwiegend von Insekten oder Wirbellosen ernährt. Einige Insektivoren fressen auch Wirbeltiere wie Eidechsen, Frösche und Mäuse. Bei den Säugetieren gibt es die Ordnung der Insektivoren (Insektenfresser).

Jacobsonsches Organ Geruchsorgan in paarigen Sinnesgruben bei Amphibien, Reptilien und den meisten Säugetieren.

Karnivore Tiere, die vorwiegend Fleisch fressen. Die meisten karnivoren Säugetiere sind Beutegreifer; andere sind sowohl Beutegreifer als auch Aasfresser. Die meisten fressen auch pflanzliche Nahrung.

Katadrom Im Süßwasser lebend, aber ins Meer zum Laichen zurückkehrend, wie es bei Aalen der Fall ist.

Kaulquappe Larve eines Frosches oder einer Kröte. Kaulquappen leben im Wasser und atmen durch Kiemen.

Keratin Ein Protein, das in Hörnern, Haaren, Schuppen, Federn und Finger- bzw. Zehennägeln vorkommt.

Kiemen Atmungsorgane, die Sauerstoff aus dem Wasser aufnehmen. Kiemen kommen bei vielen Wassertieren wie Fischen, einigen Insekten und Amphibienlarven vor.

Kletterfüßig Wenn bei Vögeln 2 der 4 Zehen nach vorne weisen und die anderen beiden nach hinten.

Kloake Innere Kammer bei Fischen, Amphibien, Reptilien, Vögeln und Eier legenden Säugetieren, in die sich Inhalte von Geschlechtsorganen und Verdauungsorganen entleeren, bevor sie ausgeschieden werden.

Knochenfische Fische mit einem Knochenskelett. Andere Merkmale sind Kiemendeckel und Schwimmblase. Viele Knochenfische haben eine mit Schuppen bedeckte Haut.

Knorpelfische Fische mit einem Skelett aus Knorpel, z. B. Seedrachen, Haie und Rochen.

Kokon Bei Insekten und Spinnen eine Hülle aus Spinnfäden zum eigenen Schutz oder zum Schutz der Eier. Bei Amphibien eine Hülle aus Schlamm, Schleim o. Ä., in dem das Tier eine Trockenzeit übersteht.

Komplexauge Facettenauge; Auge, das aus vielen kleinen Augen besteht, die alle eine eigene Linse besitzen; bei den meisten Insekten vorhanden, jedoch nicht bei Spinnen.

Königin Weibliches Insekt, das einen sozialen Insektenstaat gründet. Die Königin ist in der Regel das einzige Mitglied des Staates, das Eier legt.

Konvergente Evolution Konvergenz; die Situation, bei der nicht verwandte Gruppen unter ähnlichen Umweltbedingungen ähnliche Strukturen entwickeln.

Korallenriff Eine Struktur, die von den Skeletten der Korallenpolypen in warmen Gewässern gebildet wird.

Krebstiere Vorwiegend im Wasser lebende Tiere, z. B. Hummer, Krabben, die ein hartes Exoskelett haben.

Krill Winzige Krebstiere, die in riesiger Anzahl in arktischen und antarktischen Gewässern leben.

Kropf Eine dünnwandige, sackartige Tasche in der Kehle, in der Vögel Nahrung speichern, bevor sie diese verdauen oder zum Füttern der Jungen hervorwürgen.

Laichen Das Abgeben von Eiern und Spermien direkt ins Wasser.

Larve Junges Tier, das völlig anders als seine Eltern aussieht. Eine Insektenlarve, bei manchen Arten auch Made oder Raupe genannt, entwickelt sich durch eine vollständige oder unvollständige Metamorphose zu einem Adulten. Bei Amphibien ist das Larvenstadium der Zustand, in dem das Tier vor der Metamorphose durch Kiemen statt den Lungen atmet, z. B. wie Kaulquappen.

Laurasia Der alte nördliche Superkontinent, der das heutige Asien, Nordamerika und Europa umfasst.

Lebend gebärend Voll entwickelte Junge zur Welt bringend.

Luminiszierend Reflektierend oder Licht abstrahlend. Einige Tiefseefische können durch luminiszierende Bakterien leuchten (Biolumineszenz).

Made Die Larve eine Fliege.

Magensteine Kleine Steine, die von Tieren, z. B. Krokodilen oder einigen Vögeln, verschluckt werden und im Magen beim Zerkleinern der Nahrung helfen.

Mandibeln Beißkiefer der Insekten.

Metamorphose, unvollständige Entwicklungssystem, bei dem junge Insekten ihre Form vom Ei über die Nymphe zu Adulten verändern.

Metamorphose, vollständige Entwicklungsform, bei der sich junge Insekten aus dem Ei über Larve und Puppe zu Adulten entwickeln.

Migration Saisonale Wanderung von einem Lebensraum in einen anderen. Viele Tiere legen weite Entfernungen zurück, um Nahrung zu suchen, sich zu paaren, Eier abzulegen oder ihre Jungen zu gebären.

Molaren Backenzähne von Säugetieren; dienen zum Zerbeißen und Zermahlen der Nahrung.

Mollusken Weichtiere; Tiere ohne Wirbelsäule und mit weichem Körper, der teilweise oder vollständig von einer Schale umschlossen ist, wie z. B. bei Schnecken.

GLOSSAR

Monotrematen Kloakentiere; primitive, Eier legende Säugetiere, die noch gemeinsame Merkmale mit Reptilien und Vögeln haben. Als einzige Säugetiere ohne Zitzen ernähren sie ihre Jungen mit Milch aus Milchdrüsen am Bauch.

Morphe Eine Farb- oder andere körperliche Variante einer Art.

Musth Bei Elefanten die Zeit, in der ihr Testosteronspiegel hoch ist und die Musthdrüsen zwischen Auge und Ohr eine Flüssigkeit absondern; steht in Verbindung mit der Suche nach Weibchen bzw. der Paarung; zeigt sich u. a. durch erhöhte Aggression.

Mutualismus Eine Wechselbeziehung zwischen zwei Arten, von der beide profitieren, wie z. B. Madenhacker (Vögel) und grasende Pflanzenfresser.

Nahrungskette Ein System, in dem ein Organismus Nahrung für einen anderen bildet, der wiederum von anderen gefressen wird, und so weiter. Den Ausgangspunkt einer Nahrungskette (Primärproduktion) bilden meist grüne Pflanzen, z. B. Algen im Wasser.

Neotenie Erhaltung von Jugend- oder Larvenmerkmalen im Erwachsenenalter; kommt z. B. bei einigen Salamanderarten häufig vor.

Nestflüchter Gleich nach der Geburt selbstständig, wie z. B. die Küken von Enten und Hühnern.

Nesthocker Tiere, die längere Zeit nach der Geburt hilflos sind, wie z. B. viele Säugetierjungen.

Nomaden Tiere, die auf der Suche nach Nahrung und Wasser von Ort zu Ort ziehen.

Nymphe Jugendstadium eines Insektes, das eine unvollständige Metamorphose durchläuft. Nymphen sehen den Adulten häufig ähnlich, haben aber keine voll entwickelten Flügel.

Ocellus Einfaches Auge mit einer einzelnen Linse. Viele Insekten haben 3 Ocellen auf ihrem Kopf.

Ökosystem System aus der Gesamtheit aller Lebewesen, sämtlicher Umweltfaktoren und wechselseitigen Beziehungen in diesem System, z. B. im Ökosystem Hochgebirge.

Omnivore Allesfresser; Tiere, die Pflanzen und Tiere fressen. Sie verfügen über Zähne und ein Verdauungssystem, die fast jede Art von Nahrung verarbeiten können.

Ordnung Eine Hauptgruppe innerhalb der taxonomischen Einteilung. Eine Ordnung ist Teil einer Klasse und ist in Familien unterteilt.

Osteoderm Knochenerhebungen in der Haut, die Schutz gegen Feinde bieten. Viele Krokodile und einige Echsen sind durch Osteoderme sowie durch dicke, kräftige Haut geschützt.

Ovipar Eier legend; im Körper der Mutter erfolgt keine oder nur eine geringe Entwicklung der Nachkommen, die Embryos reifen im Innern der gelegten Eier.

Ovipositor Legeröhre; ein röhrenförmiges Organ, mit Hilfe dessen weibliche Insekten ihre Eier legen. Der Stachel von Bienen und Wespen ist ein umgebildeter Ovipositor.

Ovovivipar Fortpflanzung durch die Geburt lebender Junge, die sich im Körper der Mutter in den befruchteten Eiern voll entwickelt haben. Die Jungen schlüpfen direkt bei der Eiablage oder kurz darauf.

Paarbindung Eine Partnerschaft zwischen einem männlichen und weiblichen Tier, insbesondere bei Vögeln, für die Dauer einer oder mehrerer Bruten. Einige Arten bleiben ihr Leben lang zusammen.

Paläontologie Die Wissenschaft vom Leben in vergangenen geologischen Zeitaltern.

Pangäa Ein alter Superkontinent, in dem alle heutigen Kontinente einst vereint waren.

Parallele Evolution Die Situation, wenn verwandte Gruppen, die isoliert leben, aufgrund ähnlicher Umweltbedingungen ähnliche Strukturen entwickeln.

Parasit Schmarotzer (griech. parasitos – jemand, der mitisst); ein Lebewesen, dessen Habitat ein anderes Lebewesen ist und das sich von ihm ernährt. Das Vorhandensein eines Parasiten hat mitunter schädliche Auswirkungen auf den Wirt.

Pedipalpen Kleine, beinähnliche Organe am Kopf von Insekten und am Cephalothorax von Spinnen und Skorpionen; sie dienen zum Fühlen oder Greifen von Nahrung. Bei Spinnen werden die Pedipalpen auch bei der Paarung benutzt.

Pelagisch Frei im offenen Meer schwimmend.

Pheromon Ein chemischer Stoff, der von Tieren (und Menschen) abgegeben wird, Signalwirkung hat und das Verhalten von Artgenossen beeinflusst. Viele Tiere locken mit Pheromonen Paarungspartner an oder signalisieren Gefahr.

Photophor Lumineszenzorgan bei einigen Tiefseefischen.

Phytoplankton Winzige, einzellige Algen, die an oder nahe der Meeresoberfläche treiben.

Plankton Pflanzliche (Phytoplankton) oder tierische (Zooplankton) Organismen, die im offenen Meere treiben. Plankton bildet ein wichtiges Glied in der Nahrungskette.

Plazentale Säugetiere Plazentatiere; Säugetiere, die nicht wie die Kloakentiere (Monotrematen) Eier legen oder wie die Beuteltiere gering entwickelte Junge gebären. Die Jungen der Plazentatiere werden im Körper der Mutter durch ein reich durchblutetes Organ, die Plazenta, mit Nährstoffen versorgt.

Pollen Eine sehr feine, leicht klebrige Substanz, die von den männlichen Organen der Blüte einer einhäusigen Pflanze oder von männlichen Blüten zweihäusiger Gewächse erzeugt wird und der Fortpflanzung dient.

Pore Eine winzige Öffnung in der Haut eines Tieres oder der Blattoberfläche einer Pflanze.

Proboscis Bei Insekten ein langes, röhrenförmiges Mundwerkzeug zur Nahrungsaufnahme. Bei einigen Säugetieren ist der Proboscis eine verlängerte Nase, lange Schnauze oder ein Rüssel. Bei dem Elefanten hat der Rüssel viele Funktionen, z. B. Schmecken, Fühlen und Heben.

Protandrisch Vormännlich; bei konsekutivem Hermaphroditismus, z. B. bei einigen Fischen, sind die Tiere zuerst Männchen und werden später zu Weibchen.

Proterogyn Vorweiblich; bei konsekutivem Hermaphroditismus, z. B. bei einigen Fischen, sind die Tiere zuerst Weibchen und werden später zu Männchen.

Puppe Das Stadium, in dem sich ein Insekt von einer Larve zu einem Adulten entwickelt; mit Puppe bezeichnet man auch die Hülle, in der diese Entwicklung stattfindet.

Ramus (Plural Rami) Ein Teil der Vogelfeder. Rami entspringen dem zentralen Schaft einer Feder und sind parallel wie die Zähne eines Kamms angeordnet.

Raubvögel Fleisch fressende Landvögel, die ihre Beutetiere jagen und töten. Habichte, Adler, Falken, Bussarde, Milane und Geier sind tagaktive Raubvögel; Eulen dagegen sind nachtaktive Raubvögel.

Räumliches Sehen Wenn beide Augen nach vorne weisen, hat das Tier 2 sich überlappende Sehfelder und kann dadurch räumliche Tiefe abschätzen – ein großer Vorteil für jagende Tiere.

Raupe Die Larve von Schmetterlingen.

Regurgitieren Nahrung aus dem Magen in den Mund hochwürgen. Viele Huftiere nutzen diesen Vorgang, um ihre Nahrung in eine flüssigere Form zu überführen und dadurch möglichst viele Nährstoffe herauszuholen; dies wird Wiederkäuen genannt. Manche Vögel würgen verdautes Futter hoch, um damit ihre Jungen oder ihren Partner (Balzfüttern) zu füttern.

Reißzahn Spezieller Backenzahn mit messerscharfen Kanten, mit dessen Hilfe Fleischfresser ihre Nahrung zerreißen.

Rostrum Röhrenförmiges, schnabelartiges Fressorgan, das bei einigen Insekten am Kopf sitzt.

Rückenflosse Die Flosse auf dem Rücken einiger Fische und im Wasser lebender Säugetiere, die hilft, bei der Fortbewegung die Balance zu halten. Einige Fische verfügen über 2 oder 3 Rückenflossen.

Ruderflossen Die verbreiterten Vorder- (und häufig auch Hinter-)Beine von einigen im Wasser lebenden Tieren. Ruderflossen werden hauptsächlich aus den Knochen von Fingern und Hand gebildet und dienen als Paddel, um das Tier im Wasser vorwärts zu bewegen.

Rudimentär Ein einfacher, nicht entwickelter oder unterentwickelter Teil eines Tieres wie ein Organ, eine Gliedmaße oder ein Flügel. Rudimentäre Körperteile einiger moderner Tiere sind Reste von funktionellen Teilen ihrer frühen Vorfahren, erfüllen aber keinen Zweck mehr.

Säugetier Ein gleichwarmes Wirbeltier, das seine Jungen über Zitzen mit Milch säugt und dessen Unterkiefer aus einem einzelnen Knochen besteht (Letzteres gilt als besonders markantes Merkmal). Obwohl die meisten Säugetiere Haare haben und lebende Junge zur Welt bringen, gibt es einige wie Wale und Delfine, die kaum oder keine Haare besitzen, und andere wie die Monotrematen, die Eier legen.

Savanne Offenes Grasland mit vereinzelt stehenden Bäumen. Die meisten Savannen befinden sich in den Subtropen, wo es eine ausgeprägte Regenzeit gibt.

Schneidezähne Die Vorderzähne, die zwischen den Fangzähnen eines Tieres sitzen; sie dienen zum Schneiden der Nahrung.

Schuppen Bei Reptilien verdickte Bereiche der Haut, die in Form und Größe – von winzig bis sehr groß – variieren; bei Fischen sind es kleine, plattenförmige Gebilde, die einen Teil der Körperhülle bilden.

Schwimmblase Ein gasgefülltes, sackförmiges Organ im Hinterleib von Knochenfischen. Es ermöglicht den Fischen, sich in einer bestimmten Tiefe im Wasser aufzuhalten.

Sedentär Sesshaft, eine Lebensweise ohne viel Bewegung; beschreibt auch Tiere, die nicht wandern.

Seide Bei Tieren eine höchst stabile, aber elastische Substanz, die von Insekten und Spinnen produziert wird. Die Seide ist flüssig, bis sie den Tierkörper verlässt.

Seitenlinienorgan Ein sensorisches Kanalsystem entlang der Flanken eines Fisches. Das Tier nimmt damit sich bewegende Objekte wahr, indem es die Turbulenzen (Druckveränderungen) im Wasser registriert.

Semiaquatisch Lebensweise von Tieren, die einen Teil ihres Lebens im Wasser und einen Teil an Land zubringen.

Sessil Fest sitzend; Tiere, die auf einem Untergrund angeheftet sind, z. B. Süßwasserpolypen oder viele Lebewesen der Korallenriffe.

Singvögel siehe Sperlingsvögel

Sozial Leben in Gruppen; soziale Tiere können als Paare, zum Teil zusammen mit ihren Jungen, leben oder in einer Kolonie oder Herde, die wenige bis Tausende von Tieren umfassen kann.

Sperlingsvögel Alle Vogelarten, die zu der großen Ordnung Passeriformes gehören. Sie werden vielfach auch als Singvögel bezeichnet.

Spermatophore Ein Behältnis oder Paket mit Spermien, das bei der Paarung vom Männchen an das Weibchen übergeben wird, z. B. bei vielen Fischen und Insekten.

Spicula Ein winziger, nadelförmiger Körper aus Silikat oder Kalk bei Wirbellosen.

Spinnwarze Fingerförmige Auswüchse, die mit den Spinndrüsen in Verbindung stehen und am Ende des Hinterleibs der Spinnen sitzen.

Spiraculum (Plural Spiracula) Eine kleine Öffnung, die in die Trachee (Atemröhre) von Insekten oder Spinnen führt. Bei Knorpelfischen befinden sich die Spiracula hinter den Augen. Durch sie dringt das Atemwasser ein, wenn die Fische am Boden ruhen oder das Maul gerade zum Fressen benutzt wird.

Squalen Ölige Substanz aus der Leber von Tiefseehaien. Es wird bearbeitet (raffiniert) und in der Industrie als hochwertiges Maschinenöl verwendet, außerdem als Nahrungsergänzungsmittel für Menschen und als Basisprodukt in der Kosmetikindustrie.

Stachel Eine hohle Struktur am Schwanz von Insekten und Skorpionen, mit der das Tier ins Fleisch von Beutetieren oder Feinden einsticht und Gift injiziert.

Stechborste Ein spitzes Mundwerkzeug, mit dem sein Träger Pflanzen oder andere Tiere anstict.

Stoßzähne Die langen vorragenden Zähne von Säugetieren wie Elefanten, Schweinen, Flusspferden, Walrossen und Narwalen; sie werden im Kampf mit Rivalen und zur Selbstverteidigung benutzt.

Stridulieren Erzeugung von Tönen durch das Aneinanderreiben zweier Objekte. Viele Insekten kommunizieren auf diese Art, einige, z. B. Grillen und Zikaden, indem sie ihre Beine gegen ihren Körper reiben.

Stromlinienförmig Eine längliche, glatte Körperform, z. B. bei Robben, die den Strömungswiderstand im Wasser reduziert.

Subantarktisch Die Meere und Inseln direkt nördlich der Antarktis.

Symbiose Ein Zusammenleben von verschiedenen Arten, das für eine oder beide Seiten Vorteile bringt. Tiere bilden symbiotische Beziehungen mit Pflanzen, Mikroorganismen und anderen Tieren.

Sympatrisch Vorkommen von 2 oder mehr Arten im selben Gebiet.

Syndaktylie Das Verschmelzen oder Zusammenwachsen von Fingern oder Zehen, z. B. die Hinterfüße bei Nasenbeutlern, Kängurus oder Wombats.

Tagaktiv Die Aktivität am Tag ist für Tiere, die wie z. B. die meisten Reptilien auf die Sonnenwärme angewiesen sind, überlebenswichtig, denn nur so erhalten sie genügend Energie für die Jagd und andere Aktivitäten.

Taille Die schmale Verbindung zwischen Kopf und Thorax von Insekten oder zwischen Cephalothorax und Abdomen bei Spinnen.

Tarnung Färbung, Zeichnungen und Muster eines Tieres, die es mit dem Hintergrund seines Lebensraumes verschmelzen lassen. Die Tarnung schützt das Tier vor Fressfeinden und hilft ihm selbst beim Auflauern seiner Beute.

Taxonomie Das wissenschaftliche System zur Einteilung von Lebewesen in verschiedene Gruppen und Untergruppen aufgrund ihrer natürlichen Verwandtschaft.

Teleostier Knochenfische

Tentakel Bei im Meer lebenden Wirbellosen sind es lange, dünne Gebilde, die zum Fühlen und Greifen oder Gift injizieren dienen. Bei Blindwühlen sind es Sinnesorgane an den Seiten des Kopfes, vermutlich zum Schmecken und Riechen.

Terrestrisch Lebensweise von Tieren, die immer oder die meiste Zeit ihres Lebens an Land zubringen.

Territorium Revier; ein begrenztes Gebiet, das von einem Tier bewohnt und gegen artgleiche Eindringlinge verteidigt wird. In diesem Gebiet sind häufig alle lebensnotwendigen Ressourcen wie Nahrung und Nist-, Schlaf- oder Ruheplatz vorhanden.

Thermik Eine Säule aufsteigender Luft, mit deren Hilfe Vögel an Höhe gewinnen und auf der einige Vögel segeln, um Energie zu sparen.

Thorax Der mittlere Teil eines Tierkörpers. Bei Insekten wird der Thorax vom Kopf durch eine schmale Taille abgeteilt. Bei Spinnen bilden Thorax und Kopf eine Einheit.

Torpor Ein schlafähnlicher Zustand, bei dem die Körpervorgänge erheblich verlangsamt sind. Der Torpor hilft Tieren, ungünstige Bedingungen wie Kälte oder Nahrungsmangel zu überstehen. Ästivation und Winterschlaf sind eine Art Torpor.

Trachee Eine Atemröhre in einem Tierkörper. Bei Wirbeltieren gibt es eine Trachee (oder Luftröhre), durch die Luft in die Lungen gelangt. Insekten und einige Spinnen verfügen über viele kleine Tracheen, die im ganzen Körper verteilt sind.

Tragzeit Die Dauer der Trächtigkeit (Schwangerschaft) bei einem Tier.

Tran siehe Blubber

Treibhauseffekt siehe Globale Erwärmung

Tropenwälder Wälder, die in tropischen Regionen wachsen, z. B. in Zentralafrika, im nördlichen Südamerika und in Südostasien. In all diesen Regionen gibt es das ganze Jahr über nur geringe Temperaturunterschiede.

Tropisch Region in Äquatornähe, wo es das ganze Jahr über warm bis heiß ist.

Tundra Ein kaltes, karges Gebiet, in dem ein Großteil des Bodens gefroren ist und die Vegetation hauptsächlich aus Moosen, Flechten und anderen kleinen, kälteresistenten Pflanzen besteht.

Vibrissen Spezielle Haare oder Tasthaare, die extrem empfindlich auf Berührung reagieren.

Vivipar Fortpflanzung durch Junge, die sich im Mutterleib entwickeln und lebend geboren werden, diesen Vorgang nennt man auch plazentale Viviparie. Die meisten Säugetiere – mit Ausnahme der Kloakentiere – sowie einige Fische, z. B. Haie und Zahnkarpfen, sind vivipar.

Warmblütig siehe endotherm

Wegfaden Ein Spinnfaden, den Spinnen hinter sich lassen, wenn sie sich umherbewegen.

Weidegänger Tiere, die am Boden wachsende Pflanzen, insbesondere Gräser, abweiden.

Weidetiere Pflanzen fressende Säugetiere, die mit den Händen oder Lippen Blätter von Bäumen und Büschen pflücken, wie z. B. Koalas und Giraffen, oder von niedrigen Pflanzen, wie z. B. Nashörner.

Wiederkäuer Huftiere mit einem vierkammerigen Magen. Hierzu gehören u. a. Rinder, Büffel, Bisons, Antilopen, Gazellen, Schafe, Ziegen und andere Mitglieder der Familie Bovidae. Eine der Kammern ist der Pansen, in dem die Nahrung von Mikroorganismen zersetzt wird, bevor sie hochgewürgt und ein zweites Mal gründlich zerkaut wird. Erst dann landet die Nahrung endgültig im Verdauungssystem. Dieses effiziente Verdauungssystem ermöglicht den Tieren eine nährstoffarme Nahrung wie Gräser bestmöglich auszunutzen und entsprechende Lebensräume zu besiedeln.

Wirbellose Tiere ohne Wirbelsäule; viele Wirbellose wie Würmer, Egel oder Oktopusse haben einen sehr weichen Körper, aber die meisten besitzen ein hartes Exoskelett (Außenskelett), wie z. B. die Insekten, das als wirksamer Schutz dient.

Wirbelsäule Die Reihe von Wirbeln, die vom Kopf bis zum Schwanz entlang des gesamten Rückens eines Wirbeltieres verläuft und in die das Rückenmark eingebettet ist.

Wirbeltiere Tiere mit einer Wirbelsäule. Alle Wirbeltiere haben ein inneres Skelett (Endoskelett) aus Knorpel oder Knochen. Fische, Reptilien, Vögel, Amphibien und Säugetiere sind Wirbeltiere.

Zooplankton Winzige Tiere, die zusammen mit dem Phytoplankton das Plankton bilden, das an oder nahe der Meeresoberfläche treibt. Zooplankton wird von einigen Walen, Fischen und Seevögeln gefressen.

Zurückziehbare Krallen Die Krallen von vielen Katzen und ähnlichen Tieren, die normalerweise durch Scheiden geschützt werden. Sie werden ausgefahren, wenn die Tiere sie zur Beutejagd oder zum Kämpfen mit Rivalen brauchen.

REGISTER

A

Aalartige 20, 474
Aalgärten 476
Aalmutter 509
Aalquappe 496
Aasfresser 47, 588
Abbottducker 177
Abendpfauenauge 571
Abendsegler, Großer 96
Abessinischer Fuchs 126
Abgottschlange 397
Ablennes hians 499
Ablepharus kitaibelii 385, 387
Abraliopsis morisii 530
Abrocoma cinerea 238
Abronia aurita 391
Acanthaster planci 584
Acanthisitta chloris 330
Acanthiza chrysorrhoa 334
Acanthocardia aculeata 527
Acanthocephala 21
Acanthocybium solandri 510
Acanthodactylus pardalis 389
Acanthophis antarcticus 410
Acanthopterygii 20
Acanthosaura armata 377
Acanthostracion polygonius 450
Acanthurus achilles 509
Acari 542
Acarus siro 542
Accipiter sp. 279
Aceros waldeni 316
Achatina achatina 529
Achatschnecke, Echte 529
Acinonyx jubatus 34, 35, 122, 152, 153, 161
Acipenser sp. 470
Acomys cahirinus 228
Aconaemys fuscus 238
Acrantophis madagascariensis 397
Acrobates pygmaeus 74
Acrocephalus schoenobaenus 37, 346
Acrochordus sp. 399
Acrocinus longimanus 566
Acropora sp. 516
Acryllium vulturinum 255
Actias selene 571
Actinia equina 522
Actinopterygii 20
Actophilornis africanus 288,
Adaptive Radiation 29, 588
Adela reamurella 570
Adéliepinguin 48, 261
Adenomera andreae 434
Adersducker 177
Adlerrochen, Gewöhnlicher 465
Aechmophorus occidentalis 262, 263
Aegithalos concinnus 333
Aegolius sp. 305
Aegotheles cristatus 307
Aegypius monachus 277
Aeluroscalabotes felinus 380
Aenetus dulcis 571
Aeoliscus strigatus 501
Aepyceros melampus 163, 179
Aepyprymnus rufescens 78
Aethia cristatella 293
Aetobatus narinari 455, 465
Affen 18, 106
Affenente 258
Afghanfuchs 128
Afrikanische Eierschlange 407
Afrikanische Goldkatze 157
Afrikanische Streifengrasmaus 228
Afrikanische Weichschildkröte 361
Afrikanischer Dornschwanz 376
Afrikanischer Elefant 39, 64, 163, 165

Afrikanischer Monarch 573
Afrikanischer Quastenstachler 234
Afrikanischer Schlammfisch 481
Afrikanischer Wildesel 169
Afrikanischer Wildhund 127
Afrikanisches Binsenhuhn 286
Afrikanisches Blatthühnchen 288
Afrikanisches Hirschferkel 191
Afrikanisches Zwerghörnchen 221
Afrixalus dorsalis 444
Afterflosse 588
Aga-Kröte 435, 436
Agalychnis sp. 42, 418, 439
Agama agama 376
Agaporius sp. 298
Agelaius phoeniceus 351
Agkistrodon sp. 401, 413
Agnatha 20
Agouti sp. 232, 236
Agriope bruennichi 539
Agutis 232
Agrotis infusa 74, 572
Ägyptische Landschildkröte 366
Ägyptische Stachelmaus 228
Ägyptischer Flughund 93
Ahaetulla nasuta 406
Ährenfische 498
Ailuropoda melanoleuca 57, 59, 122, 130, 131, 132
Ailurus fulgens 130, 132
Aipysurus laevis 411
Aix sponsa 258
Alabama-Alse 479
Alaemon alaudipes 339
Alaska-Tundra-Wolf 123, 125
Alauda arvensis 339
Albatrosse 19, 264
Albino-Messerfisch 472
Albula sp. 474, 475
Alcedo atthis 314, 315
Alcelaphus buselaphus 178
Alces alces 190, 194
Alcyonium digitatum 521
Alectoris rufa 253
Alectroenas pulcherrima 295
Alectura lathami 252
Alepocephalus tenebrosus 487
Alexandersittich 298
Alfoncino 500
Algen 588
Algerischer Sandläufer 389
Algyroides nigropunctatus 389
Allenopithecus nigroviridis 117
Alligator sp. 52, 368
Alligatorsalamander 425
Allobates femoralis 443
Alopex lagopus 127
Alopias vulpinus 457, 459
Alosa sp. 479
Alouatta sp. 109
Alpaka 198
Alpendohle 337
Alpenkrähe 337
Alpenmurmeltier 219
Alpenschneehuhn 253
Alpensegler 309
Alphaeus randalli 550
Alse 479
Alse, Amerikanische 479
Altweltaffen 106
Altweltkamele 198
Altweltmäuse 225
Altwelt-Palmsegler 309
Altweltratten 225
Altwelt-Stachelschweine 232
Alytes sp. 430
Amardillidium vulgare 546, 549
Amaurornis phoenicurus 285

Amazona sp. 300
Amazonas 54
Amazonas-Delfin 207
Amazonasskunk 137
Amazonas-Sotalia 208
Amazonenameise 578
Amblyornis inornatus 39
Amblyrhynchus cristatus 373
Amblysomus hottentotus 86, 86
Amboina-Scharnierschildkröte 363
Ambystoma sp. 422, 424, 426
Ameisen 21, 578
Ameisenbär, Großer 82
Ameisenbären 18
Ameisenbeutler, 71
Ameisenigel 18, 66, 67
Ameisenjungfern 579, 581
Ameisenlöwe 581
Ameisenspinne, Brasilianische 539
Ameisenstaat 578
Ameiva ameiva 391
Ameive 391
Amerika-Nimmersatt 270
Amerikanische Alse 479
Amerikanische Kleine Maräne 490
Amerikanische Opossums 18
Amerikanische Schwarze Witwe 541
Amerikanischer Flusskrebs 551
Amerikanischer Graureiher 268, 269
Amerikanischer Hummer 550
Amerikanischer Löffelstör 469
Amerikanischer Nerz 140
Amerikanischer Schlammfisch 471
Amerikanischer Schlangenhalsvogel 271
Amerikanischer Spitzmausmaulwurf 88
Amerikanischer Uhu 305
Amerikanisches Odinshühnchen 290
Amethyst-Glanzstar 347
Amethystpython 407
Amia calva 471
Ammenhai 457
Ammodorcas clarkei 180
Ammodytes tobianus 509
Ammophila sabulosa 577
Ammotragus lervia 185
Amolops viridimaculatus 446
Amphibia 19
Amphibien 19, 416, 426, 588
Amphipoda 549
Amphiprion ocellaris 508
Amphisbaenia 19
Amphitretus pelagicus 531
Amphiuma means 421
Anabas testudineus 511
Anableps anableps 500
Anadrom 588
Anaireles parulus 328
Anakonda 397
Analflosse 588
Anas sp. 256, 258
Anaspides tasmaniae 549
Ancylus fluviatilis 529
Andenflamingo 267
Andenfuchs 129
Andenhirsch, Nördlicher 195
Andenhirsch, Südlicher 195
Andenkondor 275
Andenskunk 137
Andigena hypoglauca 321
Andrias davidianus 421
Androctonus australis 537
Androngo trivittatus 384
Aneides lugubris 425
Anemone, Dickarmige 520
Anemonenfisch 498
Anglerfisch 20, 467, 495

Angolaginsterkatze 148
Anguilla sp. 474, 477
Anguina tritici 524
Anguis fragilis 390
Anhinga sp. 271
Ani 302
Anilius scytale 399
Anisoscelis flavolineatus 559
Annamschildkröte 366
Annelida 20, 532
Annulus 588
Anodonta cygnaea 527
Anodorhynchus hyacinthinus 299
Anolis sp. 375
Anolis-Arten 386
Anomalops katoptron 500
Anomalurus sp. 223
Anopheles maculipennis 567
Anoplopoma fimbria 503
Anpassungen 40, 588
Anser sp. 48, 249, 257, 266
Anseranas semipalmata 257
Anseriformes 19
Anseropoda placenta 584
Antalis tarentinum 526
Antaresia childreni 397
Antechinus sp. 72
Antennarius avalonis 497
Antenne 588
Anthaxia hungarica 564
Anthophora parietina 577
Anthozoa 522
Anthozoen 522
Anthracoceros montani 316
Anthracothorax sp. 310, 311
Anthrenus scrophulariae 564
Anthreptes malacensis 331
Anthropoides virgo 283
Anthus sp. 340
Antidorcas marsupialis 180
Antigonia rubescens 501
Antilocapra americana 45, 190, 195
Antilope cervicapra 180
Antilopen 18
Antilopenhase 241
Antimora rostrata 496
Antipathes furcata 522
Anura 19
Aonyx capensis 135
Aotus trivirgatus 108
Apaloderma narina 313
Apalone sp. 361
Apella 109
Apfelblattsauger 561
Apfelfruchtfliege 568
Apfelwickler 572
Aphantochilus rogersi 539
Aphelinus mali 575
Aphelocephala pectoralis 333
Aphididae 561
Aphrodite aculeata 532
Aphyosemion gardneri 499
Apidae 577
Apis sp. 577
Aplodinotus rufa 218, 219
Aplonis metallica 347
Aplysia californica 37
Aplysina aerophoba 519
Apodemus sylvaticus 228
Apodiformes 19
Apollofalter 572
Apothekerskink 383
Aptenodytes sp. 40, 260, 261
Apteronotus albifrons 485
Apterygiformes 19
Apteryx sp. 250, 251
Apus sp. 309, 309

Aquatisch 588
Aquila sp. 15, 280
Ara sp. 299
Arabische Kropfgazelle 182
Arabischer Tahr 184
Arachnida 20, 588
Arafura-Warzenschlange 399
Aramus guarauna 284
Araneae 538
Araneus diadematus 539
Araniella cucurbitina 539
Arapaima 473
Arapaima gigas 472, 473
Araponga 327
Ararauna 299
Araschnia levana 573
Arasittich 299
Arassari 321
Archaeognatha 21
Archaeoindris fontoynontii 101
Archaeopteryx 28, 246
Architeuthis dux 516, 525, 531
Archosauria 356
Arctia caja 571
Arctictis binturong 150
Arctocebus calabarensis 104, 105
Arctocephalus sp. 143
Arctogalidia trivirgata 150
Arctonyx collaris 136, 136
Ardea sp. 268, 269
Arfak-Strahlenparadiesvogel 338, 343
Arge ochropus 574
Argema mimosae 39
Argentina silus 487
Argentinischer Graufuchs 129
Argiope sp. 540
Argonauta argo 531
Argulus foliaceus 548
Argusfasan 254
Argusianus argus 255
Argusfisch 507
Argynnis paphia 573
Argyrodes gibbosus 541
Argyropelecus olfersi 491
Arion rufus 529
Arion-Bläuling 572
Arizona-Korallenschlange 410
Armfüßer 21, 587
Armmolch, Großer 421
Armmolch, Kleiner 421
Arothron meleagris 512
Arrauschildkröte 359
Artamus superciliosus 335
Artemia salina 547
Arten 16, 26, 40
Artenexplosion 27
Arthroleptis wahlbergii 447
Arthropoda 20, 534, 588
Arthropoden 588
Arthropodenpanzer 534
Artiodactyla 18
Arvicanthis niloticus 228
Arvicola terrestris 227
Ascaphus truei 430
Ascaris lumbricoides 524
Äsche, Europäische 490
Ascothorax ophioctenis 548
Asellus aquaticus 549
Asiatische Goldkatze 158
Asiatischer Elefant 165
Asiatischer Halbesel 169
Asio sp. 305
Äskulapnatter 402
Aspidelaps lubricus 410
Aspidereles gangenticus 361
Aspidites melanocephalus 398
Aspidontus taeniatus 509

Asseln 549
Asselspinnen 20
Asspinnen 544
Astacilla pusilla 549
Astacopsis gouldi 56
Asterias rubens 583
Asteroidea 584
Astrapia nigra 338
Astrospartus mediterraneus 584
Atelerix albiventris 86
Ateles sp. 110
Atelocynus microtis 129
Atelopus varius 437
Atelornis crossleyi 317
Athene cunicularia 305
Atheris squamigera 412
Atherurus africanus 234
Atlantischer Hering 479
Atlantischer Inger 453
Atlantischer Lachs 488
Atlantischer Seeteufel 497
Atlantischer Stör 470
Atlantischer Weißseitendelfin 208
Atlantisia rogersi 285
Atlantis-Ralle 285
Atlasspinner 571
Atractaspis sp. 399
Atractosteus spatula 471
Atrax robustus 541
Atrichornis clamosus 330
Atta sp. 15, 32, 578
Attacus atlas 571
Attaphila fungicola 556
Atticora fasciata 339
Atympanophrys shapingensis 431
Atypus muralis 538
Augenwarzenschnecke 528
Augenzipfel-Stummelschwanz-
  chamäleon 379
Aulacocephalus temminckii 504
Aulacorhynchus prasinus 321
Aurelia aurita 521
Außenskelett 516, 588
Auster, Europäische 527
Austern 527
Austernfischer 288
Australien-Mausflugbeutler 74
Australische Großschabe 556
Australische Schwimmratte 230
Australische Seeschwalbe 292
Australische Suppenschildkröte 360
Australischer Brillenvogel 332
Australischer Höhlenschwalm 307
Australischer Lungenfisch 468
Australischer Raupenfänger 340
Australkleiber 334
Australophocaena dioptrica 210
Avahi laniger 103
Aves 19
Aviceda sp. 275
Axis axis 193
Axishirsch 193
Aye-Aye 102
Aythya ferina 259
Ayu 487
Azemiops faae 412
Azurblauer Dornschwanzleguan 375
B
Babyrousa babyrussa 200, 201
Bäche 51
Bachforelle 488
Bachia panoplia 390
Bachläufer, Großer 559
Bachneunauge 453
Bachsalamander, Brauner 425
Bachschmerle 482
Bacillus rossii 579
Baculentulus breviunguis 582
Badeschwamm 519
Baid-Schnabelwal 212
Baikal-Ringelrobbe 144
Balaena mysticetus 213, 214
Balaeniceps rex 270

Balaenoptera sp. 30, 204, 213, 214,
  215
Balanoglossus clavigerus 586
Balantiocheilos melanopterus 481
Balanus tintinnabulum 548
Baldachinnetz 540
Baldachinspinne, Gemeine 541
Balearica sp. 283
Bali-Honigesser 332
Balistoides conspicillum 512
Baltimore-Trupial 351
Baltischer Stör 470
Balzverhalten 342
Bananaquit 349
Bananenschabe, Grüne 556
Bänderlinsang 149
Bänderroller 149
Bänderteju 391
Bandfische 494
Bandicota indica 229
Bandikutratte, Große 229
Bandrobbe 144
Bandwürmer 523
Bankivahuhn 253
Barasingha 192
Barbatula barbatula 482
Barbourisia rufa 500
Barbus erubescens 480
Bären 18
Bärenkrebs, Großer 533
Bärenkrebs, Kleiner 551
Bärenmakak 113
Bärenmaki 105
Bärenpavian 114
Baribal 131
Barrakudas 35
Barramundi 504
Barschlachs, Östlicher 495
Bartaffe 113
*Bartel 588
Barten 213, 588
Bartenwale 18, 204, 213
Bartgeier 277
Bärtierchen 585
Bartkauz 33, 303, 304
Bartrobbe 144
Bartvögel 320
Bartwürmer 21
Basiliscus plumifrons 375
Bassariscus astutus 146
Basstölpel 272
Bastardschildkröte 360
Batagur baska 55, 363
Batagur-Schildkröte 55, 363, 366
Bathyergus suillus 233
Bathylagus stilbius 487
Bathynella natans 549
Bathynomus giganteus 549
Batis molitor 334
Batrachoseps major aridus 422
Batrachuperus mustersi 422
Bauchdrüsenotter, Rotbauchige 409
Bauchflossen 588
Bauchhärlinge 21
Bauchsackkugelfisch 513
Baumfrosch, Grauer 447
Baumgecko, Grüner 380
Baumhopf 317
Baumhummer 56
Baumkorallen 516
Baummarder 134, 138
Baumpython, Grüner 395, 398
Baumschläfer 231
Baumschnegel 529
Baumschnüffler, Langnasiger 406
Baumsteiger 429
Baumsteiger, Blauer 443
Baumsteiger, Bunter 443
Baumsteiger, Schwarzgelber 443
Baumwanzen 560
Baumwollratte 226
Bedrohte Tierwelt 54

Beifußhuhn 252
Beilbauch, Gestreifter 483
Beilfisch 483
Beintastler 21
Beira-Antilope 180
Beluga 207
Bengalfuchs 128
Bengalkatze 158
Bennett-Baumkänguru 78
Benteri 328
Benthalbella dentata 492
Benthisch 588
Berardius bairdii 212
Berberaffe 113
Berberkröte 436
Berg-Anoa 186
Bergeidechse 388
Bergkatze 159
Berglemming 227
Bergpaka 236
Bergriedbock 181
Bergstachler 235
Bergwaldbaumschliefer 174
Bergzebra 170
Bernstein 27
Beroe cucumis 585
Beryx splendens 500
Bestäuber 552
Bestäubung 588
Betta splendens 511
Bettongia penicillata 78
Bettwanze 560
Beutefang der Spinnen 540
Beutelfrosch 440
Beutelmarder 18
Beutelmäuse 18
Beutelmeise 333
Beutelmull, Großer 71
Beutelmulle 18
Beutelratten 18
Beutelteufel 71
Beuteltiere 18, 68, 70, 79, 588
Beutelwolf 71
Beutetiere 32
Bezoarziege 184
Bhutanitis lidderdalii 572
Biber 218, 222
Biber, Eurasischer 223
Bielzia coerulans 525
Bienen 21
Bienenauge 576
Bienenesser 316
Bienenkäfer, Gewöhnlicher 564
Bienenlaus 568
Bienenmilbe 543
Bienenschwarm 576
Bienenstaat 576
Bienenstock 576
Bienenwolf 564, 577
Bilateralsymmetrie 523
Bindenliest 315
Bindenwollbeutelratte 69
Binsenhuhn, Afrikanisches 286
Binturong 150
Biodiversität 54, 588
Biodiversitäts-Hotspots 55
Biologie 30
Biorrhiza pallida 575
Bipalium kewense 523
Birkenspanner 23
Birkenzeisig 348
Birkhuhn 253
Birnblattwanze 559
Bisamratte 227
Biston betularia 23
Bitis sp. 46, 401, 413
Bitterling 481
Bivalvia 525, 527
Biziura lobata 259

Blaberus giganteus 556
Blainville-Schnabelwal 212
Blaniulus guttulatus 545
Blarina brevicauda 87
Blasenkoralle 522
Blasloch 204
Blassfuchs 128
Blasskopfsaki 108
Blassuhu 305
Blastocerus dichotomus 194
Blatella germanica 556
Blattfisch 507
Blatthühnchen 287
Blatthühnchen, Afrikanisches 288
Blattläuse 559, 561
Blattnasenmuräne 474
Blattodea 21, 556
Blattreicher Seedrache 502
Blattschmetterling, Indischer 573
Blattschneiderameisen 15, 578
Blattsteiger, Gelber 443
Blaubart-Blattvogel 341
Blaubauchracke 316
Blaue Holzbiene 577
Blauelster 337
Blauer Baumsteiger 443
Blauer Marlin 510
Blauer Ohrfasan 253
Blauer Paradiesvogel 338
Blauer Pfau 254
Blauer Staffelschwanz 329
Blauflecken-Querzahnmolch 424
Blauflecken-Stechrochen 455, 464
Blauflügelkolibri 310
Blauflügel-Prachtlibelle 554
Blaufußtölpel 272
Blauhai 458
Blauhecht 496
Blaukehlchen 344
Blaukehlige Kielechse 389
Blaukrönchen 298
Blaumeise 324
Blaunacken-Mausvogel 313
Blauohr-Honigesser 332
Blauohrliest 315
Blauracke 316
Blaurückenlachs 489
Blauscheitel-Spechtpapagei 297
Blauschwanzpitta 330
Blaustirnamazone 300
Blautukan 321
Blauvanga 353
Blauwal 204, 213, 214
Blauwangen-Bartvogel 320
Blauwangenlori 297
Blau-Weißer Delfin 208
Blauwürger 353
Blauzungenskink, Kleiner 385
Blauzungenskink, Nördlicher 384
Bleichböckchen 181
Blinder Wunderschirm 531
Blindschleiche 390
Blindwühlen 19, 427, 588
Blomberg-Kröte 436
Blondschopfspecht 323
Blubber 142, 204, 588
Blumenkohl-Sackzungenschnecke
  528
Blutegel, Medizinischer 532
Blutkotinga 327
Blutlaus 561
Blutlauszehrwespe 575
Blutrote Singzikade 560
Blutschnabelweber 347
Boa constrictor 397
Boaschädel 396
Boa-Trugnatter 405
Bockkäfer 566
Bocydium globulare 560
Boden 40
Bodenläuse 21, 579
Boettgerilla pallens 529
Bogong-Falter 572

Bohadschia argus 583
Boiga dendrophila 406
Bolaspinnen 539
Bolitoglossa jacksoni 425
Bolyeria multocarinata 396
Bombardierkäfer 563
Bombay-Enten 492
Bombina sp. 430
Bombus lapidarius 577
Bombycilla garrulus 341
Bombylius major 568
Bonaparte-Möwe 291
Bongo 187
Bonito, Echter 510
Bonobo 120
Boomslang 406
Boophis madagascariensis 447
Bootsmannfisch, Nördlicher 497
Boreus hiemalis 581
Borneo-Flugfrosch 441
Borneo-Goldkatze 158
Borneo-Taubwaran 392
Borneo-Winkelkopfagame 377
Borstenkaninchen 242
Borstenkopf 297
Borstenschwänze 21, 579
Borstenwürmer 532
Bos grunniens 186
Bos sp. 186
Boselaphus tragocamelus 187
Bosmina longirostris 547
Botaurus sp. 268
Bothriechis 400, 407, 415
Bothriopsis taeniata 415
Bothrops sp. 415
Botia lohachata 482
Botrylloides magnicoecum 518
Botryllus schlosseri 518
Boulengerella maculata 483
Boulengerina annulata 409
Bovidae 18
Bowerbankia imbricata 587
Brachiopoda 21
Brachschwalbe 289
Brachvogel, Großer 289
Brachionichthys hirsutus 495
Brachygastra lecheguana 577
Brachylagus idahoensis 242
Brachylophus sp. 373
Brachynus crepitans 563
Brachypelma albopilosa 538
Brachypoda versicolor 543
Brachypteryx montana 344
Brachyteles arachnoides 110
Bradypodion damaranum 379
Bradypus sp. 32, 81, 82
Branchionus plicatilis 586
Branchiopoda 547
Branchiostoma lanceolatum 518
Branchipus stagnalis 547
Brandgans 256, 258
Brandseeschwalbe 292
Branta sp. 257
Brasilianische Ameisenspinne 539
Brasilien-Waldkaninchen 242
Braula caeca 568
Braunbär 14, 64
Braunbär, Europäischer 131
Braunchamäleon 379
Braune Maifliege 580
Braune Schildechse 383
Brauner Bachsalamander 425
Brauner Bär 571
Brauner Maki 101
Brauner Pelikan 272
Braunhalsfrankolin 252
Braunkehlnektarvogel 331
Braunkehlstar 347
Braunliest 315
Braunzottiges Bürstengürteltier 82
Brautente 258
Braviicoryne brassicae 561
Breitflügelfledermaus 96

Breitmaulnashorn 172, 173
Breitrandschildkröte 364
Breitschnabeldelfin 209
Breitschnauzenhalbmaki 101
Breitstirnkaiman 368
Bremsen 568
Brennnesselröhrenlaus 561
Breviceps sp. 442
Brevoortia tyrannus 479
Brillenbär 132
Brillen-Hasenkänguru 80
Brillenkaiman 369
Brillenkauz 305
Brillenpinguin 57, 261
Brillenschlange 400
Brillentümmler 210
Brillenvogel, Australischer 332
Bronzekiebitz 289
Brookesia superciliaris 379
Brosme 496
Brosme brosme 496
Brotogeris versicolurus 300
Brotula multibarbata 496
Brubru 335
Brückenechsen 19, 29, 370
Brüllaffe, Roter 109
Brüllaffe, Schwarzer 109
Brunft 192
Brustflossen 588
Brutparasit 588
Bryozoa 21, 585, 587
Bubalornis niger 347
Bubalus sp. 186
Bubo sp. 305
Bubulcus ibis 268, 269
Bucco tamatia 320
Buceros bicornis 317, 317
Bücherlaus 580
Bücherskorpin 537
Buckellachs 489
Buckelwal 204, 205, 211, 213, 215
Budorcas taxicolor 183
Büffelweber 347
Bufo sp. 45, 428, 429, 435, 436, 437, 444
Bulldogameise 574
Bulldogfledermaus, Europäische 97
Bullenhai 458
Bullennatter 401
Bulweria sp. 265
Bungarus fasciatus 409
Buntbock 178
Bunte Languste 550
Bunte Seegurke 583
Bunter Baumsteiger 443
Bunter Fangschreckenkrebs 549
Bunter Stummelfußfrosch 437
Buntfüßige Sturmschwalbe 265
Buntleguan, Marmorierter 375
Buntmarder 138
Buntpython 398
Buntschnepfe 288
Buphagus africanus 36, 325
Buprestidae 564
Burchell-Zebra 170
Burma-Landschildkröte 366
Burma-Sonnendachs 136
Burramys parvus 74
Bürsten-Felskänguru 80
Bürstengürteltier, Braunzottiges 82
Bürstenmaulwurf 88
Bürstenschwanzkänguru 78
Buschhuhn 252
Buschkaninchen, Zentralafrikanisches 242
Buschmeister 33, 415
Buschschliefer 174, 175
Buschschwanzborkenratte 230
Buschschwanzgundi 223
Buschschwein 201
Buschviper, Rauschuppige 412
Buschwaldgalago 104

Bushveld-Echse 389
Buteo sp. 274, 279, 353
Buteogallus sp. 279
Buthus occitanus 537
C
Cabassous unicinctus 82
Cacajao sp. 56, 108
Cacosternum capense 446
Caenolestes fuligonosus 70
Caenorhabditis elegans 524
Caesio sp. 466, 506
Caiman crocodilus 369
Cairina moschata 256, 258
Calabaria reinhardtii 396
Calamaria septemtrionalis 404
Calamian-Schweinshirsch 193
Calandrella brachydactyla 339
Calcarea 519
Calicalicus rufocarpalis 353
Calidris minuta 290
Caligo idomeneus 573
Callagur borneoensis 363
Callicebus moloch 108
Callipepla californica 253
Calliphora vicina 569
Calliphoridae 569
Callithrix pygmaea 106, 107
Callopanchax occidentalis 499
Calloplesiops altivelis 504
Callorhinus ursinus 143
Callosciurus prevostii 221
Calloselasma rhodostoma 415
Calopteryx virgo 554
Calosoma sycophanta 563
Calotes sp. 377
Calumma sp. 379
Caluromys philander 69
Caluromysiops irrupta 69
Calyptura cristata 327
Camargue-Pferde 52
Camelidae 18
Camelus sp. 198, 199
Campephilus principalis 321
Campethera abingoni 322
Campodea fragilis 582
Camponotus herculeanus 578
Campylomormyrus elephas 473
Campylorhamphus trochilirostris 326
Campylorhynchus brunneicapillus 318
Candoia aspera 396
Candona suburbana 548
Canephora hirsuta 570
Canidae 18
Canis sp. 30, 45, 71, 123, 124, 125, 126
Canthocamptus staphylinus 547
Caperea marginata 214
Capra sp. 183, 184
Caprella anatifera 549
Capreolus capreolus 194
Capricornis sumatraensis 183
Caprimulgiformes 19
Caprimulgus sp. 307
Caprolagus hispidus 242
Capromys pilorides 237
Capybara 235
Caracal caracal 156
Caracara lusotus 280
Carcharhinus sp. 458, 460
Carcharias taurus 59, 459
Carcharodon carcharias 33, 459, 460
Carcinus maenas 548, 551
Cardinalis cardinalis 249
Carduelis sp. 348
Caretta caretta 360
Carettochelys insculpta 361
Cariama cristata 286
Carlia triacantha 385
Carnegiella strigata 483
Carnivora 18

Carolina-Dosenschildkröte 362
Carpococcyx radiceus 302
Carpodacus carpodacus 352
Caryophyllia smithi 522
Casarea dussumieri 396
Cassiopeia andromeda 521
Castor sp. 217, 218, 222, 223
Casuariiformes 19
Casuarius sp. 251
Catagonus wagneri 202
Catajapyx aquilonaris 582
Cathartes aura 47, 275
Catocala nupta 572
Catopuma sp. 158
Caudata 19
Causus lichtensteini 412
Cayenne-Ralle 285
Cebus sp. 109, 232
Celebes-Haubenadler 280
Celebeskoboldmaki 105
Celebesroller 150
Celeus sp. 323
Centrocercus urophasianus 252
Centrolene prosoblepon 440
Centropus sinensis 302
Centruroides gracilis 537
Centurio senex 95
Cepaea hortensis 529
Cephalcia albietis 574
Cephalocarida 547
Cephalophus sp. 177
Cephalorhynchus commersonii 208
Cephalochordata 20
Cephenemyia sp. 569
Cephalothorax 588
Cephus pygmaeus 574
Cerambyidae 566
Cerambyx cerdo 566
Ceraphys sp. 433
Ceratotherium simum 172, 173
Cerberus rynchops 405
Cercocebus galeritus 115
Cercopis sanguinolenta 561
Cercopithecus sp. 112, 116, 117
Cercosaura ocellata 390
Cercotrichas galactotes 344
Cerdocyon thous 129
Cereus pedunculatus 522
Cerianthus lloydi 522
Cerocoma meuhlfieldi 565
Cerorhinca monocerata 293
Certhia familiaris 334
Certhidea olivacea 353
Certhionyx variegatus 332
Cervidae 18
Cervus sp. 192
Ceryle rudis 314
Cestoda 521
Cestus veneris 585
Cetacea 18
Cetorhinus maximus 459
Ceyx pictus 315
Chacopekari 202
Chaetoderma canadense 526
Chaetodermis penicilligerus 512
Chaetodipus formosus 224
Chaetodon auriga 507
Chaetognatha 21, 586
Chaetonotus maximus 586
Chaetophractus villosus 82
Chaetopleura apiculata 526
Chaetura pelagica 309
Chalcomitra senegalensis 331
Chalcophaps indica 294
Chamäleon 34, 371
Chamaeleo sp. 379
Chamäleon, Gewöhnliches 379
Chanos chanos 480, 481
Charadriiformes 19
Charina sp. 396
Charinus milloti 537
Charonia tritonis 528

Chasmodes bosquianus 450
Chauliodus macouni 491
Chauna torquata 257
Chelicerata 20, 536, 544
Cheliceren 541, 588
Chelictinia riocourii 276
Chelidonichthys cuculus 502
Chelifer cancroides 537
Chelipeden 546, 550
Chelodina longivollis 359
Chelonia mydas 360
Chelus fimbriatus 359
Chelydra serpentina 365, 365
Chen caerulescens (Syn. *Anser caerulescens*) 48, 249, 257, 266
Chephalochordata 518
Chiasmocleis ventrimaculata 442
Chiasognathus grantii 566
Chile-Hechtling 488
Chile-Kolibri 310
Chilenische Waldkatze 159
Chilenischer Flamingo 267
Chile-Pflanzenmäher 330
Chiloé-Beutelratte 18, 70
Chilopoda 545
Chimaera monstrosa 457
Chimarrogale himalayica 87
China-Alligator 368
China-Seidenreiher 269
China-Sonnendachs 136
Chinchilla 232, 238
Chinchilla sp. 232, 238
Chinchillaratte 238
Chinesische Rotbauchunke 430
Chinesische Wollhandkrabbe 551
Chinesischer Flussdelfin 207
Chinesischer Riesensalamander 421
Chinesischer Schwertstör 469
Chinesisches Leberegel 523
Chinesisches Wasserreh 191
Chioglossa lusitanica 423
Chionea sp. 568
Chionis minor 291
Chirocentrus dorab 478
Chirocephalus grubei 547
Chiromantis xerampelina 447
Chironectes minimus 70
Chironex fleckeri 521
Chironius monticola 408
Chironomus plumosus 567
Chiropotes albinasus 108
Chiroptera 18
Chiroteuthis veranyi 531
Chitala chitala 472
Chitin 588
Chiton sp. 526
Chitra-Weichschildkröte 366
Chlamydera 39, 338, 342
Chlamydosaurus kingii 371, 376, 386
Chlamydotis undulata 286
Chlamyphorus truncatus 83
Chlamydoselachus anguineus 461
Chlidonias hybridus 292
Chlorocebus aethiops 112, 116, 117
Chloroceryle americana 315
Chlorohydra viridis 520
Chloropeta natalensis 346
Chlorophanes spiza 349
Chlorops pumilionis 568
Chloropsis hardwickei 341
Chondrichthyes 20
Chondrohierax uncinatus 275
Chondrostei 20
Chordata 20, 518
Chrotogale owstoni 149
Chrysemys picta 362
Chrysididae 575
Chrysis ignita 575
Chrysococcyx caprius 302
Chrysocyon brachyurus 129
Chrysolampis mosquitus 311

Chrysopa vulgaris 581
Chrysopelea paradisi 406
Chrysops caecutiens 568
Chrysospalax trevelyani 86
Chuckwalla 374
Cicaba huhula 304
Cichla ocellaris 508
Cicindela chinensis 563
Cicinnurus regius 343
Ciconia sp. 270, 318
Ciconiiformes 19
Cimex lectuarius 560
Cinclus sp. 325, 341
Cinnyricinclus leucogaster 347
Circaetus gallicus 276
Circus sp. 278
Cirripedia 548
Cirrothauma murrayi 531
Cissa chinensis 337
Cisticola juncidis 346
Cistothorus palustris 325, 336, 341
Cittura cyanotis 315
Clamator glandarius 301
Clangula hyemalis 259
Clarias angloensis 484
Claudius angustatus 365
Clavelina lepadiformis 518
Clelia clelia 408
Clemmys sp. 358, 361, 362, 366
Clethrionomys glareolus 227
Climacteris erythrops 331
Clitellata 532
Clitellum 532
Clownfisch 508
Clupea harengus 479
Clupeomorpha 20
Clypeaster humilis 584
Cnemidophorus sp. 390
Cnidaria 20, 520
Coccinella septempunctata 564
Coccinellidae 564
Coccoidea 561
Coccyzus americanus 302
Cochinchina-Wasserdrache 377
Cochlearius cochlearius 268
Coeligena sp. 310
Coelorhynchus fasciatus 496
Coenagrion peulla 554
Coendou sp. 235
Coereba flaveola 349
Coleonyx variegatus 380
Coleoptera 21, 563
Coliiformes 19
Colius sp. 313
Collembola 21
Colletes cunicularius 577
Colluricincla harmonica 333
Colobus sp. 112
Cololabis saira 499
Colorado-Fransenzehenleguan 374
Colorado-Kröte 436
Coluber sp. 402
Columba livia 294
Columbiformes 19
Comanthus sp. 583
Commerson-Delfin 208
Conchoderma auritum 548
Condylura cristata 88
Conepatus sp. 137
Conger sp. 474
Connochaetes sp. 179
Conolophus subcristatus 373
Conopophaga melanogaster 326
Conraua goliath 428
Contopus cooperi 328
Convoluta convoluta 523
Copella arnoldi 483
Copepoda 547
Copiphora sp. 558
Copsychus malabaricus 345
Coqui 434
Coracias sp. 316
Coraciiformes 19

Coracina sp. 340
Coragyps atratus 275
Corallium rubrum 522
Corallus sp. 397, 398
Corcorax melanorhamphos 329
Cordylus sp. 383
Coregonus sp. 486, 490
Coreus marginatus 560
Coris aygula 508
Corophium volutator 549
Corucia zebrata 371, 384
Corura 238
Corvus albicollis 337
Corydalis cornutus 580
Corydoras metae 485
Corynactis viridis 520
Corythaeola cristata 301
Coscoroba coscoroba 256
Cossus cossus 571
Cotinga ridgwayi 327
Cottocomephorus grewingkii 503
Coturnix delegorguei 253
Crangon crangon 550
Craseonycteris thonglongyai 97
Craspedacusta sowerbyi 520
Crateromys schadenbergi 230
Crax rubra 252
Crex crex 285
Cricetomys gambianus 229
Cricetus cricetus 226
Crinoidea 583
Cristatella mucedo 587
Crocidura russula 84
Crocodilia 19
Crocodilurus lacertinus 391
Crocodylus sp. 367, 368, 369
Crocuta crocuta 147, 147, 160, 161
Crossaster papposus 584
Crossoptilon sp. 254
Crotalus sp. 394, 412, 413, 414
Crotalus viridis oreganus 39
Crotaphytus collaris 374
Crotophaga ani 302
Crustacea 21, 546
Cryptobranchus alleganiensis 421
Cryptophira sp. 540
Crypturellus variegatus 250
Crytoprocta ferox 150
Ctenodactylus gundi 217, 223, 232
Ctenoglyphus palmifer 543
Ctenolucius hujeta 483
Ctenomys colburni 237
Ctenophora 21, 585
Ctenosaura similis 373
Ctenotus pulchellus 385
Cubozoa 521
Cuculiformes 19
Cuculus canorus 302
Culcita novaeguineae 584
Culex pipens 567
Cuon alpinus 127
Cuora amboinensis 363
Curculio nucum 566
Curculionidae 566
Cuvier-Schnabelwal 212
Cyanea arctica 521
Cyanerpes cyaneus 349
Cyanolanius madagascannus 353
Cyanoliseus patagonus 299
Cyanolyca nana 337
Cyanopica cyanus 337
Cycliophora 21
Cyclommatus imperator 566
Cyclopes didactylus 33, 81, 82
Cyclops strenuus 547
Cyclopterus lumpus 503
Cyclorana sp. 438
Cyclorrhynchus psittacula 293
Cyclosquamata 20
Cyclothone microdon 491
Cyclura cornuta 373
Cydia pomonella 570
Cygnus sp. 256

Cylindrophis ruffus 399
Cynictis penicillata 151
Cynipidae 575
Cynocephalus sp. 90
Cynomys ludovicianus 219
Cynops pyrrhogaster 424
Cypraea tigris 528
Cyprinus carpio 481
Cypris pubera 548
Cypsiurus sp. 309
Cyrtodactylus pulchellus 381
Cyrtophora citricola 541
Cystophora cristata 145
D
Daboia russelii 412
Dacelo novaeguineae 315
Dachs, Europäischer 136
Dachsammerfink 351
Dachschildkröte, Indische 363
Dactylopsila trivirgata 68, 77
Dactylopterus volitans 502
Dall-Hafenschweinswal 210
Dallschaf 185
Dama sp. 190, 193
Damagazelle 182
Damaliscus sp. 178
Damhirsch 193
Damhirsch, Mesopotamischer 193
Danaus sp. 573
Danio rerio 481
Daphnia pulex 547
Daption capense 264
Darwin, Charles 23, 352
Darwin-Nandu 251
Darwin-Nasenfrosch 434
Dasia smaragdina 384
Dasselfliegen 569
Dasyatis sp. 462, 464
Dasycercus sp. 72
Dasypeltis scabra 403, 407
Dasyprocta sp. 236
Dasypus novemcinctus 82
Dasyuromorphia 18
Dasyurus sp. 72, 79
Dattelmuschel 527
Daubentonia madagascariensis 68, 100, 102
Daudebardia rufa 529
Daurischer Pfeifhase 240
Davidshirsch 193
Debdroaspis viridis 409
Decapoda 550
Degu 238
Deinacrida heteracantha 553
Deinopus sp. 540
Delacourlangur 121
Delfin, Ostpazifischer 49
Delfine 39, 206, 208
Delias mysis 572
Delma australis 381
Delphinapterus leucas 206, 207
Delphinus delphis 205, 208
Demodex canis 543
Demospongiae 519
Dendrelaphis pictus 404
Dendroaspis polylepis 281, 409
Dendrobates sp. 32, 429, 443
Dendrocitta vagabunda 337
Dendrocoelum lacteum 523
Dendrocopos moluccensis 322
Dendrohyrax sp. 174
Dendroica sp. 324, 350
Dendrolagus sp. 78
Dendromus melanotis 230
Dendropicos goertae 322
Dentalium elephantinum 526
Deoxyribonucleic acid 588
Dermacentor marginatus 542
Dermanyssus gallinae 543
Dermaptera 21
Dermatemys mawii 365
Dermatonotus muelleri 442

Dermochelys coriacea 358, 360
Dermolepida albohirtum 435
Dermoptera 18
Deroceras reticulatum 529
Derocheilocaris remanei 548
Deroptyus accipitrinus 300
Desman, Russischer 88
Desmana moschata 88
Desmans 84
Desmodus rotundus 95
Desmognathus fuscus 425
Desoxyribonukleinsäure 588
Deutsche Schabe 556
Diabrotica undecimpunctata 563
Diadema setosum 584
Diademmeerkatze 116
Diademrundblattnase 95
Diademseeigel 584
Diademsifaka 103
Diadophis punctatus 400, 404
Diamantkäfer 566
Diamantschildkröte 362
Dianameerkatze 116
Diastylis rathkei 549
Dicaeum sp. 331
Dicamptodon ensatus 423
Dicerorhinus sumatrensis 172, 173
Diceros bicornis 172, 173
Dickarmige Anemone 520
Dickhornschaf 185
Dickichtschlüpfer, Großer 330
Dickkopffalter 571
Dickschwanzbeutelratte 70
Dicopomorpha echmepterygis 553
Dicrostonyx torquatus 227
Dicrurus paradiseus 335
Didelphimorphia 18
Didelphis marsupialis 68, 69
Dimorph 588
Dingo 126
Dinomys branickii 232
Dinopium benghalense 323
Dinoponera grandis 578
Dinosaurier 27, 29, 588
Diodon holacanthus 513
Diomedea sp. 57, 264
Diopsis tenuipes 568
Diplodactylus ciliaris 381
Diplodus vulgaris 506
Diplogale hosei 149
Diplolepis rosae 575
Diplomesodon pulchellum 87
Diplopoda 545
Diplura 21
Dipodomys sp. 224
Diporiphora superba 377
Diprion pini 574
Diprotodontia 18
Dipsas cateshyi 408
Diptera 21, 567
Dipturus batis 463
Dipus sagitta 231
Discoglossus sp. 430
Discosura longicauda 311
Diskusfisch 508
Diskuskolibri 311
Dispholidus typus 406
Distichodus sexfasciatus 482
Divergente Entwicklung 588
Divergenz 588
DNA 588
DNS 588
Dodo 55
Doggenhai 457
Dolgenkoralle 522
Dolichotus patagonum 232
Dolomedes fimbriatus 539
Domestikation 588
Dominikanerwitwe 348
Doppelfüßer 545
Doppelhornvogel 317
Doppelkammbeutelmaus 72

Doppelschleichen 19, 370
Doppelschwänze 21
Doppelspornfrankolin 252
Dorcatragus megalotis 180
Dornenkronenseestern 584
Dornhai 561
Dornrand-Weichschildkröte 361
Dornschrecke 558
Dornschwanz, Afrikanischer 376
Dornschwanzbilch 223
Dornschwanzhörnchen 218
Dornschwanzleguan, Azurblauer 375
Dorosoma cepedianum 478
Dorschfische 20, 495
Doryrhamphus dactyliophorus 502
Dottertukan 321
Drachenfisch 491
Drachenköpfe 498
Drachenmuräne 474
Draco quinquefasciatus 377
Dreiecksnetz 540
Dreifarbenglanzstar 347
Dreifarbige Papageiamadine 348
Dreifinger-Faultier 82
Dreihornchamäleon 379
Dreissena sp. 527
Dreistachliger Stichling 501
Dreistreifen-Scharnierschildkröte 366
Dreistreifen-Spitzmausbeutelratte 70
Dreizehiges Kragenfaultier 32
Dreizehnstreifenziesel 219
Drepanis funerea 352
Drill 115
Drohne 576, 588
Dromaius novaehollandiae 250, 251
Dromas ardeola 288
Dromedar 198, 199
Dromiciops gliroides 70
Drosselstelze 335
Drückerfische 498
Drusenkopf 373
Drymarchon corais 403
Drymodes superciliaris 344
Dryococelus australis 56
Dryocopus sp. 323
Dryomys nitedula 231
Dryotriorchis spectabilis 278
Dschelada 114
Dugong 18, 51, 166, 167
Dugong dugon 51, 166, 167
Dugongidae 18
Dukatenfalter 572
Dulus dominicus 341
Dumatella carolinensis 341
Dungfliege, Gelbe 569
Dunkler Honduras-Skorpion 537
Dunkler Tropenwaldkauz 304
Dunkler Wasserläufer 289
Dynastes hercules 565
Dyscophus antongilii 442
Dysdercus decussatus 559
E
Echiniscus testudo 585
Echinocardium cordatum 584
Echinoderes sp. 586
Echinodermata 21, 583
Echinodiscus auritus 584
Echinoidea 584
Echinoprocta rufescens 235
Echinorhinus brucus 461
Echinosorex gymnura 86
Echinus esculentus 584
Echis carinatus 412
Echiura 21
Echoortung 39, 64, 92, 204, 209, 211, 588
Echsen 19, 371, 372, 373, 378, 386, 392
Echte Achatschnecke 529
Echte Karettschildkröte 360
Echte Netzflügler 21
Echte Quallen 521

Echte Spinnen 538
Echte Strahlenflosser 20, 498
Echter Bonito 510
Echter Mirakelbarsch 504
Echymipera kalubu 73
Eclectus roratus 297
Ectophylla alba 94, 95
Ectopistes migratorius 246, 295
Ectopsocus briggsi 580
Edelfalter 573
Edelkoralle, Rote 522
Edelpapagei 297
Ediacara-Fauna 27
Egel 532
Egernia hosmeri 384
Egretta sp. 269
Eichelspecht 320, 322
Eichenbock 566
Eichenkröte 436
Eichhörnchen 217, 220
Eidechsenfische 20, 492
Eidechsennatter 403
Eiderente 259
Eidolon helvum 93
Eier legende Säugetiere 18
Eierpakete 426, 588
Eierschlange, Afrikanische 407
Eierschlange, Gewöhnliche 403
Eigehäuse 555, 556
Eigentliche Stachelrückentimalie 345
Eigentliche Zwergklapperschlange 413
Eigentlicher Picassofisch 512
Eigentlicher Wasserteju 390
Eigentliches Steppenmurmeltier 219
Eingeweidewurm 524
Einsiedlerkrebs 551
Eintagsfliegen 21, 580
Eira barbara 141
Eirenis modestus 404
Eisbär 48, 131, 133
Eisente 259
Eisfuchs 127
Eisgraues Murmeltier 219
Eismeer-Ringelrobbe 144
Eisseestern 584
Eissturmvogel 264
Eistaucher 262
Eisvögel 19, 314, 315
Eizahn 588
Ektoderm 520
Ektotherm 588
Ekuador-Opossummaus 70
Elaphe sp. 402
Elaphodus cephalophus 193
Elaphurus davidianus 193
Elapsoidea loveridgei 410
Elasmobranchii 20
Elateridae 565
Elch 190, 194
Electrophorus electricus 485
Eledone moschata 531
Elefant, Afrikanischer 17, 18, 64, 163, 165
Elefant, Asiatischer 165
Elefantenspitzmaus, Rotbraune 243
Elefantenzahn 526
Elektrischer Wels 485
Elenantilope 187
Elephantulus sp. 243
Elephas maximum 162, 164, 165
Eleutherodactylus sp. 429, 430, 434
Elfenkauz 304
Elgaria multicarinata 390
Eliomys quercinus 216, 231
Ellipsen-Wasserbock 181
Elopomorpha 20
Elops saurus 474, 475
Elstervanga 353
Elusor macrurus 366
Elysia crispata 528
Elytren 588
Embien 21

Embioptera 21
Embryo 588
Empis tesselata 568
Emu 19, 251
Emus hirtus 564
Emydocephalus annulatus 411
Emydura victoriae 359
Emys orbicularis 362
Enchelycore pardalis 474
Endoderm 520
Endoskelett 516
Endotherm 588
Engelwels 485
Engraulis ringens 479
Enhydra lutris 37, 134, 135
Enhydris enhydris 405
Enoicyla pusilla 581
Enoplometopus daumi 549
Enoplosus armatus 507
Ensatina eschscholtzii 425
Ensifera ensifera 310
Entalina sp. 526
Entenmuschel, Gemeine 548
Entenwal, Nördlicher 212
Entimus splendidus 566
Entomobrya superba 582
Entomyzon cyanotis 332
Entoprocta 21, 585
Eolophus roseicapilla 297
Eosentomon ribagai 582
Epalzeorhynchos kalopterus 481
Ephemera vulgata 580
Ephemeroptera 21, 580
Epicrates angulifer 398
Epicrionops petersi 427
Epinephelus sp. 466, 504
Epipedobates femoralis 434
Epomophorus gambianus 93
Eptesicus serotinus 96
Epthianura tricolor 333
Equetus lanceolatus 506
Equidae 18
Equus sp. 32, 59, 168, 169, 170
Erannis defoliaria 572
Erbsenmuschel
Erdbeerfröschchen 443
Erdboa 396
Erdferkel 18, 175
Erdkuckuck 302
Erdmännchen 123, 148, 151
Erdschildkröte, Flache 366
Erdsittich 298
Erdspecht 322
Erdwolf 18, 147
Erdzeitalter 24
Eremias velox 389
Eremophila alpestris 339
Eremopterix nigriceps 339
Eresus niger 538
Erethizon dorsatum 235
Eretmochelys imbricata 360
Ergasilus sieboldi 547
Erignathus barbatus 144
Erinaceus europaeus 86, 87
Eriocheir sinensis 551
Eriophyes piri 543
Eriosoma lanigerum 561
Erithacus rubecula 246, 344
Erpetoichthys calabaricus 469
Erpeton tentaculatum 405
Erytholamprus aesculapii 403
Erythrocebus patas 117
Erythrura sp. 348
Eryx tataricus 396
Erzspitzschlange 406
Esacus magnirostris 288
Eschrichtius robustus 204, 205, 211, 213, 215
Eschscholtz-Salamander 425
Esel 18
Eselhase, Kalifornischer 241
Eselspinguin 261
Esox sp. 486, 487

Esparsettenwidderchen 571
Essbare Miesmuschel 527
Essbarer Seeigel 584
Etrumeus teres 478
Eubalaena glacialis 214
Eublepharis macularius 380
Eucharis adscendens 575
Euchroma gigantea 564
Eudiaptomus vulgaris 547
Eudicella gralli 565
Eudocimus ruber 268
Eudontomyzon hellenicus 453
Eudromia elegans 250
Eudynamys scolopaceces 302
Eudyptes sp. 261
Eudyptula minor 261
Eulampis sp. 311
Eulemur sp. 101
Eulen(-falter) 572
Eulenpapagei 300
Eulenschwalm 306
Eulenvögel 19, 303
Eumeces sp. 383, 384
Eumenes pomiformis 577
Eumetopias jubatus 143
Eunectes murinus 397
Eunice viridis 532
Euoticus sp. 104
Eupetes macrocerus 345
Euphausia superba 550
Euplectella aspergillum 519
Euplectes sp. 347
Eupleres goudotii 149
Euproctus asper 423
Eurasiatische Zwergmaus 228
Eurasischer Biber 223
Eurasischer Luchs 156
Europäische Äsche 490
Europäische Auster 527
Europäische Languste 550
Europäische Sumpfschildkröte 362
Europäische Wanderschrecke 558
Europäischer Braunbär 131
Europäischer Dachs 136
Europäischer Feldhase 241
Europäischer Fischotter 135
Europäischer Flussaal 474
Europäischer Hausen 470
Europäischer Hundsfisch 487
Europäischer Iltis 140
Europäischer Kalmar 530
Europäischer Maulwurf 88
Europäischer Nerz 140
Europäischer Riesenhirsch 190
Europäischer Seidenschwanz 341
Europäischer Wendehals 322
Europäischer Wolf 125
Europäischer Ziegenmelker 307
Europäisches Lanzettfischchen 518
Europäisches Rotkehlchen 246
Europäisches Wildkaninchen 242
Europäisches Ziesel 219
Europroctus platycephalus 422
Eurostopodus argus 306
Eurycantha horrida 579
Eurycea lucifuga 425
Euryceras prevostii 353
Eurypharynx pelecanoides 476
Eurypyga helias 286
Eurystomus orientalis 316
Euscelis plebejus 561
Euscorpius carpathicus 537
Euteleostei 20
Eutoxeres aquila 310
Evania appendigaster 575
Everetts Spitzhörnchen 91
Evolution 22
Exoskelett 516, 588

F
Facettenauge 588
Fächerfisch 487, 498

Fächerfisch, Pazifischer 510
Fächerflügler 21
Fächerlunge 535, 588
Fächerpapagei 300
Fächertauben 294, 295
Fadenflügler 581
Fadenkopf 338
Fadenpipra 327
Fadenschwänze 494
Fadenwürmer 20, 524
Falsche Spitzkopfschildkröte 366
Falco sp. 35, 53, 274, 281, 282
Falconiformes 19
Falculea palliata 353
Falscher Vampir 95
Faltengecko 382
Faltenwespen 577
Fanaloka 149
Fangschrecken 21, 555
Fangschreckenkrebs, Bunter 549
Fannia scalaris 569
Farancia erytrogramma 408
Fasciolaria hunteria 528
Faultier 18, 81
Faulvögel 320
Fechterschnecke 528
Federflügelkäfer 563
Federmotten 553
Federschwanz 91
Feldhamster 226
Feldhase, Europäischer 241
Feldwespe, Gallische 577
Felidae 18
Felis sp. 16, 157
Felsenklapperschlange 413
Felsenpython 397
Felsenratte 233
Felsenratte, Südamerikanische 238
Felsensittich 299
Felsentaube 294
Feresa attenuata 209
Ferkelfrosch, Punktierter 446
Ferkelskunk 137
Festland-Graufuchs 129
Fettschwalm 306
Fettschwanzgecko 381
Fetzenfisch 498
Feuchtgebiete 52
Feuerbauchmolch 424
Feuerkoralle
Feuerwalze 518
Feuerwiesel, Sibirisches 140
Fibroin 540
Ficedula hypoleuca 344
Fichtengespinstblattwespe 574
Fichtenmarder 138
Filzlaus 580
Fingertier 68, 100, 102
Finnwal 204, 214
Fischadler 274, 275
Fische 450
Fischerei 58
Fischermarder 138
Fischers Unzertrennliche 298
Fischkatze 158
Fischotter, Europäischer 135
Fischotter, Neotropischer 135
Flache Erdschildkröte 366
Flachkopfkatze 158
Flachlandtapir 171
Flachlandtaschenratte 224
Flachnagelkänguru 78
Flachschildkröte, Gesägte 364, 366
Flachstachelbeutler 73
Flaggendrongo 335
Flaggenflügel 307
Flaggentrappe 286
Flamingo 19, 267
Flamingo, Chilenischer 267
Flammenkopf 330
Flammenkopf-Bartvogel 320
Flaschenmaul-Nilhecht 473
Flata rubra 561

Fleckenhalsotter 135
Fleckenkantschil 191
Fleckenkiwi 251
Fleckenmusang 150
Flecken-Panthervogel 331
Fleckenroller 149
Fleckenschwanz-Beutelmarder 72
Fleckenskunk 137
Fleckhai 458
Fledermaus 39, 41, 64
Fledermaus, Gefleckte 97
Fledermaus, Weiße 94, 95
Fledermaus, Weißgraue 97
Fledermausfloh 513
Fledertiere 18, 92
Flehmen 170
Fleischfliegen 569
Fleischflosser 20
Fleischflosser 28
Fleischfresser 18, 122, 123, 160, 161
Fliege, Spanische 565
Fliege, Weiße 561
Flöhe 21
Flohkrebse 549
Florfliegen 579
Florida-Buschratte 226
Florida-Kärpfling 499
Florida-Kronenschnecke 528
Florida-Waldkaninchen 242
Flösselaal 469
Flösselhechte 20
Flügelspannweite 554
Flugfische 498
Flughahn 502
Flughörnchen 35
Flughühner 19, 294
Flughund, Ägyptischer 93
Fluke 204
Flussaal, Europäischer 474
Flussbarsch 505
Flussdelfin, Chinesischer 207
Flüsse 51
Flusskrebs, Amerikanischer 551
Flussmanati 167
Flussnapfschnecke, Gemeine 529
Flussperlmuschel 527
Flusspferd 18, 51, 203
Flussschwein 201
Fluss-Seeschwalbe 292
Flusswels 484
Fodiator acutus 499
Forellenbarsch 505
Formica rufa 578
Formicidae 578
Fortbewegung 35
Fossa 150
Fossa fossana 149
Fossilien 22, 27, 534, 588
Foudia rubra 347
Franciscana 207
Francolinus sp. 253
Fransflügler 21
Franzosendorsch 497
Fratercula sp. 293
Frauenfisch 475
Fregata ariel 271
Fregattvogel, Kleiner 271
Fressfeind 588
Froschdorsch 497
Frösche 19
Froschkopfschildkröte, Kolumbianische 366
Froschlurche 19, 428
Frostspanner 572
Frühjahrskiemenfuß 547
Frühlingspapagei 298
Frühlingsseidenbiene 577
Fuchs, Abessinischer 126
Füchse 18
Fuchshai 459
Fuchskusu 62, 74
Fuchsmanguste 151

Fühlerschlange 405
Fulica cornuta 285
Fulmarus glacialis 264
Fünfstreifen-Flugdrache 377
Fungia fungites 522
Furchenbiene, Vierbindige 577
Furcifer sp. 379
Furnarius rufus 326
Fußspinner 21, 579

G
Gabelbart 472
Gabelbock 195
Gabelhornträger 18
Gabelschwanz-Regenbogenfisch 499
Gabelstreifiger Katzenmaki 101
Gabelthaurania 311
Gabelwels, Getüpfelter 484
Gabunviper 413
Gadus morhua 495, 497
Galago sp. 104
Galagoides demidoff 104
Galapagosbussard 353
Galapagos-Finken 588
Galapagos-Riesenschildkröte 25, 358, 366
Galaxias sp. 488, 490
Galbula sp. 320
Galeere, Portugiesische 521
Galemys pyrenaicus 88
Galeocerdo cuvier 457, 458, 460
Galeoides arabs 542
Galictis vittata 141
Galidia elegans 151
Galliformes 19
Gallinago gallinago 289
Gallirallus sylvestris 285
Gallische Feldwespe 577
Galloperdix spadicea 253
Gallotia sp. 387
Gallus gallus 254
Gallwespen 575
Gambelia sila 374
Gambia-Epaulettenflughund 93
Gambia-Riesenhamsterratte 229
Gambuse, Gefleckte 500
Gambusia affinis 500
Gammarus fossarum 549
Gämse 56, 183
Ganges-Brillenvogel 332
Ganges-Delfin 207
Ganges-Gavial 369
Gänsegeier 277
Gänsesäger 259
Gänsevögel 19
Gardners Prachtkärpfling 499
Garnelen 546, 549, 550
Gartengrasmücke 266
Gartenkreuzspinne 539
Gartenschläfer 216, 231
Gasteracantha 541
Gasteropelecus sternicla 483
Gasterophilus intestinalis 569
Gasterosteus aculeatus 501
Gastropacha quercifolia 571
Gastrophryne olivacea 442
Gastropoda 525, 528
Gastrotheca sp. 426, 440
Gastrotricha 21, 586
Gattung 16
Gaur 186
Gavia sp. 262, 262, 318
Gavialis gangeticus 369
Gaviiformes 19
Gazella sp. 176, 182
Gazellen 182
Gebänderte Scherengarnele 550
Gebänderter Krallengecko 380
Gebirgsbachspitzmaus 87
Geburtshelferkröte 430
Geburtshelferkröte, Iberische 430
Gecarcoidea natalis 28, 551
Gefleckte Fledermaus 97
Gefleckte Gambuse 500

Gefleckte Wurmseewalze 583
Gefleckter Fettschwanzgecko 381
Gefleckter Hechtsalmler 483
Gefleckter Knochenhecht 471
Gefleckter Zitterrochen 463
Geflecktes Rüsselhündchen 243
Gehäuseschnecken 528
Gehörnte Klapperschlange 412
Gehörnter Hornfrosch 433
Geierperlhuhn 254
Geierrabe 337
Geigenrochen 462
Geißelskorpion 537
Gekko sp. 381
Gekrönte Schnauzennatter 404
Gelbaugenpinguin 261
Gelbbauch-Höhlentyrann 328
Gelbbäuchige Rattenschlange 402
Gelbbürzelacanthiza 334
Gelbe Dungfliege 569
Gelbe Mordfliege 568
Gelbe Muräne 474
Gelbe Warzenhalmfliege 568
Gelbe Wollbeutelratte 69
Gelber Blattsteiger 443
Gelber Bungar 409
Gelber Skorpion 537
Gelbflügelige Großblattnase 94
Gelbflügelkolibri 310
Gelbfußbeutelmaus 72
Gelbgrüne Zornnatter 402
Gelbkopf-Chimachima 282
Gelbkopf-Felsenhüpfer 346
Gelbnasenalbatros 264
Gelbrückenducker 177
Gelbrücken-Füsilier 466
Gelbschnabel-Eistaucher 262
Gelbschnabelkuckuck 302
Gelbschnabel-Madenhacker 325
Gelbspötter 346
Gelege 588
Gemalter Scheibenzüngler 430
Gemeine Baldachinspinne 541
Gemeine Entenmuschel 548
Gemeine Flussnapfschnecke 529
Gemeine Goldwespe 575
Gemeine Hausspinne 539
Gemeine Kiefernbuschhornblatt-
    wespe 574
Gemeine Krabbe 551
Gemeine Krake 531
Gemeine Napfschnecke 526
Gemeine Nussmuschel 527
Gemeine Sandwespe 577
Gemeine Stechmücke 567
Gemeine Streckerspinne 539
Gemeine Stubenfliege 569
Gemeine Wasserassel 549
Gemeine Wasserflorfliege 580
Gemeine Wespe 577
Gemeine Wiesenwanze 559
Gemeiner Hellbender 421
Gemeiner Kalmar 530
Gemeiner Meerengel 461
Gemeiner Regenwurm 532
Gemeiner Seestern 583
Gemeiner Teichläufer 559
Gemeiner Tintenfisch 530
Gemeiner Vampir 95
Gemeines Perlboot 530
Gemeines Seeohr 528
Gemeinschwämme 519
Genetta sp. 148
Genicanthus melanospilos 452
Genitalfüße 589
Geocapromys brownii 237
Geochelone sp. 25, 364, 366
Geoclemys hamiltoni 363
Geococcyx californianus 302
Geocolaptes olivaceus 322
Geoemyda spengleri 363
Geoffroy-Klammeraffe 110
Geoffroy-Perückenaffe 107

Geoffroy-Schlitznase 94
Geogale aurita 85
Geometridae 572
Geometrische Landschildkröte 366
Geomys bursarius 224
Geopelia striata 295
Geospiza sp. 351, 353
Geothlypis sp. 350
Gepard 34, 153, 161
Gerandete Jagdspinne 539
Gerrhosaurus major 383
Gerygone palpebrosa 334
Gesägte Flachschildkröte 364, 366
Gescheckte Riesenborkenratte 230
Gescheckte Spitzmaus 87
Geschlechtsdimorphismus 588
Gespenstschrecken 21
Gespinstdecke 540
Gestreifte Meerbarbe 506
Gestreifter Beilbauch 483
Gestreifter Mausvogel 313
Gestreifter Zwergarmmolch 421
Gestreiftes Zieselhörnchen 221
Getreideblasenfuß 580
Getreidehalmwespe 574
Getreidethrips 580
Getrenntgeschlechtig 589
Getüpfelter Gabelwels 484
Getüpfelter Tausendfüßer 545
Geweihentwicklung 194
Gewöhnliche Eierschlange 403
Gewöhnliche Hakennatter 401, 408
Gewöhnliche Mauereidechse 388
Gewöhnliche Strumpfbandnatter
    404
Gewöhnlicher Adlerrochen 465
Gewöhnlicher Bienenkäfer 564
Gewöhnlicher Grindwal 209
Gewöhnlicher Plattschwanz 411
Gewöhnlicher Schweinswal 210
Gewöhnlicher Stechrochen 464
Gewöhnliches Chamäleon 379
Gewöhnliches Gleithörnchen 221
Gewöhnliches Spitzhörnchen 91
Gewürfelte Tanzfliege 568
Gibbon 99, 118
Gießkannenschwamm 519
Giftdrüsen bei Skorpionen 537
Giftlaubfrosch 439
Giftspinndrüse 539
Gifttier 589
Giftzähne 395
Gila-Krustenechse 371, 372, 392
Gillen-Waran 393
Ginglymostoma cirratum 457
Ginsterkatzen 18
Giraffa sp. 197
Giraffen 18, 41, 196, 197
Giraffengazelle 180
Giraffidae 18
Glanzfische 20, 494
Glanzkäfertaube 294
Glanzkuhstärling 351
Glanzvögel 320
Glaphyromorphus crassicaudum 385
Glareola pratincola 289
Glasaal 477
Glasaugen 486
Glasflügler 571
Glasfrösche 441
Glaskeulen-Seescheide 518
Glaskrebschen 547
Glasschwämme 519
Glaswels, Indischer 484
Glattbutt 511
Glattdelfin, Nördlicher 209
Glatter Hammerhai 458
Glatthai, Südlicher 458
Glatthalsige Schlangenhalsschildkröte
    359
Glattnasen 96
Glattotter 135
Glattrand-Weichschildkröte 361

Glattwale 213
Glatzenkopfpapagei 300
Glaucidium passerinum 304
Glaucomys sp. 217, 221
Glaucus atlanticus 528
Gleithörnchen, Gewöhnliches 221
Gleithörnchen, Nördliches 217
Gleithörnchen, Südliches 221
Gleithörnchenbeutler, Großer 76
Gleitmembran 90
Gliederfüßer 20, 534, 588
Gliederwürmer 516
Globale Erwärmung 589
Globicephala melas 209
Glockenreiher 269
Glühwürmchen, Großes 564
Glossophaga soricina 95
Gnathophyllum americanum 583
Gnathostomata 20
Gnathostomulida 21
Gnu 188
Goldaguti 236
Goldaugenbremse 568
Goldbauchunke 430
Goldbaumsteiger 443
Goldbürzel-Honiganzeiger 321
Goldfliege 569
Goldflügel-Waldsänger 350
Goldgelbes Löwenäffchen 107
Goldhals-Kasuar 251
Goldhamster 226
Goldkatze, Afrikanische 157
Goldkatze, Asiatische 158
Goldkopflöwenaffe 107
Goldkröte 444
Goldkuckuck 302
Goldlachs 487
Goldmesseraal 485
Goldohr-Honigfresser 332
Goldrückenspecht 323
Goldschakal 126
Goldschwamm 519
Goldseescheide 518
Goldstaubtaggecko 382
Goldstirnklammeraffe 110
Goldstumpfnase 111
Goldwespe, Gemeine 575
Goldwespen 575
Goldzeisig 348
Goliathfrosch 428
Goliathkäfer 563, 565
Goliathreiher 269
Goliathus meleagris 565
Gonatodes vittatus 382
Gondwana 70, 589
Gongylophis colubrinu 396
Gongylus gongyloides 555
Goniurosaurus kuroiwae 380
Gonocephalus sp. 377
Gonopodien 455, 589
Gonyosoma oxycephalum 402
Goodfellow-Baumkänguru 78
Gopherschildkröte 364
Gopherus polyphemus 364
Gorgonenhäupter 584
Gorgonia flabellum 522
Gorilla 98, 118
Gorilla gorilla 57, 98, 99, 98, 102,
    118, 120
Gorilla, Westlicher 120
Gottesanbeterin 553, 555
Gouldamadine 348
Goulds Waran 393
Goura victoria 295
Grablaubfrosch 441
Grabmilben 543
Grabwespen 577
Grallina cyanoleuca 335
Gramma loreto 504
Gramma, Königlicher 504
Grampus griseus 208
Granatkolibri 311

Granit-Nachtechse 388
Grantgazelle 182
Grantia compressa 519
Graphiurus murinus 231
Graptemys sp. 362
Grasfrosch 445
Grätenfisch 475
Graubrust-Eremit 308
Graubrust-Gudilang 333
Graudrossling 345
Graue Muräne 474
Graue Wasseramsel 325
Grauer Baumfrosch 447
Grauer Riffhai 460
Grauer Schmalschnabeltyas 353
Grauer Springaffe 108
Grauer Süßwasserpolyp 521
Graues Riesenkänguru 80
Graufischer 314
Graufuchs, Argentinischer 129
Graufußhörnchen 221
Graugebänderte Königsnatter 403
Grauhai 461
Grauhörnchen 220
Graukatze 157
Graukehl-Höhlenläufer 291
Graukopfflughund 92
Graumennigvogel 340
Graureiher 269
Graureiher, Amerikanischer 268, 269
Graurückentrompeter 284
Grauspecht 323
Grausturmvogel 265
Grauwal 205, 215
Great Barrier Reef 50, 58, 522
Greifstachler 235
Greifvögel 19, 274, 281
Greisengesicht 95
Grevy-Zebra 170
Griffelseeigel 583
Grillen 558
Grillenschaben 21, 579
Grindwal, Gewöhnlicher 209
Grizzlybär 51, 130
Gromphadorina portentosa 556
Grönlandwal 214
Großbären 18, 130, 131
Großblattnase, Gelbflügelige 94
Große Bandikutratte 229
Große Hufeisennase 95
Große Kreuzbrustschildkröte 365
Große Otterspitzmaus 85
Große Rennmaus 227
Große Rohrratte 233
Große Sandboa 396
Große Schwebkrebse 490
Große Winkelkopfagame 377
Großer Abendsegler 96
Großer Ameisenbär 81, 82
Großer Armmolch 421
Großer Bachläufer 559
Großer Bärenkrebs 533
Großer Beutelmull 71
Großer Brachvogel 289
Großer Dickichtschlüpfer 330
Großer Gleithörnchenbeutler 76
Großer Grundfink 353
Großer Haarigel 86
Großer Harlekinfrosch 438
Großer Kissenstern 584
Großer Kudu 187
Großer Langnasenbeutler 73
Großer Leuchtkäfer 564
Großer Mara 232
Großer Neuguinea-Nasenbeutler 73
Großer Panda 122
Großer Panda 132
Großer Pinselschwanzbeutler 72
Großer Roter Spießhirsch 195
Großer Scheibenbauch 503
Großer Streifenbeutler 77
Großer Tanrek 85

Großer Texas-Skorpion 536
Großer Tümmler 208
Großer Wieselmaki 102
Großer Wolfshering 478
Großer Wollweber 568
Großer Zitteraal 485
Großer Zitterspinne 538
Großes Glühwürmchen 564
Großes Hasenmaul 94
Großes Mausohr 96
Großes Nacktschwanz-Gürteltier 82
Großfischer, Nordamerikanischer
    314
Großfleckginsterkatze 148
Großgrison 140
Großkaninchen-Nasenbeutler 73
Großkantschil 191
Großkopfschildkröte 365
Großkopf-Schlammschildkröte 365
Großmünder 20, 491
Großnilhecht 473
Großohriger Pika 240
Großohrkängururatte 224
Großohr-Kitfuchs 128
Großschabe, Australische 556
Großschnabel-Seeschwalbe 292
Großschuppiger Nilhecht 473
Großtao 250
Großtrappe 286
Großwaran 393
Großzaunkönigtimalie 345
Grubenorgan 589
Grubenottern 394, 400, 415
Gruiformes 19
Grünaugen 492
Grundeln 498
Grundfink, Großer 353
Grüne Bananenschabe 556
Grüne Hundskopfboa 397
Grüne Kröte 437
Grüne Mamba 409
Grüne Meerkatze 116
Grüne Stinkwanze 560
Grüner Baumgecko 380
Grüner Baumpython 395, 398
Grüner Inselleguan 373
Grüner Leguan 372, 373
Grüner Muschelkrebs 548
Grüner Süßwasserpolyp 520
Grünes Heupferd 558
Grünflügelara 296
Grünkitta 337
Grünschenkel 290
Grünspecht 323
Grüntaube 294, 295
Grüntrogon 313
Grus sp. 283
Grylloblattodea 21
Gryllotalpa gryllotalpa 558
Guanako 198, 199
Guanotölpel 272
Gulo gulo 134, 139
Gundi 18, 223, 232
Güntherdikdik 181
Günthers Stacheleidechse 389
Guppy 500
Gurami, Küssender 511
Gurkenblattkäfer 563
Gürtelmaus 83
Gürteltiere 81
Guyana-Klippenvogel 327
Gymnarchus niloticus 473
Gymnobelideus leadbeateri 44, 76
Gymnogyps californianus 275
Gymnomyza samoensis 332
Gymnophiona 19
Gymnophis multiplicate 427
Gymnopholus weiskei 566
Gymnorhina tibicen 335
Gymnothorax 474, 475, 504
Gymnura japonica 464
Gypaetus barbatus 277, 281

Gypohierax angolensis 277
Gyps sp. 277
Gyrinophilus sp. 425

H
Haarbalgmilben 543
Haarfrosch 447
Haarigel, Großer 86
Haarnasenwombat, Nördlicher 77
Haarnasenwombat, Südlicher 77
Habichtsadler 280
Habichtskauz 304
Habitat 589
Hadrurus arizonensis 536
Haematoderus militaris 327
Haematopus ostralegus 281, 288
Hafenschweinswal 210
Haftscheibenfledermaus,
    Madagassische 97
Häherkuckuck 301
Hahnschweif-Widah 347
Hai, Weißer 459, 460
Haibarbe 481
Haie 20, 454, 456, 457, 458,459, 460
Hakenliest 315
Hakennatter, Gewöhnliche 408
Hakenrüssler 21
Halbaffen 18, 100
Halbesel, Asiatischer 169
Halbmondantilope 178
Halbwüste 46
Halcyon smyrnensis 315
Halfterfisch 509
Haliaeetus sp. 246, 247, 274, 276
Halichoerus grypus 145
Haliclystus auricula 521
Halictus quadricinctus 577
Haliotis tuberculata 528
Halobates sp. 559
Halocynthia papillosa 518
Halsbandfrankolin 252
Halsbandleguan 374
Halsbandlemming 227
Halsband-Myioborus 350
Halsbandpekari 202
Halteren 553
Hamilton-Frosch 430
Hammerhai, Glatter 458
Hammerkopf 270
Hammerkopfflughund 93
Hämmerling 325, 327
Hanumanlangur 111
Hapalemur simus 101
Haplorhini 18
Hardun 376
Harem 589
Harlekinbock 566
Harlekinfrosch, Großer 438
Harlekin-Korallenschlange 410
Harlekinwachtel 252
Harpactes erythrocephalus 313
Harpesaurus beccarii 377
Harpia harpyja 249
Harpyhaliaetus coronatus 279
Hartlaubs Turako 301
Haselnussbohrer 566
Hasenartige 18, 239
Hasenmaul, Großes 94
Hasenmaus, Peruanische 238
Haubenkleidervogel 352
Haubenmangabe 115
Haubenmeise 333
Haubennetz 540
Haubenpinguin 261
Haubenschwarzspecht 323
Haubensegler 309
Haubenskunk 137
Haubentaucher 262, 263
Hausen, Europäischer 470
Hausmaus 228
Hausratte 216, 229
Hausspinne, Gemeine 539
Hautflügler 21, 574
Hautflügleranatomie 574

Hechte 486, 487
Hechtsalmler, Gefleckter 483
Heckensänger 344
Heiden 45
Heilbutt, Weißer 511
Heiliger Ibis 270
Helarctos malayanus 132
Heldbock 566
Heleioporus barycragus 432
Heleophryne sp. 432
Heliconius melpomene 573
Heliobolus lugubris 389
Helioporus australicacus 432
Heliosciurus gambianus 221
Helix sp. 529
Hellbender, Gemeiner 421
Hellroter Ara 299
Helmkasuar 251
Helmperlhuhn 254
Helmschnecke 525
Helmturako 301
Helmvanga 353
Heloderma sp. 356, 371, 372, 392
Helostoma temminckii 511
Hemibelideus lemuroides 75
Hemichordata 21, 586
Hemidactylium scutatum 420, 425
Hemidactylus flaviviridis 382
Hemigalus derbyanus 149, 149
Hemignathus parvus 352
Hemikyptha punctata 560
Hemiphractus proboscideus 440
Hemiprocne sp. 309
Hemiptera 21, 559
Hemisus guttatus 446
Hemitragus sp. 184
Hepialidae 571
Heptranchias perlo 461
Herbivore Tiere 589
Hering, Atlantischer 479
Heringsfische 20, 478
Heringshai 459
Heringskönig 501
Herkuleskäfer 565
Hermaphrodit 452, 589
Hermelin 139
Herpailurus yaguarondi 159
Herpestes sp. 123, 148, 151
Herpestidae 18
Herpetotheres cachinnans 282
Herzigel 584
Herzmuschel, Stachelige 527
Hesperiidae 571
Heteractis crispa 516, 517
Heterixalus madagascariensis 444
Heterocentrotus mammillatus 583
Heterocephalus glaber 36, 38, 233
Heteroconger hassi 476
Heterodon platyrhinos 401, 408
Heterodontus portusjacksoni 457
Heterohyrax brucei 174, 175
Heteromys anomalus 224
Heteronotus reticulatus 561
Heteropneustes fossilis 484
Heupferd, Grünes 558
Heuschrecken 21, 33, 558
Hexactinellida 519
Hexanchus griseus 461
Hexapoda 21, 552
Hexapoden 21, 582
Hexaprotodon liberiensis 203
Hibernation 589
Hieraaetus fasciatus 280
Hieroglyphen-Schmuckschildkröte
    362
Hildebrandtia ornata 446
Himalaja-Wasserspitzmaus 87
Himantopus himatopus 288
Himantura uarnak 464
Himmelsgucker 509
Hiodon tergisus 472
Hippocamelus sp. 195

Hippocampus ramulosus 498, 502
Hippodamia convergens 564
Hippoglossus hippoglossus 511
Hippolais icterina 346
Hippopotamidae 18
Hippopotamus amphibius 51, 203
Hipposideros diadema 95
Hirsche 18, 190, 194
Hirscheber 200, 201
Hirschferkel, Afrikanisches 191
Hirschkäfer 563, 566
Hirschmaus 226
Hirschziegenantilope 180
Histrio histrio 497
Hoatzin 28, 33, 284
Hochanden-Rebhuhntinamu 250
Hochflossenschmerle 482
Hochland 47
Hochstetters Frosch 430
Höckerglanzente 258
Höckerschwan 256
Höhere Krebse 549
Höhere Säugetiere 18
Höhlengelbsalamander 425
Höhlenkreuzspinne 539
Höhlenschwalm, Australischer 307
Holaspis guentheri 389
Holocephali 20
Holzbiene, Blaue 577
Holzbock 542
Homalopsis buccata 405
Homarus americanus 550
Homo sapiens 24
Homopus signatus 364
Honduras-Skorpion, Dunkler 537
Honigameisen 578
Honiganzeiger 320
Honiganzeiger, Kleiner 321
Honigbeutler 77
Honigbienen 577
Honigdachs 141
Honigfresser 45
Hoplias malabaricus 482
Hoplodactylus rakiurae 380
Hoplophrys oatesii 534
Hörnchen-Kletterbeutler 76
Hörnchen-Springhase 223
Hörnchenverwandte 18, 218
Hörner 176, 187, 589
Hornfrosch, Gehörnter 433
Hornissen-Glasflügler 571
Hornkorallen 522
Hornviper 412
Hornviper, Westasiatische 412
Hosmers Skink 384
Hottentotten-Goldmull 86
Huchen 490
Hucho hucho 490
Huf 589
Hufeisen-Azurjungfer 554
Hufeisennase, Große 95
Hufeisenwürmer 21, 586
Huftiere 162, 589
Hüftmünder 20, 544
Hühnerfresser 402
Hühnervögel 19, 252
Hulock 119
Humer 550
Hummelschwebfliege 568
Hummer 549
Hummer, Amerikanischer 550
Hunde 18, 124
Hundehaarling 580
Hundertfüßer 20, 545
Hundsfisch, Europäischer 487
Hundskopfboa, Grüne 397
Hundskopf-Wassertrugnatter 405
Hundskusu 74
Hunterantilope 178
Hüpfmaus, Rehbraune 230
Husarenaffe 117
Huso huso 470

Hutiacarabali 237
Hutiaconga 237
Hüttengärtner 39
Hyaena sp. 147, 160
Hyaenidae 18
Hyänen 18, 147
Hyazinthara 299
Hybrid 589
Hydracarina 543
Hydrocharis hydrocharis 216, 232,
    235
Hydrocynus goliath 483
Hydrodamalis gigas 167
Hydrodynastes gigas 408
Hydroidpolypen 520
Hydrolaetare schmidti 433
Hydrolagus colliei 457
Hydrometra stagnorum 559
Hydromys chrysogaster 230
Hydrophasianus chirurgus 288
Hydrophis ornatus 411
Hydropotes inermis 190, 191
Hydroskelett 516
Hydrosaurus amboinensis 377
Hydrozoa 521
Hydrurga leptonyx 145
Hyemoschus aquaticus 191
Hyla sp. 439, 440, 441
Hylidae 18
Hylidae sp. 429
Hylobates sp. 119
Hylochoerus meinertzhageni 201
Hylomys suillus 86
Hylopezus perspicillatus 326
Hymenolepis diminuta 523
Hymenoptera 21, 574
Hymenopus coronatus 555
Hynobius chinensis 422
Hyperolius sp. 444
Hyperoodon ampullatus 212
Hypnale hypnale 415
Hypocolius ampelinus 341
Hypogastrura sp. 582
Hypolimnas misippus 573
Hypsignathus monstrosus 93
Hypsiluris boydii 371
Hypsiprymnodon moschatus 78
Hyracoidea 18
Hystricognathi 18
Hystrix sp. 234

I
Iberiensteinbock 183
Iberische Geburtshelferkröte 430
Ibidorhyncha struthersii 288
Ibis, Japanischer 270
Ibisschnabel 288
Ichneumia albicauda 151
Ichneumon 151
Ictalurus punctatus 484
Icterus galbula 351
Icthyophis sp. 427
Ictinia mississippiensis 276
Ictonyx sp. 141
Idiacanthus sp. 491
Idolum diabolicum 555
Igel 84, 87
Igel, Westeuropäischer 84, 86, 87
Igelfisch 513
Igelfliege 569
Igelwürmer 21
Iguana 372, 373
Iiwi 324, 352
Iltis, Europäischer 140
Ilyocypris gibba 548
Imago 533
Imantodes cenchoa 408
Impala 163, 179
Indicator sp. 141, 320, 321
Indigoschlange 403
Indische Dachschildkröte 363
Indische Klappen-Weichschildkröte
    361
Indischer Blattschmetterling 573

Indischer Glaswels 484
Indischer Mungo 151
Indischer Muntjak 193
Indischer Ochsenfrosch 442
Indischer Paradiesschnäpper 333
Indischer Riesenflughund 93
Indischer Sambar 192
Indischer Schlangenhalsvogel 271
Indischer Schweinswal 210
Indischer Zwergfalke 282
Indotestudo elongata 364
Indri 103
Indri indri 102, 103
Indricotherium sp. 28, 172
Inger 20
Inger, Atlantischer 453
Inia geoffrensis 207
Inka-Seeschwalbe 292
Inkubation 589
Insecta 21
Insectivora 18
Insekten 21, 25, 552 , 553, 562
Insektenfresser 18, 84
Insektivore 589
Inselleguan, Grüner 373
Insel-Nachtechse 388
Ipnops murrayi 492
Irawadi-Delfin 209
Iriatherina werneri 499
Iriomote-Katze 158
Ischyropsalis helwigii 542
Isistius sp. 461
Isoodon obesulus 73
Isopoda 549
Isoptera 21, 557
Isotoma viridis 582
Istiophorus sp. 34, 498, 510,
Isurus oxyrinchus 459
Ixobrychus minutus 268
Ixodes ricinus 542

J
Jacobson'sches Organ 393, 589
Jaculus jaculus 231
Jagdfasan 252
Jagdsalmler 482
Jagdspinne, Gerandete 539
Jagdspinnen 516, 538
Jagdstrategien 34, 122, 160, 281
Jaguar 33, 122, 155
Jakobinerkuckuck 301
Jamaika-Ferkelratte 237
Janthina janthina 528
Japanischer Ibis 270
Japanischer Marder 138
Jararacussu 415
Java Flugfrosch 428
Javanashorn 173
Jefferson-Querzahnmolch 426
Jerdonmusang 150
Johannisbeerglasflügler 571
Johannisechse 385
Jordanella floridae 499
Jungfernkranich 283
Jynx torquilla 322

K
Kabeljau 497
Kachuga tecta 363
Käfer 21, 563, 565
Käferschnecken 525, 526
Kaffernbüffel 176, 187
Kagu 286
Kahlkopf-Uakari 56, 108
Kahnfüßer 525, 526
Kahnschnabel 268
Kaiserfisch 498, 507
Kaisermantel 573
Kaiserpinguin 261
Kaisersalmler 483
Kaiserschnapper 506
Kaiserskorpion 537
Kakapo 300
Kaktusfink 351, 353
Kaktuszaunkönig 318

Kalifornischer Eselhase 241
Kalifornischer Kondor 275
Kalifornischer Molch 424
Kalifornischer Seelöwe 143
Kalkschwämme 519
Kallima inachus 573
Kalmar, Europäischer 530
Kalmar, Gemeiner 530
Kalmare 525
Kaloula pulchra 442
Kamberkrebs 551
Kamele 18, 198
Kamelhalsfliegen 21, 579
Kamelspinne 542
Kaminsegler 309
Kammmolch 418
Kammschwanzbeutelmaus 72
Kampfadler 279
Kampffisch 511
Kampfläufer 290
Kamtschatka-Krabbe 551
Kamtschatka-Schaf 185
Kanadagans 257
Kanadaluchs 64, 156
Kängurukäfer 566
Kängurus 18
Kaninchen 18
Kanincheneule 305
Kankerspinne 542
Kantenkopf-Klapperschlange 414
Kap-Baumnatter 406
Kap-Giraffe 197
Kap-Honigesser 331
Kap-Klippschliefer 174
Kapkobra 394
Kap-Krallenfrosch 431, 437
Kapotter 135
Kappengeier 277
Kappenreiher 269
Kappensal 349
Kap-Strandgräber 233
Kapsturmvogel 264
Kaptäubchen 294
Kapuzentaucher 263
Kapuzinervogel 327
Kap-Zwergschildkröte 410
Kardinalfisch 481
Karettschildkröte, Echte 360
Karettschildkröte, Unechte 360
Karibik-Languste 551
Karibischer Riffhai 454
Karibu 189, 194
Karnivore Tiere 589
Karpfen 481
Karpfenfische 20, 480
Karpfenlaus 548
Karpfensalmler, Rötlicher 482
Kartoffelkäfer 566
Käsefliege 568
Kaspische Bachschildkröte 363
Kassina maculata 444
Kasuar 19, 250
Katadrom 589
Katholikenfrosch 432
Katsuvonus pelamis 510
Katta 100, 101
Katzen 18, 152
Katzendrossel 341
Katzenfrett, Nordamerikanisches 146
Katzengecko 380
Katzenmaki, Gabelstreifiger 101
Katzennatter 406
Kaulquappen 426
Kaupifalco monogrammicus 278
Kaviar 469
Kea 297
Kegelrobbe 145
Kegelschnecken 528
Kehlstreifenbussard 278
Keilfleckbarbe 481
Keilfleckschwebfliege 568
Keilschwanzadler 274
Keilschwanzsturmtaucher 265

Kelchwürmer 21, 585
Kemps Bastardschildkröte 360
Kentropyx calcarata 390
Keratella quadrata 586
Keratin 589
Kerguelen-Scharbe 273
Kernbeißer-Timalie 346
Keta-Lachs 489
Kettenhecht 487
Kettenviper 412
Kiang 169
Kieferfisch 509
Kieferknospentriebwickler 570
Kieferlose 20, 453
Kiefermündchen 21
Kiefernbuschhornblattwespe,
   Gemeine 574
Kiefernhäher 337
Kiefertragende Fische 20
Kielechse, Blaukehlige 389
Kielnagelgalago, Westlicher 104
Kiemen 535, 589
Kiemenatmung 450
Kiemenfüßer 547
Kiemenlochtiere 21
Kinixis belliana 364
Kinorhyncha 21, 586
Kinosternon sp. 362, 365
Kissenstern, Großer 584
Kisutch-Lachs 489
Kiwi 19, 250
Klaffmuscheln 527
Klammeraffe, Schwarzer 110
Klappen-Weichschildkröte, Indische
   361
Klapperschlange 39, 400
Klapperschlange, Gehörnte 412
Klapperschlange, Tropische 413
Klappmütze 145
Klasse 16
Kleideraffe 65, 111
Kleiner Armmolch 421
Kleiner Bärenkrebs 551
Kleiner Blauzungenskink 385
Kleiner Fregattvogel 271
Kleiner Honiganzeiger 321
Kleiner Korallenwels 484
Kleiner Kudu 187
Kleiner Mungo 123
Kleiner Panda 130, 132
Kleiner Plattgürtelschweif 383
Kleiner Rattenigel 86
Kleiner Roter Spießhirsch 195
Kleiner Sandaal 509
Kleiner Schwertwal 209
Kleiner Wieselmaki 102
Kleines Sumpfhuhn 285
Kleinfalanuk 149
Kleinfleckkatze 159
Kleinkantschil 191
Kletterfisch 511
Kletterfüßig 589
Klima 40
Klippenfrosch, Mexikanischer 434
Klippspringer 181
Kloake 589
Kloakentiere 18, 66, 590
Klunker-Karakara 282
Knochenfische 20, 28, 466, 467, 589
Knochenhecht, Gefleckter 471
Knochenhecht, Schlanker 471
Knochenhechte 20, 471
Knochenzünglerartige 20, 472
Knorpelfische 20, 28, 454, 455, 589
Knotenameise 578
Koala 18, 40, 65, 77
Kobus ellipsiprymnus 181
Köcherfliege 21, 581
Kodiakbär 131

Koël 302
Kofferfisch 450, 512
Kogia breviceps 212
Kohl-Blattlaus 561
Kohlenfisch 503
Kohlerdfloh 566
Köhlerschildkröte 364
Kohlmeise 333
Kohlweißling 572
Koklas-Fasan 253
Kokon 540
Kolbenente 259
Kolibris 19, 308, 312
Kolumbianische Froschkopfschild-
   kröte 366
Kommaschildlaus 561
Kommunikation 38
Komodowaran 43, 372, 393
Komplexauge 535, 549, 554, 589
Kondor, Kalifornischer 275
Kongowels, Rückenschwimmender
   485
Königlicher Gramma 504
Königsbussard 279
Königsfasan 254
Königsgeier 47, 275
Königsgepard 153
Königskobra 395, 407, 409
Königskrabbe 551
Königsnatter, Graugebänderte 403
Königspinguin 260, 261
Königspython 398
Königssatrap 328
Königsscharbe 319
Königstiger 154
Königstyrann 328
Kontinentaldrift 23
Konvergente Evolution 26, 589
Konvergenz 589
Konvergierende Marienkäfer 564
Kopfbinden-Zwergnatter 404
Kopffüßer 23, 530, 531
Kopflaus 580
Kopulationsfüße 554
Korallen 20, 25, 520, 522
Korallenfinger 438
Korallenpolypen 50
Korallenriff 50, 589
Korallen-Rollschlange 399
Korallenschlangen 395
Korallenwels, Kleiner 484
Kormoran 271, 273
Kormoran, Nordpazifischer 273
Kornnatter 402
Kornweihe 278
Korsetttierchen 21
Koskorobaschwan 256
Kouprey 186
Koyote 125
Krabbe, Gemeine 551
Krabbe, Rote 551
Krabben 28, 549, 550
Krabbenbussard 279
Krabbenfresser 145
Krabbenspinne, Veränderliche 538
Krabbenspinnen 538
Kragenbär 131
Kragenechse 376, 386
Kragenfaultier 82
Kragen-Laubenvogel 338, 342
Kragentiere 21, 586
Kragentrappe 286
Krähenscharbe 273
Krake, Gemeine 531
Krallenäffchen 107
Krallengecko, Gebänderter 380
Kranichvögel 19, 283
Krankheitsüberträger 535, 542
Kranzfüßer21
Kratzwürmer 21
Krausenhai 461
Kraushaar-Vogelspinne 538
Krauskopfpelikan 272

Krebse, Höhere 549
Krebstier-Anatomie 546
Krebstiere 21, 546, 549, 551
Kreischeule 303
Kreuzbrustschildkröte, Große 365
Kreuzkröte 429
Kreuzotter 412
Krill 550, 589
Krokodile 19, 367, 369
Krokodilschleiche, Südliche 390
Krokodilschwanzechse 391
Krokodilschwanz-Höckerechse 391
Kronenadler 280
Kronenducker 177
Kronenkranich 283
Kropf 589
Kropfgazelle, Arabische 182
Kröte, Grüne 437
Kröten 19
Krötenechsen 372
Krötenpfeiffrosch 433
Kryptopterus bicirrhis 484
Kuba-Amazone 300
Kubanische Schlankboa 398
Kubanischer Schltzrüssler 85
Kuba-Todi 316
Kuckuck 19, 37, 302
Kuckucksartige 19, 301
Kuckuckskopfbussard 275
Kudu, Großer 187
Kudu, Kleiner 187
Kugelgürteltier 83
Kuhantilope 178
Kuhreiher 269
Kupferglocke 571
Kupferkopf 413
Kürbisspinne 539
Kürzfuß-Stelzenralle 284
Kurzkammleguan 373
Kurzkopffrösche 442
Kurznasenknochenhecht 471
Kurzohrfuchs 129
Kurzschwanz-Chinchilla 238
Kurzschwanz-Maulwurfsratte 229
Kurzschwanzspitzmaus 87
Kurzschwanzstachelschwein 234
Kurzzehenlerche 339
Küssender Gurami 511
Küstenasselspinne 544
Küstenregionen 51
Küstenseeschwalbe 266

L
Labidesthes sicculus 499
Labroides sp. 466, 508, 509
Lacedo pulchella 315
Lacerta sp. 387, 388
Lachender Hans 315
Lachesis muta 33, 415
Lachhabicht 282
Lachs, Atlantischer 488
Lachsfische 20, 486
Lachsforelle 488
Lactoria fornasini 512
Laemonema longipes 496
Lagenorhynchus sp. 206, 208
Lagidium peruanum 238
Lagomorpha 18
Lagopus muta 254
Lagorchestes conspicillatus 80
Lagostomus maximus 238
Lagothrix sp. 106, 110
Lalage leucomela 340
Lama 18, 198
Lama gaunicoe 45, 198, 199
Lamagazelle 180
Lamna nasus 457, 459
Lampetra planeri 453
Lampridiomorpha 20
Lampris guttatus 494
Lampropeltis sp. 403

Lamprotornis superbus 347
Lampyridae 564
Lampyris noctiluca 564
Landkärtchen 573
Landkrabben 551
Landschildkröte, Ägyptische 366
Landschildkröte, Geometrische 366
Landschnecken 529
Landwirbeltiere 28
Langflügelfledermaus 96
Langflügelschrecken 558
Langfühlerheuschrecke 17
Langnasenbeutler, Großer 73
Langnasiger Baumschnüffler 406
Langrüssel-Elefantenfisch 473
Langschnabeligel 67
Langschnabelmilan 275
Langschnabel-Sumpfzaunkönig 325,
   336, 341
Langschnauzen-Kaninchenkänguru
   78
Langschwanzeidechse, Sechsstreifige
   389
Langschwanz-Erdracke 317
Langschwanzkatze 159
Langschwanz-Tanrek 85
Langschwanzwiesel 139
Languste, Bunte 550
Languste, Europäische 550
Lanius sp. 335
Lanternaria sp. 560
Lanthanotus borneensis 392
Lanzenfische 492
Lanzettfischchen, Europäisches 28,
   518
Laphria flava 568
La-Plata-Delfin 207
Lappenente 259
Lappenstar 335
Lappentaucher 262
Lar 119
Lärmpitta 325
Larosterna inca 292
Larus sp. 291
Larve 589
Larvenroller 150
Larvensifaka 103
Lasioderma serricorne 565
Lasiorhinus sp. 77
Lasiurus cinereus 97
Laternenangler 495
Laternenfisch 20, 493, 500
Laternenträger 560
Laternenträger, Surinamischer
   560
Lates calcarifer 504
Lathamus discolor 298
Laticauda sp. 410, 411
Latimeria sp. 468
Latrinenfliege 569
Latrodectus mactans 541
Lätzchen-Erdrack 317
Laubenvögel 31, 39
Laubfrösche 429, 440, 441
Laucharassari 321
Laudakia stellio 376
Laufkuckuck 302
Laufvögel 250
Laurasia 589
Lavia frons 94
Layard-Schnabelwal 212
Laysanalbatros 264
Lebend gebärend 589
Lebensräume 38, 40
Leberegel, Chinesisches 523
Lederschildkröte 358, 360
Leguan, Grüner 372, 373
Leguan, Schwarzer 373
Lehmania marginata 529
Leierhirsch 192
Leierschwanz 330
Leiopelma sp. 430

Leiopython albertisii 398
Leistenkrokodil 368
Lemminge 225, 227
Lemmus lemmus 227
Lemniscomys striatus 228
Lemur catta 100, 101
Lemuren 29, 588
Lemuren-Ringelschwanzbeutler 75
Leontopithecus sp. 107
Leopard 155
Leopard-Drückerfisch 512
Leopardenlungenfisch 468
Leopardfrosch 429
Leopardgecko 380
Leopardus sp. 42, 157, 159
Lepas anatifera 548
Lepidobatrachus laevis 433
Lepidochelys sp. 360
Lepidodactylus lugubris 382
Lepidophyma flavimaculata 388
Lepidoptera 21, 570
Lepidosaphes ulmi 561
Lepidosaura 356
Lepidosiren paradoxa 468
Lepidothrix coronata 327
Lepilemur sp. 102
Lepisma saccharina 579
Lepismodes inquilinus 579
Lepisosteus sp. 471
Lepomis gibbosus 505
Leporillus conditor 229
Leptinotarsa decemlineata 566
Leptodactylus sp. 429, 433
Leptodora kindtii 547
Leptonychotes weddellii 145
Leptopelis natalensis 444
Leptopterus chabert 353
Leptosomus discolor 317
Leptotila plumbeiceps 295
Lepus sp. 47, 239, 241
Lerchenstärling 351
Lerista bipes 385
Lernfähigkeit 37
Lestodelphys halli 70
Lethenteron zanandreai 453
Leuchtkäfer 564
Leuchtkäfer, Großer 564
Leuchtschnellkäfer 565
Leucopternis albicollis 279
Levanteotter 413
Lialis burtonis 381
Libellen 21, 29, 553, 554
Libellen-Schmetterlingshaft 581
Libysche Rennratte 227
Libysches Streifenwiesel 140
Lichenostomus chrysops 45
Lichmera indistincta 332
Lichmophora sp. 523
Lichtensteins Kuhantilope 178
Lichtmotten 571
Liebesrat 554
Lilapunkt-Prachtsternschnecke 525
Lima hians 527
Limnadia lenticularis 547
Limnodynastes interioris 432
Limnogale mergulus 84
Limnonectes sp. 446
Limosa limosa 289
Limothrips cerealium 580
Limulidae 544
Limulus polyphemus 534, 535, 544
Lingula anatina 587
Linkes Walzenseestern 584
Linné, Carl von 16, 17
Linophryne arborifera 495
Linsangs 18
Linyphia triangularis 540, 541
Liomys irroratus 224
Liothyrella neozelandica 587
Liparis liparis 503
Liphistius malayanus 538
Liphyra brassolis 572
Liposcelis divinatorius 579, 580

Lipotes vexillifer 207
Lippenbär 132, 160
Lippfische 498
Lirometopum coronatum 17
Lissemys punctata 361
Lissodelphis borealis 209
Lisztäffchen 107
Lithobius forficulatus 545
Lithodytes lineatus 434
Litocranius walleri 180
Litoria sp. 54, 438, 441
Liua shihi 422
Lobodon carcinophagus 145
Lobophyllia hemprichii 522
Lockstoffe 39
Locusta migratoria 558
Lodde 488
Löffelente 258
Löffelhund 127
Löffelstör, Amerikanischer 469
Löffler 52, 270
Loligo sp. 530
Lontra longicaudis 135
Lookdown 505
Lophaetus occipitalis 280
Lophelia pertusa 522
Lophius sp. 497
Lophocebus albigena 115
Lophorina superba 343
Lophornis sp. 311
Lophotibis cristata 270
Lophotus capellei 494
Lord-Derby-Dornschwanzhörnchen
    223
Lord-Howe-Ralle 285
Loricifera 21
Loriculus sp. 298
Loris tardigradus 100, 105
Lota lota 495, 496
Lotsenfisch 505
Löwe 32, 36, 152, 153
Loxia pytyopsittacus 348
Loxocemus bicolor 399
Loxodonta africana 17, 33, 39, 45, 64,
    162, 163, 164, 165
Loxosceles reclusa 541
Loxosoma harmeri 585
Lucanidae 566
Luchs, Eurasischer 156
Lucilia sericata 569
Lumbricus terrestris 532
Luminiszierend 589
Lump 503
Lungenatmer 529
Lungenfisch, Australischer 468
Lungenfisch, Südamerikanischer 468
Lungenfische 20, 28, 468
Luscinia sp. 344
Lutjanus sebae 506
Lutra sp. 135
Lutreolina crassicaudata 70
Lycaena virgaureae 572
Lycaon pictus 124, 127
Lycodon laoensis 404
Lycoteuthis diadema 531
Lygnus pratensis 559
Lygosoma bowringii 385
Lymantria sp. 43, 571
Lymnaea auricularia 529
Lyncodon patagonicus 141
Lynx sp. 64, 156
Lyrurus tetrix 254
Lysmata amboinensis 37, 550
Lystrophis semicinctus 408
Lytorhynchus diadema 404
Lytta versicatoria 565

M
Mabuya vittata 385
Macaca sp. 37, 99, 113
Machilis helleri 579
Macrelaps microlepidotus 399
Macrobiotus hufelandi 585
Macrocheira kaempferi 30, 546, 551

Macrochelys temmincki 365
Macrodipteryx sp. 307
Macrodontia cervicornis 566
Macrogalidia musschenbroekii 150
Macroglossus minimus 93
Macrognathus aculeatus 502
Macronous ptilosus 345
Macronyx sharpei 340
Macropanesthia rhinoceros 556
Macropinna microstoma 486, 487
Macropisthodon rhodomelas 405
Macropus sp. 35, 79, 80
Macrorhamphosus scolopax 501
Macrorvipera sp. 413
Macroscelidea 18
Macrotermes natalensis 557
Macrotis lagotis 73
Macrourus berglax 496
Maculinea arion 572
Madagaskar-Boa 397
Madagassische Haftscheibenfleder-
    maus 97
Madagassische Ringelschildechse
    383
Madagassische Schnabelbrustschild-
    kröte 366
Madagassischer Taggecko 382
Made 589
Madeira-Wellenläufer 265
Madoqua guentheri 181
Magellan-Dampfschiffente 258
Magenbrüter 432
Magendassel 569
Magensteine 589
Magicicada sp. 560
Magnolienwaldsänger 350
Mähnenhirsch 192
Mähnenibis 270
Mähnenrobbe 143
Mähnenspringer 185
Mähnenwolf 129
Maifliege, Braune 580
Maiwurm, Violetter 565
Maki, Brauner 101
Mako 459
Malaclemys terrapin 362
Malacochersus tornieri 358, 364
Malacostraca 549
Malaienbär 132
Malaien-Gleitflieger 90
Malaien-Mokassinschlange 415
Malaiischer Nachtspint 316
Malanerpes erythrocephalus 322
Malapterurus electricus 485
Malariamücken 567
Malayemys subtrijuga 363
Malayischer Rennschmätzer 345
Mallomys rothschildi 228
Malpolon monspessulanus 403
Malurus sp. 329, 334
Mamba, Grüne 409
Mamba, Schwarze 409
Mammalia 18
Mandibeln 563, 589
Mandrill 36, 115
Mandrillus sp. 36, 106, 115
Mandschurenkranich 283
Mangroven-Nachtbaumnatter 406
Mangrovesümpfe 49
Mangusten 18, 148
Manis sp. 83
Mannophryne trinitatis 443
Manta birostris 462, 465
Mantelaffe 112
Mantelbrüllaffe 109
Mantelmangabe 115
Mantelmöwe 291
Mantelpavian 114
Manteltiere 518

Mantis religiosa 555
Mantispa pagana 580
Mantodea 21, 555
Manul 157
Maoritaucher 263
Mara, Großer 232
Maräne, Amerikanische Kleine 490
Marcusenius macrolepidotus 473
Marder 18, 134
Marder, Japanischer 138
Marderhund 127
Margaritana margaritifera 527
Margarornis rubiginosus 326
Marginella cornea 528
Marienkäfer 553, 561, 564
Marienkäfer, Konvergierende 564
Marlin, Blauer 510
Marmorierter Buntleguan 375
Marmorierter Riedfrosch 444
Marmorkatze 158
Marmorquerzahnmolch 424
Marmorweber 347
Marmorzitterrochen 463
Marmosa robinsoni 69
Marmota 218, 219
Martes sp. 134, 138
Marthasterias glacialis 584
Masken-Gerygone 334
Maskentölpel 353
Massaigiraffe 197
Massasauga 414
Massenaussterben 26
Masticophis flagellum 400, 402
Mastigoproctus giganteus 537
Mastomys natalensis 229
Masu-Lachs 489
Matamata 359
Maticora bivirgata 409
Maulbrüter 508
Mauerbiene, Zweifarbige 577
Mauereidechse, Gewöhnliche 388
Mauergecko 382
Mauerläufer 334
Mauersegler 309
Maulbrüter 508
Maulfüßer 549
Maultierhirsch 190, 194
Maulwurf, Europäischer 88
Maulwürfe 89
Maulwurfsgrille 558
Mauremys caspica 363
Mäusebussard 279
Mäuseverwandte 18
Mäuseverwandte 225
Mausohr, Großes 96
Mausvögel 19, 313
Mausvogel, Gestreifter 313
Mauswiesel 139
Mazama sp. 195
McCords Schlangenhalsschildkröte
    366
Mecoptera 21, 581
Medaka 499
Medizinischer Blutegel 532
Meeraal 476
Meerbarbe, Gestreifte 506
Meere 49, 58
Meerechse 372, 373
Meeresschildkröten 358, 359,363
Meeresschnecken 533
Meeresteufel 465
Meerhand 521
Meerkatze, Grüne 116
Meerneunauge 453
Meerschwalbe 508
Meerschweinchenverwandte 18, 232
Meerwalnuss 585
Meerwasserbiome 40
Megaceryle sp. 314
Megadyptes antipodes 261
Megalaima asiatica 320
Megalechis thoracata 485
Megaloceros sp. 190
Megalodicopia hians 518

Megalops sp. 474, 475
Megaloptera 21, 580
Megamuntiacus vuquangensis 193
Meganyctiphanes norvegica 550
Megaphragma caribea 574
Megaptera novaeangliae 204, 205, 211,
    213, 215
Megascolia maculata 575
Megophrys nasuta 431
Mehlmilbe 542
Mehlzünsler 570
Meisensänger 350
Melanerpes formicivorus 322
Melanocorypha yeltoniensis 339
Melanogrammus aeglefinus 495, 497
Melanosuchus niger 368
Melanotaenia goldiei 499
Meleagris ocellata 254
Meles meles 136
Melidora macrorhina 315
Melierax metabates 278
Meliphaga lewinii 332
Melithreptus gularis 332
Mellivora capensis 141
Meloe violaceus 565
Melogale sp. 136
Melongena corona 528
Melopsittacus undulatus 297
Melursus ursinus 130, 132, 160
Menschenaffen 18, 99, 118
Menschenfloh 580
Mentawai-Gibbon 119
Menura novaehollandiae 330, 343
Mephitis sp. 137
Merganetta armata 258
Mergus merganser 259
Meriones lybicus 227
Merkmale der Tiere 14
Merluccius merluccius 496
Merodon equestris 568
Meroles anchietae 389
Merops sp. 314, 316
Merostomata 20, 544
Mertensiella luschani 423
Mesalina guttulata 389
Mesembriomys macrurus 230
Mesitornis variegatus 284
Mesocricetus auratus 226
Mesogloea 520
Mesoplodon sp. 212
Mesopotamischer Damhirsch 193
Mesostoma ehrenbergi 523
Messerfisch, Schwarzer 472
Messerfische 472
Messingkäfer 565
Meta menardi 539
Metachirus nudicaudatus 70
Metamorphose 426, 533, 589
Mexikanische Mokassinschlange 413
Mexikanische Stacheltaschenmaus
    224
Mexikanischer Klippenfrosch 434
Mexikanisches Vulkankaninchen 242
Micaria formicaria 538
Micrastur ruficollis 282
Micrathene whitneyi 304
Microbiotheria 18
Microcanthus strigatus 507
Microcebus sp. 98, 101
Microctenopoma ansorgii 511
Microgale longicaudata 85
Microgoura meeki 295
Microhierax caerulescens 282
Microhyla ornata 442
Micromys minutus 228
Micronisus gabar 278
Microperoryctes longicauda 73
Micropotamogale ruwenzorii 85
Micropterus salmoides 505
Micruroides euryxanthus 400, 410
Micrurus sp. 401, 410
Miesmuschel, Essbare 527

Migration 589
Mikadofasan 254
Milben 53, 536, 542, 543
Milchfisch 481
Milchkrautwanze 560
Milchschlange 403
Millepora dichotoma 520
Milos-Eidechse 388
Milvago chimachima 282
Milvus migrans 276
Mimus polyglottos 336
Miniopterus sp. 92, 96
Mirakelbarsch, Echter 504
Mirounga sp. 31, 145
Mississippi-Alligator 52, 368
Mississippi-Weihe 276
Mistfliege 568
Mistkäfer 553
Misumena vatia 538
Mitrephanes phaeocercus 328
Mittelmeer-Mönchsrobbe 145
Mittlere Raubmöwe 287
Mnemiopsis leidyi 585
Mobula sp. 450, 465
Mohrenaguti 236
Mohrenkaiman 368
Mohrenkopfpapagei 298
Mohrenlerche 339
Mohrenmaki 101
Mojave-Klapperschlange 414
Mokassinschlange, Mexikanische 413
Mola mola 513
Molaren 589
Molch, Kaliformischer 424
Molche 19
Mollusca 20
Mollusken 589
Moloch horridus 357, 376
Molothrus bonariensis 351
Moma alpium 572
Momotus momota 316
Monachus monachus 145
Monamerkatze 116
Monarch, Afrikanischer 573
Monarchfalter 573
Monasa atra 320
Mönchsgeier 277
Mönchssittich 300
Mondauge 472
Mondfisch 513
Mongoleigazelle 189
Mongozmaki 101
Monias benschi 284
Monias-Stelzenralle 284
Monocentris japonica 500
Monocirrhus polyacanthus 507
Monodactylus argenteus 507
Monodelphis sp. 70
Monodon monoceros 206, 207
Monogenea 523
Monomorium pharaonis 578
Monoplacophora 526
Monopterus albus 502
Monotremata 18, 589
Monsunwälder 43
Moorantilope 65
Moore 45
Moostierchen 21, 587
Mopsfledermaus 96
Mordacia praecox 453
Mordfliege, Gelbe 568
Mordwanze, Rote 560
Morelia sp. 395, 398, 407
Morethia ruficauda 385
Mormolyce phylloides 563
Mormyrus longirostris 473
Morone saxatilis 504
Morphe 590
Morpho rhetenor 573
Morphofalter 573
Morus bassanus 272
Moschiola meminna 191

Moschus moschiferus 191
Moschushirsch 191
Moschuskrake 531
Moschusochse 47, 185
Moschusrattenkänguru 78
Moschusspitzmaul 87
Motacilla sp. 340
Motmot 316
Mottenschildlaus 561
Mückenlarven 562, 581
Mühlenberg-Schildkröte 362, 366
Mullus surmuletus 506
Mullusca 525
Mungo 151
Mungo, Indischer 151
Mungo, Kleiner 123
Mungos mungo 151
Mungotictis decemlineata 151
Muntiacus muntjak 193
Muntjak, Indischer 193
Muräne, Gelbe 474
Muräne, Graue 474
Muränen 37
Murex brandaris 528
Murmeltier, Eisgraues 219
Murmeltiere 219
Mus musculus 87, 225, 228, 229
Musca domestica 567, 569
Muschelkrebs, Grüner 548
Muschelkrebse 548
Muschelmantel 527
Muscheln 20, 525
Muscisaxicola albilora 328
Muskellunge 487
Musophaga rossae 301
Mussurana 408
Mustela sp. 123, 134, 139, 140, 161
Mustelidae 18
Mustelus mustelus 458
Musth 164, 590
Mutualismus 590
Mya arenaria 527
Mycetophila fungorum 567
Mycteria americana 270
Myctophum affine 493
Mydaus javanensis 143
Myioborus torquatus 350
Myiodynastes luteiventris 328
Myiopsitta monachus 300
Myliobatis sp. 465
Myobatrachus gouldii 432
Myocastor coypus 232, 237
Myoprocta exilis 236
Myopus schisticolor 227
Myosciurus pumilio 221
Myotis sp. 64, 96
Myoxocephalus scorpius 503
Myoxus glis 231
Myriapoda 20
Myriopora truncata 587
Myrmecia forficata 578
Myrmecobius fasciatus 71
Myrmecocystus hortideorum 578
Myrmecophaga tridactyle 81, 82
Myrmica laevinodis 578
Myrtensänger 350
Mysateles prehensilis 237
Mysis relicta 549
Mystacina tuberculata 97
Mysticeti 18
Mytacocarida 548
Mytilus edulis 527
Myxine glutinosa 453
Myxocyprinus asiaticus 482
Myzomela erythrocephala 332
Myzopoda aurita 97

N
Nabelschweine 18, 202
Nachtaffe 108
Nachtfalter 39, 553, 570
Nachtschattenesser 341
Nachtspint, Malaiischer 316
Nacktfußwiesel 139

Nacktkiemer 34, 525
Nacktmull 233
Nacktnasenwombat 77
Nacktschnecken 528
Nacktschwanzbeutelratte 70
Nacktschwanz-Gürteltier, Großes 82
Nadelwälder 43
Nagelhai 461
Nagelmanati 166, 167
Nagelrochen 463
Nagetiere 18, 216, 217
Nähfliege 574
Nahrung der Tiere 32
Nahrungsfiltrierer 465, 519, 532
Nahrungskette 30, 33
Nahrungsspezialisten 57
Naja sp. 394, 400, 409
Namensgebung 16, 17
Nandaysittich 299
Nandayus nenday 299
Nandinia binotata 150
Nandu 250, 251
Nanduvögel 19
Nannospalax leucodon 233
Nanosella fungi 563
Napfschaler 525
Napfschnecke, Gemeine 526
Napfschnecken 528
Napothera macrodactyla 345
Narceus americanus 545
Narwal 207
Narzissenschwebfliege 568
Nasalis larvatus 111
Nasenaffe 111
Nasenbär, Südamerikanischer 146
Nasenbeutler 18, 73
Nasenfrosch 431
Nasenmuräne 452
Nashörner 18, 172
Nashornkäfer 31
Nashornleguan 373
Nashornlund 293
Nashornviper 413
Nasua narica 146, 146
Natador depressus 358, 359, 360
Natal-Gespenstfrosch 432
Natal-Waldsteiger 444
Nationalparks 59
Natrix natrix 405, 407
Natterngift 402
Naturschutzgebiete 54
Naucoris cimicoides 559
Naucrates ductor 505
Naultinus elegans 380
Nautilus 23, 530, 531
Nautilus pompilius 530
Nebalia bipes 549
Nebelparder 155
Nebengelenktiere 18, 81
Necrophorus vespillo 564
Necrosyrtes monachus 277
Nectogale elegans 87
Necturus maculosus 420, 422
Nematistius pectoralis 505
Nematobrycon palmeri 483
Nematoda 20, 524
Nematoden 53, 524
Nematomorpha 21
Nematus ribesii 574
Nemertea 21
Nemoptera sinuata 581
Neobisium carcinoides 537
Neoceratodus forsteri 468
Neochen jubata 258
Neofelis nebulosa 155
Neomphalus sp. 528
Neomys fodiens 84
Neonfische 480
Neophocaena phocaenoides 210
Neophron percnopterus 277, 281
Neopilina galatheae 526
Neopterygii, Primitive 20, 471
Neositta chrysoptera 334

Neotenie 590
Neotetracus sinensis 86
Neotis denhami 286
Neotoma floridana 226
Neotropischer Fischotter 135
Nephila sp. 541
Nephurus stellatus 380
Neptunsbecher 519
Nereis diversicolor 532
Nerodia sipedon 405
Nerz 161
Nerz, Amerikanischer 140
Nesokia indica 229
Nesolagus netscheri 242
Nesomantis thomasseti 432
Nesomys rufus 227
Nesselfilterer 465, 516, 520, 521
Nester 318
Nestflüchter 590
Nesthocker 590
Nestor notabilis 297
Netta rufina 259
Netzflügler 581
Netzflügler, Echte 21
Netzgiraffe 197
Netzpython 397
Netzschmerle 482
Netzspinnen 540
Neuflosser 20
Neuguinea-Nasenbeutler, Großer 73
Neunaugen 20
Neunbinden-Gürteltier 82
Neuntöter 335
Neurergus kaiseri 423
Neuromasten 456
Neuroptera 21, 581
Neurotrichus gibbsii 88
Neuseeland-Fledermaus 97
Neuseelandseebär 143
Neusticurus bicarinatus 390
Neuweltaffen 106
Neuwelt-Stachelschweine 232
Nilaus afer 335
Nilfrosch 446
Nilgauantilope 187
Nilgiri-Tahr 184
Nilgirasratte 228
Nilhecht, Großschuppiger 473
Nilhechte 472
Nilkrokodil 367, 369
Nilwaran 393
Nipponia nippon 270
Niptus hololeucus 565
Noctilio leporinus 94
Noctuidae 572
Nomaden 590
Nomeus gronovii 510
Nonne 571
Nonnenkranich 283
Nordafrikanisches Stachelschwein 234
Nordamerikanische Rohrdommel 268
Nordamerikanischer Großfischer 314
Nordamerikanischer Grüner Laubfrosch 440
Nordamerikanischer Pfeifhase 240
Nordamerikanisches Katzenfrett 146
Nordkaper 214
Nördlicher Andenhirsch 195
Nördlicher Blauzungenskink 384
Nördlicher Bootsmannfisch 497
Nördlicher Entenwal 212
Nördlicher Glattdelfin 209
Nördlicher Haarnasenwombat 77
Nördlicher Hornrabe 317
Nördlicher Pudu 195
Nördlicher Seebär 143
Nördliches Gleithörnchen 217
Nord-Malleeflöter 344
Nordopossum 68, 69
Nordpazifischer Kormoran 273

Nordvietnamesischer Warzenmolch 424
Norops sp. 375, 386
Notaden bennettii 432
Notechis ater 411
Nothobranchius patrizii 499
Nothoprocta ornata 250
Notochord 518
Notomys cervinus 230
Notophthalmus viridescens 420, 423
Notoryctemorphia 18
Notoryctes typhlops 71, 86
Noturus baileyi 480
Novoeumeces schneideri 383
Nucifraga sp. 337
Nucras tessellata 387
Nucula nucleus 527
Numenius arquata 289
Numida meleagris 255
Nussmuschel, Gemeine 527
Nutria 237
Nyctalus noctula 92, 96
Nyctea scandiaca 47, 304
Nyctereutes procyonoides 127
Nycteris thebaica 94
Nyctidromus albicollis 307
Nyctimene robinsoni 93
Nyctimystes dayi 438
Nyctinomops femorosaccus 97
Nyctixalus pictus 447
Nyctyornis amictus 316
Nymphalidae 573
Nymphe 533, 590
Nymphon gracile 544

O
Obelia sp. 25
Oceanites oceanicus 48, 265
Oceanodroma castro 265
Ocellus 590
Ochotona sp. 240
Ochthera mantis 569
Octodon degus 232, 238
Octopus vulgaris 531
Ocypode ceratophthalma 551
Odinshühnchen 290
Odinshühnchen, Amerikanisches 290
Ödlandschrecke 558
Odobenidae 18
Odobenus rosmarus 142, 144
Odocoileus sp. 190, 194
Odonata 21, 554
Odontoceti 18
Odontodactylus scyllarus 549
Odontomachus haematodes 578
Oecophylla smaragdina 578
Oeda inflata 561
Oedipoda coerulescens 558
Oedura marmorata 381
Oena capensis 294
Oenanthe oenanthe 328
Oestrus ovis 569
Offene Landschaften 45
Ogilbyducker 177
Ohrengeier 277
Ohrenlerche 339
Ohrenrobben 18
Ohrensardine 478
Ohrenscharbe 273
Ohrentaucher 263
Ohrfasan, Blauer 253
Ohrfasan, Weißer 253
Ohrwürmer 21, 579
Okapi 18, 196, 197
Okapia johnstoni 196, 197,
Ökosystem 54, 590
Oktopusse 525, 531
Oligodon octolineatus 404

Oligosoma otagense 384
Ölkäfer 565
Ölverschmutzung 57
Ommastrephes sagittatus 530
Omnivore 590
Onager 169
Oncifelis sp. 157, 159
Oncopeltus fasciatus 560
Oncorhynchus 486, 488, 489
Ondatra zibethicus 217, 227
Onychodactylus fischeri 422
Onychogalea unguifera 78
Onychophora 21, 587
Onychorhynchus coronatus 328
Onymacris baccus 46
Onyxweber 347
Oothek 555, 556
Ophiocomina nigra 584
Ophiodes intermedius 390
Ophion luteus 575
Ophiophagus hannah 395, 407, 409
Ophisaurus attenuatus 391
Ophisops elegans 389
Ophisurus serpens 476
Ophiura ophiura 584
Ophiuroidea 584
Opilio parietinus 542
Opiliones 542
Opisthocomus hoazin 28, 33, 284
Opisthonema oglinum 478
Opisthorchis sinensis 523
Opistognathus aurifrons 509
Oplurus cyclurus 374
Oporornis tolmiei 350
Opossum 18, 34
Opossummäuse 18
Opuntienspinne 541
Orang Utan 99, 118, 120, 121
Orangebrust-Mistelesser 331
Orcaella brevirostris 209
Orchideenmantis 555
Orcinus orca 205, 206, 209, 211
Orconectes limosus 551
Ordensband, Rotes 572
Ordnung 16, 590
Oreailurus jacobita 159
Oreamnos americanus 183
Oreomanes fraseri 349
Oreotragus oreotragus 181
Orientierung 35
Orinokogans 258
Orinoko-Krokodil 368
Oriolus oriolus 335
Ornament-Engmaulfrosch 442
Ornithorhynchus anatinus 66, 67
Orthezia urticae 561
Orthonectida 21
Orthoptera 21, 558
Orycteropus afer 175
Oryctolagus cuniculus 239, 242
Oryx gazella 46, 160, 161, 179
Oryxantilope 46
Oryzias latipes 499
Oryzomys palustris 226
Osbornictis piscivora 148
Osmerus eperlanus 486, 488
Osmia bicolor 577
Osphronemus goramy 511
Ostariophysi 20
Osteichthyes 20
Osteocephalus sp. 429, 439, 441
Osteoderm 590
Osteoglossomorpha 20
Osteoglossum bicirrhosum 472
Osteolaemus tetraspis 368
Östlicher Barschlachs 495
Ostpazifischer Delfin 49
Ostracion meleagris 513
Ostracoda 548
Ostrea edulis 527
Ostridae 569
Ostroller 316
Otago-Skink 384

Otaria byronia 143
Otariidae 18
Otis tarda 286
Otocolobus manul 157
Otocyon megalotis 127
Otomys irroratus 230
Otterspitzmaus, Große 85
Otus sp. 303, 305, 318
Ourebia ourebi 181
Ovibos moschatus 47, 183, 185
Ovipar 590
Ovipositor 590
Ovis 185
Ovovivipar 590
Ovula ovum 528
Oxybelis aeneus 406
Oxyrhopus petola 406
Oxyruncus cristatus 330
Oxysternon conspicillatum 565
Oxyura leucocephala 259
Oxyuranus scutellatus 411
Ozelot 42, 159
Ozelotkatze 159
Ozotoceros bezoarticus 194

P
Paarhufer 18, 162
Paarzeher 18
Pachliopta hector 572
Pachydactylus geitje 382
Paguma larvata 150
Paka 236
Pakarana 236
Paläontologie 590
Palinurus vulgaris 550
Pallmatogecko rangeri 380
Palmenflughund 93
Palmeria dolei 352
Palmgeier 277
Palmkakadu 296
Palmschmätzer 341
Palomena prasina 560
Palpares libelluloides 579, 581
Paludicella articulata 587
Pampasfuchs 129
Pampashirsch 194
Pampaskatze 159
Pampel, Silberne 510
Pampus argenteus 510
Pan sp. 16, 37, 57, 118, 120
Panchlora nivea 560
Panda, Großer 122, 132
Panda, Kleiner 130, 132
Pandas 18
Pandinus imperator 537
Pandion haliaetus 274, 275, 281
Pangea 590
Panorpa communis 581
Pansen 163
Pantanal 48
Panthera sp. 32, 33, 36, 59, 122, 152, 153, 154, 155, 160, 161
Pantherkröte 436
Pantherschildkröte 364
Pantholops hodgsonii 180
Pantodon buchholzi 472
Pantopoda 544
Panulirus sp. 550, 551
Panzergürtelschweif 383
Panzerkopflaubfrosch 439
Panzernashorn 172, 173
Papagei-Breitrachen 330
Papageienfische 452
Papageienvögel 296
Papageifische 498
Papageitaucher 287, 293
Papierboot 531
Papilio antimachus 572
Papilionidae 572
Papio sp. 98, 114
Pappstfink 351
Papua-Schildkröte 361
Papua-Waran 393
Papustyla pulcherrima 529

Parabuteo unicinctus 279
Paracanthopterygii 20
Paracentrotus lividus 584
Paradiesjakamar 320
Paradiesschnäpper 333
Paradisaea sp. 338, 342, 343
Paradoxornis gularis 346
Paradoxurus sp. 150
Parakneria cameronensis 481
Paralichthys dentatus 511
Paralithodes camtschatica 551
Parallele Evolution 590
Paramesotriton deloustali 424
Parascalops breweri 88
Parasiten 53
Parastygocaris andeni 549
Paraxerus palliatus 221
Pardalotus punctatus 331
Pardelluchs 156
Pardelroller 150
Pardofelis marmorata 158
Pareus chinensis 403
Parmawallaby 80
Parnassius apollo 572
Parotia sefilata 338, 343
Parthenolecanium corni 561
Parula americana 350
Parus sp. 324, 328, 333
Passeriformes 324
Passerina ciris 351
Passionsfalter 573
Patagona gigas 310, 310
Patagonischer Skunk 137
Patagonisches Wiesel 140
Patella vulgata 526
Pauciturbeculata 18
Pauraque 307
Pauropoda 545
Pauropus huxleyi 545
Pavian 98, 99, 106
Pavo cristatus 31, 255
Pazifik-Boa 396
Pecari tajacu 202
Pectinator spekei 223
Pedetes capensis 223
Pediculus capitis 580
Pedionomus torquatus 291
Pedipalpen 590
Pedostibes everetti 437
Pegomya betae 569
Pekaris 18
Pelagia panopyra 520
Pelagisch 590
Pelagothuria natatrix 583
Pelamis platurus 411
Pel-Dornschwanzhörnchen 223
Pelecaniformes 19
Pelecanoides urinatrix 265
Pelecanus sp. 272, 575
Pelikan, Brauner 272
Pelikanaal 476
Pelikane 19
Pelmatohydra oligactis 521
Pelobates syriacus 431
Pelodytes punctatus 431
Pelomedusa subrufa 359
Pelusios sinuatus 359
Pelvicachromis pulcher 508
Penaeus monodon 550
Penelope sp. 252, 253
Penicillus javanus 527
Pennatula sp. 521, 522
Pennsylvania-Klappschildkröte 365
Pentatomidae 560
Peponocephala electra 209
Peramelemorphia 18
Perameles nasuta 73
Perca fluviatilis 505
Percopsis omiscomaycus 495
Perdicula erythrorhyncha 253
Periclimenes imperator 550
Pericrocotus sp. 340

Periophthalmus barbarus 509
Peripatoides novaezealandiae 587
Peripatopsis capensis 587
Peripatus sp. 587
Perissocephalus tricolor 327
Perissodactyla 18
Perla sp. 581
Perlboot, Gemeines 530
Perleidechse 387
Perlhuhnwels 485
Perlsteißhuhn 250
Perlziesel 219
Pernis apivorus 276
Perodicticus potto 105
Peromyscus maniculatus 226
Peroryctes raffrayana 73
Peruanische Hasenmaus 238
Petauroides volans 76, 90
Petaurus sp. 76, 90
Petermännchen 509
Petersfisch 501
Petris Dünnfingergecko 382
Petrocephalus simus 473
Petrodromus tetradactylus 243
Petrogale sp. 80
Petroica goodenovii 344
Petromus typicus 232, 233
Petromyzon marinus 453
Petropsuedes dahli 75
Pezoporus wallicus 298
Pfau 31
Pfauenaugengaukler 507
Pfauenaugen-Stachelaal 502
Pfauenaugen-Süßwasserrochen 464
Pfauensteißhuhn 250
Pfeifhase, Daurischer 240
Pfeifhase, Nordamerikanischer 240
Pfeifhase, Nördlicher 240
Pfeifhasen 18, 239
Pfeifreiher 269
Pfeilergärtner 338
Pfeilgiftfrösche 32, 443
Pfeilkalmar 530
Pfeilnatter 402
Pfeilschwanzkrebse 535, 544
Pfeilwürmer 21, 586
Pferde 18, 168
Pferdeanemone 522
Pflanzenfresser 33
Pflaumenkopfsittich 298
Phacochoerus africanus 200, 201
Phaethornis guy 308
Phaeton sp. 272
Phalacrocorax sp. 273, 319
Phalaenoptilus nuttallii 307
Phalanger orientalis 74
Phalangium opilio 542
Phalaropus sp. 290
Phalcoboenus carunculatus 282
Phalium granulatum undulatum 525
Phaner furcifer 101
Pharao-Ameise 578
Pharomachrus mocinno 313
Phascogale sp. 72
Phascolarctos cinereus 32, 40, 65, 77
Phasmatodea 21, 579
Phelsuma sp. 382
Pheromon 38, 39, 590
Pheucticus tibialis 351
Philander opossum 69
Philanthus triangulum 577
Philepitta castanea 330
Philesturnus carunculatus 335
Philetairus socius 319
Philippinen-Erdschildkröte 366
Philippinen-Gleitflieger 90
Philippinen-Rattenigel 86
Philodina roseola 586
Philomachus pugnax 290
Philothamnus semivariegatus 403
Phlebotomus papatasi 567
Phlocus phalangioides 538

Phloeomys cumingi 230
Phoca sp. 62, 63, 133, 142, 144
Phocidae 18
Phocoena sp. 210, 210
Phocoenoides dalli 210
Phoebastria albatrus 263
Phoebis philea 572
Phoeniconaias ruber 267
Phoenicoparrus 267
Phoenicopteriformes 19
Phoenicopterus sp. 32, 267
Phoeniculus purpureus 317
Pholas dactylus 527
Pholidota 18
Phoronida 586
Phoronis psammophila 586
Phosphuga atrata 564
Photophor 590
Phractolaemus ansorgii 481
Phryganea grandis 579, 581
Phrynichus sp. 537
Phrynocephalus persicus 376
Phrynohyas venulosa 439
Phrynomantis bifasciata 442
Phrynops hilarii 359
Phrynosoma sp. 374
Phthiracarus sp. 542
Phthiraptera 21, 580
Phthirius pubis 580
Phycodurus eques 498, 502
Phyllidia ocellata 528
Phyllium siccifolium 579
Phyllobates terribilis 443
Phyllomedusa sp. 439, 441
Phyllotreta nemorum 566
Physalaemus biligonigerus 433
Physalia physalis 510, 521, 528
Physeter catodon 204, 206, 212
Physignathus cocincinus 377
Physophora hydrostatica 521
Phytoplankton 590
Phytoseiulus persimilis 543
Phytotoma rara 330
Picassofisch, Eigentlicher 512
Picathartes gymnocephalus 346
Piciformes 19
Picoides villosus 323
Picromerus bidens 560
Pictodentalium formosum 526
Picus sp. 323
Pieris brassicae 572
Piherodius pileatus 269
Pika, Großohriger 240
Pilchard 479
Pilzkoralle 522
Pimelodus pictus 485
Pinguine 260
Pinguinsturmtaucher 265
Pinguinvögel 19
Pinna nobilis 527
Pinselohrhörnchen 220
Pinselstachler 234
Pionopsitta barrabandi 296
Pionus sp. 296, 300
Piophila casei 568, 569
Pipa pipa 429, 431
Pipistrellus pipistrellus 96
Pipra sp. 327
Piranga olivacea 349
Piranha, Roter 483
Pirol 335
Pisidium amnicum 527
Pitangus sulphuratus 328
Pithecia pithecia 108
Pitta 325, 330
Pituophis melanoleucus 401
Placozoa 21
Plagiodontia aedium 237
Planigale maculata 72
Platalea sp. 52, 270
Platanista gangetica 207
Platax orbicularis 513
Platemys platycephala 359

Plathelminthes 20
Plättchen-Seeschlange 411
Plattenkiemer 20
Plattfische 498
Plattgürtelschweif, Kleiner 383
Plattschwanz, Gewöhnlicher 411
Plattwürmer 20, 516, 523
Platycercus eximius 297, 298
Platypelis milloti 442
Platyrhopalopsis mellyi 563
Platysaurus guttatus 383
Platysternon megacephalum 365
Plazentale 590
Plazentale Säugetiere 18
Plazentatiere 79, 590
Plecoglossus altivelis 487
Plecoptera 21, 581
Plectorhynchus orientalis 506
Plectrophenax hyperboreus 351
Plerogyra sinuosa 522
Plethodon sp. 425
Pleurodeles poireti 424
Pliocercus sp. 401, 410
Plotosus lineatus 480, 484
Plumplori 105
Podarcis sp. 388
Podargus strigoides 306, 307
Podica senegalensis 286
Podiceps sp. 262, 263
Podicipediformes 19
Podocnemis sp. 356, 359
Podogymnura truei 86
Poecilia reticulata 498, 500
Poecilogale albinucha 141
Poelagus marjorita 242
Pogona barbata 376
Pogonocichla stellata 344
Pogonophora 21
Poicephalus senegalus 298
Poiretscher Rippenmolch 424
Polarregion 48
Polemaetus bellicosus 279
Poliocephalus rufopectus 263
Polioptila plumbea 346
Polistes gallicus 577
Polycarpa aurata 518
Polychaeta 532
Polychrus marmoratus 375
Polyergus rufescens 578
Polymixia sp. 493
Polyodon spathula 469
Polypedates sp. 447
Polyphemus pendiculus 547
Polyplacophora 526
Polypterus weeksi 469
Polystoma integerrimum 523
Pomacanthus imperator 507
Pomatostomus sp. 345
Pongo pygmaeus 57, 99, 118, 120, 121
Pontoporia blainvillei 207
Poor-Will 307
Porenkoralle 522
Porichthys notatus 497
Porifera 20, 519
Porites porites 522
Porphyrio sp. 283, 285
Porphyrsalamander 425
Portugiesische Galeere 521
Porzana parva 285
Porzellanschnecke 528
Posthörnchen 530
Potamochoerus sp. 201
Potamogale velox 85
Potamotrygon motoro 464
Poterion neptuni 519
Potorous tridactylus 78
Potos flavus 122, 146
Potto 105
Pottwal 204, 206, 212
Prachtelfe 311
Prachtkäfer, Ungarischer 564
Pracht-Höckerschildkröte 362

Prachtkäfer 564
Prachtleierschwanz 343
Prachtregenbogenfisch 499
Prachtreifelvogel 338
Präriehase 241
Präriehunde 218, 238
Prärieklapperschlange 414
Prevost-Schönhörnchen 221
Priapswürmer 21
Priapulida 21
Primaten 18, 98, 102
Primates 18
Priodontes maximus 83
Prionace glauca 458, 459, 460
Prionailurus sp. 158
Prionochilus percussus 331
Prionodon linsang 149
Prionodura newtoniana 338
Pristiophorus cirratus 461
Pristis pristis 463
Proboscidea 18
Proboscis 590
Procapra gutturosa 189
Procavia capensis 174, 175
Procellaria cinerea 265
Procellariiformes 19
Procnias sp. 325, 327
Procolobus sp. 112, 121
Procolus goryi 566
Procyon lotor 44, 145, 146
Procyonidae 18
Profelis aurata 157
Progosciger aterrimus 296
Prokaryoten 15
Promerops cafer 331
Prometheomys schaposchnikowi 227
Prometheusmaus 227
Propithecus sp. 103
Prostheceraeus giesbrechtii 523
Protacanthopterygii 20
Protandrisch 590
Proteles cristatus 147
Proterogyn 590
Proteus anguinus 422
Protonotaria citrea 350
Protonotar-Waldsänger 350
Protopterus sp. 468
Protura 21
Prunella atrogularis 344
Przewalskipferd 59, 168
Psammobates tentorius 364
Psammodromus algirus 389
Psammophis schokari 403
Psarisomus dalhousiae 330
Psephotus haematonotus 297
Psephurus gladius 469
Pseudacris ornata 440
Pseudalopex sp. 129
Pseudanthias squamipinnis 504
Pseudechis australis 411
Pseudemys sp. 362
Pseudis paradoxa 438
Pseudobranchus striatus 421
Pseudobulweria macgillivrayi 265
Pseudocerastes persicus 412
Pseudoceros sp. 523
Pseudocheirus peregrinus 75
Pseudochelidon sirintarae 339
Pseudochirops archeri 75
Pseudochirulus herbertensis 75
Pseudococcus longispinus 561
Pseudocolochirus violaceus 583
Pseudocordylus melanotus 383
Pseudokea 352
Pseudomugil furcatus 499
Pseudonaja nuchalis 411
Pseudonestor xanthophrys 352
Pseudonigrita arnaudi 347
Pseudophryne australis 432
Pseudorca crassidens 209
Pseudoryx nghetinhensis 184
Pseudotrapelus sinaitus 376
Pseudotriton ruber 420

Psittaciformes 19
Psittacula sp. 298
Psittrichas fulgidus 297
Psocoptera 21
Psophia crepitans 284
Psophodes olivaceus 345
Psylla mali 561
Psyllophryne didactyla 428
Pterinochilus murinus 538
Pternohyla fodiens 441
Pteroclidiformes 19
Pterocnemia pennata 251
Pteroglossus 321
Pteronura brasiliensis 135
Pterophanes cyanopterus 310
Pterophyllum scalare 508
Pteroptochos tarnii 326
Pteropus sp. 92, 93
Ptilinopus cinctus 295
Ptilocercus lowii 91
Ptilogonys caudatus 341
Ptilonorhynchus violaceus 338
Ptiloris magnificus 338
Ptyas karros 402
Ptychadena mascareniensis 446
Ptychozoon kuhli 382
Ptyodactylus puiseuxi 382
Pucrasia macrolopha 254
Puderfedern 268
Pudu sp. 190, 195
Pudu, Nördlicher 195
Pudu, Südlicher 190, 195
Puffinus sp. 265
Pulex irritans 580
Pulsatrix perspicillata 305
Puma 156
Puma concolor 156, 157
Pungitius pungitius 501
Pünktchengans 258
Punktierter Ferkelfrosch 446
Puntius lateristriga 482
Puppe 590
Puppenstadium 533
Purgatorius sp. 29
Purpurhuhn 285
Purpurmaskentangare 349
Purpurreiher 269
Purpurrose 522
Putzerfisch 466
Putzergarnelen 550
Pycnogonida 20, 544
Pycnogonum sp. 544
Pycnonotus jocosus 341
Pyemotes ventricosus 543
Pygathrix nemaeus 65, 111
Pygocentrus nattereri 483
Pygoscelis sp. 48, 261
Pyralis farinalis 570
Pyrophorus noctilucus 565
Pyrosoma atlanticum 518
Pyrrhocorax sp. 337
Pyrrhura leucotis 299
Python 397, 398
Pythonschädel 396
Pyxicephalus adspersus 445

Q

Quallen 20, 516, 520
Quallen, Echte 521
Quallenfisch 510
Quastenflosser 468
Quastenstachler, Afrikanischer 234
Quelea quelea 347
Quetzal 313
Quinnat 489
Quokka 80

R

Rabengeier 275
Rackenvögel 19
Rädertierchen 21, 586
Radiärsymmetrische Tiere 516

Radnetz 540
Radnetzspinne 540
Radula 525, 528
Raja clavata 462, 463
Ramphastos sp. 33, 321
Ramphocaenus melanurus 346
Ramus 590
Rana sp. 429, 445
Rangifer tarandus 188, 189, 190, 194
Rangkämpfe bei Gazellen 182
Ranicops ranius 497
Ranodon sibiricus 422
Raphicerus campestris 181
Raphidia notata 579
Raphidioptera 21
Raphus cucullatus 55, 295
Rasbora heteromorpha 481
Rattenigel, Kleiner 86
Rattenkänguru, Rotes 78
Rattenmaki 98, 101
Rattenschlange, Gelbbäuchige 402
Rattus sp. 216, 225, 229
Raubmilben 542
Raubmöwe, Kleine 291
Raubmöwe, Mittlere 287
Raubvögel 590
Raubwanzen 560
Raufußbussard 279
Raufußkauz 305
Raufußspringmaus 231
Räumliches Sehen 590
Raupe 590
Raupenfänger, Australischer 340
Rauschuppige Buschviper 412
Rautenpython 398
Rautentiere 21
Rauzahndelfin 208
Recurvirostra avosetta 288
Reduncia sp. 181
Reduviidae 560
Regenbogen-Erdschlange 399
Regenbogenforelle 486, 489
Regenpfeifervögel 19, 287
Regenwald 42, 54
Regenwurm, Gemeiner 532
Regenwürmer 532
Regina septemvittata 405
Regulus sp. 346
Regurgitieren 590
Reh 194
Rehbraune Hüpfmaus 230
Reiher 19
Reiherläufer 288
Reißzahn 590
Reliktkrebschen 549
Remiz pendulinus 333
Rennechsen 386
Rennmaus, Große 227
Rennratte, Libysche 227
Renntaucher 263
Rentier 194
Reptilien 28
Reptilien 356
Rhabdophis subminiatus 405
Rhabdornis mystacalis 331
Rhacodactylus auriculatus 380
Rhacophorus sp. 428, 429, 441, 447
Rhagoletis pomonella 568
Rhea americana 251
Rheiformes 19
Rheobatrachus silus 432
Rheodytes leukops 359
Rhesusaffe 113
Rhincodon typus 454, 457
Rhinecanthus aculeatus 512
Rhinobatos lentiginosus 463
Rhinoceros sp. 172, 173
Rhinocerotidae 18
Rhinoclemmys areolata 363
Rhinocoris iracundus 559, 560
Rhinoderma darwinii 434

Rhinolophus ferrumequinum 39, 95
Rhinomuraena quaesita 474
Rhinonicteris aurantia 95
Rhinophis drummondhayi 399
Rhinophrynus dorsalis 431
Rhinopithecus roxellana 111
Rhinopoma microphyllum 94
Rhinoptera bonasus 465
Rhinoraja odai 463
Rhipidura hypoxantha 333
Rhizoglyphus echinopus 542
Rhizomys sumatrensis 233
Rhodeus sericeus 481
Rhombomys opimus 227
Rhombozoa 21
Rhyacionia buoliana 570
Rhyacophila nubila 581
Rhyacotriton olympicus 423
Rhynchocinetes kuiteri 550
Rhynchocyon cirnei 243
Rhynchomys soricoides 230
Rhynchops niger 293
Rhynchopsitta pachyrhyncha 299
Rhyncocephalia 19
Rhynochetos jubatus 286
Rhyssa persuasoria 574
Ricinoides sjoestedti 537
Riedbock 181
Riedfrosch, Marmorierter 444
Riesenalk 293
Riesenborkenratte, Gescheckte 230
Rieseneisvogel 314
Riesenelen 187
Rieseneule 305
Riesenflughund, Indischer 93
Riesengespenstschrecke 579
Riesengleitbeutler 76
Riesengleiter 18, 90
Riesengoldmull 86
Riesengürteltier 83
Riesenhai 459
Riesenheuschrecke 553
Riesenhirsch, Europäischer 190
Riesenhonigbiene 577
Riesenkalmar 525
Riesenkalmar 531
Riesenkänguru, Graues 80
Riesenkänguru, Rotes 79, 80
Riesenkrabbe 30
Riesenmanta 450, 465
Riesenmuntjak 193
Riesenmuschel 527
Riesenmuschel 58
Riesenotter 135
Riesenpanda 57
Riesensalamander, Chinesischer 421
Riesen-Schuppentier 83
Riesensmaragdeidechse 387
Riesentigerfisch 483
Riesen-Totenkopfschabe 556
Riesentukan 33, 320, 321
Riesenturako 301
Riesenwaldschwein 201
Riesenzackenbarsch 466, 504
Riffbarsche 498
Riffhai, Grauer 460
Riffhai, Karibischer 454
Riffhummer 549
Riffkalmar 525
Rifftriel 288
Rindenlaus 580
Rinder 18, 163, 176, 187
Rinderbremse 568
Ringelmungo 151
Ringelnatter 405, 407
Ringelquerzahnmolch 424
Ringelschildechse, Madagassische 383
Ringelwühle 418, 427
Ringelwürmer 20, 532
Ringschwanz-Felskänguru 80
Rippenquallen 21, 585

Rissschnecke 528
Ritteranolis 375
Ritterfalter 572
Ritterfisch 506
Robben 18, 31, 142
Robinson-Röhrennasenflughund 93
Rochen 20, 455, 462, 463
Rodentia 18
Rohrdommel 268
Rohrdommel, Nordamerikanische 268
Röhrenfüße 584
Röhrennasen 19, 264
Röhrenschnecken 526
Röhrenspinne, Rote 538
Röhrenzahnartige 18, 175
Rohrkatze 157
Rohrratte, Große 233
Rohrweihe 278
Rokoko-Kröte 436
Rollandia rolland 263
Rollenkranich 284
Romerolagus diazi 242
Rondogalago 104
Rosakakadu 297
Rosapelikan 272
Rosellasittich 297
Rosengallen 575
Rosengallwespe 575
Roses Gespenstfrosch 432
Rossaameise 578
Rostkatze 158
Rostkehl-Kampfwachtel 284
Rostratula benghalensis 288
Rostrhamus sociabilis 276
Rostrum 590
Rotaugenfrosch 418
Rotaugenlaubfrosch 42, 439
Rotbarsch 503
Rotbauchige Bauchdrüsenotter 409
Rotbauchmaki 101
Rotbauch-Schmuckschildkröte 362
Rotbauchunke, Chinesische 430
Rotbeinfiländer 78
Rotbrauen-Baumrutscher 331
Rotbraune Elefantenspitzmaus 243
Rotbrustpitta 330
Rotbrusttinamu 250
Rote Edelkoralle 522
Rote Krabbe 551
Rote Mordwanze 560
Rote Röhrenspinne 538
Rote Samtmilbe 543
Rote Schlupfwespe 575
Rote Seescheide 518
Rote Waldameise 578
Rote Walzenschlange 399
Rötelmaus 227
Roter Brüllaffe 109
Roter Piranha 483
Roter Sichler 268
Roter Stummelaffe 112
Roter Wiesensalamander 420
Rotes Ordensband 572
Rotes Rattenkänguru 78
Rotes Riesenkänguru 35, 79, 80
Rotfeuerfisch 467
Rotflankenducker 177
Rotfuchs 128
Rotfußfalke 282
Rotgesichtsmakak 99, 113
Rothalsgans 257
Rothirsch 192
Rothörnchen 218, 220
Rothuhn 252
Rothund 127
Rotifera 21, 586
Rotkehlchen 344
Rotkehlchen, Europäisches 246
Rotkehlfrankolin 252
Rotkehlnektarvogel 331
Rotkehlpieper 340
Rotkehlwaldfalke 282

Rotkopf-Feuertrogon 313
Rotkopf-Plattschildkröte 359
Rotkopfspecht 322
Rötlicher Karpfensalmler 482
Rotluchs 156
Rotohrbülbül 341
Rotohrfrosch 445
Rotohrmeerkatze 117
Rotrücken-Waldsalamander 425
Rotschenkel 289
Rotschnabelalk 293
Rotschnabel-Scheifkitta 337
Rotschnabel-Toko 317
Rotschnabel-Tropikvogel 272
Rotschulterstärling 351
Rotschwanzjakamar 320
Rotschwanzmeerkatze 117
Rotschwanznatter 402
Rotschwanz-Tropikvogel 272
Rotstirn-Schwanzmeise 333
Rotwangenschildkröte 362
Rotwangen-Waldsalamander 425
Rotwolf 125
Rousettus aegyptiacus 93
Royles Pika 240
Rübenfliege 569
Rubin-Nachtigall 344
Rückenflosse 590
Rückenschwimmender Kongowels 485
Ruderflossen 590
Ruderfüßler 19, 271
Ruderwanzen 562
Rudimentär 590
Rundkopfdelfin 208
Rundnasenelefantenfisch 473
Rupicapra rupicapra 56, 183
Rupicola rupicola 327
Rüsselbarbe, Schönfloss.ge 481
Rüsselblesshuhn 285
Rüsselhündchen, Geflecktes 243
Rüsselkäfer 566
Rüsselspringer 18, 243
Rüsseltiere 18, 164
Russischer Desman 88
Rußseeschwalbe 292
Ruwenzori-Otterspitzmaus 85
S
Saatgans 257
Säbelschnäbler 288
Säbelzahnfische 492
Saccoglossus cambrensis 586
Saccopharynx ampullaceus 476
Sacculina carcini 548
Sackkiemer 484
Saftlecker 322
Sagitta setosa 586
Sagittarius sepentarius 274, 280, 281
Sagra buqueti 566
Saguinus oedipus 107
Saiga 180
Saiga tatarica 180
Saimiri sciureus 109
Saitenwürmer 21
Salamander 19
Salamandra salamandra 423
Salamandrella keyserlingii 422
Salinenkrebschen 547
Salmler 480
Salmo salar 488
Salmo sp. 488
Salomonen-Riesenskink 371, 384
Salticus scenicus 538
Saltuarius cornutus 380
Salvelinus sp. 490
Sambar, Indischer 192
Samenälchen 524
Samentasche 554
Samoa-Palolo 532
Samtmilbe, Rote 543
Sandaal, Kleiner 509
Sandboa 396

Sandboa, Große 396
Sanddollar 584
Sandechse 389
Sandgarnele 550
Sandhai 59
Sandkatze 157
Sandklaffmuschel 527
Sandläufer, Algerischer 389
Sandrasselotter 412
Sandtiger 459
Sandwespe, Gemeine 577
Sanguinus geoffroyi 107
Saola 184
Sarcinodes restitutaria 572
Sarcophilus harrisii 71
Sarcophyton glaucum 521
Sarcopterygii 20
Sarcoptes scabiei 543
Sarcoptes-Milbe 543
Sarcoramphus papa 47, 274, 275
Sardelle, Südamerikanische 479
Sardina pilchardus 479
Sardine, Südamerikanische 479
Sardinella aurita 478
Sardinops sagax 479
Sargassofisch 497
Sargocentron diadema 500
Sarkidiornis melanotos 258
Saroglossa spiloptera 347
Sattelrobbe 144
Säugekauz 305
Saugfüße 584
Sauromalus obesus 374
Sayornis nigricans 328
Scandentia 18
Scaphiophryne gottlebei 442
Scaphopod 526
Scatophaga stercoraria 569
Scatophagus argus 507
Sceloporus sp. 374, 378
Scelotes sexlineatus 385
Schabe, Deutsche 556
Schaben 21, 556
Schabrackenhyäne 147
Schabrackenschakal 126
Schabrackentapir 171
Schädellose 20, 518
Schafe 18
Schafs- und Ziegenbremse 569
Schafzecke 542
Schakale 18, 124
Schallschwingentaube 295
Scharlach-Ephthianura 333
Scharlach-Mennigvogel 340
Scharlachspint 314, 316
Scharlachtangare 349
Schaufelkröte, Syrische 431
Schaumzikade 561
Scheibenbauch, Großer 503
Scheibenzüngler, Gemalter 430
Schellfisch 497
Scheren 546
Scherenfüßer 20
Scherengarnele, Gebänderte 550
Scherentyrann 328
Schermaus 227
Schiffskielgarnele 550
Schildechse, Braune 383
Schildkröten 19, 358, 360, 364, 366
Schildkrötenfrosch 432
Schildkrötenköpfige Seeschlange 411
Schildläuse 559, 561
Schildturako 301
Schildwanzen 552
Schilfrohrsänger 346
Schismaderma carens 437
Schistometopum thomense 427
Schizomus crassicaudatus 537
Schläfer 225
Schlammfisch, Afrikanischer 481
Schlammfisch, Amerikanischer 471

Schlammfische 20
Schlammfliegen 21, 580
Schlammspringer 28, 498, 509
Schlammtaucher, Westlicher 431
Schlangen 19, 394, 395, 400, 407, 410
Schlangenadler 276
Schlangenauge 389
Schlangenbussard 278
Schlangenhalsschildkröte, Glatthalsige 359
Schlangenhalsvogel, Amerikanischer 271
Schlangenhalsvogel, Indischer 271
Schlangensterne 584
Schlankboa, Kubanische 398
Schlanke Glasschleiche 391
Schlanker Knochenhecht 471
Schlanklori 100, 105
Schlanknatter 402
Schleichkatzen 18, 148
Schleiereule 217, 305
Schleimfisch 450
Schleimkopfartige Fische 20, 493
Schlichtroller 149
Schliefer 17, 18
Schließtiere 18, 174
Schlinger 476
Schlitzrüssler 84
Schlupfwespe, Rote 575
Schmalfußbeutelmaus 72
Schmalschwanz-Paradieswitwe 348
Schmalstreifenmungo 151
Schmeißfliegen 569
Schmetterlinge 21, 570
Schmetterlingsfisch 472, 498
Schmetterlingskokon 573
Schmetterlingspuppen 573
Schmetterlingsrauben 570
Schmetterlingswanderungen 573
Schmuckhornfrosch 433
Schmutzgeier 277, 281
Schnabelbrustschildkröte, Madagassische 366
Schnabeldrückerfisch 512
Schnabelfliegen 21, 579
Schnabelkerfe 21, 559
Schnabelköpfe 19
Schnabeltier 18, 66, 67
Schnäpper-Waldsänger 350
Schnappkiefer-Ameise 578
Schnappschildkröte 365
Schnauzennatter, Gekrönte 404
Schnecken 20, 529
Schneckenjäger, Schwarzer 564
Schneckenkanker 542
Schneckenmantel 529
Schneckenschalen 528
Schneckenweihe 276
Schneeeule 47, 304
Schneegans 48, 257, 266
Schneehase 239, 241
Schneeleopard 56, 155
Schneeschuhhase 64, 241
Schneeziege 183
Schneidezähne 590
Schneller Wüstenrenner 389
Schnellkäfer 565
Schnepfenfisch 501
Schnepfenmesserfisch 501
Schnurrwürmer 585
Schönflossige Rüsselbarbe 481
Schopfadler 280
Schopffalk 293
Schopffische 494
Schopfgibbon 119
Schopfhirsch 193
Schopflangur 111
Schopfstummelaffe 112
Schopfwachtel 252
Schraubenziege 184
Schreckengesang 558
Schreieule 318

Schreiseeadler 274
Schreitvögel 19, 268
Schuhschnabel 270
Schuppen 590
Schuppenkriechtiere 19
Schuppenkuskus 74
Schuppentiere 18, 83
Schützenfisch 507
Schwalben 53
Schwalbengleitaar 276
Schwalben-Mistelesser 331
Schwalbenschwänze 572
Schwalbensittich 298
Schwalbentangare 349
Schwalmvögel 19, 306
Schwämme 20, 48, 516, 519
Schwammgallwespe 575
Schwammspinner 43
Schwäne 256
Schwänzeltanz 576
Schwanzfrosch 430
Schwanzlurche 420, 421
Schwanz-Seidenschnäpper 341
Schwarzbandbarbe 482
Schwarzbauchmückenfresser 326
Schwarzbrust-Kampfwachtel 284
Schwarzbrustkolibri 310
Schwarzdelfin 206
Schwarze Mamba 35, 409
Schwarze Tigerotter 411
Schwarze Witwe, Amerikanische 541
Schwarzer Brüllaffe 109
Schwarzer Klammeraffe 110
Schwarzer Leguan 373
Schwarzer Messerfisch 472
Schwarzer Schneckenjäger 564
Schwarzer Stummelaffe 112
Schwarzer Tümmler 210
Schwarzflügeltrappe 286
Schwarzfußiltis 140
Schwarzfußkatze 157
Schwarzgesicht-Scheidenschnabel 291
Schwarzhalsreiher 269
Schwarzhalsschwan 256
Schwarzhalstaucher 263
Schwarzkäfer 46
Schwarzkehlbraunelle 344
Schwarzkehl-Honiganzeiger 321
Schwarzkehl-Paradieselster 338
Schwarzkolbiger Braundickkopffalter 571
Schwarzkopfpython 398
Schwarzkopf-Uakari 108
Schwarzkopf-Wippflöter 345
Schwarzlappenpitta 330
Schwarzlippenpika 240
Schwarzmamo 352
Schwarzmantel-Scherenschnabel 293
Schwarzmilan 276
Schwarzmilan 276
Schwarznarbenkröte 436
Schwarzohrpapagei 296
Schwarzohrriesenratte 228
Schwarzotter 411
Schwarzphoebe 328
Schwarzraupenschmätzer 340
Schwarzrücken-Flötenvogel 335
Schwarzschnabel-Sturmtaucher 265
Schwarzschwanz-Klapperschlange 414
Schwarzschwanz-Präriehund 219
Schwarzspecht 323
Schwarzstorch 270
Schwarztrappist 320
Schwarzweihe 278
Schwebfliegen 568
Schwebrenke, Große 490
Schweine 18, 200
Schweinsaffe 113
Schweinsdachs 136
Schweinsfrosch 445
Schweinsnasenfledermaus 97

Schweinswal, Gewöhnlicher 210
Schweinswal, Indischer 210
Schwertfisch 510
Schwertschnabelkolibri 310
Schwertstör, Chinesischer 469
Schwertwal 205, 209, 211
Schwertwal, Kleiner 209
Schwimmbeutler 70
Schwimmblase 466, 590
Schwimmer 21
Schwimmhäute 259
Schwimmkäfer 562
Schwimmratte, Australische 230
Schwimmwühle 427
Schwingkölbchen 553, 567
Sciaenops ocellatus 506
Scincus scincus 383
Scissurella sp. 528
Sciurognathi 18
Sciurus sp. 220
Scolia procera 575
Scolopendra sp. 545
Scolytus scolytus 566
Scopelomorpha 20
Scophthalmus rhombus 511
Scopus umbretta 270
Scutigera sp. 545
Scutigerella immaculata 545
Scylla serrata 49
Scyllarus arctus 551
Scyphopha 521
Scytodes thoracica 539, 541
Sebastes marinus 476
Sechsaugenspinnen 538
Sechsfüßer 21
Sechsstreifige Langschwanzeidechse 389
Sedentär 591
Seeadler 246, 276
Seeanemone 20, 48, 516, 522
Seeapfel 583
Seebär, Nördlicher 143
Seebär, Südafrikanischer 143
Seedrache, Blattreicher 502
Seedrachen 20
Seeeelefant, Südlicher 145
Seeelefanten 31
Seefächer 522
Seefedern 522
Seefrosch 445
Seegurke, Bunte 583
Seehase 503
Seehecht 496
Seehund 18, 62, 144
Seeigel 21, 583, 584
Seeigel, Essbarer 584
Seekühe 18, 166
Seeleopard 145
Seelilien 27
Seelöwe, Kalifornischer 143
Seelöwen 18, 142
Seemaus 532
Seen 48
Seeohr, gemeines 528
Seeotter 37, 135
Seepferdchen 498
Seeratte 457
Seesaibling 490
Seescheide, Glaskeulen- 518
Seescheide, Rote 518
Seescheiden 14, 518
Seeschlange, Schildkrötenköpfige 411
Seeschlangen 395, 410, 411
Seeschnecken 525
Seeschwalbe, Australische 292
Seestern, Gemeiner 583
Seesterne 21, 27, 584
Seetaucher 262
Seetaucherartige 19
Seeteufel, Atlantischer 497
Seewalzen 21, 583

Seewespe 521
Segelträger 494
Segler 19, 308
Seidenlaubenvogel 338
Seidennetze 540
Seidenschwanz, Europäischer 341
Seidentasche 588
Seitenfleckenleguan 374
Seitenlinienorgan 450, 591
Seitenwinder 46, 412
Seiwal 215
Sekretär 280
Selasphorus scintilla 312
Selene vomer 505
Seleucidis melanoleucus 338
Semiaquatisch 591
Semioptera wallacii 338
Semiotus distinctus 565
Semnodactylus wealii 444
Semnopithecus entellus 111
Senegalgalago 104
Sentonix brachyurus 80
Sephanoides sephanoides 310
Sepia officinalis 530
Sepilok Orangutan Rehabilitation Center 121
Sepioteuthis sepiodea 525
Serau 183
Sericornis frontalis 334
Seriema 286
Serrasalmus rhombeus 483
Serrivomer beanii 476
Sesia apiformis 571
Sesiidae 571
Sessil 591
Setophaga ruticilla 350
Sexuelle Evolution 25
Seychellen-Waldsteiger 444
Shinisaurus crocodilurus 391
Sialis lutaria 580
Siamang 119
Siam-Krokodil 369
Siantarae-Schwalbe 339
Sibirischer Tiger 154
Sibirisches Feuerwiesel 140
Sichelbaumhacker 326
Sichelstrandläufer 290
Sichelvanga 353
Sichler, Roter 268
Siebenfarbentangare 349
Siebenpunkt-Marienkäfer 564
Siebenschläfer 231
Siedleragame 376
Sigmoceros lichtensteinii 178
Sigmodon hispidus 226
Silberalk 293
Silberdachs 136
Silberfischchen 21, 579
Silberflossenblatt 507
Silbermöwe 291
Silberne Pampel 510
Silberwaldsalamander 425
Siliquofera grandis 558
Silurus glanis 484
Simenchelys parasitica 476
Simoselaps calonotus 410
Singschwan 256
Singsittich 297
Singzikade, Blutrote 560
Sinne 38
Siphonaptera 21
Siphonops annulatus 418, 427
Sipuncula 21
Siren sp. 421
Sirenen 18, 166
Sirenia 18
Sisturus sp. 413, 414
Sitta sp. 334
Skalar 508
Skink 378, 386
Skorpion, Gelber 537
Skorpione 536, 537
Skorpiones 537

Skorpion-Krustenechse 371, 392
Skorpionschildkröte 362
Skorpionsfliegen 581
Skorpionswanze 562
Skunk, Patagonischer 137
Smaragdeidechse 387
Smaragddracke 330
Smaragdskink 384
Smaragdwaran 392
Smerinthus ocellatus 571
Smilisca baudini 440
Sminthopsis crassicaudata 72
Sminthurus aquaticus 582
Soa-Soa 377
Soldatenara 299
Soldatenkäfer 564
Solen vagina 527
Solenodon sp. 84, 85
Solenopsis fugax 578
Solenostomus paradoxus 502
Somateria mollissima 259
Sommerflunder 511
Sonnenfisch 505
Sonnenralle 286
Sonnenstern 584
Sonora semiannulata 404
Sorex araneus 65, 87
Sotalia fluviatilis 206, 208
Sowerby-Zweizahnwal 212
Sozial 591
Sozialleben 36, 98, 106
Spadella cephaloptera 586
Spalacopus cyanus 238
Spaltfußgans 257
Spanische Fliege 565
Spanner 572
Spea multiplicata 431
Spechte 320
Spechtvögel 19, 320
Speikobras 409
Speispinne 539, 541
Speleomantes italicus 425
Speleonectes lucayensis 547
Spenglers Erdschildkröte 363
Speoplatyrhinus poulsoni 495
Speothos venaticus 129
Sperber 279
Sperbereule 304
Sperbertäubchen 295
Sperlingskauz 304
Sperlingsvögel 324, 336, 591
Spermatophore 535, 591
Spermophilus sp. 219
Sphaeridium scarabaeoides 564
Sphecidae 577
Sphecotheres viridis 335
Sphenisciformes 19
Spheniscus demersus 57, 261
Sphenodon sp. 29, 356, 361, 370
Sphyraena genie 35
Sphyrapicus varius 322
Sphyrna zygaena 458
Spicara smaris 506
Spicula 591
Spiegelfleck-Lippfisch 508
Spilocuscus maculatus 74
Spilogale putorius 137
Spilornis cheela 278
Spilotes pullatus 402
Spinndrüse 539
Spinnen 536, 538, 540, 541
Spinnen, Echte 538
Spinnenaffe 110
Spinnenfische 492
Spinnengift 538, 541
Spinnennetze 540
Spinnenstar 347
Spinnentiere 20, 536, 537
Spinnmilben 543

Spinnwarzen 536, 540, 591
Spirographis spallanzanii 532
Spirula spirula 530
Spitzhörnchen 18, 30
Spitzhörnchen, Gewöhnliches 91
Spitzhörnchenartige 18, 91
Spitzkopf-Flossenfuß 381
Spitzkopfpython 399
Spitzkopfschildkröte, Falsche 366
Spitzkopfseechierier 461
Spitzkrokodil 369
Spitzmaulnashorn 173
Spitzmaus, Gescheckte 87
Spitzmauslangzungenfledermaus 95
Spitzmausmaulwurf, Amerikanischer 88
Spitzschnabel-Grundfink 353
Spizaetus sp. 280
Spiziapteryx circumcinta 282
Spondylus americanus 525
Spongia officinalis 519
Spottdrossel 336
Sprattus sprattus 479
Springaffe, Grauer 108
Springbock 180
Springschrecken 21, 558
Springschwänze 21
Springspinne 536, 541
Spritzsalmler 483
Spritzwürmer 21
Sprott 479
Squalen 591
Squalus acanthius 461
Squamata 19
Squatina squatina 461
Stabheuschrecken 56
Stabschrecken 21, 579
Stachel 591
Stachelauster 525
Stachelbeerblattwespe 574
Stachelhäuter 21, 583
Stachelhummer 551
Stachelige Herzmuschel 527
Stachellanguste 550
Stachelmaus, Ägyptische 228
Stachelrand-Gelenkschildkröte 364
Stachelratten 232
Stachelrochen 452
Stachelrückentimalie, Eigentliche 345
Stachelschwanzwaran 392
Stachelschwein, Nordafrikanisches 234
Stachelspinne 541
Stacheltaschenmaus, Mexikanische 224
Stadtlebensräume 53
Stamm 16
Starrbrust-Pelomeduse 359
Staubläuse 21
Staurois tuberilinguis 446
Staurotypus triporcatus 365
Steatogenys elegans 485
Steatornis caripensis 306, 307
Stechborste 591
Stechmücke, Gemeine 567
Stechmücken 567
Stechrochen, Gewöhnlicher 464
Steckmuschel 527
Stegostoma fasciatum 457
Steinadler 15, 280
Steinbock, Westkaukasischer 183
Steinböckchen 181
Steinfisch 503
Steinfliegen 21, 581
Steinhummel 577
Steinmarder 138
Steinseeigel 584
Steißfüße 19
Steißhuhnartige 19
Steißhühner 250
Stellersche Seekuh 167
Stellerscher Seelöwe 143

Stelzenläufer 288
Stelzmücke 568
Stenella sp. 49, 208
Steno bredanensis 208
Stenochiton longicymba 526
Stenodactylus petrii 382
Stenodus leucichthys 490
Stenopterygii 20
Stenopus hispidus 550
Stephanitis pyri 559
Stephanoaetus coronatus 280
Steppenadler 280
Steppenfuchs 128
Steppenhuhn 294
Steppeniltis 140
Steppenmurmeltier, Eigentliches 219
Steppenpika 240
Steppen-Schuppentier 83
Steppenwaldbaumschliefer 174
Stercorarius sp. 287, 291
Sterna sp. 266, 292
Sternhausen 470
Sternmull 88
Sterntaucher 262, 318
Stichling, Dreistachliger 501
Stichophthalma camadeva 573
Stictonetta naevosa 258
Stieglitz 348
Stielaugenfliegen 568
Stinktiere 134
Stinkwanze, Grüne 560
Stint 486, 488
Stirnlappenbasilisk 375
Stockente 258
Stomatopoda 549
Stomias boa 491
Stomoxys calcitrans 569
Stör, Atlantischer 470
Stör, Baltischer 470
Stör, Weißer 470
Störe 469
Stoßzähne 591
Strahlen-Dreikielschildkröte 363
Strahlenfeuerfisch 503
Strahlenflosser 20, 469
Strahlenflosser, Echte 498
Strandkrabbe 548
Stratiomys chamaeleon 568
Strauchkaninchen 242
Strauß 46, 250, 251
Straußenvögel 19
Streckerspinnen, Gemeine 539
Streifenbackenhörnchen 221
Streifenbeutler 68
Streifenbeutler, Großer 77
Streifenbrasse 504
Streifengecko 381, 382
Streifengrasmaus, Afrikanische 228
Streifenhyäne 147
Streifenkauz 304
Streifenkiwi 251
Streifenkopf-Baumläufer 331
Streifen-Ringelschwanzbeutler 75
Streifenroller 150
Streifenschakal 126
Streifenskunk 137
Streifenwiesel, Libysches 140
Streitaar 279
Strepsiptera 21
Strepsirhini 18
Stridulation 558
Stridulieren 591
Strigiformes 19
Strigops habroptilus 300
Strix sp. 33, 303, 304
Strohwitwe 348
Strombus gigas 528
Strongylopus bonaspei 446
Strudelwürmer 523
Strumpfbandnatter, Gewöhnliche 404
Struthio camelus 246, 248, 250, 251
Struthioniformes 19

Stubenfliege, Gemeine 569
Stubenfliegen 567
Stummelaffe, Roter 112
Stummelaffe, Schwarzer 112
Stummelfüßer 21, 587
Stummelfußfrosch, Bunter 437
Stummelschwanzhörnchen 219
Stumpfkrokodil 368
Stumpfnase 476
Sturmvögel 19, 264
Sturnella magna 351
Sturnus vulgaris 347
Sturzbachente 258
Sturztauchen 273, 315
Stutzechse 384
Stylephorus chordatus 494
Subantarktisch 591
Südafrikanischer Ochsenfrosch 445
Südafrikanischer Seebär 143
Südamerikanische Felsenratte 238
Südamerikanische Sardelle 479
Südamerikanische Sardine 479
Südamerikanischer Lungenfisch 468
Südamerikanischer Nasenbär 146
Südamerikanischer Ochsenfrosch 433
Südamerikanischer Wasserfrosch 445
Sudan-Kronenkranich 283
Südliche Krokodilschleiche 390
Südlicher Andenhirsch 195
Südlicher Glatthai 458
Südlicher Haarnasenwombat 77
Südlicher Pudu 190, 195
Südlicher Seeelefant 145
Südliches Gleithörnchen 221
Suidae 18
Sula sp. 272, 353
Sulu-Hornvogel 316
Sumatra-Bambusratte 233
Sumatrakaninchen 242
Sumatranashorn 173
Sumatra-Stachelschwein 234
Sumatra-Tiger 59
Sumpffliegen 553
Sumpffrosch 445
Sumpfhirsch 194
Sumpfkrokodil 368
Sumpfmeerkatze 117
Sumpfohreule 305
Sumpfreisratte 226
Sumpfschildkröte, Europäische 362
Sumpfschildkröten 363
Sumpfschnepfe 289
Suncus murinus 87
Sundagavial 368
Sunda-Koboldmaki 105
Sundasciurus hippurus 221
Suppenschildkröte 360
Suppenschildkröte, Australische 360
Suricata suricatta 123, 148, 151
Surinamesischer Laternenträger 560
Surnia ulula 304
Sus sp. 200
Süßwasseraale 477
Süßwasserhydra 521
Süßwasserkrebse 56
Süßwasserpolyp, Grauer 521
Süßwasserpolyp, Grüner 520
Süßwasserqualle 520
Suta suta 410
Swift-Fuchs 128
Swinhoes Weichschildkröte 366
Sylvia borin 266
Sylvicapra grimmia 177
Sylvilagus sp. 242
Sympatrisch 591
Symphylida 545
Symphysodon aequifasciatus 508
Synallaxis brachyura 326
Synanceia verrucosa 503
Synanthedon tipuliformis 571
Synapta maculata 583

Syncerus caffer 176, 187
Syndaktylie 591
Synodontis sp. 485
Synodus variegatus 492
Synthliboramphus antiquus 293
Sypheotides indica 286
Syrigma sibilatrix 269
Syrische Schaufelkröte 431
Syrmaticus sp. 255
Syrphidae 568
Syrphus ribesii 568
Syrrhaptes paradoxus 294
Systematik 16

T
Tabanidae 568
Tabanus bovinus 568
Tabasco-Schildkröte 365
Tabatkäfer 565
Tachina fera 569
Tachybaptus ruficollis 263
Tachycines asynamorus 558
Tachycineta sp. 339
Tachycnemis seychellensis 444
Tachyeres pteneres 258
Tachyglossus aculeatus 66, 67
Tachymarptis melba 309
Tadarida sp. 97
Tadorna tadorna 256, 258
Taeniopygia guttata 336, 348
Taeniura lymma 464
Tafelente 259
Tagfalter 570
Taggecko, Madagassischer 382
Tahr 184
Tahr, Arabischer 184
Taipan 411
Tajazuira 302
Takahe 283, 285
Takin 183
Takydromus sexlineatus 389
Talpa europaea 84, 88
Tamandua 33
Tamarau 186
Tamatia-Faulvogel 320
Tamias striatus 221
Tamiasciurus hudsonicus 220
Tana 91
Tangalunga 149
Tangara sp. 349
Tangwald 49
Tanichthys albonubes 481
Tannenhäher 337
Tannenzapfenfisch 500
Tanzfliege, Gewürfelte 568
Taoniscus nanus 250
Tapetenmotte 570
Taphozous mauritianus 94
Tapire 18, 171
Tapiridae 18
Tapirus sp. 171
Taranteln 516, 541
Tardigrada 21, 585
Tarentola mauritanica 382
Taricha torosa 424
Tarpan 168, 169
Tarpun 475
Tarsipes rostratus 77, 79
Tarsius sp. 105
Taubenkirsch-Gespinstmotte 570
Taubenvögel 19, 294
Taubenzecke 542
Taumelkäfer 562
Tauraco sp. 301
Taurotragus sp. 187
Tausendfüßer 20, 545
Tausendfüßer, Getüpfelter 545
Taxidea taxus 136
Taxonomie 591
Tayassu pecari 202
Tayassuidae 18
Tayra 140
Tegenaria domestica 539

Teiche 48
Teichläufer, Gemeiner 559
Teius teyou 390
Teledu 136
Teleostier 591
Telescopus fallax 406
Teleskopfische 486
Telespyza cantans 352
Telmatobius yuracare 433
Tennessee-Höhlensalamander 425
Tenrec ecaudatus 85
Tenualosa thibaudeaui 479
Teppichchamäleon 379
Teppichkugelfisch 513
Teratoscincus scincus 381
Terekay-Schildkröte 356
Termiten 21, 45, 557
Terpsiphone paradisi 333
Terranatos dolichopterus 499
Terrapene carolina 362
Tersina viridis 349
Testudo marginata 364
Tetracerus quadricornis 187
Tetradactylus tetradactylus 383
Tetragnatha extensa 539
Tetranychus telarius 543
Tetraodon mbu 513
Tetrodontophora bielanensis 582
Tettigonia viridissima 558
Teufelsrochen 450
Texas-Grünfische 315
Texas-Klapperschlange 394, 413
Texas-Skorpion, Großer 536
Thalassarche chlororhynchos 264
Thaleichthys pacificus 488
Thalurania furcata 311
Thamnophilus doliatus 326
Thamnophis sirtalis 404
Theloderma asperum 447
Thelotornis capensis 406
Thelyphonus caudatus 537
Thermobaena mirabilis 549
Theropithecus gelada 114
Thinocorus orbignyianus 291
Thomassets Seychellenfrosch 432
Thomomys bottae 224
Thomsongazelle 182
Threskiornis aethiopicus 270
Thripse 553
Thryonomys swinderianus 233
Thunfisch 467
Thunnus thynnus 467
Thylacinus cynocephalus 71
Thylogale stigmatica 78
Thymallus thymallus 486, 490
Thymelicus lineolus 571
Thyridopteryx ephemeraeformis 573
Thyroptera sp. 97
Thysania agrippina 572
Thysanoptera 21
Thysanura 21, 579
Tibetfuchs 128
Tibicen haematodes 560
Tichodroma muraria 334
Tiefland-Anoa 186
Tiefsee-Elritze 491
Tiefsee-Manteltier 518
Tilchys fasciculata 234
Tiefseevampier 531
Tieraffen 106
Tierarten 15
Tierläuse 21, 580
Tierverluste 57
Tiger, Sibirischer 154
Tigergarnele 550
Tigerhai 458, 460
Tigeriltis 140
Tigerotter, Schwarze 411
Tigerpython 397
Tigerquerzahnmolch 424
Tigerschnecke 528
Tigriornis leucolopha 268
Tiliqua sp. 372, 384, 385
Timon sp. 387

Tinamiformes 19
Tinamus 250
Tinamus major 250
Tintenfisch, Gemeiner 530
Tintenfisch-Auge 530
Tintenfische 20, 525
Titanus giganteus 563
Titicaca-Taucher 263
Tockus erythrorhynchus 317
Todesotter 410
Todus multicolor 316
Tokee 381
Tolypeutes matacus 83
Tomatenfrosch 442
Tomistoma schlegeli 368
Tomopterna cryptotis 446
Tonicella marmorea 526
Topaskolibri 310
Topasrubinkolibri 311
Topaza pella 310
Töpfervogel 326
Torgos tracheliotus 277
Torpedo sp. 463
Torpor 591
Torymus bedeguaris 575
Tote Seemannshand 521
Totengräber 564
Totenkopfaffe 109
Toxotes jaculatrix 507
Trachee 535, 591
Trachemys scripta 362, 364
Trachinocephalus myops 492
Trachinus draco 509
Trachipterus trachypterus 494
Trachycephalus jordani 439
Trachyphonus erythrocephalus 320
Trachypithecus sp. 111, 121
Tragelaphus sp. 187
Tragulidae 18
Tragulus sp. 191
Tragzeit 591
Trampeltier 199
Trappen-Kampfwachtel 291
Trauertaube 295
Treibhauseffekt 589, 591
Tremarctos ornatus 132
Trematoden 523
Treron sp. 295
Trialeurodes vaporarium 561
Triatroma sanguisuga 560
Triceratops sp. 27
Trichechidae 18
Trichechus sp. 166, 167
Trichobatrachus robustus 447
Trichodectes canis 580
Trichodes apiarius 564
Trichogaster leerii 511
Trichoglossus haematodus 297
Trichophaga tapetzella 570
Trichoptera 21
Trichosurus sp. 62, 74
Trichuris trichiura 524
Trichys fasciculata 234
Tridacna gigas 58
Trilobiten 534
Trimeresurus albolabris 415
Tringa sp. 288, 289, 290
Triodon macropterus 513
Trionyx triunguis 361
Triops cancriformis 547
Triprion spatulatus 439
Trisopterus luscus 497
Trithemis aurora 554
Triturus sp. 418, 419, 423
Trochosa terricola 538
Troglodytes troglodytes 341
Trogon viridis 313
Trogoniformes 19
Trogons 19, 313

Trogulus tricarinatus 542
Trombidium holosericeum 543
Trompetenschnecke 528
Tropenkreischeule 305
Tropenwälder 591
Tropenwaldkauz, Dunkler 304
Tropfenzwergfalke 282
Tropidolaemus wagleri 415
Tropidophis sp. 396
Tropiometra afra 583
Tropische Klapperschlange 413
Trottellumme 293
Truthahngeier 275
Tschaja 257
Tschiru 180
Tsetsefliege 569
Ttidacna gigas 525, 527
Tuatara 370
Tuberkelhokko 252
Tubipora musica 521
Tubularia indivisa 520
Tubulidentata 18
Tukane 320
Tulpenschnecke 528
Tümmler, Schwarzer 210
Tundra 47
Tupaia sp. 30, 91
Tupaias 18
Tüpfelbeutelmarder 79
Tüpfelhyäne 147
Tüpfelhyänen 160, 161
Tüpfelrennechse 390
Tupinambis teguixin 390, 391
Turakos 19, 301
Turbellaria 523
Turdoides squamiceps 345
Turdus sp. 344, 345
Türkisvogel 349
Turmfalke 282
Turnix sp. 284
Tursiops truncatus 208
Typhlonectes compressicauda 427
Typhlosaurus vermis 385
Tyrannus sp. 328
Tyto alba 217, 303, 305
U
Überfischung 56
Überlebensstrategien 55
Uca sp. 546, 550
Uferasselspinne 544
Uferfliegen 21
Uferschnepfe 289
Uhu, Amerikanischer 305
Uirapurú 327
Ulmensplintkäfer 566
Uma sp. 374
Umbra sp. 486, 487
Umweltveränderungen 41
Uncia uncia 56, 155
Unechte Karettschildkröte 360
Ungaliophis continentalis 396
Ungarischer Prachtkäfer 564
Unpaarhufer 18, 162
Upupa epops 317
Uracentron azureum 375
Uranoscopus scaber 509, 509
Uratelornis chimaera 317
Uräusschlange 409
Uria aalge 293, 293
Urobatis halleri 464
Urocalius macrourus 313
Urochordata 20, 518
Urocissa erythrorhyncha 337
Urocyon cinereoargenteus 129
Urogale everetti 91
Uromastyx 376
Urophycis chuss 496
Uroplatus henkeli 381
Uropygi 537
Ursidae 18
Urson 235
Ursus sp. 14, 48, 51, 64, 130, 130, 131, 131, 133, 133

Urutáu 306
Urvogel 246
Uta stansburiana 374
V
Vampir, Falscher 95
Vampir, Gemeiner 95
Vampyroteuthis infernalis 531
Vampyrum spectrum 95
Vanellus chilensis 289, 289
Vanessa virginiensis 14
Varanus sp. 43, 371, 372, 378, 392, 393
Varecia variegata 102
Vari 102
Varroa jacobsoni 543
Veilchenschnecke 528
Velella velella 521
Velia caprai 559
Veliger-Larve 533
Venezuela-Amazone 300
Venusgürtel 585
Veränderliche Krabbenspinne 538
Verkehrtfüßler 19
Vermicula annulata 400
Vermivora sp. 350
Vespertilio murinus 96
Vespidae 577
Vespula vulgaris 577
Vestiaria coccinea 324, 352
Vicugna vicugna 198, 199
Vidua sp. 348
Vielfarben-Staffelschwanz 334
Vielfraß 139
Vierauge 500
Vieraugenbeutelratte 69
Vierbindige Furchenbiene 577
Vierhornantilope 187
Vierzehen-Ameive 390
Vierzehenrüsselratte 243
Vierzehensalamander 425
Vierzehige Geißelschildechse 383
Vikunja 198, 199
Violetter Maiwurm 565
Vipera sp. 412
Vipern 394
Vireo 319
Vireo atricapilla 348
Viscachas 232, 238
Viverra tangalunga 149
Viverridae 18
Vivipar 591
Vögel 246
Vogelflug 246
Vogelspinne 33, 538
Vogelzug 266
Volucella bombylans 568
Vombatus ursinus 77
Vormela peregusna 141
Vulkankaninchen, Mexikanisches 242
Vulpes sp. 128
Vultur gryphus 274, 275
W
Waalie-Taube 295
Wabenkröte 431
Wachtelkönig 285
Wadenstecher 569
Waffenfliegen 568
Waglers Lanzenotter 415
Wahlbergs Langfingerfrosch 447
Wahoo 510
Wald gemäßigter Zonen 44
Waldameise, Rote 578
Waldbach-Schildkröte 362
Waldbaumläufer 334
Waldfuchs 129
Waldhund 129
Waldkatze, Chilenische 159
Waldklapperschlange 394, 414
Waldlemming 227
Waldmaus 228
Waldmurmeltier 218

Waldohreule 305
Waldsängerfink 353
Waldspitzmaus 65, 87
Waldwasserläufer 290
Wale 62
Walhai 454
Wallace-Baumfrosch 447
Wallace-Paradiesvogel 338
Walross 18, 144
Waltiere 18, 204, 205
Walzenschlange, Rote 399
Wandelnde Geige 555
Wandelndes Blatt 579
Wanderalbatros 57
Wanderdrossel 345
Wanderelster 337
Wanderfalke 281
Wanderratte 216, 229
Wander-Ringelschwanzbeutler 75
Wanderschrecke, Europäische 558
Wandertaube 295
Wanzen 559
Warane 386, 393
Warmblütig 591
Warzenfruchttaube 295
Warzenhalmfliege, gelbe 568
Warzenkormoran 273
Warzenmolch, Nordvietnamesischer 424
Warzenschwein 200, 201
Waschbär 44, 146
Wasseramsel, Graue 325
Wasseranolis 375
Wasserassel, Gemeine 549
Wasserasseln 549
Wasserfasan 288
Wasserfledermaus 96
Wasserfloh 547
Wasserflorfliege, Gemeine 580
Wasserfrosch, Südamerikanischer 445
Wasserinsekten 562
Wasserkobra 409
Wasserläufer, Dunkler 289
Wassermilben 543
Wassermokassinschlange 401
Wasserreh, Chinesisches 191
Wasserreiter 559
Wasserreservoirfrosch 438
Wasserschildkröten 358
Wasserschwein 235
Wasserspinne 539
Wasserspitzmaus 84
Wassertanrek 84
Wasserteju, Eigentlicher 390
Wasservögel 256
Wasserwanzen 559
Wasserzivette 148
Weberameise 578
Weberknechte 536, 542
Webervogel 319
Wechselkröte 437
Weddellrobbe 145
Weeks Flösselhecht 469
Wegschnecke, Große Rote 529
Weichkorallen 522
Weichkorallen-Spinnenkrabbe 534
Weichnasen-Sturmvogel 265
Weichschildkröte, Afrikanische 361
Weichtiere 20, 525
Weidegänger 591
Weidenbohrer 571
Weidengelbkehlchen 350
Weidetiere 591
Weinbergschnecke 529
Weißaugenmöwe 291
Weißbandputzergarnele 550
Weißbandschwalbe 339
Weißbart-Ameisenvogel 326
Weißbartgnu 179
Weißbartpekari 202
Weißbartruderfrosch 447
Weißbart-Seeschwalbe 292
Weißbauchbaumschwalbe 339

Weißbauchigel 86
Weißbrauenhabicht 279
Weißbrauenschwalbenstar 335
Weißbrauensericornis 334
Weißbrust-Kielralle 285
Weißbürzelsegler 309
Weißbüschelaffe 107
Weißbussard 279
Weiße Fledermaus 94, 95
Weiße Fliege 561
Weißer Hai 459, 460
Weißer Heilbutt 511
Weißer Ohrfasan 253
Weißer Stör 470
Weißflanken-Wollschnäpper 334
Weißflügelsittich 300
Weißgraue Fledermaus 97
Weißkopf-Flaumfußtaube 295
Weißkopf-Mausvogel 313
Weißkopfpapagei 300
Weißkopf-Ruderente 259
Weißkopfseeadler 274
Weißkopfseeadler 276
Weißkopf-Wasseramsel 341
Weißlachs 490
Weißlippen-Bambusotter 415
Weißnackenkranich 283
Weißnackenreiher 268
Weißnackenwiesel 140
Weißnasensaki 108
Weißohrsittich 299
Weißrückengeier 277
Weißrückenkormoran 273
Weißrückenschneeammer 351
Weißsäbelpipra 327
Weißscheitelwürger 326
Weißschopfguan 252
Weißschulterkapuziner 109
Weißschwanzgnu 179
Weißschwanzkolibri 310
Weißschwanzmanguste 151
Weißschwanz-Stachelschwein 234
Weißseitendelfin, Atlantischer 208
Weißstirnkapuziner 109
Weißstirnlerche 339
Weißstirn-Seekuhaal 485
Weißstorch 318
Weißstreifendelfin 208
Weißwal 207
Weißwedelhirsch 194
Weitraum-Zistensänger 346
Wellensittich 297
Wels, Elektrischer 485
Welse 20, 480
Wendehals, Europäischer 322
Wenigfüßer 545
Werkzeuggebrauch 37, 120
Wespe, Gemeine 577
Wespen 53
Wespenbussard 276
Wespenspinne 539
Westafrikanischer Manati 167
Westasiatische Hornviper 412
West-Blindmaus 233
Westeuropäischer Igel 84
Westeuropäischer Igel 86, 87
Westkaukasischer Steinbock 183
Westlicher Gorilla 120
Westlicher Kielnagelgalago 104
Westlicher Schlammtaucher 431
Wickelbär 33, 122, 146
Wiederkäuer 163, 176, 591
Wiedehopf 317
Wiesel 134
Wiesel, Patagonisches 140
Wieselkatze 159
Wieselmaki, Großer 102
Wieselmaki, Kleiner 102
Wiesenhüpfmaus 231
Wiesensalamander, Roter 420
Wiesenwanze, Gemeine 559
Wildesel, Afrikanischer 169
Wildhund, Afrikanischer 127

Wildkaninchen, Europäisches 242
Wildkatze 157
Wildschwein 200
Wimpelnachtschwalbe 307
Winkelkopfagame, Große 377
Winkerkrabbe 546, 550
Wintergoldhähnchen 346
Winterschlaf 40
Wirbellose 516, 525, 533, 591
Wirbellose Chordatiere 20, 518
Wirbelsäule 591
Wirbeltiere 591
Witwenpfeifgans 257
Wiwaxia 27
Wolf, Europäischer 125
Wölfe 18, 30, 124
Wolfshering, Großer 478
Wolfsspinnen 538
Wollaffe 110
Wollhandkrabbe, Chinesische 551
Wollkuskus 74
Wollmaki 103
Wollweber, Großer
Wühlmäuse 225
Wundergecko 381
Wunderlampe 531
Wunderschirm, Blinder 531
Würfelquallen 521
Würfelrennechse 390
Wurmnacktschnecke 529
Wurmnattern 394
Wurmseewalze, Gefleckte 583
Wurzelbohrer 571
Wüste 46
Wüstenbussard 279
Wüstengecko 380
Wüstenkängururatte 224
Wüstenläuferlerche 339
Wüstenrenner, Schneller 389
Wüstenspringmaus 231
Wüsten-Stachelleguan 374
Wüstenstrategien 46
Wüstenteufel 356, 376
Wüstenwaran 393
Wyulda squamicaudata 74
X, Y
Xanthopsar flavus 351
Xantusia sp. 388
Xenarthra 18
Xenodon severus 408
Xenomystus nigri 472
Xenopeltis unicolor 399
Xenophidion schaeferi 396
Xenopirostris polleni 353
Xenopus sp. 431, 437
Xerus erythropus 221
Xiphias gladius 510
Xiphocolaptes falcirostris 326
Xiphosura 544
Xyleutes strix 571
Xylocopa violacea 577
Xylotrupes australicus 31
Yak 186
Yponomeuta evonymella 570
Yucca-Nachtechse 388
Z
Zackenbarsche 498
Zaglossus bruijni 66, 67
Zaguti 237
Zalophus californianus 143
Zahnwale 18, 204, 206, 211
Zanclus cornutus 509
Zapus hudsonius 231
Zauneidechse 387
Zaunleguane 378
Zebra 18, 32, 162
Zebrabärbling 481
Zebraducker 177
Zebrafink 336, 348
Zebrahai 457
Zebra-Lyrakaiserfisch 452
Zebraspringspinne 538

Zebrias zebra 511
Zecken 536, 542
Zehnfußkrebse 550
Zelotypia stacyi 571
Zenaida sp. 295
Zenkerella insignis 223
Zentralafrikanisches Buschkaninchen 242
Zeus faber 501
Ziegenmelker 306
Ziegenmelker, Europäischer 307
Zierschildkröte 362
Ziesel, Europäisches 219
Zieselhörnchen, Gestreiftes 221
Zikaden 560
Zimmerius villarejoi 328
Zipfelkröte 436
Zipfelkrötenfrosch 431
Ziphius cavirostris 212
Zitronsänger 324
Zitteraal, Großer 485
Zitteraale 485
Zitterrochen 462
Zitterrochen, Gefleckter 463
Zitterspinne, große 538
Zoarces viviparus 509
Zobel 138
Zoëa-Larve 533
Zonosaurus madagascariensis 383
Zooplankton 30, 591
Zorapetra 21
Zorilla 140
Zonotrichia leucophrys 351
Zornnatter, Gelbgrüne 402
Zosterops sp. 332
Zuchtprogramme 59
Zügeltrogon 313
Zweibindenbrasse 506
Zweifarbfledermaus 96
Zweifarbige Mauerbiene 577
Zweiflügler 21, 567
Zweipunkt-Klapperschlange 414
Zweizehen-Armmolch 421
Zwergameisenbär 33, 82
Zwergarmmolch, Gestreifter 421
Zwergböckchen 18
Zwergdommel 268
Zwergfalke, Indischer 282
Zwergflamingo 32, 267
Zwerg-Fleckenbeutelmarder 72
Zwergfledermaus 96
Zwergflusspferd 203
Zwergfüßer 545
Zwerggalago 104
Zwergglattwal 214
Zwerggrindwal 209
Zwerghörnchen, Afrikanisches 221
Zwerghundsfisch 487
Zwergkaninchen 242
Zwergklapperschlange, Eigentliche 413
Zwergkotinga 327
Zwerglangzungenflughund 93
Zwergmaus, Eurasiatische 228
Zwergmuräne 474
Zwergpinguin 261
Zwergpottwal 212
Zwergpuffotter 401
Zwergschlüpfer 330
Zwergschopfbussard 275
Zwergseeschwalbe 292
Zwergseidenäffchen 107
Zwergsteinkänguru 80
Zwergstichling 501
Zwergstrandläufer 290
Zwergtanrek 85
Zwergtaucher 263
Zwergwal 215
Zwergwildschwein 200
Zwetschgenschildlaus 561
Zwitter 452, 518, 529, 589
Zygaena carniolica 571
Zylinderrose 522

o = oben; l = links; r = rechts; ol = oben links; oml = oben Mitte links; om = oben Mitte; omr = oben Mitte rechts; or = oben rechts; ml = Mitte links; m = Mitte; mr = Mitte rechts; u = unten; ul = unten links; uml = unten Mitte links; um = unten Mitte; umr = unten Mitte rechts; ur = unten rechts

AAP = Australian Associated Press; AFP = Agence France-Presse; APL = Australian Picture Library; APL/CBT = Australian Picture Library/ Corbis ; APL/MP = Australian Picture Library/Minden Pictures; ARL = Ardea London; AUS = Auscape International; BCC = Bruce Coleman Collection; COR = Corel Corp.; GI = Getty Images; IQ3D = image-questmarine.com; NGS = National Geographic Society; NHPA = Natural History Photographic Agency; NPL=Nature Picture Library; NV = naturalvisions.co.uk; OSF = Oxford Scientific Films; PL = photolibrary.com; SP=Seapics.com; WA = Wildlife Art Ltd

DIE FOTOGRAFEN

Umschlagvorderseite Rick Stevens/The Sydney Morning Herald **1** GI; **2–3** GI; **4**m GI; **6**om APL/CBT; ol, or GI; **7**oml, omr, ol, or GI; **8**m GI; **12–13**m GI; **14**ul APL/MP; ur, or APL/CBT; **15**mr PL; or GI; **16**mr Artville; or GI; **17**ul, ur, ol, or APL/CBT; mr GI; **22**ul AUS/Reg Morrison; m APL/CBT; or Queensland Museum; **23**um GI; m PL; mr NPL/ Rachel Hingley; **25**ur GI; ol, or APL/CBT; **26**ul, ur, or APL/CBT; **27**mr APL/CBT; **28**ul, or APL/CBT; ol AAP/103; **29**ul APL/CBT; ur, m, ml, om GI; **30**mr, om APL/CBT; **31**ur PL; mr, APL/CBT; or APL/MP; **32**ul, o APL/CBT; **33**ml APL/CBT; ol GI; **34**ul, ur, m, o APL/CBT; **35**ur GI; o APL/CBT; **36**l GI; **37**ul, ur, ol, or APL/CBT; **38**o APL/CBT; **39**ul AUS/Martyn Colbeck/OSF; ur PL; m AUS/Kiomhen & Hurst; or AUS/OSF; **40**um GI; ur PL; **41**ur, APL/CBT; **42**ul PL; ml, or APL/CBT; **43**ul, ur, ml, or APL/CBT; **44**u GI; c Esther Beaton; ml, or PL; **45**ul, m, or APL/CBT; or PL; **46**ur, ml, om APL/CBT; m APL/ MP; **47**ul GI; ur, ml, or APL/CBT; **48**ul, mr, or APL/CBT; ur, ml GI; **49**um, or, or APL/ CBT; **50**u APL/CBT; o GI; **51**ul, ml, mr APL/CBT; or GI; **52**ul, ur, or APL/CBT; **53**um, ul, ur, ml, or APL/CBT; **54**ur, ml APL/CBT; or Esther Beaton; **55**ur AAP/AP; Photo/Dita Alangkara; **56**ul, ol APL/CBT; ur, or AAP Image; m PL; **57**ul, ur, or APL/CBT; **58**umr, ml, mr, or APL/CBT; ur PL; **59**ul, om GI; ur, mr APL/CBT; **60–61**m GI; **62**um AUS/Michael Maconachie; ul APL/MP; **63**m PL; **64**ul, mr, omr, ol APL/CBT; **65**ur, ol PL; m, mr APL/ CBT; **66**um PL; mr APL/CBT; or Kathie Atkinson; **68**ul, ml PL; **79**or GI; **81**ul, or APL/ CBT; m PL; **84**um APL/CBT; m PL; **89**or PL; **90**ul GI; ml National Geographic Image Collection; **91**mr PL; **92**ml APL/CBT; ol AUS/D Parker & E Parer-Cook; **98**ul AUS/ Daniel Cox/OSF; m AUS/David Haring/OSF; mr AUS/Ferrero-Labat; **99**ur, m, ol, or PL; **100**ur AUS/Rod Williams; ml AUS/T-Shivanandappa; r APL/CBT; **106**ul, mr PL; **118**ml PL; or APL/CBT; **121**b, or APL/MP; ml F W Frohawk; mr NHPA/Mirko Stelzner; **122**um, m GI; or APL/MP; **123**m APL/CBT; mr GI; o APL/MP; **124**ml GI; or PL; **130**ur PL; ml APL/MP; **133**c, ol GI; or PL; **134**ul, ur, m APL/CBT; **139**ul AUS/Daniel Cox/ OSF; **142**um PL; ml APL/MP; **146**or APL/MP; **147**mr APL/CBT; **148**ul GI; **154**ul GI; **160**or GI; **161**um, ml APL/CBT; **162**ul PL; or APL/MP; **163**ul APL/MP; mr APL/CBT; ol GI; **164**b APL/CBT; m PL; or GI; **166**m, ml, or APL/CBT; **168**um, m APL/CBT; ul GI; **171**mr APL/CBT; **172**ul, m GI; or PL; **174**m APL/MP; ml PL; **175**ur PL; **176**um APL/CBT; ml APL/MP; **189**ur APL/CBT; om Kirk Olson; ol APL/MP; **190**u PL; m ml GI; **196**ul, or APL/CBT; m PL; **197**u GI; **198**ul, ur, ml APL/CBT; **200**m, or GI; **202**m GI; ml APL/MP; **203**m GI; or APL/MP; **204**ul, or APL/CBT; m PL; ml APL/MP; **205**ur Specorogram Program by Richard Horne (Original from Cornell Laboratory of Orinthology); mr GI; o APL/CBT; **206**ul, m APL/CBT; or GI; **208**ul COR; **211**ur AUS; mr, ol PL; **213**ur GI; ml PL; or APL/MP; **216**b, ml GI; m PL; **217**m, or PL; ol GI; **218**ul PL; ml GI; **222**c PL; ol APL/CBT; or BCC; **225**ul APL/CBT; ml, or PL; **232**um APL/ MP; ml APL/CBT; or GI; **239**um APL/ MP; m APL/CBT; ml GI; **243**ml, mr PL; **244–245**m GI; **246**um GI; ol APL/CBT; **247**r GI; **248**ur, m, ml, ol, or GI; **249**ur PL; ml APL/ CBT; ol GI; **250**m PL; ml APL/CBT; **252**ur GI; m APL/CBT; **256**m APL/MP; ml PL; **260**um PL; ul, c APL/MP; **262**ul, c APL/CBT; ml PL; **264**c APL/MP; ml PL; **266**ol, or APL/CBT; **267**m APL/MP; **268**c, ml GI; **271**ur, m PL; **274**um GI; m, mr PL; **281**mr, or PL; **283**m, ml PL; **287**um, ur PL; ml GI; **294**m PL; mr GI; **296**ul PL; ur APL/CBT; m GI; **301**ur, ml APL/CBT; **303**um APL/CBT; m GI; **306**c, ml APL/CBT; **308**ul ARL/Jean-Paul Ferrero; ur APL/CBT; m APL/MP; **312**ur APL/MP; **313**ur GI; ml APL/ CBT; **314**ul PL; m APL/CBT; **318**ul, ur, mr, ol APL/CBT; **319**ul, ur, ol, or APL/CBT; **320**m PL; ml APL/MP; **324**ur APL/MP; ml APL/CBT; or GI; **325**ul, m, or APL/MP; ur APL/CBT; ol PL; **329**or PL; **336**ur GI; ol APL/MP; **342**or APL/MP; **343**ol, or APL/CBT; **352**ol VIREO/ Peter La Tourette; **353**ur APL/MP; ml ARL/Alan Greensmith; **354–355**m BCC; **356**ul APL/MP; ol PL; **357**m PL; **358**um PL; ml APL/MP; mr SP/Doug Perrine; **366**um, ul GI; ur APL/CBT; ol PL; **367**m, ml APL/MP; **370**um APL/CBT; mr APL/MP; **371**mr PL; **372**um APL/CBT; mr GI; ol APL/MP; **378**ul, ur,m, or PL; **386**m GI; or PL; **394**um APL/ MP; ul APL/CBT; **395**ur, ml PL; o APL/MP; **400**ml APL/MP; ol AUS/Jean-Paul Ferrero; **401**ur AUS/Joe McDonald; m GI; ol PL; or APL/CBT; **407**um, ml GI; ul APL/ MP; mr AUS/Paul de Oliveira/OSF; ul AUS/Glen Threlfo; or APL/CBT; **416–417**m GI; **418**ul GI; ml PL; r BCC; **420**m, o APL/CBT; **426**mr PL; ol APL/CBT; **427**mr TPL; **428**ml AUS/Satoshi Kuribayashi/OSF; mr AUS/Kiomhin & Hurst; **429**m AUS/Michael Fogden/ OSF; r AUS/ Stephen Dalton/OSF; ol GI; **430**ul, r MG; **435**b, m APL/CBT; ml AUS/

Kathie Atkinson; ol AUS/ Jean-Paul Ferrero; **441**ml AUS/Michael Fogden/OSF; mr APL/ CBT; ol APL/MP; **448–449**m GI; **450**um MG; ml GI; **451**m GI; **452**ol PL; **453**m NPL/ Reijo Juurinen/Naturbild; **454**ml PL; or APL/CBT; **455**ur SP/Doug Perrine; m SP/Phillip Colla; **456**m AFP; ml PL; **460**um, ul, ol PL; m SP/Ben Cropp Productions; **462**um APL/CBT; ur PL; ml GI; **466**um AUS/Kevin Deacon; ml AUS/Alby Ziebell; **467**mr SP/ Richard Herrman; ol AUS/Kevin Deacon; or APL/CBT; **468**ml PL; mr SP/Mark V Erdmann; **469**m AUS/Tom & Therisa Stack; ml PL; **471**ml APL/CBT; mr SP/Masa Ushioda; **472**m PL; ml NV/Heather Angel; **474**m PL; **477**ol PL; or NPL/Tim Martin; **478**ur GI; m IQ3D/Masa Ushioda; **480**um, ur PL; ml APL/CBT; **486**ul PL; m SP/Mark Conlin; ml APL; **491**ml AUS/Paulo De Oliveira/OSF; **492**ur aufgenommen mit ROV Victor 6000 von Ifremer in 2500 Meter Tiefe, Copyright Ifremer/biozaire2-2001; ml Kevin Deacon; **493**ul John E. Randall; ml PL; **494**m Carlos Ivan Garces del Cid & Gerardo Garcia; **495**m GI; **498**ul, ur PL; ml GI; **514–515**m APL/MP; **516**um GI; l APL/MP; **517**m APL/MP; **518** oml AUS/Jean-Paul Ferrero; or APL/MP; **519**m, or APL/CBT; **520**m APL/MP; or GI; **523**l GI; om PL; **524**m PL; or GI; ml PL; **532**m APL/CBT; or GI; **533**ml, mr, or APL/ CBT; ol PL; **534**um APL/MP; m APL/CBT; or PL; **535**m GI; m PL; ol APL/CBT; **536** um GI; ml, or APL/CBT; **540**ul AUS/ Jean-Paul Ferrero; m PL; **544**m, mr APL/CBT; **545**m PL; or APL/CBT; **546**m, mr APL/CBT; **552**m PL; ol AUS/Andrew Henely; or PL; **553**um APL/MP; om GI; ol APL/CBT; **554**m GI; ml PL; ml PL; or APL/CBT; **555**ml APL/CBT; mr, or PL; **556**m AUS/Kathie Atkinson; **557**ml PL; or GI; **558**c GI; or APL/ MP; **559**m PL; ml GI; or AUS/John Cancalosi; **562**m Ausoral; ol PL; or APL/CBT; **563**ml PL; or APL/CBT; **567**mr PL; **570**m PL; or GI; **574**m APL/MP; or GI; **576**ol PL; or PL; **579**m NHPA; or AUS/Pascal Goetgheluck; **582**or APL/CBT; **583**mr GI; mr, or APL/MP; **585**m GI; ml PL; or AUS/Karen Gowlett-Holmes/OSF.

DIE ILLUSTRATOREN

Alle Illustrationen © MagicGroup s.r.o. (Tschechische Republik) – www.magicgroup.cz: Pavel Dvorský, Eva Göndörová, Peor Hloušek, Pavla Hochmanová, Jan Hošek, Jaromír a Libuše Knotkovi, Milada Kudrnová, Peor Liška, Jan Maget, Vlasta Matoušová, Jiří Moravec, Pavel Procházka, Peor Rob, Přemysl Vranovský, Lenka Vybíralová; ausgenommen der folgenden Abbildungen:

Susanna Addario 576ul; **Alistair Barnard** 28ur, 67ur; **Alistair Barnard/Frank Knight/John Bull** 426ul; **Andre Boos** 150ml, 151ur; **Anne Bowman** 20ur, 205ul, 367um, 539ur, 558ol; **Peter Bull Art Studio** 62ol; **Martin Camm** 106or, 159ul, ur, 211m, 455or, 458ul, 460ur; **Andrew Davies/Creative Communication** 15ol, 16ur, 24m, 55or, 188ol; **Kevin Deacon** 455ol, 562u; **Simone End** 19mr, 21ul, m; **Christer Eriksson** 80ml, 215ur, 365ur, 368ul, 373ur, 376ml; **Alan Ewart** 541mr; **John Francis/ Bernard Thornton Artists UK** 380ul, 395m, ml, 338ul; **Giuliano Fornari** 540mr, 454u, 457ur, 567or, 573mr; **Jon Gittoes** 33r, 110ul, 118o; **Mike Golding** 530ml; **Ray Grinaway** 21or, 552r; **Gino Hasler** 209ur, 249m, mr, or, 456ul ur, 459ur, 460or; **Robert Hynes** 371m, 557ur; **Ian Jackson** 556or; **Frits Jan Maas** 273ur; **David Kirshner** 18ul, m, 19ul, ur, 20ul, ml, 35mr, 55mr, 68um, 102ml, 109ur, 132ul, 204m, 246m, 257ur, 295ur, 300ul, 303ml, 327mr, 330ul, 334ul, 335ur, mr, 344ml, 345or, 346ml, 347or, 349mr, 351ur, 356m, 358ul, 360ul, 363ur, 369ur, 370ul ur, 371ul, 373mr, 375mr or, 377ur, 383mr, 384ol, 393ur, 394m, 395ol, 399mr, 401mr, 409ur, 413mr, 415mr, 426or, 427ml, 436ul, 437ur, 441 or, 450ol, 452or, 467u, 474mr, 489ur, 511ur, 553; **David Kirshner/John Bull** 443ul; **Frank Knight** 125mr, 131ur, 153ur, 162ur, 163ur, 359ur, 398ml; **Alex Lavroff** 211or, 526 omr; **John Mac/FOLIO** 97ur, 194ul ml ol, 248ul, 250ur, 287ul; **Robert Mancini** 21ml, 337or, 258ul, 540mr, m, 541or; **Map Illusorations** 40ml; **Map Illusorations & Andrew Davies/Creative Communication** 50ml, 356ul, 366m; **James McKinnon** 222u, 235ur, 370m; **Karel Mauer** 290ul, 344ol; **Erik van Ommen** 302ul, 307ur, 340ul; **Tony Pyrzakowski** 274ul, 551mr; **John Richards** 576mr; **Edwina Riddell** 576m, 231ur, 242ul, 359 ur, 364ul, 372mr or, 374ml, 382ul, 393or, 396ul ml; **Barbara Rodanska** 20mr, 79ul ml ol, 298ul, 300ul; **Trevor Ruth** 188b, 412ul; **Peter Schouten** 385ur; **Kevin Stead** 66ul, 120ml, 204ml, 533m, 562ml, 578ul; **Roger Swainston** 461ur, mr, 462ul; **Guy Troughton** 15ur, 30ul, 79um m mr, 92u, 114b mr, 128ul, 133u, 152o, 160u, 161o, 175o, 182o, 266ul, 281m, 292ul, 336m, 342m, 352m, 386l, 400ur, 452u, 468m, 477u; **Trevor Weekes** 315ur; **Rod Westulade** 458ul; **WA/Priscilla Barret** 32ur, 275ur **WA/B. Croucher** 312l; **WA/ Sandra Doyle** 21ol, 296um, 297mr, 536m, 538uml, ul, 541ur; **WA/Phil Hood** 27ur; **WA/Ken Oliver** 380ol, 420ul, 428ul; **WA/Mick Posen** 22ur, 23or, 275ur; **WA/Peter Scott** 19ml; **WA/Chris Shields** 539or, mr; **WA/Chris Turnbull** 20m, 465mr, 561ul; **WA** 207ur, 212ul, 464ml, 465ul, 476ul, 481ml, 501ur, 502ul, 513ur.

LANDKARTEN/WELTKARTEN

Alle Land- bzw. Weltkarten stammen von **Andrew Davies/Creative Communication**, ausgenommen der Karten auf S. 450–499, diese sind von **Brian Johnston**.

Der Verlag dankt Brendan Cotter, Helen Flint, der Frankfurter Zoologischen Gesellschaft, Paul McNally, Kathryn Morgan und dem Tansania National-Park für die hilfreiche Unterstützung bei der Erstellung dieses Buches.